Histoire mondiale
des services secrets

DU MÊME AUTEUR

Le Siècle des quatre empereurs, Sun Yat-sen, Chiang Kai-shek, Mao Zedong, Deng Xiaoping, Perrin, 2014.
Archimède 1968, JC Lattès, 2012.
La Saga des Hachémites, la tragédie du Moyen-Orient 1909-1999, Stock, 2009 ; Tempus, 2012.
Le Réseau Bucéphale, Seuil, 2006.
OAS, histoire d'une guerre franco-française, Seuil, 2002.
André Malraux 1901-1976, le roman d'un flambeur, Hachette Littératures, 2001.
L'Arme de la désinformation, les multinationales américaines en guerre contre l'Europe, Grasset, 1999.
OAS, histoire d'une organisation secrète, Fayard, 1986.

En collaboration avec Roger Faligot

Kang Sheng le maître espion de Mao, Tempus, 2014.
L'Hermine rouge de Shanghai, Les Portes du Large, 2005.
Le Marché du diable, Fayard, 1995.
Histoire mondiale du renseignement, tomes 1 et 2, Robert Laffont, 1993 et 1994.
Eminences grises, Fayard, 1992.
As-tu vu Cremet ?, Fayard, 1991.
Le Croissant et la Croix gammée, Albin Michel, 1990.
Les Résistants, Fayard, 1989.
Porno Business, Fayard, 1987.
Kang Sheng et les services secrets chinois, Robert Laffont, 1987.
KGB objectif Pretoria, PM Favre, 1986.
Service B, Fayard, 1985.
Au cœur de l'Etat l'espionnage, Autrement, 1983.

En collaboration avec Roger Faligot et Jean Guisnel

Histoire politique des services secrets français de la Seconde Guerre mondiale à nos jours, La Découverte, 2012 (en poche, La Découverte, 2013).

Rémi Kauffer

Histoire mondiale des services secrets

de l'Antiquité à nos jours

PERRIN
www.editions-perrin.fr

12, avenue d'Italie
75013 Paris
Tél. : 01 44 16 09 00
Fax : 01 44 16 09 01
www.editions-perrin.fr

ISBN : 978-2-262-04322-3

Pour Laurence et Patrick

Introduction

Le premier choc viendra d'un jeune homme à lunettes mal rasé, T-shirt et jean. Et quel choc : bourrés de fichiers informatiques, ses quatre ordinateurs portables dévoilent l'existence d'un système américain d'espionnage planétaire !

Un œil sur les courriels du monde entier, une oreille sur les conversations téléphoniques : telle est la National Security Agency, exposée au grand jour par ce dissident. Une agence de renseignements beaucoup plus discrète que la CIA, de sorte que seule une poignée de spécialistes avait repéré sa trajectoire montante.

L'opinion, elle, tombe de haut. Cette mystérieuse NSA peut donc intercepter nos téléphones cellulaires, nos courriels, percer notre misérable petit tas de secrets ? De quoi raviver la crainte, toujours présente, d'un gouvernement policier invisible.

Le « geek » qui vient de braquer les projecteurs sur la NSA s'appelle Edward Joseph Snowden. Un fondu d'informatique, adepte des idées libertariennes, cette philosophie politique spécifiquement américaine qui voue l'Etat aux gémonies et défend bec et ongles les droits des citoyens en même temps que les valeurs sociales les plus traditionnelles.

De l'or dans les mains dès qu'elles se posent sur un clavier, Snowden, né en juin 1983, entre à la CIA à vingt-deux ans. Il en sort en 2009 pour devenir contractuel à la NSA. L'anti-James Bond par excellence, serviteur parmi des milliers d'autres anti-James Bond d'une machinerie géante violeuse de téléphones portables, fouilleuse d'ordinateurs, casseuse de codes, traceuse d'itinéraires personnels.

Sans états d'âme ? Chez Snowden, non, car pour lui, les libertés individuelles passent avant tout. Jugez de l'indignation du jeune homme quand, au hasard d'une procédure banale de « nettoyage » des fichiers, il ouvre ce rapport et le parcourt, effaré. De la dynamite : baptisé « Vent stellaire », un programme de cyber surveillance généralisée permet d'espionner des millions de citoyens américains !

Heurté par cette découverte, Snowden décide de se faire petite souris informatique, taupe chez les taupes. Sa méthode : espionner ceux qui espionnent. Son objectif : réunir des preuves contre ces saboteurs du pacte démocratique américain. Patiemment et sans laisser de traces, le dissident télécharge fichier sensible sur fichier sensible. Du coup, le voilà bientôt à la tête d'une masse incroyable d'éléments à révéler aux médias.

Début juin 2013, désertant la NSA, Snowden s'envole pour Hong Kong, ex-colonie britannique redevenue chinoise quinze ans plus tôt, mais jouissant d'une certaine dose de liberté surveillée. A l'issue d'un long échange de messages cryptés, c'est là-bas qu'il a donné rendez-vous au journaliste Glenn Greenwald, qui arrive du Brésil, et à la documentariste Laura Poitras, en provenance, elle, des Etats-Unis.

Snowden pense Hong Kong moins dangereux puisque échappant à l'emprise américaine. Tant de naïveté déconcerte : si le service de renseignements chinois, le Guoanbu, ou la Sécurité publique, le Gonganbu, avaient vent du contenu de ses quatre ordinateurs portatifs, ils n'hésiteraient pas une seconde à s'en emparer.

Quel service secret, DGSE française incluse, reculerait devant pareil butin, d'ailleurs ? Si vous croyez que l'univers du renseignement ressemble à celui des contes édifiants, vous feriez mieux de refermer le présent livre, parce qu'il démontre le contraire à chaque page. L'Histoire est tragique, on l'oublie trop souvent de nos jours. Celle des services ne fait pas exception. Dans les chapitres qui suivent, je l'ai écrite avec de l'encre, mais ceux qui la font depuis la nuit des temps l'écrivent souvent avec leur propre sang comme avec celui des autres.

A partir du mercredi 7 juin, une série d'articles sur le journal en ligne *The Guardian* puis dans le *Washington Post* dévoile les « bijoux de famille » de la NSA, ses programmes occultes de surveillance électronique généralisée, ses trésors ! Devant cette cascade de révélations, la planète s'embrase.

Encensé par ses partisans comme un héros de la liberté, Snowden est inculpé par la justice américaine pour vol de documents secrets. Il risque des dizaines d'années de prison.

Quittant Hong Kong, le « lanceur d'alerte » va tomber de Charybde en Scylla. Il se réfugie en effet dans la Russie de Vladimir Poutine, exil compromettant qui permettra à ses détracteurs de l'assimiler à un transfuge voire à un agent double.

Que révèle son aventure en résumé ? Cette obsession du « tout-savoir » qui pousse certains services de renseignements, en proie au vertige du technologiquement possible, à dépasser les limites de leur propre mission. Yeux et oreilles de la nation dans un monde d'autant plus dangereux que l'on sait rarement d'où viendra le prochain coup, ces services n'ont pourtant vocation ni à devenir ses tuteurs, ni à se transformer en police de la pensée...

Danger, c'est le mot. Car voici un deuxième choc : celui des attentats islamistes de janvier 2015 dans la région parisienne. Et pour les perpétrer, d'autres jeunes gens à peine moins âgés que Snowden, mais voués au djihad, la guerre sainte contre les « apostats » et les « mécréants ».

A *Charlie Hebdo*, les tueurs s'appellent Chérif et Saïd Kouachi ; à l'Hyper Cacher de la porte de Vincennes, l'assassin se nomme Amedy Coulibaly. Leurs victimes : des juifs, des journalistes un peu forts en gueule, une policière municipale et deux de ses collègues de la police d'Etat. Tous ennemis de l'islam et du prophète Mahomet, croyaient les fanatiques. Tous à exterminer.

Dans le cas des frères Kouachi et de leur complice Coulibaly, les enquêtes journalistiques comme l'enquête interne à la Direction générale de la sécurité intérieure, la DGSI, montrent qu'il y eut faille du renseignement. Mais faille comment ? Dire après coup « la police n'avait qu'à... », c'est facile. Prévoir l'est beaucoup moins. Posons-nous la question : pour « tout prévoir » justement, doit-on désormais placer dix policiers derrière chaque activiste potentiel ? Si oui, il faudrait en lever des armées entières. Et des armées trop fournies de policiers, ce n'est jamais bon pour la démocratie.

La manière exacte dont s'est créé le lien entre les frères Kouachi et Al-Qaida dans la péninsule Arabique, métastase de l'organisation d'Oussama Ben Laden mère des attentats américains du 11 septembre 2011, reste encore mystérieuse. Or ce lien a existé, et ce n'est pas un travail de bureau face à l'écran d'un ordinateur qui aurait permis de le repérer, mais une pratique de terrain.

Surveiller de manière moins extensive, mais mieux, c'est-à-dire plus ciblée : l'efficacité, la vraie, est à ce prix. Du boulot de professionnels pour identifier les réseaux terroristes embryonnaires et recruter des informateurs en leur sein. Du flair aussi, de la patience, des moyens d'écoute et de filature modernes. Du personnel actif, autrement dit, plutôt que des ronds-de-cuir noircissant à gogo des fiches informatiques au titre d'une cybersurveillance de masse propre à noyer les services spécialisés sous un flot d'informations trop épais pour eux, mais qui, sait-on jamais, pourrait servir à « autre chose » ?

Le dilemme est revenu sur la sellette à travers les débats, parfois vifs, entre partisans, majoritaires, et adversaires du projet socialiste de loi sur le renseignement, texte soutenu à certaines nuances près par l'opposition.

Au nom de l'efficacité, ses partisans en appellent à l'opinion publique, qui exige des résultats, et parlent d'un Etat protecteur des Français. Un *Big Brother* étatique, s'indignent ses adversaires, craignant le glissement progressif vers un totalitarisme numérique aussi préjudiciable aux libertés que le danger qu'il prétendrait combattre.

Ce qui m'a frappé tout au long de la controverse, tandis que j'achevais cette *Histoire mondiale des services secrets*, fruit de trente-cinq ans d'investigation pour la presse et l'édition, c'est le peu de cas que les uns et les autres font du renseignement humain.

Comme si ce dernier était voué inexorablement à céder le pas à l'espionnage technologique. Comme si ces deux facettes de la même activité n'avaient pas toujours été liées.

Or, il se trouve qu'historiquement parlant, le renseignement humain n'a cessé d'aller de pair avec le renseignement technique, des Grecs, des Romains et des Arabes à la NSA, de la naissance des services secrets modernes à partir du XVIe siècle à la guerre d'Indépendance américaine ; la Révolution française, l'Empire napoléonien en lutte contre l'Empire britannique ; la Grande Guerre ; la Seconde Guerre mondiale ; la guerre froide, et pour finir, notre planète multipolaire avec ses grands entrants comme les Chinois ou les Indiens.

L'histoire des services secrets, en bref, n'est pas seulement celle des machines qu'ils mettent en œuvre, mais, simultanément, l'histoire de ceux (celles) qui s'adonnent à l'espionnage et que je qualifie plus volontiers d'officiers de renseignement que d'agents, terme supposant qu'ils seraient tous manipulés.

C'est souvent le cas, bien entendu, mais l'espionnage est aussi affaire de choix. Volontaires, ceux (celles) des réseaux de renseignements de la Première et de la Seconde Guerre mondiale le furent, dont quantité payèrent leur patriotisme et leur courage au prix le plus fort. Et pendant la guerre froide, on vit des ressortissants de pays communistes trahir le communisme parce qu'ils croyaient à la liberté et des ressortissants communistes de pays occidentaux trahir l'Occident parce que leur foi allait au marxisme-léninisme : ceux-là aussi avaient choisi.

Voici leur aventure, hommes et de plus en plus souvent femmes, héros ou traîtres, transfuges et agents doubles. Une histoire de coups fourrés, d'intox, de messages volés, de télégrammes décryptés, de courriels interceptés, d'échecs cinglants et de réussites méconnues, d'avertissements judicieux comme d'aveuglements tragiques.

Une histoire pas si petite qui éclaire la grande histoire d'un jour différent.

Elle commence par un saut de plusieurs millénaires en arrière, quand naquit un des plus anciens métiers du monde…

PREMIÈRE PARTIE

DU FOND DES ÂGES

« Seul un souverain avisé et un habile général sont capables de recruter leurs espions chez des hommes à l'intelligence supérieure, de sorte qu'ils accomplissent des exploits, tant il est vrai que leur rôle est essentiel et que sur eux reposent les mouvements d'une armée. »

SUN ZI, *L'Art de la guerre.*

1

Millenium espionnage

Un cavalier qui surgit de la nuit… Pas n'importe quel cavalier, c'est entendu. Pas n'importe quelle nuit non plus puisque, par ce soir sans lune, l'homme porte un message de vie ou de mort. Rien de moins que le plan d'attaque complet de l'ennemi à acheminer de toute urgence au camp allié.

L'obtention d'un renseignement aussi capital résulte de manœuvres souterraines conduites de main de maître espion par « Théodore » (ou « Gracchus », ou « Léon », ou tout autre pseudonyme à votre convenance), un agent infiltré de longue date dans les rangs adverses. Sa véritable allégeance connue des seules hautes sphères amies, c'est « Théodore » qui vient de remettre en mains propres le message à son porteur, mettant, espère-t-il, un point final à cette trop longue activité secrète. Le reste, après tout, ne dépend plus de lui… « Enfourche ton cheval, il en va du salut de notre bon souverain et de tous nos compatriotes », a-t-il lancé, le souffle court.

« Théodore » œuvre pour la cause, pas pour l'argent. S'il trahit bien quelque chose, c'est seulement la confiance mal placée des ennemis de son peuple. Mais d'autres agents secrets n'ont pas les mêmes scrupules. N'importe quel maître peut combler leurs vœux pourvu qu'il leur assure la richesse matérielle, l'extase idéologique, l'accomplissement religieux, le plaisir de la vengeance, la saveur de l'aventure ou encore l'ineffable vanité de se croire le centre du monde. Rayez les mentions inutiles, sans oublier ce motif de trahison au moins aussi puissant que les autres : le chantage. Comme on le verra tout au long du présent livre, la nature humaine recèle quantité de manières de manipuler autrui aux fins d'espionnage…

Mission désormais accomplie, « Théodore » doit penser à se sauver lui-même. Multipliant les détours ponctués de regards à la dérobée devant, derrière ou sur les côtés, il regagne ses pénates le cœur battant. Quelque agent du contre-espionnage adverse l'aurait-il pris en filature ? Non, par bonheur ! Quel soulagement après tous ces mois de double jeu, de mensonge, de sang-froid, de ruse et de patience.

De trouille au ventre aussi. Qu'on se le dise : l'espionnage de terrain, s'il n'est pas le plus vieux métier du monde, reste en effet l'un des plus dangereux. En cas de découverte, la peine capitale est de rigueur. Seules varient ses modalités en fonction des us et coutumes du pays concerné : bastonnade, lynchage, potence, décapitation, noyade, poison, poignard, peloton d'exécution ou, à l'ère moderne, chaise électrique, chambre à gaz, injections létales et autres gentillesses high-tech. Une peine de mort abolie de nos jours dans la plupart des pays démocratiques, c'est vrai. Mais pas tous. Et, par-dessus le marché, quel inconscient soutiendrait que la planète n'est peuplée que de démocraties ?

Trois règles d'or

« Théodore » à l'abri pour l'instant, encore qu'une enquête de contre-espionnage serrée permettra peut-être son arrestation demain, revenons-en à notre cavalier. Ecrasé par l'importance même de sa mission, le voici soudain en proie au doute. A quoi bon tant de risques, tant d'efforts, tant d'heures d'angoisse, tant de contacts furtifs si le plan ne parvenait jamais à destination ou, pire, s'il venait à tomber entre des mains hostiles qui ne manqueraient pas d'en tirer parti ? Dans ce cas, qu'adviendrait-il de lui, son porteur ? La torture sans doute. La mort peut-être même. Dieu le préserve alors de la faiblesse de tout révéler à ses bourreaux, sauvant sa misérable existence au prix amer de la trahison.

Ne parlons pas de malheur. Ou, plutôt, parlons-en sans cachotteries pour poser d'emblée ce principe de base : faute d'une épaisse gangue protectrice, tout secret arraché à la partie adverse peut aussi bien se retourner contre ses destinataires, faisant du renseignement un jeu de billard perpétuel ou, si l'on préfère, une partie de qui-perd-gagne, tant il est vrai que le but premier d'un service spécialisé n'est pas seulement de collecter des informations, mais aussi de faire parvenir ces dernières en temps utile à leurs utilisateurs éventuels. Et ce, sans interception ni déformation par l'ennemi.

Celui qui sait à leur insu ce que ses adversaires espéraient lui cacher se trouve en position de force : cette règle d'or en appelle deux autres tout à fait complémentaires. *Pas de service de renseignements digne de ce nom sans système de communication efficace*, point 1. Et, point 2, *en matière d'espionnage, pas de système de communication efficace sans procédés d'écriture secrète permettant de dissimuler aux regards indiscrets le contenu des messages échangés entre le service et ses agents.*

Elémentaire, mon cher James Bond ? A condition de se mettre préalablement en tête la manière dont ces trois règles de base déterminent du même coup les éléments constitutifs d'un service de renseignements. Des exigences qui s'appellent en bonne logique liaisons stables gérées par un appareil d'Etat au moins embryonnaire, ou encore maîtrise des écritures secrètes…

C'est parce qu'ils disposaient des premières – des liaisons postales voire des systèmes de communication par signaux – que les souverains égyptiens, assyriens, babyloniens, perses ou chinois purent faire remonter jusqu'à eux les informations venues des quatre coins de leurs vastes empires. Et c'est parce que, à défaut de service postal centralisé, les Grecs surent manier très tôt l'art du cryptage de leurs messages secrets qu'ils parvinrent à préserver si longtemps leur indépendance…

L'antiquité grecque de l'espionnage

Les empires, parlons-en, puisque nos Hellènes admiraient celui de leurs envahissants voisins perses autant qu'ils le craignaient, c'est-à-dire beaucoup.

Prenez Hérodote. Le père de tous les historiens décrit par le menu le fonctionnement du système postal à l'œuvre chez Cyrus puis Darius Ier quelque cinq siècles av. J.-C. De même qu'il explicite la manière dont les rapports des gouverneurs et des commandants militaires de leurs lointaines satrapies (les provinces de l'Empire perse) voire ceux des inspecteurs impériaux dépêchés sur place aux fins de vérification parvenaient par cette voie aux décideurs politiques.

Le facteur courrier jouant en l'occurrence un puissant rôle administratif unificateur, les empereurs perses se trouvaient ainsi relativement bien renseignés en interne. Ce, malgré les dimensions exceptionnelles de leur domaine, le plus vaste de toute l'Antiquité jusqu'aux guerres médiques qui virent le triomphe de la Grèce précipiter le déclin de la Perse.

De son côté, Xénophon, qui allia les qualités du général et celles du mémorialiste, ne tarit pas d'éloges sur les mille et une façons dont Cyrus savait s'attacher des informateurs de qualité en les couvrant de cadeaux et d'or (rappel : l'appât du gain, motivation numéro 1). Autant dire que si nul, dans l'Antiquité occidentale, ne théorisa la question du renseignement et si nul, historien, militaire ou les deux à la fois, n'en livra les détails précis, c'est par la seule relecture des textes anciens que nous devons en deviner la portée.

En filigrane

Une relecture entre les lignes. Celles d'Hérodote, par exemple, quand il nous conte à sa façon l'exploit de Démarate, fils d'Ariston. Exilé chez les Mèdes pour motif politique semble-t-il, ce Lacédémonien (autrement dit : un Spartiate) apprend que Xerxès vient d'arrêter le principe d'une campagne militaire foudroyante contre la Grèce. L'homme reste attaché au pays natal à moins, hypothèse privilégiée par Hérodote, qu'il entende faire un pied de nez à Sparte en démontrant qu'on ne saurait se passer de ses services. Mais comment avertir ses compatriotes du mauvais coup en préparation ? Un message trop apparent risque fort d'être intercepté par les Perses de Xerxès, ce qui ne procurerait aucun avantage aux Grecs mais beaucoup d'inconvénients à lui, Démarate ! Il faut donc le dissimuler.

L'idée vient alors au Lacédémonien d'utiliser une de ces tablettes en bois qui servent de support à la cire sur laquelle on grave des lettres. Il gratte la cire pour tracer au couteau à même le bois de la tablette les lettres grecques de son message d'alerte qu'il recouvre – c'est l'astuce – d'une autre couche de cire fraîche. Reste à faire parvenir à Sparte cette tablette si innocente d'aspect et le tour semble joué.

Joué, mais pas encore jusqu'au bout, car les destinataires lacédémoniens, aussi aveugles que la police perse qui a laissé passer sans encombre cet envoi « anodin », ne savent qu'en faire. Une tablette de bois recouverte de cire vierge, franchement, quel intérêt ? Seule la belle Gorgo saura deviner la subtile ruse de Démarate. Grattant la cire, l'épouse de Léonidas Ier, roi de Sparte, dévoile à tous le message gravé sur la tablette de bois.

S'ensuit une réunion d'état-major d'où il résulte que Léonidas devra bloquer l'avancée des troupes perses le temps qu'on mobilise toutes les cités grecques contre l'envahisseur. Victime indirecte de la sagacité de son épouse et de surcroît trahi, le roi spartiate y perdra la vie avec ses 300 meilleurs hoplites au légendaire défilé des Thermopyles. Mais les Grecs, sauvant leur pays dans l'unité, infligeront à Xerxès l'écrasante défaite navale de Salamine.

Pionniers du cryptage

Comme Monsieur Jourdain maniera plus tard la prose sans le savoir, Démarate vient de faire, sous nos yeux ou presque, œuvre de « stéganographe ». Autrement dit de praticien de la « stéganographie » (du grec *steganos* – « couvert » – et *graphein* – « écriture »), la science des écritures cachées que les Chinois maîtrisaient de plus longue date encore que les Hellènes. Par exemple quand ils dissimulaient leurs textes confidentiels rédigés en caractères minuscules sur des rouleaux de soie fine insérés à l'intérieur de boules de cire à avaler voire à cacher… dans les parties les plus intimes d'un individu.

A la merci permanente d'un policier ou d'un garde plus méfiant que les autres, cette gamme de procédés reste tout de même assez hasardeuse. Sauf si l'on combine la stéganographie avec une autre science plus complexe, la cryptographie.

Du grec *kryptos* (« caché »), la cryptologie est l'art de modifier l'ordre ou la signification des lettres ou des chiffres d'un message de telle sorte que nul ne puisse le lire « en clair » s'il ne dispose pas d'une grille ou « clé » de lecture convenue à l'avance avec ses destinataires. On retrouve ici nos vieilles connaissances, les Spartiates, inventeurs d'un des premiers procédés cryptographiques, la « scytale ».

Vous avez dit scytale ? Admettez pour les besoins de la cause que notre cavalier surgissant de la nuit et courant vers je ne sais quelle aventure au galop (ce n'est sans doute pas un Lacédémonien, lequel marchait le plus souvent à pied) porte autour de la taille une ceinture de cuir ou de tissu. L'endroit de la ceinture est vierge, mais son envers se trouve orné d'une série de lettres ou de chiffres. Ruse facile à détecter côté stéganographie : une fouille corporelle un tant soit peu approfondie suffit. C'est pourquoi, en accord avec ses supérieurs, l'espion infiltré qui lui a remis la ceinture n'a pas disposé les caractères n'importe comment.

L'espion crypteur était en effet muni de la fameuse scytale, c'est-à-dire un bâton taillé par un artisan de manière particulière, un pentagone à facettes volontairement inégales par exemple. Deux exemplaires seulement : un pour l'expéditeur et l'autre pour le destinataire.

L'agent infiltré a d'abord enroulé la bande de tissu vierge sur la scytale, puis il a tracé son message dans le sens de la longueur. Ainsi lu, le document reste parfaitement explicite, mais, une fois déroulé, il se résume à une suite de lettres ou de chiffres sans le moindre ordre logique. Que des gardes soupçonneux déshabillent le cavalier et déroulent sa ceinture et ils en seront pour leurs frais : l'homme ne dispose pas de la scytale et, bien entendu, ne connaît pas le contenu du message. Même sous la torture, il ne pourra rien dire, le texte restant donc inviolé.

La technique de la scytale fut semble-t-il usitée assez volontiers par ses inventeurs les Spartiates. En 404 av. J.-C., pour ne citer que cet exemple, quand le roi-guerrier Lysandre reçut du seul survivant d'un groupe de cinq messagers une ceinture qui, enroulée autour de son exemplaire du fameux bâton, lui apprit que le roi de Perse s'apprêtait à une nouvelle attaque surprise, vite repoussée et pour cause…

Rudimentaire ! objectera-t-on avec la suffisance caractéristique de notre époque. Ces pauvres gens ne pouvaient-ils pas se projeter au-delà d'expédients d'un si médiocre acabit ? Certes. N'empêche qu'au travers de ces rudiments, les Grecs n'en jetaient pas moins les bases d'une science du chiffrement et du déchiffrement dont le XXe puis le XXIe siècle seront emplis. Et cc, toujours dans un style bien à eux : leurs rares réflexions générales touchant le domaine du renseignement passaient en effet obligatoirement par la mythologie. Ainsi Métis, déesse de la ruse, donc, si l'on veut, marraine de l'espionnage, figurait-elle en assez bonne place au panthéon des Hellènes. Quant aux discussions proprement théoriques sur les questions de services secrets, ceux-là préféraient les remettre… aux calendes grecques.

L'art de la guerre secrète

Une avancée théorique, en voici cependant une, et pas des moindres. Elle nous transporte très loin de la Grèce et de la Perse, dans l'Empire chinois millénaire. Vers la seconde moitié du IVe siècle av. J.-C. probablement. Paraît alors sous le titre de *L'Art de la guerre* un manuel voué à l'étude des conflits armés. Mal identifié, l'auteur de ce texte fondamental de la stratégie chinoise, Sun Zi, est soit un général ayant commandé face à l'ennemi, soit peut-être le pseudonyme collectif d'une équipe de bons connaisseurs de la chose militaire.

Quoi qu'il en soit de son auteur, *L'Art de la guerre* se garde de livrer des détails trop précis sur l'identité ou même simplement le profil des agents à employer, sur leurs « couvertures », leurs méthodes et le type de renseignements qu'on leur demandera de collecter. En revanche, le texte condense et codifie une série de réflexions novatrices. Son chapitre XIII est consacré tout entier à l'espionnage, judicieusement extrait en l'occurrence de l'enfer théorique du non-dit.

La prévision est la condition *sine qua non* du succès, explique Sun Zi. Or ellc ne provient « ni des esprits ni des cieux ». Bien au contraire, elle est uniquement le fruit « des renseignements obtenus auprès de ceux qui connaissent la situation de l'adversaire ». Du travail des espions placés dans le saint des saints, en d'autres termes.

Il en existe cinq sortes, précise encore le Chinois dans ce chapitre très ramassé : « les agents indigènes, les agents intérieurs, les agents retournés, les agents sacrifiés, les agents préservés ». A condition d'être actionnées simultanément avec le doigté nécessaire, ces cinq catégories d'espions constituent le « divin écheveau » dont tout souverain ou tout chef de guerre d'envergure saura entrelacer les fils à son profit exclusif. Seuls des dirigeants politiques ou militaires de haute volée peuvent en effet « recruter leurs espions chez des hommes à l'intelligence supérieure ».

Ainsi donc, un rapport dialectique s'établirait entre la qualité des agents et la qualité des chefs qui les sélectionnent, faisant de l'espionnage le domaine des véritables penseurs stratégiques et non celui d'esprits médiocres. Cette vision très gratifiante explique à coup sûr la cote élevée dont bénéficie de nos jours Sun Zi dans le petit monde des services secrets – la « communauté du renseignement » comme on dit. Force est toutefois de reconnaître qu'elle implique un lien intellectuel si puissant entre les décideurs au sommet et les chefs des services que l'Histoire l'a rarement vu en œuvre.

De prime abord, on reste au contraire stupéfait de la disproportion entre la taille parfois respectable des agences de renseignements modernes, complexes machineries humaines et techniques, et la légèreté qui préside parfois à la désignation de leurs états-majors par le pouvoir politique.

Il est vrai qu'en poussant la réflexion un plus loin, on finit par réaliser à quel point tout cela reste tristement logique : des dirigeants obsédés par les seuls problèmes intérieurs, les calculs électoraux au jour le jour et la manipulation des opinions publiques par la sacro-sainte « com » sont bien incapables de se forger une vision un tant soit peu large du monde. Pourquoi diable chercheraient-ils donc à recruter ces « intelligences supérieures » chères à Sun Zi, mais tellement peu aptes à leur faire gagner des points dans les sondages ?

Fausses pudeurs romaines

Concernant le profil de leurs agents secrets, les Romains ne se montreront guère plus prolixes que Sun Zi. Plutôt moins, même. Comme dans le cas des Grecs, c'est par la seule voie de la déduction que les textes latins nous permettent de détecter l'importance des activités de renseignement de leur époque.

Encore faut-il préciser quelle époque. Car, à l'ère républicaine, les services secrets n'existent pas vraiment à Rome. En public, la Louve n'affiche-t-elle pas un superbe dédain officiel envers les espions, considérés comme des êtres méprisables ? Et un dédain plus général envers l'espionnage, conçu comme un processus de déchéance incompatible avec l'appartenance à l'élite romaine des chevaliers ?

Quelques graves mésaventures comme le passage de leur armée vaincue sous les fourches Caudines des Samnites (321 av. J.-C.) achèvent de les convaincre qu'ils feraient tout de même bien de s'intéresser à ces questions.

Côté jardin, la pratique diffère bien vite de ce schéma moraliste. Prenons le cas de Fabius Caeson. Parlant couramment la langue étrusque, c'est le frère d'un notable de Rome plusieurs fois dictateur, Quintus Fabius Maximus Rullianus (322-290 av. J.-C.). Désigné par son aîné, Caeson se déguise en ouvrier agricole puis s'en va au contact des Ombriens tâter les intentions réelles de ce vieux peuple d'Italie centrale. Lesquelles s'avéreront au demeurant des plus pacifiques, faisant de cette mission une réussite en matière de services secrets.

Saisissons au passage cette occasion de souligner – c'est important mais peu connu – la nature duale du renseignement. Souvent arme de conflit, l'espionnage peut, dans d'autres circonstances, rapprocher tels ou tels peuples en leur démontrant qu'ils n'ont pas grand-chose à craindre les uns des autres. Sachons aussi que les Romains, s'ils privilégient l'aspect militaire du renseignement aux dépens de son aspect politique, en reconnaissent du moins la valeur sur le terrain.

On les verra donc se doter d'un corps d'éclaireurs en campagne, les *exploratores* : de petits détachements spécialisés qui se projettent vers l'avant dans l'espoir de repérer l'implantation de l'ennemi, ses effectifs, son armement, ses axes de déplacement. Bref, de permettre aux consuls de comprendre leurs projets et d'y adapter les leurs. Du renseignement tactique plutôt que stratégique, mais du renseignement quand même. Sous l'Empire, ce rôle sera souvent joué par les cavaleries alliées.

L'inexistence dans la Rome républicaine d'un système postal unifié nuit cependant beaucoup à la transmission des informations. Chaque clan patricien dispose en effet de ses propres messagers, mais pas l'Etat, pas la République, dont les progrès dans l'acheminement des messages demeurent très modestes en regard d'une organisation militaire en perfectionnement constant. Une carence qui explique au moins autant la quasi-inexistence des agences de renseignements romaines que les scrupules « moraux » de vitrine réprouvant l'espionnage dans son principe même : on rejette volontiers comme impie ce qu'on ne sait pas mettre en œuvre, mais l'expérience venant...

Hannibal, maître en espionnage

La force des choses, ou plutôt la puissance intellectuelle de son adversaire le plus dangereux, Hannibal, va justement mettre à rude épreuve les nerfs de la Louve.

Passons sur l'audace de la marche du Carthaginois vers l'Italie depuis l'Espagne avec franchissement surprise des Pyrénées et batailles éclairs livrées avec succès sur un terrain favorable déterminé à l'avance grâce à des éclaireurs et à des espions recrutés au sein des tribus hostiles à Rome. Intéressons-nous plutôt à sa conception personnelle, et tout à fait neuve, du travail de renseignement.

Une colonelle du corps américain des Marines, Rose Mary Sheldon, s'est penchée avec énormément de sagacité et de finesse d'analyse sur la problématique de l'espionnage à l'époque de Rome. Décryptant les chroniques des guerres puniques, cette enseignante au Virginia Military Institute montre comment ces dernières révèlent, par raccroc ou presque, l'efficacité des services secrets d'Hannibal.

Après le désastre du lac Trasimène en 217 av. J.-C., le dictateur romain Quintus Maximus Verrucosus Fabius dit « Cunctator » (en français : « le Temporisateur ») propose à ses compatriotes une stratégie attentiste fondée sur le refus de la bataille avec l'armée carthaginoise. Il s'agit d'épuiser petit à petit cet adversaire redoutable, contraint, c'est sa faiblesse, de survivre dans un environnement de plus en plus hostile et, de surcroît, inapte à mener une guerre de siège, donc à menacer les grandes cités romaines.

Saisissant le péril, Hannibal recourt sur-le-champ à l'arme de la terreur, ravageant les domaines des grands latifundiaires qui peuplent le Sénat romain. Terreur, oui, mais sélective, car le

Carthaginois épargne à dessein les propriétés de Fabius Cunctator. Cette manière fort astucieuse de suggérer qu'un accord au moins tacite serait intervenu entre les deux chefs ennemis pour se ménager mutuellement va porter ses fruits. Au Sénat, de sérieuses suspicions se font jour sur le patriotisme de Fabius, dont la stratégie d'évitement méthodique tiendrait avant tout à la défense de ses intérêts matériels. Et quand le doute s'instille…

Le piège fonctionne à merveille. Contraint de partager son titre de dictateur avec Marcus Minucius, Fabius perd une partie de ses attributions, les armées romaines se voyant dès lors écartelées entre deux corps pratiquant des tactiques opposées, prudence dans un cas, agressivité dans l'autre. Malgré un effort d'armement sans précédent et le recrutement massif de troupes fraîches, la désorganisation du commandement qui s'ensuit mène dans un second temps à un désastre plus grand encore, la bataille de Cannes (216 av. J.-C.).

Rose Mary Sheldon nous invite à comprendre la ruse d'Hannibal dans toute sa complexité. Ce qu'elle révèle « en creux », c'est l'excellent rendement d'un service secret carthaginois si bien renseigné que le fils d'Amilcar semble connaître le cadastre romain dans ses moindres détails ! De même que, dûment informé par ses agents dans la place, il n'ignore visiblement pas grand-chose des luttes de clans au Sénat romain !

En matière d'intox fondée sur l'espionnage, rien de plus éclatant que cette réussite. Reste que la plus belle agence de renseignements de la planète ne peut donner que ce qu'elle a. Seuls les naïfs et amateurs de films hollywoodiens estiment encore que quelques espions bien placés suffisent à assurer la victoire. Celle-ci tient au contraire à quantité d'autres facteurs. La vitalité démographique de Rome par exemple, qui va lui permettre de lever sans cesse de nouvelles légions quand Hannibal, rationné en hommes et en moyens matériels par un Sénat carthaginois pingre et méfiant, se trouve dans l'impossibilité de compléter ses effectifs. Sa détermination politico-militaire sans égale permettra à la Louve de se relever, puis de l'emporter sur Carthage. Les agents secrets romains mettront toutefois des années de traque à contraindre Hannibal à se suicider pour ne pas tomber entre leurs mains.

Fin misérable d'un génie de la guerre qui fut aussi un grand maître espion.

Ave César, tes agents secrets te saluent

Cerveau politico-militaire génial coutumier des techniques d'espionnage, Jules César le fut tout autant que son prédécesseur carthaginois.

Comme le note de nouveau Rose Mary Sheldon, ses *Commentaires de la Guerre des Gaules* démontrent une aptitude certaine au travail de renseignement. Combien de fois, parlant de lui à la troisième personne, le vainqueur d'Alésia n'écrit-il pas laconiquement : « César apprit » ? Pas par l'opération du Saint-Esprit, on s'en doute. Quand, chef d'une armée étrangère à la conquête d'une colonie, vous « apprenez » quelque chose de palpable sur les intentions des nations résistantes, c'est par le truchement d'informateurs. Autrement dit, en l'occurrence, des agents autochtones « plantés » dans les élites des cités gauloises rebelles à l'emprise romaine et communiquant de manière assurée et discrète les informations confidentielles recueillies *intra-muros*.

Autant de messages oraux, mais aussi écrits qui circulent entre les espions sur le terrain et un commandant en chef ultra-centralisateur à l'exception de son bras droit Titus Labiénus, rompu à toutes les formes possibles de stratagèmes, à telle enseigne que les Gaulois le surnomment « la Ruse » quand ils ne désignent César lui-même que comme « le Rusé ».

Pour garantir la sécurité de telles communications et de beaucoup d'autres, le chef des légions romaines de Gaule a mis au point son propre système de cryptage qui porte, dans l'histoire des codes secrets, le nom de « Chiffre de César ».

Dans sa *Vie des douze Césars*, somme de biographies des premiers empereurs de Rome, Suétone donne quelques détails sur ce code, un chiffre dit en termes techniques « de substitution cryptographique » du fait que chaque lettre du document original y est remplacée par une autre. Selon Suétone, César décalait tout simplement l'alpha grec de trois lettres, α (alpha) se transformant en δ (delta), β (bêta) en ε (epsilon) et ainsi de suite jusqu'à 24, le nombre total de lettres helléniques.

Ses messages devenaient alors des séries de caractères inintelligibles pour qui, premièrement, ignorait comme la plupart des Gaulois le grec, apanage des classes dirigeantes romaines, et, deuxièmement, ne possédait pas la clef du chiffre (ici le décalage de trois lettres évoqué par Suétone, mais on comprend bien que la méthode permet 24 – 1 = 23 possibilités différentes de décalage, avantage non négligeable pour un procédé aussi simple d'emploi).

César spécialiste du renseignement doublé d'un expert en cryptologie, vous n'aviez probablement jamais entrevu le futur *imperator* sous cet angle ! Et pourtant, cette maîtrise relative dans ces matières constitua une des raisons principales de son succès. Perfectionnée par beaucoup d'autres, la méthode primitive d'algorithme qui porte son nom allait d'ailleurs faire florès au cours des siècles.

Cela est une autre histoire que nous aborderons plus tard, celle du combat permanent entre cryptage et décryptage, défense et attaque.

Notons pour l'instant que la vigilance césarienne pouvait être prise en défaut. A cause de ses propres défaillances, parfois. César veut-il explorer la Bretagne, c'est-à-dire l'actuelle Grande-Bretagne, qu'il s'y prend de bien mauvaise façon. Mal renseignée du fait de la négligence même de l'officier auquel a été confiée la tâche primordiale de reconnaître le littoral britannique à bord d'une galère, un certain Gaius Volusenus, une première aventure outre-Manche échoue en 55 av. J.-C.

Mieux préparée – encore qu'on n'ait guère pris la peine d'étudier les conditions climatiques du pays à envahir, fâcheux « oubli » qui aboutira à une semi-destruction de la flotte romaine lors d'une tempête –, une seconde expédition conduit enfin César à localiser l'année suivante par trahison le poste de commandement secret du leader de la résistance britannique, Cassivellaunos.

Reste qu'à l'automne, les Romains doivent se retirer de la grande île où ils ne remettront les pieds qu'un siècle plus tard. Et qu'il faudra bientôt faire face au soulèvement d'une grande partie des nations gauloises fédérées par le jeune chef arverne Vercingétorix, bon connaisseur des techniques de guerre romaines et excellent praticien du renseignement de terrain lui aussi.

Rome, unique objet de mes renseignements

Un système d'espionnage centralisé romain n'apparaîtra que sous le règne d'Auguste, l'émergence du régime impérial coïncidant de la sorte avec celle de services secrets dignes de ce qualificatif, et avec l'édification d'un système postal à l'échelle de l'Empire, le *cursus publicus.*

Comme tout changement de cap, cette double mutation a néanmoins son coût, lequel va s'avérer très élevé ! D'abord parce que le développement d'une filière postale étatique, fait positif en soi, se double de la mise en place d'une véritable police politique : les tristement fameux *delatores* dont le nom donnera « délateurs » en français. Ensuite puisque la manipulation des citoyens s'accentue, elle, par le biais plutôt original des *acta diurna*, les « actes du jour ». Ces ancêtres de journaux muraux placardés sur les murs du centre de la capitale diffusent un mélange savamment dosé d'éléments authentiques touchant la vie personnelle de figures connues et d'insinuations plus ou moins fondées : l'info sous strict contrôle de l'Etat plus l'intox, une combinaison appelée, on le sait, à un avenir radieux pour ses promoteurs, mais sombre pour leurs concitoyens.

Elle n'est pas la seule à oblitérer les libertés des Romains de l'ère augustienne et des siècles suivants. Car, plus grave encore, l'administration impériale commence à présenter leur restriction draconienne comme la condition « nécessaire » d'un renseignement de qualité.

Une affirmation bientôt récurrente dans l'histoire des services secrets, auxquels des pouvoirs trop étendus et mal contrôlés confèrent d'évidence un potentiel dangereux pour la vie démocratique. Les régimes autoritaires, dictatoriaux et totalitaires se sont toujours accommodés d'une telle dangerosité, l'équation efficacité-respect des libertés restant par nature difficile à résoudre pour les régimes plus tempérés.

Les techniques impériales de renseignements militaires se perfectionnent peu à peu avec l'émergence d'éclaireurs de métier, les *spectaculores*, bientôt transformés en bras armé du pouvoir, embryon de garde prétorienne spécialisée en charge des coups de main, des exécutions sommaires, des enlèvements. Comme d'ailleurs les *frumentarii*, au départ simples unités de ravitaillement.

C'est une dimension nouvelle du service secret qui se profile alors : non content d'espionner, celui-ci opère physiquement sur la base (en principe du moins) de renseignements précis et recoupés. Sans que l'on parle encore d'opérations clandestines ni de service Action, le concept et la pratique sont déjà là. Dans le même ordre d'idées, on peut également noter que presque partout, Gaule incluse, les Romains sauront mater les révoltes endémiques des peuples conquis par l'usage de méthodes de contre-guérilla efficaces dans leur extrême brutalité. La Louve mord d'autant mieux qu'elle sait à quel endroit planter ses crocs...

Au fur et à mesure de l'extension géographique de l'Empire, des organes décentralisés de renseignements apparaissent. Chaque gouverneur de province dispose désormais d'un *officium* regroupant plusieurs dizaines de fonctionnaires militaires et civils chargés, entre autres tâches « administratives », de l'espionnage et du renseignement. Souvent ces hommes opèrent d'ailleurs en contact direct avec les tribus alliées, sources d'information de plus en plus prisées car disposant des relais locaux indispensables.

Tellement prisées qu'elles entraînent, si l'on n'y prend garde, une sorte de dépendance. L'indolence naïve du préfet de Germanie romaine Publius Quintilus Varus le conduit par exemple à accorder toute sa confiance à Arminius (Hermann pour les Allemands), le jeune chef de la nation des Chérusques, qui l'abreuve d'informations lénifiantes. Or Hermann, convaincu qu'il lui échoit de repousser la Louve et de reconquérir l'indépendance des nations germaniques, profite de la naïveté et de la paresse de Varus pour monter une manœuvre d'intox de grand style. Donnant un coup de frein brutal au projet de romanisation de toute la Germanie, l'affaire aboutira au massacre de trois légions romaines entières – près de 20 000 hommes – attirées dans une énorme embuscade en 9 apr. J.-C. dans la forêt de Teutobourg et au suicide du préfet Varus lui-même.

En matière de renseignement, le moindre raté – et celui de Teutobourg était de première grandeur – peut déboucher sur de funestes conséquences. La leçon ne vaut pas seulement pour l'Empire romain, mais pour nombre de ses successeurs.

Secret Charlemagne !

Si Charlemagne fut un grand souverain, c'est bien entendu à ses immenses qualités d'administrateur qu'il le devait. Or chacun le sait : n'ayant qu'une confiance limitée dans ses représentants locaux, l'empereur carolingien les faisait contrôler par ses *missi dominici*. Des hommes de confiance opérant souvent en duo : un ecclésiastique et un laïc. Parfois même en trio, voire en quatuor, et ce de manière aléatoire et ambulante d'abord, puis, deux ans après la fondation officielle de l'Empire en 800, de manière permanente.

Peut-on assimiler le *missus dominicus* à un agent de renseignements ? D'une certaine manière oui, même s'il serait abusif de le transformer en espion. Sa tâche prioritaire consistait à collecter des informations fiables et à les confronter à celles de ses « équipiers ». Principales cibles visées : les administrateurs corrompus.

L'existence d'un corps aussi spécialisé d'envoyés personnels directement reliés à l'empereur laisse donc subodorer une forme d'organisme de centralisation du renseignement intérieure à l'Empire et, probablement, extérieure. De même d'ailleurs que la *Vita Caroli Magni*, la chronique « officielle » du règne par Eginhard, impliquait une bonne qualité d'information, fût-elle orientée aux fins d'apologie et de propagande. Contrairement à la légende, Charlemagne n'a pas inventé l'école, mais celle de ses hauts fonctionnaires comportait à coup sûr une partie « espionnage et documentation » des plus étoffées.

Il fallait bien cela pour que s'impose ce sceptre dont le poids se faisait alors sentir sur une grande partie de l'Europe actuelle, peu avant que loin de là émerge une nouvelle civilisation porteuse d'une nouvelle manière de voir, l'islam.

Le déchiffrage arabe

Né en 800, année du couronnement de Charlemagne, ou peut-être 801 à Koufa (actuel Irak), Abou Youssouf Ya'qub Ibn Ishaq al-Kindi est connu plus simplement comme Al-Kindi, et parfois sous son nom romanisé d'Alcindius. Fondateur de l'école philosophique arabo-musulmane du Moyen Age, la *Falsafa*, Al-Kindi nous a laissé plus de deux cents traités, de philosophie bien sûr, mais aussi de médecine, de géométrie, de physique, d'arithmétique, d'astronomie, de logique, de musicologie et même de psychologie, qui, traduits en latin, parviendront dans l'Occident médiéval.

Pour ce savant aux curiosités multiples annonçant d'une certaine manière les esprits universels de la Renaissance, toute recherche scientifique était en même temps une quête de Dieu. Ainsi, comme d'autres, se pencha-t-il sur les révélations de Mahomet telles que les expriment le Coran et les hadith, ensemble des récits ou actes rapportés par les compagnons du Prophète et constituant la base de la *Sunna*, la Tradition, l'une des sources fondamentales du droit musulman.

Dans ce dernier cas, l'enjeu philosophico-religieux était de vérifier que tel ou tel propos rapporté correspondait bien à une parole authentique de Mahomet. Une des techniques employées à cet effet consistait en une analyse linguistique serrée permettant de vérifier si telle ou telle formule pouvait être attribuée au Prophète sans le moindre risque d'erreur ou de confusion : la vérité au service de la foi.

Al-Kindi prit donc l'habitude de décortiquer ces textes au mot et à la lettre près. Une tâche épuisante mais exaltante qui allait le conduire à examiner la fréquence des lettres dans la langue arabe, celle des textes sacrés. Puis à élargir son propos à toute langue alphabétique, chacune d'entre elles recélant une lettre plus usitée que les autres, une deuxième un peu moins, une troisième moins encore et ainsi de suite.

C'est par ce biais qu'Al-Kindi devait, outre son rôle éminent dans la *Falsafa,* faire date dans l'histoire du renseignement. Comment ? En inventant la cryptanalyse, soit l'art de mettre au clair « de l'extérieur » un texte crypté dont, au départ du moins, on ignore la clef. Le principe de cette science nouvelle consiste à examiner la fréquence des lettres contenues dans tel ou tel message secret. A condition de savoir dans quelle langue ce document a été rédigé, c'est chose possible.

Chaque langue alphabétique comporte, on l'a dit, une lettre plus fréquente que les autres que l'on peut classer en deuxième, troisième position, etc., selon leur propre fréquence. Pour le français par exemple, cette lettre privilégiée est le « e », suivie du « a » puis du « i ». Pour peu que le texte secret à décrypter soit rédigé dans la langue de Molière et que sa longueur apparaisse comme suffisante pour lui donner prise, on peut le soumettre à la technique dite de l'« analyse des fréquences ».

En voici le principe, explicité dans *Révéler ce qui est caché*, un traité savant publié vers 860 : si notre message crypté comporte plus souvent la lettre « x », peu usuelle en français, il y a gros à parier que ce « x » soit la transposition du « e ». On remplace donc systématiquement « x » par « e » avant d'appliquer la même méthode à la lettre qui revient en deuxième position, logiquement rétablie en « a », puis à la troisième, rétablie en « i ».

Bien sûr, il ne s'agit aucunement d'une martingale. Encore faut-il apporter divers correctifs, parfois très longs, et faire preuve d'astuce, d'ingéniosité d'esprit, de déduction, de logique avant d'aboutir à une transcription en clair du message crypté.

La même inventivité qu'un autre scientifique multilingue, Jean-François Champollion, mettra en œuvre dix siècles plus tard pour commencer à percer, « de l'extérieur » là encore et grâce à la célèbre pierre de Rosette, le mystère des hiéroglyphes égyptiens. Comme quoi les chemins sont divers qui vont mener à la cryptanalyse, cette science qui conduira elle-même à l'émergence de l'informatique, discipline complexe dont les cryptanalystes, par exemple ceux de la National Security Agency, la NSA dénoncée par Edward Snowden, usent quotidiennement pour mettre au clair une variété immense de communications chiffrées – les vôtres peut-être…

Les voies du renseignement sont décidément impénétrables. Elles passent aussi bien par la terre ou la mer que par la haute atmosphère où les satellites américains et autres captent et enregistrent aujourd'hui chaque jour ces milliers de communications codées à « casser ».

Le temps est venu de se pencher sur l'apport inattendu à la culture du renseignement d'un peuple marin et souvent méconnu venu du nord de l'Europe.

Des Normands bien renseignés

On sait qu'après le dépeçage de l'Empire entre les fils de Charlemagne, l'Europe allait entrer dans une zone de dissensions et de turbulences.

C'est la période où un peuple scandinave de marins, de commerçants, d'explorateurs, mais aussi de guerriers, les Vikings, va se tailler des fiefs tous azimuts en Irlande, en Islande, au Groenland, en Normandie, en Russie-Ukraine, comme en Méditerranée, Sicile notamment.

Leur grand spécialiste français, Régis Boyer, a montré que le succès de ce peuple migrateur tenait au moins autant à son sens du commerce qu'à la terreur qu'il inspirait. Pour autant, les découvreurs du Groenland, jouant sur toute la panoplie des techniques de services secrets, mirent au point très tôt des méthodes sophistiquées d'éclairage, de guidage, de renseignement et d'action de commando. Voici ce que Boyer en dit : « Ils [les Vikings] sont documentés, dirions-nous, ils savent quel est le point vulnérable à toucher – jamais un lieu fortifié, ou alors à un moment où personne n'est sur ses gardes –, d'ordinaire une église, une abbaye ou autre butin [...]. Ils lèvent l'ancre pour aller accoster vite et sans bruit, débarquent leurs chevaux ou s'empressent de mettre la main sur ceux qu'ils ont repéré et fram ! fram ! en avant. »

Soyons plus explicite encore. En bonne logique de navigateurs chevronnés, les Vikings opèrent en premier lieu par la mer, leur domaine. Rien de plus facile pour eux que d'envoyer une première équipe repérer tel ou tel lieu prometteur, par exemple cette riche abbaye située sur un promontoire rocheux voisin des côtes et, peut-être, facile à razzier. Le prétexte de cette incursion initiale est trouvé d'avance : le commerce. Débarquons donc de notre *knörr*, le célèbre navire viking, dans le dessein apparent d'échanger des marchandises. Qui s'offusquerait d'intentions aussi peu belliqueuses ?

Cependant, imaginons qu'en la circonstance on pense pillage plutôt que négoce. Profitons alors des circonstances pour laisser traîner notre regard et nos oreilles un peu partout... ce sentier escarpé qui permet d'accéder à l'objectif... ce petit bois si pratique pour progresser à l'abri des regards... ces courants marins qui, le coup de main effectué, permettront de quitter la rive rapidement... ce bavard impénitent révélant que la garnison est très affaiblie... cet autre naïf vantant le trésor des bons moines...

Tous renseignements utiles en mémoire, rentrons maintenant dare-dare dans notre lointain fjord. L'heure de faire le point avec les nôtres a sonné. Palabres, discussions. Si le coup de main semble à la fois possible et rentable, une seconde équipe, armée cette fois et préfigurant ce qu'on nommera bien plus tard une unité de « forces spéciales », peut prendre la mer pour le réaliser, mettant à profit les informations recueillies sur place par celle qui l'a précédée. C'est décidé ? Alors éventrons un tonneau et abreuvons-nous toute la nuit de ces récits mythiques scandinaves où la ruse et l'espionnage ont largement leur part.

La préparation minutieuse de telles opérations commando explique non seulement leur fréquente réussite, mais aussi la réputation - excessive - de violence qui va entourer les Vikings. Du fait même de leur rapidité et de leur précision, les attaques foudroyantes qu'ils mènent terrorisent populations et élites, incapables d'en analyser les causes. Moins brutales que soudaines, elles confèrent en outre à ce peuple marin une aura d'efficacité propre à lui faciliter la tâche.

Réputé invincible, tout organisme clandestin marque en effet de sérieux points dans la guerre psychologique qui l'oppose à ses adversaires et constitue une des dimensions essentielles de la guerre secrète. Au XXe siècle et même après, ce sera d'ailleurs le cas de services spéciaux les plus habiles dans l'art d'alimenter eux-mêmes leur propre légende – on pense bien entendu au MI 6 britannique ou au Mossad israélien plus qu'à la CIA, souvent considérée comme maladroite et trop voyante.

Ancien des services français en Asie notamment, Jean Deuve s'est penché sur le renseignement militaire chez les Normands, dont il détaillera en bon spécialiste l'arsenal très large : reconnaissances terrestres, espionnage tactique, interrogatoire des prisonniers, informations fournies par les transfuges et autres sources, ainsi que reconnaissances maritimes dans lesquelles ces navigateurs en partie sédentarisés continuaient à exceller. Très documentée, son étude montre à quel point Guillaume le Conquérant et ses compatriotes restaient imprégnés de cette culture viking du renseignement qui leur valut de beaux succès sur les troupes du roi de France, les Byzantins ou les musulmans.

« Toutes ces batailles, où le sort de la Normandie a été en jeu » ont été précédées et accompagnées d'une intense préparation « renseignement », précise Deuve. Il fait notamment allusion aux victoires de Varaville (mars 1057) et plus tard de Brémule (août 1199) qui assurèrent l'indépendance du duché par rapport au royaume de France.

Autant dire qu'en l'occurrence l'éternel « P't'êt'ben qu'oui, p't'êt'ben qu'non » attribué par la vulgate à nos compatriotes normands n'était guère de mise. A l'aube du Moyen Age, les descendants français des marins scandinaves faisaient au contraire fructifier comme personne l'héritage de leurs ancêtres. Assez pour se tailler un royaume en Angleterre après le face-à-face de Guillaume le Conquérant et de Harold II en 1066 à Hastings, bataille décisive précédée d'une intense activité du service d'espionnage et de contre-espionnage normand, capable d'intercepter et de démasquer en temps utile plusieurs agents secrets adverses.

Le renseignement de qualité est une pratique de longue date doublée d'une longue patience. Les siècles suivants qui mènent vers l'ère moderne vont nous en apporter la preuve…

2

L'invention des services

Anagni, 7 septembre 1303. C'est dans cette petite ville tranquille du Latium que les sbires de Guillaume de Nogaret, le factotum de Philippe le Bel, et de son complice italien Sciarra Colonna sont venus terroriser physiquement le pape Boniface VIII, coupable de ne pas se plier aux desiderata du roi de France, voire envisager son excommunication. Cet épisode sacrilège va s'étendre sur trois jours d'humiliations, de menaces et de pressions continuelles. De telle sorte que, rentré à Rome, Boniface mourra un mois après seulement.

Conçu comme une opération de commando destinée à plier le souverain pontife aux volontés de Philippe le Bel, le coup de force a été précédé d'un travail de repérage effectué par des « intelligences » locales, en l'occurrence les nombreux ennemis italiens de Boniface.

On ne connaît pas les détails techniques de sa préparation. Tout indique cependant que Nogaret disposait dès cette époque d'un réseau de renseignements assez dense pour agir aussi loin de ses bases françaises. L'embryon de service secret qu'il mettra en œuvre à domicile neuf ans plus tard pour préparer, de concert avec Enguerrand de Marigny, le conseiller financier de Philippe le Bel, le coup de filet surprise contre les chevaliers du Temple destiné à assurer la saisie de leur fortune par le Trésor royal. Une manœuvre complexe nécessitant un travail préalable d'estimation, de surveillance, de repérage des commanderies templières et de leurs occupants, à commencer bien entendu par la surveillance du château parisien du Temple.

Autre réussite de Philippe le Bel : le recrutement du Gallois Thomas d'Uberville, fait prisonnier sur le champ de bataille et emprisonné à Reims. Moyennant une très forte somme et des promesses plus considérables encore, ce noble influent à la cour du roi d'Angleterre accepterait-il de soulever les Ecossais et surtout les Gallois contre son souverain Edouard Ier ?

La réponse est oui. Un simulacre d'évasion est monté. D'Uberville regagne l'Angleterre paré du prestige des héros de la cavale. Le voilà sous peu au Conseil privé du roi, empressé à faire parvenir outre-Manche des rapports écrits sur les projets anglais. Des textes qui, interceptés, vont causer sa chute et son exécution en septembre 1295, tant une carrière d'agent double peut basculer du jour au lendemain.

On pourrait croire que le royaume de France va entretenir et développer ainsi son embryonnaire agence d'espionnage. Il n'en sera rien. Après la mort de Philippe le Bel en 1314, le réseau va péricliter, même si le renseignement français connaîtra de nouveau quelques beaux jours pendant le règne de Louis XI (1423-1483), souverain rusé qui préférait la guerre secrète, dans laquelle il excellait, à la guerre tout court, où ses talents s'avéraient infiniment moins convaincants. Manière de suggérer qu'il tissait partout sa toile, on le surnommait « l'Universelle Araigne » (pour « araignée »).

Et pourtant, ce n'est pas de ce côté-ci de la Manche, mais sur ses rivages anglais qu'avait pris naissance le premier service de renseignements d'Etat digne de ce nom.

La préhistoire de l'Intelligence Service

Edouard III d'Angleterre a enclenché ce mécanisme en pleine guerre de Cent Ans (1337-1453), soit une interminable période d'espionnage militaire, d'infiltration politique, d'intrigues de cour, d'intox, de corruption.

Les cibles visées prioritairement par Edouard III ne sont cependant pas les Français, mais les assassins de son père, Edouard II, et en tout premier lieu le comte de March, Roger Mortimer de Wedmore. Mortimer se trouvant être l'amant d'Isabelle, la « Louve de France », fille de Philippe le Bel, on comprend à quel point l'affaire devra être menée avec discernement : ne s'agit-il pas de frapper le comte tout en épargnant la reine Isabelle de Valois, veuve d'Edouard II, mais aussi mère du nouveau roi, âgé de quinze ans à peine à sa montée sur le trône en 1327 ?

Trois années plus tard, Mortimer et ses principaux complices subissent à leur tour la peine capitale. Tous sauf John Maltravers et Thomas de Berkeley, exilé en Allemagne mais inoffensif car sa propre femme s'est constituée otage. Sans oublier Thomas de Gournay, réputé détenteur de secrets compromettants et dont on a perdu la trace. Le bruit court qu'il serait sur le continent, ce qui inquiète fort le jeune souverain d'Angleterre : et si Gournay allait raconter « ce qu'il sait » au roi de France, Philippe VI de Valois ? Mort ou vif, on doit le retrouver à tout prix.

Edouard III choisit alors la méthode de la « contre-mine ». Il embauche des agents secrets et les constitue en groupe structuré. Sa façon de prendre date. Comme l'écrira sept siècles plus tard l'historien britannique M. G. Richings : « Autant qu'on peut en conclure par les registres du Trésor royal, c'est là le premier exemple d'un système organisé de contre-espionnage ou de service secret à la cour d'Angleterre, et pour des buts autres que militaires. »

Trois conseillers supervisent cette lointaine ébauche des actuels MI 6, le Secret Intelligence Service, équivalent de notre Direction générale de la Sécurité extérieure (DGSE), et le British Security Service, celui de notre Direction générale de la Sécurité intérieure (DGSI) : sir Robert de Montacute, l'évêque John de Stratford et John de Walwyn, bientôt très actif à Avignon comme émissaire secret auprès du pape, le Français Jean XXII. Comptons aussi avec le comte italien Niccolino Del Fiesco (enlevé par les Français à Avignon, puis libéré sous la menace d'une excommunication papale), avec le sergent d'armes Gilles Spain, avec les chevaliers William de Cornwall et William de Twenge, qui mènera la mission à bien en 1333 en ramenant d'Italie la dépouille de Gournay.

L'Italie où, justement, une autre forme d'agence secrète voit bientôt le jour, toute différente dans ses objectifs.

Les Confidents de Venise

L'inconnu pénètre dans le palais ducal et gagne la salle de la Boussole, antichambre du tout-puissant Conseil des Dix qui gouverne d'une main de fer la Sérénissime République de Venise. Les jambes flageolantes, il vérifie que personne ne l'observe, puis, d'un geste vif, glisse une feuille manuscrite pliée en quatre dans la « Bouche du Lion ». Aussi appelée – mais toujours à mi-voix – « Bouche de la Vérité », cette boîte à lettres très spéciale sert de réceptacle aux missives de dénonciation adressées en toute humilité à « Nos Seigneurs les Inquisiteurs d'Etat ». Celles-ci sont relevées, classées, déchiffrées si besoin est, analysées enfin et transmises à qui de droit.

La « Bouche du Lion » constitue une source de renseignements privilégiée de la police politique et du contre-espionnage vénitiens. Outre les anonymes soucieux de régler des comptes pendants avec leurs familiers, leurs voisins ou leurs concurrents, des agents plus professionnels de la Sérénissime République, ses « Confidents », y déposent leurs rapports à destination des inquisiteurs d'Etat.

« Inquisiteurs », le mot même prête à confusion. S'agirait-il de quelque nouvelle mouture de l'Inquisition de l'Eglise chrétienne visant les suspects d'hérésie ? Pas du tout. Les inquisiteurs de Venise n'ont rien de religieux. Ce sont des patriciens sélectionnés dans le plus grand secret parmi les membres du Conseil des Dix. Au nombre de trois, ces maîtres absolus en matière d'espionnage et de contre-espionnage actionnent le très dense réseau des « Confidents ».

Leurs prérogatives sont singulièrement étendues. Ainsi les inquisiteurs de l'Etat peuvent-ils faire incarcérer ou exiler toute personne réputée « ennemie de Venise ». Dans des cas jugés plus graves, ils décrètent ni plus ni moins la peine de mort. S'ensuivent des assassinats à la dérobée, les corps des victimes étant jetés dans les eaux du Grand Canal.

Ces basses œuvres de répression sont l'apanage du *Messer Grande* et du *Capitan Grande*, bras armés de la Sérénissime qui, à leur tour, commandent la petite troupe de sbires, geôliers et tueurs experts au poignard et même au poison. Les sbires vénitiens prennent aussi en filature les voyageurs, fouillant leurs chambres à l'auberge et surveillant leurs contacts locaux. Le tout dans le plus grand secret : autant dire que nous voici en présence d'une structure renseignement-contrôle-arrestation-liquidation physique des plus élaborées.

Une structure qu'enveloppe un nuage de mystère. Que craignent les inquisiteurs de l'Etat ? Les menées politiques subversives bien entendu, mais avant tout les indiscrétions économiques. Venise, dont la fortune est fondée sur le négoce et non sur la puissance militaire, doit préserver à tout prix ses secrets commerciaux dans le même temps qu'elle s'emploie à percer ceux des autres.

Les marchands de la Sérénissime, qui ne révèlent à personne les itinéraires qu'empruntent leurs galères ou leurs caravanes, brûlent en effet de découvrir les plans et les routes de la concurrence. C'est la raison pour laquelle les inquisiteurs disposent d'un service permanent de déchiffrage des courriers entrants ou sortants, avec une prédilection pour les correspondances des voyageurs trop curieux, vus comme des agents ennemis potentiels.

Les « Confidents de Venise » ne limitent pas leurs activités au seul territoire de la République. On les trouve à l'œuvre dans tous les grands ports d'Europe et du Levant. A eux la tâche stratégique de surveiller les mouvements de navires marchands étrangers, de déterminer l'origine, la nature, la destination, la route suivie, l'importance de leurs cargaisons. A eux d'en référer au Conseil des Dix par le biais de rapports détaillés et, s'il le faut, codés.

Très en avance sur son temps à l'apogée de la Sérénissime, au milieu du XVe siècle, le dispositif de renseignements et de contre-espionnage commercial vénitien anticipe ainsi ceux qui se développeront au cours des siècles suivants, en Angleterre notamment. Avouons même que, dans sa complexité et son mépris des règles élémentaires du droit, il préfigure aussi l'appareil de renseignement économique de puissances du XXIe siècle pas toujours soucieuses des libertés individuelles…

La Reine vierge et ses hommes

William Shakespeare fit partie de cet embryon de service secret, croient savoir certains. Et, de façon plus documentée, cet autre auteur dramatique, Christopher Marlowe, poète et mauvais garçon probablement recruté dès ses vingt ans en 1584 à l'université de Cambridge et tué neuf ans plus tard – au cours d'une mission ? – lors d'une rixe dans une taverne.

Le fait est que le règne d'Elisabeth Ire (1558-1603) devait marquer une nouvelle étape dans la longue maturation de l'Intelligence Service. La « Reine vierge », son surnom, sut en effet rassembler autour d'elle une équipe réduite mais stable de conseillers sous la houlette d'abord de William Cecil, baron Burghley, son secrétaire d'Etat quarante années durant. Un homme connu pour son honnêteté, sa compétence en matière politique et économique, mais aussi dans le domaine secret.

Voici à titre d'exemple autorisé ce que M. G. Richings dira en 1933 du mode élisabétain de fonctionnement : « Cecil ne se fiait pas à ses commis ; il tint à diriger lui-même le fameux service de chiffrement et de déchiffrement qu'imposait la méthode double d'Elisabeth. La reine, Cecil et le trésorier Parry devenu chevalier inaugurèrent à eux trois une nouvelle politique consistant à entretenir un service permanent et confidentiel de renseignements, indépendant de celui du Conseil privé qui dirigeait le service depuis Thomas Cromwell ; ce fut un nouveau pas en avant dans l'évolution du service secret de la Couronne. »

Un service bientôt baptisé « Défense de l'Etat » dont Francis Walsingham, un protégé de Cecil, va prendre à son tour les rênes. Linguiste de talent, d'où sa compétence en matière de chiffrement et de déchiffrement dont nous aurons à traiter, Walsingham, agent du service depuis 1568 au moins, exerce un an plus tard les difficiles fonctions d'ambassadeur à Paris – en fait, âme de l'espionnage et du contre-espionnage britanniques dans la capitale française. C'est lui qui va fournir à Cecil des agents aussi précieux que le capitaine italien Sasseti ou son propre serviteur Jacomo Mannuchi, infiltré – coup de maître – au sein même de la domesticité de l'ambassadeur de France à Madrid.

Ses réussites attirent sur lui l'attention de la reine, de telle sorte qu'en décembre 1560 ce jeune homme de trente ans, désormais chevalier, prête serment devant le Conseil royal privé, jurant de se montrer à l'avenir « bon et loyal conseiller de Sa Majesté ». Quand Cecil se verra promu secrétaire principal de Sa Majesté puis Grand Trésorier, Walsingham, monté en grade lui aussi, le remplacera comme secrétaire d'Etat.

Ce n'est toutefois qu'en 1580 qu'il va disposer d'une organisation de renseignement bien à sa main. Aux hommes de confiance de Cecil : John Lee, son espion personnel ; le catholique Anthony Standen alias « Pompeo Pellegrini » ou Thomas Herle, petit noble vénal lié par sa famille aux rebelles du Northumberland qu'il a trahis, se superposent dès lors les recrues personnelles de Walsingham.

Nombreuses, celles-ci forment une équipe multinationale à direction anglaise. Citons parmi les étrangers Patrick Baynebridge alias « Thompson », Ecossais d'une rare audace ; son compatriote le poète William Fowler ; Jacomo Mannuchi bien sûr, le Florentin de toutes les missions spéciales. Et parmi les Anglais : Edward Woodshaw, successeur de John Lee comme résident du service dans le très stratégique port d'Anvers ; Nicholas Ouseley, son homologue à Malaga (« un des hommes les plus habiles que j'ai connus », dira Walsingham) ; Thomas Randolph, en poste à Edimbourg, et le docteur Wilson opérant, lui, aux Pays-Bas.

L'état-major permanent de la Défense de l'Etat se compose de Nicolas Berden alias « Thomas Rogers » ; de l'Irlandais Barnaby alias « Emilio » ou « MacGeogan » ; de Thomas Barnes, jeune Anglais passé du service de Marie Stuart reine d'Ecosse à celui d'Elisabeth Ire ; de Stephen Paule, Bernard Williams ou encore du catholique converti Robert Pooley. Des hommes que leur chef rémunère sur sa bourse dans l'attente, pas toujours satisfaite, d'un remboursement par le Trésor royal des frais engagés.

Leur mission ? D'abord contrecarrer les plans de la couronne de France et battre en brèche ceux de son homologue d'Espagne, particulièrement dangereuse car très attachée au catholicisme, alors que Henri VIII, le père d'Elisabeth, a imposé à ses compatriotes la religion anglicane. Une tâche dont Walsingham et les siens s'acquitteront à merveille, par exemple en accréditant le fameux corsaire Francis Drake, écumeur des mers du Sud et vainqueur de l'Invincible Armada en 1588. Grâce à une tempête providentielle notamment : *Britannia rules to waves…*

Objectif : Marie Stuart

Dans les îles Britanniques même, il s'agit d'isoler l'ex-reine d'Ecosse Marie Stuart, laquelle entend faire valoir ses droits au trône d'Angleterre, supérieurs à ceux d'Elisabeth selon ses coreligionnaires catholiques. Or cette très belle femme à la vie sentimentale désordonnée se complaît dans un univers enfantin de conjurations et de complots.

Déjà veuve de l'éphémère roi de France François II, Marie Stuart n'a peut-être pas été étrangère à l'assassinat de son deuxième mari, le brutal Henry Stewart, comte de Darnley, tué en février 1567 lors d'une mystérieuse explosion. Remariée en troisièmes noces au comte de Bothwell, James Hedburn, un des principaux suspects de l'attentat meurtrier, Marie doit finalement abdiquer sous la pression de la noblesse protestante écossaise. Elle croit alors judicieux de demander l'asile à sa cousine la Reine vierge.

Pendant dix-huit ans, l'ex-souveraine d'Ecosse, symbole de la beauté persécutée pour les uns, de la trahison récurrente pour les autres, va connaître une succession de prisons, dorées certes, mais prisons quand même.

Assagie ? Point du tout ! Début 1586, un catholique anglais, Robert Gifford, parvient en effet à établir une filière épistolaire secrète entre la reine déchue et la représentation diplomatique française à Londres dirigée par M. de Châteauneuf. S'ensuit une nouvelle conspiration fomentée par un jeune idéaliste, Anthony Babington, et six de ses amis catholiques. Elle vise ni plus ni moins à faire évader Marie. Doublé d'une expédition militaire espagnole ou plus probablement française, l'assassinat d'Elisabeth permettrait de faire monter l'ex-reine d'Ecosse sur le trône d'Angleterre.

Le malheur, c'est que ce grand secret n'en est pas un, Gifford ayant proposé dès le début à Walsingham ses services en qualité d'agent double ! Résultat : la correspondance « clandestine » entre Marie Stuart et Babington atterrit dans son intégralité sur le bureau du chef de la Défense de l'Etat. Lequel fait « casser » le code de Marie – un alphabet chiffré doublé de mots de code – par son maître cryptanalyste, le polyglotte Thomas Phelippes.

Un homme précieux, ce Phelippes. Et très au courant des progrès de la cryptologie intervenus depuis les débuts de la Renaissance grâce aux travaux de l'abbé allemand Jean Trithème, du savant italien Giovanni Porta et, plus récemment, du diplomate français Blaise de Vigenère, inventeur d'un magique « tableau carré » de vingt-six alphabets chiffrés décalés chacun d'une lettre du précédent. Une technique qui, de par le caractère sophistiqué du chiffrement, rend inopérante la méthode de l'analyse des fréquences chère à Al-Kindi et à ses successeurs. Simple hasard, elle sera rendue publique en cette même année 1586 dans le *Traité des chiffres ou manières secrètes d'escrire*.

Walsingham le sait : Elisabeth n'entend pas faire exécuter sa cousine Marie. Comment surmonter cette répugnance ? En introduisant dans la correspondance Babington l'élément de malignité indispensable. Le jeune homme propose-t-il à l'ex-reine d'Ecosse d'assassiner sa rivale ? Phelippes, également faussaire de talent, imite l'écriture de Marie Stuart pour ajouter en bas du message un post-scriptum laissant clairement à penser que la souveraine déchue fait sien ce projet meurtrier.

Le résultat escompté sera atteint. Dupée « pour raison d'Etat » par ses propres serviteurs, Elisabeth s'indigne. « Convaincue » d'avoir ourdi l'assassinat de sa royale cousine, la malheureuse est condamnée à mort. Le 8 février 1587, sa tête tombe sur le billot.

Triste affaire de désinformation de Sa Majesté pour le bien supposé de Sa Majesté et peut-être même avec son accord tacite, qui sait ? Notons sur nos tablettes qu'en la circonstance les débuts d'un service secret anglais moderne se sont accompagnés du recrutement d'un agent double, le sieur Gifford, mais aussi, et surtout, de la confection d'un faux visant une personne royale.

Serait-ce à dire que l'intox et la *deception* – le mot anglais pour « désinformation » – feraient, en quelque sorte, partie de l'ADN du futur Secret Intelligence Service ? Même s'il faut toujours garder ses distances avec la légende noire de la « Perfide Albion », la question mérite au moins d'être posée.

Le feu (manqué) aux poudres

De fait, une deuxième affaire survenue dix-huit ans après la peine capitale de Marie Stuart, la Conspiration des poudres, va dégager à son tour un fort relent de « provoc ». On y retrouve le nom de Thomas Phelippes associé à celui de Robert Cecil, le fils de William, principal conseiller de la Couronne après la disparition de son père.

Très inquiet des menées catholiques de nature, selon lui, à déstabiliser le régime britannique, Cecil a décidé de priver de passeport les sujets anglais de cette confession, contrariant ainsi leurs rapports éventuels avec l'étranger. Or, conduite par deux jeunes catholiques, Guy Fawkes, un converti, et Robert Catesby, une petite cellule de conspirateurs met sur pied un plan meurtrier. Ces « papistes » veulent faire sauter la maison du Parlement anglais, tuant du même coup le roi Jacques Ier, fils de Marie Stuart, honni aussi bien des anglicans que des catholiques.

Il se trouve que Phelippes, en principe retraité dans sa petite maison des quais du port de Londres, entretient une correspondance pour le moins surprenante avec l'Irlandais Hugh Owen, un ami intime de Fawkes. Surprenante parce que le vieux cryptanalyste écrit bien à Owen, que ce dernier, méfiant, ne répond pas et que Phelippes ne trouve rien d'autre – ou a reçu pour consigne de ne rien trouver d'autre – que de fabriquer lui-même des « réponses » à ses propres missives qu'il signe « Bensons ».

Vous avez dit bizarre, mon cher Cecil ? Comme c'est bizarre en effet. Le fait est que la conspiration sera découverte *in extremis*, les agents de la police secrète de Sa Majesté mettant la main sur les trente-six barils de poudre entreposés avant qu'ils n'explosent. Que Catesby, Fawkes et leurs amis feront dès lors figure d'épouvantails, ennemis inexpiables de la Couronne et de la foi anglicane. Qu'enfin le rôle exact de Phelippes dans l'affaire reste obscur, laissant à penser, comme d'autres éléments apparus par la suite, que le réseau était infiltré dès l'origine par les hommes de Cecil. Reste que, pendant des siècles, la *Guy Fawkes Night* (nuit du 5 novembre) où des enfants brûlent symboliquement son effigie va faire figure de grand moment d'unité nationale anglaise.

Symbole, en voici un autre, aussi révélateur, mais plus moderne : le détournement des masques traditionnels de Guy Fawkes par les jeunes du mouvement international des Anonymous, qui s'en couvrent le visage lors de leurs mobilisations très courues des médias amateurs d'images. Une preuve supplémentaire de la récupération des figures historiques par les écrivains hier, par les protestataires anticapitalistes (entre autres) aujourd'hui.

Témoin Charles de Batz de Castelmore, comte de Montesquiou d'Artagnan (1615-1673). Un des spécialistes « Intrigues et action » – ou, si vous préférez, « Cape et épée » – les plus célèbres de l'histoire littéraire, puisqu'il devait inspirer le personnage de d'Artagnan à Alexandre Dumas père et à son documentaliste coauteur Auguste Maquet.

De l'histoire tout court aussi, puisque Charles de Batz, officier des gardes-françaises et des mousquetaires, œuvra à cheval, si l'on ose dire, entre ce règne de Louis XIII et celui du Roi-Soleil, dans le cadre de plusieurs missions secrètes pas forcément reluisantes. Par exemple l'arrestation en septembre 1661 du surintendant Nicolas Fouquet, disgracié par le souverain.

Les forces spéciales de l'Ancien Régime

Par souci de commodité ou par lubie, Dumas et Maquet ont situé l'intrigue des *Trois Mousquetaires* sous Louis XIII. Or, à cette époque, c'est François Le Clerc du Tremblay (1577-1638) alias le « Père Joseph » qui, surtout entre 1630 et 1635, fut l'homme de la diplomatie secrète et du renseignement du cardinal de Richelieu. Son éminence grise, selon l'expression que sa qualité de religieux couleur de muraille devait inspirer à la langue française.

Contrairement à l'idée reçue d'un duo sans faille, cet homme à la forte personnalité désapprouvait le pragmatisme de son maître en matière de religion. Lui recrutait les agents de son réseau parmi ses « frères des anges » capucins d'abord, à l'image de son bras droit Ange de Mortagne, de Kerver alias « le Père Hyacinthe de Paris », de Jacques Faure alias « Léonard de Paris », du père Rudolff en Allemagne. Des religieux membres d'ordres catholiques différents aussi : aux Pays-Bas un frère minime, le père Charles ; en Espagne le père dominicain Guillaume Courtet alias « Fray Tomas de Santo Domingo » ; en Angleterre, un oratorien, le père Fauster. Une palette très différenciée, on le voit.

A cette époque, d'Artagnan, le vrai, était bien trop jeune pour jouer un rôle politique même mineur. D'ailleurs, notre Gascon ne fut admis au sein des mousquetaires qu'en 1644, six ans après la mort du père Joseph et un an après celle de Louis XIII. En 1646, Mazarin dissolvait cette unité qui ne devait être reconstituée qu'en 1657, d'Artagnan en prenant le commandement effectif l'année suivante avec le grade de sous-lieutenant. Aventureux, mais moins tout de même que le personnage de fiction qu'il a inspiré, il trouva une mort de mousquetaire le 26 juin 1673 lors du siège de Maastricht.

Les mousquetaires, parlons-en ! Tout à leur imagination, Dumas et Maquet firent de ces soldats des bretteurs romantiques. Or il s'agissait de tireurs au mousquet utilisés soit comme troupes de choc lors du siège des places fortes, soit, pour ce qui nous concerne, comme bras armé de l'Etat pour toutes sortes de missions les apparentant aux actuelles forces spéciales. A cette différence près qu'il s'agissait le plus souvent de tâches parapolicières telles que des enlèvements et des interpellations arbitraires sur foi d'une lettre de cachet royale, comme on l'a vu dans le cas du surintendant Fouquet.

Un privilège douteux que ces deux compagnies de soldats d'élite issus de la petite noblesse provinciale partageaient avec une autre unité spéciale encore plus modeste socialement, les dragons. Ceux-là peuvent être considérés comme des professionnels du coup de main et, pour ainsi dire, de la contre-guérilla – on pense bien entendu aux impitoyables dragonnades visant les rebelles protestants des Cévennes. A l'image des mousquetaires, les dragons, troupe adaptable qui combattait indifféremment à pied ou à cheval, furent à maintes reprises les auteurs d'opérations secrètes à la légitimité discutable.

Le développement des enlèvements pour raison d'Etat, soit en France même, soit à l'étranger sous le règne de Louis XIV, en est un exemple. Lucien Bély s'est penché sur cette pratique liée à la volonté absolutiste du régime : où qu'il demeure, nul ne pouvait vivre en paix s'il avait offensé un jour le Roi-Soleil. Furent victimes de ces kidnappings des Français « mauvais sujets » de Sa Majesté, des agents secrets adverses démasqués ou des personnalités politiques de l'époque. Par exemple, le diplomate italien Ercole Antonia Maria Mattioli, convaincu de double jeu et dans lequel certains croient voir le fameux « Masque de fer », ce mystérieux prisonnier dont l'identité exacte reste toujours inconnue et qui a fait fantasmer des générations entières de curieux.

Le Cabinet noir

Le Roi-Soleil, qui se piquait de chevalerie, ne lésinait jamais sur les moyens, aussi terre à terre fussent-ils. Les collaborateurs du marquis de Louvois mirent ainsi en place la « Ferme des postes ». Entre autres activités, cet organisme chapeautait le « Bureau d'en dedans » ou Cabinet noir, qui interceptait et recopiait les correspondances personnelles jugées sensibles.

Gardons en tête ce qui s'est dit au chapitre précédent : l'existence de rapports étroits entre qualité des services postaux et centralisation du renseignement. Le contrôle du courrier par le Cabinet noir n'était pas seulement politique, il s'étendait aussi à la correspondance militaire, qu'il fallait préserver à tout prix dans le cadre de grosses opérations coordonnées mettant en branle des armées entières. Louis XIV, on le sait, aimait beaucoup la guerre, défaut majeur qu'il reconnut d'ailleurs sur sa fin.

Les royaumes voisins de Prusse, d'Autriche, d'Espagne et d'Angleterre n'étant guère plus délicats, le chiffrement de la correspondance secrète s'imposait. En ce temps-là, les cryptologues de génie étaient français. Les Rossignol, Antoine le père, né en 1600, et Bonaventure, le fils, furent donc chargés de bâtir puis de maintenir deux systèmes cryptographiques d'importance hiérarchisée : le Petit Chiffre pour les communications à caractère simplement confidentiel, et le Grand Chiffre pour les messages ultra-secrets.

Anobli, Antoine Rossignol des Roches s'établit en 1630 dans la maison de maître du domaine de Juvisy-sur-Orge, qui sert à présent d'hôtel de ville à cette commune de la région parisienne. Louis XIII se déplaça à plusieurs reprises pour visiter son chiffreur, marque d'estime plutôt rare. Après la construction du château de Versailles, les Rossignol y travailleront en alternance avec Juvisy.

Réputé impénétrable, le Grand Chiffre l'était bel et bien, dans les conditions de l'époque du moins. A telle enseigne que ses secrets de fabrication et son mode d'emploi devaient disparaître en même temps que Bonaventure, leur dernier détenteur. C'est à partir de 1890 seulement qu'un as de la cryptologie française, Etienne Bazeries, allait parvenir à mettre au clair une série de lettres datant du règne de Louis XIV et cryptées selon le chef-d'œuvre des Rossignol... Impressionnant, même si quelques minutes de passage aux moulinettes informatiques d'aujourd'hui suffiraient à rendre ces textes intelligibles ! Le père et le fils affrontaient, il est vrai, de redoutables adversaires, en les personnes de leurs homologues et rivaux anglais, le grand mathématicien John Wallis puis son petit-fils.

Professeur à Oxford né en 1616, John Wallis fut le briseur de codes en chef de John Thurloe, patron des services secrets du lord protecteur d'Angleterre, le régicide Oliver Cromwell, et à ce titre digne continuateur de Francis Walsingham dans le double domaine du renseignement interne et du renseignement externe.

Après la mort de Cromwell en 1658, le retour de la monarchie en Angleterre et l'éviction consécutive de Thurloe, Wallis, travailleur inlassable, devait s'illustrer trois décennies encore au service secret de la Couronne britannique. Par exemple en 1689, en décryptant une correspondance plus que confidentielle entre le roi de France Louis XIV et son ambassadeur en Pologne.

Le grand briseur de codes disparaît en 1703, onze ans après son redoutable vis-à-vis Antoine Rossignol. Petit-fils de Wallis, William Blencowe succède à ce prestigieux grand-père. N'en déduisons pourtant pas qu'avec les Rossignol il s'agissait d'une simple querelle de familles : quand Blencowe met fin à ses jours, dès 1712, un jeune ecclésiastique sans parenté avec ses deux compatriotes, Edward Willes, reprend le flambeau. A cette date, le Grand Chiffre français s'est déjà perdu dans les limbes d'où Bazeries le tirera deux siècles plus tard.

Louis XV, espionnage en tout genre

Sous le long règne de Louis le Bien-Aimé, une pratique nouvelle se développe, signe avant-coureur de la fin de la monarchie en France : celle des libelles. Imprimés hors de France, en Suisse, Belgique ou Angleterre, et diffusés sous le manteau, ces pamphlets injurieux, arme de destruction feutrée, ruinent en un rien de temps la réputation des personnalités, hommes ou femmes, à abattre.

De quoi faire dresser les cheveux sous la perruque de Pierre-Marc de Voyer d'Argenson. Lieutenant général de police de la ville de Paris en 1720 à l'âge de vingt-cinq ans à peine, ce haut fonctionnaire étend ses réseaux à l'étranger pour contrecarrer l'impression des libelles les plus inquiétants pour la Cour. Des réseaux qu'il va placer sous la coupe de son bras droit en matière de renseignement, Jean Bertin, premier baron du Périgord et doyen des maîtres.

A partir de 1747, Nicolas Berryer, protégé de la marquise de Pompadour, favorite de Louis XV, prend la lieutenance générale de police. Ses agents en poste à Londres s'appellent : Cazes ; Dagès alias Jean-Baptiste Alphonse, alias Alphonse Dagès de Souchard ; Robert ; Des Vergnes, un maître d'école ; Fleuriot, un fourbisseur d'épées. Ajoutons-y « le Baillif », un Anglais, et « l'Italien », deux sujets d'élite non identifiés qui continueront bientôt de jouer les exécuteurs de basses œuvres en France même.

En mars 1752, ce réseau bien implanté réalise l'enlèvement du chevalier Louis-Mathieu Bertin de Frateaux. Une affaire assez surprenante : non seulement elle a tout de l'exfiltration hors d'Angleterre d'un agent « brûlé », mais elle se double de celle de deux de ses exécutants, Dagès, rapatrié en France, et Des Vergnes, expatrié en Hollande. Complication – ou explication – supplémentaire : Bertin de Frateaux n'est autre que le fils de Jean Bertin, l'homme des réseaux étrangers de la police du roi, et le frère aîné de Henri Bertin de Bellisle, autre protégé de Mme de Pompadour qui succédera en octobre 1757 à Berryer comme lieutenant général. Faussaire particulièrement doué, en délicatesse avec sa propre famille, Frateaux aurait été chargé d'infiltrer les cercles français de Londres, gros producteurs et gros consommateurs de pamphlets séditieux visant la marquise.

Tandis que la guerre secrète des libelles bat son plein – elle s'intensifiera sous Louis XVI –, l'espionnage militaire connaît encore de beaux jours côté français. Dans la lignée d'un Vauban, remarquable connaisseur de la géographie et de la topographie en sa qualité de commissaire aux Fortifications (et, sous son égide, quelles fortifications !), un rôle de plus en plus important est dévolu aux ingénieurs militaires, pour ce qui concerne les sièges de forteresses ou de villes en particulier.

Des professionnels de la guerre donc. C'est qu'on recrute pour une bonne part les agents dans le corps des officiers, avec une préférence pour ceux des unités de reconnaissance, houzards (ou hussards) et bien entendu dragons. Les autres peuvent être des ingénieurs, comme on vient de le voir, des commissaires de guerre, des commis au fourrage, des marchands bénéficiant d'une sorte de « couverture professionnelle » lors de leurs déplacements, plus quelques ecclésiastiques. Rarement des femmes, ces dernières, victimes d'un préjugé machiste tenace, étant tenues comme des bavardes impénitentes, incapables donc de garder un secret.

Depuis, les mentalités ont beaucoup évolué, mais à l'époque le seul agent féminin du service français le plus secret, le Secret du Roi, fut en réalité… un travesti !

Le Secret du Roi

Comme cela ressort de la *Correspondance intime de Louis XV avec ses agents diplomatiques, 1752-1774*, publiée en 1888 par Albert de Broglie, et comme le montre Gilles Perrault dans son chef-d'œuvre en trois volumes *Le Secret du Roi,* qui date, lui, des années 1992-1996, ce réseau clandestin mobilisant à chaque moment une trentaine d'agents a fait passer la France dans l'ère du renseignement moderne.

Jusqu'à sa mise sur pied, la Couronne ne louait, pour son renseignement stratégique, que les services d'agents opérant en solo, comme Voltaire, chargé en 1743 par Jean-Jacques Amelot de Chaillou, secrétaire d'Etat aux Affaires étrangères de Louis XV, d'une mission d'espionnage couronnée de succès en Hollande d'abord, puis auprès du roi de Prusse Frédéric II.

Formé d'abord autour du prince Louis-François de Conti, candidat au trône de Pologne (le monarque était élu par l'assemblée de toute la noblesse du pays), c'est avec le comte Charles-François de Broglie, recruté en 1752, que le Secret du Roi va passer au stade d'organisation permanente structurée de manière quasi professionnelle. Depuis ses terres de Normandie puis de Charente, Broglie, travailleur acharné, dirigera le réseau de main de maître jusqu'en 1774, date de la mort de Louis XV.

Craignant comme la peste les mouvements de l'opinion publique, le monarque exige que ce service reste soumis à une clandestinité rigoureuse. A l'insu des grands ministères, les informations lui sont directement transmises. Remarquable organisateur, Jean-Pierre Tercier, le bras droit de De Broglie, fait tourner la machine. Preuve de la puissance de travail de ce chiffreur de talent dans la lignée des Rossignol père et fils, ils seront trois à assumer les mêmes tâches que lui après sa mort en 1767 : Jean-Antoine Monet (désignation des agents et gestion des correspondances secrètes), le secrétaire de De Broglie Guy Dubois-Martin (finances) et Jacques Chrétien (chiffrement et déchiffrement).

L'objectif initial du Secret, c'est le soutien au mouvement polonais profrançais qu'anime son agent André Mokronowski, âme du « parti des patriotes ». Il s'agirait de porter sur le trône un monarque prêt à jouer la carte de Versailles pour assurer l'indépendance du pays par rapport à ses voisins russe, autrichien et prussien avides de le dépecer. Un projet qui échoue définitivement en 1772 avec le démembrement du pays au profit de ces trois puissances. Ecueil supplémentaire : dès 1770, les Autrichiens sont parvenus à intercepter et à décrypter une partie des dépêches du service. Ils ne parviendront toutefois jamais à cerner la vraie nature du Secret : un réseau parallèle au service de Louis XV puis de Louis XVI court-circuitant toutes les hiérarchies officielles.

Echec donc, mais succès en Suède, où la qualité des agents du Secret a toujours été remarquable : Louis de Cardevac, marquis de Havrincourt ; Louis-Auguste, baron de Breteuil, et pour finir Charles Gravier, comte de Vergennes, futur ministre des Affaires étrangères. En 1772, ce dernier soutient le coup de force du jeune roi francophile Gustave III de Suède, que les Britanniques et certains de ses compatriotes entendaient réduire à un rôle de figuration.

Le service s'attache désormais à l'Angleterre, y expédiant par exemple Charles de Beaumont, le fameux chevalier d'Eon. Un agent d'élite, mais aussi un sujet incontrôlable qui, pour quelque affaire d'honneur, va se transformer en maître chanteur. Menaçant de révéler l'existence du Secret, pour lequel il ne cesse par ailleurs d'opérer à ses moments perdus, Eon, figure médiatique de l'époque, finira pensionné par le roi en 1777, mais contraint de passer le reste de sa vie déguisé en femme.

D'une intelligence et d'un courage physique peu communs, une des plus fines lames de son temps, ce travesti fait penser, par sa sexualité imprécise, à un autre grand des opérations clandestines, Lawrence d'Arabie. Il mourra en 1810.

Louis-François Carlet, marquis de La Rozière, œuvre lui aussi en Angleterre dès 1763 pour des repérages militaires qui permettront de bâtir un autre grand projet du service : la « descente » en Angleterre, opération combinée terre-mer visant à débarquer de l'autre côté de la Manche pour détruire en un raid éclair la flotte, les chantiers navals et les arsenaux, bases de la puissance maritime britannique. Malgré l'insistance de De Broglie, l'opération ne verra jamais le jour, même au moment de la guerre d'Indépendance américaine qui lui offrait des conditions favorables.

Troisième manche en Amérique

Ce lointain conflit verra toutefois la grande réussite du Secret. A peine arrivé au pouvoir, Louis XIV a exigé sa dissolution, ordonné même qu'on brûle une partie de ses archives mais pas les documents La Rozière, miraculeusement préservés. En pratique, le service continue toutefois ses activités à l'heure où le roi, sans aller jusqu'à la guerre ouverte qu'il craint, s'est laissé persuader dès 1776, notamment par son ministre des Affaires étrangères et ancien agent le comte de Vergennes, de soutenir les *Insurgents* nord-américains. Le royaume ne doit pas être compromis, exige le monarque. Le Secret monte alors par l'intermédiaire d'un autre de ses agents, l'écrivain contestataire Pierre-Augustin Caron (anobli sous le nom de Beaumarchais et qui prendra, par amusement, l'anagramme de son patronyme, « Norac », comme pseudonyme), une opération clandestine permettant tous les « démentis plausibles » de la terre : navires bourrés d'armes, de vêtements, de munitions battant pavillon d'une compagnie commerciale de « couverture » privée, donc n'engageant pas l'Etat : Rodrigue, Hortalez et Cie.

Comme plus tard Lawrence d'Arabie, homme de lettres et d'action lui aussi, Beaumarchais fait partie de ces figures que la subversion attire par goût forcené de l'aventure. Mais, contrairement à Lawrence, l'appât du gain constitue chez lui une motivation encore plus puissante.

Fils d'horloger, Beaumarchais devient un expert en mécanique secrète. Des cadres militaires de qualité seront acheminés par les filières qu'il va mettre en place : le Prussien Friedrich von Steuben, recrue personnelle de Benjamin Franklin ; le Bavarois Johan, baron de Kalb, autre agent du Secret ; Charles-François, chevalier du Buysson ; ou encore le célèbre Gilbert du Motier, marquis de La Fayette. Le tout malgré le remarquable travail de repérage de Paul Wentworth, représentant en France du service secret anglais.

La mort de De Broglie le 16 août 1781 et la victoire américaine vont mettre définitivement fin à l'existence d'un service qui, par-delà les préjugés de l'époque, aura mobilisé aussi bien des nobles (citons encore Louis-Adrien Duperron de Castéra et le chevalier de Saint-Priest), des roturiers anoblis (François-Michel Durand de Distroff, un rouage essentiel) que de « simples » roturiers comme Jean Drouet, Pierre-Michel Hennin, Jean-Claude Gérault ou Jean-Louis Favier. Le français était à cette époque la langue la plus parlée en Europe, dans les milieux nobles notamment, fait qui a considérablement aidé.

En Amérique, les prestations de Rodrigue, Hortalez et Cie, bientôt suivies d'un appui militaire ouvert avec le débarquement de La Fayette et Rochambeau, restent considérées aujourd'hui comme une forme admirable d'aide à un peuple en lutte pour sa liberté. Dans les années 1950, quand la toute jeune CIA succombera de façon précoce et dévorante à la fièvre des opérations clandestines, ses écoles de formation présenteront les exploits du Secret du Roi comme un modèle à suivre d'implication étatique en sous-main au service de la démocratie. A suivre et, bientôt, à dévoyer…

Curieuse postérité pour Beaumarchais, dénonciateur des privilèges de la noblesse qui n'avait vu dans toute cette affaire qu'une occasion d'arracher un peu de reconnaissance sociale supplémentaire et d'empocher du bel et bon argent ! Encore que l'on puisse tenir son *Barbier de Séville* pour un texte prophétique annonçant la désinformation de masse : « Croyez bien qu'il n'y a pas de plate méchanceté, pas d'horreur, pas de contes absurdes qu'on ne fasse adopter aux oisifs d'une grande ville en s'y prenant bien. »

Les oisifs et les autres ! Cela relève toutefois d'une autre histoire que nous aurons l'occasion d'aborder ultérieurement. Pour l'heure, scrutons d'encore plus près ce nouveau pas en avant dans la pratique de l'espionnage que l'on vient d'évoquer plus haut : la guerre d'Indépendance américaine.

Guerre secrète au Nouveau Monde

Comme toutes les guerres de décolonisation, la révolte des *Insurgents* contre la Couronne britannique fut de façon très large affaire de renseignement. Et force est d'admettre qu'à ce jeu-là les Nord-Américains, qui combattaient sur le sol natal, se montrèrent égaux voire supérieurs aux Anglais.

Le fait que leur chef militaire, le général George Washington, fût conscient à un très haut degré du rôle clé de l'espionnage joua pour beaucoup dans cette efficacité. Par la suite, jamais commandant en chef américain ne se montra aussi attentif que lui aux questions de renseignements. Compte tenu de la modestie de ses moyens, il est vrai qu'il n'avait guère le choix et se fit lui-même patron de son propre service.

La guerre secrète du Nouveau Monde s'amorce dès 1775, quand le réseau monté par un forgeron, Paul Revere, fournit aux patriotes des informations de première main sur les troupes britanniques stationnées à Boston. A la fin de l'année, Washington et un de ses généraux, Nathanael Greene, démasquent Benjamin Church, chef du service médical des armées américaines travaillant pour l'ennemi britannique. Deux membres de la garde personnelle du commandant en chef, le sergent Thomas Hickey et le simple soldat Michael Lynch, seront repérés l'année suivante, alors qu'ils préparaient l'enlèvement de Washington. Pour l'exemple, Hickey sera pendu.

Nathan Hale constitue le type parfait de l'« espion patriote ». Malchanceux de surcroît puisque, ayant initié à titre personnel une mission de renseignement, ce fils d'une famille aisée du Connecticut va être capturé puis fusillé le 22 septembre 1776 par les Anglais. Un drame qui achève de convaincre Washington que, au-delà de l'amateurisme des débuts, l'urgence s'impose de bâtir un service de renseignements professionnel par son mode de fonctionnement, même s'il reste composé de volontaires agissant pour le bien de la cause sans recherche de bénéfices financiers.

John Honeyman, par exemple. Infiltré comme agent double au sein des troupes hessoises de la Couronne britannique, cet agent de Washington met en scène sa propre capture par les *Insurgents*. Il est transporté au camp du commandant en chef américain en qualité de prisonnier très dangereux. Voici les deux hommes face à face. « Les Hessois sont vulnérables, une attaque surprise en viendrait à bout », prévient Honeyman. Un plan – secret bien entendu – est vite bâti sous la forme d'une fausse évasion de l'agent. Lequel certifie au colonel Johann Rhall, le chef des Hessois, l'extrême faiblesse des forces américaines, exsangues selon lui. Rassuré, Rhall ne prend aucune précaution, permettant l'assaut éclair de Washington qui balaie ses troupes la nuit de Noël 1776.

Autre exemple un an plus tard, les Darraghs, le père William, sa femme Lydia et leur fils aîné John. Ces honorables quakers de Philadelphie apprennent que les Anglais préparent une nouvelle offensive fin décembre 1777. Mais comment avertir George Washington quand aucun système de liaison n'a été bâti à l'avance – grave erreur technique, soit dit en passant ? Lydia se dévoue pour porter le message et, dès lors, l'assaut britannique n'a plus rien de secret.

Un maître espion apparaît bientôt aux côtés de Washington : Benjamin Tallmadge. Durant l'année 1778, ce major de dragons monte un solide réseau qui rendra d'inestimables services à la cause des *Insurgents*. Tallmadge, alias « John Bolton », correspond de manière régulière avec son agent numéro 1 pour la région de New York, Abraham Woodhull alias « Samuel Culper », la source préférée de Washington. Autant dire que les services américains, jusque-là balbutiants, commencent à prendre une forme organisée.

Ce bond structurel n'empêche toutefois pas quelques beaux coups des Britanniques, en avance de quatre siècles sur leurs ex-sujets dans le domaine des services secrets d'Etat tout de même. Leur plus belle réussite pourrait s'appeler Benedict Arnold. Les motifs du retournement de ce pharmacien et armateur aisé, héros de la victoire de Saratoga (1777) où il écope d'une énième blessure ? Ils sont doubles : l'aigreur d'un homme supplanté par d'autres moins compétents que lui, croit-il (rappel 1 : qui se fait une trop haute idée de sa personne en se croyant le centre du monde prête le flanc aux « sergents recruteurs » ou autres « dénicheurs de talents »), et de sérieux différends financiers avec le Congrès, accusé de ne pas lui rembourser des avances consenties pour la cause (rappel 2 : l'obsession de l'argent prédispose à la trahison).

Ajoutons-y une troisième cause, non moins fréquente dans les affaires d'espionnage : la haine. Ici celle des Français, alliés des *Insurgents* qu'Arnold abhorre pour les avoir vus, alors qu'il était un engagé volontaire de quinze ans dans la milice du Connecticut, abandonner 200 de ses camarades prisonniers à la vindicte de leurs alliés indiens.

Bref, Arnold le héros, encouragé par sa jeune épouse, change de camp pour remettre en septembre 1780 au major anglais John André les plans nécessaires à la prise du fort de West Point. Hélas pour les deux complices, l'affaire tourne court. Surpris en possession des documents, André est condamné à mort, Arnold parvenant à prendre la fuite. Depuis, pour les petits Américains, son nom résonne comme un symbole d'infamie.

Le double jeu, on ne se lassera jamais de le dire, reste toujours dangereux. Sur le long terme, il ne peut concerner que des esprits subtils. Un grand savant par exemple…

La mystification Franklin

Aux espions américains à l'œuvre sur le territoire même de leur patrie s'ajoutent ceux qui opèrent en Europe sous la houlette du Secret Committee of Correspondence, aussi appelé Committee of Secret Correspondence. Premier état-major de renseignement extérieur dans l'histoire des Etats-Unis, il se compose de Benjamin Franklin, scientifique de renom ; de John Jay, qui vient de New York ; de Benjamin Harrison, de Virginie ; de Thomas Johnson, du Maryland ; et de John Dickinson, de Pennsylvanie.

Muté en juin 1776 à Paris, peu avant la déclaration solennelle d'indépendance américaine votée par le Congrès, un de ses principaux agents, Sileas Deane, appartient à la dangereuse espèce des amateurs. Non content de ne pas parler un traître mot de français alors que sa mission est de convaincre Vergennes d'apporter un appui militaire aux *Insurgents*, cet homme d'affaires du Connecticut est aussitôt mis sous surveillance ô combien étroite par Jacobus van Zandt alias « George Lupton », un New-Yorkais au service secret de Sa Majesté le roi d'Angleterre George III.

Comble de malheur, l'homme de confiance que Franklin va recommander à Deane, le docteur Edward Bancroft, travaille aussi comme agent double pour la couronne britannique ! De quoi réjouir le directeur opérationnel des services anglais, William Eden, et son maître espion Paul Wentworth. Plus francophone que francophile, cet agent de haut vol fin et cultivé est en effet chargé de l'infiltration des réseaux américains à l'extérieur du Nouveau Monde, à Paris tout particulièrement.

Franklin (« 72 » pour les services anglais) s'installe en décembre 1776 dans la capitale française en qualité de représentant du Congrès américain. Malgré la trahison de son « ami » Bancroft, l'action politique de l'inventeur du paratonnerre va s'avérer des plus efficaces. Séducteur-né, Franklin devient en effet la coqueluche des milieux parisiens en vogue, gagne la confiance des Français et, bien que le récit de ses manœuvres d'influence diverses et variées prenne sans délai le chemin de Londres sous la plume à l'encre sympathique de Bancroft alias « Mr. Edwards », s'attire l'amitié de tous, cour de Versailles comprise.

Son chef-d'œuvre : une « vraie fausse » négociation avec Wentworth, venu tout spécialement à Paris pour tâter le terrain et voir s'il n'existerait pas matière à quelque compromis avec la rébellion. Comme de juste, Bancroft, dont ni Franklin ni Deane ne soupçonnent le double jeu, s'est fait un plaisir de servir d'entremetteur entre les deux hommes.

Ils se parlent donc et, au nom du gouvernement de Sa Majesté, Wentworth propose un marché :

« Que diriez-vous de la suppression des mesures administratives et fiscales qui vous ont menés dans la voie de la révolte ?

— Et en échange ?

— Une renonciation publique à l'indépendance… »

Au stade actuel de la guerre, pareil retour en arrière est impossible. Franklin le sait pertinemment, et Wentworth, tout sauf idiot, s'en doute. Mais l'Anglais agit par discipline et l'Américain par calcul : on est scientifique ou pas !

Voici son raisonnement : 1. Louis XVI et Vergennes hésitent à engager la France dans un soutien direct aux *Insurgents.* 2. La seule rencontre Wentworth-Franklin pourrait modifier cette position, de crainte d'un retournement d'alliance qui isolerait Versailles. 3. Si oui, la mission Franklin en France serait couronnée de succès. CQFD.

En termes plus élégants, il s'agit bel et bien d'une forme astucieuse de chantage, étant entendu que la rencontre prétendument confidentielle entre les deux hommes s'est déroulée au su et au vu des « mouches » de Vergennes qui pistaient Wentworth.

Qui a dit que le chantage n'était pas une arme efficace ? Le 17 décembre, cinq jours seulement après l'arrivée à Paris de l'officier de renseignements anglais, Vergennes donne son accord pour un traité d'amitié et de commerce franco-américain moyennant la renonciation par les *Insurgents* à une paix séparée avec Londres, sa hantise.

Un exemple doublement éclairant d'usage des agences de renseignements comme vecteur d'approche avec la partie adverse et des entrevues « confidentielles » qui en résultent comme moyen de pression sur la partie amie. Dépité, Bancroft n'aura plus qu'à rendre compte à William Eden du succès de cette rouerie signée « 72 ».

En 1783, Franklin, resté à Paris, accueille avec la joie qu'on imagine la signature du traité de Versailles par lequel la Couronne britannique reconnaît l'indépendance de son ex-colonie.

La fin victorieuse de la Révolution américaine, fruit d'une activité d'espionnage intense, ne précède ainsi que de six ans le début de la Révolution française, qui verra plusieurs services secrets se jeter avec délectation dans la lice des coups fourrés et des opérations clandestines.

3

Le saut dans l'ère moderne

« Les Anglais, le premier peuple du monde pour établir et conserver des intelligences, ont ici la machine la mieux montée qui existe sûrement [...] quand ils font des entreprises, jamais ils n'y mêlent en rien ni pour rien la tête de la machine ; elle reste toujours intacte, isolée, sans qu'il y ait possibilité physique qu'elle puisse être compromise. »

En matière de renseignement, nul n'égale les Britanniques : c'est le jugement d'un des nombreux correspondants de Louis, Emmanuel Alexandre de Launay, comte d'Antraigues, qui, d'abord favorable à la Révolution, s'en est détourné dès février 1790 pour devenir l'agent de renseignements numéro 1 du comte de Provence, le futur Louis XVIII.

Désigné sous le pseudonyme de « Vannelet », et plus tard de « l'Ami de Paris », le correspondant non identifié d'Antraigues, haut fonctionnaire de la Trésorerie nationale et de la Caisse des comptes courants de la République française, ne cèle pas son admiration pour la manière dont les services de Sa Majesté savent préserver avant tout leurs chefs et leurs cadres supérieurs, quand bien même quelque menu fretin pourrait tomber par malchance dans des mains ennemies.

Dites carrément républicaines ! Le grand face-à-face qui va projeter en deux décennies les services de renseignements occidentaux dans l'ère moderne oppose en effet la Grande-Bretagne, clef de voûte de la coalition monarchiste européenne, à cette France bientôt honnie qui va guillotiner Louis XVI et plus tard laissera le Premier consul Napoléon Bonaparte se porter d'autorité à sa tête. Cette France qui prétend imposer au Vieux Continent, par la force des armes, son idéologie, ses principes et ses lois, la régénération promise passant par un esprit de conquête on ne peut plus classique.

La Révolution impulse en effet la levée en masse, qui voit les citoyens former leurs (gros) bataillons, mettant ainsi le doigt dans un mécanisme de plus en plus meurtrier sur les champs de bataille. Par contraste, la guerre secrète qui l'oppose à l'Angleterre reste affaire de groupes numériquement restreints ; de réseaux ; d'hommes et de femmes de confiance ; d'agents simples, doubles voire triples ; de courriers ; de correspondants plus ou moins honorables.

Rien à voir autrement dit avec les grandes machineries du renseignement et de l'action qu'on connaîtra au temps de la Seconde Guerre mondiale puis de la guerre froide. Mais, comme dit la sagesse populaire, il y a un début à tout, et ce début s'inscrit naturellement dans les objectifs respectifs des deux parties adverses.

Les visées de la Couronne britannique

Toute guerre, fût-elle clandestine, poursuit au moins un but. Celle de l'Intelligence Service – terme générique que nous utiliserons pour désigner les organismes de renseignements britanniques – contre la Révolution française et ses propres services secrets ne fit pas exception.

S'agit-il seulement d'abattre un régime tyrannique et plus tard l'« ogre Bonaparte », comme l'affirment les journaux londoniens ? Non, bien sûr. La politique britannique reste égale à elle-même : contrarier l'émergence d'une puissance dominante sur le continent européen et en favoriser les divisions pour mieux asseoir son *imperium*, clef de voûte de sa suprématie commerciale.

Cette puissance à limiter sinon à réduire est celle de la France. Forte d'un dynamisme démographique enviable, d'un enthousiasme du genre à soulever les montagnes, d'une capacité inattendue à générer des cadres militaires de valeur jaillis de nulle part, la cocarde tricolore s'avère plus dangereuse encore que la fleur de lys.

Les agences secrètes britanniques mettent donc en œuvre une stratégie tout en nuances : aider les réseaux royalistes clandestins pour déstabiliser la République, mais sans les laisser prendre trop d'importance car, triomphants, ils pourraient à leur tour menacer leurs « bienfaiteurs » anglais.

Respectant la répartition traditionnelle du pouvoir entre Home Office (Intérieur), War Office (Défense) et Foreign Office (Affaires étrangères), les services secrets de la Couronne comprennent alors trois branches. Quatre avec la Royal Navy, cet Etat dans l'Etat où se concentre une bonne part de la puissance anglaise et qui dispose d'organismes de renseignements très efficaces scrutant les ports français et menant des missions de repérage souvent hardies.

Le renseignement intérieur est l'apanage d'une petite section du Home Office dirigée par James Walsh, expert confirmé des affaires de police et de contre-espionnage. Au War Office, deux hommes encore plus remarquables vont se succéder : Evan Nepean (juillet 1794-mars 1795), officier de la Marine aux compétences multiples, créateur du Naval Intelligence Service, mais qui a aussi tâté avec brio du ministère de l'Intérieur, puis William Huskinson (mars 1795-mai 1801), élevé à Paris par son oncle médecin et qui, de ce fait, possède bien la langue de Molière.

Chargé entre autres de la délicate manipulation des réseaux royalistes, le grand spécialiste des Affaires françaises secrètes s'appelle William Wyndham, baron Grenville, secrétaire d'Etat à la Guerre et secrétaire d'Etat au Foreign Office entre 1791 et 1801. Un maître. Sous ses ordres, un secrétaire pour l'Etranger dirige un bureau spécial non officiel chargé de l'interception des courriers.

La taille restreinte de la classe aristocratique britannique s'ajoute à son endogamie très accentuée pour faciliter aux services spéciaux un accès rapide vers les hautes sphères du pouvoir : le roi George III lui-même ne s'intéresse-t-il pas aux performances des agents infiltrés ?

La « cavalerie de Saint-Georges »

Affaire de « culture du renseignement », dirait-on avec nos mots d'aujourd'hui. En effet. Contrairement aux élites aristocratiques françaises, méprisantes envers les agents secrets, Leurs Seigneuries – la haute noblesse anglaise – ne sous-estiment pas cet aspect des guerres d'influence et des guerres tout court. Sans aller jusqu'à se salir les mains dans des tâches souterraines d'espionnage, elles en comprennent l'intérêt, approuvent ceux qui les mènent à bien et savent les récompenser. Autant dire qu'elles ne partagent pas le moins du monde ce jugement lapidaire de Montesquieu dans *L'Esprit des lois* : « L'espionnage serait peut-être tolérable, s'il pouvait être exercé par d'honnêtes gens, mais l'infamie nécessaire de la personne peut faire juger de l'infamie de la chose. »

Deux manières on ne peut plus opposées d'appréhender le délicat problème du renseignement. La morale obsède moins les élites anglaises que l'efficacité. Leurs Seigneuries tablent donc avant tout sur la corruption, ces lingots sonnants et trébuchants que les adversaires de la Couronne, par allusion aux pièces de monnaie anglaises frappées de l'image du saint à cheval, appellent la « cavalerie de Saint-Georges ».

Le Premier ministre de Sa Majesté, William Pitt, hantant leurs nuits, les dirigeants révolutionnaires français voient sa main, ou plutôt son or, partout. Ils n'ont pas tort. Epaulés par leurs homologues du War Office, les services spéciaux du Foreign Office s'emploient en effet à distribuer les fonds spéciaux qui leur sont alloués. Et savent le faire à bon escient, le montant de ces sommes atteignant son apogée dans les années 1795-1798, pour dépasser au total les 150 000 livres sterling. Une petite fortune pour l'époque…

En dignes fils d'une grande nation commerçante, les officiers anglais de renseignements prendront soin, toute cette période durant, de faire transiter ces fonds secrets par un réseau de banquiers amis prêts à faire l'avance des sommes nécessaires contre promesse de remboursement. Un mode opératoire favorisé par la corruption galopante des élites politiques républicaines sous la Convention et plus encore sous le Directoire. Qui aurait osé traîner au tribunal des bailleurs de fonds si arrangeants pour les combines des uns et des autres : ces MM. Perregaux, Martin, Audéoud, Montz, Walckiers, Borwes, Boyd, Ker, Turbull, Roch, Prévôt, Forbes, Herries, Keith, Bodan, Bastide, les frères Bodin, les Fleury-Jubié, les uns français, les autres écossais, hollandais, suisses et même anglais ? Pas toujours ceux qui hurlaient le plus fort en public contre l'« or de Pitt » !

Au-delà du cas particulier de l'époque révolutionnaire, ce rôle des « amis » financiers des services britanniques attire, soit dit en passant, notre attention sur cette nécessité qui s'impose à toute agence de renseignements : disposer de filières bancaires permettant des transferts de fonds sûrs et discrets aux officiers et agents en opération à l'extérieur.

Soutien au compte-gouttes aux royalistes

Il y a plus. En désignant lord Grenville comme chef d'orchestre des opérations clandestines antirépublicaines, les Britanniques prolongent et confortent la tradition qui fait de leurs services un instrument privilégié de la politique extérieure, conférant de ce fait aux Affaires étrangères le rôle de coordonnateur de la communauté entière du renseignement. C'est toujours le cas aujourd'hui où le MI 6 reste rattaché au Foreign Office, alors qu'en France la DGSE et son prédécesseur le SDECE (Service de documentation et de contre-espionnage créé en 1946) ont constitué quarante années durant une « vraie-fausse » dépendance du ministère de la Défense, ambiguïté levée sous la présidence de Nicolas Sarkozy seulement avec la création du poste de coordonnateur national du renseignement.

Adeptes de la stratégie indirecte, dimension essentielle de la *British Way of Warfare*, Grenville et ses subordonnés estiment que le meilleur moyen d'affaiblir la France républicaine réside dans le soutien aux monarchistes. Un appui point trop excessif ménageant la possibilité d'un lâchage pur et simple des fidèles de la fleur de lys en cas d'arrangement ultérieur avec Paris.

Chaque fois qu'une insurrection populaire contre la République, sa conscription obligatoire et sa volonté de créer de toutes pièces un clergé catholique à la botte va se développer sur le sol de France, comme ce sera le cas avec la guerre de Vendée et, de façon moins sanglante mais plus durable, avec la chouannerie en Bretagne, les services britanniques apporteront donc leur aide en armes et en moyens de liaison.

Aide oui, mais à doses mesurées. En octobre 1793, après leur défaite en rase campagne à Cholet, il est certes question d'une livraison de matériel de guerre aux Vendéens, assortie du débarquement d'un petit corps expéditionnaire anglais commandé par le très francophile Francis Rawdon-Hastings, lord Moira. Mais les insurgés ayant échoué à s'emparer de Granville, port sélectionné pour l'opération, Moira replie dare-dare ses troupes sur les îles Anglo-Normandes.

Autre exemple en juin 1795, quand les émigrés débarquent en force à Quiberon. La Royal Navy les transporte bien sur le théâtre des opérations, mais se garde de mettre à terre des effectifs anglais conséquents. Après ce nouveau désastre, car c'en sera un, 5 000 soldats de Sa Majesté finissent par débarquer, mais à l'île d'Yeu, simple force de recueil des royalistes rescapés qui rembarquera dès la fin de l'année.

Disons en résumé que, à chaque initiative des tenants de la fleur de lys, le soutien anglais s'avère pesé, millimétré. *So british*, cette manière de saigner la bête républicaine sans se mettre à portée de ses griffes ! Et, de fait, l'affrontement franco-anglais de cette époque prendra principalement la forme d'une guerre de services secrets sans batailles terrestres d'envergure.

Le « Courrier des princes »

Les royalistes français en exil outre-Manche sont rarement « anglomaniaques ». Une réserve de principe envers leurs hôtes qui n'empêche cependant pas d'excellents rapports personnels qu'Emmanuel de Las Cases rapportera dans le *Mémorial de Sainte-Hélène* : « Je lui [Napoléon] disais que l'Emigration n'aimait pas les Anglais, mais qu'il y avait peu d'immigrés qui ne se fussent attachés à quelques Anglais ; que les Anglais n'aimaient point l'Emigration, mais qu'il y avait peu de familles anglaises qui n'eussent adopté quelques Français. » Reste que, côté britannique, la raison d'Etat prime les grands sentiments, réduisant les alliés royalistes au rang de cartes mineures dans le jeu de whist complexe des agents de Sa Majesté.

Pourtant, ils sont actifs, ces contre-révolutionnaires. Entre 1789 et 1800, les plus déterminés d'entre eux vont mettre en place un système élaboré de correspondance secrète entre la Bretagne, les îles Anglo-Normandes Jersey ou Guernesey, et l'Angleterre elle-même. Cette filière prendra le nom de « Courrier des princes ».

Jusqu'en décembre 1793, la « correspondance » – terme de l'époque qui inclut la transmission de rapports de renseignements écrits – commence par exister de manière informelle. Le Cabinet anglais fournissant des fonds par le truchement des services spéciaux du Foreign Office, et la Royal Navy des bâtiments adaptés, on l'organise ensuite de manière plus sérieuse : « Une flottille, formée principalement de lougres, y est affectée sous la protection de frégates anglaises. Des points de débarquement sont testés, des maisons de ralliement sont ouvertes aux agents de liaison, des guides sont recrutés parmi la population civile dans l'ouest de la France, à proximité des côtes. Les agents de liaison sont français, en majorité recrutés parmi les émigrés. Ils sont tous volontaires », écrira Frédéric Fagot, qui s'est penché sur cet épisode de la guerre secrète.

L'aventure de la correspondance s'apparente, soyons francs, à un marché de dupes. Ses agents, souvent des adolescents de quatorze ou quinze ans issus de familles paysannes modestes, croient en effet dur comme fer que les « princes » vont réellement venir prendre leur part de risque sur le sol de France, ce que Leurs Seigneuries émigrées de Londres se gardent de faire, laissant la noblesse rurale des La Rochejaquelein et autre M. de Charette se sacrifier en leur nom.

L'exil fait perdre le contact avec la réalité. Malgré leur réserve quant à l'intensité et à la sincérité de l'engagement britannique, les hautes sphères de l'émigration nourrissent bien des illusions. Illusions sur l'état d'esprit des Français et illusions sur l'Angleterre. Seule la Couronne britannique tire en fin de compte son épingle d'un jeu qu'elle mène supérieurement : en proie aux troubles intérieurs, la République est moins forte pour affronter son principal adversaire. Une fois de plus, les services spéciaux, cheville ouvrière de toute l'affaire, auront bien mérité de Sa Majesté.

Leur excuse à ce jeu fort peu honnête : la menace venue de Paris…

Marianne, Albion et la Verte Erin

Dire que les nouveaux dirigeants français se sont résolus d'emblée à une lutte à mort avec l'Angleterre serait mentir. Avant l'arrestation, le procès puis la mise à mort de Louis XVI en 1793, les modérés l'emportaient encore. Des modérés qui, par la suite, vont entretenir toutes sortes de liens discrets avec Londres.

Pour s'être intéressé à leurs faits et gestes, Olivier Blanc a repéré une série de traits d'union entre le républicain conciliateur Jacques Pierre Brissot, figure de proue de la Gironde, et les puissances monarchiques d'Europe. Des passerelles nommées John Hurdford Stone, Richard Ferris et Gilbert Imlay, tous sujets britanniques, auxquels on peut ajouter leur compatriote Thomas Christie, agent à Paris des banquiers Turbull et Forbes, bailleurs de fonds des services anglais !

Mélange des genres et des patries ? Il ne s'agit pas d'une trahison caractérisée : plutôt d'un désir d'apaisement avec le voisin d'outre-Manche. Tout se passe comme si Brissot et ses amis espéraient toujours un *modus vivendi* avec les monarchies environnantes.

De par leurs fonctions, les services secrets entretiennent des rapports très complexes avec l'argent (rappel du rappel : l'appât du gain comme puissant facteur de recrutement). Sachons justement que les maîtres éphémères de la France révolutionnaire se voient assez bien comme de nouveaux riches. De là à penser que la « cavalerie de Saint-Georges » produit sur certains dirigeants républicains ses premiers résultats concrets, il n'y a qu'un pas que l'on franchira toutefois avec prudence : notoirement corrompu, un Danton fut aussi l'âme de la lutte contre les « ennemis de la patrie ».

En poste jusqu'en juin 1793, le premier ministre des Affaires étrangères en titre de la jeune République, Pierre Tondu dit Lebrun, va s'efforcer de créer des services secrets, suivi dans cette voie par Bertrand Barère de Vieuzac, coresponsable avec Marie Jean Hérault de Séchelles de la politique étrangère au tout-puissant Comité de salut public. Deux personnalités ondoyantes qui, au-delà des grandes déclarations vengeresses contre la Couronne britannique, ne rompront jamais tout à fait avec la politique conciliatrice précédente.

Danton, qui voit plus volontiers les ennemis à Berlin ou Vienne qu'à Londres, les approuve. Des tractations sont ainsi poursuivies secrètement avec l'Angleterre après avril 1793 par le truchement de James Tilly-Matthews, un des meilleurs agents d'influence de Pitt.

L'arme de dissuasion la plus puissante de la jeune République, c'est l'Irlande. Londres craint en effet comme la peste une alliance entre les révolutionnaires français et les patriotes de la Verte Erin. Les uns comme les autres ne sont-ils pas républicains ?

Leur ennemi n'est-il pas le même : la Couronne britannique ? En outre, nombre d'indépendantistes exilés à Paris constituent un groupe de pression non négligeable sur les nouvelles autorités. Bref, il y aurait grand danger si ces Irlandais unis, le nom de leur organisation de résistance à Dublin comme partout en Europe, parvenaient à impulser un projet de débarquement français couplé à une insurrection populaire dans l'île d'Emeraude !

Arme de dissuasion puissante, disait-on, mais peu meurtrière car mal employée. Ce qui ressort en effet des travaux, archives en main, d'Olivier Blanc et de Hughes Marquis, c'est le haut degré de noyautage des services secrets républicains embryonnaires par leurs homologues anglais. Des hommes comme l'abbé Nicolas Madgett, Jean-François O'Neil, Charles-Marien Somers ou encore et toujours John Hurdford Stone sabotent ainsi de façon méthodique les projets des Irlandais unis dont ils informent à l'avance les services de Sa Majesté, leur livrant les noms des agents soit français, soit irlandais dépêchés sur place par la Convention.

Un travail de sape qui doit beaucoup à la naïveté, pour ne pas dire la complicité tacite, des Lebrun et Barère. Il se révélera des plus productifs, les tentatives républicaines de soutien aux indépendantistes irlandais, velléitaires, mal conçues, trahies par surcroît avant même d'être esquissées, échouant les unes après les autres. Que ceux qui prétendent que les services secrets ne servent à rien s'aventurent à lever le doigt !

Encercler l'adversaire

Dans le même ordre d'idées : contenir l'incendie républicain sans le combattre de face, les Britanniques installent aux frontières françaises un dispositif d'espionnage encerclement sous couverture diplomatique. L'animent des ambassadeurs officiers de renseignements de la trempe des Thomas Bruce Elgin à Bruxelles, des Francis Drake à Gênes, des William Eden à La Haye. Lequel ne sera pas étranger à la défection de Charles Dumouriez, ancien directeur des Relations extérieures et l'un des deux généraux vainqueurs de la bataille de Valmy.

Au fur et à mesure de l'avancée des troupes républicaines, ces postes extérieurs de renseignement vont se déplacer vers

Bâle d'abord, puis Hambourg, deux cités où les services secrets poussent comme des champignons. A partir d'octobre 1794, un proche de Grenville, William Wickham, et son bras droit James Crawford (bientôt représentant britannique à Hambourg) tisseront par exemple un réseau dense d'agents helvètes de haute volée tels Louis Fauche-Borel, un imprimeur de Neufchâtel, ou son compatriote Jacques Malet du Pan, un des meilleurs analystes de la Révolution.

Par l'intermédiaire des Hollandais, le colonel-baron français François-Marie d'Angély passe aux Anglais, tandis que Wickham et les siens, toujours aussi actifs, parviennent à recruter un nouvel agent double dans les milieux républicains irlandais : Samuel Turner.

Surtout, ces sujets d'élite du roi George vont être à l'origine d'une des plus belles réussites des services anglais de ce temps : la trahison du général Pichegru.

Sur le plan opérationnel, le retournement de ce héros républicain, conquérant des Pays-Bas, sera l'œuvre d'un Français pourtant classé « agent douteux » par l'Intelligence Service, Maurice Rocques dit « Maurice de Montgaillard ». Un militant royaliste qui dispose de puissantes complicités dans les milieux républicains : l'époque est en effet trouble au point que les cercles d'influence de la fleur de lys recoupent plus que de raison ceux de la cocarde tricolore et réciproquement, confusion éminemment propice aux activités d'espionnage et de contre-espionnage.

Agences royalistes

A travers la correspondance secrète de « Vannelet » alias « l'Ami de Paris », on évoquait plus haut le nom du comte d'Antraigues. Un personnage haut en couleur qui périra mystérieusement le 22 juillet 1812 près de Londres, poignardé avec sa femme par leur serviteur piémontais. Ledit domestique s'étant tiré sur-le-champ une balle de pistolet dans la tête, le doute subsiste sur les raisons exactes de son geste meurtrier : vengeance ancillaire après licenciement abusif, coup de folie ou assassinat prémédité pour faire taire un homme qui en savait trop ? Et, dans ce dernier cas, par qui ?

Attardons-nous un instant sur Emmanuel Alexandre de Launay, comte d'Antraigues. Né à Montpellier en 1753, c'est au départ un aristocrate progressiste, ami de Mirabeau. Député aux états généraux en 1789, menacé d'arrestation pour ses projets d'évasion de la famille royale, il émigre en février 1790. Converti aux idées contre-révolutionnaires, le voilà bientôt l'agent secret numéro 1 du comte de Provence, le futur Louis XVIII, alors installé à Vérone. Il commence à tisser une toile d'araignée dont les ramifications vont plonger très loin au cœur de la classe politique républicaine.

A Paris, l'agence royaliste du comte d'Antraigues a été créée par son ami le chevalier Christophe Sandrier des Pommelles. Pommelles qui lui expédie les renseignements recueillis par leurs amis de la capitale par correspondance codée – des mots convenus aux allures anodines en camouflant d'autres, plus explicites. Du fait de l'interpénétration entre cercles royalistes et sphères révolutionnaires soulignée plus haut, nous voilà très vite face à un réseau bien introduit dans les milieux républicains.

Antraigues s'active à la collecte et à la diffusion de renseignements, moyennant finances car il faut bien vivre et faire vivre l'agence. Son contact originel avec les services britanniques sera Francis Drake, alors ministre plénipotentiaire à Gênes et qui soutiendra l'aventurier à la fleur de lys jusqu'à sa disparition brutale. Mais par le truchement de leur ambassadeur à Venise, le comte Simon de Las Casas, le comte va travailler aussi bien pour les Espagnols, anxieux de réintroduire le principe monarchiste en France.

Un agent tous azimuts, mais un agent au long cours. Arrêté en 1797 à Trieste, Antraigues retourne sa redingote, révélant à Bonaparte la conspiration monarchiste fomentée comme on l'a vu plus haut avec l'aide de Pichegru. Il s'évade ensuite pour passer au service des Autrichiens, puis des Russes. Après son installation en août 1806 en Angleterre, on le verra encore rédiger des rapports pour le gouvernement britannique et se rendre utile à Leurs Seigneuries de mille autres manières.

Une autre agence royaliste, le Comité de Paris, agit aussi sous la houlette du jeune et fougueux comte Jean-Guillaume Hyde de Neuville assisté de Louis-Charles Dupérou, un vieux de la vieille du renseignement, ex-agent du bureau secret du ministre républicain Tondu-Lebrun.

Par l'intermédiaire du pivot de sa correspondance secrète, l'armateur et banquier de Calais Philippe Devot, Dupérou alias « Marchand » transmet à lord Grenville et au comte d'Artois, futur Charles X, des renseignements d'une qualité impressionnante.

Le 5 mars 1800, dans le cadre de la politique bonapartiste de réconciliation nationale, le ministre de la Police générale Joseph Fouché reçoit Hyde de Neuville et l'irréductible chouan Georges Cadoudal pour une réunion de la dernière chance. Après deux vaines rencontres avec le Premier consul, ces militants royalistes accepteraient-ils enfin le nouvel ordre établi en échange de l'amnistie et de leur réintégration dans la société française ? C'est non. Les deux hommes choisissent de reprendre la lutte clandestine jusqu'en mai-juin 1800, date de l'arrestation de « Marchand » et de son retournement par les hommes de Fouché.

Hyde et Cadoudal parviennent à s'auto-exfiltrer en l'Angleterre. Le premier continuera dès lors d'opérer en étroite coordination avec les réseaux du second. Considéré par un connaisseur, lord Grenville soi-même, comme la figure la plus charismatique du camp royaliste, Cadoudal prend dès lors la tête de réseaux Action dédiés à ce qu'il nomme le « coup essentiel » : l'enlèvement, voire l'assassinat de Napoléon.

Pendant ce temps, de nouvelles agences royalistes continuent à opérer en France malgré la peine de mort qui guette parfois leurs animateurs comme Armand de Chateaubriand, cousin du grand écrivain, qui, capturé en possession d'éléments de la correspondance des princes, sera fusillé en 1809. C'est le cas de l'agence dite « de Boulogne » où se distingue l'abbé Ratel, un rescapé des réseaux du comte d'Antraigues. Ou encore des Chevaliers de la Foi, créés en 1810 dans le sud du Massif central par Ferdinand de Berthier de Sauvigny, ancien combattant de l'armée contre-révolutionnaire du prince de Condé, et sa femme Bénigne.

Modèle de longévité, l'agence de Bertrand de Saint-Hubert alias « Saint-Ange », alias « Archambault », alias « Alexandre », œuvre au service du comte d'Artois. Né en 1759, vétéran des guerres de Vendée arrêté en 1804 à Nantes et évadé un an et demi plus tard, ce clandestin-né poursuivra ses activités jusqu'à la fin de l'Empire malgré une chaude alerte en avril 1810.

En juin 1815, peu avant la seconde abdication de Napoléon, un vieux clandestin, Michelot Moulin, sera enfin chargé de lever une armée royaliste en Normandie, dans le Maine et en Vendée, réussissant à mobiliser 4 000 combattants armés de bric et de broc.

Outre la répression, constante, les agences auront souffert de la lutte d'influence souterraine entre les frères rivaux : le comte de Provence, plus tard Louis XVIII, et le comte d'Artois, plus tard Charles X, chacun des deux futurs rois manœuvrant dans l'espoir de tirer seul les fils des réseaux monarchistes.

Souffert aussi des retournements de redingote…

Ténébreux retournements

Parfaits produits d'une période de guerre civile où l'on peut basculer d'un bord à l'autre au gré des ambitions individuelles et des événements, Antraigues ou Dupérou ne sont pas les seuls transfuges à sauter allègrement d'une cause à l'autre. On évoquait plus haut Maurice Rocques alias « Maurice de Montgaillard » : sachons qu'après son intervention réussie auprès de Pichegru, cet ex-agent anglais intriguera assez habilement pour être accepté au service secret du Directoire puis à celui de Napoléon. Il en sera de même pour Jacques Lesueur de Colleville, un ancien émigré de Coblence mêlé de près aux affaires irlandaises. Pour Charles Philippe Sourdat, « retourné » par Fouché et devenu un agent de pénétration dans les milieux chouans (il sera au cœur de l'intrigue compliquée que Balzac romancera bien plus tard dans *Une ténébreuse affaire*). Pour Jean-Claude Méhée de La Touche, journaliste doué pour l'espionnage qui naviguera avec brio entre les milieux de l'émigration, les dirigeants révolutionnaires et les services anglais (il parviendra à mystifier Francis Drake, pas assez regardant) et finira sa carrière d'agent multi-employeurs comme l'un des meilleurs mouchards de Bonaparte. Pour Joseph-Henry de Verteuil, également, ex-agent britannique devenu farouchement antianglais. Pour Maximilien de Quelen enfin, prince de Carency émigré en Espagne aux débuts de la Révolution, mais revenu faire sa soumission. Et pour bien d'autres.

Un phénomène de « récupération-retournement-embrigadement » que l'on observera à plus grande échelle encore dans la Russie d'après la révolution d'Octobre, avec le passage d'officiers « blancs » démoralisés dans les rangs de la Tcheka, la police politique « rouge ».

A cette différence près que Lénine et ses successeurs ne concéderont rien de palpable à leurs opposants d'hier, tandis que la politique de réconciliation nationale et de pacification de l'Ouest menée aux débuts du Consulat facilitait à coup sûr les ralliements.

Pour autant, le danger royaliste n'en subsiste pas moins. Démasqué puis déporté en Guyane, Pichegru réussit à s'évader et à gagner l'Angleterre. Preuve qu'un agent peut toujours resservir, on le retrouvera en 1803 au cœur d'une nouvelle tentative d'assassinat de Napoléon, œuvre de Cadoudal, encore lui. Mais tout a une fin : arrêté, Pichegru se suicide dans sa cellule. Son silence donnera à l'irréductible chouan une année de répit avant que Cadoudal échoue une dernière fois. Avant de rejoindre dans la tombe le général félon, cet homme de conviction aura rejeté l'ultime offre de Napoléon : la vie sauve contre le reniement.

Le Bureau secret

Bonaparte s'est une première fois couvert les mains de sang français au siège de Toulon, et surtout en réprimant les royalistes parisiens le 15 octobre 1795. Par la suite, chef de l'armée de l'Intérieur, il saura toutefois ne pas aller trop loin et décliner la proposition d'un commandement contre la Vendée qui aurait fait de lui un militaire abonné aux conflits fratricides.

En guise de sanction, très modérée car c'est le protégé de Paul Barras, un des cinq directeurs, on le mute à la tête du Cabinet topographique de Paris. Un petit organisme de centralisation qui entretient d'incontestables rapports avec l'univers du renseignement dans la mesure où il préside à l'établissement des cartes et rassemble certains éléments sur l'ordre de bataille des armées étrangères. La mise sur pied comme la mise à jour de cartes détaillées ne constituent-elles pas des formes parmi les plus anciennes de synthèse écrite des informations collectées ?

Ce poste ne suffira néanmoins pas à combler les grandes ambitions d'un artilleur connu pour son esprit de décision et son coup d'œil.

Que faire de Bonaparte ? En le désignant en mars 1796 comme général de l'armée des Alpes, le Directoire croit avoir trouvé sans trop de risques politiques le meilleur usage de ses talents militaires. En mai, un nouvel officier supérieur est affecté auprès de lui, le baron irlandais Charles Kilmaine.

Ce fougueux général né en 1751 à Dublin, puis contraint à l'exil comme tant de ses compatriotes, sert d'aussi bon cœur la République que l'Ancien Régime, pourvu que sa fidélité à la France lui permette d'en découdre avec l'ennemi anglais. Ainsi œuvre-t-il simultanément pour ses deux patries, l'ancienne et la nouvelle. Comme l'écrit Roger Faligot dans son roman vrai de la vie de *L'Irlandais de Bonaparte*, « en s'enrôlant dans le régiment de Royal-Dragons, le jeune baron devint pour la première fois cavalier et soldat français ». Et, par la suite, homme de service secret.

C'est à Milan après des débuts de campagne prometteurs que Bonaparte propose en effet à Kilmaine la direction de son service de renseignements à créer de toutes pièces sous le nom de Bureau des Affaires secrètes. Acceptant la tâche complexe de braquer simultanément le projecteur sur Londres, sur Vienne, capitale de l'ennemi autrichien, sur ce front d'Italie et sur Paris pour y collecter les informations politiques indispensables à la carrière de son nouveau chef, l'Irlandais désigne lui-même son adjoint. Ce sera l'adjudant-général Jean Landrieux, cavalier plus connu pour son audace quand il mettait sur pied une unité très offensive de « forces spéciales », les Hussards braconniers, que pour ses scrupules moraux. Mais fait-on du bon espionnage avec des enfants de chœur ?

Tel n'est pas l'avis de Bonaparte, conscient déjà de la dimension « renseignement » de son propre destin. Dans la foulée de Kilmaine, Landrieux accepte de l'informer tous azimuts. Sur les activités de leur supérieur hiérarchique, le chef d'état-major de l'armée d'Italie Louis Berthier, par exemple ! Deux de leurs subordonnés, Saliceti et Porro, prennent par ailleurs en main le Comité de police de Milan. Et quand il s'agit de préparer l'enlèvement à Vérone du comte de Provence, héritier du trône de France depuis la mort du petit Louis XVII, l'enfant du Temple, les deux compères n'hésitent pas. Mené par de faux dragons autrichiens appartenant au Bureau secret, le coup de commando échoue toutefois faute de renseignement précis. Un ratage que Kilmaine et Landrieux, ne prêtant qu'aux riches, attribueront aux contre-mesures supposées du chef de réseau le plus en vue de la partie adverse, l'inévitable comte d'Antraigues.

Par contraste, le duo Kilmaine-Landrieux saura fournir à temps à Bonaparte des renseignements sur les plans du Feldmarschall Dagobert Sigmund von Wurmser, chef d'une armée autrichienne de 50 000 hommes destinée à reprendre l'initiative sur le front italien. Autant d'informations de première qualité qui ne seront pas sans conséquences sur la réaction foudroyante du général corse écrasant Wurmser pendant la « campagne des cinq jours » d'août 1796*.

Bras de l'ombre de Napoléon, le Bureau secret voit ses tâches s'élargir à la collecte de fonds – en clair : la constitution d'une caisse noire. Non que le chef de l'armée d'Italie entende se remplir les poches à titre personnel – un enrichissement immédiat ne l'intéresse pas –, mais sa carrière politique à bâtir nécessitera toujours plus d'argent, ne serait-ce que pour se montrer « généreux » avec ceux qui la serviront.

Une préoccupation financière qui va conduire le Bureau secret à planifier le pillage systématique des richesses de la République de Venise, à commencer par l'envoi à Paris des célèbres chevaux de Saint-Marc, technique d'action psychologique visant à glorifier l'image du grand chef vainqueur, comme plus tard la colonne Vendôme ou l'Arc de triomphe.

Bonaparte, qui piétine si allègrement l'orgueil italien, sait jouer en revanche à la perfection avec celui des Français. Ajoutons que l'espionnage, dont l'Aigle avait saisi de façon précoce les ressorts et les enjeux, allait marquer aussi bien l'époque du Consulat que celle de l'Empire. La voie menant à Austerlitz, mais aussi à Waterloo sera ainsi pavée de renseignements et d'actions clandestines.

Un chef éclairé

Outre son génie guerrier et le fanatisme de ses soldats, Napoléon sut maîtriser deux facteurs moins visibles, mais tout aussi

---

* Wurmser dispose de 50 000 hommes répartis en trois corps pour délivrer Mantoue, assiégée. Prévenu par Kilmaine de l'offensive, Bonaparte rassemble les divisions Masséna, Despinoy et Kilmaine entre Vérone et Castelnuovo. Battus, les Autrichiens laissent 5 000 tués, blessés ou prisonniers sur le terrain avant de se réfugier dans Mantoue. Le 5 août, à Castiglione, Wurmser lui-même manque d'être capturé par Kilmaine.

importants : le degré d'organisation très élevé d'un état-major supervisé par son aide de camp le général Jean Rapp et, en lien direct, la qualité du renseignement militaire, qui venait à point croiser les informations éparses collectées par les cavaliers des unités de reconnaissance, hussards ou dragons notamment. Sans oublier celles obtenues par l'interrogatoire des prisonniers auquel l'Empereur attribuait une valeur d'autant plus forte qu'il le pratiquait lui-même sur les captifs de haut rang. Sans violence d'ailleurs : l'Aigle pouvait faire tuer en masse sur les champs de bataille, mais n'avait rien d'un tortionnaire.

Au fur et à mesure que les renseignements lui parviennent, Napoléon se forge un tableau, flou d'abord, puis de plus en plus net, du dispositif et des intentions ennemis. Ainsi opère-t-il comme le propre chef de son service secret, comme ont opéré dans le passé, comme opèrent aujourd'hui et comme opéreront demain tous les chefs de services secrets du monde.

Qu'ils soient militaires, politiques, économiques, policiers ou tout autres, la synthèse des renseignements recueillis de sources diverses tend en effet à préciser par petites touches une sorte d'image des intentions adverses. De puzzle si l'on préfère : les amateurs de ce jeu connaissent bien ce moment où ils commencent enfin à discerner, pièce après pièce, le motif à faire apparaître dans son intégralité. De même ceux qui pratiquent encore la photo argentique, quand le tirage émerge dans son bain chimique sous la lumière rouge : d'un seul coup, on voit enfin…

Restent les maldonnes, dont Napoléon donnera plus tard cette description pénétrante, qu'il s'empressera d'oublier le jour de Waterloo : « Dans le chaos de ces rapports [de renseignement], l'esprit supérieur discerne la vérité ; l'esprit médiocre se perd et surtout, si une préoccupation antérieure existe, il y a penchant à croire que l'ennemi arrivera par un point plutôt que par un autre ; les faits recueillis sont tous interprétés dans un seul sens pour peu qu'ils s'y prêtent. C'est ainsi que se produisent les grandes erreurs qui ruinent quelquefois les armées et les empires. »

Ainsi et autrement encore. Citons à ce titre certaines faiblesses du Grand Chiffre napoléonien que George Scovell, décrypteur en chef des troupes de Wellington au Portugal, parviendra à percer en 1811-1813. De quoi lire la correspondance de l'Empereur avec son frère Joseph, installé de force sur le trône d'Espagne.

Et permettre peut-être à Wellington de remporter en juin 1813 la bataille de Vittoria, qui propulsera la Grande Armée hors de la Péninsule.

Le renseignement napoléonien

Comment fonctionne le renseignement militaire de la Grande Armée ? S'inspirant du travail de veille navale effectué sous l'Ancien Régime par le ministère des Affaires étrangères pour tenir à jour l'ordre de bataille de la Royal Navy, Napoléon ordonne dès 1805, quand se forme contre lui la troisième coalition, de créer des « boîtes à compartiment » (des casiers rangés par ordre) qui abriteront diverses fiches sur l'armée autrichienne et que des berlines achemineront jusqu'au champ de bataille.

Cette tâche échoit au colonel Blein, désigné par le général Berthier. Observons à ce propos que Blein vient du génie. Pour le renseignement, Napoléon, artilleur donc officier technicien à l'origine, fait en effet une confiance particulière aux hommes de ce corps dont il apprécie la capacité à convertir les données topographiques en termes opérationnels, comme nous le verrons un peu plus loin quand nous évoquerons la mission de Vincent-Yves Boutin en Algérie. Mais, dans le cas personnel du colonel Blein, il ne s'agit pas d'une confiance absolue puisque l'Empereur laisse le général Rapp se doter de ses propres boîtes à compartiment : l'Aigle a toujours mis en concurrence ses serviteurs les uns avec les autres et on verra qu'il va pratiquer à l'identique dans tous les domaines du renseignement.

Avec une réussite insolente qui n'a évidemment pas échappé à Thierry Lentz, un des grands spécialistes de l'Empereur des Français. S'appuyant sur les travaux de l'historien polonais Andrzej Nieuwasny et sur ceux d'Alain Montarras, ancien directeur adjoint du contre-espionnage français, la Direction de la surveillance du territoire, Lentz estime « que la recherche d'informations sur les forces et mouvements de l'ennemi fut au cœur de la guerre contre la troisième coalition et qu'elle porta ses fruits ».

Satisfait du résultat obtenu, Napoléon, fidèle à sa conduite qui est de s'occuper de tout dans le moindre détail, ordonne alors de généraliser la méthode. Voici ce qu'en dit sa dépêche du 3 mars

1806 adressée au général Berthier, qui mérite d'être citée tant elle abonde en consignes précises :

> Mon cousin, vous trouverez ci-joint un décret qui nomme M. de Lagrange, capitaine au 9ᵉ dragons, second secrétaire de la légation à Vienne. Vous le ferez venir et vous lui ferez connaître que mon intention est qu'il tienne une note exacte de la force des régiments autrichiens, et des lieux où ils se trouvent ; qu'à cet effet, il doit avoir dans son cabinet une boîte divisée par cases, dans chacune desquelles il mettra des cartes portant le nom des généraux, des régiments et des garnisons, et qu'il changera de cases selon les mouvements qu'ils subiront. Tous les mois, il vous adressera le relevé de ces mouvements [...]. Cette mission est très importante. Il faut que M. de Lagrange s'y livre tout entier et qu'il ne se déplace pas un bataillon autrichien sans que je n'en sois instruit.

Edifiant ! Le fait qu'Ange de Lagrange appartienne au 9ᵉ dragons, ex-Lorraine-Dragons, n'est peut-être pas anodin. Car les officiers de ce corps possèdent, on le sait, une pratique ancienne des missions de renseignement opérationnel. Reste que, parmi les autres unités de reconnaissance, leurs rivaux, les hussards, occupent le premier rang. Opérant en équipes réduites, ces cavaliers légers d'élite cherchent très en amont le contact avec les avant-gardes de l'ennemi de façon à rendre compte de ses mouvements dans les meilleurs délais.

Ajoutons pour faire bonne mesure à ces troupes en uniforme le travail plus obscur d'une poignée d'agents secrets triés sur le volet, dont le célèbre Charles Schulmeister, un maître en la matière.

L'as du Petit Caporal

Parlons-en puisque le nom de ce super-espion vient d'apparaître. Né en 1770 dans le Pays de Bade, Charles Louis Schulmeister (ou, si vous préférez, Karl Ludwig Schulmeister) manie aussi bien l'allemand que le français. Adolescent, il revêt l'uniforme chamarré des hussards de Conflans. La carrière militaire ne lui réussissant guère, il opte toutefois sans attendre pour un mode d'enrichissement beaucoup plus discret : la contrebande. De là à se faire espion, il n'y a qu'un pas. Vite et si bien franchi qu'en 1804 le général Rapp, chef d'état-major, présente Schulmeister à Napoléon : « Vous travaillerez sous les ordres de Savary », décrète le Premier consul, intrigué par ce savoir-faire peu banal.

Savary ? Colonel de la gendarmerie d'élite consulaire, ce sabreur exécute pour Napoléon diverses basses œuvres de police politique. Il fait contrepoids à Fouché, ministre de la Police générale, bientôt Sûreté générale, connu pour ses intrigues tortueuses et craint pour son efficacité que nul ne conteste.

Lancé dans l'arène secrète, Schulmeister s'y distingue par son audace, génératrice d'excellents résultats. Grâce à de faux journaux parisiens présentant la chute de Napoléon comme prochaine, il intoxique le général Karl Mack. Certain que, dans ces conditions, la meilleure tactique serait l'attente, l'Autrichien demeure inactif à Ulm, ville du Bade-Wurtemberg où, victime de sa propre inertie, il se retrouvera assiégé et contraint à la capitulation avec son armée le 20 octobre 1805. Commissaire général de la police de Vienne après la prise de la capitale par la Grande Armée, Schulmeister, « Monsieur Charles » pour l'état-major impérial, continue ses missions spéciales avant d'exercer un commandement direct dans un régiment de hussards. Le voici toutefois contraint de revenir très vite à ses premières amours. Quand le tsar Alexandre Ier et Napoléon se rencontrent à bord d'un radeau au milieu du Niémen à Tilsit, entrevue capitale, c'est lui qui se voit chargé de la sécurité des deux empereurs, tâche en rapport avec ses aptitudes.

Bref, « on » a confiance en Schulmeister et on a raison puisque, retiré près de Strasbourg, l'as du Petit Caporal reprendra à plusieurs reprises du service secret, y compris pendant les Cent-Jours. Arrêté puis libéré en novembre 1815, il cessera à ce moment seulement ses activités clandestines pour revenir en Alsace finir son existence en bon bourgeois. Mais longtemps les exploits réels ou supposés de ce maître espion déchaîneront les fantasmes. Personnage de série télévisée après avoir été une figure de l'histoire du renseignement, « Schulmeister espion de l'Empereur » fera, sous les traits du dynamique comédien Jacques Fabbri, les beaux jours du petit écran entre 1971 et 1974.

Fouché, Savary et Cie

La confiance accordée par Napoléon à un agent de l'acabit de Schulmeister n'a eu d'égale que son implication personnelle très poussée dans les affaires secrètes. Fidèle à son propre précepte : « Avoir prévu tout ce que l'ennemi peut faire », l'Empereur surveille tout, a l'œil à tout. Suractif, il donne des instructions détaillées sur tout, rédigeant même de sa main de fausses nouvelles et des articles de journaux destinés à intoxiquer la Royal Navy sur les mouvements et la puissance réelle de son adversaire française.

Constamment au four et au moulin, le chef de l'Etat conforte son pouvoir en opposant ses serviteurs les uns aux autres. Mais peut-on parler de « serviteur » à propos de Joseph Fouché, le ministre de la Police générale depuis 1799, soit avant le coup d'Etat du 18 Brumaire ? Cet ancien jacobin aux mains couvertes de sang, aussi fin politique que dénué de scrupules, travaille principalement pour son propre compte, voire, expression de son biographe Emmanuel de Waresquiel, « invente ce qui relève des *nécessités noires* de la démocratie* ».

L'Empereur veut surveiller tout et tout le monde ? Fouché, lui, sait tout sur tout le monde ou presque. Tout sur les républicains au rancart dont il partage les réticences quant à l'évolution monarchique du régime. Tout sur les royalistes, qu'ayant voté la mort de Louis XVI il considère comme les ennemis intérieurs les plus dangereux. Tout sur les nouveaux riches qui bourgeonnent dans Paris. Tout sur ses adversaires, mais rien sur ses amis car, replié, au niveau sentimental, sur une vie de famille assez riche, l'ancien régicide, obsessionnel du renseignement, n'en a aucun.

Tout enfin sur les proches de Napoléon, fussent-ils membres de sa famille. Même les secrets les plus intimes de l'Aigle lui sont connus. Excédé d'une telle omnipotence, l'Empereur tente de la contenir à travers deux personnages du reste fort différents.

Le premier est Savary. Lequel parviendra à détrôner Fouché en juin 1810, ce dernier s'étant autorisé certaines initiatives person-

* Interview par Franck Ferrand le 25 septembre 2014 dans l'émission *Au cœur de l'Histoire* sur Europe 1.

nelles osées comme l'amorce de négociations de paix parallèles avec l'Angleterre. Savary auquel Napoléon confie une partie croissante des responsabilités de la police secrète. Ce militaire dévoué mais sans imagination s'est prêté sans la moindre discussion aux tâches les plus douteuses.

En mars 1804 par exemple, l'enlèvement nocturne du duc d'Enghien à Ettenheim, dans le duché de Bade. Une opération coup de poing réalisée par les dragons, forces spéciales du général Michel Ordener, et suivie du jugement express du duc, accusé sans preuves et à tort de complot contre la vie de Napoléon, puis de son exécution dans les fosses du château de Vincennes. « Pire qu'un crime, une faute », aurait dit Fouché… à moins que cette phrase célèbre n'ait été prononcée par Talleyrand.

Notons que l'enlèvement du duc sera suivi le 24 octobre 1804 d'une deuxième opération de même envergure : le kidnapping à Hambourg de George Rumbold, représentant britannique en Basse-Saxe et chef de l'Intelligence Service pour la région. Les 250 hommes du général Nicolas Maison se chargeront de cette basse œuvre, suivie néanmoins d'une telle vague d'indignation en Europe que Napoléon, une fois n'est pas coutume, devra ravaler son orgueil en libérant prestement l'officier de renseignements de Sa Majesté.

Talleyrand, dont on vient d'évoquer le nom, sera l'autre rival de Fouché en même temps que, disons, son ennemi complémentaire. Comme le ministre de la Police, celui des Relations extérieures mène sa propre politique au moins autant que celle de l'Empereur. Talleyrand dispose de ses propres réseaux de renseignements et de ses propres filières de négociations secrètes avec les Britanniques. Et, pour résumer leur mode relationnel, on peut soutenir que Fouché et lui sont comme chat et chien, mais un chat et un chien qui auraient compris la nécessité de cohabiter l'un avec l'autre*.

---

* Pour l'analyse des rapports entre ces deux hommes, voir les travaux de leur double biographe, Emmanuel de Waresquiel : *Talleyrand, le prince immobile* (Paris, Fayard, 2003), et *Fouché, les silences de la pieuvre* (Paris, Fayard/Tallandier, 2014). Et, bien entendu, le chapitre IV des *Grands Duels qui ont fait la France*, sous la direction d'Alexis Brézet et de Jean-Christophe Buisson, Paris, Perrin-*Le Figaro Magazine*, 2014.

Deux animaux politiques qui savent en outre revenir par la fenêtre quand on les a chassés par la porte. Destitué en 1802 pour son manque d'enthousiasme envers le Consulat à vie, Fouché, rallié à l'Empire, retrouve son poste à la tête du ministère de la Police en 1804, à la suite du complot de Cadoudal associé aux généraux Moreau et Pichegru et à l'exécution du duc d'Enghien. Nous savons déjà qu'il ne le quittera qu'en 1810 pour céder la place à Savary.

Ce premier retour de l'ancien jacobin – il y en aura d'autres sous les Cent-Jours et à la Restauration – ne fait naturellement que peu d'heureux. Un très malheureux même, le préfet de police Louis-Nicolas Dubois, ex-créature de Fouché, qui se serait bien vu à la place de son patron déchu et dont Napoléon avait encouragé l'ambition à dessein. Mais, des trois personnalités mises par l'Empereur en concurrence avec le ministre de la Police, ce dernier fut à coup sûr le moins dangereux. Il perdra son poste pour cause d'absence le 1er juillet 1810 lors de l'incendie de l'hôtel de Montesson où l'ambassadeur d'Autriche et accessoirement patron des services secrets, le prince Karl von Schwarzenberg, donnait un bal. Le drame a manqué de coûter la vie à l'impératrice Marie-Louise, elle-même autrichienne. Il conduira, le 18 septembre 1811, à la création du bataillon des sapeurs-pompiers de Paris placé sous autorité militaire.

Le système Napoléon

A l'apogée de l'Empire en 1809-1811, un système compliqué de poids et de contrepoids politiques et administratifs prévaut en matière de renseignement. De police aussi puisque, sous les serres de l'Aigle, services secrets et polices secrètes se complètent et s'entremêlent, trait caractéristique de tout régime autoritaire et, au XXe siècle, élément constitutif des régimes totalitaires.

Le Cabinet noir du directeur général des Postes et ancien aide de camp de Bonaparte, Antoine-Marie Chamans de Lavalette, reprend les tâches d'interception et de décryptage du courrier dévolues au Bureau d'en dedans sous l'Ancien Régime. Mais à un degré très supérieur : accroissement considérable du personnel voué à cette tâche et extension géographique parallèlement à celle de l'Empire lui-même.

Le Service de topographie de l'armée détient le monopole de la confection et de la diffusion, restreinte aux états-majors, des cartes géographiques des provinces françaises et des plans des villes. Les imprimeurs privés n'ont pas le droit d'en réaliser et encore moins d'en commercialiser. Une mesure de « contre-espionnage » essentiellement policière que d'autres pays reprendront à leur compte au siècle suivant, comme l'URSS, la République populaire de Chine ou la Corée du Nord. Lors de la campagne de 1814, elle gênera la progression en France des armées alliées. Et, un bon siècle plus tard, celle de la Wehrmacht en Russie à partir de juin 1941.

La Division de la haute police, encore dite Division de la Police secrète, constitue le domaine de Pierre-Marie Desmarest, un vieux collaborateur de Fouché né en 1764 à Compiègne d'un père commerçant. Desmarest qui, entre autres responsabilités, va mener de front le contre-espionnage face à l'Intelligence Service et la lutte contre les réseaux royalistes. Compte tenu des ambitions personnelles de Fouché, un tel travail peut inclure à l'occasion du renseignement extérieur, notamment le noyautage des émigrés londoniens, voire des prises de contact discrètes avec les Britanniques.

Talleyrand, on l'a vu, prend sous son bonnet le renseignement diplomatique, tout en indépendance personnelle lui aussi.

Napoléon, pour sa part, commande directement sa propre haute police secrète, faite d'agents de renseignements qu'il traite et rémunère directement et qui le tiennent informé des mouvements de l'opinion au moyen de notes secrètes, tâche en principe dévolue à Fouché, mais on ne sait jamais…

Ces agents s'appellent Bertrand Barère, parvenu à sauver sa tête aux jours sombres de la Terreur, mais plus marginal qu'autrefois ; Caroline de Genlis, une femme de plume ancienne maîtresse du duc d'Orléans et préceptrice de son fils Louis-Philippe ; le poète Joseph-Alphonse Esménard ; le journaliste ex-royaliste Joseph Fiévée ; ou encore l'historien et publiciste François de Montlosier. Sans oublier Montgaillard, dont nous avons vu plus haut le rôle auprès du général Pichegru. Et naturellement les Schulmeister ou Méhée de La Touche.

La sécurité militaire est l'apanage de plusieurs hauts gradés mis, là encore, en concurrence : les généraux Michel Duroc, grand maréchal du Palais, Pierre-Augustin Hullin, commandant la région militaire de Paris, et à l'occasion les fidèles maréchaux Lannes ou Davout.

Les milieux ecclésiastiques enfin sont placés sous la surveillance du cardinal Etienne de Cambacérès, frère de l'ancien Deuxième consul et archichancelier de l'Empire, Jean-Jacques.

Le point faible de cette architecture saute aux yeux : sa complexité. Faisant suite aux luttes de clans qui ont paralysé les services secrets de la Révolution, elle contraste avec la cohérence de l'espionnage britannique, tous officiers, tous agents et tous services tendus vers un unique but : réduire une France décidément trop puissante. Sans doute ne s'aime-t-on pas plus de l'autre côté de la Manche, mais au moins on sait travailler ensemble.

Il faut bien cela pour affronter un stratège d'envergure qui ne cesse de porter ses regards loin sur le monde.

Trois espions « longue distance » de l'Empereur

« Envoyez un de vos ingénieurs discrets. Mais il faudrait que cet ingénieur fût un peu officier de marine et un peu ingénieur de terre », ordonne Napoléon.

Où ? En Algérie, puisqu'en cette année 1808 l'Empereur y envisage un débarquement pour réduire la piraterie barbaresque, toujours active en Méditerranée.

On lui soumet le nom du chef de bataillon Vincent-Yves Boutin, qu'il approuve aussitôt : l'homme a fait ses preuves, en effet.

Un scientifique, un technicien comme l'Aigle les apprécie. Né le 1er janvier 1772 au Loroux-Bottereau, une commune de la région nantaise, Boutin a suivi d'excellentes études à l'Oratoire de Nantes aux côtés du futur général Pierre Cambronne – celui du « mot ». Son professeur de physique à l'époque ? Nul autre que Joseph Fouché !

Capitaine en 1800, c'est sans doute sur recommandation du même Fouché que l'officier est désigné pour une mission spéciale : renforcer les défenses de Constantinople, menacée par l'ennemi britannique. Lequel renonce devant l'ampleur des travaux conduits sous les ordres de Boutin en cinq jours seulement.

Précédant dans cette voie un Lawrence d'Arabie, le Nantais, virtuose du déguisement, a appris en autodidacte l'art de passer inaperçu en terre musulmane. S'étant laissé pousser la barbe, il affectionne les tenues orientales. L'année suivante donc, ce sujet d'élite part pour l'Algérie où, soi-disant cousin du consul de France, il arpentera morceau par morceau la zone côtière. Le temps de « photographier » en détail telle ou telle section des lieux à repérer, l'officier du génie se fait parfois passer pour un pêcheur, excellent prétexte pour rester en place des heures durant. Tant et si bien que le 17 juillet, menacé tout de même d'expulsion pour excès de curiosité par le dey d'Alger, il repart bardé de relevés topographiques.

Capturé par une frégate anglaise, Boutin, qui n'a pas froid aux yeux, parvient à s'évader *via* l'Empire ottoman pour, une fois à Paris, reconstituer ses plans de mémoire. En novembre, c'est chose faite.

Il faut débarquer sur la plage de Sidi Ferruch entre le 10 mai et le 10 juin, conclut l'espion de l'Empereur… l'endroit exact où, suivant à la lettre ses instructions, le corps expéditionnaire français du maréchal de Bourmont mettra pied à terre le 14 juin 1830 ! On avait eu le bon goût de conserver son dossier de reconnaissance, preuve s'il en était que le travail de renseignement s'effectue dans la durée et qu'à ce titre il n'existe d'efficacité sans une longue mémoire, celle des archives précisément.

Abandonnons pour l'instant cet officier de renseignement peu ordinaire et intéressons-nous à cet autre agent « longue distance » de l'Aigle, Jules de Lascaris.

Né en 1767 au Piémont, ce descendant d'une vieille famille de Vintimille a acquis la nationalité française à Malte, où il accompagnait l'armée de Bonaparte en route pour l'expédition d'Egypte. Architecte des Ponts et Chaussées – encore une profession technique ! –, notre Piémontais s'exile en Crimée, puis en Syrie. Là, il se marie et exerce le métier de professeur de violon. Parlant arabe, Lascaris sait comme Boutin se déguiser et passer inaperçu.

En 1808, le consul de France à Damas le contacte et lui propose une mission secrète pour le compte des deux empereurs : Napoléon bien sûr, mais aussi le tsar Alexandre Ier. Elle consiste à prendre langue avec l'émir Ibn Saoud le Grand, chef de la maison des Saoud qui, associée depuis 1744 au prédicateur ultra-rigoriste de l'islam sunnite Mohammed ibn Abd al-Wahhab, s'est taillé un fief dans le nord de l'Arabie.

Saoud et ses guerriers wahhabites n'échappent pas seulement au contrôle de l'Empire ottoman : ils constituent une menace pour la route des Indes, artère vitale de l'Empire britannique. Accepteraient-ils une alliance en bonne et due forme avec les deux empereurs alliés depuis l'entrevue de Tilsit dont nous avons vu Schulmeister assurer la sécurité ?

Lascaris accepte cette dangereuse mission. L'accompagnera en qualité de guide et d'éclaireur un chrétien de Syrie vendeur de pistaches, Fatallah Sayeghir. Un long périple conduit les deux compagnons jusqu'en Arabie où ils finissent par rencontrer Ibn Saoud. Les discussions avec l'émir débouchent sur un traité d'alliance entre l'émir et la France conclu le 12 novembre 1811. C'est dit : les troupes françaises pourront traverser la région de l'Arabie aux mains des wahhabites pour frapper les Anglais.

De retour à Constantinople, Lascaris apprend, abattu, la double nouvelle qui met fin au projet : la rupture entre Alexandre Ier et Napoléon et la débâcle française en Russie. Un coup d'épée dans le sable à l'heure où la Grande Armée se perdait dans les neiges.

Les « châtelaines du Liban »

L'Empereur ne cesse pourtant pas de s'intéresser au Moyen-Orient. En 1814, il y expédie de nouveau Boutin, cette fois sous couverture d'agent commercial épris d'archéologie. Chez le patron de l'Intelligence Service au Caire, notre Nantais fait alors la connaissance de lady Hester Lucy Stanhope, ancienne secrétaire particulière de son oncle William Pitt, l'ennemi juré de Napoléon*.

Figure haute en couleur elle aussi, lady Stanhope connaît bien la région, qu'elle a parcourue en tous sens, parfois déguisée en Bédouine. Ainsi cette femme de caractère née en mars 1776

* William Pitt (1759-1806), dont nous avons déjà évoqué la figure à propos du fameux « or de Pitt », a combattu la Révolution et le Consulat notamment comme Premier ministre entre 1783 et 1801. Revenu au pouvoir en 1803 après la rupture de la courte paix franco-britannique d'Amiens, il n'a cessé d'exhorter ses compatriotes à faire face à Napoléon.

recherchera-t-elle en vain un prétendu trésor déposé sous les ruines de la mosquée d'Ashkelon.

Autant d'occasions de se rendre utile à l'Intelligence Service, toujours prêt à mobiliser les personnalités les plus excentriques, surtout si elles sont apparentées au clan Pitt. Très amoureuse de Boutin, sentiment qui ne semble pas avoir été partagé, lady Stanhope entretiendra une correspondance avec l'objet de ses désirs entre mars et octobre 1814. Pour parler cœur, c'est entendu, mais aussi pour le presser de questions sur les projets de Napoléon à l'égard des wahhabites, qui inquiètent toujours autant Londres.

Elle ne tirera pas grand-chose de l'agent secret napoléonien, d'autant que, lors d'une mission de reconnaissance dans la montagne libanaise, Boutin va être tué par des alaouites, un groupe chiite minoritaire*. Pour venger son amour disparu, la nièce de William Pitt persuade alors les pachas d'Acre et de Tripoli de mener une sanglante expédition punitive : 52 villages incendiés et 300 alaouites assassinés. Récupérant à cette occasion les effets personnels de Boutin, elle les renverra à sa famille dans le pays nantais.

Etrange conclusion posthume d'une demi-romance inachevée entre agents de services secrets ennemis : décédée le 23 juin 1839, Lady Stanhope servira à Pierre Benoit de modèle en 1923-1924 pour l'héroïne de son roman *La Châtelaine du Liban.*

Comme Roger Faligot et moi-même l'avons révélé soixante-dix ans après, précisons que l'écrivain français puisa également son inspiration chez une figure de son temps, la comtesse Magda d'Andurain. Agente comme Lawrence d'Arabie des services secrets britanniques du Caire pendant la Première Guerre mondiale, cette aventurière dénuée de scrupules continua à œuvrer pour l'Intelligence Service au Moyen-Orient jusqu'à la fin des années 1930. Rentrée en France, elle allait y devenir sous l'Occupation une des égéries de la « Gestapo française ».

---

* La famille des dictateurs syriens Hafez al-Assad et son fils Bachar al-Assad est de confession alaouite.

4

Prélude à la Grande Guerre

Epuisée par l'aventure révolutionnaire et les campagnes militaires, l'Europe n'en peut plus. Quatre décennies durant, jusqu'au « Printemps des peuples » de l'année 1848 en tout cas, le Vieux Continent va donc s'essayer à une certaine stabilité.

A l'extérieur, le fait le plus notable des trois décennies qui suivent immédiatement la bataille de Waterloo sera la conquête de l'Algérie par la France. Une expédition commencée – on vient de le voir – selon les plans de débarquement de l'officier de renseignement Boutin et qui débouchera, à partir de 1844, sur une forme originale d'officiers de renseignements mâtinés d'administrateurs civils et de praticiens de l'action psychologique : ceux des bureaux des Affaires arabes.

En combinant ces activités disparates sous un même uniforme, la France emboîte ainsi le pas à la Grande-Bretagne sur le sentier très spécifique du renseignement colonial. Pour rencontrer le même schéma à la Pyrrhus : tendant à couper les services des problématiques militaires modernes, les succès relativement faciles contre des rébellions sporadiques retardent de ce fait leur adaptation au contexte européen.

Reste qu'en bonne logique, la guerre secrète s'apaise sur le Vieux Continent. Entre Etats s'entend, car à l'intérieur des frontières les tensions restent vives sous le double signe de la question nationale et de la question sociale. De quoi conduire à un développement des polices politiques dont un des modèles reste celle de Fouché à l'époque napoléonienne. En France, l'ancien bagnard Eugène-François Vidocq, promu en 1811 chef de la brigade de Sûreté, conservera ce poste clé jusqu'à sa première éviction en 1827. Rétabli brièvement dans ses fonctions en 1832, limogé de nouveau, il innove en créant le Bureau de renseignements pour le commerce, un cabinet privé d'espionnage industriel et financier, et se rend célèbre par des *Mémoires* qui inspireront Victor Hugo pour le personnage de Javert dans *Les Misérables* et Honoré de Balzac pour celui de Vautrin dans *La Comédie humaine*. Son dernier coup d'éclat, au service du pouvoir d'Etat de nouveau : l'infiltration des organisations révolutionnaires insurrectionnelles en 1848.

Anglais et Russes dans le Grand Jeu

Détente internationale post-Napoléon oblige, c'est très loin de l'Europe, entre Tibet, Afghanistan et Iran, qu'un bras de fer commence à opposer le Royaume-Uni et la Russie, engagés dans ce que l'écrivain Rudyard Kipling, barde de l'impérialisme britannique, décrira en 1901 comme le « Grand Jeu » dans son roman d'espionnage *Kim*. Un bras de fer entre les deux puissances pour le contrôle de l'Asie centrale.

Les protagonistes ? Au sud, les officiers des services de renseignements du *Raj*, le gouvernement anglais de l'Inde ou, jusqu'à sa disparition, les membres du service politique de la toute-puissante Compagnie des Indes qui espèrent bloquer l'avancée tsariste en Asie centrale. Au nord, leurs homologues russes qui œuvrent à amplifier celle-ci.

Le point de départ ? L'année 1810, deux ans à peine après l'expédition mouvementée de Boutin en Algérie. Et, à propos d'expédition mouvementée, celle des capitaines Charles Christie et Henry Pottinger, du 5e régiment d'infanterie indienne de Bombay, le siège du *Raj*, ne le sera pas moins. Après avoir quitté le nord du Balouchistan et mené à bien deux missions exploratrices de 3 600 kilomètres pour Christie et de presque 3 800 pour Pottinger aux confins de l'Afghanistan et de l'Iran, les deux camarades tombent dans les bras l'un de l'autre lors de leurs retrouvailles à Ispahan.

Le « Grand Jeu » se poursuit côté russe en 1819 avec la traversée du désert de Karakorum par l'intrépide lieutenant Nikolaï Mouraviev. Parade-riposte : le cycle va se poursuivre jusqu'à la fin du siècle avec force missions discrètes sinon secrètes marquées par ce surprenant repas quelque part dans le pays Hunza. Un jour de 1890, Bronislav Gromshesky convie à sa table de campagne Francis Younghusband et, vidant force verres, les deux capitaines se font philosophes pour échanger des considérations sur les impérialismes de leurs nations respectives. Comme tout a une fin, le « Grand Jeu » s'achèvera en août 1904 avec l'entrée du même Younghusband à Lhassa. Il aura tout de même duré presque un siècle. Dans l'intervalle, le renseignement jouera en bonne logique armée son rôle dans un conflit extra-européen beaucoup plus ouvert, plus meurtrier, et nettement moins romanesque, la guerre de Sécession.

Autant en emporte la guerre civile

Tout au long de cette sanglante mêlée fratricide, aucun de ses deux protagonistes ne se montrera capable de structurer un organisme de renseignements unifié digne de ce nom. Ainsi, côté nordiste, s'opposeront longtemps deux « Secret Services » concurrents : celui d'Allan Pinkerton et son rival dirigé par Lafayette Barker. Le premier travaillant pour le compte du général George McClellan, commandant en chef de l'armée du Potomac, et le second, pour le lieutenant-général Winfield Scott, chef suprême des armées, puis pour le ministre des Affaires étrangères William Seward et enfin pour le secrétaire à la Guerre Edwin Stanton.

Beau pataquès. Côté sudiste, ce n'est guère mieux. Soulignons toutefois au passage l'émergence dans l'arène du sieur Pinkerton, fondateur de la célèbre agence de détectives qui porte son nom. Une incursion typiquement yankee du « secteur privé » dans le monde du renseignement d'Etat. Dans la vieille Europe, pareille configuration serait considérée comme un germe supplémentaire de guerre civile au sein même de la guerre civile, et donc exclue. Ici, non, car même en matière de renseignement personne ne fait une confiance absolue à l'Etat.

L'Europe, parlons-en. Les réseaux sudistes et nordistes s'y livrent une lutte aussi farouche que souterraine. Les confédérés cherchent à se procurer des armes et surtout des « clippers », ces bateaux fins et rapides qui permettent à leurs forceurs de blocus de rompre l'isolement économique des Etats sécessionnistes imposé par la marine nordiste – les cinéphiles penseront au personnage de Rhett Butler incarné par Clark Gable dans *Autant en emporte le vent*, le film mythique tiré en 1939 du roman éponyme de Margaret Mitchell.

Quant aux fédérés, ils ne se contentent pas de contrer leurs adversaires sur le terrain des achats de matériel en Europe, mais mènent parallèlement des actions d'influence. Ainsi proposeront-ils à Giuseppe Garibaldi de rallier la cause antiesclavagiste. Flairant le « coup médiatique » et l'instrumentalisation, le héros de la lutte pour l'indépendance italienne choisira néanmoins de décliner l'offre.

Ne déduisons surtout pas de l'embrouillamini et de l'amateurisme des services secrets des frères ennemis que la quantité de renseignements par eux collectés avoisinerait le zéro : c'est leur centralisation, leur analyse puis leur exploitation qui pèchent. Les éléments constitutifs d'un service efficace autrement dit, car point ne sert de recueillir des informations si l'on ne les convertit pas en éléments de nature à guider l'action des décideurs politiques, militaires et économiques. Or, en l'occurrence, on vient de le voir, tel ne fut pas le cas.

Des femmes noires et des femmes blanches

Au contraire de sa rivale esclavagiste, l'Union pouvait compter sur des agents de renseignements noirs comme William Jackson, cocher du président sudiste Jefferson Davis, donc bien placé pour recueillir des renseignements de premier ordre.

Ces agents seront souvent des femmes, comme la domestique noire Mary Bowser, que sa maîtresse, Elisabeth Van Lew, figure de la haute société blanche de Richmond, va également introduire dans la domesticité de Davis. Ou encore Harriet Tubma, véritable chef de réseau et émule féminine de Fregoli, capable de se faufiler derrière les lignes sudistes pour préparer les raids des soldats du Nord.

Ce rôle très important des femmes ne concerne pas seulement les Noires. Côté sudiste, citons « Rose la Rebelle », de son vrai nom Rose O'Neal Greenhow (démasquée par les hommes d'Allan Pinkerton, elle deviendra une sorte de vedette internationale de l'époque). Ou Belle Boyd, la « Cléopâtre de la guerre de Sécession », autre espionne starisée dont la légende sudiste fera de manière très exagérée la cause de la victoire des confédérés le 23 mai 1862 à Front Royal, en Virginie.

On évitera de faire l'impasse sur la sourde guerre d'interception et de décryptage des communications par courriers ou télégraphe, domaine où l'appétit américain pour le modernisme et les nouvelles technologies pourra se donner libre cours.

Mais le Nouveau Monde, c'est exotique, si loin de cette Europe avide de calme où la guerre secrète, feu qui couve toujours sous la cendre, a fini par se rallumer aux deux tiers du XIXe siècle avec la guerre de Crimée opposant l'alliance franco-britannique à la Russie et l'intervention militaire française en soutien de l'indépendance italienne – deux affrontements sans finesse où les agences de renseignements ont opéré *a minima*.

On ne peut pas en dire autant de la montée de la puissance prussienne.

Le maître espion de Bismarck

Né le 3 mai 1819 en Saxe, le père des services de renseignements allemands modernes s'appelle Wilhelm Stieber. Selon ses propres souvenirs, parfois sujets à caution, c'est en 1844 qu'il va intégrer la police judiciaire de Berlin, la Section IV. A vingt-six ans, bientôt vingt-sept, le jeune inspecteur se distingue très vite dans les affaires politiques en infiltrant un groupe révolutionnaire clandestin en Silésie.

Un bon début côté police. Des services secrets, Stieber en rend bientôt de très remarquables. Par exemple en 1850, quand le ministère de l'Intérieur l'envoie à Londres tirer au clair les activités d'un groupe d'intellectuels révolutionnaires allemands en exil où se distingue un certain Karl Marx. Grâce à son entregent, le policier se serait procuré à cette occasion la liste des militants de la Ligue secrète des communistes de Prusse.

Trois ans plus tard, le policier saxon joue un rôle clé dans le « procès des communistes » de Cologne. Un zèle qui vaudra à Stieber une attaque *ad hominem* de Marx. Dans *Herr Vogt*, publié en 1860, le théoricien révolutionnaire pourfend surtout le naturaliste Karl Vogt, un adversaire politique qu'il accuse de jouer les provocateurs pour le compte… de Napoléon III. Mais dix pages de ce violent pamphlet, seule incursion de son auteur dans la littérature d'espionnage, sont consacrées à Stieber.

L'irrésistible ascension du Javert allemand n'en est pas retardée pour autant. C'est même le contraire. 1862 voit d'ailleurs la promotion de Stieber à la tête de la division Sécurité de la préfecture de police de Berlin.

Berlin justement. En véritable homme d'Etat, le chancelier prussien Otto von Bismarck a compris que son projet grandiose, écraser l'Empire austro-hongrois pour unifier par la force l'Allemagne au sein d'un nouveau Reich, exigeait des renseignements fiables, donc un service secret de qualité. C'est pourquoi il va retenir l'idée de Stieber : créer au ministère prussien des Affaires étrangères un Zentral-Nachrichtenbüro (Bureau central de renseignement) en référence au service secret autrichien, l'Evidenzbüro, et en concurrence directe avec lui.

Un Evidenzbüro aux dimensions numériques modestes qu'on prendra la précaution de noyer sous le flot de dizaines d'agents prussiens de faible importance, mais si nombreux qu'il ne pourra jamais les interpeller tous. L'espionnage de masse, telle est la deuxième idée de Stieber.

Lequel, investi de cette tâche par le chancelier, se dépouille du costume de policier pour endosser celui de patron d'un organisme de renseignement. Les deux métiers, bien que différents, offrent quelques caractéristiques similaires. Dans les deux cas, il faut collecter des informations précises et infiltrer les milieux adverses. Enfin, montrer son aptitude à diriger un appareil d'autant plus complexe qu'il s'étoffe : à son apogée, le Zentral-Nachrichtenbüro, installé donc au ministère des Affaires étrangères et doté d'antennes à Londres, Vienne et Paris, comptera quelque 200 agents actifs, chiffre élevé pour l'époque.

Parmi eux, le jeune baron hongrois August Schluga. Né en 1841, cet officier d'état-major a quitté l'armée autrichienne en 1863. Immatriculé « agent 17 » par ses employeurs prussiens, il saura soutirer à ses anciens camarades de Vienne des informations militaires de premier ordre.

La défaite de l'Autriche-Hongrie le 3 juillet 1866 à Sadowa ne constitue qu'une étape de la longue marche bismarckienne vers l'unité allemande. L'heure sonne en effet bientôt de la lutte ouverte contre l'Empire de Napoléon III. Dans cette optique, le chef d'état-major prussien, Helmuth von Moltke, a créé dès le 11 février 1867 un service proprement militaire, le Nachrichtenburö, confié au major von Brandt, et obtenu que Schluga y soit affecté. Figure en vue de la vie parisienne, l'aristocrate agent secret continue donc à transmettre à Berlin des renseignements de grande valeur, mais sur l'ordre de bataille des armées françaises cette fois.

La concurrence du Nachrichtenburö incite Stieber à payer de sa personne. Il aurait, croit-on, effectué une mission à Paris en novembre 1869 pour recueillir des renseignements sur les deux armes de pointe de l'armée française, le fusil Chassepot et la mitrailleuse-canon d'artillerie à 25 coups.

La suite de l'histoire nous est connue : supériorité de l'armée prussienne sur son adversaire française, plus habituée aux conflits coloniaux qu'à l'affrontement de type moderne ; supériorité de son système de mobilisation faisant largement appel aux réservistes ; supériorité de ses moyens de transport, ferroviaires notamment. Et, de façon plus discrète, supériorité des deux agences prussiennes de renseignements sur des vis-à-vis inconsistants et de surcroît très largement « encroûtés » depuis l'époque de Napoléon. En la matière aussi, le neveu de Bonaparte n'arrivait pas à la cheville de son oncle !

Stieber peut se frotter les mains. Sa tâche de maître d'espions accomplie, le Saxon réintégrera quelques années la préfecture de police de Berlin avant de prendre sa retraite au milieu des années 1870 et de mourir en 1882, certain d'avoir bien mérité du IIe Reich.

Des services secrets allemands modernes s'affirment, même si les militaires reprennent la main, étendant leurs réseaux en France et en Russie notamment. Dès 1889, le haut état-major du Reich était restructuré, son numéro 1, le quartier-maître général de l'armée, chapeautant un groupe d'adjoints directs.

C'est précisément du troisième de ces officiers très supérieurs que va dès lors dépendre, entre autres, le Nachrichtenburö. D'où l'appellation très vite familière de IIIb – pour « 2e département aux ordres du 3e quartier-maître général adjoint ».

Le désastre et après ?

La cinglante défaite de Napoléon III en 1870 et l'incapacité ultérieure des armées républicaines françaises à repousser l'invasion prussienne, puis, comble de la honte, la proclamation de l'Empire allemand dans la galerie des Glaces du château de Versailles, ont démontré aux plus aveugles la faiblesse du service de renseignements militaires, ce Dépôt de la Guerre que le colonel Jules Lewal avait tenté, mais en vain, de restructurer à la veille du grand choc franco-prussien.

Après le renversement de l'Empire et la proclamation de la IIIe République, les nouvelles autorités ont dû repartir de zéro ou presque. Par décret du 8 juin 1871, le Dépôt de la Guerre est remplacé par la Section de statistiques et de reconnaissances militaires. Réduite à une poignée d'officiers, cette section sera chargée de la collecte de renseignements à transmettre au 2e Bureau du tout nouvel état-major général. Un 2e Bureau dont elle va constituer l'élément offensif chargé du travail en terre étrangère voire hostile.

Voici comment un spécialiste du renseignement, le colonel Bernis, brossera le portrait du parfait chef du 2e Bureau :

> Intelligence et imagination pour comprendre la manœuvre du chef, découvrir les diverses hypothèses qui peuvent être faites sur l'ennemi, voire les besoins de renseignements correspondant aux projets du chef et à ces hypothèses ; connaissance approfondie des possibilités de chacun des organes de recherche pour préparer une répartition judicieuse des tâches entre eux ; discernement, jugement, connaissance des hommes et des choses pour étudier et interpréter les renseignements sans s'éloigner des conditions indispensables de certitude ; patience, sang-froid pour n'être pas rebuté par les difficultés, ni démonté par les nouvelles inquiétantes ; caractère pour énoncer la vérité, fût-elle encore plus désagréable.

Une fois les renseignements collectés par la Section de statistique (pour simplifier, disons la SS, sans la moindre intention d'amalgame avec l'organisation nazie à venir), le 2e Bureau les rassemble et les analyse. Pour affiner ses tableaux de l'ordre de bataille des armées étrangères, il les croise avec d'autres informations. Celles qui figurent, par exemple, dans les rapports des attachés militaires français dans les grandes capitales étrangères.

Comme leurs collègues des autres pays, ces officiers constituent une catégorie d'espions accrédités de façon officielle. D'observateurs, disons, pour rester poli. Or, depuis l'époque où Napoléon adressait ses consignes au capitaine de Lagrange, muté à Vienne, bien des choses ont changé. Dans un contexte apparent de détente internationale, la pratique des échanges d'attachés militaires tend à se généraliser comme une sorte d'arme de dissuasion. Sous-entendu : nous n'avons rien à cacher, au contraire ; en dialoguant avec nous, en assistant à nos grandes manœuvres et à divers événements à caractère militaire, vos propres attachés pourront constater *de visu* à quel point notre armée est puissante, disciplinée, organisée, bref, redoutable.

Les officiers de la Section de statistiques sont susceptibles d'opérer en civil à l'extérieur de la France, pas leurs camarades du 2e Bureau. Le travail des premiers, c'est l'espionnage ; celui des seconds, l'analyse. A eux de dégager un tout cohérent du magma de renseignements qui leur parvient de la SS, des attachés militaires et parfois d'autres sources. A eux de les intégrer avec leurs collègues des trois autres bureaux d'état-major dans un plan d'opérations militaires. Ces hommes en uniforme peuvent pronostiquer à l'avance des offensives adverses ou, au contraire, déterminer le point faible du dispositif ennemi, jamais se faufiler couleur de muraille dans les casernes et les arsenaux étrangers.

Le mythe du 2e Bureau

Profitons de ce moment pour tordre le cou à une légende tenace longtemps véhiculée par une pléiade de romans et de films : celle du bel officier du 2e Bureau habitué des missions périlleuses aux quatre coins de la planète, des cambriolages audacieux, des fusillades dans les ruelles obscures, des coups de poignard la nuit sur les docks. Ceux de la Section de statistiques ou, à partir de 1899, la Section de renseignement et enfin le Service de renseignements à la rigueur… encore que leur champ d'action dépasse rarement l'Europe et qu'entre officiers des services adverses on évite encore de s'entre-tuer. Si l'espionnage relève de l'aristocratie intellectuelle (« *Sicherheits Dienst, Herren Dienst* », « Service de sécurité, service de seigneur », devise du IIIb allemand), c'est aussi un métier de professionnels qui savent ne pas aller trop loin.

En cas de prise en flagrant délit de « curiosité malsaine », le lot le plus courant pour l'agent en mission reste donc le tribunal, les peines d'emprisonnement en forteresse tendant d'ailleurs à se multiplier au fur et à mesure du durcissement des relations internationales : officiers de renseignements allemands incarcérés en France, officiers français ou britanniques sous les verrous en Allemagne.

Les punitions les plus lourdes sont dévolues aux nationaux convaincus de trahir par cupidité, ressentiment envers leur propre pays, vanité ou chantage. L'importance de l'idéologie est alors très relative : elle ne deviendra un facteur de recrutement privilégié qu'avec la montée du communisme, du fascisme italien puis du nazisme.

L'opérateur secret du « Général La Revanche »

Cette complémentarité hiérarchique posée entre SS, fournisseuse, et 2e Bureau, contrôleur et utilisateur, attardons-nous sur un personnage pittoresque qui va jouer un rôle important dans la réorganisation de l'espionnage français dès le milieu des années 1880, le polytechnicien Aldabert-Henri Foucault de Mondion.

Ancien secrétaire particulier du diplomate chinois le plus connu à Paris, le général Cheng Qitong, puis précepteur du fils du prince de Chimay, ministre des Affaires étrangères belge, ce civil se serait engagé une première fois sur la route secrète en subtilisant un document original signé Bismarck, texte qui, dûment transmis au tsar, aurait causé un net refroidissement entre Berlin et Saint-Pétersbourg. D'autres aventures du même registre suivront.

Ayant aussi vécu à Berlin, Foucault parle couramment l'allemand. Contre l'ennemi du jour, l'atout est sérieux. En novembre 1886, le polytechnicien agent secret reçoit et accepte du général Georges Boulanger, ministre de la Guerre, la mission de « fonder à l'étranger un service *permanent* de renseignements confidentiels, émanant non pas des rédactions de journaux, mais des chancelleries et des ministères ».

Homme de confiance du ministre, Mondion s'attelle à cette tâche. Pas pour longtemps, hélas ! car, figure très populaire, Boulanger alias « Général La Revanche » fait trop de politique au goût des hiérarques républicains du régime qui voient en lui le chef d'un mouvement nationaliste et bonapartiste singulièrement dangereux. Résultat : sa mise à la retraite d'office en mars 1888.

Mondion va suivre l'officier supérieur dans sa chute avant de disparaître au figuré et bientôt au propre : peut-être empoisonné, le polytechnicien meurt subitement à Paris le 14 juin 1894, trois ans après le suicide en Belgique de Boulanger déchu. L'expérience originale qu'il a initiée – un ambitieux embryon de service secret stratégique à mi-chemin entre les Affaires étrangères et la Guerre – prend fin avec Foucault lui-même, faisant du renseignement extérieur l'apanage des seuls militaires.

Un apanage bientôt remis en cause par l'incroyable mise en accusation d'un capitaine d'artillerie.

L'« Affaire »

A partir d'octobre 1894, donc à peine quelques mois après la mort mystérieuse de Mondion, la Section de statistique plonge justement dans la zone des tempêtes. En clair : l'affaire Dreyfus.

Sale histoire, très sale. A-t-elle pris sa source dans une tentative d'intoxication des Allemands destinée à protéger le secret du canon de 75 mm, la pièce d'artillerie de campagne reine de l'armée française pendant la Grande Guerre ? C'est une hypothèse, mais rien ne la prouve. Reste que, née en tout état de cause au sein de la Section de statistiques que dirige un antisémite forcené, le colonel Jean Sandherr, grand adepte de la lutte contre l'« ennemi intérieur », l'affaire va déboucher sur la mise en cause d'un capitaine juif, Alfred Dreyfus, injustement accusé de trahison.

Dreyfus innocent qui porte le képi d'un ancien officier de la SS, Marie Charles Ferdinand Walsin Esterhazy, venu – par rapacité personnelle ? en mission d'intox pour certains membres de la Section ? – vendre des renseignements à l'attaché militaire allemand, Maximilian von Schwarzkoppen.

La corbeille à papiers de Schwarzkoppen étant vidée chaque jour par une femme de ménage agente de la SS, Marie Bastian alias « Auguste », et l'attaché militaire allemand négligeant contre toute prudence de détruire ses documents, l'existence d'un traître au service de Berlin ne peut être cachée. Or, l'antisémitisme reste très puissant dans la société française de l'époque. Du coup, la machine s'emballe. Menée en commun par l'armée et par le contre-espionnage civil, apanage de la Sûreté générale, une enquête express fait de Dreyfus le traître. Juif, donc coupable, forcément coupable ! Ces gens-là, n'est-ce pas…

On connaît la suite : condamnation en conseil de guerre, dégradation à grand spectacle sous les clameurs haineuses à l'Ecole militaire (cette humiliation publique marquera le journaliste viennois Theodor Herzl, bientôt théoricien du retour des juifs d'Europe et de Russie en Palestine, le sionisme, lequel accouchera en 1948 de l'Etat d'Israël et, pour ce qui nous concerne, de ses propres services secrets dont le célèbre Mossad) ; déportation du faux coupable à l'île du Diable ; mobilisation des intellectuels de gauche à l'appel de son frère, Mathieu Dreyfus ; pétitions ; tribunes ; protestations ; raidissement des sommets de l'armée certains que toute défense du capitaine équivaudrait à une entreprise de trahison au service de l'Allemagne ; déchaînements antijuifs ; entrée en force de la controverse dans la sphère familière voire familiale, à telle enseigne que, pour gagner du temps, on ne dira plus l'« affaire Dreyfus » mais l'« Affaire » tout court ; division de la société tout entière entre pro et anti ; cassation définitive du jugement en 1906 ; réhabilitation totale et réintégration de l'officier dans l'armée à l'issue de cet interminable calvaire.

Un tremblement de terre qui va ensevelir ses propres instigateurs. Deux des anciens chefs de la Section de statistiques, Sandherr et le commandant Joseph Henry, disparaissent en effet, le premier mort de maladie en 1897 et le second retrouvé en 1898 la gorge tranchée dans la cellule où il était emprisonné pour confection d'un faux destiné à accabler Dreyfus…

Pour le service secret, désemparé, c'est le début d'une mise en résidence surveillée assortie d'une réduction drastique de périmètre. Démembrée en 1899 par le nouveau ministre de la Guerre, Gaston de Galliffet, la SS perd ainsi les « services de police et de contre-espionnage », confiés à la Sûreté générale qui dépend du ministère de l'Intérieur. Celle-ci agrandit son domaine en chapeautant l'ensemble des affaires de sûreté extérieure de l'Etat : espionnage contre la France, cas de trahisons de nationaux, surveillance des étrangers et des pigeons voyageurs – il s'agit à cette époque d'un moyen de communication souvent usité par les malfaiteurs de tout poil et les agents secrets adverses !

Vers une refondation

Alors que les tensions internationales s'aiguisent en ce XXe siècle qui commence à peine, cette perte d'influence est fâcheuse. Deux hommes d'envergure vont toutefois s'employer à remonter la pente : le colonel Charles-Edouard Dupont, qui dirige la Section de renseignements (la nouvelle appellation de la SS) de 1908 à 1913 avant de prendre la tête du 2e Bureau, et son camarade et successeur à la SR, le commandant Louis Zopff.

Alors que la Première Guerre mondiale approche à grands pas, la complicité entre ces deux grands spécialistes français du renseignement constitue à l'évidence un atout de premier ordre dans une configuration internationale agitée. Et, par surcroît, le meilleur moyen de surmonter le traumatisme de l'affaire Dreyfus, qui aura paralysé les services pendant près de vingt ans.

La maison reconstruite à grand mal, quelques opérations audacieuses peuvent dès lors être tentées à l'extérieur. Celle du capitaine Bernard Paul Boucabeille, un spécialiste confirmé du renseignement au croisement du militaire (missions à Madagascar et en Indochine) et du politique (c'est l'ancien officier d'ordonnance du ministre de la Guerre), reste à coup sûr la moins connue, mais pas la moins surprenante.

Pour le compte du 2e Bureau, Boucabeille doit en effet prendre contact avec le « docteur Takano », patron d'une organisation nationaliste chinoise en lutte contre la dynastie impériale qui, bien que très affaiblie, règne encore à Pékin. Or, il s'agit en réalité de Sun Yat-sen, le premier des quatre grands révolutionnaires qui vont dominer la Chine du XXe siècle avant Chiang Kai-shek, Mao

Zedong et Deng Xiaoping*. Sun est prêt à concéder de sérieux avantages à la France, puissance colonisatrice en Indochine, si Paris l'aide à renverser le régime.

La rencontre a lieu clandestinement en octobre 1905 à bord d'un paquebot français embossé dans le port de Shanghai. Elle débouche sur la création d'un petit service de renseignements temporaire en Chine dirigé par Boucabeille, puis par son camarade Henri Ozil. Faute d'engagements précis de part et d'autre, l'affaire n'ira guère plus loin. Elle démontrait pourtant certaines ambitions internationales côté français.

En Europe, l'Allemagne reste bien sûr l'adversaire principal. D'où la mission en Suisse du capitaine Charles Lux, un spécialiste des aéronefs. Arrêté en décembre 1910 alors qu'il s'introduisait en Allemagne dans l'espoir de recueillir des renseignements sur les ateliers de construction de dirigeables Zeppelin de Friedrichshafen, sur le bord du lac de Constance, cet officier du poste SR de Belfort se voit condamné à six ans de détention pour espionnage. Il est incarcéré dans une forteresse de Silésie. De Paris, le colonel Dupont parvient cependant à organiser son évasion, très spectaculaire, dans la nuit du 28 décembre 1911. Un coup d'éclat salué par les médias français comme le très populaire *Petit Journal*, qui lui feront largement écho.

La croisade d'Etienne Bazeries

Autre domaine où la France des services reprend du poil de la bête à l'issue d'une longue période d'endormissement, celui de la cryptologie. Depuis l'époque des Rossignol père et fils, le savoir-faire tricolore en la matière était parti en quenouille. Or dès 1888, comme le souligne Jean-Claude Delhez, spécialiste de la Première Guerre mondiale, un homme de l'art, le capitaine Etienne Bazeries, attire l'attention de ses supérieurs hiérarchiques sur la vétusté des systèmes de cryptage en usage dans l'armée.

Bazeries, le nom vous dit quelque chose ? Votre mémoire ne vous a pas trahi : c'est bien lui, ce surdoué de la cryptanalyse,

* *Cf.* Rémi Kauffer, *Le Siècle des quatre empereurs. Sun Yat-sen, Chiang Kai-shek, Mao Zedong, Deng Xiaoping*, Paris, Perrin, 2014.

qui, à ses heures perdues, s'amuse à « casser » des pans entiers du Grand Chiffre de Louis XIV, inviolé jusque-là ! Un crack du craquage de codes, et par-dessus le marché un sacré « trouble-bureaucratie ». En 1890, l'officier anticonformiste aggrave son cas en démontrant que le nouveau système de cryptage préconisé par une commission *ad hoc* ressemble à une passoire.

Pourtant, l'idée d'un renouveau des méthodes permettant la généralisation des correspondances chiffrées finit tout de même par faire son chemin. Tellement qu'en novembre 1894 une Commission de cryptographie militaire se voit chargée de rechercher « un nouveau mode de correspondance chiffrée pour les autorités du deuxième degré ».

Un pas dans la bonne direction qui ne met pas fin pour autant à la croisade de l'obstiné Bazeries. Mal vu de ses chefs, le rebelle de la guerre du Chiffre poursuivra son combat solitaire jusqu'en 1901, date à laquelle, en désespoir de cause, il va démontrer une fois de plus son indépendance d'esprit en publiant à Paris un ouvrage militant, *Les Chiffres dévoilés*. Exprimer des idées personnelles en dehors de la hiérarchie militaire est alors chose extrêmement rare dans l'armée française. On ne tarde pas à le lui rappeler…

Sur pression du ministère des Affaires étrangères jaloux de ses prérogatives, Bazeries devra en outre cesser dès octobre 1905 une collaboration avec la Sûreté générale qui, l'année précédente, lui permettait, épaulé par le commissaire spécial Haverna et l'inspecteur Ancel, de reconstituer la totalité du code diplomatique japonais, soit 1 600 pages de dix lignes à la page !

A-t-il crié dans le désert ? Pas tout à fait, car trois décrypteurs de son calibre, François Cartier, Marcel Givierge et donc Jacques Haverna, ne tardent pas à reprendre le flambeau.

Polytechnicien, officier du génie, Cartier fut, dès 1900, le secrétaire du président de la Commission de cryptologie militaire. Muté au 2e Bureau de l'état-major général en 1902, cet expert en télégraphie militaire y restera dix ans, le temps de se muer en spécialiste confirmé et de se lier à Louis Zopff, le futur patron de la Section de renseignements.

Quand la Commission interministérielle de cryptologie, où se côtoient – grande nouveauté ! – militaires de l'armée de terre, de la marine, policiers de la Sûreté générale, fonctionnaires des

Postes et du Quai d'Orsay, voit officiellement le jour en 1909-1910 à son instigation, à celle de Givierge et à celle du commissaire Haverna, Cartier bataille pour en devenir l'âme et le secrétaire.

Haverna est de la même trempe. C'est le chef de la section photographique de la Sûreté générale, fondée fin 1907 à l'initiative du nouveau directeur Célestin Hennion, le père des « Brigades du Tigre », ancêtres des Services régionaux de police judiciaire. Une section compétente en matière d'interception des communications radio et en déchiffrage également.

Policier politique d'élite, Haverna sait que la hauteur de la tour Eiffel – plus de 320 mètres, antennes comprises, quand même – a permis que l'on y installe, à partir de 1903, un puissant dispositif d'émission des ondes radio. Or, qui dit capacité d'émission dit du même coup potentiel d'interception.

Messieurs les décrypteurs

Voici donc Paris en mesure de capter les ondes radio. Pas seulement les ondes émises par les stations à usage domestique, mais aussi, et bien entendu surtout, les émissions des organismes d'Etat, armées en campagne notamment, et ce, d'autant que des stations d'émission – donc d'interception – ont été installées dans les principales places fortes françaises aux frontières du IIe Reich.

Suivez notre regard, ou plutôt fiez-vous à vos oreilles. Pour l'instant, ce flot de messages n'est encore qu'un mince filet, mais demain ? Il comprend beaucoup d'informations en clair, assorties déjà de textes confidentiels voire secrets, donc cryptés. D'où l'idée de mettre en place des organismes qualifiés qui pourront rendre ces messages intelligibles et par la même occasion améliorer le chiffrement des armées et du Quai d'Orsay, lequel, nous le savons, laisse énormément à désirer. Le tout dans un contexte où, désir de revanche sur la défaite de 1870 oblige, nombre de cadres militaires, policiers ou diplomatiques possèdent bien la langue de Goethe (l'inverse étant d'ailleurs vrai : leurs homologues allemands pratiquent avec autant de bonheur celle de Molière).

Polytechnicien comme Cartier, artilleur, polyglotte (en plus du français, il manie les cinq langues des autres participants au futur conflit mondial), Marcel Givierge a été converti à la cryptologie par leur ami civil commun, le commissaire Haverna. Il y fera merveille sur les plans pratique comme théorique. Voici en quels termes, promu général, Givierge présentera un quart de siècle plus tard cette branche très particulière mais pas la moins importante du renseignement :

> Pour la facilité du langage, nous admettrons que « chiffrer » veut dire : transformer un texte clair en texte chiffré, « déchiffrer » s'appliquera à la besogne du destinataire qui, ayant fait avec l'expéditeur la convention qui constitue la clef, transformera le cryptogramme en texte clair. Quant à l'opération du tiers indiscret, cryptologue d'occasion ou de profession (et non cryptographe, les cryptographes sont des instruments à faire des cryptogrammes, des machines à chiffrer), qui cherche à découvrir la clef et à traduire un document qui ne lui est pas destiné, nous l'appellerons décryptement. (Certains auteurs l'appellent perlustration.) Dans l'établissement d'un système cryptographique, on s'attachera généralement à rendre le chiffrement et le déchiffrement aussi simples et rapides que possible, tout en opposant au décryptement le maximum de facilités.

Des lignes que ne renieraient pas aujourd'hui les hommes de la NSA nord-américaine…

Reste à en convaincre les sommets de la hiérarchie. Et là, la fonction interception va créer l'organe décryptement. En 1911, Joseph Joffre, bien vu des autorités car taxé de républicanisme bon teint (la confiance ne règne guère entre les politiques et l'armée qu'ils jugent trop à droite), accède au poste de chef d'état-major général. En cas de guerre, il deviendra automatiquement commandant en chef des armées.

Une guerre avec qui ? Poser la question, c'est y répondre et, cette fois, vous pouvez pointer sans risque d'erreur votre regard sur Berlin.

Bien que sceptique sur les possibilités de cette arme nouvelle, l'aviation, Joffre, polytechnicien et officier du génie comme Cartier, a pleine conscience de la nécessité de moderniser l'armée, ses systèmes de communication en particulier.

Il en est de même d'Alexandre Millerand, nouveau ministre de la Guerre depuis janvier 1912. Il se trouve que Givierge sert justement à l'état-major de ce socialiste réformiste et pragmatique. L'occasion d'un lobbying qui, en juillet 1912, débouche sur la création officielle de la section du Chiffre du ministère de la Guerre, à laquelle viendront s'amalgamer le Bureau de déchiffrement ou la Commission de cryptologie militaire. Un nouveau service pressé de travailler en bonne intelligence avec ses homologues des Affaires étrangères et de l'Intérieur.

Cartier en prend la tête, assisté de Givierge. A eux de progresser suffisamment vite tandis que la perspective d'un conflit armé avec l'Empire allemand se profile de plus en plus clairement à l'horizon.

Un conflit où, Entente cordiale oblige, Londres sera une alliée, et non plus l'ennemi héréditaire d'autrefois. On s'est unis contre les Russes au milieu des années 1860, on s'unit contre l'Allemagne avec eux avant de se rapprocher de Londres en essayant d'oublier les vieux litiges coloniaux franco-britanniques comme l'affaire de Fachoda en 1898 au Soudan.

Mais, question services, où en sont-ils aujourd'hui, nos nouveaux alliés anglais ?

La Royal Navy sur la bonne longueur d'ondes

Beaucoup de pluie est tombée sur la plaine de Salisbury depuis ce 2 septembre 1896 où le jeune inventeur italien Guglielmo Marconi a réalisé à Three Mile Hill une première expérience d'émission radio devant une brochette de militaires britanniques. Et, parmi ceux-ci, le capitaine de la Royal Navy Henry Jackson qui, contrairement à ses camarades de l'armée de terre, a saisi d'emblée le potentiel de cette technique révolutionnaire. Si les reliefs terrestres gênent la propagation des ondes électromagnétiques, ce marin comprenait d'instinct qu'elles peuvent se déplacer beaucoup plus aisément au-dessus des océans.

Dès 1900, la Navy équipe donc trois de ses navires de postes émetteurs-récepteurs. Et commence peu à peu à développer un réseau de stations dans tout l'Empire britannique.

L'armée de terre, elle, s'intéresse plus au monopole sur les câbles télégraphiques du General Post Office. Pendant la guerre contre les descendants d'immigrés néerlandais, les Boers, pour le contrôle de l'Afrique du Sud, elle a créé la Section H du major James Edmonds, à charge pour cette petite agence de contrôler, et si besoin de censurer, courriers et télégrammes. En particulier, Edmonds devra surveiller l'ensemble du trafic passant par les deux câbles sous-marins qui relient l'Afrique du Sud au Portugal et à Aden.

En Angleterre même, la Section H collabore étroitement avec la Special Branch, le département politique de la police métropolitaine en charge, notamment, de la surveillance des espions. A l'extérieur, elle ouvre des bureaux au Cap, à Durban, à Zanzibar et à Aden. Mais, la guerre des Boers terminée en 1902, la voilà réduite à un seul homme, le capitaine J. F. Davies, dont l'unique mission consiste à réfléchir à des dispositions éventuelles à prendre en temps de guerre.

Officier des Royal Engineers, le corps du génie, Davies participe également aux réunions d'un organisme chargé de l'attribution des longueurs d'ondes. Un poste clé qui donnera à cet esprit délié l'occasion d'assister en 1903 à la conférence internationale de télégraphie par radio de Berlin. C'est là qu'il prendra conscience du retard britannique sur l'Allemagne en matière de transmissions.

Un décalage cependant moindre en matière de cryptographie. Les chiffreurs du Kaiser restent en effet assez peu performants, tandis que par contraste les officiers du IIIb atteignent déjà un niveau d'efficacité appréciable. Surtout à partir de 1913, quand une des grandes figures de l'espionnage mondial au XXe siècle, Walter Nicolaï, né en 1872 et sorti de l'Ecole de Guerre en 1904, prendra leur tête.

Remarquable aussi le niveau professionnel du renseignement naval, la Nachrichten-Abteilung, très dynamique sous la houlette de l'inamovible patron de sa section britannique, Gustav Steinhauer, au gouvernail depuis 1901, au point que les Anglais commencent à voir la main de Berlin partout, même là où elle n'est pas. Or, comme nous aurons l'occasion de le relever maintes fois au long de cette histoire, un halo de mystère constitue justement un facteur de puissance supplémentaire pour toute agence capable de forger elle-même sa propre légende. Comme aujourd'hui... le MI 6 britannique !

A l'orée des années 1900, l'Intelligence Service n'en est pas encore là, même si la précocité de son essor sous la reine Elisabeth Ire lui confère une avance sensible sur ses homologues allemands en matière de culture du renseignement imprégnant les élites politiques jusqu'au niveau le plus élevé. C'est par simple souci de sécurité que la Grande-Bretagne donne la priorité aux transmissions par câbles sous-marins, qu'elle contrôle mieux, sur les transmissions par radio. A telle enseigne qu'en 1906 le rideau tombe définitivement sur la Section H, Davies étant muté dans un autre service. Une décision absurde quand on songe qu'à l'époque – nous y reviendrons – la communauté britannique du renseignement se prépare à des changements capitaux. Mais le *nonsense* ne fait-il pas partie intégrante de l'humour anglais ?

Choix cornéliens pour le CID

Créé par le gouvernement de Sa Majesté après les graves dysfonctionnements initiaux dans la guerre des Boers, le Committee of Imperial Defence, le CID, qui inclut les chefs d'état-major de l'armée et de la marine et deux personnalités politiques de premier plan, s'affaire en effet à mettre sur pied cette révolution copernicienne des services de Sa Majesté : leur basculement définitif dans la modernité.

Rescapé de feu la Section H, le major Redmonds croit autant à l'agressivité de l'espionnage allemand, qu'il ne cesse de dénoncer pièces en main, qu'au développement de la radio. Il rédige pour le CID un rapport sur le contrôle des communications par l'Etat et les services. Mais vaincre les réticences de l'armée de terre reste toujours aussi difficile. Ses très hauts gradés ne croient pas au nouveau front technicien dans la guerre secrète… déjà déconseillent-ils à leurs subordonnés d'apprendre les langues étrangères.

Or, pendant ce temps-là, la Royal Navy continue à toute vapeur dans la voie de cette nouvelle technologie. Elle étend son réseau de stations, s'interroge sur la meilleure manière d'en assurer la protection physique contre des raids ennemis en même temps que celle de ses transmissions radio, forme des décrypteurs, bref, prépare l'avenir.

Se succédant à la tête de son agence de renseignements, la Naval Intelligence Division, créée en 1887, les amiraux ou futurs amiraux Reginald Custance, Louis de Battenberg, Charles Ottley, Esmond Slade, Alexander Bethell, Thomas Jackson, puis à partir de 1913 Henry Oliver (ces deux derniers, avec le nouveau titre de Director of the Intelligence Division) veillent au grain dans un rare esprit de continuité.

Dès 1909, Bethell et son bras droit le capitaine Cyrus « Roy » Regnart commencent à expédier des officiers de renseignement en mission clandestine sur le territoire allemand. Le capitaine Reginald « Blinker » Hall, ainsi surnommé en raison de ses yeux clignotants, photographie cette année-là avec succès les installations du port militaire de Kiel. La plupart des agents en mission de la NID se contentaient jusque-là de croquis au crayon.

Du coup, cet amateur de technologies nouvelles fait école. Fin 1910, le capitaine Bernard Trench et le lieutenant Vivian Brandon opèrent sur la côte nord germano-hollandaise et le long du canal de Kiel. Hélas pour eux, ils vont se faire prendre en possession de cartes et de clichés des installations navales allemandes dans la région. Condamnés à quatre années de prison pour espionnage, ces deux officiers seront, contrairement à leur homologue français le capitaine Lux, libérés à l'amiable en mai 1913, à l'occasion de la visite officielle du roi d'Angleterre George V en Allemagne.

La tension entre Londres et Berlin est en effet moins forte à cette époque que celle qui sévit entre Berlin et Paris. Une détente apparente qui n'empêche pas le nouveau chef de la NID, Henry « Dummy » Oliver, prévoyant, de recruter un scientifique, sir Alfred Ewing. Cet expert en radiotélégraphie comme en décryptage pourrait-il mettre sur pied un service *ad hoc* ?

Ewing accepte, mais que faire face à la supériorité du Chiffre naval allemand ? Celui-ci s'avère en effet beaucoup plus performant que son homologue terrestre, dont la Section de renseignements française vient justement de fournir à Cartier et à ses hommes l'instruction relative à son code de campagne dit « Ubchi » (abréviation pour « chiffre d'exercice »).

La solution consiste à élargir le cercle des experts. Entrent alors dans la danse du Chiffre deux as : l'Ecossais Alastair Denniston, ancien international de hockey appelé à une très longue carrière au sein des agences britanniques de décryptage, et son cadet le colérique Alfred Dillwyn Knox, surnommé « Dilly », spécialiste de littérature ancienne.

En même temps que le Chiffre naval anglais achève son branlebas de combat face à la marine du Kaiser, c'est toute la communauté britannique qui se restructure dans l'optique d'un conflit militaire d'envergure avec Berlin.

« Good morning, MI 6 ! »

Le colonel Redmonds, ancien directeur de la Section H, et le colonel George Macdonogh se sont succédé à la tête d'une petite structure de contre-espionnage, le Special Intelligence Bureau, ou MO 5. Soutenus par le député libéral Richard Burdon Haldane, secrétaire d'Etat à la Guerre et à ce titre président du CID, ainsi que par son bras droit Charles Hardinge, ces deux durs à cuire finissent par obtenir gain de cause : à l'été 1909, décision est prise de revoir de fond en comble l'architecture des services secrets britanniques. Naît ainsi, le 1er octobre de la même année, un organisme central, le Secret Service Bureau (SSB), placé sous l'autorité du ministère de la Guerre.

Dès 1910, le SSB se subdivise en deux entités complémentaires mais différentes, le Military Intelligence 6 et le Military Intelligence 5. Chargé du renseignement extérieur, le MI 6 est confié au Commander Mansfield George Smith, connu de longue date sous le nom de famille de sa deuxième femme, Cumming.

Dans la logique très anglaise de recherche des tempéraments les plus atypiques, le choix s'est porté sur ce marin né en 1860, grand adepte des techniques de motorisation modernes que rien ne prédispose au rôle de maître espion. Un rôle que « C » – son surnom au sein du service, qui va inspirer à Ian Fleming le personnage de « M » – saura assumer à la perfection. Sous sa houlette, le MI 6 fait de l'espionnage naval contre l'Allemagne la priorité absolue du service nouveau-né.

Première puissance maritime du monde à l'époque, la Grande-Bretagne voit dans la croissance très rapide de la flotte du Kaiser le péril numéro 1. Bien qu'un de ses agents, Bertrand Stewart, se soit fait arrêter à son tour en 1911 par le contre-espionnage allemand et ait été condamné à deux ans de prison, « C » parvient à étoffer ses réseaux en Europe du Nord.

Par l'entremise de Macdonogh, cheville ouvrière du renseignement militaire britannique, il entre en contact dès 1912 avec le colonel Dupont, chef de la Section de renseignements et bientôt patron du 2e Bureau. Dans un excellent climat de coopération, les échanges d'informations entre le MI 6 et les Français se multiplient donc.

Pendant ce temps, le contre-espionnage intérieur, le MO 5 (bientôt rebaptisé MI 5, terme sous lequel nous le désignerons désormais), s'est mis en place sous la direction de Vernon Kell. Jusque-là secrétaire adjoint du CID, cet officier polyglotte de trente-six ans, ancien analyste du renseignement allemand pour le ministère de la Guerre, parle couramment le français et le russe. L'allemand tout autant, disposition linguistique dont il usera en 1910 pour se faufiler dans le compartiment du train qui amène à Londres le capitaine Siegfried Helm, officier de la Nachrichten-Abteilung inculpé d'espionnage, et son père, dans l'espoir d'intercepter leur conversation.

Sans résultat valable en l'occurrence. Mais, en août 1911, c'est en voyageant (par hasard ?) dans le même compartiment qu'un contact de la Nachrichten-Abteilung, Francis Holstein, en conversation fort imprudente avec un de ses compatriotes allemands, que le propre assistant de Vernon Kell, Stanley Clarke, découvrira un pan supplémentaire du dispositif clandestin de Gustav Steinhauer. Dispositif mis à mal dès le mois suivant par le décachetage et la lecture des courriers postaux personnels, rendus possibles par une décision de Winston Churchill, ministre de l'Intérieur. Ainsi le contre-espionnage de Sa Majesté lira-t-il la correspondance de l'artisan coiffeur londonien Karl Gustav Ernst, pilier du système Steinhauer bientôt sous les verrous.

Avec cette violation du secret de la correspondance, le sacro-saint respect anglais des libertés individuelles en prend un sacré coup derrière les guichets postaux. Mais, pour Kell comme pour Churchill, l'efficacité serait à ce prix. Le patron du MI 5 vit dans la hantise d'un débarquement allemand en Angleterre. Il tend à surestimer la dangerosité des services du Kaiser, négligeant le fait que le MI 6 espionne tout autant les ports et les côtes allemands.

Une dérive classique parmi les chasseurs d'espions, souvent imbus de théories du complot dans la mesure où leurs responsabilités et les obsessions qui en résultent les chaussent de verres grossissants. Elle n'empêchera pas sir Vernon Kell, monstre sacré du contre-espionnage de Sa Majesté, de rester à la tête du MI 5 jusqu'en 1940, soit trente et un ans, longévité sans égale à ce poste ! Ni de négliger des services secrets dont nous n'avons pas eu l'occasion de parler jusqu'ici, ceux du tsar de toutes les Russies.

Ils méritent pourtant que l'on s'intéresse à eux.

Au service secret de la Sainte Russie

Emaillée d'anecdotes probablement légendaires, l'origine des services secrets tsaristes se perd dans la nuit des temps. C'est sous le règne d'Ivan III, entre le milieu du XVe et le début du XVIe siècle, qu'ils vont prendre forme, leur caractère policier s'accentuant sous la férule d'Ivan le Terrible.

Violent et paranoïaque, ce souverain n'en a pas moins porté l'Etat russe moderne sur les fonts baptismaux. Ses services secrets ? Le Département d'ambassade, en charge du renseignement diplomatique, et surtout l'Opritchnina, une police politique d'une brutalité sans nom créée en 1565.

Ivan le Terrible meurt en 1584, soit à peine deux ans avant que Blaise de Vigenère rende public son « tableau carré » de chiffrage et que Thomas Phelippes, l'homologue britannique du cryptologue français, « casse » le code de Marie Stuart. Pour apprécier le décalage de l'époque entre l'Occident et l'Empire tsariste, sachons que les techniques de cryptage seront introduites en Russie un siècle plus tard seulement sous Pierre le Grand, créateur en 1695 de la Preobrajensky Prikaz (Département Preobrajensky), une chancellerie attachée à sa personne qui recevra dès 1702 des pouvoirs de police considérables.

Bien sûr, les choses vont évoluer peu à peu à Saint-Pétersbourg, la capitale des tsars. La priorité reste toutefois à l'espionnage domestique, apanage sous Catherine II (1762-1796) d'une nouvelle structure, l'Expédition secrète, qui récupère une partie des prérogatives de l'ancien département des Affaires secrètes maintenu quoique amoindri.

Une Expédition secrète chère au cœur de la grande tsarine adulée des philosophes des Lumières. Comme l'a remarqué Gilles Perrault, Voltaire et quelques autres sommités inaugurent en effet, en cette fin du XVIIIe siècle, cette tradition appelée à perdurer jusqu'aux années 1980 : l'inféodation au régime russe d'intellectuels « progressistes » français de renom.

Après la conspiration décabriste qui, le 26 décembre 1825, a failli soulever l'armée contre le régime, le tsar Nicolas Ier revient sur la décentralisation de la police entreprise par son aîné Alexandre Ier. Exigeant que tous les services et polices secrètes lui rendent personnellement compte de leurs activités, il fonde la IIIe Section de la chancellerie de Sa Majesté l'Empereur (Tretié otdilenie Sobstvennoï e.i.v. kantseliarii), spécialisée dans le recueil du renseignement et dans la surveillance des ressortissants étrangers.

Le divorce du régime avec les intellectuels russes s'en accentue d'autant. Nombre d'entre eux pensent que le progrès humain et celui de la liberté passent par la liquidation de l'autocratie tsariste, dernière monarchie absolue en place après le Printemps des peuples de 1848.

Liquidation physique s'entend : réunis au sein de la branche terroriste du mouvement La Volonté du peuple, ces rebelles, souvent des jeunes femmes, multiplient les assassinats politiques censés précipiter le pays vers une ère nouvelle. Leurs cibles de prédilection : les sommets du régime, à commencer par le tsar Alexandre II, qu'obstinés ils finissent par tuer en 1881.

Dieu et l'Okhrana sauvent le tsar

Résolu à la vengeance quitte à figer le pays dans l'absolutisme, son fils Alexandre III lui succède. Se développent alors au sein du Département de la police les « Sections de sûreté » déjà existantes depuis 1866. Centralisée, la nouvelle structure va prendre le nom de Département de la sécurité publique et de l'ordre. On ne tardera pas à la désigner sous le nom d'Okhrana ou tout simplement « OO », les initiales russes pour Département de la sécurité.

L'Okhrana dispose de moyens financiers conséquents. Fait particulièrement intéressant pour nous, elle ne borne pas son activité à la traque des dissidents en Russie même, mais l'étend à leur surveillance dans les pays qui les accueillent, France, Angleterre ou Suisse. A cette fin, tout est bon : infiltration, filatures, interception de courriers, chantage, « retournements ». Dans le même temps, l'OO commence à opérer comme bras propagandiste du régime par corruption des médias locaux à grands renforts de roubles. C'est le temps des fausses nouvelles, des éditoriaux de complaisance, des documents truqués.

Naît donc à cette époque le triptyque espionnage-guerre psychologique-désinformation qui caractérisera par la suite les opérations secrètes de l'URSS, les services soviétiques subissant beaucoup plus qu'ils ne voudront jamais l'admettre l'influence de leurs prédécesseurs tsaristes. Les régimes changent, certaines méthodes croissent pour enlaidir…

Section Double O

Mieux que tous les exposés du monde, deux trajectoires particulières illustrent les techniques opérationnelles de l'Okhrana.

Celle de Serguei Zoubatov d'abord. Né en 1864, cet ancien révolutionnaire est passé du côté de l'ordre. Patron de l'OO de Moscou en 1896, il impulse, sous le contrôle de ses adjoints, des syndicats ouvriers aux revendications parfaitement intégrables par le régime. Dès 1902, le voici à la tête de la structure centrale de l'Okhrana basée à Saint-Pétersbourg.

Pas pour très longtemps. Un an plus tard à peine en effet, ce personnage que Lénine attaquera à maintes reprises dans ses écrits comme le « policier Zoubatov » et qui recruta peut-être le célèbre pope Gapone, déclencheur de la révolution de 1905, est limogé. En lançant une grève incontrôlable, un de « ses » syndicats était allé trop loin.

Un autre révolutionnaire repenti né en 1853, Piotr Ratchkovsky, s'occupe, lui, de l'espionnage à l'étranger. De 1885 à 1902, belle longévité à ce poste, il animera depuis Paris l'agence extérieure de l'Okhrana. A partir de la capitale française, cette Zagranichnaiia Agentura rayonne dans toute l'Europe, recrutant des agents au sein des organisations sociales-démocrates comme des mouvements anarchistes. Sans négliger les différentes tendances du mouvement antitsariste : socialistes-révolutionnaires présents dans l'intelligentsia et la paysannerie, aussi bien que marxistes du Parti ouvrier social-démocrate dans sa version soit bolchevique (dite « majoritaire » alors qu'en réalité elle ne l'a été qu'en une seule occasion), soit menchevique, moins extrémiste, plus nombreuse mais mal organisée.

En 1890, un agent provocateur de Ratchkovsky, « Lavrov » (de son vrai patronyme Abraham Hackelman, croit-on), manipule quelques candidats poseurs de bombes socialistes-révolutionnaires qu'il livre aussitôt après au commissaire François-Marie Goron, de la Sûreté française. Quel meilleur moyen de discréditer les opposants russes tout en préparant le rapprochement politique entre Paris et Saint-Pétersbourg, qui se conclura deux ans plus tard par un accord de défense ? Après ce douteux exploit, « Lavrov » poursuivra sa carrière sous le nom de général Harding-Landesen. Jusqu'à devenir en 1909 le nouveau patron... de l'Okhrana de Paris !

Un des plus beaux coups des équipes de policiers-espions du tsar : le recrutement de Roman Malinovsky alias « Ernest », un militant bolchevique dans lequel Lénine a mis toute sa confiance et qui deviendra le chef de la fraction de son parti à la quatrième Douma, l'Assemblée nationale russe tolérée par le tsar.

L'autre grande réussite, c'est le recrutement de Yevno Azev. Chef de la redoutable organisation de combat du parti socialiste-révolutionnaire, celui-ci fut le responsable de multiples attentats dont celui, perpétré avec succès en 1904, sur la personne... du ministre de l'Intérieur, le comte Viatcheslav Plehve. Démasqué par Vladimir Bourtzev, une sorte de Sherlock Holmes des mouvements de gauche russes né en 1862, le double jeu d'Azev sera rendu public par Jean Jaurès dans les colonnes de son quotidien *L'Humanité*. En 1908, il servira de trame au roman de l'écrivain anglais Gilbert Keith Chesterton, *Le Nommé Jeudi : un cauchemar*.

Cauchemar, c'est bien le mot. Partisan de la guerre psychologique à outrance contre l'opposition, Ratchkovsky sera aussi l'initiateur du faux le plus insubmersible de l'Histoire : *Les Protocoles des Sages de Sion*. Un texte qui fait encore des ravages aujourd'hui, notamment dans le monde arabo-musulman où beaucoup voient en lui un document prophétique démasquant la « conspiration juive mondiale ».

A l'époque, Ratchkovsky en confie la conception pratique à un aristocrate dévoyé. Cerise (rouge) sur le gâteau : après la révolution d'Octobre, ce triste sire de Matvei Golovinsky passera aux bolcheviks. Il deviendra un de leurs experts en désinformation par faux documents.

L'Okhrana disposa longtemps d'un décrypteur en chef en la personne du commissaire Ivan Zybine, capable de « casser » les codes des militants antitsaristes clandestins. Un autre petit génie russe du décryptage, son cadet Ernst Fetterlein, passera par la suite au service des Britanniques.

Tandis que l'Okhrana se chargeait de la chasse aux opposants, les services militaires russes assumaient des tâches plus classiques de renseignement. Non sans quelques beaux succès.

Les silences du colonel Redl

Dans la nuit du 13 au 14 mai 1913 à Vienne, le colonel Victor Alfred Redl se tire une balle dans la tête. Cet ex-chef de la section russe de l'Evidenzbüro des Kaiserliche und königliche Generalstabes (Service de renseignements de l'état-major impérial et royal), le renseignement militaire de l'empereur austro-hongrois François-Joseph, vient d'être convaincu de trahison au profit de son ancien pays cible. Par la suite, le contre-espionnage de l'Evidenzbüro, commandé par Maximilian Ronge, découvrira les preuves de l'homosexualité cachée de Redl, une des causes possibles de son recrutement par chantage.

L'Evidenzbüro a été porté sur les fonts baptismaux en novembre 1850 à partir de la Section B de l'état-major, elle-même héritière de l'Evidenzgruppe créé en 1812, trois ans après la cuisante défaite autrichienne de Wagram face à Napoléon. Commandée depuis 1909 par August Urbanski von Ostrymiecz, lui-même successeur à ce poste d'Eugen Hordliczka, cette agence groupe une cinquantaine d'officiers répartis en six divisions géographiques (russe, italienne, balkanique, française, allemande et anglaise) et une quinzaine de postes extérieurs, les « Sections principales ». Jusqu'à cette affaire, on la considérait comme très efficace, et voilà qu'on découvre son incroyable vulnérabilité…

Dire qu'une dizaine d'années plus tôt c'est Redl lui-même qui, en octobre 1900, avait démasqué une dizaine d'agents du colonel Nikolaï Stepanovitch Batiouchine, le chef du renseignement militaire russe à l'Ouest, basé à Varsovie, alors partie de l'Empire des tsars !

On l'aura compris, le renseignement militaire tsariste est tout sauf aveugle ou manchot. Sous la houlette de son patron le colonel Danilov, chef adjoint du grand état-major général (plus tard au service des bolcheviks), il coordonne son travail extérieur à partir de cinq pôles géographiques : Saint-Pétersbourg pour la centralisation et l'analyse, domaine du colonel Monkevitz, chef de la Section de renseignements spéciale ; Berlin (colonel Bazarov) pour les opérations contre l'Allemagne ; Vienne (colonel Zankievitch), Kiev (colonel Galkine) et toujours Varsovie (colonel Batiouchine) pour la lutte contre l'Empire austro-hongrois.

En France, le colonel Lavrov commande le poste d'Annecy en liaison avec l'attaché militaire à Paris, le colonel-comte Ignatiev. Lavrov conjugue également ses efforts avec ceux de son homologue à Berne, le colonel Romeiko-Gourko, qu'assiste le lieutenant von Ungern-Sternberg. Des postes, eux aussi tous occupés par des colonels, existent également à Belgrade (Artamanov), à Bucarest (Semenov), à Constantinople (Kolmsen), à La Haye (de Maier), à Lvov (Terechov) et à Stockholm (Assanovitch).

Reste que le travail des détachements extérieurs et de la Section de renseignements spéciale souffre d'un manque flagrant de coordination et que, en outre, la quasi-inexistence du cryptage des communications dans l'armée russe la conduira dès août 1914 à une défaite écrasante face à son homologue allemande aux lacs Mazures (Tannenberg pour les hommes du Kaiser).

Un bon point quand même : depuis la visite en France du tsar Nicolas II en 1896 et celle du président Félix Faure en Russie l'année suivante, la lune de miel entre Saint-Pétersbourg et Paris bat son plein.

« *Tovaritch* » *Ignatiev*

Dans la capitale française, les Russes tentent d'accentuer leur politique d'influence déjà très agressive. Jaurès, qui voit dans le tsarisme le facteur de risque de guerre européenne le plus sérieux, continue de dénoncer sans désemparer ses menées dans les colonnes de *L'Humanité*.

L'homme des services du tsar, le colonel-comte Paul Ignatiev, tente de contrecarrer cette opposition, l'une des rares à s'exprimer aussi farouchement au sein d'une classe politique française acquise dans son ensemble à l'alliance de revers avec Saint-Pétersbourg contre Berlin. Remplacé par le colonel Nikolaï Kalinine comme attaché militaire, Ignatiev sera promu en 1914 chef du 2e Bureau interallié en France. Portant beau, grand charmeur devant l'Eternel, il parle un français parfait, connaît tout et tout le monde. Bref, il plaît tellement que les portes s'ouvrent sans difficultés devant lui.

Pas celles du seul Tout-Paris, pourtant béantes pour cet espion de charme. L'homme et sa femme, la comtesse Ignatieva, savent s'imposer jusqu'à en devenir gênants. Cartier ne racontera-t-il pas plus tard l'avoir surpris à plusieurs reprises en train de regarder – au sens propre – par le trou de la serrure du bureau du Chiffre ? Mais comment se passer d'un tel trait d'union entre les deux capitales ?

Pour financer les achats d'armes de l'armée russe, Ignatiev, dont le bureau est installé au 66, avenue d'Iéna, dispose par exemple d'un compte personnel bien garni à la Banque de France. Par-dessus le marché, il emploie des collaborateurs autochtones fidèles, comme l'ancien commissaire de police Marcel Fournier, tout dévoué au tsar dont il a assuré la protection rapprochée lors de plusieurs périples hors de Russie.

Pareille activité ne respire pas le bolchevisme, c'est le moins que l'on puisse dire. Encore que… Après la victoire de Lénine en effet, le colonel-comte, comme un certain nombre d'autres aristocrates russes dont d'ailleurs son ancien patron le colonel Danilov, va passer au service du nouveau régime. Avec bagages et armes, puisque voilà Ignatiev de nouveau intermédiaire pour les achats russes de matériel militaire en France. Simultanément, il redéploie son talent d'agent d'influence, plaidant parmi ses innombrables amis français pour l'établissement de relations diplomatiques entre Paris et Moscou, capitale depuis le printemps 1918.

Histoire de se faire pardonner sa fidélité passée au tsar, l'aristocrate rallié remet aux Soviétiques les fonds dont il disposait encore et, afin de renflouer ses finances personnelles, publie coup sur coup deux livres de souvenirs, *Ma Mission en France* et *La Conversion d'une espionne*. Le Tout-Paris, amusé, n'aura aucun mal à le reconnaître sous les traits du général-prince Ouratieff, le héros de *Tovaritch*, pièce de boulevard à succès de Jacques

Deval, puis film éponyme du même auteur, sorti sur les écrans parisiens en 1935.

Sa trace se perd ensuite jusqu'à l'après-Seconde Guerre mondiale. Car voici une anecdote contée à l'auteur par Alexandre de Marenches, ancien directeur général du SDECE, prédécesseur de l'actuelle DGSE. Marenches qui la tenait lui-même du général et futur maréchal de France Alphonse Juin, dont il avait été l'aide de camp.

Lors d'un séjour en URSS, Juin tombe sur Ignatiev, qu'il connaît de l'entre-deux-guerres.

« Mais que faites-vous avec les communistes ? s'étonne l'officier français, stratège victorieux du corps expéditionnaire tricolore en Italie.

— Je leur apprends la politesse », sourit le camarade comte en désignant les maréchaux soviétiques, dont la poitrine arbore une collection de médailles si lourde qu'ils glissent, prévoyants, une feuille d'aluminium sous leurs vareuses afin d'en supporter le poids avec toute la dignité qu'exige leur fonction…

5

Loin des tranchées

Le lecteur s'étonnera peut-être que, dans un chapitre voué à l'espionnage et au renseignement pendant la Grande Guerre, l'auteur attache une importance toute relative à la trajectoire peu édifiante de Margarita Geertruida Zelle, née le 7 août 1876 à Leeuwarden, aux Pays-Bas, et fusillée le 15 octobre 1917 au polygone de Vincennes. Margarita Zelle épouse MacLeod, plus connue soit sous son nom de danseuse : Mata Hari (« l'Œil du jour » ou « le Soleil » en malais), soit sous son numéro matricule dans les services du Kaiser : H-21.

N'y prêtons pas plus d'intérêt qu'il n'en faut. Courtisane paumée en quête de beaux officiers et d'argent facile, Mata Hari a bien travaillé en Hollande, en France et en Espagne pour le IIIb allemand (consul Karl Kramer ; capitaine Arnold Kalle, attaché militaire), pour le Service de renseignements français (capitaine puis commandant Georges Ladoux ; colonel Joseph Denvignes), pour le renseignement militaire russe (lieutenant puis capitaine Vladimir Maslov). Mais au vu et au su de deux de ces trois services, l'allemand et le français, et sans doute aussi du troisième. Une triple affiliation qui tenait donc plutôt du secret de polichinelle.

De ce fait, la valeur technique de Mata Hari en tant qu'espionne avoisinait le zéro pointé – on ne parle pas de ses dons sexuels qui ont tant fait jaser. Zéro la qualité des renseignements qu'elle pouvait recueillir sur l'oreiller. Zéro leur portée : ils s'apparentaient plutôt à des anecdotes, quand il ne s'agissait pas d'intox pure et simple, car une espionne aussi voyante que la sulfureuse H-21 pouvait aisément être transformée en vecteur de désinformation.

Bien qu'inoffensive ou presque, Mata Hari sera piégée… par son propre recruteur français, Georges Ladoux, ancien président de la Section de contrôle télégraphique et patron de la toute nouvelle Section de centralisation du renseignement, la SCR, créée en mai 1915.

Pourquoi tant de machiavélisme de la part de cet officier de réserve, journaliste d'opinions radicales-socialistes ? Pourquoi surtout une peine capitale aussi médiatisée et aussi instrumentalisée que la sienne puisque, quitte à blesser les sensibilités de l'époque, on ira jusqu'à diffuser la photo de Mata Hari visage masqué par un voile de gaze face au peloton d'exécution ? Parce que la mort de cette espionne de deuxième catégorie avait tout d'un message rassurant à destination des combattants du front.

Des rumeurs alarmantes couraient en effet les tranchées. Fantasmant après trois années de mort et de souffrances sur la vie de débauche des « planqués » de l'arrière, les poilus s'interrogeaient sur la vertu de leurs femmes, leurs fiancées, leurs amies, leurs concubines, leurs sœurs voire même leurs mères. L'inquiétude rongeant ces braves, quel signe de fermeté plus parlant que le châtiment suprême d'une dévergondée notoire ? Par cette mise en scène macabre, les hautes autorités militaires et judiciaires démontraient leur détermination à défendre l'ordre moral. Avantage annexe non négligeable, elles mettaient en valeur la vigilance du contre-espionnage français, auquel rien ni personne ne pouvait échapper.

C'est sur le plan des mythes que cette théâtralisation en trois actes (débordements sexuels, espionnage, punition) allait revêtir de grosses conséquences. Les mythes, facteur de premier ordre pour ce qui nous concerne tant ils contribuent à façonner l'image des services secrets. Songons par exemple qu'il n'est guère d'émission de radio ou de télévision sur le sujet qu'on ne ponctue par la musique de James Bond, guère de dossier de magazine qui ne s'ouvre sur la photo de 007. Et que, un siècle après la mort de Mata Hari, la plupart de nos décideurs politiques ne conçoivent le renseignement qu'à travers des films ou des séries télé fort peu réalistes en général...

Loin des salons mondains et des « danseuses orientales », 14-18 fut avant tout une guerre secrète technologique. Et sur le terrain en Belgique, dans le département français du Nord occupé presque aux deux tiers par les troupes du Kaiser, voire le Pas-de-Calais, qui ne l'était, lui, qu'à 30 %, cette guerre de l'ombre fut livrée par des civils, femmes et hommes, dont le sacrifice préfigura, jusqu'à la mort parfois, celui de leurs émules de la Seconde Guerre mondiale.

Le Bureau interallié

Le domaine le plus important de l'activité clandestine des résistants belges et français ? Le renseignement ferroviaire. C'est devenu une priorité aux yeux des Alliés franco-britanniques. Leurs adversaires allemands utilisent en effet largement ce mode de transport pour acheminer les unités au front ou, au contraire, les en retirer. Autant dire que plus le Bureau interallié de renseignement, et surtout son antenne de Folkestone, sur la côte sud de l'Angleterre, en sait long sur les mouvements des trains, plus il possède d'informations sur l'ordre de bataille de l'armée impériale.

A l'écart du front, ce bureau coordonne les efforts des services alliés en Belgique, dans le Nord et le Pas-de-Calais. Il associe en bonne logique les Anglais et les Français. Les Belges également, bien qu'ils ne se considèrent pas officiellement comme des belligérants, mais comme des neutres « cobelligérants » plongés dans la guerre par la force brutale des armées du Kaiser.

L'occupation allemande les a conduits à surmonter leur hantise, ancienne (mais pas si absurde que cela pour qui se souvient de la Révolution française exportée « à la pointe des baïonnettes »), d'une offensive surprise tricolore, le « raid de cavalerie », violant leur neutralité de façon à permettre à Paris d'annexer Bruxelles et les régions francophones.

Notons qu'en matière de services, l'expérience des Belges est alors toute récente, la quasi-inexistence de contre-espionnage faisant avant guerre de leur pays un « *open bar* », pour reprendre la formule très parlante de Francis Balace, professeur honoraire d'histoire à l'université de Liège. En Belgique, la création du premier service de renseignements militaires, la 2e Section de l'état-major général des armées, remontait en effet au 12 mai 1911, la première loi réprimant l'espionnage datant, elle… du 4 août 1914, soit à la veille de l'invasion allemande.

On coopère, mais sans aller plus loin

Le développement du Bureau interallié se double à partir de la fin 1915 d'une réorganisation complète de la communauté britannique du renseignement, concrétisée par le passage du MI 6, rebaptisé MI 1(c), sous la férule du ministère de la Guerre, le renseignement opérationnel étant dévolu au MI 1 (a), la censure et la propagande au MI 1 (b). Pour éviter la multiplication des sigles rendant le récit inintelligible, continuons cependant à désigner le Secret Intelligence Service comme le MI 6. Nous ferons ainsi tout au long de ce livre.

Dans le chapitre qui précède, on a déjà vu à l'œuvre le colonel George Macdonogh. Director of Military Intelligence, chapeautant l'ensemble des renseignements britanniques agissant sur le Continent à partir du début 1916, ce spécialiste chevronné dispose d'un adjoint chargé des missions sur le terrain en la personne de George Cockerill. A la tête du Bureau interallié, les deux hommes ont poussé le major Cecil Aylmer Cameron (« Oncle Edouard » pour ses agents sur le Continent et « Evelyn » pour le MI 6). Viendront épauler cet officier d'artillerie Georges Gabain côté belge et, côté français, le colonel Wallner, militaire de carrière polyglotte, et son adjoint le commandant Henry Béliard, dans le civil directeur de la société de construction maritime Béliard, Krighton and Co.

Notons côté technique que si les Anglais, les Français et les Belges partagent bien les renseignements, comme le feront d'ailleurs bientôt la Sûreté générale et Scotland Yard, la coopération, pour étroite qu'elle soit, n'inclut en rien le partage des sources comme cela se pratique aujourd'hui entre Américains et Britanniques… presque toujours dans le sens des premiers, plus puissants, que vers les seconds, qui le sont moins il est vrai.

A l'époque, au contraire, chacun garde secrète l'identité de ses agents, ne la communiquant aux services alliés qu'en de très rares occasions. C'est que l'on pense déjà aussi à l'après-guerre, où les tensions d'autrefois resurgiront à coup sûr…

La bataille du rail

A Montreuil-sur-Mer, dans le Pas-de-Calais, le major Walter Kirke anime une antenne de renseignement purement britannique, assisté du capitaine Reginald Drake (plus tard son remplaçant) et, pour le contre-espionnage, du major James Torrie puis du capitaine des Life Guards Stewart Menzies, futur patron du MI 6. Bien qu'autonome, cette antenne travaille en bonne intelligence avec le 2e Bureau du colonel Dupont et le Service de renseignements, le SR, du commandant Zopff.

A ces officiers la tâche d'actionner, ensemble ou séparément, les 250 réseaux de résistance autochtones dans les zones sous occupation, moitié filières d'exfiltration vers l'Angleterre, moitié agences de renseignements à forte implantation locale dont les quatre cinquièmes travaillent pour les services britanniques et qui totalisent près de 7 000 agents au moins.

Des réseaux de renseignements pour l'essentiel, mis à part quelques opérations de sabotage qu'ils aiguillent donc (si l'on ose dire) vers la surveillance d'un autre réseau : celui du chemin de fer.

Pas facile… Pour juger du rendement militaire d'un réseau ferré, il faut collecter des informations sur le type de locomotives employé, leurs roues, cylindres, freins, battoirs, la manière dont on les gare, celle dont on les approvisionne en eau, la traction étant bien entendu à la vapeur. Pour ce qui concerne les wagons, connaître leur poids, leur longueur, leurs capacités d'accueil en hommes et en chevaux. Pour la voie ferrée proprement dite, repérer le fonctionnement des signaux, le type et le poids des rails. Pour les locomotives, identifier et évaluer les moyens et les systèmes de réparation ou d'entretien sur place. Pour pouvoir calculer les possibilités de déplacement adverses par le train enfin, connaître la situation des plans inclinés et des courbes.

Comme indiqué plus haut, le seul vecteur possible de collecte de toutes ces informations, ce sont les habitants des zones occupées. Autant d'espions-balais à mobiliser et à organiser.

Espions-balais

Espions-balais : j'emprunte l'expression à Gilles Perrault. Celui-ci l'a appliquée aux résistants de la Seconde Guerre mondiale, mais elle peut tout aussi bien caractériser leurs prédécesseurs de la Première.

Modestes, la plupart de ces patriotes ont gardé l'anonymat après guerre, comme s'ils considéraient que les services rendus et les risques pris ne justifiaient pas tant de tapage. Seuls quelques-uns d'entre eux ont témoigné, à l'image de Jaime Mir. Bien que ressortissant d'un pays neutre, cet Espagnol a été recruté dès août 1914 par son ami José David pour assurer un service de correspondance clandestine entre Bruxelles et Ostende qui passera bientôt par le consul américain – lui aussi neutre à cette époque – dans le grand port sur la mer du Nord.

De nombreux patriotes belges viennent rapidement s'insérer dans ce réseau international en rapports étroits avec les services français et britanniques : patrons d'hôtels ou d'estaminets qui sont autant de lieux de rendez-vous et de « planques », fonctionnaires, postiers, chauffeurs, garagistes ou carrossiers, cheminots de tous rangs hiérarchiques à commencer par le secrétaire général du ministère belge des Chemins de fer Ernest Gérard en personne et son fils Paul, gardes civiques fraîchement licenciés par l'occupant, policiers, passeurs de frontières (Ferdinand Lenoir, qui sera fusillé), ouvriers, retraités, enseignants, commerçantes, ménagères, prêtres, médecins, Alsaciens-Lorrains mobilisés sous l'uniforme impérial et qui se font une joie de renseigner la Résistance.

Le réseau espionne tous azimuts. Renseignements ferroviaires bien sûr, mais aussi renseignements sur le port très stratégique de Zeebrugge ou les gros canons du fort de Staubroeck ; projet d'attentat contre le gouverneur allemand d'Anvers ; confection de faux papiers ; exfiltration de militaires alliés évadés, de mécaniciens et d'ajusteurs belges dont la France en guerre apprécie énormément le savoir-faire…

Dès mars 1915 cependant, le réseau, trop étendu et pas assez cloisonné (ses membres ne sont pas des professionnels mais de simples amateurs courageux), est repéré. Des agents doubles au service du contre-espionnage allemand finissent par l'infiltrer. Les arrestations et les condamnations pleuvent, à la peine capitale souvent. Pris, Jaime Mir n'échappe au peloton que parce qu'il est ressortissant d'un pays neutre. Avant d'être gracié puis libéré, il transite par plusieurs prisons dont celle de Brandebourg, en Allemagne, où, sur ses 50 codétenus belges, français, néerlandais, 32 sont condamnés à mort.

Menée selon les différentes zones d'occupation par la Zentral Polizei Stelle (Place centrale de police) du gouvernement général de Bruxelles ou la Geheime Feldpolizei (Police secrète de campagne), organisme militaire structuré en détachements autonomes par armée avec une petite direction centrale, la répression est impitoyable. Torture pratiquée après 1916 par certains détachements de police, 275 exécutions capitales au moins, sans compter l'envoi des patriotes dans des camps de prisonniers où beaucoup mourront de faim, manière pour eux de payer l'efficacité du blocus allié qui frappe les populations allemandes : même s'il reste très en deçà des horreurs nazies, le bilan est édifiant.

Pour autant, la Résistance, active mais non armée à l'exception de quelques sabotages, ne faiblit pas. Cinq centrales dépendant des services secrets belges opèrent aux Pays-Bas : Breda (commandant Haussmann), Flessingue (Victor Ernest), Maastricht (Albert Lamaing, consul Wismael), Roosendaal (consul Roover, ingénieur Moreau), et Rotterdam (Jacques Scheffer). En tout, le contre-espionnage de la IIIb les crédite de 500 membres. Mais il faut aussi compter avec les réseaux implantés en Belgique même et qui, comme celui de Jaime Mir, travaillent en liaison étroite avec le Bureau interallié pour le renseignement, la propagande et l'exfiltration de patriotes menacés ou de militaires alliés.

La Dame blanche

Qui ferait l'impasse sur la Dame blanche, fondée en 1916 par Walthère Dewé, ingénieur de profession né en 1880, et son ami Herman Chauvin ? Un super-réseau fort de 800 activistes – dont beaucoup de femmes – selon le MI 6, mais de 1 300 à en croire la IIIb, ce qui en dit long sur le respect qu'elle lui voue.

A juste titre, car la Dame blanche, basée à Liège, trouve des intelligences partout. Ainsi son homologue luxembourgeoise, animée par les époux Rischard, le professeur de lettres Joseph Hansen ainsi que par quatre membres du personnel des chemins de fer – Edouard Bram, Auguste Diederich, Joseph Offenheim et Jean Rockenbrod –, contribuera-t-elle fin 1916 à l'effondrement des derniers assauts allemands sur Verdun. C'est Hansen qui a établi la première liaison avec les Britanniques, un envoyé du MI 6 s'installant à demeure chez les Rischard pour le reste de la guerre. L'agent avait été déposé par voie aérienne, technique novatrice sur laquelle nous aurons l'occasion de revenir.

Début mars 1918, l'instituteur belge Anatole Gobeaux, responsable pour la Dame blanche du secteur Chimay-Hirson-Trélon-Charleroi, pourra de même avertir les Britanniques d'une offensive en préparation dans le secteur de la Somme grâce à deux religieuses infirmières aux oreilles singulièrement indiscrètes, sœurs Marie-Mélanie et Marie-Caroline !

Il y a plus que ce bilan déjà flatteur. Cas rarissime dans les annales, ce réseau, le plus productif des deux guerres mondiales pour le MI 6 en Belgique, sera en effet reconstitué à partir de la fin 1940 par le même Dewé, soixante ans, Gobeaux et leur jeune compatriote Hector Demarque. Après la mort de Dewé, abattu dans une rue de Bruxelles le 14 janvier 1944 sans être identifié par l'occupant, Demarque prendra officiellement la tête du réseau rebaptisé Service Clarence, son pseudonyme.

Afin d'acheminer clandestinement leurs informations, les réseaux multiplient les ruses : lettres à l'encre sympathique ; talons de chaussures creux ; tubes de dentifrice, stylos, crayons ou extrémités de parapluies évidés ; textes dissimulés dans les cols ou manchettes de chemise, dans les cravates, les mouchoirs, les rembourrages d'épaule des vestes, des manteaux, les doublures de chapeaux, les gants ; sous les couvercles des montres ; dans des perruques ; dans des chatons de bagues ; appareil photo dissimulé à l'intérieur de fausses paires de jumelles ; caches aménagées dans des cadres de bicyclette ; sacs étanches plongés dans des fûts de vin ou d'huile… En la matière, l'imagination est au pouvoir bien avant mai 1968.

Rien d'infaillible toutefois. Hommage du vice à la vertu, la IIIb et la police militaire allemande raflent les patriotes par centaines. Pour la seule année 1917 : 79 groupes clandestins démantelés et 507 condamnations dont 179 à la peine capitale. Rien d'un dîner de gala à coup sûr. Et, dorénavant, la mort (pour toute la guerre, environ 1 100 exécutions de civils) n'est plus réservée aux résistants de sexe masculin.

Des soldates inconnues

« Il y a plus inconnu que le soldat inconnu, c'est sa femme », relèveront les militantes féministes des années 1970. Et voici, plus ignorées encore que les agents secrets masculins des réseaux : leurs homologues du sexe dit « faible » !

Ces femmes-ci, pourtant, sont au moins aussi déterminées. L'Histoire, dont il faut bien reconnaître qu'elle est souvent écrite par des hommes (l'auteur du présent ouvrage ne fait pas exception, mais il s'efforce de rétablir la vérité), n'a retenu que le nom de quelques-unes d'entre elles, héroïnes parfois transfigurées par la propagande mais, au final, bien plus intéressantes que Mata Hari. Des noms ? En voici.

Prenez Marthe Cnockaert. Née en 1892, cette jeune Belge n'a que vingt-deux ans au début de la Grande Guerre. Infirmière à l'hôpital municipal de Roulers, elle entre très tôt dans un des réseaux MI 6 du major Cameron sous le nom de code de « Laura ». Très précis, les messages qu'elle fait passer en France par messagers ou pigeons voyageurs concernent l'armée allemande, à laquelle, dans un habile double jeu, elle fait mine de délivrer des informations. En 1915, les allées et venues d'ingénieurs chimistes allemands à Roulers lui font prendre conscience de la préparation d'une attaque aux gaz de combat. Son message d'alerte parvient à temps au Bureau interallié de Folkestone, mais l'étau se resserre.

Arrêtée, la jeune résistante risque sa tête. Le roi du Wurtemberg se souvient alors qu'en tant qu'infirmière, Marthe a sauvé des vies allemandes, se voyant décerner la prestigieuse croix de fer. En foi de quoi – ne confondons pas les militaires du Kaiser avec les nazis de la Seconde Guerre mondiale – sa peine se voit commuée en prison à vie. Délivrée par les troupes britanniques en 1918, la survivante sera décorée une deuxième fois par leur commandant en chef, le général Douglas Haig.

Après la guerre, Marthe Cnockaert épouse un officier écossais, John McKenna, qui l'aidera à rédiger un livre de souvenirs riche en détails sur la vie quotidienne d'un réseau sous la botte allemande en Belgique. Publié en 1932 sous le titre *I was a Spy !*, l'ouvrage bénéficiera d'un avant-propos de Winston Churchill, dont l'intérêt pour les services secrets et l'action clandestine ne s'est jamais démenti, comme nous le verrons à maintes reprises au cours de cet ouvrage.

Autre agente émérite du major Cameron, l'Anglaise Edith Cavell va connaître un destin plus tragique. Directrice de l'école d'infirmières de la rue du Tabellion à Bruxelles, cette quadragénaire née en 1865, donc sensiblement plus âgée que Marthe Cnockaert, applique dans son établissement des méthodes d'avant-garde. Plus discrètement, elle crée un réseau avec l'architecte Philippe Baucq, éditeur du journal catholique clandestin *La Libre Belgique*. Comme plus tard au temps de la Seconde Guerre mondiale, la résistance commence en effet souvent par la presse diffusée sous le manteau – ici, pas moins de 80 titres !

Dans le cas d'Edith Cavell, l'action contre l'occupant se poursuit bien entendu par le renseignement, mais aussi par le recueil et l'exfiltration de militaires français vers Folkestone. Parmi d'autres, le capitaine Henri Giraud, évadé d'un hôpital militaire allemand.

Miss Cavell s'entoure d'adjoints dont beaucoup sont des femmes. Citons l'institutrice de Lille Louise Thuliez, la princesse Marie de Croÿ (dont l'anagramme du nom sert à baptiser le réseau : Yorc), la comtesse Jeanne de Belleville, Marthe Cnockaert, déjà citée. Et, outre Baucq, un autre responsable masculin, le pharmacien bruxellois Louis Severin.

Dénoncée par un agent allemand infiltré, le Français Gaston Quien, miss Cavell est fusillée le 12 octobre 1915 ainsi que Baucq.

Gott strafe England : « Dieu punisse l'Angleterre », formule alors très usitée en Allemagne où elle remplaçait parfois la formule de politesse dans les lettres. Mais, en face aussi, on sait manier l'action psychologique : présentant de façon mensongère l'infirmière comme une simple humanitaire sans rapport avec le MI 6, la propagande anglaise et française se déchaîne contre ces « Prussiens barbares » qui vont jusqu'à assassiner des femmes !

Si l'on considère que la première femme fusillée pour espionnage en faveur de l'Allemagne l'a été par la Belgique et que Marguerite Schmitt puis Odile Vos, deux Françaises, ont déjà été fusillées en France pour le même motif (respectivement le 22 mars et le 14 mai 1915), la mauvaise foi des Alliés est patente. Il est vrai qu'en temps de guerre, la vérité passe volontiers au second plan.

Condamnée à mort, peine commuée ensuite à dix années de prison, Marie de Croÿ retrouve la liberté en 1918. Pendant la Seconde Guerre mondiale, l'indomptable princesse, reprenant du service secret, aura l'occasion d'abriter un ex-usager des filières du réseau Yorc : l'ancien capitaine Giraud. En avril 1942, ce récidiviste de la cavale, désormais général d'armée, fausse en effet compagnie à ses geôliers de la forteresse prussienne de Koenigstein avant d'être pris en charge de l'autre côté de la frontière par son ancien élève à l'Ecole de Guerre, le brigadier-général Roger Masson, chef des services de renseignements de l'armée helvétique. Une fois à Alger, il deviendra un temps le rival du général de Gaulle au sein de la France combattante.

Sauvée elle aussi grâce aux pressions du pape et de l'Espagne, Louise Thuliez reprendra de même le collier pendant la Seconde Guerre mondiale, animant une filière d'évasion de militaires français vers l'Afrique du Nord. Emilienne Moreau n'agira pas autrement. Fille de mineurs née en 1898, elle fournit en 1915 de précieux renseignements aux Britanniques qui tentent de reprendre sa petite ville de Loos-en-Gohelle. Militante du parti socialiste SFIO dans l'entre-deux-guerres et désormais institutrice, Emilienne devient, aux jours sombres, agent de liaison dans le sud de la France au sein du réseau Brutus. Ce qui vaudra à cette héroïne des deux guerres de figurer dans la très *short list* des compagnes de la Libération : 6 sur un total de 1066 compagnons...

Des femmes intéressantes, disions-nous... Mais, dorénavant, c'est acquis au prix du sang : les résistantes agents secrets risquent leur vie. Les cas de Gabrielle Petit, de Léonie Vanhoutte et de Louise de Bettignies sont là pour le rappeler.

Le destin de Gabrielle Petit

Gabrielle Petit est née en 1893 à Tournai. Orpheline élevée dans un couvent, elle y a appris l'allemand. Assez pour devenir agente de liaison du réseau Le Mot du soldat, fort de 1 500 à 2 000 membres. Employée dans une maison de mode, cette jeune femme possède à la perfection l'art, très commode pour une clandestine, du déguisement. Ainsi se fait-elle passer à l'occasion pour un lieutenant allemand, « Walter Henning ».

Pour rendre compte au Bureau interallié des activités du réseau qu'elle a fondé avec sa mère adoptive Mme Collet, Gabrielle n'effectuera pas moins d'une vingtaine de déplacements aux Pays-Bas ou en Angleterre. Ses planques sont d'une ingéniosité incroyable : à Bruxelles, 68, rue du Théâtre, deux pièces censées l'une abriter « Walter Henning », et l'autre la maîtresse supposée du lieutenant… c'est-à-dire encore elle-même !

Tout semble lui réussir. Déguisée en vendeuse de journaux, elle se faufile dans les estaminets, écoute les conversations des officiers de l'armée d'occupation. S'essaie-t-elle au contre-espionnage, la voici en mesure de prévenir un résistant, Jean Bordin, qu'il est repéré par les Allemands. La IIIb l'accuse même d'avoir fait exécuter un de ses agents belges, le nommé Ledoi.

Tant va la cruche à l'eau, hélas… le 20 janvier 1916, Gabrielle est arrêtée. Jugée le 5 mars et condamnée à la peine capitale, elle tombe le 1er avril sous les balles. La Belgique d'après-guerre la fera héroïne nationale, honneur qu'elle n'a certainement pas volé, une statue de bronze à son effigie étant érigée place Saint-Jean à Bruxelles, à l'initiative de la Ligue des patriotes, et une place de Tournai, sa ville natale, baptisée de son nom.

La Reine des espionnes

La trajectoire de Gabrielle Petit aura croisé à plusieurs reprises celle d'une autre clandestine, française celle-ci, Louise de Bettignies, que les Britanniques iront jusqu'à surnommer « *The Queen of Spies* ».

Rien ne prédisposait pourtant cette jeune femme à devenir ainsi la « Reine des espionnes ». Septième d'une fratrie de neuf, Louise naît en 1880 dans une famille de catholiques du Nord, industriels atteints par des revers de fortune. Indépendante, voyageuse et polyglotte – anglais, allemand, italien, espagnol, russe, tchèque –, elle entre à vingt-six ans, cas rarissime pour une Française, au Girton College de Cambridge alors non mixte.

Gagnant sa vie comme répétitrice, elle voyage ensuite en Italie, en Allemagne, en Tchécoslovaquie, en Autriche où elle croise l'empereur François-Joseph, et gagne une partie d'échecs face au fils du Kaiser Guillaume II, le prince héritier Rupprecht de Bavière. Bientôt victime avec son épouse de l'attentat de Sarajevo qui déclenchera la Première Guerre mondiale, l'archiduc François-Ferdinand lui proposera même de devenir la préceptrice de ses enfants. En vain : cette jeune patriote aurait dû renoncer à sa nationalité française !

Infirmière, Louise soigne parfois des blessés de l'armée du Kaiser dans la zone qu'ils occupent dans le nord de la France depuis les débuts de la Grande Guerre. C'est qu'elle rend souvent visite à son frère, curé d'Orsinval, près du Quesnoy. La voici d'ailleurs tirée d'un contrôle d'identité malencontreux par Rupprecht de Bavière : en visite dans le secteur, le prince a reconnu son ancienne partenaire d'échecs au château de Holeschau !

Cette capacité à se faufiler en secteur allemand et l'abondance du courrier qu'elle reçoit de Belgique attirent sur la jeune femme l'attention des services secrets. Une première prise de contact intervient dans sa maison de Saint-Omer, localité qui abrite certains éléments du quartier général du corps expéditionnaire britannique commandé par le général John French. Louise accepterait-elle de devenir officier de renseignement ?

Si c'est pour la France, elle ne dit pas non. Cependant, le major Walter Kirke aimerait lui aussi mettre à profit ses aptitudes linguistiques. En février 1915, des tractations sont engagées pour son recrutement entre le commandant Bréguet, du 2e Bureau de l'armée du général Edouard de Curières de Castelnau, et Kirke. Que ne ferait-on pas pour satisfaire un allié, et sans doute obtenir quelque avantage en échange : Bréguet s'incline.

Louise aussi. Le 15 février, Mlle de Bettignies devient officiellement agent des services secrets de Sa Majesté avec l'accord de leurs homologues français. Ses nouveaux employeurs l'envoient immédiatement à Folkestone et à Londres suivre un stage de formation très poussé : codes secrets, encres sympathiques, manière convenue de signaler un point sensible sur une carte, d'identifier les unités allemandes ou les calibres des pièces d'artillerie… Pour le major Cameron et le MI 6, elle devient « Alice Dubois », le réseau de renseignements qu'elle doit créer dans le nord de la France et en Belgique devenant en conséquence le Service Alice.

De Folkestone, Louise gagne la Hollande, pays neutre. Une fausse firme commerciale néerlandaise, la Compagnie céréalière de Flessingue, lui servira de couverture et d'appareil logistique à Bruxelles. Un autre PC clandestin est installé à Lille, près de la porte de Béthune. En bonne logique, une attention particulière va être accordée aux centres ferroviaires comme Tourcoing ou Lille, où transitent les troupes et le matériel allemands en route vers le front.

Le bras droit de Louise est une infirmière du nord de la France, Marie-Léonie Vanhoutte, vingt-sept ans – « Charlotte » dans le Service Alice, mais tout le monde l'appelle « Ninie ». Quant à leurs collaborateurs, ils viennent de tous les horizons : Lenfant, l'ex-commissaire spécial (Renseignements généraux) de Tourcoing ; Louis Sion, industriel dans la même ville ; Willot, professeur à la faculté catholique de médecine lilloise ; Marsille, chef électricien ; le père Pinte, professeur à l'Institut technique de Roubaix ; Verstappen, consul de Belgique à La Haye ; l'abbé Chavatte à Haubourdin ; Horst, responsable du sous-réseau chargé de l'exfiltration de ses compatriotes militaires belges...

Il n'en faut pas moins pour tenir les leviers de commande d'une centaine d'agents très professionnels, bien que tous bénévoles, répartis dans les villes et les villages de la région.

En tout, « Alice » effectuera une vingtaine d'allers-retours entre le Bureau interallié et le continent. A l'été 1915, elle se rend à Folkestone. « Oncle Edouard » lui présente alors le général George Macdonogh, directeur du renseignement militaire anglais, ainsi que le général French lui-même.

Avant de repartir pour le combat clandestin, Louise retrouve une dernière fois sa mère, Julienne de Bettignies, au Touquet.

« J'ai le pressentiment qu'ils m'arrêteront bientôt, lui confie-t-elle.

— Alors, que peut-il t'arriver ?

— Ils me fusilleront, je suppose. »

Début septembre, des messages codés du major Cameron l'informent que des bruits de trahison et d'infiltration dans son réseau courent. A juste titre : les Allemands prennent le Service Alice dans leur collimateur. Marie-Léonie Vanhoutte tombe le 15 septembre. Le 20 octobre, c'est le tour de Louise, piégée au Café du Canon d'or, à Tournai. Les deux femmes connaîtront ensemble la condamnation à mort en mars 1916 pour espionnage. Peine commuée *in extremis* en détention à perpétuité : la vague d'indignation internationale consécutive au sacrifice de miss Cavell et de Gabrielle Petit oblige en effet les hommes du Kaiser à plus de circonspection. Pour le moment du moins.

Dans les prisons belges puis allemandes, un destin différent guette les deux Françaises. Malgré les soins de sa compagne d'infortune, Louise meurt le 27 septembre 1918 à l'hôpital de Cologne des suites d'une opération pratiquée sans hygiène à la geôle de Sieburg. Libérée après l'armistice, Marie-Léonie lui survivra un demi-siècle.

Dans l'intervalle, bien d'autres agentes secrètes alliées auront connu le peloton d'exécution. Citons, en 1917, trois Belges originaires de Bouchout, un des points de passage frontaliers les plus usités : Emilie d'Hont, dix-huit ans ; Marie Rammelos, dix-neuf ans ; et Mathilde Desmet, trente-trois ans.

Le jeu n'est pas moins dangereux pour les espionnes allemandes, dont beaucoup trouveront, elles aussi, la mort sous les balles.

Mythique « Fräulein Doktor »

Dès l'été 1914, la rumeur se répand d'une perverse beauté germanique qui interroge, séduit ou torture les prisonniers. Un mythe est en train de naître, et ce sont les Alliés eux-mêmes qui vont le forger : celui de « Fräulein Doktor ». Avec ses cheveux blonds, ses bas noirs, son fume-cigare et son obsession pour les armes de poing, cette créature imaginaire va préfigurer le personnage de Marlene Dietrich dans le film de Josef von Sternberg *L'Ange bleu*.

Dans l'imaginaire allié, « Fräulein Doktor » s'opposera bientôt aux figures lumineuses d'une Edith Cavell ou d'une Louise de Bettignies. Elle serait la muse noire du général Hans Harwig von Beseler, le chef du 3e corps de réserve allemand… mais non, celle du colonel Nicolaï, le patron de la IIIb… on l'aurait vue sous de fausses identités en France, en Suisse, en Hollande. Bref, elle serait partout ! Nulle part dans la réalité, même si deux agentes secrètes allemandes de haut vol parmi les 370 employées par la IIIb à l'été 1914 seront présentées après la guerre comme la « vraie Fräulein Doktor ».

Annemarie Lesser d'abord. Fille de riches commerçants d'origine juive, elle devient, à seize ans, la maîtresse d'un lieutenant des hussards de la garde impériale, Karl von Wynanky. Assez pour horrifier ses parents, qui la mettent à la porte après qu'elle a accouché d'un enfant mort-né, et pour valoir au jeune officier une mutation punitive en Prusse-Orientale. Annemarie s'installe alors à Berlin où elle va travailler comme vendeuse, puis comme sténodactylo.

Rien qui prédispose à l'espionnage, sauf que Wynanky vient d'être affecté à la IIIb. L'idée lui vient alors d'allier l'utile à l'agréable en renouant avec Annemarie. Un couple qui voyage en amoureux, quoi de plus sympathique ? Ainsi maîtresse et amant espionnent-ils en toute fausse innocence les fortifications voisines d'Anvers ou les travaux sur la voie ferrée Verdun-Charleville. Une seconde lune de miel qui finit cependant tragiquement, Karl succombant soudain à une appendicite aiguë.

Surmontant son chagrin, Annemarie accepte de remplacer son amant au sein de la IIIb. Un stage de formation complet – codage et décodage, photographie, statistiques, relevés de fortifications, de voies ferrées, balistique, cartographie – fait d'elle une agente qualifiée, seule « civile » à figurer sur les rôles du service. Elle remplit une première mission à Milan où elle parvient à secouer l'inertie de l'officier de renseignement en poste, le Bavarois Karl Schnickler.

Dès août 1915, sous le matricule I-4-G, elle prend la direction d'une partie de la IIIb à l'Ouest*. Payant de sa personne, elle va effectuer trois missions en France, deux en 1916 et une en 1917 ou 1918. C'est surtout dans le contre-espionnage qu'elle se manifeste. Les services alliés la créditeront ainsi de l'infiltration de l'agent double Gaston Quien au sein du réseau Yorc d'Edith Cavell. Mais, si l'on ne prête qu'aux riches, la pauvre Annemarie Lesser, malheureuse morphinomane, mourra en août 1934 dans un sanatorium des alentours de Zurich.

* La IIIb opère aussi à l'Est où, profitant des liens de famille entre aristocrates russes et germaniques, une comtesse allemande est parvenue à infiltrer avant guerre l'entourage du ministre de la Guerre Vladimir Soukhomlinov.

La « Baronne » au service du Reich

Elsbeth Schragmüller n'aura pas joué un rôle moins considérable. Née en 1887 et fille d'un officier prussien, elle sera l'une des premières Allemandes à acquérir des diplômes de sciences politiques à l'université de Fribourg-en-Brisgau. D'où peut-être le sobriquet de « Fräulein Doktor », les Allemands décernant le titre de docteur aux personnes savantes et pas seulement aux médecins, mais on a surtout surnommé cette agente d'élite la « Baronne » et parfois « Mlle Schwartz ».

D'abord affectée au contrôle postal du gouverneur général de Belgique, le général Colmar von der Goltz, Elsbeth passe ensuite dans les rangs de la IIIb. C'est que, côté allemand aussi, la censure opère en étroite liaison avec les services.

Son domaine ? La sélection et le recrutement des nouveaux agents. Mais voilà qu'en décembre 1914 son amant, le capitaine Karl Briem, tombe, victime d'un bombardement de l'artillerie alliée. Désespérée, la jeune femme décide d'honorer sa mémoire en s'engageant à fond dans l'espionnage. Début 1915, elle devient la responsable du secteur IIIb d'Anvers.

Après la défaite, Elsbeth reprend sa carrière universitaire à Fribourg et adhère au parti nazi dont le maître propagandiste, Josef Goebbels, fait d'elle une « héroïne allemande » avant qu'elle ne meure de tuberculose en 1940.

Moins médiatisées que leurs homologues anglaises, belges ou françaises, les espionnes du Reich se sont montrées aussi déterminées qu'elles. Sans oublier les agentes françaises des services allemands : en 1993, dans le tome I de notre *Histoire mondiale du renseignement*, mon ami Roger Faligot et moi-même en avions identifié nominalement vingt et une, la plupart condamnées à mort et exécutées, ainsi que cette autre espionne au service de l'Allemagne, la Suissesse Régina Diane, fusillée en janvier 1918 pour « atteinte à la sécurité du port de Marseille ».

De ce côté-là de la barricade, le jeu n'était donc pas moins périlleux. Mais beaucoup de réussites des services de renseignements au cours de la Grande Guerre ont été obtenues à moindre risque. Le temps est venu de lever le voile sur l'espionnage technologique de 1914-1918, facteur le moins connu, mais pas le moins important de la victoire alliée. Plus loin du front et parfois même au-dessus.

Sur la terre comme au ciel

« Qui est ce gaillard ?

— Un de nos hommes…

— Un de *vos* hommes ? Voulez-vous dire un… agent spéc… ? »

L'officier supérieur hocha la tête affirmativement.

« Mais… mais comment a-t-il su où il devait venir pour être recueilli par nous ?

— Je le lui ai fait savoir.

— *Vous* le lui avez fait savoir ?

— Oui.

— Mais comment ?

— Par pigeon voyageur. »

Beaucoup de choses en peu de mots dans ce dialogue entre le jeune pilote James Bigglesworth dit « Biggles », héros des romans d'aviation du Captain William Earl Jones (un des grands succès de la littérature populaire anglaise et internationale avant et après la Seconde Guerre mondiale), et le major Raymond, des services secrets.

Entre autres, ce télescopage entre le recours aux pigeons voyageurs pour l'acheminement des messages, procédé millénaire (c'est en juin 1992 seulement que le gouvernement français supprimera la tutelle du ministère de l'Intérieur sur la colombophilie !), et l'usage des aéronefs pour la dépose ou le recueil d'agents de renseignements, technique d'avant-garde.

Des ailes, mais pas les mêmes. Toujours efficaces en 1914-1918 malgré de nombreux ratés, les liaisons par pigeons sont dangereuses pour les volatiles eux-mêmes, dont quelque 20 000 tomberont « au champ d'honneur ». Meurtrières aussi pour leurs utilisateurs qui, là encore, risquent la peine de mort, à l'image du mineur Gaston Busiène, de Liévin, fusillé le 23 août par l'occupant pour avoir détenu plusieurs de ces oiseaux.

Les Allemands, qui ont mobilisé dès 1914 leurs colombophiles civils et les ont regroupés dans des unités spécifiques, apprécient cette technique, relativement fiable selon eux.

Le transport des agents par la voie des airs apparaît au contraire comme une méthode largement employée par les services alliés. Les caractéristiques des aéronefs de l'époque le permettent, en particulier leur rusticité et leurs faibles distances d'atterrissage ou de décollage.

Les Français s'en montrent très friands, les agents transportés par leurs forces aériennes étant des militaires, mais aussi des douaniers qui connaissent bien les zones frontières, et pour cause. De même qu'ils sont tout à fait au courant des risques encourus : la peine capitale comme « franc-tireur », laquelle guette aussi bien les pilotes chargés de les convoyer.

On ne plaisante pas. La première « mission spéciale » – c'est le terme officiel encore que, par définition, il doive rester secret – date de la fin 1914. Elle échoit au sous-lieutenant Armand Pinsard qui, devenu général, inspirera longtemps après à son ami le cinéaste Jean Renoir l'idée de *La Grande Illusion*. Ce 17 novembre, Pinsard dépose au sud du Catelet un soldat déguisé en civil et manque de s'embourber dans un champ de betteraves détrempé !

Epineuses en effet, les « missions spéciales ». D'abord, il faut choisir la saison : le printemps ou l'automne car, l'été, les blés sont coupés et, l'hiver, de tels atterrissages deviennent quasiment impossibles. Choisir son terrain aussi, les zones de bocage s'avérant particulièrement propices. Les appareils enfin, car ils doivent se poser et redécoller sur des distances très courtes, moins d'une centaine de mètres si possible.

Ces choix effectués, on passe les lignes amies à altitude normale, on fonce droit vers le lieu indiqué, on le survole pour vérifier *de visu* qu'il n'y a rien d'anormal, on se pose, on gare l'appareil derrière un abri naturel comme un bosquet d'arbres, le « missionnaire » descend pour accomplir sa tâche, renseignement le plus souvent mais quelquefois sabotage. Il ne reste plus qu'à décoller en remettant les gaz à fond pour prendre très vite de la hauteur afin que l'endroit où l'on vient d'effectuer ce manège ne soit pas repéré par l'ennemi.

Dit comme ça, tout paraît simple. En fait, les « missions spéciales » exigent des pilotes exceptionnels doublés de sacrés casse-cou. Dans ces conditions, il n'est pas étonnant que quelques grandes figures de l'aéronautique d'avant guerre se portent volontaires pour ce travail si particulier.

Citons Jules Védrines, vainqueur de la course Paris-Madrid en 1911 et, pour des raisons personnelles (il refuse de tuer), spécialiste numéro 1 de ces dangereuses opérations auxquelles il formera, entre autres, un jeune pilote débutant, Georges Guynemer, le plus populaire des as français de 14-18. Et d'autres encore : Adolphe Pégoud, pionnier du saut en parachute et de l'acrobatie aérienne, l'as Jean Navarre, le lieutenant Jacques Quellenec, le maréchal des logis Aubijoux, les sous-lieutenants Emerich et Edmond de Gavarnie, les adjudants Bodin et Hostein. Et même l'auteur dramatique Robert de Flers, coauteur l'année précédant la guerre d'une comédie en trois actes au nom prédestiné : *La Belle Aventure...*

La dépose de « missionnaires » par voie aérienne prend parfois les allures d'un jeu de hasard. Le 13 septembre 1915 par exemple, la première opération britannique de ce type tourne mal. L'aéroplane s'écrase au sol. Blessés, l'espion, resté anonyme – secret oblige –, et le pilote, le capitaine Mulcahy-Morgan, tombent tous deux entre les mains des Allemands. Lesquels épargnent le second, qui s'évadera deux ans plus tard, mais pas le premier.

Coup dur pour le Royal Flying Corps, le RFC. Ce tout jeune organisme créé en avril 1912 doit déjà lutter quotidiennement contre les préjugés et les conservatismes de tout poil. Mais le bouledogue britannique ne renonce jamais. La preuve : 1916 voit l'émergence du Special Duty Flight, l'escadrille n° 70 du capitaine Cruickshank dédiée à ces missions périlleuses.

Photos en altitude

Les noces de l'aviation et du renseignement ne font que commencer. Côté français, c'est un jeune centralien, le sous-lieutenant Paul-Louis Weiller, qui, dès la fin 1914, expérimente avec succès une technique révolutionnaire de photos aériennes à 1 500 mètres d'altitude avec un petit appareil pour portraits West-Pocket. « Ma méthode, qui consistait à prendre des photos en oblique du même point, puis de trois points différents, me permettait de prendre un très large paysage à la fois, dont on restituait les perspectives », écrit-il.

Seul sur un monoplace ou en tandem sur un biplace avec les sergents Gastinger ou Lecomte, l'Alsacien réalise des clichés d'une telle précision qu'ils vont contraindre le général Robert Bourgeois, chef du Service géographique des armées, à faire redessiner toutes les cartes du front ! De quoi combler le généralissime Joseph Joffre qui, dès le 22 octobre 1914, a ordonné que chaque escadrille soit dotée d'un appareil photo. Officier du génie, arme technique, Joffre comprend les possibilités des plus lourds que l'air, dont le rayon d'efficacité en termes d'observation et de réglage des tirs d'artillerie dépasse largement celui des ballons captifs Caquot, situés entre 2 et 5 kilomètres à l'arrière des premières lignes de tranchées amies.

Protégés par des chasseurs, les avions de reconnaissance, eux, peuvent s'aventurer 10 voire 20 kilomètres au-delà des lignes ennemies. La stabilisation du front modifie d'ailleurs beaucoup les missions de reconnaissance aériennes. Dans les premiers mois du conflit, au temps de la guerre de mouvement imposée par l'offensive allemande, elles contribuaient, avec les patrouilles de cavalerie légère type hussards ou dragons, les autres sources de renseignement humain et les interceptions radio, à donner une idée de l'axe de progression des forces ennemies (ce fut le cas lors de la bataille de la Marne). Désormais, elles permettent de visualiser toute modification même peu importante sur le champ de bataille, de repérer les travaux de camouflage adverses et de régler les feux d'artillerie.

Le 5 septembre 1917, le capitaine Weiller prend le commandement de l'escadrille C 224, première unité française spécialisée dans la reconnaissance militaire aéronautique. Dans le même temps, on commence à former du personnel qualifié pour le tirage et l'interprétation des clichés sur plaques de verre. Ainsi le système s'industrialise-t-il peu à peu pour mobiliser, en 1918, un millier de spécialistes.

Cette année-là, Weiller obtient du colonel Maxime Weygand, le chef d'état-major du général Ferdinand Foch, commandant en chef interallié, l'autorisation d'opérer 100 kilomètres au-delà des lignes amies. De passer, autrement dit, de la reconnaissance aérienne tactique à la reconnaissance stratégique.

Les points de repère de ses pilotes ? Les voies ferrées, les fleuves, les canaux… et les hôpitaux de campagne, facilement reconnaissables à leur croix rouge et dont l'implantation indique l'axe des offensives à venir. Leurs mouvements « devinés » à l'avance, les Allemands se rendront compte des effets dévastateurs de la méthode Weiller et de ses perfectionnements successifs, mais sans en comprendre l'origine.

La victoire alliée dut beaucoup aux développements exponentiels de la reconnaissance photographique aérienne. Selon Marie-Catherine Villatoux, 40 000 clichés de ce type ont été tirés par les forces aériennes françaises en 1914 contre un million en 1918. Emerveillés par leur précision, certains officiers français conserveront à titre de souvenirs ceux des endroits où ils ont combattu.

Les pilotes de reconnaissance des autres nations belligérantes n'ont pas chômé non plus.

Les yeux du Royal Flying Corps

Côté britannique aussi, les possibilités aéronautiques n'échappent pas aux chefs du Royal Flying Corps. En 1914, son patron se trouvait en effet être le brigadier-général David Henderson, un homme du métier. Director of Military Intelligence entre février 1901 et la fin de la guerre des Boers, breveté pilote dix ans plus tard, c'était l'homme idoine pour adapter l'arme aérienne aux exigences du renseignement. Publiée à la veille du grand conflit mondial, en mai 1913, la troisième édition de son déjà classique *Art of Reconnaissance* ne consacrait-elle pas une part importante – et novatrice – à l'observation du champ de bataille « par en haut » ?

En 1915, année du départ de Henderson et de son remplacement par Hugh Trenchard, les vues prises d'avion sont déjà monnaie courante dans le RFC. Inventeur d'un appareil inséré dans le plancher, le lieutenant-colonel John Moore-Brabazon fait désormais figure de Weiller britannique. Résultat : la confiance dans cette technique devient telle que l'offensive de la Somme de juillet-novembre 1916 reposera presque uniquement sur les photos aériennes.

L'assaut, hélas ! débouche sur un bain de sang infructueux qui va marquer durablement la conscience collective britannique. Ce qui n'empêche pas le développement de la photographie aérienne. En 1918, 3 000 soldats de Sa Majesté s'y emploient.

Quatre ans de guerre, en bref, ont fait de l'espionnage « vu du ciel » une arme à part entière. Mais à terre aussi il se passe de drôles de choses, comme si ce que l'on voit cessait de correspondre à la réalité. Un bon moyen de déjouer la vigilance des observateurs en avion… et des autres.

Peintres en faux bâtiments

« C'est nous qui avons fait cela ! » s'exclame Pablo Picasso, ressortissant d'un pays neutre pourtant, l'Espagne, en voyant circuler, boulevard Raspail à Paris en 1915, des canons camouflés. La femme de lettres qui l'accompagne, Gertrude Stein, Américaine donc neutre aussi à cette époque, en reste bouche bée.

Ce « nous » n'est pourtant pas injustifié. Picasso sait que des artistes amis, proches du cubisme ou de l'Art déco, appelés sous les drapeaux, mettent leur talent au service du camouflage militaire. Quoi de surprenant d'ailleurs : le cubisme, n'est-ce pas déconstruire ce que l'œil distingue pour construire autre chose, se jouer des formes, des lignes, des volumes ?

Créée le 4 août 1915 afin de dérouter les observateurs allemands aériens comme terrestres, la Section de camouflage est rattachée au grand quartier général. On l'affecte d'abord à la 2e armée, en Picardie. Son sigle, brodé sur les brassards ? Un caméléon argenté. Son refrain ? « Quand un camoufleur part en guerre, il a plus d'un tour dans son sac. »

Trouvant plus volontiers son inspiration dans le symbolisme, le chef de cette unité non conventionnelle, le maréchal des logis Lucien-Victor Guirand de Scévola, ne peint pas dans la veine cubiste. Mais entre artistes et entre Français…

Œcuménique, la SC – 30 officiers au départ – confie donc la confection des trompe-l'œil à des peintres et des décorateurs de facture classique : Henri Bouchard, Charles Despiau, Paul Landowski, Georges d'Espagnat, Pierre Laprade, André Devambez, et le camouflage des camions, des bateaux, des navires et plus tard des tanks à des cubistes, les Roger de La Fresnaye, André Dunoyer de Segonzac, André Mare ou Charles Dufresnes.

Tandis que les premiers inventent de faux soldats et de faux bâtiments, les seconds maquillent ce qui existe vraiment en modifiant les lignes, les couleurs. Des ouvriers et surtout des ouvrières réalisent ensuite leurs modèles dans des ateliers à Amiens, Châlons-sur-Marne, Chantilly, Epernay, Nancy, Noyon et Paris. Paris où la nuit, pour désorienter les pilotes des appareils de reconnaissance et les bombardiers allemands, des lumières s'allument sur ordre du gouverneur militaire là où il n'y a rien, quand le black-out plonge les lieux sensibles dans l'obscurité.

On le voit, les décorateurs de théâtre sont les bienvenus dans cette vaste entreprise de tromperie visuelle qui ne tarde pas à faire école.

Les artistes du camouflage

En 1915, le vocable « camouflage » apparaît dans le domaine militaire britannique, un terme lui-même couvert par le secret le plus absolu. Prenez-le dans son sens le plus actif, car la formule en vigueur dans l'armée anglaise à la fin de la guerre sera celle-ci : « *Deception, not concealment is the object of camouflage* » (« La tromperie tactique, et non la simple dissimulation, constitue l'objet du camouflage »). Les Français, eux, parlent de « contremuse ».

Pour préparer sa victoire de septembre 1918 sur le front de Palestine, le général Allenby saura manier avec dextérité l'arme de la « déception » (du verbe latin *decipere* qui signifie « tromper »). Dans le désert, des muletiers traînant filets et branchages soulèvent un tel nuage de sable qu'il donne aux observateurs aériens turcs l'illusion d'un corps de cavalerie en marche à la droite du dispositif. De fait, les Turcs se laisseront prendre à un stratagème destiné à les tromper sur l'axe de l'offensive en cours.

Vétéran de la Royal Academy, le peintre britannique Solomon Joseph Solomon s'applique de son côté à modifier les uniformes des soldats et leurs couvre-chefs en fonction du terrain afin de les rendre plus difficiles à discerner. L'expérience semble concluante : un aéroplane survolant deux lignes de tranchées, l'une peuplée de soldats en uniforme normal et l'autre de militaires « customisés » par Solomon, distingue bien les premiers, mais pas les seconds. Pourtant, l'armée ne donne pas suite : on a fait assez d'efforts comme ça en adoptant le kaki au vu des péripéties de la guerre des Boers. Finasser coûte trop cher.

C'est affligeant, mais rappelons-nous qu'en août 1914 l'infanterie française a commencé la guerre en pantalon garance, visible comme le nez au milieu de la figure ! Les fantassins du Kaiser en uniforme grisâtre s'en sont donné à cœur joie. Et plus tard, dans les tranchées, les snipers allemands resteront les plus meurtriers de toutes les armées en présence. Le style Solomon aurait peut-être épargné beaucoup de vies de *Tommies*, les combattants britanniques.

Ainsi vont de pair archaïsme et modernité chez les protagonistes de ce terrible conflit dont les survivants voudront faire la dernière de toutes les guerres, la « Der des Der ». Une guerre de plus en plus totale qui, sous sa forme secrète, n'épargne pas les pays neutres.

Neutres sous pression

« La croix de la Légion d'honneur que j'ai reçue en reconnaissance des services rendus à la France a été pour moi la marque d'un grand honneur. Elle a justement récompensé les supplices que j'ai endurés pendant la guerre au service de mon pays, que seul un sentiment patriotique pouvait me rendre supportables. » Ainsi parlait Marthe Richard en mai 1935. Ancienne prostituée née Marthe Bechenfeld le 15 avril 1889, elle a été la sixième Française à obtenir son brevet de pilotage. Après la mort de son mari, un mandataire des halles tué au front en mai 1916, Marthe émigre en Espagne où, recrutée par la Section de centralisation du renseignement (SCR) du commandant Ladoux sous le nom de code d'« Alouette » et « actionnée » sur place par le colonel Denvignes, elle devient la maîtresse de l'attaché naval allemand à Madrid, le lieutenant de vaisseau Hans von Krohn. Lequel a installé la centrale de son service secret sous l'aspect innocent d'une agence de presse, l'Officina de Información, au 17, calle del Prado.

En remettant à von Krohn du « matériel » habilement faussé par la SCR, Marthe Richard sert à Ladoux d'agent d'intoxication. De fil en aiguille, elle identifie plusieurs membres des réseaux espagnols de la IIIb avant d'être retirée du circuit à l'été 1917 par von Krohn, qui a sans doute fini par percer son double jeu.

Après la Seconde Guerre mondiale, cette personnalité décidément peu banale fera de nouveau parler d'elle en menant campagne pour la fermeture des maisons closes.

Pourquoi l'Espagne, pays neutre pourtant ? Parce que s'y affrontent un courant d'opinion conservateur germanophile, qui n'a pas digéré la séparation de l'Eglise et de l'Etat en France, et un courant plus à gauche et profrançais, chaque camp belligérant s'efforçant de pousser ses pions. La guerre sous-marine y bat aussi son plein, car les côtes espagnoles servent de lieu de relâche et de ravitaillement aux U-Boote de la flotte allemande de la Méditerranée. Une tâche dévolue à un jeune lieutenant de vaisseau spécialiste des submersibles opérant sous passeport chilien au nom de « Reed Rosas » : nul autre que Wilhelm Canaris, le futur chef du renseignement militaire allemand de 1935 à 1944 !

Canaris opère en liaison étroite avec von Krohn et avec le capitaine Arnold Kalle (pour la petite histoire, un des amants, comme Denvignes, de Mata Hari, mobilisée elle aussi sur le front espagnol). D'où cette mission de Marthe Richard où les affaires de sexe seront mêlées, comme souvent, aux affaires de services secrets.

Un agent de haut vol de Nicolaï est au travail dans la capitale espagnole. L'horloger Karl Coppel œuvre auprès de la presse et des milieux d'affaires pour contrecarrer les grandes plumes profrançaises, Alvaro Alcala ou Gomez Carillo. Son fils Carlos l'épaule. Son adjoint, l'Espagnol Antonio Muntarroya, actionne dans le même temps un réseau de renseignements navals en Afrique du Nord à Oran, Rabat et Alger. Non sans risques puisque, repéré par les Français, Muntarroya sera abattu près d'Alger. On ne se fait pas de cadeau : un autre agent espagnol de von Krohn, Ricardo Gonzales, sera arrêté et fusillé à Paris.

En Grèce aussi la guerre secrète bat son plein. La classe politique y est divisée. Le roi Constantin Ier et son ministre de l'Intérieur Dimitrios Gounaris penchent pour l'Allemagne. Le chef d'état-major, le colonel Ioánnis Metaxás, est, lui, en rapport direct avec le chef de la IIIb, le capitaine Falkenhausen. En sens inverse, le Premier ministre Elefthérios Venizélos, francophile à tout crin, veut que le pays, rompant avec sa neutralité, entre dans la guerre du côté des Alliés.

Mésentente cordiale entre Anglais et Français aussi. Le service secret de l'armée française d'Orient, dirigé par le capitaine de vaisseau Maximilien de Roquefeuil, ferraille en effet ferme contre les Britanniques du MI 6 menés par le lieutenant Crowe. Outre des relations jugées trop courtoises avec le baron d'origine alsacienne Fritz Shenck, homme à tout faire de la IIIb (ses hôtels borgnes lui servent de lieux de « sexpionnage »), Crowe reproche à Roquefeuil son activisme militant en faveur du clan venizéliste, reflet de celui du commandant en chef des « poilus d'Orient », le général Maurice Sarrail.

En gardant pour eux le produit du décryptage des communications allemandes dans lequel ils sont experts, les Français n'arrangent pas les choses : elles en disent pourtant long sur les rapports du roi Constantin et de Metaxás avec l'Allemagne. Août 1915 voit d'ailleurs la destitution de Venizélos au profit de Gounaris, entraînant une quasi-partition du pays.

Pour soutenir le clan francophile, Roquefeuil pousse alors les feux de manière si désordonnée qu'en décembre 1916 un marin français est assassiné par des hommes de Venizélos, épisode dramatique qui va conduire à la destruction de tout le réseau et au départ de l'officier.

Terminées les finasseries ! En juin 1917, 13 000 soldats de l'armée française d'Orient débarquent à Corinthe. Avec le soutien politique des Britanniques, cette force dépose carrément Constantin au profit de son fils. Venizélos se réinstalle au pouvoir flanqué d'un conseiller français, le lieutenant-colonel Georges : feu la neutralité grecque n'existe plus.

Après ce coup d'Etat fomenté en bonne intelligence, on pourrait croire que les rapports entre services secrets « alliés » vont s'améliorer. Au contraire, ils s'enveniment sous le regard amusé du créateur de l'Eastern Mediterranean Special Intelligence Bureau, Compton Mackenzie. Un esprit caustique qui, sanctionné par la justice britannique pour manquement à l'*Official Secrets Act* dans ses *Greeks Memories* publiés en 1932, saura se venger l'année suivante par une satire aussi drôle que cruelle des services spéciaux de Sa Majesté : *Water on the Brain*. Cofondateur du Scottish National Party, Mackenzie, aussi atypique comme écrivain que comme officier de renseignement, se rendra internationalement célèbre en 1947 par son roman *Whisky Galore* (titre français : *Whisky à gogo*), porté à l'écran l'année suivante.

Coups fourrés aux Pays-Bas

Au contraire de la Grèce, les Pays-Bas vont rester neutres durant toute la guerre, ce qui ne les préserve en rien des opérations clandestines. Basé à Boomjes, près de Rotterdam, le T Service du Commander Richard Bolton Tinsley, ancien directeur de l'Uranium Steamship Company, opère en effet pour « C », le chef du MI 6, qui l'a doté d'un budget conséquent. Sa couverture ? Une agence de navigation forte de 300 employés dont un certain nombre servent d'informateurs.

Avec 250 agents, la station néerlandaise de l'Intelligence Service est la plus étoffée de toute l'Europe hors Grande-Bretagne. Elle cible les chemins de fer, les ports hollandais et, plus loin encore, les installations navales allemandes de Kiel ou Brême. Selon une évaluation anglaise de 1918, les réseaux Tinsley auraient apporté aux Alliés plus des deux tiers des renseignements collectés en pays neutre. Les Français ne sont sûrement pas d'accord avec ces chiffres, eux qui ont entretenu leurs propres réseaux en Hollande.

Réseaux militaires avec la nomination en mai 1916 de Paul Boucabeille, l'ancien partenaire du leader nationaliste chinois Sun Yat-sen, comme attaché militaire à La Haye où ce vieux routier des affaires secrètes, qui vient de quitter le cabinet du ministre de la Guerre, collectera des informations sur l'ordre de bataille allemand et, à titre subsidiaire, glanera quelques éléments d'enquête sur le passé de la ressortissante néerlandaise Mata Hari.

Réseaux économiques, et c'est beaucoup plus novateur, avec par exemple la mission de Joseph Crozier. Spécialiste des affaires financières, ce Lyonnais d'abord domicilié à Bruxelles est rattaché à une création de la Grande Guerre, la Section de contrôle télégraphique, élément embryonnaire de la future Section économique du 2e Bureau que dirige Jean Tannery, conseiller référendaire à la Cour des comptes.

Affecté à la « surveillance du blocus économique de l'Allemagne », Crozier estime que le meilleur moyen de remplir sa mission est d'ausculter le marché international des lubrifiants dont l'Allemagne, pays en guerre, a besoin. Et, pour cela, quoi de mieux que de se transformer soi-même en vendeur d'huiles et de graisses ?

Après consultation du Bureau interallié de Folkestone, il se porte donc acquéreur, en mars 1915, de la NV Stoomzeep Fabriek « Venus », une entreprise hollandaise de Rotterdam qui possède, entre autres, une fabrique de savon dans le quartier de Schiedam. Pour confectionner sa couverture de mercanti dénué de sentiments patriotiques, notre astucieux Lyonnais fait ensuite porter « Venus » sur la liste noire interalliée des sociétés qui commercent avec le Reich ! Dans le même ordre d'idées, il recrute un Allemand, Wilhelm Hanrath, comme fondé de pouvoir de sa filiale de Düsseldorf, siège – quel curieux hasard – de nombreuses sociétés d'huiles et graisses.

Ainsi Crozier commence-t-il à entretenir de bons rapports commerciaux avec la Société générale d'approvisionnement de l'Allemagne, la ZEG (Zentral Einkaufs Gesellschaft) – un excellent moyen de braquer un œil indiscret sur l'industrie du Reich. Et des relations non moins cordiales avec le chargé de mission à Rotterdam de la Hamburg Amerika-Linie, la société de messagerie maritime dont le représentant aux Etats-Unis, le Dr Büntz, participe au même moment à des actions de sabotage. Le monde des services secrets est décidément bien petit…

Un exemple de la méthode Crozier. Privé d'huile de lin, utile pour la fabrication d'explosifs, le Reich doit en importer des Etats-Unis. Des clients allemands de « Venus » demandent à Crozier si sa société serait en mesure de leur fournir des grosses quantités de savon. Imprudemment, ils expliquent à ce « Français dévoyé » comment les chimistes d'outre-Rhin font passer l'huile de lin en contrebande à la frontière hollandaise : à l'intérieur de blocs de savon ! Renseignement transmis immédiatement au 2e Bureau qui prendra toutes dispositions utiles.

Imaginatif, le Lyonnais a créé son propre double. L'officier du service Action français qui sabote les cargos allemands, subtilise leurs cargaisons, liquide leurs mouchards et que tout le contre-espionnage allemand recherche serait le mystérieux « Pierre Desgranges ». Et, pendant qu'on traque ce personnage fictif, personne ne pense à se méfier de ce « demi-traître » de Crozier.

Aidé du prêtre dom Bernard, de la comtesse Elisa de Rollenberg, de l'ancien policier Charles Reussen ou encore de M. Rau, vice-président de la chambre de commerce belge de Paris, l'homme du 2e Bureau poursuit ses activités jusqu'en février 1917, date à laquelle il regagne la France, mission accomplie. Un an plus tard, il revient toutefois aux Pays-Bas, fixe son quartier général à La Haye, où, entouré de nouvelles recrues comme Richard Stolz, un ingénieur chimiste chargé des enquêtes économiques au 2e Bureau, il marquera de nouveaux points contre l'ennemi.

Les Français viennent de mettre le doigt dans cette nouveauté qui l'est moins en Angleterre : la guerre économique secrète.

Un combat multifronts

Comme le remarque Olivier Forcade, c'est en 1914-1918 seulement que la notion de « renseignement économique d'Etat » commence à se faire jour en France.

Avec l'instauration d'un blocus allié contre les puissances centrales en 1915, la Section économique du 2e Bureau absorbe la Section télégraphique dont le rôle consiste à intercepter les communications ennemies, mais aussi celles des pays neutres – toujours eux –, en matière commerciale, industrielle ou financière.

Un mini-*Big Brother* français dont les prérogatives vont être précisées le 2 décembre 1915 lors de la création du 5e Bureau de l'état-major des armées par le général Gallieni, ministre de la Guerre. Ce nouveau service, fort un mois plus tard de 229 officiers, sous-officiers et simples soldats (contre 60 au 2e Bureau, beaucoup plus fourni proportionnellement en gradés il est vrai), regroupe sous un unique képi, celui du colonel Antoine Goubet, les services d'information et de propagande, le SR, la SCR en charge du contre-espionnage militaire, la Section télégraphique, la Section de la presse étrangère qui, formée de linguistes distingués, traduit les journaux et les périodiques du monde entier, et enfin les Renseignements généraux, chargés comme leur nom l'indique de rédiger les bulletins d'information quotidiens.

Il s'agit, on le voit, d'un organisme multidirectionnel adapté au contexte d'une guerre de plus en plus globale. Le commandant Michaël Bourlet, qui l'a étudié en détail, souligne la jeunesse relative de ses membres (quarante ans en moyenne contre quarante-cinq ou quarante-six au 2e Bureau, aux officiers de carrière chevronnés). Nombre d'entre eux étaient des civils exerçant dans le commerce, l'industrie, le barreau ou l'université.

Très diplômés, 68 % provenaient des grandes écoles – Saint-Cyr, Polytechnique, Normale supérieure (où l'on recrutait directement les élèves blessés pendant leur temps de convalescence) –, et 3 % de l'Université.

C'est dire s'il s'agissait d'un regroupement de sujets des élites intellectuelles et sociales françaises affectés au renseignement soit par choix, soit (un gros tiers) parce que inaptes au front en raison de graves blessures au combat, mais volontaires pour continuer à servir.

Un regroupement fonctionnel en outre, dont les effectifs vont frôler les 400 en 1918. Ici, pas question d'envoyer un linguiste de haut niveau balayer les toilettes ! Les normaliens, tous agrégés, travaillent à la Section de la presse étrangère comme traducteurs, surtout en allemand, anglais, italien, russe, mais aussi dans des langues moins courantes en France. Les juristes sont versés à la SCR pour les tâches de contre-espionnage. Les historiens opèrent, eux, dans l'entourage immédiat de Goubet. Les cadres de l'industrie, enfin, travaillent avec le SR, par exemple pour apprécier la puissance de la sidérurgie allemande et repérer ses points névralgiques à bombarder.

De quoi démentir trois légendes d'un coup. Celle des tirs d'artillerie français qui auraient délibérément épargné les mines et usines de Lorraine afin de satisfaire le tout-puissant Comité des forges, ancêtre du Medef, d'abord. Celle, plus tenace encore, des embusqués, la plupart des membres du 5e Bureau ayant entendu siffler les balles, souvent à leurs dépens, ensuite. Celle, enfin, d'une communauté française du renseignement inférieure par nature à son homologue britannique, capable, elle, de mobiliser les couches supérieures de la société.

La différence principale entre les deux cultures du renseignement tient à ce que, chez nos voisins d'Outre-Manche, les expériences en la matière s'accumulent en strates, alors qu'en France on s'empresse de les oublier une fois le péril disparu. Quand Pierre Messmer, ministre des Armées en février 1960, demandera, au vu de la guerre de contre-guérilla à mener en Algérie contre les indépendantistes de l'Armée de libération nationale, qu'on lui communique les dossiers d'opérations des forces spéciales françaises pendant la Seconde Guerre mondiale et le conflit indochinois, il s'entendra répondre que la plupart ont été détruits puisqu'on n'en avait plus l'usage...

Sur cette constatation illustrant deux manières opposées d'appréhender l'« arc » du renseignement, revenons-en à la guerre de 1914-1918. Le bon sens indique qu'elle ne peut que passer par un autre pays neutre.

La filière helvétique

Journaliste radical-socialiste français né en 1883, Jean Pélissier s'est pris de sympathie pour les petites nationalités opprimées. Voyant dans la France leur émancipatrice naturelle, il fonde en 1911 un Office central des nationalités (OCN) avec le Lituanien Joseph Gabrys. Fin 1915, officier à la Sûreté aux armées, le voilà mis à la disposition de Maximilien de Roquefeuil, dont on a vu un peu plus haut les démêlés en Grèce avec le MI 6.

De retour à Paris, Pélissier demande à être affecté à Lausanne pour y reprendre les leviers de commande de l'OCN laissés au seul Gabrys qui, par hostilité à la Russie, pourrait basculer du côté allemand. Georges-Henri Soutou a détaillé ses démarches auprès du personnel politique qui aboutissent à des contacts exploratoires avec le colonel Goubet, toujours patron du 5ᵉ Bureau.

« Je suis en mesure de mettre l'OCN à la disposition de la France et, simultanément, de faire du renseignement en direction de l'Autriche-Hongrie, assure Pélissier.

— D'accord, finissent par répondre Goubet et son subordonné Ladoux, le chef de la SCR, mais du renseignement politique seulement avec une couverture du Quai d'Orsay. »

En mars 1917, l'agent d'influence est finalement chargé de mission en Suisse sous le contrôle du Centre de renseignement d'Annemasse, le poste SR que commande le lieutenant-colonel Gourgen, assisté du capitaine Devernines (les autres postes SR travaillant sur la Suisse depuis la France sont les Centres de renseignement d'Evian et de Pontarlier).

Sa couverture sera journalistique et son contact, le chargé de presse de l'ambassade française de Berne, Emile Huguenin – autant dire que, cloisonnement obligeant, il ne travaillera ni avec le chef du SR de Berne, le lieutenant-colonel Parchet, ni avec l'attaché militaire, le colonel Gaston Pageot, ni avec le capitaine Raspail, spécialiste des sabotages au SR.

Moins encore avec les chefs du MI 6 en Suisse, Edward Harran et le major Hans Vischer, qui à grands renforts de livres sterling (le poste de Berne est le plus coûteux du monde après celui de William Wiseman à New York) coordonnent le travail d'officiers implantés à Genève, Lausanne et Zurich. Dès 1928, l'écrivain Somerset Maugham, ancien agent dans la capitale fédérale mais pas seulement, donnera d'ailleurs du travail de l'Intelligence Service en Suisse une version romancée dans son recueil de nouvelles *Ashenden : Or the British Agent* (titre français : *Mr Ashenden agent secret*).

En matière de nationalités, les Anglais jouent plus volontiers la carte Oskár Jászi, un universitaire hongrois fondateur du Parti national civique radical. Ils surveillent les indépendantistes irlandais actifs en Suisse comme Cathal O'Shannon et Gifford, ou égyptiens comme Abbas II Hilmi, le khédive (pacha) d'Egypte écarté en 1914 par la puissance tutélaire britannique et familier des grands palaces helvétiques, avec une prédilection pour le Beau-Rivage de Lausanne où il croise à l'occasion le roi d'Espagne Alphonse XIII, Constantin de Grèce et même… Venizélos.

Gifford et le khédive, notent le MI 6 et le SR, fréquentent leur ennemi numéro 1 le prince von Bismarck, attaché militaire du Reich en Suisse. Manière de dire qu'il y a de « bons » indépendantistes, ceux qui s'opposent à l'Empire allemand, mais aussi de « mauvais », ceux qui contrarient ses homologues britannique et français.

Les contacts de Pélissier sont multiformes. Par exemple Dmitri Manouilsky, un Ukrainien proche de Lénine qui, exilé en Europe depuis 1907, parle un français impeccable et jouera après la guerre les premiers rôles au sein de l'Internationale communiste, le Komintern. Ou encore Simon Petlioura, le leader du mouvement nationaliste d'Ukraine.

Ses projets de congrès des nationalités d'Europe centrale seront toutefois écartés fin 1918 par le Quai d'Orsay comme contradictoires avec la politique étrangère française. On voulait bien de lui comme agent d'influence, mais certainement pas comme inspirateur. Et de l'OCN comme arme antiallemande, mais en aucun cas comme vecteur de construction politique.

L'Homme au ruban rouge

Quand le président du Conseil Georges Clemenceau le charge d'une mission en Suisse, le vice-président du parti radical, maître Charles Fabiani, ne nourrit, lui, aucune illusion. Son rôle – triple – consiste à créer un réseau de renseignements dans les palaces helvétiques, hauts lieux de rencontres internationales, et à identifier des agents allemands, tout en influençant les élites suisses dans un sens favorable aux Alliés.

Côté influence, ça marche. Parmi les honorables correspondants de « l'Homme au ruban rouge », comme Fabiani aime à se faire appeler, on trouve des personnalités aussi éminentes que Paul Maillefer, le président du Conseil national suisse, ou le baron Pierre de Coubertin, le fondateur des jeux Olympiques. Pas mal pour un début.

Un ancien de la Sûreté, l'attaché militaire français adjoint Charles Riou, est désigné aux côtés de Fabiani par son supérieur, le colonel Pageot. L'avocat et le capitaine repèrent un agent français de la IIIb, Reuscher, directeur de plusieurs palaces de l'autre côté de la frontière. Dénoncé à la police fédérale, l'homme sera condamné à la prison, puis expulsé de la Confédération helvétique. Fabiani et Riou aident de même la Sûreté helvétique à démanteler le réseau du baron de Frankenberg, considéré par les Français comme leur adversaire allemand le plus dangereux en Suisse romande, et de son adjoint et futur beau-fils, von Treeck.

La guerre secrète emprunte aussi des voies plus élevées, comme en témoigne cet épisode peu connu qui nous contraint à revenir aux premiers mois du conflit.

6

La Der des Der

Il s'en est fallu d'un cheveu pour que les services secrets et l'aviation française réussissent une opération combinée inédite : l'élimination physique du Kaiser. Après quelques mois de guerre seulement, cela aurait constitué pour l'Allemagne un coup terrible, fatal peut-être.

Tout commence par plusieurs messages radio allemands annonçant la prochaine tournée de Guillaume II en Belgique. Les chefs militaires sur place sont donc instamment priés de réserver à leur empereur un accueil digne de son rang. Ne serait-ce que des unités de cavalerie qui rendront hommage à son cortège dans les formes protocolaires.

Sur le papier, la tournée de Guillaume II se veut paisible. Sur les ondes, il en va tout autrement car, non seulement les Français ont intercepté ces messages, mais les hommes de Cartier, désormais commandant du Chiffre au grand quartier général, le GQG, sont parvenus à les décrypter.

De quoi monter une opération aérienne pour attenter à la vie de Guillaume II – on n'ose pas dire « bombardement » tant les techniques d'assaut air-sol sont encore primitives ce samedi 31 octobre 1914, jour d'interception puis de décryptage des messages.

Comme le Kaiser se déplacera inévitablement en convoi automobile, gageons que la petite file de véhicules d'escorte va constituer une cible facile à repérer. En pilonnant toutes les voitures avec méthode, on est certain de toucher la sienne.

La fièvre ne tarde pas à monter au rythme des communications téléphoniques qui se multiplient. Pour ce coup de commando aérien, les Britanniques du Royal Flying Corps accepteraient-ils de prêter main-forte à leurs camarades de l'aviation française ? *Yes*, bien entendu. Ce sera très sportif ? Tant mieux : présentez à des Anglais la guerre comme un sport, et ils marchent à chaque fois.

Reste à interpréter sans faute les messages décryptés, puisque ceux-ci donnent en quelque sorte le planning du déplacement impérial de ce dimanche 1er novembre. Sauf que le diable ne veut pas que la Grande Guerre se termine trop tôt. Il a donc pris soin de se nicher dans les détails. Et voilà les approximations allemandes qui s'additionnent aux approximations françaises : confusions de termes géographiques dans les messages de nature à désorienter les assaillants, lesquels ne lisent pas les cartes de la même manière que leurs adversaires, et surtout oubli de la différence entre l'heure française et l'heure allemande, décalées de soixante minutes l'une sur l'autre.

Résultat : quand les aviateurs français, fer de lance de l'opération, et leurs homologues britanniques, force d'appoint, décollent pour prendre dans leur collimateur le convoi impérial prévu pour arriver « à Geluwe de Tielt par Courtrai aujourd'hui à 15 heures », leurs renseignements, déformés par les multiples messages et communications téléphoniques échangés, ne permettent de frapper ni au bon endroit ni au bon moment. A peine le Kaiser vient-il de quitter Courtrai que trois avions français de l'escadrille MF 33 bombardent à quelques kilomètres de là un petit convoi qui n'est pas le sien et, au centre-ville, un parc de voitures qui n'a rien à voir avec leur cible.

Quand il révèle l'affaire sans en donner tous les détails, le journal *Le Matin* met sans doute la puce aux oreilles allemandes. Mais pas suffisamment pour les faire douter de la sécurité de leurs systèmes de communication.

La preuve à la Noël 1915. Père de la chasse aérienne française, le commandant Charles de Tricornot de Rose est venu réveillonner avec ses subordonnés de la MS 12. Le repas terminé, Rose délivre à voix basse son message top secret : le Service de renseignements vient de communiquer au 2e Bureau du GQG une information selon laquelle le Kaiser, encore lui, doit quitter Spa, en Belgique, tôt le lendemain pour remettre des décorations vers 10 heures du matin dans l'ancien manège des dragons français de Sedan. Cette fois, l'empereur ne se déplacera pas en voiture, mais en train spécial dont l'itinéraire et l'horaire sont connus du SR.

Et, compte tenu des médiocres résultats du mini-bombardement de novembre 1914, c'est à la MS 12 que reviendra l'honneur de mitrailler le convoi impérial en rase-mottes.

Reste que le diable n'a sans doute pas changé d'avis quant à la date de fin de la Grande Guerre car, le lendemain dès l'aube, il fait un brouillard à couper au couteau. Pas question de décoller. A 8 heures, Rose, consterné, se voit contraint d'annuler la mission.

Même si l'efficacité du renseignement français vient d'être démontrée deux fois de suite, ces coups d'essai n'étaient donc pas des coups de maître. Car, comme l'a dit Clausewitz, à la guerre il y a toujours des « frictions » pour enrayer le mécanisme le mieux conçu.

A la guerre secrète aussi, mais on peut parfois y remédier. Ainsi les Américains réussiront-ils en avril 1943 l'exploit que les Français n'ont fait que frôler en 1914 puis en 1915. Leurs décrypteurs ayant percé les messages japonais indiquant l'itinéraire et l'horaire précis du déplacement aérien de l'amiral Yamamoto Isoroku, l'appareil qui le transportait et sa (trop) petite escorte croiseront pour leur malheur une formation de dix-huit bimoteurs à long rayon d'action Lightning P-38. Ainsi périra le meilleur stratège nippon, concepteur de l'attaque de Pearl Harbor.

Yamamoto n'aurait pas fait gagner la guerre au pays du Soleil-Levant, soyons-en sûrs. Mais coûté plus de vies américaines et même japonaises, si. Le dédain de Clausewitz pour les services secrets en temps de guerre (« la plupart des renseignements sont faux ») n'est pas toujours justifié. Sérieuse lacune du principal théoricien de la guerre moderne.

Interceptions en bleu-blanc-rouge

Comme on vient de le constater à propos des deux opérations anti-Kaiser manquées, les services français de 1914-1918 furent au contraire très à la pointe dans la guerre technologique, malgré une abondante littérature critique diffusée dans les trente dernières années.

Soyons justes : les communications allemandes étaient alors particulièrement vulnérables. Un simple coup d'œil sur les cartes permet de comprendre pourquoi.

Puissance mondiale à l'empire colonial le plus étendu, la Royal Navy régnait encore sur les mers à l'été 1914, leadership menacé toutefois par une Kaiserlische Marine en plein essor, mais à l'implantation portuaire limitée à la Baltique (et, après l'invasion, aux côtes belges). Dans le même temps, la position anglaise dominante au sein des compagnies télégraphiques internationales conférait à Londres le contrôle de la grande majorité des câbles transocéaniques sous-marins.

Dès les premières heures du conflit, la Royal Navy avait renforcé cette mainmise, le câblier britannique *Telconia* coupant sur ordre les cinq lignes sous-marines allemandes près des côtes allemandes. Peu après, un autre navire, l'*Anstrae*, bombardait la station radio allemande de Dar es-Salaam, et un troisième, le *Minotaur*, celle de Yap, dans les îles Carolines. Simultanément, une petite force venue de Nouvelle-Zélande s'emparait d'une troisième dans l'archipel des Samoa. Sans être coupée du monde, l'Allemagne en était tenue beaucoup plus à l'écart.

La Kaiserlische Marine se vengera bien en envoyant peu après l'audacieux croiseur *Emden*, venu de Chine, saboter les installations télégraphiques et radio anglaises des îles Cocos reliant l'Afrique du Sud et l'Australie, mais ce coup, bien que rude, n'aura jamais la même portée.

Interdite de télégraphe hors de sa zone d'influence en Europe, l'Allemagne ne peut désormais compter, pour ses communications, que sur les câbles transocéaniques américains, peu sûrs et qui deviendront impraticables après l'entrée en guerre des Etats-Unis, ou sur la radio. Elle émet donc beaucoup par ce dernier canal, au point d'en devenir fortement tributaire.

Les Français, de leur côté, s'ils possèdent beaucoup de stations radio, en usent assez peu, leur préférant le télégraphe ou le téléphone, plus sûrs dans les trois quarts du sol national qu'ils tiennent. Or, comme le remarque Jean-Claude Delhez, récent auteur d'un ouvrage très complet sur la Grande Guerre cryptologique vue de France, des stations guère occupées à émettre peuvent, par inversion, intercepter beaucoup.

Très dense et très étendu, le dispositif français de radiocommunications capte de ce fait une grande partie des émissions allemandes. Pas seulement grâce aux 320 mètres de la tour Eiffel, mais aussi par le biais des nombreuses stations implantées depuis plusieurs années dans l'Est face à la frontière avec le Reich. Résultat : le bureau du Chiffre (une trentaine d'officiers plus une cinquantaine dans les services du Chiffre des différents états-majors) peut travailler sur une quantité importante de messages, matériau rêvé pour les décrypteurs. La multiplication des textes et les erreurs qu'elle entraîne inévitablement constituent en effet les chevaux de Troie par lesquels ces spécialistes peuvent comprendre le type de chiffre employé par l'ennemi puis, à l'issue d'un labeur acharné, en identifier les clefs donc mettre au clair les messages.

Radiogonio contre dirigeables

A l'époque, il s'agit plutôt de se protéger contre les raids dévastateurs des zeppelin. Lors d'incessantes attaques nocturnes, ces dirigeables géants chargés de bombes allemandes s'en prennent à la France – avec une préférence pour Paris –, et surtout à l'Angleterre. Le lecteur se souvient peut-être que dès 1910 les mêmes zeppelin étaient déjà l'objet de toute l'attention du capitaine Lux, du poste SR de Belfort. Désormais, ils frappent, preuve que la mission d'espionnage de cet officier capturé, condamné puis évadé fin 1911 était réellement fondée.

Contre ces engins de guerre meurtriers préfigurant les appareils de bombardement stratégique de la Seconde Guerre mondiale, on généralise le repérage goniométrique. Réparti sur un large front – de Paris jusqu'à la Suisse côté français, sur la côte sud de l'Angleterre côté britannique –, un réseau de stations alliées capte les émissions des zeppelin sur la route du retour vers l'Allemagne. Elles déterminent la direction et l'éloignement des dirigeables, donc, par recoupement, leur position au temps T. La chasse décolle alors pour leur faire un sort.

Les résultats de ce couplage entre renseignements technologiques et aéronautiques militaires peuvent être impressionnants, comme ce 19 octobre 1917 où, sur onze engins, trois sont abattus et deux, désorientés par une sorte d'autobrouillage mutuel de leurs communications, s'écrasent au sol. Belle réussite pour la Section centrale de radio-aéronautique, la SCRA, fondée deux ans plus tôt par François Cartier, le patron du Chiffre. Il y en aura d'autres, toujours en bonne intelligence avec les services britanniques qui, à l'exception de la Naval Intelligence Division, coopèrent volontiers avec leurs homologues français.

Fermée sur elle-même comme une huître, la NID ne s'entrouvre que pour la seule lutte contre les dirigeables allemands. Une section spécialisée en son sein opère sous l'égide du major Bernard Trench qui, le lecteur s'en souvient, connut la prison pour espionnage en Allemagne fin 1910 avant d'être libéré à l'amiable en mai 1913, à l'occasion d'une visite officielle du roi d'Angleterre en Allemagne.

Les débris de zeppelin recèlent à l'occasion de véritables trésors. C'était le cas le 24 septembre 1916 quand, à bord du dirigeable L32 du malheureux Werner Peterson, descendu par le Royal Flying Corps, la NID récupérait par miracle un exemplaire à peine brûlé du nouveau code de la division aérienne de la Kaiserlische Marine dit « AFB ». Et de nouveau ce 19 octobre 1917, à bord du L49, avec une mise à jour du même code.

De quoi faire saliver les Français du Chiffre, et leurs homologues britanniques de la Room 40 (dont nous aurons à parler un peu plus bas) ou de la Signal Intelligence Branch, une des filiales de la « maison » Macdonogh à l'œuvre dans le nord de la France.

Pour les « briseurs » de code, rien de plus utile en effet qu'une trouvaille de ce type, qui permet d'aller chaque fois plus avant dans la compréhension intime du mode de cryptage adverse. Plusieurs coups heureux ont déjà aidé les Alliés à récupérer des documents analogues à bord de navires de guerre allemands atteints mais non coulés. Ils joueront un rôle non négligeable dans la lutte contre les U-Boote, les sous-marins du Kaiser.

Fin 1917, le chef du service de renseignements du commandant en chef américain en Europe John Pershing, le colonel Richard Williams, parviendra pour sa part à récupérer le livre de code du L49 abattu par la chasse française. Cette documentation providentielle sera transmise aux Britanniques, encore considérés comme les maîtres, alors que les Etats-Unis faisaient figure d'élèves.

Ce serait cruauté de préciser à quel point le rapport de force entre les agences d'interception anglaises et américaines s'est inversé aujourd'hui. Reste que naquit à cette époque, et dans ces conditions, en France et en Grande-Bretagne, l'ensemble de techniques sophistiquées de renseignement que l'on désigne de nos jours par l'acronyme SIGINT, pour « Signal Intelligence ». Ce SIGINT est l'apanage très contesté de la NSA nord-américaine honnie par Edward Snowden et, depuis les révélations du jeune lanceur d'alertes, crainte par beaucoup.

La plus belle réussite SIGINT de la guerre de 1914-1918 sera britannique et concernera justement les Etats-Unis. Le décryptage du câblogramme Zimmermann va en effet changer le cours de la Grande Guerre.

Le câblogramme Zimmermann

Le 17 janvier 1917, trois tubes pneumatiques atterrissent à tour de rôle dans la corbeille de métal réservée à cet effet à l'intérieur des anciens locaux de l'Amirauté qui abritent la section 25 de la Naval Intelligence Division, toujours commandée par « Hall les yeux clignotants ».

Surtout connue des (rares) initiés comme la Room 40, la Section 25 assure le décryptage des communications interceptées par les Anglais. Depuis 1915, deux de ses subdivisions, la 40A et la 40B, « traitent » les messages diplomatiques sous la houlette de George Young.

Polyglotte et linguiste de talent, Young n'appartient pas à la Navy, mais au Foreign Office. Pour autant, cet ancien premier secrétaire de l'ambassade du Royaume-Uni à Lisbonne admet parfaitement les indiscrétions multidirectionnelles de son service très secret. Par exemple début 1916, quand la Room 40 décryptait les communications privées entre le président américain Woodrow Wilson et son conseiller personnel, le Texan Edward Mandell House.

Zéro scrupule, à plus forte raison s'il s'agit de communications ennemies ! Or les trois interceptions de ce 17 janvier concernent un même message allemand qui, crypté de manière identique, a emprunté la veille trois voies différentes : une transmission radio et deux transmissions télégraphiques, la première à travers un câble transocéanique suédois et la seconde à travers un câble Danemark-USA usité par l'ambassadeur américain à Berlin, qui le met parfois à la disposition des autorités allemandes en des temps où son pays ne figure pas parmi les puissances belligérantes.

Les deux câbles transitant par la Grande-Bretagne, les services britanniques n'ont eu aucun mal à les intercepter, de même que l'émission radio, d'où les trois tubes successifs dans la corbeille de la Room 40.

A Berlin, l'ambassadeur Gerard a un peu tiqué avant de transmettre le message, la politesse diplomatique voulant que les textes qu'on lui confie soient en clair, et non cryptés. Mais pourquoi se méfierait-il, puisque tout le monde sait que son homologue allemand à Washington, le comte Johann von Bernstorff, est en train de négocier avec le président Wilson une limitation des attaques de U-Boote ?

La guerre sous-marine choque beaucoup les Américains : le 7 mai 1915, 128 citoyens des Etats-Unis sur 1 198 passagers civils ont en effet péri au large de l'Irlande dans le torpillage du *Lusitania* par le U-Boot 20, drame considéré comme un crime outre-Atlantique – on ignore bien entendu que les cales de ce paquebot battant pavillon britannique contenaient une importante quantité d'explosifs, manière peu honorable de prendre en otages le navire et ses occupants.

S'il savait, James Watson Gerard ! Expédié à Bernstorff par Arthur Zimmermann, le secrétaire d'Etat allemand aux Affaires étrangères, le message contient en effet les germes d'un véritable *casus belli* avec les Etats-Unis. Voici ce que les décrypteurs de service, Nigel de Grey et William Montgomery, commencent à mettre au clair :

> N° de référence 13042. Ministère des Affaires étrangères le 16 janvier 1917. A déchiffrer par vous-même. Très secret pour votre information personnelle et à transmettre au ministre impérial* à Mexico avec… par une voie sûre. Nous avons l'intention de commencer le 1er février une guerre sous-marine sans restriction. Malgré cela, il sera tenté de conserver la neutralité des Etats-Unis… Pour le cas où cela ne devrait pas… nous proposerons [au Mexique ? s'interrogent les décrypteurs d'après le contexte]… une alliance sur les bases suivantes : faire la guerre [ensemble ?]… conclure la paix [ensemble ?]… Votre Excellence doit informer secrètement le président [mexicain ?]… La guerre avec les Etats-Unis… et au même moment négociations entre nous et le Japon… Dites au président

* L'ambassadeur allemand Heinrich von Eckardt.

que… nos sous-marins vont contraindre l'Angleterre à la paix d'ici quelques mois. Accusez réception. 97556 [la signature chiffrée de Zimmermann].

Un peu plus tard, Nigel de Grey décrypte des éléments encore plus édifiants : « Support financier généreux et engagement de notre part que le Mexique pourra reconquérir les territoires perdus au Texas, au Nouveau-Mexique et en Arizona. »

La Room 40 tient la preuve d'un double jeu dont la révélation ne pourrait que conduire Wilson et les deux Chambres du Parlement américain à engager les hostilités avec le Reich. Encore faut-il que révélation il y ait, car Hall entend garder le secret absolu sur les capacités anglaises à percer les communications allemandes. A preuve, la date tardive où il transmet le télégramme Zimmermann au sous-secrétaire d'Etat au Foreign Office, lord Hardinge, le 5 février seulement…

Le dilemme est en effet infernal. D'un côté, garder le texte pour soi, c'est perdre une occasion inespérée de faire basculer les Etats-Unis dans la guerre. De l'autre côté, leur révéler le pot aux roses, c'est trahir le plus grand secret des services secrets de Sa Majesté.

Pour finir, on s'accorde sur un montage donnant l'impression que l'origine de la fuite se situerait à Mexico. Le 24 février, le président Wilson prend donc connaissance du texte décrypté.

Comme on connaît ses saints, ou plutôt son Intelligence Service, on les honore : et s'il s'agissait d'un faux ? Le 28, le Département d'Etat fournit donc aux autorités anglaises trois textes de télégrammes échangés entre Bernstorff et les représentations diplomatiques allemandes en Amérique du Sud. Les services américains les ont interceptés ; les Britanniques sont-ils en mesure de les décrypter ?

Une habile manière d'indiquer que Washington n'est pas dupe de la fausse « filière mexicaine » ; Hall renâcle, puis finit par céder aux pressions de sa hiérarchie. Le 1er mars, le télégramme Zimmermann est rendu public et, cerise sur le gâteau toujours épicé des services, son auteur, honnête dans sa malhonnêteté mais maladroit à l'extrême, en admet la véracité. Ce qu'il confirme à von Eckardt par câblogramme du 7 : « Veuillez brûler les instructions compromettantes […]. Nous avons publiquement reconnu l'authenticité du message du 14 janvier. Dans cet ordre d'idées, veuillez attirer l'attention sur le fait que nos instructions s'appliquaient uniquement au cas où l'Allemagne déclarerait la guerre. »

Funeste erreur, cet aveu public. De nos jours, une escouade de conseillers en communication distilleraient au ministre les « éléments de langage » appropriés… Mais, à l'époque, le mal est fait. De l'autre côté de l'Atlantique, l'indignation populaire prévaut. La vague de colère se fait tempête, et les Etats-Unis entrent dans la Grande Guerre le 6 avril.

Les Américains combattront donc en Europe. S'ils ne connaissent rien à la guerre moderne, ils sont capables d'apprendre très vite.

Sous la bannière étoilée

Outre-Atlantique, nous avions laissé les services spéciaux en pleine guerre fratricide Nord contre Sud. Depuis la fin de la guerre civile, ils se sont reconstruits, mais à petite échelle. Si l'on excepte le Bureau of Investigation, ancêtre du FBI créé le 26 juillet 1908 par le petit-neveu de Napoléon Ier, le ministre américain de la Justice Charles J. Bonaparte, ces services sont au nombre de deux.

Le premier de ces organismes, l'Office of Naval Intelligence, a vu le jour le 23 mars 1882. La Naval Intelligence Division anglaise n'existant pas encore à cette époque, son père fondateur, le lieutenant de vaisseau Theodorus Mason, s'était inspiré du modèle de la Marine nationale française.

Trois ans après l'ONI naît le Military Information Department (Département militaire d'information), le MID. Premier de ses chefs, le capitaine Daniel Taylor possède une solide expérience, acquise lors de la guerre de Sécession, des guerres indiennes. Des tentatives américaines réitérées de déstabilisation du Canada anglais par le truchement des « Fenians », les révolutionnaires de l'Irish Republican Brotherhood, adversaires irréductibles de la Couronne britannique aussi !

Le MID se montre très actif à Paris. En juin 1892, son représentant sur les bords de la Seine, le capitaine Harry Borup, se fait d'ailleurs prendre en flagrant délit de corruption d'un fonctionnaire du ministère français de la Marine, Joseph Greiner, qui vient de lui remettre une batterie de documents top secret.

L'année suivante, un autre vétéran des guerres indiennes, Arthur Wagner, successeur de Taylor au commandement du MID, publie la bible du renseignement américain, *The Service of Security and Information.* Dès 1898, la révolte cubaine contre l'occupant espagnol offre à ce major l'occasion de passer de la théorie à la pratique. Contacter un chef de la guérilla, Calixto Garcia, c'est la mission qu'il confie au lieutenant Andrew Rowan. Lequel, bien qu'un peu « bidonneur » (sans y avoir jamais mis les pieds, ce petit malin vient de signer un livre documentaire, *The Island of Cuba*), parvient à ses fins. Promis : les Etats-Unis aideront les nationalistes cubains. Ce qu'ils feront effectivement en intervenant les armes à la main, mais dans leur propre intérêt.

L'Espagne battue, un nouveau venu apparaît comme représentant du MID à Cuba, le jeune lieutenant Ralph Henry Van Deman, vingt-trois ans seulement et une longue carrière en perspective dans les services américains qu'il va restructurer de A jusqu'à Z.

Diplômé de Harvard, ce natif de l'Ohio est entré dans le monde militaire par la porte de la médecine. Muté aux Philippines en 1899, Van Deman va y créer à la demande du chef du corps expéditionnaire américain, le général Arthur MacArthur, père du jeune Douglas MacArthur qui s'illustrera dans le Pacifique contre les Japonais pendant la Seconde Guerre mondiale, un MID-Philippines indépendant de la (petite) centrale de Washington. Sa tâche principale : la lutte contre les *insurrectos*, qui se rebellent contre la mainmise américaine.

Fin 1902, il regagne les Etats-Unis où le président Theodore Roosevelt, qui s'est fait un nom comme chef d'un corps de durs à cuire pendant la guerre hispano-américaine de Cuba, vient de donner son feu vert à la transformation du MID en 2e Bureau de l'état-major.

Après une nouvelle mission de renseignement en Chine en 1906, Van Deman prend le commandement de la section de cartographie militaire de ce bureau. Pas pour rester inactif : à partir de 1915, pressentant l'implication à venir des Etats-Unis dans la guerre en Europe, il tente d'alerter les autorités, et notamment le colonel House, conseiller privilégié du président, sur l'inorganisation du renseignement militaire américain.

Services de guerre

Voilà qui arrange bien les Britanniques. Pour convaincre leurs interlocuteurs d'outre-Atlantique de la nécessité de construire enfin des organismes de renseignements susceptibles d'épauler leurs homologues anglais dans la lutte contre l'Allemagne ou, à défaut, de fermer les yeux sur le recrutement de citoyens des Etats-Unis par le MI 6 (jusqu'à l'entrée en guerre de leur pays en avril 1917, les Américains peuvent voyager librement sur le territoire du Reich allemand), ils s'y sont mis à trois.

« Hall les yeux clignotants », le patron de la Naval Intelligence Division, s'emploie, non sans succès, à captiver le secrétaire adjoint américain à la Marine, un certain Franklin D. Roosevelt, friand de ses récits romanesques mais entièrement faux d'espions britanniques de cape et d'épée s'infiltrant en Allemagne. Pour faire bonne mesure, l'amiral présentera même un de ces prétendus *supermen* de la guerre secrète au futur président des Etats-Unis, durablement impressionné par ce frisson de grande aventure.

Représentant « officiel » du MI 6 aux Etats-Unis, le capitaine William Wiseman s'est de son côté lié à House. Moins peut-être cependant que le troisième homme, relation mondaine du conseiller présidentiel, l'Anglais Claude Marjoribanks Dansey. Lequel opère aux Etats-Unis comme agent d'influence officieux du service secret britannique.

Drôle de personnage, cet « Uncle Claude », appelé à devenir le numéro 2 du MI 6 pendant la Seconde Guerre mondiale, père de ses coups les plus retors et les moins avouables ! Dansey sait tout faire parce qu'il a déjà tout fait : ses études au collège anglais de Bruges, en Belgique ; ses classes dans le régiment du colonel Baden-Powell, bientôt fondateur du scoutisme ; ses premières armes en Afrique australe et à Bornéo ; la guerre « non conventionnelle » contre les Boers sud-africains au sein de son unité « très spéciale » de cavalerie ; une période initiatique aux Etats-Unis pour y fonder et diriger un country-club de milliardaires près de New York, glissant par la même occasion du renseignement militaire au renseignement économique et financier.

Le 3 mai 1917, un mois après l'entrée officielle des Etats-Unis dans la Grande Guerre, le colonel Van Deman devient le patron du service de renseignements américain en cours de construction, la Military Intelligence Section. Il se choisit un adjoint en la personne d'Alexander Coxe, « Uncle Claude » jouant toujours les conseillers de l'ombre de la MIS, bientôt rebaptisée Military Intelligence Division.

Forte de 282 officiers et quelque 1 500 civils à son apogée, celle-ci s'organise en douze sections, dont la MI 2 (« renseignement positif », c'est-à-dire espionnage) et la MI 3 (« renseignement négatif » en charge du CE).

En 1918, Van Deman abandonne toutefois le commandement du service au général Marlborough Churchill, le cousin d'Amérique de sir Winston. Franchissant l'Atlantique, il vient prêter main-forte au colonel Denis Nollan, le chef du 2e Bureau (G-2) du corps expéditionnaire américain en Europe.

Pour la sécurité aux armées, Dollan et Van Deman vont mettre sur pied des solutions originales comme le recrutement d'éléments francophones : Cajuns de Louisiane, enseignants d'université ou volontaires québécois. De même que pour les missions de reconnaissance, ils feront appel à des éclaireurs indiens tel O.W. Leader, un Choctaw.

En prêtant si volontiers son concours à la formation de la MID, « Uncle Claude » s'est mué en une espèce d'œil de Londres sur le jeune renseignement américain – c'était l'objectif. Mais, beaucoup moins coopératifs question décryptage, les Britanniques conservent leurs secrets à l'abri de la curiosité des alliés d'outre-Atlantique. Les Français pas moins, qui « baladent » le chef de la section MI 8 (Codes et chiffres) de la Military Intelligence Division fondée en juin 1917, le capitaine Herbert Osborn Yardley.

Ont-ils deviné en ce natif de l'Indiana un des futurs « grands » du décryptage, comme son compatriote Van Deman l'a déjà fait ? Né en 1889, Yardley est tombé enfant dans le chaudron des échanges télégraphiques en regardant opérer son père, chef de gare et, à ce titre, responsable des transmissions par télégraphe. Tout au long de ses études de droit, le jeune homme va emprunter des sentiers parallèles, le poker ou les jeux de puzzle par exemple.

Embauché en 1912 au service du Chiffre du Département d'Etat, ce surdoué fait ainsi ses premiers pas dans une longue carrière de « casseur de codes ». L'armistice du 11 novembre venu, Yardley commande, à l'hôtel Crillon, le bureau du Code de la délégation américaine aux négociations de la paix de Paris, annexe non déclarée de la MID.

De retour aux Etats-Unis en avril 1919, il rencontre le général Marlborough Churchill, toujours chef du renseignement militaire. Les deux hommes conviennent de pérenniser une structure américaine de décryptage par fusion de la MI 8 et des services idoines du Département d'Etat. Nonobstant le *US Radio Communication Act* de 1912 qui protège officiellement le caractère privé des transmissions, une prétendue société de chiffres commerciaux, la Code Compilation Company, voit ainsi le jour dans un immeuble de New York au 3 East 38th Street. Pour les initiés, ce bureau du Chiffre clandestin ne tardera pas à devenir la « Chambre noire ». Sa plus grande réussite : la « casse » des codes japonais.

Le secrétaire d'Etat Henry Stimson ayant estimé que « les gentlemen ne lisent pas le courrier des autres », la Chambre noire ferme toutefois ses portes en 1929. Deux ans plus tard, Yardley, à court d'argent, publie un premier ouvrage de souvenirs qui attire sur lui l'attention… des nationalistes chinois du général Chiang Kai-shek en lutte contre l'agression nippone. En 1938, le contrat est conclu : pour 100 000 dollars par an, « M. Herbert Osborn » s'installe à Chongqing, la capitale de l'époque.

De retour aux Etats-Unis en juillet 1940, Yardley travaille un temps pour le Signal Corps américain, puis pour le service de décryptage canadien, l'Examination Unit. Mort le 7 août 1958, il sera enterré avec les honneurs militaires au cimetière national d'Arlington.

D'autres décrypteurs contemporains de haut niveau vont lui survivre plusieurs décennies.

Le « Radiogramme de la victoire »

Le 28 avril 1968, la guérilla urbaine bat son plein à Paris. Disons pour être moins emphatique qu'au 44, rue de Rennes, près de l'église de Saint-Germain-des-Prés, un groupe d'étudiants « prochinois » de l'Union des jeunesses communistes marxistes-léninistes casqués et armés de matraques et de barres de fer attaquent par surprise une exposition du Front uni de soutien au Sud-Viêtnam, d'inspiration droitière, et la saccagent.

Un peu plus tard le même jour, au Cercle suédois de Paris, place de la Concorde, c'est d'une vraie guerre que l'on parle. La « Der des Der », pour être précis, à travers un de ses aspects les plus secrets, dévoilé six ans auparavant seulement lors d'une conférence donnée par deux anciens as du Chiffre français de 1914-1918, Marcel Guitard et surtout Georges Jean Painvain.

Painvain, le voici justement. Un parcours sans faute : l'école Polytechnique, celle des mines, l'enseignement de la chimie, de la géologie et de la paléontologie à Saint-Etienne puis à Paris et, après 1914-1918, la direction de grandes sociétés industrielles et commerciales.

Muté en 1915 à la section du Chiffre, ce sujet d'élite en est devenu l'as des as. Le « meilleur cryptologue contemporain », selon Yardley, dont nous venons de voir qu'il en connaissait un rayon en la matière…

C'est en effet Painvain qui va parvenir à « casser », au printemps 1918, le dernier code allemand en date, l'ADFGVX. Un enjeu de taille : après la conclusion, le 3 mars, du traité de paix de Brest-Litovsk entre le Reich et la Russie fraîchement soviétique, on savait, côté franco-britannique, les armées du Kaiser prêtes à arracher la décision sur le front occidental. Mais, parmi les cinq possibilités existantes, où porteraient-elles leur coup de boutoir ? Faute d'agents infiltrés dans l'état-major impérial, ce renseignement capital ne pouvait provenir que d'une source technique, par interception puis décryptage. Et, justement, cette lettre V venant s'ajouter tout récemment aux A, D, F, G, X déjà en usage pour les messages cryptés de l'ennemi, à quoi servait-elle ?

Le 2 juin vers 17 heures, la lumière se fait enfin à l'issue d'un labeur intellectuel épuisant : le V supplémentaire permet de mettre en œuvre dix couples de lettres, des bigrammes, correspondant aux chiffres de 0 à 9. De quoi rendre la saisie du message plus rapide par l'opérateur tout en multipliant les combinaisons dont il peut user.

D'intuition en intuition, Painvain tient le bon bout, il le sent. Voyons si ça fonctionne, propose-t-il au capitaine Marcel Guitard, qui travaille en association étroite avec lui (pour leurs communications avec le GQG, les deux hommes disposent même d'une ligne téléphonique sécurisée et d'un révolutionnaire téléautographe Belin qui expédie instantanément tout texte qu'on est en train d'écrire à la main). Parmi soixante-dix ou soixante-quinze messages allemands cryptés entassés sur leur bureau, Guitard en choisit un. Et là, miracle ! Si on applique la nouvelle découverte de Painvain, le texte apparaît en clair : « Hâter approvisionnement en munitions le faire même de jour tant qu'on n'est pas vu. »

Le message ayant été émis de Tilloloy, entre Noyon et Montdidier en Picardie, comme la radiogoniométrie l'indique, et les Allemands n'acheminant le matériel que de nuit, quelles conclusions tirer ?

Pour l'état-major, elles se dessinent bientôt : l'assaut se prépare à court terme, et son objectif est Compiègne. Informés par le général Pétain des intentions adverses, le général Charles Mangin et son supérieur hiérarchique, le général Emile Fayolle, avancent de vingt-quatre heures une contre-offensive française déjà programmée, bousculant l'armée du général Oskar von Hutier et remportant, entre le 11 et le 13 juin, la bataille du Matz.

Tout cela grâce à la maestria d'un décrypteur hors classe, Painvain, qui, ce 28 avril 1968, rencontre celui qu'il surclassait un demi-siècle auparavant : le colonel du Chiffre allemand Fritz Nebe, père malheureux du système ADFGVX.

Sophie de Lastours a détaillé le face-à-face dramatique entre les deux ennemis d'hier devenus, pour un soir, des interlocuteurs attentifs à établir la vérité. Leur réunion au Cercle suédois résulte de l'initiative d'Edmond Lerville, le président de l'Association des réservistes du Chiffre, l'ARC (en 2015, Association des réservistes du Chiffre et de la Sécurité de l'information). Et Painvain, impérieux, d'expliquer, détails techniques à l'appui, la manière dont il a cheminé d'instinct et d'expérience pour comprendre les complexités nouvelles qu'introduisait l'ADFGVX.

« Mais au fond, vous m'avez rendu un grand service, mon colonel, conclut-il à l'adresse de Nebe, décomposé, parce que vous m'avez injustement posé un problème qui paraissait impossible à résoudre, que ces genres de problèmes ont toujours eu pour moi le plus grand attrait et que je voulais essayer de donner un démenti à cette solution impossible. »

Un exploit resté aussi inconnu que le soldat de l'Arc de triomphe jusqu'en 1962, quand les Français commenceront à dévoiler, en plusieurs temps, le déchiffrement de ce qu'ils vont désormais appeler non sans orgueil le « Radiogramme de la victoire ».

Victoire sur le terrain certainement, premier succès allié dans la voie de la contre-offensive générale et, de surcroît, succès 100 % français, obtention du renseignement incluse. Victoire finale certainement pas, en revanche, puisqu'il faudra attendre octobre-novembre 1918 pour que les troupes du Kaiser cèdent enfin sous la pression. Reste que le service français du Chiffre a démontré une supériorité sur ses adversaires allemands qu'illustrera, cinquante ans plus tard, le face-à-face Painvain-Nebel.

L'épisode du « Radiogramme de la victoire » contraint l'historien à poser crûment cette question : les Allemands ont-ils été si mauvais que cela dans la Grande Guerre secrète ? En matière de SIGINT et de décryptage, certainement oui, comme on vient de le voir. D'autant que, comble de l'aveuglement, après l'affaire du télégramme Zimmermann, les hommes du Kaiser continueront à croire leur Chiffre invulnérable jusqu'en novembre 1918, grave sous-estimation des capacités de décryptage adverses que la Wehrmacht, la Kriegsmarine et la Luftwaffe prolongeront de manière aberrante pendant la Seconde Guerre mondiale.

La vérité oblige à dire que les choses iront mieux, mais jamais parfaitement, dans le domaine du renseignement par agents sur le terrain, qu'on désigne aujourd'hui sous l'acronyme de HUMINT, pour *Human Intelligence*.

C'est que le chef de la IIIb, le colonel Nicolaï, se trouve être un personnage fascinant, mais contradictoire.

Machiavel chez le Kaiser

« Les ténèbres nous environnent. Le service secret les dissipera, saura préparer les voies. Son heure est venue. L'avenir lui appartient. » Telles sont les dernières phrases du livre de Walter Nicolaï *Geheime Machte* (*Forces secrètes*), publié en 1923.

Né un demi-siècle auparavant tout juste, Nicolaï est admis en 1904 à l'Ecole de guerre. Dès juin 1906, le voilà nommé à Königsberg (aujourd'hui Kaliningrad), siège du principal bureau de renseignement allemand sur la Russie. Cheveux en brosse, moustache blonde, le jeune officier s'échine dès lors à mettre sur pied un service de contre-espionnage efficient dans cette Prusse-Orientale où l'Empire du Kaiser fait face à celui du tsar.

Les résultats sont si bons que début 1913 Nicolaï, protégé du général Erich Ludendorff, théoricien de la guerre totale et étoile montante du grand état-major, se voit promu à la tête de la IIIb.

Aussitôt, c'est l'effervescence. Les effectifs du service passent de 80 à 140 officiers. Des agents « dormants » sont réveillés, en particulier le baron hongrois August Schluga, qui fut en son temps le meilleur élément de feu le Nachrichtenburö. Malgré son âge (soixante-treize ans), l'ancien « agent 17 » est tiré d'un long sommeil de quatre décennies. Il restera en activité à Paris jusqu'en 1916 avant de venir s'installer en Allemagne pour y mourir dans un hospice l'année suivante.

Parallèlement, de nouvelles recrues sont affectées au contre-espionnage en Alsace-Lorraine car, comme l'écrira Nicolaï après guerre, « le service français montrait la maîtrise qu'un siècle d'expérience lui donnait. Il se distinguait aussi par une brutalité d'action, digne fruit de la haine et des intentions politiques de la France à notre égard ».

En face, bien entendu, on pense exactement la même chose des services allemands : des gens sans foi ni loi. Avis partagé par les Anglais, lesquels constituent le point faible du dispositif de Nicolaï. Comme le MI 5 de Vernon Kell veille au grain dans les îles Britanniques, aucun agent allemand n'a réussi à s'y implanter depuis l'arrestation de Karl Gustav Ernst, l'artisan coiffeur du renseignement naval, la Nachrichten-Abteilung. En 1917, la Special Branch, bras policier du MI 5, tient ainsi à jour la bagatelle de 38 000 dossiers individuels de suspects. C'est dire l'étanchéité du Royaume-Uni.

Sans moyens financiers et humains suffisants, la IIIb est accablée, outre d'espionnage et de contre-espionnage, de tâches multiples : censure, propagande, sûreté aux armées. Cette surabondance contraint Nicolaï à se disperser, perdant par moments de vue son cœur de métier, le renseignement. D'où des résultats contrastés.

La IIIb parvient certes à protéger de toute indiscrétion les plans de l'état-major impérial, ce qui renforce la confiance de Ludendorff, ravi que ses offensives ne soient jamais connues à l'avance de l'ennemi. Mais, en 1917, elle va connaître deux carences majeures.

C'est d'abord son incapacité à prendre la mesure des importants mouvements de troupes dans l'armée française où les poilus de certaines unités, las d'années de vaines souffrances, se livrent à une sorte de grève temporaire du front qu'on a appelé de manière excessive les mutineries de 1917. Pour l'état-major impérial, ces mouvements constituaient pourtant un événement de première importance qui n'a été compris par l'Allemagne qu'après la reprise en main des troupes ennemies, quand elle n'était plus en mesure de le mettre à profit.

Le IIIb, de même, n'a pas su anticiper l'artillerie d'assaut, autrement dit les chars, cette arme nouvelle camouflée par les Britanniques sous l'appellation anodine de « tank » (réservoir) et dont les Français, les plus avancés en la matière, tireront le meilleur parti lors des offensives victorieuses de 1918. C'est sur leurs Renault FT-17 et FT-18 que les chefs militaires américains de la Seconde Guerre mondiale apprendront l'art de la guerre mécanisée, à commencer par George Patton.

De leur côté, les Allemands développent la technique novatrice des groupes d'assaut d'infanterie qui percent le front d'un coup et foncent ensuite droit devant sans s'occuper de protéger leurs flancs. Mais, mal renseignés sur les intentions adverses en raison de cette carence de la IIIb, ils continuent à sous-estimer l'impact des blindés, qu'ils ne produiront qu'en très petit nombre.

Pour l'heure, c'est aux Etats-Unis que les hommes du colonel Nicolaï vont frapper.

Saboteurs en Amérique

Créée en octobre 1914 et commandée par le diplomate Rudolph Nadolny puis, à partir de juillet 1916, par le capitaine Dietrich von Hülsen, la « Section politique » de la IIIb dispose de locaux séparés à Berlin et de gros moyens financiers. Son objectif : déstabiliser l'adversaire par tous les moyens.

Le premier de ces moyens n'est rien d'autre que le sabotage. Contre la France (incendies d'usines d'armement téléguidés depuis Madrid par le capitaine Kalle) ; contre le Portugal à partir de son entrée en guerre aux côtés des Alliés en mars 1916 (même procédé) ; contre la Grande-Bretagne (bombes à bord de navires de transport, torpillages par des sous-marins comme celui du *Lusitania*). Contre les Etats-Unis également, considérés comme l'« ennemi invisible » du fait de leurs sympathies pour la Grande-Bretagne et du souci permanent des industriels américains de sauvegarder leurs intérêts. Le Reich compte sur l'attachement au pays natal de l'importante communauté germanophone des Etats-Unis, mais décide aussi des actions de sabotage destinées à interrompre les fournitures de munitions américaines à l'Angleterre.

Dès janvier 1915, une première vague d'attentats contre des voies de chemin de fer et des usines d'armement intervient au Canada sous la houlette du lieutenant Böhm.

A partir d'avril, le lieutenant de vaisseau Franz von Rintelen, opérant avec un faux passeport suisse au nom d'Emile Gaché sous le couvert d'une société d'import-export, la maison GV Gibbons and Co., anime avec son adjoint plus âgé, le capitaine Karl von Kleist, un réseau de sabotage de navires anglais constitué de dockers. Les uns sont allemands et les autres, Irlandais acquis à la cause indépendantiste, lui ont été présentés par le représentant de la Hamburg-Amerika Linie, le Dr Büntz.

Parallèlement, persuadé de la nécessité de lancer le Mexique à l'assaut des Etats-Unis, Rintelen prend des contacts avec l'ancien dictateur en exil Victoriano Huerta. Infatigable, il crée aussi avec ses adjoints un « Conseil ouvrier national pour la paix » opposé à l'implication militaire des Etats-Unis en Europe.

Seul ? Presque. Cloisonnement et déficit de confiance mutuelle aidant, Rintelen desserrera vite ses liens avec l'attaché naval allemand, le capitaine Karl Boy-Ed, l'attaché commercial Henrich Albert et surtout avec l'attaché militaire et chef de la IIIb aux Etats-Unis, le capitaine Franz von Papen. Lequel lui a pourtant fourni ses premiers contacts, en particulier un ingénieur chimiste allemand, le Dr Scheele.

Le saboteur émérite installe son quartier général à bord du *Friedrich der Grosse* (*Frédéric le Grand*), un vapeur qui sert à la fois de lieu de réunion et d'atelier de fabrication de détonateurs et d'explosifs. Mais son activisme finit par attirer l'attention du Bureau of Investigation, l'ancêtre du FBI.

Repéré, Rintelen reçoit l'ordre par câblogramme de s'auto-exfiltrer en juillet 1915. Ce qu'il s'empresse de faire à bord d'un bateau de ligne néerlandais, donc neutre. Mais, la NID de « Hall les yeux clignotants » ayant intercepté et décrypté le message de Berlin, il sera capturé le 13 août au large de Ramsgate par Basil

Thomson, le chef de la Special Branch de Scotland Yard, puis transféré au camp de prisonniers de Donington Hall. Extradé aux Etats-Unis, jugé ainsi qu'une trentaine de membres de son réseau, le lieutenant de vaisseau va écoper en mai 1917 de quatre ans de travaux forcés. Après sa libération, il regagne l'Allemagne et, lors d'un séjour en Angleterre, sympathise avec Hall qui lui écrira par la suite : « Que les vicissitudes de la guerre m'aient contraint à vous infliger tant de malheurs, j'en suis désolé. »

Les explosions continuent

Fin 1915, Boy-Ed et von Papen sont déclarés *personnae non gratae* pour activités incompatibles avec leur statut diplomatique. Papen transite lui aussi par Donington avant d'être relâché. Les services britanniques ayant fouillé ses bagages y ont trouvé quantité de lettres, documents et talons de chèques qu'ils s'empressent bien entendu de dupliquer.

Proche de Nicolaï, cet ancien des uhlans de la garde impériale entre ensuite dans l'Histoire, mais pas pour le bon motif. Chancelier en 1932 sous la République de Weimar, c'est lui qui aura la fausse habileté de céder volontairement sa place à Hitler, jugé incapable de durer à ce poste plus de quelques semaines…

Le départ des attachés militaires du Reich n'interrompt pas les sabotages, seul mode d'action possible pour les agents allemands en l'absence de mobilisation des Germano-Américains, restés loyaux aux Etats-Unis dans leur grande majorité. Que faire ? Retourner à la clandestinité la plus absolue. Deux hommes viennent alors prendre le relais de Rintelen.

Le nouveau chef de réseau s'appelle Kurt Albert Jahnke, ancien marine d'origine allemande possédant la nationalité américaine. L'assiste Lothar Witzke, officier de marine là encore. Son U-Boot endommagé, Witzke a d'abord trouvé refuge au Chili. Interné, il s'est évadé pour gagner les Etats-Unis.

Jahnke et Witzke nouent des contacts avec des syndicalistes des usines de munitions appartenant à la mouvance des Industrial Workers of the World, les IWW, aux idées extrémistes. Quelques grèves font suite à ces rencontres, mais pas assez pour interrompre les fournitures d'armement américaines à la Grande-

Bretagne. Du coup, les deux agents allemands décident d'en revenir à l'action directe.

La *Black Tom Explosion*, une gigantesque déflagration intervenue le 30 juillet 1916 à Jersey City dans le New Jersey, leur est-elle imputable ? Selon toutes probabilités, oui. Aucun doute en revanche sur leur responsabilité dans l'attentat de mars 1917 au chantier naval de Mare Island, en Californie, qui fera six morts.

A la déclaration de guerre, les deux compères passent la frontière pour s'installer au Mexique. Ils n'échappent cependant pas à la justice américaine. Condamnés à mort, ils regagneront l'Allemagne où, dans les années 1930, Jahnke créera le Jahnke Büro, une officine de police privée travaillant pour le compte de Rudolf Hess, alors dauphin de Hitler.

Comment ne pas suivre Wolfgang Krieger, professeur d'histoire à l'université de Marbourg, quand il rappelle que les sabotages allemands en série ont, comme le câblogramme Zimmermann, largement pesé dans la décision américaine d'entrer en guerre contre le Reich ?

Nationalisme irlandais

L'Allemagne espère jouer sur un deuxième levier : les indépendantistes irlandais, aussi irréductibles que le furent leurs ancêtres quand ils faisaient alliance avec la République française contre leur seul véritable ennemi, la couronne britannique. Accepteraient-ils l'aide du Reich en armes et en matériel de guerre ? Oui, si aucune contrepartie n'est demandée, ces irréductibles n'ayant aucune intention d'échanger un maître contre un autre.

Dès l'éclatement de la Grande Guerre, des contacts ont été établis aux Etats-Unis entre John Devoy, chef de file des révolutionnaires irlandais, le comte Bernstorff et von Papen. Peu après, un émissaire du mouvement, John Kenny, faisait le voyage de Berlin, mais sans grand succès. Quant à la jeune Nora Connolly, fille de James Connolly, elle devait révéler à Roger Faligot dans les années 1980 comment son père, leader de l'aile marxiste du mouvement nationaliste, l'Irish Citizen Army, l'avait envoyée aux Etats-Unis peu avant Noël 1915 avertir Bernstorff des projets britanniques pour obstruer le port belge de Zeebrugge.

Purement tactique, l'alliance se dessine, trouvant dans von Rintelen l'un de ses plus chauds partisans allemands. Ainsi propose-t-il à Berlin d'expédier clandestinement en Irlande des armes achetées aux Etats-Unis, où leur vente n'est guère réglementée. A quoi l'Amirauté répond que, en cas de soulèvement nationaliste, des U-Boote pourraient contrarier le transfert de troupes britanniques du front français vers l'Irlande.

Parmi les indépendantistes, Nicolaï, Nadolny et la IIIb suivent particulièrement le protestant nord-irlandais sir Roger Casement qui, fonctionnaire du Colonial Office britannique, s'est singularisé dix ans avant la guerre par un rapport explosif sur les traitements inhumains infligés aux Congolais par les Belges. Dès octobre 1914, ce tout jeune quinquagénaire, membre de la Ligue gaélique, fait la tournée des camps de prisonniers irlandais en Allemagne dans l'espoir de fonder une brigade pour lutter contre l'Angleterre.

Cette première tentative échoue. Quand les Volontaires irlandais, le bras armé des nationalistes, et leurs camarades de l'Irish Citizen Army projettent de lancer l'insurrection à Dublin fin avril 1916, sir Roger prend pourtant de nouveau langue avec les Allemands.

Ceux-ci lui proposent d'expédier des fusils russes aux insurgés. En liaison avec l'état-major, la IIIb se voit chargée de cette opération clandestine. Les caisses d'armement sont embarquées à bord du cargo *Aud*. Casement, lui, suit à bord d'un U-Boot. Or, trahi par son amant, un jeune marin suédois, il est suivi à la trace par le MI 6, tandis que la Room 40 décrypte les messages échangés entre la Kaiserlische Marine et la IIIb.

Aussi mal partie, l'affaire ne pouvait que tourner court. Arrêté après sa mise à terre près de Tralee, Casement va être condamné à mort et pendu le 3 août. Dans l'intervalle, l'*Easter Rising* de Dublin, acte de naissance d'une force appelée à faire beaucoup parler d'elle, l'Irish Republican Army, aura échoué.

Agents d'influence

Reste une arme vieille comme le monde : l'influence. En France, la IIIb aura la main assez heureuse, sans aboutir pour autant à des résultats décisifs.

Pour ces grandes manœuvres souterraines dans le pays, la Section politique, de plus en plus autonome par rapport à la centrale, va jouer sur la corde sensible du sentiment pacifiste. Et, quand cela ne suffira pas, sur le levier, tout aussi efficace, de la corruption.

Les adjoints de son nouveau chef, Dietrich von Hülsen, désormais major, actionnent ainsi contre monnaie sonnante et trébuchante des agents d'influence, comme le député des Côtes-du-Nord Louis Turmel (25 000 francs découverts le 9 juillet 1917 dans son armoire à la Chambre des députés) ou l'administrateur du brûlot antiguerre *Le Bonnet rouge*, Raoul Duval (135 000 francs saisis). Eugène Vigo dit « Miguel Almereyda », anarchiste et principal rédacteur du même *Bonnet rouge*, a probablement profité lui aussi des largesses de la Section politique. Pour la petite histoire, il n'est autre que le père du futur cinéaste Jean Vigo...

En Espagne, Gaston Routier fonde un journal pacifiste avec des fonds allemands. Autre recrue du Reich, et sans doute la plus importante, Marie-Paul Bolo, dit « Bolo-Pacha » depuis que cet aventurier de haut vol a été élevé à ce rang par Abbas II Hilmi, le khédive d'Egypte. Très bien introduit dans les milieux parisiens, Bolo-Pacha s'avère encore plus exigeant que ses homologues au service de l'Allemagne : 3 millions de dollars versés, cette fois, par des banques américaines !

C'est beaucoup d'argent, trop sans doute. La SCR de Georges Ladoux, récent « tombeur » de Mata Hari, le prend dans son collimateur. Deux de ses proches font l'objet de la même attention : Monier, président de la Cour d'appel de Paris, et Pierre Lenoir, convaincus d'avoir servi d'intermédiaires pour l'achat du *Journal* grâce à des fonds allemands.

Fin 1917, Bolo-Pacha est arrêté. Scandale dans le Tout-Paris. Chef de contre-espionnage très politique, c'est là son moindre défaut, Ladoux n'a pas négligé cet élément bénéfique pour sa carrière personnelle : l'affaire Bolo-Pacha présente en effet l'avantage d'éclabousser le président du Conseil d'avant-guerre Joseph Caillaux, partisan de longue date d'un accord avec l'Allemagne qui s'est avancé un peu trop loin dans des tractations non officielles avec Berlin en vue d'une « paix blanche ».

Au trou, Caillaux ! De quoi combler d'aise Georges Clemenceau, tout nouveau président du Conseil qui, dès son arrivée à

Matignon, n'a ménagé aucun effort pour torpiller ce dirigeant politique qu'il hait. Tout lui était bon à cette fin, même l'envoi en Suisse d'émissaires empressés de recueillir des preuves à charge truquées, comme ce montage photographique circulant au sein des milieux politiques parisiens et qui montrait Caillaux en grande discussion avec des agents allemands dans un hôtel suisse… où il n'avait jamais mis les pieds. Un bel exemple d'instrumentalisation des services auquel le commandant Ladoux, toujours à la pointe des grenouillages, ne fut peut-être pas étranger, tandis que l'on peut s'interroger sur le rôle de « l'Homme au ruban rouge » dans cette affaire plutôt nauséabonde.

Formidable animal politique, Caillaux survivra néanmoins, reprenant après guerre une carrière ministérielle quoique à un rang inférieur. Mais pas Vigo, retrouvé étranglé avec une cordelette dans sa cellule le 14 août 1917. Pas Bolo-Pacha, fusillé le 17 avril 1918 ; pas Raoul Duval, passé par les armes le 17 juillet ; pas Louis Turmel, mort de maladie en prison le 5 janvier 1919 ; pas Pierre Lenoir, décédé derrière les barreaux le 24 octobre de la même année. Passé au service des Autrichiens, Routier, quant à lui, sera condamné à mort en juin 1919, mais par contumace.

Des agents d'influence, les services allemands en cherchent aussi à l'Est.

Des roubles pour Raspoutine ?

Les têtes de la IIIb pour les affaires russes, le major Stotten et le capitaine von Kleist (à ne pas confondre avec l'adjoint de von Rintelen aux Etats-Unis), s'en préoccupent dès 1915. Von Kleist et son contact le banquier russe Radine, représentant d'une banque française en Suisse, envisagent une paix séparée russo-allemande. De quoi libérer des armées entières que le Reich pourrait jeter à l'Ouest. A ce stade, leurs discussions, trop vagues, ne donnent toutefois rien.

Début 1916, les choses se précisent enfin. Radine propose à la IIIb de verser une somme de 3 à 5 millions de roubles à Grigori Iefimovitch Novykh : autrement dit Raspoutine, ce pope très spécial parvenu à circonvenir la tsarine en prétendant guérir son fils hémophile. Convenablement « arrosé », Raspoutine pourrait, estime le financier, influencer le tsar dans le sens voulu.

Le 22 février 1916, von Kleist répercute la proposition à Nicolaï et en précise les termes. Ayant identifié les circuits qui permettent d'accéder à Raspoutine, Radine se dit prêt à engager l'affaire. Selon lui, une première enveloppe de 200 000 à 300 000 roubles à fonds perdus devrait suffire à appâter un homme qu'on sait vénal.

Persuadé de gagner une fortune à la Bourse grâce à ses investissements à venir si la paix intervenait réellement, Radine ne demande rien pour lui-même. Et de toute façon, précise-t-il, le pope dévoyé n'aura le reliquat de son argent qu'une fois sa mission accomplie.

Après mûre réflexion, von Kleist propose à son supérieur de ne pas prendre l'idée au sérieux. L'influence de Raspoutine sur le tsar est surfaite, estime-t-il. Attention quand même à ne pas froisser Radine : ses relations nous restent utiles, mais plus à Paris qu'à Saint-Pétersbourg.

Nicolaï classe-t-il alors ce dossier sans le transmettre à l'état-major, comme l'affirmera par la suite son adjoint (et successeur) Friedrich Gempp ? L'affaire n'aura, de fait, aucune suite. On sait que Raspoutine va trouver une mort brutale le 30 décembre 1916. Parmi ses assassins, plusieurs nobles russes menés par le prince Félix Youssoupov, mais aussi un agent du bureau russe du MI 6 en poste à Saint-Pétersbourg, Oswald Rayner, ancien camarade d'études du prince à Oxford.

Pour en revenir au projet Radine, des raisons de susceptibilité personnelle ont pu jouer dans son abandon. Au cas où elle aurait été entreprise, pareille opération, à caractère trop politique, ne pouvait être réalisée par la seule voie du renseignement concrétisée par la filière Kleist-Radine. Il aurait fallu y associer la Wilhelmstrasse, le ministère des Affaires étrangères, lequel ne se serait pas privé de prendre la main, perspective peu attrayante pour le chef des services secrets.

Un an plus tard, Nicolaï se montrera moins rétif à mettre en jeu les moyens techniques et humains nécessaires à une opération digne du mythique « cheval de Troie », mais qui, contrairement à la ruse d'Ulysse, va s'avérer catastrophique.

Lénine, le Reich et la IIIb

Après la révolution de février 1917, l'abdication du tsar et l'instauration à Petrograd (le nom temporaire de Saint-Pétersbourg) d'un gouvernement provisoire, la porte de la Russie reste toujours close. Les autorités nouvelles maintiennent en effet la ligne de guerre à outrance contre l'Allemagne.

Obstiné, Nicolaï continue quand même de braquer son regard vers l'Est. C'est toujours de la Russie qu'il attend le salut.

Le chef de la IIIb s'adresse à son protecteur de toujours, le général Ludendorff, qui, chef d'état-major impérial, exerce désormais avec le commandant en chef, Paul von Hindenburg, une quasi-dictature militaire sur l'Allemagne. Ayant pu nouer des relations avec eux, le maître espion attire l'attention du haut état-major impérial sur le potentiel des groupements maximalistes russes, et singulièrement du petit parti bolchevique de Lénine. Hier encore proche de Trotski (c'est lui le véritable inventeur de la fameuse théorie de la révolution permanente), l'affairiste d'extrême gauche Alexandre Helfand dit « Parvus », homme de magouilles financières et de réseaux d'influence d'envergure européenne, a, en dépit des dénégations ultérieures de Lénine, joué un rôle mal connu dans cette prise de contact initiale entre « alliés objectifs ».

Ces gens prônent le « défaitisme révolutionnaire », explique Nicolaï à ses chefs. Ne pourrait-on pas les aider en sous-main à affaiblir un gouvernement provisoire aussi mal disposé envers Berlin ? Affaiblir, rien de plus, car, bien entendu, nul n'imagine que ces fanatiques puissent se saisir du pouvoir, Nicolaï pas plus que les autres. Séduit, le haut état-major donne son accord. L'occasion de mettre en selle les bolcheviks se présentera après l'échec des négociations entre Robert Grimm, un socialiste suisse d'extrême gauche, et le consul allemand à Berne, Gisbert von Romberg.

Ces tractations visaient l'échange des ressortissants allemands détenus par les Russes contre le transfert en Russie de dirigeants marxistes exilés en Europe, mencheviques comme bolcheviques, mais le ministre des Affaires étrangères du gouvernement provisoire, Pavel Milioukov, s'y était opposé. C'est alors que Lénine d'un côté et Nicolaï de l'autre vont s'employer à relancer le processus.

Pressé par le leader bolchevique, impatient de regagner la Russie pour y lancer le processus révolutionnaire, un deuxième gauchiste suisse, Fritz Platten, reprend donc langue avec von Romberg. « Ces maximalistes sont capables de semer un beau désordre en Russie, insiste Nicolaï auprès de ses supérieurs. Quelques pas avec eux, c'est notre intérêt bien compris. »

Cette fois, la Wilhelmstrasse et surtout l'état-major donnent leur feu vert. Le 27 mars 1917, Lénine et son entourage quittent Zurich à bord d'un wagon dont trois portes ont été scellées. La quatrième, libre, donne sur le compartiment où sont installés deux officiers russophones de la IIIb. Pour sauvegarder les apparences, une ligne tracée à la craie sépare le wagon en une partie « Russie » et une partie « Allemagne ».

L'étrange convoi traverse la Suisse, gagne le nord de l'Allemagne. Ensuite, c'est la Suède, pays neutre, et la Finlande sous contrôle nominal russe mais où l'Allemagne exerce une forte influence.

Le 3 avril, Lénine débarque à la gare de Finlande à Petrograd. Sous l'œil médusé du comité d'accueil, il dévoile ses batteries : l'heure de la révolution prolétarienne a sonné, il faut abattre le gouvernement provisoire ! Trois jours plus tard, on l'a vu, Washington déclare la guerre au Kaiser. Les cartes de la Grande Guerre sont rebattues...

Le virus bolchevique inoculé à une Russie déjà malade produira sans doute ses effets avant que les soldats américains débarquent massivement en Europe. Pourquoi ne pas agrandir la brèche en transférant des fonds aux partisans de Lénine ? L'argent de la IIIb servira donc à financer la presse bolchevique et à renforcer l'appareil du parti où se distingue un homme discret, mais efficace : Staline. Sans cette manne financière, comment les révolutionnaires auraient-ils pu diffuser en août 1917, Lénine lui-même *dixit*, dix-sept quotidiens diffusés à 1,4 million d'exemplaires par semaine ?

Outre « Parvus », un des principaux intermédiaires avec les hommes de Nicolaï sera Vaclav Vorovski. Spécialiste des opérations financières illégales aux fins de remplir les caisses du parti bolchevique, cet aventurier polyglotte très à l'aise dans les hautes sphères de la société européenne a déjà joué un rôle important dans l'opération du retour de Lénine en Russie.

Après la révolution, on mettra ses qualités à profit pour des missions diplomatiques de premier plan avant de commencer à voir en lui un homme qui en savait trop. Le 10 mai 1923, Vorovski sera assassiné en Suisse par Maurice Conradi, un exalté anticommuniste manipulé par les services secrets soviétiques. Comme prévu, la presse attribuera la paternité de l'attentat aux Russes blancs. Parfait modèle de coup double : on liquide les éléments gênants, mais ce sont les ennemis qui portent le chapeau.

En 1917, les révolutionnaires n'avaient pas encore acquis un tel savoir-faire, loin de là. Il leur arrivait même de commettre des erreurs « gauchistes ». Juillet voit une période confuse où les bolcheviks, requinqués par l'argent de la IIIb, se croient assez puissants pour s'emparer du pouvoir. Trop tôt : la situation n'est pas mûre, prêche Lénine. N'ayant alors qu'une mainmise partielle sur son propre parti, il n'est pas écouté.

Déjà, les rouges semblent maîtres de Petrograd. Mais le gouvernement provisoire réagit *in extremis*. Huit cents dirigeants bolcheviques sont arrêtés ainsi que Trotski, proche compagnon de route, mais pas encore membre officiel du parti. Lénine, lui, doit s'enfuir en Finlande, certain que la cause révolutionnaire vient de s'effondrer. Staline passe dans la clandestinité. Les imprimeries propagandistes sont fermées. Pendant ce temps-là, les preuves du financement des bolcheviks par la IIIb s'étalent dans la presse.

De peur de « désespérer » Poutilov (la plus grande usine de Russie), Alexandre Kerensky, le nouveau chef du gouvernement provisoire, n'ose pourtant pas porter le fer jusqu'au bout. L'atavisme politique de ce socialiste modéré le pousse au contraire à dénoncer de préférence le danger conservateur. Ainsi commence-t-il à taxer de « bonapartisme » le commandant en chef des armées Lavr Kornilov, partisan d'une reprise en main générale y compris à l'arrière du front.

La brouille entre les deux hauts responsables suit, désarmant le gouvernement provisoire. Des méfiances personnelles interviennent aussi. Kerensky n'apprécie guère son vice-ministre de la Défense Boris Savinkov, mentor de Kornilov. Farouche adversaire des bolcheviks, Savinkov fut en son temps le successeur de l'agent double Azev comme chef de la branche terroriste des socialistes révolutionnaires. Cet activiste-né apparaît au chef de gouvernement comme une sorte de renégat, prototype du putschiste droitier. A surveiller d'urgence pendant qu'on relâche la pression sur les bolcheviks qui, bien qu'un peu extrémistes, font tout de même partie de la grande famille de gauche.

Les rouges étaient à terre, Kerensky vient de les sauver. Mal en prend bien entendu à ce mauvais stratège politique. Trois mois plus tard sonne l'heure de la révolution, ou plutôt du coup d'Etat archiminoritaire d'Octobre. Menés par Trotski, quelques centaines d'hommes suffiront à abattre un gouvernement provisoire que personne ou presque ne défendait plus.

A Berlin, Nicolaï s'interroge : en prêtant main-forte à Lénine dans le moment décisif du passage de Suisse en Russie, puis en finançant son parti, la IIIb a-t-elle joué avec le feu ? Il se rassure enfin : trop inexpérimentés, les maximalistes ne resteront au pouvoir que quelques mois. Le temps pour le Reich de remporter la victoire sur le front ouest.

Reste que le service va encore jouer un rôle important dans les coulisses des négociations de Brest-Litovsk qui, après beaucoup de tergiversations, voient Lénine finir par imposer ses vues aux autres dirigeants bolcheviques : céder de l'espace pour gagner du temps, signer à tout prix une « paix » qui livre une grande partie de la Russie à l'Allemagne, mais permet – pour lui, c'est l'essentiel – de préserver le « pouvoir soviétique ».

Le 3 mars 1918, date de la signature du traité, l'Allemagne peut encore gagner la guerre, estime Nicolaï. Il suffit qu'elle rompe le front franco-anglais à l'Ouest avant que les *Sammies*, les soldats américains, soient enfin prêts à entrer en action. Mais nous savons déjà que les ultimes coups de boutoir des troupes du Kaiser sont voués à l'échec. Bientôt, c'est le régime impérial allemand lui-même que la révolution va balayer.

7

Le monde arabo-musulman en feu

Couper la route des Indes, artère vitale de l'Empire britannique : dès l'entrée en guerre de l'Empire ottoman en novembre 1914, l'objectif s'impose à la IIIb sur le front du Proche et du Moyen-Orient. C'est aussi celui d'un autre service secret allemand dépendant cette fois des Affaires étrangères, la Wilhelmstrasse. Cette Nachrichtenstelle für den Orient (NfO) a été portée sur les fonts baptismaux dès septembre 1914 par un personnage d'exception, Max von Oppenheim.

Issu du Seminar für Orientalische Sprachen, le « Langues O » allemand fondé en 1887 par Bismarck, von Oppenheim, aristocrate de confession juive né à Cologne, est entré aux Affaires étrangères en 1896. Trois ans plus tard, il quittait la Wilhelmstrasse, officiellement pour sacrifier à sa passion : l'archéologie. Mais était-ce si exact que cela ? Quand il sillonnait le Moyen-Orient de chantier de fouilles en chantier de fouilles, cet arabisant renommé travaillait pour la IIIb, à en croire du moins les Britanniques qui, dès l'avant-guerre, vont le surnommer « The Spy ». Tout un programme !

Le sien tient dans ce document remis à la Wilhelmstrasse dès la déclaration de guerre : *Denkshrift betreffend die Revolutionerung der islamischen Gebiete unsere Feinde* (*Mémorandum pour semer la révolution dans les territoires islamiques de nos ennemis*). En s'appuyant sur les revendications locales voire nationales, la NfO doit semer, de concert avec les services de Nicolaï, la subversion antibritannique et antifrançaise partout où c'est possible dans le Proche, le Moyen-Orient et le Maghreb.

La foi religieuse pourrait servir de levier, mais, compte tenu de l'obligation de ménager l'allié ottoman, cette stratégie porte en elle-même sa propre faiblesse : comment soulever des populations musulmanes au nom de l'islam contre un pouvoir turc lui-même musulman ?

« *Nachrichtenstelle für den Orient* »

Les cibles sont donc délimitées au cas par cas : l'Inde, où il faut encourager les mouvements nationalistes et soutenir des leaders en vue comme Abdul Haziz Mohammed Barakatullah ou Raja Mahendra Pratap ; le Soudan, l'Ethiopie, et surtout l'Egypte sous contrôle anglais, où l'on jouera la carte Abbas Hilmi ; l'Iran et l'Afghanistan, où la Grande-Bretagne et la Russie ont fini par stabiliser leurs zones d'influence respectives à l'issue du Grand Jeu ; la rive est du golfe Arabo-Persique, débouché de l'Anglo Persian Oil Company dont les produits pétroliers sont indispensables à la Royal Navy. Le Maroc enfin, historiquement exempt d'influence turque. La présence française y semble encore fragile, et l'Allemagne, à la recherche de régions à coloniser, le guignait déjà avant la guerre.

Des zones qu'arpenteront l'arme à la main des aventuriers hauts en couleur prêts à tout pour soulever les tribus contre les Empires français et anglais : le capitaine Oskar von Niedermayer, membre de la secte bahaie, originaire de Perse ; l'ancien consul à Bouchir, dans le golfe Arabo-Persique, Wilhelm Wassmuss ; Werner-Otto von Hentig, dont la carrière au département moyen-oriental de la Wilhelmstrasse a commencé en 1909 ; Karl Neufeld, dont la femme est kurde ; Arthur Borg, bientôt grand spécialiste des affaires arabo-musulmanes aux Affaires étrangères sous le nom de Fritz Grobba et qu'on verra resurgir aux côtés de Hentig avant et pendant la Seconde Guerre mondiale.

Ceux-là opèrent en Iran, Afghanistan ou dans le Golfe. Konrad Preusser, archéologue arabisant, et le baron Schenck, que nous avons déjà vu se manifester en Grèce, mais qui possède également des maisons de rendez-vous au Caire, s'occupent de l'Egypte, en liaison avec les réseaux suisses de la IIIb. Lesquels manipulent le khédive Abbas Hilmi et rémunèrent comme on l'a vu son protégé, l'agent d'influence Bolo-Pacha.

Trop hâtive, cette flambée ne donne malheureusement pas tous les résultats escomptés par le baron Max. Dès l'automne

1915, Wilhelm Wassmuss, belle figure d'aventurier qui, après avoir saboté un pipe-line, se proposait de lever des tribus entières avec son bras droit, Theodor Linders, est capturé en Iran par un cheikh probritannique. Ce gaillard aux longs cheveux et à la moustache blonde qui parle le farsi couramment avec, pointe d'ironie, un faux accent anglais et sait se déguiser en autochtone comme personne s'enfuit néanmoins, quitte à laisser son précieux livre de code aux mains des Anglais. En octobre, les moudjahidin de son ami Zaïr Khidar Khan s'emparent de la ville iranienne de Chiraz par une audacieuse opération de commando. Plusieurs sujets de Sa Majesté britannique sont capturés, dont le consul britannique Frederic O'Connor, qui restera un an prisonnier avant que la Grande-Bretagne reprenne pied dans la région, contraignant Wassmuss à fuir.

« 25 000 livres… les Anglais avaient mis ma tête à un prix trop élevé », reconnaîtra plus tard cet équivalent allemand, mais en moins chanceux, de Lawrence d'Arabie. Officier de l'Indian Political Intelligence, le renseignement colonial en Inde, le jeune Reginald Teague-Jones est lancé en vain sur les traces de Wassmuss en 1917. Capturé après la guerre seulement, le « Lawrence allemand » retrouvera la liberté en 1920 pour s'installer en Iran.

En Afghanistan, Niedermayer, Hentig, Gunther Voigt et Kurt Wagner devaient convaincre l'émir Habibullah Khan de se ranger dans le camp allemand. En fait, il les assigne à résidence sous la pression conjuguée des Anglais et des Russes, d'accord pour qu'un troisième acteur, ennemi déclaré de surcroît, ne vienne pas relancer le Grand Jeu.

Ces émissaires de la NfO assistent certes à la naissance du gouvernement indien libre de Abdul Haziz Mohammed Barakatullah et Raja Mahendra Pratap, mais ce dernier, trop marginal, ne jouera jamais le rôle de flambeau du mouvement nationaliste que Berlin attendait de lui. En mai 1916, la mission quitte enfin Kaboul à l'issue de vaines et interminables tractations.

En Egypte, les Anglais, veillant au grain, démantèlent les réseaux nationalistes sur lesquels les Allemands comptaient s'appuyer. Quant à Abbas Hilmi, il préfère finalement mener la vie de palace en Europe plutôt que de s'essayer à être un dirigeant charismatique.

En mars 1916 à Damas, encore partie intégrante de l'Empire ottoman, une autre mission dépêchée par le baron Max trouve un terrain plus ferme. Elle se compose du major Freiherr Ottmar von Stotzingen, de Karl Neufeld que flanque un opérateur radio, le lieutenant Diel, et surtout de Fritz Grobba. L'allié turc ne disposant que d'un organisme de renseignement *a minima*, le Teski-lat-i-Mahusa, ces spécialistes doivent implanter sur place des structures d'espionnage proprement allemandes.

Plus politique, le projet de Grobba : persuader les Ottomans d'installer à La Mecque Fayçal, le frère de l'émir wahhabite du Nedjd Abdelaziz Abd-ur Rahman Ibn Saoud, ne connaît même pas un début de réalisation. Rusé politique, Ibn Saoud n'est autre que le descendant de ce Saoud le Grand auquel un siècle plus tôt Napoléon s'adressait par l'intermédiaire de ses agents « longue distance », Jules de Lascaris et Fatallah Sayeghir. Un descendant qui joue alors la carte de la prudence, ainsi que nous le verrons un peu plus loin dans ce panorama forcément touffu de l'« Orient compliqué ».

La mission Stotzingen-Grobba s'achève sur un désastre. Pourchassé par les Bédouins et les Britanniques, Grobba échappe de peu à la mort. De quoi décourager les successeurs du baron Max après mars 1915 : Karl-Emil Schabinger von Schowingen pour un an, puis Eugen Mittwoch jusqu'à la fin de la guerre. Comme le baron Max, ce dernier, orientaliste reconnu, est juif, preuve supplémentaire, s'il en était besoin, qu'on ne saurait assimiler le Reich du Kaiser à celui de Hitler.

Après cette série d'échecs ou de demi-succès, la NfO et la IIIb, très active sur ce terrain, réussiront-elles dans leurs opérations antifrançaises au Maroc ?

Contre les Français au Maroc

Depuis Madrid, l'homme de la IIIb, le capitaine Kalle, supervise ces grandes manœuvres de guerre secrète déguisées en « anticolonialisme ». Depuis la partie espagnole du Rif, territoire officiellement neutre, il s'agit en fait d'encourager, d'armer et de manipuler les rébellions dans le Rif français et, au-delà, dans tout le Maroc.

Résident général dans ce protectorat récent et mal contrôlé, le général Hubert Lyautey a expédié sur le front métropolitain plus de bataillons que l'état-major lui en demandait. Il ne dispose donc que d'effectifs militaires réduits. Beau coup double si on le contraignait à demander le rappel des soldats : Lyautey en perdrait la face et, militairement parlant, ce transfert de troupes, même limité, soulagerait un peu l'armée allemande sur le théâtre d'opérations européen.

Conformément aux thèses du baron Max, toujours en vigueur même si leur auteur a quitté le commandement de la NfO, une nouvelle incursion allemande se dessine. Les Coppel père et fils, que nous avons vu plus haut œuvrer en Espagne, vont ouvrir une filiale à Mellila, ville côtière appelée à devenir le lieu géométrique de la IIIb pour la région. Et là encore on jette dans la mêlée des agents de fort tempérament : l'orientaliste Ernest Kügel, chargé de la propagande dans les tribus ; le consul d'Allemagne à Tétouan, Walter Zechlin ; son homologue de Tanger, le baron von Seeckendorff. L'ingénieur des mines Franz Lang, surtout. Deux tâches sont dévolues à cet homme d'action.

D'abord, structurer des filières de désertion pour les soldats français d'origine allemande, proportionnellement nombreux au Maghreb puisque la Légion étrangère, fidèle à ses principes fondateurs, ne les fait pas combattre contre leur patrie d'origine*.

Le second objectif de Lang s'appelle Abdelmalek Ben Mohieddine. Bien que sujet algérien, cet officier se réclame de la Turquie. Fils de l'émir Abdelkader, il appartient en effet au clan de celui qui fut l'âme de la résistance algérienne à la colonisation française, les Djezaïri.

Les premiers contacts avec Abdelmalek ont été noués fin 1914 par le consul allemand à Tétouan. Hostile à la colonisation française, le fils de Abdelkader pourrait représenter une carte indigène de choix avec ses quelques centaines de partisans prêts à en découdre. L'alliance échoue néanmoins par méfiance réciproque,

* La méthode fera des petits : entre les deux guerres, le parti nazi parviendra à implanter quelques cellules clandestines dans la Légion et, pendant la guerre d'Algérie, les hommes du service de renseignements d'Allemagne fédérale, le BND, pousseront à la désertion leurs compatriotes servant sous le képi blanc.

puis, en novembre 1915, en raison de la mort subite de Lang, peut-être victime d'un empoisonnement.

L'activité de l'ingénieur n'a pas échappé aux Français car, comme le révélera Jean-Claude Delhez dans son ouvrage sur les « briseurs de codes », les communications de Kalle et de ses agents sont interceptées et en bonne partie décryptées, ce qui explique non seulement la qualité informative des rapports que Lyautey expédie à Paris ou reçoit du Quai d'Orsay, mais aussi la précision d'ouvrages d'après-guerre comme celui du politologue Bernard Vernier sur *La Politique islamique de l'Allemagne*.

Kalle tente de rebondir en dépêchant sur place une mission conduite par le capitaine Albrecht von Koss, chargé d'instruire militairement les hommes de Abdelmalek Ben Mohieddine, de prendre leur commandement en sous-main et d'associer à la révolte d'autres rebelles. Mais le commandant Charles Huot, patron du renseignement de Lyautey, sait diviser l'adversaire indigène et si besoin l'affronter militairement. Résultat : tandis que von Koss rentre à Madrid les mains vides, le successeur de Lang auprès de Abdelmalek, Albert Bartels, se brouille avec le principal allié de l'Allemagne dans la région.

Au final, malgré le débarquement en sous-marin U-38 fin 1916 d'un autre orientaliste de la NfO, Edgar Proebster, ancien consul à Fez venu en soutien au « Sultan bleu », puis d'une fourniture d'armes d'ailleurs contrariée par l'intervention de la marine française (les décryptages toujours), l'action clandestine n'a ni redistribué les cartes marocaines ni contraint Lyautey à solliciter des renforts de Paris. On a gêné les Français, c'est certain, mais pas à la mesure des espoirs, loin de là.

Et pendant ce temps-là, sur le théâtre proche et moyen-oriental, les Ottomans, entrés en guerre contre la Grande-Bretagne et la France aux côtés des Allemands en novembre 1914, connaissent eux aussi de sérieux déboires face au redoutable Empire britannique.

Un certain T.E. Lawrence

Mille centimètres cubes de cylindrée font de la Brought Superior SS 100 un bolide de son époque. Le pilote ménage pourtant sa moto : 60 kilomètres à l'heure, c'est bien suffisant pour se rendre à la poste expédier un paquet de livres à un copain de chambrée. Et là, soudain, le grand coup d'accélérateur, ces deux gosses qui surgissent, la tentative désespérée pour les éviter, la moto qui dérape sur le bas-côté, le choc, la plongée dans le coma. Six jours plus tard, le 19 mai 1935, Lawrence d'Arabie meurt des suites de l'accident.

Huit décennies plus tard, sa légende, relancée en 1963 par le film de David Lean qui porte son nom, lui survit toujours. Concerne-t-elle vraiment l'objet de ce livre voué à l'histoire des services secrets dans le monde ? Oui dans une assez large mesure, car Thomas Edward Lawrence, né en 1888, appartenait bel et bien au MO 4, le Bureau arabe, création au Caire du patron du renseignement militaire britannique, le major Gilbert Falkingham Clayton surnommé « Bertie ».

Un organisme de renseignement où se retrouvaient des excentriques aussi variés et talentueux que leur aîné David Hogarth, commandant de réserve de la Royal Navy, conservateur du prestigieux Ashmoleum Museum of Art and Archeology d'Oxford, et de longue date honorable correspondant de la Naval Intelligence Division ; Charles Leonard Wooley, son bras droit à l'Ashmoleum ; Kinahan Cornwallis dit « Ken », fonctionnaire du Civil Service en Egypte ; Audrey Herbert, dont le débraillé ne laissait guère transparaître son état de député aux Communes ; Stewart « Skinface » Newcombe, officier du génie qui pratiqua autrefois avec Lawrence et à l'instigation de Hogarth des fouilles archéologiques jouxtant, hasard sans doute, le chantier germano-turc d'un pont ferroviaire sur l'Euphrate ! Et bientôt une maîtresse femme, Gertrude Bell, dont nous aurons à reparler.

Installée à l'hôtel Grand Continental du Caire, cette petite équipe s'est autobaptisée « les Indiscrets ». Par sa composition sociale et sa diversité humaine, elle met en valeur une caractéristique des services secrets anglais : leur aptitude à faire d'éléments originaux voire marginaux un tout homogène.

Le lieutenant Lawrence s'ennuie quand même pas mal à reconstituer jour après jour en chambre l'ordre de bataille des Turcs. Au moins connaît-il parfaitement les points sensibles de l'Empire britannique : le canal de Suez, la côte de la mer Rouge et le golfe Arabo-Persique.

L'Empire cherche à se protéger en encourageant les sociétés secrètes nationalistes arabes antiturques comme El-Ahad (« la Société du pacte »), créée en octobre 1913 par des officiers irakiens dont l'un des fondateurs, Ali Chahlpe dit Aziz Ali el-Misri (« Aziz Ali l'Egyptien »), est entré en contact avec « Bertie » Clayton dès août 1914.

Le Bureau arabe entretient par ailleurs des liens avec la famille des Hachémites, gardienne des lieux saints de La Mecque. Pour peu qu'il bénéficie d'un appui britannique, le chef de ce clan prestigieux entre tous, puisque descendant du prophète Mahomet, le chérif Hussein ibn Ali al-Hachemi, s'est en effet décidé, après bien des hésitations, à lever l'étendard de la révolte arabe, la *Thawra*, contre les Ottomans. Avec un objectif très ambitieux : une nation arabe unifiée sous son sceptre de La Mecque à Damas, de Jérusalem à Bagdad.

Bonne idée, ont répondu les Britanniques avec une belle hypocrisie puisque les accords secrets de mai 1916 entre Mark Sykes et François Georges-Picot prévoient le dépeçage de l'Empire ottoman au profit exclusif des puissances coloniales : la Palestine et l'Irak à l'Angleterre, le Liban et la Syrie à la France, une zone d'influence russe étant également prévue.

Byzantin ? Voilà qui l'est encore plus : Clayton et Le Caire doivent compter avec l'India Office de Bombay. Autre pôle décideur de l'impérialisme anglais dans la région, cet organisme doit pêle-mêle : 1° entretenir de bons rapports avec les émirats du Golfe, en particulier celui de Oman ; 2° accroître l'influence britannique en Iran ; 3° chercher un terrain d'entente avec Ibn Saoud, maître de la partie orientale de la péninsule Arabique qu'il a conquise à la pointe du glaive de ses guerriers wahhabites, adeptes de l'islam le plus fondamentaliste.

C'est pourquoi Percy Cox, officier politique du vice-roi des Indes et tête pensante du corps expéditionnaire anglais dans le Sud irakien, la Force D, a conclu dès décembre 1915 avec Ibn Saoud une convention garantissant que celui-ci n'attaquera en aucun cas les alliés de la Grande-Bretagne (traduisez : les Hachémites) et qu'il n'aidera jamais ses ennemis (traduisez : les Turcs). En échange, on lui fournira de l'argent et des armes.

L'Angleterre, autrement dit, promet la même terre à tout le monde : aux Français, aux Russes, aux Hachémites, aux sociétés secrètes nationalistes, à Ibn Saoud, et plus tard aux sionistes qui militent avec ardeur pour le retour des juifs en Terre sainte. Le 2 novembre 1917, la Déclaration Balfour les assurera en effet de la sympathie de Londres pour l'« établissement en Palestine d'un foyer national juif »…

Au final, personne ne sera satisfait. Les conflits moyen-orientaux qui durent encore de nos jours sont en germe dans cette partie de billard à multiples bandes dans laquelle le jeune lieutenant Lawrence et ses amis « indiscrets » du Bureau arabe vont bientôt s'insérer.

L'Empire contre-attaque

Le 10 juin 1916, le chérif hachémite Hussein s'empare de La Mecque après en avoir réduit la garnison ottomane. La *Thawra* est lancée. Très vite cependant, elle piétine et manque de s'étouffer. Conduite par le capitaine Chérif Yves Cadi Ben Larbi, un officier d'artillerie auteur avant guerre d'une mission de renseignement en Allemagne sous la fausse identité de « marchand ambulant maghrébin », la poignée de soldats musulmans de l'armée française venue combattre à ses côtés ne suffit guère à la relancer, pas plus que les débarquements d'armes sur les plages de la mer Rouge par la Royal Navy.

D'où, en octobre 1916, la mission de Ronald Storrs. Avide d'action, Lawrence s'est proposé pour accompagner ce grand spécialiste des affaires arabes. Les deux émissaires de Sa Majesté rencontrent Abdallah et Ali, deux des fils de Hussein, puis leur jeune demi-frère Zaïed. Storrs, dont l'arabe est parfait, s'entretient avec le chérif lui-même, mais par téléphone seulement : au contraire de Chérif Cadi, les Britanniques, chrétiens, ne peuvent accéder à La Mecque. Lawrence achèvera la mission à Hamra, à plus de 100 kilomètres de la mer Rouge, seul émissaire de Sa Majesté auprès de Fayçal, le troisième des fils de Hussein.

En matière de renseignement comme en matière de clandestinité, c'est l'homme sur le terrain qui décide : maxime valable en tout temps, quoiqu'un peu moins peut-être à l'ère des technologies d'avant-garde qui donnent volontiers la main aux hommes des bureaux. Fasciné par la noblesse de Fayçal dont il tombe en quelque sorte amoureux, Lawrence cisèle un rapport pour ses supérieurs, démolissant Abdallah et brossant un portrait plus que flatteur de Fayçal, paré de toutes les qualités, y compris de ressembler « au monument de Richard Ier à Fontevrault ».

Richard Cœur de Lion, qui de plus parlant pour des officiers pétris des gloires séculaires de la vieille Angleterre ? Auteur d'une thèse universitaire sur les fortifications féodales en Terre sainte, Lawrence emporte la place d'assaut : c'est dit, l'homme du Bureau arabe sera Fayçal et personne d'autre.

Le reste de son odyssée, haute en couleur, découle de ce choix avalisé par ses chefs. Quand Lawrence se jette aux côtés de la petite armée hachémite dans la guérilla antiturque le long du chemin de fer du Hedjaz qui va bâtir sa légende, c'est pour imposer Fayçal, continuer à descendre Abdallah en flèche et, accessoirement, contrarier les efforts du colonel Edouard Brémond, chef de la mission militaire française à Djedda, sur la côte de la mer Rouge, donc à l'écart du périmètre de la Terre sainte musulmane.

Le jeune « indiscret » pousse en effet la détestation antifrançaise beaucoup plus loin que ses supérieurs du Caire. Est-il au courant des modalités du partage du Moyen-Orient conclu entre Sykes et Picot ? Oui, et il les révélera d'ailleurs à Fayçal. Mais, aveuglé par son orgueil, le futur écrivain des *Sept Piliers de la sagesse* semble faire fi des réalités, certain de pouvoir forcer à lui seul le destin pour imposer l'indépendance arabe sous direction hachémite.

Gérer les tempéraments les plus anticonformistes dans le domaine de la guerre secrète, c'est, on l'a dit, un des traits du génie britannique. Ainsi Storrs et Clayton sauront-ils utiliser l'incroyable dynamisme de Lawrence sans se laisser déborder par lui. Le fougueux jeune homme traverse-t-il plusieurs déserts avec un détachement arabe pour prendre à revers la place-forte stratégique d'Aqaba en juillet 1917 ? Hourrah ! En septembre-octobre 1918, lors de l'offensive générale du commandant en chef britannique sur le front du Proche-Orient, le général Allenby, fonce-t-il sur Damas avec ses guerriers du désert ? Bravo ! Mais, le succès obtenu, les rapports de force entre Etats reprennent leurs droits.

« Vous ne lui aviez pas dit* que le protectorat de la Syrie reviendrait aux Français ? feint de s'étonner Allenby quand il arrive à Damas.

— Non, mon général, je ne savais rien là-dessus », triche Lawrence.

A ce jeu de poker menteur, le jeune homme n'est certainement pas de force, d'autant qu'il se refuse, comme Fayçal, à coopérer avec un officier de liaison français comme ses supérieurs l'exigent. Il demande donc à être rappelé en Europe. Un vœu rapidement comblé. Bon travail, colonel Lawrence, l'Empire britannique vous dit merci. En cas de besoin, il n'hésitera pas à vous faire revenir dans la partie...

La carte saoudienne

On assiste à un jeu infiniment plus ample que le Grand Jeu d'autrefois contre les Russes. Deux figures moins connues que Lawrence, mais pas moins originales que lui, y prennent également part avec le même brio et le même goût du risque. L'une vient de Cambridge, l'autre d'Oxford.

Oxford ! Imaginez l'émoi de la vénérable université britannique ce jour de 1886 où elles n'étaient qu'une poignée en robes noires, bottines à lacets et chapeau à large bord carré, à affronter les regards de centaines de condisciples masculins. Parmi ces pionnières : Gertrude Bell, née en juillet 1868, dernier enfant et seule fille de sir Thomas Hugh Bell, maître de forges.

Polyglotte malheureuse en amour mais connaisseuse hors pair du monde arabe et... alpiniste de grande race, miss Bell inscrit son nom sur les tablettes en gravissant le Matterhorn par le versant italien, puis manque de périr en tentant l'escalade du Finsteraahorn. De retour au Moyen-Orient en 1905, elle se taille une réputation d'archéologue, d'exploratrice et d'écrivain, parcourt la Syrie et l'Irak. De décembre 1913 à avril 1914, un énième voyage lui vaut un séjour forcé dans le Hail, cette région de la péninsule Arabique dont l'émir rivalise avec Ibn Saoud et les Hachémites. Après avoir travaillé pour la Croix-Rouge en 1914, miss Bell

* A Fayçal, présent lors de cette entrevue à l'hôtel Victoria.

entre fin novembre 1915 au Bureau arabe du Caire. En mission de liaison à Delhi en janvier 1916, elle retrouve le baron Charles Hardinge, vice-roi des Indes et vieille relation de sa famille. Deux mois plus tard, elle débarque avec la Force D à Bassora, dans le sud de l'Irak, adjointe de l'officier politique Percy Cox avec le titre de « secrétaire orientale ». Bagdad prise par les Anglais en mars 1917, elle s'y installe enfin comme représentante à la fois de l'India Office et du Bureau arabe.

A l'automne de cette année, quelques mois après le coup d'éclat de Lawrence à Aqaba, Gertrude prend l'initiative d'expédier un autre agent en mission auprès d'Ibn Saoud.

Celui-là aussi mérite qu'on s'y intéresse. Fonctionnaire du gouvernement des Indes né en avril 1885 à Ceylan, Harry Saint-John Philby a fait, lui, ses études à Cambridge où il a contracté une haine farouche de ces « foutus snobs » de l'*establishment* britannique. Cette haine qui semble guider sa conduite autant qu'un profond amour du monde arabe et qu'il va inoculer à son fils prénommé Kim, comme le héros du roman d'espionnage éponyme de Rudyard Kipling à la gloire de la colonisation britannique de l'Inde.

Fasciné par Ibn Saoud comme Lawrence l'était déjà par le prince Fayçal, mais avec un peu plus de détachement peut-être, Philby va se faire l'ambassadeur de l'émir wahhabite auprès de ses supérieurs. Ce faisant, il offrira à la politique britannique du « diviser pour régner » une nouvelle carte après la carte hachémite et la carte sioniste, abattue avec la Déclaration Balfour quelques jours avant que l'envoyé de miss Bell parvienne à Riyad, la capitale d'Ibn Saoud. Tout cela alors que Paris, Londres et un peu Saint-Pétersbourg se sont déjà partagé les dépouilles de l'Empire ottoman en passe d'effondrement.

Le réseau Trabaud

Voyez ce tout petit îlot de quelques hectares à peine à 3 kilomètres en face de la ville de Trablous, qu'on appelle aussi Tripoli. Dès août 1915, les Français ont occupé le lieu, connu pour ses vestiges phéniciens. Un officier de marine, le lieutenant de vaisseau Albert Trabaud, en a aussitôt été nommé gouverneur.

Epaulé par son interprète, Béchara Boueri, un indépendantiste libanais engagé dans l'armée française, l'officier de marine fait régner un ordre débonnaire, mais strict. Peut-il se satisfaire pour autant de son activité de gouverneur de Rouad ? Boueri ne tarde pas à lui fournir des perspectives plus excitantes. L'interprète va en effet monter une centrale de renseignement pour le moins originale. Triés sur le volet, une dizaine de volontaires libanais de l'armée française, tous jeunes, munis de faux papiers d'identité, s'avancent de nuit en barque, nagent jusqu'à la côte en poussant la boîte de fer étanche qui contient leurs effets. Et là, séchés et rhabillés, ils s'en vont relancer directement les informateurs.

Parmi ceux-ci, le père Boulous Akl, un prêtre maronite qui n'hésite pas à payer de sa personne. Il se fait passer pour un amateur de pêche, loue des barques, rencontre en mer, à mi-chemin de Rouad, les émissaires de Trabaud et leur confie les précieux secrets ottomans qu'il a violés.

Nouvelle étape fin 1915. Hana, le frère de Béchara Boueri, entre à son tour dans le réseau. Une recrue de choix, car l'homme possède sur la côte une maison visible depuis la mer. A l'insu de sa mère, c'est la propre fille de Hana, Angèle, une adolescente d'une quinzaine d'années, qui par le biais de signaux visibles depuis la mer – fenêtre de la maison ouverte ou fermée à telle heure convenue, lumière allumée ou éteinte et autres – informe Trabaud et son équipe des déplacements paternels. Une ambiance à la Hugo Pratt, ici, à quelques encablures de la côte libanaise…

C'est dire l'importance de Rouad, cet îlot paisible mué en centre opérationnel du renseignement français pour toute la zone Syrie-Liban.

Nili, « grand-père » du Mossad

Au même moment, un navire américo-danois, l'*Oscar II*, débarque à Kirkwall, dans les îles Orcades, au nord-est de l'Ecosse. A son bord, un homme grand et blond. Ingénieur agronome et botaniste de son état, Aaron Aaronsohn, né en 1880 au sein d'une colonie israélite de Palestine, vient, à l'issue d'un périple de cinq mois, faire une offre aux services secrets de Sa Majesté. Avec son *alter ego* Absalon Feinberg, il a fondé avec ses proches (ses sœurs Rebecca et Sarah ; ses frères Alexandre et Zvi ; sa secrétaire Liora Schneersohn ; Naaman Belkind, le cousin de Feinberg ; Haïm Cohen, un ami du même Feinberg, et Reuven Schwartz, un camarade d'enfance d'Aaronsohn) un groupe décidé à jouer la carte britannique contre l'Empire ottoman. Que diraient les Britanniques s'il transformait ce cercle de relations en réseau de renseignements ?

Ses motifs sont politiques. Partisan convaincu de l'établissement en Palestine d'un Etat juif, Aaronsohn s'est persuadé que ce projet nécessitait le soutien d'alliés puissants. Or sa position contrarie les responsables du Yichouv, la communauté juive de Palestine, qui craignent des représailles turques en cas d'engagement direct aux côtés des Alliés, et singulièrement ceux de l'organisation paramilitaire Hachomer (« le Gardien »).

« Depuis le début du printemps dernier, des nuées de sauterelles accablent la région, explique le nouveau venu, une fois transféré à Londres, à Basil Thomson, le chef de la Special Branch. En ma qualité d'agronome, Djemal Pacha m'a demandé de devenir son conseiller pour la lutte contre ce fléau. De cette manière, je suis parvenu à sauver la vie de mon bras droit Absalon Feinberg, que les Turcs accusaient d'espionnage. Non sans raison d'ailleurs, car c'est en tentant de gagner Le Caire pour approfondir nos liens avec les services anglais qu'Absalon a été arrêté par leurs gendarmes. »

Rien de plus exact. Des premiers contacts ont bien été établis à Alexandrie entre Feinberg et le lieutenant Wooley, camarade de T.E. Lawrence au Bureau arabe et distingué archéologue (c'est sur son chantier de fouilles d'Irak qu'en 1930 Agatha Christie fera la connaissance de son futur mari Max Mallowan). Toutefois, ils n'ont pas pu déboucher.

Médusé, Thomson entend Aaronsohn décrire la misère de populations palestiniennes, syriennes et libanaises réduites à la famine par les effets conjugués des sauterelles qui détruisent les récoltes, du blocus des côtes par les deux flottes anglaise et française qui empêchent l'approvisionnement de parvenir, et de la cruauté des autorités ottomanes qui raflent toute nourriture disponible. De ce malheur peut néanmoins surgir un bien, insiste l'agronome. La confiance dont Djema Pacha l'honore lui permet des déplacements nombreux, lui donne accès à des sources d'information multiples et, bref, en fait le chef de réseau idéal.

« Il vous a fallu cinq mois pour venir ici nous rencontrer, objecte Thomson, épaté quoi qu'il en laisse paraître par l'étendue des connaissances de son interlocuteur sur la région, les cachettes qu'elle recèle et l'ordre de bataille des Turcs en Palestine, autour de Gaza notamment. Ces renseignements, comment pourrez-vous nous les faire parvenir ? »

Par la mer une fois de plus. Créée par le propre père d'Aaronsohn, le centre agricole expérimental d'Atlit, à deux pas des ruines du château féodal du même nom, sur la côte palestinienne au sud de Haïfa, peut, prétend le jeune homme, servir de base. Connaissant comme sa poche Atlit et la zone environnante, il s'en porte garant. Les Aaronsohn possèdent un voilier. Ils rencontreront sans difficultés les émissaires britanniques au large, loin des yeux inquisiteurs des Turcs.

C'est rééditer les opérations maritimes que Trabaud et les siens mènent au Liban. Sur plus grande échelle encore, car, avec Aaronsohn et son réseau en gestation, les Britanniques vont disposer sous peu d'une mine de renseignements extraordinairement prolifique.

Avant cela, l'agronome va passer des mains de Thomson à celles du lieutenant-colonel French, du War Office, puis à celles du major Walter Gribbon, l'assistant du général Macdonogh, grand patron du renseignement militaire qui lui fait rencontrer Mark Sykes, le signataire des accords Sykes-Picot de partage du Proche-Orient entre la France et l'Angleterre. L'examen de passage réussi, ses interlocuteurs l'invitent à se rendre au Caire.

Le 12 décembre 1916, le voici donc en Egypte pour des discussions avec « Bertie » Clayton et son adjoint spécialisé dans les affaires turques, le major Wyndham Deedes, ancien fonctionnaire du ministère ottoman de l'Intérieur. Deux officiers très réticents vis-à-vis du projet sioniste, qui contrecarre à l'évidence les plans pro-hachémites du Bureau arabe dont, bien entendu, ils ne soufflent mot à leur interlocuteur.

Certain qu'il doit aller de l'avant, Aaronsohn obtient néanmoins des Britanniques le feu vert pour une reconnaissance des côtes de la zone d'Atlit en compagnie du capitaine Smith, le responsable des opérations maritimes de la Naval Intelligence

Division au Proche-Orient, à bord du *Goéland*. Deux nageurs volontaires portent à sa sœur Sarah des consignes et des sacs étanches bourrés d'or. Le *Goéland* et son équipage regagnent ensuite l'Egypte.

Le 1er février 1917, l'hôtel Savoy du Caire voit le premier face-à-face d'Aaronsohn avec Lawrence d'Arabie, venu rendre compte au Bureau arabe de sa rencontre avec Fayçal. Aucun des deux interlocuteurs ne prend toutefois à cette occasion la véritable mesure de son vis-à-vis, chacun restant sur sa réserve teintée de méfiance. Un café pris avec miss Bell, très circonspecte elle aussi, n'a guère plus éclairé la lanterne de l'agronome quant aux projets moyen-orientaux de l'Angleterre.

Amour et espionnage : récemment rallié au réseau, Joseph Lichansky, un membre de l'équipe du centre expérimental d'Atlit qu'une rivalité sentimentale opposait à Absalon Feinberg pour les beaux yeux de Sarah Aaronsohn, arrive sur ces entrefaites. Faute de nouvelles d'Aaron, les deux hommes tentaient de gagner Le Caire par leurs propres moyens, explique-t-il, quand Feinberg a été tué par des Bédouins.

Aaronsohn accuse le coup sans renoncer à son idée. Des liaisons régulières par mer entre Atlit et l'Egypte commencent par l'intermédiaire d'un petit vapeur fourni par la Naval Intelligence Division, le *Managem*, que les jeunes sionistes rebaptisent aussitôt *Menahem* (en hébreu : « Consolateur »). C'est pendant le trajet de retour d'une de ces expéditions que Liora Schneersohn va trouver le nom hébreu du réseau : ce sera Nili, acronyme du verset biblique *Netsah Israel Lo Iieshaker* (« La providence d'Israël ne te trompe pas »).

Pour les Britanniques, il s'agit de manière plus prosaïquement bureaucratique du A-Group.

Vie et mort du A Group

Compte tenu de la disparition de Feinberg, dont le corps sera retrouvé et identifié en 1967 au lendemain de la guerre israélo-arabe des Six-Jours seulement, une nouvelle organisation du travail est définie. Sarah Aaronsohn continuera à diriger le réseau sur place, en Palestine ; une nouvelle recrue juive fournie par le major Deedes, Leibel Bornstein, assurera les liaisons par pigeon voyageur ; Lichansky, remis sur pied, va prendre en charge les opérations maritimes. Aaron, lui, dirigera l'ensemble depuis Le Caire. Devenu une personnalité en vue du mouvement sioniste, il effectuera par ailleurs des voyages à caractère politique à Londres, Paris et même aux Etats-Unis, la ligne de Nili – appui sur les Britanniques contre les Turcs – se renforçant après la Déclaration Balfour de novembre 1917.

Bien que toujours aussi mal vu du Hachomer, le réseau, désormais opérationnel avec ses quelque 200 informateurs, va travailler un an et demi pour « Bertie » Clayton. Mais, le 3 septembre 1918, un policier turc intercepte par hasard un des pigeons voyageurs de Bornstein. Le 12, Naaman Belkind, qui tentait d'atteindre les lignes britanniques dans le désert du Sinaï pour mettre Le Caire en garde, est arrêté. De quoi corroborer l'obsession de l'état-major ottoman : ses défaites répétées contre les Britanniques (entrée d'Allenby à Jérusalem le 11 décembre 1917, fruit entre autres d'un chef-d'œuvre de « déception* » militaire orchestré par un petit génie de la chose, son chef de renseignement, le colonel Richard Meinertzhagen ; rupture du front germano-arabe entre la mer et Naplouse le 19 septembre 1918, prélude à la ruée sur Damas) ne sont pas dues à une infériorité militaire, mais à l'action sournoise de traîtres.

Les rafles de la gendarmerie ottomane s'intensifient. Objectif principal : Joseph Lichansky, considéré comme le chef opérationnel de Nili. Arrêtée le 1er octobre, Sarah Aaronsohn parvient à se suicider, mais Belkind parle. La trahison rejoint alors l'amour et l'espionnage dans cet épisode historique aux allures de roman : voici Joseph Lichansky entre les mains de membres du Hachomer pressés d'en finir avec ce coreligionnaire trop dangereux à leurs yeux ; blessé, il leur échappe puis, désespéré, à bout de forces, finit par se rendre aux Turcs pour ne leur révéler que son identité et quelques fausses pistes.

Pour Nili sonne l'heure de la fin. Le 16 décembre, Lichansky et Belkind sont pendus en place publique à Damas.

La courte carrière d'Aaron Aaronsohn dans le renseignement est terminée. Mais pas son *modus operandi* : effectifs limités, personnel déterminé, niveau culturel élevé, forte cohésion interne

---

* *Cf.* p. 143.

et insertion parfaite dans le milieu (excellente connaissance du monde arabe en l'occurrence), Nili, véritable « grand-père » du Mossad, vient de poser les jalons des futurs services secrets d'un Etat d'Israël qu'il ne verra pourtant pas naître.

Au matin du 16 mai 1919, alors qu'il partait de Londres pour la conférence de paix de Paris, l'avion qui transportait le fondateur de Nili s'abîme en effet dans la Manche. Le lendemain à la tombée de la nuit, le bombardier Handley-Page de Lawrence d'Arabie, en route pour Paris lui aussi, s'écrase à Rome. Blessé, le héros britannique de la *Thawra* survivra cependant.

La Grande Guerre secrète : un bilan

Revivifié par les nombreuses cérémonies commémoratives récentes, l'imaginaire actuel de la guerre de 1914-1918 offre la part belle aux combats de tranchées par rapport aux affrontements de l'ombre, dont la nature même fait qu'ils ne doivent pas apparaître. Or, on vient de le voir : la Grande Guerre secrète fut pourtant aussi intense que la Grande Guerre tout court et, en plusieurs occasions, décisive.

Par l'étendue de son front d'abord. Extension géographique directe avec ses prolongements en Amérique du Nord à travers les sabotages allemands, et surtout au Proche et au Moyen-Orient où elle allait contribuer à façonner des frontières et à établir des rapports de forces qui prévalent souvent aujourd'hui. Extension indirecte aux pays neutres où des combats de l'ombre franco-anglais étaient déjà apparus sous la Révolution et l'Empire, certes, mais sans commune mesure avec ceux de Suisse, de Grèce, d'Espagne ou des Pays-Bas entre 1914 et 1918.

Par l'étendue des secteurs d'activité concernés, car il ne s'agissait plus seulement de renseignement militaire au sens traditionnel du terme ou de renseignement politique au sommet, mais d'espionnage tous azimuts : espionnage politique et militaire au plus proche du terrain grâce aux réseaux de résistance, espionnage économique et industriel, collecte d'informations sur le moral de la partie adverse, camouflage, propagande, guerre psychologique, manipulations, stratégies d'influence, déstabilisations, intox, manœuvres de « déception ». Bref, d'un vrai pas en avant vers la guerre secrète totale.

Par les technologies déployées : interceptions et décryptages des télégrammes et des radiogrammes ; radiogoniométrie ; reconnaissance aérienne stratégique ; pose et recueils d'agents secrets par aéroplane et plus seulement par voie maritime comme au temps du soutien (mesuré) des Britanniques aux réseaux royalistes et à la chouannerie ; opérations combinées décryptage-attaque par les airs comme celles qui visaient le Kaiser.

Par la variété des agents mobilisés enfin : plus seulement des professionnels, mais des nuées de volontaires ; plus des hommes exclusivement mais des femmes en nombre ; plus des personnels rémunérés uniquement, mais des patriotes militants d'une cause nationale, qu'il s'agisse de celle d'Etats déjà existants (la Belgique et le nord de la France occupés par exemple) ou de celle d'Etats en gestation (Irlande, pays d'Europe centrale avec l'affaire de l'Office central des nationalités, Israël, pays arabes du Proche-Orient).

La Grande Guerre, on le sait, s'achève sur l'effondrement de trois empires. Celui du tsarisme fraie la voie au premier régime totalitaire de l'histoire, le communisme soviétique. Et, de ce fait même, à une première « guerre froide » de l'URSS contre les « puissances impérialistes », guerre idéologique et guerre de services spéciaux mêlées.

Celui de la double monarchie austro-hongroise va libérer les forces centrifuges des nationalismes d'Europe centrale, facteur d'instabilité et de conflits au cœur du Vieux Continent.

Celui du IIe Reich va ouvrir en Allemagne quinze ans d'une période troublée débouchant sur la prise de pouvoir de Hitler et la mise en place du totalitarisme nazi allant, comme son rival soviétique, vers l'intégration des services secrets au sein d'un appareil policier omniprésent. Son idéologie raciste et belliciste réduira la paix au rang de simple tremplin d'une nouvelle guerre mondiale.

Peut-on vraiment parler de paix, d'ailleurs, à l'heure de la naissance des services secrets des régimes totalitaires ?

DEUXIÈME PARTIE

LE MIROIR AUX ESPIONS

« L'homme qui sait en vaut cent qui ne savent pas, mais celui qui ne sait pas ce qu'il veut savoir ne saura jamais ce que savent les autres pour peu qu'ils ne veuillent pas que ce soit su. »

Georges Loustaunau-Lacau,
fondateur dans la Résistance du
réseau de renseignements Alliance.

8

Terrorisme et communisme

Les Moscovites n'en reviennent pas. Il y a un an et demi, le mur de Berlin tombait en une nuit, et voilà que maintenant c'est l'URSS elle-même qui s'écroule sous leurs yeux ! A commencer par l'un de ses plus grands symboles : le 23 août 1991 place de la Loubianka, en face du siège historique des services secrets soviétiques, rue de la Loubianka, quelques employés municipaux déboulonnent la statue de Félix Edmundovitch Dzerjinsky, dont le seul patronyme déclenchait hier encore des sueurs froides.

Dzerjinsky, père fondateur de la Tcheka, ancêtre du KGB, militant exemplaire, maître bourreau. Né en 1877, ce rejeton polonais de petite noblesse adhère à dix-huit ans au Parti social-démocrate de Lituanie, à l'époque partie intégrante de l'Empire des tsars. Cinq ans plus tard, après avoir déjà tâté de la prison, il figure parmi les fondateurs du Parti ouvrier social-démocrate du royaume de Pologne et de Lituanie. Exilé à Irkoutsk par l'Okhrana, c'est là, au printemps 1902, qu'il va faire la connaissance de Trotski, assigné à résidence lui aussi. Amateurs de littérature, les deux hommes sympathisent. Ce qui n'empêche pas Dzerjinsky de se ranger du côté de Lénine dans l'impitoyable lutte de fractions entre bolcheviks, révolutionnaires maximalistes, et mencheviks, plus modérés et attachés à la démocratie. Une lutte qui va dégénérer en guerre fratricide pour le pouvoir d'abord, en guerre civile ouverte ensuite.

Trois fois évadé, Dzerjinsky passera la bagatelle de onze années derrière les barreaux ou en exil. Il est aussi l'époux d'une militante, et c'est dans la prison pour femmes de Varsovie que va naître son fils en 1911. De quoi tremper un caractère, d'où le sobriquet que ses amis bolcheviques lui décernent : « Félix-de-fer ».

Ce surnom, Dzerjinsky le porte en bandoulière, lui que Lénine citera soixante-dix-huit fois, pas moins, dans ses divers écrits, marque d'intérêt et, dans son cas, preuve de sympathie. « Félix-de-fer », c'est l'homme qu'il faut pour imposer la terreur révolutionnaire à la Russie, celui que le gouvernement bolchevique, le Conseil des commissaires du peuple, va porter à la tête de la Vserossiiskaïa Tcherzvytchaïnaïa Komissia po Borbe y Kontrrevoliutsiei i Sabotajem (Commission panrusse extraordinaire pour la lutte contre la contre-révolution et le sabotage). La Tcheka, donc, créée le 20 décembre 1917 après que les plus idéalistes des bolcheviks ont compris, face aux réactions populaires, que seule la terreur pouvait leur permettre de se maintenir au pouvoir avec leurs alliés de l'époque, l'aile gauche du Parti socialiste-révolutionnaire.

Une nouveauté révélatrice de ce système d'oppression 2.0 qui va marquer le XXe siècle de son empreinte : le totalitarisme.

De la clandestinité à la dictature

Même si ces trois hyperdictateurs le portèrent à son degré le plus élevé, l'inventeur du système totalitaire ne s'appelait ni Staline, ni Hitler, ni Mao. Cette responsabilité incombe à Vladimir Ilitch Oulianov, autrement dit Lénine, son pseudonyme de militant.

La clandestinité va être une pratique structurante de ce personnage et, au-delà, un marqueur essentiel de sa doctrine. Dès le départ, Lénine se présente en effet comme un homme d'appareil, un *apparatchik*.

D'appareil secret qui plus est, ce qui nous ramène à notre sujet. Dénonçant dès 1902 dans son livre-manifeste *Que faire ?* le « culte servile du spontané », ce rejeton de la classe moyenne aisée réduit d'emblée l'action politique à l'affrontement brutal de clans rivaux au sein de minorités agissantes. Dédaigné par les grandes figures marxistes de son temps comme un pseudo-théoricien primitif doublé d'un agitateur bardé de sectarisme, jamais il n'a changé pour autant de point de vue. De méthode, encore moins.

Son credo, à base de passages épars de Marx bâtis en doctrine : sous réserve de fanatisme et d'esprit d'organisation, l'affrontement des classes conduit à la dictature du prolétariat. Trotski, alors son adversaire, a beau faire remarquer en 1903 que, si les thèses léninistes sur le parti fermé de révolutionnaires professionnels étaient mises en application, on glisserait de la dictature du prolétariat à la dictature du parti d'avant-garde sur le prolétariat, de celle-ci à la dictature du comité central sur le parti, à la dictature du bureau politique sur le comité central et, pour finir, à la dictature d'un homme seul sur le bureau politique donc sur le pays, il n'est pas écouté.

Obstiné – c'est là son moindre défaut –, Lénine ne démordra jamais de la nécessité d'imposer le socialisme par la force, la répression, la guerre civile, puis d'enserrer les peuples dans un filet policier d'une efficacité jamais atteinte. Feu l'Okhrana, c'est techniquement parlant le modèle. Mais un modèle à perfectionner pour que le nouveau régime ne connaisse jamais un effondrement comparable à celui de son prédécesseur tsariste.

Depuis mars 1917 où la foule de Petrograd forçait les portes de l'immeuble de la police secrète tsariste comme la foule de Berlin-Est le fera le 15 janvier 1990 avec celles de la Stasi, une partie de ses archives ont en effet été saisies, tandis que son dernier chef, Alexandre Vassiliev, connaissait à son tour les culs-de-basse-fosse de la forteresse Pierre-et-Paul.

Les Petrogradois en colère ont brûlé quantité de documents de l'Okhrana. En dépouillant ceux qui restent intacts, les opposants au régime, accablés, réalisent le degré incroyable d'infiltration policière dans leurs rangs. Or, les bolcheviks n'ont pas été mieux lotis que les autres, même si Lénine, obsédé par la sécurité interne de sa petite organisation, créait dès 1912 un comité de trois membres chargé d'identifier les agents infiltrés de la police secrète tsariste.

Ce qui ressort, ô honte, des papiers de l'Okhrana, c'est cette révélation : l'un des trois militants désignés par le grand chef pour cette tâche primordiale émargeait à la caisse de la police secrète du tsar ! Nous avons déjà rencontré cet agent double : Roman Malinovsky alias « Ernest », élu la même année 1912 à la quatrième Douma, l'Assemblée consultative acceptée par le souverain. Et, drame, cet ouvrier aux origines de classe impeccables, ancien secrétaire du syndicat des métallurgistes, fut en son temps un homme de confiance de Lénine. Lequel l'a défendu bec et ongles face aux mencheviks, ces sociaux-traîtres qui se permettaient d'accuser Malinovsky de... travailler pour l'Okhrana.

Voilà qui s'appelle se faire gruger. Vladimir Ilitch Oulianov, justement, ne connaît pas le pardon. Malinovsky s'est constitué prisonnier ? On l'exécutera en novembre 1918. Lénine déploie alors toute sa dialectique pour « démontrer » par Marx plus B que, en fin de compte, l'agent double aurait servi « objectivement » la cause révolutionnaire communiste plus qu'il ne la desservait ! L'esprit rationnel peine à accréditer cette absurdité, qui ne vise à l'évidence qu'à sauver la face du chef du parti. Mais, exaltation révolutionnaire aidant, les esprits rationnels sont rares parmi les bolcheviks...

Prodigieux graphomane, Lénine ment comme il écrit. Dans *L'Etat et la Révolution*, petit livre aux relents faussement anarchistes rédigé à la veille du coup d'Etat d'Octobre, n'affirmait-il pas qu'après la prise du pouvoir on n'aurait plus besoin d'une machinerie d'Etat et encore moins d'un appareil policier ? Or, dès qu'il s'installe en maître au Kremlin, c'est tout le contraire qui lui trotte désormais dans la tête : une bureaucratie étatique « prolétarienne » pour contrôler le pays avec, comme clef de voûte, une police politique beaucoup plus efficace que celle des tsars.

Aux origines du KGB

Froid réalisme au service de la grande utopie communiste : seul le résultat, c'est-à-dire la dictature, compte. La police du tsar n'a pas su empêcher la révolution populaire de février 1917. Aux bolcheviks de bâtir une nouvelle Okhrana, mais une Okhrana infaillible, une super-Okhrana.

La Tcheka donc, organe total, surdimensionné, architecte de la terreur. Alors que la « pensée bourgeoise » prétend confiner la police politique, mal nécessaire, dans un périmètre restreint tout en maintenant une séparation entre elle et les services secrets, le marxisme-léninisme fait d'elle son alfa et son oméga et la rend de ce fait omnipotente. « Bouclier et glaive de la Révolution », la Tcheka dirigera d'une même main de fer, celle de Félix Dzerjinsky, la répression policière interne ou externe et l'espionnage à l'étranger, considérés comme trois facettes complémentaires de la lutte des classes.

Pour arriver à ce résultat, il a quand même fallu résoudre une petite « contradiction interne » : la présence initiale des socialistes-révolutionnaires de gauche au sein de la Tcheka. Le chef du contre-espionnage de la nouvelle police, Jacob Bloumkine, appartenait par exemple à cette tendance. Pareille cohabitation retardait de fait la mise en place de la terreur absolue.

La contradiction s'est il est vrai résolue d'elle-même moyennant un de ces légers coups de pouce au destin dont les bolcheviks sont familiers. L'opposition des SR de gauche au traité de Brest-Litovsk avec l'Allemagne du 3 mars 1918 déclenche le processus. Tandis que Lénine et les siens raisonnent en termes de terreur de masse, Bloumkine ne jure que par le terrorisme ciblé que ce tout jeune homme a appris à l'école de Boris Savinkov, le charismatique leader des socialistes-révolutionnaires, passé, lui, à la « droite » du mouvement*. Pour saboter Brest-Litovsk, le rebelle de la Tcheka ne trouve donc rien de plus efficace qu'un attentat contre l'ambassadeur d'Allemagne en Russie, le comte Wilhelm von Mirbach.

Le 6 juillet 1918, le comte est assassiné, prélude à un soulèvement des SR de gauche. Les rebelles s'emparent quelques heures durant du siège de la Tcheka, contraignant « Félix-de-fer » à donner sa démission. Des combats de rue ont lieu dans le centre-ville. Les conjurés agissent toutefois sans plan digne de ce nom. Du coup, Lénine parvient à reprendre la main assez facilement, et Dzerjinsky à récupérer son poste à la tête d'une police qu'il va purger à jamais de ses SR de gauche.

---

* Né en 1879, Boris Savinkov monte avec Yevno Azev plusieurs attentats spectaculaires pour le compte de l'organisation de combat des socialistes-révolutionnaires. Notamment, en 1904, l'assassinat du ministre de l'Intérieur russe, le comte Plehve. Trahi par Azev, agent double au service de l'Okhrana, il est arrêté, s'évade, gagne Paris et s'engage quelques mois dans l'armée française. De retour en Russie, bras droit d'Alexandre Kerensky au ministère de la Défense, Savinkov figure parmi les plus farouches opposants au bolchevisme. Type achevé du dirigeant terroriste, il fascinera nombre de gens, à commencer par Winston Churchill, et étalera sa propre fascination pour la violence dans un roman quasi autobiographique, *Le Cheval blême*.

D'alliés, Bloumkine et ses camarades sont devenus des cibles au moins autant que leurs frères ennemis, les SR « de droite » de Savinkov. C'est dans ce contexte qu'intervient, le 30 août 1918, un grave incident dont l'Histoire n'a pas encore permis d'expliciter les arcanes. Lors d'un meeting, deux socialistes-révolutionnaires, agents doubles au service de la Tcheka, Lidia Konopleva et Grigori Semionov, ouvrent le feu en direction de Lénine. Et voilà qu'au lieu de se saisir d'eux, les gardes s'emparent d'une autre SR présente sur les lieux, Dora Roïd, dite « Fania Kaplan », qui, affolée, tentait de prendre la fuite.

Un siècle plus tard, on peine toujours à comprendre ce qui s'est vraiment passé ce soir-là. Lénine a-t-il réellement été blessé, comme on l'annoncera officiellement ? Konopleva et Semionov œuvraient-ils pour la Tcheka ? Subvertissaient-ils au contraire l'appareil policier pour perpétrer leur coup de force ? Quel fut ensuite leur destin ? Seule certitude : Lénine reprit normalement son travail cinq jours après.

S'agissait-il d'un véritable attentat ou d'un montage destiné à justifier une répression accrue ? Le fait est que les coups de feu du soir du 30 août eurent pour résultat l'intensification de la terreur. Cinq cents « capitalistes, bourgeois, popes et autres réactionnaires » sont assassinés en guise de « représailles ». Fania Kaplan, elle, sera « liquidée » discrètement alors qu'on aurait pu s'attendre à un procès politique public à grand spectacle. « Signature classique des bolcheviks : ni vu ni connu », conclut laconiquement Arkadi Vaksberg, qui s'est penché sur cet épisode obscur mais fondateur…

« Félix-de-fer », prince de la terreur

L'attentat attribué à Fania Kaplan ouvre la voie à l'édification d'un instrument de domination aux mains des seuls léninistes, maîtres à bord depuis la sortie forcée des SR de gauche. La Tcheka devient ainsi la pierre de touche du système.

En Dzerjinsky, elle a trouvé un patron à la hauteur. « Félix-de-fer » parle peu, mais il agit, travaille, mange et dort dans son bureau spartiate de la Bolchaïa Loubianka, ancien siège d'une compagnie d'assurances. Seule la cause l'intéresse, pas l'argent ni les honneurs. C'est l'homme idoine pour faire fonctionner un organisme tentaculaire qui gère à la fois la répression interne, le contre-espionnage intérieur, l'espionnage à l'étranger et la surveillance des frontières*.

Dès 1919, un département spécial chargé de la surveillance du corps des officiers, l'Ossobié Otdel (Département spécial), est créé sous la direction immédiate de « Félix-de-fer ». Trotski, fondateur de l'Armée rouge, ayant imposé, sous menace de mort souvent, le recrutement massif d'anciens gradés tsaristes dans le cadre de la guerre civile contre les Blancs, la « santé politique » des militaires exige en effet une vigilance de tous les instants. Pour les tenir, rien de mieux que la loi des otages : s'ils trahissent, s'ils manquent d'ardeur à combattre leurs anciens camarades russes blancs, on exécutera leurs familles.

L'année suivante se structure le contre-espionnage interne, le Kontrarazvedyvatelnyi (KRO, soit Département de contre-espionnage). Et surtout, pour ce qui nous concerne, le service de renseignements extérieur, l'Inostrannyi Otdel (INO), créé le 20 décembre 1920 sous la houlette de Iakov Davtian, un Arménien**.

Un embryon de service Action apparaît enfin au sein de l'INO sous la houlette d'Artouzov. Iakov Peters, lui, prend la tête du Département politique secret. Un personnage des plus douteux : avant la guerre, il a joué un rôle ambigu dans les milieux anar-

* Les bras droits de « Félix-de-Fer » s'appellent Iakov Peters (1889-1938), au passé trouble dans les milieux anarchistes de Londres, soit militant sincère, soit provocateur policier ; Viatcheslav Menjinsky (1874-1934), de bonne famille polonaise lui aussi et diplômé en droit ; Iossif Ounschlicht (1879-1938), juif polonais d'extraction beaucoup plus modeste que son chef ; Ivan Ksenofontov (1884-1926), vieux bolchevik à l'expérience militante de deux décennies ; Karl Pauker (1893-1937), ancien de soldat de l'armée austro-hongroise venu, lui, au bolchevisme dans un camp de prisonniers des Russes ; ou encore cet ancien socialiste-révolutionnaire, Iakov Agranov (1893-1938). Des hommes dont la plupart disparaîtront dans les purges staliniennes.

** En poste de 1920 à 1921, Iakov Davtian sera remplacé à la tête de l'INO par Solomon Moguilevsky (1921-1922). Leur succéderont Mikhaïl Trilisser (1922-1929), Stanislas Messing (1929-1930), Artur Artouzov (1931-1936), Abraham Sloutski (1936-1938), Mikhaïl Spiegelglass (quelques mois en 1938) ; et enfin Vladimir Dekazonov (1938-1939) puis surtout Pavel Fitine (1939-1946), deux hommes du grand allié-ennemi de Staline, Lavrenti Beria.

chistes de Londres, peut-être comme indicateur de la Special Branch de Scotland Yard. Mais personne ne s'avise de le lui reprocher.

Pas Dzerjinsky en tout cas. Après la disparition de Lénine en janvier 1924, les pouvoirs de « Félix-de-fer » s'accroissent : il récupère notamment le contrôle du département des Affaires économiques. Depuis plusieurs années déjà, Dzerjinsky fait cause commune avec Staline, dont il est l'un des (très) rares amis. Ces deux hommes de l'ombre manœuvrent de conserve pour monter l'un contre l'autre et isoler les deux grands prétendants au poste de numéro 1 : Trotski et son rival Grigori Zinoviev, le président de l'Internationale communiste (Kommounistitcheskii Internatsional, en abrégé le Komintern) fondée en mars 1919 à Moscou.

Les rapports s'enveniment au sommet de la hiérarchie du parti-Etat. Le 20 juillet 1926, Dzerjinsky prend violemment Zinoviev à partie lors d'une réunion du bureau politique. Quelques heures après ce grave incident, il meurt d'une crise cardiaque qui ne semble pas suspecte. Un coup dur pour le régime en général, et pour Staline en particulier.

Comme deux ans plus tôt après la mort de Lénine, les dirigeants soviétiques vont se servir de la dépouille du défunt, mais à l'usage des seuls officiers de renseignements soviétiques. Ici, les objets du culte seront le masque mortuaire de « Félix-de-fer » et un moulage de ses mains exposés à la vénération dans un coffret en verre. Ce déploiement obscurantiste vise à précipiter la mutation des tchekistes en citoyens d'élite, incorruptibles et impitoyables comme l'était feu Dzerjinsky. Des bourreaux de travail doublés de bourreaux tout court, dignes de la nouvelle morale authentiquement soviétique.

Force est de reconnaître que cette étrange mayonnaise rouge prendra, et qu'au moment de l'effondrement de l'URSS à l'été 1991 les guebistes du KGB, héritiers des tchekistes et enfants chéris du régime, restaient parmi les derniers à croire dur comme « Félix-de-fer » à la supériorité de leurs valeurs. Le modeste « guebiste » Vladimir Poutine, pour ne citer que son cas, ne pensait pas autrement tout au long de ses quinze années de service au KGB.

Rappelons-nous aussi la vitesse à laquelle nombre de ces incorruptibles allaient se reconvertir en affairistes, et parfois en mafieux. La fameuse « morale tchekiste » n'était qu'un mince vernis cimenté par la crainte de déplaire, donc de déchoir en abandonnant – tout de même – les sérieux avantages matériels attachés à l'appartenance au « glaive et bouclier » de la révolution.

Encore ne s'agissait-il que de la peur de perdre son poste car, sous Staline, les officiers de renseignement trouvaient le chemin du cimetière aussi facilement que les autres citoyens. A commencer par leurs hauts dirigeants. Remplaçant en 1926 de « Félix-de-fer », Menjinsky, son adjoint depuis 1921, aurait été empoisonné en 1934, crime réel ou imaginaire dont sera accusé le propre successeur de ce dernier, Genrikh Iagoda, ancien étudiant en pharmacie qui sera arrêté en 1937, condamné à mort puis exécuté l'année suivante. Organisateur des grands procès politiques de Moscou, le remplaçant de Iagoda à la tête de la police politique, Nikolaï Iejov, surnommé « le Nain sanglant », va être à son tour contraint d'avouer des crimes imaginaires, à l'exception bien entendu de ceux, massifs mais staliniennement corrects, dont il était responsable. C'est Lavrenti Beria qui reprendra le flambeau meurtrier, personnage sur lequel nous reviendrons tant son envergure et son originalité nous y obligent. Contentons-nous pour l'instant de préciser que lui aussi va connaître une mort violente près de quatre décennies après le triomphe du communisme en Russie.

De la Tcheka à l'OGPU

En février 1922, la Tcheka ralentit un peu ses crimes de masse. Lénine estime en effet le régime suffisamment stabilisé pour faire d'elle la Direction politique d'Etat (Gossoudarsvennoï Politcheskoïé Upravlenié), connue sous le nom de GPU – en français, on dira : la Guépéou. Une appellation abrégée qu'elle conservera malgré sa transformation l'année suivante en Administration politique unifiée d'Etat (OGPU) dans la foulée de la création officielle de l'URSS.

La Guépéou dissociée du ministère de l'Intérieur sur le plan organisationnel, ses membres restent des tchekistes pour tout citoyen soviétique qui tremble à leur approche puisqu'elle peut être synonyme de souffrances, de camp de travail forcé, de liquidation physique.

Trois missions leur ont été assignées. A l'intérieur de l'URSS, l'OGPU doit mettre hors d'état de nuire les « contre-révolutionnaires », catégorie aux contours volontairement flous afin que l'on puisse y ranger des centaines de milliers de victimes de la « vigilance tchekiste ». C'est la facette policière du service, celle qui mobilisera toujours les effectifs les plus importants.

A l'extérieur, complément de la mission précédente, à elle de traquer toute forme d'opposition en infiltrant par exemple les milieux russes blancs, où se mêlent des nostalgiques du tsarisme, des démocrates, des membres du parti KD, partisans de la mise en place d'un système constitutionnel, des fidèles du socialiste modéré Alexandre Kerensky, des socialistes-révolutionnaires de droite comme de gauche, des mencheviks et des déçus du bolchevisme. Plus tard, sa main s'abattra sur les trotskistes et d'autres antistaliniens d'extrême gauche. Et, là encore, tout sera permis : infiltration, subornation, chantage, faux documents, enlèvements, séquestrations, tortures, assassinats.

La troisième mission : espionner les « impérialistes » chez eux incombe au service étranger, l'INO. Une agressivité qui résulte de la vision que les maîtres de l'URSS se sont forgée des Occidentaux. Lénine et les siens imaginent en effet les capitalistes comme un bloc politique homogène nourrissant une seule obsession : abattre l'URSS. A Paris, à Londres et même à Washington, les dirigeants occidentaux ne songeraient qu'à ça, ne se rencontreraient que pour parler de ça, n'échangeraient messages et émissaires que pour dresser des plans subversifs à cet effet.

Peu importe si, jusqu'à l'armistice de novembre 1918, les chefs des pays belligérants ont eu autre chose à penser : la guerre contre l'Allemagne. Peu importe si leurs interventions militaires contre la Russie soviétique, dénuées d'ampleur, n'auront rien d'un assaut général coordonné, les opinions publiques d'alors n'étant guère chaudes pour une aventure lointaine aux buts confus. Peu importe enfin si les services secrets « impérialistes » n'ont jamais conçu de projet global de renversement du régime, laissant l'initiative à des individus isolés : drastiquement réduits pour cause de retour à la normale, leurs effectifs ne leur permettaient pas d'aller plus loin,

Pourquoi forcer leur talent d'ailleurs ? L'idée que ce régime de « fous maximalistes » ne pouvait durer prévalait dans les grandes capitales. Le bolchevisme, croyait-on, allait s'écrouler tout seul un jour ou l'autre, victime de ses propres délires. Au mythe de la

« grande conspiration mondiale contre la Russie rouge » répondait l'incapacité du personnel politique occidental à penser le totalitarisme dans toutes ses dimensions.

Ses émissaires clandestins étaient méprisés à l'unisson. « Les Russes sans chef ne sont bons à rien, croyait savoir Sidney Reilly, un des agents secrets britanniques les plus acharnés à renverser le régime. Ils resteront plantés là et prêts à se faire fusiller comme des lapins. » Or ces chefs existaient bel et bien en Russie, mais du côté communiste, sous la houlette sans partage d'un idéologue convaincu de la supériorité de sa doctrine, Lénine.

Optimiste et très imbu de lui-même, Reilly voyait le renversement du système soviétique naissant comme une bagatelle : « C'était certain que le régime de terreur pouvait être balayé en une heure et que moi-même étais capable de le faire. Pourquoi pas ? Un Corse, lieutenant d'artillerie, éteignit sous son pied les cendres encore chaudes de la Révolution française. Pourquoi un agent d'espionnage anglais avec de tels atouts dans son jeu ne se rendrait-il pas maître de Moscou ? »

Pour bien des raisons qui ne tenaient pas toutes à l'efficacité de la Tcheka…

Petits complots entre Alliés

En unissant leurs efforts, les services anglais, français voire américains peuvent-ils renverser le régime ? C'est, on vient de le voir, la conviction de Sidney Reilly.

C'est également celle du capitaine de frégate français Martial-Marie-Henri de Verthamon, arrivé en avril 1918 pour cette mission plutôt délicate : empêcher les bolcheviks d'approvisionner l'Allemagne, toujours en guerre à l'époque.

Pareillement opposés aux « soviets », le Britannique et le Français offrent en revanche deux tempéraments contraires. Né en 1874 à Odessa, Sigmund Georgievitch Rosenblum, le véritable patronyme de Reilly, a émigré en Grande-Bretagne à l'âge de quatorze ans. On l'a vu associé dans une entreprise de philatélie de Port-Arthur (aujourd'hui Lushun), la grande base russe d'Extrême-Orient qu'il espionnait peut-être pour le compte de la Naval Intelligence Division. De retour en Angleterre, ce polyglotte a suivi des études d'ingénierie en électricité, intégré le King's College, le plus prestigieux et le plus coûteux des établissements de Cambridge. Pour finir, très apprécié de Mansfield Cumming, le patron du MI 6, il est devenu un agent *free lance* du service secret anglais, rémunéré au coup par coup pour des missions spécifiques. (L'auteur du présent ouvrage demanda en 1991 à Gérard de Villiers s'il s'était inspiré de Reilly pour créer son personnage de *SAS* Malko Linge, et obtint cette réponse : « Non, mais maintenant que vous le dites, j'aurais dû penser à lui. »)

Qui a expédié Reilly en Russie auprès de Robert Bruce Lockhart, le consul anglais à Petrograd, diplomate assez bien vu des milieux bolcheviques dans la mesure où il partage sa maîtresse, la baronne Moura Boudberg, avec l'écrivain de gauche Maxime Gorki ? Cumming lui-même, sur proposition du major John Scale, ancien traducteur de russe à la mission militaire anglaise à Petrograd. Arrivé au tout début avril 1918, Reilly (matricule ST/I) pense déstabiliser le régime en un rien de temps. Doué d'un rare entregent, il est vrai qu'il entretient des amitiés un peu partout. Ses méthodes peuvent tout de même sembler farfelues : ne préconise-t-il pas un jour d'enlever Lénine et Trotski et de les faire défiler en caleçons dans les rues ?

Côté anglais, Reilly sera l'âme de tous les petits complots entre Alliés, un autre agent du MI 6, le capitaine George Hill, jouant le même jeu, mais plus en sourdine du fait de ses bonnes relations avec Trotski, numéro 2 du régime. Quant au chef d'antenne, le lieutenant Ernest Boyce, il a pour ordre d'œuvrer sans compromettre trop ouvertement les relations entre la Russie et le Royaume-Uni : on ne sait jamais...

Londres joue sur les deux tableaux ? Peut-être. Côté français en tout cas, Verthamon se montre très offensif. Né en 1871, cet officier de marine n'était en rien prédisposé aux tâches de renseignement. Muté au SR, il prouve néanmoins ses capacités en menant à bien plusieurs missions de sabotage, comme ce jour, en Ukraine, où il parvient à faire verser de l'acide dans un silo de grains destiné à l'Allemagne.

Verthamon conjugue ses efforts avec un compatriote aviateur, le comte de Lubersac, passé au service des bolcheviks dans l'intention d'organiser lui aussi des sabotages antiallemands. De celui-ci Lénine écrira : « Nous échangeâmes une poignée de main, le monarchiste français et moi, chacun de nous sachant que son *partenaire* l'aurait fait pendre volontiers ["pendre", "fusiller", "liquider" sont des termes courants sous la plume du fondateur de l'URSS, grand amateur de pelotons d'exécution]. Mais, momentanément, nos intérêts coïncidaient. »

Boris Savinkov représente à coup sûr le contact le plus intéressant de Verthamon. Cet ancien chef de la branche terroriste des socialistes-révolutionnaires n'a que haine pour les bolcheviks et qu'amitié pour la France où il a vécu, s'engageant même parmi les poilus en 1914.

Fin 1917 à Yaroslavl, son nouveau mouvement, l'Union pour la défense de la patrie et de la liberté, vient d'esquisser un premier soulèvement, vite réprimé par les rouges. Echappant aux griffes de la Tcheka, cet activiste impénitent reste disponible. Il se trouve que, revenu de ses sympathies bolchevisantes d'antan, l'ambassadeur Lockhart s'est associé dès juillet 1918 moitié-moitié avec le consul de France, Fernand Grenard, pour verser 10 millions de roubles à l'Union pour la défense de la patrie.

Le troisième agent secret étranger important attaché à la chute des bolcheviks répond au nom improbable de Xenophon Dimitrievitch de Blumenthal-Kalamatiano. Né à Vienne en 1882, cet Américain d'ascendance grecque et russe opère en principe pour le compte du petit service de renseignements du Département d'Etat. Mais, dans la pratique, il agit en franc-tireur comme Reilly et Verthamon. Probablement plus qu'eux, même.

La « conspiration Lockhart »

Fussent-ils très décidés, trois hommes soutenus sans l'être par leur hiérarchie auront quelque mal à renverser un régime encore fragile, certes, mais dirigé par des gens impitoyables à la « Félix-de-fer ».

Le plan du trio américano-franco-britannique : verser un gros million de roubles à un officier letton de la garde du Kremlin, le colonel Eduard Berzine, pour qu'il mette les dirigeants soviétiques hors d'état de nuire. Or, Berzine se trouve être un agent provocateur au service de Peters, l'ancien anarchiste londonien devenu un des patrons de la Tcheka.

Agent provocateur, René Marchand ne l'est pas moins*. Ce journaliste *free lance*, correspondant du *Figaro* en Russie, vend en effet la mèche d'une réunion tenue dans le bureau du consul des Etats-Unis le 25 août 1918. Selon lui, il y aurait tout bonnement été question d'assassiner Lénine.

A l'aube du 31 août, les groupes armés de la Tcheka investissent simultanément les « centres d'espionnage impérialistes » à Petrograd et à Moscou. En dépit de son immunité diplomatique, Lockhart est conduit à la Loubianka. Pour avoir tenté de défendre l'ambassade de son pays, l'attaché naval britannique, le capitaine Francis Cromie, tombe, lui, sous les balles.

A la représentation française, six officiers de renseignement sont arrêtés, dont le commissaire du contre-espionnage de la Sûreté Charles Faux-Pas-Bidet, bien connu des Soviétiques dans la mesure où il expulsa autrefois Trotski de France. Descente mouvementée chez les Américains aussi. Kalamatiano, qui tente de se faire passer pour un ingénieur russe, est trouvé porteur d'une liste d'opposants au régime enroulée dans sa canne.

Le Kremlin pavoise : gloire à la Tcheka, qui vient de faire échouer la « conspiration Lockhart » ! Hélas ! la réussite n'est pas tout à fait au rendez-vous. Confrontée à l'ambassadeur anglais, Fania Kaplan, muette et abattue, ne laisse échapper aucun signe de connivence contrairement aux attentes de Peters, toujours maître d'œuvre de l'enquête. Rien d'étonnant à cela, puisque le diplomate et la socialiste-révolutionnaire ne se connaissent ni d'Eve ni d'Adam. Mais comme ce manque d'éléments tangibles de complicité est irritant ! Faute de preuves, Peters doit se résoudre à libérer Lockhart. Arrêté une seconde fois, l'ambassadeur passera alors un mois en prison avant d'être échangé contre son collègue soviétique de Londres. Moins chanceux, Kalamatiano

* Membre fondateur du Groupe communiste français de Moscou, Marchand sera embauché par le Commissariat du peuple aux Affaires étrangères. Sa mission : éditer un Livre noir des archives secrètes du tsarisme. De retour en France en 1926, rédacteur à *La Vie économique des soviets*, le journal de la délégation commerciale de l'URSS, ce personnage pour le moins fantasque va rompre avec le communisme l'année suivante et désavouer son propre Livre noir comme tronqué ! En 1931, passant d'un maître à l'autre, il se retrouve enfin candidat sur les listes du mouvement politique de droite les Croix-de-Feu. Sa trace se perd ensuite.

va rester trois ans derrière les barreaux de la Loubianka, où on le soumet de temps à autre à des simulacres d'exécution capitale dans l'espoir vain de le faire craquer. Prenant la tête de la longue cohorte d'officiers de renseignements américains en lutte contre le communisme, cet homme de caractère a dû sa survie à une décision de Lénine : en matière de chantage sur Washington, mieux valait un otage vif qu'un agent mort.

Le 2 septembre, la presse soviétique met Kalamatiano dans le même sac que Reilly, Savinkov, Verthamon, Boyce, Lockhart et Grenard, accusés d'avoir guidé la main de Fania Kaplan. Pour faire bonne mesure, on les rendra aussi responsables de l'assassinat du patron de la Tcheka de Petrograd, Moïse Ouritsky, par un militant d'un parti d'opposition de droite cette fois. Absurde ? Bien sûr, mais qu'importe la vraisemblance, du moment qu'on peut bâtir cette fable à l'usage des Russes : une bande compacte d'assassins étrangers au service du capitalisme international serait en train d'égorger leurs gentils dirigeants !

Savinkov et Sidney Reilly, eux, courent toujours. Nous les retrouverons bientôt, ainsi qu'Ernest Boyce, futur chef de l'antenne MI 6 de Tallinn, en Estonie. Caché chez la courageuse directrice du lycée français de Petrograd, puis chez une amie française, Mme Morens, Verthamon, lui, parviendra à gagner la Finlande déguisé en moujik.

Beaucoup de bruit pour rien en somme, sauf dans l'esprit des tchekistes, persuadés d'avoir évité au régime une fin prématurée sous le couteau des « impérialistes ». De ce jour, la « conspiration Lockhart » restera un cas d'école de « vigilance révolutionnaire » enseigné aux apprentis espions russes appelés à sauver la patrie coûte que coûte. C'est pourquoi j'ai insisté sur cet épisode d'importance relative, mais fondateur sur le plan idéologique. Sur fond de principes léninistes, il vient de poser les bases de sept décennies d'action des services secrets soviétiques.

La méthode des faux résistants

Comment démanteler les réseaux clandestins des Russes blancs, les partisans de Savinkov qui, malgré l'impitoyable matraquage de la Tcheka, continuent d'opérer à l'intérieur même du territoire soviétique, ou encore les nationalistes ukrainiens ? C'est Artur Artouzov qui, semble-t-il, va trouver la solution de cet épineux problème.

Rien d'autre qu'une subtile usurpation d'identité. Créons sur le papier un faux mouvement clandestin de résistance ; arrangeons-nous pour qu'il entre en contact avec les vrais ; servons-nous de lui enfin pour infiltrer les réseaux adverses et repérer leurs membres. Dans un premier temps, c'est l'opération « Sindikat » (« Syndicat »). Un « mouvement de résistance » se manifeste en décembre 1920. Son chef adjoint, Alexandre Opperput, arrive en effet en Pologne pour rencontrer Boris Savinkov, bête noire des bolcheviks*.

« Nos partisans sont nombreux, mais notre organisation manque de cadres. Pourriez-vous nous en désigner quelques-uns ? » s'enquiert le nouveau venu après avoir exhibé une série de documents aussi faux que son identité. Il s'agit d'un Russe blanc retourné par la Tcheka, Staunitz-Oupelnitz, connu des Soviétiques comme « Pavel Selianinov ».

Savinkov, que ses années de clandestinité à la tête de la branche terroriste des socialistes-révolutionnaires auraient tout de même dû rendre plus méfiant, mord à l'hameçon. Des cadres ? Bien sûr qu'on peut en trouver. Et de fournir à « Opperput » les coordonnées des animateurs de son propre mouvement en Russie même !

D'autres dirigeants oppositionnels feront de même confiance à l'homme de la Tcheka. De quoi alimenter une fructueuse chasse aux clandestins. En février 1921, quarante-deux de ces malheureux passent en procès public.

Méthode perfectible. Elle va l'être dans la lutte contre les indépendantistes ukrainiens, danger majeur pour la cohérence de la toute jeune URSS dans la mesure où ils veulent en retirer leur pays, annexé de force par l'Armée rouge. Un mouvement natio-

* Outre Savinkov, replié en Pologne, en Tchécoslovaquie puis à Paris, les principales cibles des hommes de la Tcheka sont alors les généraux russes-blancs Alexandre Koutiepov ou Evgueni Miller, dirigeants de l'Union militaire générale de Russie ; le général Iourko Toutoiounnik, responsable militaire du gouvernement en exil d'Ukraine, pays bientôt rattaché de force à l'URSS, et son adjoint Yehven Konovalets. Et même Sidney Reilly qui, passé avec des bonheurs relatifs dans le monde des affaires après la « conspiration Lockhart », brûle de reprendre du service.

naliste intérieur factice, le Conseil militaire suprême, est créé de toutes pièces. Une vaste opération d'intox accrédite son existence. En 1922, un des adjoints du général Iourko Toutoiounnik, responsable militaire du gouvernement en exil d'Ukraine, est arrêté, retourné puis renvoyé à son chef.

« C'est incroyable, venez voir sur place », fait-il savoir à son chef. Prudent, Toutoiounnik dépêche plusieurs éclaireurs. On les met en présence de faux clandestins, membres de la Guépéou, de telle sorte qu'ils récitent toujours le même message : venez voir sur place. Toutoiounnik finit par céder à cette belle unanimité. Le 26 juin 1923, après une ultime hésitation, il franchit le Dniestr où les Soviétiques l'attendent de pied ferme. De lui, ses camarades restés hors d'URSS ne recevront que des lettres annonçant qu'il a rallié le régime…

Plus à l'ouest, il faudra encore un an pour que le second volet de l'opération « Syndicat », arme à double tranchant, aboutisse à l'objectif suprême : le retour de Savinkov. Pour l'occasion, un nouvel officier de la Guépéou a pris la place d'Opperput : « Moukhine », de son vrai nom Fiedorov. A force de travailler au corps l'ancien socialiste-révolutionnaire, ce beau parleur finit par le persuader qu'une armée secrète n'attendrait que lui comme commandant en chef.

C'est prendre l'homme par son point faible : la présomption. En août 1924, Savinkov, fonçant à son tour dans le piège, s'introduit en Russie pour tomber entre les mains de la Guépéou. Et là, confronté à la fin de ses propres illusions, ce romantique morbide sombre. Lors de son procès à grand spectacle, le 27 août, celui qu'on croyait irréductible appelle même le peuple à rallier le régime.

Sa déchéance ne s'arrête pas là. A la Loubianka, le prisonnier Savinkov s'éprend d'une autre détenue. Ainsi verra-t-on l'ancien terroriste s'avilir devant ses gardiens en échange de quelques instants furtifs en compagnie de la jeune femme. Un jour, il tombe par la fenêtre. Suicide pour en finir avec cette dégradation quotidienne, crime de la Guépéou sur un prisonnier désormais inutile, beuverie avec les gardiens qui aurait mal tourné : les versions de sa mort diffèrent, et l'auteur s'avoue incapable de trancher entre elles.

Reste que la méthode des faux résistants allait connaître de beaux jours par la suite, et pas toujours grâce aux Soviétiques.

Sous le nom de code d'opération « Fall Nordpoll », le major Hermann Giskes, de l'Abwehr, le renseignement militaire allemand, et son partenaire le SS Sturmbannführer Joseph Schreieder vont la moderniser entre mars 1942 et avril 1944. Ayant retourné une série de radios hollandais (dix-sept postes au total), les deux compères intoxiqueront dans les grandes largeurs le service Action britannique du temps de guerre, le Special Operations Executive, qui, dupé par de savants faux messages radio, ne cessera de leur parachuter de nouveaux agents et de nouveaux opérateurs radio (en tout, cinquante-trois), immédiatement arrêtés de façon à alimenter ce gigantesque *Englandspiel* (« jeu anglais »). Outre les quantités importantes d'armes, d'explosifs et d'argent saisis, l'opération « Pôle Nord » permettra aux services allemands de neutraliser l'important mouvement de résistance néerlandaise Ordedienst, plusieurs réseaux de saboteurs ainsi que le Comité national clandestin, et notamment sa composante issue du parti socialiste d'avant-guerre, le Sociaal-Democratische Arbeiters Partij.

Trust, confiance mal placée

Après son échec de 1918, Sidney Reilly a travaillé pour le MI 6 à Paris et à Berlin. Le service secret de Sa Majesté perd ensuite de vue son *free lance* pendant deux ans. Or, avant de tomber dans le piège, son vieil ami Savinkov l'a tiré d'affaires commerciales plus ou moins florissantes et remis dans le circuit politique. L'optimisme naturel de l'espion fait le reste : le régime, c'est sûr, arrive au bout du rouleau, il suffit de pousser un peu.

Pas quand la machine à intox de la Tcheka fonctionne à plein rendement ! En 1921, une nouvelle organisation de « Résistance intérieure » commence à se faire un nom, l'Association monarchiste de Russie, plus connue sous le nom de « Trust » (occidentalisation du mot russe *Trest*). Ses deux « délégués », le tchekiste Alexandre Iakoutchev et l'ancien général tsariste Nikolaï Potapov, nouent des contacts avec les mouvements d'émigrés antibolcheviques à Berlin et à Londres. En particulier le plus dangereux d'entre eux, l'Union militaire générale de Russie des généraux Alexandre Koutiepov et Evgueni Miller. Maria Zakhartchenko-

Schultz se charge de l'infiltrer. Qui douterait de la bonne foi de cette veuve d'officier tsariste ?

Avec ses réseaux clandestins disséminés en Russie, Trust a toutes les apparences d'un joyau. La confiance en lui est si grande que bientôt son carnet d'adresses déborde de noms de sympathisants de la cause antibolchevique. Autant de patronymes transmis à la Loubianka tandis que s'élabore peu à peu le piège contre Reilly, bête noire de « Félix-de-fer ». Début septembre 1925, le voilà à Paris.

« Je vais en Finlande rencontrer des militants du Trust, annonce-t-il à Koutiepov et à Ernest Boyce, qui le "traite" de nouveau pour le MI 6.

— Ne franchissez en aucun cas la frontière avec l'URSS, le prévient le général russe blanc.

— Aucune inquiétude, on peut faire confiance au Trust. Il est tout de même parvenu à exfiltrer le frère de notre ami Bounakov et bientôt, j'espère, Bounakov lui-même. »

Boris Bounakov, un agent du MI 6 dont la Guépéou a laissé volontairement sortir le frère Nikolaï d'URSS afin qu'il serve d'appât. S'il passait à l'Ouest au nez et à la barbe des Russes, quel succès personnel pour Reilly !

Flanqué de Iakoutchev, l'agent soviétique, le *free lance* finit par quitter la Finlande pour se hasarder en URSS dans la nuit du 28 au 29 septembre. Funeste erreur : transféré à la Loubianka sous le numéro de prisonnier 73, il est extrait de sa cellule le 5 novembre 1925, jeté dans une voiture puis abattu dans un bois des environs de Moscou. Iagoda, responsable au sommet de l'opération pour la Guépéou, peut souffler : le bras de la vengeance prolétarienne vient de s'abattre sur un des pires ennemis de l'URSS.

Kidnappeurs et assassins

Reilly disparu, Koutiepov devient l'homme à abattre. La traque au général russe blanc va durer cinq ans, mais la patience de la Guépéou, comme celle du pêcheur à la ligne, est infinie. Ne suffit-il pas de laisser traîner l'hameçon et d'attendre le temps nécessaire ?

Encerclant progressivement sa cible, la Guépéou recrute d'abord le général Steifon, ancien chef d'état-major de Koutiepov, puis, au printemps 1929, l'ancien ministre du gouvernement blanc et ex-financier de Savinkov, Serguei Tretiakov (nom de code : « Ivanov »). A l'heure de ramener les filets, un opérateur de haut niveau de la Guépéou, Serguei Pouzitsky, débarque à Paris. Il y sera épaulé par le résident local de la Guépéou, Nikolaï Kouzmine, et par Andréi Fikhner, un « illégal », autrement dit un agent opérant sous fausse identité par opposition à ses collègues qui évoluent sous couverture diplomatique.

A ce trio la charge de se faire passer pour des résistants de l'intérieur désireux de rencontrer le chef de l'Union militaire générale de Russie. Et, en l'occurrence, le rôle de rabatteur échoit à leur agent Steifon.

Qui de Pouzitsky, de Kouzmine ou de Fikhner a eu l'idée de recruter des complices au sein du Parti communiste français ? Citons Maurice Honel, un encadreur déguisé pour l'occasion en policier, et son frère Charles, artisan à Levallois-Perret. Le 26 janvier 1930, Koutiepov est enlevé dans une rue de Paris, disparaissant sans laisser de traces. Demi-succès pour la Guépéou d'ailleurs, puisque le général, drogué à l'excès, périt d'un arrêt cardiaque à bord du cargo soviétique qui l'emmenait en URSS.

Evgueni Miller prend sa place de chef des Russes blancs à Paris, tandis que la Guépéou se transforme dès 1934 en administration principale de Sécurité d'Etat incorporée au ministère de l'Intérieur, le NKVD (Narodnii Kommissariat Vnutrennikh Diel, soit Commissariat du peuple à l'Intérieur). Elle conserve le contrôle de l'INO.

Bien entendu, Miller ignore toujours la trahison de Tretiakov, propriétaire du 29, rue du Colisée qui abrite l'Union militaire générale de Russie, ce qui lui a permis d'installer un dispositif d'écoute rudimentaire fourni par l'INO. Et celle, plus récente, du plus jeune général russe blanc, le légendaire Nikolaï Skobline, et de sa femme Nadejda Plevitskaïa, cantatrice connue des milieux de l'émigration sous le surnom de « Rossignol de Koursk ».

Attiré dans un guet-apens par Skobline sous prétexte d'une rencontre avec des officiers de renseignement allemands (à cette époque, Moscou cherche à étayer la thèse de la complicité de Russes de l'intérieur et de l'extérieur avec les nazis), Miller disparaît le 22 septembre 1937. Non sans avoir laissé un message mettant en cause la fiabilité de Skobline, ce qui contraindra l'agent double à une fuite précipitée, abandonnant le « Rossignol de Koursk » à la justice française qui la condamnera en décembre 1938 à vingt années de réclusion pour complicité.

Le 11 mai 1939, le malheureux Miller, transféré clandestinement à Moscou au lendemain de son enlèvement, mais qui refuse obstinément de collaborer avec le NKVD, trouve la mort sous les balles du peloton d'exécution. Nadejda Plevitskaïa, elle, meurt le 5 octobre 1940 à la prison pour femmes de Rennes.

Sur cette tragédie prendront fin, pour l'essentiel, vingt ans de traque meurtrière aux Russes blancs par les services spéciaux de Moscou. Mais, loin de se trouver au chômage technique, le bras armé du régime vise désormais les « opposants de gauche » au stalinisme.

Feu sur la gauche

Les trotskistes d'avant la Seconde Guerre mondiale n'ont jamais été qu'une poignée de convaincus. Le problème est que cette poignée revendiquait la légitimité révolutionnaire, et que l'église marxiste-léniniste de Moscou, pas plus qu'une autre, ne pouvait se satisfaire d'un risque de schisme.

Tant pis pour ces rénégats, appelés à connaître une hécatombe en France. En Espagne plus encore où, pendant la guerre civile, deux officiers de l'INO, Alexandre Orlov (de son vrai nom Alexandre Felbine) et son adjoint Leonid Eitingon vont leur faire passer le goût de l'opposition.

Un traitement chirurgical analogue attend aussi les militants, beaucoup plus nombreux, du Parti ouvrier d'unification marxiste. Mieux implanté que le Parti communiste, surtout dans son fief de Catalogne, le POUM pèse d'un poids politique certain. Brouillés avec Trotski, trop directif et trop arrogant, ses dirigeants partagent cependant son analyse du stalinisme comme mouvement contre-révolutionnaire.

Impardonnable. Le 16 juin 1937 à Barcelone, Andreu Nin, le leader charismatique du POUM, est arrêté à Barcelone ainsi que d'autres dirigeants de son parti. Remis aux hommes d'Orlov par les communistes espagnols, cet homme de conviction meurt sous la torture plutôt que de signer des aveux préparés d'avance où il reconnaissait travailler... pour les services secrets nazis. Son corps est dissous dans de l'acide sulfurique.

Pour « expliquer » cette disparition gênante, l'INO devra mettre sur pied une fausse attaque de militants allemands des Brigades internationales qui, déguisés en uniformes nazis et jurant à dessein dans leur langue, laisseront traîner sur le sol des billets de 5 marks !

Orlov se heurte cependant à l'ancien chef du GRU Jan Berzine, conseiller auprès du camp républicain espagnol opposé à ses méthodes expéditives. Ce qui n'empêche pas l'homme de l'INO en Espagne de liquider Nikolaï Skobline, le traître de l'enlèvement du général Miller, mystérieusement englouti lui aussi par un pays en guerre civile où les disparitions sont quotidiennes.

Pendant ce temps-là, la chasse aux trotskistes s'intensifie dans toute l'Europe. Informée par un agent infiltré dans les milieux trotskistes, Mark Zborowsky alias « Etienne », une équipe de tueurs conduite par le numéro 2 de l'INO en personne, Mikhaïl Spiegelglass dit « Douglas », est parvenue à éliminer à temps un « illégal » du service, le Polonais Ignace Poretsky alias « Reiss », alias « Ludwig », qui s'apprêtait à rallier la petite IVe Internationale trotskiste et en avait, l'imprudent, averti les autorités soviétiques par une lettre-proclamation politique assez grandiloquente.

Après qu'une vieille amie, l'Allemande Gertrud Schilbach, a échoué une première fois (elle n'a pas osé lui remettre la boîte de bonbons à la strychnine préparée à son intention), Reiss sera criblé de balles en septembre 1937 sur une petite route près de Lausanne par un « torpedo », un tueur du service, l'aventurier monégasque Roland Abbiate, trente-trois ans, ancien bootlegger aux Etats-Unis à l'époque de la Prohibition, dont la sœur, Mireille, travaille également pour l'INO. On ignore ce que leur père, musicien monégasque connu, pensait de la partition sanglante jouée par ses deux enfants...

L'affaire aura une suite avec la mise sous surveillance de deux amis de Reiss : Walter Krivitsky, le résident de l'INO aux Pays-Bas, et le Hongrois Teodore Maly. Le premier réussira à fuir aux Etats-Unis avant de s'y suicider ou d'y être assassiné en février 1941. Quant au second, détenteur de trop lourds secrets, rappelé à Moscou, il y sera liquidé.

Mort à Trotski !

Exilé au Mexique, Trotski continue à défier Staline qu'il snobait déjà au temps de sa splendeur, décrivant (bien à tort) ce robuste Géorgien comme la « plus éminente médiocrité du Parti ».

Depuis son expulsion d'URSS en 1929, Trotski est surveillé par une équipe d'agents du NKVD où se distingue Leonid Eitingon alias « Naoum Kotov », qui l'a suivi à la trace dans son premier exil turc. Comme son chef en Espagne et aîné Alexandre Orlov (l'un est né en 1895 et l'autre en 1899), Eitingon a fait tout jeune ses classes dans la Tcheka, à traquer les paysans qui cherchaient à sauvegarder un peu de leurs récoltes, réquisitionnées au nom du « communisme de guerre ». Muté à l'INO en 1925, cet officier apparenté au clan puissant des Eitingon, intermédiaires commerciaux entre l'URSS et les Etats-Unis, a servi en Chine dans les rangs des conseillers soviétiques auprès des nationalistes de Chiang Kai-shek, alors proche de Moscou, et appartenu à un réseau du service de renseignements de l'Armée rouge aux côtés du légendaire Richard Sorge.

Mêlé à l'enlèvement du général Miller à titre personnel et peut-être même familial (son cousin le psychanalyste freudien Max Eitingon entretenait le « Rossignol de Koursk » sans que l'on puisse déterminer s'il lui versait des subsides pour l'amour de l'art choral ou pour celui du NKVD), Leonid a survécu à la défection d'Orlov. Pour la traque de Trotski, l'opération « Canard », ce vieux routier – trente ans de carrière dans l'ombre déjà – opère sur les ordres de son cadet le général Pavel Soudoplatov, le numéro 2 de l'INO.

Trotski habite Coyaocán, près de Mexico, une villa avec jardin transformée en forteresse sous la garde de militants armés. Un luxe de précautions qui n'a pas empêché, le 28 mai 1940, l'attaque d'un commando dirigé par David Alfaro Siquciros, communiste et artiste pictural mexicain qui gagnera dans cette opération ratée de peu le surnom de « Peintre au pistolet ». Pour Soudoplatov et son opérationnel sur place, Eitingon alias « Tom » cette fois, il est temps de mettre le turbo.

Le turbo en question s'appelle Ramón Mercader, vingt-sept ans, alias « Raymond » ou « Gnome ». Tout jeune, il est tombé dans le chaudron des services spéciaux soviétiques par la grâce de sa propre mère, Caridad Mercader del Rio. Communiste fanatique, cette aristocrate hispano-cubaine dévoyée (alias « La Mère ») a élevé ses fils à son image. Elle va transformer Ramón, le cadet, en exécuteur des basses œuvres. Un processus de perversion rapide sous le magistère d'Eitingon, que le jeune homme admire comme un fils privé de père peut porter aux nues son mentor.

Infiltré depuis 1939 dans les milieux trotskistes sous la fausse identité d'un homme d'affaires belge sympathisant, Jacques Mornard, Mercader commence par séduire une militante américaine qui l'introduit dans le saint des saints, la villa de Coyaocán.

Le jour du grand coup est le 20 août 1940. Sous couleur de lui faire relire un article politique, Mercader s'est ménagé un tête-à-tête avec Trotski. Après lui avoir assené un violent coup du pic à glace caché sous son imperméable, le tueur doit sauter à bord d'une voiture garée à proximité et prendre la fuite. Mais, même conçu comme un des beaux-arts, l'assassinat (« opération mouillée » – sous-entendu de sang – dans le vocabulaire tchekiste) reste tributaire du hasard. Il se trouve que, alertés par les hurlements de douleur de leur leader gravement blessé, mais encore vivant, les fidèles du « Vieux » s'emparent de Mercader avant qu'il parvienne à quitter la villa. Sa mère et Eitingon, qui l'attendaient dans l'auto, n'ont plus qu'à prendre la fuite. C'est dans la presse qu'ils apprendront la réussite de l'opération « Canard » et les détails de la capture de son exécutant.

Copieusement tabassé, le jeune tueur est remis à la police mexicaine devant laquelle il maintiendra obstinément la version convenue : le crime presque passionnel d'un admirateur déçu.

Sorti de prison en 1960 après vingt ans de silence absolu, Ramón Mercader a gagné ses galons de sujet d'élite des services spéciaux russes. L'année suivante, il va passer en URSS *via* Cuba. Mort en 1969, l'assassin de Trotski sera enterré à Moscou, sous le faux nom de Ramón Ivanovitch Lopez, discrétion oblige puisque le crime n'a jamais été revendiqué officiellement, mais avec le titre très recherché de héros de l'Union soviétique.

A la veille de la Seconde Guerre mondiale, cette dernière continue le combat contre l'Occident commencé dès sa fondation vingt ans plus tôt.

9

La première guerre froide

Dévorée par la panique, la vieille dame jaillit de la chambre un pistolet à la main. « C'est un agent du KGB ; il est venu pour nous tuer ! » hurle-t-elle en russe. Mikhaïl Feoktiskov blêmit. Ce 14 novembre 1969 à Chicago pourrait bien marquer la fin de sa courte existence d'officier de renseignement soviétique en poste aux Etats-Unis sous couverture de traducteur d'anglais à la délégation soviétique à l'ONU. « Je vais vous abattre », prévient Maria. Seul l'impressionnant sang-froid de son mari parvient à la calmer.

« Je ne suis pas venu pour tuer ! balbutie alors Feoktiskov. Ma mission est de vous informer qu'à Moscou tout le monde vous considère comme de bons camarades. On vous sait gré de n'avoir trahi aucun de nos secrets.

— Sortez », n'en ordonne pas moins Maria au visiteur.

A peine Feoktiskov a-t-il commencé de s'exécuter que son époux lui glisse à l'oreille : « Appelez-moi d'une cabine téléphonique. »

Le contact est enfin rétabli entre la Loubianka et l'ancien membre du très restreint « Petit Comité » de six membres qui, au milieu des années 1930 et sous la présidence d'Alexandre Poskrebychev, le secrétaire de Staline, rédigeait les notes de renseignements à produire devant le bureau politique. Ce défecteur n'est autre que l'ex-général Alexandre Orlov, Felbine de son vrai nom, déjà croisé au chapitre précédent quand il dirigeait les tueurs de l'INO en Espagne pendant la guerre civile.

Fuyant ses maîtres soviétiques, il s'est installé aux Etats-Unis en 1938. Dans ses bagages, ou plus exactement sa tête, cette impressionnante collection de secrets dont il ne livrera jamais la moindre parcelle au FBI : les conditions de transfert de l'or de la Banque d'Espagne en URSS, l'existence de l'Orchestre rouge en Allemagne, celle des « taupes » du réseau de Cambridge au cœur de l'aristocratie britannique. Et bien d'autres, dont une série de faits politiques et personnels que Staline n'avait certainement pas envie de voir s'étaler dans la presse occidentale.

Le silence d'Orlov constituait, en bref, son assurance-vie. Un contrat dont le défecteur avait formulé les termes dans la lettre déposée par un de ses cousins à l'ambassade russe de Paris après son départ pour l'Amérique du Nord. Adressé au « Nain sanglant » Nikolaï Iejov, alors le numéro 1 de la Loubianka, ce document énumérait les « perles de la Couronne » qu'Orlov promettait de garder pour lui si le pouvoir soviétique l'épargnait ainsi que sa famille, mais qu'il jurait de faire divulguer par un proche à la moindre tentative de meurtre.

Un message reçu 5 sur 5 à la Loubianka. Par son tout récent directeur adjoint Lavrenti Beria en particulier. Lequel allait mettre cette défection à profit pour prendre la place du « Nain sanglant » tout en interdisant à Soudoplatov, le numéro 2 de l'INO en charge des « opérations mouillées », de faire abattre l'exilé.

Surprenante mansuétude en pleine ère stalinienne ? Pas tant que cela si l'on se souvient qu'Orlov et le directeur adjoint de la police politique et des services soviétiques avaient partie liée depuis 1925, comme nous le rappelle Françoise Thom. La biographe de Beria penche pour une probable complicité tacite entre les deux hommes, opinion partagée, souligne-t-elle, par d'anciens membres du KGB. Le fait est qu'après le passage d'Orlov à l'Ouest, aucun réseau connu de lui ne devait être mis hors circuit, à rebours des règles de sécurité usuelles.

On dira en bref que chacune des deux parties a respecté les termes de l'accord proposé par Orlov. A commencer par l'intéressé lui-même : c'est de sa belle mort qu'il mourra en 1973.

Par son exquise discrétion, le transfuge à la bouche cousue, fidèle au régime soviétique, a privé les services occidentaux de renseignements de premier plan dans le long bras de fer contre leurs adversaires soviétiques.

Un affrontement commencé au lendemain du coup d'Etat d'octobre 1917 et que l'on pourrait appeler la « première guerre froide ».

De la révolution mondiale à la défense de l'URSS

La première guerre froide a commencé dès 1918, pour connaître d'importantes variations : isolement du nouveau régime d'abord, puis reconnaissance du bout des lèvres par les pays occidentaux entraînant l'établissement de relations diplomatiques avec l'URSS.

En 1918 à Moscou, la révolution communiste mondiale reste l'objectif numéro 1. Avec des nuances cependant : Trotski, l'homme pressé du bureau politique, la voit pour demain matin, quand Lénine et Staline, qui partageaient voici peu cette fièvre obsidionale, songent déjà à privilégier l'Etat soviétique. Les échecs s'accumulent à l'intérieur (effondrement de la production industrielle et agricole) et à l'extérieur (invasion manquée de la Pologne par l'Armée rouge en 1920, soulèvements avortés en Allemagne). Le réalisme dicte donc sa loi : une pause. L'heure a sonné de la Nouvelle Politique économique, la NEP*.

Protéger l'URSS des « menées impérialistes » devient alors la priorité des priorités, étant entendu que la meilleure défense du prolétariat, c'est l'attaque, autrement dit des opérations de renseignement agressives bien au-delà des pratiques d'espionnage routinier régissant les rapports entre Etats « bourgeois ». Tous les coups, même les pires, sont permis à la « patrie des travailleurs ». Si elle frappe, c'est seulement pour éviter que ses innombrables ennemis l'agressent.

En parallèle, le renseignement se professionnalise et s'étatise, mobilisant des communistes ou des sympathisants de la cause à l'étranger sous le contrôle d'une petite phalange de spécialistes de haute volée. Nombre de ces premières recrues des services soviétiques première manière ne se considèrent pas comme des espions, mais comme des « opératifs » (agents opérationnels) de l'Internationale communiste, le Komintern. Laquelle s'est dotée

---

* Initiée la mort dans l'âme par Lénine entre mars et octobre 1921, la NEP (Novaïa Ekonomitcheskaiia Politka, soit « Nouvelle politique économique ») desserre un peu l'étau sur les producteurs soviétiques : dénationalisation du commerce extérieur, des entreprises industrielles de petite dimension et, à la campagne, fin des réquisitions agricoles remplacées par un système d'impôts. Ses résultats à court terme sont bons, mais elle crée une classe de nouveaux riches, les *nepmen* et les *koulaks*, qui pourraient menacer le régime.

dès 1920-1921 d'un appareil clandestin, l'Otydel Medjounarodnoi Sviazi (Département des liaisons internationales). Entre cet OMS et l'INO, le moins que l'on puisse dire, c'est que les frontières sont poreuses : fondateur du premier, Mikhaïl Trilisser sera presque aussitôt le patron du second. L'OMS se dote d'ailleurs de son propre service d'espionnage, qu'on désignera sous le vocable explicite d'*Aufklärungsapparat*, l'« appareil de renseignement ». Avant d'être détrôné par le russe, l'allemand fut en effet la novlangue des années initiales du Komintern : « opérateur clandestin » s'y traduisait par *Konspirative Arbeiter*, soit « travailleur conspiratif », et ainsi de suite.

Bref, on œuvre en famille au sein de la grande fratrie communiste internationale, où les aînés dévorent souvent leurs cadets, à moins que ce ne soit l'inverse.

La « Maison de Chocolat »

Troisième pilier du renseignement soviétique avec l'INO et l'OMS, les services secrets militaires ont été impulsés en octobre 1918 par Trotski, toujours commandant en chef et... encore attentif aux suggestions du capitaine George Hill, agent IK 8 du MI 6, qui, avant la signature de l'accord de Brest-Litovsk avec l'Allemagne, le conseillait en la matière.

Craignant la constitution d'un contre-pouvoir militaire de nature « bonapartiste » (les dirigeants bolcheviques puisaient beaucoup de leurs concepts dans le déroulé de la Révolution française), Lénine et Dzerjinsky n'en étaient guère partisans. Ils ont cependant laissé faire dans la mesure où ce petit service de renseignements ne serait d'abord qu'un sous-ensemble de la Tcheka dédié au contre-espionnage et au renseignement politique, et mis à la disposition de l'Armée rouge en temps de guerre seulement.

Trotski, qui ne dédaigne aucune occasion d'élargir son domaine, et les têtes pensantes de l'armée, notamment les généraux Serguei Kamenev, Mikhaïl Toukhatchevsky, Mikhaïl Frounzé et Ieronim Ouborevitch, poussent cependant à son autonomisation. Tellement qu'en 1920 leurs efforts aboutissent à la mise sur pied du 4ᵉ Bureau de l'état-major de l'Armée rouge, dont un prikaze du 3 mai 1921 précisera le mode d'organisation. On l'appellera par la suite GRU (Glavnoe Razvedatelnoe Oupravlenie, soit Direction principale de renseignements), sigle sous lequel nous le désignerons désormais par désir de simplification, au risque de commettre quelques anachronismes.

Ses fonctions sont celles d'un service secret militaire classique, renseignement à caractère stratégique, économique et diplomatique inclus. En beaucoup plus politisé toutefois. Dans la perspective insurrectionnelle léniniste, le GRU assure par exemple la formation militaire de l'appareil clandestin des partis communistes. Ainsi supervisera-t-il la mise en place de groupes de combat urbain qu'on désignera à l'occasion par l'acronyme russe « Tchon » pour Tschasti Osobavo Nasnatchiiaa (« Sections à destination spéciale »). Jusqu'au milieu des années 1970 d'ailleurs, les Spetsnaz (forces spéciales) soviétiques continueront à entraîner en URSS quelques militants du PCF triés sur le volet par le KGB aux techniques de paralysie des transports et de sabotage des installations collectives : centraux téléphoniques, canalisations, égouts.

Les premiers organisateurs du GRU seront un spécialiste militaire breveté sous l'Ancien Régime, le colonel Kosmatov, et surtout Simon Aralov, un ancien officier de renseignements de l'armée tsariste. Mais à tout seigneur, tout honneur : l'architecte véritable du GRU s'appelle Jan Berzine, son patron entre 1924 et 1935, année où s'accélérera un processus de satellisation du service par l'INO.

Né Peter Kyusis en 1889 dans une famille d'agriculteurs lettons, ce chef charismatique adoré de ses agents a connu le militantisme clandestin, la prison et le coup d'Etat d'Octobre au sein du comité du parti bolchevik de Petrograd. Ses premières armes dans le contre-espionnage, le camarade Berzine, chef d'une unité spéciale chargée de la sécurité personnelle de Lénine et des hauts dignitaires du nouveau régime, les fera contre les Britanniques au moment de la « conspiration de Lockhart ». Commissaire du peuple aux Affaires intérieures de Lettonie, il crée sur place les premiers détachements de CE militaire sous le contrôle de la Tcheka. Une bonne manière de se mettre le pied à l'étrier, faut-il croire, puisqu'en avril 1921 le voilà muté au GRU, bientôt domicilié à la « Maison de Chocolat », 19, rue Znamensky.

Adoré de ses hommes qui le surnommeront vite « Starik » (« le Vieux »), il y prend le commandement du 3e Bureau, en charge de l'espionnage à l'étranger, recrutant un adjoint, le commandant Oskar Stiga, chef du groupe Orient à la section des Opérations, et une secrétaire, Natalia Zvonareta, qui finira sa carrière comme colonel du service.

Un GRU bientôt auréolé de belles réussites, par exemple en France.

Hermine rouge et secrets militaires

Né en 1892, Breton du pays nantais, ancien ouvrier anarcho-syndicaliste de l'arsenal militaire d'Indret, Jean Cremet adhère au Parti communiste dès sa fondation. Typique des jeunes travailleurs fascinés par l'URSS naissante, Cremet, responsable interfédéral du PCF pour la Bretagne, surnommé « l'Hermine rouge », s'installe à Paris en 1923.

Membre du bureau politique, secrétaire général adjoint, conseiller municipal du XIVe arrondissement de la capitale, figure très en vue de la lutte contre la guerre coloniale au Rif (cette région montagneuse du Maroc septentrional où la Nachrichtenstelle für den Orient et la IIIb tentaient voici encore peu d'encourager le sentiment indépendantiste aux dépens de la présence française), il crée beaucoup plus discrètement un réseau de renseignements militaires à la demande d'Ivan Maslennikov alias « Dick », le résident du GRU en France, et de Boris Fradkine dit « Voline », un diplomate posté en France depuis la reconnaissance officielle de l'URSS en 1924.

Moscou entend rationaliser le travail de ses agents de renseignements sur place. Alexandre Orlov, déjà lui, se voit attribuer la direction du réseau parisien de l'INO sous couverture de diplomate de la mission commerciale soviétique. Flanqué de ses adjoints les deux Dimitri, Lordkipanadzé et Smirnov, « Lev Nikolaïev » – sa fausse identité du jour – infiltre les milieux décideurs, prolongeant notamment auprès d'une personnalité politique de premier plan, Anatole de Monzie, le travail de satellisation commencé par Iakov Davtian, fondateur du département Etranger, puis son représentant à Paris. Plusieurs fois ministre des Finances, président de la commission des affaires russes à la Chambre des députés, Monzie plaide en effet – pas par hasard – pour de bonnes relations avec l'URSS.

Cremet et ses deux officiers traitants, eux, s'occuperont d'espionnage militaire. Mutée de l'*Aufklärungsapparat* de l'OMS comme c'est assez fréquemment le cas, la baronne balte Lydia Stahl née Chkalov (« Olga Bartic ») vient épauler « l'Hermine rouge ». Une Française fait de même : Louise Clarac (« Louise Labeaume »), sa secrétaire et bientôt sa maîtresse.

Chef de réseau particulièrement actif et compétent, Cremet dispose d'auxiliaires qui ne le sont pas moins en les personnes du serrurier Pierre Provost, de l'électricien Jean-Marie Depouilly ou encore du métallo Georges Ménétrier. Assez pour pénétrer les arsenaux, les poudreries, les parcs d'artillerie, les usines et les centres de recherche aéronautiques, les fabriques de chars d'assaut, les ateliers de conception des masques à gaz, les chantiers navals, les forges, les aciéries, autant de lieux qui intéressent bougrement la « Maison de Chocolat » à une époque où la France se situe en pointe dans le domaine de la technologie militaire.

Bien que l'expression n'existe pas encore – elle naîtra côté franquiste pendant la guerre civile d'Espagne –, on peut presque parler de « cinquième colonne » prolétarienne. Et « l'Hermine rouge », non content de contrôler en sous-main la Fédération syndicale du personnel civil des établissements militaires, dont on voit bien l'avantage qu'elle présente dans le cadre de sa mission, dispose en outre du concours de certains animateurs de l'Ustica, l'Union syndicale des techniciens de l'industrie, du commerce et de l'agriculture, qui tente d'étendre l'influence communiste aux classes moyennes.

La Surtanche frappe toujours trois fois

Tant va cependant la cruche du renseignement industriel qu'elle commence à se briser au début de février 1925, quand le commissaire Louis Ducloux, robuste Bourguignon en charge du Service de surveillance des espions à la Sûreté générale, fait prendre Louise Clarac en filature. De quoi épaissir le dossier Cremet, traité en commun avec le spécialiste des affaires soviétiques à la Surtanche, Charles Faux-Pas-Bidet, dont on se souvient qu'il fut emprisonné un temps à Moscou au moment de la « conspiration Lockhart » ; avec le capitaine Eugène Josset, chef de la section russe du Service de renseignements ; et enfin le capitaine de frégate Paul Chenouard, du SR Marine.

Un conseiller municipal de Paris et secrétaire général adjoint du PCF quand même ! Mieux vaut cheminer prudemment. On n'agira qu'en pleine connaissance de cause. C'est le cas en avril 1927, quand la Sûreté lance enfin ses filets. La plupart des membres du réseau sont interpellés à l'exception notable de la baronne Stahl, et surtout de Cremet et de Clarac.

Cremet, où se cache-t-il ? Le 14 mai, le quotidien communiste *L'Humanité* publie une interview où le dirigeant en fuite livre sa conception de l'espionnage, sans entrer bien entendu dans les détails gênants comme son appartenance au GRU :

> Chaque ouvrier (et non seulement chaque communiste) est un ennemi du capital et « espionne » – allons-y pour le mot, je l'accepte dans ce sens –, et « espionne » dans sa sphère de travail et d'action. Il n'espionne pas pour de l'argent, mais pour la révolution qu'il doit préparer, mettre tous les perfectionnements de l'industrie du capital à la disposition de sa classe pour écraser dans la lutte révolutionnaire les forces bourgeoises ! Ce n'est pas là une question de goût, mais une nécessité de classe, un devoir de classe, une probité de classe.

Rarement vit-on apologie plus explicite du renseignement industriel au profit de Moscou. Cremet n'en a cure qui, exfiltré *via* la Suisse par le GRU, se réfugie en URSS, ainsi que Louise Clarac.

Bientôt séparés, les deux amants connaîtront un destin extraordinaire que Roger Faligot et moi-même avons révélé dans nos deux ouvrages *As-tu vu Cremet ?* puis *L'Hermine rouge de Shanghai*. Repêché par la « Maison de Chocolat » alors que Staline songeait à se débarrasser de ce demi-dissident, envoyé en mission en Indochine puis en Chine aux côtés de Hô Chi Minh et de Mao Zedong, Cremet va disparaître des écrans radar du GRU en 1931, à l'occasion d'un vaste coup de filet touchant à la fois l'appareil clandestin du PC chinois et le bureau d'Extrême-Orient du Komintern dirigé par Jakob Rudnik et Tatiana Moïssenko.

Mort, comme lui-même en fait courir la rumeur ? Déserteur tout simplement, mais pas de la même manière qu'Orlov. Aidé par André Malraux et sa femme Clara, « l'Hermine rouge » reviendra clandestinement en France, vivra sous une fausse identité en Belgique, fournira en armes les républicains espagnols, créera enfin pendant la Seconde Guerre mondiale un autre réseau de renseignements proche du MI 6 (de résistance contre l'Allemagne nazie cette fois et notamment ses rampes de lancement des fusées V1), avant de mourir à Bruxelles le 26 mars 1973 sous le nom de « Gabriel Peyrot ». Vingt-six ans presque jour pour jour après Louise Clarac alias « Marie-Thérèse Voisin », victime le 13 février 1947 d'une congestion cérébrale alors qu'elle était en route pour reprendre la vie commune avec lui.

Nouveaux tangos à Paris

En 1927, c'est un Polonais connu, entre autres, sous le pseudonyme de « général Paul Muraille » qui a pris la succession de Cremet au commandement du réseau clandestin du GRU en France.

L'année suivante, en septembre 1928, nouveau coup dur à Paris pour les Soviétiques : la fuite à l'Ouest du secrétaire personnel de Staline, Boris Bajanov. Après évaluation du transfuge, la section russe de la branche Recherche du SR français, toujours commandée par Eugène Josset qu'assiste un Russe blanc, Eugène Delimarski alias « Edouard Delarny », décide qu'il est bon à « tamponner » (« recruter », en jargon des services français).

C'est bientôt chose faite. Jusqu'à la Seconde Guerre mondiale, Bajanov, qui connaît personnellement tous les dirigeants historiques du communisme, va être un consultant de première valeur, faisant des services français les mieux renseignés en Occident sur la psychologie des hautes sphères soviétiques en général et de Staline en particulier. Reste que, en l'absence de passerelles solides avec les décideurs politiques, les services ne pourront pas faire grand-chose d'un si haut degré de savoir.

Un problème récurrent que nous rencontrerons à maintes reprises dans cet ouvrage. Les services français ne sont pas « moins bons » par nature que leurs homologues britanniques ou autres, la qualité des uns et des autres dépendant des époques et des opérations menées. Mais à coup sûr moins influents auprès des élites dirigeantes, en général indifférentes aux questions de renseignement. De quoi leur enlever une bonne part de leur efficacité…

De leur côté, les Soviétiques s'inquiètent de la défection de Bajanov : le transfuge sait trop de choses, il doit mourir.

Le 26 juin 1930, un agent de l'INO, Gueorgui Agabekov, débarque à Marseille. Quand va-t-il frapper ? Jamais, car, pour des raisons toujours inconnues aujourd'hui, le « centre » de Moscou envoie un contrordre. Rappelé, muté en Turquie, rappelé de nouveau, Agabekov, épris dans l'intervalle d'une belle Anglaise, Isabel Streater, sent le vent du boulet. Alors lui aussi déserte pour obtenir l'asile politique à Bruxelles : on ne dira jamais à quel point la cruauté d'un régime soviétique éliminant systématiquement une partie de ses meilleurs serviteurs aura privé ses propres services secrets d'excellents éléments et fourni à ses adversaires autant d'occasions. Pas exploitées à bon escient, il est vrai…

Quoi qu'il en soit, la Surtanche ne désarme pas. « Muraille » court encore ? Pas pour longtemps. Le 3 avril 1931, le Service de surveillance des espions le fait interpeller par une brigade mobile à la station de métro Sèvres-Babylone. Condamné à trois ans de prison, cet opératif chevronné regagnera l'URSS à la fin de sa peine sans avoir rien révélé, pas même son identité.

La noria continue. Un juif communiste lituanien, Isaïa Byr alias « Fantômas » (pseudonyme emprunté au héros maléfique des romans populaires de Pierre Souvestre et Marcel Allain), va prendre la relève. Assisté d'Alter Strum (en allemand : Adolf Strom), un ingénieur autrichien d'origine galicienne, cet étudiant en chimie poursuit l'espionnage « de classe » cher à Cremet. Cette fois, par le biais des *rabcors* (contraction francisée des deux mots russes *rabotchi korrespondent*, soit « correspondant ouvrier »). Certains de ces reporters bénévoles de *L'Humanité*, les plus inconditionnels, passent à la demande de « Fantomas » du statut de prolétaire rebelle à celui d'agent de renseignements. Le tout en coordination avec son bras droit français, le journaliste communiste André Philippe (alias « Philippe Liogier »).

Ces travailleurs égarés par idéologie sont assez nombreux. Trop pour échapper à l'œil vigilant du commissaire Faux-Pas-Bidet. Le coup de filet de la Surtanche : une centaine d'arrestations, suivies de neuf mises en examen, intervient en juin-juillet 1932.

Condamné à trois ans de prison de même que son compatriote et adjoint polonais Alter Strum, « Fantomas » purgera sa peine avant d'aller rejoindre « Muraille » en URSS. Là encore on dirait du roman, mais tout est vrai.

Des mésaventures en série de ses réseaux français de 1925 à 1932, la « Maison de Chocolat » ne tarde pas à tirer la conclusion sous forme d'un changement de méthode. L'heure est à la professionnalisation, au cloisonnement. En attendant que les conditions soient réunies pour l'établissement d'un résident « légal » œuvrant sous couverture diplomatique, le travail doit être confié à un « illégal » implanté de longue date et familier des méthodes du travail clandestin, la *konspiratsiia*.

Un agent qui opérera en limitant au maximum les contacts avec le PCF. Et en même temps, un homme rompu aux manières de la bourgeoisie et de l'administration françaises qu'il s'agit d'infiltrer directement, l'expérience des *rabcors* n'ayant pas produit les résultats escomptés.

Le candidat à ce poste est tout désigné. Ancien bras droit de « Muraille », il s'appelle Henri Robinson. Nous aurons l'occasion de reparler en détail de cet ancien chef de la branche occidentale de l'*Aufklärungsapparat* un peu plus loin dans cet ouvrage, en particulier à propos du destin de la galaxie de réseaux connus sous le nom d'« Orchestre rouge ».

Notons pour clore notre séquence consacrée au réseau Cremet que son démantèlement fut suivi à un mois près par une autre grande affaire de renseignement démontrant la nécessité de compartimenter les réseaux en dégageant la responsabilité de l'URSS.

Big Ben sonne pour nous l'heure d'évoquer la première guerre froide de l'autre côté de la Manche. En commençant par la manière – différente – dont les services secrets de Paris et de Londres ont vécu la fin de la Grande Guerre.

Nos services, « Old branch »

Le flux les emporta, le reflux les remporte. Le grand conflit mondial de 1914-1918 terminé, les effectifs des communautés occidentales du renseignement ont fondu à vue d'œil.

Une bonne raison à cela : le désir bien légitime des mobilisés de retourner à la vie civile. Pour ne parler que d'eux, les 300 à 400 spécialistes de haut niveau que comptait le 5e Bureau du colonel Goubet en 1918 retournent pour la plupart dans leurs foyers sans que quiconque – travers bien français – songe à tirer avec eux le bilan de l'expérience originale qui les a rassemblés à partir de 1915.

Culte du secret oblige, beaucoup se croient en outre interdits d'échanges à ce sujet avec leurs anciens camarades. Une sorte de rideau de fer intellectuel s'abat, la France perdant ainsi un capital difficilement acquis en matière de renseignement. De même que le partage des informations avec l'allié britannique, courant pendant le conflit même s'il faut se rappeler qu'il n'a jamais débouché sur un partage des sources, s'envole au vent des divergences d'antan. Français et Britanniques, par exemple, ne sont pas du tout d'accord quant à l'avenir de l'Allemagne, de l'Europe de l'Est, de la Grèce, de la Turquie et naturellement de l'Irlande insurgée, Londres craignant que Paris, qui possède encore la plus solide armée de terre moderne du monde, ne façonne le Vieux Continent à sa manière.

On parlait des civils, mais la baisse des effectifs concerne aussi bien les militaires de carrière. Dans les années 1920, la centrale du service français du colonel Robert Lainey, le SR-SCR, ne comptera par exemple qu'un minimum de 28 personnes pour un maximum de 70 auparavant. A quoi il faut ajouter la quarantaine d'officiers postés à l'étranger, le plus souvent dans les ambassades. Bien peu pour remplir les tâches d'espionnage, apanage du SR, et celles de la partie du contre-espionnage qui échoit à la SCR dans un partage des responsabilités compliqué avec le Service de surveillance des espions de la Surtanche.

Le schéma directeur, en outre, n'évolue guère. Le politique se mêle peu des affaires d'une communauté du renseignement toujours divisée entre militaires, historiquement suspects depuis l'affaire Dreyfus même si la Grande Guerre a beaucoup redoré leur blason, et policiers jugés plus à la main du pouvoir.

L'Intelligence Service voit la même baisse d'effectifs que son homologue français, mais, par contraste, il va connaître une sérieuse réorganisation fondée sur le désir de capitaliser les expériences vécues entre 1914 et 1918.

Pour l'essentiel, MI 5 et MI 6 doivent maintenant faire face à une configuration du temps de paix. Si l'on excepte bien sûr la guerre d'indépendance irlandaise où Michael Collins, le chef

« renseignements-opérations » de l'IRA (Irish Republican Army), l'armée nationaliste clandestine, porte des coups terribles aux hommes du Director of Intelligence basé à Dublin, le colonel Ormonde Winter de l'Epée. Citons l'exécution simultanée, le dimanche 21 novembre 1920, de 14 officiers des services spéciaux anglais pour la plupart acheminés du Caire les jours précédents dans le plus grand secret. La menace soviétique pèse aussi naturellement – Londres nourrira d'ailleurs sans preuve tangible le fantasme d'une alliance secrète entre Moscou et les nationalistes de la Verte Erin.

A l'initiative du War Office, un Comité des services secrets associe depuis 1919 certains responsables politiques à ceux des organismes de renseignement. C'est Maurice Hankey, ancien de la Naval Intelligence Division, secrétaire du War Cabinet et bientôt « éminence grise » des services, qui tient l'agenda de ce comité.

Les discussions entre le président du comité, le sous-secrétaire au Trésor Warren Fisher ; le nouveau directeur du renseignement militaire George Cockerill ; le directeur de l'India's Home Intelligence Department Cecil Kaye ; l'amiral Hugh Francis Paget Sinclair dit « Quex », remplaçant de « Hall les yeux clignotants » à la tête du renseignement naval ; l'éternel directeur du MI 5 Vernon Kell ; et bien entendu « C », le patron du MI 6 (Mansfield Cumming encore, mais il est déjà malade), aboutissent à une nouvelle architecture du renseignement britannique.

Tandis que le MI 5 élargit ses compétences en contre-espionnage et surveillance des mouvements subversifs à l'ensemble de l'Empire, le MI 6 passe définitivement sous le contrôle du Foreign Office. Un rattachement qui traduit bien la conception britannique des services extérieurs comme élément constitutif de la politique étrangère, mais entraînera certaines réticences parmi les diplomates, pas très enthousiastes à la perspective de cohabiter avec des agents secrets. Circonspection assez vite surmontée cependant si on la compare avec celle de leurs équivalents américains du Département d'Etat, gênés de nos jours encore par la présence dans leurs rangs d'officiers de la CIA opérant sous couverture.

Le MI 6 travaille directement vers l'URSS à partir de ses postes de Tallinn et Riga, largement manipulés par des Russes blancs prêts à tout pour abattre le régime. En Angleterre même, il œuvre contre Moscou de conserve avec le MI 5, ainsi qu'avec certaines officines de renseignements privées de droite, comme le Conservative Research Department, proche de Joseph Ball, patron de la B Branch du MI 5 en charge de la répression des menées communistes, de l'espionnage soviétique en Grande-Bretagne et de l'action des agents du Komintern. Industriel et homme d'affaires, Ball s'associera après son départ du service avec lord Swinton au sein du Security Executive, une création 100 % anticommuniste de Winston Churchill.

Ces rapports incestueux entre milieux économiques et services secrets peuvent aller jusqu'à l'extrême droite, comme dans le cas du Committee to Collect Information on Russia, auquel fut associé Sidney Reilly. De l'Organisation Makgill surtout, service de renseignements « industriels » (patronal en réalité) créé par un baronnet, George Makgill, avec le soutien financier de la Fédération des industries britanniques et de l'Association des propriétaires de mines de charbon et des armateurs. Une proximité qui coïncide parfaitement avec la vision communiste qu'elle est censée contrebattre, mais on n'en est plus à une contradiction près...

Officiels ou « parallèles », ces activistes se font peur en circuit fermé, exagérant un danger réel – Moscou instruit, commande et finance bien le PC de Grande-Bretagne – mais circonscrit, dans la mesure où le MI 5 a déjà identifié les cadres du parti directement impliqués dans des activités clandestines, tandis que les ouvriers anglais, plutôt réformistes de tempérament, se montrent peu à l'écoute de la propagande moscoutaire.

Il est vrai qu'aux yeux des animateurs du Conservative Research Department ou de l'organisation Makgill, sectaires comme personne en matière sociale, les mains calleuses restent par nature suspectes d'un double manque de loyalisme envers la Couronne et envers leurs propres employeurs. Une analyse dénuée de finesse qui incite à voir des subversifs partout. Bien compris, le contre-espionnage n'est pourtant rien d'autre que l'art du discernement.

Passons. La grande nouveauté introduite par les travaux du Comité des services secrets, c'est le regroupement de la Room 40, les casseurs de codes de la Naval Intelligence Division que nous avons vus à l'œuvre au moment de l'épisode du télégramme Zimmermann, avec leurs collègues de la section cryptographique du War Office, le M11(b) du colonel Arthur French. La fusion de ces deux équipes de spécialistes de haut niveau aboutit, le 1er novembre 1919, à la création du Government Code and Cypher School, ancêtre de l'actuel GCHQ (Government Communications Headquarters), brillant second de la NSA (National Security Agency) américaine.

Patron du GC & CS, le toujours écossais et toujours hyperdoué Alastair Denniston sera secondé par Edward Travis. Outre Oliver Strachey, frère aîné de l'écrivain Giles Lytton Strachey, son équipe comprend, on l'a dit, des cryptographes de grande valeur, comme Sidney Fryer, Dillwyn Knox ou William Clarke.

Sa mission officielle consiste à protéger les communications du Royaume-Uni en vérifiant notamment la qualité des méthodes de cryptage des départements de l'administration, secrets ou non. Chose curieuse, mais pas tant que cela quand on connaît l'exquise discrétion de la Couronne dès lors que les organismes de renseignements sont en cause, le décryptage, vocation essentielle du nouveau service, n'apparaît pas à titre officiel. A une époque où la vérité sur le télégramme Zimmermann demeure secret d'Etat – c'est seulement à la fin des années 1920 que filtreront quelques éléments relatifs aux opérations cryptologiques de la Grande Guerre –, pas question de rendre publiques les capacités des Britanniques en la matière.

Elles progressent pourtant à grands pas. D'abord placé sous la coupe de la Naval Intelligence Division qui lui a fourni une grosse part de ses cadres, le GC & CS passera en 1922 sous la houlette du Foreign Office, lequel en rétrocédera dès l'année suivante le commandement au MI 6, dont lui-même assure la tutelle. Ainsi les interceptions sont-elles reconnues comme un autre moyen – inavouable bien entendu – de la politique étrangère.

Les effectifs du GC & CS avoisinent bientôt les 90 personnes. Des hommes et des femmes (à titre subalterne, pas d'anachronisme !) que rien ne prédisposait particulièrement à la lutte anticommuniste et qui vont pourtant y jouer un rôle capital.

Les maîtres décrypteurs

Un des talons d'Achille des services soviétiques résulte de la décision prise à leurs débuts : tirer un trait sur les systèmes de cryptage hérités des prédécesseurs tsaristes. Rompus de longue date aux procédés rudimentaires de la clandestinité militante, sans doute les premiers chefs du Komintern et de l'INO s'estimaient-ils capables de rendre leurs communications invulnérables sans recourir à des systèmes cryptologiques complexes et difficiles à manier.

L'OMS continuera par exemple longtemps à utiliser le code Lieber (du nom de son inventeur américain, Franklin Lieber), un dictionnaire de phrases toutes faites codées au moyen de lettres et de chiffres familier aux très capitalistes agents de change et autres représentants de commerce internationaux, mais que surpasse bientôt en discrétion et en fonctionnalités la puissante machine à crypter Enigma, commercialisée à des fins civiles à partir de 1923 par la société du Dr Arthur Scherbius, et que la marine de guerre allemande adaptera à partir de 1926 au domaine militaire.

Demeurer au stade artisanal en matière de cryptage comme le fait ainsi le Komintern revient à sous-estimer l'adversaire « capitaliste ». Nous savons les Français très efficaces dans le domaine de la cryptologie, mais les Britanniques ne le sont pas moins, d'autant qu'ils disposent, comme indiqué un peu plus haut, d'un spécialiste très qualifié en la personne d'Ernst Fetterlein, as en son temps du Chiffre russe parvenu à prendre le large sur un navire suédois au moment de la révolution.

En mars 1921, le Royaume-Uni signe un premier accord commercial avec l'URSS.

« Les Russes n'ont pas la moindre intention de le respecter, révèlent alors les responsables des services, faisant état des décryptages réalisés par l'équipe d'Alastair Denniston.

— Nous allons faire connaître cette déloyauté à la presse », s'étranglent les officiels.

Autant téléphoner directement au Kremlin pour avertir Lénine qu'une partie des communications soviétiques sont décryptées ! « Quex » Sinclair et Basil Thomson ont beau s'opposer à de telles révélations, ils ne sont pas écoutés. Les articles dénonciateurs paraissent.

Si les médias font leur miel de l'affaire, l'accueil est, on s'en doute, tout différent au GC & CS : à quoi bon s'échiner quand les secrets soviétiques qu'on a eu tant de mal à percer sont exposés sur la place publique ?

La « lettre Zinoviev »

Médias et services secrets : un thème de réflexion que l'épisode de la « lettre Zinoviev » fait émerger de nouveau trois ans plus tard.

L'affaire commence début octobre 1924, dans un contexte de méfiance entre Ramsay MacDonald et l'Intelligence Service, que ce Premier ministre travailliste soupçonne de complicité avec ses adversaires conservateurs. Non sans raison d'ailleurs, puisque mille liens attachent le MI 5 et le MI 6 aux élites politiques traditionnelles, dont leurs dirigeants sont issus. Les services se représentent d'ailleurs le chef du gouvernement comme un cheval de Troie du communisme, sorte d'émule britannique de Kerensky.

C'est donc peu dire que le climat est tendu. Leader d'une coalition fragile entre son Labour Party, au pouvoir pour la première fois de l'Histoire, et ses alliés libéraux du moment, le chef du gouvernement sait en outre la campagne des législatives mal engagée.

Sur ces entrefaites, le MI 6 prend connaissance d'un document explosif où Grigori Zinoviev, le président du Komintern, et deux autres hiérarques de l'organisation révolutionnaire internationale donnent aux communistes anglais des consignes insurrectionnelles. Ils les incitent notamment à noyauter l'armée et la flotte, tout en présentant MacDonald comme un gogo qui fait le jeu de Moscou sur le plan commercial.

Probablement rédigé par deux faussaires russes blancs, Fried et Droushelovsky, ce texte a transité par le canal du « service de renseignements industriels » Makgill, lequel revendique, à juste titre semble-t-il cette fois, un informateur dans les hautes sphères du PC de Grande-Bretagne répondant au pseudonyme de « Jim Finney ».

Manœuvrée par des Russes blancs qui ne rêvent que plaies et bosses, la source FR/3/K de la station MI 6 de Riga assure pour sa part, mais sans même citer le nom de Zinoviev et sans évoquer l'existence d'un document écrit, que le Komintern presserait les communistes anglais d'agir. En période de lutte pour la succession de Lénine, mort au début de l'année, une telle surenchère n'a rien que de très probable, mais de là à laisser traîner des preuves écrites alors qu'il suffit de faire passer des consignes verbales aux chefs du PC de Grande-Bretagne par le canal de l'OMS...

Prend-on les dirigeants du Komintern, fanatiques certes mais pas idiots, pour des demeurés ? Quand deux sources aléatoires comme FR/3/K et « Jim Finney » rapportent à peu près la même chose sans en fournir la preuve, quand un document écrit jaillit par miracle à la bonne heure et au bon endroit, il y a tous les motifs de se méfier. D'autant que, pour les besoins de la cause antirouge, l'organisation Makgill et le MI 6 vont faire dire à « Finney » ce qu'il n'a jamais prétendu, c'est-à-dire que la « lettre Zinoviev » serait déjà en cours de discussion dans les milieux dirigeants du PC.

Bref, au lieu de se donner les moyens de vérifier, de recouper, de pondérer, d'analyser, on court, on vole ! Dans cette sombre affaire de manipulation à tiroirs, le major Desmond Morton, chef de la Section V, la branche anticommuniste du MI 6, prend sur lui d'authentifier le faux document au nom du service sur la base de ses propres préjugés et de ses excellentes relations politico-personnelles avec Makgill.

Morton sera le premier officiel à mettre le doigt dans l'engrenage au nom des intérêts supposés de la Couronne. Toute la hiérarchie du service, à commencer par Hugh « Quex » Sinclair, son nouveau directeur en remplacement de Mansfield Cumming, fonce derrière lui comme un seul homme dans une brèche d'autant plus arrangeante qu'elle permet de porter un coup à MacDonald, présenté comme l'otage potentiel des rouges.

Soufflé par la mâle assurance de « Quex » et du MI 6, le sous-secrétaire permanent du Foreign Office, Eye Crowe, décide à son tour de prendre la lettre pour argent comptant. Sans doute voit-il dans cette affaire une occasion de dédouaner de toute complaisance envers l'URSS un gouvernement qui s'est montré jusque-là partisan de la détente avec Moscou. A moins, autre hypothèse, que Crowe ne joue un jeu plus trouble dans le dos du Premier ministre.

Quoi qu'il en soit de ses mobiles, le sous-secrétaire persuade MacDonald de l'authenticité de la lettre et de la nécessité d'en informer le public, premier stade selon lui d'une puissante réaction britannique aux menées subversives de Moscou.

Le Premier ministre accepte. Justement, un des éditeurs du très droitier *Daily Mail* se trouve être un ami personnel du lieutenant-colonel Freddie Browning, ancien adjoint de « Hall les yeux clignotants ». Suivez notre regard : le 25 octobre 1924, ce journal présente la « lettre » à ses lecteurs, l'illustrant de manière assez fielleuse par un portrait de Zinoviev qui sent son antisémitisme à des lieues (né Radomilsky, le président du Komintern est d'origine juive).

Cette « révélation » fait naturellement grand bruit. Comme le rapportera la presse du lendemain, dûment tuyautée, le Foreign Office proteste aussitôt auprès des autorités soviétiques. Un durcissement qui ne suffit pas à conforter un gouvernement MacDonald mal perçu par l'opinion publique. Disons qu'au contraire il va contribuer à l'affaiblir.

MacDonald perd les élections. Mais, s'intoxiquant de son plein gré, le service secret vient de manquer au devoir que lui ont assigné de longue date les élites dirigeantes britanniques : délivrer une information aussi recoupée que possible. Par la même occasion, il a créé lui-même un fâcheux précédent de nature à entamer sa réputation d'organisme sérieux.

Comme on ne prête qu'aux riches, surtout quand on les déteste, les gauchistes anglais attribueront, eux, la responsabilité exclusive de la défaite électorale de MacDonald à la « lettre Zinoviev ». Même si la publication du faux document n'a certainement rien arrangé pour le leader travailliste, nous savons ce jugement excessif. Le scandale n'en écartera pas moins la gauche et l'extrême gauche d'un MI 6 pour lequel elles n'éprouvaient déjà guère de sympathie.

De quoi nourrir chez elles une forte dose d'incrédulité, trois ans plus tard, quand le GC & CS, emboîtant le pas à la Surtanche française qui vient, rappelons-le, de démanteler le réseau Cremet, déclenche une tourmente policière à Londres.

Arcos appelle Moscou

Créée dans la foulée de l'accord commercial entre l'URSS et la Grande-Bretagne de mars 1921, prélude à la reconnaissance du pouvoir communiste de Moscou, la All-Russian Cooperative Society (Arcos), ou Société coopérative panrusse, est sise 49 Moorgate Street à Londres.

Cette compagnie d'import-export à caractère para-officiel, mais pas diplomatique, est surveillée par le MI 5, qui la soupçonne de servir de relais « conspiratif » entre le PC britannique et Moscou.

En apparence pourtant, rien ne la relie directement au réseau de renseignements prosoviétique que dirige William Norman Ewert, chef du département étranger du *Daily Herald*, bientôt bête noire ou plutôt rouge du service de Sécurité intérieure.

Une information parvient toutefois par le canal du MI 6. Après avoir paraît-il tourné sept fois sa langue dans sa bouche (le souvenir de la « lettre Zinoviev », reconnue après coup comme un faux par Desmond Morton lui-même, reste encore vif), « Quex » Sinclair informe son vis-à-vis du MI 5 Vernon Kell qu'un des employés d'Arcos serait parvenu à dupliquer un manuel classifié de cryptologie militaire.

Si l'information se confirmait, on serait face à une grave atteinte à l'Official Secrets Act, création dont le gouvernement britannique, un tantinet liberticide bien que protecteur en principe de toutes les libertés, a le secret*. Dans le même ordre d'idées, sachons que, dès 1920, « Quex » Sinclair a fait intégrer à cet acte une disposition, proche de celles du temps de guerre, qui contraint toutes les compagnies de communications par câbles à délivrer dans les dix jours une copie de tous les messages qu'elles ont expédiés.

Après de longues discussions entre la communauté britannique du renseignement et le gouvernement, le nouveau Premier ministre conservateur Stanley Baldwin, partisan d'une politique de fermeté envers Moscou, donne son accord pour une descente de police à Moorgate Street. Mais il exige qu'elle ne s'étende pas à la mission commerciale soviétique, dont les locaux sont contigus à ceux d'Arcos et qui revêt, elle, un caractère étatique.

Le moment de cette pêche à la ligne que l'on espère miraculeuse intervient à 16 h 30 le 12 mai 1927, quand une cinquantaine de policiers de la Special Branch investissent le local d'Arcos. Sauf que, depuis quelques heures, Wilfred MacCartney, organisateur du PC britannique, mais aussi officier de renseignement sovié-

---

* En 1889, un premier Official Secrets Act stipulait que, pour accuser quiconque d'usage illégal d'informations officielles, il fallait prouver son intention délibérée d'agir en dehors de la loi. Le deuxième Official Secrets Act de 1911 inverse la charge de la preuve : c'est désormais à l'accusé de prouver qu'il n'avait pas l'intention d'agir illégalement. Ce nouveau texte à rebours de toute la tradition judiciaire britannique s'avère donc beaucoup plus dur.

tique à l'imitation de Cremet, a prévenu par téléphone (mis sur écoute) les responsables d'Arcos de la descente en préparation.

Voilà qui est gênant, et pas seulement parce que le coup de fil de MacCartney prouve l'infiltration des services de sécurité par les rouges. Quand les *bobbies* enfoncent la porte pour se ruer à l'intérieur, les employés de la firme aidés par un diplomate de l'ambassade russe brûlent par paquets entiers les documents compromettants.

Ceux qu'ils peuvent détruire du moins, car 3 tonnes d'archives seront tout de même saisies, dont des documents cryptés appartenant aux services soviétiques qui, dûment « cassés » par Nigel Watson, un expert du GC & CS, permettront d'établir le bien-fondé de la descente de police.

On trouve tout chez Arcos : des messages échangés par son directeur du personnel, Jilinsky, avec des mouvements anticolonialistes ou anti-impérialistes ainsi qu'avec l'Internationale syndicale rouge, dont la CGT unifiée, procommuniste, est la représentante en France. Jilinsky correspondait également avec le responsable de l'appareil clandestin de l'Internationale des ports et docks, l'Allemand Ernst Wollveber, plus tard patron de la Stasi est-allemande entre 1953 et 1958.

Dans les poches du responsable du Chiffre à l'ambassade russe, Anton Miller, on découvre en outre mieux qu'un pot aux rouges : des listes de boîtes postales des services soviétiques aux Etats-Unis, au Mexique, en Amérique du Sud, en Australie, en Nouvelle-Zélande et en Afrique du Sud ! Bref, la perquisition chez Arcos fournit suffisamment d'éléments matériels pour justifier la rupture des relations diplomatiques entre la Grande-Bretagne et l'URSS, laquelle intervient le 27 mai.

Suffisamment d'éléments à condition d'étayer le dossier en révélant publiquement que le GC & CS est en mesure de décrypter les documents secrets soviétiques, comme vont le faire plusieurs officiels britanniques à commencer par le ministre de l'Intérieur, William Johnson-Hicks. Mais le moyen d'agir autrement quand les messages décryptés constituent la seule preuve tangible des menées russes illégales ?

L'affaire aura deux conséquences importantes. A court terme, elle désorganise certes le système d'espionnage soviétique en Angleterre et les liens de l'INO avec l'appareil clandestin du PC de Grande-Bretagne. Mais, à plus longue échéance, elle va pousser Moscou à modifier ses systèmes de codage, trop transparents pour le GC & CS, comme la démonstration vient d'en être faite.

Cryptage et décryptage sont les deux faces d'une médaille qui ne cesse de tourner sur elle-même, une fois pile, l'autre face, une fois la main au défenseur, qui protège le contenu des messages, et la suivante à l'assaillant qui les attaque. Partant de ce principe, les Soviétiques vont améliorer leurs techniques, faisant en particulier appel à celle que les Anglais appellent « *One Time Pad* » : une clé de cryptage qui ne sert qu'une seule fois et que l'on détruit ensuite. Le résultat de ce renforcement de la sécurité des communications ne se fait pas attendre : si les messages du Komintern, trop rudimentaires du fait du manque d'expérience des correspondants locaux, restent faciles à décrypter, ceux de l'INO et du GRU, de plus en plus professionnels, se font quasi impénétrables.

Dès le début des années 1930 d'ailleurs, une structure commune GRU/Guépéou sera créée, à l'initiative notamment du général Berzine, le chef pâtissier de la « Maison de Chocolat ». Sous le nom de Spets Otdyel (Section spéciale), il s'agit d'une agence d'interception et de décryptage des communications adverses inspirée du GC & CS. Jusqu'en 1927, son chef sera un vétéran de la Guépéou coutumier du harcèlement sexuel envers ses subordonnées, Gleb Boky, assisté d'un officier de l'Armée rouge, le commandant Kharlevitch.

L'affaire Arcos, un mal pour un bien ? Sans doute s'en est-on persuadé à Moscou. Si les Soviétiques n'avaient pas compris à temps leur vulnérabilité, un des plus grands succès de leurs services d'espionnage n'aurait probablement jamais existé.

Traître à sa classe

La rencontre a lieu en juin 1934 sur un banc de Regent's Park à Londres, mais le recrutement s'est effectué en amont, à Vienne. C'est là, dès février, qu'en pleins combats entre la Ligue de défense du parti socialiste autrichien, le Schutzbund, en partie noyauté par le Komintern (un de ses chefs n'est autre que Lucian Iltis, l'ancien patron de l'appareil militaire du KPD, le PC allemand), une idylle s'est nouée entre la militante communiste Litzy Friedman et son cadet Kim Philby.

Né en 1912 au Penjab, Kim est le fils de l'arabisant et ancien agent secret de la Première Guerre mondiale Saint-John Philby, désormais proche d'Ibn Saoud, le roi d'Arabie saoudite*. Gagné au marxisme dans ce bouillon de culture gauchiste qu'était alors la ville universitaire de Cambridge, et notamment Trinity College où il a fait ses études, le jeune homme a voulu sortir des conciliabules politiques à voix basse à la Wren Library, à la *buttery*, le réfectoire, ou dans les chambres d'étudiants pour passer à un engagement plus direct. Et Litzy, bonne militante, a prévenu « qui de droit » que l'on avait affaire à un rebelle qui, à l'image de son père, détestait la gentry britannique, ses snobismes, ses préjugés, son arrogance.

L'année précédente, Saint-John a justement porté un coup terrible à cette aristocratie haïe en conseillant avec succès à Ibn Saoud de préférer, pour l'exploitation de ses pétroles, la Standard Oil of California à l'Anglo-Persian Oil Company, donc les Etats-Unis à la Grande-Bretagne. Pour frapper l'*establishment* sous la ceinture, Kim n'entend pas faire moins que son père.

L'information transite du Komintern à l'INO, qui pourra à coup sûr en faire un meilleur usage. La classe dirigeante britannique étant très restreinte numériquement – c'est son point fort, mais aussi sa faiblesse –, l'infiltrer semble en effet plus rentable que de tabler sur une classe ouvrière décidément peu sensible aux sirènes de Moscou.

Tout rebelle issu de la gentry, diplômé de Trinity College de surcroît, est susceptible de monter à l'avenir très haut dans l'échelle sociale. Et puis le fils de Saint-John Philby... si c'était le moyen pour le service d'approcher son père, cible majeure en raison de l'influence qu'il exerce auprès d'Ibn Saoud ?

Ajoutons que l'INO a bien besoin à cette époque de redorer son blason. En désignant le cryptage-décryptage britannique comme une cible privilégiée, le département extérieur a fait certes un choix judicieux, mais Ernest Oldham, employé du Chiffre

---

* Sur le personnage de Saint-John Philby, *cf.* chapitre 7, « Le monde arabo-musulman en feu », et Rémi Kauffer, *La Saga des Hachémites*, Paris, Perrin, « Tempus », 2012.

au Foreign Office, volontaire pour trahir les secrets de son employeur moyennant 2 000 dollars, n'a pu supporter la pression de ce double jeu : il s'est suicidé au gaz en septembre 1933. Même si un autre employé du Chiffre, John Herbert King, a pris le relais, cela ne fait pas le compte : depuis l'affaire de l'Arcos, l'Angleterre reste toujours une terre de mission pour le renseignement soviétique.

Kim Philby donc. L'homme chargé de l'évaluer ce jour de juin 1934 à Regent's Park appartient à une autre aristocratie, celle des grands opératifs mutés de l'OMS, réduite à un appareil de transmission de consignes de Moscou, à l'INO ou au GRU. INO dans son cas. Né en 1904 à Vienne d'un père juif pauvre, Arnold Deutsch alias « Stephan Lang », alias « Otto », a suivi, comme boursier, d'excellentes études de philosophie, de psychologie, de physique et de chimie. Il parle couramment l'anglais, le français, l'allemand bien entendu, et lit l'espagnol et l'italien. On l'a vu ensuite aux côtés du psychanalyste marxiste autrichien Wilhelm Reich, qui entend lutter contre la misère sexuelle des jeunes et des travailleurs.

En 1928, le voilà agent de liaison de l'OMS puis, quatre ans plus tard, opératif de l'INO. Quelques mois avant la rencontre de Regent's Park, ses pas croisaient une première fois ceux de Philby, impliqué comme lui dans les combats de rue du Schutzbund contre l'armée autrichienne, Deutsch beaucoup plus activement que son cadet.

La gauche autrichienne vaincue, Deutsch passe à Londres sous couleur de poursuivre ses études. A lui de constituer outre-Manche un réseau conséquent formé de locaux. D'où ce premier entretien avec Kim Philby. L'impétrant a été sondé au préalable par une communiste autrichienne amie de Litzy Friedman, Edith Tudor Hart. Et la *razrabotchik* – agent chargé d'évaluer la fiabilité d'une recrue potentielle avant de le confier à un opératif – a jugé l'examen de passage de Kim très satisfaisant.

C'est aussi l'avis de Deutsch, qui, sur avis du nouveau résident à Londres Ignace Poretsky (le même homme que nous avons vu exécuter près de Lausanne au chapitre précédent alors qu'il annonçait son intention de passer au trotskisme), est autorisé à accélérer le processus de recrutement du jeune homme par le service secret.

Il faut aller vite car, après son retour de Vienne et la fin de ses études au Trinity College à l'été, Philby a demandé son admission dans les rangs du PC de Grande-Bretagne, adhésion publique qui ne manquerait pas de le « griller » aux yeux du MI 5, toujours à l'affût. Surtout si elle est patronnée par le professeur d'économie Maurice Dobb, notoirement connu du contre-espionnage britannique comme un dirigeant communiste de premier plan (la Couronne a tenté de faire exclure Dobb de Cambridge, mais n'y est pas parvenue eu égard au respect très anglais des franchises universitaires).

C'est à ce stade qu'intervient notre vieille connaissance, Alexandre Orlov, présent aux quatre coins de notre histoire sous réserve que celle-ci soit réellement carrée. Compliqué ? Mais, quoique fort simples dans leur principe, toutes les histoires d'espionnage le sont dans leurs modalités ! Orlov donc. *Via* Vienne, ce protégé de Beria arrive de Paris où il exerçait pour la deuxième fois les fonctions de chef de la résidence de l'INO, la *rezidentoura*, sous le pseudonyme de « Schwed » (« le Suédois »).

Débarqué en Angleterre le 15 juillet 1934 sous l'identité fausse d'un homme d'affaires américain d'origine autrichienne, William Goldin, manière de justifier son accent quand il manie l'anglais, Orlov vient prendre les rênes de la *rezidentoura*, le poste INO de Londres. A cette fin, il entend créer une société commerciale de couverture, méthode que nous avons vu utiliser pendant la Grande Guerre par le Français Joseph Crozier et que les Soviétiques emploient de plus en plus fréquemment, nonobstant leur hostilité affichée au capitalisme.

Vu l'urgence, parons au plus pressé. Oui au recrutement de Philby avant que Maurice Dobb et ses amis lui remettent officiellement la carte du PC de Grande-Bretagne. Les agents de l'INO en poste à Londres préférant les pseudonymes à consonance allemande, langue maternelle de plusieurs d'entre eux, à commencer par Arnold Deutsch, et de surcroît moins repérable que le russe en cas d'interception par le MI 5, on l'appellera « Söhnchen », équivalent de l'anglais « Sonny ».

« N'adhérez surtout pas au Parti communiste, lui demande celui qu'il connaît pour sa part sous le nom d'"Otto". Vous rendrez de bien plus éminents services à la cause en nous renseignant sur ce qui se trame dans les hautes sphères de la société. Faites oublier vos sympathies marxistes, virez même à droite, ça paraîtra tout naturel pour quelqu'un de votre milieu. Et, surtout, amenez vers notre organisation antifasciste internationale [pour ne pas heurter la nouvelle recrue de l'INO, Deutsch évite dans un premier temps de prononcer le gros mot de "services secrets"] les amis dont vous m'avez parlé. »

Dans sa corbeille de mariage avec la clandestinité communiste, « Söhnchen » compte en effet recruter plusieurs de ses condisciples de Cambridge, ennemis rentrés de la gentry comme lui.

Les « Cinq Magnifiques » de Cambridge

Les jeunes gens qui vont accompagner Philby dans sa « trahison de classe » s'appellent Anthony Blunt, James Cairncross, Guy Burgess et Donald MacLean. Comme lui, ils ont baigné dans le bouillon de culture marxiste et voulu adhérer au Parti communiste. Comme lui, ils proviennent de la gentry, à l'exception notable de l'Ecossais Cairncross, le plus efficace d'entre eux peut-être en dépit de ses origines modestes – l'université de Glasgow l'a doté d'une bourse pour ses études à Cambridge. A l'exception aussi de Blunt, d'une famille d'ecclésiastiques sans grande fortune.

Tout en recrutant Cairncross, Leo Long, fils d'un charpentier qui prendra bientôt quelque distance, et Michael Straight, rejeton d'une riche famille américaine qui va faire de même à son retour aux Etats-Unis, Blunt se passionne pour l'art pictural.

C'est un homosexuel discret quand Burgess, qui fut son amant mais pour peu de temps, appartient, lui, à l'espèce des homosexuels flamboyants. Capable de proclamer sous l'emprise de l'alcool qu'il appartient aux services secrets soviétiques, il a la chance de ne jamais être cru de ses condisciples, qui ne voient là qu'une excentricité de plus de « ce vieux Guy ». MacLean, autre ancien amant de Burgess, est bisexuel. Cairncross et Philby, pour leur part, n'ont pas manifesté de goût ostensible pour leurs collègues masculins.

Pourquoi cette importance de la sexualité dans le fonctionnement du réseau des anciens de Cambridge ? Parce que l'ordre moral – victorien de surcroît –, loin de constituer une police d'assurance contre les menées de services secrets adverses, les favorise au contraire. Dans une université élitiste et une haute société bloquée où les jeunes gens côtoyaient très peu les jeunes filles, où l'attirance pour des personnes du même sexe, sujet tabou, ne pouvait exister que sous forme clandestine, des homosexuels comme Burgess, MacLean et Blunt ont pu considérer leur orientation sexuelle interdite comme une forme de rébellion légitime, et leur rébellion comme légitimée par un engagement caché sous le drapeau du marxisme-léninisme. La semi-clandestinité homosexuelle les avait en quelque sorte préparés à la clandestinité tout court.

Sublimation et espionnage, cette problématique aurait pu inspirer Arnold Deutsch, l'ancien adjoint du psycho-marxiste Wilhelm Reich au sein de Sexpol, ce mouvement qui se proposait de libérer la classe ouvrière de ses entraves sexuelles. Ou encore son *alter ego* Teodore Maly.

Prêtre défroqué, ce Hongrois a remplacé la foi chrétienne par la foi marxiste. Son besoin d'infini le pousse dans les rangs de la Tcheka, dont les crimes de masse ne connaissent en effet pas de limite : quitte à se sacrifier, autant sacrifier son honneur aussi ! Polyglotte cultivé comme Deutsch avec lequel il travaille en tandem sous le contrôle d'Alexandre Orlov, c'est sans protester qu'à l'été 1937 ce mystique de la révolution obéira à l'ordre de rappel à Moscou qu'il sait valoir condamnation à mort. L'année suivante, il finira sous les balles du peloton d'exécution comme « espion allemand ».

Pour l'instant, laissons-le préparer son départ pour l'URSS comme nous laisserons le « Club des Cinq » de Cambridge poursuivre son ascension dans la société britannique. Laissons Philby se transformer en journaliste aux opinions droitières – envoyé spécial du *Times* auprès de l'état-major du général Franco pendant la guerre d'Espagne, endroit rêvé pour renseigner l'INO, il manquera d'être tué par des tirs de l'artillerie républicaine ! Laissons Donald MacLean progresser dans les couloirs du Foreign Office et Burgess assurer à Paris les liaisons avec la « sixième taupe », Edouard Pfeiffer, un avocat français ancien de Cambridge et proche du leader radical Edouard Daladier, futur ministre des Affaires étrangères, de la Guerre et même du Conseil, dont il deviendra le directeur de cabinet.

C'est que l'Allemagne revient en force dans le grand jeu mondial des services secrets. Sous le signe de la croix gammée cette fois.

10

Les bruns, les rouges et les autres

Epiloguer sur les raisons de la montée de Hitler pourrait nous mener plus loin que la taille du présent livre ne le permet. Contentons-nous de noter que, à l'image des bolcheviks, les fanatiques à la croix gammée détenaient, avant même leur prise du pouvoir, une vraie pratique des appareils clandestins. Et, à commencer par Hitler, une longue habitude du secret.

Remarquons en sens inverse qu'au contraire de l'équipe de Lénine, pénétrée par des agents de l'Okhrana dont Roman Malinovsky, celle de Hitler disposait d'un embryon de contre-espionnage et de service secret avant 1933 et son accession à la chancellerie. Ce Sicherheitsdienst des Reichsführer-SS (Service de sécurité du chef SS national, soit SD) était l'œuvre d'un des plus redoutables fauves bruns, l'ancien officier de marine Reinhard Heydrich.

Né le 7 mars 1904, ce garçon filiforme, blond au visage en coupe-vent, a fait ses premières armes en 1919 à seize ans au sein du *Freikorps Halle*, une milice de « maintien de l'ordre » contre les rouges. Doué pour la musique – c'est le fils d'un chef d'orchestre aussi connu pour son antisémitisme que pour son talent –, il joue très bien du violon. Plus âgé de dix ans, son cousin Karl von Eberstein se chargera de son éducation politique. Très engagé à l'extrême droite, cousin Karlschen sympathise notamment avec Hitler, chef du NSDAP, le futur parti nazi, groupuscule extrémiste encore peu connu à cette époque.

Heydrich rêve de grands espaces. A dix-sept ans, le voilà admis à l'école des aspirants de marine de Kiel. Et c'est en juin 1923, à bord du croiseur-école *Berlin*, qu'il va faire la connaissance d'un officier instructeur nommé Wilhelm Canaris. Ainsi les deux futurs chefs des services secrets du IIIe Reich, l'Abwehr (Amt Auslandsnachrichtendienst und Abwehr – littéralement : Bureau de renseignement à l'étranger et de Défense) et le Sicherheitsdienst nazi, se trouvent-ils face à face pour la première fois.

Canaris au service de la « vieille Allemagne »

Jeune vétéran de la Première Guerre mondiale, Canaris l'a d'abord vécue à bord du croiseur léger *Dresden*. Interné au Chili, pays neutre, en mars 1915 après le sabordage de son navire, il s'évade par l'Argentine. Première expérience de clandestinité en zone hispanophone pour lui avec un faux passeport chilien au nom de « Reed Rosas » : des immigrés allemands dans ces deux pays l'ont aidé.

La IIIb, qui possède des antennes dans la marine aussi bien que dans l'armée, a écho de cette belle réussite. Elle expédie alors le jeune lieutenant de vaisseau de 2e classe en mission en Espagne, à charge pour lui de pourvoir au ravitaillement des submersibles et de mettre la main aux opérations clandestines contre la France au Maroc.

Toujours muni de son faux passeport chilien, Canaris (pseudonyme : « Carl ») va sillonner le pays, nouant de chaleureuses relations avec des officiers et des hommes d'affaires espagnols, dont beaucoup le connaissent sous le sobriquet de « Kika ». Il finira la guerre comme commandant d'un sous-marin, le UB-128.

Pour lui comme pour d'autres gradés, la décomposition de la Kriegsmarine et de l'Empire allemand tout court va constituer un choc. « Kika » se lie alors aux corps francs, les *Freikorps*. Des formations militaires non démobilisées au programme simple : le combat pour l'ordre ancien, et aux méthodes expéditives : tirer dans le tas, surtout si ledit tas brandit le drapeau rouge.

Les rouges, les voilà. Le 13 janvier 1919 à Berlin, le tout jeune KPD, le Parti communiste allemand, hier encore « Ligue Spartakus », lance une insurrection soutenue par deux de ses principaux dirigeants, Karl Liebknecht et Wilhelm Pieck, mais rejetée comme aventuriste par la troisième, Rosa Luxemburg. Figure emblématique du socialisme international, cette juive polonaise est en effet adepte des mouvements de masse par opposition aux coups de force minoritaires du type bolchevique-léniniste.

Dépourvu de puissance militaire en raison de la démobilisation de l'armée, le gouvernement social-démocrate SPD fait appel aux corps francs pour mater la révolte, tâche répressive dont ces derniers s'acquittent de la manière brutale et revancharde qui est la leur. Dans la soirée du 15 janvier, les *Freikorps* capturent puis assassinent Liebknecht et Rosa Luxemburg. Seul du trio de dirigeants révolutionnaires, Wilhelm Pieck échappe à la mort : dans trente ans, ce rescapé de toutes les purges, staliniennes incluses, sera le premier président de la République démocratique allemande, le régime communiste d'Allemagne de l'Est.

En tant qu'officier, Canaris assurait la liaison entre les groupes francs et le ministère de la Guerre. Or le voici impliqué à double titre. Assesseur à la cour martiale chargée de juger les assassins de Rosa Luxemburg et de Liebknecht, il tente tout pour les faire acquitter. Brandissant de faux documents, il exfiltre ensuite de la prison de Moabit leur chef, le lieutenant Kurt Vogel. Dans le contexte de l'époque, cet acte de désobéissance caractérisée ne lui vaudra cependant que quatre jours d'arrêts de rigueur.

De tels « exploits » impressionnent au plus haut point Heydrich, son cadet de presque dix-sept ans. D'autant que Canaris est lié de longue date à une figure légendaire de l'extrême droite allemande, le capitaine Hermann Ehrhardt, dont la « brigade de marine », le plus tenace des *Freikorps*, fut le fer de lance d'une première tentative de putsch antirépublicain à Berlin en mars 1920.

Chef de l'organisation terroriste Consul, responsable de l'assassinat de plusieurs « criminels de Novembre » (les hommes politiques impliqués dans l'armistice de 1918), Ehrhardt va mettre sa brigade à la disposition des putschistes du 8 novembre 1923 à Munich. Dont le général Ludendorff, l'ancien protecteur du colonel Nicolaï, et surtout Adolf Hitler.

C'est pendant leur temps de service commun à bord du *Berlin* que Canaris et Heydrich apprendront l'échec du coup de force munichois. Dans la tristesse peut-on penser, compte tenu de leurs opinions politiques. D'ailleurs, ils se rapprochent de plus en plus.

L'irrésistible ascension de Reinhard Heydrich

Outre la femme de Canaris, Erika, qui, excellente musicienne, apprécie les qualités de violoniste de Heydrich, le point commun entre les deux officiers de marine va s'appeler Hitler.

Toujours en quête de l'homme fort qui pourrait ressusciter la « vieille Allemagne », Canaris met ses espoirs dans le chef du parti nazi. Quant à Heydrich, c'est déjà un sympathisant, voire un membre secret du NSDAP, quand la Kriegsmarine le casse, fin avril 1931, pour « atteinte à l'honneur » : il a refusé de « régulariser » sa situation après la naissance d'un enfant.

Plusieurs projets de construction de sous-marins dans sa chère Espagne au milieu des années 1920 mis à part, Canaris s'ennuie dans une marine routinière très éloignée de celle de ses jeunes années. En revanche, il fait la connaissance de plusieurs hauts responsables du parti hitlérien, séduits par sa forte personnalité comme lui-même l'est par celle du Führer. De son côté, Heydrich entre dès juillet 1931dans la toute jeune SS, la garde d'élite nazie. Tout l'été, il va se faire les dents sur les dockers communistes de Hambourg et la Ligue des combattants du front rouge, leur organisation de combat.

Sa férocité dans l'action séduit en haut lieu. Désormais général dans la SS, l'inévitable cousin Karlschen le met en contact avec son patron, le Reichsführer Heinrich Himmler. Lequel convoque l'ancien officier de marine, qu'il croit spécialiste de l'espionnage militaire alors que la Kriegsmarine l'a qualifié pour les transmissions seulement. Rencontre décisive : elle va faire de Heydrich le bras droit de Himmler, impressionné par sa haute taille et sa blondeur « germanique ». « Bâtissez-moi un service secret capable de damer le pion à l'Intelligence Service ! » ordonne le Reichsführer-SS à l'impétrant.

Arme de guerre psychologique non négligeable, la légende dorée d'une communauté britannique du renseignement omnisciente et infaillible impressionne jusqu'aux dignitaires nazis. Par la suite, Heydrich signera d'ailleurs certains documents « C », paraphe traditionnel du patron du MI 6 depuis Mansfield Cumming, comme nous le savons.

Dans la logique totalitaire propre aux hitlériens, l'ancien officier de marine pense cependant d'emblée, comme Himmler, à un autre modèle, celui, poussé à l'extrême, d'une police de sûreté de type prussien apte non seulement au renseignement extérieur, mais aussi au contrôle social et à la répression interne.

Cette Tcheka à chemise brune sera la Geheime Staatspolizei, la Police secrète d'Etat, en abrégé la Gestapo. Créée le 26 avril 1933 sous le nom initial de Section III du Geheimes Polizeiamt (Section III du Bureau de police secrète), elle passe dès avril 1934 sous le contrôle de la SS, donc du tandem Himmler-Heydrich. Une sorte de prélude à la Nuit des longs couteaux du 30 juin où les SS assassineront les dirigeants des SA, vieux camarades du Führer devenus politiquement encombrants pour lui comme Ernst Röhm, et pour faire bonne mesure quelques personnalités conservatrices comme le général Kurt von Schleicher.

Installé au quartier général du SD, au numéro 8 de la Prinz-Albrecht-Strasse, Heydrich se dote d'un état-major où se distinguent Heinz Jost, un avocat spécialiste des actions terroristes à l'étranger, Herbert Melhorn, autre juriste en charge, lui, du fichier central, âme du système, et Alfred Helmut Naujocks, ancien boxeur chargé des basses œuvres, et, dans le système nazi, Dieu sait si ces dernières sont nombreuses…

Créateur d'une organisation d'opposition, le Front noir, Otto Strasser, « nazi de gauche » réfugié à Prague, dirige une station de radio de propagande qui émet vers l'Allemagne. Il entretient en outre de bonnes relations avec le colonel František Moravec, patron depuis mars 1934 de la Section Recherches de l'état-major général tchèque, service de renseignements et de contre-espionnage dépendant du 2e Bureau (Zvpravodajské Oddéléni).

A défaut d'enlever Strasser, Naujocks piège son technicien radio, Rudolf Formis, par l'intermédiaire d'une belle agente nazie, Edith Kersbach, et l'abat dans sa chambre d'hôtel le 21 janvier 1935.

Le kidnapping du journaliste allemand de gauche Berthold Jacob, bête noire commune de Heydrich et de Canaris, sera moins réussi : succès dans un premier temps à Bâle le 9 mars 1935 certes, mais, face aux protestations officielles de la Suisse, Jacob, transféré secrètement à Berlin, devra être libéré par décision de Hitler, soucieux de ménager les autorités helvétiques.

Outre ces opérations de basse police à l'étranger rappelant celles de la Tcheka et du GPU, Heydrich organise la branche extérieure du SD, en trois sections : III 1 (renseignement), III 2 (contre-espionnage) et III 3 (sabotage). Un modèle calqué sur celui de l'Abwehr, et ce n'est pas un hasard.

Le nazi et l'amiral-mystère

Nommé fin 1934 à la tête du service de renseignements militaires, décision qui satisfait tant les dignitaires nazis impressionnés par sa légende de parrain des assassins de Rosa Luxemburg, le capitaine de vaisseau Canaris, que son prédécesseur Conrad Patzig a poussé à la tête de l'Abwehr par méfiance des hitlériens, prend effectivement ses fonctions le 2 janvier 1935.

Quai Tirpitz à Berlin, le personnel de l'Abwehr tente de se faire une idée sur son nouveau patron. Bonasse mais toujours sur son quant-à-soi, il nourrit pour ses deux chiens teckels à longs poils blancs une affection qui le ferait assez facilement passer pour un brave homme sans histoires. Méfions-nous toutefois de l'eau dormante : fidèle à son tempérament, Canaris se révèle très vite à ses subordonnés comme un chef dynamique et inspiré, même s'ils sont quelques-uns à s'interroger sur ses déclarations pro-hitlériennes, inhabituelles dans un milieu d'officiers conservateurs peu tentés par le brun foncé du NSDAP.

Au vrai, lequel d'entre eux pourrait dire ce qui se cache derrière ce visage souriant mais impénétrable ? Nazi convaincu, le chef de l'Abwehr l'est sans l'ombre d'un doute et le restera longtemps : du moins, tant que Hitler lui paraîtra incarner le rêve d'une Allemagne puissante. Or, nous ne savons pas quand et comment cet homme-mystère – et à partir de mai 1935, date de sa promotion au grade supérieur, cet amiral-mystère – en viendra à douter du Führer pour devenir un antinazi cyclique partagé entre l'admiration pour les succès extérieurs du régime (la victoire sur la France notamment) et l'aversion envers les méthodes des SS de Himmler et de son « ami » Heydrich.

Parce que le totalitarisme hitlérien, différent et souvent opposé à ses convictions d'extrême droite traditionaliste, a fini par dépasser les bornes qu'il était prêt à lui concéder ? Parce que la conduite de la guerre par un Führer de plus en plus impulsif et erratique ne pouvait que mener au désastre ? Les deux sans doute, ce qui laisse entier le problème de la date de sa rupture intérieure avec le nazisme et pose du même coup la question de la schizophrénie de Canaris : de moins en moins fasciné par Hitler, il ne s'opposera jamais clairement à lui.

Pourquoi laisser, par exemple, Hans von Dohnanyi, un des conseillers juridiques de l'Abwehr, conspirer contre le régime ? Ou le général Hans Oster, ami de Dohnanyi et patron du département Z (organisation et administration) du service secret, aller plus loin dans la subversion contre le régime et son chef en projetant un attentat contre Hitler, en transmettant même à Gijbertus Sas, l'attaché militaire néerlandais, des secrets militaires comme les dates d'offensive allemande à l'Ouest ? Ou encore Josef Müller, avocat proche d'Oster et du service, nouer des liens interdits avec le Vatican au nom de l'opposition de droite au régime ?

Canaris, Oster et Dohnanyi ayant été exécutés par les SS en avril 1945 sans laisser de traces écrites de ces manœuvres d'approche, nous n'aurons jamais de réponse à ces questions, sauf découverte d'archives inédites.

Nous aurons l'occasion de revenir sur le double visage et la conscience tortueuse d'un chef de service secret décidément déconcertant. Sachons pour l'heure qu'après sa nomination à Berlin il renoue avec Heydrich tant sur le plan professionnel que personnel. Lina et Reinhard Heydrich recevront d'autant plus souvent Erika et Wilhelm Canaris pour des soirées musicales qu'ils vont devenir, géographiquement parlant, des voisins immédiats. Quant aux deux chefs de services secrets, celui des SS et celui de la Wehrmacht, ils prennent d'ores et déjà l'habitude de chevaucher botte à botte le matin dans les allées du célèbre Tiergarten, parfois en compagnie de Werner Best, le conseiller juridique de la Gestapo de Berlin.

Les « Dix Commandements »

C'est lors de ces promenades équestres que prend forme, dès le 17 janvier 1935, un accord de répartition entre leurs deux services, plus tard baptisé « Traité des Dix Commandements » puisqu'il est fort de dix articles. En échange de la coopération poussée de l'Abwehr avec le SD, Canaris obtient un monopole de principe pour les contacts avec les services étrangers.

C'est que le nouveau patron quai Tirpitz, bientôt assisté du très efficace lieutenant-colonel Hans Piekenbrock, véritable architecte opérationnel du service, entend protéger et élargir son domaine. Non seulement crée-t-il au sein de son service une branche de renseignement super-secrète dite Abwehr I, mais il va renforcer le contre-espionnage par la mise en place d'une sous-section très performante, la III-f, confiée à Joachim Rohleder, et fera passer en un an les effectifs globaux du service de 150 à 1 000 personnes !

Parmi les alliés du petit amiral, il faut compter avec le Servizio de Informazione Militare italien des colonels Mario Roatta à partir de 1934, puis Donato Tripiccione entre juillet 1937 et août 1939*. Et, dans une moindre mesure, les petits services de la marine, le Servizio Informazioni Segrete, et de l'aviation, le Servizio Informazioni Aeronautiche.

Créé le 15 novembre 1925, mais placé dès 1927 sous la coupe directe de Mussolini, le SIM opère en concurrence avec la police secrète, l'OVRA (Organizzazione di vigilanza e repressione dell'antifascismo) née, elle, en 1926. Au temps de la guerre d'Espagne, il fournira d'importantes quantités d'armes au mouvement clandestin d'extrême droite français la Cagoule en échange de prestations telles que des sabotages et même un double attentat : l'assassinat des frères Carlo et Nello Rosselli, deux antifascistes italiens réfugiés en France. Forte de plusieurs milliers de membres organisés en cellules clandestines, cette Organisation secrète (puis Comité secret) d'action révolutionnaire nationale tire son appellation familière de « Cagoule » du sobriquet qui lui a été attribué avec dérision par l'Action française, le mouvement monarchiste dont elle a fait scission. Elle ne sera démantelée par la police qu'en 1938.

Toujours en Europe, les services secrets du ministre des Affaires étrangères hongrois, le général Guztáv Hennyey, font partie intégrante du « réseau Canaris », de même que ceux du service de renseignements militaires du colonel Rudolf Andorka.

---

* Leur succéderont Giacomo Carboni (novembre 1939-septembre 1940) et son ancien adjoint chargé des services techniques et des opérations, Cesare Amè (septembre 1940-août 1943).

Les services de la junte estonienne, le colonel Massing puis, à partir de 1938, Willem Saaren, aussi. Ou encore la Siguranta Statului (Sécurité d'Etat) roumaine du colonel Mikhaïl Moruzov.

Le chef de l'Abwehr se réserve de traiter personnellement l'attaché militaire japonais à Berlin, le colonel-baron Oshima Hiroshi, fils aîné du ministre de la Guerre chargé justement de convaincre les Allemands de l'avantage de l'alliance nippone sur l'alliance chinoise.

Sujet délicat. Les conseillers policiers et militaires allemands sont en effet nombreux dans l'entourage du leader nationaliste Chiang Kai-shek. Par exemple, le colonel Max Bauer, ancien chef Opérations du général Ludendorff avec qui Canaris travaillait en Espagne au milieu des années 1920 sur des projets de construction de sous-marins. Ou encore le chef de la garde personnelle de Chiang, le capitaine Walter Stennes, écarté en avril 1931 de la direction des SA sur ordre exprès de Hitler et, depuis, agent de l'INO soviétique...

Dans la guerre d'agression à coups répétés que mène le Japon contre la Chine, quel camp choisir ? Des personnalités aussi éminentes que le dauphin de Hitler, Rudolf Hess, qui s'est rendu au pays du Soleil-Levant dès 1925, ou le colonel Nicolaï, qui l'a, lui, visité en 1932, penchent pour une alliance germano-nippone.

Sans doute la bonne tenue du Rikugun Johobu (les renseignements militaires), voire celle du 3e département de la marine (le renseignement naval) ont-elles impressionné l'ancien patron de la IIIb. Mais, plus encore, l'efficacité d'un Etat policier dans le contrôle des populations et, au besoin, dans la répression impitoyable des menées subversives. Voilà des gens avec qui l'on serait bien inspiré de s'allier contre le communisme.

Cet avis est partagé par Canaris, et bientôt par Hitler lui-même, de plus en plus confiant dans le chef de l'Abwehr qui lui paraît allier avec bonheur les manières de l'officier de tradition et l'engouement pour le nazisme. Dès la signature, le 25 novembre 1936, du pacte anti-Komintern associant Tokyo à Berlin et Rome, le colonel Helmut Groscurth, patron de l'Abwehr II (renseignement extérieur), est chargé des liaisons du service avec l'incontournable Oshima. Groscurth sera toutefois limogé en février 1940 pour avoir critiqué un décret de Himmler sur le mariage, preuve s'il en était besoin que la dimension idéologique du nazisme concerne aussi l'Abwehr.

Les relations de Canaris sont encore meilleures avec le chef du Nachrichtenbüro, l'éphémère service secret autrichien d'après la Première Guerre mondiale, le colonel Erwin von Lahousen-Vivremont, déjà gagné à l'alliance allemande et, après 1938 et l'Anschluss (le rattachement de l'Autriche au IIIe Reich), remplaçant de Groscurth à la tête de l'Abwehr II. Le monde du renseignement est parfois bien exigu. La preuve : la propre maîtresse de Lahousen, Madeleine Richou, professeur de français à Vienne, est une honorable correspondante du SR français, très friand des renseignements qu'elle fait parvenir à Paris.

Le clan Hammerstein contre le régime

Autre exemple d'interférence entre services : à la même époque, un opposant de droite au régime hitlérien, le général Kurt von Hammerstein (nom de code : « Source A »), démissionnaire de l'armée en 1934, mais rappelé brièvement au service en septembre 1939, renseigne le capitaine Roger Trutat, chef du poste de Berne du SR français, sur les projets nazis, comme Roger Faligot et moi-même l'avons révélé en 1992, de même que l'identité de Madeleine Richou.

L'ensemble de la famille Hammerstein, fils et filles, va d'ailleurs jouer un rôle important dans l'opposition au nazisme, pour le compte des Soviétiques y compris. Les trois filles du général ont adhéré très tôt aux idées communistes, Maria Therese étant même la compagne de Leo Roth alias « Viktor », membre important du service de renseignements du M-Apparat, l'appareil militaire du KPD, le PC allemand.

Un service que dirigeait alors Hans Kippenberger dit « Alex », député au Reichstag, assisté de son adjoint et successeur, l'Alsacien Lucian Wilhelm Iltis alias « Hans Bergman » (Kippenberger et Roth disparaîtront dans les purges staliniennes, mais pas Iltis, récupéré par la Gestapo pendant la guerre).

Ouvrant le coffre-fort paternel, les demoiselles Hammerstein procurent au M-Apparat des informations de première valeur. Sachant l'irréductible hostilité de l'officier de tradition au nazisme, les Soviétiques tentent même de lui faire des offres fin 1936 et début 1937 par l'intermédiaire d'une commandante du GRU, la « Comtesse rouge », Ruth von Mayenburg. Mais le général, préférant sans doute travailler contre le régime avec des officiers français plus proches de ses valeurs, ne mordra pas à l'hameçon.

Au final, la famille Hammerstein n'aura pas ménagé ses efforts contre l'hitlérisme. L'inhumanité des régimes totalitaires est en effet telle que les individus les plus allergiques à l'idée de trahison choisissent parfois cette voie plutôt que de renoncer à leurs convictions profondes. Ici religieuses, associées à un sens très traditionnel de l'honneur militaire : des valeurs qui mobilisèrent une part très importante de la résistance allemande à Hitler, même si l'engagement politique démocrate, socialiste, marxiste-léniniste et même « national-bolchevique » (les éléments d'extrême droite partisans du maintien de l'alliance avec la Russie, fût-elle communiste) y joua dans d'autres cas un rôle de premier plan.

La guerre d'Espagne

Fou d'Espagne à condition de réduire cette dernière à sa composante conservatrice et militariste, Canaris rendit-il vraiment service à Hitler à l'été 1936, quand il l'encouragea à s'engager plus avant aux côtés de ses amis de la junte militaire putschiste, prise en main par le général Francisco Franco ?

Pas tant que cela en fait. Hitler n'avait aucun tropisme méditerranéen. Géographiquement décentrée par rapport à ses objectifs – l'Autriche, la Tchécoslovaquie, la Pologne –, la guerre d'Espagne risquait de lui faire perdre un temps précieux. Pour autant, le Führer se décida. Très vite même. Au fil des mois, l'Espagne allait donc devenir le théâtre d'une guerre secrète internationale de haute intensité.

Aux côtés des nationalistes, ce conflit mobilise l'Abwehr et un SIM d'abord hésitant, mais poussé par Canaris qui joue, là encore, un rôle important en précipitant sur le terrain espagnol la formation de l'axe germano-italien. Le 27 août, le voici d'ailleurs à Rome pour conclure un premier accord avec Mario Roatta. Le 23 octobre, le comte Galeazzo Ciano, gendre de Mussolini et son ministre des Affaires étrangères, rencontre Hitler dans son « nid d'aigle » de Berchtesgaden.

Pour « sa » chère Espagne, celle de ses amis officiers, « Kika » (Canaris) renaît. L'Abwehr est partout. Entre les zones franquistes, géographiquement discontinues, elle assure parfois les liaisons. Dans toute l'Europe, elle collecte des renseignements sur la formation des Brigades internationales sous étroit contrôle communiste. Dissimulée sous le sigle de S/88/Ic mais plus connue sous le nom de Burö Lenz (le pseudonyme de son chef, le capitaine de corvette Wilhelm Leissner), son antenne espagnole se déploie dès l'arrivée, fin 1936, du corps expéditionnaire allemand, la légion Condor.

Le Burö Lenz vérifie en particulier que l'équipe d'officiers de la Gestapo expédiée en Espagne par Werner Best au titre d'un accord interservices négocié lors des promenades à cheval du Tiergarten n'empiète pas sur son domaine. L'accompagneront sur le théâtre d'opérations espagnol des équipes de la Geheime Feldpolizei, cette police militaire secrète de campagne que nous avons déjà vue opérer contre les réseaux de résistance belges pendant la Grande Guerre et qui, bras répressif du contre-espionnage de l'Abwehr, manifestera dans l'Europe occupée des années 1939-1945 un zèle tortionnaire assez comparable à celui du SD et de la Gestapo.

En sus, Canaris détache plusieurs officiers de l'Abwehr I (opérations très secrètes) comme instructeurs des services secrets franquistes. Ceux-ci sont multiples, mais homogènes, à l'image d'un camp nationaliste unifié sous la houlette d'un chef unique.

Terre de missions

Ces services s'appellent Servicio de Información y Policia Militar ; Mapeba, dirigée par Nicolás Franco, le frère du Caudillo ; 2e Section de renseignements d'Irún du capitaine Ibañez ; Servicio de Información del Nordeste de España du colonel Bertrán y Musitu ; Servicio Especial de Información del Frente de Madrid enfin, qui coordonne la cinquième colonne présente clandestinement dans la capitale républicaine, à l'image de l'organisation du lieutenant d'intendance Antonio Rodriguez Aguado.

Côté républicain, le degré de cohésion s'avère bien moindre compte tenu de la division entre anarchistes, socialistes, nationalistes catalans et, de plus en plus puissants au prorata de l'influence soviétique, communistes maîtres en noyautage. Sous l'œil désapprobateur de l'ancien maître de la « Maison de Chocolat » le colonel Berzine, conseiller militaire des républicains appelé à disparaître en janvier 1938 dans les purges staliniennes, Orlov et l'INO parrainent et noyautent de concert avec le PC espagnol les innombrables « Tchekas » républicaines, au nom révélateur car on ne sait jamais bien qui les commande, ni de quel droit elles agissent, arrêtent, emprisonnent et parfois torturent ou assassinent. Un désordre qui stupéfie les franquistes, beaucoup plus méthodiques et centralisés dans la répression, militarisme oblige. Mais qui fait bien les affaires de Staline, décidé à masquer la progression communiste derrière un nuage de fumée.

Au fur et à mesure du conflit, celle-ci s'accentue. Créé le 15 août 1937 dans un contexte de répression contre les gauchistes du POUM, les libertaires de la CNT (Confédération nationale du travail) et ceux de la FAI (Fédération anarchiste ibérique), le Servicio de Investigación Militar dépend du ministère de la Défense, soit, en pratique et jusqu'à son passage à l'Ouest des adjoints d'Orlov, ainsi que de l'homme fort du Komintern, le stalinien hongrois Ernö Gerö. Lequel garde l'œil fixé sur la « perle de l'Internationale », la fausse compagnie maritime France-Navigation chargée d'acheminer des armes en Espagne sans que Moscou se trouve compromis puisque son pavillon est de droit privé.

Les chefs successifs du SIM seront Angel Diaz Baza, puis Manuel Ubarruri Barutell et, après la fuite de ce dernier en France début mai 1938, une direction collective Castillo-Prat-Burillo-Gimenez Sembrador. Son arbitraire et sa brutalité sont telles que même Orlov, dont nous connaissons le manque de scrupules, s'en plaindra auprès de Moscou !

Sans grand succès, le SIM va s'efforcer de mettre en place en zone franquiste une cinquième colonne républicaine coordonnée par le Servicio de Investigación Especial Periférica (SIEP). Orlov, pour sa part, garde en tête l'expérience de la guerre civile russe entre rouges et blancs qu'il a personnellement vécue. Et trouve la solution pour suppléer à l'échec du SIEP : des petites unités de sabotage et de renseignements itinérantes à infiltrer derrière les lignes franquistes.

Patron du service de renseignement militaire républicain (à ne pas confondre avec le SIM qui, malgré son nom, est avant tout un appareil politique), et en même temps chef du 14e corps de guérilleros, le colonel Domingo Ungria prend la direction de ces groupes. Le conseille un officier soviétique d'origine polonaise, le colonel Konstantin Rokossovsky, futur maréchal de l'Armée rouge, lui-même surveillé par Leonid Eitingon, l'adjoint d'Orlov.

Les guérilleros républicains opèrent dans l'ombre. C'est une figure de roman qui les fera connaître du grand public en 1940 : « Robert Jordan », héros du livre et du film éponyme interprété par Gary Cooper, *Pour qui sonne le glas*. Composite, le personnage romanesque créé par le romancier Ernest Hemingway s'inspire de plusieurs de ces combattants étrangers en Espagne, dont un Américain, plus tard officier de l'OSS, les services spéciaux américains de la Seconde Guerre mondiale. Comme quoi une clandestinité en prépare souvent une autre...

Fait surprenant, les anarcho-syndicalistes de la CNT ont créé en mai 1937 le premier service secret « anar » de l'Histoire, le Servicio de Informaciòn y de Coordinación, dirigé par un certain « Manolo », dont j'avoue en toute humilité ne pas connaître le nom bien qu'ayant travaillé sur la question dès 1985.

Autre organisme de renseignement proche des libertaires dont l'existence ne m'a été révélée qu'en 1990 par Ramon Rufat, dirigeant de la FAI en exil, qui en fut, tout jeune, l'agent R 2 : le Servicio de Inteligencia Especial Periférico. Lui aussi non identifié, son chef (nom de guerre : « Richard ») voyageait dans toute l'Europe. C'était un socialiste belge ami personnel de Buenaventura Durruti, le charismatique leader anarchiste. Certains de ses agents, sud-américains ou irlandais catholiques, opéraient côté franquiste comme journalistes, d'autres sous le couvert de la Croix-Rouge internationale.

N'oublions d'ailleurs pas qu'à la même époque, l'Anglais Kim Philby, accrédité à l'état-major de Franco comme envoyé spécial du *Times*, l'espionnait en réalité pour le compte de l'INO. Si l'on ajoute qu'après une grave blessure infligée par l'artillerie républicaine, le même Philby sera remplacé pour le *Times* par

Julian Amery, recrue du MI 6, lui, on comprend à quel point le conflit espagnol devait bouleverser la donne dans toute l'Europe.

La carte Franco

Faut-il ou non jouer la carte Franco ? Pour les Français dirigés par le gouvernement du Front populaire, la question ne se pose en principe pas : c'est non. Encore que tout le monde à Paris ne partage pas cette analyse : pour ne citer qu'eux, les cagoulards, résolument engagés côté franquiste, sabotent les envois d'armes françaises à l'Espagne pour le compte du SIM italien (destruction d'aéronefs à l'aéroport de Toussus-le-Noble ou près de Béziers, incendie à Nice à bord du navire *Turia* dont l'équipage venait de rallier le camp républicain, bombes dans le jardin du consulat d'Espagne à Perpignan, sabotages sur les docks de Marseille et de Bordeaux). Leurs liaisons avec les services secrets italiens sont notamment assurées par François Méténier, ami personnel du futur président François Mitterrand qui, bien que garde des Sceaux, assistera à ses obsèques en 1956.

Quant aux cadres de l'armée française du Maroc et de son service de renseignements, restés, eux, dans la légalité, ils se montrent très émus par les bruits assurant qu'on leur demanderait d'intervenir militairement en Espagne côté républicain. Le moins que l'on puisse dire, c'est que ces officiers ne partagent pas les convictions du lieutenant-colonel Henri Morel, attaché militaire auprès du gouvernement républicain espagnol qui, étant d'Action française, assurera au chef de gouvernement socialiste Léon Blum qu'un roi de France aurait fait la guerre… pour défendre la République espagnole contre le général Franco !

Les Britanniques se montrent nettement plus favorables au chef de la junte militaire, un homme d'ordre, préoccupation qui guide le plus souvent leur politique internationale. Par contraste, ils se montrent soucieux du rôle des Italiens dans le conflit, gros, selon l'Amirauté, de risques de déstabilisation en Méditerranée.

Quant aux Américains, beaucoup plus éloignés du champ de bataille, ils se contentent de faire surveiller par le FBI leurs compatriotes membres de la Brigade internationale Abraham-Lincoln. Pas suffisamment bien, faut-il d'ailleurs croire, puisque les passeports des brigadistes leur sont confisqués dès leur arrivée en Espagne. Idée de Leonid Eitingon, ce détournement de documents permettra aux services secrets soviétiques d'introduire par la suite aux Etats-Unis des agents sous l'identité de brigadistes morts au combat.

Il n'y a jamais de petit profit, surtout pour les gens de Moscou, habitués à travailler dans le très long terme.

Malraux sous surveillance

Côté français, le travail sur les Brigades internationales est l'apanage du commandant Pierre Jacquot, qui dirige au cabinet du ministre de la Guerre un service un peu particulier, le secteur PR (pour « Partis révolutionnaires »). L'officier opère en liaison étroite avec un autre service assez original, le P/A du commandant Julien Terres, qui, alimenté en partie par des fonds patronaux, s'occupe de la surveillance du PCF dont la mobilisation publique et privée en faveur des Brigades internationales, composées pour plus de un tiers de Français, est intense. Le P/A infiltre également des agents au sein du Comité France-Allemagne, pépinière de futurs collaborationnistes.

C'est au titre de son secteur PR que Jacquot s'intéressera une première fois au cas de l'écrivain André Malraux, chef nominal de l'escadrille « España » engagée côté républicain en parallèle de l'action plus discrète, mais beaucoup plus efficace des pilotes soviétiques, dont un futur chef du GRU, Ivan Proskourov.

Malraux qu'il retrouvera en 1944 quand le romancier lui demandera de le seconder comme conseiller militaire au sein d'une autre brigade, la Brigade Alsace-Lorraine, formée pour combattre les Allemands au sein de la 1re armée française.

Plus près de la zone des combats à Toulouse, le Bureau d'études des Pyrénées du lieutenant François Lullë-Desjardins oriente le travail des agents itinérants du SR grâce à ses deux antennes de Bayonne et de Perpignan. Ces agents itinérants peuvent être des officiers de carrière, comme le méhariste André Renoux, chargé par le 2e Bureau de collecter des informations sur les matériels de guerre employés côté républicain, pour la DCA notamment.

Ils peuvent être aussi bien d'honorables correspondants (HC) du service, comme Paul Monnier. Gagné à la cause républicaine, ce petit industriel en rupture de ban est devenu conseiller militaire du gouvernement basque. Pour autant, ancien officier de chasseurs alpins, il ne refuse pas de renseigner le SR sur divers aspects techniques de la guerre. C'est d'ailleurs au cours d'une autre mission secrète franco-britannique destinée à contrer les Italiens envahisseurs de l'Ethiopie que cette figure méconnue de patriote, d'antifasciste et d'aventurier mourra de faim et de soif en 1938 sur les hauts plateaux d'Abyssinie. Les Britanniques en auraient fait un nouveau Lawrence d'Arabie, nos compatriotes l'ignorent...

Autre informateur français, Joseph Casquet. Chef d'une unité de *dinamiteros* républicains, ce pied-noir d'Oran renseigne le SR sur la dotation des Brigades internationales, en armes soviétiques notamment. Le début d'une carrière de HC qui l'amènera à travailler deux décennies d'affilée pour les services français, contre les fournitures d'armes du bloc de l'Est au Front de libération nationale algérien en particulier.

Commando franquiste à Brest

Les Britanniques œuvrent dans un autre registre et, on l'a vu, sous un angle différent. Si leurs sources en milieu républicain sont maigres, le MI 6, basé depuis mai 1926 au Broadway Buildings, 54 Broadway Road à Londres, tente de s'informer sur le camp nationaliste par l'intermédiaire du major en retraite et écrivain Hugh Pollard.

Un choix d'apparence excellent : fervent partisan du fascisme, le major fut, le 11 juillet 1936, un des passagers du *Dragon rapide*, cet avion de transport anglais affrété par un journaliste monarchiste, Luis Bolin, avec la complicité d'un agent de l'Abwehr, Nieman, pour transporter le général Franco des Canaries, dont il était gouverneur militaire, au Maroc espagnol où il devait, selon le plan des putschistes, prendre le commandement de l'armée d'Afrique.

En novembre, le capitaine Frederick Winterbotham, créateur en chef de la section aérienne du MI 6, un de ces pilotes qui déposaient déjà des agents derrière les lignes allemandes pendant la Grande Guerre, prend donc contact avec Pollard. Accepterait-il d'aller en Espagne contacter le Caudillo ? C'est oui à des conditions si exorbitantes – Pollard veut notamment que le service secret finance son écurie de chevaux ! – que l'affaire n'aboutit pas.

Jamais à court d'idées, « Quex » Sinclair obtiendra cependant certains renseignements sur les nationalistes par le biais de l'Italie, où Broadway Buildings possède des informateurs bien placés dans les allées du pouvoir mussolinien.

D'autres éléments, plus techniques, transitent par la section navale du service que commande le capitaine Russell, active en Méditerranée où elle surveille aussi bien les mouvements de navires italiens ou allemands que ceux de leurs ennemis.

La mer est en effet devenue un théâtre d'opérations à part entière. Si l'aviation espagnole est très majoritairement passée du côté des putschistes, la marine de guerre espagnole reste en partie fidèle au gouvernement légal, d'où le coup de commando franquiste du lieutenant-colonel Julian Garcia Troncoso. Aidé de militants français d'extrême droite dont Charles-Robert Chaix et de son subordonné le capitaine Ibañez, chef de la 2e Section de renseignement, ce gouverneur militaire d'Irún a formé en service Action un groupe d'étudiants franquistes. Son objectif : le sous-marin républicain C-2, mouillé pour réparations dans le port de commerce de Brest.

Il semblerait que ces manœuvres aient manqué de discrétion, car deux membres du Servicio de Información y de Coordinación, le surprenant service secret anarchiste, ont infiltré les douze membres de l'équipe de choc du colonel Troncoso. Deux de leurs camarades suivent celle-ci depuis Hendaye, base arrière de l'opération. Après un échange de coups de feu, la tentative d'assaut contre le C-2 échoue dans la nuit du 17 au 18 septembre 1937, causant la mort d'un étudiant franquiste, José García Garabain Gonil, et l'arrestation de quatre autres*.

* A l'issue d'une discussion acharnée dans un hôtel parisien sur les grands principes libertaires, les agents secrets anarchistes se sont résolus par deux voix contre une à livrer à la police française les numéros d'immatriculation des voitures du commando. Tâche assumée par l'agent X-10, non identifié par l'auteur, son camarade X-12 (*idem*) prenant la route de Brest pour prévenir l'équipage du C-2, comme en témoigne leur rapport écrit du 21 septembre 1937 adressé au chef du SIC, le mystérieux « Manolo ».

De leur côté, les marines italienne et allemande croisent pour intercepter les navires chargés d'armes pour le camp républicain. La Royal Navy, sans enthousiasme, et la Marine nationale s'efforcent de faire respecter l'embargo. Quant à l'INO, elle a installé une centrale d'interception des communications et de recueil du renseignement à bord d'un cargo soviétique croisant dans la région.

Pendant ce temps, l'ancien directeur de l'Internationale des ports et docks et futur chef de la Stasi est-allemande Ernst Wollveber, bientôt assisté de deux officiers soviétiques (« Lehen » et « Luisen »), envoie des équipes Action saboter les navires de transport allemands et italiens charriant des armes et du matériel en direction de l'Espagne franquiste. De quoi déplaire aux anciens marins Canaris et Heydrich, qui les traquent dans toute l'Europe.

L'adjoint de Wollveber, le Letton Michel Avatine, monte alors une organisation de contre-espionnage suffisamment performante pour repérer le chef de l'Abwehr au Danemark. Cerise sur le gâteau du Komintern, Horst von Pflugk-Hartung, vieil ami de Canaris, fut mouillé en son temps dans l'assassinat de Rosa Luxemburg. Avatine se fait donc un plaisir de le dénoncer comme espion allemand au MI 6, lequel informe à son tour la police danoise. Résultat : une trentaine d'interpellations et huit ans de prison pour l'ami Pflugk-Hartung.

Les oreilles brunes vous écoutent

Quai Tirpitz à Berlin, les avancées successives des colonnes franquistes réjouissent « Kika » (Canaris), que le bombardement sauvage de la ville basque de Guernica par l'aviation de la légion Condor, le 26 avril 1937, n'a guère bouleversé.

Le patron de l'Abwehr s'inquiète plutôt de la montée en puissance de l'Etat SS. Bien que les deux hommes poursuivent leurs chevauchées matinales de plus en plus ambiguës, la montée en puissance du Sicherheitsdienst dégrade peu à peu ses relations avec Heydrich. Un rapport de forces qui ne fait guère les affaires de l'Abwehr. Sans compter le peu de libertés subsistantes en Allemagne qui, malheureuse peau de chagrin, se restreint de jour en jour. Lui-même craint désormais les écoutes téléphoniques et demande parfois aux techniciens de son service de vérifier si les oreilles brunes ne passent pas ses conversations au crible.

Les oreilles brunes, c'est le Forschungsamt (FA, Office ou Bureau de recherche). Officier de renseignements pendant la Grande Guerre et désormais à la Chiffrierstelle, le service allemand du Chiffre, le nazi Gottfried Schapper et son *alter ego* Georg Schoeder ont proposé à Hitler la création d'un vaste dispositif d'interception des communications sur le sol national et ailleurs. N'en voyant pas l'intérêt, grave lacune dans sa culture totalitaire, le Führer a expédié Schapper au ministre de l'Air Hermann Goering, toujours fasciné par les techniques d'avant-garde. La preuve : celui-ci a immédiatement pris l'hameçon.

Le 10 avril 1933, Goering signe le décret de création du Forschungsamt, placé de ce fait sous l'autorité de la Luftwaffe et dont il confie la responsabilité à un proche, Paul Koerner. Les quatre techniciens qui le composent à l'origine seront neuf en juillet, 1 500 en 1936 et 3 500 en 1945, au moment de l'effondrement du IIIe Reich ! Leurs rapports étant tapés sur du papier de cette couleur, on les surnommera bientôt « les Oiseaux bruns ».

Le premier succès du FA ? L'interception des communications téléphoniques des chefs des SA qui, Ernst Röhm en tête, se paient de mots en parlant, en termes vagues et aucunement opérationnels, d'un coup d'Etat qui redonnerait au régime son caractère révolutionnaire. Goering se fait porter chaque matin les comptes rendus écrits des écoutes téléphoniques, les siennes y compris, qu'il classe aussitôt dans ses archives, s'évitant ainsi des frais de secrétariat et de documentation. Bien entendu, il s'empresse de montrer celles des SA à Hitler, amorçant de la sorte le processus meurtrier qui va conduire à la Nuit des longs couteaux.

Le Führer, ayant débloqué des crédits importants à la suite de cette première réussite, accepte de surcroît que cette NSA hitlérienne s'installe dans les locaux du ministère semi clandestin de l'Air (même nazie, l'Allemagne est encore censée respecter le traité de Versailles qui lui interdit la fabrication de chasseurs et de bombardiers modernes).

Bientôt dirigé par Hans Schimpf et, après son suicide le 10 avril 1935, par le prince Karl Christoph von Hesse, le Forschungsamt gère les écoutes téléphoniques (Forschungstellen A) ; les interceptions des messages radio à partir de la station de Templin, près de Berlin (Forschungstellen B quand elles visent l'intérieur du Reich et Forschungstellen C, l'extérieur) ; lit les émissions télégraphiques (Forschungstellen D) ; décachète les courriers postaux (Forschungstellen E). Et, bien entendu, des antennes régionales sont implantées, les FLS (Forschungsleitstellen).

Depuis la loi du 24 avril 1934, un secret absolu sous peine de mort règne sur cette partie méconnue de l'empire Goering. Mais, là encore, le ver est dans le fruit, le SR français disposant à cet égard d'une « taupe » formidablement bien placée.

Le mystère Enigma

Peut-être le lecteur a-t-il souvenance de la machine à crypter allemande Enigma, commercialisée à des fins civiles à partir de 1923 par Arthur Scherbius et que la marine de guerre allemande a adoptée dès 1926*.

Séduites par ce procédé nouveau réputé inviolable, la Wehrmacht et la Luftwaffe ont emboîté le pas à la Kriegsmarine, si bien qu'avec des modalités à chaque fois différentes Enigma est devenue la machine à crypter de l'ensemble de l'armée allemande.

Pourquoi ? Parce que ce procédé, particulièrement ingénieux, est aussi très simple d'utilisation. Un clavier du type machine à écrire est relié par un circuit complexe de câbles électriques à un tambour en matériau isolant, le brouilleur. Chaque fois qu'on tape en clair une lettre sur le clavier, le brouilleur tourne par impulsion électrique, ce qui donne une nouvelle lettre. Celle-ci apparaît sur un tableau lumineux, troisième composant essentiel d'Enigma. La nouvelle lettre reportée sur une feuille de papier, puis l'ensemble du texte crypté selon cette méthode, il ne reste qu'à l'expédier par radio, par télégramme voire par courrier. A condition de disposer d'une machine analogue et d'un carnet donnant la position initiale du brouilleur pour tel ou tel jour, le destinataire décryptera le message sans difficultés. Il lui suffit de régler le brouilleur selon la configuration du jour, de taper sur son clavier les lettres cryptées, puis de les lire en clair sur son tableau lumineux.

---

* *Cf.* chapitre 9, p. 244.

Au fil des années, Enigma connaît une suite de perfectionnements. Tous visent à multiplier le nombre de combinaisons possibles, donc la sécurité de l'ensemble. Le nombre de brouilleurs passera ainsi de 1 à 5. Avec l'installation d'un tableau de connexions à fiches entre le clavier et le premier tambour, le système semble désormais infaillible. Les Allemands y croient dur comme fer. Jusqu'en 1945, ils vont construire 30 000 machines de ce type.

On comprend qu'un pareil développement ait suscité l'inquiétude des services secrets militaires polonais, l'Exsposytura, dont les Allemands constituent, avec les Soviétiques, la plus grande hantise. Le problème de l'Exsposytura, c'est qu'elle ne parvient pas à collecter de renseignements de qualité sur la machine, véritable secret d'Etat en Allemagne – jusqu'en 1931 en tout cas.

Car, en juin de cette année, un Allemand prêt à trahir son pays rend visite au chargé de presse de l'ambassade de France à Berlin, Maurice Dejean, lequel le renvoie à une boîte aux lettres du service de renseignements à l'intérieur du ministère de la Guerre, le 75, rue de l'Université à Paris.

Hans-Thilo Schmidt cumule deux voire trois des caractéristiques qui peuvent transformer un individu en recrue d'un service d'espionnage. Outre de gros besoins d'argent, cette victime de la crise de 1929 dont le commerce de couvre-chefs et de parapluies périclite, homme à femmes de surcroît, est un aigri dont la valeur, croit-il, ne serait pas assez reconnue.

Grand espoir de l'armée allemande et ancien directeur du service du Chiffre du ministère de la Guerre à Berlin entre 1925 et 1928, son frère, le lieutenant-colonel Rudolph Schmidt, a pourtant obtenu de son successeur à la tête de cette Chiffrierstelle, le major Oschmann, une place d'adjoint pour Hans-Thilo.

Agent opérationnel et homme à tout faire du SR depuis un quart de siècle, l'Allemand naturalisé français Rudolph Stallman, alias « Rodolphe Lemoine », alias « Rex », établit le contact avec le candidat à la trahison le 1er novembre 1931 dans un hôtel de Verviers, en Belgique. Sur l'avis favorable de ce vieux routier, expert en manipulation des hommes, une autre entrevue suivra une semaine plus tard, le 8 novembre, avec le capitaine Gustave Bertrand, chef de la Section D (interception et déchiffrement) du 2e Bureau.

C'est que le poisson semble d'importance. Moyennant tout de même 10 000 marks, forte somme pour l'époque, Hans-Thilo Schmidt fournit deux documents techniques ultrasecrets à l'usage des opérateurs d'Enigma. Même s'ils se révèlent insuffisants pour décrypter les messages, Bertrand les valide et les photographie.

Le patron du SR, le colonel Louis Rivet dit « Petit Louis », ayant donné son feu vert, d'autres cadres du service, les capitaines Guy Schlesser et André Perruche, vont participer à leur tour au traitement de Schmidt, nom de code « Asche » ou tout simplement « HE ».

« Etes-vous intéressés pour traiter cette affaire avec nous ? » demande le SR à Wilfred Dunderdale dit « Buffy », le chef du poste de Paris du MI 6 depuis 1926. Fils d'armateur riche et sympathique, « Buffy » fraie sans complexe avec ses homologues du SR, degré d'intimité franco-britannique rarement atteint dans l'Histoire en matière de services secrets. Peut-être, comme le concédera le colonel Paul Paillole, qui l'a bien connu, parce qu'à cette époque le MI 6 obtenait de ses homologues français beaucoup plus de renseignements qu'il ne leur en apportait ! En pointe dans le renseignement économique sur les pays occidentaux, l'URSS et l'Allemagne grâce à leur Industrial Intelligence Center (Section VI du MI 6), créé dès 1931 sous la houlette de Desmond Morton après son passage à la tête de la section anticommuniste, les Britanniques restent en effet à la traîne pour ce qui concerne le renseignement politique sur le IIIe Reich.

Seul Claude Dansey, directeur adjoint de la Section V de Broadway Buildings que nous avons vu œuvrer aux Etats-Unis pendant la Grande Guerre* et qui s'est de nouveau exilé, à Rome d'abord, en Suisse après, a l'idée, originale à son image, de marier divers intérêts privés à ceux de la Couronne au sein d'un réseau antiallemand parallèle, plus souple, moins compromettant et surtout moins visible des Allemands.

A partir de 1936-1937, « Uncle Claude », alias « Z1 », va développer son organisation Z dans toute l'Europe. A Prague dans les milieux socialistes, à Zurich sous couvert de la compagnie pétrolière Royal Dutch Shell, à Rome, à Bâle, à Vienne jusqu'au

---

* *Cf.* chapitre 6, p. 165.

rattachement de l'Autriche à l'Allemagne, à La Haye sous le couvert d'une firme d'import-export.

« Z » dispose d'un mode spécifique de financement, de son propre chiffre, de ses propres moyens de communication avec Londres, et Dansey d'un adjoint talentueux en la personne du Commander Kenneth Cohen alias « Z 2 ». Toutes les précautions ont été prises pour rendre l'organisation pleinement opérationnelle dès le début des hostilités avec l'Allemagne.

De manière surprenante, les Britanniques déclinent pourtant l'offre d'une opération commune franco-anglaise contre Enigma. Pour raison budgétaire, un accord impliquant évidemment le partage des frais d'entretien très élevés de la source HE ? Plus probablement parce que les Britanniques se sont persuadés que leur GS & CS parviendrait à « casser » Enigma à lui seul. Grave péché d'orgueil car, à ce moment précis, il n'en est rien.

Les Polonais du Bureau du Chiffre (Biuro Szyfrów, commandé par le colonel Guido Langer) n'ont pas de telles réticences. Eux sautent sur l'occasion. En janvier 1929, une erreur a fait expédier une machine Enigma à Varsovie, scrutée tout un week-end par l'Exsposytura avant d'être retournée à l'ambassade allemande à sa demande pressante. Depuis, leur intérêt de cible potentielle de l'Allemagne pour ce mystérieux appareil de cryptage ne s'est jamais démenti.

Le lieutenant Maximilian Ciezski, chef de la section allemande du Biuro Szyfrów, a d'abord mis dans le coup les deux propriétaires d'une société commerciale privée de radiocommunications, Antoni Palluth et Ludomir Danilewicz. Il a également innové en prenant langue dès 1932 avec trois jeunes mathématiciens surdoués de l'université de Poznan, Marian Rejewski, Jerzy Rózycki et Henryk Zygalski. Or, dans le petit monde des services secrets, jusque-là la main en matière de cryptanalyse appartenait aux linguistes. Une véritable révolution est donc en marche. Silencieuse comme il se doit.

Au palmarès des espions inconnus

Selon une confidence de Gustave Bertrand rapportée à l'auteur par son neveu et fils adoptif Jean-François Deniau, l'Exsposytura disposait peut-être d'une source à Berlin même, en la personne d'un ouvrier polonais en Allemagne travaillant dans la périphérie des ateliers de fabrication d'Enigma. Mais, si elle a réellement existé, cette source, trop subalterne, ne pouvait jouer qu'un rôle de complément aux fournitures de HE.

Le fait est que grâce au « traitement » de Hans Thilo-Schmidt par le SR, le Biuro Szyfrów détient désormais une carte majeure dans la quête du Graal : le secret d'Enigma.

Dans un premier temps, le trio Rejewski-Rózycki-Zygalski découvre que les plans fournis par HE révèlent l'existence, sur le modèle militaire de la machine, d'un mécanisme à trois rotors sensiblement différent de celui du modèle commercial. Pour autant, le problème reste entier : comment connaître le montage des circuits électriques spécifique aux Enigma de l'armée ?

« La source HE pourrait-elle nous fournir régulièrement des clefs d'Enigma ? » demande le Biuro Szyfrów au capitaine Bertrand, chargé des liaisons directes avec Varsovie. Elles seules permettraient en effet aux mathématiciens de Poznan de progresser vers le décryptage opérationnel des messages transmis par la machine.

C'est oui. Moyennant de solides rallonges financières, HE accepte de vendre aux Français les clefs mensuelles dont il a connaissance à la Chiffrierstelle. En outre, le SR apprend grâce à lui l'existence et le potentiel d'interception du Forschungsamt, ignorés jusque-là (la France, elle, ne dispose que d'un dispositif d'écoutes beaucoup plus modeste, le service Nemo, bientôt pris en main par le capitaine André Cazin d'Honincthun et son adjoint le lieutenant Joseph Lochard).

Quantité de renseignements politiques et militaires obtenus lors de conversations de Hans-Thilo avec son frère Rudolph aussi. Pour ne prendre que cet exemple, Paris sera averti à l'avance du projet de création forcée d'une Autriche pronazie alliée avec l'Allemagne dans une sorte de fédération germanique à croix brune. Mais il n'est pire sourd que celui qui ne veut entendre : le Quai d'Orsay dédaigne l'information, d'où son désarroi en mars 1938 quand Hitler envahira l'Autriche et, emporté par son propre élan, ira plus loin que son projet d'origine en intégrant carrément l'Autriche dans le Reich allemand.

Si cet Anschluss a un avantage, c'est d'ouvrir enfin les yeux des élites dirigeantes britanniques qui, à l'exception notable de

Winston Churchill, n'avaient en rien pris la mesure du danger nazi. Résultat : un réarmement du MI 6 et, par conséquent, une importance nouvelle du travail parisien de « Buffy » Dunderdale, pressé d'obtenir de ses amis du SR les informations sur l'Allemagne que sa centrale ne détient pas.

Avec HE, on va de surprise en surprise. Au fil des années, l'homme passe du stade de traître mû par le seul appât du gain à celui d'un personnage plus complexe, plus attachant. Horrifié par le totalitarisme du régime et par sa marche vers la guerre, le voilà qui se glisse dans la peau d'un opposant. Pour fournir à ses officiers traitants des informations toujours plus pointues, cet agent militant prend désormais des risques considérables qui excèdent de beaucoup ceux que « justifieraient » ses émoluments. On dirait presque qu'il va au sacrifice suprême par une sorte de sens du devoir (arrêté en 1943 sur dénonciation de Rudolph Stallman, lui-même tombé aux mains des nazis, il semble avoir été exécuté en secret).

Inconnu jusqu'aux premières révélations publiques du général Bertrand en 1973 et surtout celles du colonel Paillole en 1985, le rôle de HE se précise aujourd'hui. Dans cet informateur incroyablement productif, les Français tenaient un des grands espions de la Seconde Guerre mondiale, peut-être le plus grand, car ils ne furent pas si nombreux, ceux qui, dans le domaine du renseignement, allaient venir efficacement en aide aux Alliés.

Dans l'immédiat, son activisme pose un sérieux problème au SR. Toute source d'informations doit être orientée dans sa recherche, faute de quoi elle perd son utilité. Où demander à Schmidt de focaliser prioritairement son attention : les renseignements à caractère politique et militaire arrachés à son frère Rudolph, ou les détails techniques sur Enigma ? Opter pour la première solution, comme le demandent notamment André Perruche et Guy Schlesser, c'est vouloir contrer l'Allemagne à court terme avant qu'elle batte l'armée française. Mais la seconde option, qui a les faveurs de Bertrand, suppose de prévoir que la guerre sera longue et que les décryptages contribueront à la faire gagner.

Au final, on demande à HE de couper sa poire en deux. Pour un résultat médiocre, car les décideurs politiques français, fidèles à leur conception, n'accordent qu'une importance secondaire aux informations fournies par le SR, comme aux dizaines de documents de renseignements qui vont rythmer le réarmement allemand et la marche de Hitler vers la guerre.

Avancées polonaises

Cachottiers, les Polonais progressent beaucoup plus vite qu'ils ne veulent l'admettre devant leurs alliés français : « C'est lent, très difficile », mentent-ils comme des arracheurs de secrets cryptanalytiques au capitaine Bertrand. En réalité, le Biuro Szyfrów est déjà parvenu à faire reproduire par la société de Palluth et Danilewicz, l'AVA, plusieurs copies exactes d'Enigma. Les mettant en série, Rejewski conçoit un premier appareil à décrypter la machine : la « Bomba », lointaine ébauche de nos modernes ordinateurs. Du début 1933 à la fin 1938, les Polonais vont ainsi parvenir à décrypter une partie des messages de la Wehrmacht et de la Luftwaffe.

Quand les Allemands bouleverseront les données de cryptage à l'approche de la guerre, Rejewski redeviendra sourd. Mais son camarade Zygalski va prendre le relais avec un système de mécanographie à base de cartons perforés qui stupéfierait aujourd'hui un Edward Snowden par son caractère pionnier. Tandis que la machine de guerre nazie se perfectionne, sa propre machine à crypter s'est transformée en point de faiblesse dont les militaires allemands, aussi aveugles qu'ils le furent en 1914-1918, n'ont pas même idée. Tout système de cryptage ressemble pourtant à une forteresse à secrets, et toute forteresse peut être forcée, Enigma comme les autres.

En juin 1939, le Biuro Szyfrów, sentant la guerre toute proche, se décide enfin à offrir à ses alliés français et britanniques deux des exemplaires reconstitués de la machine à crypter assortis de lots de bandes de papier perforées conçues par Zygalski. Stupéfaction au SR et au MI 6 : on ne se doutait pas que les Polonais avaient avancé à ce point. Après l'attaque allemande de septembre 1939, un pool transnational de décrypteurs – les Polonais rescapés, des Français, des mathématiciens républicains espagnols plus un officier de liaison anglais – s'installe au château de Bois-Vignolles, à 50 kilomètres de Paris, sous le nom de « PC Bruno ».

Un an plus tard, c'est l'effondrement français. L'espoir passe alors la Manche. A cette époque où la Wehrmacht triomphe, l'Armée rouge semble exsangue, tuée sur place par des purges massives qui se poursuivent encore. Or le désastre pour les armes russes a trouvé sa source trois ans et demi plus tôt dans une sombre machination où les services nazi et soviétique ont joué le rôle trouble d'alliés objectifs.

La manip Toukhatchevsky

Le 5 décembre 1936 au 8 Prinz-Albrecht-Strasse, le Gruppenführer-SS Reinhard Heydrich, grand maître du Sicherheitsdienst, peut s'estimer satisfait des révélations de son agent.

Nul autre que Nikolaï Vladimirovitch Skobline, époux de la célèbre cantatrice surnommée « le Rossignol de Koursk ». Nous ne connaissions de cet homme que deux facettes : son passé d'officier russe blanc et son appartenance à l'INO depuis huit ans sous le pseudonyme de « Fermier ». Or Skobline en présente une troisième, celle d'informateur du SD.

Rien de plus explosif, justement, que l'information qu'il rapporte de Paris. En URSS, un putsch militaire serait en préparation sous la houlette du maréchal Mikhaïl Toukhatchevsky, commissaire du peuple adjoint à la Défense. Et Skobline de livrer à la volée une série de noms de généraux rouges impliqués dans l'affaire.

Si Mikhaïl Spiegelglass, le patron de l'INO, connaît la triple allégeance de l'ancien officier russe blanc, Heydrich, lui, s'en doute. D'où les analyses très fouillées auxquelles il va se livrer les jours suivants en compagnie du responsable de la Section Est du SD, Hermann Behrens.

Quels que soient ses « inspirateurs » en URSS, l'apport inattendu de Skobline révèle l'existence d'une faille entre militaires et civils au sommet de l'Etat soviétique, concluent les deux hommes. Il y a du règlement de comptes dans l'air à Moscou, et le SD peut contribuer à le rendre plus féroce. Encore faut-il déterminer qui on devra appuyer dans l'intérêt de l'Allemagne nazie : Staline ou Toukhatchevsky ?

Ancien lieutenant de la garde tsariste rallié aux bolcheviks, ce dernier est, à quarante-trois ans, le véritable cerveau de la restructuration et de la modernisation de l'Armée rouge. Comme l'Allemand Guderian ou le Français de Gaulle (son compagnon de détention au fort IX d'Ingoldstadt pendant la Grande Guerre), il prône l'emploi massif des divisions blindées. On lui doit aussi la mise sur pied de grandes unités parachutistes, les premières au monde. Au début de 1936, enfin, le commissaire adjoint à la Défense s'est singularisé par une tournée dans les pays « capitalistes », où il a rencontré des personnalités civiles et surtout militaires. Toukhatchevsky est donc un homme doublement dangereux.

Pour Hitler, dans la mesure où le maréchal rouge prône une guerre préventive contre l'Allemagne nazie aux côtés, s'il le faut, des armées occidentales. Pour Staline, car cet officier supérieur revêt dans ses cauchemars la défroque d'un « Bonaparte rouge », étrangleur de la Révolution. Sans compter cette querelle ancienne qui oppose les deux hommes depuis l'échec de l'offensive communiste sur Varsovie de 1920, dont Toukhatchevsky rendit à l'époque Staline responsable.

Aggravant son cas, le maréchal, tout comme ses camarades officiers supérieurs, dont le général Iona Iakir, s'intéresserait de près à un dossier « découvert dans les archives » et censé faire de Staline un ancien agent de l'Okhrana tsariste. Pur sacrilège, le « Vojd » – le « Guide », comme on appelle avec respect le dictateur soviétique – ne pouvant être suspecté sans risques personnels considérables*.

L'intuition de Heydrich lui dicte que Skobline, agent tous azimuts, agirait comme une sorte de « messager » du Kremlin porteur d'une proposition implicite : œuvrer de conserve à la chute de l'adversaire commun, ce Toukhatchevsky dont les projets stratégiques, s'ils prenaient corps, viseraient l'Allemagne, et les ambitions politiques le pouvoir stalinien.

La seule parade que le tsar rouge peut imaginer, c'est l'élimination physique du problème. Iejov a donc chargé l'INO de collecter à l'Ouest toutes pièces à charge contre le maréchal. Longtemps cheville ouvrière de la collaboration militaire entre Union soviétique et Allemagne, Toukhatchevsky ne pourrait-il pas être

---

* Une copie du dossier de Staline à l'Okhrana annotée en marge de ses gribouillis familiers se trouve actuellement à l'université de Cambridge. La rumeur de son affiliation à la police politique tsariste est ancienne, mais toujours non démontrée.

convaincu d'être le leader d'une « clique » favorable à Berlin ? Voilà pourquoi Spiegelglass, en déplacement clandestin en France à l'automne de 1936, a fait fi des règles conspiratives très strictes de l'INO en rencontrant personnellement son agent Skobline et en l'informant des « projets subversifs » de Toukhatchevsky.

La Prinz-Albrecht-Strasse a perçu le message. Convaincu par son subordonné de jouer la carte Staline, le chef hiérarchique de Heydrich, Himmler, rencontre Hitler le jour même de Noël pour lui communiquer sa certitude : pour peu qu'on l'y autorise, le SD se fait fort d'offrir au Kremlin les « preuves » qui lui font défaut.

Comment ? Par des faux, bien sûr, cette spécialité nazie. On récupère aux archives divers documents manuscrits portant la signature de Toukhatchevsky. Début 1937, l'homme de confiance de Heydrich, notre vieille connaissance Alfred Naujocks*, fait fabriquer une série de documents par un as de la contrefaçon, Manfred Putzig. Tous incriminent Toukhatchevsky et ses amis, « complices et agents rémunérés » des hitlériens. Le maréchal s'y voit affublé par-dessus le marché d'un numéro de code imaginaire : S-G–UA–6-22.

Reste à retourner ces « preuves » à l'envoyeur moscovite par des voies présentant toutes garanties de crédibilité. Un ballet diplomatique à donner le tournis s'amorce. L'« information » s'autorecoupera à l'infini ou presque, par divers canaux allant du président tchèque Edvard Beneš, *via* son homme de confiance Hubert Ripka, au représentant tchèque à Berlin Votjek Matsny, à l'ambassadeur plénipotentiaire soviétique à Prague Serguei Alexandrovsky puis au ministre français de la Guerre Edouard Daladier (peut-être désinformé par Edouard Pfeiffer, le « sixième » des « Cinq de Cambridge ») *via* l'ambassadeur d'URSS à Paris Vladimir Potemkine.

De simple présomption, la rumeur, puisée à plusieurs sources sans rapport les unes avec les autres, devient certitude. Le destin du haut commandement de l'Armée rouge est scellé. Le 26 mai 1937, on arrête Toukhatchevsky. Torturé, le maréchal « avoue » dans l'espoir de sauver sa famille. Le 11 juin 1937, il est jugé et fusillé en compagnie de 7 commandants de premier rang de l'Armée rouge. L'accompagneront dans la mort les mois suivant 3 maréchaux sur 5, 8 amiraux sur 9, 14 commandants d'armée sur 16,

---

* *Cf.* p. 260.

60 commandants de corps sur 67, 136 généraux de division sur 199 et 40 000 officiers soviétiques, soit 40 % des effectifs de ce corps. Une hécatombe. A Berlin comme à Moscou, on peut se frotter les mains : la manœuvre en partie double a atteint ses objectifs.

L'Ukraine, plaque tournante

A l'Est, c'est de longue date que l'Abwehr a identifié l'Exspo-sytura comme un adversaire « privilégié », et la Pologne comme l'Etat à abattre.

Encourager le nationalisme ukrainien constitue pour l'Abwehr un bon moyen de faire coup double en affaiblissant à la fois Moscou et Varsovie. Bien que cette vision s'oppose à celle du Führer, soucieux de ménager la Pologne dans un premier temps, Groscurth, le chef des renseignements extérieurs du service, décide d'armer et d'entraîner les militants de l'OUN (Organisation des Ukrainiens nationalistes), le mouvement indépendantiste opposé à la mainmise de l'URSS. Créée en 1929 par deux anciens officiers de l'armée austro-hongroise, Yehven Konovalets et Andréi Melnik, l'OUN mène des actions paramilitaires, attentats terroristes inclus, contre les Soviétiques.

Des liens sont noués en 1937-1938 avec les dirigeants de cette organisation, successeurs de Toutoiounnik, attiré, on s'en souvient, dans un guet-apens en juin 1923*. Le ministère des Affaires étrangères, la Wilhelmstrasse, fait toutefois mettre fin à ces opérations, comme au soutien à la propagande radio de l'OUN assuré par l'antenne viennoise de l'Abwehr. Par-dessus le marché, le 23 mai 1938 à Rotterdam, Konovalets se voit remettre une boîte de confiseries piégée par son compatriote Pavel Soudoplatov, alors étoile montante de l'INO. Il meurt dans l'explosion.

Après sa fin tragique, l'Abwehr se retourne vers sur son successeur, Melnik, qu'épaule Ryko Yary, lui aussi ancien officier de l'armée austro-hongroise. Canaris confie à Lahousen la tâche de créer en Ruthénie, l'Ukraine subcarpatique, une mini-république proallemande sous la houlette d'un prêtre orthodoxe, Mgr Augustin Volosine. A partir de cette petite base, on irait, veut croire

---

* *Cf.* chapitre 8, p. 221.

l'amiral, vers une Ukraine indépendante opposée tant aux Polonais qu'aux Soviétiques.

La Pologne est alors dirigée par des militaires. L'initiative contrarie suffisamment le général Józef Beck, ministre des Affaires étrangères à Varsovie, pour qu'il prenne contact avec le gouvernement hongrois du dictateur Miklós Horthy. Un spécialiste polonais des explosifs, le major Charazkiewicz, est dépêché auprès des services magyars pour préparer une riposte commune à l'offensive de l'Abwehr.

Or, Hitler a programmé d'avaler la Tchécoslovaquie avant la Pologne. Pour l'instant, il préfère donc ménager Varsovie. En foi de quoi, la tentative de déstabilisation en Ukraine est interrompue. Au final, la Ruthénie sera rattachée à la Hongrie en novembre 1938, après les accords de Munich.

A cette époque, le Vojd maintient encore deux fers au feu. D'un côté Paris et Londres, qu'il voudrait entraîner dans une alliance défensive contre l'Allemagne, qui a connu un embryon de concrétisation avec le pacte franco-soviétique du 2 mai 1935, mais rien de plus. De l'autre, Berlin, discrètement sondée depuis cette même année 1935 par des émissaires personnels du maître du Kremlin comme David Kandelaki, qui mène des négociations secrètes avec le Dr Hjalmar Schacht, le ministre des Finances du Reich. Au grand dam semble-t-il de Beria, opposé à l'alliance avec l'Allemagne, mais bien trop prudent pour le faire savoir.

En août 1939, la balance stalinienne penche vers Berlin. La signature du pacte de non-agression germano-soviétique intervient dans la nuit du 23 au 24, avec des protocoles secrets de répartition des proies territoriales entre les deux régimes totalitaires unis, pour l'instant, par un destin commun.

En détournant la foudre nazie vers l'Ouest, Staline gagne du temps, espérant un conflit d'usure analogue à la Grande Guerre d'où l'Allemagne et les Franco-Britanniques sortiraient si épuisés qu'il n'aurait plus qu'à ramasser les morceaux. En 1943 peut-être, année où, après la mégapurge Toukhatchevsky, il aura reconstitué une Armée rouge efficace, obéissante et dotée du matériel moderne que la reconversion industrielle de l'URSS vers l'armement militaire permettra de produire.

Hitler, lui, n'a d'yeux – haineux – que pour la Pologne. Il sait qu'aux termes des protocoles secrets, ce malheureux pays doit être partagé entre son régime et celui de Staline. Protocoles qui se ressemblent autant qu'ils diffèrent dans un processus dialectique digne du philosophe Hegel – un Allemand bien sûr, et pas juif comme ce Karl Marx… Reste pour le Führer à préparer l'invasion de la Pologne par la Wehrmacht, tâche qui incombe à l'Abwehr autant qu'au SD.

Cette préparation va mobiliser parallèlement le SD et le service Action de l'Abwehr, fondé malgré le scepticisme initial de Canaris et basé à Brandebourg-sur-Havel (district de Potsdam), d'où son nom familier de Bataillon et plus tard Division Brandebourg.

Les « Brandebourgeois », souvent Allemands originaires de Haute-Silésie, région frontalière de la Pologne et de l'Allemagne désormais polonaise, parlent couramment le polonais, ce qui leur permettra – avec un succès d'ailleurs relatif – de monter plusieurs attaques surprises de commando dans les heures précédant l'invasion. Toutes visent des positions aux mains de l'armée polonaise.

Sous la houlette de l'inévitable Naujocks, les hommes de Heydrich sont, eux, chargés de mener à bien une série de coups tordus. Dont le principal : s'en prendre, à partir du territoire polonais et en se faisant passer pour des Polonais, à Gleiwitz, une station de radio allemande située du côté allemand de la frontière. Objectif : créer de toutes pièces le prétexte qui « justifiera » la ruée de la Wehrmacht. Pour ce faire, Heydrich a demandé dès juillet à Canaris 150 uniformes polonais avec armes et livrets militaires, plus le détachement provisoire de 350 Brandebourgeois au SD.

Ayant très certainement deviné le but de cette requête, le chef de l'Abwehr, partagé entre la perspective d'une défaite de l'Etat polonais, qu'il appelle de ses vœux, et celle d'une guerre avec la France et la Grande-Bretagne, qu'il craint par-dessus tout, s'est exécuté sans la moindre réserve.

Les dés roulent. Peu avant 20 heures dans la nuit du 31 août au 1er septembre 1939, la petite troupe de Naujocks prend d'assaut la station de Gleiwitz, assomme le personnel et diffuse en polonais et en allemand un texte accablant pour Hitler. Des coups de feu sont tirés, le cadavre d'un déporté revêtu d'un uniforme polonais abandonné sur place comme « preuve » de l'« agression ». Dans d'autres endroits, des unités du SD s'en prennent délibérément à des objectifs allemands, laissant sur place, là encore, des « cadavres de soldats polonais ».

Cette sinistre mise en scène trompe-t-elle son monde ? Non, d'autant que, pour des raisons techniques, le faux message diffusé à Gleiwitz n'a pas dépassé une audience régionale alors qu'il était conçu pour être capté par les radios étrangères. Mais qu'importe : les masques sont en train de tomber.

Le 1er septembre à l'aube, la Wehrmacht pénètre massivement sur le territoire polonais. Le 3, la Grande-Bretagne puis la France déclarent la guerre à l'Allemagne. Le 17, l'Armée rouge attaque les Polonais défaits par l'Est, conformément aux protocoles secrets du pacte.

Une nouvelle guerre mondiale commence, et avec elle, de nouvelles formes de guerre secrète.

11

Extension du domaine des services

Publié à Paris sous le sceau du secret en avril 1936, le *Bulletin de renseignements sur l'armée allemande n° 1* précisait la tactique de la Wehrmacht en cas de guerre.

Citons ce passage éloquent : « La brutalité est réalisée par l'entrée en action soudaine de moyens de feu puissants, ou l'engagement d'une Grande Unité blindée sur les flancs et les arrières de l'ennemi. »

Le bulletin ne pouvant s'inscrire en faux contre les certitudes de la haute hiérarchie militaire, bien plus épaisses que le blindage d'un Panzer hitlérien, sa conclusion se voulait prudente : « La manœuvre n'est pas sans faiblesse, puisqu'elle est montée sur une hypothèse en ce qui concerne l'ennemi, puisque la rapidité peut entraîner un mauvais ajustage des moyens, puisque la trop grande initiative laissée à chacun peut entraîner un manque de coordination dans les efforts, et même une dislocation momentanée du plan de manœuvre. »

Reste que les mots clés de l'offensive éclair allemande de mai-juin 1940 contre la France, conçue par les généraux Erich von Manstein, le stratège, et Heinz Guderian, le précurseur de l'arme blindée – brutalité, entrée en action soudaine, rapidité, grande unité blindée –, figuraient en toutes lettres dans ce texte.

Quatre ans plus tard, en février-mars 1939, le 2e Bureau sonne de nouveau le tocsin, même s'il persiste à le faire en termes modérés pour ne pas froisser la hiérarchie : « Un vaste plan d'extension des armes mécanisées a été conçu, plan qui est en cours de réalisation. Il comporte : la création de cinq divisions blindées, de quatre divisions légères et de brigades ou régiments de chars de Réserve générale. Actuellement, quatre sur cinq des divisions blindées existent, la cinquième est en cours de formation. »

Peut-on nier que ces documents en possession de l'auteur recélaient une forte valeur prédictive ? On sait que les chars seront le fer de lance d'une attaque allemande potentielle, on sait que la Wehrmacht a déjà réalisé une grande partie de son programme de mise sur pied de divisions blindées, le mode d'emploi apparaît donc au grand jour, mais on se refuse à le prendre en compte.

Pas plus d'ailleurs que le rôle futur de l'aviation de bombardement légère en piqué, l'importance tactique des fameux Stukas échappant à l'armée de terre pour cause de manque de concertation avec son homologue de l'Air. Une querelle de clochers qui produira quelques ravages supplémentaires à partir du 10 mai 1940, l'état-major refusant de croire sur parole les pilotes de reconnaissance de la force aérienne qui lui signalaient l'existence d'un monstrueux embouteillage : 250 kilomètres de chars allemands « cul dans cul » et donc vulnérables.

Un engrenage infernal. Peu portés, nous le savons, sur les analyses des services, les responsables politiques français ont laissé le haut état-major tranquille comme Baptiste dans son domaine militaire réservé. Et le haut état-major, tranquille comme Baptiste lui aussi, mais à sa manière, a préféré croire ce qu'il avait l'habitude de croire plutôt que de s'adapter à des concepts nouveaux comme le couple char-avion, décisif contre l'armée polonaise pourtant.

L'étrange défaite de 1940, dont le grand historien Marc Bloch, ancien officier de renseignement pendant la Grande Guerre, tirera à chaud un livre éponyme d'une rare lucidité, fut, de fait, le produit d'un triple aveuglement-effondrement.

Celui d'élites incapables de s'informer, de réfléchir et de décider, celui d'un appareil politico-militaire d'une lourdeur et d'une lenteur effarantes, celui d'une population démunie face au choc en raison d'un débat politique dont l'indigence n'eut d'égal que le sectarisme.

Le fruit aussi d'une carence majeure du renseignement français, compétent sur le plan technique mais inapte à nouer un lien solide avec le pouvoir politique. Paradoxe d'ailleurs : seul Léon Blum, président du Conseil socialiste du gouvernement du Front populaire, aura accepté que le patron du SR, le colonel Louis Rivet, lui parle directement sans passer par l'étouffoir de la hiérarchie militaire.

Se faire entendre et, mieux, se faire comprendre en haut lieu, c'est l'éternel problème de tout service secret. La Seconde Guerre mondiale va le démontrer avec éclat.

L'Incident de Venlo

Elle a mal commencé pour Broadway Buildings. Ses deux représentants aux Pays-Bas, Sigismund Payne-Best, tête locale de l'Organisation Z de Claude Dansey, et Richard Stevens vont en effet se faire piéger bêtement par le jeune chef du contre-espionnage au département Etranger du SD, Walter Schellenberg, maquillé pour la circonstance en « opposant au régime hitlérien ».

Malgré les mises en garde du patron du contre-espionnage tchèque installé à Londres après l'entrée des nazis à Prague, le colonel Josef Bartík, et du chef d'antenne du SR français Roger Trutat, les deux officiers britanniques acceptent en effet un rendez-vous dans la petite ville de Venlo, à deux pas de la frontière allemande.

Nous sommes le 9 novembre 1939. La veille au soir, un modeste menuisier allemand, Johann Georg Elser, a failli mettre fin à la carrière de Hitler. Cachée dans un pilier de la brasserie munichoise où le Führer venait commémorer comme chaque année le putsch manqué de 1923, sa bombe artisanale a explosé quelques minutes trop tard. Sentant la main de l'Intelligence Service derrière cet attentat, le Führer exige des preuves de l'implication britannique.

Ces « preuves », Schellenberg va les lui fournir en transformant l'opération d'intox du MI 6, préparée depuis plusieurs jours, en kidnapping. Un groupe de SS enlève les deux agents anglais et abat au passage le lieutenant Dirk Klop, leur collègue du Militaire Inlichtgendienst, le service de renseignements militaires néerlandais.

Un coup de force à caractère politique car, du point de vue technique, le kidnapping de Venlo n'avait aucun sens : il aurait au contraire fallu pousser plus loin la manœuvre de pénétration du MI 6. Dans un deuxième temps, la presse allemande se déchaîne contre les deux éminences grises de l'Intelligence Service, Robert Vansittart et surtout Maurice Hankey, accusés, propagande officielle oblige, d'avoir commandité l'attentat de Munich.

Des péripéties qui confortent le Reichssichereitshauptamt (Service central de la sécurité du Reich). Créée sous la férule de Heydrich le 23 septembre, moins de un mois après la déclaration de guerre franco-anglaise, cette organisation policière tentaculaire chapeaute, entre autres, le département Etranger du SD aux ordres du général de brigade SS Heinz Jost. Ainsi les policiers de la Gestapo (Amt IV du RSHA) et ceux de la criminelle (Amt V) voisinent-ils avec les hommes du renseignement (Amt VI) au sein d'un même organisme frappé de la croix gammée.

Le parallèle avec la police politique de Staline s'impose. Pour autant, et malgré le pacte entre les deux dictatures, le régime soviétique et son homologue nazi ne fondent aucun espoir l'un sur l'autre à long terme. Tout au plus font-ils cause commune provisoire contre les démocraties en attendant de vider entre eux la querelle des deux visions totalitaires du monde, la brune et la rouge. Abwehr et SD s'efforcent toujours d'espionner l'URSS, tandis que le GRU et surtout l'INO (par commodité, nous continuons à l'appeler ainsi même si cette Direction du renseignement extérieur change de sigle au gré des restructurations) développent des réseaux en Allemagne même, on verra un peu plus loin comment.

Les services français en apnée

Beaucoup moins efficace en matière de renseignement que pendant la Grande Guerre où elle faisait partie des pays en pointe, la France s'est contentée d'étoffer son dispositif du temps de paix sans l'adapter au contexte. Et, pire, sans dépasser les querelles de chapelle, de corps, de galons. Nous savons déjà qu'elle va payer ce conformisme, et tant d'autres carences encore, au prix le plus fort : le risque de disparaître de la communauté des nations.

Les services ne sont pas tout à fait engloutis dans la défaite et l'armistice. Fruit de la pression nazie et de la panique qui s'est emparée d'une bonne partie des élites françaises après la percée éclair allemande, celui-ci divise la France en deux grandes zones. Au nord et au sud-ouest, la zone occupée ; au centre et au sud, la zone non occupée soumise au régime capitulard de Vichy (il y a quelques autres zones plus petites et plus tard la zone italienne, mais inutile de compliquer).

Subsiste à titre officiel la SCR, le contre-espionnage. Mais celui-ci ne devra plus agir contre l'occupant allemand, ni contre ses alliés italiens : seulement contre les Anglais, les communistes et les gaullistes !

Couvertes de manière équivoque par le secrétaire d'Etat à la Guerre, le général Charles Huntziger, jusqu'à sa mort accidentelle en novembre 1941, des organisations elles-mêmes ambiguës s'insinuent dans les interstices du système gouvernemental entre esprit de résistance et conservatisme social revanchard. Le Bureau des menées antinationales, une police politico-idéologique qui a pignon sur rue à Vichy, contribue par exemple à l'arrestation de militants communistes ou de résistants gaullistes. Mais, en son sein même, une aile favorable à une certaine forme de résistance antiallemande se constitue clandestinement. Citons les services de renseignements militaires : le SR Guerre du lieutenant-colonel André Perruche, un des traitants autrefois de HE, et le SR Air du colonel Georges Ronin.

Sans oublier le contre-espionnage offensif du capitaine Paul Paillole alias « M. Perrier ». Dissimulé dès juillet 1940 sous le masque d'une fausse société de couverture, l'Entreprise des travaux ruraux, le CE clandestin (un millier d'agents homologués après la Libération) s'installera dès novembre en zone non occupée, à Marseille.

Ajoutez à cette première repousse le maintien de l'ex-« PC Bruno » (interceptions et déchiffrages). Bien sûr, les décryptages d'Enigma n'ont servi à rien lors de l'offensive éclair de mai-juin. Les coups de boutoir allemands se succédaient beaucoup trop vite pour qu'on ait le temps de tirer au clair les messages interceptés, de les traduire, de les analyser et de les transmettre aux unités concernées.

Le service a néanmoins été relocalisé en zone non occupée sous la nouvelle dénomination de « PC Cadix ». Son chef reste le capitaine Bertrand. C'est sur des fonds secrets gouvernementaux qu'il a installé son équipe multinationale franco-polonaise dans le Gard, au château des Fouzes. Pour ces spécialistes de haut niveau baptisés « Equipe 300 », la guerre secrète continue avec, comme instruments de travail, sept modèles d'Enigma reconstituées.

Une lutte qui n'a jamais cessé pour les gaullistes du 2e Bureau de la France libre, créé de toutes pièces à Londres par le polytechnicien André Dewavrin, dit « Colonel Passy », et son adjoint l'ingénieur et industriel André Manuel. Cet organisme va bientôt donner naissance au service secret du général de Gaulle, structure originale au confluent du renseignement, de l'action militaire et de l'action politique.

Avant d'en arriver à ce stade, il devra néanmoins franchir un écueil de taille : la tentative anglaise de transformer la France libre en une simple « Légion étrangère » au service du gouvernement de Sa Majesté.

Cette manœuvre se traduit, fin 1940, par une opération combinée du MI 5 et du MI 6. Les Britanniques sont parvenus à pousser deux de leurs agents à la tête du service de sécurité de la France libre : Jacques Meffre alias « Captain Victor Howard » et son adjoint Lucien Collin alias « Serge Treize », personnage trouble mêlé à un scandale de documents maquillés avant guerre déjà.

MI 5 et MI 6 comptent agir en trois temps : 1° de faux documents vont faire d'Emile Muselier, alors rival de De Gaulle pour la direction du mouvement français libre, un traître secrètement lié à Vichy ; 2° le général sera contraint de se désolidariser de l'amiral ; 3° affaibli, le gaullisme ramènera contraint et forcé sa voilure à la dimension modeste souhaitée.

Débutant en matière de services – il prendra vite de la bouteille –, Passy commence par se laisser abuser. Mais de Gaulle a immédiatement senti le piège. Sa fermeté fait capoter toute l'affaire, obscure aux yeux des historiens du gaullisme jusqu'en 2012 où Roger Faligot, Jean Guisnel et moi-même en avons exposé les arcanes et révélé les noms des principaux protagonistes côté anglais : pour le MI 5, son futur directeur adjoint Guy Liddell, le major Jemmings et le major Sinclair ; pour le MI 6, le Commander Kenneth Cohen, Roy Archibald ainsi que « Buffy » Dunderdale, pourtant réputé « francophile » depuis son travail en commun avec le SR entre 1926 et 1939.

La manœuvre Howard tourne au fiasco pour ses initiateurs. Son effet le plus palpable, c'est qu'elle aura beaucoup contribué à la méfiance du général de Gaulle envers ce qu'il désignera dès lors avec mépris comme des « affaires d'intelligence ».

Britannia seule contre tous

Plus à l'aise que la France car séparée du continent par la Manche, la Grande-Bretagne fait montre d'une plus grande imagination. Au prorata de son isolement d'ailleurs : jusqu'à juin 1941 et à l'assaut hitlérien contre l'URSS, l'Angleterre de Winston Churchill restera, contre toute attente, la seule grande puissance à tenir tête militairement au Reich. Mais les amateurs de rugby savent que les équipes anglaises ne sont jamais aussi agressives que quand elles jouent dos au mur.

Le 27 août 1939, quelques jours à peine avant la déclaration de guerre, le contre-espionnage interne, le MI 5, a transplanté ses pénates à la très inconfortable prison de Wormwood Scrubs. Mais l'endroit devient vite malsain, pour les archives par exemple, à cause du Blitz, les bombardements aériens. En novembre 1940, le service déménage à l'écart de Londres, au palais de Blenheim, proche d'Oxford, qui vit en 1874 la naissance d'un certain Winston Churchill.

Selon son historien officiel Christopher Andrew, les effectifs du service, attachés à la sécurité des ports non compris, vont passer de 36 officiers en juillet 1939 à 102 en janvier 1940, 230 en janvier 1941 pour culminer à 939 en janvier 1943. Le personnel administratif, des femmes le plus souvent, n'est pas inclus dans ces chiffres.

Atteint par la limite d'âge, Vernon Kell quitte le MI 5 en août 1940 après trente et un ans de bons et loyaux services secrets. Son remplaçant, Jasper Harper, n'est pas un génie, loin s'en faut. Vexé par les critiques acerbes qu'elle multiplie à son encontre, il a même poussé dehors Janet Archer, la seule tête féminine du service, une spécialiste des affaires communistes et soviétiques qui n'était pas si loin de démasquer Philby et les « Cinq de Cambridge » ! Abandonnant cette piste prometteuse, elle passe immédiatement à Broadway Buildings, où on lui fait bien entendu un accueil de reine.

Avant de monter plusieurs opérations astucieuses comme la création dans les années 1960 d'un pool de renseignements sur le KGB avec les dirigeants trotskistes de la Socialist Labour League (SLL du vieux militant Gerry Healy), et de devenir le modèle de John Le Carré pour le personnage de Connie Sachs dans *La Taupe*, cette femme peu ordinaire aura été un temps l'adjointe… de Philby à la section soviétique du MI 6 ! La chasseuse d'espions russes et l'homme des services secrets de Moscou travaillant côte à côte, encore un sujet de roman…

La possibilité d'une île

Fort heureusement pour la Grande-Bretagne et la cause alliée, l'incompétence de Jasper Harper ne produira ses effets nocifs qu'après le grand chelem du MI 5 et de la Special Branch. En identifiant à la veille de la guerre six des dix agents de l'Abwehr opérant sur le sol anglais puis, entre novembre 1939 et janvier 1940, les quatre derniers, le service a en effet réussi d'emblée un coup de maître.

La possibilité d'une île : résister à Hitler. L'obstacle de la Manche pèse en effet lourdement sur l'organisation de l'amiral Canaris, incapable d'envoyer des inspecteurs vérifier ce que trament ses agents sur le terrain. Or, dûment « retournés », ces hommes, dont le plus important d'entre eux, le Gallois Richard Owen (« Johnny » pour l'Abwehr, « Snow » pour les Anglais, ses vrais maîtres), vont devenir les vecteurs de quatre ans d'opérations d'intox tactique et de désinformation stratégique.

Savamment emboîtées les unes dans les autres, chacune d'entre elles accréditant la suivante, ces manœuvres de grand style seront pensées à partir de janvier 1941 par deux organismes : le W Board, qui regroupe en matière d'émissions radio les chefs des services de renseignements des trois armes, ceux du MI 5, du MI 6 ainsi que le président du Comité de défense intérieure et son bras exécutif, le XX Committee (Comité Double Croix), chargé de la gestion des agents ennemis retournés ou des sous-agents imaginaires qu'ils ont prétendument recrutés dans le cadre de leur mission.

Leur nombre avoisine les cent vingt. Cent vingt dossiers à tenir soigneusement à jour, un travail de Romain : pour créer de toutes pièces un faux agent, il faut lui inventer un profil psychologique, professionnel et géographique justifiant la « qualité » des fausses informations qu'il fournit à la centrale adverse, une vie quotidienne, un cercle de relations dans lequel il pourra recruter à son tour d'autres faux agents, des besoins, des exigences, et tout cela demande beaucoup de minutie et d'imagination.

De l'imagination, les services secrets de Sa Majesté n'en manquent pas, qui savent attirer à eux des esprits originaux, fantasques, souvent intellectuels ou hommes de plume, tradition toujours maintenue depuis les aventures de l'espion Christopher Marlowe sous Elisabeth Ire et, dit-on même, de Shakespeare.

En face, l'adversaire n'est ni idiot ni manchot. Jusqu'à la mi-1940, les Allemands ont par exemple décrypté une partie des messages de la Royal Navy. Et jusqu'en juillet 1942, date de son élimination par les Anglais, la compagnie d'interception de l'Afrika Korps du général Erwin Rommel parviendra à exploiter les failles du dispositif radio britannique au Proche-Orient. Mais il œuvre dans le cadre d'un régime totalitaire où l'excentricité est suspecte et le conformisme idéologique, une loi dangereuse à mettre en doute.

Quand la méfiance règne à tous les échelons de l'appareil d'Etat nazi, entre SD et Abwehr par exemple, les Britanniques sauront travailler de conserve, favorisés en cela par le caractère numériquement restreint d'élites où « tout le monde se connaît ». Ce haut degré d'endogamie peut certes constituer la vulnérabilité d'ores et déjà mise à profit par les Soviétiques dans le cas des « Cinq de Cambridge ». Mais, en règle générale, il jouera en faveur de la Couronne pendant cette longue période de guerre.

On reviendra sur l'évolution du dispositif britannique puis anglo-américain de désinformation stratégique de Hitler, sur ses techniques, sur leur efficacité. Sachons pour l'heure qu'avec lui les Alliés tiendront une arme majeure dans leur conflit sans merci contre l'Axe.

Une autre de ces armes fatales au IIIe Reich sera le décryptement des messages Enigma, qui, après les précieux éléments versés au « pot commun » allié par les Français et les Polonais, progresse en Angleterre même.

Les pensionnaires de Bletchley Park

C'est en 1938-1939 que le GS & CS, abandonnant les pénates partagés de Broadway Buildings avec le MI 6, est venu s'installer dans le domaine de Bletchley Park, à quelque 80 kilomètres de Londres. Une décision judicieuse qui mettra à l'abri des bombes allemandes du Blitz ce service qui, pour être technique, n'en est pas moins top secret. Suffisamment loin de la capitale, mais facile d'accès par le train – c'est à deux pas de la gare –, le lieu est bien placé pour l'activité spécifique du décryptage. D'autant que les villes et les villages voisins vont offrir des possibilités de logement suffisantes pour un personnel de plus en plus nombreux au fur et à mesure de la prolongation de la guerre, et majoritairement féminin.

Outre les décrypteuses, des centaines d'auxiliaires de la Royal Navy et quelques autres de la RAF ou de l'armée de terre seront en effet mobilisées pour faire tourner les machines conçues en ce lieu et pour cet usage. Petites mains comme on dit souvent avec dédain, mais aussi gros bras, car ce travail, fatigant à l'extrême pour les nerfs tant il demande de concentration intellectuelle, exige dans le même temps un sérieux effort physique.

Le manoir de Bletchley Park est une sorte d'usine à décrypter plantée au beau milieu de la campagne anglaise. Ou, si l'on préfère cette autre image, un phalanstère où des jeunes gens et des jeunes femmes issus de toutes les classes sociales œuvrent pour un but commun.

Efficacité d'abord. Des équipes spécialisées de linguistes, de mathématiciens, de juristes, d'étudiants et de professeurs, de professionnels de la muséologie et d'experts de toutes sortes s'attaquent à tel ou tel domaine des communications allemandes interceptées, sous le commandement pas toujours charismatique d'Alistair Denniston, remplacé en février 1942 par son adjoint Edward Travis, bien meilleur gestionnaire en ressources humaines.

Dans une logique très britannique de mobilisation sans frontières de spécialités ou d'écoles, des linguistes et des mathématiciens côtoient des juristes et des personnels de musées, des étudiants œuvrent en compagnonnage avec des professeurs. Des cruciverbistes aussi, car on ira jusqu'à demander aux journaux de fournir les noms des gagnants de leurs concours de mots croisés afin de recruter discrètement ces champions des jeux avec les mots…

Par contraste et bien qu'ils soient parvenus en Angleterre après bien des péripéties, Marian Rejewski et Henryk Zygalski, les deux mathématiciens polonais survivants à l'origine des premiers décryptages d'Enigma (leur camarade Jerzy Rózycki s'est noyé en janvier 1942 lors d'un naufrage en Méditerranée), ne seront associés que quelques jours aux travaux de Bletchley Park. On les mettra ensuite hors circuit, mesure d'ostracisme incompréhensible dont on ne voit guère quels motifs de sécurité auraient pu l'inspirer, d'autant qu'avant novembre 1942 les décrypteurs du château des Fouzes travaillaient en liaison avec leurs homologues de Bletchley Park.

Bletchley Park, revenons-y. De grands baraquements construits autour du vénérable manoir correspondent chacun au type de code attaqué : à la fin, on en comptera huit pour un personnel scientifique, technique ou administratif passant de quelques centaines à plusieurs milliers. Le 1 va abriter des hypermachines à décrypter expérimentales ; le 3, les services d'interception des communications de la Wehrmacht ; le 4, la section navale ; le 6, les décryptages des messages de la Luftwaffe, et ainsi de suite, le 2 servant de lieu de détente et le 8 complétant le 4 pour la partie navale du travail, délicate du fait que les crypteurs de la Kriegsmarine, dotés d'un type d'Enigma spécifique adapté à leurs besoins, opèrent de manière beaucoup plus rigoureuse que leurs homologues des deux autres armes.

Au manoir, des vétérans du décryptage comme Nigel de Grey, « Dilly » Knox, qu'assiste très efficacement une femme plus jeune, Mavis Batey, ou encore Franck Birch, le chef de la section navale, voisinent avec de jeunes prodiges dont le plus doué de tous, Alan Turing, venu du King's College de l'université de Cambridge où il était enseignant-chercheur.

Excentrique – comportement individuel que la société britannique de cette époque postvictorienne supporte fort bien –, c'est aussi un homosexuel, caractéristique beaucoup plus mal acceptée et qu'il convient de cacher à tout prix. Solitaire à la limite de l'autisme, toujours mal à l'aise pour s'adresser à autrui et presque incapable de s'expliquer de manière compréhensible, son esprit est sans cesse traversé par d'innombrables idées, lesquelles ne peuvent être... décryptées que par des amis experts en « turingologie ».

Tous lui reconnaissent cependant cette forme de génie paradoxal, brillant, déconcertant et assez arrogant qui l'a conduit à tenter de concevoir à la fin des années 1930 une « machine universelle Turing » capable de démontrer n'importe quelle formule mathématique. En vain, on s'en doute, mais un tel défi donne l'idée du personnage.

Epaulé et parfois concurrencé, donc stimulé, par des esprits tout aussi scientifiques, mais doté d'un plus grand sens pratique : Gordon Welchman, Charles Wynn-Williams, Thomas Flowers ou

Max Newman, ce personnage de science-fiction fera faire à la science tout court un bond impressionnant qui débouchera sur la naissance de l'informatique.

Poursuivi après guerre par la police pour son homosexualité, décédé tragiquement en 1954, Alan Mathison Turing n'aura, c'est le moins que l'on puisse dire, guère été récompensé par son pays pour ses immenses services. Un hommage lui sera toutefois rendu en 2014, cinématographique celui-là, à travers *Imitation Game*, le film de Morten Tyldum où son personnage est interprété de façon saisissante par Benedict Cumberbatch.

Notons que la longue séquence des décryptements Enigma – près de quinze ans de travail dans l'ombre – aura été ponctuée de captations en série. Sans le très bon travail d'espionnage du SR français recruteur de Hans Thilo-Schmidt, le Biuro Szyfrów n'aurait pas progressé aussi vite ; sans les trouvailles extraordinaires de leurs prédécesseurs polonais, les pensionnaires de Bletchley Park n'auraient pas obtenu si rapidement leurs succès à une époque où le temps valait de l'or.

En s'attribuant seuls à partir des années 1970 la totalité des mérites de cette entreprise par essence collective, les Britanniques ont péché par amnésie volontaire. Or il existe une justice immanente. Ces mauvais camarades en auront la preuve en l'an 2000 quand le film *U-571*, avec Harvey Keitel en vedette principale, présentera les Américains comme les vrais vainqueurs d'Enigma ! Le Premier ministre Tony Blair en tête, nos voisins d'outre-Manche pourront bien pousser des hauts cris, arguant que Hollywood a volé leur passé, qu'ont-ils fait d'autre en occultant celui de leurs alliés ?

Les « œufs d'or » du Vieux Lion

Winston Churchill, nous le savons, s'est toujours passionné pour les opérations clandestines et les services secrets, disposition éminemment favorable à la communauté britannique du renseignement.

Les informations de source « Ultra » transmises par Bletchley Park, le Vieux Lion les appelle ses « œufs d'or ». Et tient à elles comme à la prunelle de ses yeux. Stewart Menzies, le nouveau « C » en remplacement de « Quex » Sinclair mort en novembre 1940, lui livre chaque jour les plus importantes d'entre elles accompagnées d'une note explicative.

Jamais « œufs » ne furent aussi bien couvés. Trente et une personnes, pas une de plus, figurent sur la liste des « initiés » approuvée par Churchill. Parmi elles, onze membres du gouvernement. Le nom de code choisi sera « Ultra ». Ces documents parviennent au Premier ministre dans une boîte couleur chamois dont Churchill seul possède la clef, les officiers du MI 6 qui assurent la transmission « claquant » au dernier moment une serrure spéciale (il semble toutefois que la boîte n'était pas inviolable, son fond tenant par quatre petites vis, comme un visiteur curieux l'aurait démontré un jour au secrétaire de sir Winston...).

En août 1941, quand il se rend aux Etats-Unis pour signer avec Roosevelt la Charte de l'Atlantique, le Vieux Lion exige que les messages « Ultra » lui soient expédiés dans une boîte spécialement lestée qui coulerait au fond de l'océan en cas de crash aérien. Et, le mois suivant, il rendra personnellement visite à Bletchley Park, dont Edward Travis va lui faire découvrir les diverses facettes.

De telles marques d'intérêt s'expliquent aisément par les résultats obtenus. Au moment du Blitz nazi de 1940, Bletchley Park n'est pas entièrement opérationnel, certes. On dit cependant, sans l'avoir jamais prouvé, que le Premier ministre aurait laissé la Luftwaffe bombarder impunément la ville industrielle de Coventry dans la nuit du 14 novembre de peur que les nazis devinent le fin mot de l'affaire.

C'est seulement vers la fin de cette période de bombardements intenses que les Britanniques parviendront à dérégler les pilonnages de la Luftwaffe. Les équipages de bombardiers allemands étaient guidés par des faisceaux de navigation se croisant en un point d'intersection dont les coordonnées leur étaient expédiées en cours de vol par messages radio cryptés Enigma. Quand les techniciens de la baraque 6 parvenaient à casser le code assez vite, ils pouvaient fournir aux navigateurs ennemis un faux point d'intersection, les amenant à déverser leurs bombes sur des coins de campagne isolés.

Une telle réussite s'apparentait à un parcours du combattant intellectuel : non seulement fallait-il repérer la position des rotors, régler de même celle de la machine à décrypter, mais on devait aussi assimiler en un rien de temps quantités de termes et d'abréviations allemandes d'aviation, tâche difficile pour des décrypteurs qui n'étaient pas eux-mêmes des professionnels de l'aéronautique.

Dans la seconde moitié de 1942 et la première de 1943, la bataille de l'Atlantique atteint son acmé. Si les U-Boote allemands parviennent à couler plus de tonnage d'armes, de véhicules et d'équipements acheminés depuis les Etats-Unis vers la Grande-Bretagne et l'URSS, Hitler risque fort de gagner la guerre par étranglement, comme l'espèrent l'amiral Erich Raeder puis son successeur à la tête de la Kriegsmarine à partir de février 1943, Karl Dönitz.

Ambitieux, l'objectif serait peut-être tenable si le facteur Bletchley Park ne jouait pas à plein. On l'a dit, les crypteurs de la Kriegsmarine se montrent beaucoup plus rigoureux que ceux des autres armes. Mais il faut compter avec les erreurs humaines, providence des casseurs de codes. Même si les Allemands prennent soin de fractionner leurs messages pour éviter les textes longs, plus faciles à décrypter, ces erreurs s'appellent routine (l'opérateur commence toujours les messages par des formules identiques, ce qui aide les décrypteurs à déterminer la position quotidienne des rotors de son Enigma) ; paresse (pour éviter de se fatiguer, il règle la machine de la même manière que la veille) ; répétition (de peur de ne pas être compris, ce qui arrive souvent, il reproduit deux fois de suite le même texte avec des réglages de rotors différents, nouvelle aide au décrypteur) ; inattention (il se trompe dans l'ordre des lettres ou l'orthographe, fournissant une porte d'entrée supplémentaire à l'ennemi) ; bureaucratie (rappels à l'ordre ou demandes d'explications absurdes de la centrale obligeant l'opérateur à renvoyer les mêmes informations avec une autre clé). Un livre dédié ne serait pas de trop pour en dresser la nomenclature définitive.

Dans le cas de la marine allemande, et plus particulièrement des sous-marins qui disposent par précaution de livrets de code différents de ceux des unités de surface, ces erreurs sont malheureusement plus rares qu'ailleurs. La Royal Navy et plus tard l'US Navy vont donc lancer des opérations audacieuses pour récupérer *in extremis* la machine Enigma de bord ou les livrets de code des U-Boote touchés avant qu'ils ne sombrent dans les profondeurs océanes. Les commandants des submersibles ont certes l'ordre de jeter la machine à l'eau et de détruire les livrets, mais pas toujours le temps de le faire, parce que déjà morts ou gravement blessés parfois. L'ensemble de ce que l'on peut récupérer dans les débris de leurs U-Boote est alors transmis d'urgence à Bletchley Park, marquant un nouveau petit pas vers la victoire alliée dans la bataille de l'Atlantique*.

Il ne faut pas s'imaginer que, pendant toute la durée de la guerre, les Alliés vont lire à livre ouvert l'*ensemble* des messages Enigma. Jamais tous à la fois, et jamais tout le temps, au contraire : se succèdent des avancées et des stagnations, des périodes de pleins et des périodes de creux. Un jour on vient à bout de telle ou telle pile de messages cryptés, mais le lendemain, rien. Modernes Sisyphes, les pensionnaires de Bletchley Park monteront et remonteront inlassablement le rocher Enigma jusqu'à la victoire finale.

Fuites vers l'URSS

Au manoir, le personnel est soumis, outre à des cadences de plus en plus infernales au fur et à mesure du déroulement de la guerre, à des règles de sécurité draconiennes. Pas question de trahir le secret d'« Ultra », obsession de Churchill, sous peine d'être considéré soi-même comme une sorte de traître. Pas question, la guerre terminée, de révéler à ses amis, un peu amers envers ce « planqué », ce qu'on faisait réellement pendant qu'ils arpentaient le désert libyen, la jungle de Birmanie ou, plus tard, les plages de Normandie.

De quoi miner le moral des hôtes de Bletchley Park ainsi réduits au silence. Mais, anticommuniste de longue date, le Vieux Lion devine qu'après la victoire sur Hitler viendra le temps du combat contre Staline. Alors, face aux Russes aussi, Bletchley Park doit rester secret.

Est-ce si vrai que cela ? En réalité, Moscou connaît les débuts du programme « Ultra », auquel les Soviétiques ont donné leur

* Pour une vision d'ensemble de la bataille de l'Atlantique, *cf.* Paul Kennedy, *Le Grand Tournant. Pourquoi les Alliés ont gagné la guerre, 1943-1945*, Paris, Perrin, 2012.

propre nom de code : « Krurort ». A partir de 1942 par-dessus le marché, un des « Cinq de Cambridge », John Cairncross, rejoindra Bletchley Park, dont il va extraire en catimini plusieurs milliers de documents. Autant d'informations top secret que la taupe ne pourra cependant remettre à son officier traitant, le résident légal de l'INO Anatoli Gorsky (« Henry » pour ses agents et « Vadim » pour la centrale). Diplomate à l'ambassade d'URSS à Londres, Gorsky a repris au pied levé en 1939 le contrôle des « Cinq Magnifiques » après le rappel à Moscou de Stephan Lang et de Teodore Maly. Mais, tout officier de l'INO étant susceptible de « contamination » en cas de séjour prolongé avec le monde extrasoviétique, on a rappelé « Vadim » à Moscou début 1940 à la suite de nouvelles mesures de sécurité édictées par Beria.

Résultat : si les Russes connaissent l'existence d'« Ultra », ils restent loin d'en pénétrer les arcanes techniques, loin même d'en saisir l'ampleur. Et pourtant, la résidence du GRU à Londres, commandée par le colonel Ivan Skliarov (« Brion ») et qui entretient d'excellentes relations avec le colonel Moravec (« Baron »), chef du renseignement tchèque en exil très proche des Britanniques, a rassemblé de sources différentes des éléments d'information sur Bletchley Park. De peur qu'une trop grande perspicacité finisse par le rendre à son tour suspect, Skliarov reste toutefois très prudent avant de les communiquer à Moscou.

Cercle vicieux dans les plis du drapeau rouge : on sait un peu tout en se méfiant de son propre savoir, qui, sait-on jamais, pourrait déplaire au Kremlin, lequel ne veut pas savoir que ce qu'il n'a pas envie d'apprendre. Trop performant, le programme « Ultra » ne risque-t-il pas par exemple d'amener Staline à s'apercevoir, par comparaison, des manques du dispositif soviétique d'émission-cryptage-interception-décryptage, donc de prendre des mesures de sanctions ?

Voyant dans les Etats-Unis la planche de salut du Royaume-Uni, Churchill a décidé de partager au moins une partie des révélations d'Enigma avec les Américains. Une attitude contradictoire avec son obsession du secret qui, la guerre gagnée, le conduira à ordonner la destruction de beaucoup d'archives de Bletchley Park lors même que, dûment exploitées avec le recul, celles-ci auraient permis à l'avenir de grands progrès en matière de cryptologie.

Dans le même ordre d'idées, les machines préfigurant l'ordinateur seront presque toutes livrées au bûcher. Démolies les nombreuses « bombes » de Turing, Gordon Welchman et Max Newman, assez différentes malgré cette quasi-homonymie de la « Bomba » du Polonais Rejewski. Détruits, surtout, les « Colossus ». Œuvres de Thomas Flowers, chercheur des services techniques de la poste britannique, ces énormes machines à décrypter dépassaient en hauteur les auxiliaires féminines qui les servaient.

Seul un petit reliquat de cette impressionnante panoplie d'appareils d'avant-garde sera versé aux services techniques de Broadway Buildings, alors que dans la science et dans l'industrie ils auraient fait un malheur. Sacré gâchis ! C'était retarder d'autant l'essor de l'informatique anglaise naissante au profit de son homologue américaine. A l'époque, justement, où en sont les Etats-Unis dans ce domaine ?

« It's "Magic" ! »

Depuis 1919, l'ennemi potentiel de Washington n'est plus l'Allemagne, mais le Japon. Et, à n'en pas douter, la guerre entre les deux nations, si elle a lieu, se jouera sur la mer.

C'est pourquoi, nonobstant la décision fort hasardeuse du secrétaire d'Etat Harry Stimson proclamant en 1929 que « les gentlemen ne lisent pas le courrier des autres » et déclenchant du même coup la fermeture de la Chambre noire de Herbert Yardley, l'Office of Naval Intelligence a continué un travail de décryptage des codes japonais commencé dès 1920 avec l'arrivée du capitaine de vaisseau Andrew Long à la tête du service.

Un travail qui s'est accéléré après un « casse » nocturne fort peu diplomatique d'un consulat nippon aux fins de photocopie du code dit « Japanese Navy 1 » ou « Red Book ». Et s'est poursuivi par sa traduction par l'ex-missionnaire quaker au Japon Emerson Haaworth et son épouse, pour s'achever (provisoirement) en 1926 par la mise au point définitive du texte anglais par Ellie Zacharias, le meilleur japonisant de l'US Navy.

Les Américains travaillant à l'époque en ordre très dispersé, l'Office of Naval Communications, autre organisme de la Navy, et sa Code and Signal Section ont recruté une équipe de cryptanalystes de premier plan qui avaient nom Thomas Dwyer, Wesley Arnold Wright, Joseph Rochefort et, fait notable pour l'époque, mais qui n'aurait étonné personne à Bletchley Park, une femme, Agnes Meyer Driscoll, surnommée « Miss Aggie ».

Le sens pratique l'emportant comme souvent chez les Américains, l'ONI et l'ONC ne tardent pas à unir leurs efforts. Nouvelle scission en 1931 cependant. De peur de déplaire en haut lieu, l'ONI se retire du jeu. Rebaptisé OP-20-G (pour Section G de la 20e Division des opérations navales) ou Communication Security Section, l'ONC reprend donc seul le collier.

Fin 1940, ce service décrypte à intervalles irréguliers, mais suffisamment fréquents pour devenir opérationnels, deux des codes de haut niveau sécuritaire de la marine impériale japonaise. Chaque nouvelle modification du mode d'encodage exige tout de même un certain temps avant d'être mise à jour, d'autant qu'interviennent en parallèle des changements de tables de surchiffrement. Par mesure de sécurité, les messages militaires nippons sont en effet obligatoirement surchiffrés, c'est-à-dire chiffrés coup sur coup à deux reprises avec chaque fois des modalités différentes.

Pour les messages diplomatiques, c'est autre chose, dans la mesure où les ambassades japonaises ont été dotées de deux types de machine de chiffrement : la Angooki Taipu ou Machine à chiffrer A en 1932 d'abord (« Red » pour les Américains), et la Angooki Taipu B en 1938-1939 (« Purple »), réservées l'une et l'autre à des usages très restreints.

En 1936, le Signal Intelligence Service (SIS, l'organisme de décryptement de l'armée de terre créé en avril 1930 par Frederick Friedman) est parvenu à décrypter et à reconstituer « Red ». En 1940, 40 de ces machines et 25 « Purple » seulement seront en service contre plusieurs milliers d'Enigma.

Pour venir à bout de « Purple », l'OP-20-G a dû s'associer avec le SIS. Leurs décryptements des messages diplomatiques japonais parviennent désormais à leurs destinataires américains sous le timbre « Magic », synonyme de source ultra-secrète.

Le faible nombre des bénéficiaires des documents « Magic » indique assez la valeur accordée à cette source : ils ne sont que 14, dont le président Roosevelt et, ironie du destin, l'ancien liquidateur de la Chambre noire Henry Stimson, désormais secrétaire d'Etat à la Guerre.

Le problème est que, fin novembre 1940, les Japonais changent les deux principaux codes navals maîtrisés *grosso modo* par les

Américains jusque-là : le JN 25 B remplace le JN 25 A tandis que le AD, de niveau plus élevé, connaît lui aussi une sérieuse modification. Pour répondre à ce défi, l'OP-20-G choisit la voie de la spécialisation.

Trois stations d'interception et de décryptement fonctionnent à cette époque. Ce sont respectivement la station de Washington, dite station Negat, la station Hypo à Pearl Harbor et la station Cast aux Philippines. On décide que Hypo s'attaquera à AB parallèlement à Negat, tandis que Cast prendra en charge JN 25 B.

Malheureusement, cette répartition du travail se révèle infructueuse. AD reste inviolé tandis que JN 25 B, en partie décrypté, devient de nouveau hermétique à partir du 4 décembre 1941 en raison de la mise en service de nouvelles tables de surchiffrement.

Un défi que la communauté américaine des agences d'interception et de décryptage ne parvient pas à relever, écartelée qu'elle est entre l'OP-20-G (communications à caractère naval uniquement), le SIS (communications militaires terrestres), les garde-côtes et le FBI qui se disputent la responsabilité du repérage des radios clandestines, sans oublier la Radio Intelligence Division de la Commission fédérale des communications.

Voilà les services américains aveugles à l'heure où les militaires nippons viennent de décider l'assaut surprise sur Pearl Harbor grâce auquel ils espèrent porter un coup décisif aux Etats-Unis. Comme leurs homologues allemands, les stratèges du Soleil-Levant restent en effet prisonniers du dogme de la bataille unique d'anéantissement physique et moral de l'adversaire.

Des Allemands qui occupent désormais une grande partie de l'Europe. Bien que maîtres du terrain, ils doivent y faire face à des difficultés croissantes dues à l'éveil des mouvements clandestins de résistance.

Funckabwehr

René Bousquet a été assassiné le 8 juin 1993 par un déséquilibré. La disparition de l'ex-secrétaire général à la Police du gouvernement de Vichy, jamais jugé pour son rôle dans la tristement célèbre rafle du Vél' d'Hiv' des 16 et 17 juillet à Paris, ne permettra pas de l'interroger plus avant sur l'autorisation donnée à la Funckabwehr, le département allemand d'interceptions radio, d'opérer en zone non occupée fin juillet 1942, quatre mois avant le débarquement allié en Afrique du Nord et l'invasion consécutive du sud de la France.

D'après le témoignage à l'auteur du colonel Paillole, les dégâts causés aux mouvements de résistance du fait de cette autorisation furent considérables. Contrairement à leurs homologues de la zone Nord, les mouvements et les réseaux de zone « nono » (pour « non occupée »), se croyant à l'abri de la radiogoniométrie allemande, émettaient en effet assez librement. Tout au plus couraient-ils le risque de moisir quelques mois dans les prisons vichyssoises. Pas celui d'être confrontés aux hommes de la Gestapo comme les résistants allaient l'être bientôt – ou plus exactement aux hommes du SD, la Gestapo n'opérant officiellement que dans les régions françaises considérées comme « terres du Reich », l'Alsace tout spécialement.

La Résistance est intellectuelle, morale, politique, mais pas encore armée, à l'exception des réseaux de renseignements, dont le travail, très apprécié des Britanniques, revêt un caractère prémilitaire. L'action antiallemande secrète comporte parfois, elle aussi, un caractère technique.

En zone occupée, tout un pan de l'ex-SR piloté par le commandant Léon Simonneau se remet en ordre de bataille dès mars 1942, avec le concours d'ingénieurs de l'administration des Postes, télégraphes, téléphones conduits par l'ingénieur Robert Keller, pour effectuer, à Noisy-le-Grand, sous le nom de « Source K », des dérivations des lignes Paris-Metz et Paris-Strasbourg utilisées par l'état-major général allemand en France.

Aux Postes, un autre groupe d'interception proche du réseau de résistance Confrérie Notre-Dame, l'Etat-major PTT, dirigé par Ernest Pruvost, s'autonomisera en juillet 1943. Quant à l'ex-service Nemo devenu Groupe des contrôles radioélectriques, il poursuit ses activités sous couverture à Hauterive, près de Vichy, et, pour l'Afrique du Nord, près d'Alger, à Kouba. Ce jusqu'à novembre 1942 et l'invasion de la zone « nono » où le GCR, passé dans la clandestinité en métropole, opérera dans le cadre du SR Alliance sous la houlette de son chef, le chef de bataillon du génie Gabriel Romon alias « Cygne » (les membres du réseau de Marie-Madeleine Fourcade portaient souvent des pseudonymes en noms d'animaux, ce qui le fera surnommer « l'Arche de Noé » par ses adversaires allemands).

La guerre secrète des écoutes et des repérages s'intensifie donc. Pour la Résistance, communiquer avec Londres, ou plus tard avec Alger, demeure vital quels qu'en soient les risques. Des risques très sérieux du fait de la vigilance nazie. Après la Libération, les séquences des films de fiction montrant les voitures de la Funckabwehr (Abwehr-radio) munies d'antennes tournantes rôdant dans les rues pour « trianguler » l'opérateur radio de la Résistance en train d'émettre, furent nombreuses tant on les savait emblématiques.

Et pour cause : toujours plus rapide dans ses modes d'intervention, la radiogonio allemande repérait avec une efficacité redoutable les lieux d'émission, aussitôt investis par des équipes de choc jumelées avec les unités d'interception. Gare donc aux opérateurs trop lents (tous n'étaient pas formés à l'écriture morse), ou trop pris par l'importance des messages à transmettre pour respecter les consignes de sécurité : pas plus d'un quart d'heure d'émission en continu.

La Funckabwehr procédait avec une rigueur toute germanique. Déterminaient-ils approximativement la zone d'émission que les techniciens allemands coupaient le courant électrique secteur par secteur. Quand l'émission s'interrompait net dans un secteur donné, ils se savaient proches. Les véhicules de repérage sortaient alors de leurs repaires pour sillonner les rues. Emettre sur batteries semblait plus prudent pour les résistants, mais, compte tenu de leurs matériels, pas toujours faisable.

En principe aussi, le radio ne devait jamais se déplacer avec ses codes ni avec son poste émetteur. Ces composants devaient circuler en ordre dispersé, de sorte qu'en cas de saisie de l'un d'entre eux, les Allemands ne puissent rien en tirer de concret. Mais, bien entendu, ce mode opératoire n'était pas toujours possible. Dans ces conditions, il n'était pas étonnant que la durée d'existence clandestine d'un opérateur radio n'excède guère six mois : pour faire ce « métier », il fallait disposer d'un cœur bien accroché.

Il s'en trouva pourtant dans toute l'Europe occupée. Mais le courage a ses limites : certains opérateurs capturés acceptaient parfois de se prêter à un *Funckspiel* (« jeu d'intoxication radio »).

Les Allemands parvenaient alors à inonder Londres de fausses informations, comme ce fut le cas en Hollande tout au long de l'opération « Pôle Nord », comme nous l'avons vu au chapitre 8* quand nous avons évoqué la technique du faux mouvement de résistance inventée en URSS.

Le résultat fut un désastre : 30 000 livres d'explosifs, du plastic, livrés en toute naïveté par les services anglais à l'Abwehr, sans compter 3 000 pistolets-mitrailleurs, 5 000 revolvers, 300 fusils-mitrailleurs, 2 000 grenades à main, 500 000 chargeurs, 75 émetteurs radio et d'importantes sommes d'argent.

Mais nous savons aussi que, dans le même temps, tous les agents de l'amiral Canaris en Angleterre émettaient sous le contrôle direct du MI 6 et du XX Committee dans le cadre de ce qu'on appellera bientôt le système d'intoxication *Double Cross*. Tous, sauf ceux que la justice anglaise condamnait à mort et qu'on pendait de temps à autre histoire de renforcer la crédibilité des autres.

Vous avez aimé le Grand Jeu des Anglais et des Russes au XIXe siècle ? Vous allez adorer le grand jeu radio des Alliés anglo-américains contre l'Allemagne au siècle suivant. Le grand jeu des Soviétiques aussi…

---

* *Cf.* p. 222.

12

Le bal des taupes

Richard Sorge est né le 4 octobre 1895 près de Bakou d'une mère russe, et d'un père allemand, ingénieur travaillant dans le pétrole. Engagé volontaire dans l'armée du Kaiser, le jeune homme est blessé à deux reprises. La seconde – une double fracture des jambes – lui vaut un séjour à l'hôpital de Königsberg, où il fait la conquête d'une infirmière aux opinions de gauche radicales.

L'occasion pour le grand blessé, apolitique jusque-là, de se souvenir que son grand-oncle Friedrich Adolf Sorge fut l'un des collaborateurs les plus en vue des pères fondateurs du marxisme, Marx lui-même et son ami Engels. La guerre terminée, il prend sa carte au tout jeune KPD, le PC allemand. On l'affecte au M-Apparat, l'appareil militaire clandestin, pour le compte duquel il effectue avec succès ses premières missions secrètes.

En avril 1924, c'est d'ailleurs lui qui est chargé d'assurer la protection de l'Ukrainien Dmitri Manouilsky, délégué du Komintern au congrès du KPD de Francfort. Tâche obscure dont il s'acquitte tellement bien que, six mois plus tard, le voilà convoqué à Moscou avec sa femme Christiane.

Camarade Sorge

D'abord versé au département des Liaisons internationales, l'OMS, Sorge (pseudonyme « Ika ») effectue des missions en Allemagne, en Scandinavie, en Angleterre. Son aptitude à la clandestinité impressionne ses chefs au point qu'en 1929 on lui ordonne de passer à la « Maison de Chocolat ». Laquelle l'envoie en Chine dès janvier 1930 sous couverture de correspondant de la revue

Soziologische Magazin. Objectif : refaire une virginité à ce trentenaire marqué par un passé compromettant en le transformant en journaliste, travail pour lequel il présente de vraies dispositions.

A Nankin, Sorge noue d'excellentes relations avec les conseillers militaires allemands de Chiang Kai-shek : le colonel Max Bauer et le lieutenant-colonel Hermann Kriebel, ancien protagoniste du putsch raté de novembre 1923 à Munich. Mais c'est à Shanghai que sa trajectoire va croiser celle d'une figure majeure du renseignement et des services secrets du XXe siècle, Kang Sheng, qui n'est encore qu'un des principaux responsables de l'appareil clandestin du PC chinois dans la grande ville-port.

En 1931, on s'en souvient*, les deux têtes du bureau d'Extrême-Orient du Komintern, Jakob Rudnik et Tatiana Moïssenko, tombent entre les mains du Michazu, une police secrète nationaliste, désorganisant suffisamment l'appareil clandestin de l'Internationale pour permettre à l'officier français du GRU, Jean Cremet, de prendre la tangente.

Dans l'espoir d'obtenir la libération du couple, Otto Braun, bientôt conseiller militaire de la direction du PC chinois, verse 20 000 dollars à son compatriote allemand Sorge. Mais l'opération n'aboutit qu'à sauver la vie des deux révolutionnaires captifs, que Chiang Kai-shek a choisi de transformer en monnaie d'échange.

A Shanghai toujours, Sorge recrute un journaliste japonais connu, économiste, sociologue et spécialiste des relations internationales, Ozaki Hozumi (alias « Otto », puis « Invest »). Les deux hommes ne tarderont pas à se retrouver à Tokyo, où, après rappel à Moscou fin 1932 et mariage avec sa deuxième femme, Iekaterina, Sorge (nom de code : « Ramsay ») arrive en septembre 1933 avec pour mission d'implanter un réseau au sein de la communauté allemande en exil au Japon.

La chance des Soviétiques veut que Heinrich de Graff n'ait jamais été informé par la centrale de renseignements militaires des activités chinoises de Sorge, cloisonnement oblige. Cet autre opérationnel du Komintern versé au GRU et muté à Shanghai en février 1934 pour réparer les dégâts commis par l'arrestation du couple Rudnik-Moïssenko était en effet un agent double. Début 1933 à Berlin, Graff avait vendu ses services à Frank Foley, le

---

* *Cf.* chapitre 9, p. 236.

chef de la station du MI 6 dans la capitale allemande depuis dix ans. Sous le pseudo de « Jonny », il renseignera les Anglais jusqu'à son rappel à Moscou fin 1936 alors qu'il opérait au Brésil.

La chance : ce mot caractérisera longtemps la carrière de maître espion de Richard Sorge.

Liouchkov passe aux Japonais

Sa couverture, sa « légende » comme on dit dans les services soviétiques : le journalisme toujours. Brunissant son passé rouge vif, cet homme à l'entregent peu banal est en effet parvenu à adhérer au parti nazi sans se faire repérer par le SD. Le voici donc correspondant de l'agence de presse DNB et de plusieurs revues allemandes, dont celle de la Wehrmacht.

Aidé d'un Yougoslave du GRU, Branco de Vukelič, correspondant lui aussi mais de journaux français et de l'agence Havas, du peintre autochtone Miyagi Yotoku, déjà recruté en Californie par la « Maison de Chocolat », d'Ozaki Hozumi, le spécialiste des affaires internationales qu'il a recruté à Shanghai et, à partir de 1935, de son ancien opérateur de radio Max Klausen et de sa femme et collaboratrice Anna, Sorge tend ses filets.

Avec succès. Hozumi devient en juillet 1938 le *shokutaku* (« conseiller non officiel ») du Premier ministre, le prince Konoye Fumimaro, et plus tard responsable du renseignement à la Société du chemin de fer de Mandchourie.

En outre, une série d'autres agents nippons de qualité vont être recrutés. Transformant le réseau Ramsay en une véritable ruche, ils sont : journalistes, comme Hisao Funakoshi ; libraires, comme Teikichi Kawei, plus tard agent d'un des services de renseignements japonais en Chine, et Akiyama Koji ; économistes, comme Tagushi Ugenda et surtout Shige Mizuno ; militante syndicale, comme Kuzumi Fuzako ; féministe divorcée d'un pasteur protestant, comme Fusako Kuzumi ; expert agricole, comme Yamana Masazane. Un futur ministre de la Justice du début des années 1950, Inukai Ken, y côtoie le dirigeant historique du PC Ritsu Hiro ou encore le sous-officier de l'armée de terre Yoshinobu Yoshiro.

En tout, plusieurs dizaines de sources. Nettement plus que celles de la résidence légale du GRU à Tokyo, bientôt commandée par l'attaché militaire Ivan Gouchtchenko qu'épaule pourtant un vieux routier, Serguei Boudkevitch.

Pour analyser la situation dans l'archipel, Moscou dispose par ailleurs d'interceptions-décryptages des communications nippones, relativement faciles à « casser » comme le prouvent dans le même temps, côté américain, les écoutes « Magic ».

Or, le 12 juin 1938, la défection de Genrikh Liouchkov résonne comme un coup de gong. Craignant de disparaître dans les purges, le directeur adjoint des opérations de l'INO pour l'Extrême-Orient vient de franchir la frontière mandchourienne, sous prétexte de rencontrer un de ses agents, avant de se livrer aux Japonais.

Agent de la Tcheka depuis l'âge de vingt ans, ce fils de tailleur ukrainien né à Odessa en 1900 en sait long sur les arcanes des services soviétiques. Si long que le Centre de Moscou demande au réseau Ramsay de lui faire suivre au plus vite toute information concernant le transfuge.

C'est frapper à la bonne porte. Grâce à ses relations à l'ambassade d'Allemagne, Sorge parvient en effet à photographier le très long interrogatoire de Liouchkov par le colonel Greiling, un spécialiste de l'Asie à l'Abwehr dépêché par l'amiral Canaris avec l'accord des Japonais.

A toutes les pages de ce document très épais, Liouchkov en rajoute. Ainsi cite-t-il plusieurs noms d'officiers supérieurs soviétiques présentés comme prêts à renverser Staline et qui seront en conséquence exécutés. Vont disparaître dans cette nouvelle saignée, dont Liouchkov n'était peut-être qu'un prétexte tombant à pic, le maréchal Vassili Bliouker, ancien commandant des conseillers militaires russes des années 1920 auprès des nationalistes chinois puis commandant en chef de l'armée d'Extrême-Orient (le « Blücher » des *Conquérants*, le premier roman asiatique d'André Malraux), ainsi que Jan Berzine, l'ancien patron de Sorge au GRU. Une nouvelle tragique qu'on se garde bien entendu de communiquer à « Ramsay » : rien ne doit démoraliser l'agent sur le terrain.

Comme beaucoup de transfuges anxieux de prouver leur valeur marchande à de nouveaux employeurs, Liouchkov ne cesse d'en rajouter. Si l'armée du Kwantung, la force d'occupation japonaise en Mandchourie, se lançait contre l'Armée rouge, annonce-t-il sans sourciller, celle-ci s'effondrerait aussitôt.

C'est tellement peu vrai qu'un an plus tard, à l'issue d'une série d'infiltrations nippones au-delà de la frontière mongolo-mandchoue, le colonel Gueorgui Joukov infligera une cuisante défaite aux troupes de l'empereur Hiro-Hito. Trop grand stratège et trop fin tacticien pour négliger les questions de renseignement, l'officier rouge aura tiré la quintessence du texte de l'interrogatoire de Liouchkov transmis par Sorge. En révélant aux Japonais les points faibles du dispositif de l'armée rouge d'Extrême-Orient, le transfuge dessinait en filigrane à ses nouveaux maîtres un plan d'attaque qu'il suffisait à Joukov de comprendre pour mieux le déjouer.

Après cette expérience peu concluante, Liouchkov a perdu de sa crédibilité aux yeux de l'état-major impérial. Le soupçonne-t-on d'être un désinformateur ? Après l'avoir pressé comme une orange, les Japonais le garderont en vie comme simple traducteur-conseiller jusqu'en 1945, date de son exécution.

Un nazi en trompe-l'œil

Nombreuses, on l'a vu, les sources de Sorge ne sont pas exclusivement nippones. Dans le petit monde des Allemands de Tokyo, ce grand séducteur et gros buveur apparaît au contraire comme une figure familière. On l'aime bien, ce type à la carrure d'athlète, aux traits marqués, au visage viril, à l'élégance naturelle et nonchalante. Ancien combattant volontaire de 1914-1918 de surcroît, il n'hésite pas à avouer qu'autrefois son cœur battait pour la gauche, mais que, maintenant, il a « compris ». Et, comme on l'aime bien, on lui fait confiance.

Parmi ceux qu'il fréquente, chez eux, à l'ambassade, dans sa résidence du 30, Nagasakacho ou dans les deux tavernes allemandes de Tokyo : l'ambassadeur Herbert von Dirksen ; le major Friedrich Schol, attaché militaire adjoint, ou encore le Dr Hack, épisodique chargé pour l'Extrême-Orient des liaisons entre le ministère des Affaires étrangères et l'Abwehr.

C'est avec le colonel Eugen Ott, attaché militaire allemand depuis 1934, que l'espion soviétique accroche le mieux. Une relation d'autant plus fructueuse qu'en 1939 le colonel va remplacer Dirksen à l'ambassade. A la IIIb pendant la Grande Guerre, après des débuts au front comme officier artilleur, Ott n'a jamais dételé, bien qu'officiellement retiré de l'Abwehr en 1929. Sorge chambre avec doigté cet officier assez naïf pour lui faire des confidences parfois alcoolisées dont on imagine qu'elles sont recueillies avec le plus grand intérêt.

Sa formation à la IIIb l'atteste : en principe, Ott n'est pourtant pas né du dernier réseau d'espionnage. En bonne place parmi ses amis japonais figure Doihara Kenji. Un as des services secrets du Soleil-Levant, à condition de passer outre les questions de morale, car Doihara sera pendu en 1948 comme l'un des six principaux criminels de guerre nippons.

Auparavant, cet officier fanatique mais intelligent, lié à la société secrète xénophobe du Dragon noir, aura organisé, dans la nuit du 18 au 19 septembre 1931, le déraillement du chemin de fer transmandchourien qu'évoquera Hergé dans *Tintin et le Lotus bleu*. Sous prétexte de venger l'affront, un officier complice de Doihara, Ishiwara Kenji, a ensuite fait tirer au canon sur les troupes chinoises de Moukden (aujourd'hui Shenyang). Cette provocation à double détente a permis aux Japonais de mettre la main sur le sud de la Mandchourie, seule partie de cette province chinoise qui leur échappait encore.

Sorge, qui ne manque pas de charme aux yeux des femmes, parvient donc à satelliser Ott, ce qui n'implique en rien l'existence de relations homosexuelles entre les deux Allemands, le premier rouge et le second brun.

Un brun très clair d'ailleurs, puisque l'ancien de la IIIb manifeste une certaine amertume envers un régime qui ne récompenserait pas assez son talent. Rappelons, s'il en était besoin, que le sentiment de n'être pas apprécié à sa juste valeur par les sommets de la hiérarchie marque souvent de son empreinte les affaires d'espionnage – remarque de bon sens qui devrait inciter les responsables politiques, économiques, scientifiques et militaires à une gestion plus avisée de ce qu'on appelle aujourd'hui les ressources humaines –, et revenons à nos affaires.

Celles de Sorge, plutôt. Par ses « amis » allemands, il obtient des renseignements de grande valeur sur ce qui intéresse Moscou au premier chef : les intentions japonaises envers l'URSS, mais aussi celles du IIIe Reich.

En mai-juin 1941, « Ramsay » informe le Centre de l'agression nazie imminente contre l'Union soviétique. Le 5 mai, il lui transmet la copie d'un télégramme que Ribentropp, le ministre nazi des Affaires étrangères, a envoyé à l'ambassadeur Ott : « L'Allemagne entrera en guerre contre l'URSS au mois de juin. » Un mois plus tard, le 15 juin, il fournit même la date et le moment de la journée exacts : « L'attaque se fera le long d'un front étendu à l'aube du 22 juin. »

Staline ayant décidé qu'il s'agissait là d'une désinformation impérialiste de plus (dans le chapitre suivant, nous nous pencherons sur cet aspect riche d'enseignements de la guerre secrète entre URSS et IIIe Reich), Sorge se voit d'abord rangé parmi les agents douteux.

Plus pragmatique qu'on ne le croit, même si ce pragmatisme s'inscrit toujours dans le cadre de l'idéologie marxiste-léniniste dont il est imprégné jusqu'aux tréfonds, le tsar rouge change pourtant très vite son fusil d'épaule. « Ramsay » ayant fait la preuve de son efficacité, on peut lui accorder plus de confiance. Le moyen de faire autrement, d'ailleurs ? A l'heure où les divisions blindées allemandes tronçonnent et disloquent les armées rouges par de savantes manœuvres d'encerclement, menaçant Moscou, les renseignements de Tokyo revêtent une importance accrue.

Staline sait lire une carte. Pour lui et la Stavka, le haut état-major, la question se pose ainsi : doit-on craindre une attaque japonaise dans le dos malgré le pacte de non-agression qui lie le Soleil-Levant et l'URSS ? Si oui, une partie de l'Armée rouge devra défendre la Mongolie contre cette nouvelle attaque, immobilisant, face à l'armée nippone du Kwantung, des unités qui, même peu nombreuses, vont manquer cruellement contre la Wehrmacht. Si non, on peut rappeler d'urgence les troupes d'Extrême-Orient de manière à repousser l'assaut allemand, contre la capitale notamment.

A cette interrogation vitale, Sorge apporte une réponse précise entre la mi-septembre et la fin septembre 1941 : les Japonais n'ont pas l'intention d'attaquer l'Union soviétique avant le printemps prochain ; tout au plus joueront-ils les charognards si la Wehrmacht venait à écraser définitivement l'Armée rouge. Le 15 octobre, « Ramsay » confirme de nouveau : les stratèges du Soleil-Levant ont tranché définitivement pour l'option Sud (attaque contre les Occidentaux) et rejeté l'option Nord (offensive antisoviétique en Mandchourie).

Sur la foi de ce renseignement, recoupé bien entendu par d'autres indications éparses – car on ne fait jamais confiance à un seul agent, dans le système soviétique encore moins que dans les autres –, la Stavka décide le rappel vers le front de Moscou de nombreuses unités d'Extrême-Orient.

Expédié par Max Klausen, le message radio du 15 octobre sera le dernier du réseau Sorge. Trois jours plus tard, le 18, l'officier allemand du GRU, sous surveillance depuis plusieurs jours, est arrêté par la force de sécurité du ministère de la Justice, la redoutable Tokko (Tokubetsu Koto Kesatsu, soit Police spéciale supérieure), et incarcéré à la prison de Sugamo.

« Ramsay » et ses amis ne répondent plus. Le 5 décembre, la contre-offensive soviétique commence sur le front de Moscou. L'avance allemande est stoppée, la capitale dégagée. Deux jours plus tard, les faits donnent raison à Sorge : l'option Sud prévaut, les forces aéronavales japonaises frappant en traître l'US Navy à Pearl Harbor.

S'il n'a, contrairement à la légende, pas sauvé Moscou tout seul, Richard Sorge aura beaucoup contribué à cette victoire. Lâché par Staline, qui aurait répondu à une proposition d'échange de l'as du GRU contre un officier supérieur nippon : « Richard Sorge ? Je ne connais personne de ce nom », l'espion de Tokyo sera pendu le 7 novembre 1944.

Un de moins qui aurait pu témoigner de l'incrédulité criminelle du maître du Kremlin devant les prémices de l'attaque hitlérienne du 22 juin 1941 ! L'espion de Tokyo méritait pourtant amplement le titre posthume de héros de l'Union soviétique, qui ne lui sera décerné que le 5 novembre 1964 par le praesidium du Soviet suprême de l'URSS.

D'autres Allemands, disparus comme lui dans la tourmente de la Seconde Guerre mondiale, auraient pu prétendre à la même distinction pour services secrets éminents rendus à la cause.

Aux origines de l'Orchestre rouge

« Pendant votre visite déjà programmée à Berlin, contactez Adam Kuckhoff ou sa femme à leur domicile du 18 Wilhelmstrasse, téléphone 83-62-61 », et plus loin : « Dans l'hypothèse où

Kuckhoff serait absent, contactez la femme de Harro, Libertas Schulze-Boysen, à son adresse du 19 Altenburger Allee, téléphone 99-58-47. »

Le 10 octobre 1941, huit jours avant l'arrestation de Sorge par la Tokko, ce message radio du GRU à l'un de ses principaux agents en Belgique, Anatoli Gourevitch alias « Kent », a tout d'une bombe à retardement. Une fois déchiffré par les casseurs de codes, c'est en effet lui qui permettra aux services spéciaux allemands de démanteler l'Orchestre rouge, cette toile de réseaux de renseignements soviétiques et de groupes de résistance lovée au cœur même du Berlin de Hitler.

Une galaxie dont la découverte et la chute – 126 arrestations en tout avec de nombreuses exécutions capitales – ont donné naissance à pas mal de légendes. La légende brune des « traîtres à la patrie allemande » vendus à l'URSS d'abord. Puis, dans les années 1960-1970, la légende dorée des agents secrets révolutionnaires antifascistes « opposants au stalinisme ».

Qu'en fut-il au juste de cet étrange Orchestre, ainsi baptisé par ses ennemis nazis par symétrie avec l'Orchestre noir, la résistance de droite à Hitler ?

Son origine est lointaine. Elle remonte à août 1932, quand Arvid Harnack, secrétaire de la Société pour l'étude de l'économie planifiée, conduit une forte délégation allemande à Moscou. Agé de trente et un ans, ce fils d'une famille d'intellectuels baltes a appartenu très jeune aux corps francs. Capturé dès 1920 en Silésie par les communistes, ceux-ci l'ont épargné, déclenchant chez lui une sorte de syndrome de Stockholm.

Harnack revient à ses premières amours : les études. En 1927, bénéficiant d'une bourse de la Fondation Rockefeller, ce sympathisant actif du Parti social-démocrate allemand se rend aux Etats-Unis. Il y rencontre sa future femme, Mildred Fish, professeur de littérature. En 1931, le couple, de retour à Berlin, se convertit au marxisme-léninisme, sans adhérer toutefois au KPD, le PC allemand. Arvid se borne en effet à rejoindre la Bund Geistiger Berufe (BFB, soit Ligue des intellectuels professionnels), une organisation chargée d'étendre l'influence communiste dans les milieux universitaires et scientifiques, en même temps qu'il milite au sein de la Société pour l'étude de l'économie planifiée.

Représentés à Berlin dès 1934 par Boris Gordon, qui disparaîtra lui aussi dans les purges trois ans plus tard, les services spéciaux soviétiques jettent leur dévolu sur ce sujet prometteur. Bon choix puisque, en avril 1935, Arvid, qui a su faire oublier son passé de gauche, se voit nommé à un poste important au sein du ministère allemand de l'Economie.

Si la Gestapo manque ainsi de vigilance à son égard, on ne peut pas en dire autant de l'INO. Le 15 juillet 1935, Alexandre Hershfeld, un diplomate russe en poste à Berlin, reçoit l'ordre de préparer le recrutement de Harnack. Bien que novice en matière de renseignement, il s'acquitte au mieux de cette mission, de sorte qu'un véritable professionnel, Alexandre Belkine (« Kadi »), est très vite affecté au « traitement » du nouvel agent, que l'on baptise d'un nom de code assez transparent, « Balte ».

Son objectif : définir les forces et les faiblesses de l'économie allemande civile et militaire. « Balte », bientôt renommé « le Corse », recrute plusieurs de ses anciennes relations à la BFB : le baron Wohlzogen-Neuhaus (« le Grec »), officier supérieur qui travaille au service technique du haut état-major de la Wehrmacht ; Hans Rupp, un cadre supérieur du grand trust chimique IG Farben (« le Turc ») ; Tizien, un industriel russe blanc d'origine (« l'Albanais »). Enrôlé aussi, son propre neveu par alliance Wolfgang Haveman, officier de renseignements à l'état-major de la Kriegsmarine. L'infatigable « Corse » met aussi Belkine en contact avec Karl Behrens (« Strahlman »), qui travaille à l'AEG, le grand fabricant allemand de matériel électrique. Et, fin du fin, avec Willy Lehman (alias « Breitenbach »), un officier de police recruté par les Soviétiques en septembre 1929 et qui deviendra par la suite haut fonctionnaire du contre-espionnage au RSHA, l'organisation tentaculaire de Heydrich...

Beria prend la main

Tout irait donc pour le mieux dans le meilleur des mondes du renseignement si le poste de l'INO à Berlin n'était décapité, comme tant d'autres, par l'énorme purge qui suit la chute du général Toukhatchevsky. Œuvre du « Nain sanglant » Nikolaï Iejov, chef du NKVD entre septembre 1936 et août 1938, la

Iejovtchina n'a pas seulement coûté la vie à des centaines de milliers de citoyens soviétiques, mais aussi à des cadres de valeur des services secrets, comme Arnold Deutsch et Teodore Maly, les premiers officiers traitants de Kim Philby et de ses amis de Cambridge*.

A partir de 1938 justement, l'appareil du Komintern se réduit à presque rien. Pendant deux décennies, cet organisme fut une pépinière de cadres provenant de toutes les ethnies et de tous les pays, vivier inégalé pour les services secrets soviétiques, alors que le racisme hitlérien interdisait à l'Abwehr et au SD un recrutement multinational du même type.

Il se trouve que Staline n'en a plus besoin. Pour rassurer ses alliés occidentaux à peu de frais, il dissoudra d'ailleurs formellement le Komintern en juin 1943. Lui suffisent à présent quelques conseillers occultes auprès des dirigeants des partis communistes, comme le Slovaque Eugen Fried en France ou le Hongrois Andor Berei, surnommé par les communistes belges « Pépé le Moko », fine allusion au personnage de bandit ténébreux et sentimental joué par Jean Gabin en 1937 dans le film de Julien Duvivier.

1938, c'est aussi l'année de la chute de Iejov, démonétisé et bientôt assassiné de manière aussi ignoble que ses innombrables victimes. Un bourreau beaucoup plus intelligent sinon plus humaniste, Lavrenti Beria, s'apprête à prendre la succession du « Nain sanglant ».

Dans sa thèse de doctorat publiée sous forme de livre en 2013, Françoise Thom, rompant avec des années de simplisme, brosse le portrait complexe de ce Géorgien dont on peut se demander s'il fut réellement bolchevique, tant il multiplia les idées hétérodoxes en même temps que les filières personnelles non autorisées avec l'émigration non communiste, y compris en France avant et pendant la Seconde Guerre mondiale.

Patron en 1922 du département politique secret de la Guépéou géorgienne, il mène une carrière météoritique à partir de 1935. C'est un politique très avisé et un remarquable organisateur, doublé d'un homme sans scrupule et sans morale. Le profil du parfait stalinien, à cette différence près que Beria joue un jeu personnel, donc extrêmement risqué.

---

* *Cf.* chapitre 9, p. 252 et suiv.

Le 22 août 1938, le voilà quand même promu directeur adjoint du NKVD.

« Pour l'instant, je vous laisse en vie », lui annonce bientôt le Vojd, son compatriote géorgien, en exhibant le dossier compromettant que Iejov a pris le temps de rassembler sur son propre bras droit. En langage de l'époque et dans la bouche de Staline, une telle déclaration est lourde de menaces. Elle signifie : je vous tiens et, au moindre faux pas, c'est la mort.

Beria chemine donc sur un sentier aussi fin que le fil d'un acrobate. Heureusement pour lui, il saisit sans attendre l'inflexion politique du moment : faire porter au « Nain sanglant » et à lui seul la responsabilité de la Grande Terreur, de manière à sauvegarder la réputation de Staline.

Au sein du NKVD, le nouveau patron impulse en conséquence un certain degré de détente après deux années de chape de plomb. Le personnel lui en est reconnaissant : enfin, on peut respirer.

Pour ce qui concerne l'INO, il faut tout reprendre de zéro ou presque. Beria s'y emploie de manière plus subtile que son prédécesseur, mais à la stalinienne tout de même, ce qui suppose arbitraire, méfiance, esprit policier et violence ponctuée d'aberrations techniques en matière de renseignement.

Ses hommes, souvent géorgiens, prennent en main les leviers de commande. A la tête de l'INO, il installe Vladimir Dekanozov comme remplaçant de Sloutsky puis de Spiegelglass, victimes de la *Iejovtchina*. Un des anciens adjoints de Beria à la Guépéou d'Azerbaïdjan, Dekanozov, homme gros et chauve, aligne quelques qualités – persévérance, pragmatisme, sens de l'organisation – pour un lourd défaut – la vanité.

A lui la lourde tâche de transformer en professionnels du renseignement les anciens du Komintern, déjà dotés d'une sérieuse expérience en matière de clandestinité. Une tâche qu'il faudra mener à bien tout en renforçant le contrôle politico-policier des divers avatars de l'INO sur le GRU.

Celui-ci reste l'apanage de Semion Ouritzky puis, à partir d'avril 1939, d'Ivan Proskourov, de retour d'Espagne où ce courageux pilote s'est illustré contre l'aviation franquiste et allemande.

Renforcer le contrôle n'est pas facile dans le cadre paranoïaque de l'univers stalinien, où toute personne ayant eu des contacts avec des étrangers – le propre de l'activité de renseignement extérieur – devient suspecte. Autant broder de la dentelle avec une grosse aiguille et une paire de moufles.

Le facteur positif tient à la haute valeur opérative des « illégaux » rescapés, parfois *in extremis*, des purges. Russes, Hongrois, Néerlandais, Allemands, Belges, Arméniens, Anglais, ces hommes et ces (quelques) femmes sont capables d'œuvrer dans la clandestinité la plus absolue. Et, s'il le faut, de gérer deux, trois identités fictives, voire plus. Autant de grands acteurs qui, par leur talent, vont sauver un film au scénario indigent écrit à Moscou et à la mise en scène nullissime signée INO ou GRU*.

L'URSS a bien besoin de tels talents quand l'éclatement de la guerre en Europe en septembre 1939 et l'effondrement français de mai-juin 1940 viennent rebattre les cartes, compliquant à l'infini le casse-tête des communications de réseaux déjà disparates avec le Centre de Moscou.

Dans le ventre de la bête

Pour Berlin, cela reste praticable, encore que très dangereux, puisque l'URSS, liée à l'Allemagne par le pacte germano-soviétique, entretient une ambassade dans la capitale allemande. Il faudra néanmoins attendre le 17 novembre 1940 pour qu'Alexandre Korotkov (« Alexandre Edberg » pour l'occasion) rétablisse le contact avec Arvid Harnack et ses amis, interrompu fin 1937 par la mort soudaine, de maladie, du successeur de Boris Gordon à la tête de la résidence de Berlin, Ivan Agayants.

Grâce à ce nouveau venu, excellent dans l'art de manier les agents, les informations du groupe clandestin sont regroupées,

---

* Ils émargent soit à l'INO comme Venianim Beletsky, Dimitri Bystroletov, Iossif Grigoulevitch, Gaïk Ovakimian, Grigori Kheifetz, Vassili Zaroubine et sa femme Elisabeth Zaroubina, Alexandre Korotkov ; soit au GRU comme Henri Robinson, Richard Sorge, Maria Poliakova, Ursula Kuczinsky, Sándor Radó (à ne pas confondre avec le célèbre psychanalyste du même nom), Daniel Goolouze ou Ivan Bolchakov, résident à Bruxelles au début de la guerre sous couverture d'attaché commercial et que sa longue carrière conduira au commandement de la Section Allemagne du service dans les années 1940, à celle de la Section Amérique du Nord dans les années 1950 puis, au début des années 1970, au poste de vice-directeur aux cadres.

recoupées, chiffrées puis transmises à Moscou par la radio de l'ambassade d'URSS. Ne serait-ce que ce message prémonitoire du 26 novembre 1940 qui annonce le redéploiement de la Wehrmacht en direction de la Russie soviétique. Comme bien d'autres, il ne sera pas entendu…

Nouvelle source, et pas des moindres : Harro Schulze-Boysen (« Starchina »). Descendant d'une grande famille de militaires, ce jeune lieutenant de la Luftwaffe entre dans le réseau en décembre 1940. Communiste depuis 1932, Schulze-Boysen a publié un journal antinazi et connu les prisons hitlériennes en 1934. Deux ans plus tard, son mariage avec Libertas Haas-Haye, comtesse Eulenberg, lui a sauvé la mise. Le ministre de l'Air Goering lui-même n'est-il pas venu présider le repas de noces du jeune couple ? Sauf que Libertas partage l'antinazisme de son époux et qu'elle va devenir son bras droit au sein du réseau Starchina de l'Orchestre rouge.

Un ensemble instrumental qui tire sa puissance de la diversité de ses sources disséminées un peu partout dans le champ social. Gravitent ainsi dans le cercle Schulze-Boysen plusieurs éléments de valeur. Par exemple un colonel du contre-espionnage au ministère de l'Air, Erwin Gehrts ; le major Gregor, qui assure les liaisons de Goering avec le ministère des Affaires étrangères, ainsi qu'un autre officier de la Luftwaffe, Herbert Golnow. Sans compter le « Suédois », un des aides de camp du maréchal von List, chef des troupes allemandes dans les Balkans.

Les liaisons de ce sous-réseau avec les autres groupes clandestins allemands comme les liaisons radio propres sont assurées par un jeune technicien industriel, Hans Coppi, et sa femme Elisabeth qui, enceinte, accouchera en prison. Il compte aussi un écrivain, Günther Weissenborn ; un sculpteur, Kurt Schumacher, et sa femme Elisabeth ; un psychanalyste de nationalité suisse, John Rittmeister ; un représentant de commerce, Johannes Graudens ; et un dentiste, Helmuth Himpel.

Un autre de ses membres, Horst Heilman, officier du bureau berlinois de l'Abwehr, poste stratégique s'il en est, va prévenir « Starchina » de l'arrestation en Belgique dès mai 1942 de Johan Wenzel.

Une catastrophe : né en mars 1902, ce communiste allemand, ancien de l'Internationale des ports et docks, assurait certaines liaisons radio du réseau. Comme il a livré la clé de son code, les services nazis vont pouvoir commencer le déchiffrage des messages interceptés par le Forschungsamt, dont celui d'octobre 1941 qui leur permettra de confondre les époux Schulze-Boysen, véritables épouvantails pour les nazis car, non contents de se considérer comme des militants antifascistes et pas des espions, ils menaient une vie sexuelle très libre : Libertas aurait reconnu quatre liaisons masculines simultanées et Harro, trois, avec les femmes de membres de son groupe.

Des gens de courage en tout cas : depuis l'avertissement de Horst Heilman, ils se savent en sursis et n'en continuent pas moins leur action.

Le « cercle des artistes »

Différent de celui des Schulze-Boysen, cet autre sous-réseau comprend des aristocrates comme le prince Dimitri Swiatopolk-Mirsky ou la comtesse Erika von Brockdorff ; un industriel du textile, Marcel Melliand ; une femme médecin, Elfriede Paul ; un pianiste très connu à Berlin, Helmuth Roloff ; un inspecteur des services météorologiques de la Luftwaffe, informateur particulièrement précieux en période de guerre ; une passionnée de danse, Oda Schottmüller ; une chanteuse, Eva Buch ; et un sous-officier employé au haut état-major de la Wehrmacht, l'OKW, Alfred Traxl.

Du beau linge, en bref, pour le trousseau de l'INO. Mais ce n'est pas tout. Pensons aux contacts établis par un des cousins de Harnack avec le leader de l'opposition conservatrice clandestine à Hitler, Carl Goerdeler, ancien bourgmestre de Leipzig. Pensons au troisième réseau animé dès son recrutement en avril 1941 par l'écrivain-dramaturge Adam Kuckhoff (« le Vieil Homme ») et qui pousse ses ramifications dans les milieux sociaux-démocrates comme dans les cercles politiques traditionnels avec l'ancien ministre de Prusse Adolf Grime. Ajoutons pour finir les anciens militants des Jeunesses communistes : Wolfgang Haveman, de l'OKW également ; Leo Skrzypinsky ; Johannes Sieg ; Wilhelm Guddorf, agent de liaison avec « Starchina », ce qui donne une idée de l'ampleur des activités de cet orchestre décidément très éclectique.

Un orchestre qui entretient par-dessus le marché des liens avec d'autres formations clandestines bien structurées comme le Groupe Robby de Robert Uhrig, un métallo communiste capturé puis relâché par la Gestapo. Ou le Groupe Röhmer, du nom de son chef de file Beppo Röhmer, docteur en droit, ancien officier des corps francs et ex-membre de la Société de Thulé, une association ésotérique influente sur le nazisme des premières années à Munich. National-communiste, Röhmer est convaincu que le seul avenir qui vaille pour la patrie allemande réside dans l'alliance avec l'URSS. Une vision assez proche de celle du général Hammerstein.

Moscou, qui a parachuté trois agents en Allemagne nazie entre 1941 et 1942 : Robert Barth alias « Beck », Alfred Rossler (« Walter Stein ») et Henrich Koenen (« Heinz »), sera-t-il capable de tirer la quintessence de cette configuration inédite en matière de services secrets ? C'est toute la question.

La galaxie Robinson

A Paris, Henri Robinson a été choqué par le pacte Staline-Hitler mettant brusquement fin à des années de lutte sous le drapeau de l'antifascisme. Mais le moyen de se dégager politiquement après deux décennies de travail clandestin comme révolutionnaire professionnel ? L'ancien patron de la branche occidentale de l'Aufklärungsapparat, l'organisme de renseignement du Komintern, se résigne donc à reprendre le collier dans des conditions de plus en plus difficiles après l'été 1940. L'ambassade soviétique s'est en effet installée à Vichy, ce qui rend impraticables les liaisons radio avec Moscou par le canal diplomatique.

On lui fait bien parvenir un émetteur en janvier 1941, mais celui-ci ne fonctionne pas, et il devra faire appel à des techniciens radio proches de Pierre Provost, un rescapé du réseau Cremet des années 1920, pour remettre le poste en état de marche. Du bricolage dans tous les sens du terme puisque, faute d'une structure préparée à l'avance, Robinson se voit contraint de mobiliser au hasard des rencontres toutes les bonnes volontés, simples militants communistes français et étrangers le plus souvent.

Pour ce qui est des sources, au contraire, la richesse prévaut. S'il est coupé de ses correspondants suisses, italiens et britanniques d'avant guerre, période où il a traversé plusieurs fois la Manche, peut-être en relation avec les « Cinq de Cambridge », « Harry » se trouve désormais à la tête d'un réseau aux ramifications profondes, fruit de son activité multiforme en France depuis la fin des années 1920. S'y retrouvent aussi bien des rescapés des « rabcors », du réseau Fantômas et du réseau Muraille que des hauts fonctionnaires et des personnalités politiques de gauche.

Son principal agent de liaison, Maurice Panier, se faufile par exemple dans l'entourage de l'ancien chef de cabinet du ministre de l'Air, Jean Moulin*.

De son côté, Robinson fournit au Centre de Moscou des informations de toutes sortes : sur les Allemands, sur Vichy, sur les industries navales et aéronautiques, les milieux politiques, les cercles financiers, les brevets industriels. Officiellement étudiant en chimie, son adjoint pour la Belgique, Constantin Yefremov, y développe depuis 1937 un sous-réseau très efficace sous le pseudonyme de « Bordo ».

Une première rencontre entre Robinson l'hyperactif et un autre clandestin du GRU, Leopold Trepper, aura, semble-t-il, lieu en avril 1940. Juif polonais, Trepper alias « Leiba Domb » a vécu un temps en Palestine avant de s'installer en France, de militer au PCF puis d'effectuer un séjour à Moscou où il sera versé dans le renseignement.

Au-delà de la légende

Loin d'être le grand chef de l'Orchestre rouge comme il le fera croire à partir des années 1960, Leopold Trepper, cadre intermédiaire discipliné, se contente d'appliquer une nouvelle méthode

---

* Comme on le sait, Moulin va prendre le chemin de la Résistance et de la France libre, contrairement à certains de ses amis antifascistes soviétophiles d'avant guerre. Notons au passage que l'ex-préfet de Chartres a parfaitement identifié la filière Panier en tant qu'émanation du renseignement soviétique puisque, en juillet 1942, il signalera sans ambiguïté à Londres son contact parisien « avec les services secrets russes ».

découverte par le GRU à l'usage de ses illégaux : agir sous la couverture de sociétés commerciales qui, bien gérées, permettront l'autofinancement du réseau en cas de coupure des relations avec le Centre.

Avec son adjoint Léon Grossvogel alias « André », il crée à partir d'entreprises familiales existantes The Foreign Excellent Trenchcoat qui, comme son nom l'indique, confectionne et vend des imperméables. Centré d'abord sur la Belgique, son réseau, loin d'opérer en direction de l'Allemagne, vise plutôt la Grande-Bretagne avec vocation à s'étendre dans les pays scandinaves. L'antifascisme n'a donc pas grand-chose à voir avec le travail de Trepper, contrairement à la légende qu'il sera le premier à forger.

Dans la même veine, deux autres officiers du GRU, Anatoli Gourevitch alias « Kent » et le soi-disant étudiant uruguayen « Carlos Alamo » (en réalité, le lieutenant aviateur russe Mikhaïl Makarov alias « Charles »), créeront à Bruxelles en mai 1941 une firme d'import-export, la Simexo.

Cette « pompe à finances » fonctionne plutôt bien, mais sans gros apport en matière de renseignements, car la Simexo ne commerce pas avec les Allemands auprès desquels « Kent » et « Charles » pourraient glaner des informations sensibles. Replié en France après juin 1940, Trepper restera pour sa part trois mois à Vichy, au contact de l'attaché militaire soviétique, le major-général Jan Sousloparov. C'est seulement après l'attaque surprise de l'URSS par l'Allemagne que, de retour à Paris, il fait mettre sur pied en août 1941 une nouvelle société de couverture, la Simex, par Grossvogel et plus tard un Français, Alfred Corbin, qui le paieront tous deux de leur vie.

Tout cela sans la moindre connexion avec l'Orchestre rouge de Berlin. Celui-ci, privé de contacts directs avec son traitant Alexandre Korotkov en raison de la rupture des relations diplomatiques entre l'Allemagne et l'URSS, ne peut livrer sa moisson de renseignements au Centre que par radio. C'est la raison pour laquelle le message du 10 octobre 1941, cité plus haut, à l'usage de Gourevitch lui donnera rien moins que les noms, les adresses et les numéros de téléphone des chefs d'orchestre berlinois à contacter pour réparer leur émetteur et, si possible, mettre sur pied un système de liaisons entre les deux réseaux.

Contraire à tous les principes de sécurité et de cloisonnement (on évite l'interpénétration des réseaux, on ne donne jamais d'indications personnelles trop précises par radio), l'initiative du Centre prend sa source dans l'affolement des dirigeants soviétiques. Confrontés à la percée fulgurante de la Wehrmacht qui menace la survie même de l'URSS, Beria et les siens ne voient de salut que dans des mesures à très court terme. Leur précipitation scelle le destin de l'Orchestre rouge, qui, mieux protégé, aurait rendu des services plus immenses encore.

L'organisation démantelée fin 1942, après le décryptage de ses messages radio par les casseurs de codes du Forschungsamt, ses membres seront pendus ou décapités à la hache. Mais, tombés aux mains des nazis, Trepper et Gourevitch composeront suffisamment avec eux pour sauver leur vie, Trepper parvenant même à fausser compagnie à ses gardiens en septembre 1943.

En bons officiers de renseignements soviétiques, sachant qu'en cas de victoire russe ils auraient des comptes à rendre, les deux hommes ont livré aux Allemands le menu fretin – français notamment –, mais jamais l'« étage supérieur ». Trepper gardera par exemple secrète sa filière de contacts avec le chef du PCF clandestin, Jacques Duclos, dont la chute ne lui aurait jamais été pardonnée. Déjà, il fourbit sa défense : dénoncer Gourevitch comme le responsable de toutes les erreurs. Et, alors que c'est lui qui l'a fait arrêter par les nazis en décembre 1942, accabler Robinson…

Soumis à la torture, ce dernier garde au contraire le silence. Sa seule faiblesse aura été de donner aux bourreaux l'adresse d'un hôtel où se trouvaient des éléments de sa documentation qu'il pensait déjà évacuée par ses deux principaux collaborateurs italiens, Anna et Griotto Medardo. Cette figure héroïque mais méconnue de l'Internationale communiste et des services secrets soviétiques sera probablement exécutée en 1943. Les circonstances exactes de la disparition de Henri Robinson demeurent encore aujourd'hui un mystère.

Parler ou périr : moins exposés dans la paisible confédération helvétique neutre, les « Amis de Gisèle » ne seront, quant à eux, jamais confrontés à un pareil dilemme…

Les « Amis de Gisèle »

Au GRU depuis 1932, Maria Poliakova a mis en place le réseau suisse du service, dont le rôle va se révéler crucial. Cette future colonelle arborait pour l'occasion le pseudonyme de « Gisela », d'où le surnom familier du réseau : les « Amis de Gisèle ».

En avril 1938, année du grand « dispatching » des ex-kominterniens dans les services, Sándor Alexandre Radó (alias « Albert » et « Dora ») vient relever cette pionnière. Né dans un faubourg de Budapest, Radó est un ancien cartographe du détachement hongrois de l'Armée rouge. Immigré à Vienne, il a étudié la géographie et monté une radio de propagande en direction de son pays natal. En 1926, il s'installe en Allemagne avant d'être recruté par le GRU en 1935.

Officiellement patron de l'agence Géopress à Genève, société de couverture qui justifie des contacts tous azimuts tout en s'autofinançant selon le nouveau *modus operandi* du service, il a pour première source un journaliste socialiste, Otto Pünter alias « Pakbo ». Viendront ensuite un ancien diplomate français, Paul de Neyrac (« Nègre ») ; un journaliste lié au SR français et désormais en déshérence, Georges Blun (« Long ») ; Bernhard von Baldegg (« Louise »), un avocat suisse bientôt mobilisé dans les services de renseignements de son pays ; et même Pao Xianju (« Polo »), l'attaché militaire de la Chine de Chiang Kai-shek.

En décembre 1939, alors que Radó a perdu le contact avec le Centre, une opératrice radio lui est dépêchée munie d'un matériel d'émission en état de marche. Et pas n'importe quelle opératrice, puisque Ursula Hamburger alias « Sonia » jouera jusqu'au début des années 1950 un rôle clé dans les opérations secrètes de l'URSS.

Née en 1907, « Sonia » est la fille de Robert Kuczinsky, professeur à cette prestigieuse émanation du socialisme réformiste anglais : la London School of Economics. Profitons de l'irruption de cette vieille routière sur la scène suisse pour souligner une caractéristique que le lecteur n'a pas manqué de relever : l'appareil des services soviétiques est déjà beaucoup plus féminisé que celui de leurs homologues occidentaux, pour ne pas parler des services nazis, hors concours en matière de machisme...

Polyglotte, membre du KPD, mariée en 1930 à un Allemand d'origine polonaise, Charles Hamburger, « Sonia » a entraîné son mari dans des missions au service du GRU, en Pologne, puis en Chine, à Shanghai, où le couple travaillait avec Richard Sorge. Après un stage de formation aux techniques radio à l'Ecole Lénine de Moscou, « Sonia » effectue une seconde mission en Mandchourie. En octobre 1939, Charles et Ursula divorcent en Suisse juste avant qu'elle prenne ses fonctions.

Un jeune Britannique, ancien des Brigades internationales pendant la guerre d'Espagne, apparaît dans le réseau en 1940. Cet opérateur radio s'appelle Alexander Foote (alias « Jim »). Ursula Kuczinsky, qui l'a recruté, ignore bien entendu qu'il s'agit d'un agent double : « Jim » est en effet un agent d'infiltration de l'Organisation Z d'« Uncle Claude » Dansey dans les réseaux soviétiques.

Rarement double affiliation fut aussi féconde pour ses employeurs respectifs – nous allons voir pourquoi. Quant au troisième émetteur du réseau Radó, c'est l'apanage d'Edmond et Olga Hamel.

Toujours vigilant, le Forschungsamt ne tarde pas à repérer leurs émissions, comme d'ailleurs celles de Foote et de « Sonia ». Bientôt connu des nazis sous le nom des « Trois Rouges », le réseau Radó met Berlin en rage, mais les Suisses, qui ne tiennent pas à un voisin allemand vainqueur sur toute la ligne, se gardent pour l'instant d'interrompre ses activités.

Les Trois Rouges

Fructueuses, répétons-le. En sa qualité d'ancien agent du SR français, Georges Blun apporte par exemple, avec certains délais d'acheminement inévitables, les informations fournies par un général allemand proche de l'OKW, le haut-commandement de la Wehrmacht, le général Hamann.

Secrétaire au Bureau international du travail de Genève, Rachel Dübendorfer (« Sissy »), une ancienne des réseaux Robinson mutée auprès de Radó en avril 1941, le dote d'une source inestimable par le biais de ses relations au Bureau international du travail. Un catholique d'origine allemande, Christian Schneider, l'a en effet mise en contact avec un libraire de Lucerne, Rudolph

Roessler (« Lucy »). Agent depuis 1939 du service de renseignements militaires belge du brigadier-général Roger Masson, « Lucy » disposerait de plusieurs autres sources à l'OKW, auxquelles on va affecter le pseudonyme collectif de « Werther ».

Non identifiées à ce jour, ces sources fournissent à Radó des renseignements d'une qualité impressionnante. Centrés sur le front occidental, ils ne concernent le front russe que par raccroc. Suffisamment toutefois pour laisser les stratèges soviétiques deviner les grandes lignes de l'opération « Citadelle », un plan d'assaut allemand visant le saillant de Koursk, long de 250 kilomètres dans le sens nord-sud et large de 150 dans le sens est-ouest. La réduction de ce saillant permettrait d'encercler puis de détruire plusieurs grandes unités soviétiques d'un coup.

Les Britanniques ne l'ont jamais admis à ce jour, mais il est fort probable que les informations de « Lucy » provenaient en réalité des décryptages Enigma de Bletchley Park. Nonobstant son aversion pour le communisme, Winston Churchill craignait en effet un effondrement militaire de l'URSS qui aurait laissé l'Angleterre seule face à l'Allemagne nazie. Ses services avaient donc reçu l'ordre de faire passer des informations sensibles aux Russes, quitte à en masquer habilement l'origine de manière à contourner la méfiance maladive de Staline. Et, pour ce faire, quelle meilleure filière que les Trois Rouges, vierges en principe de tout lien suspect avec les « impérialistes » ?

De fait, le réseau suisse du GRU va jouer un rôle important pour prévenir Staline et la Stavka, l'état-major de l'Armée rouge, de l'offensive « Citadelle ». Des informations complétées par des éléments sur le dispositif de la Luftwaffe que la Broadway Buildings a fournis directement à Moscou en prenant bien garde à préserver le secret d'« Ultra », et par celles collectées par les Soviétiques eux-mêmes (reconnaissances aériennes à rythme accéléré, incursion en profondeur de forces spéciales terrestres, mais aussi interceptions radio).

Dans la formidable bataille de chars qui se prépare dans la région de Koursk, l'Armée rouge part donc avec un solide avantage initial, que la qualité opérationnelle de ses chefs et le courage des soldats russes lui permettront de transformer en grande victoire en juillet-août 1943. Un tournant de la guerre : la Wehrmacht vient de perdre définitivement l'initiative stratégique.

Ce succès obtenu, la source « Lucy » se montrera beaucoup moins prolifique. C'est que, un effondrement soviétique n'étant plus à craindre, Churchill ne tient pas à ce que l'Armée rouge, trop bien renseignée, avance trop vite vers l'Ouest. Le Premier ministre britannique anticipe en effet un bras de fer avec l'URSS une fois le IIIe Reich abattu.

Les Trois Rouges, quoi qu'il en soit, ont rempli leur office. A partir d'octobre 1943, le réseau sera démantelé sous la pression nazie par une police suisse étrangement lente, Radó parvenant – par hasard ? – à s'enfuir en France par la Savoie, pour gagner Paris à peine libéré en août 1944.

13

Clandestins et clandestines

Pardonnera-t-on à l'auteur quelques allers-retours chronologiques ? Il l'espère, dans la mesure où eux seuls permettent de rendre compte d'une matière particulièrement riche.

Revenons au 17 mai 1939 à Moscou. Ivan Proskourov, le directeur du GRU, transmet ce jour-là au Kremlin un rapport détaillé certifiant que Hitler, n'ayant plus aucun besoin de ménager la Pologne, a décidé d'en finir avec elle. A l'été sans doute...

Les éléments les plus tangibles de ce document proviennent de la résidence de Varsovie. Celle-ci compte deux agents allemands du GRU particulièrement bien informés : Rudolf Herrnstadt, ancien correspondant à Moscou du quotidien *Berliner Tageblatt*, et sa compagne Ilse Stöbe, fonctionnaire au ministère allemand des Affaires étrangères où elle a été recrutée dès 1931.

Staline apprécie l'information à sa juste valeur, d'autant qu'elle va au-devant de ses propres méditations. Les Anglais et les Français, calcule-t-il, sont trop indécis pour intervenir militairement contre Hitler et sauver la Pologne. Londres et Paris ne manifestant par ailleurs aucun enthousiasme à conclure le traité d'alliance qu'ils négocient avec l'URSS, sans doute serait-il opportun de relancer les tractations secrètes avec Berlin initiées à sa demande par son compatriote géorgien David Kandelaki, qu'il a pris soin de faire arrêter et condamner à mort ensuite pour être bien sûr de son silence.

Le tsar rouge poursuit le raisonnement que lui inspirent les informations de Proskourov. En échange des mains libres laissées à Hitler, la Russie pourrait récupérer la partie orientale de la Pologne, perdue pour elle après le traité de Brest-Litovsk. Et lui, Joseph Staline, réglerait du même coup un compte personnel avec ces maudits

Polonais qui, au moment de la grande offensive de 1920 lancée par l'Armée rouge, ont osé faire face et vaincre avec le soutien d'une mission militaire française. Mauvais souvenir : Mikhaïl Toukhatchevsky en tête, on lui avait reproché, à l'époque, d'avoir tardé à attaquer Varsovie, donc d'être en partie responsable de l'échec…

Il n'y a pas que les vieilles rancunes à assouvir, il y a aussi et surtout la politique. Balancer entre Paris, Londres et Berlin : quelle meilleure manière de faire jouer les contradictions entre impérialismes rivaux, dont après tout Lénine faisait grand cas ? Au dernier moment, on optera pour la formule la plus intéressante (nous savons déjà que ce sera le pacte germano-soviétique).

Par ses informations, Proskourov, héros de l'Union soviétique aussi peu intrigant que possible pourtant, vient de remonter d'un cran la cote du GRU aux yeux du dictateur.

Comme beaucoup de chefs d'Etat ou de gouvernement, Staline évalue en effet ses services de renseignements à l'aune de leur utilité politique du moment. Il diffère cependant des dirigeants des pays démocratiques en ceci qu'il conçoit surtout les services comme des polices secrètes et que, en langage stalinien, on ne dit pas « limogeage » mais « goulag » ou « peloton d'exécution ».

Fermez le ban. Proskourov va apprendre sous peu à ses dépens qu'à Moscou aussi, à Moscou surtout, il n'y a qu'un tout petit pas entre le Capitole et la roche Tarpéienne…

L'intox Barberousse

Le 3 juillet 1940, le patron du GRU planche devant le bureau politique. « D'après les informations de mon service, une attaque nazie contre l'Union soviétique est tout à fait possible », annonce-t-il. Proskourov parle d'or, mais Staline, lui, ne l'entend pas de cette oreille. Sachant que l'URSS aurait le plus grand mal à contrer un assaut hitlérien avant 1943, date à laquelle l'Armée rouge, décapitée par les purges, aura été reconstruite et équipée de matériel moderne, il en est venu à exclure cette hypothèse, trop dérangeante pour lui.

Décréter qu'un événement ne peut pas avoir lieu du seul fait qu'il aboutirait à une catastrophe : l'erreur est des plus classiques chez les décideurs. Malgré les avertissements de leurs services secrets respectifs, les dirigeants anglais et français l'ont eux aussi commise dans les années 1930, quand ils fondèrent leur politique sur l'idée que, même avec Hitler, la raison – la leur du moins – ne pouvait que l'emporter. Mais celle du Führer était tout autre : pourquoi ne s'en étaient-ils pas rendu compte ?

« Erreur », en voici une : l'honnêteté de Proskourov. Devant le bureau politique, le chef du GRU ose en effet contredire Staline quand ce dernier soutient *mordicus* que non, Hitler n'attaquera jamais l'URSS. Pas avant d'avoir contraint la Grande-Bretagne à capituler en tout cas.

Dès le 27 juillet, l'officier aviateur est remplacé à la tête du GRU par Filip Golikov, un général aux ordres qui rédigera les rapports que Staline a envie de lire et non ceux qui correspondent à la vérité. Le premier qui l'a dite, cette vérité, le malheureux Proskourov, témoin privilégié de l'erreur de Staline, sera exécuté sans procès le 28 octobre 1941. Golikov, lui, continuera à diriger le GRU jusqu'en octobre 1941, date à laquelle il sera remplacé par Ivan Illychev. Maréchal vingt ans plus tard par la grâce de Nikita Khrouchtchev, cette carpette galonnée mourra dans son lit en 1980.

Proskourov avait pourtant raison, et Golikov tort quand il remettait à Staline des rapports « rassurants » sur les intentions de l'Allemagne nazie à propos de l'URSS. Car, à la fin juillet 1940, Hitler décide bel et bien de commettre la faute majeure qu'il a tant reprochée aux dirigeants allemands de 1914-1918 : engager son pays sur deux fronts à la fois.

En attaquant l'Union soviétique par surprise et en la défaisant par un *Blitzkrieg* de quelques semaines, le dictateur brun privera, croit-il, la Grande-Bretagne du seul espoir qui lui reste, la contraignant à conclure une paix avantageuse avec l'Allemagne.

Le 18 décembre, Hitler va plus loin en signant la directive « Barbarossa » (du nom de l'empereur Barberousse, contemporain de Saint Louis et de Richard Cœur de Lion), qui donne son nom au projet d'invasion.

L'assaut sera précédé d'une série de manœuvres de désinformation stratégique codifiées par une autre directive du 11 mai 1941. L'objectif est de faire croire à Moscou que les préparatifs de « Barbarossa » ne seraient en réalité que les prémices de l'invasion de la Grande-Bretagne, l'opération « Lion de mer ».

Dans cette affaire, l'Abwehr et le SD, simples auxiliaires de l'entourage direct du Führer où l'ensemble du plan de désinformation est ourdi, ne joueront qu'un rôle restreint. Par analogie avec leur propre système dictatorial, les cercles dirigeants du IIIe Reich ont en effet saisi que l'homme à duper, c'était Staline, et lui seul, pas le bureau politique ni le comité central.

Intrigues à Berlin

Trois jours après la conclusion du pacte germano-soviétique, justement, le nouveau résident de l'INO est arrivé à Berlin. Un gros poisson : officiellement secrétaire de la mission soviétique dans la capitale allemande, Amaïak Kobolouv (« Zakhar ») appartient en effet, comme son frère Bogdan, à la garde rapprochée de Beria.

Surtout versé dans la répression policière, cet Arménien n'a aucune expérience du renseignement et ne parle en outre pas un traître mot d'allemand. Tant mieux, il mordra d'autant plus facilement à l'hameçon.

L'hameçon va s'appeler Oreste Berlinks. Privé de financement depuis que la Wilhelmstrasse, le ministère allemand des Affaires étrangères, lui a coupé les vivres, ce journaliste letton cherche d'autres bailleurs de fonds. Persuadé de décrocher la timbale, Koboulov le recrute le 15 août 1940 comme agent d'influence soviétique sous le pseudonyme de « Lycéen ».

Or, un pseudonyme, Berlinks en possède déjà un puisqu'il travaille en réalité pour l'Abwehr sous le nom de « Petr ». Et c'est sur lui que les nazis ont jeté leur dévolu pour intoxiquer Koboulov qui, ils n'en doutent pas, fera passer leurs fausses informations à Beria, donc à Staline. « Lycéen », de fait, ne tarde pas à gagner la confiance de « Zakhar », beaucoup moins expérimenté que son homologue du GRU, l'attaché militaire Vassili Toupikov alias « Arnold ».

Un des quatre adjoints de Toupikov, Nikolaï Zaitsev, manipule Ilse Stöbe dite « Alta » qui, de retour de Varsovie, traite avec doigté une source étonnamment prolifique qu'elle a recrutée autrefois dans la capitale polonaise : « Ariets ». De son vrai nom Rudolf von Scheliha, « Ariets » est une grosse légume du ministère allemand des Affaires étrangères que dirige le cosignataire du pacte germano-soviétique, Joachim von Ribbentrop, un nazi plus brun que brun. Un troisième fonctionnaire du ministère,

Helfrich, opère également sous la houlette de « Alta », patronne de ce petit réseau idéalement placé.

« J'ai l'accès direct à Staline », se vante sans cesse Koboulov devant Berlinks, détail qui, même relativisé, ne tombe pas dans l'oreille de sourds. Puisqu'il en est ainsi, des éléments biaisés vont être préparés à l'usage du protégé de Beria par les collaborateurs directs de Ribbentrop, les liaisons directes entre Hitler et son ministre des Affaires étrangères au sujet de ce dossier ultrasecret étant assurées par un homme de confiance, Walter Hewell.

Signe de l'importance qu'il accorde à cette manœuvre d'intoxication, le Führer la contrôle en effet personnellement. Après chaque entrevue entre Berlinks et Koboulov, il s'enquiert par exemple de la moindre réaction, de la moindre mimique de l'officier soviétique.

L'arrivée comme ambassadeur à Berlin de l'ancien directeur de l'INO, Vladimir Dekanozov, donne-t-elle plus de prise encore à la désinformation nazie ? Oui, dans la mesure où cet autre proche de Beria fut, de longue date, partisan du pacte germano-soviétique. Mais non, parce que Dekanozov, plus vif d'esprit que Koboulov, ne tarde pas à nourrir, comme son collègue du GRU Toupikov, certaines inquiétudes quant aux véritables intentions de Hitler.

Il en fait aussitôt part à son protecteur moscoutaire. Mais, peu soucieux de marcher en sens inverse de celui de Staline, donc de risquer le Goulag, Beria préférera passer à la trappe les doutes de l'ancien chef du département Espionnage à l'étranger de son ministère de la Police.

Des doutes, pourquoi en nourrirait-on à Moscou puisque la presse allemande ne cesse de marteler que l'invasion de la Grande-Bretagne reste l'objectif numéro 1 du régime ? Puisqu'elle va dans son sens, Staline, la méfiance faite homme, décide de la croire…

La « source Ponchab »

Comme le marxisme-léninisme, le nazisme est fondé sur le mensonge et la déformation systématique des faits. Bien que Beria ait mis en place une section spéciale d'intox, Staline va perdre la première manche de cette guerre secrète si particulière pour laquelle il était pourtant bien taillé idéologiquement.

Tout faire pour détourner l'agressivité des Allemands contre la Grande-Bretagne : c'est la mission que le Vojd assigne à Beria. Et le chef de la police secrète et des services soviétiques de concevoir une manœuvre de grand style empruntant une voie fiable aux yeux de Berlin. Comme les Soviétiques, les nazis ne croient que les informations qu'ils ont volées, jamais celles qu'on leur a offertes sur un plateau. L'INO se débrouillera donc pour leur faire parvenir toutes désinformations signées Beria par un canal fiable : des interceptions radio.

Les Russes savent en effet que certaines de leurs communications dans la zone d'Extrême-Orient sont captées et décryptées par les Japonais. Au titre du pacte anti-Komintern de 1936 dont ils sont cosignataires, ceux-ci transmettent le résultat de ce travail à August Ponchab, le consul général allemand à Harbin, la ville chinoise la plus proche de la frontière soviétique. Lequel Ponchab, fonctionnaire consciencieux, envoie le tout à Berlin.

En abaissant de manière très discrète le niveau de cryptage de certaines de ces communications, on est sûr qu'elles parviendront au ministère des Affaires étrangères. Et, comme la Wilhelmstrasse est dirigée par Ribbentrop, membre du premier cercle des proches de Hitler, on peut tenir pour certain que le Führer lui-même en aura connaissance.

Grâce à ce circuit indirect dit « source Ponchab », les messages concoctés à Moscou vont parvenir au sommet du pouvoir nazi parés des vertus de renseignements arrachés à l'adversaire, donc sérieux. Pour faire bonne mesure, un *V-Man* (informateur) de l'Abwehr, sous la couverture de journaliste en Extrême-Orient, mais en réalité agent double travaillant pour l'INO, Ivar Lissner, en « confirme » d'ailleurs indirectement le contenu.

Ces faux renseignements font état de messages du secrétaire du ministre anglais des Affaires étrangères, Anthony Eden, au chef d'état-major impérial, John Dill, fabriqués dans les ateliers de faussaires moscovites. Si l'Allemagne attaquait la Grèce, laissent-ils entendre, la Turquie aiderait ses voisins hellènes. Quant aux effectifs britanniques dans la région, ils seraient de 250 000 hommes (en réalité, un peu plus de 60 000).

Ces échanges fantaisistes entre responsables britanniques tendent, c'est du moins leur but, à dissuader Hitler d'intervenir dans cette zone relativement proche des frontières de l'URSS, donc sensible pour elle.

De même cette autre série de dépêches soviétiques « mal cryptées » d'avril 1941 et parvenant à Ponchab. Elles suggèrent qu'en dépit de son soutien affiché à la Yougoslavie, attaquée et bombardée par l'Allemagne, l'URSS n'entend pas se mêler de ce conflit (sous entendu : cher Hitler, Staline n'a aucune intention de vous contrarier). Au contraire, les Etats-Unis seraient, paraît-il, prêts à soutenir la Résistance grecque et son homologue yougoslave en accord avec les Anglais (cher Hitler, regardez aussi de l'autre côté de l'Atlantique).

Le 10 mai, Rudolph Hess saute en parachute sur l'Ecosse depuis son Messerschmitt Me-110 personnel, qui a décollé d'Allemagne sans autorisation. Tenu à l'écart des grandes décisions, l'ancien dauphin de Hitler espérait convaincre les milieux britanniques les plus conservateurs de la nécessité de s'allier avec l'Allemagne contre le « péril bolchevique ». Il est immédiatement interné sur ordre de Churchill.

Pour Moscou, l'initiative de Hess, loin d'être individuelle, constitue la preuve irréfutable de négociations secrètes germano-britanniques. Raison de plus pour inonder la « source Ponchab » d'une nouvelle vague d'informations fabriquées à dessein : la Russie estime que ses difficultés avec l'Allemagne peuvent être aplanies par un nouvel accord commercial ; Moscou ne permettra pas qu'une tierce puissance établisse une base navale en Turquie, mais ne s'opposera pas à des négociations directes entre Berlin et Ankara ; Staline pense que la neutralité turque est une excellente chose à maintenir.

« Recoupés » par de prétendues « confidences » de diplomates russes « indiscrets » dans différentes ambassades de pays non engagés dans la guerre, l'ensemble de ces messages suggèrent que, pour éviter toute source de friction avec Berlin, Moscou voudrait constituer au Proche-Orient une zone tampon avec l'Allemagne (cher Hitler, Staline tient moins que jamais à une confrontation militaire avec votre puissante Wehrmacht).

Autre désinformation signée Beria et transitant par Ponchab : les Etats-Unis et la Grande-Bretagne se seraient mis d'accord pour détruire l'industrie allemande par des bombardements aériens massifs, décision qui réjouirait Moscou, ravie de voir les « capitalistes » se dévorer entre eux en conformité avec la doctrine marxiste-léniniste (cher Hitler, plutôt que de loucher sur l'URSS qui se contente d'un rôle passif, regardez donc ce que ces satanés Anglo-Américains mijotent contre vous).

Habile, mais tardif. Ayant déjà pris sa décision, ce que Staline se refuse à comprendre en dépit des avertissements qui affluent de toutes parts, Hitler n'a plus qu'à faire précéder son attaque surprise d'un brouillard de mensonges. Alors, à désinformateur, désinformateur et demi…

Hitler dupe Staline

En mai 1941, le Führer se voit obligé de voler au secours de son allié Mussolini, humilié par la courageuse résistance de l'armée grecque. Or l'opération « Merkur » (assaut aéroporté allemand sur l'île de Crète défendue par 26 000 soldats néo-zélandais prévenus à l'avance par les intercepts Ultra) s'avère, elle aussi, très coûteuse en vies allemandes : 4 000 à 5 000 parachutistes tués. Et, pour aggraver ce semi-échec, la Royal Navy parvient à évacuer 12 000 Néo-Zélandais.

Etroitement associé aux opérations destinées à duper Staline, le maître propagandiste nazi Joseph Goebbels voit malgré tout le parti à tirer en termes d'intox d'une affaire si malheureuse pour les armes allemandes.

Pour le *Völkischer Beobachter*, le quotidien du NSDAP, il rédige un article intitulé « La Crète comme exemple », présentant le désastreux lâcher de paras sur la Crète comme une répétition générale de l'invasion de la Grande-Bretagne (cher Staline, Hitler n'a aucune intention de vous attaquer dans l'immédiat, il n'en veut qu'à Churchill et à ses alliés grecs).

La manœuvre confine au chef-d'œuvre quand, le 13 juin, neuf jours avant l'invasion de l'URSS, les exemplaires du *Völkischer Beobachter* contenant le papier en question sont retirés des kiosques berlinois par la police, trop tard pour qu'un petit nombre d'entre eux n'aient pas été diffusés. Quelques dizaines d'exemplaires « échappés de la rafle » qui valent de l'or. On se les passe de main en main. Bientôt, la petite communauté des ambassades étrangères dans la capitale allemande ne parle plus que de la « gaffe » supposée monumentale de Goebbels. Ce fou vaniteux aurait donné par gloriole de précieuses indications aux Anglais sur la manière dont on s'apprête à les attaquer.

Disciplinés, Dekanozov, Koboulov et Toupikov transmettent à Moscou où Staline, intoxiqué par ses propres certitudes, tire cette double conclusion : 1° ces nazis que l'on croyait des professionnels font quand même preuve d'amateurisme, c'est rassurant ; 2° Hitler continue à viser la Grande-Bretagne, ce qui l'est encore plus.

Qu'importent, à cette aune, les nombreux avertissements en provenance des résidences du GRU et de l'INO : les fascistes allemands préparent bien une action militaire d'ampleur, mais contre l'URSS, pas contre la Grande-Bretagne. Qu'importent Sorge, l'Orchestre rouge, les Trois Rouges ou les révélations de Rudolf von Scheliha à sa « traitante » Ilse Stöbe. Ce sont tous des désinformateurs et, pour reprendre l'expression du dictateur soviétique, on devrait les envoyer « baiser leur mère ».

Qui baise qui ? serait-on tenté d'écrire au risque de se montrer aussi grossier que Staline. Celui-ci, qui ne croit jamais personne, a décidé de croire Hitler. Non qu'il nourrisse quelque illusion à son propos, mais parce que, obnubilé à juste titre par l'état d'impréparation militaire de l'URSS, dont il est en grande partie responsable, il refuse de regarder la réalité en face.

Churchill, qui ne tient pas à ce que la résistance soviétique s'effondre aux premiers jours de l'invasion, laissant de nouveau l'Angleterre seule à combattre l'Allemagne, le fait prévenir ? Provocation impérialiste ! Le ministre adjoint des Affaires étrangères américain, Benjamin Sumner Welles, informe dès janvier 1941 l'ambassadeur russe à Washington ? Provocation encore ! Lawrence Steinhardt, le représentant des Etats-Unis à Berlin, le fait savoir à son homologue soviétique (Sam Woods, l'attaché commercial américain dans la capitale, l'a appris en mars de la bouche d'Erwin Respondek, un haut fonctionnaire proche de la Reichsbank et des hautes sphères nazies) ? Provocation toujours ! Probablement informés par le leader de l'opposition conservatrice Carl Goerdeler et par le général Ehrard Milch, bras droit de Goering, mais « demi-juif » dans la classification raciste des hitlériens, les Suédois vendent la mèche à Alexandra Kollontaï, l'ambassadrice d'URSS à Stockholm ? Cette maîtresse femme qui tint autrefois tête à Lénine sur la question sexuelle fond en larmes, gémissant qu'elle n'a « pas le droit d'entendre ça »…

Personne n'a le droit ! Alors que les avions de reconnaissance allemands commencent à photographier les points d'attaque prévus (rappelons que l'URSS occulte ses documents cartographiques considérés comme secrets d'Etat), l'ordre est donné de n'ouvrir le feu que si les pilotes de la Luftwaffe « exagéraient » en s'aventurant trop loin à l'intérieur de l'espace aérien soviétique. Ce à titre dissuasif uniquement.

Pour parachever le tout, Hitler aurait même envoyé deux lettres personnelles à Staline l'informant, les 31 décembre 1940 et 14 mai 1941, qu'il concentrait certes d'importantes troupes à l'est de l'Europe face à l'URSS, mais que c'était... pour les mettre à l'abri des reconnaissances et des bombardements préventifs de la RAF ! Fin juin, jurait-il, il lancerait l'assaut contre la Grande-Bretagne. Alors, au dernier moment, les divisions allemandes concentrées aux frontières de l'URSS seraient transférées d'un seul coup à l'Ouest comme on « roque » lors d'une partie d'échecs, jeu familier aux Russes.

Trop pris par les préparatifs, laisseraient encore entendre les missives, le dictateur brun n'a pas le temps de rencontrer son homologue rouge, mais, après l'écrasement définitif de l'arrogante Albion, il aimerait vraiment beaucoup discuter avec lui en tête à tête des problèmes intéressant les deux grandes puissances, seules désormais à dominer le continent européen.

David Murphy, qui fut le chef d'antenne de la CIA à Berlin jusqu'en 1961, signale que ces deux documents n'ont jamais été retrouvés dans les archives, soit qu'ils n'aient jamais existé, soit qu'on les ait détruits pour effacer toute trace de la naïveté criminelle de Staline. Pour autant, souligne ce grand connaisseur des affaires soviétiques, un faisceau d'indices permet de prendre au sérieux cette possibilité.

Seule certitude en attendant, peut-être, d'en avoir le cœur net un jour : le 22 juin 1941, quand il lance ses divisions blindées et sa Luftwaffe contre l'URSS, Hitler peut sans forfanterie conclure à la réussite totale de sa circulaire du 11 mai codifiant les mesures de désinformation stratégique envers Staline.

Le maître du Kremlin accuse le coup. Mais, contrairement à ce que prétendra en 1956 son ancien affidé Nikita Khrouchtchev, pressé de mettre sur le dos du Vojd disparu les fautes et les crimes du régime dont il était coresponsable, Staline ne s'effondre pas nerveusement. Churchill peut respirer. Même surpris, même affaibli, son moins-pire-ennemi que Hitler tient le coup. Comme il le fait lui-même et l'Angleterre tout entière depuis mai 1940.

Un nouveau venu, le SOE

Ce vieux Winston a cent idées par jour, assurent ses amis, mais une seule de bonne. La création le 22 juillet 1940 par le Cabinet de guerre d'un service Action autonome, le Special Operations Executive, fut-elle une bonne ou une mauvaise idée ? Les deux à la fois probablement.

A l'origine de l'émergence du SOE : le manque d'efficacité de la Section D du MI 6 (« D » pour destruction, mais on l'appelle officiellement « Section IX »). Créée en mars 1938 et forte de 140 agents dédiés aux sabotages, elle était commandée par Laurence Grand qu'assistait Montgomery Chidson. Or, aucun des projets ourdis en 1939-1940 avec le SR français n'a abouti.

Ces plans visaient notamment la Roumanie, principale fournisseuse de l'Allemagne en pétrole avec ses 6 millions de tonnes annuelles. Sachant la consommation moyenne d'un Panzer – entre 150 et 200 litres de carburant par tranche de 100 kilomètres parcourus –, les besoins en hydrocarbures constituaient en effet un des talons d'Achille du IIIe Reich.

Haro sur la Roumanie donc. Les Français avaient pensé à obstruer le Danube, voie d'acheminement des hydrocarbures vers le territoire allemand, en y coulant des péniches chargées de chaux. Les Anglais, eux, auraient préféré dynamiter une falaise pour qu'elle s'effondre dans un passage encaissé du fleuve.

De son côté, l'Abwehr avait anticipé de telles actions, Canaris fonçant à Bucarest mettre en garde son ami le colonel Moruzov, toujours patron de la Siguranta Statului. Et, dans la foulée, des spécialistes Action de la Division Brandebourg étaient arrivés en Roumanie, prêts à parer à toute éventualité.

Changeant son explosif de support, la Section IX, en l'occurrence Julius Hanau (alias « César »), représentant de la firme Vickers à Belgrade, faisait alors creuser des tranchées le long des rives du Danube. Cet homme d'affaires sud-africain espérait y placer des charges, mais celles-ci furent aussitôt découvertes par la police yougoslave.

Les relations entre les Anglais et les juifs sionistes sont plutôt fraîches depuis le 17 mai 1939, date à laquelle le Livre blanc du gouvernement britannique a limité leur immigration en Palestine et freiné leurs achats de terres. La Section IX s'aventure quand même à contacter Ruth Klieger, la responsable sioniste à Bucarest. Décidée – c'est la ligne de l'Agence juive que préside Moshé Sharett – à jouer provisoirement la carte britannique, celle-ci donne son accord.

Dès lors, l'opération prend très vite forme. Trop vite même, car on est dans l'improvisation totale. Affrétée au Proche-Orient avec le concours des militants sionistes, une petite flottille franchit le Bosphore le 5 avril 1940, traverse la mer Noire et commence à remonter le Danube sous le commandement du vice-consul britannique dans la capitale roumaine. Mais, là encore, Abwehr et Siguranta veillent au grain, interceptant un bateau bourré de caisses d'explosifs, de grenades et de mines marines avant qu'il ne puisse nuire.

Fiasco encore en Scandinavie, où une équipe de saboteurs prête à passer à l'action en Norvège est interceptée par la police de Suède, pays neutre : Alexander Rickman, le chef d'équipe, écope de huit ans de travaux forcés, son adjoint, Ernest Biggs de cinq, leurs camarades locaux Elsa Johansson et Arno Behrish en prenant, eux, pour trois ans et demi.

Réussite quand même en France au moment de la débâcle, où la Section IX parvient à organiser l'exfiltration du général Wladislaw Sikorski, le commandant des troupes polonaises dans l'Hexagone.

De toute urgence, il fallait tirer la leçon de ce bilan plutôt mitigé, d'autant que, montant sur leurs ergots, les spécialistes du renseignement – fonction première du MI 6 tout de même – protestaient avec courtoisie, mais vigueur que les tentatives clandestines de sabotage risquaient d'interférer de manière négative avec leurs activités (pourquoi ne s'en étaient-ils pas aperçus plus tôt ? c'est une autre affaire).

La décision du War Office vient donc concrétiser un état de fait : la séparation du service de renseignements et de la branche Action. Et en créer un autre : l'hostilité des patrons de Broadway Buildings, notamment celle d'« Uncle Claude » Dansey, son numéro 2, envers cette « bande d'amateurs » du SOE. Des bricolos qu'il convient de ménager par diplomatie tout en insistant sur leurs moindres failles.

Le torchon brûle donc entre les deux services secrets, le nouveau auquel Churchill ordonne de « mettre le feu à l'Europe », et l'ancien qui, tapi dans l'ombre, guette l'heure de la revanche.

A propos de failles, notons que Broadway Buildings réussit d'emblée un beau coup en obtenant un droit de regard sur le jeune SOE. Par accord du 15 septembre 1940 entre « C » (Stewart Menzies) et Franck Nelson, toutes les communications du service Action avec ses filières locales dans les différents pays occupés par l'Allemagne, et bientôt par le Japon, passeront par le canal radio du Secret Intelligence Service (l'autre dénomination du MI 6, rappelons-le même si nous l'utilisons rarement).

Leur cryptage aussi, ce qui signifie que Dansey, en charge des contacts du service avec Bletchley Park, peut lire les messages du SOE par-dessus l'épaule de ses dirigeants. Connaissant « Uncle Claude » et son caractère retors, nous savons déjà qu'il ne s'en privera en aucun cas. C'est seulement au début 1942 que Baker Street disposera d'un réseau radio autonome : surtout parce que le patron de la Section VIII (communications spéciales) du MI 6, Richard Gambier-Parry, a choisi de cloisonner les liaisons radio de son service, mises en danger selon lui par l'amateurisme du SOE en la matière.

Un autre article de la convention du 15 septembre stipule qu'avant de recruter des agents, le service Action devra solliciter l'avis de Broadway Buildings, et que, au surplus, tout renseignement collecté par le SOE sera immédiatement communiqué au MI 6. Une quasi-mise sous tutelle qui ne peut qu'engendrer conflit sur conflit, et le fera effectivement.

Au-delà de ces frictions, la mise sur pied du SOE tient, comme c'est souvent le cas en matière de services spéciaux, à des facteurs politiques internes. Dans son gouvernement d'union nationale, Churchill, bien qu'éminente personnalité conservatrice, accorde une large place aux travaillistes. Or, depuis l'affaire de la « lettre de Zinoviev » de 1924, les chefs du Labour Party se méfient de Broadway Buildings, qu'ils accusent d'arrière-pensées réactionnaires. Et, quand ils ne voient dans le MI 6 qu'un club très fermé de gentlemen très à droite, aucun observateur avisé n'irait jusqu'à leur donner tort.

Autant dire qu'il importe de jeter du lest sous peine de diviser un gouvernement de combat. L'une des meilleures façons de le faire, c'est de créer un service secret *bis* plus ouvert socialement, en Angleterre même comme dans ses réseaux en Europe occupée.

Et, de fait, le SOE recrutera volontiers des agents à la gauche de l'échiquier politique, jusqu'à des militants communistes et fiers de l'être. Sans parler, mais nous y reviendrons, des taupes soviétiques creusant leurs galeries en son sein…

Dans un geste de bonne volonté, Churchill rattache le nouveau service au ministère de la Guerre économique que dirige le travailliste Hugh Dalton. Mais n'exagérons quand même pas cette concession : le directeur général du SOE, son vrai patron, sera Franck Nelson, un ancien officier de cavalerie, ex-député conservateur et ancienne cheville ouvrière de l'organisation « Z » d'« Uncle Claude » ! Dansey qui, dès mai 1941, se voit officiellement chargé de la liaison entre le MI 6 et le SOE, poste charnière dont il se servira au profit du premier et aux dépens du second.

Nelson, lui, quittera son poste un an plus tard, en mai 1942. Ancien banquier d'affaires que l'on suppose peu porté vers la gauche, son adjoint Charles Hambro prendra alors sa suite. Et, quand Hambro cessera à son tour ses fonctions en septembre 1943, ce sera pour laisser la place à son propre adjoint, un artilleur spécialiste de la contre-insurrection en Irlande et en Inde, le général Collin Gubbins, surnommé « la Mule écossaise » pour des raisons que l'on imagine et qui ne tiennent sûrement pas à sa souplesse de caractère.

A cette date, le ministère de la Guerre économique sera passé sous la direction d'un ami personnel de Churchill, le très conservateur Roundell Palmer, comte de Selborne, qui l'appelle « Winston » tandis que le Premier ministre le nomme « Top ».

Retour à la normale en somme. Reste qu'en s'assurant la reconnaissance officielle des chefs d'Etat ou de gouvernement des pays occupés repliés à Londres, comme la reine Wilhelmine des Pays-Bas, le roi Haakon de Norvège, Pierre de Yougoslavie, Georges de Grèce, le Premier ministre belge Hubert Pierlot, le Tchèque Edvard Beneš ou le Polonais Sikorski, le SOE, basé 64 Baker Street, a marqué d'emblée de sérieux points. Pour se heurter toutefois au rocher de Gaulle, qui rejette ce qu'il considère comme une nouvelle tentative de mainmise anglaise sur la France libre.

Une nouvelle source de difficultés pour les dirigeants du service Action, dont la branche française, la Section F, est dirigée par un ancien cadre du constructeur automobile Ford dans l'Hexagone, Maurice Buckmaster, que tout le monde surnomme « Buck »…

« *Whe Shall Fight in the Streets* »

C'est le titre d'un manuel de guérilla publié en 1941 par le MI(R), le département Action du renseignement militaire du colonel John Holland, et que Baker Street va diffuser à l'usage de ses opérateurs.

Preuve de l'adaptabilité des Britanniques, ce texte, dû à la plume du capitaine Cuthbert, s'inspire des enseignements de Michael Collins, qui, chef de l'Irish Republican Army pendant la guerre d'indépendance et autodidacte du renseignement doué à l'extrême, porta, comme on le sait, des coups meurtriers aux services secrets de Sa Majesté.

Inventeur des formes modernes de la guérilla tombé le 22 août 1922 dans la lutte fratricide entre Irlandais qui suivit la fin de leur guerre commune contre les forces de la Couronne, Collins impressionnait jusqu'à ses pires adversaires britanniques de l'époque, comme le colonel Holland ou le général Gubbins. Lesquels devaient donc puiser, mais sans le dire, dans son héritage pour lutter contre le nazisme.

Mélange de guérilla rurale et de guérilla urbaine, l'expérience irlandaise est en effet riche d'enseignements. En foi de quoi, le SOE se propose de créer des réseaux Action aux quatre coins de l'Europe. Encadrés par des officiers britanniques et quelques leaders autochtones triés sur le volet londonien, leurs membres seront recrutés parmi les mouvements de résistance du cru.

Leurs tâches, variables selon chaque contexte national : subvertir les organismes officiels des pays occupés, paralyser les transports, saboter les usines et autres installations à caractère stratégique, détruire les dépôts d'armes et de carburant, mener des coups de main audacieux, des raids, exfiltrer vers l'Angleterre les équipages alliés abattus par la Flak ou la chasse nazie. Bref, contrarier à tout moment la machine de guerre ennemie et, si possible, l'affronter les armes à la main en organisant les maquis locaux.

Un programme ambitieux qui implique de sérieux risques. Et, de fait, les équipes constituées et entraînées en Grande-Bretagne (plus tard au Canada, en Inde et à Ceylan) sont larguées dans les pays occupés d'Europe par parachutages, atterrissages nocturnes ou opérations maritimes. Le tout sous l'étroit contrôle de Broadway Buildings, prépondérant dans ces trois secteurs, même si le SOE parviendra à gagner un peu d'autonomie au fur et à mesure de la prolongation du conflit, quatre escadrilles spécialisées de la RAF lui étant affectées.

Pendant toute la durée de la guerre, ces « Pilotes de la lune » (leur surnom, du fait qu'ils ne pouvaient opérer que dans certaines circonstances météo favorables, d'où quantité d'ordres et de contrordres très difficiles à vivre pour les agents sur le terrain) devaient effectuer 329 opérations de ce type rien que pour la France, dont 224 réussies.

Ciel et mer

Comme en 1914-1918, les opérations aériennes demeurent un travail quasi professionnel, à cette différence près que les atterrissages s'effectuent de nuit, compte tenu des capacités d'interception de la chasse allemande.

Repérés par la Résistance en coordination avec les escadrilles spécialisées de la RAF qui les survolent et les photographient avant de donner leur feu vert, les lieux d'atterrissage doivent être distants de plusieurs kilomètres des Allemands ou de leurs auxiliaires autochtones (en France, à partir de 1943, la Milice). Et, mieux, éloignés de toute habitation non sympathisante où les bruits de moteur nocturnes ne manqueraient pas d'attirer l'attention.

Pour les hommes et les femmes de la Résistance, cela veut dire des heures à noter avec soin la nature du sol : prairie, terrain labouré, terrain hersé, terrain ensemencé, hauteur de l'herbe, densité des cailloux. D'autres à enregistrer le type de cultures qu'on y pratique d'ordinaire : blé, orge, avoine, luzerne, betterave, seigle, trèfle. Les terrains doivent être impérativement plats, unis, durs à l'extrême, suffisamment longs pour supporter le bimoteur Lockheed Hudson, un bombardier léger capable d'emporter dix personnes assises à même son plancher, dos appuyé aux structures métalliques du fuselage.

Ce « pullman » des opérations aériennes clandestines nécessite tout de même un rectangle de 1,5 kilomètre sur 800 mètres.

Souvent, on doit se contenter de son petit frère le Lysander, un monomoteur de reconnaissance et de sauvetage en mer, merveille de maniabilité que la Royal Air Force a modifiée pour l'occasion.

Deux voire trois ou quatre résistants peuvent y loger sans le moindre confort dans l'arrière de l'habitacle, à la place d'un mitrailleur inutile dans ces opérations d'atterrissage et de décollage nocturnes, plus proches de la partie de poker que du combat aérien codifié et normalisé. Quant aux pilotes, triés sur le volet, ce sont des as dotés, au surplus, de nerfs d'acier.

Une qualité qu'exigent tout autant les opérations maritimes, dont le MI 6 s'est assuré l'exclusivité dans la Manche et l'Atlantique, le SOE ne parvenant à en monter qu'en Méditerranée avec ses deux « felouques », des bateaux inconfortables d'une vingtaine de tonneaux manœuvrés par des équipages polonais fournis, comme les embarcations elles-mêmes, par le général Sikorski.

Dans ce secteur sud, Broadway Buildings conserve la main sur les échanges sous-marins, au *modus operandi* plus simple à exposer qu'à mettre en œuvre : un submersible fait surface à un endroit convenu près de la côte puis met à l'eau un youyou. La petite embarcation vient débarquer les agents et récupérer d'autres personnes convoyées sur place par les réseaux de résistance.

Parfois, ce sont les locaux qui fournissent cette embarcation de transit, barque de pêche en général, comme en novembre 1942 au Lavandou, dans le Var, quelques jours avant le débarquement allié en Afrique du Nord, quand le SR Alliance, un réseau de renseignements français lié au MI 6, exfiltre à bord d'un submersible anglais le général Henri Giraud, évadé d'Allemagne en avril et désireux de reprendre le combat dès que possible. Giraud, le lecteur s'en souvient, n'était que capitaine quand, une première fois en cavale, il fut exfiltré de Belgique par le réseau d'Edith Cavell. Un récidiviste de l'évasion qui va bientôt poser de sérieux problèmes au général de Gaulle.

Dans la Manche et la mer du Nord, des chalutiers à moteurs renforcés comme le *N-51* du Britannique Steven Mackenzie et du Breton Daniel Lomenech opèrent au service du MI 6 dans le cadre de petites escadres dédiées qu'actionne le Commander Franck Slocum, patron de la Section O.

Des bateaux de liaison rapides spécialement conçus seront bientôt construits, comme l'*Angèle rouge*, œuvre des chantiers

Groves & Gutteride de Cowes à l'usage de la Confrérie Notre-Dame du colonel Rémy. Un exemple – nous y reviendrons – de coopération entre le Bureau central de renseignement et d'action, le service secret du général de Gaulle, et le MI 6, très friand des informations de ce réseau, un des plus importants de la France libre avec ses 1 354 membres homologués, très présent dans les zones portuaires.

Réseaux d'ombres

Dans toute l'Europe occupée, les réseaux du MI 6 et du SOE se chevauchent, se contrariant parfois mutuellement. L'inimitié entre les deux services s'accroît à cette aune. Indépendants les uns des autres, trois facteurs donnent à la France sous la botte allemande une place très particulière en regard de cet affrontement anglo-anglais.

Le premier de ces facteurs s'appelle Charles de Gaulle. Le général veut éviter à tout prix que le renseignement de la France libre se subordonne à ses homologues britanniques. A ses yeux, l'objectif de souveraineté demeure en effet essentiel – ou, plus exactement, *l'essentiel*. Or de Gaulle est bien conscient qu'un tel objectif ne saurait être atteint que par l'indépendance, ou tout au moins une forte autonomie française libre en matière de renseignement. Ainsi s'oppose-t-il de manière résolue aux ingérences jumelles de Broadway Buildings et de Baker Street.

Dès juillet 1940, le service secret français libre, d'abord baptisé conventionnellement 2e Bureau et confié à un jeune polytechnicien et professeur de fortifications à l'Ecole spéciale militaire de Saint-Cyr, le capitaine André Dewavrin alias « Passy », s'efforce d'acquérir cette marge de manœuvre par rapport à l'envahissant allié britannique.

Hormis quelques erreurs de débutant*, Passy s'avère compétent, même s'il subit parfois l'influence du Commander Kenneth Cohen alias « Crane », ancien de l'organisation « Z » devenu le bras droit de Dansey au MI 6 et son spécialiste des affaires françaises.

Rebaptisé Bureau de renseignement et d'action militaire (BCRAM) en janvier 1942, le 2e Bureau français libre simpli-

---

* *Cf.* l'affaire Howard, chapitre 11, p. 295.

fiera son nom dès l'été de la même année en Bureau central de renseignement et d'action, le BCRA, basé 10, Duke Street.

C'est – deuxième des trois facteurs évoqués plus haut – un service de renseignements hors normes dont les tâches relèvent tout autant du politique que de l'espionnage, voire plus. Composé pour la majeure partie de volontaires issus de la société civile, personnel sédentaire en poste à Londres comme agents en mission sur le terrain ou membres des réseaux de la Résistance, c'est à ce parfait novice dans le domaine du renseignement qu'il incombe d'assurer le contact entre Duke Street et ceux qui, en France même, tiennent tête à la machine de guerre nazie avec les moyens du bord.

Son caractère politique se renforcera fin avril 1942, avec l'arrivée à Londres de l'ancien militant et journaliste socialiste Pierre Brossolette. Membre à la fois du réseau BCRA Confrérie Notre-Dame du colonel Rémy, l'agent de renseignements numéro 1 de la France libre, et de l'Organisation civile et militaire (OCM), le plus important mouvement de résistance de la zone occupée, Brossolette pense que l'avenir du pays libéré passe par la création d'une vaste formation gaulliste.

Esprit brillant quoique caustique à l'excès, ce normalien au rare courage physique (de peur de parler sous la torture, il se jettera en février 1944 par la fenêtre de l'immeuble du SD au 82-84, avenue Foch à Paris) ne tarde pas à faire la conquête intellectuelle de Passy, lequel confiera à l'auteur le 16 février 1988, peu avant sa mort, n'avoir connu « que deux hommes qui savaient ce qu'est l'Histoire, de Gaulle et Brossolette ».

Le même Brossolette qu'il fera numéro 2 du service à la place d'André Manuel, assez amer de cette éviction, et dont l'activité multiforme viendra contrarier en 1943 celle de Jean Moulin, délégué personnel du général de Gaulle en France occupée. Autant dire que les contradictions entre MI 6 et SOE n'ont d'égales que les contradictions au sein même du mouvement gaulliste.

Irremplaçable BCRA

Le troisième facteur qui va rendre le BCRA incontournable pour les Alliés est leur décision de débarquer en France. Dès lors que celle-ci est arrêtée par les états-majors anglais et américain, ces derniers ont besoin, sauf à risquer une catastrophe militaire, de renseignements fiables en provenance de l'Hexagone. Ces renseignements-là, le service secret gaulliste est bien placé pour les obtenir, le chef de la France libre symbolisant pour beaucoup la raison d'être de la Résistance.

C'est en effet sous le signe de la croix de Lorraine que de nombreux Français se mobiliseront, même s'il faut prendre garde à ne pas résumer l'action de la Résistance au seul ralliement au général. Ses grands mouvements – Combat, Franc-Tireur, Libération, l'OCM, Libé-Nord, Ceux de la libération, Défense de la France, l'Organisation de résistance de l'armée – se sont créés en pleine indépendance par rapport à Londres, tandis que les partisans du général Giraud, même ralliés par la suite, furent à la fois nombreux et actifs dans le combat clandestin, y compris, nous le verrons, en termes de renseignement.

Quant aux communistes, le moins que l'on puisse dire, c'est qu'ils firent bande à part au contact des réseaux soviétiques et disposant eux-mêmes de leur propre service secret, le Service B, dont Roger Faligot et l'auteur devaient révéler l'existence et les arcanes en 1985 seulement, après quarante ans de silence du PCF*. Il était dirigé par l'ingénieur chimiste Georges Beyer, assisté du professeur de philosophie Marcel Hamon, futur député communiste des Côtes-du-Nord, lui-même épaulé par un adjoint, Victor Gragnon, préparateur en pharmacie de son métier.

Dans la Résistance, en bref, tout le monde était gaulliste, mais certains beaucoup moins que d'autres. En quatre ans de guerre, le BCRA dut donc batailler pied à pied pour établir sa suprématie dans le domaine du renseignement.

Batailler contre les giraudistes qui mobilisaient, en France même puis après l'invasion de la zone non occupée à Alger, les professionnels de l'ancien SR bientôt regroupés dans la Direction des services de renseignements et de sécurité militaire (DSR-SM). Excellente dans le contre-espionnage, à l'image des officiers de carrière Georges Ronin, André Bonnafous et de son meilleur spécialiste, Paul Paillole, saint-cyrien pupille de la Nation, cette structure dépendait de l'état-major, domaine de responsabilité partagée de De

* Roger Faligot, Rémi Kauffer, *Service B, le réseau d'espionnage le plus secret de la Seconde Guerre mondiale*, Paris, Fayard, 1985.

Gaulle et de Giraud, coprésidents du Comité français de libération nationale, jusqu'à la mise sur la touche définitive de Giraud début 1944 à l'issue d'un bras de fer de six mois entre les deux généraux.

Un compromis intervient le 27 novembre 1943 avec la naissance de la Direction générale des services spéciaux, la DGSS, confiée à un ancien honorable correspondant du SR d'avant guerre au Mexique devenu gaulliste historique, l'ethnologue Jacques Soustelle. Celui-ci prend ses quartiers à Alger, tandis que Passy, directeur technique des services spéciaux beaucoup plus mal vu des giraudistes, va conserver la direction de la section de Londres du BCRA, le BCRAL.

Equipe restreinte au départ, le BCRA s'était doté dès août 1942 d'une aile non militaire (NM) qui sera confiée au polytechnicien socialiste Louis Vallon. De fortes personnalités viendront renforcer le groupe dirigeant de ce service très spécial, comme l'ancien cagoulard Maurice Duclos, l'ingénieur textile François Thierry Mieg, l'avocat Brunot Larat, le sous-préfet Fred Scamaroni, l'ingénieur des Mines et gendre du fondateur des usines Citroën Jacques Bingen, l'artiste-peintre Tony Mella (Section R pour « Renseignements »), Raymond Lagier, directeur de la succursale londonienne d'une tannerie (service Action), l'ancien élève de l'X André Pélabon (Section Afrique du Nord), le producteur de cinéma Rémy (réseau Confrérie Notre-Dame) ou encore le jeune Stéphane Hessel, connu beaucoup plus tard du grand public pour son petit livre *Indignez-vous !*.

Autre particularité à noter : la plupart de ces hommes, à l'exception de Mella, Pélabon et Lagier, mettront un point d'honneur à effectuer de périlleuses missions en France occupée, manière de montrer qu'ils ne s'abstraient pas du danger commun à leurs agents sur place. Larat, Scamaroni, Bingen, Hessel et, nous le savons, Brossolette vont d'ailleurs payer dans leur chair et parfois de leur vie le prix de cet engagement d'honneur auquel Passy souscrira également, attitude peu courante chez un patron de service de renseignements détenteur de lourds secrets. Comme les autres, le patron du BCRA disposait d'une capsule de poison, mais l'aurait-il avalée en cas de capture ? Nul ne peut le dire.

La mission principale du BCRAL prend fin à l'été 1944, après qu'il a préparé, en coopération avec ses homologues anglais et américain, nous y reviendrons, les forces spéciales de la Libération et installé les deux délégués militaires de zone (Anselme Rondenay au nord et Louis Mangin au sud) et une série de délégués militaires régionaux chargés de coordonner autant que possible les opérations des maquis des Forces françaises libres, les FFI.

Comme celle du général de Gaulle, son action a joué à la fois *avec* et *contre* les Alliés.

Face aux services alliés

Ni liaisons radio propres ni liaisons aériennes ou maritimes : le BCRA ne dispose pas de moyens de communication autonomes. Il se voit donc contraint de passer sous les fourches Caudines du MI 6. S'ensuit une forme de coopération conflictuelle à fleurets mouchetés, chacun des partenaires ayant besoin de l'autre.

Importants en quantité et en qualité, les renseignements fournis par les réseaux affiliés au BCRA constituent dès lors une sorte de monnaie d'échange, de Gaulle s'appuyant sur eux pour maintenir l'autonomie politique de la France libre, Etat embryonnaire et non simple Légion étrangère au service de la Grande-Bretagne comme Broadway Buildings l'aurait aimé.

A ce titre, Passy est autorisé à une politique de donnant-donnant avec Kenneth Cohen et le MI 6. Par contraste, les contacts avec Maurice Buckmaster et la Section F du SOE vont s'avérer plus rugueux, le service Action britannique offrant au service secret de la France libre peu de contreparties, compte tenu de sa propre semi-dépendance envers Broadway Buildings côté liaisons.

Une attitude gaulliste intransigeante qui, s'ajoutant à l'obligation mentionnée plus haut d'un travail commun avec Dansey et Cohen, nourrira chez Buckmaster et les siens le fantasme d'une alliance anti-SOE entre le MI 6 et le BCRA et conduira, après guerre, les services officiels français à minimiser les services rendus à la Résistance par les agents français des « réseaux Buck », traités avec méfiance par l'administration : moins de médailles, moins de titres homologués, moins de grades.

C'était méconnaître, comme de Gaulle l'avait d'ailleurs fait pendant toute la durée de la guerre, les conditions réelles de la clandestinité, où l'on ne « choisissait » pas d'entrer dans tel mouvement, dans tel réseau, dans telle filière, l'engagement patriotique se faisant avant tout au hasard des voisinages et des rencontres.

Quelques royalistes ou gens d'extrême droite se retrouvèrent ainsi dans les rangs des Francs-tireurs et partisans, les FTP, émanation du PCF, et des communistes bon teint dans la plupart des mouvements non marxistes, s'y livrant souvent à un noyautage en règle il est vrai. De même qu'on n'adhérait pas forcément à l'Organisation de résistance de l'armée, d'obédience giraudiste, parce que fier partisan de Giraud mais parce que officier d'active, de réserve, parent ou ami d'officier. Dans le Cantal, ne vit-on d'ailleurs pas des anarchistes espagnols de la Confederación Nacional del Trabajo mener le combat antinazi sous le label « Organisation de résistance de l'armée » ?

Reste que, après la Libération, un passé SOE, MI 6 ou giraudiste était moins bien vu des officiels que l'appartenance à un réseau estampillé BCRA. On notera d'ailleurs que Paul Paillole, plus « Giraud » que « de Gaulle » en effet, devait quitter les services secrets après la Libération puis fonder en 1953 l'Amicale des anciens des services spéciaux de la Défense nationale, toujours active de nos jours.

Mission « Anthropoid »

Autre pomme de discorde entre la France libre et le SOE : de Gaulle n'apprécie qu'à demi les opérations musclées signées Baker Street. En l'absence de perspectives militaires alliées à court terme, il les juge prématurées et dangereuses pour la population française, exposée de leur fait aux représailles nazies.

Une tragédie vient étayer cette crainte : la mission « Anthropoid ». Conçue à l'automne 1941 par la section tchèque du SOE et les services secrets du colonel Moravec en exil à Londres, elle vise une pièce essentielle du dispositif nazi : Reinhard Heydrich, le fondateur du SD, qui cumule ses fonctions anciennes de chef du RSHA et celles, nouvelles, de gouverneur de Bohême-Moravie.

Dans la nuit du 28 décembre, date de début de la mission, deux résistants tchèques, Jozef Gabčik et Jan Kubiš, décollent d'Angleterre pour leur pays natal. Le 27 mai 1942, dans un faubourg de Prague, ces anciens de la Légion étrangère française lancent une grenade Mills sur la Mercedes décapotable de Heydrich, qu'ils blessent grièvement.

Le maître d'œuvre de la conférence de Wannsee du 20 janvier 1942, pas décisif vers l'extermination des juifs, meurt le 4 juin. Pour le IIIe Reich, le coup est terrible. Doté d'une intelligence pratique bien supérieure à celle de son chef hiérarchique, Heinrich Himmler, le SS-Obergruppenführer Heydrich n'était pas seulement un bourreau, mais aussi, peut-être, l'homme qui pouvait prolonger l'existence du régime nazi.

A ce titre, l'attentat de Prague constituera donc l'action de guerre la plus efficace du SOE. La plus coûteuse en vies humaines aussi, et c'est ici que le bât blesse. On ne parle pas de la vie de Heydrich ni même de celle de Gabčik et Kubiš qui, trahis pour de l'argent par un autre membre de la mission « Anthropoid », Karel Čurda, se suicideront le 18 juin plutôt que de se rendre, mais de celle du millier de leurs compatriotes civils des villages de Lidice puis de Ležáky assassinés ou déportés en guise de représailles par des hitlériens encore plus fous furieux que d'habitude.

A Baker Street, la joie fait place à l'horreur, et l'horreur aux interrogations : sous peine de condamner à mort les populations civiles amies, l'action clandestine visant un régime totalitaire ne doit-elle pas s'autolimiter ? Au MI 6, où il est toujours de bon ton de snober le SOE, on se déclare moins surpris de la catastrophe humanitaire tchèque, arguant qu'à présent il faut remiser dans les placards tout projet d'action homicide contre Hitler, comme Broadway Buildings l'a d'ailleurs fait à plusieurs reprises auparavant.

Sans le savoir, Stewart Menzies et ses hommes marchent ainsi sur les traces… d'Edouard Daladier. Alors ministre de la Guerre du gouvernement de Front populaire, le leader du parti radical avait rejeté un projet présenté à l'été 1937 par le commandant Paillole au nom du SR : faire abattre Hitler au fusil à lunettes par un Français de Berlin condamné par la maladie et prêt à tenter le coup avant de se suicider. Il est vrai qu'en l'occurrence ce n'étaient pas tant des représailles nazies contre les populations civiles que Daladier craignait que des attentats de riposte visant le personnel politique français. D'où sa réponse indignée : « On n'assassine pas le chef d'Etat d'un pays voisin. » En 1937 pourtant, Hitler avait déjà largement fait preuve de sa nocivité et de son fanatisme excédant de très loin les mœurs du personnel politique traditionnel.

Reste que, cinq ans plus tard, le double crime de Lidice et de Ležáky va achever de convaincre le général de Gaulle du caractère dangereux d'opérations clandestines très prématurées à ses yeux. Si les Allemands ne voulaient pas risquer d'être abattus par la Résistance, ils auraient certes dû s'abstenir d'envahir la France, lance-t-il sur les ondes de la BBC. Mais dans la guerre, même secrète, il faut de l'ordre et de la discipline, cette discipline que le PCF ne respecte pas.

Le chef de la France libre sait en effet que passée la période où, fidèles à Moscou, ils jouaient le jeu du pacte Hitler-Staline, les communistes se livrent désormais à des attentats individuels contre les militaires allemands isolés, qui ont pour conséquence l'exécution massive d'otages. Nombre de ces malheureuses victimes appartiennent d'ailleurs au PCF, mais, comme le dira Georges Beaufils, un des responsables de l'appareil clandestin du parti, au colonel Rémy, le patron du réseau Confrérie Notre-Dame, c'est tout bénéfice car, pour un camarade fusillé, les Francs-tireurs et partisans recrutent dix ou vingt nouveaux membres. Une logique que récuse Rémy, fervent chrétien, tout autant que de Gaulle lui-même.

Et pour cause : rien n'est plus étranger à la logique de la France libre qu'un cycle provocation-répression-mobilisation visant à exposer les populations civiles. Elle lui préfère le travail opiniâtre d'une petite armée de volontaires de la guerre secrète.

Cinquante-cinq mille agents secrets

On l'a déjà dit : la décision alliée de débarquer en France va faire de notre pays le haut lieu de la guerre secrète sur le théâtre d'opérations européen. Ce sont d'ailleurs les réseaux de renseignements présents sur le sol national qui vont offrir au général de Gaulle les cartes dont il a besoin pour jouer son jeu compliqué face aux Britanniques puis aux Américains.

Sur ce plan et sur ce plan seul, le BCRA distance en effet les deux frères ennemis anglais SOE et MI 6. Les résistants français préférant de toute évidence œuvrer à leur propre libération dans un réseau contrôlé par des compatriotes et non par un service étranger, la centrale du colonel Passy se taille en conséquence la part du lion.

Deux cents réseaux de renseignements ou filières d'évasion, petits en général, ne seront pas homologués officiellement après guerre pour diverses raisons administratives ou autres. Parce que sous-réseaux d'un réseau déjà reconnu par exemple, ou faute d'éléments matériels précis récapitulant leur action, ce qui ne signifie d'ailleurs pas que celle-ci n'ait jamais eu lieu.

Mais, en additionnant les effectifs de la soixantaine de réseaux bel et bien homologués sous le label BCRA, dont de grosses structures comme la Confrérie Notre-Dame (colonel Rémy), Brutus (Pierre Fourcaud, futur directeur adjoint des services français de l'après-guerre, le SDECE), Marco Polo (Pierre Sonneville puis Paul Guivante), Ajax (Achille Peretti, futur maire de Neuilly-sur-Seine) ou Cohors-Asturies (le philosophe Jean Cavaillès, exécuté par les nazis en février 1944), on atteint les 35 000 agents, chiffre respectable dans les conditions dangereuses de la clandestinité.

Des hommes et des femmes qui ont servi soit à titre d'agent renseignant de temps à autre la Résistance (PO pour « P occasionnel »), soit d'agent permanent mais continuant à vivre de son activité professionnelle (P 1), soit à titre, forcément plus rare, de clandestin intégral (P 2).

On y ajoutera bien entendu les effectifs des réseaux estampillés MI 6, SOE, et plus tard ceux des réseaux de l'Office of Strategic Services, le service américain du temps de la guerre mondiale*. Les 13 réseaux officiellement reliés au MI 6 totalisent ainsi plus de 5 000 agents homologués, dont 1 067 pour Jade Amicol, créé le 1er octobre 1940 par Claude Arnould, et 671 pour Jade, fondé en janvier 1941 par Claude Lamirault.

Pour apprécier ce chiffre plus modeste, sachons qu'il ne comprend pas les agents des réseaux passés en cours de guerre du label MI 6 au label BCRA, comme le SR Kléber (1 927 homologations, dont celles de l'ancien patron du SR, Louis Rivet, et de Gustave Bertrand, très impliqué, nous l'avons vu, dans le déchiffrement d'Enigma), Alliance (2 405 membres), Mithridate (1 641 membres) ou encore Gilbert-Sosie (237 membres). Les effectifs de ces derniers réseaux sont déjà inclus dans notre total BCRA de 35 000 agents, prenons garde à ne pas les additionner deux fois.

---

* *Cf.* chapitre 14, p. 383 et suiv.

Les 35 réseaux SOE homologués à titre officiel par la France sur un total de 75 recensés par Baker Street totaliseront quelque 13 500 agents. Quant aux 11 réseaux américains de l'OSS, plus tardifs et moins fournis, ils ne rassembleront, toujours à titre officiel, qu'un peu moins de 1 300 agents. Un chiffre assez bas qu'explique sans doute l'hostilité de principe de De Gaulle envers leurs membres. Le Général admettait – et encore, à contrecœur – qu'on ait pu se trouver contraint de travailler sous l'Occupation avec les Britanniques, comme le feront certains de ses plus ardents fidèles d'après-guerre, à commencer par Marie-Madeleine Fourcade ; mais avec les Américains, ça, jamais !

Reste qu'on peut évaluer à quelque 55 000 le personnel total des réseaux reconnus officiellement, sachant que nombre de ces agents secrets participaient simultanément à des mouvements « généralistes » plus larges, voire à un ou deux autres réseaux. Appliquant les consignes du BCRA, les grands mouvements avaient d'ailleurs impulsé leurs propres structures de renseignement plus ou moins séparées des autres. Et, pour dire la vérité, plutôt moins, un cloisonnement aussi rigoureux relevant en général de la gageure…

Rapporté en tout cas aux 262 730 cartes de combattants volontaires de la Résistance attribuées en 2008 et aux 184 000 rejetées par l'administration des Anciens combattants à la même date, le chiffre de 55 000 agents secrets grands ou petits n'a rien de ridicule, même s'il ne s'applique pas toujours à des réseaux spécialisés dans le seul renseignement (les filières d'évasion, par exemple).

Agents secrets et, bien souvent, agentes secrètes…

La guerre des femmes

Tout de suite, dans l'après-guerre, s'est posé un problème dramatique, celui des femmes de résistants. Elles avaient aidé leurs maris, participé au travail des réseaux, pris des risques au même titre que les hommes. Mais rien n'était prévu pour elles, aucune loi, aucun statut. A l'époque, bien sûr, rares étaient les femmes qui travaillaient à l'extérieur. C'était le rôle du mari. Mais celles-ci étaient veuves, privées le plus souvent de moyens d'existence.

Voilà ce qu'expliquait Marie-Madeleine Fourcade à l'auteur en février 1988.

Sous les pseudonymes de « Hérisson » puis « Cobaye », cette résistante de choc et plus tard gaulliste de choc fut, entre juillet 1941 et juin 1942, la seule femme dirigeante d'un grand réseau de renseignements en Europe occupée. Et quel réseau ! Fondé par Marie-Madeleine (alors Méric) et Georges Loustaunau-Lacau, père avant guerre des réseaux Corvignolles, la « Cagoule militaire », le SR Alliance que nous venons de voir exfiltrer le général Giraud fut, avec ses sous-réseaux – Alliés, Briard, Druides, Pantherie, Patrouille Ile-de-France, Stade, Verger et Sibiril –, une source d'informations irremplaçable.

Forte de 2405 membres dont 438 mort(e)s au combat, le plus souvent dans les camps nazis, l'Alliance opéra d'abord pour le compte du MI 6, puis à partir de février-mars 1944 pour le BCRA gaulliste. Quarante ans plus tard, Marie-Madeleine devait même me révéler, et m'autoriser à écrire, que pendant toute la guerre froide elle continua à fournir des renseignements sur le PCF à son officier traitant des années 1941-1944, le Commander Kenneth Cohen alias « Crane », adjoint direct de Dansey pour la France. Une preuve supplémentaire que les liens nés de la lutte clandestine commune peuvent persister très longtemps, fût-ce dans un autre cadre.

La Résistance, il est vrai, ne fut jamais affaire ordinaire. Que l'Alliance ait mobilisé beaucoup d'éléments féminins étonnera ceux qui ne voient la Résistance qu'au travers les noms des chefs reconnus, des hommes en général. Trente-cinq héroïnes de ce service de renseignements clandestin mourront pour la France, à l'image d'Augustine Pezard, agricultrice disparue dans l'enfer du camp de Ravensbrück comme sa compagne de déportation Hélène Regnier, patronne boulangère ; de Gabrielle Halbart, sans profession, morte des suites de tortures, ou de Lucie Dutech, négociante, décédée, elle, au camp de Bergen-Belsen*.

Encore ces disparues et leurs compagnes survivantes ont-elles été officialisées comme membres à part entière du réseau. Mais,

* Pour le portrait des martyrs du réseau, *cf.* le *Mémorial de l'Alliance*, document à la fois bouleversant et très exhaustif établi par M.-M. Fourcade et les survivants, Imprimerie Durassié et Cie, Paris-Malakoff, juin 1948, archives de l'auteur.

comme me l'a fait remarquer Marie-Madeleine, cette meneuse d'hommes au cœur généreux, beaucoup de femmes n'ont sollicité aucun titre de résistance auquel elles auraient eu largement droit, persuadées d'avoir simplement « aidé » leurs maris, leurs fiancés, leurs pères ou leurs frères. Or, en matière de renseignement, leur rôle se trouvait démultiplié à cette époque du fait qu'elles disposaient de plus grandes facilités pour se déplacer que leurs camarades masculins. Dans les zones côtières interdites, les ports, les gares, les aérodromes et autres lieux stratégiques par exemple, les Allemands, les jugeant moins dangereuses, les contrôlaient en effet moins durement. Ainsi marchaient-elles sur les traces de leurs devancières de la Première Guerre mondiale.

Avec des risques accrus : jamais les soldats et les policiers du Kaiser n'avaient usé aussi systématiquement de la torture que le SD, l'Abwehr (quoi qu'en aient prétendu par la suite ses chefs rescapés) ou la Geheime Feldpolizei. Quant à leurs camps de prisonnières, aussi durs soient-ils, on ne saurait les comparer au « Garage », la section féminine du camp de Schirmeck où souffrirent Edith Augustin, Marie Tillet, Suzanne Cardineau, Marguerite Brouillet et leurs amies de l'Alliance ; à l'enfer concentrationnaire de Ravensbrück que connurent les deux jeunes sœurs du colonel Rémy et leurs camarades au sein de la Confrérie Notre-Dame, Maisie et Isabelle Renault ; ou encore au Struthof, où furent exécutées par injection létale avant d'être brûlées quasi vives Andrée Borrel, Vera Leight, Sonya Olschanezky et Diana Rowden, non sans avoir subi au préalable des violences indicibles dont le viol répété n'était que le prélude.

Martyres et héroïnes

Françaises ou Britanniques, ces quatre martyres appartenaient, comme trente-cinq autres héroïnes assassinées, à la section française du SOE que Maurice Buckmaster dirigeait donc, assisté de Vera Atkins.

Fille d'un homme d'affaires juif roumain, cette intellectuelle aussi froide qu'élégante se fondait à merveille dans le brouillard londonien. Il semble que Buckmaster lui-même ignorait sa vraie biographie. Ou du moins certains détails, comme sa liaison au début des années 1930 avec le comte Friedrich Werner von der Schulenburg, alors ambassadeur d'Allemagne à Bucarest.

Posté par la suite à Moscou, ce même diplomate antinazi devait tenter de convaincre, début juin 1941, son homologue à Berlin et bras droit de Beria, Vladimir Dekazonov, que Hitler allait attaquer l'URSS. En vain, comme on sait. Dernière rescapée de la section française du SOE, Noreen Riols estimait en 2013 que « Miss Atkins » aurait pu maintenir le contact entre les services anglais et Schulenburg. Lequel sera exécuté par les SS comme l'amiral Canaris après l'échec du complot de juillet 1944 contre le Führer. Si cette hypothèse se vérifiait un jour, elle jetterait une lueur nouvelle sur l'étrange personnalité de Vera Atkins, détentrice de lourds secrets dans tous les cas.

Broadway Buildings, très machiste, employa relativement peu de femmes, mais Baker Street se montra plus ouvert à cet égard. A partir d'avril 1942 du moins, quand le SOE fut autorisé à infiltrer des éléments féminins derrière les lignes ennemies à concurrence de 10 % d'abord, puis davantage. Des héroïnes comme la princesse américano-indienne Noor-Un-Nisa Inayat Khan ; comme les comtesses anglaise ou polonaise Mary Lindelle et Krystyna Starbek ; la danseuse de ballet d'origine juive ukrainienne Sonya Olschanezky ; l'Irlandaise de Belgique Patricia Maureen O'Sullivan ; la fille d'ouvrier et infirmière Andrée Borrel ; ou la fille de camionneur londonien Violette Szabo, qui rallia le service secret pour venger son mari, un légionnaire de la France libre tué à l'ennemi. Une Américaine aussi, la très cosmopolite Virginia Hall, ancienne infirmière dans l'armée française et, plus tard, une des rares femmes aux postes de responsabilité de la CIA naissante.

Du courage à revendre, en bref, et tant d'existences brisées.

Sur la ligne de front

Seul point commun dans cet inventaire à la Prévert qui traduit la grande diversité de ces agentes : une parfaite connaissance de la langue du pays où elles auront à opérer. Que ce soit au MI 6 ou au SOE, l'exigence est la même : on doit pouvoir passer inaperçue, se fondre dans le paysage.

Dans certains cas, c'est le contraire qui prévaut : être familière à tout le monde garantit une certaine liberté d'action. Prenez Saint-Pol-sur-Ternoise, Pas-de-Calais. Dans cette petite ville de 5 000 âmes, qui irait soupçonner la gracile Jacqueline Héroguelle d'Amiens, seule de sa famille de petite noblesse locale à ne pas avoir fui la Wehrmacht victorieuse ? Et pourtant, cette jeune femme anime un réseau local en liaison avec Broadway Buildings et l'Organisation civile et militaire, le grand mouvement de résistance en zone occupée.

Les cibles : le centre d'écoutes du Forschungsamt du château de Fonts-Viviers (grâce aux informations du réseau il sera détruit le 7 septembre 1943 par un bombardement de la RAF) puis les rampes de lancement de V 1 de Siracourt, braquées sur l'Angleterre et atteintes une première fois à la Noël par les bombes de la RAF avant de subir la bagatelle de 21 attaques aériennes entre janvier et mai 1944.

Capturée et torturée par la Geheime Feldpolizei, enfermée à la prison Saint-Nicaise d'Arras, la jeune femme ne parle pas. Elle aurait pourtant pu en dire long aux gendarmes militaires nazis. Leur livrer par exemple « Gabriel Peyrot », son amant jardinier et codirigeant avec elle du petit réseau. Nul autre que Jean Cremet. L'ancien officier « déserteur » du GRU, semble avoir noué précédemment à Bruxelles les premiers liens du couple avec le MI 6. A croire que l'espionnage mène à tout pour peu qu'on n'en sorte pas...

Jacqueline meurt peu après la Libération. Comme Marcelle Poinsignon (réseau Dominique) ou Marie-Rose Carli (réseau Mabro), elle faisait partie des femmes chefs de réseaux non homologués au titre de la France combattante. D'autres ont été officiellement reconnues comme Gabrielle Martinez-Picabia (réseau Gloria), Alice Gorge (réseau Georges-France) et Denise Lamirault (réseau MI 6 Jade-Fitzroy à la tête duquel elle a succédé fin 1943 à son mari Claude, jusqu'à sa propre arrestation le 22 avril 1944). Ou, en Indochine, Marie-Madeleine Graille, patronne avec son mari Martial du réseau Graille dans un pays où, pour des Français, la seule forme d'action possible contre les Japonais consistait à les espionner.

Notons que, outre leur travail de renseignement, les femmes furent très actives dans la résistance intellectuelle, le noyautage des administrations publiques, les filières d'exfiltration et, plus tard, le soutien matériel aux maquis et la participation directe aux combats.

Dans le domaine artistique aussi, à l'image de la chanteuse et danseuse Joséphine Baker, agente d'origine afro-américaine du SR d'avant-guerre, puis du service secret de la France libre, qui après guerre n'a certes pas volé ses galons d'officier de l'armée de l'air. Introduite dans le circuit clandestin par Jacques Abtey, un officier du SR qui se faisait passer pour son imprésario, la « Vénus d'ébène » remplit avec brio diverses missions au Maroc et en Espagne. Au Portugal, on la vit même (ou, plutôt, on ne la vit pas) convoyer un microfilm dans son soutien-gorge !

D'autres femmes, encore. Le service de renseignements des Francs-tireurs et partisans, le Service B, en comprenait également une forte proportion, à commencer par Germaine Beyer, la femme du chef de réseau, et par Marguerite Duthuit, la fille du peintre Matisse.

Agentes de renseignements, guetteuses, saboteuses, femmes de liaison, opératrices radio, convoyeuses d'équipages aériens à faire sortir du pays, patronnes de sous-réseaux et même, on vient de le voir, de réseaux, toutes avaient en principe leur spécialité. En principe seulement, car la réalité de l'action clandestine les obligeait, comme leurs camarades masculins, à changer de rôle plus souvent qu'à leur tour.

On ne court donc aucun risque à affirmer que, sans elles, les réseaux de renseignements de la Résistance auraient tourné, certes, mais à un moindre rythme.

Brebis galeuses

Chez les collabos, le rôle des femmes fut moins important, sauf en qualité de faire-valoir ou de « repos du guerrier ». Les services français ayant arraché fin juin 1939 à Edouard Daladier, devenu président du Conseil, l'expulsion d'une agente de l'Axe familière des milieux parisiens, la baronne Reissa von Einem, dont le mari fut pendant la Grande Guerre le représentant en Suisse de l'Evidenzbüro autrichien, les vocations d'espionnes allaient se faire plus rares.

Ce qui n'empêchera pas certaines agentes de renseignements collaboratrices de sévir. Citons Annie Mouraille, dite « Annie Morène ». Née en 1913, cette comédienne joue les guetteuses dès juin 1941 quand ses complices de l'extrême droite postcagoularde assassinent Marx Dormoy, l'ancien ministre de l'Intérieur du Front populaire. Elle devient ensuite l'agente de Hans Senner qui, au consulat allemand de Marseille, dirige un réseau de renseignements du SD en direction de la Suisse et de l'Espagne. En 1948, on la retrouve membre des SR franquistes à Lisbonne avant de perdre sa trace.

Nous avons déjà évoqué plus haut la comtesse Magda d'Andurain. Inspiratrice de Pierre Benoit pour sa *Châtelaine du Liban*, elle devient une des égéries de la « Gestapo française », la sinistre bande Bonny-Lafont. Survivant à la guerre, elle n'en connaîtra pas moins une fin tragique en cette même année 1948, poignardée par un de ses amants, son ex-comparse du service secret SS, Hans Abele.

Autre aventurière à particule dont nous avons évoqué la trajectoire quand elle travaillait au sein du réseau GRU de Jean Cremet puis aux Etats-Unis, la baronne Lydia Stahl. Récupérée en juin 1940 à la prison de Fresnes, où elle purgeait une peine de dix ans de réclusion, par un officier de l'Abwehr, le major Borchers, elle change de pavillon et rencontre l'amiral Canaris. Lequel envoie cette espionne expérimentée de cinquante-cinq ans en mission en Roumanie, en Pologne, en Norvège et, semble-t-il, dans la partie de l'URSS occupée par les nazis. Sa trace se perd dans les années 1950 en Amérique du Sud, où elle faisait partie d'une organisation néonazie argentine, la Tacuara.

Le destin de Violette Morris est mieux connu. Fille d'officier née en 1893, cette grande sportive s'est déjà fait un nom avant guerre comme championne de lancer de poids, de disque, de javelot, comme boxeuse, nageuse de water-polo, cycliste et coureuse automobile. Une sportive très complète « tamponnée » par le SD en 1936 lors de la préparation des jeux Olympiques de Berlin – en raison de son homosexualité peut-être. Ses déplacements lui permettent des missions dans plusieurs pays européens : Belgique, Hollande et France même. Auxiliaire du SD dans la répression des mouvements de résistance, elle sera abattue le 26 avril 1944 par les hommes du maquis Surcouf.

Certaines féministes prennent aujourd'hui sa défense, assurant que l'image de Violette aurait été exagérément salie par obsession machiste de s'en prendre à une femme aux mœurs « scandaleuses ». Un argument que l'auteur ne reprend pas à son compte, même s'il connaît l'importance de la phallocratie dans l'appréciation des affaires d'espionnage : quand on n'en fait pas des Marie-couche-toi-là, on transforme trop facilement les femmes agentes de renseignements en idiotes, en sadiques ou en sorcières.

La nouvelle Mata Hari

S'il fallait ainsi une figure de traîtresse et de femme de mœurs trop libres à jeter en pâture, comme Mata Hari pendant la Grande Guerre, Mathilde Carré née Bélard serait là pour l'incarner.

Fille d'un ingénieur née au Creusot en février 1910, passionnée de littérature, cette jeune femme se sépare en 1939 de son mari officier quand celui-ci part rejoindre son poste en Afrique du Nord – il sera tué au combat contre les Allemands en Italie le 30 janvier 1944.

Sur ordre du 2ᵉ Bureau de l'état-major polonais de Londres, le capitaine Roman Czerniawski (alias « Armand ») travaille dès la fin 1940 à la mise en place du réseau Interallié, une importante organisation de renseignement en liaison avec Broadway Buildings. La contribution des Polonais de France à la lutte commune contre le nazisme est en effet résolue et précoce à la fois : réseaux F et F2, PO4 Marine, Famille-Interallié, Appenzeller ou, en Afrique du Nord, Polska Sluba, Wywiadowcza-Afrika.

Dans le même ordre d'idées, la Sûreté de l'Etat belge actionnera elle aussi en France même les réseaux Reims et Zéro-France (filiale française du grand réseau belge Zéro) sous la houlette de son directeur basé à Londres, Fernand Lepage. Les réseaux étrangers dans l'hexagone ne furent donc pas seulement d'obédience britannique ou américaine.

Le jeune officier polonais rencontre Mathilde à Toulouse, la recrute sous le pseudonyme de « la Chatte ». Jamais l'un sans l'autre : ils ont le même âge, ils deviennent amants. Belle histoire romanesque, sauf que, arrêtée en novembre 1941 sur dénonciation de l'ancienne maîtresse de Czerniawski, Renée Borni,

« la Chatte », rebaptisée « Victoire », accepte de collaborer avec l'Abwchr.

Organisateur d'un jeu d'intoxication radio, un *Funckspiel*, l'adjudant Hugo Bleicher, cadre de banque dans le civil et as de la manip' au sein de la Geheime Feldpolizei, pousse la conscience professionnelle jusqu'à devenir l'amant de Mathilde, qui semble en avoir été fort éprise, cette femme instable l'étant, il est vrai, des hommes successifs de sa vie. Ainsi le renseignement militaire allemand commence-t-il à pénétrer Interallié, mais aussi le réseau SOE Autogiro de Pierre de Vomécourt (« Lucas »).

Récupérée par une vedette rapide du SOE sur une plage de Bretagne en compagnie de Vomécourt, « Victoire » joue avec le feu en essayant d'infiltrer Baker Street. Mais, démasquée par le MI 5 et le MI 6 auquel « Lucas » a fait part de ses soupçons, la voilà sous les verrous en juillet 1942.

Extradée à Paris le 1er juin 1945, elle est incarcérée au fort de Charenton, puis à Fresnes. En janvier 1949, son procès devant la cour de justice de la Seine déchaîne les passions. Beaucoup de misogynie bien sûr : ah ! les femmes, toujours prêtes à trahir ! « La veuve Carré rêvait d'être une nouvelle Mata Hari », titre par exemple le quotidien *Libération*, issu du grand mouvement de résistance du même nom fondé par Emmanuel d'Astier de La Vigerie.

Surprise toutefois quand deux vétérans du SR français, dont Léon Simonneau, l'ancien superviseur de la « Source K », viennent dire à la barre que Mathilde travaillait dès l'avant-guerre pour les « services ». Certains s'interrogent : Bleicher, muté de la GFP à l'Abwehr, et son chef hiérarchique, le colonel Oscar Reile, patron de la section III-f (contre-espionnage) en France, tentaient-ils d'ouvrir un canal de liaison avec Londres à travers cette agente double ou triple ? Plausible si les faits s'étaient déroulés en 1944, l'hypothèse ne tient guère dans la mesure où ils remontent à fin 1941-début 1942, date où l'Allemagne pouvait encore gagner la guerre. Mais qu'importe, les imaginations s'enflamment toujours quand il s'agit d'une femme.

Condamnée à mort le 7 janvier 1949, Mathilde Carré voit sa peine commuée en détention à vie dès mai, puis réduite à vingt ans de travaux forcés en août 1952. Elle sera libérée le 7 août 1954 sans que cette étrange affaire, véritable nid de fantasmes, ait vraiment été débrouillée. Et s'est éteinte avec ses secrets en 2007.

14

Services de guerre

Cinquante ans après l'attaque surprise des Japonais à Pearl Harbor, le Centre pour les recherches sur le renseignement de la CIA s'efforça de tirer dans un document synthétique les leçons de cette faillite majeure des services secrets américains, et plus globalement encore de l'appareil d'Etat américain, incapables les uns et l'autre de saisir et l'ampleur de la menace nippone et son imminence.

Rappelons les grandes lignes de ce gigantesque coup de dés, la plus grande opération commando de l'Histoire. L'idée de la destruction sans préavis de la flotte américaine du Pacifique fut conçue dès 1940 par l'amiral Yamamoto Isokoru, au regard de la tension grandissante entre son pays et les Etats-Unis. Lucide, Yamamoto n'accordait au Japon que des chances de succès minimes en cas de conflit avec la puissante Amérique. Un an sur pied de guerre au plus : un potentiel économique réduit qui condamnait selon lui l'empire du Soleil-Levant à une guerre courte.

D'où le projet d'une attaque foudroyante sur Pearl Harbor, première phase d'un « *Blitzkrieg* asiatique » dont la phase suivante serait un débarquement aux Philippines. La chute de Hong Kong, Singapour, la Malaisie, la Birmanie et les Indes néerlandaises (l'Indonésie) aux riches réserves pétrolières s'ensuivrait à bref délai. Si le Japon parvenait alors à mettre en place un système défensif capable de parer la contre-offensive d'une flotte américaine reconstituée, une possibilité existait de décourager les Etats-Unis, lassitude éventuelle débouchant sur des négociations et un partage du Pacifique entre les deux pays.

Beaucoup de « si » dès la première phase de ce plan à l'ambition teintée de désespoir. Contre Pearl Harbor, centre nerveux du dispositif américain dans le Pacifique, Yamamoto mobilisa six porte-avions japonais et une vingtaine d'autres unités navales, dont deux cuirassés lourds, tous astreints à un silence radio total. L'obligation d'échapper à la radiogoniométrie s'imposait en effet car, dans le cas contraire, les opérateurs américains n'auraient pas manqué de pointer l'étonnante progression inexpliquée de cette flotte vers leur grande base navale et aérienne. Les messages émis du Japon parvenaient aux navires, mais sans réponse possible de leur part. Une contrainte opérationnelle pesante qui diminuait de beaucoup la souplesse de l'assaut aéronaval en préparation.

La mission, de surcroît, était difficile à remplir. Pour que le scénario pensé par l'amiral ait quelque chance de devenir réalité, les avions embarqués et les sous-marins de la flotte impériale combinée devaient mettre hors de combat dès ce premier jour de guerre au moins sept cuirassés américains du Pacifique sur neuf, mais aussi, et surtout, au moins trois des quatre porte-avions ennemis sur zone.

Comment ce plan hasardeux, donc facile à déjouer, sous réserve d'une communauté nationale du renseignement perspicace et efficace, a-t-il pu réussir ? C'est toute la question.

Crash bureaucratique

Repérer et interpréter correctement les « signaux faibles », ces signes avant-coureurs d'un événement à venir, c'est pourtant la raison d'être d'un service secret. Encore lui faut-il transmettre les résultats de ce travail au pouvoir politique en temps utile et sous une forme claire. Dégager des axes précis au lieu de livrer une gamme d'hypothèses suffisamment exhaustive pour que l'une d'entre elles se réalise, ce qui permettra de jouer les oracles à peu de frais.

C'est une autre facette des agences de renseignements qui se profile ainsi : la nécessité pour elles de prendre position. L'auteur garde en tête le souvenir de ses conversations avec Alexandre de Marenches. L'ancien directeur général du SDECE, le service de renseignements extérieurs français entre 1970 et 1981, expliquait, la voix teintée d'admiration, comment le président Pompidou lui avait demandé d'être un « véritable ami ». C'est-à-dire de lui annoncer les mauvaises nouvelles, aussi difficiles à digérer soient-elles, et pas les bonnes. Celles-ci, une nuée de courtisans se faisaient déjà un plaisir de les apporter à l'Elysée…

Quiconque ayant connu le comte de Marenches sait que l'admiration envers autrui ne figurait pas au nombre de ses traits dominants. S'il vouait – une fois n'est pas coutume – ce sentiment à Georges Pompidou, c'est pour une raison fort simple. Le président avait saisi mieux que personne l'essence du bon travail de renseignement : aider le chef politique et/ou militaire à prendre ses responsabilités en toute connaissance de cause, et non chercher prioritairement à « couvrir » par tous les moyens la centrale et son chef.

On sait que, dans l'Antiquité, le messager porteur d'informations de nature à déplaire risquait sa vie. L'exemple tragique du général Proskourov évoqué au début du chapitre précédent (p. 335-337) montre que ce constat vaut exactement pour les systèmes totalitaires. Tel n'est pas le cas dans les régimes démocratiques, où la pire sanction pour un patron de service secret pris en « flagrant délit » de perspicacité trop aiguë reste le limogeage.

L'efficacité, hélas ! ne jaillit pas automatiquement de cette modération propre à nos systèmes politiques. Témoin le drame de Pearl Harbor.

Un énorme ratage ! On dit bien « ratage » : histoire de couper court à toute polémique oiseuse, mieux vaut préciser d'emblée que l'auteur tient pour fausses les thèses dites « révisionnistes » aux Etats-Unis. S'appuyant sur quelques faits avérés, mais guère probants, leurs tenants assurent que Roosevelt et les hauts dirigeants américains étaient au courant du projet d'attaque japonaise dans tous ses détails et qu'ils l'auraient délibérément laissé s'accomplir pour plonger de force leur pays dans la guerre.

Depuis le 24 juillet 1941, date à laquelle les Etats-Unis avaient imposé un embargo économique au Japon, pour les livraisons de pétrole notamment, plus le gel des avoirs nippons sur le territoire américain, Washington tenait certes comme inéluctable un conflit armé avec le Soleil-Levant. Mais quand éclaterait-il, et comment ? Pour reprendre les paroles de l'Evangile, on ne savait « ni le jour ni l'heure ».

L'endroit non plus car, s'il avait écarté l'idée d'une attaque contre l'URSS, comme l'attestaient les messages diplomatiques décryptés, l'Empire japonais pouvait porter son effort guerrier initial soit contre les Etats-Unis, soit contre les possessions occidentales d'Asie : Singapour, la Malaisie, la Birmanie et l'Indonésie.

Entre ces deux options, laquelle choisirait-il ? Dans ses câbles diplomatiques, l'ambassadeur américain à Tokyo, Joseph Grew, faisait bien part d'une mise en condition antiaméricaine accrue de l'opinion publique nippone (des dessins animés de Mickey Mouse détournés, par exemple) et de rumeurs évoquant un coup de force. Mais sans éléments plus précis lui non plus.

Ni le jour, ni l'heure, ni le lieu. On connaissait d'autant moins ces trois éléments clés que, émiettée en une quarantaine de services et d'unités, la communauté américaine du renseignement méritait moins que jamais ce nom. Rarement vit-on au contraire plus grave dysfonctionnement par prolifération bureaucratique, et rarement vit-on diffusion plus aberrante des informations disponibles.

Ceux qui auraient dû être tenus au courant des décryptages « Magic » ne l'étaient pas, en particulier l'amiral Husband Kimmel, patron de la flotte américaine du Pacifique, et le commandant des forces terrestres à Hawaï, le lieutenant-général Walter Short. Dans ces conditions, comment ces officiers supérieurs auraient-ils pu prévoir le coup de force en préparation sur Pearl Harbor et prendre les mesures défensives adéquates ?

Nommé le 25 juin 1941 comme responsable d'un embryon de nouvelle agence secrète en tant que coordonnateur du renseignement (*Coordinator of Information*, soit COI), William Donovan aurait dû en bonne logique être destinataire de ces interceptions. Mais pour d'obscures raisons administratives liées à la méfiance de l'armée et de la marine envers ce personnage jugé incontrôlable, on se gardait bien de les lui communiquer. L'avenir verra néanmoins en Donovan un homme parfaitement habilité à recevoir des informations secrètes et à en faire bon usage.

Ceux qui croyaient à la fiabilité absolue de ces décryptages, à commencer par le président démocrate Roosevelt et son secrétaire d'Etat à la guerre Henry Stimson, revenu de ses préventions d'antan contre les interceptions « indignes de gentlemen », ignoraient que, non, elles ne l'étaient pas toujours faute de capacités techniques suffisantes.

Seul le code diplomatique nippon continuait en effet à être lu, celui de la marine, déjà quasi opaque, échappant définitivement au décryptage à la suite de deux changements des indicatifs radio des navires, le 1er novembre puis le 1er décembre.

Des modifications correctement interprétées comme l'annonce d'un conflit prochain, mais sans date précise toujours. On sut aussi que, le 3 décembre, ordre avait été donné aux représentations diplomatiques japonaises sur le sol américain de détruire leurs machines à crypter et leurs livres de code, autre présage inquiétant.

Dès les 24 et 29 septembre, un message radio et un câblogramme échangés entre Tokyo et le secrétaire du consulat général japonais d'Honolulu, l'honorable Morimura Tadashi, montraient que l'Amirauté nippone se faisait pressante pour obtenir du « diplomate » des renseignements précis sur le dispositif américain à Pearl Harbor. Et pour cause, puisque Morimura était en réalité l'enseigne de vaisseau Yoshikawa Takeo, agent du renseignement naval dépêché sur place en mars 1941 par son chef, le capitaine Yamaguchi Bunjiro, aux fins d'intensification de l'espionnage nippon autour de la grande base américaine du Pacifique.

Ces deux messages avaient de quoi mettre la puce à l'oreille, mais il n'est pire sourd que celui qui ne comprend même pas la nécessité d'entendre. Outre les retards apportés à leur déchiffrement, personne ne crut le colonel Rufus Bratton, du G-2, le 2e Bureau de l'armée de terre, taxé d'alarmisme parce qu'il avait vu en eux l'annonce d'un coup de chien en préparation dans la zone. Quelle audace, ce cinq-galons se croyant autorisé à apprendre la stratégie à ses supérieurs hiérarchiques…

Il y a plus aberrant encore. A cette date, le décryptement naval, l'OP-20-G, était fort de 730 personnes, et le Signal Intelligence Service de l'armée de 331, soit un gros millier de personnes impliquées. Sauf qu'un compromis boiteux d'août 1940 attribuait la responsabilité de l'interception et du décryptage des messages diplomatiques japonais les jours impairs à la Navy (capitaine de corvette Alwin Kramer, un japonisant de qualité), et les autres à l'US Army (colonel Bratton). Dans la même veine, la tâche de tenir informés la Maison Blanche et le Département d'Etat des résultats du déchiffrement incombait les mois impairs à Kramer et les autres à Bratton !

Par-dessus le marché, la rencontre du 26 septembre 1941 entre les chefs opérationnels des deux armes, visant à la création d'un comité de coordination entre services de renseignements de l'US Army et de l'US Navy, avait échoué pour de mesquines querelles de préséance baptisées « désaccords de principe ».

Bref, si Franz Kafka en personne avait été chargé de rédiger la charte de la communauté américaine du renseignement, il y a gros à parier que le résultat n'aurait pas été pire.

Un Waterloo du renseignement

A la veille du jour J, les points de faiblesse du dispositif japonais ne manquent pourtant pas. Murés dans leur suffisance et leur racisme antiblanc, les militaires au pouvoir à Tokyo n'ont pas tenu compte des avertissements de leur collègue Yamamoto qui, bon connaisseur des Etats-Unis en sa qualité d'ancien élève de Harvard, les avait prévenus de la capacité de l'opinion publique américaine à encaisser des coups durs, et de celle de l'économie américaine à se redéployer à bref délai en cas de nécessité.

Voilà pour le facteur moral et industriel. A plus courte échéance, les services secrets nippons de Hawaï se sont révélés incapables d'informer le renseignement naval de l'absence des trois porte-avions américains dont Yamamoto jugeait la destruction indispensable, l'*Enterprise*, le *Lexington* et le *Saratoga*. Pour des raisons de service diverses, aucun de ces bâtiments n'était mouillé à Pearl Harbor au moment choisi pour l'attaque, c'est-à-dire le dimanche 7 décembre 1941 à 7 h 30 heure d'Hawaï, soit 13 heures à Washington. Dans ces conditions, comment obtenir le KO espéré ?

Le *timing* de cette attaque sans sommation, contraire aux lois de la guerre, est du reste très serré, et pas seulement du point de vue militaire. Une demi-heure avant le déclenchement de l'opération, Nomura Kichisaburo, l'ambassadeur du Mikado à Washington, devra remettre au Département d'Etat les quatorze points d'un message câblé en code par Tokyo. Faisant mine de s'être conformé au droit international, on présentera ensuite ce document comme une déclaration de guerre en bonne et due forme. Ce qu'il n'est pas : rompre des négociations n'implique en rien le recours immédiat aux armes.

Nous savons que les Américains interceptent, décryptent et traduisent les câbles diplomatiques nippons dans le cadre de l'opération « Magic », menée en l'occurrence par l'équipe d'Alwin Kramer, basée à Washington. Or, dans ce contexte très tendu où la guerre semble proche, le président Roosevelt refuse d'attaquer le premier, pour des raisons politiques compréhensibles puisque son opinion publique demeure très isolationniste.

L'initiative d'ouvrir ou non le feu appartenant de ce fait à Tokyo, il importe d'interpréter les intentions nippones au quart de millimètre. Encore faudrait-il s'affranchir de procédures bureaucratiques trop lourdes, coordonner ses efforts et se doter d'un système de communication adéquat – rappelons que, par une aberration difficilement compréhensible, la flotte du Pacifique, par exemple, n'est pas destinataire des fournitures « Magic ».

Le temps manque aussi : expédié enfin par Tokyo le dimanche 7 à partir de 4 heures (heure de Washington toujours), le point 14, ambigu à dessein, stipule que le gouvernement du Mikado se voit « contraint de considérer qu'il est impossible d'aboutir à un accord par de nouvelles négociations ». Que faut-il en penser ? Cela demande réflexion même si, pour Roosevelt, la cause est entendue : « C'est la guerre. »

La guerre, oui, mais quand, mais où ?

Certains s'inquiètent du silence radio prolongé du gros de la flotte nippone. Le 26 novembre 1941, elle a quitté son lieu de concentration secret, la baie de Hitokappu ; mais, pour donner le change, des centaines de « marins permissionnaires » – en fait, des soldats de l'armée de terre déguisés – ont été lâchés dans les rues de Tokyo. Interrogé par ses supérieurs, l'attaché naval américain dans la capitale nippone en a conclu que la flotte impériale resterait mouillée, comme d'habitude, à Yokosuka.

Compte tenu des maigres éléments disponibles, aucun analyste naval n'oserait se risquer à prédire que, à rebours d'une tradition navale toujours prudente, les Japonais sont en train de tout risquer sur un « coup » offensif unique. Sur le papier, un tel raid à six porte-avions et plus de vingt navires semble inimaginable, même à des joueurs de poker. Il est donc plus reposant pour l'esprit de conclure à de grandes manœuvres, menaçantes à l'avenir sans doute, mais pas aujourd'hui.

Dans la réalité, nous savons qu'il en sera tout autrement : 2 403 morts ou disparus américains, dont 2 008 marins, 109 Marines, 218 soldats et 68 civils, 8 cuirassés coulés ou endommagés, sans compter de nombreuses autres unités.

Un demi-siècle après l'attaque nippone, la CIA insistera dans son bilan écrit sur le manque criant de centralisation qui a présidé à ce désastre. Et pour cause : n'est-elle pas depuis 1947 l'Agence *centrale* de renseignement (en anglais : Central Intelligence Agency) des Etats-Unis ? On comprend donc qu'elle prêche pour sa (grande) paroisse. Les défauts qu'elle souligne – incapacité à prendre en compte les signaux faibles et coordination interservices quasi inexistante – n'en furent pas moins à l'origine du drame.

Pour relativiser cette prise de conscience de la communauté américaine du renseignement après la Seconde Guerre mondiale, on peut tout de même rappeler que les mêmes causes – imperméabilité aux signaux faibles émis par les auteurs du coup de force en préparation et manque de travail commun entre agences – vont aboutir, dix ans après ce rapport de la CIA sur Pearl Harbor, à une autre catastrophe : les attentats du 11 septembre 2001, près de 3 000 morts cette fois.

L'histoire des services secrets est bien souvent celle de l'inconscience de ceux qui les commanditent et de l'amnésie de ceux qui les dirigent…

Ecoutes secrètes du Pacifique

Si nécessité fait loi, nécessité guerrière fait loi plus rude encore. A réveiller le géant américain qui sommeillait, les militaristes nippons ont joué avec un feu qui ne tardera pas à les consumer.

Sans parler du réarmement militaire *stricto sensu*, c'est sur le front du décryptage que les Etats-Unis vont porter leur effort. Mais les obstacles sont nombreux.

Internes dans la mesure où le désastre est vécu pour ce qu'il est aussi, mais pas seulement : un échec du renseignement en général et du renseignement technologique en particulier. Dans ces conditions, pourquoi faire confiance à des spécialistes qui viennent de se tromper si lourdement ? Les transformer en boucs émissaires s'avère au contraire particulièrement commode pour une haute bureaucratie de l'Etat et de l'armée avant tout préoccupée de masquer sa propre incompétence.

Obstacles externes tout autant, puisque la rapide progression des forces armées nippones prive les services techniques de stations d'écoute américaines ou alliées. « Cast », la station des Philippines, doit être démantelée et son personnel exfiltré d'urgence par sous-marin vers l'Australie. A Singapour, la capitulation anglaise aboutit, de même, à la fin des écoutes des communications nippones par les techniciens britanniques, évacués sur Ceylan. Tableau analogue en Indonésie où leurs équivalents néerlandais se trouvent eux aussi dans l'impossibilité de poursuivre leur travail, mais parviennent à gagner l'Australie pour y mettre en place dès que possible – soit plusieurs mois après quand même – une nouvelle station : « Belconnen », avec leurs camarades anglais et américains.

Les deux points névralgiques du décryptage américain sont désormais Washington et… Pearl Harbor, où la station « Hypo », rebaptisée « Frupac » (pour Fleet Radio Unit Pacific), s'active sous la direction de Joseph Rochefort. L'objectif est de redonner son moral et son mordant à l'OP-20-G.

C'est chose faite au début 1942, où plus de 10 % du texte des messages navals nippons sont tirés au clair, pourcentage qui frisera les 30 % dès mars. Or chacun sait qu'en la matière les premiers points sont les plus difficiles à marquer : plus on progresse, plus déductions et rapprochements deviennent fructueux, et ainsi de suite dans une spirale de succès. Trente pour cent, voilà qui laisse entrevoir à bref délai la possibilité de lire 80 % voire 90 % des textes ennemis.

Dès avril, l'OP-20-G parvient à synthétiser les grands points de la stratégie japonaise à venir : pas de projet d'attaque de l'Australie ; rassemblement des unités navales dans le Pacifique en vue d'une offensive dans le Pacifique-Sud (opération « MO »), elle-même prélude à un assaut dans le Centre-Pacifique.

« Formidable, nous ne sommes plus aveugles ! » s'enthousiasme l'amiral Chester Nimitz, chef de la flotte américaine du Pacifique, ou du moins de ce qui en reste après Pearl Harbor.

Seules les fournitures « Frupac » permettent en effet une lecture à peu près cohérente du plan nippon. Se dessine en effet le piège dans lequel Yamamoto espère enfermer Nimitz : un débarquement sur l'atoll de Midway (opération « MI ») qui contraindra la flotte américaine à réagir lors même que, par l'ampleur des destructions, Pearl Harbor la met en situation d'infériorité face à son ennemie impériale.

Et ce n'est pas tout : pour aggraver cette faiblesse, les Japonais lanceront simultanément une diversion dans le Pacifique-Nord (opération « AO »). Scindée en deux tronçons par la manœuvre, la force navale américaine sera détruite, et les Etats-Unis seront contraints de négocier.

Par sécurité, l'état-major de la marine impériale a ordonné un changement général de codes à la date du 1er avril. Or, sous peine de graves dysfonctionnements, les nouveaux codes doivent être impérativement distribués à tous les opérateurs le jour dit. Comment procéder à cette opération alors que les forces japonaises progressent partout à une vitesse d'enfer ? Impossible faute d'une logistique suffisante. Le changement de codes est donc reporté au 28 mai.

Début mai justement, les décryptages « Frupac » du mois d'avril ont permis à l'US Navy un premier petit succès stratégique, coûteux certes : un porte-avions américain de gros tonnage perdu contre un porte-avions japonais plus petit. Cette bataille dite « de la mer de Corail » marque le début du redressement américain.

Le report du changement général de code nippon offre en outre à l'OP-20-G un espace suffisant pour lire en partie les messages de la flotte impériale. Le 27 mai, « Frupac » est en mesure de transmettre deux informations précises : l'attaque de diversion « AO » dans le Pacifique-Nord commencera le 3 juin, précédent de vingt-quatre heures l'assaut principal contre Midway.

« Il faut tenter le coup », décide Nimitz, le jour même, sur la seule base de ces renseignements et de sa propre lecture du plan de Yamamoto. Bien lui en prend car, le lendemain, c'est l'écran noir total, si l'on ose dire concernant des écoutes radio. Le nouveau code japonais entre en vigueur, indéchiffrable pour l'instant.

Si sa mise en place était intervenue ne serait-ce que le 27, rien n'aurait été compris du *timing* de l'opération japonaise, et Nimitz n'aurait pu prendre cette décision audacieuse mais salutaire : on fortifie Midway et la flotte du Pacifique s'y rend en pleine connaissance de cause. Napoléon aurait apprécié, qui estimait qu'un officier supérieur devait avoir du culot, mais aussi de la chance. Et de bons services secrets, bien sûr…

La guigne a donc joué contre Yamamoto. Ce qu'elle va continuer à faire dans le déroulement même de la bataille de Midway, ponctuée par une série de hasards heureux pour les Américains.

Qu'on en juge plutôt. Quand les sous-marins japonais viennent se poser en embuscade sur le parcours possible de la flotte de Nimitz, celle-ci vient juste de passer… lorsqu'un hydravion de reconnaissance nippon doit décoller pour balayer la zone, l'opération est retardée d'une demi-heure fatidique pour une vulgaire panne de catapulte… l'équipage de l'hydravion ne repère – trente minutes trop tard – qu'un seul porte-avions américain alors qu'ils sont trois.

Résultat : de retour de Midway qu'ils viennent de bombarder, les appareils japonais sont presque prêts à redécoller pour en finir avec la flotte de Nimitz enfin située. Mais « presque » seulement. Leur nouvel envol était prévu à partir de 10 h 30. Or, cinq minutes avant cette échéance, trois des quatre porte-avions de l'amiral Nagumo Chuichi, pilonnés par l'aéronavale américaine, sont déjà en feu.

Désastre pour le Soleil-Levant cette fois. Yamamoto perd l'initiative stratégique tandis que ses adversaires, bien renseignés par des équipes de décryptage de plus en plus efficaces, marquent point sur point. C'est long bien sûr, affreusement coûteux en vies humaines, mais les Américains commencent inexorablement à avancer vers l'archipel nippon. On a pourtant frôlé la catastrophe quand le *Chicago Tribune* a révélé le rôle des interceptions dans la victoire de Midway car, bien entendu, les spécialistes de la 4e Division de l'état-major nippon, responsables du cryptage et de la sécurité des communications, ont immédiatement imposé des modifications dans le code naval, rendant de nouveau les Américains aveugles et sourds.

Une surdité qui n'aura toutefois qu'un temps limité. De plus en plus performant, l'OP-20-G emploie désormais, outre les quelques centaines de marins mobilisés en son sein, près de un millier de volontaires du *Waves* (*Women Accepted for Volontary Emergency Service*, soit « Femmes admises au service volontaire d'urgence »).

Ces hommes et ces femmes, celles-ci interdites de sortie des Etats-Unis pour raisons administratives alors que leurs collègues masculins peuvent être mutés dans des bases extérieures, ne travaillent d'ailleurs pas sur le seul front du Pacifique. Le renseignement naval mettra en effet simultanément en service 120 machines à décrypter de modèles différents de ceux de Bletchley Park, mais dédiées, comme eux, au décryptage de la machine Enigma de la Kriegsmarine. Et, là aussi, les opératrices de ces appareils sont le plus souvent des femmes.

Yamamoto Isokoru ne vivra qu'une partie de ce chemin de croix pour les troupes impériales. Nous savons que, victime des décryptages américains indiquant l'itinéraire de son prochain déplacement, l'appareil qui le transportait sera intercepté et abattu le 18 avril 1943 par une aviation américaine réussissant la « frappe au sommet » que son homologue française n'était pas parvenue à réaliser contre le Kaiser pendant la Grande Guerre.

L'assassinat ciblé de chefs de guerre ou de chefs d'Etat n'est pas une science exacte.

« *Wild Bill* » *saute sur la scène*

Après Pearl Harbor, la construction d'une véritable agence de renseignements américaine « généraliste » sera l'œuvre de William Donovan. Un personnage. Né en 1883 à Buffalo, cet avocat d'affaires irlando-américain au physique de bouledogue, « Wild Bill » pour ses amis, connaît bien l'Europe. En 1915, il y remplissait déjà une mission humanitaire pour le compte de la Fondation Rockefeller. Deux ans plus tard, Donovan retrouvait le Vieux Continent pour y faire, cette fois, une Grande Guerre qui lui vaudra une fournée des décorations les plus prestigieuses. C'est que, entraîneur d'hommes au sang chaud, le commandant du 165e régiment n'hésite jamais à payer de sa personne.

La guerre n'est pas la seule corde à son arc ; la paix lui va tout aussi bien. La preuve : redevenu civil, « Wild Bill » se mue en *missus dominicus* du gouvernement américain. Ses pas d'émissaire officieux le portent vers l'Europe pour des rencontres parfois imprévues. En janvier 1923, alors qu'ils goûtent un repos bien mérité, sa femme Ruth et lui devront ainsi subir pendant toute une soirée les vociférations d'un autre habitué de la pension Moritz de Berchtesgaden.

Dix-sept ans plus tard, l'agité de la pension Moritz, un certain Adolf Hitler, s'est rendu maître de la partie continentale de l'Europe, et c'est « Wild Bill » que Franklin Roosevelt, inquiet, dépêche à Londres s'enquérir auprès de Winston Churchill du potentiel britannique face à l'avance nazie. La rencontre de décembre 1940 entre l'avocat et le Premier ministre débouche sur une sympathie mutuelle, sans doute intéressée de la part de Churchill.

Carte blanche est laissée par le Premier ministre à Donovan pour visiter les installations britanniques au Moyen-Orient, dans la Méditerranée et les Balkans. Début 1941, les cryptanalystes américains seront même autorisés à visiter le saint des saints, Bletchley Park, preuve de l'importance majeure qu'accorde Churchill au soutien des Etats-Unis. Ils en tireront plus tard d'utiles précisions techniques dans leur guerre du chiffre contre le Japon.

Donovan, justement, se montre très anglophile. Il noue des liens avec les responsables du MI 6, courtois mais réservés à son égard, à l'image de Claude Dansey, et surtout ceux du SOE, plus proches de ses conceptions personnelles qui donnent autant d'importance à l'action qu'au renseignement, à la subversion, à la guerre économique et enfin à la propagande, confiée en Grande-Bretagne à un organisme spécifique, le Political Warfare Executive.

En juillet 1941, Roosevelt nomme « Wild Bill » *Coordinator of Information*. Quelques moyens financiers lui sont accordés pour mettre en place une équipe au rôle ambigu. Au président qui souhaitait intégrer dès maintenant le COI au Comité des chefs d'état-major (Joint Chiefs of Staff), Donovan a répondu qu'il n'y tenait guère. Pas tout de suite, du moins : une telle mesure équivaudrait à mettre son petit service sous la tutelle des armées avant même qu'il ait commencé à prendre forme.

Facteur positif en tout cas : « Wild Bill » s'entend bien avec « Little Bill », autrement dit William Stephenson (nom de code : « Intrepid »). En janvier 1941, cet ancien pilote de chasse de 1914-1918 reconverti dans l'ingénierie puis la production cinématographique a mis en place la British Security Coordination (BSC), un organisme chargé de la liaison entre le MI 6, plus tard le SOE, et le FBI.

De petite taille, d'où son surnom, mais doté d'un certain entregent, « Little Bill » saura maintenir égale la balance des relations avec Donovan et avec John Edgar Hoover, l'inamovible directeur du Bureau fédéral d'investigation de 1924 jusqu'à sa mort en 1972. Deux hommes qui se détestent.

Aux Etats-Unis comme au Canada, Stephenson va mettre en place un petit réseau de renseignements. La BSC parvient par exemple à pénétrer les ambassades espagnole, italienne et française de Vichy à Washington (dans ce dernier cas grâce à Elisabeth Pack alias « Cynthia », une Américaine mariée à un Anglais et prête à payer de sa personne pour séduire l'attaché de presse Charles Brousse). Elle signalera par exemple à Londres le pronazisme quasi militant de l'ancien ambassadeur des Etats-Unis en Grande-Bretagne, Joseph Kennedy, père du futur président américain.

« Wild Bill » et « Little Bill »

Les influences conjuguées de « Wild Bill » et, dans une bien moindre mesure, de « Little Bill » ont permis de revivifier la relation privilégiée entre les communautés britannique et américaine du renseignement déjà de mise pendant la Grande Guerre grâce à William Wiseman et surtout à « Uncle Claude » Dansey. Encore faut-il que cette dernière se structure aux dimensions de la guerre désormais mondiale.

C'est le vœu le plus cher de Donovan, qui presse la Maison Blanche dans ce sens. En la personne du secrétaire d'Etat à la Navy, Frank Knox, dont il fut autrefois l'agent électoral officieux, « Wild Bill » possède un allié sûr. Mais le principal conseiller de Roosevelt, Harry Hopkins, fait barrage entre lui et le président. Hopkins reproche à Donovan d'être lié aux milieux d'affaires aisés et, surtout, de pencher pour les républicains, crime politique à ses yeux. Par ailleurs, les Britanniques ne cachent pas leurs sympathies envers l'Irlandais de Washington.

Le fléau de la balance finit par pencher le 13 juin 1942, quand Donovan crée officiellement l'Office of Strategic Services (OSS), le service secret américain du temps de la Seconde Guerre mondiale. Une décision du président Roosevelt, par laquelle il ne se fait pas que des amis. Ainsi les accrochages deviendront-ils fréquents, légendaires presque, entre « Wild Bill » et le général George Strong, un sexagénaire blanchi sous le harnais nommé en même temps que lui à la tête du G-2, le 2e Bureau de l'armée. Elle déclenche surtout la colère de John Edgar Hoover. C'est que le patron du FBI espérait bien profiter de la guerre pour devenir celui de la communauté du renseignement américaine tout entière.

Hoover a commis une lourde erreur en ratant la perche que lui tendait Dusko Popov alias « Tricycle », un agent double au sein de l'Abwehr qui, recommandé, et pour cause, par le MI 5, le mettait en garde à la veille de Pearl Harbor contre les risques d'attaque surprise japonaise. Depuis, il tente de se rattraper en communiquant, par le biais de ses puissants soutiens dans la presse, sur d'innombrables réseaux nazis et japonais à l'œuvre sur le territoire américain. Une belle exagération alors qu'ils y sont plutôt faibles et bien identifiés.

Mais ce bouledogue qui éprouve le besoin maladif de ronger l'os des autres possède des dossiers sur tout le monde, en particulier le monde politique. Il finira donc par obtenir l'exclusivité des opérations de renseignements en Amérique du Sud, toujours considérée comme l'arrière-cour des Etats-Unis. Les réseaux de l'Abwehr y sont surtout actifs au Brésil, sous la houlette de ce chef de réseau capable qu'est l'Allemand d'origine polonaise Josef Starziczny (« Lucas »). En manque de financement, ils s'effondreront cependant dès le printemps 1942 sous les coups de la police politique fédérale brésilienne, opportunément renseignée par le FBI et la British Security Coordination. Contrairement à l'Argentine, proallemande et qui fournira après guerre un refuge aux nazis en fuite, d'ailleurs « essorés » financièrement par le couple Isabelita et Juan Perón, le Brésil a en effet décidé de se ranger du côté des Etats-Unis dans la guerre mondiale.

Aux Etats-Unis mêmes, le racisme de Hoover sera pour beaucoup dans l'internement préventif de 130 000 Nissei, les Nippo-Américains de deuxième génération, fantasmés comme une cinquième colonne d'honorables correspondants des services du Mikado alors que certains d'entre eux rendront de très grands services dans le Pacifique comme spécialistes des écoutes radio, traducteurs, linguistes ou interrogateurs de prisonniers.

« Ils ont sauvé un million de vies et raccourci la guerre de deux ans », admettra même, la guerre finie, Charles Willoughby, chef des renseignements du général Douglas MacArthur, peu disposé envers les gens de couleur pourtant – MacArthur l'avait surnommé « mon gentil fasciste ».

Pour être franc, on se demande qui Hoover peut bien aimer à part lui-même ou (peut-être) son bras droit et amant, le beau Clyde Tolson. Et encore... Homosexuel, le patron du FBI ne cesse de dénoncer en bloc les homosexuels comme des dépravés, des gens indignes de confiance et des traîtres potentiels, étrange forme de haine de soi qu'il partagera avec Roger Wybot, patron de la Direction de la surveillance du territoire française, la DST, entre 1944 et 1958.

Le « code Navajo »

La vindicte hooverienne s'étend bien entendu aux Indiens. A Guadalcanal, Tarawa, Iwo Jima, partout, les Navajos ont pourtant garanti grâce au fameux « code Navajo » la sécurité intégrale des transmissions des unités de Marines, invulnérables au décryptement de l'Unité spéciale de communications de la marine japonaise (Kaigun tokushinhan). Ces soldats très spéciaux sont 29 au départ. En six semaines de formation, ils devront s'accorder avec leurs instructeurs sur un lexique de 274 termes : *Chal* (« grenouille ») pour un véhicule amphibie, ou *Gini* (« faucon ») pour un bombardier en piqué. Un alphabet est également mis au point pour les mots à épeler : *Wol-la-chee* pour *Ant* (« fourmi » en anglais), soit la lettre A, et ainsi de suite jusqu'à la lettre Z.

En tout, ils sont 420 à protéger les communications des Marines. Il faudra cependant attendre 2002 pour que le cinéaste chinois John Woo popularise le combat des opérateurs radio navajos dans son film *Windtalkers* (en français, *Les Messagers du vent*), avec Nicolas Cage et Christian Slater.

Républicain libéral ouvert sur le monde, « Wild Bill » ne partage pas les phobies sectaires de Hoover. Au sein de son agence, il ne tarde d'ailleurs pas à créer – sacrée innovation, mais innovation judicieuse – une aile syndicale, la Labor Branch, confiée à un juriste de gauche, plus tard conseiller de la grande confédération AFL-CIO

(American Federation of Labor-Congress of Industrial Organizations), Arthur Goldberg. Dans cette Labor Branch opère un militant pur et dur, Irving Brown, bientôt compagnon de route de la CIA à Paris au temps de la guerre froide et jusque dans les années 1980.

Donovan n'a rien d'un rouge, mais, en Irlandais têtu, il se veut fidèle aux siens quelle que soit leur couleur politique, question de respect humain et d'honneur. Met-on en cause devant lui un des quatre communistes officiellement recensés dans les rangs de l'OSS, Irving Goff, que sa réponse fuse : « Je ne sais pas s'il est membre d'honneur des Jeunesses communistes, mais, pour ce qu'il a fait en Afrique du Nord et en Italie, sachez qu'il est membre d'honneur de l'OSS. »

Une agence que Donovan ne quittera qu'à sa dissolution, le 1er octobre 1945. Sans perdre pour autant le contact avec l'univers du renseignement, d'ailleurs. Mais cela est une autre histoire. Pour l'heure, celle des débuts de l'Office of Strategic Services nous suffit.

Au rendez-vous des beaux quartiers

Le COI comprenait une trentaine de collaborateurs, et l'OSS débutante, 200. En trois ans et demi de guerre, ses effectifs vont passer à 12 000 personnes réparties sur tous les continents avec une prédilection logique pour l'Asie et l'Europe.

Associant renseignement, action et propagande, la nouvelle agence recrute ses dirigeants parmi les « têtes d'œuf » issues des prestigieuses universités américaines de l'Ivy League. Se distinguent dans son état-major des juristes de haut niveau couvés par « Wild Bill », à l'image d'Allen Dulles, un ancien élève de l'Ecole alsacienne de Paris et de Princeton qui, avec son frère John Forster, a fait ses premiers pas en politique internationale juste après la Grande Guerre dans les coulisses diplomatiques de la conférence de Versailles.

En plus des banquiers et des hommes d'affaires de renom, des universitaires aussi, comme le professeur d'histoire de Harvard William Langer, patron du service Recherche et Analyse auquel on devra, la guerre à peine terminée, un ouvrage subtil et balancé sur *Le Jeu américain à Vichy*. Des philosophes comme Herbert Marcuse, des cinéastes comme John Ford. On pourrait multiplier les exemples. Autant d'Américains bien tranquilles dont le projet ressemble pourtant beaucoup à celui du SOE : mettre le feu à l'Europe, à l'Asie, au monde entier.

Ce recrutement des sommets de l'OSS parmi les classes les mieux éduquées et les plus élevées de la société fait sourire certains, qui assurent que son sigle se développerait plutôt en *Oh, So Social* (« Oh, tellement snob ») ! Familière en Angleterre et dans une certaine mesure en France, pareille mobilisation des élites intellectuelles et sociales dans l'arène des services secrets constitue en effet quelque chose de très nouveau aux Etats-Unis.

L'OSS va donc cumuler tous les défauts et toutes les qualités d'un « nouveau riche » du renseignement et de l'action.

Ses agents sont arrogants, persuadés qu'une mission suprême leur incombe au nom de la « destinée manifeste de l'Amérique » : remettre de l'ordre sur une planète bouleversée par l'inconscience et la puérilité des autres nations. Ils sont moralistes, prêcheurs, certains de porter la bonne parole au point de saper, en Asie notamment, les bases de leurs alliés français et surtout britannique au nom d'un anticolonialisme qui contribuera parfois, comme en Indochine, à faire le lit du communisme qu'ils devront combattre bien plus tard au temps de la guerre du Viêtnam.

Naïfs donc, parce qu'à eux « on ne la fait pas », alors que c'est bien souvent le contraire, dans le domaine de la guerre secrète tout spécialement (on pense au major Archimedes Patti se laissant persuader en 1945 que Hô Chi Minh, grande figure du Komintern voici peu, serait une sorte de démocrate de gauche, grand admirateur du président Roosevelt dont il mendie sans cesse à l'OSS… une photo dédicacée). Cyniques dans une sous-culture marquée par le culte du dur à cuire, le *tough guy*, et même par une forme de respect du gangstérisme dont l'histoire se confond, dans une certaine mesure, avec celle de leur jeune pays.

En 1943, les premiers Américains arrivent en Inde. Conformément aux ordres de son patron le général Orde Wingate, légendaire créateur des forces spéciales britanniques de Birmanie, les « Chindits » (intraduisible), le colonel Steve Wood, *Intelligence Officer*, fait « perquisitionner » les bagages des nouveaux arrivants par ses agents indigènes, ainsi que je l'ai révélé dans un précédent ouvrage, *L'Arme de la désinformation*. Pour constater une déloyauté supérieure à la sienne : les valises des alliés d'outre-

Atlantique regorgent de fiches détaillées passant au crible les structures des grandes entreprises indiennes, Tata pour la sidérurgie, la fabrication des locomotives, des camions, des autobus, le textile, la chimie, l'hôtellerie, les constructions mécaniques, les cimenteries ; Birla pour les mines de charbon, les usines d'automobiles et de bicyclettes, les sucreries, la faïence, la porcelaine, l'électricité, la presse et le commerce extérieur. Une leçon d'espionnage économique entre alliés qui sidère Wood et Wingate. Ils se croyaient pourtant « maquereaux parmi les maquereaux »*.

Mais ces Américains sont braves aussi, prêts à prendre tous les risques, à l'image de leur patron « Wild Bill » qui, le 6 ou le 7 juin 1944, tiendra à débarquer avec les premiers GI's, pure folie pour un homme détenteur de si lourds secrets, en oubliant au passage dans son hôtel londonien ses capsules de poison, preuve soit de légèreté, soi de confiance excessive en ses propres capacités. Le colonel Passy et Pierre Brossolette, dirigeants du BCRA, ont couru de tels risques, objectera-t-on, pour ne pas parler de Jean Moulin, dont le théâtre de mission était la France. C'est vrai, sauf que ces patriotes se battaient pour libérer leur pays, occupé lui, et que la nostalgie du sol national les tenait aux tripes.

Les *Donovan's Boys* sont audacieux même si leur côté « cow-boy » irrite fréquemment ceux qui travaillent avec eux. Ils ont l'esprit pratique qui caractérise leur nation, sont prêts à bousculer les bureaucraties civiles et militaires dont ils savent à quel point elles ont nui aux Etats-Unis au moment de Pearl Harbor : n'est-ce pas pour cela que l'OSS existe ? Si les techniques de l'espionnage proprement dites sont nouvelles pour eux enfin, *la* technique (communications radio, aviation) leur est déjà familière. Et, d'ailleurs, bons élèves (des Britanniques surtout), ils ne rechignent pas à apprendre.

Reste à structurer une organisation où tout reste à faire.

Une maison en construction

Armés de la foi des néophytes, dont on sait qu'elle peut renverser des montagnes à condition que ces montagnes-là ne vous

* Rémi Kauffer, *L'Arme de la désinformation. Les multinationales américaines en guerre contre l'Europe,* Paris, Grasset, 1999.

tuent pas au préalable, les dirigeants de l'OSS s'efforcent de bâtir un organigramme cohérent. Pas facile quand, dénué d'expérience sérieuse, on s'est assigné une mission tous azimuts : renseignement, contre-espionnage, action clandestine, guérilla, intox, subversion, propagande, et on en passe.

Passons justement sur le patron de la section Recherche et Développement, Stanley Lowell, ingénieur chimiste qui accouchera de gadgets meurtriers dignes du « Q » james-bondien. Par exemple, le pistolet Stinger, mis en service dès les débuts de l'organisation : composé d'un canon contenant une cartouche de 22 mm et d'une chambre, cette arme à usage unique qu'on jetait une fois vide comme un vulgaire papier d'emballage donnera naissance à toute une gamme d'engins destinés à compléter la panoplie du parfait espion. Mais il y eut aussi diverses variétés de bombes et même de poisons.

Ce procédé-là donnera lieu à un épisode inscrit dans le juridisme pointilleux propre aux Nord-Américains et toujours de rigueur à l'heure actuelle, celle des interceptions massives de la NSA et des assassinats aux drones dits « ciblés ».

Un haut gradé de l'OSS se présente un jour à Randolph Paul, le secrétaire du secrétaire d'Etat au Trésor. Proche de Roosevelt, Henry Morgenthau pourrait-il sonder le président à propos d'une opération « Homo » (pour « homicide ») projetée par le service ?

« Revenez me trouver ici demain en fin de matinée, répond Paul. Si je vous dis : "Le président a pris froid, il ne m'a pas été possible de le voir", cela signifiera que l'autorisation vous est accordée. En revanche, si le président refuse son autorisation, je vous le dirai sans aucune formule de code. »

Le lendemain vers 11 heures, l'homme de l'OSS est reçu par Randolph Paul flanqué de plusieurs hauts fonctionnaires.

« Le président a pris froid, je n'ai pas pu le voir, déclare le secrétaire de Morgenthau. Je n'ai donc pu obtenir l'autorisation que vous demandez… Vous me comprenez, n'est-ce pas ?

— Oui, monsieur le secrétaire, je comprends parfaitement, je vous remercie », répond l'officier.

Ce qu'il vient de comprendre, c'est qu'on a convoqué des témoins suffisamment incontestables pour que le président des Etats-Unis soit en mesure de nier, au cas où, avoir autorisé un assassinat. Et que, bien entendu, il invite l'OSS à frapper, mais sous sa propre responsabilité !

Habitués à donner de tels ordres, des responsables anglais se seraient exprimés de manière plus franche quoique assez ambiguë pour se couvrir. L'affaire démontre quoi qu'il en soit le cadre très particulier dans lequel cette organisation de guerre qu'est l'OSS devra parfois opérer : à elle de frapper très fort sans compromettre le petit monde politique de Washington.

Outre des départements géographiques : Asie et plus tard Afrique et Europe, et un bureau des transports, la nouvelle centrale comprend naturellement des services généraux, une branche Opérations intégrant les détachements de propagande, ce qui la distingue tant du MI 6 que du SOE. La branche Renseignements chapeaute trois structures plus proches, cette fois, du modèle traditionnel de l'Intelligence Service : le département Renseignement (Secret Intelligence), le département Contre-espionnage (X-2) dont les représentants à Londres, Norman Pearson et Hubert Will, joueront dès 1943 un rôle de tout premier plan en liaison avec le MI 6 et le GC & CS, et enfin le département Analyse et Recherche de William Langer et de Sherman Kent.

Les fondements ainsi posés, il va falloir passer à l'acte. Le débarquement anglo-américain en Afrique du Nord de novembre 1942 (opération « Torch ») va servir de banc d'essai.

« Franklin arrive »

Guère populaires parmi les officiers de l'armée française d'Afrique, plutôt vichyssois et en tout cas peu portés sur le gaullisme, les Britanniques comptent sur les Américains pour faire réussir le débarquement. Quant au nouveau commandant en chef interallié en Europe, le général Dwight Eisenhower, c'est un excellent diplomate, un grand organisateur, mais aussi un pessimiste chronique, tenaillé en permanence par la peur de l'échec. Pas question de se « planter », donc. A aucun prix. Une répartition des tâches intervient à cet effet.

Au G-2 de George Strong la tâche d'orchestrer les opérations de désinformation visant à égarer les forces de l'Axe sur la destination finale de la flotte anglo-américaine avec le soutien, ou plutôt sous la conduite, des Britanniques – experts en la matière, nous y reviendrons. A l'OSS celle d'organiser l'opération avec les petits noyaux de résistants français sur place. En tête de ceux-ci, le commissaire André Achiary, de la Brigade de surveillance du territoire, le contre-espionnage, plaque tournante de tous les réseaux de résistance algérois, le juriste René Capitant, professeur de droit à l'université, et le jeune étudiant en médecine José Aboulker, qui a la haute main sur les jeunes patriotes juifs prêts à l'action.

Comptons aussi avec le « Groupe des Cinq » : Henri d'Astier de La Vigerie, un monarchiste dont l'un des frères, Emmanuel, dirige en France le mouvement Libération tandis que l'autre, François, général d'aviation, se trouve à Londres aux côtés de De Gaulle ; Jacques Lemaigre-Dubreuil, un industriel autrefois proche de la Cagoule ; Jacques Tarbé de Saint-Hardouin, diplomate et haut fonctionnaire mis en disponibilité par Vichy. Et, pour finir, deux figures moins importantes, le lieutenant-colonel Alphonse Van Hecke, dirigeant des Chantiers de jeunesse, organisme pétainiste, et Jean Rigault, un journaliste attaché à Lemaigre-Dubreuil.

Pour cause de mésentente entre Strong et Donovan, l'affaire s'engage mal. L'OSS, qui n'a pas été prévenue qu'une telle manœuvre ne tient pas la route, ou plutôt la mer, s'échine en effet à persuader avec les moyens du bord les Germano-Italiens qu'un débarquement à Dakar serait en préparation. Absurde, ont pourtant averti les Anglais : jamais l'ennemi ne croira à un objectif aussi lointain de la Méditerranée. De « Gibraltar » à « Pender II », ils emboîtent au contraire huit « déceptions » susceptibles de désorienter les états-majors de l'Axe, allant d'une opération fictive sur Malte à un faux coup de force en Norvège, un raid sur le pas de Calais, une expédition vers le Moyen-Orient… ou peut-être en Sicile… ou peut-être en Italie. Partout et nulle part, en bref !

Pendant ce temps, deux hommes sont à pied d'œuvre à Alger même : le consul des Etats-Unis Robert Murphy (les relations diplomatiques entre Vichy et Washington existent encore pour quelques jours) et le patron de l'OSS pour l'Afrique du Nord, le colonel de Marines William Eddy, professeur à l'université arabe du Caire, un des très rares Américains arabisants qui finira sa carrière comme conseiller de l'Aramco, la firme pétrolière d'Arabie saoudite.

Eddy n'est pas manchot, même s'il a perdu un bras au combat sur le front français en 1918. Il dirige une douzaine de compatriotes qui tissent des liens avec le groupe de résistance de José Aboulker, mais aussi avec le lieutenant-colonel Jean Chrétien (alias « Israël »), patron du SR d'Alger, et son adjoint le professeur d'histoire Jean Allemand (alias « Germain »), chef occulte du contre-espionnage en sa qualité de responsable de la documentation du TR 119, l'antenne algéroise des Travaux ruraux. Le commandant Baril, chef du 2e Bureau, est aussi d'une partie qu'Achiary et Aboulker sont bien décidés à mener jusqu'au bout sur le terrain.

Sans ces hommes prêts à l'action, la tâche d'Eddy et de l'OSS, préparer le terrain à la force de débarquement, serait impossible faute d'appuis locaux sérieux. Mais, avec eux, tout devient faisable et tout sera fait. Même la rencontre surréaliste et pour le moins osée du 23 octobre dans une villa de la zone côtière de Cherchell entre l'équipe du général Mark Clark, l'adjoint d'Eisenhower ; Robert Murphy ; le général Charles Mast, commandant la division d'Alger (un fidèle de Giraud, notre récidiviste des évasions qui presse les Américains de le laisser gagner l'Afrique du Nord), et d'autres officiers français ralliés au coup en préparation ainsi que Rigault, « fondé de pouvoir » de Lemaigre-Dubreuil.

Œuvre de José Aboulker, omniprésent en dépit de son jeune âge (vingt-deux ans), l'affaire manque de tourner à la catastrophe quand la police, alertée par cette agitation nocturne, vient demander des explications. Tandis que Murphy et ses amis, donnant l'apparence de l'ébriété, font croire à une orgie où « les filles seraient là-haut », les autres se cachent dans la villa, ses caves notamment.

Aux actes, citoyens ! Dans la nuit du 8 novembre 1942, main dans la main avec les 400 policiers mobilisés par le commissaire Achiary, les 400 jeunes juifs conduits par Aboulker s'emparent d'Alger et notamment du commissariat central du boulevard Baudin, transformé en place forte et en prison pour vichystes. Darlan et les officiers supérieurs obéissant à Vichy sont arrêtés, à l'image du général Alphonse Juin. Par des civils, horreur ! A moins de un millier, les rebelles ont pris la ville.

Pendant ce temps, venues de Grande-Bretagne et des Etats-Unis, deux flottes d'invasion se sont rejointes et cinglent vers

Alger, précédées par ce message radio qui aurait tout de même gagné à moins de transparence : « Franklin arrive »...

Benjamin Franklin ou Franklin Delano Roosevelt, président en exercice des Etats-Unis ? Les Américains en tout cas, qui, tétanisés par la peur de rater l'affaire, laissent passer l'occasion qui leur était offerte de débarquer sans coup férir. Mettant en danger les résistants algérois, ils tergiversent, laissant l'adversaire souffler. Reprises en main, les troupes françaises, fidèles aux consignes de Vichy, s'en prennent aux hommes d'Achiary et d'Aboulker et ouvrent un feu meurtrier sur les Alliés qui débarquent. Ceux-ci ripostent. Deux mille morts inutiles : un bilan trop lourd pour une opération réussie au final certes, mais qui, bien gérée côté américain, n'aurait entraîné que quelques effusions de sang mineures.

Feu sur l'amiral Darlan

Donovan, lui, pavoise : ses *boys*, assure-t-il, ont fait le job. Pas tout seuls, on vient de le voir, mais un succès, même coûteux, ça donne confiance. Il n'empêche, la présence à Alger de l'amiral François Darlan, ancien chef du gouvernement de Vichy venu au chevet de son fils Alain (seulement pour cela ou parce qu'il avait été informé du coup en préparation ?), complique tout*.

Pour les Etats-Unis, l'amiral est d'abord bien pratique, dans la mesure où lui seul a pu faire cesser les tirs français. Mais, même soutenu par l'amiral William Leahy, ambassadeur des Etats-Unis à Vichy très pro-Pétain, et par Eisenhower et Clark, soucieux d'éviter des pertes à leurs soldats, l'« expédient Darlan » devient vite intenable devant les protestations de la Résistance, indignée que les Américains remettent en selle ce vieux cheval de retour de la collaboration.

D'autant que son maintien en fonction n'arrange ni l'OSS, ni le SOE, représenté par Francis Brooks Richards (détachement

* L'hypothèse de la venue de Darlan à Alger en accord avec son collègue marin, l'amiral Leahy, ambassadeur des Etats-Unis à Vichy, et/ou les services spéciaux du Département d'Etat, souvent évoquée, n'a pas été étayée de manière documentaire à ce jour. Le fait est que, une fois sur place, il fut en effet le *bloody bastard* des Américains.

algérois de la mission « Massingham ») ; ni les frères d'Astier de La Vigerie, dont l'un « roule » pour le comte de Paris, candidat potentiel à une restauration monarchique, et l'autre, venu tout spécialement à Alger, pour le général ; ni l'étrange abbé Cordier, sorte d'éminence grise royaliste à la sauce algéroise ; ni les gaullistes ni peut-être de Gaulle lui-même…

Beaucoup d'ennemis pour un seul amiral, discrédité tant par son passé – il a été jusqu'à négocier directement avec Hitler – que par ses louvoiements présents entre Vichy et les Américains. Qui d'entre les hommes cités plus haut a conduit un groupe de jeunes résistants à tirer à la courte paille celui qui éliminerait l'ancien chef de gouvernement ? On ne le sait pas de manière certaine, mais Français, Anglais, Américains, tous y ont été mêlés d'une manière ou d'une autre.

Darlan n'a plus que quelques heures à vivre. Dans l'après-midi du 24 décembre 1942, il est abattu par un adolescent, Fernand Bonnier de La Chapelle, lieutenant instructeur au centre d'entraînement SOE du cap Matifou, conduit sur place par son supérieur hiérarchique au service Action britannique, le capitaine Gilbert Sabatier.

Fervent chrétien, le jeune homme a été persuadé qu'il ferait œuvre sainte par l'étrange abbé Cordier. Mais, sur place, rien ne se passe comme prévu. Bonnier ne parvient pas à rejoindre Sabatier qui l'attend à l'extérieur dans une voiture. André Achiary devait exfiltrer d'Algérie le jeune résistant : impossible dans ces conditions. Dans les poches de Bonnier, on trouve les dollars américains que lui avaient fait remettre les responsables locaux du SOE, habiles, mais très mauvais camarades envers leurs alliés américains, qu'ils compromettent pour se couvrir – Carleton Coon, de l'OSS, ayant justement été l'instructeur de tir du jeune homme.

Effaré par ce panier de crabes meurtrier auquel il est bien le seul à ne pas s'être trouvé mêlé, le général Giraud, qui a repris les leviers de commande d'Alger, suit des réflexes d'homme d'ordre inadaptés à la situation. Sans doute horrifié par la présence des dollars qui peut faire songer, mais bien à tort, à l'acte d'un vulgaire tueur à gages, il transfère immédiatement Bonnier devant un tribunal. Condamné à mort, le jeune idéaliste victime des intrigues de ses aînés sera passé par les armes.

L'OSS ne le pleurera pas : à la guerre, il y a des morts et, justement, la guerre reprend contre l'Axe, avec le retour au combat de l'armée française d'Afrique, précieux pour des GI's qui, au contraire de leurs compatriotes du front japonais, n'ont aucune expérience militaire.

Donovan peut se frotter les mains : à défaut d'action directe en Europe et notamment en France (il faudra attendre le détachement à Alger de Henry Hyde en février 1943), l'OSS a fait ses premières armes sans trop de casse pour elle. Il est vrai que, pour les Américains, la guerre des services secrets prend parfois des contours inattendus.

Hollywood et la bombe A

Un des aspects les plus étonnants de l'action clandestine aux Etats-Unis pendant la Seconde Guerre mondiale, c'est le rôle que vont y tenir les milieux du cinéma. Nous savons déjà que John Ford a appartenu à l'OSS. Mais l'implication du petit monde hollywoodien du grand écran ne s'arrête pas là.

Prenons Errol Flynn. Pour le FBI, la cause est entendue : le Robin des Bois bondissant du grand écran serait homosexuel. En outre, c'est, croit savoir le Bureau fédéral d'investigations, un sympathisant nazi. Tout cela à cause de son ami autrichien Hermann Erben, rencontré en 1933 en Nouvelle-Calédonie et qui fut effectivement hitlérien, mais jusqu'à la fin des années 1920. Ce qu'ignorent Hoover et ses *G-Men*, c'est que Flynn a en réalité travaillé très tôt pour Donovan. Lequel envisagera même, en février 1942, de l'envoyer faire de la propagande antinazie dans son Irlande natale, avant de se raviser : l'acteur sera bien plus utile à la cause alliée en jouant double jeu pour elle.

De même, les frères Korda ont-ils œuvré dans l'ombre ? D'origine hongroise sous leur nom de famille véritable de Kellner, ce trio fait la pluie et le beau temps à Hollywood : Alexandre est producteur, Vincent architecte de décors, et Zoltán scénariste et réalisateur.

Le problème, car il y en a un, vient du fait que William Stephenson, qui a fait la connaissance d'Alexandre Korda dès les années 1930, s'attribuera et leur attribuera après guerre un rôle qu'ils n'ont pu avoir dans l'opération « Anthropoid », l'exécution de Reinhard Heydrich. A sa demande, Korda aurait mis sur pied un centre d'entraînement au plus profond de la forêt canadienne, le « camp X » où, grâce aux documents fournis par « Intrepid », bobines de fims d'actualité ou de fiction, Vincent Korda se serait chargé de reproduire en carton-pâte certains décors de la région de Prague sous l'œil intéressé de l'écrivain Hyde Montgomery, ancien du renseignement militaire anglais en 1939 et officier adjoint au contrôle des passeports à New York (couverture habituelle du MI 6 et du futur romancier de James Bond Ian Fleming, encore assistant du directeur de la Naval Intelligence Division, l'amiral John Godfrey). C'est là en bref que l'on aurait répété l'exécution du bourreau nazi. Assertion inexacte puisque le commando tchèque du SOE avait été entraîné en Ecosse et dans le Surrey, jamais dans ce mystérieux camp canadien. Mais, les légendes ayant tendance à prendre racine dès qu'il est question de services secrets et d'opérations clandestines, celle-ci court toujours. Tordons-lui le cou une fois pour toutes.

Cette fois, le fait est exact : Greta Garbo, la star suédoise du grand écran, s'est bien trouvée à l'origine d'une autre opération majeure du SOE, la destruction du stock norvégien d'eau lourde, élément indispensable dans la fabrication de la bombe atomique. C'est qu'au premier semestre 1942 les hautes sphères du IIIe Reich (Albert Speer, ministre de l'Armement, Ehrard Milch, le patron de la Luftwaffe, Ferdinand Porsche, les généraux Friedrich Fromm et le maréchal Emil Leeb, l'amiral Karl Witzell) ont commencé à s'intéresser à la possibilité d'utiliser la fission de l'atome pour construire une arme nouvelle.

A l'enthousiasme de Werner von Braun, spécialiste des fusées, répondent les réticences de Werner Heisenberg, le plus brillant physicien d'Allemagne, prix Nobel 1932. Ce sera long et coûteux, insiste lourdement Heisenberg lors de la conférence au sommet du 4 juin 1942, avant de demander à Speer, prêt à lui faire un pont d'or, une somme ridiculement basse pour ses recherches dans ce domaine… De quoi se demander s'il ne tenait pas vraiment à ce qu'elles aboutissent.

Greta Garbo, pour en revenir à elle, est bien décidée à travailler contre l'Allemagne hitlérienne. Bien introduite dans l'entourage du roi Gustav V, la « Divine » recueille des informations sur les entrevues à Copenhague de Heisenberg avec son maître danois Niels Bohr, prix Nobel de physique 1922. Les Allemands, confirme-t-elle, mais aussi les Russes, ce qui est plus nouveau, veulent se procurer en Norvège de l'oxyde de deuterium, autrement dit de l'eau lourde.

De quoi intéresser Ronald Turnbull, spécialiste scientifique à la légation de Grande-Bretagne à Stockholm, qui supervise les opérations du SOE sur le Danemark, et son chef hiérarchique le major Hilton, chef de la section danoise du service. Les relations entre SOE et MI 6 étant par exception assez cordiales sur le front scandinave, sans doute Turnbull sait-il que, dès octobre 1941, un scientifique norvégien, Leif Tronsdad, lié au réseau Skylark B de Broadway Buildings, a lancé l'idée d'une opération commando pour détruire les stocks d'eau lourde disponibles dans son pays.

Ajoutez à cela les détails fournis par Greta Garbo – grâces lui soient rendues d'avoir accepté de jouer les seconds rôles, une fois n'est pas coutume –, mixez avec les renseignements recueillis par la section norvégienne du MI 6 du Commander Eric Welsch, et vous comprendrez à quel point l'action s'impose.

Prenons tout de même quelques précautions, car six des agents norvégiens entraînés par le SOE près d'Inverness, en Ecosse, ont déjà été identifiés comme des hommes de l'Abwehr et aussitôt mis hors d'état de nuire.

La « bataille de l'eau lourde »

En octobre 1942, l'opération « Freshman » est déclenchée. Une équipe du SOE de 34 membres transportée en planeur doit atterrir près du complexe hydroélectrique de Vemork, élément clé de la chaîne de fabrication de l'eau lourde. Malheureusement, deux des planeurs se crashent dans la montagne ainsi qu'un des deux bombardiers Halifax qui les ont remorqués.

« Tout n'est pas perdu », assure néanmoins Colin Gubbins, plus « mule écossaise » que jamais. Les quatre hommes de l'équipe « Swallow » parachutée pour préparer l'opération « Freshman » sont encore en place. De fait, fin février 1943, quatre agents venus de Suède à ski et leurs camarades de « Swallow » parviennent à causer de sérieux dégâts aux bacs d'électrolyse de l'usine.

Reste à protéger Niels Bohr, que les nazis envisagent de transférer en Allemagne où il pourrait soit être assassiné comme juif, soit au contraire mobilisé de force pour la fabrication de la bombe. Exfiltré d'urgence par mer vers la Suède le 29 septembre 1943, le grand physicien danois sera transféré à Londres une dizaine de jours plus tard à bord d'un bombardier léger Mosquito.

Quant au représentant de l'OSS à Stockholm, Bruce Hoppert, professeur à Harvard, il ne sera pas long à trouver ses marques, recrutant par exemple dès décembre 1943 un informateur au bureau de Göteborg de la société SKF, ce qui permettra de prouver que certaines entreprises suédoises fournissent plus de matériel à l'Allemagne que ne le prétendent les autorités.

Les bombardements massifs par 154 forteresses volantes de l'US Air Force en novembre 1943 suffiront-ils à annihiler l'usine de production de l'eau lourde ? Non car, comme le craignaient les Norvégiens, trente-deux civils sont tués pour un résultat médiocre (pour éviter un drame analogue, la direction de Peugeot préfère à la même époque saboter elle-même les points sensibles de ses usines de Sochaux-Montbéliard, en accord avec les syndicats ouvriers clandestins et le SOE représenté par Harry Rée alias « César »).

Le même mois, Allen Dulles, qui dirige la station de l'OSS à Berne, est sollicité par Washington : pourrait-il se renseigner sur les scientifiques allemands dont leurs anciens collègues passés aux Etats-Unis ont fourni les noms comme susceptibles de travailler à l'élaboration d'une bombe A nazie ? A force d'entregent, Dulles finit par nouer une relation avec le physicien suisse de Zurich Paul Scherrer, informateur assez aléatoire, mais qui confirme cependant les noms des savants allemands impliqués.

Le IIIe Reich n'a donc pas renoncé. En février 1944, un nouveau commando norvégien du SOE, dirigé par Knut Haukelid, mais renseigné de l'intérieur par son beau-frère, Gunnar Sylverstad, parachève donc le travail en détruisant le ferry qui transportait toute l'eau lourde produite depuis trois ans (opération « Gunnerside »).

Par le truchement de l'action clandestine et grâce au courage des Norvégiens, les Alliés viennent de marquer un sérieux point. Face aux difficultés à produire l'arme nucléaire, les autorités allemandes, déjà hésitantes, décident de freiner les recherches dans ce domaine. Pas complètement toutefois : en mai 1944, Scherrer révèle à Dulles que Heisenberg et son équipe sont repliés à l'est de la Forêt-Noire. De sorte que, quand le même Heisenberg rend visite à Scherrer avec l'autorisation personnelle du Führer en décembre 1944, l'OSS envisage une opération « Homo » contre lui : un tireur pourrait l'abattre lors de sa conférence publique à Zurich.

Impossible, tranche cependant Dulles. Un assassinat de sang-froid obligerait les autorités helvétiques à sévir contre les Alliés, ce qui conduirait tout droit au démantèlement de la station de Berne, beaucoup trop précieuse pour qu'on la sacrifie. Donovan donne raison à Dulles. A bon droit : en mars 1945, les Allemands procéderont vraisemblablement à une expérience d'explosion nucléaire au camp d'exercices d'Ohrdruf, mais – si tel fut bien le cas, ce qui reste sujet à controverse – cet essai fut de bien trop faible ampleur pour inquiéter les Alliés. La « bataille de l'eau lourde », quoi qu'il en soit, a fait perdre à l'Allemagne nazie un temps précieux. Reste à gagner celle des bombes volantes, les V1 et les V2.

Les bombes volantes nazies

Le pilonnage systématique de l'Allemagne par l'US Air Force de jour et la RAF de nuit constitue une dimension majeure de la stratégie alliée. C'est le moyen d'affaiblir le régime et, en même temps, celui de démontrer à Staline, qui réclame à toute force l'ouverture d'un second front, que les Alliés occidentaux frappent déjà des coups très durs contre l'Allemagne, détournant du front de l'Est le potentiel de la Luftwaffe. L'armée de l'air allemande s'y use jour après jour, ce qui, autre avantage, la rendra très peu opérationnelle contre les deux débarquements alliés en France.

Pour Richard Harris, le grand patron des escadrilles de bombardement de la RAF, ces pilonnages massifs pourraient même suffire à détruire le régime nazi de l'intérieur. « Bomber Harris » n'est d'ailleurs pas le seul à raisonner de cette manière : en septembre 1943, après les terribles raids US Air Force-RAF de juillet qui ont détruit Hambourg et causé la mort de 45 000 personnes, un rapport du Joint Intelligence Committee, la commission britannique de coordination des services, beaucoup plus effective que son homologue américaine, assure que l'Allemagne serait « dans une position plus précaire aujourd'hui qu'elle ne l'était à la même période en 1918 » et que l'effondrement du Reich pourrait même « survenir dès cette année ». Cherchez l'erreur…

Furieux de ces bombardements alliés qui démontrent l'impuissance de la Luftwaffe, Hitler choisit alors de mobiliser ses scientifiques, von Braun en tête, dans la conception d'armes destinées à écraser l'Angleterre : les torpilles volantes V1 (pour *Vergeltungswaffen*, « armes de représailles ») et les fusées volantes V2, jugées beaucoup plus prometteuses que la bombe A.

Broadway Buildings s'en inquiète à juste titre. Les services anglais ont « sonorisé » les lieux de détention de milliers de prisonniers de guerre allemands, dont les conversations apportent quantité de renseignements sur leur état moral, mais aussi sur des points de tactique. L'écoute des pilotes de la Luftwaffe permet par exemple de mieux comprendre comment la chasse allemande s'y prend pour attaquer les formations de bombardiers alliés, dont les cibles sont déterminées, côté américain, par l'Ennemy Objectives Unit (Unité des objectifs ennemis), un groupe spécialisé de l'OSS.

A tout gradé tout honneur : les officiers supérieurs de la Wehrmacht ont été écoutés les premiers. Début 1943, lors de discussions entre les généraux de l'Afrika Korps Wilhelm von Thoma et Ludwig Crüwell, capturés en 1942, les Britanniques apprennent que le premier s'étonne que les V1 ne frappent pas encore Londres.

Un signal faible immédiatement capté. En même temps que la « bataille de l'eau lourde » s'enclenche donc celle des bombes volantes nazies. Comme leurs rampes de lancement sont installées dans le nord de la France, au plus près de l'Angleterre, Kenneth Cohen, le responsable de la section française du MI 6, demande à ses réseaux continentaux de se mobiliser pour cerner au mieux cette nouvelle menace. Ce qu'ils feront, des plus grands aux plus petits, de l'Alliance, dirigée après le repli forcé en Angleterre de Marie-Madeleine Fourcade par Léon Faye alias « Aigle » puis Paul Bernard alias « Martinet », au groupuscule de Jacqueline Héroguelle d'Amiens et de Jean Cremet, notre déserteur du GRU. Plusieurs agents doubles travaillant pour le MI 6 sont également utilisés pour tenter d'obtenir des informations sur ces armes.

Une mobilisation générale contre la machine de guerre nazie qui va porter ses fruits. L'heure de la libération approche, en effet. Et, avec elle, celle des grandes manœuvres d'intox et de désinformation, que les Britanniques préfèrent nommer « déception ».

15

La grande intox

Le 6 juin 1944 vers 6 h 30 du matin, quand les premières vagues d'assaut alliées commencent à débarquer sur les plages de Normandie, Hitler, bourré de somnifères, dort d'un sommeil qui n'est certainement pas celui du juste. Or les bataillons aéroportés alliés sont déjà à pied d'œuvre sur le sol breton, sans parler des combattants des forces spéciales, les « Jedburghs » éparpillés dans toute la France au titre d'un accord entre la branche londonienne du BCRA, la section française du SOE et la branche Special Operations de l'OSS. Ces équipes de trois hommes, un Américain, un Anglais et un Français le plus souvent, tirent leur nom de code de « Jedburghs » d'une ville d'Afrique du Sud. Elles commencent à être projetées sur le terrain pour aider les maquisards des Forces françaises de l'Intérieur, les FFI, à se transformer en véritable force de guérilla. Jusqu'à décembre 1944, 91 trios « Jeds » vont ainsi opérer sur le sol français. Dont pour mémoire celui, dans l'Yonne, d'un futur patron de la CIA, William Colby...

Au haut état-major allemand, la température monte : serait-ce donc le jour J ? Si oui, reste à en définir les contours exacts. A quoi rime au juste cette offensive précédée du largage nocturne de parachutistes, dont certains étaient vrais et d'autres, de simples mannequins servant de leurres ? Une simple diversion préalable au *vrai* débarquement attendu dans le pas de Calais : la réponse est toute trouvée. Aux ordres du colonel Alexis von Roenne, héros archidécoré de la Grande Guerre qui jouit à ce titre d'une certaine confiance du Führer, le 2e Bureau de la Wehrmacht à l'Ouest, le Fremde Heere West, n'a-t-il pas identifié le First US Army Group (FUSAG), un groupe d'armées américano-canadien entier sur pied de guerre stationné juste en face, dans le sud-est de l'Angleterre, avec aéronefs et chars d'assaut ? Et, par-dessus le marché, 10 à 12 divisions basées en Ecosse qui pourraient fondre sur la Norvège, peut-être dans le cadre d'une action coordonnée avec une offensive soviétique dans la région des Balkans. Que mijotait en outre Bernard Montgomery, le vainqueur de l'Afrika Korps à El-Alamein, qu'on a vu récemment à Gibraltar, sinon préparer quelque mauvais coup en Méditerranée ?

Les cloches, en bref, sonnent partout. Alors ce n'est pas le moment de perdre son calme et de lancer sans discernement vers les plages normandes les divisions blindées stationnées un peu à l'écart et qui constituent la force de frappe de la Wehrmacht contre le débarquement allié que le FHW de von Roenne a prévu, que le haut état-major a annoncé, que le Führer lui-même a anticipé, exigeant le transfert de plusieurs grandes unités du front russe vers le front Ouest.

Un débarquement qui arrive tout de même un peu plus tôt que prévu : on ne pensait pas les armées alliées prêtes à attaquer maintenant, dans cette période de temps exécrable en plus, elles qui sont tributaires des humeurs de Neptune, dieu des Mers.

Tant pis, faisons avec. Contre-attaquer bien entendu, mais de façon limitée. Ne pas tomber dans le panneau allié, ne pas bouleverser ses plans au dernier moment, ne pas dégarnir la Norvège, ne pas faire descendre des troupes du pas de Calais vers la Normandie, ne pas mettre le paquet sur ce front secondaire. Garder au contraire ses forces vives pour écraser une bonne fois pour toutes ce First US Army Group, ce FUSAG, quand Dwight Eisenhower, le commandant en chef interallié, le lancera dans la bagarre du côté de Calais, de Boulogne ou de Dunkerque. Là où les Anglo-Américains pourront disposer d'un port à grande capacité pour déverser leurs hommes et leur matériel, Cherbourg et Le Havre étant trop bien fortifiés pour qu'on les attaque. Là en bref d'où ils pourront foncer au plus vite vers le cœur de l'Allemagne pour forcer la décision.

L'identité même du chef du FUSAG, George Patton, indique d'ailleurs à l'évidence qu'on a choisi le plus énergique des généraux américains pour mener cet assaut décisif contre les fortifications allemandes du pas de Calais.

Avec leurs 80 divisions, dont 7 aéroportées, identifiées par les hommes de Roenne en Angleterre, les Anglo-Américains peuvent se permettre le luxe d'une diversion d'envergure en Normandie. Le IIIe Reich, lui, n'a pas droit à l'erreur. Mais s'il conserve son sang-froid, sa maîtrise tactique, s'il cerne bien les plans ennemis, s'il ne disperse pas ses forces, il peut infliger une défaite majeure à la force d'invasion. Tout concorde. Inutile de prendre le risque de mécontenter le Führer en le tirant prématurément du lit : la décision se jouera ailleurs qu'en Normandie, même s'il faut aussi prendre quelques précautions de ce côté-là.

Rien de plus impeccable que ce raisonnement. De plus faux aussi, car les dés sont pipés : les divisions d'Ecosse et le FUSAG n'existent tout bonnement pas. Les Alliés ne disposant en Angleterre que d'une cinquantaine de divisions au lieu des 80 que croit savoir le FHW ne peuvent donc ouvrir qu'un seul front, et c'est bien celui de Normandie. Leur corps expéditionnaire n'a pas besoin d'occuper un port du pas de Calais car il en emporte avec lui, les ports artificiels (nom de code : « Mulberries », « Mûriers »), énormes blocs de béton charriés par mer dont il sut cacher la finalité aux Allemands. Dès qu'il aura fini ses tournées dans le sud-est de l'Angleterre, pure comédie pour égarer le FHW, Patton ira prendre un commandement sur le continent. Et, à propos de comédie, c'est un acteur de seconde zone, Clifton James, qui, portrait craché de Montgomery, est allé se promener à Gibraltar à la place du général, lui-même trop occupé à peaufiner les plans du débarquement.

Cette énorme mystification baptisée « Fortitude », ses concepteurs, britanniques pour l'essentiel ou américains, espèrent qu'elle vaudra au corps expéditionnaire allié quinze jours de marge de manœuvre. Or, dépassant leurs espérances, sa durée de validité va atteindre la fin juillet. Jusqu'à cette date plutôt tardive, les Allemands auront attendu l'offensive du FUSAG sur le pas de Calais, donc limité l'emploi de leurs divisions blindées sur le front de Normandie où les Alliés, bloqués, avaient déjà un mal énorme à déboucher.

C'est seulement vers le 25 juillet, quand se déclenchera l'offensive « Cobra » qui va desserrer enfin l'étau allemand sur la Normandie, que le haut état-major allemand et le Führer commenceront enfin à comprendre que cet assaut n'aura jamais lieu.

Ils ont perdu un temps précieux, impossible à rattraper. Ce d'autant que l'attentat du 20 juillet contre Hitler et la tentative manquée de renversement du régime perturbent le fonctionnement des centres décisionnels allemands dans une période critique où les Alliés occidentaux prennent pied sur le continent, tandis que les Soviétiques, avec l'offensive générale « Bagration » déclenchée le 22 juin, jour anniversaire de l'agression nazie contre l'URSS, progressent au même moment vers l'Ouest*.

Tout cela parce que, depuis 1941, les Britanniques ont emboîté les unes dans les autres les manœuvres d'intox et de « déception », l'une confortant la suivante et ainsi de suite. Parce que, pour compenser leur énorme faiblesse initiale seuls face à un IIIe Reich d'apparence invincible, ils ont acquis un incroyable savoir-tromper, fruit d'une mobilisation sans précédent des cerveaux, des moyens techniques et, au final, d'une expérience séculaire dans le domaine de la guerre secrète.

Une « armure de mensonges »

A la guerre, affirme Winston Churchill que l'on peut créditer d'une certaine expérience dans ce domaine, la vérité doit être protégée par *a bodyguard of lies* (une « cuirasse » ou, mieux, une « armure » de mensonges). Ces mensonges qui, pensés, structurés, organisés, rassemblés dans un tout cohérent, donnent à la « déception de guerre » son efficacité.

Un travail d'artisan à ne pas confondre avec la guerre psychologique ou la désinformation de masse, même si les moyens employés sont parfois les mêmes. Son but n'est pas de pousser le commandement militaire adverse à penser quelque chose, mais à agir dans un sens précis ou, au contraire, à rester immobile. L'inciter par exemple à une semi-expectative dans l'attente d'une fausse offensive sur le pas de Calais.

A l'inverse du camouflage, qui pousse à croire faux ce qui est vrai, la « déception » incite à croire vrai ce qui ne l'est pas, dif-

---

* Plus grande offensive de l'Armée rouge de toute la guerre, l'opération « Bagration » mobilise 1,3 million de soldats, 2 700 chars et 3 000 avions. Les Allemands ne peuvent lui opposer que 500 000 hommes, vite contraints par la poussée soviétique à des reculs catastrophiques.

férence subtile qui n'apparaît pas toujours clairement, car, dans la pratique, ces éléments se chevauchent un peu.

Pourquoi faire croire *vrai* ce qui est *faux* ? Parce que vous entendez pousser l'ennemi à agir selon vos propres intentions, ce qui vous conduit à lui fournir sur un plateau tous les éléments qui vont l'inciter à le faire, faux bien sûrs, mais vrais tout autant, car vous ne cherchez pas à le tromper pour le plaisir de tromper, mais dans le cadre d'objectifs à atteindre.

Le plateau sur lequel vous allez lui fournir cet ensemble de faits, exacts ou inexacts, mais toujours « bien » orientés, ce sont ses services de renseignements. Sachant qui les dirige, comment ils fonctionnent, comment ils raisonnent, quels agents ils recrutent, à vous de les utiliser comme autant de canaux de « déception » qui conduiront leurs commanditaires à se déterminer dans le sens souhaité.

Connaître les services allemands en 1944, c'est savoir que l'amiral Canaris vient de perdre la direction de l'Abwehr. Par décision du Führer du 12 février 1944, le haut-commandement de l'armée a cédé la tutelle de l'Abwehr à Ernst Kaltenbrunner, successeur de Heydrich à la tête du tout-puissant RSHA, l'organisme policier tentaculaire du Reich.

Pourquoi le renseignement militaire passe-t-il ainsi sous la coupe d'une brute certes, mais hitlérienne à 200 % ? Parce que l'idéologie reste le moteur du système nazi. Même si cela pose des problèmes, les démocraties supposent une différenciation fonctionnelle, politique et humaine de leurs communautés respectives du renseignement – problèmes moins sérieux au demeurant en Angleterre, où cette communauté fonctionne par cercles de relations familiales et personnelles au sein d'une classe dirigeante restreinte en nombre, qu'aux Etats-Unis, où marine, armée de terre, aviation, FBI, OSS s'affrontent, comme on l'a vu, dans des querelles de pouvoir.

Il en va tout autrement en Allemagne nazie, malgré la persistance d'un lobby militaire encore puissant qui fonctionne de manière assez comparable à la classe dirigeante britannique, par affinités personnelles et familiales : les oppositions au régime peuvent être démocrate-chrétienne, sociale-démocrate, communiste voire marxiste dissidente, mais c'est au sein des élites aristocratiques de l'armée, liées par une sorte de pacte d'honneur du silence, que naîtra bientôt la tentative la plus aboutie contre la vie de Hitler. Celle-ci ayant échoué, le pouvoir du lobby militaire allemand s'en trouvera affaibli d'autant.

Le tableau est comparable en URSS, même si Staline, revenu de sa méfiance de principe envers l'Armée rouge, a endossé le costume de chef de guerre, accordant depuis la victoire de Stalingrad de février 1943 une certaine liberté d'appréciation aux militaires qui, comme Joukov, lui ont démontré leur valeur. Si le GRU conserve un peu d'indépendance par rapport au NKVD, c'est en partie pour cette raison, en partie à cause de la volonté de Staline de limiter l'empire personnel de Beria, précieux mais à surveiller comme le lait sur le feu. Hitler, lui, n'a rien à craindre de Kaltenbrunner, dont la seule ambition est de le servir.

A Londres, on sait que les Sections I et II de l'Abwehr (espionnage et sabotage) ont été disloquées puis fondues dans le bureau militaire du RSHA, le AMT Mil du jeune brigadier-général SS Walter Schellenberg, l'homme du kidnapping des officiers britanniques en 1939 à Venlo. Et qu'une partie du contre-espionnage, la III-f, a été absorbée par l'AMT 6 du même Schellenberg. Pour autant, la meilleure part de la III-f reste dévolue à son ancien chef, le colonel Oscar Reile, sous le nom de Leistelle III West.

Compliqué ? Bien sûr, puisque la Wehrmacht tente vaille que vaille de conserver ses positions, tandis que le RSHA, conquérant, entend rafler toute la mise. Voilà qui arrange les désinformateurs de Sa Majesté, confrontés à des services adverses en pleine mutation et en plein conflit interne nazis/moins nazis.

Depuis la réussite, assez miraculeuse, de l'opération « Torch », le débarquement allié de novembre 1942 en Algérie et au Maroc, la cote des renseignements militaires auprès de Hitler a beaucoup baissé, d'où une sérieuse perte de puissance de Canaris. Autrefois fasciné par le Führer, l'amiral sombre désormais dans le désenchantement et parfois même la répulsion, tandis que le Führer, hier admiratif de son chef du renseignement, ne voit plus en lui qu'un mauvais oracle.

Von Roenne, le patron du FHW, est compétent, comme l'est d'ailleurs son homologue du front Reinhard Gehlen, commandant du Fremde Heere Ost, dont le lecteur peut d'ores et déjà retenir le nom car nous le retrouverons, la guerre finie, à la tête des services secrets de l'Allemagne fédérale. Mais le renseignement militaire nazi à l'Ouest n'a guère de moyens d'investigations pour saisir ce qui se passe en Angleterre : les interceptions radio tout de même, où il excelle, plus les rares reconnaissances aériennes revenues intactes de leurs incursions dans l'espace britannique compte tenu de l'écrasante supériorité alliée dans les airs. Le reste, le « traitement » des agents actifs en Angleterre même, dépend principalement des hommes de Schellenberg.

Le problème, nous le savons, c'est que tous ces agents, dûment retournés ou infiltrés par le MI 5, sont aux mains des Alliés, qu'ils ne font savoir que ce qu'on veut qu'ils fassent savoir, soit un mélange subtil et planifié de vraies et de fausses nouvelles destinées à orienter les décisions allemandes dans le sens voulu.

London Controlling Section

Que se passerait-il si d'aventure les Allemands entendaient parler de la Section de contrôle de Londres ? Pas grand-chose, car une telle dénomination peut recouvrir n'importe quelle réalité anodine. A peine plus révélateur, l'intitulé complet de cet organisme se trouve être London Controlling Section and Joint Security Control (Section de contrôle de Londres et Contrôle de sécurité commun). Plus discret en tout cas que l'Office of Strategic Influence créé par le Pentagone après le 11 septembre 2001 pour manipuler la presse, et supprimé en février 2002 sur ordre de George W. Bush après que le *New York Times* et le *Washington Post* ont révélé ce pot aux roses bien mal camouflé.

La LCS, c'est le contraire : dissimulation toute. Depuis sa mise sur pied à la fin 1941, cet organisme couleur de muraille se trouve être le centre nerveux de la « déception » stratégique de l'Allemagne, placé de manière hiérarchique sous l'autorité du colonel Oliver Stanley, fils de comte, orateur très apprécié de la Chambre des communes et membre de l'aile droite du parti conservateur. Une désinformation stratégique qu'il assume depuis le retrait volontaire du général Dudley Clarke, autre as de l'intox qui, à la tête de la Force A opérant sur le terrain moyen-oriental, joua un rôle clé dans la préparation de l'opération « Torch », les patriotes français d'Alger et le hasard faisant le reste.

La LCS chapeaute le XX Committee (Comité Double Croix), un organisme lié au MI 5 qui gère le « parc » d'agents doubles allemands travaillant pour les services anglais, et le Wireless Board (Bureau radio) ou « W Board », chargé des émissions radio de ces mêmes agents. Cette petite structure d'une quinzaine de membres a conçu, et le plus souvent fait appliquer sur le terrain par le XX Committee, le W Board, le MI 6, le MI 5 et, depuis l'entrée dans le jeu des Américains, l'OSS, représentée par le colonel William Baumer, quelque 120 opérations de « déception » plus ou moins complexes, plus ou moins globales, plus ou moins bien réussies, mais toutes propres à désorienter Hitler et le haut état-major allemand.

Comme au judo, on déstabilise l'adversaire par sa propre force ou, si l'on préfère, on freine un cheval qui s'emballe en tirant alternativement sur le mors de droite et le mors de gauche de telle sorte que, craignant de perdre l'équilibre, l'animal ralentisse l'allure de lui-même. Bien sûr, nul n'en espère autant d'un fou furieux comme Hitler. Mais si l'on pouvait nourrir sa tendance à l'indécision, croissante au fur et à mesure que l'Allemagne perd du terrain dans la guerre, ce ne serait déjà pas si mal.

La « déception militaire », le lecteur l'a compris, ne consiste pas à faire changer radicalement l'adversaire d'opinion, ce qui est le plus souvent impossible, mais à le rigidifier dans la position qu'il a déjà et qui, pour tel ou tel motif stratégique ou tactique du moment, doit être encouragée.

L'évidence – traversée trois fois plus courte, ports immédiatement utilisables, possibilité de percer directement vers le centre de l'Allemagne – indique que les Alliés doivent débarquer dans le pas de Calais. Une « évidence » à étayer et étayer encore. Les généraux de Hitler ne sont pas des imbéciles, et lui-même n'est pas toujours un mauvais chef de guerre : dès les premières heures du débarquement, les uns et l'autre se rendront bien compte qu'une opération sérieuse se déroule en Normandie. Mais qu'ils gardent les yeux rivés sur le pas de Calais, qu'ils restent incapables de se rendre compte que sur les plages normandes ils ont affaire au vrai débarquement, non à une simple diversion en force, et le tour sera joué.

Cela fait donc trois années que la LCS et le XX Committee s'essaient à ce petit jeu dans lequel ils ont acquis une certaine maîtrise. Ils savent qu'on doit penser à long terme, programmer, planifier, éviter la tentation de « griller » un élément important pour un bénéfice mineur. Surtout, ils disposent d'un facteur capital rarement disponible en temps de guerre : la capacité de savoir, par les intercepts « Enigma », à quel degré l'ennemi a gobé les étranges « fournitures » concoctées à son intention.

Les Américains mettant eux aussi la main à la pâte, les interceptions « Magic » des comptes rendus du baron Oshima, l'inamovible attaché militaire nippon à Berlin, permettront ainsi d'apprendre de manière indirecte que le poisson mord toujours à l'appât et que, à la mi-juillet encore, les Allemands croient toujours dur comme fer à l'assaut prochain sur le pas de Calais. De quoi bâtir avec « Fortitude » un plan de « déception » qui tiendra compte des propensions de l'ennemi à encourager, de son *modus operandi*, de son mental, des fonctionnements et des dysfonctionnements de ses services secrets, ceux qu'il s'agit d'intoxiquer en première instance.

La Ligue des gentlemen extraordinaires

Ces hommes (et cette femme, on va le voir) de la LCS, qui sont-ils ? Une clique d'excentriques comme on en voit peu. Tout ce que l'Angleterre peut produire de cerveaux bizarres s'est donné rendez-vous dans ce bunker souterrain étroit du 2 Great George Street autour de John Bevan, un homme de la City lié aux hautes sphères de l'aristocratie militaire. Bevan dont le père a dirigé la Bourse de Londres et dont l'épouse est fille d'un comte.

Prenez Dennis Wheatley, rejeton d'un négociant en vins et lui-même auteur prolifique de best-sellers, de surcroît Commander tout à fait bidon de la RAF, qui a aimablement prêté à la compagnie ses tapis persans et une partie de son mobilier… manière originale de les mettre à l'abri des bombes allemandes. Grand non-conformiste devant l'Eternel, Wheatley fait profession de foi de sa propre originalité.

Dans ce registre, le directeur adjoint de la section n'est pas mal non plus. Ancien de Cambridge, de Harvard et de la Naval Intelligence Division, Ewen Montagu a inventé, avec son compère aviateur du XX Committee George Cholmondeley, l'opération « Mincemeat ». Il s'agissait de protéger le secret du débarquement allié en Sicile de l'été 1943. Le cadavre d'un jeune homme fraîchement mort d'une pneumonie fut donc habillé de pied en cap en faux officier des Royal Marines, le « Commander William Martin », congelé, puis largué le 30 avril d'un sous-marin près des côtes espagnoles au large de Huelva, un endroit truffé d'informateurs de l'Abwehr. Le tout porteur de fausses lettres de sa « fiancée », mais aussi, et surtout, de documents subtilement biaisés laissant croire à un débarquement anglo-américain en Sardaigne.

Espagnols et surtout Allemands en ont conclu que le « Commander Martin », porteur d'informations ultrasecrètes, venait de périr lors d'un crash aérien en pleine mer. Un de ces hasards dont les guerres sont faites : en 1939, l'avion d'un officier de la Wehrmacht en possession du « Plan jaune » d'offensive générale à l'ouest s'était bien écrasé en France, malencontreux accident qui avait poussé le Führer à imposer à l'état-major le plan von Manstein, beaucoup plus abouti.

Persuadés que cette fois le hasard était bien de leur côté, les Allemands ont fortifié la Sardaigne. Quand les convois alliés se dirigeant vers la Sicile seront repérés, le 9 juillet, ce sera trop tard. L'intox a fonctionné à plein…

Parmi les gentlemen extraordinaires de Great George Street, n'oublions pas Ronald Wingate, le cousin polyglotte d'Orde Wingate, cet as de la guérilla antijaponaise que nous avons vu un peu plus haut estomaqué par les arrière-pensées économiques de l'ami américain en Inde. Baronet « comme tout le monde », Ronald est le fils du légendaire Wingate du Soudan, une des figures de l'aventure coloniale britannique.

Comptons également avec Harold Petavel, dans le civil directeur d'une savonnerie, qui, doté d'un sens très vif du secret, supervise les questions d'*Intelligence*. Avec Derrick Morley, qui porte les consignes de la LCS dans les ambassades anglaises chargées de répandre les rumeurs utiles aux opérations d'intoxication, et Neil Gordon Clark, chargé des relations avec le monde militaire. Avec James Arbuthnott, un officier de marine encore, rescapé de la Grande Guerre, et Alec Finter, un ancien de la Force A et des services de renseignements dans la zone méditerranéenne. La jeune lady Jane Pleydell-Bouverie assure le secrétariat de cette bande d'hurluberlus. Fille du comte de Raynor, elle tente de mettre de l'ordre dans leurs idées, ce qui n'est pas toujours facile.

Du beau linge, en résumé, qu'unit une pratique commune, un même sens du coup fourré et des débauches d'imagination favorisées par cet « entre-soi » de l'aristocratie britannique qui fait qu'appartenant au même univers feutré, on se comprend à demi-mot. Ce qu'il faut très exactement pour rouler l'ennemi dans les grandes largeurs.

Les amis et les alliés

Pour autant, on ne se sent pas seuls à Great George Street. Depuis 1942, le patron de la D Division pour l'Extrême-Orient, basée en Inde et chargée de tâches à peu près similaires à celles de la LCS, se trouve être ce bon vieux Peter Fleming. Ornithologue, journaliste, écrivain, grand voyageur en Amazonie, en Chine et partout, Peter appartient lui aussi à la sphère restreinte des élites britanniques. Cerise sur le gâteau, il est le frère aîné de Ian Fleming, futur créateur de James Bond, le héros de fiction le plus profitable à la légende dorée de la communauté britannique du renseignement. Se perpétue à travers des hommes comme eux et comme Wheatley la tradition inaugurée au XVIe siècle avec le poète Christopher Marlowe et qui fait des écrivains d'excellents compagnons de route, voire de formidables acteurs, des services spéciaux de Sa Majesté.

On se sent d'autant moins seuls que les Américains ont rejoint leurs alliés anglais dans la danse de la « déception ». Des officiers de liaison anglais aux Etats-Unis maintiennent le contact entre la LCS et son homologue américaine, la Special Section of Joint Security Control (Section spéciale de contrôle de sécurité commun). Pour autant, les « cousins » d'Amérique n'ont créé aucune unité centrale de désinformation stratégique comparable à la LCS. Chez eux, il appartient à chaque état-major de se charger de ce genre de mission, plus souvent au simple niveau tactique d'ailleurs.

Quant aux collègues des services des pays en guerre contre l'Axe et le Japon, on évite de les mettre au courant des affaires en cours. Sauf bien sûr quand leur participation s'avère indispensable – pensons à ces insupportables Français libres, qui n'en font qu'à leur tête. Et, pour se rassurer, rappelons-nous que les partisans de leur ex-rival, le général Giraud, se montrent moins politiques, plus professionnels, moins indisciplinés et, au final, plus accommodants : chez eux, contrairement au BCRA, pas question de rompre la solidarité avec les services alliés en faisant remonter jusqu'à l'homme du 18 Juin toutes les initiatives alliées dont on a écho. La date du débarquement en Normandie, par exemple…

Bilan positif en tout cas. Très positif. En trois ans, la Ligue des gentlemen extraordinaires de la LCS a fait flèche de tout bois, brossé de faux plans d'offensive alliée, inventé des commandos, des bataillons, des régiments, des brigades, des divisions, des escadres, des groupes navals, des escadrilles, des corps d'armées et des armées imaginaires (157 en tout, dont 81 britanniques, 62 américains, 7 français, 4 polonais, 3 d'Afrique coloniale anglaise, 2 néo-zélandais, 1 sud-africain et 1 grec), fait dessiner leurs insignes, accrédité leur existence par mille moyens, y compris les « vantardises de bar » de faux paras, de faux commandos, de faux aviateurs et de faux marins bravaches, les « révélations » imprudentes de diplomates anglais, les « bavardages » de journalistes bien informés, les confidences sur l'oreiller de jeunes femmes peu farouches. Sans oublier les précieux agents doubles retournés. Ou encore ceux qui se sont portés volontaires pour cette tâche difficile et dangereuse. Vrais volontaires et, à l'occasion, volontaires d'office, comme on dit dans l'armée. On est en guerre, après tout…

Le Comité « Double Croix »

Ces agents d'intoxication sont fournis le plus souvent dorés sur tranche par le XX Committee – XX pour « Double Croix », comme fourberie, comme retournement, comme menterie, et non pour « Comité des Vingt », comme certains, mal tuyautés, le croiront. Mais disons quand même le « Twenty Committee » pour simplifier.

D'ailleurs, ils ne seront jamais si nombreux autour du directeur de ce comité très secret, l'honorable John Masterman, doyen d'Oxford, historien et germanophone confirmé, bardé en outre de titres internationaux en tennis, hockey et cricket. Une petite dizaine tout au plus à tenir la bagatelle de 226 réunions hebdomadaires jusqu'à la dissolution du Twenty Committee le 10 mai

1945, juste après la capitulation de l'Allemagne. La Section D, elle, continuera ses activités sur le front d'Extrême-Orient jusqu'à ce que, assommé par les deux bombes atomiques américaines, l'empire du Soleil-Levant baisse enfin pavillon.

Le Twenty Committee est une longue histoire commencée sous la houlette de Guy Liddell, patron de la Division B du MI 5 en charge du contre-espionnage (et, incidemment, de la tentative de déstabilisation avortée du général de Gaulle : l'« affaire Howard »). Lequel confie dès août 1941 à Thomas Argyll Robertson dit « Tar » la mise sur pied de la Section B 1 A du contre-espionnage chargée de la « déception stratégique ».

D'abord placé sous ses ordres ainsi que John Marriot, le professeur Masterman sera par la suite le supérieur de « Tar » au sein du XX Committee, preuve que les gens de cette mouvance ne s'attachent guère aux questions de hiérarchie, mais plutôt à l'efficacité de leur action.

Efficaces, mais comment ? En bon universitaire, Masterman définira la démarche du *Double Cross System* en sept points allant des facteurs initiaux aux objectifs à atteindre : 1° on contrôle les espions ennemis ; 2° on en attrape de nouveaux dès qu'ils se manifestent ; 3° on collecte des informations sur les responsables des services secrets allemands et leurs méthodes ; 4° on obtient des renseignements sur leurs procédés de cryptage ; 5° on cerne les plans ennemis à partir des informations qu'ils demandent à leurs agents (sous-entendu : déjà retournés par nous) ; 6° on influence l'adversaire dans le sens qui nous intéresse par les réponses que nous faisons donner par les agents doubles à ces « listes de commissions » ; 7° au final, on trompe l'ennemi sur nos véritables plans et nos véritables intentions.

L'équipe qui s'identifie à ce programme est restreinte, mais solide et d'une discrétion à toute épreuve. A elle de gérer cent vingt dossiers d'agents doubles : anglais, allemands, belges, polonais, russes, yougoslaves, portugais, danois, tchèques, suédois, norvégiens, autrichiens, espagnols, islandais, luxembourgeois, français, néerlandais ; il y a même une Péruvienne, Elvira Chaudoir alias « Bronx », fille d'un diplomate en poste à Vichy.

Une véritable tour de Babel, mais attention : ces agents n'existent pas tous. Dans la plupart des cas, il s'agit de sous-agents fictifs prétendument « recrutés » par les vrais agents doubles qui opèrent sous la coupe de la Section B1 A et du Twenty Committee. Pour chacun d'entre eux, il faut déterminer avec soin l'identité fausse, le lieu d'habitation, le métier et naturellement la raison pour laquelle ils se trouvent en mesure de fournir à leur « chef de réseau » les renseignements trafiqués que le Comité Double Croix entend faire parvenir à l'ennemi à un moment donné dans le cadre de son plan général de « déception ».

Du travail d'artiste et du travail tout court. L'officier traitant, le *case officer* du chef de réseau retourné, doit imaginer de A jusqu'à Z la vie de ces sous-agents fictifs, ses péripéties (ils se marient, ont des enfants, déménagent, changent d'employeur, de lieu de domicile, demandent des fonds complémentaires, font part de leur découragement pour qu'à distance l'Abwehr leur remonte le moral, tombent malades, recrutent à leur tour des sous-agents aussi faux qu'eux, etc.). Ce qui suppose une mémoire d'éléphant pour ne pas commettre d'impair qui risquerait de mettre la puce à l'oreille de Berlin ; une bonne pratique du travail administratif de manière à gérer le dossier au jour le jour ; et, bien entendu, le sens du contact humain indispensable à tout « traitant » qui doit inspirer confiance à ses vrais agents, les motiver, les secouer s'il le faut, bref les manipuler sans se faire manipuler par eux, un peu comme les policiers doivent contrôler leurs « indics » et non le contraire.

Ce travail en finesse implique une vigilance de tous les instants, la moindre erreur pouvant discréditer un faux agent. Les perfectionnistes du Twenty Committee et de la LCS s'inquiètent d'ailleurs de la crédulité de « ceux d'en face ». Comment les Allemands peuvent-ils croire sérieusement qu'aucun des soi-disant « chefs de réseau » qui les inondent depuis des années de messages radio n'a été repéré par la goniométrie britannique ? Des « agents » sont « tombés malades » ou ont eu des « accidents » qui les ont mis hors jeu. D'autres sont « morts » (dans ces cas-là, Great George Street a pris soin de faire paraître un avis de décès dans la presse anglaise, disponible dans les pays neutres). Mais, d'agents trahis par une trop longue émission ou des émissions trop souvent répétées, jamais, alors que, en France par exemple, MI 6, SOE ou BCRA n'accordent aux opérateurs qu'une durée de vie moyenne de six mois, compte tenu de la célérité de la Funckabwehr allemande…

Sont-ils aveugles pour ne pas voir cette évidence, les services nazis ? Presque trop beau pour être vrai et, pourtant, ça l'est. Au SD et à l'Abwehr, personne ne se posera jamais cette question pourtant vitale, alors qu'une dose d'arrogance en moins et un zeste de bon sens en plus auraient peut-être réduit à néant toute l'ingéniosité, tous les efforts des désinformateurs de Sa Majesté.

Jupiter rend fous ceux qu'il veut perdre, disaient les Romains. Sans doute les dieux de la liberté, sensibles aux cris de détresse des hommes, ont-ils décidé que la cause alliée méritait de triompher du totalitarisme à croix brune…

Cinq de la désinformation

Parmi les agents doubles en chair et en os du Comité Double Croix, cinq méritent une attention particulière.

La première s'appelle Natalia Serguieiw, Lily pour ses amis. Très attachée à la France où elle vit depuis 1920, l'année de ses cinq ans, Natalia n'accepte pas la défaite de juin 1940. Comment faire ? Déjà en rapport avec les services britanniques dont le représentant à Paris, « Buffy » Dunderdale, a quitté la capitale, et sachant de toute façon une grande partie de sa famille réfugiée en Angleterre, l'idée lui vient fin 1940 d'entrer en contact avec l'Abwehr par l'intermédiaire d'un journaliste balte proallemand, Félix Dassel, rencontré avant la guerre lors d'une randonnée que la jeune femme, sportive accomplie, effectuait à pied de Paris à Varsovie.

« Staline et les communistes ont assassiné les miens, je les hais. Je suis prête à n'importe quoi contre eux. » Sur la foi de cette déclaration vibrante de Lily, la III-f du colonel Reile, installée à l'hôtel Lutetia, décide d'en faire une agente d'infiltration… en Grande Bretagne. On lui affecte un officier traitant autrichien pas plus germanophile que ça, le major Kliemann. Formée aux techniques de service secret à Berlin, Lily doit gagner la Grande-Bretagne *via* Madrid, capitale neutre, puis Gibraltar.

En novembre 1943, elle arrive à Londres, bientôt soumise aux interrogatoires du MI 5 qui lui rappellent fâcheusement les « interrogatoires subis à la Gestapo il y a quelques années à propos de l'affaire Miller » (c'est en effet la nièce du général Evgueni Miller, chef de l'Union militaire générale de Russie, que nous avons vu kidnappé à Paris le 22 septembre 1937 par l'INO, *cf.* p. 224).

Au final, Lily est *clean.* « Tar » Robertson, John Masterman et la LCS feront de « Treasure » (son alias côté britannique) un de leurs agents de « déception » favoris. Soi-disant auxiliaire féminine de l'armée britannique, la jeune femme fait savoir à Kliemann qu'un officier américain lui ferait ses confidences. Les choses sont donc prêtes pour une longue série de « fournitures » savamment dosées à l'usage de la III-f.

Roman Czerniawski, voilà une de nos vieilles connaissances : ancien membre fondateur du réseau Interallié et amant de Mathilde Carré, « la Chatte », cet officier polonais a fait semblant de passer comme elle au service des nazis. A cette différence près que dès son arrivée en Angleterre, après une spectaculaire évasion-leurre organisée par Hugo Bleicher, un des manipulateurs les plus habiles de l'Abwehr III-f, il a averti le MI 5. Doutes, enquête, le voilà blanchi et désormais nouvel agent d'intox sous le pseudonyme de « Brutus ».

En mai 1944, Czerniawski fera savoir à ses « traitants » allemands qu'il vient d'être nommé officier de liaison polonais auprès de la FUSAG, cette « armée Patton » qui n'existe que dans l'imagination de la LCS et, par voie de conséquence, dans les rapports inquiets du Fremde Heere West. Nouvelle confirmation à l'usage de Berlin : les Alliés sont toujours prêts à se lancer sur le pas de Calais. CQFD.

Revoici Dusko Popov. En 1941, cet amateur de parties sexuelles à trois qui lui valent son pseudonyme de « Tricyle » n'avait pas eu l'heur de plaire à J. Edgar Hoover. Dégoûté par son « immoralité », le nabab du FBI s'était refusé à prendre en compte les informations, pourtant sérieuses, que ce Serbe de riche famille francophile, anglophile, polyglotte, germanophobe, et de toute façon patriote yougoslave, apportait sur les projets d'attaque surprise japonaise. Les renseignements de « Tricycle » lui avaient été fournis par les Britanniques, mais aussi par celui qui l'a recruté à l'Abwehr, l'antinazi Johann Jebsen. Popov est en effet un agent double des services allemands et britanniques, sa véritable allégeance allant aux seconds.

Un vieux routier de la « déception » : dès 1941, ne s'est-on pas servi de lui pour faire parvenir au quartier général de l'Abwehr, quai Tirpitz, des chiffres surestimés du personnel militaire disponible pour lutter contre un éventuel débarquement allemand dans les îles Britanniques ? Quand Berlin l'a expédié aux Etats-Unis peu avant Pearl Harbor pour se renseigner, et sans doute renseigner les Japonais, sur le dispositif américain dans la région d'Honolulu, il a tenté – en vain, on vient de le voir – de tirer la sonnette d'alarme au FBI. Depuis, après avoir recruté à son tour Jebsen comme agent double (pseudo chez les Anglais : « Artist »), Popov, star du Twenty Committee et de la Ligue des gentlemen extraordinaires, sert de véhicule à toutes sortes de désinformations. Seul inconvénient – grave – en mai 1944, quand le MI 6 apprend que Jebsen, suspect aux yeux de ses supérieurs, a été kidnappé à Lisbonne par des agents nazis. Parlera-t-il sous la torture ? Gardera-t-il le silence ?

Dans le doute, Masterman et Guy Liddell décident qu'il n'y a pas lieu de mettre un terme aux activités d'agent double de « Tricycle », qui vit en sûreté ici, en Angleterre. Mais, plutôt que de prendre le risque de compromettre l'ensemble de l'opération « Fortitude », on cessera de lui faire envoyer de fausses informations. En attendant, sa partenaire dans les services et ailleurs, l'Autrichienne Friedle Gartner, alias « Gélatine », peut toujours continuer le travail d'intox : pour les Allemands, elle reste insoupçonnable.

Et « Zigzag » qui n'est pas là ! Un véritable héros de roman d'espionnage, un de plus. De son vrai nom Edward Chapman, ce sujet britannique peu recommandable est né en novembre 1914 d'un père ex-mécanicien de marine reconverti dans la gérance d'un pub de bas étage dont il buvait lui-même les maigres bénéfices. Sa mère, elle, est morte de la tuberculose. Beau gosse viré de l'armée britannique pour absence sans permission – le soldat Chapman était avec une fille à Soho, le quartier chaud de Londres –, Eddie ne tarde pas à mal tourner. De la petite délinquance, il passe rapidement au dynamitage de coffres-forts, tant et si bien qu'en 1939 une cellule l'attend à la prison de Jersey.

Sauf qu'il n'y a de veine que pour la canaille, mais moins pour les habitants de l'île de Jersey, dûment occupée par la Wehrmacht. Et qu'au final, après de vibrantes proclamations de haine envers son pays natal, Chapman se voit recruté début 1942 par le baron Stephan von Gröning alias « Graumann », ancien des dragons du

Kaiser, comme agent de l'Abwehr à parachuter en Angleterre, chose faite fin décembre.

Jolly Good Fellow ! s'exclame « Tar » Robertson quand un brave *constable* de province, légitimement curieux de cet arrivant venu d'on ne sait où, fournit sur un plateau au MI 5 l'agent « Fritz » de von Gröning. D'autant que Chapman, en bon voyou, a pris soin de mémoriser les noms de la foultitude d'officiers de l'Abwehr qui ont participé à son « traitement », leurs visages, leurs tics, leurs techniques, leur vocabulaire (règle n° 3 du catéchisme de la LCS signé Masterman : collecter des informations sur les responsables des services secrets allemands et leurs méthodes).

Un garçon doué, c'est certain. Histoire de peaufiner sa crédibilité de mauvais sujet de Sa Majesté, le MI 5 monte avec lui un vrai-faux attentat à l'explosif contre une usine du constructeur aéronautique De Havilland. Doué, c'est ce que l'Abwehr se dit aussi à la lecture gourmande d'une presse anglaise indignée par l'odieux sabotage. Dès son retour en France en mars 1943 *via* Madrid et Lisbonne, les Allemands l'accueillent en héros, ignorant que « Fritz », cumulard des services secrets, est désormais *aussi* l'agent anglais « Zigzag ».

Très pratique pour inonder Berlin d'informations biaisées *made in* LCS et Twenty Committee, dont les intercepts de Bletchley Park permettront d'établir qu'elles ont bel et bien intoxiqué leurs destinataires.

En attendant, « Zigzag », bloqué en France où l'Abwehr le prépare pour une nouvelle mission, ne donne plus signe de vie. Il ne reviendra en Angleterre que fin juin 1944, le Twenty Committee lui fournissant alors des fausses coordonnées de points d'impact de V1 à transmettre par radio aux Allemands, de façon à détourner les tirs de bombes volantes vers des zones de Londres moins peuplées.

L'autre Garbo

Reste « Garbo », une perle ! Juan Pujol Garcia de son vrai nom, ce Catalan a tenté, dès le début 1941, d'offrir ses services à l'ambassade de Grande-Bretagne à Madrid. Son enthousiasme pour la cause de Sa Majesté semblant louche, on l'a retoqué.

Lui vient alors l'idée, assez tordue, de se faire recruter par les services secrets allemands de façon à intéresser par rebond leurs ennemis anglais.

Devenu « Arabel » pour l'Abwehr, il s'embarque pour l'Angleterre *via* Lisbonne. « S'embarque », façon de parler car, en réalité, Pujol est resté dans la capitale portugaise, « vendant », sous prétexte de sécurité, à son officier traitant Fritz Knapp-Ratey la légende d'un prétendu pilote complice de la ligne Londres-Lisbonne qui lui ferait suivre le courrier que l'Abwehr doit envoyer à une boîte postale portugaise et réciproquement. Pas de contacts directs, aucun risque de se faire repérer.

En attendant, « Arabel » se documente sur la vie en Grande-Bretagne, assez pour annoncer *via* la boîte postale qu'il s'est installé *incognito* dans le centre de l'Angleterre et qu'il commence à y repérer des mouvements de troupes et obtenir des informations d'ambiance sur le moral des Anglais.

Le dialogue « professionnel » avec Knapp-Ratey s'amorce *via* la boîte postale lisboète. En octobre 1941, en possession d'une « liste de commissions » demandées par l'Abwehr, « Garbo » se présente à Hamilton Strokes, le représentant du MI 6 à l'ambassade de Grande-Bretagne. Lequel l'éconduit de nouveau. Tant pis, sa propre femme et complice tente le mois suivant une démarche analogue auprès de l'ambassade américaine. Chou blanc toujours, quoique l'accueil se soit révélé meilleur.

Le 15 janvier 1942, l'Amérique est en guerre quand Pujol sonne de nouveau à la porte de l'ambassade. N'ayant pas encore de vrai service secret, les Américains l'adressent au MI 6. Son dossier passe alors de main en main jusqu'à « Tar » Robertson et « Uncle Claude » Dansey, lesquels décident que, après tout, on peut toujours voir. Que l'intéressé se rende en Angleterre et on parlera. Il y arrive en avril pour être passé sur le gril par Tomás Harris, un hispanisant du MI 5 de mère espagnole.

Bon pour le service secret ! Devenu « Garbo » parce qu'on voit en lui une future star comme la grande actrice suédoise amie des Alliés, l'astucieux Catalan va devenir le canal d'intoxication le plus efficace qu'emprunteront trois ans de rang les subtils « bouteillons » concoctés à Great George Street par la Ligue des gentlemen extraordinaires. Et, bien sûr, il « recrute » à tour de bras : une brochette de 26 sous-agents au final, aussi imaginaires les uns que les autres et qui vont constituer le réseau Alaric, un des joyaux de l'Abwehr.

Comme les communications par voie postale sont tout de même assez lentes, Pujol fait opportunément la connaissance d'un « républicain espagnol réfugié en Angleterre » qui, radio amateur, dispose d'un poste émetteur-récepteur installé dans une ferme isolée – il s'agit bien entendu d'un opérateur du MI 5 dont la manière de « pianoter », dûment enregistrée par les spécialistes de la Funckabwehr, permettra d'authentifier des messages ultérieurs parfaitement bidons.

Très bien, répond Knapp-Ratey, qui dote son agent star d'un plan de transmission, d'une liste de fréquences sur lesquelles émettre et surtout d'un nouveau type de code que l'on s'empresse d'expédier à Bletchley Park où il sera disséqué à toutes fins utiles. Dès lors, le réseau Alaric peut fonctionner au rythme voulu. Rien n'ébranlera jamais la confiance de l'Abwehr. Pas même quelques manœuvres d'intox manquées de la LCS.

Début mai, « Garbo » inonde littéralement Berlin *via* Madrid de messages prévenant que diverses unités dûment répertoriées du prétendu FUSAG et quelques autres, anglaises celles-ci, seraient en train d'achever leurs préparatifs, qu'elles prennent position entre Newhaven et Brighton. Regardez une carte : c'est juste en face du pas de Calais.

Un courant d'air glacé parcourt cependant les sous-sols de Great George Street et d'ailleurs quand des messages allemands « cassés » à Bletchley Park préviennent qu'un assaut aéroporté allié est jugé possible en Normandie. Les Allemands savent-ils ? Pas vraiment, c'est plutôt une nouvelle intuition du Führer, comme d'autres intercepts le montrent, mais quand même. L'essentiel, c'est que l'ordre de bataille de la Wehrmacht ne s'en trouve pas bouleversé. Pour deviner les intentions anglo-américaines, l'ennemi, outre les analyses sur cartes du haut état-major et les pensées fulgurantes de Hitler, ne peut s'appuyer que sur trois sources de renseignement. Quelques reconnaissances aériennes d'abord, que la supériorité alliée permet de téléguider – de temps en temps, la chasse de la RAF et un peu celle de l'US Air Force laissent passer un appareil aux cocardes à croix gammée qui photographie ce qu'on veut qu'il photographie, les autres étant abattus impitoyablement. Les messages de ses « agents en Angleterre » ensuite, tous contrôlés par le MI 5 et le Twenty Committee. Les interceptions radio enfin, biaisées du fait que beaucoup émanent des opérateurs supposés du FUSAG, lesquels expédient chaque jour les tonnes de messages de routine coutumiers à toute armée, faux dans leur majeure partie bien entendu.

Les Alliés vivent une situation de plus en plus confortable. Les reconnaissances aériennes leur sont faciles, ils ont Bletchley Park et aussi les milliers d'agents de la Résistance, cette armée des ombres qui chaque jour épie les moindres mouvements de l'armée allemande en France et les transmet à Londres. Sur le continent, le contre-espionnage nazi a bien infiltré et « retourné » quelques réseaux qui émettent de fausses informations pour son compte, mais, sur la masse, cela ne suffit pas.

Le débarquement est donc maintenu. A l'approche du jour J, une idée diabolique de plus jaillit même à Great George Street. Et si on améliorait encore la crédibilité de « Garbo » en lui faisant expédier un message annonçant le déclenchement de l'assaut en Normandie avec quelques heures d'avance ? Beaucoup trop dangereux, a-t-on tendance à répondre spontanément, et, en l'occurrence, c'est une erreur. Voici pourquoi :

1. Le message sera noyé dans la masse des fausses informations que la LCS a pris soin de disséminer par les divers canaux dont elle dispose afin – sa mission est que l'ennemi, désorienté par tant de messages contradictoires, décide que le plus sage est de bouger le moins possible, de ne pas lancer sur les plages normandes la totalité de ses divisions blindées du nord de la France et de ne pas dégarnir le front du pas de Calais. Le risque que ce radiogramme-là soit pris plus au sérieux que la masse des autres reste donc très limité.

2. Comme les autres agents allemands vrais et surtout faux, l'opérateur « républicain espagnol » de Pujol expédie ses messages sous forme cryptée. Compte tenu de la quantité de textes qui ne cessent d'atterrir, et de s'amonceler, sur la table des décrypteurs allemands, il faudra pas mal de temps pour que celui de « Garbo » soit mis au clair.

3. Du temps encore pour qu'on l'analyse et qu'on expédie des conclusions au Quai Tirpitz et au Fremde Heere West.

4. Du temps toujours pour que son alerte franchisse tous les paliers de la hiérarchie avant d'aboutir enfin, si elle y parvient, sur le bureau de décideurs.

La conclusion coule de source : le débarquement étant prévu pour commencer vers 6 h 30 du matin, Pujol peut parfaitement l'annoncer à ses supérieurs au milieu de la nuit, vers 3 h 30. Soumise pour arbitrage à Winston Churchill lui-même, toujours passionné par les affaires de service secret, et à Eisenhower, la décision est prise.

La station d'écoute radio allemande de Madrid fermant entre 23 heures et 8 heures du matin faute de personnel, « Arabel » a demandé, en prévision d'importantes nouvelles à venir, qu'elle reste ouverte toute la nuit ces premiers jours de juin. Madrid, hélas ! n'a pas accédé à cette demande d'écoute permanente. Si le message d'alerte annonçant que la 3e division canadienne serait en cours d'embarquement part bien à 3 h 30, c'est pour atterrir dans le vide !

Le texte ne sera pris en compte qu'à partir de 8 heures du matin, mais qu'importe : la star des réseaux allemands en Angleterre a bien transmis l'information du débarquement longtemps avant que celui-ci ne commence à devenir effectif. « Garbo » est le mieux informé de tous ; à l'avenir, on peut lui faire pleine confiance.

Parfait pour Great George Street ! Conforté auprès des Allemands, « Garbo » peut servir à d'autres « déceptions », et il y en aura beaucoup jusqu'à la fin de la guerre, à commencer par les opérations de couverture du débarquement franco-américain en Provence d'août 1944, l'opération « Dragoon », deuxième clou enfoncé dans le cercueil de l'occupation allemande du pays. Tellement de coups tordus que le présent livre serait beaucoup trop épais à les raconter tous. Par contraste, il n'est pas inutile de rappeler que la « déception » de guerre, loin de ressembler à un jeu idyllique et presque amusant, ne va pas sans quelques aspects tragiques voire odieux.

S'il en était besoin, le drame du réseau Prosper du SOE, antérieur de neuf mois au débarquement, mais ô combien révélateur, suffirait à le démontrer.

L'affaire « Prosper »

> Dansey lui a ordonné de nous « donner ». Tel était le prix à payer pour donner de la crédibilité à la fausse information à faire passer : un débarquement allié dans le pas de Calais le 9 septembre 1943.

> Dès son retour, Suttill est devenu méconnaissable. On avait mis cet homme que je connaissais bien dans la peau d'un traître. Il n'osait plus se montrer à nous. Même attitude chez Gilbert Norman, qui avait reçu la consigne de la bouche de Suttill : faire semblant de collaborer avec Kieffer [le SS-Obersturmbannführer Hans Kieffer, chef du détachement SD de Paris] pour que ce dernier gobe la date du 9 septembre. Les deux hommes nous avaient bien dit de ne pas finasser en cas d'arrestation : livrer la date du débarquement au bout des quarante-huit heures de silence « réglementaires » n'avait paraît-il pas d'importance !

Voilà ce que confiait en 1999 à l'auteur Jacques Bureau, survivant du réseau Prosper du SOE, l'un des plus importants de France sinon le plus important, avec ses 258 agents P 1 et P 2 répertoriés à titre officiel pour un total de 2 000 à 3 000 agents toutes catégories, filiales (nombreuses) comprises. Et d'ajouter que « Claude Dansey était un monstre », mais que, si le livrer au bourreau ainsi que ses camarades était le prix à payer pour battre le nazisme, Bureau l'admettait, à condition que les Anglais disent enfin la vérité sur la chute de Prosper...

Pourquoi cette terrible accusation portée notamment contre « Uncle Claude », numéro 2 et éminence grise du MI 6 ? Parce que les rescapés de « Prosper » estimaient, non sans arguments des plus solides, avoir été délibérément « balancés » à l'ennemi dans le cadre des opérations anglaises d'intoxication des nazis.

Résumons les faits. « Prosper » s'est développé, entre autres, à partir des débris de l'organisation Carte, créée dans le sud de la France par le peintre et artiste publicitaire André Girard, un résistant authentique mais un peu bidonneur : pour séduire les Britanniques, il leur avait fait croire en l'existence d'une véritable armée secrète obéissant à ses ordres. Carte démantelée par les Allemands, Girard a gagné les Etats-Unis, tandis que son bras droit, Henri Frager, se rangeait sous la bannière du SOE.

Très présent dans la région parisienne, le long de la façade atlantique, en Touraine, dans le Nord, Prosper possède des ramifications un peu partout en France. Son chef est un major britannique de mère française, Francis Suttill (« Prosper »), né le 17 mars 1910 à Mons-en-Barœul, qu'assiste un autre Franco-Anglais, Gilbert Norman (« Archambault »).

C'est bien, presque trop. Car le réseau a pris tellement d'extension en si peu de temps que ses dirigeants – Suttill, Norman, Andrée Borrel, Jacques Agazarian, optimistes et surmenés à la fois – ont relâché leur attention. Prendre par exemple leurs habitudes dans un même bistrot parisien peut favoriser – et favorisera – le coup de filet nazi qui se prépare à l'heure où Hugo Bleicher, l'as de l'Abwehr III-f et ancien amant de Mathilde Carré, « la Chatte », a commencé à infiltrer Prosper.

Plus grave encore : le SS-Sturmbannführer Karl Boemelburg, chef de la Section IV du SD Frankreich (contre-espionnage et lutte contre la Résistance en France), a l'œil braqué sur l'état-major du réseau. Cet œil s'appelle Henri Déricourt alias « Gilbert ». Un personnage haut en couleur encore. Sympathique, filou, séducteur, aventurier, à l'aise dans tous les milieux, agréable à tout le monde, débrouillard comme personne, ce Français est surtout un pilote virtuose, ce qui fait de lui le chef d'équipe idéal pour les opérations aériennes de Prosper : repérage des terrains, organisation pratique des atterrissages et des décollages, embarquement ou recueil des agents, aussitôt convoyés vers des endroits moins exposés.

De ce côté-là, rien à dire. Sauf que le sautillant « Gilbert » possède sa face cachée. Avant guerre déjà, Déricourt fut une relation personnelle de Boemelburg, alors opérateur du SD à Paris sous couverture de la représentation allemande à Interpol. Boemelburg avec qui il a repris langue dans des conditions mal définies et dont il est devenu l'informateur. Grâce à « Gilbert », le courrier du réseau en partance pour Londres ou retour de la capitale anglaise est photographié par les Allemands avant de suivre son chemin normal.

Agent double ? Dites agent triple et vous serez plus près du compte. En dernier ressort, Déricourt travaille en effet pour le MI 6. Plus précisément pour Nicholas Bodington, second de Maurice Buckmaster à la tête de la section française du SOE. Bodington qui se trouve justement être le cheval de Troie de Claude Dansey, la véritable allégeance de cet ancien correspondant à Paris de l'agence Reuters n'allant pas à l'honnête et droit « Buck », mais au tortueux « Uncle Claude ».

Nous savons déjà que Dansey, qui ne cesse de fulminer contre l'« amateurisme » du SOE, inutile et dangereux selon lui, s'est débrouillé pour qu'on le charge des liaisons entre le MI 6 et ce même SOE. Ce que nous allons apprendre à travers l'affaire « Prosper », ou plus exactement l'affaire Déricourt, c'est qu'il entend faire coup double : créer des leurres à destination des nazis tout en démontrant la nullité des hommes de Buckmaster.

En cette année 1943, Staline, dont l'URSS supporte à l'Est une grande partie de l'effort de guerre allemand, réclame à cor et à cri l'ouverture d'un second front anglo-américain à l'ouest de l'Europe. Or, militairement parlant, c'est chose impossible. Que peuvent faire les Alliés pour montrer leur bonne volonté au dictateur rouge ? Continuer à bombarder l'Allemagne nazie, mais c'est insuffisant. En revanche, si d'habiles menées souterraines – dont la Ligue des gentlemen extraordinaires de Great George Street a le secret – incitaient les Allemands à croire à un débarquement allié en France ou en Norvège, Hitler se sentirait contraint de rameuter à l'Ouest une partie de ses divisions d'élite engagées sur le front russe, soulageant d'autant l'Armée rouge.

Tel est le but de l'opération « Cockade » (« Cocarde »), concoctée sur mesure par la London Controlling Section avec comme date d'exécution le début de septembre 1943. Elle se compose de trois volets, rappelés par une note du Joint Planning Staff du Cabinet de guerre le 17 juin, puis fixés définitivement le 8 juillet :

— L'objet du volet « Wadham » (« Boulette de jambon ») est de « persuader l'ennemi qu'une opération américaine de grand style est en préparation pour s'emparer de la péninsule brestoise au début de l'automne », son point culminant étant fixé au 30 septembre.

— « Tindall » (aucune signification précise) vise à convaincre les Allemands d'une attaque sur le port norvégien de Stavanger, culminant dans la semaine du 12 au 18 septembre, mais que le cabinet de guerre proposera d'étendre jusqu'en novembre.

— Contrairement aux deux autres opérations, complètement factices, « Starkey » (« Clé d'étoile ») mettra en jeu de vrais moyens maritimes, dont deux cuirassés et des forces aériennes substantielles capables d'infliger des pertes sérieuses à la Luftwaffe, laquelle ne devrait pas manquer de se porter en avant de cette « vraie-fausse » attaque destinée à « persuader l'ennemi qu'un débarquement sur grande échelle dans le pas de Calais est imminent et de pousser la force aérienne allemande à la bataille ».

Ce qu'elle ne fera d'ailleurs pas, transformant « Starkey » en fiasco. Pas si grave au demeurant, étant entendu que l'opération ne devait en aucun cas pousser les « armées patriotes » du continent à un « soulèvement prématuré », les exposant à des représailles allemandes. Logique, puisque le vrai débarquement reste programmé pour 1944…

Le réseau sacrifié

Pour donner plus de consistance à « Starkey » qui en manque terriblement, Dansey conçoit l'idée d'accélérer la chute de Prosper, qu'il sait (et pour cause) inéluctable. En mobilisant ce réseau infiltré sur le projet de prétendu « débarquement allié dans le pas de Calais » en septembre, ne fournira-t-on pas aux nazis suffisamment d'éléments de nature à accréditer la « vraie-fausse » opération ?

Le mieux serait de livrer des officiers britanniques comme Suttill ou Norman en pâture à Boemelburg : certain que les Anglais ne « donnent » jamais délibérément les leurs, vérité générale, jamais le chef de la Section IV du SD Frankreich n'imaginera que c'est le cas en l'occurrence, vérité particulière.

Convoqué à Londres en mai 1943, Suttill ne parle pas personnellement à Churchill comme certains l'ont cru, le Premier ministre se trouvant aux Etats-Unis pour rencontrer le président Roosevelt dans le cadre d'une conférence interalliée. Mais on n'a pas fait venir le chef de réseau pour parler de la pluie et du beau temps : les représentants de la LCS lui ordonnent d'intensifier les actions armées en vue d'un débarquement prochain des Alliés. Au vu de son effondrement physique et moral à son retour et des événements ultérieurs, Jacques Bureau et ses amis rescapés estimeront, eux, qu'on leur aurait carrément demandé de se sacrifier en cas d'arrestation par le SD : à lui dans ce cas de révéler la fausse date de septembre 1943 comme celle du jour J.

Tirée par les cheveux puisque assez aléatoire (après tout, Suttill à bout de forces pouvait avouer la supercherie à Boemelburg), la version Bureau n'est pas impossible pour autant, compte tenu du degré de duplicité de Dansey, maître espion au machiavélisme chevillé au corps. A tout le moins, « Uncle Claude », raisonnant comme un chef d'entreprise en pertes et profits – mais, là, il s'agissait d'êtres humains –, a précipité *via* l'agent triple Déricourt le démantèlement de Prosper.

Déricourt, justement : Henri Frager, l'ancien de l'organisation Carte, le considère comme un traître, avis que Suttill n'est pas loin de partager. Tend à le prouver le fait que, pour son retour en France dans la nuit du 20 au 21 mai, le major préfère sauter en parachute plutôt que d'être réceptionné, comme prévu initialement, par « Gilbert » sur un terrain proche d'Azay-sur-Cher.

Entre avril et juin, la rafle du SD contre le réseau va entraîner d'atroces conséquences : un millier de résistants français sacrifiés, dont 400 ne devaient pas survivre à l'emprisonnement ou à la déportation, ainsi que 35 officiers britanniques, leurs camarades de combat. Torturés, certains lâchent – dans tous les cas c'était prévu – la fausse date du début septembre comme celle du grand jour.

Des pertes effroyables pour un résultat médiocre car, au final, l'opération « Cockade » devait faire long feu, les Allemands ne tombant pas dans le panneau. Quelle plus triste oraison funèbre pour ces résistants sacrifiés en vain et dont les survivants, comme le propre fils du major Suttill, demandent que les autorités anglaises fassent toute la lumière sur ce drame effroyable. Sans résultat, mais il n'est pas interdit d'espérer encore que…

Et Déricourt, l'agent triple ? Inculpé de trahison après guerre, mais protégé par les Britanniques et notamment par Nicholas Bodington, le vecteur de pénétration de Dansey au sein de la section française du SOE, il sera acquitté le 7 juin 1948 par le tribunal militaire de Paris. Toujours pilote, mais pilote civil impliqué dans toutes sortes le trafics et sans doute même le trafic de drogue, « Gilbert » périra le 20 novembre 1962 au Laos dans un crash aérien qui nourrira bien des fantasmes : le MI 6 s'était-il débarrassé à jamais d'un témoin gênant ?

Allez savoir… De machinations, la Seconde Guerre mondiale fut bien remplie. En Yougoslavie par exemple.

Tito contre Mihailović

Encore une affaire trouble impliquant le SOE. A son corps défendant peut-être, car le service Action a pu être manipulé en l'occurrence par son propre créateur, Winston Churchill.

Elle s'amorce bien en amont de la création du réseau Prosper. Le 6 avril 1941, la Luftwaffe bombarde Belgrade sans préavis, tuant la bagatelle de 17 000 civils. Un officier serbe de l'armée yougoslave, le colonel Draža Mihailović, décide alors de faire front, engageant ses fidèles dans la première guérilla armée d'Europe contre l'envahisseur nazi.

Le roi Pierre II, exilé à Londres, désigne officiellement ce patriote commandant en chef de la Résistance, et bientôt général-ministre de la Défense. Or ils sont des milliers à le rejoindre « dans la forêt », c'est-à-dire au maquis, et, comme lui, à se laisser pousser la barbe en signe de deuil pour les victimes innocentes de la croix gammée. On les appelle les « tchetniks ».

Dirigeant incontesté du PC yougoslave depuis quatre ans, le Croate Josip Broz dit « Tito » ne suivra pas Mihailović dans cette voie. Pas tout de suite du moins. L'agression allemande contre l'URSS ne s'est pas encore produite, on vit donc toujours sous le règne du pacte germano-soviétique qui barre aux partis communistes la voie de la résistance au nazisme.

Organisateur expérimenté, Tito s'emploie dans l'immédiat à consolider son parti. Tant et si bien que, quand les communistes entrent enfin en résistance vers la mi-août 1941, un mois et demi après « Barbarossa », il a regroupé autour de lui une équipe solide et disciplinée, rompue de surcroît à la dialectique marxiste-léniniste. Par opposition aux tchetniks, ses groupes armés, beaucoup moins consistants, sont baptisés les « partisans ».

Comme le souligne Jean-Christophe Buisson, biographe de Mihailović le « de Gaulle serbe », les deux rivaux ont à peu près le même âge : un an de plus pour Tito seulement. Leur opposition sera donc totale : opposition doctrinale et politique, opposition de méthode, opposition de personnes.

Quand Mihailović s'efforce de protéger les populations civiles des terribles représailles nazies ou de celles des extrémistes croates pro-Axe, les Oustachis (plusieurs centaines de milliers de Serbes, base principale de la Résistance monarchiste, seront massacrés, comme bien entendu les juifs), Tito estime que les villages brûlés, les assassinats de masse, ça fait des martyrs, et que les martyrs, ça génère des recrues. Toutes proportions gardées, l'*apparatchik* communiste français Georges Beaufils exposera à la même époque une dialectique comparable au chef de réseau chrétien gaulliste le colonel Rémy, épouvanté par ce cynisme.

La guerre et la résistance en Yougoslavie, en bref, n'opposent pas deux camps, mais trois : les Allemands et les Italiens d'un côté, les tchetniks de l'autre, et les partisans du troisième. Les tchetniks étant beaucoup plus nombreux, Tito cherche désespérément ce qui pourrait renforcer ses troupes dans l'optique d'une guerre civile qu'il juge inéluctable.

Jeux d'influence

Bien entendu, le SOE a dépêché dès février 1942 des missions auprès des tchetniks, dont le double engagement patriotique et monarchiste ne pouvait que plaire à Churchill, ainsi d'ailleurs qu'auprès des partisans. Mais la mission « Disclaim » du major Kavan Elliot, destinée à prendre contact avec Mihailović, est tombée aux mains des Allemands. Et quatre jours après son arrivée, le 5 février, le major Terence Atherton, chef de la mission « Hydra », chargée, elle, d'aller au-devant des titistes, est assassiné dans des conditions mystérieuses (les nazis ? les partisans ?).

Deux facteurs vont alors intervenir pour déséquilibrer peu à peu le soutien allié en faveur des partisans de Tito. Le premier, c'est le protocole intervenu entre Britanniques et Soviétiques le 30 septembre 1941 à Moscou sous le titre *Compte rendu agréé des discussions entre représentants anglais et soviétiques sur la question des activités subversives contre l'Allemagne et ses alliés*. Signé du lieutenant-colonel Guinness d'une part, du général Nikolaïev de l'autre, ce document en dix-huit points et quatre parties pose les bases d'une coopération entre SOE et NKVD. Effective, mais pour l'essentiel dans le seul intérêt du service secret de Beria, celle-ci permettra aux Soviétiques de faire venir en Angleterre des cadres expérimentés du Komintern répartis à loisir dans leurs pays d'origine de manière à renforcer les partis communistes locaux.

Le second, c'est l'infiltration de la communauté britannique du renseignement par l'INO. Nous n'avons pas perdu de vue les « Cinq de Cambridge » évoqués à la fin du chapitre 9 (p. 254) et Dieu sait si, à la faveur de la mobilisation des élites britanniques à laquelle ils appartenaient de naissance ou par leurs études, quatre d'entre eux ont creusé leur galerie de « taupe » au sein des services secrets de Sa Majesté : Philby (MI 6), Blunt (MI 5), Cairncross (secrétariat de Maurice Hankey, l'éminence grise des services, puis Bletchley Park) et, entre 1938 et 1941, Guy Burgess (MI 6).

La pénétration soviétique ne se limite pas à ces quatre-là en effet, même s'ils n'ont pu qu'orienter indirectement les services dans un sens favorable au communisme en général et au titisme en particulier. Voulu par Churchill pour des raisons d'unité nationale, le recrutement « à gauche » du SOE aura comme contrepartie une certaine indulgence envers les communistes et leurs sympathisants en son sein, surtout à une époque où la résistance de l'Armée rouge face aux nazis suscite, à juste titre, beaucoup d'admiration, et où les ravages du stalinisme sont mal connus en Occident.

Sur le front yougoslave, cette indulgence se traduit par des rapports diffamatoires pour Mihailović, accusé sans preuve de collaboration avec les hitlériens (sur la base d'informations approximatives transmises par un de ses adjoints, le colonel Bronislav Pantič, le chef des tchetniks a bien rencontré un responsable de l'Abwehr, le capitaine Josef Matl, le 11 novembre 1941, mais l'entrevue, conçue de part et d'autre comme un « sondage », n'a rien donné).

Elle s'exprime aussi par les rumeurs antitchetniks que répandent deux agents soviétiques au sein de l'antenne du SOE au Caire, James Klugmann, ancien membre du bureau politique du PC de Grande-Bretagne, et John Eyre, le chef de la sous-section Albanie. Que répandent aussi les rapports complaisants pour Tito du major Basil Davidson, grand africaniste alors gauchisant parachuté en Yougoslavie le 16 août 1943 aussi.

Le résultat de ce travail d'influence se traduit par la fourniture d'armes anglaises aux partisans plutôt qu'aux tchetniks, apport considérable pour les premiers dans la guerre civile qu'eux et les seconds se livrent. Quand les titistes se renforcent matériellement, les hommes de Mihailović, beaucoup plus représentatifs à l'origine, mais toujours aussi mal équipés, s'affaiblissent, ce qui diminue d'autant leur combativité face aux Germano-Italiens et conduit à encourager prioritairement les partisans.

L'arrivée de deux missions jumelles de l'OSS en août 1943, l'une auprès de Tito et l'autre auprès de Mihailović, peut-elle bouleverser la donne ? Pas vraiment, dans la mesure où le SOE, arguant de sa quasi-exclusivité en Yougoslavie, a exigé que les hommes de Donovan circonscrivent leur action à la branche Action (Special Operations), abandonnant le travail renseignement (Special Intelligence) aux Anglais.

L'apport américain, s'il s'avère considérable en envois d'armes, est donc en quelque sorte aveugle, l'OSS ne pouvant que reprendre à son compte les analyses très orientées du SOE. L'acteur Sterling Hayden, future vedette de films noirs dont le célèbre *Asphalt Jungle* (en français : *Quand la ville dort*), dirige ces expéditions à partir de l'Italie avant de se porter volontaire pour un parachutage dans les maquis titistes de Croatie. De ce séjour sur le terrain, l'ancien de l'OSS gardera une telle admiration envers les partisans que, de retour au pays, il va prendre sa carte du parti communiste, engagement sentimental qui vaudra à ce héros de guerre de sérieux ennuis au moment de l'épuration maccarthyste.

Les Britanniques, on vient de le voir, abandonnent peu à peu Mihailović au profit de son rival communiste. Surprenant de la part de Churchill ? En apparence oui. Mais, hypothèse discutée en son temps par l'auteur avec l'académicien Jean-François Deniau et qui n'est toutefois pas documentée, quelque chose a pu se produire à partir de septembre 1943, quand Fitzroy Maclean fut dépêché par le Vieux Lion auprès de Tito.

Le mystère yougoslave

Diplomate à Moscou à la fin des années 1930, cet Ecossais très au fait des affaires de service est aussi un homme d'action qui a effectué plus que sa part de coups d'audace dans les rangs du Special Air Service, les forces spéciales britanniques (et parfois françaises) engagées dans des raids sur les arrières de l'Afrika Korps au Proche-Orient.

L'envoyé idéal pour un accord tacite avec le leader communiste ? C'est l'hypothèse en effet. Car le drame yougoslave pose pas mal de questions non résolues à ce jour.

Dans quelles conditions Churchill laisse-t-il tomber Mihailović, monarchiste patriote comme lui – capturé par les titistes en mars 1946, le général sera fusillé le 17 juillet à l'issue d'un procès truqué ? Pourquoi apporte-t-il en sens inverse un soutien matériel décisif à Tito, communiste internationaliste auquel tout l'oppose ?

Par souci d'une « répartition des zones d'influence », comme celle qu'il proposera plus tard à Staline, peut-être. Ou encore pour favoriser un débarquement allié dans le « ventre mou » des Balkans, dont les stratèges américains repousseront l'idée et qui aurait eu aux yeux du Premier ministre l'immense avantage de faire remonter les Alliés occidentaux jusqu'au cœur de l'Allemagne, limitant ainsi la poussée de l'Armée rouge.

Et moyennant quelles contreparties, forcément verbales si elles ont été discutées ? Homme de toute confiance, Maclean était en effet capable de garder le silence jusqu'à la mort, survenue dans son cas le 15 juin 1996 alors qu'il devait être interviewé par une équipe de télévision française.

Le fait est que Churchill ira jusqu'à expédier en 1944 aux côtés de Tito son propre fils, à la valeur militaire nulle (le penchant pour l'alcool et le courage physique mis à part, Randolph ne possédait aucune des caractéristiques du Vieux Lion), mais dont la simple présence équivalait à la reconnaissance officielle refusée à Mihailović. Notons aussi que l'Armée rouge, présente à Belgrade, quittera la capitale de la Yougoslavie, retrait volontaire qui n'interviendra dans aucun autre pays de l'Est.

Churchill, intraitable en Grèce contre les communistes, quitte à remettre en selle dès la fin 1944 des militaires mouillés dans la collaboration avec l'Axe, ce qui n'était certainement pas le cas de Mihailović, se montrera conciliant envers Tito. Lequel, dès 1948, osera rompre avec Staline et, mieux, survivra à cette incroyable marque d'indépendance.

La rupture Belgrade-Moscou, en bref, a-t-elle trouvé sa source dans des conciliabules entre Tito et Maclean ? Le mystère yougoslave demeure…

Pour conclure : regards froids sur une guerre chaude

On pourrait se dire en somme que la Seconde Guerre mondiale n'a été que la continuation de la Première sur une plus grande échelle.

Elle le fut en effet. Des phénomènes qui s'étaient déjà fait jour entre 1914 et 1918 – développement des technologies de l'espionnage, du renseignement économique et scientifique ou encore réseaux de résistance formés de patriotes volontaires pour agir dans l'ombre contre l'occupant – surgirent de nouveau, mais très amplifiés, entre 1939 et 1945.

Extension dans la continuité, donc. Extension géographique aussi, dans la mesure où la Seconde Guerre mondiale, plus que la précédente, a pleinement mérité son qualificatif : aucune partie de la planète n'en fut indemne. Ainsi le Japon, marginal à l'époque (il s'était déclaré en guerre contre les Empires centraux le 23 août 1914), devint-il un des acteurs principaux, et donc une des cibles, de ce deuxième conflit. Ainsi les mers et les océans se transformèrent-ils de manière beaucoup plus globale en champs de bataille en général, en champ de guerre technologique secrète en particulier : combats du Pacifique ou bataille de l'Atlantique par exemple.

Au-delà de leurs similitudes, les visages respectifs des deux guerres mondiales étaient cependant de nature très différente. La première guerre opposa des pays régis par des systèmes politiques traditionnels : monarchies, souvent parlementaires, et républiques démocratiques comme en France et aux Etats-Unis. La seconde au contraire devait impliquer au premier chef ces régimes totalitaires dont l'éclosion avait été sa cause principale. Or, en matière de renseignement, nous l'avons vu, le totalitarisme s'est traduit par l'intégration des services d'espionnage extérieurs au sein d'une machinerie policière d'Etat globale dont ils ne constituaient que le bras armé à l'étranger.

Le GRU ou l'Abwehr ont longtemps conservé un certain degré d'autonomie, objectera-t-on au vu des pages précédentes. C'est vrai, encore que le premier ne dut cette liberté relative, et au demeurant fort restreinte, qu'à la nécessité pour Staline de ménager une Armée rouge dont il avait besoin pour la survie puis le triomphe de son régime. Quant à l'Abwehr, on sait qu'elle ne fut pas épargnée par le processus de nazification intégrale du régime, qui devait conduire à l'absorption pure et simple de plusieurs de ses départements au sein du SD, donc du RSHA, cette Guépéou à la croix brune qui faisait en quelque sorte pendant au NKVD soviétique.

La différence, bien entendu, c'est que l'URSS se trouvait dans le camp antinazi et que, bon gré, mal gré, sa survie dépendait d'une originale alliance-méfiance avec les « puissances impérialistes » anglaise et américaine. Par exemple à travers le protocole SOE-NKVD de septembre 1941, dont on a vu plus haut les effets à long terme, surtout bénéfiques pour le camp communiste.

Staline crut peut-être un moment à la possibilité d'un partage provisoire du monde avec les Occidentaux une fois le nazisme vaincu. Pour autant, la guerre froide était déjà en germe dans son esprit. Mais pas question d'interrompre la marche en avant du communisme : l'assassin de Trotski aussi croyait à la révolution permanente...

Nous savons que la « grande alliance », nœud de contradictions proprement incroyable, se traduisit par le noyautage de certaines sections du SOE, la pénétration du MI 6 et de l'OSS ou, en sens inverse, par la fourniture déguisée d'informations « Ultra » aux Russes, notamment à travers le réseau GRU suisse des Trois Rouges.

Du côté occidental, la guerre secrète menée au nom de la liberté n'épargna pas les coups à l'adversaire, et quelquefois même à l'allié. Et dans le domaine des services aussi allaient se profiler les rapports de force de l'après-guerre. En 1914-1918, Français et Britanniques avaient largement eu la main dans ce domaine.

Or, l'importance des premiers, si elle ne disparut pas, comme devait en témoigner l'action des réseaux de renseignements de la Résistance, se trouva très sensiblement diminuée du fait de leur effondrement de mai-juin 1940. Quant aux Anglais, ils jouèrent certes le rôle d'éducateurs des jeunes services américains et se firent avec brio les stratèges de la désinformation stratégique de l'Allemagne nazie. Mais, comme la Grande-Bretagne elle-même, ils ne possédaient plus dès 1943 les moyens matériels indispensables pour demeurer les maîtres d'œuvre de la communauté anglo-américaine du renseignement, notion nouvelle qui faisait alors son apparition et devait connaître ensuite quelques beaux jours. La main, si l'on ose dire, était en train de passer outre-Atlantique.

Les grandes lignes du long conflit de quarante-cinq ans entre l'Occident et le bloc de l'Est pour le contrôle du monde se dessinaient ainsi dès la fin de la Seconde Guerre mondiale. Les deux camps opposés ne voulant pas s'affronter militairement, du fait du risque d'holocauste nucléaire en particulier, cette nouvelle forme de guerre dite « froide » allait prendre largement les contours d'une série de batailles de services secrets. Et, sous réserve de nouveaux conflits du même ordre dans l'avenir, constituer en quelque sorte l'« âge d'or » de l'espionnage mondial…

TROISIÈME PARTIE

CHAUD COMME LA GUERRE FROIDE

« Ils restaient là [les documents les plus précieux du service secret] pendant des années jusqu'à ce qu'ils soient devenus inutilisables – plus précisément, jusqu'à ce que, la guerre finie depuis longtemps, un des grands patrons éprouvât le besoin d'écrire ses Mémoires avant de mourir, de se confier à la postérité, et de révéler à la nation éblouie combien, à telle date, en telle circonstance, le service avait été subtil en pénétrant le plan complet de l'ennemi : le point et l'époque avaient été déterminés à l'avance avec une grande précision. Ces pronostics étaient rigoureusement exacts puisque ledit ennemi avait effectivement frappé dans ces conditions, et avec le succès qui avait effectivement été prévu. »

Pierre BOULLE, *Le Pont de la rivière Kwaï.*

16

Taupes en stock

Du 6 septembre 1945, jour de son passage mouvementé à l'Ouest, à sa mort le 25 juin 1982, Igor Gouzenko vivra dans la terreur, n'apparaissant lors de très rares réunions publiques que le visage masqué par une cagoule. Qu'avait donc fait ce modeste chiffreur du GRU en poste depuis 1943 à l'ambassade soviétique d'Ottawa, au Canada, pour craindre à ce point les représailles de ses anciens maîtres auxquels il venait d'échapper avec sa famille à l'issue d'une course-poursuite digne d'un film d'action ?

Rien d'autre que de choisir la liberté en remettant aux deux enquêteurs de l'Intelligence Division de la Police royale montée canadienne, le superintendant Charles Rivett-Carnac et l'inspecteur John Leopold, une centaine de feuillets multicolores dérobés dans le coffre de l'ambassade. Autant de noms de code, de dépêches chiffrées et de notes de frais qui dévoilaient l'existence de réseaux soviétiques clandestins actifs sur le continent nord-américain.

Avant la défection de Gouzenko, on pouvait toujours fermer les yeux. Mais, désormais, force était de l'admettre : pendant la lutte commune contre le nazisme et le militarisme japonais, l'INO et le GRU n'avaient jamais cessé d'espionner leurs alliés de l'Ouest. Et, depuis la double capitulation allemande puis nippone, ils continuaient de plus belle.

Les interrogatoires du transfuge au camp X, près du lac Ontario, offrent à l'Intelligence Division un panorama précis des techniques d'espionnage russe : infiltration d'illégaux sur le long terme ; contrefaçon d'identités à partir des papiers de personnes disparues ; usage de boîtes aux lettres « mortes » (un lieu accessible mais caché où déposer et récupérer des messages, comme un trou dans le pan de mur d'un vieil immeuble, une fente dans le tronc d'arbre d'un parc public ou un chantier désaffecté) ; et, bien entendu, les méthodes basiques de chiffrement du GRU.

Grâce à Gouzenko, la Police montée progresse à grands pas dans le démantèlement et le renvoi devant la justice du réseau d'espionnage russe au Canada : Sam Carr, organisateur national du parti communiste ; Fred Rose, membre du Parlement fédéral ; David Gordon Lunan, journaliste ; Durnford Smith et Edward Mazerall, du National Research Council ; Emma Voikin, chiffreuse aux Affaires étrangères ; Kathleen Willsher, de la British High Commission d'Ottawa ; et Raymond Boyer, de l'université MacGill de Montréal. Tous ces agents seront condamnés à des peines de prison de deux à six ans.

Hormis le théâtre d'opérations canadien, les sources d'information de Gouzenko restent cependant celles d'un officier subalterne. De simples ouï-dire parfois, mais très utiles à l'occasion. Par exemple quand le transfuge révèle la présence d'un agent russe dans l'entourage proche du ministre américain des Affaires étrangères. On s'apercevra plus tard qu'il s'agissait d'un haut fonctionnaire, Alger Hiss.

De même Gouzenko met-il en lumière le rôle de Rachel Dübendorfer, la « Sissy » du réseau GRU suisse des Trois Rouges*. Rivett-Carnac et Leopold s'intéressent dès lors à son amie, Hermina Rabinovitch. Onze ans employée comme Dübendorfer au Bureau international du travail de Genève, cette Lituanienne vit au Canada depuis la fin 1940. Ainsi les deux *Mounties*, effarés, commencent-ils à toucher du doigt la dimension planétaire des réseaux soviétiques.

Elle est patente dans ce double d'un télégramme subtilisé par Gouzenko qui, dès mars 1946, va conduire à l'arrestation en Angleterre d'un physicien nucléaire anglais au service des Soviétiques, le Dr Allan Nunn May (pseudo : « Alek »). Le coup d'envoi d'une longue enquête anglo-américaine dans le milieu scientifique : « Mon supérieur au GRU d'Ottawa, le colonel Nikolaï Zabotine alias "Grant", a fait parvenir à Moscou des échantillons d'uranium et des renseignements très appréciés sur l'état des recherches sur l'atome », précise d'ailleurs Gouzenko.

---

* *Cf.* chapitre 12, p. 332.

L'atome ? Mais c'est secret, archi-secret ! Par quel stratagème les Russes sont-ils parvenus à se faufiler dans ce saint des saints ? Et pourquoi tant de réseaux soviétiques à l'œuvre en Amérique du Nord, où l'on se croyait à l'abri de la subversion rouge ?

Deux questions dont les réponses se situent très en amont dans le temps...

Barbouzes rouges au paradis du capitalisme

A quel moment Staline et les dirigeants du Komintern se sont-ils rendu compte que, à l'instar de celui de Grande-Bretagne, le Communist Party of the USA (CPUSA), trop étranger à la mentalité américaine, ne deviendrait jamais une formation de masse comparable au KPD allemand du temps de sa splendeur ou au PCF de l'époque du Front populaire ? Dès la seconde moitié des années 1930 probablement, d'où l'idée de spécialiser l'appareil clandestin de ce PC-là dans des tâches de soutien logistique aux réseaux de renseignements soviétiques d'Amérique du Nord.

Il y a plusieurs motifs à ce choix. Du fait de leur politique extérieure isolationniste et de l'insignifiance militaire qui en découle, les Etats-Unis d'avant la Seconde Guerre mondiale sont vécus par Moscou comme bien moins dangereux que la Grande-Bretagne ou la France. A cause de leur haut niveau de développement, ils offrent en revanche de sérieuses opportunités de renseignement industriel, scientifique et technologique.

Pays d'immigration enfin, les Etats-Unis sont faciles à infiltrer compte tenu de la faiblesse de leurs services de contre-espionnage. Hoover et le FBI se montrent en effet plus friands de succès faciles contre les « poids moyens » du gangstérisme que d'affrontements avec la Mafia, trop bien structurée déjà, ou de surveillance des réseaux soviétiques dont, faute de s'y intéresser, ils peinent à saisir les menées.

Ces réseaux sont en premier lieu ceux du GRU. Comme en Angleterre avec les « Cinq de Cambridge », le renseignement militaire russe est en effet parvenu à attirer dans ses filets quelques apprentis hauts fonctionnaires de fort calibre. Ils s'appellent Alger Hiss, que nous venons de croiser ; Julian Wadleigh, son collègue au Département d'Etat depuis 1936 ; Harry Dexter White, du

Département du Trésor dont il deviendra le numéro 3 ; George Silverman, employé dans les services gouvernementaux de statistiques, et son *alter ego* Victor Perlo ; ou encore Lauchlin Currie, plus tard un des collaborateurs du président Roosevelt.

Issue des meilleures universités, cette brochette de « crânes d'œuf » associent naïveté et cynisme dans un cocktail voué au triomphe de la « rationalité marxiste supérieure ». L'idéologie comptant plus pour elle que le patriotisme, elle n'hésite pas à trahir son pays pour accélérer la venue de cet âge d'or supposé.

Une alerte se produit cependant en septembre 1939, quand la ligne du CPUSA passe brusquement du « front antifasciste » au soutien inconditionnel au pacte Hitler-Staline. Ecœuré, David Whittaker Chambers quitte le réseau, dont il était le principal agent de liaison.

Son départ met en péril l'édifice souterrain du GRU. Ce vétéran du parti, ancien rédacteur du quotidien communiste le *Daily Worker*, prend en effet sur lui de révéler le pot aux rouges à Adolf Berle, un des conseillers personnels du président Roosevelt. Croyez-vous qu'il sera félicité de son initiative ? Point du tout. Comme la Maison Blanche ne veut connaître que deux adversaires, les nazis et les Japonais, Berle refuse de croire ces faits trop dérangeants et choisit d'enterrer l'affaire. Le retrait de Chambers n'aura donc aucune conséquence pratique sur le moment... sinon un avantage collatéral pour l'INO, dans la mesure où il va permettre aux hommes de Beria, fraîchement nommé, de prendre le contrôle des réseaux américains du GRU. Un mouvement qu'impulsera de Moscou à partir de mai 1939 le nouveau chef de l'INO Pavel Fitine, excellent technicien du renseignement extérieur qui restera en place jusqu'en mai 1946. Sept ans d'affilée : un record en ces temps de stalinisme !

Voilà donc l'INO maîtresse du jeu nord-américain. Représentée par le résident illégal Boris Bazarov, rappelé à Moscou en 1938 (il y sera fusillé pour trotskisme), puis par son bras droit Yitzhak Akhremov, époux d'une citoyenne américaine, sa branche états-unienne tente de convaincre Michael Straight. Mais, bien que recruté par Anthony Blunt lors de ses études à Cambridge, ce jeune Américain de famille aisée manifeste peu de goût pour le rôle d'espion. Tant pis : mettons le grappin sur d'autres recrues prometteuses comme Laurence Duggan, autre futur ponte du

Département d'Etat ; Martha Dodd Stern, fille de l'ambassadeur des Etats-Unis à Berlin, et son frère William ; Nathan Silvermaster, autre statisticien au service de l'administration ; Mary Wolf Price, secrétaire du journaliste vedette Walter Lippmann ; Henry Buchman, patron d'une entreprise de couture ; ou encore Boris Morros, producteur de cinéma. Une belle équipe, d'autant moins soupçonnable qu'elle n'adhère pas officiellement au CPUSA. Le petit réseau que contrôle Gaïk Ovakimian, bientôt responsable de la ligne KhU, le département d'espionnage scientifico-technologique à mettre en place dans les grosses résidences de l'INO à l'étranger, n'est pas moins étoffé.

Docteur en sciences en URSS accrédité comme ingénieur depuis 1933 par l'Amtorg Trading Corporation, la mission soviétique officielle d'achats aux Etats-Unis, cet Arménien a anticipé sur le développement de cette nouvelle branche du renseignement voulue par Beria et Fitine à partir d'avril 1941. Assez pour tisser une toile étonnamment productive pendant la Seconde Guerre mondiale. Dès 1938, Ovakimian sera secondé par Semion Semionov, un étudiant infiltré au Massachusetts Institute of Technology, le MIT, fin du fin de la recherche scientifique et technique aux Etats-Unis.

Vingt pour cent d'ingénieurs de formation parmi les quelque 200 à 250 agents de l'INO et du GRU à l'œuvre aux Etats-Unis pendant la guerre : recruter autant de gens qualifiés n'est pas chose facile, non plus qu'assurer les liaisons avec eux. Pour remplir ces tâches multiformes, la résidence compte sur l'appareil clandestin du CPUSA, désigné sous le pseudonyme collectif de « Compatriote ». Un appareil que dirige avec maestria le vétéran Jacob Golos alias « Zvuk » (« Son » en russe).

Personnel dans tous les sens du mot, son courrier s'appelle Elisabeth Bentley, adhérente du parti que ce grand séducteur a persuadée dès 1938 de cesser le militantisme public pour des tâches plus discrètes. Folle amoureuse de Golos dont elle est devenue la maîtresse, cette activiste au niveau d'éducation supérieur a tendance à confondre son attachement envers lui avec son dévouement pour la cause. Toujours en proie au désir de fraternité qui l'a conduite vers le communisme, « Oumnitsa » (« Gentille Fille ») prend d'ailleurs en bloc les membres des réseaux comme ses amis personnels. Une affectivité exacerbée qui n'ira pas sans poser de sérieux problèmes à l'avenir.

Encore une petite-bourgeoise occidentale incapable de s'adapter à la mentalité stalinienne ! Et, par-dessus le marché, Ovakimian finit par se faire prendre en mai 1941 par le FBI au moment de recevoir des documents en mains propres. Arrêté puis libéré sous caution, il doit quitter le pays. Un mois plus tard, la Wehrmacht se rue sur l'URSS.

Pour reprendre le contrôle d'une situation mouvante, un couple d'opératifs expérimentés, Vassili Zaroubine et sa femme Elisabeth Zaroubina, débarquent outre-Atlantique en décembre 1941, un mois après Pearl Harbor et la déclaration de guerre aux Etats-Unis de l'Allemagne nazie.

L'Allemagne, ce couple cimenté par un mélange de complicité et de violence (alcoolique, Zaroubine bat sa femme) la connaît bien. C'est là qu'il s'est noué dans la clandestinité en 1927-1928 avant d'opérer en France de 1929 à 1933, puis de regagner Berlin jusqu'en 1937.

Sous couverture de deuxième secrétaire de l'ambassade d'URSS à Washington muni d'un vrai-faux passeport au nom de « Zoubiline », Zaroubine devient le résident légal de l'INO, pas toujours apprécié de ses agents qu'il rudoie de façon grossière comme s'il se trouvait toujours à Moscou. A lui d'opérer en parallèle d'Akhromov qui, politiquement suspect, a été rappelé à Moscou deux ans plus tôt, mais que le Centre, contraint et forcé faute de spécialistes de son niveau, vient précisément de remettre dans le circuit. Lisa Zaroubina, elle, supervise le renseignement politique, en particulier l'infiltration au sein du Département d'Etat. De façon plus subtile que son soudard de mari, faut-il croire, puisqu'elle va remettre dans le circuit plusieurs des membres américains du réseau saisis par le doute lors de la signature du pacte germano-soviétique.

Vice-consul à San Francisco et chef de l'INO en Californie jusqu'en juillet 1944 où il sera remplacé par Grigori Kasparov alias « Dar », Grigori Heifetz transforme le duo Zaroubine-Akhromov en trio. Trois hommes plus concurrents qu'amis, mais qui parviennent à s'entendre pour recruter de nouveaux agents, en particulier dans le domaine clé des technologies militaires. Nouveaux agents ? En voici un, justement. Et même deux...

Idéalistes dans l'engrenage

Né le 12 mai 1918 à New York dans une famille pauvre d'immigrés juifs polonais, Julius Rosenberg adhère à la fin des années 1930 au Steinmetz Club, le faux nez de la Ligue des jeunesses communistes des Etats-Unis. Le début d'un engagement qui va conduire cet élève ingénieur en électricité à se transformer, par l'effet conjugué de son idéalisme et de son aveuglement, en agent secret de l'INO.

Julius rencontre Ethel Greenglass à un gala du syndicat des marins. De deux ans et demi plus âgée que son prétendant, celle-ci provient, comme lui, d'une famille juive new-yorkaise. C'est une battante, renvoyée de sa compagnie de navigation pour avoir organisé et entraîné 150 de ses camarades féminines dans une grève avec sit-in sur la chaussée de la 36e Rue.

Le coup de foudre est à la fois personnel et politique. Les deux jeunes gens se marient à l'été 1939, après que Julius a obtenu son diplôme d'ingénieur. Ils aménagent à Brooklyn.

L'été 1939, c'est celui du pacte Hitler-Staline. Ethel et Julius ne sourcillent pas : contre les capitalistes de tout poil, le pays de la révolution d'Octobre a le droit de se défendre, fût-ce en s'alliant avec les nazis. Dès novembre, alors que l'approbation bruyante du pacte par le CPUSA trouble beaucoup de consciences militantes, à commencer par celle de David Whittaker Chambers, ils prennent leur carte du parti.

Tout change le 22 juin 1941, quand Hitler lance ses troupes contre l'Union soviétique. Le CPUSA reprend en effet comme si de rien n'était la ligne « front antifasciste » d'avant 1939. Les Rosenberg suivent d'autant plus aisément que, en tant que juifs, ils cessent de se trouver en porte-à-faux.

Ingénieur à l'US Army Signal Corps en charge du système de communications de l'armée, Julius pourrait-il aller plus loin dans l'« engagement internationaliste » ? C'est ce que lui suggère un de ses meilleurs amis, Bernard Schuster. Lequel figure justement parmi les interfaces entre l'appareil clandestin du CPUSA, qui le connaît sous le pseudonyme de « Chester », et les services secrets soviétiques dont les dossiers le désignent comme « Echo ».

On l'a vu un peu plus haut, le Parti communiste des Etats-Unis sert directement de courroie de recrutement à l'INO. Sous les ordres du couple Golos-Bentley, l'appareil de « Compatriote » mobilise de ce fait plusieurs dizaines de militants pour des tâches illégales dont l'espionnage technologique n'est pas la moindre. Pourquoi pas Julius Rosenberg ?

Après examen attentif de son dossier, Zaroubine donne son accord pour la procédure de recrutement. Le 7 septembre 1942, Schuster présente Rosenberg à Semion Semionov, son officier traitant. Et, dans les jours qui suivent, Julius accepte de travailler pour l'INO. Son premier nom de code sera « Antenne ». Bien entendu, il faut donner le change au FBI. L'hiver venu, le jeune ingénieur rompt donc publiquement avec le CPUSA. Mais, en sous-main, le voilà chef d'un réseau qui étend ses ramifications à New York et dans l'Ohio, avec une prédilection initiale pour les radars et l'aéronautique. C'est par exemple son groupe qui va collecter des informations sur le chasseur-bombardier P-47 « Thunderbolt », dont les blindés nazis connaîtront l'efficacité meurtrière dès le débarquement allié en Normandie.

Pris de passion pour ses activités clandestines, Rosenberg recrute plusieurs agents dans son entourage : son propre beau-frère David Greenglass, le cadet d'Ethel ; un ami personnel, Morton Sobell ; Joel Barr puis Alfred Sarant, ses anciens camarades de la cellule 16-B (section industrie) du CPUSA. Employé par Western Electric puis Speery Gyroscope, Barr fournira à l'INO des informations de première main sur les radars, notamment l'APQ-13 des superforteresses volantes B-29. Physicien, Sarant – l'un des futurs pères de l'informatique soviétique – travaillera notamment dans l'équipe du synchrotron de l'université de Cornell, dans l'Etat de New York.

Un expert aéronautique, William Perl, rallie à son tour le réseau. Il apporte à l'INO une documentation complète sur les tests du futur chasseur-bombardier à réaction, le Lockheed P-80 « Shooting Star », ce qui permettra de réduire le retard soviétique dans le domaine des jets. Deux courriers permanents, Ann et Michael Sidorovitch, et trois courriers occasionnels, Ethel, sa belle-sœur Ruth Greenglass et leur amie Vivian, non identifiée, complètent le dispositif.

Rien d'autre que de l'espionnage industriel à caractère technologico-militaire. Mais les membres du réseau Rosenberg, imprégnés d'idéologie marxiste-léniniste, estiment remplir là un

« devoir internationaliste » : quel mal y a-t-il à renseigner l'URSS, « patrie du socialisme », sur les plans secrets des capitalistes exploiteurs ? D'autant que l'Armée rouge affronte quotidiennement les nazis à l'antisémitisme revendiqué. Or, si les Rosenberg ignorent selon toute vraisemblance l'existence de la Solution finale (de même qu'ils n'ont certainement jamais pris la mesure des crimes staliniens), ils savent, comme beaucoup d'Américains, que le nazisme pratique la violence raciste à grande échelle.

Une justification personnelle supplémentaire aux activités de renseignement de Julius et Ethel. Comme l'attestent leurs nombreuses lettres d'amour, le couple Rosenberg est fusionnel. On peut donc avancer avec certitude que la jeune femme a tout de suite approuvé son mari de franchir le fossé qui sépare le militantisme de l'espionnage. Elle ne tardera d'ailleurs pas à venir l'épauler en devenant agente de liaison dans le réseau, rôle subalterne toutefois.

Une nouvelle cible apparaît quand le nouvel officier traitant de Julius, Alexandre Feklissov alias « Alexandre Fomine », résident légal posté au consulat soviétique de New York, lance son agent vedette sur la piste d'une nouvelle technologie qui inquiète Moscou : le nucléaire.

Vrai ou faux, la bombe ?

Le 21 septembre 1941, le gouvernement britannique prend la décision de construire la bombe atomique. Moins d'une semaine plus tard, John Cairncross, membre éminent du club des « Cinq de Cambridge » et à l'époque secrétaire personnel de Maurice Hankey, l'éminence grise de la communauté britannique du renseignement, apprend la nouvelle à Anatoli Gorsky, son officier traitant soviétique à Londres.

Cairncross se fend bientôt d'un rapport détaillé sur ce projet stratégique, allant jusqu'à fournir le compte rendu intégral d'une réunion de la Commission britannique de l'uranium. A en croire ce document, « il est concevable de construire une bombe à l'uranium en deux ans ». Un détonateur pourrait même être mis au point « en quelques mois ». Les hautes sphères de l'INO vont-elles s'émouvoir de ce formidable coup de gong qui pourrait bien changer un jour le cours de la guerre ? Eh bien, non. Pas tout de suite, du moins. Et ce pour trois raisons majeures.

La première tient à la panique qui envahit Moscou à l'heure où les armées allemandes s'enfoncent en URSS, menaçant la capitale. La deuxième, à la paranoïa constitutive de l'univers marxiste-léniniste et dont Staline, grand pervers, sait jouer en artiste. Elle fait des « Cinq de Cambridge », trop bien implantés au cœur de l'*establishment* britannique, des suspects. Miracle de la dialectique : le centre moscoutaire de l'INO prend en compte les renseignements que ces traîtres à l'Angleterre fournissent à Gorsky, mais n'en voit pas moins en eux des agents doubles au service de l'adversaire impérialiste ! De quoi diminuer beaucoup la portée de l'extraordinaire manœuvre d'infiltration des hautes sphères britanniques amorcée au mitan des années 1930.

Le Centre s'interroge : venant d'un proche de Maurice Hankey, le renseignement ne serait-il pas plutôt une désinformation impérialiste visant à lancer l'URSS sur de fausses pistes scientifique et militaire ? Dans l'immédiat, il choisit l'inaction : une quinte royale en main, Moscou mise timidement, comme s'il s'agissait d'une modeste paire.

La troisième raison surdétermine tout : c'est l'état des rapports entre Beria et Staline. Sur la corde raide puisque, ainsi le veut la logique du système, le patron du NKVD, donc de son détachement extérieur l'INO, ne peut se permettre aucune erreur, même minime. Annoncer de but en blanc au Vojd que les Anglais se lancent dans la conception d'une arme d'une puissance inimaginable, c'est courir le risque de ne pas être cru et, pire, d'être désavoué, limogé voire éliminé, comme le fut autrefois Ivan Proskourov, le chef du GRU de mauvais augure. Un jeu trop dangereux pour ne pas attendre d'en savoir plus sur ce mystérieux programme.

Des éléments plus détaillés parviennent cependant sur le développement du projet « Tube Alloys », le nom de code du programme nucléaire anglais. Ils proviennent surtout de Klaus Fuchs, un physicien allemand, qui, fuyant le nazisme, s'est installé en Grande-Bretagne. Exilé politique depuis septembre 1933, docteur en physique attaché à l'université d'Edimbourg, Fuchs a caché aux services de police son appartenance passée au KPD, le Parti communiste allemand. En juin 1941, naturalisé britannique, il a obtenu son habilitation sécurité, tant et si bien qu'on l'a affecté à l'équipe de savants chargée du calcul de la masse critique de l'uranium 235.

Parfait modèle d'intellectuel stalinien dénué de reconnaissance pour son pays d'accueil, Fuchs entre en contact en septembre 1941 avec Jürgen Kuczinsky, chef du minuscule KPD clandestin en Angleterre. Kuczinsky dont nous connaissons déjà la sœur, Ursula, alors active au sein du réseau GRU suisse des Trois Rouges.

Quelle famille, dira-t-on ! C'est que le communisme, et notamment son aile clandestine, fonctionne déjà largement par fratries, voire par dynasties d'agents, phénomène qui ne cessera de s'amplifier jusqu'à la disparition de l'URSS.

Pour en revenir à Fuchs, les renseignements qu'il apporte au traitant de Kuczinsky, Simon Kremer, membre de la résidence GRU de Londres sous couverture de secrétaire de l'attaché militaire soviétique, sont de première main. Et pour cause, puisque le physicien est engagé dans le programme « Tube Alloys ».

Dossier « Enormoz »

« Je veux en savoir plus », exige Ivan Illychev, nouveau directeur du renseignement militaire soviétique à la place du servile Golikov. Fitine en fait de même pour ses subordonnés de l'INO. C'est ainsi qu'en décembre 1941 un certain « Mr. Brown », diplômé de l'Institut polytechnique d'Iéna, entre « par le plus grand des hasards » en contact avec Robert Oppenheimer, l'un des plus célèbres physiciens attachés à l'université de Californie.

« Brown » n'est autre que Grigori Heifetz (alias « Kharon »), le résident du service secret à San Francisco. Un espion assez habile pour tirer les vers du nez à Oppenheimer, dont par ailleurs le frère Frank et même la maîtresse sont membres du PC des Etats-Unis. Un double fait qui lui sera beaucoup reproché par la suite, alors qu'il serait plus indiqué d'incriminer, dans ses confidences imprudentes à l'agent soviétique, cette forme d'arrogance intellectuelle qui poussera certains scientifiques à se laisser manipuler au nom de la défense de la paix mondiale, eux-mêmes représentant le « bien », et les gouvernements nationaux, ignorants et cyniques, le « mal ».

Heifetz expédie son rapport à Moscou. Albert Einstein, souligne-t-il en se fondant sur les révélations d'Oppenheimer, aurait écrit au président Roosevelt, l'adjurant d'étudier au plus vite la possibilité de construire une arme d'une puissance inconnue jusque-là, la bombe atomique.

En février 1942, Moscou apprend que des papiers indiquant que les nazis aussi travaillent sur le nucléaire militaire ont été découverts sur le cadavre d'un officier allemand. Cette fois, c'est du sérieux. Alors, et seulement alors, la montagne bureaucratique commence à bouger.

Reste à franchir le cap le plus périlleux : celui de Staline. Craignant sans doute d'être mis en cause s'il gardait plus longtemps ces informations, Beria se décide à les agréger dans un mémorandum remis au tsar rouge le mois suivant. Anglais et également Américains, assure ce texte, travaillent à un vaste projet d'arme de puissance inégalée à partir de l'uranium 235. Suit une synthèse récapitulant la liste des entreprises et des savants attachés à « Tube Alloys ». Au final, le mémorandum Beria prône la mise en place d'un « corps d'experts-consultants scientifiques, en liaison avec le Comité d'Etat de Défense ». On doit « soumettre aux principaux spécialistes » les renseignements en possession desquels se trouve déjà l'INO, propose-t-il.

Il en faut plus pour convaincre Staline, dont le premier réflexe est le même que celui de Beria quelques mois plus tôt : la méfiance. Par ailleurs, certains savants soviétiques, dont le physicien Piotr Kapitsa, prétendent que la chose est plausible. De nouveaux renseignements parviennent en outre sur la naissance d'un condominium nucléaire anglais-américain agréé par Churchill et Roosevelt le 20 juin et baptisé trois semaines plus tard d'un nom de couverture anodin : projet « Manhattan Engineer District ».

Traité à partir de l'été par l'agente vedette du GRU, la sœur de Jürgen Kuczinsky désormais épouse Beurton, Fuchs se révèle pour sa part une source des plus prolifiques. Tout se passe comme s'il faisait concurrence à Cairncross, dont il ignore pourtant l'existence.

Le 28 septembre, Staline ayant enfin donné son accord, le programme nucléaire soviétique est lancé sous la direction initiale du ministre des Affaires étrangères Viatcheslav Molotov. Kapitsa serait tout indiqué pour en prendre la tête, mais, ayant émis quelques naïvetés « petites-bourgeoises », comme cette idée de travailler main dans la main avec ses homologues anglo-américains dans un esprit de coopération entre savants de pays alliés, ce serait politiquement incorrect de lui en confier les manettes. La responsabilité principale du projet échoit donc à son cadet, le jeune prodige Igor Kourtchatov, avec latitude de mobiliser à volonté toute la communauté scientifique soviétique.

Fin 1942, les premiers rapports de Kourtchatov synthétisant les renseignements recueillis à l'Ouest par l'INO et le GRU ne peuvent que constater l'avance prise par les Occidentaux. Le cercle des informateurs s'élargit cependant bientôt avec la contribution de Bruno Pontecorvo. Recruté dans les années 1930 par Grigori Heifetz, alors agent illégal de l'INO en Italie, ce jeune physicien communiste a suivi son maître, Enrico Fermi, dans l'exil américain. Travaillant aux côtés du grand savant, engagé comme Oppenheimer dans le programme « Manhattan », il envoie ses premiers rapports à Moscou dès janvier 1943.

Le 11 février, Staline confie à Kourtchatov la direction officielle d'un comité spécial chargé de la production de l'énergie atomique à des fins militaires. Dans un régime où tout est déjà top secret, cette structure sera supervisée par Molotov, assisté par Beria pour la partie espionnage. Beria qui, comprenant l'enjeu, va batailler à sa manière, sournoise mais habile, pour devenir le véritable champion du nucléaire soviétique.

Dès le début de mars parviennent au Centre les premiers renseignements des agents infiltrés au sein du SOE contant la demi-réussite de l'opération « Gunnerside » qui, on s'en souvient, a causé de sérieux dégâts aux bacs d'électrolyse de l'usine norvégienne de production d'eau lourde*. Une confirmation supplémentaire que les Britanniques prennent cette affaire de nucléaire très au sérieux.

Beria aussi. En juillet 1943, il obtient du Vojd, grande victoire, la marginalisation du GRU dans l'espionnage atomique. L'INO prend la main, le renseignement militaire étant tenu de lui céder les officiers et les agents de sa « ligne » (équivalent soviétique de département) scientifique et technique en Angleterre et aux

* *Cf.* chapitre 14, p. 397 et suiv.

Etats-Unis. Ses services peuvent dès lors nourrir en abondance le dossier « Enormoz » (en russe, « Enorme ») d'espionnage du projet « Manhattan ».

Pour autant, Moscou ne possède encore aucune source dans l'usine de fabrication de la bombe alliée de Los Alamos, une base ultra-sécurisée du Nouveau-Mexique (nom de code : « Camp-2 »). L'heure a donc sonné de mobiliser toutes les énergies...

Les espions atomiques

Début 1944, Klaus Fuchs est affecté au Camp-2 parmi quinze autres scientifiques anglais de haut niveau. En même temps qu'il franchit l'Atlantique, le physicien-espion change de main ou plutôt de service secret, passant du GRU à l'INO, qui lui affecte le nom de code de « Charles ». Son nouvel officier traitant, Anatoli Yatskov (« Alexei »), se met en contact indirect dès janvier 1944 avec lui par l'intermédiaire de Harry Gold (« Oie » puis « Arnold »).

Vétéran américain de l'INO, cet agent de liaison travaille pour les Soviétiques depuis neuf ans. Sa famille ruinée par la crise à Philadelphie, c'est par horreur de l'antisémitisme, dira-t-il une fois pris la main dans le sac, que Gold aurait adhéré au CPUSA. On ne voit pourtant pas très bien le rapport entre ce refus parfaitement respectable et le fait d'avoir obtenu, entre 1940 et 1942, plusieurs secrets industriels d'Eastman Kodak, notamment les procédés de films en couleur, par l'intermédiaire d'un employé du secteur Recherche de la firme, Alfred Dean Black...

Autre source à Los Alamos, et pas n'importe laquelle : Theodore Hall, un jeune physicien de dix-neuf ans diplômé de Harvard et militant des Jeunesses communistes. Un journaliste du CPUSA et agent de l'INO, Serguei Kournakov, a établi le contact avec ce brillant sujet. Dès leur première rencontre, en octobre 1944 à New York, Hall lui remet un rapport détaillé, immédiatement transmis à Anatoli Yatskov. Le physicien prodige est muni d'un nom de code, « Mlad » (en russe, « Le Jeune »). Un de ses amis des Jeunesses communistes (alias « Etoile ») effectuera les premières liaisons entre le Nouveau-Mexique et New York.

Trop dangereux, décrète Leonid Kvasnikov, chef des renseignements scientifiques aux Etats-Unis. Nous avons besoin d'un courrier vraiment clandestin pour maintenir le contact avec « Mlad ». Il pense d'abord à Morris Cohen, vieux routier des services soviétiques qui doit son nom de code de « Volontaire » au fait que, ancien du bataillon américain des Brigades internationales, il avait été recruté dès 1938 par le résident en Espagne, nul autre qu'Alexandre Orlov.

Finalement, le choix de Kvasnikov s'arrête sur la propre femme de Morris, Lona (« Leslie »). Ouvrière, elle partage l'engouement de son mari pour la « patrie des travailleurs ». L'abordant pour cause d'urgence à l'entrée même de son usine, l'officier de l'INO lui intime de se faire porter pâle et de partir sans plus attendre vers Albuquerque en empruntant un itinéraire compliqué qui passe par Chicago et la petite ville de Sandia. Chaque jour à heure fixe pendant une semaine, la jeune femme effectue le trajet Sandia-Albuquerque, lieu du rendez-vous avec « Mlad ». Celui-ci ne se présentera que le dernier jour avec sa « livraison ». Lona cache les documents au fond de sa boîte de Kleenex, astucieuse précaution qui lui permettra d'échapper aux conséquences d'une fouille de bagages inopinée par le service de sécurité de Los Alamos, lequel contrôle tous les trains circulant dans la région.
Le réseau d'espionnage nucléaire soviétique aux Etats-Unis s'est déjà étoffé en 1943-1944 avec l'apparition de « Quantum » et de « Russe » ou « Perse » (deux scientifiques non identifiés officiellement à ce jour). Il s'étend à partir de septembre 1944 avec David Greenglass. Jeune mécanicien et beau-frère de Julius Rosenberg (c'est, rappelons-le, le jeune frère d'Ethel), Greenglass vient d'être muté à Los Alamos. A la fin de la guerre, six sources opéreront au sein même de l'usine nucléaire : Fuchs, Hall, Greenglass, Bruno Pontecorvo (« Caspar »), ainsi que « Méthode » et « Idée », non identifiés officiellement à ce jour. A la même époque, trois agents de liaison permanents maintiennent le contact : Harry Gold, Lona Cohen et Saville, l'ami de Theodore Hall aux Jeunesses communistes. Et, pendant tout le reste de la guerre, l'appareil clandestin du Parti communiste américain, directement « branché » sur l'INO au travers du couple Bentley-Golos, servira de courroie de transmission et de recrutement.

Et ce n'est pas tout. Muni d'un faux passeport canadien, un des illégaux du GRU, Arthur Adams, a pénétré de son côté le projet « Manhattan ». Autre officier du renseignement militaire soviétique, Pavel Mikhaïlov effectue des liaisons avec Jacob Golos, Elisabeth Bentley et l'appareil clandestin du CPUSA. Par le truchement de « Compatriote », le service secret de l'Armée rouge dispose en outre d'une demi-douzaine de sources au sein du laboratoire des radiations nucléaires de l'université de Berkeley, notamment deux physiciens membres du parti qui seront par la suite rétrocédés à Heifetz et à l'INO sur décision de Moscou.

Alerte aux décrypteurs

Ce remue-ménage clandestin n'échappe cependant pas au Signal Intelligence Service, l'unité d'interception et de décryptage de l'US Army basée dans une ancienne école de jeunes filles à Arlington Hall, Virginie. Et pour cause : dès le 1er février 1943, le SIS a initié à la demande du colonel Carter Clarke, du renseignement militaire américain, un programme d'enregistrement et de décryptage des communications de l'ambassade soviétique à Washington, des deux consulats de New York et de San Francisco, et des missions commerciales russes aux Etats-Unis.

Clarke soupçonne en effet Staline de vouloir négocier secrètement avec Hitler, méfiance symétrique de celle qui prévaut à Moscou, où l'on estime que les Alliés occidentaux ne peuvent pas ne pas discuter en sous-main un renversement d'alliance avec Berlin.

La majorité des décrypteurs américains d'Arlington Hall appartenant au deuxième sexe, la responsable du dossier sera une jeune femme, Gene Grabeel, experte des codes russes jusqu'à sa retraite à la fin des années 1970.

Baptisé au final « Venona » (sans signification connue) après une bonne dizaine de noms de code successifs, le programme se développe tout au long de cette année 1943 sous la responsabilité du major B.S. Smith et du capitaine F. Coudert. Mais, si le SIS capte parfaitement le flot de messages, il ne parvient pas à les mettre au clair.

Les Soviétiques utilisent en effet un système de surchiffrement en principe inviolable. Crypté une première fois selon un code, le message l'est une seconde grâce à une clé à usage unique, procédé analogue à celui du *one time pad* qu'utilisent à la même époque le MI 6 et le SOE. Il présente le même avantage : tant qu'on respecte la règle de la clé à usage unique, aucun service hostile ne peut tirer le message au clair. Et le même inconvénient : les conditions de la guerre mondiale (ici, la grande distance géographique des Etats-Unis avec l'URSS) incitent les opérateurs à ne pas trop se prendre la tête en utilisant plusieurs fois la clé « unique ». Certains textes deviennent alors attaquables pour peu qu'on y mette le temps.

C'est seulement en novembre 1944 que six cryptanalystes, Richard Hallock d'abord puis Cecil Phillips, Frank Wanat, Genevieve Feinstein, Lucille Campbell et Gloria Forbes, vont parvenir à créer les premières brèches dans le système de correspondance de l'INO et du GRU avec leurs agents sous couverture des représentations commerciales russes aux Etats-Unis. De quoi permettre à Arlington Hall de disposer de listes entières de clés de chiffrement.

Le décryptage est une très longue patience. D'abord modestes, ces percées vont aller en s'agrandissant : 3 000 messages mis à jour environ. Mais, comme à Bletchley Park avec les communications allemandes, des zones de blanc très majoritaires vont échapper à la sagacité des analystes d'Arlington Hall. Celles vraisemblablement où les opérateurs soviétiques ont respecté à la lettre les procédures de sécurité.

Dans l'immédiat, le déchiffrement des messages soviétiques n'est d'ailleurs pas jugé prioritaire, la plupart des décrypteurs(euses) étant affectés au traitement des codes allemands et japonais. Moscou fait d'ailleurs la même analyse : pris entre les fronts d'Europe et du Pacifique, les services américains n'ont guère de temps à accorder à l'espionnage soviétique, dont ils ignorent la portée. D'où un usage de moins en moins modéré des communications entre les agents en poste au Etats-Unis et le Centre. Comme autrefois dans le cas de l'Orchestre rouge, l'urgence ne dicte-t-elle pas sa loi ? Une urgence qui s'appelle entre autres : bombe A.

Beria maître du jeu

Quel chef des opérations pour le programme nucléaire soviétique ? Dès lors que Staline finit lui aussi par prendre au sérieux le projet « Manhattan », la question se pose. Le choix se porte sur Beria : s'il se méfie de son compatriote géorgien, le dictateur n'en ignore pas les capacités. Dès février 1944, le Département S est créé pour coordonner les actions de l'INO et du GRU dans le domaine de l'espionnage atomique – au bénéfice de la première, bien entendu. Nouveau pas en avant le 8 décembre : sur demande de Kourtchatov, Beria obtient pour son ministère la responsabilité pleine et entière de l'extraction de l'uranium. Son bras droit, Vsesolod Merkoulov, dirige le tout nouveau Commissariat du peuple à la Sécurité d'Etat (Narodnii Kommissariat Gossoudarstvennoï Bezopasnosti*)*. Un NKGB qui étend ainsi son rôle dans le secteur économique.

Alors que l'Armée rouge avance inexorablement vers l'Ouest, Staline, bon marxiste, pense au rapport de forces à établir avec les Alliés occidentaux après guerre. Il passe par la détention de la bombe atomique. Les services secrets soviétiques mettent donc les bouchées doubles. A l'équipe de Kourtchatov, ils vont transmettre la bagatelle de près de 10 000 pages de documents techniques volés par leurs agents aux Anglo-Américains.

Fuchs renseigne par exemple sur la séparation de l'uranium (celle de la bombe d'Hiroshima), Hall sur la filière au plutonium (celle de Nagasaki). De sorte que fin février 1945, Merkoulov peut annoncer à Beria que l'arme thermonucléaire est en vue, et que les Américains seront en mesure de l'utiliser dans un délai de un à cinq ans. Bien sûr, l'espionnage ne permet pas de combler le retard de l'URSS en la matière. Mais il le réduit beaucoup, et c'est déjà un beau succès pour l'« Enormoz ».

Avec l'entrée de l'Armée rouge en Allemagne commence par-dessus le marché la course aux scientifiques allemands, fermement priés par les services (les Russes disent : « les organes ») de venir exercer leurs talents en URSS. Elle aboutit à une réussite partielle seulement, la plupart de ces savants et de ces techniciens préférant l'Ouest où ils bénéficieront de meilleures conditions d'existence et d'une appréciable liberté individuelle.

Menée à partir d'octobre 1946 par Ivan Serov, patron pour l'Allemagne du MVD (ministère des Affaires intérieures, le nouveau nom du NKVD), une vaste opération cible nommément plus de 2 000 Allemands à récupérer avec leurs familles : une bonne moitié de spécialistes en aviation et bombes volantes, 500 en fusées, 350 ingénieurs praticiens du radar, 60 spécialistes de la propulsion et des carburants solides ou des systèmes de navigation. Traités en hôtes de marque et bien mieux rémunérés que leurs homologues russes, près de 500 d'entre eux seront affectés à l'institut NII-88 de recherche sur les fusées*. Par contraste, les spécialistes du nucléaire ne seront qu'une maigre poignée installée de force derrière le Rideau de fer.

Modèle de travail commun unique, l'intégration totale du travail des services secrets avec celui des scientifiques sous l'égide de Beria, super-ministre en charge d'un comité spécial voué à la fabrication de l'arme atomique, n'aura de cesse que de se développer. Directeur adjoint de l'INO, Pavel Soudoplatov l'assiste en tant que chef du Département S, dédié à cette tâche.

Cette étroite coopération entre scientifiques et services secrets va porter ses fruits. Le 3 septembre 1949, un WB-29, ces bombardiers américains B-29 spécialement équipés pour recueillir des échantillons atmosphériques aux abords de l'espace aérien de l'URSS, détecte une radioactivité de beaucoup supérieure à la normale, phénomène aussitôt confirmé par d'autres vols de reconnaissance. Vingt jours plus tard, le monde, stupéfait, apprend par la voix du président américain Harry Truman, successeur de Roosevelt décédé, que les Etats-Unis ont cessé depuis trois semaines d'être la seule puissance nucléaire au monde.

Un tournant dans la guerre froide, car cette grande première soviétique intervient avec plusieurs années d'avance sur les prévisions des Occidentaux. Surpris par la promptitude de Moscou, le renseignement technologique américain l'est moins sur ses sources. Et pour cause : ce n'est pas d'hier qu'il s'intéresse à l'espionnage nucléaire soviétique.

---

* Dans cette affaire de récupération des savants et des techniciens nazis, personne n'est pur. Dès 1945, dans le cadre de l'opération « Overcast », les Américains recyclent 1 500 spécialistes dont Werner von Braun, le cerveau des armes de représailles V-2 que les déportés ont pu voir traverser régulièrement le « couloir » du camp-usine de Dora, où la durée de survie moyenne n'était que de quelques jours. Transformé en « bon démocrate », von Braun sera le personnage clé des programmes de fusées de la NASA. L'opération « Paperclip » va lui faire suite jusqu'au milieu des années 1960, permettant la récupération de milliers d'autres spécialistes. Elle fait d'ailleurs l'objet d'une pénétration soviétique profonde, les Russes ayant recruté un de ses responsables, le lieutenant-colonel William Henry Wallen. Quant aux Français de la Direction générale des études et recherches, la DGER, ancêtre de l'actuelle DGSE, entre octobre 1944 et janvier 1946 ils ont mis la main sur des ingénieurs de haut niveau comme Ferdinand Porsche, appelé à jouer un rôle de premier plan dans la conception de la 4CV Renault, ou Felix Kracht, plus tard un des deux fondateurs d'Airbus.

17

La traque « Venona »

Initié, on l'a vu, en février 1943, le programme « Venona » d'interception et de décryptage des communications des représentations diplomatiques et commerciales soviétiques aux Etats-Unis aurait pu finir à la broyeuse. Il s'en est fallu d'un cheveu pour que, dans l'euphorie de la victoire alliée sur l'Allemagne puis le Japon, le matériel accumulé depuis plus de deux ans finisse haché menu. Auquel cas l'Occident aurait perdu des éléments précieux dans sa lutte contre le bloc de l'Est.

Surviennent sur ces entrefaites deux événements quasi simultanés : le passage à l'Ouest de Gouzenko d'une part, la défection d'Elisabeth Bentley de l'autre.

Désespérée par la mort de son amant Jacob Golos, victime d'un arrêt cardiaque, cette clandestine au bord de la crise de nerfs craque. Et fonce déclarer ses activités au FBI. A partir du début novembre, brûlant ses vaisseaux, cette transfuge inespérée va révéler aux *G-Men* ce qu'elle sait des filières clandestines de l'INO et du CPUSA, c'est-à-dire énormément. En tout, cent pages bourrées de noms propres, de dates et de détails pratiques.

« Nous sommes infiltrés par les Soviétiques, ils ont recruté des agents de haut niveau au Département d'Etat et dans d'autres administrations ! » annonce Hoover à la Maison Blanche. Vexé de n'avoir rien vu venir, lui, le chien de garde de l'Amérique, met les bouchées doubles dans l'espoir de regagner les faveurs de la présidence.

« *Venona* », *secret absolu*

C'est dans ce contexte de surenchère que le Signal Intelligence Service se penche avec davantage d'intensité sur les enregistrements des communications soviétiques du temps de guerre.

Dès l'été 1946, un analyste d'Arlington Hall, Meredith Gardner, s'attaque à leur décryptage. Parlant déjà allemand, français, lituanien, espagnol et même sanskrit, ce petit génie du chiffre sort d'un stage intensif d'apprentissage de la langue de Tolstoï – dont, pour la petite histoire, le propre petit-fils, Ilia dit « Bill » Tolstoï, capitaine de l'OSS, a effectué une mission au Tibet fin 1942-début 1943 auprès du tout jeune dalaï-lama.

A propos d'OSS justement, on fournit à Gardner en guise de matériau de base la copie d'un livre de code soviétique récupéré par les Finlandais en 1941 sur le champ de bataille et celle d'un autre ouvrage partiellement brûlé mais récupéré dès avril 1945 en Saxe par l'équipe du colonel Paul Neff, un officier du G-2 en contact avec Arlington Hall.

L'histoire officielle de la National Security Agency, fille surdimensionnée du SIS comme on le verra, assure aujourd'hui que ces livres de code n'auraient servi à rien, les experts américains du déchiffrement ayant opéré sans y recourir. Mais, naturellement, il n'est pas interdit de mettre cette version en doute.

Le génie de Meredith Gardner, en tout cas, ne souffre pas discussion. Véritable Turing américain, le linguiste parvient dès le 31 juillet à mettre au clair une phrase d'un message de l'INO de New York au Centre de Moscou établissant l'existence d'activités de renseignements en Amérique du Sud. Et, le 20 décembre, fait apparaître les premiers éléments qui dévoilent l'espionnage atomique russe aux Etats-Unis.

Entre fin avril et mai 1947, progressant toujours davantage dans sa compréhension du cryptage soviétique, Gardner traduit en clair deux nouveaux messages. Ils prouvent qu'une source du War Department passait des informations militaires top secret aux Russes. Le 22 juillet, un rapport adressé au 2e Bureau de l'US Army, le G-2, montre que des centaines de noms de codes apparaissent dans les messages, beaucoup correspondant vraisemblablement à des agents soviétiques.

Prenant la chose très au sérieux, le général Carter Clarke, à présent directeur adjoint du G-2, contacte fin août ou début septembre Wesley Reynolds, l'officier de liaison du FBI avec l'armée, et lui propose de travailler en commun sur cet iceberg dont une partie seulement commence à émerger. Vétéran de la section russe du bureau FBI de New York puis du contre-espionnage, l'agent Robert Lamphere est muté en octobre 1948 auprès de Gardner. Il doit assurer la partie proprement policière du travail.

Le tandem opère sous le sceau du secret le plus absolu. Arme de premier choix contre le bloc soviétique, le programme « Venona » ne doit en aucun cas être révélé publiquement. D'où cette vilaine cachotterie : par décision du général Omar Bradley, tête du Comité des chefs d'état-major des trois armes, la Maison Blanche sera tenue hors du secret !

« Brad » a ses raisons : on peut en effet craindre des fuites. Le revers de la médaille, c'est que le président Truman, auquel le FBI fournit des éléments d'information sans en indiquer la source, en vient à conclure en bon homme politique que, comme d'habitude, Hoover exagère, maniant la paranoïa pour élargir son influence. Dans ces histoires d'espions rouges infiltrés partout, même ici, à la Maison Blanche, il y a sûrement un peu à boire, mais pas grand-chose à manger. Il est donc urgent d'attendre.

Les petits mystères de « Brad » sont d'autant plus inutiles qu'en réalité, l'INO sait. C'est qu'elle dispose d'un agent bien placé à Arlington Hall. Recruté dès 1934 mais mis en sommeil, William Weisband alias « Zveno » a été réveillé dix ans plus tard. Début 1945, ce russophone parvient à se faire muter à la section soviétique du SIS. Comme analyste certes, et non comme décrypteur, mais il saura cultiver d'excellentes relations avec Gardner.

Jusqu'à son arrestation en 1950, Weisband va informer le Centre de Moscou des progrès américains, de manière parcellaire toutefois. Les Soviétiques réalisent que certains de leurs messages ont été mis au clair, mais ils ignorent précisément lesquels, et continueront à l'ignorer pendant toute la guerre froide.

Par prudence, ils commencent bien entendu à changer l'un après l'autre tous leurs systèmes de cryptage entre 1947 et 1948. Un bouleversement que les casseurs de codes américains, de nouveau sourds et aveugles, vont baptiser le « Vendredi noir » par analogie avec le « Jeudi noir » du 24 octobre 1929, qui vit le krach de Wall

Street marquant le début de la grande crise. Pour en savoir plus sur la portée des décryptages américains du temps de la Seconde Guerre mondiale, il va falloir encore attendre un demi-siècle.

En décembre 1995, quatre ans après l'effondrement de l'URSS, le sénateur démocrate Patrick Moynihan et ses collègues de la commission parlementaire bipartite sur les secrets du gouvernement estiment en effet qu'il n'est pas opportun de laisser aux archives ex-soviétiques l'exclusivité des révélations sur l'espionnage russe aux Etats-Unis. Mis à l'encan par des anciens du KGB soudain convertis aux beautés du capitalisme, les documents fuitent à tout va du côté de Moscou, pourquoi pas du côté de Washington ? A la suite du rapport Moynihan, de fait, la NSA commence à mettre en ligne quantité de messages décryptés dans le cadre du programme « Venona ». Ceux qui furent fatals aux époux Rosenberg en particulier…

Le drame des Rosenberg

Les décryptages ont permis d'identifier « Antenne » puis, à partir de septembre 1944, « Libéral » comme étant Julius Rosenberg. Un message du Centre révélait même que sa femme se prénommait Ethel.

Chef de réseau d'espionnage soviétique dans le secteur de la technologie militaire, Rosenberg n'a opéré dans le domaine nucléaire qu'à titre colatéral, fournissant par exemple au résident légal Alexandre Feklissov plusieurs contacts, dont son propre beau-frère David Greenglass, employé au Camp-2 de Los Alamos. Mais, depuis l'explosion de la bombe A soviétique, l'opinion publique américaine vit mal le fait que les Etats-Unis ont perdu un facteur capital : la suprématie en termes de pouvoir de destruction. Elle s'inquiète.

Faut-il la rassurer à tout prix ? Outre son besoin obsessionnel d'attirer l'attention des médias, c'est le calcul de J. Edgar Hoover. Les aveux de Klaus Fuchs, arrêté en janvier 1950 en Grande-Bretagne où il était revenu comme directeur scientifique adjoint de l'Atomic Energy Research Establishment, ont mis le MI 5 britannique et le FBI sur la piste des Rosenberg. Information recoupée, comme on le sait, de source « Venona ».

Appréhendés à leur tour, Gold et surtout Greenglass avouent. Le jeune cadet d'Ethel livre même aux enquêteurs une déposition circonstanciée révélant l'étendue du réseau de son beau-frère, l'existence de deux appartements de Manhattan servant à la préparation de microfilms. Julius, assure-t-il, lui a proposé de financer des études scientifiques au Massachusetts Institute of Technology et l'a prévenu qu'il serait arrêté bientôt, l'invitant à prendre la fuite. A cet effet, une somme d'argent conséquente lui a été remise.

Lamphere et le FBI en savent désormais assez pour prendre les Rosenberg dans leurs filets sans compromettre ce qu'ils croient être le secret de « Venona ». Peu avant 20 heures le 17 juillet, les *G-Men* passent les menottes à Julius sous le regard de ses deux jeunes fils, terrorisés. Mais l'agent nie tout en bloc. Son complice Joel Barr, lui, s'est enfui en Tchécoslovaquie le 16 juin, Morton Sobell gagnant le même jour le Mexique, d'où il sera d'ailleurs extradé quelques mois plus tard.

Crânement mais sans réaliser à quels dangers elle s'expose, sur de mauvais conseils peut-être, Ethel fait appel aux médias. Au lendemain de l'arrestation de Julius, elle reçoit les journalistes dans sa cuisine un torchon à la main, comme une bonne ménagère américaine, affirmant, contre toute évidence mais avec aplomb, que son mari et elle ne seraient pas communistes. Mieux, ils ne connaîtraient même aucun communiste !

En poussant le bouchon aussi loin, la jeune femme s'expose au risque d'un témoignage sous serment, donc d'un parjure que Lamphere n'aurait aucun mal à démontrer. Véritable pain bénit, une telle procédure peut permettre au FBI d'obtenir une condamnation pénale sans vendre la précieuse mèche « Venona ». Mettons la pression sur Ethel Rosenberg, décide Hoover. Fût-ce pour protéger son mari, une mère de famille ne mettra pas longtemps en danger ses enfants de trois et sept ans ; il suffit d'attendre qu'elle craque.

Grave erreur d'appréciation, la jeune femme étant prête à tous les sacrifices pour la cause du communisme à laquelle elle adhère sans réserve. Le 11 août, alors qu'elle se croit tirée d'affaire par une déposition habile devant un grand jury, la voici arrêtée à son tour et transférée, comme Julius, au pénitencier de sûreté de Sing Sing, dont la sinistre réputation n'est plus à faire. Si elle vit très mal ses nouvelles conditions d'existence et l'absence de ses fils, c'est en véritable héroïne communiste qu'elle se comporte, continuant à nier et à nier encore. « Si elle risque sa tête, elle finira par céder : une mère ne peut pas laisser ses enfants orphelins pour motif politique », tranchent d'un commun accord Hoover et le juge Kaufman (lui-même juif, ce qui relativise quelque peu les accusations d'antisémitisme bientôt lancées par la propagande soviétique contre la justice américaine).

Le procès du couple s'ouvre le 6 mars 1951. Comme c'était prévisible, Julius est condamné à mort le 5 avril. Mais surprise : Ethel aussi. Et là, même courage ou même fanatisme, la jeune femme persiste dans son silence.

Depuis la fin du monopole de l'arme nucléaire, nous savons l'opinion publique américaine très craintive. De là à voir dans le couple Rosenberg l'héritier de Benedict Arnold, l'architraître de la guerre d'Indépendance, il n'y a qu'un pas*. Ces deux-là ont poignardé leur pays dans le dos ; qu'ils en paient les conséquences.

Sauf qu'on pense tout autrement dans le reste du monde. Et que, responsable d'une vague de purges à relents antisémites dans les « démocraties populaires » à la fin des années 1940, Moscou a besoin de se refaire d'urgence une virginité en accusant les Etats-Unis de persécuter les juifs. Quoi de mieux à cet effet qu'une campagne mondiale en faveur du couple menacé ? Avantage annexe : elle permettra d'occulter l'ampleur de l'espionnage soviétique en Amérique.

Morts pour un Etat disparu

Dynamique et bien orchestrée par les partis communistes et leurs filiales, la campagne « Sauvons les Rosenberg » marque d'autant plus facilement les esprits que le FBI et la justice américaine paraissent de mauvaise foi avec leurs histoires de témoignage d'un frère, David Greenglass, contre sa propre sœur ; l'impunité visiblement promise à sa femme, Ruth, pour témoigner contre Ethel et Julius ; ou, pire encore, ce mystérieux témoin protégé par l'anonymat, mais certifié fiable par le FBI (il s'agit du programme

* Sur la trahison de Benedict Arnold, *cf.* chapitre 2, p. 58.

« Venona », mais, comme ce dernier reste plus secret que tous les secrets, pas question d'en parler).

Rien d'étonnant dans de telles conditions si le malaise s'installe. Appels, plaidoiries, procédures, l'affaire se fait interminable. Les mois passent. Des millions de gens croient désormais dur comme fer à l'innocence des Rosenberg, victimes d'une épouvantable machinerie policière et judiciaire. Même le pape Pie XII intercède en faveur du couple.

Au fur et à mesure que l'on s'approche du dénouement, l'émotion affleure, renforcée par le poignant « baiser des Rosenberg », cette photo prise anonymement où l'on voit les deux époux s'étreindre sur fond de grillage de prison et diffusée partout sur la planète.

Moscou peut se frotter les mains : à l'heure où les peuples de l'URSS et des pays de l'Est vivent sous la botte, ce sont désormais les Etats-Unis qui paraissent une geôle. Par-dessus le marché, la « chasse aux sorcières », ce délire paranoïaque impulsé par le sénateur du Wisconsin Joseph MacCarthy, permet de renvoyer dos à dos le système soviétique, qui maintient des millions de citoyens au Goulag, et le système américain, qui écarte certes plusieurs dizaines de scénaristes et d'acteurs américains de gauche des studios de cinéma, mais sans attenter à leur vie ou à celles de leurs familles. Patent dans les deux cas, l'arbitraire n'intervient pas au même degré.

Le 19 juin 1953, tous recours juridiques épuisés, Ethel et Julius Rosenberg meurent sur la chaise électrique pour un Etat aujourd'hui disparu, l'URSS, qui ne les reconnaîtra jamais comme ses serviteurs clandestins, mais seulement en qualité de malheureuses victimes. Quant à la Russie actuelle de Vladimir Poutine, elle continue de les ignorer.

Loterie infernale, l'espionnage peut mener aussi bien à la mort cruelle qu'à l'impunité narquoise. Témoins, les « Cinq de Cambridge ».

Des nouvelles du « Club des Cinq »

Ce vieux Guy Burgess, quel drôle de loustic ! Il arbore son homosexualité comme d'autres la Victoria Cross, pourrit sa bouche et ses dents en mâchonnant de l'ail, boit comme un trou et, les soirs, fréquents, où il dépasse la dose d'alcool prescrite, proclame à tous que rien ne vaut le communisme, que Moscou est sa sainte Mecque et Staline son idole. Peut-être est-ce pousser un peu loin l'anticonformisme de règle chez les anciens de Cambridge, mais ici, au Foreign Office, nous sommes entre Anglais de familles honorables, et chacun possède son droit inaliénable à l'excentricité, Guy autant que les autres.

Venu au MI 6 par l'entremise de son ancien camarade d'études à Trinity College Victor Rothschild, membre de la célèbre famille franco-britannique de financiers juifs, l'agent soviétique a d'abord œuvré au sein de la Section D, sabotages et destructions. Mais sans passer au SOE comme le fera Kim Philby, que Burgess est parvenu à introduire dans le petit monde des services secrets de Sa Majesté par l'intermédiaire de Marjorie Maxse, une « dénicheuse de talents » maison.

Muté à la BBC pour des émissions de propagande antinazie, Burgess continue donc à mener la vie « scandaleuse » – dragues homosexuelles, orgies, parties fines – qui lui convient mais, avantage annexe, lui sert en quelque sorte de couverture. Derrière un personnage aussi voyant dont la beauté physique se ternit à force d'excès, qui diable irait deviner un espion russe ?

En juin 1944, la taupe passe au service de presse du Foreign Office. Dès 1946, la voilà secrétaire de Hector MacNeil, adjoint du ministre des Affaires étrangères dans le gouvernement travailliste qui vient de prendre la place de celui de Winston Churchill. Ce poste clé lui donne accès aux synthèses du Joint Intelligence Committee, l'organe de coordination des services spéciaux, c'est tout bénéfice.

De là à intégrer définitivement le ministère lui-même, il n'y a qu'un pas, vite franchi. Soucieux de la situation explosive en Corée où la guerre ne tardera en effet pas, les Soviétiques (en l'occurrence, un nouvel officier traitant, Youri Modine) lui ont demandé fin 1948 de se faire muter à la Direction d'Extrême-Orient. Son charme naturel opérant, c'est bientôt chose faite, au prix d'une rétrogradation administrative qui en surprend plus d'un, mais comme on le sait, Guy est sujet à des lubies…

D'abord secrétaire au département général du Foreign Office, Donald MacLean, le troisième homme du « Club des Cinq », aura lui aussi accès à des documents secrets. En mars 1944, muté à l'ambassade de Grande-Bretagne à Washington, il intéresse d'autant plus les Russes. Et on ne parle pas de John Cairncross qui, de retour au département du Trésor après ses « exploits » au secrétariat de Maurice Hankey et au GC & CS, se trouve en mesure de fournir des données financières confidentielles concernant par exemple le budget de la défense et, après la constitution de l'OTAN le 4 avril 1949, la part financière de la Grande-Bretagne à l'Alliance atlantique.

Quoique affirmée, l'homosexualité d'Anthony Blunt s'est toujours faite plus discrète que celle de Burgess, même si les deux ex-amants restés amis ont partagé un temps leur appartement de Bentinck Street, faute majeure contre la sécurité mais qui, là encore, écartait d'eux les soupçons.

En juin 1940, Blunt l'esthète, déjà connu comme un grand connaisseur de l'art classique, spécialiste réputé de l'œuvre du peintre français Nicolas Poussin, est, lui, entré au MI 5. Une preuve supplémentaire que le choix opéré au milieu des années 1930 par les Soviétiques : sortir les jeunes pousses de Cambridge de l'action communiste ouverte pour leur demander d'infiltrer l'*establishment*, était le bon. En termes techniques, cela s'appelle une « montée en structure ». Le moins que l'on puisse dire, c'est que celle-ci réussissait au-delà de toutes les espérances.

Entretenant d'excellentes relations avec des cadres d'avenir du service de contre-espionnage comme Guy Liddell et Dick White, Blunt n'aura même pas à cacher ses opinions politiques de gauche. Liddell et White sont en effet persuadés que le MI 5 doit s'ouvrir politiquement et socialement au lieu d'apparaître comme une forteresse de la droite. Or, comme au SOE pendant la guerre (persuadé que l'Angleterre en paix n'avait nul besoin d'un « Komintern britannique », le nouveau Premier ministre, Clement Attlee, a dissous le service Action en 1946, intégrant ses restes au MI 6), ce désir en soi louable favorise la pénétration adverse.

Au contraire du tonitruant Burgess, que ses amis appellent Jim, la nouvelle recrue prend tout de même la précaution de ne jamais étaler ses sympathies communistes. Et bien lui en prend, puisque Blunt va être en mesure de fournir à son contrôleur soviétique à partir de 1942, Boris Krechine, des renseignements de première qualité sur le fonctionnement du XX Committee (il sympathise avec « Tar » Robertson), les manœuvres d'intoxication antiallemandes téléguidées par la London Controlling Section et, comme Cairncross, mais en moins pointu, sur Bletchley Park et les décryptements alliés.

A Moscou, ce type même de révélation le rend suspect. Elémentaire mon cher Beria : connaître les plans de désinformation britanniques de l'Allemagne nazie, c'est à coup sûr vouloir désinformer les « organes » pour le compte du MI 5 ! Qu'ils apportent des renseignements paraissant corroborer les *a priori* du Centre (d'hypothétiques plans anglo-américains de paix séparée avec Hitler et d'agression contre l'URSS, par exemple) ou d'autres qui les contredisent, les Cinq sont d'ailleurs tous suspects en bloc. Impossible qu'ils aient pu s'infiltrer si profondément au cœur de l'*establishment* britannique. S'ils s'y trouvent, cela ne peut être qu'au titre d'une vaste manœuvre d'intox orchestrée par ces mêmes élites dirigeantes anglaises.

Logique stalinienne imparable : celle qui déporte et tue depuis la naissance de la « patrie du socialisme » des millions de citoyens soviétiques coupables de quelque chose, forcément coupables. Loin de l'URSS, les taupes du réseau de Cambridge ont pour elles la chance d'échapper à ce triste sort.

Lutte finale pour adeptes de l'Internationale

En mai 1944, un mois avant le débarquement en Normandie, Anthony Blunt est muté au grand quartier général interallié, le Supreme Headquarters Allied Expeditionary Force (SHAEF), que commande le général américain Dwight Eisenhower surnommé « Ike ». A un rang subalterne toutefois, de sorte que les informations qu'il va y collecter s'avéreront moins cruciales.

De retour au MI 5, il le quitte en octobre 1945 sur une ultime information : la pose d'un dispositif d'écoute au siège du PC de Grande-Bretagne qui a permis d'enregistrer les propos de James Klugmann. Ce dirigeant du parti et membre du SOE parlant couramment le serbo-croate se vantait, à juste titre nous le savons, d'avoir transmis des documents secrets aux partisans titistes de Yougoslavie…

S'il quitte les services spéciaux de la Couronne au profit d'activités d'historien d'art conformes à ses goûts profonds, Blunt n'abandonne pas pour autant ceux de l'URSS ainsi qu'il le prétendra une fois démasqué. Mais, éloigné du contre-espionnage bien qu'il conserve l'amitié, et donc quelques confidences, de Liddell ou de Robertson, c'est de seconde main qu'il renseigne désormais Krechine.

L'éclatement de la guerre froide douche par ailleurs ses convictions. Peur ? Dégoût de lui-même et/ou du stalinisme ? Crise de conscience ? Désir de privilégier sa carrière d'historien d'art ? Souci de protéger son ascension sociale marquée par cette incroyable nomination au poste de conservateur de la collection royale de tableaux, qui le met au contact de la reine mère, du roi et de la reine ? Le fait est qu'il quitte petit à petit l'orbite soviétique, dont il ne parviendra à se dégager qu'à l'automne 1949.

Reste Kim Philby, le plus doué des Cinq pour l'espionnage par ce sens inné de la dissimulation qu'il partage avec Blunt et par cette fidélité d'airain à la doctrine marxiste-léniniste-stalinienne qui le rapproche de Cairncross. Burgess et Maclean voient leur « trahison de classe » comme une fin en soi, mais lui la considère comme un simple point de départ. Converti à l'islam et désormais l'un des proches d'Ibn Saoud, le fondateur du royaume d'Arabie saoudite, son père Saint-John Philby a conseillé en 1933 au souverain de traiter avec les compagnies pétrolières américaines au détriment de leurs rivales britanniques. Kim hait l'*establishment* anglais autant que l'auteur de ses jours et rêve de lui porter des coups plus durs encore au nom de la lutte contre le capitalisme.

Quel meilleur endroit à cette fin que le MI 6 ? Travailleur assidu, Philby fils s'y fait remarquer – et pour cause – par son professionnalisme. En 1943, peut-être a-t-il joué un rôle dans l'accident d'avion qui coûta la vie, près de Gibraltar, au général Sikorski. Une manière de servir ses deux maîtres à la fois en ce cas puisque, gênant pour Londres, le général l'était encore plus pour Moscou. Blunt avait d'ailleurs informé Modine que Sikorski, lucide, croyait à la culpabilité du NKVD dans l'assassinat en masse de milliers d'officiers polonais dans la forêt de Katyn.

Nommé en 1944 chef de la Section IX de lutte anticommuniste – le fin du fin pour un agent secret de l'URSS ! –, Philby peut faire encore pire. Chef de l'antenne du MI 6 à Ankara en 1945, il dénonce aux Russes le projet de défection de Constantin Volkov, un officier de l'INO. Puis se couvre les mains de sang à partir de l'été 1949 quand, de retour à Londres, il commence à livrer aux Russes les emplacements des zones de débarquement ou de parachutage de l'opération clandestine albano-anglo-américaine « Valuable ».

Poursuivie jusqu'en 1951, cette basse œuvre de dénonciation contribue à compromettre un plan, déjà mal ficelé, de retour dans leur pays de centaines d'opposants albanais réfugiés en Grèce, en Turquie ou en Italie. Un mélange d'anciens collaborateurs des occupants allemands et italiens, mais aussi de monarchistes comme Abas Kupi ou de rescapés de l'organisation de résistance non communiste du temps de la Seconde Guerre mondiale, le Balli Kombëtar (Front national) de Mitat Frashëri, bête noire d'Enver Hoxha, le dictateur rouge de Tirana.

Jugeant une telle opération beaucoup trop hasardeuse, les Français du tout nouveau Service de documentation extérieure et de contre-espionnage, le SDECE, ont refusé de s'y associer. Jusqu'au chef du MI 6, Stewart Menzies, qui a longtemps hésité avant de céder à la pression des activistes de son service secret. Parmi eux le colonel David Smiley, qui donnera son nom de famille au héros de John Le Carré ; l'albanophone Robert Zaedner ; ou encore Frank Quinn, le chef du Département Q (explosifs et objets piégés, cher, lui, au cœur de James Bond). Julian Amery, qui remplaça autrefois Philby en tant que correspondant du *Times* en Espagne, est sur la même longueur d'ondes que les durs, tels entre autres les Américains de la CIA nouveau-née comme Wisner et ses adjoints Jim MacCagar et Frank Lindsay*.

L'ultime feu vert sera donné en septembre 1949 à l'occasion d'un sommet de l'OTAN. Hélas ! « Valuable » tourne au drame. Cueillis dès leur arrivée par la Sigurimi, la police secrète communiste albanaise que dirige Mehmet Shehu, ces hommes, exposés de façon inconsidérée par leurs parrains anglo-américains et de surcroît trahis par Philby, vont être mis à mort à l'issue de procès à grand spectacle. Ceux que les régimes communistes, qui essaiment à l'Est, s'empressent de calquer sur le modèle des procès de Moscou avant guerre.

En octobre 1949, Philby prend à Washington le poste capital d'officier de liaison du MI 6 avec la CIA, avec vue directe

* La gestation du plus connu des services secrets américains sera évoquée au chapitre 18.

sur l'agence centrale américaine de renseignements en construction. On comprend pourquoi l'agent double, prenant son rôle de « grand frère britannique » très à cœur, minimise la fiabilité des intercepts « Venona » et sympathise avec le patron du contre-espionnage de la CIA, James Jesus Angleton. Et celui-ci, fils d'une Mexicaine comme l'indique son second prénom, de raconter en toute confiance à son « ami » britannique ce qu'il sait de l'infiltration des taupes russes aux Etats-Unis, mais aussi en Angleterre.

Ces confidences imprudentes d'un homme qui se méfie de tous sauf de lui, Philby va les compléter avec sa maestria habituelle en se liant à Meredith Gardner, le responsable des décryptages « Venona » à Arlington Hall. D'où beaucoup d'inquiétude car, visiblement, les recherches anglo-américaines sur les taupes progressent.

Pour l'instant, Blunt et Cairncross échappent à tout soupçon. Philby aussi, du fait que nombre d'officiers du MI 6 et de la CIA ont été impliqués dans l'opération « Valuable », ce qui ne le désigne pas plus qu'un autre à l'attention du contre-espionnage. Mais tel n'est déjà plus le cas de Maclean et de Burgess, deux objets de certaines interrogations.

Le premier surtout. Autant dire que l'étau se resserre. Or, en hébergeant un temps Burgess, nommé en août 1950 deuxième secrétaire de l'ambassade britannique à Washington, tandis que Maclean, rappelé à Londres, devenait le patron du département nord-américain du Foreign Office, Philby s'est peut-être mis lui-même en danger.

« Jim, à toi de trouver un prétexte pour retourner à Londres et prévenir nos camarades soviétiques du danger que court Donald, explique-t-il à Burgess. Il doit quitter l'Angleterre, mais surtout pas toi car cela me rendrait du même coup suspect aux yeux du MI 5. — J'ai bien une idée », réplique son compère dans un grand éclat de rire.

L'astuce, c'est de commettre tellement d'infractions au code de la route américain que l'ambassade devra exiger son rappel ! De retour au pays et après avoir conféré avec Modine, lequel a obtenu le feu vert du Centre, Burgess tente de convaincre Maclean de s'expatrier. Une filière vers l'URSS va être mise en place spécialement pour lui, assure-t-il. « Melinda va accoucher de notre troisième enfant, objecte la taupe menacée. Je ne peux pas la laisser.

— Si tu veux, je t'accompagne, on fera le grand saut ensemble », finit par lâcher Burgess, oublieux de la parole donnée à Philby.

Burgess peut partir avec Maclean, mais seulement en tant qu'accompagnateur, tranche le Centre. Ensuite, il regagnera son poste.

Le problème, outre la naissance attendue, c'est que Maclean, désormais objet d'une surveillance assez visible de la Special Branch, ne peut quitter le pays avec son passeport. Consulté, Blunt trouve la solution : des bateaux de tourisme partant du sud de l'Angleterre qui effectuent de brèves escales sur le littoral français et pour lesquels les contrôles douaniers sont inexistants. Comme ces bâtiments lèvent l'ancre le vendredi soir, moment où la surveillance de la Special Branch cesse pour cause de sacro-saint week-end anglais, le coup semble faisable. On ne s'apercevra de la disparition de Maclean que le dimanche soir ou le lundi matin...

Passages à l'Est

Des arrière-pensées en tête, Burgess s'occupe de prendre son billet et celui de Maclean. Le samedi 26 mai 1951 dans la matinée, les deux fugitifs débarquent à Saint-Malo. Ils gagnent Rennes en taxi, puis Paris en train. Là, contrairement au plan prévu avec Modine, c'est ensemble qu'ils passent en Suisse, peut-être avec l'aide d'un ancien officier communiste du 2e Bureau des Forces françaises de l'Intérieur, le commandant Pagès. Puis, munis de faux passeports anglais fournis par l'ambassade d'URSS, s'envolent de Zurich pour Stockholm où ils descendent à l'escale de Prague, en route pour Moscou.

A Londres, dès le lundi, c'est la stupéfaction, et à Washington, la colère. Convaincus par la double fuite de ses amis que Philby fait partie des traîtres pointés par « Venona », les Américains exigent maintenant son rappel en Angleterre. Les Britanniques s'inclinent. L'intéressé, lui, conserve un sang-froid impressionnant. Passé sur le gril par Jim Skardon, le maître du MI 5 pour les contre-interrogatoires, il ne lâche rien. Rien non plus quatre ans plus tard, en novembre 1955, quand sa complicité éventuelle avec les deux fuyards est évoquée publiquement sur les bancs de la Chambre des communes. Mieux, Philby se paie le luxe insolent de nier de nouveau devant des journalistes convoqués chez sa mère pour une conférence de presse.

Faiblesse des démocraties : pour éviter le scandale, le gouvernement conservateur décide de mettre la taupe à la retraite du MI 6, mais sans inculpation. Deux ans plus tard, on lui déniche une place au Liban comme correspondant de *The Observer*, puis de *The Economist*. A Beyrouth, les habitués du bar de l'hôtel Saint-Georges pourront voir cette étrange célébrité abuser de l'alcool, moyen comme un autre de combattre la tension qui l'étreint.

Faussement décontracté, l'espion au rancart devise sur l'avenir du monde arabe avec son père de passage à Beyrouth, discute même aveux éventuels avec un vieil ami du MI 6, Nicholas Elliot, venu à cette fin dans la capitale libanaise. Avec la défection en octobre 1961 d'un officier du KGB, Anatoli Golytsine, le dossier à charge contre lui s'épaissit en effet, nourri par de nouvelles révélations d'une amie d'antan, Flora Solomon, à Victor Rothschild lors d'un séjour en Israël.

« Exfiltrez-moi d'urgence », demande Philby à ses correspondants soviétiques de Beyrouth. Comprenant que l'agent double est sur le point de craquer, les hommes du KGB en réfèrent au Centre. Et, le soir du 28 janvier 1963, l'ancien de Cambridge disparaît à bord du cargo russe *Dolmatova* qui vogue vers Odessa.

Une fois à Moscou, il y retrouve Burgess et Maclean. Tristes et désabusés d'une vie soviétique peu propice aux débordements sexuels, les deux ex-complices sombrent dans l'alcool, se brouillent, se réconcilient, se brouillent de nouveau tout en cultivant la nostalgie de l'Angleterre où l'on était si bien avec le *Times*, les pipes Dunhill, les *trench-coats*, les vestes en tweed, les tailleurs élégants de Saville Row et la bière tiède des pubs.

Usé jusqu'à la corde, Burgess décède le premier, le 19 août 1963. Après une liaison avec Melinda qui n'a certainement pas arrangé ses propres rapports avec Maclean, Philby, lui, épouse une Soviétique considérée comme politiquement sûre par le KGB. Il correspond avec son vieux copain du temps de guerre au MI 6, l'écrivain Graham Greene, lequel le dépeindra sous un jour favorable à travers son personnage de taupe venue aux services secrets russes par haine du régime raciste d'Afrique du Sud dans *Le Facteur humain*, et viendra même à Moscou en mai 1987 partager quelques verres de whisky avec lui.

Sous étroit contrôle du KGB, Philby rédige ses Mémoires, *Ma guerre silencieuse*, arme de propagande dans la guerre contre l'Ouest où ils connaîtront en effet un succès de librairie. Moins indulgent envers le pécheur que le catholique Greene, John Le Carré, autre auteur anglais ancien du MI 6 (vieille tradition britannique depuis Marlowe, nous le savons), fera de lui Bill Haydon, personnage ambigu d'agent double et de séducteur démasqué par George Smiley dans *La Taupe*.

Derrière le Rideau de fer, aucune mission d'importance ne lui sera attribuée. D'abord simple consultant sur la Grande-Bretagne, il est ressorti du placard après plusieurs années d'isolement pour des tournées de conférences à destination des officiers du KGB et des services « amis ». Les jeunes surtout, l'objectif étant de conférer à ce rescapé une stature de héros du renseignement soviétique dans la lignée de Richard Sorge ou des chefs de l'Orchestre rouge. L'espionnage russe se nourrit en effet du mythe des grands anciens, figures exemplaires dont chacun doit s'inspirer dans son travail quotidien. Philby donne chair à cette « héroïsation » plus que les reliques sacrées de Félix Dzerjinsky ou les photos des grands agents disparus, lui que l'on peut écouter, célébrer, admirer, avec qui l'on échange à l'occasion quelques paroles dont on se souviendra toute sa vie d'officier.

Le voici par exemple invité à donner quelques cours à des membres de la HvA (Hauptverwaltung Aufklärung, soit Administration générale du renseignement), le département d'espionnage à l'étranger de la Stasi, la police secrète est-allemande. Emaillant ses propos d'anecdotes et de traits d'humour britannique, il évoque son recrutement, son action et celle des « Cinq de Cambridge ». Markus Wolf, chef très doué de la HvA, ne sera pas le dernier à succomber au charme du vieil agent double dont il deviendra proche.

Blunt démasqué

Quand Philby a-t-il appris que, début 1964, Anthony Blunt, dénoncé quelques mois plus tôt par son ancienne recrue américaine Michael Straight, avait fini à son tour par passer aux aveux ? On raconte qu'après avoir résisté à un énième contre-interrogatoire du terrible Skardon, l'expert mondialement connu de Nicolas Poussin se serait accoudé à la cheminée avant de laisser tomber soudain : « Allons, autant dire la vérité. » Une forme hautaine de capitulation digne de cet esthète.

Le curateur des collections de peinture de la reine Elisabeth II était donc bien un agent soviétique. Dans les rangs de son ancien service le MI 5, l'indignation prévaut. Surtout quand on apprend que pour éviter un nouveau scandale Philby, douloureusement vécu par les élites britanniques, une impunité totale va être accordée au traître.

Dans nos sociétés médiatiques relativement ouvertes (la Grande-Bretagne bien sûr, pas l'URSS), il est toutefois peu d'arrangements dont les confidences d'anciens des services, écœurés de ce qu'ils considèrent comme une prime à la trahison, ne viennent à bout un jour ou l'autre. Ce jour survient en novembre 1979, quand le journaliste britannique Andrew Boyle identifie Blunt comme le « quatrième homme » du réseau de Cambridge dans son livre *Un climat de trahison*. S'ensuit un véritable maelström : polémiques sur sa culpabilité, sur son rôle de conseiller en arts plastiques auprès de la famille royale, interpellation aux Communes, débat parlementaire, indignation des travaillistes alors dans l'opposition. Et, avantage collatéral pour les défenseurs du droit à l'information, retrait gêné par le Premier ministre conservateur Margaret Thatcher d'un projet de loi qui visait à restreindre la liberté de la presse en matière de services secrets – dont, on le verra plus loin, cette femme politique fascinée par l'action clandestine aura tendance à user et à abuser.

Ciblé peu après comme le « cinquième homme », John Cairncross nie la moindre implication dans l'affaire. Un culot payant qui lui vaut de retomber dans l'anonymat. Le 26 mars 1983, Blunt rend son dernier souffle, vingt jours après Maclean. Philby les suit dans la tombe cinq ans plus tard, en mai 1988, peu après avoir accordé une longue interview en trois volets à Philip Knightley, du *Sunday Times*, déjà coauteur d'un livre sur sa trajectoire et sa trahison. Le 13, le cercueil du traître à la Grande-Bretagne enveloppé dans un drapeau rouge, on le porte en terre au carré des généraux du cimetière de Kuntsevo, à l'ouest de Moscou. Retraité en France sur la Côte d'Azur, Cairncross, lui, retrouvera l'Angleterre pour y mourir en 1995.

Les Rosenberg grillés sur la chaise électrique, les « Cinq de Cambridge » morts dans leur lit : l'espionnage soviétique mène à tout et, si l'on n'en sort jamais indemne, certains s'en tirent tout de même beaucoup moins mal que d'autres.

Il est vrai que le petit monde des services, s'estimant au-dessus des lois qui régissent le commun des mortels, ne s'embarrasse guère de considérations éthiques. « Je suis heureux que la CIA soit immorale », ira jusqu'à claironner dans la presse en 1967 un de ses anciens responsables, Thomas Braden. Curieuse manière de commémorer les vingt premières années d'existence d'un service secret connu du monde entier, mais pas toujours pour de bonnes raisons.

18

La Compagnie

Corruption, financements électoraux illicites, déstabilisations politiques, infiltrations, manipulations mentales, soutien à des nazis en fuite, appui à des mouvements néofascistes, complots, terrorisme, putschs militaires, dictatures mises sur orbite, leaders politiques progressistes assassinés, chefs d'Etat réactionnaires à la botte… Telle est l'image d'elle-même que la CIA va donner à l'opinion publique américaine et mondiale au milieu des années 1970, quand les commissions d'enquête parlementaires consécutives au scandale d'espionnage politique du Watergate la contraindront à révéler ses secrets les mieux cachés, les fameux « bijoux de la Couronne ».

Une image archi-négative qui aujourd'hui encore colle à la peau de l'Agence centrale de renseignement états-unienne. Et que l'usage de la torture après le 11 septembre 2001 n'a certes pas arrangée.

Qu'a fait l'agence de Langley, son siège central en Virginie, pour mériter une aussi épouvantable réputation ? Bien des choses, certaines avouables et d'autres non. Mais, au final, peu de réussites marquantes. Les fées de l'espionnage, il faut le dire, ne se bousculaient guère autour de son berceau…

OSS, fin de partie

Le 18 novembre 1944, « Wild Bill » Donovan écrit au président Truman pour lui suggérer la création d'un service central de renseignement. Dans le monde de demain, assure en substance le patron de l'OSS, les Etats-Unis auront besoin d'yeux et d'oreilles, ainsi que d'un bras armé pour mener les opérations clandestines propres à déstabiliser leurs ennemis. Cette direction centrale doit, selon lui, coordonner le travail de tous les autres services : le G-2, l'Office of Naval Intelligence et la minuscule branche Renseignement du Département d'Etat. Disposant d'un budget indépendant, elle créera ses propres sources d'information et mènera des actions subversives partout dans le monde.

La lettre de Donovan marque le début d'une lutte d'influence sans merci entre trois adversaires. « Wild Bill » n'est en effet pas le seul à prétendre diriger le renseignement américain de l'après-guerre. Comptez par exemple avec l'ambition de John Edgar Hoover, lequel se verrait bien en grand maître de l'espionnage et du contre-espionnage américains. Comptez aussi avec celle des militaires : on n'a pas appelé sous les drapeaux 14,5 millions d'hommes en 1944 et mobilisé des ressources économiques sans précédent sans constituer ce que le successeur de Truman à la Maison Blanche, le général Eisenhower, désignera bientôt comme un « lobby militaro-industriel » dangereux pour la démocratie américaine.

Complication supplémentaire, les sommets de la planète galonnée ne sont pas d'accord entre eux. Le chef d'état-major interarmes veut en effet un renseignement central placé sous ses ordres, quand la marine et l'aviation préfèrent conserver chacune son service. Beaucoup de prétendants, en bref, pour une fiancée qui n'a pas encore vu le jour. Ça n'empêche pas les mauvais coups. Avouons même que ça les favorise. Signée Hoover, la rumeur court bientôt Washington : Donovan voudrait constituer une sorte de Gestapo. Malgré les récits d'aventures à la gloire de l'OSS répandus dans le public par trois écrivains vétérans de l'organisation et toujours proches de Donovan – Thomas Braden, dont on parlait à la fin du chapitre précédent, Stewart Alsop ou John Shaheen –, l'effet répulsif est garanti.

Le Pentagone ne s'abaisse peut-être pas aux procédés de Hoover, mais il insiste sur son efficacité du temps de guerre, ses capacités d'interception et de décryptage. Seule la discipline militaire, assure la haute hiérarchie de l'armée, peut éviter les dérives. Quant à l'ex-patron de l'OSS, privé de la sympathie de Roosevelt, son poids devient très relatif face à une haute administration qu'hérissent ses opinions républicaines.

Meurtrier à dessein tant il sert les intérêts du lobby militaire, le rapport sur l'OSS commandé début 1945 au colonel Richard Park et remis au président Truman peu après la disparition de Roosevelt achève ce travail de démolition. Quelques bricoles mises à part, Donovan et ses hommes ont tout raté, conclut-il sans la moindre nuance. Les deux oreilles et la queue, diraient les amateurs de corrida…

La doctrine Kennan

Les effets du rapport Park ne se font pas attendre : le 20 septembre 1945, quatorze jours seulement après la défection d'Igor Gouzenko, le chiffreur du GRU d'Ottawa, l'OSS est dissoute. Le secrétaire adjoint à la Guerre, John McCloy, autorise cependant en toute discrétion une structure provisoire, la Strategic Services Unit, la SSU, à boucler les missions en cours. Un quart de feu vert qui donne un peu d'espoir aux tenants de l'agence centrale, douchés néanmoins par le transfert de rescapés de la branche Recherche et analyse de l'OSS au service embryonnaire de renseignements du Département d'Etat.

Ce léger contretemps mis à part, le Pentagone triomphe : outre la SSU et le G-2, il contrôle le Counter Intelligence Corps (CIC), chargé de la traque des nazis dans l'Allemagne occupée mais qui, au fur et à mesure du bras de fer avec les Soviétiques, va protéger, recruter et rémunérer au titre du « renseignement positif » un nombre croissant d'anciens SS.

Pour ne citer que le plus connu d'entre eux, Klaus Barbie sera recruté à Munich par une unité spéciale du CIC. Le « boucher de Lyon » a su faire miroiter ses succès contre la Résistance communiste, tel le démantèlement du comité de zone Sud des Francs-tireurs et partisans, trahi par l'ancien chef de l'appareil militaire du PC allemand, Lucian Iltis. Mais il s'est bien gardé d'évoquer la déportation des enfants juifs d'Izieu.

Avant de gagner l'Amérique du Sud avec sa famille en 1951, le tortionnaire de Jean Moulin travaillera cinq ans d'affilée pour les services américains. Lesquels sauront le protéger de la curiosité du journaliste-officier de renseignements français Paul Gérard-Dubot dit « GD », animateur du Bureau d'interrogatoires de contre-espionnage, le BICE, chargé précisément de la traque des rescapés des services nazis. Parmi les 3 800 noms d'officiers de l'Abwehr, du SD et de leurs agents recensés après guerre par les Français dans la *Synthèse de l'organisation des services spéciaux allemands*, le « boucher de Lyon » figurait sous le nom de « Barbier ».

Les Américains en sont-ils vraiment réduits à recycler des hitlériens aux mains couvertes de sang ? Tandis que Staline et Beria développent leurs services d'espionnage, le renseignement américain semble se vider de sa substance, perdant un savoir-faire péniblement acquis pendant la guerre sous la houlette britannique. Des 12 000 officiers et agents de l'OSS, ils ne sont bientôt plus qu'une poignée d'irréductibles à s'accrocher.

La guerre froide naissante dicte pourtant son ordre du jour. Dès janvier 1946, Truman, déjà revenu de ses illusions, désigne le contre-amiral Sydney William Souers pour mettre sur pied une nouvelle structure à vocation permanente, le Central Intelligence Group. Le CIG récupère la SSU, bientôt rebaptisée Office of Special Informations, OSI. En parallèle, il se dote d'un Office of Reports and Estimates chargé de la centralisation des renseignements, de leur analyse et de leur mise en forme.

L'OSI mobilise une partie des éléments les plus actifs, pour ne pas dire les plus activistes, de l'OSS : l'ancien journaliste Richard Helms et son bras droit Harry Rositzke en Allemagne ; James Angleton, la future dupe de Kim Philby, en Italie ; Philipp Horton, autre homme de presse en poste à Paris où il ouvrira dans deux ans le premier poste de la CIA, ou encore Alfred Ulmer à Vienne.

Le mentor de ces jeunes vétérans s'appelle Allen Dulles. Attaché au grand cabinet international de droit des affaires Sullivan & Cromwell où son frère aîné, John Forster, est partenaire associé, cet avocat né en 1893, diplômé de Princeton, fut pendant la guerre le chef de la station OSS particulièrement stratégique de Berne.

C'est à ce titre que, tablant sur les besoins d'argent exponentiels de la Résistance intérieure, il a tenté en 1943 de la détacher du général de Gaulle, d'où une violente crise entre les dirigeants du mouvement Combat et Jean Moulin. Puis négocié à partir de février 1945 avec l'Obergruppenführer-SS Karl Wolff et le général Heinrich von Vietinghof la reddition des troupes allemandes du nord de l'Italie, abandonnant Mussolini à son sort. Par la suite,

Dulles a pris la tête de la station OSS de Berlin avant de retourner à une vie civile qui l'ennuie après tant de sensations fortes.

Autour de ce quinquagénaire dont l'allure paisible de fumeur de pipe masque le bouillonnement intérieur gravite un cercle de durs à cuire obsédés comme lui d'action directe. Kermit Roosevelt, petit-fils de l'ancien président Theodore Roosevelt, et Tracy Barnes font partie de ces « cow-boys de Park Avenue », auxquels se joignent volontiers, lors de leurs passages à New York, Dick Helms et surtout son ami Frank Wisner, chef de l'antenne roumaine de l'OSS à partir de septembre 1944 puis officier au G-2 avant de retourner, lui aussi, à son cabinet d'avocats d'affaires.

Premier succès : le CIG regagne sur le FBI la responsabilité du contre-espionnage en Amérique du Sud. Ses effectifs vont bientôt atteindre les 2 000 membres, ce qui est peu à l'échelle des Etats-Unis et du monde, mais suffisant pour un début.

La mission du nouveau service, pour laquelle Souers, créateur dans le civil d'une chaîne de supermarchés, est aussi peu fait que possible : renseigner le président des Etats-Unis sur ce qui se passe dans le monde. En effet, faute de sources d'informations, nul à Washington ne comprend goutte à la stratégie de Staline ! Qui est cet « Uncle Joe » à grosses moustaches ? Que veut-il ? Que peut-il ? Jusqu'où ira-t-il ? Par quels chemins ? Grâce à quels soutiens ? Avec quels moyens ? Plus on se pose ces questions essentielles et moins on leur trouve de réponses.

La grille de compréhension qui fait défaut, George Kennan, le chargé d'affaires américain à l'ambassade de Moscou, va l'apporter à partir de février 1946. Russophone, ce diplomate de choc avance dans son célèbre « long télégramme » de 8 000 mots la doctrine du *Containment* : endiguer l'expansionnisme soviétique de façon à stopper, sans guerre ouverte, sa progression le temps suffisant pour qu'il s'écroule, victime de ce que les marxistes appelleraient ses « contradictions internes ».

Le corollaire du *Containment* selon Kennan, c'est la « guerre politique » (*Political Warfare*) : prendre les Soviétiques à leur propre jeu en soutenant partout leurs adversaires. Une tâche à laquelle rien ne prépare le CIG. Et qui dépasse d'ores et déjà le modeste vœu initial de Harry Truman : un service de renseignements pour l'aider à comprendre les événements d'Europe de l'Est et d'Asie.

En juin 1946, le général d'aviation Hoyt Sanford Vandenberg prend à son tour les commandes du CIG, poste qu'il conservera jusqu'en avril 1947 bien qu'aussi peu fait pour le métier de chef d'espions que l'infortuné Souers. Vandenberg, en particulier, ne comprend rien à la « guerre politique » chère à Kennan et qui devrait conduire les services secrets américains à affronter ceux du bloc de l'Est sur toute la ligne, y compris les fronts politique, syndical et culturel.

Le contre-amiral Roscoe Henry Hillenkoetter, qui succède à Vandenberg, ne manifeste guère plus d'enthousiasme. Ce qui ne l'empêche pas d'obtenir de Washington des moyens financiers pour développer l'Office of Special Informations, héritier de la SSU. Malheureusement, l'opération qu'il improvise en Roumanie, à partir de la mission militaire américaine à Bucarest, dans l'espoir de transformer le Parti national paysan en mouvement de résistance anticommuniste clandestin, échoue en moins de temps qu'il ne faut pour le dire : les hommes de Beria et leurs homologues de la police secrète communiste roumaine, la Securitate, veillaient au grain.

Croyez-vous que les amateurs de tels coups « à l'arrache » vont tempérer leurs ardeurs ? Les services américains mettront au contraire des années à comprendre la différence entre l'Europe occupée autrefois par Hitler et l'Europe de l'Est sous la botte stalinienne. Prédominant dans le premier cas, le patriotisme joue moins dans le second, car les régimes communistes nouvellement installés jouent avec dextérité sur les mots : aussi soumis soient-ils à Moscou, leurs dirigeants prennent un soin infini à maintenir la fiction de l'indépendance nationale, quand ils n'en rajoutent pas dans un nationalisme de façade.

Ajoutez à cela une capacité répressive supérieure à celle des occupants nazis d'autrefois. Pas en termes de brutalité directe bien sûr, mais dans ces autres formes de violence que représentent l'encadrement des populations par la police politique, la propagande de masse, la manipulation des êtres, des traditions, des symboles, et même des particularismes locaux. Un univers de faux-semblants incompréhensible pour des Américains étrangers à la dialectique marxiste-léniniste. Là où le racisme hitlérien se proclamait comme tel sans ambiguïté, le totalitarisme stalinien camoufle à merveille ses véritables buts.

Habitués de longue date à la confrontation avec l'univers communiste, Anglais et Français devraient s'avérer plus clairvoyants. Mais, s'ils le seront effectivement, ce sera à faibles doses. On a certes vu le SDECE refuser l'opération « Valuable », mais ce sera pour lancer de 1949 et 1954 le tout aussi désastreux programme « MINOS » (Matériel d'informations normalisées pour les opérations spéciales), dont Roger Faligot et moi-même avons révélé l'existence en 1994. « MINOS » qui entraînera la disparition derrière le Rideau de fer de dizaines de Yougoslaves, surtout anciens tchetniks serbes de Mihailović ; de Polonais issus de l'Armée de résistance intérieure non communiste, l'AK, ou de la Résistance polonaise en France, la POWN ; ou encore de Tchèques.

Bilan tout aussi catastrophique du côté du MI 6, la seule exception étant la Grèce, où le Royaume-Uni interviendra militairement dès la fin 1944 contre la Résistance communiste, l'EAM-ELAS (Front de libération nationale-Armée de libération nationale), avant de soutenir avec efficacité la coalition de monarchistes, d'ex-collaborateurs des Germano-Italiens et de résistants de droite qui en viendra à bout après une atroce guerre civile. Sous la direction de Nigel Clive, la station MI 6 d'Athènes parvient en parallèle à implanter au sein du PC grec quelques agents doubles du réseau « Damoclès ».

Face au rouleau compresseur soviétique, le projet de constitution d'armées secrètes pro-occidentales derrière le Rideau de fer va donc échouer partout. Trop ambitieux, n'outrepassait-il d'ailleurs pas le cadre plus pondéré du *Containment* tel que défini par George Kennan ? Rappelé à Washington par le nouveau ministre américain des Affaires étrangères, le général George Marshall, ce dernier prend la tête d'un petit groupe d'intellectuels et de stratèges du Département d'Etat, le Policy Planning Staff.

Architecte de la puissance militaire américaine pendant la Seconde Guerre mondiale, esprit délié capable de penser sur une grande échelle, Marshall entend traduire en termes matériels la doctrine Kennan, bientôt rebaptisée « doctrine Truman » par respect tout hiérarchique pour la personne du président.

Germe ainsi à partir de juin 1947 l'idée du plan Marshall. En apportant une aide massive aux pays d'Europe ruinés, les Etats-Unis feront coup double, estime le ministre : un, couper l'herbe sous le pied des partis communistes par une hausse rapide du niveau de vie des pays concernés ; deux, empêcher l'industrie américaine de sombrer dans la dépression en lui ouvrant de nouveaux marchés.

Sentant le danger, Moscou hausse le ton. Staline ne tardera donc pas à faire de l'acceptation ou du rejet du plan la ligne de partage entre méchants suppôts de l'impérialisme américain et gentils antifascistes. Un bras de fer s'engage, dans lequel les services secrets des deux bords vont jouer les premiers rôles.

La CIA dans l'antichambre

Le 26 juillet 1947, un mois après le discours de Harvard qui a rendu public le projet du plan Marshall, le président Truman crée le National Security Council (NSC). Il faudra encore attendre le 18 septembre pour que naisse officiellement l'Agence centrale de renseignements, la CIA, héritière du CIG et responsable devant le NSC, dont la présidence sera assurée par Truman et par ses successeurs.

Pour autant, rien n'est réglé. Censée coordonner les activités d'espionnage des militaires et du Département d'Etat, l'Agence s'en trouve bien incapable, soumise comme elle l'est aux feux croisés de ces deux instances, auxquelles il faut bien entendu ajouter le FBI. Or Truman a décidé de faire d'elle un contrepoids supplémentaire dans l'édifice institutionnel américain d'après-guerre. Sans aller jusqu'à la mettre en situation de parité avec ces monstres, l'existence même de la CIA limitera un peu, croit-il, la puissance du Pentagone, celle des diplomates et celle, avant tout personnelle, de John Edgar Hoover.

Une idée conforme à la vision traditionnelle américaine du pouvoir issue de la guerre d'Indépendance. Des pouvoirs plutôt, que l'on doit équilibrer de façon qu'aucun d'entre eux n'en vienne à surpasser les autres. C'est ainsi que, sans jamais constituer un fief démocrate (les républicains y sont en général plus nombreux, et l'extrême droite souvent bien représentée), l'Agence joue depuis sa création ce rôle politique ignoré et plutôt original de « balancier » entre les hiérarchies les plus puissantes du système institutionnel américain.

Le 19 décembre 1947, en guise de réponse à la constitution par Staline du Bureau d'information des partis communistes, le Kominform, version « guerre froide » de feu le Komintern, la directive NSC-4 confère à la CIA la responsabilité des « activités politiques secrètes » destinées à mettre en musique les conceptions de George Kennan. Le tout dans un très grand flou juridique, une formule tirée mot pour mot du mémorandum Donovan précisant de manière volontairement vague que l'Agence centrale de renseignements est susceptible d'accomplir « toute tâche relevant des renseignements et affectant la sécurité nationale que le National Security Council pourrait être amené à lui demander de temps à autre ».

Comme c'est joliment dit... Feu vert pour les opérations clandestines, les *covert actions*. A ceux qui renâclent, leurs tenants ont beau jeu de rappeler les manœuvres « sous couverture » des Beaumarchais et consorts, soutiens inavoués de la monarchie française aux *Insurgents* en lutte contre la Couronne. Ne s'agissait-il pas déjà d'actions camouflées en faveur de la liberté ?

Forte d'années d'expérience en matière de subversion, l'URSS n'en conserve pas moins une belle longueur d'avance. A partir de février 1948, le « coup de Prague » consacre le passage brutal de la Tchécoslovaquie derrière le Rideau de fer. Le 10 mars, le ministre social-démocrate des Affaires étrangères et fils du fondateur de la République tchèque, Jan Masaryk, tombe par la fenêtre de son bureau du palais Černin. Suicide sous une pression psychologique monstrueuse ou, carrément, assassinat par la nouvelle sécurité d'Etat communiste, le StB (Státni bezpečnost) ? En 2015, on ne le sait toujours pas.

Assassinat, c'est à l'époque la conclusion du SDECE français, dirigé par un ancien résistant membre du parti socialiste SFIO, Henri Ribière. Jouant d'audace, celui-ci parvient à faire exfiltrer par voie aérienne le ministre du Commerce extérieur tchèque Hubert Ripka (nom de code : « Fish »). Mais pas plus. Le Rideau de fer s'est abattu sur la Tchécoslovaquie.

Agir face à la progression inquiétante du communisme en Europe devient une nécessité absolue. Après Prague, Rome ? Que l'Italie bascule elle aussi côté russe et c'est peut-être le Vieux Continent tout entier qui sombre. Un vent de panique submerge le Département d'Etat. Même Kennan, d'ordinaire plus pondéré, songe déjà à une intervention directe de l'US Army. Ce *Containment* à main armée ne sera toutefois pas nécessaire.

Les scrupules de l'amiral Hillenkoetter

Réfugiée à Paris puis à New York dès 1935, l'Italienne d'origine ukrainienne Angelica Balabanova se réclame du socialisme le plus anticommuniste. Dès janvier 1947, les Américains commencent à miser sur cette ancienne dirigeante du Komintern. De retour à Rome, elle commence à travailler en partenariat avec l'ambassade des Etats-Unis, mettant ses dons oratoires au service de l'aile droite du PS italien dirigée par Giuseppe Saragat, qui vient justement de quitter la maison mère pour former le Partido Socialista dei Lavatori Italiani (Parti socialiste des ouvriers italiens), le PSLI. Balabanova devenant le pivot d'une opération d'influence politique dont la CIA sera partie prenante, ses déplacements entre les deux capitales et ses conférences de presse pro-Saragat à New York vont être financés par le Département d'Etat.

Aussi talentueuse soit-elle cependant, les paroles ne suffisent pas. Les élections générales italiennes à la Chambre des députés et au Sénat sont fixées au 18 avril 1948. Elles doivent opposer deux blocs : la démocratie chrétienne et une partie des socialistes à droite et à gauche, les communistes et l'autre aile socialiste alliés au sein du Front démocratique populaire.

Que peut faire la station de la CIA de Rome ? Réactiver les liens avec le Vatican noués par l'OSS dès 1944 *via* le dominicain belge Félix Morlion (alias « Bernard Black ») bien sûr. Surtout, fournir aux anticommunistes les moyens matériels qui leur manquent. En collectant des fonds importants auprès de grandes firmes industrielles américaines et d'autres auprès du Département d'Etat, Allen Dulles et ses amis du Brook Club de New York vont fournir la solution : une nouvelle « cavalerie de Saint-Georges », mais pour le compte des Etats-Unis cette fois.

Voici les officiers de la CIA métamorphosés en convoyeurs d'argent liquide à remettre de la main à la main aux intermédiaires démo-chrétiens, voire, mais en quantité moindre, aux socialistes pro-Saragat. Une dépense… payante : 48,5 % des suffrages pour la DC au scrutin pour la Chambre des députés contre 31 % pour le

FDP, avec un score analogue pour le Sénat. Le PSLI de Sarragat et ses alliés obtiendront 7 % des voix à la Chambre et 4 % au Sénat.

La méthode peut se discuter, mais elle est indéniablement efficace. Le problème, c'est que l'amiral Hillenkoetter ne goûte guère ce jeu-là. Honnête marin, il trouve l'addition morale de l'affaire trop salée, l'origine des fonds douteuse et leur mode d'utilisation condamnable. Revoyons notre copie, puisque celle-ci ne plaît pas à l'amiral. Kennan met lui-même la main à la plume. Sa nouvelle directive NSC-10/2 du 18 juin 1948 fixe le programme encore plus clairement : « Propagande, guerre économique, action directe préventive incluant sabotage, antisabotage, mesures de destruction et d'évacuation, subversion contre les Etats hostiles incluant aide aux mouvements souterrains de résistance, guérilla et groupes de libération des réfugiés. » Autant de déstabilisations qui, précise la directive, devront être « organisées et exécutées de telle manière que la responsabilité du gouvernement américain ne semble pas évidente aux personnes non autorisées et, en cas de découverte, que le gouvernement puisse décliner de façon plausible toute responsabilité à cet égard ».

Les réticences de Hillenkoetter induisent cependant un montage compliqué. Nouvel organisme au nom anodin créé ce même 18 juin, l'Office of Policy Coordination servira d'interface entre l'équipe de Kennan au Département d'Etat et l'Agence centrale de renseignement, bientôt connue des initiés comme « la Compagnie ». Et, pour mettre les points sur les « i », c'est Frank Wisner, le porte-drapeau de l'action directe à la CIA, qui prend la tête de l'OPC.

Dans le droit fil des idées de Kennan, les *covert operations* vont désormais couvrir cinq secteurs : partis politiques en Italie et ailleurs, monde du travail, intellectuels, pays de l'Est et enfin, à l'Ouest, réseaux « enterrés » en cas d'invasion de l'Armée rouge. Cinq secteurs où les Etats-Unis vont intervenir en sous-main, cette main étant celle du couple OPC-CIA. D'où quelques surprises…

L'ami américain de Force ouvrière

« Si je vous disais : “J'en ai bien fait partie”, ce ne serait pas exact. Mais si je vous disais : “Je n'ai eu aucune relation avec”, vous éclateriez de rire ! » biaisait Irving Brown quand on évoquait ses rapports avec la CIA. Et ce petit homme rondouillard, amateur de foie gras des Landes, de cassoulet et de bon vin, de s'esclaffer, communiquant sa fausse bonne humeur au personnel de ses restaurants parisiens favoris. Plus qu'aucun autre, peut-être, ce personnage né en novembre 1911 dans le quartier populaire du Bronx, à New York, a pesé sur le destin du syndicalisme européen en général, et français en particulier.

Permanent syndical dans l'industrie automobile, Brown se lie dans les années 1930-1940 à David Dubinsky, inamovible président de l'International Ladies Garment Workers Union, le Syndicat des travailleurs de la confection pour dames, lui-même aile marchante de la puissante American Federation of Labor, l'AFL.

Un militant de choc que le contact avec les services secrets dans la lutte contre le nazisme d'abord, contre le communisme désormais, n'effraie guère. Pas plus qu'il ne contrarie le conseiller politique de Dubinsky et de l'AFL pour les questions internationales, Jay Lovestone, ancien secrétaire général du PC des Etats-Unis. Comme leur partenaire Matthew Woll, secrétaire de la très droitière Ligue ouvrière des droits de l'homme, ces dirigeants partagent en effet avec les gens du FBI, du CIG et bientôt de la CIA une vision commune du rôle des Etats-Unis dans le monde à base d'anticommunisme.

Brown la jeune pousse est sur la même longueur d'ondes que ses aînés et mentors. Pour les questions de services aussi : n'a-t-il pas été mobilisé pendant la guerre au sein de l'aile syndicale de l'OSS, la Labor Branch ? Dès octobre 1945, le voilà promu représentant de l'AFL en Europe. Peu après, il établit le contact avec un personnage de l'ombre, le *Labor Attaché* de l'ambassade américaine à Paris Richard Eldridge.

Chargé des questions sociales côté cour, mais côté jardin du renseignement, Eldridge connaît comme sa poche le petit monde syndical français. Brown et lui partagent une même conviction : minoritaires à la base et plus encore dans les instances de direction d'une CGT réunifiée clandestinement en 1943-1944, les syndicalistes non communistes, dits « confédérés », doivent tenir à tout prix la dragée haute aux « unitaires » contrôlés par le PCF.

Si le *Labor Attaché* s'en tient à une certaine prudence, quitte à fournir dès 1946 des fonds aux « confédérés » très désargentés, Brown, lui, prône carrément la scission. Et, plus encore, il décide d'en jeter les bases. Tout en sympathisant avec le chef de file des « confédérés » Robert Bothereau, figure de la résistance syndicale sous l'Occupation, l'ami américain multiplie les rencontres avec certains responsables au passé moins glorieux comme Auguste Largentier, Jules Carpentier, Maurice Déglise ou Albert Cornette.

Parlons finances. Par l'entremise du Comité ouvrier juif lié à l'ILGWU de Dubinsky, Brown fait parvenir de l'argent aux « confédérés », regroupés dans l'association Les Amis de Force ouvrière. Mais ceux-ci restent divisés quant à la perspective d'une rupture avec les communistes. Si les jeunes comme Bergeron sont pour, le leader historique Léon Jouhaux et Robert Bothereau croient encore à la viabilité d'une CGT commune avec les « unitaires ».

Brown n'a cure de pareilles fadaises. Et pousse tellement la roue de la scission que cet activisme agace jusqu'à ses alliés du CIG et bientôt de la CIA, toujours sur la ligne Jouhaux-Bothereau, eux. La propension de cet anticommuniste viscéral à déborder les gens de la Compagnie se manifestera d'ailleurs de nouveau pendant la guerre d'Algérie, puis dans l'Afrique des indépendances, avant que Brown, à peine plus calme, réinvestisse la sphère politico-syndicale française dans les années 1970-1980.

Dans le bras de fer qui oppose « unitaires » et « confédérés », c'est son point de vue et celui des Jeunes-Turcs de la centrale, dont un typographe de Belfort, André Bergeron, qui vont prévaloir. Le premier acte de la rupture a lieu à la salle Lancry, les 8 et 9 novembre 1947. Les Amis de Force ouvrière se prononcent certes pour la « lutte à l'intérieur de la CGT », mais Bergeron n'hésite déjà plus à traiter en public le PCF de « parti fasciste ».

Brown accentue la pression. Un activisme qui finit par payer : les 18 et 19 décembre, alors que les « grèves Molotov » (du nom du ministre des Affaires étrangères de Staline) embrasent la France, Les Amis de Force ouvrière se réunissent une deuxième fois salle des Horticulteurs. Dénonçant la « manœuvre téléguidée par Moscou », Jouhaux, Bothereau et les autres dirigeants « confédérés » remettent, dès le lendemain, leur démission.

Le 12 avril 1948 naît la CGT-Force ouvrière. Un accouchement qui ne mettra donc pas un terme à la carrière mouvementée d'Irving Brown. Tout au long de la guerre froide, représentant pour l'Europe de l'AFL-CIO, la nouvelle confédération américaine née de la fusion entre l'AFL et le Congress of Industrial Organisations, il va dispenser, main dans la main avec la CIA, la manne financière américaine aux syndicats non communistes tel FO.

Artisan de la scission syndicale qui, en 1949, aboutit à la création de la Confédération internationale des syndicats libres, on le voit partout : à Bruxelles dans son bureau de la rue de la Montagne-aux-Herbes-potagères ; à Paris où il s'installe en 1952 rue de la Paix ; à Marseille où il crée le Comité méditerranéen anti-Kominform dans une boîte de nuit de son ami, le célèbre gangster Antoine Guérini ; en Allemagne fédérale, en Autriche, en Italie, en Suisse et même en Turquie.

Une pluie de billets verts

L'argent, Brown peut en distribuer beaucoup : un million de dollars annuels de la CIA et parfois plus, sans compter le demi-million de l'AFL-CIO, qui lui parviendra *via* le département International de la confédération nord-américaine, le Free Trade-Unions Committee de Jay Lovestone.

Force ouvrière n'est pas sa moindre débitrice, même si André Bergeron, son secrétaire général de 1963 à 1989, m'assurera que « cette aide a été beaucoup moins importante qu'on ne l'a raconté ». « Les Américains préféraient aider directement les fédérations ou les unions départementales plutôt que la confédération elle-même », ajoutera le vieux syndicaliste lors de notre rencontre de 1997. Peut-être tenait-il seulement à sauvegarder l'image de sa centrale.

Les sommes proviennent en premier lieu de Frank Wisner et de son Office of Policy Coordination. La CIA interviendra comme convoyeuse, puis, après qu'elle aura absorbé l'OPC au sein de sa sous-direction des Plans (en fait celle des Opérations clandestines), comme unique intervenante. Mais, pièce à verser à la complicité parfois tumultueuse de Brown avec l'Agence, le successeur d'Eldridge de 1952 à 1962, Paul Sakwa, coupera un temps les vivres à Brown en raison de son flirt trop poussé avec Antoine Guérini. Par la suite, le front commun activisme syndical-services secrets reprendra cependant ses droits.

A lire les lignes qui précèdent, on serait tenté de conclure que la Compagnie transformait les syndicalistes anticommunistes en agents secrets. Rien de plus faux, du moins jusqu'en 1954, quand Jay Lovestone et James Angleton, le chef du contre-espionnage de la CIA, vont conclure un pacte : des fonds pour le Free Trade-Unions Committee en échange de renseignements issus du monde syndical et des *Labor Attachés,* dans la nomination desquels l'AFL-CIO est influente. Formé au moule soviétique avant d'opter pour la dissidence, Lovestone ne vit jamais d'inconvénient à cette collaboration services secrets-syndicats, choquante pour toute personne étrangère à l'univers marxiste-léniniste.

Précisons au passage – c'est important – que les fonds alloués par la CIA au syndicalisme libre sont tout ce qu'il y a de plus officiels, même si leur mode de distribution reste occulte autant qu'opaque. Le Parlement américain a en effet voté une procédure biscornue de « fonds de contrepartie » destinés, au moins en principe, à créer les conditions de la mise en œuvre du plan Marshall. Or, dans le contexte de la guerre froide, le soutien aux syndicalistes amis peut, si l'on veut, faire partie de ces conditions… ne serait-ce que pour briser, avec l'aide de Guérini, les dockers CGT du port de Marseille, qui refusent de décharger les marchandises *made in USA*.

Une autre loi américaine de 1949 autorise en outre la CIA à dépenser une partie de ses fonds budgétaires sans fournir de justificatifs, alors pourquoi se gêner ? Sans trésor de guerre, pas de guerre même froide. Pour son combat tous azimuts contre le bloc de l'Est, la CIA va puiser largement dans les sommes ainsi mises à sa disposition. Et pas seulement dans le monde syndical. Ainsi la verra-t-on faciliter – à sa manière – la construction européenne…

La Compagnie et le Comité

Sous l'Occupation, Henri Frenay fut le créateur du plus grand mouvement de résistance de zone Sud, Combat. Lors de nos entretiens du printemps 1988 sur son après-guerre, ce militant acharné du fédéralisme européen faisait souvent allusion aux « Américains », puis, comme gêné d'en avoir trop dit, passait soudain à d'autres considérations. C'est seulement quelques années après sa mort que j'allais comprendre, pièces en main, que ces « Américains » aussi se rattachaient à l'univers des services secrets, qu'ils appartenaient à la CIA ou, à défaut, travaillaient avec elle.

L'affaire s'amorce à l'été 1948 lors de discussions entre Allen Dulles, l'ancien chef de l'OSS à Berne, Duncan Sandys, le gendre de Winston Churchill, et George Franklin, un diplomate américain. Au « coup de Prague » du mois de février vient de succéder le blocus de Berlin (juin 1948-mai 1949) par les Soviétiques. C'est dire si les esprits sont inquiets.

A l'automne, un petit cénacle de New-Yorkais jette les bases de l'American Committee for United Europe, l'ACUE, dont l'existence sera officialisée le 5 janvier 1949. Politiques, juristes, banquiers, syndicalistes se mêlent au sein de son conseil de direction. De hautes figures gouvernementales aussi comme Robert Paterson, le secrétaire à la Guerre ; James Webb, le directeur du Budget ; Paul Hoffman, le chef de l'administration du plan Marshall ; ou encore Lucius Clay, « proconsul » de la zone d'occupation américaine en Allemagne en pleine tourmente du blocus.

Derrière cette façade rassurante, la véritable ossature du Comité est constituée d'hommes des services secrets. A commencer par son président : nul autre que « Wild Bill » Donovan, qui a demandé au fidèle Tom Braden, autre vétéran de la grande famille OSS, de prendre en charge le fonctionnement pratique de l'ACUE.

Et ce n'est pas tout. Le vice-président s'appelle Walter Bedell Smith. Ancien chef d'état-major d'Eisenhower pendant la Seconde Guerre mondiale, puis ambassadeur à Moscou, celui que ses amis surnomment « le Scarabée » (« Beetle » en anglais) va justement prendre les commandes de la CIA à partir d'octobre 1950. L'année où des universitaires anciens du « Campus », la branche analyse et recherche de l'OSS, comme Frederick Burkhardt et surtout William Langer lanceront la section culturelle de l'ACUE...

Bref, on est entre soi sous l'œil approbateur d'Allen Dulles. De son cabinet d'avocats, celui-ci dirige déjà certaines opérations clandestines de la Compagnie et, fin 1950, il y reprendra officiellement du service à la demande de Bedell Smith. D'abord comme directeur adjoint de la direction du Plan, centre nerveux des opérations clandestines après l'absorption de l'OPC. Puis, après novembre 1951, comme adjoint du « Scarabée » auquel il va succéder de février 1953 à septembre 1961.

Un record de longévité d'autant plus impressionnant que son frère John Forster Dulles restera, lui, ministre des Affaires étrangères de 1953 à sa mort de maladie en mai 1959. Jusqu'à l'accession des frères Kennedy, pareille concentration de pouvoirs dans les mains de la même fratrie restera un cas presque unique aux Etats-Unis. Le climat de cette époque de guerre froide naissante était tel qu'elle ne semble pas avoir inquiété outre mesure les milieux politico-médiatiques.

Au sein de l'ACUE, quoi qu'il en soit, les grosses pointures passées, présentes et à venir du renseignement côtoient d'autres figures déjà familières : David Dubinsky, le parrain d'Irving Brown, ou Arthur Goldberg, son ancien patron à la Labor Branch de l'OSS. Et naturellement Brown lui-même, toujours prêt s'il s'agit de porter des valises de billets et d'agir en marge des services.

Ce surprenant Comité « pro-européen » allie une certaine forme de messianisme américain au souci de la défense bien comprise des intérêts des Etats-Unis. Messianique, la volonté bien ancrée de mettre le Vieux Continent à l'école du Nouveau Monde. Phare de la liberté menacée, l'Amérique a trouvé, la première, la voie d'une fédération d'Etats, succès si resplendissant que l'Europe n'a plus qu'à l'imiter, la terre n'étant peuplée, comme chacun sait, que d'aspirants Américains qui parlent une autre langue.

Cet européanisme *made in Washington* comporte sa part de sincérité : « Ils m'appellent le père du renseignement centralisé, mais je préférerais qu'on se souvienne de moi à cause de ma contribution à l'unification de l'Europe », soupirera ainsi Donovan en octobre 1952.

Sa part de calcul aussi. Car en décembre 1956, trois mois avant sa mort, le même « Wild Bill » présentera l'unité souhaitable de l'Europe comme « un rempart contre les menées agressives du monde communiste ». En d'autres termes, un atout supplémentaire de la stratégie américaine conçue par Marshall et Kennan. Construire l'union de l'ouest du Vieux Continent, c'est remplir un vide qui ne profite qu'à Staline. Donc, en dernier ressort, protéger les Etats-Unis

Pour chaleureuse qu'elle soit, l'amitié franco-américaine ne saurait toutefois distendre le « lien spécial » entre Grande-Bretagne et Etats-Unis. En foi de quoi, Comité et Compagnie ont d'abord tourné leur regard vers Londres. Hélas ! Churchill, battu aux législatives de 1945, ronge ses griffes dans l'opposition, tandis que le secrétaire d'Etat aux Affaires étrangères, Ernest Bevin, et ses collègues du nouveau cabinet travailliste rejettent avec horreur la perspective d'une intégration continentale trop poussée : l'Europe unie peut-être, mais avec beaucoup de modération.

Ce n'est pas que Bevin craigne de s'affronter aux communistes, d'ailleurs : début janvier 1948, il a créé un organisme clandestin de guerre idéologique, l'Information Research Department, partenaire du MI 6. Ce même IRD qui, jugeant *La Ferme des animaux* et *1984* plus efficaces que mille brochures de propagande, va contribuer à diffuser partout dans le monde les best-sellers de George Orwell, lui-même amoureux d'une proche des services britanniques, Celia Kirwan.

La carte européenne, Churchill la joue-t-il de son côté par conviction profonde ou pour gêner ses rivaux politiques de gauche ? Le fait est que, le 19 septembre 1946 à Zurich, le Vieux Lion a appelé à un axe anglo-franco-allemand, élément majeur selon lui d'une « espèce d'Etats-Unis d'Europe ». Qu'en mai 1948 Duncan Sandys taillait aux mesures de son homme d'Etat de beau-père le congrès de La Haye avant de prendre langue avec Dulles. Qu'en octobre 1948 Churchill créait l'United Europe Movement et qu'il en devenait président d'honneur aux côtés de l'Italien Alcide De Gasperi, de l'Allemand Konrad Adenauer, du Français Léon Blum et du Belge Paul-Henri Spaak.

Malheureusement pour l'ACUE, cette tendance dite « unioniste » ne propose, à l'exception notable de Spaak, que des objectifs européens limités sans transferts, même partiels, de souveraineté. Il faut donc trouver autre chose…

La CIA finance les fédéralistes européens

Justement, la tendance « fédéraliste » dont Frenay émerge comme la figure emblématique veut aller beaucoup plus avant. Aux heures les plus noires de la Seconde Guerre mondiale, Frenay, patriote mondialiste, a conçu l'idée d'un Vieux Continent unifié sur une base supranationale. Logique avec lui-même, il s'est jeté dès 1946 dans une croisade européaniste aux côtés d'Alexandre Marc, théoricien du fédéralisme né à Odessa en 1904. Les deux amis s'efforcent de gauchir le fédéralisme français, alors fort, selon Frenay, de « plusieurs dizaines de milliers d'adhérents ».

Orientée à gauche, l'Union européenne des fédéralistes, l'UEF, a été créée fin 1946 au Luxembourg, en Suisse puis à Paris. Elle va tenir son propre congrès à Rome en septembre 1948. Frenay devient président de son bureau exécutif, flanqué d'Altiero Spinelli, un opposant à Mussolini, et de l'Autrichien Eugen Kogon, ancien déporté et auteur de *L'Etat SS*. A ces trois dirigeants d'atténuer le profond malaise né de la participation de nombreux membres de l'UEF au congrès de La Haye, où le duo de choc Churchill-Sandys les a littéralement roulés dans sa farine « unioniste ».

Faut-il choisir entre le Vieux Lion et le pionnier de la Résistance intérieure française ? Perplexité au Comité, donc à la CIA. En mars 1949, Churchill rencontre Donovan à Washington. En juin, il lui écrit pour solliciter le versement de fonds d'urgence. Quelques jours plus tard, Sandys appuie par courrier la demande de son beau-père : de l'argent, vite, sinon le Mouvement européen s'effondre.

Comité et Compagnie, la véritable bailleuse de fonds grâce au trésor de guerre froide des « fonds de contrepartie », débloquent alors une première tranche équivalente à un peu moins de 2 millions de nos euros. Pour soutenir leurs partenaires du Vieux Continent, ils sauront monter par la suite des circuits financiers complexes : 5 millions d'euros entre 1949 et 1951, le même montant annuel par la suite. Des sommes d'abord réparties sous le manteau par les chefs du Mouvement européen : Churchill ; son gendre ; le secrétaire général, Joseph Retinger ; le trésorier, le major Edward Beddington-Behrens.

En octobre 1951, le retour de Churchill à Downing Street ne tarira pas ce flot. Entre 1949 et 1953, la CIA va en effet verser aux unionistes l'équivalent de plus de 15 millions d'euros, à charge pour eux, montage alambiqué, d'en redistribuer une partie à leurs rivaux de la « Fédération », la tendance de droite du fédéralisme français, laquelle reverse à son tour sa quote-part à l'UEF. Sommes substantielles, mais sans commune mesure avec la manne que le Kominform investit au même moment dans le financement souterrain des PC nationaux et des innombrables « fronts de masse » : Fédération syndicale mondiale de Prague, Mouvement de la paix, mouvements de jeunes, d'étudiants, de femmes…

L'UEF n'est pas riche, son président encore moins. Le salut financier viendra-t-il encore de l'allié américain ? Oui, assurent dès l'été 1950 les hommes de l'ACUE. A partir de novembre 1950, le Comité va financer secrètement à hauteur de l'équivalent de 600 000 euros l'une des initiatives majeures de Frenay et des fédéralistes de gauche : la création à Strasbourg d'un Congrès des peuples européens, aussi appelé « Comité européen de vigilance ». S'associeront à ce projet des socialistes comme Edouard Depreux, des religieux tel le RP Chaillet, des syndicalistes, des militants du secteur coopératif, des représentants du patronat et même deux gaullistes : Michel Debré et Jacques Chaban-Delmas !

En juillet 1951, Frenay effectue à son tour le pèlerinage des Etats-Unis sous les auspices du Congrès pour la liberté de la culture, une structure mitoyenne de la Compagnie que nous évoquerons bientôt. L'occasion de rencontrer les dirigeants du Comité et ceux de la Fondation Ford pour leur faire part des besoins matériels des fédéralistes. De fait, l'année suivante, l'American Committee for United Europe va financer l'éphémère Comité d'initiative pour l'Assemblée constituante européenne, dont Spaak sera président et Frenay, secrétaire général.

Brouillés avec la « Fédération », qui servait jusque-là d'intermédiaire pour le versement des fonds CIA-ACUE *via* le mouvement churchillien, les amis de Frenay sont vite au bord de l'asphyxie. Pour parer à l'urgence se met en place une procédure de versements directs aux fédéralistes de gauche par des antennes paragouvernementales américaines. A Paris, plaque tournante des opérations de la CIA en Europe avec Francfort, on opérera par le truchement de l'Office of Special Representative, conçu à l'origine pour servir d'interface avec la toute jeune Communauté européenne du charbon et de l'acier, ou de l'US Information Service. Mais, par la suite, un bureau ACUE proprement dit sera ouvert dans la capitale française.

L'ancien chef de Combat et le Comité soutiennent alors le projet d'armée supranationale prévu par le traité de Londres de mars 1952. Cette Communauté européenne de défense, la CED, comprendrait, c'est le point épineux moins de dix ans après la fin de la guerre, des contingents allemands. Difficile de faire ratifier le traité par les parlements nationaux et, pourtant, Frenay s'engage avec enthousiasme dans ce nouveau combat. Pour se heurter une fois encore au général de Gaulle, qui refuse la CED au nom de la souveraineté nationale, ainsi qu'aux communistes, hostiles par principe à tout ce qui contrarie l'URSS.

Après l'enterrement définitif de la CED en 1954, Frenay, découragé, abandonne la présidence de l'UEF. Quatre ans plus tard, le retour aux affaires du général de Gaulle annihile les derniers espoirs de l'UEF et de ses amis américains. Dissolution de l'ACUE dès mai 1960, puis cessation des financements occultes par la CIA s'ensuivent. En douze ans, la « Compagnie » aura quand même versé aux européanistes de toutes tendances l'équivalent de quelque 50 millions d'euros. Une opération semi-clandestine aux résultats mitigés, mais, vu son budget limité en regard de la puissance financière américaine, au rapport qualité-prix assez raisonnable.

Tel sera aussi le cas du Congrès pour la liberté de la culture.

Le front culturel

Tenu à Berlin-Ouest le 26 juin 1950, un an après la levée du blocus de la ville par les Soviétiques, le Congrès pour la liberté de la culture se propose de fédérer les intellectuels non communistes en des temps où, en Europe, la mode des cénacles est plus volontiers au marxisme.

Une vraie tour de Babel, cette rencontre. Ses participants sont américains, comme le philosophe Sydney Hook, une de ses chevilles ouvrières ; comme l'ex-trotskiste James Burnham, conseiller de l'AFL lui aussi ; le dramaturge Tennessee Williams ; l'historien Arthur Schlesinger, ancien de la branche Analyse et recherche de l'OSS ; ou encore l'acteur Robert Montgomery. Mais aussi français, comme Henri Frenay, toujours sur la brèche ; comme le journaliste Rémy Roure, déporté pour faits de Résistance ; l'écrivain et fils d'écrivain gaulliste Claude Mauriac ; le « trotsko-gaulliste » David Rousset ; ou encore socialistes, comme l'ancien ministre André Philip.

Ils peuvent être italiens, comme l'écrivain ex-communiste Ignazio Silone ; hommes de plume suisses francophones comme Denis de Rougemont ; anciens membres de l'appareil de propagande du Komintern, comme le Hongrois devenu Britannique Arthur Koestler, dont le roman *Le Zéro et l'Infini*, traduit dans une douzaine de langues, a dévoilé au grand public occidental les mécanismes de l'univers stalinien.

Deux cents participants venus des quatre coins de la planète, Europe de l'Est, Amérique latine et pays scandinaves inclus. Ces hommes et ces quelques femmes ne sont pas arrivés à Berlin par l'opération du Saint-Esprit. De telles rencontres internationales coûtent en effet fort cher, et il faut bien quelqu'un pour les organiser et les financer. Qui envoie les invitations ? Qui paie les billets, les repas et les chambres d'hôtel ? Pas plus que leurs homologues gauchistes familiers des grands congrès internationaux à la gloire de l'URSS, les invités de Berlin-Ouest ne se préoccupent de pareilles babioles, indignes de leur talent.

Ils feraient pourtant mieux de s'interroger car le congrès, donc eux-mêmes, est instrumentalisé par la CIA et l'Information Research Department anglais, dont nous savons déjà les liens avec le MI 6.

L'idée d'affronter sur leur propre terrain les Soviétiques, experts en manipulation des cercles intellectuels, est venue de trois opposants au communisme : l'Allemande Ruth Fischer, étoile montante du KPD au milieu des années 1920, et ses cadets l'Autrichien Franz Borkenau, passé lui aussi du communisme à la dissidence, et l'Américain Melvin Lasky. Mais ce sont deux hommes de la CIA qui l'ont mise en musique : Michael Josselson, agent contractuel de la Compagnie, bien que, au contraire du Malko Linge des romans *SAS*, aucune toiture de château ne pèse sur ses finances, et l'officier aux lointaines origines françaises qui l'a recruté en Allemagne, Lawrence de Neufville, un énième vétéran de l'OSS.

Pour eux, le congrès de Berlin n'est qu'une étape sur le chemin de la construction d'une structure pérenne propre à mener la guerre idéologique contre l'Est. Avec souplesse toutefois, car il ne s'agit pas d'enrégimenter ouvertement intellectuels et gens de plume sous la bannière étoilée, mais d'en conduire un nombre croissant à prendre leurs distances avec le bloc soviétique. Qu'ils soient de droite ou de gauche, peu importe, pourvu que cette gauche ne soit plus marxiste-léniniste.

A cet égard, le duo Josselson-Neufville s'est senti défavorablement impressionné par les fulgurances de Lasky, trop incontrôlable pour une action sérieuse et prolongée, comme par la raideur de Koestler qui, bien que conseiller du Foreign Office britannique, fait preuve d'un anticommunisme trop voyant, comme s'il tentait d'annuler par tant d'intransigeance son passé d'agent d'influence au service de Moscou. Si la foi des nouveaux convertis au libéralisme occidental plaît à la Compagnie, celle-ci goûte moins les excès de zèle de ceux qui ne pensent qu'à brûler ce qu'ils ont adoré. Dans le domaine de l'espionnage proprement dit peut-être, mais pas dans celui de la joute intellectuelle, faite de subtilité plus que de discipline.

Pour les sectaires et les électrons fous, on verra plus tard. Dans l'immédiat, ce qu'il faut, c'est avancer. Sous la houlette du tandem Neufville-Josselson, renforcé par un ami personnel du premier, le Russe blanc émigré Nicolas Nabokov, le Congrès pour la liberté de la culture – on a décidé de conserver l'appellation – prend à la fois forme et racine.

Un comité international de vingt-cinq membres est créé, chapeauté en principe par cinq présidents d'honneur : le philosophe et mathématicien anglais Bertrand Russell ; le vieux penseur italien Benedetto Croce ; l'Américain John Dewey, président avant guerre du « tribunal d'honneur » qui a absous Trotski des crimes contre la révolution dénoncés par les staliniens (ses crimes *pour* la révolution, eux, étaient pardonnés d'avance) ; et enfin l'écrivain catholique français Jacques Maritain.

Des branches nationales du Congrès émergent, avec parfois leurs revues. En France ce sera *Preuves*, financée par la CIA ; en Angleterre *Twentieth Century*, abondée, elle, par l'IRD. Et, tiens, s'il s'agit de combler tel ou tel trou financier, c'est l'inévitable ami américain de Force ouvrière Irving Brown qui va s'y coller. Car l'affaire coûte cher : 10 millions de dollars jusqu'à la découverte du rôle de la CIA en 1967, cause de la mort rapide de l'organisation désertée par ses membres, furieux d'avoir été instrumentalisés, parfois « à l'insu de leur plein gré ».

L'opération ne s'avère pas un échec pour autant. C'est en effet dans ces années 1950-1968 que l'affrontement entre intellectuels pro-occidentaux et intellectuels prosoviétiques aura atteint son apogée. Avec la Révolution culturelle, la guerre du Viêtnam, Mai 1968 en France et l'invasion de la Tchécoslovaquie par les chars du Pacte de Varsovie, les amateurs de marxisme *new look* braqueront plus volontiers leurs regards sur Cuba, Hanoi et Pékin que sur Moscou, laissant la défense et l'illustration de l'URSS à de moindres pointures.

Mission accomplie ? S'il s'était agi de refouler l'influence russe et non de l'endiguer, sûrement pas. Mais, à s'en tenir à la doctrine du *Containment*, à peu près. D'autant que l'expérience du Congrès pour la liberté de la culture aura servi de banc d'essai à de nouveaux modes d'action à la Compagnie.

Il se trouve que 1967, année de la découverte du rôle occulte de la CIA dans cette affaire, fut aussi celle où, défendant l'Agence quitte à se réjouir qu'elle fût « immorale », Tom Braden décida de sortir enfin de l'ombre…

Braden, stratège des « Organisations internationales »

Nous l'avons déjà croisé à l'OSS. Journaliste, professeur d'anglais et, après 1945, directeur du musée d'Art moderne de New York, le fameux MoMA (Museum of Modern Art), c'est un ami personnel du peintre d'avant-garde Jackson Pollock quand il rejoint la CIA en 1951 à la demande d'Allen Dulles. Et, politiquement parlant, un libéral proche de la gauche américaine non marxiste. Rien, pour le coup, d'un réactionnaire à tout crin comme James Angleton, ami du poète antisémite Ezra Pound, ou d'un monomaniaque comme Frank Wisner qui, à force de polarisation sur le communisme et lui seul, finira en gibier pour psychiatres.

Ces hommes si différents tirent pourtant la même charrette, car tel est le lot de la guerre froide : elle qui transforme des militants communistes sincères en espions soviétiques peut tout aussi bien fédérer contre le bloc de l'Est des sensibilités américaines opposées.

Passant au crible le fonctionnement du couple CIA-OPC, Braden ne tarde pas à constater le sérieux fouillis des opérations clandestines mal maîtrisées par l'exalté Wisner. Alors que les communistes opèrent par « fronts de masse » organisés à l'échelle planétaire : les syndicalistes, les journalistes, les intellectuels, les femmes, les jeunes, les enseignants, les tiers-mondistes, le Mouvement de la paix, les antinucléaires (à l'époque, contre la bombe seulement), les anciens combattants…, leurs adversaires, confinés dans l'espace national, sont incapables de riposter au niveau souhaitable. Ainsi la CIA fonctionne-t-elle en *desks* par pays alliés :

France, Allemagne, Italie, Pays-Bas, Belgique, Pakistan, Taiwan et autres, mais elle ne dispose d'aucune organisation mondialisée.

« Comme les communistes, nous devons nous structurer en branches internationales », explique Braden à Dulles – lequel, pour prolonger un instant notre réflexion sur l'hétérogénéité politique au sein de la CIA, se rattache à la droite conservatrice patricienne dite haute société WASP (Anglo-Saxons protestants de race blanche). Le directeur adjoint aux opérations acquiesce : c'est vrai que la Compagnie, brouillonne et parfois immature, manque d'efficacité. Mais, réplique-t-il, à nous de prendre le temps de faire accepter nos projets. Le temps ? Six mois de tractations de couloir et de lutte feutrée contre la bureaucratie de l'Agence, à l'issue desquels Braden, allant jusqu'à jeter sa démission dans la balance, arrache la mise sur pied d'une Direction des Organisations internationales dont il va prendre la tête.

Pour contrer le bloc de l'Est dans le monde entier et sur toute la ligne, encore faut-il disposer des moyens financiers nécessaires. Braden les obtient à l'heure où, la guerre froide se réchauffant en Corée avec la perspective d'un holocauste nucléaire, les fonds officiels convergent vers la Compagnie, à même, croit-on à Washington, de porter des coups à l'adversaire sans provocation militaire dangereuse. Et, naturellement, sans que la responsabilité de la Maison Blanche puisse être engagée.

Avec 2 812 fonctionnaires employés à l'étranger en 1952 dans quarante-sept stations, 3 142 contractuels et 82 millions de dollars, c'est vrai qu'on est loin des malheureux 302 fonctionnaires, sept stations et 4,7 millions de 1949… Mais loin de la parité avec le Kominform qui, outre les professionnels de l'INO, dispose d'une armée de militants et de compagnons de route, même si le fossé tend à se combler. Et l'élection l'année suivante du président républicain Eisenhower, féru d'opérations clandestines, ne fera qu'accélérer cette montée en puissance.

L'argent, c'est bien, encore faut-il pouvoir le distribuer discrètement. Or Irving Brown ne peut s'acquitter seul d'une pareille tâche. Sans compter les fonds de contrepartie du plan Marshall qui s'épuisent, le Congrès américain ne les renouvelant plus. Sous la houlette de son créateur et patron, la Division des Organisations internationales va donc monter un système sophistiqué d'ONG-écrans dirigées par des hommes de paille, mais de confiance. « Nous avions beaucoup de fondations, admettra Braden, interrogé en 1988 par l'universitaire Joël Kotek. On n'utilisait jamais les grandes (et véritables) fondations américaines comme Rockefeller, Ford ou Carnegie, sauf une exception pour Ford. On préférait utiliser des banquiers ou des industriels du Middle West, leur donner 20 millions de dollars pour qu'ils créent une fondation et proposent leurs services en Europe à l'une ou l'autre organisation spécialisée. »

Dont acte. A l'époque de ses entretiens avec Braden, Kotek travaillait sur les problèmes de la jeunesse pendant la guerre froide. Ainsi devait-il tirer au clair les conditions exactes dans lesquelles l'UNEF américaine, la National Student Association, fut financée par la CIA.

Un bon exemple des méthodes pragmatiques de la Division des Organisations internationales. Arguant non sans raison de la misère de leurs moyens matériels face aux communistes dans les congrès internationaux d'étudiants, les militants de la NSA sollicitent en 1951 une subvention du Département d'Etat. On les reçoit avec intérêt, mais, en plein maccarthysme, quand le secrétaire d'Etat Dean Acheson lui-même, un libéral, vient d'être accusé par le sénateur du Wisconsin d'avoir livré la Chine à Mao Zedong, qui prendrait le risque de donner de l'argent à des jeunes de gauche prosyndicats et anti-Ku Klux Klan ?

Pas le Département d'Etat, mais peut-être... la CIA : n'a-t-elle pas des yeux et des oreilles ? Le président de la NSA, William Dentzer, se voit convié par un de ses prédécesseurs à un mystérieux rendez-vous où un fonctionnaire gouvernemental lui offre le versement de subsides par l'Agence *via* la providentielle Foundation for Youth and Student Affairs. Un contrat sans engagement, sans contrepartie, résiliable à tout moment.

Crise de conscience pour Dentzer et son bras droit Avrea Ingram. Mais ont-ils le choix : c'est ça ou la mort à court terme du syndicat étudiant. Et, comme il le dira trente ans plus tard à Kotek : « N'oubliez pas qu'à l'époque la CIA n'avait pas la même réputation qu'aujourd'hui. »

En sauvant une organisation de gauche qui pourra envoyer des représentants tenir tête au tout-puissant lobby communiste dans les réunions internationales d'étudiants, l'Agence démontre une remarquable plasticité. Une capacité certaine à prendre des risques aussi, car MacCarthy, s'il avait eu vent de l'affaire, n'aurait pas manqué de l'accuser de subversion gauchiste. Un pas qu'il franchira d'ailleurs en 1953, s'en prenant à la Compagnie, au Pentagone et même à la Maison Blanche, triple imprudence qui causera la perte de cet allié involontaire mais objectif du communisme dont, par son hystérie, il n'aura cessé de faire le jeu jusqu'à sa chute.

Jusqu'à 1966-1967, *annus horribilis* pour l'Agence dont les activités de financement occulte seront en partie découvertes par la presse américaine – et fièrement revendiquées par Braden revenu à la vie civile –, le partenariat CIA-NSA se poursuivra, reconduit en toute discrétion du président du syndicat étudiant à son successeur. Sans doute était-il d'intérêt mutuel à condition de ne pas se montrer trop regardant de part et d'autre.

Le lecteur pourrait peut-être croire qu'en décrivant ces opérations clandestines mais non violentes, on serait en train de lui vendre une *soft CIA* de guerre froide, un peu intrusive, mais sans plus, et de surcroît incapable de la moindre méchanceté. Or, bien entendu, il s'agit là de la facette à peu près avouable de son action.

D'autres sont plus sujettes à caution, comme la mise sur pied en Europe de l'Ouest de réseaux « enterrés » éminemment dangereux pour la démocratie qu'ils étaient censés défendre.

19

Guerres secrètes et « Grandes Oreilles »

« Ils vivaient dans un climat de *Désert des Tartares* et raisonnaient ainsi : en cas d'invasion, les Soviétiques seront soutenus par les partis communistes nationaux. Pourquoi attendre cette invasion ? Agissons tout de suite. »

Le 20 novembre 1990, le général Gerardo Serravalle témoigne devant une commission d'enquête parlementaire italienne. Par cette allusion au *Désert des Tartares*, le best-seller de son compatriote Dino Buzatti, l'ancien officier de liaison entre les services secrets italiens et les réseaux « Gladio » tente de définir l'état d'esprit de ces groupes anticommunistes longtemps clandestins, mais à présent soumis aux feux croisés de la justice et des médias italiens.

Pourquoi tant d'intérêt ? Parce qu'on découvre peu à peu comment, de la fin des années 1960 à celle des années 1970, l'opération « Gladio » (le mot latin désignant la courte épée des légionnaires de Rome) représenta un des éléments clés de la « stratégie de la tension ». Soit un plan de subversion consistant à aggraver le chaos politique de l'époque (grèves ouvrières sauvages, contestation endémique à l'université, bagarres de rue, émeutes, terrorisme d'extrême gauche et, plus sanglant encore, d'extrême droite) de façon à précipiter un coup d'Etat militaire au nom de la loi et de l'ordre. On comprend donc que, vingt ans plus tard, ces découvertes judiciaires et journalistiques en rafale préoccupent beaucoup nos voisins transalpins.

Le concept initial du programme européen « Stay Behind » (littéralement : « Rester derrière ») et de sa composante italienne actionnée par la CIA, les fameux réseaux « Gladio », était pourtant tout différent. En pleine guerre froide naissante, il s'agissait de frapper les arrières de l'Armée rouge au cas où cette dernière aurait entrepris la conquête militaire de l'Europe occidentale.

Comme du temps de l'occupation nazie, ce plan « Stay Behind » originel, vaste programme à l'échelle de l'Europe, se voulait avant tout une coproduction anglo-américaine. A cette différence près que, les rapports de force ayant évolué dans l'intervalle, les Britanniques n'y briguaient désormais plus que l'oscar du meilleur second rôle…

Les chevaliers du Glaive

Sous des dénominations variées, des réseaux « Stay Behind » vont donc couvrir toute l'Europe de l'Ouest. CIA et MI 6 ont en effet tiré les leçons de l'amère expérience des mouvements de résistance : rien n'étant prévu pour agir dans le dos des nazis, il a fallu improviser, et à quel coût humain… D'où l'idée de structures clandestines prépositionnées disposant en première instance du soutien logistique et humain des services spéciaux du cru, et en seconde de celui de leurs homologues américains et britanniques.

Ces groupes dits « enterrés » seront munis de systèmes de liaison, de matériel radio et photographique, de caches d'armes, de planques : autant d'éléments qui ont fait défaut aux armées des ombres entre 1940 et 1945. Pour la plupart, ils vont donc être téléguidés par le MI 6 et la CIA, mais, on le verra, il y eut là aussi une exception française.

L'aventure commence en Italie, considérée comme le ventre mou de l'Occident du fait de la décomposition de l'Etat fasciste et du prestige d'un PCI auréolé de sa participation précoce à la lutte contre Mussolini. Dès 1947, une structure parallèle anticommuniste, l'Armata italiana della libertà, s'y est mise en place sous l'égide du ministre de l'Intérieur, l'ancien résistant de droite Mario Scelba.

Commandée par le colonel Ettore Musco et financée par James Angleton, patron de la CIA dans la péninsule, l'AIL dispose par-dessus le marché (ou plutôt par-dessous) de l'appui de certains francs-maçons italiens de droite et d'extrême droite. Ceux qu'on retrouvera bientôt au sein de la loge P 2 (Propaganda Due) du grand-maître Licio Gelli, fasciste bon teint protégé d'Angleton justement.

Forte au temps de sa splendeur de 963 « frères » tous haut placés, cette société secrète va défrayer la chronique des années 1980 quand apparaîtront au grand jour ses affaires financières louches et son noyautage très avancé des sphères dirigeantes (pour ne citer que lui, le général Giovanni Allavena, patron des services de renseignements de l'armée italienne de juin 1965 à juin 1966, appartenait à la P 2). Un autre versant de la stratégie de la tension.

En mars-avril 1949, au moment de la fondation de l'OTAN, l'Italie se dote d'une nouvelle agence de renseignements, le Servizio Informazioni Forze Armate. Deux ans plus tard, la CIA et le chef du SIFAR, le général Umberto Broccoli, lancent les réseaux « Stay Behind » transalpins. Et, heureux hasard, c'est justement Ettore Musco, promu général, qui succède à Broccoli à la direction du service secret.

Dans ce pâté de cheval et d'alouette que représentent ces groupes clandestins en formation, un cinquième d'anciens résistants non communistes vont s'amalgamer à quatre cinquièmes de rescapés du fascisme. Pas toujours repentis : plane en effet l'ombre du prince Junio Valerio Borghese. Ce fasciste noir de jais s'est fait une réputation méritée de violence et de sadisme en transformant sa *Flotilla Mas X*, les nageurs de combat italiens aux exploits légendaires, en milice de choc de la République de Salò (l'ultime refuge de Mussolini avant qu'il soit abandonné par ses protecteurs allemands en pleines négociations avec Allen Dulles et l'OSS). La guerre finie, il a été, comme Gelli, protégé par James Angleton jusqu'au rappel de ce dernier aux Etats-Unis, en décembre 1947.

Nageurs de combat, en voici justement. Sélectionnés par le colonel Renzo Rocca, chef du Bureau R du SIFAR (Ufficio Rei pour « Recherche économique et industrielle ») parmi les « gladiateurs » les plus déterminés, ces hommes seront entraînés par groupes de cinq ou six au centre-école d'Alghero, en Sardaigne. Au programme : close combat, sabotage, transmissions, techniques d'évasion, propagande. Les instructeurs sont des Bérets verts, les forces spéciales de l'US Army créées en mai 1952 à Fort Bragg, en Caroline du Nord, par Aaron Bank, un ancien des « Jedburghs », les groupes interalliés parachutés en France au printemps-été 1944 pour aider la Résistance à se structurer.

La base américaine de Camp Darby sera aussi utilisée comme centre logistique des réseaux. L'ensemble de l'opération se place sous la bannière de l'OTAN et fait bon marché de la souveraineté italienne, considérée comme secondaire. A force de former des gladiateurs aux techniques de guerre subversive en marge des structures légales (4 000 en tout jusqu'à la fin des années 1980), on multiplie en outre les possibilités de coup d'Etat, dont ils vont constituer une sorte d'armée de réserve.

Au début 1956, tandis que le général Giovanni De Lorenzo prend à son tour les rênes du service de renseignements, un nouvel accord entre la CIA et le SIFAR scelle la création officielle mais secrète de « Gladio ». Un glaive dont on va retrouver sous peu la trace dans une impressionnante série de coups d'Etat « à l'italienne », du plan « Solo » de l'été 1964 visant à substituer un pouvoir militaire à la démocratie parlementaire en crise avec l'appui des Etats-Unis aux putschs manqués du prince Borghese (opération « Tora-Bora » de 1970, complot de la « Rose des vents » en 1972). Sans oublier le mystérieux suicide du colonel Rocca le 27 juillet 1968 dans son bureau : un des nombreux « cadavres exquis » qui marqueront la politique italienne à l'heure de la stratégie de la tension.

Rien que de très condamnable, en bref. Encore qu'il ait fallu attendre 1990 pour qu'éclate enfin le scandale à la suite de l'obstination d'un « petit juge », Felice Casson. Et qu'émerge enfin le rôle trouble de la CIA dans la péninsule : appui à des mouvements subversifs de droite et d'extrême droite jusqu'au milieu des années 1970, puis ralliement aux institutions démocratiques à partir du moment où celles-ci ont fait la preuve définitive d'une résilience « à l'italienne » faite de compromis et de souplesse.

Cas exceptionnel ? Dans d'autres pays plus au nord, les réseaux « Stay Behind » connaîtront de fait un destin moins agité et plus conforme à la légalité.

La grande famille des réseaux

Voici le portrait d'une étrange famille dont Virginia Hall, rescapée de la Section F du SOE britannique puis de l'OSS, deviendra en quelque sorte la mère dès 1954. Soit l'année de sa nomination au « Bureau paramilitaire », le service qui supervise les réseaux du type « Gladio » au sein de la sous-direction des Plans, le département des Opérations clandestines de la CIA.

Diplomate, ambulancière, opératrice radio, saboteuse, chef de commandos, cette femme d'action née en avril 1906 a perdu l'usage de sa jambe gauche dès la fin 1933 lors d'un accident de chasse en Turquie. Ce qui ne l'empêchera pas, munie d'une prothèse, de jouer un rôle très important pendant la guerre en liaison avec la Résistance française, qu'elle considère dix ans après comme un modèle d'organisation secrète dont les groupes « enterrés » devraient s'inspirer.

Ces groupes, les voici :

Aux Pays-Bas, le colonel Somer, déjà chef des services de renseignements pendant la guerre, crée dès 1946 la Section I ou « Section des affaires générales » (Sectie Algemene Zaken), qui pilotera une partie des réseaux enterrés locaux, les autres étant animés par Louis Einthoven, chef de la Sécurité intérieure hollandaise, le Nationale Veiligheit Bureau.

En Norvège, le major Vilhelm Evang, patron du Forsvarets Overkommando II (2e Bureau du Haut-Commandement de la Défense), concocte dès février 1947 un plan de création de réseaux « enterrés » sous la houlette d'un bureau dédié du FO II, le FO 4 du colonel Ole Berg. Universitaire de gauche, Evang œuvre en liaison étroite avec Frank Slocum, chef de la Section O des Opérations maritimes britanniques pendant la guerre et désormais chef du poste MI 6 norvégien en même temps que patron sur place du renseignement naval de Sa Majesté. Inquiets de leur proximité avec l'URSS et de surcroît experts en matière de lutte clandestine depuis leur résistance antinazie, les Norvégiens vont lancer deux programmes successifs : « Jupiter » en juillet 1948, puis « Rocambole » en septembre 1952.

En Suisse, le « Projet-25 » (plus tard « P-26 » puis « P-27 ») dépend également des services secrets, le Groupe de renseignement et de sécurité du Département militaire fédéral. En liaison avec le MI 6, cette armée secrète de 400 hommes n'aura jamais à se manifester.

En Angleterre même, Airey Neave, héros national en sa qualité de premier évadé pendant la guerre de la prison-forteresse allemande de Colditz puis de responsable du MI 9 (exfiltration des pilotes alliés et, après 1945, de réfugiés en provenance des pays de l'Est), va jouer un rôle primordial. Cet ultra-conservateur, dont l'influence sur la formation politique de Margaret Thatcher va s'avérer considérable, voit dans les réseaux enterrés le moyen de prolonger l'atmosphère de clandestinité de la Seconde Guerre mondiale et de satisfaire son penchant maladif pour les complots contre la gauche travailliste. Ainsi multiplie-t-il les passerelles entre structures officielles, comme le célèbre Special Air Service (les forces spéciales britanniques créées pour la guérilla du désert contre l'Afrika Korps par l'Ecossais David Stirling), et officines anticommunistes privées financées par des groupes industriels dans une tradition qui, nous le savons, remonte aux années 1920-1930.

En Belgique, un maître espion issu des services spéciaux d'avant-guerre et de la Résistance, André Moyen dit « Colonel Freddy », agent de liaison entre le ministre de l'Intérieur belge Albert de Vleeschauwer et son homologue italien Mario Scelba, va mettre en place à partir de 1949 une quinzaine de groupes disposant de postes radio Marconi déjà démodés. Proche de l'OSS et désormais de la CIA, cet homme clé de la guerre froide, rond mais terriblement décidé, appartient au Service de documentation, de recherche et d'action, le renseignement militaire que dirige son maître à penser le colonel René Mampuys. Moyen voue par contraste une solide détestation à Robert De Foy, le patron de la Sûreté de l'Etat dépendante du ministère de la Justice, qu'il juge trop complaisant avec la gauche et qui le concurrence en mettant en place ses propres réseaux enterrés.

Ceux du SRDA se structurent. Huit officiers, un par zone géographique, sont désignés pour animer la branche Réseaux parallèles du service, baptisée de ce fait SRDA-8.

Dès 1952, des accords secrets entre Stewart Menzies, pour peu de temps encore patron du MI 6, et le socialiste Paul-Henri Spaak, alors président de l'Assemblée consultative du Conseil de l'Europe, permettront de fournir les réseaux SRDA-8 en armes anglaises et en matériel. Les rescapés du réseau Clarence de la Seconde Guerre mondiale (lui-même héritier de la Dame Blanche de 1914-1918, rappelons-le) sont mobilisés pour cette nouvelle forme de guerre secrète. Mais, soucieux d'équilibre, Moyen noue parallèlement des liens étroits avec Henri Ribière, le patron du SDECE, le service secret français d'après-guerre.

Dérapage mortel toutefois en août 1950, quand deux jeunes membres des réseaux assassinent le président du Parti communiste belge, Julien Lahaut. Doublement furieux – du crime d'abord, du fait qu'il ruine son opération d'infiltration en cours dans le secrétariat de Lahaut ensuite –, Moyen exfiltre quand même les deux assassins en France. Plus qu'au SRDA-8, très gêné en l'occurrence, la responsabilité de l'acte meurtrier doit principalement être attribuée à la violence de la querelle « léopoldiste » divisant alors le pays à propos de l'attitude de l'ancien roi des Belges Léopold sous l'Occupation (Lahaut était présumé avoir crié « Vive la République ! » en plein Parlement).

En Allemagne fédérale, on agira plus discrètement encore, du fait des attaques du bloc de l'Est dénonçant une résurgence du nazisme qu'il aurait beau jeu d'amalgamer aux réseaux. A partir de 1949, 75 petits groupes enterrés vont être mis en place par l'OG (Organisation Gehlen, du nom de son fondateur le général Reinhard Gehlen), matrice du service de renseignements fédéral, le Bundesnachrichtendienst, le BND, créé lui en juillet 1955. D'autres « Stay Behind » vont être contrôlés par le Militärische Abschierdienst, le renseignement militaire, fondé, lui, en 1956.

Quand le scandale « Gladio » éclatera en Italie en 1990, déclenchant une vague d'introspection dans toute l'Europe, le secrétaire à la chancellerie fédérale, Lutz Stavenhagen, affirmera, sans trop convaincre et pour cause, qu'en Allemagne les réseaux ne seraient apparus qu'en 1959. Une belle contrevérité.

En Autriche, les « Stay Behind » vont s'appuyer, trait original, sur les milieux syndicaux aidés par… Irving Brown et l'AFL-CIO. A partir des années 1960, le patron des services, Kurt Fächner, maintiendra en outre une liaison régulière avec les voisins allemands du BND.

En Espagne, un accord avec les Etats-Unis de 1953 permet le développement de réseaux au travers d'un lien étroit entre la CIA et les services franquistes, la Secunda Bis de l'armée de terre, le Servicio de Información de la Guardia Civil et celui de la Dirección General de Seguridad qui chapeaute la très féroce police politique franquiste, la Brigada de Investigación Social.

Les réseaux « Gladio » ont en effet pignon sur rue dans les deux dictatures de droite de la péninsule Ibérique, où l'anticommunisme va « de soi ».

L'exception française

Dans tous les cas évoqués ci-dessus, les « Stay Behind » ont été créés en liaison étroite avec les Anglo-Américains, et le plus souvent à leur initiative. Il en ira tout différemment en France, compte tenu de la configuration spécifique d'après-guerre qui, à un PCF puissant, oppose un mouvement gaulliste de masse, le Rassemblement du peuple français (RPF, créé fin 1947 par le Général), et un parti socialiste SFIO (Section française de l'Internationale ouvrière) très hostile au communisme.

Succédant à son père fondateur, le colonel Passy, gaulliste de 1940, les deux premiers chefs du SDECE, le service de renseignements français créé début 1946, sont justement d'anciens résistants membres de la SFIO.

Sous l'égide du Service 25 2/4 du colonel Morvan (de son vrai nom Guy Marienne) et en liaison avec le service Action, Henri Ribière puis Pierre Boursicot vont mettre en place et entretenir une série de structures parallèles baptisées Rose des vents, Arc-en-ciel ou Réseaux bis. Leurs 4 500 membres, tous volontaires non rémunérés, suivent un entraînement basique en matière de photo, de transmissions, de codage, d'implantation de dépôts de matériel et de repérage de *dropping zones* pour d'éventuels parachutages. Ils seront entraînés par des agents du service 29, le Service Action.

Certaines de ces cellules dormantes sont intégrées aux Forces françaises d'occupation en Allemagne sous le nom de « Mission 48 ». Le responsable de l'action politique du SDECE en Allemagne et en Autriche, Joseph Locquin, les contrôle depuis Baden-Baden. En cas de malheur, on a même prévu le transfert d'archives sensibles au Maroc ou au Sénégal, encore sous domination française à l'époque. Et constitué un trésor de guerre investi dans des banques britanniques et suisses. De quoi refaire la France libre, mais en mieux, si besoin était…

D'autres réseaux sont créés par l'ancien résistant Max Lejeune, ministre des Anciens Combattants, puis secrétaire d'Etat aux Forces armées, sous la couverture de l'Association des républicains nationaux. Ils vont être pris en main par la Sécurité militaire sous la houlette du colonel André Sérot, puis de son camarade André Bonnefous.

A son retour aux affaires en 1958, le général de Gaulle, jugeant l'utilité des réseaux enterrés français beaucoup moins évidente dans un contexte international marqué par le faible risque d'une attaque conventionnelle de l'Armée rouge, décide de les placer en sommeil « profond ». Officiers de réserve pour la plupart, leurs animateurs se contentent désormais d'effectuer des périodes, recevant de temps à autre de nouveaux matériels de liaison radio, mais sans plus.

« Gladiateur » depuis l'origine et honorable correspondant du SDECE, François de Grossouvre sera plus tard le conseiller aux affaires secrètes de François Mitterrand. Lequel, président en 1981, fera dissoudre dans la foulée du scandale « Gladio » en Italie l'ensemble des réseaux français par le chef du service Action, le général Jean Heinrich. Une décision surtout médiatique, ces groupes, strictement français, n'ayant jamais pesé le moindre poids dans la vie politique hexagonale.

Les gladiateurs grecs au pouvoir

On ne peut pas en dire autant d'une autre exception, tout à fait liberticide, elle : l'exception grecque. Six ans après la terrible guerre civile qui a opposé les troupes communistes du général Markos et la droite et l'extrême droite hellènes, un accord dit « Peau de mouton », parfois aussi « Toison rouge » dans la même veine pastorale, est conclu en 1955 entre la Compagnie et l'agence d'espionnage grecque KYP (Service de renseignements central).

Les réseaux seront chapeautés par une organisation clandestine essentiellement composée d'ex-collaborateurs des nazis, l'IDEA. Si besoin était, ses dépôts d'armes pourraient permettre d'équiper la bagatelle de 15 000 hommes, sans compter les bataillons de défense de la Garde nationale (TEA), proches de l'extrême droite. La force rêvée pour un coup d'Etat.

Quelles sont les relations exactes du KYP, de l'IDEA et des TEA avec John Maury et James Pott, les chefs de la station CIA d'Athènes ? Le fait est que, le 21 avril 1967, l'armée va s'emparer du pouvoir et que la cheville ouvrière de ce putsch militaire, le colonel Georghis Papadopoulos, membre du KYP, a été recruté dès 1952 par Potts lui-même.

Même si les putschistes entretenaient des liens de sympathie avec Thomas Karamessines, le directeur des actions clandestines de l'Agence, en raison de ses origines grecques et de l'aide apportée au KYP dès sa fondation en mai 1953, celle-ci n'est pas directement impliquée dans leur coup de force. Dick Helms, alors patron à Langley, siège de la CIA, pique même une crise de colère. Et pour cause : peu respectueux de la hiérarchie militaire, ces colonels factieux viennent de couper l'herbe sous le pied d'un projet de renversement du régime, démocratiquement élu, par leurs propres supérieurs, les généraux !

Langley soutiendra quand même la junte en la gavant pendant des années d'armes et de matériel. Le prétexte à cette aide massive : « ramener à la démocratie » ceux qui viennent précisément de l'étrangler ! Une démarche qui semble pour le moins curieuse à l'heure où les hommes des réseaux « Peau de mouton » imposent leur dictature. Outre Papadopoulos, tous les chefs de la junte militaire qui dirigeront le pays jusqu'en 1974 : Georghis Ladas, Ulysse Evanghelis, Nicolas Makarezos, Georghis Ionnidis et le dernier en date, Dimitrios Ionanides, appartenaient en effet à l'IDEA. Ils auront donc réussi là où leurs collègues gladiateurs d'Italie allaient échouer : la prise du pouvoir.

Si la CIA avait délibérément cherché à être haïe en Grèce, elle n'aurait pas fait mieux, ou plutôt pire. Ses opérations clandestines du début des années 1950 lui vaudront un effet boomerang tout aussi durable dans d'autres pays, du Moyen-Orient à l'Amérique latine.

Grandes manœuvres à Téhéran

En avril 1951, le Parlement de Téhéran nationalise les installations pétrolières iraniennes, jusque-là propriétés d'une société britannique, l'Anglo-Iranian Oil Company.

Nommé quelques jours plus tard, le nouveau Premier ministre, le Dr Mohammed Mossadegh, exhorte ses compatriotes à réduire l'influence étrangère sur le pays. Un appel qui se traduit presque immédiatement par un blocus international des hydrocarbures perses orchestré par les Britanniques.

De retour à Downing Street en octobre, Winston Churchill suit l'affaire de très près. Le pétrole iranien lui tient à cœur plus que personne. Jeune ministre de la Marine à la veille de la Grande Guerre, n'a-t-il pas bousculé les habitudes en faisant voter... la nationalisation partielle de l'Anglo-Persian Oil Company, matrice de l'Anglo-Iranian ? Une décision judicieuse qui a assuré l'indépendance énergétique de la Royal Navy et constitué le premier acte de la légende churchillienne.

« Débarrassez-moi de ce démagogue de Mossadegh », rugit le Vieux Lion. S'appuyant sur des réseaux politico-économiques puissants comme celui des trois frères Rashidian, armateurs, banquiers et hommes d'affaires, le chef du poste MI 6 de Téhéran se met au travail. Bon connaisseur du terrain, Christopher Woodhouse sait que la tâche ne sera pas facile. Nationaliste de gauche, Mossadegh bénéficie en effet d'un fort soutien dans son pays et d'une vraie sympathie dans pas mal d'autres. C'est l'époque où le tiers monde cherche à liquider les vestiges les plus visibles de la présence occidentale.

Influents de longue date en Iran comme les Anglais, les Russes voient d'un bon œil les initiatives du Parlement iranien et du Dr Mossadegh*. Ce dernier n'est toutefois pas un homme « à eux », et le parti communiste qu'ils contrôlent, le Toudeh, ne compte que 2 000 membres, jeunes et étudiants souvent. Assez pour se fixer comme objectif le noyautage des institutions iraniennes, mais pas suffisamment pour s'emparer du pouvoir.

Fin novembre 1952, Woodhouse rencontre le « Scarabée » Bedell Smith et Frank Wisner à Washington. Si les deux Américains prêtent une oreille attentive aux offres du collègue britannique : un travail en commun contre Téhéran, c'est qu'ils parient sur l'avenir. Indulgent envers Mossadegh, le président démocrate Truman va en effet passer la main en janvier à son successeur

---

* Sur la concurrence anglo-russe dans cette région au XIXe siècle, *cf.* chapitre 4, p. 90.

républicain à la Maison Blanche. Soit l'ancien commandant en chef interallié en Europe « Ike » Eisenhower, réputé énergique et flanqué d'un vice-président « chasseur de rouges » acharné qui a su toutefois sauter au bon moment du radeau maccarthyste devenu incontrôlable, Richard Nixon.

A la mi-février 1953, le général John Sinclair, successeur depuis juillet dernier de Stewart Menzies à la tête du MI 6, vient à Washington rencontrer son partenaire Allen Dulles, tout nouveau patron de la CIA. Surnommé « Sindbad » en référence au marin mythique des contes... persans, ce général écossais est un homme d'expérience. Dirigeant en second du renseignement militaire (Military Intelligence Division) de 1939 à 1945, il dispose d'un adjoint de la même trempe en la personne du Commodore James Easton, bras droit de Menzies depuis novembre 1945.

Pour liquider le gouvernement Mossadegh, « Sindbad » Sinclair et Dulles s'accordent en bon *Cold Warriors* (les durs de durs de la guerre froide) sur un nom : Kermit Roosevelt, chef de la Middle East Division, la Division Moyen-Orient de la CIA.

Surnommé « Kim », le prénom du traître anglais Philby (pure coïncidence), ce petit-fils de l'ancien président Theodore Roosevelt, autrefois journaliste et ancien de l'OSS, ne rêve que plaies, bosses et coups d'éclat. Ça tombe bien, puisque « Kim » va devoir faire preuve d'audace, épaulé par un adjoint britannique, George Kennedy Young, qui opérera depuis Chypre.

Les Anglais ont déjà affecté un nom de code au putsch en préparation : opération « Boot ». La CIA fait de même : pour elle, ce sera l'opération « Ajax ». Le problème, c'est que, côté américain, Dulles s'est permis de programmer un coup d'Etat sans que « Ike » ait décidé quoi que ce soit à propos du destin de Mossadegh. Une initiative qui dépasse de beaucoup le cadre de ses fonctions de directeur de l'Agence.

La CIA tenterait-elle de devenir un Etat dans l'Etat ? Si oui, le jeu semble plutôt risqué dans un pays comme les Etats-Unis. Sauf qu'une énorme erreur psychologique de Mossadegh va pousser la Maison Blanche à accorder sa partition avec celle de Dulles. Dans l'espoir d'obliger les Américains à le soutenir contre les ingérences britanniques, le Premier ministre iranien croit en effet judicieux d'agiter en public le chiffon rouge d'une intervention russe. C'est le résultat contraire qu'il obtient, Eisenhower cessant de juger légitime un pouvoir soutenu par l'URSS.

Dès lors, le destin du Premier ministre iranien est scellé. Les rapports de Roger Goiran, le chef de la station de Téhéran, relativisent l'influence du Toudeh et les risques de basculement du régime en faveur de l'URSS ? Qu'importe. La fièvre gagne les sommets de l'Agence, et désormais la Maison Blanche laisse faire.

Regroupés depuis février 1953 au sein du Comité pour le sauvetage de la patrie (Komite-ye Najat e-Vatan), de nombreux officiers sont prêts à faire cause commune avec les Anglo-Américains. Parmi ces candidats à la solution de force figurent le chef du 2e Bureau de l'armée, le général Moghadam, mais aussi Teymour Bakhtiar, qui créera en 1957 l'Organisation pour le renseignement et la sécurité nationale, la SAVAK (Sāzeman-e Ettel ā'āt Va Amniyat-e Keshvar), avec l'appui de la CIA et du Mossad israélien. Autre membre du comité : Nematollah Nasseri, qui va diriger cette mini-Gestapo du régime à partir de 1966.

Un « coup de Prague » inversé

Entre mars et juin, Dulles, Wisner, Roosevelt et « Sindbad » Sinclair peaufinent leurs plans. Dans leur esprit de *Cold Warriors*, ce ne sera rien d'autre qu'un « coup de Prague » à l'envers. Le passage brutal de la Tchécoslovaquie derrière le Rideau de fer en 1948 a tellement marqué les esprits occidentaux qu'il appelle, croient ces hommes d'action, une réponse calquée sur le même modèle. Celui de la Cocotte-Minute : on fait monter la pression tout en manœuvrant judicieusement la soupape.

Téléguidées par les communistes et leurs mentors russes, les « milices ouvrières » défiaient dans la rue et en armes le gouvernement tchèque modéré de l'époque ? Retournons la méthode contre celui de Mossadegh en payant des agitateurs, en mobilisant des prédicateurs religieux et même en manipulant un groupe terroriste, les Guerriers de l'islam.

La propagande du PC tchèque éructait contre les « valets du capitalisme » ? On s'en prendra au « communiste Mossadegh » et même au « juif Mossadegh ». Il n'est ni l'un ni l'autre ? Et alors ? Le ministre des Affaires étrangères social-démocrate Jan

Masaryk était tombé par la fenêtre de son bureau ? S'il s'obstine, Mossadegh pourrait connaître un destin analogue, assassiné par les Guerriers de l'islam ou peut-être liquidé par des militaires putschistes.

Affolé, le vieux président de la République Edvard Beneš avait confié les rênes du gouvernement au leader communiste tchèque Klement Gottwald ? On attend le même service du shah Mohammed Rezâ Pahlavi. Le shah hésite ? Dépêchons-lui sa sœur jumelle, la princesse Ashraf, beaucoup plus décidée que ce trentenaire sans énergie et, de surcroît, couverte de somptueux cadeaux par la Compagnie.

Le Gottwald perse désigné par la CIA et le MI 6 est le major-général Fazlollah Zahedi. En 1942, jugeant cet officier supérieur trop favorable aux nazis, les Britanniques – en l'occurrence Fitzroy Maclean, le futur envoyé spécial de Churchill auprès de Tito – l'ont exfiltré d'autorité hors d'Iran. Mais nous n'en sommes plus à une contradiction près. On a besoin de vous, alors embrassons-nous, Zahedi !

Le 11 juillet, la Maison Blanche donne enfin le feu vert tant attendu. Mais, malgré le budget conséquent alloué à l'opération – 5 millions de dollars puis une rallonge de 5 et encore une autre au dernier moment –, l'opération « Ajax » semble aussi mal partie que possible.

Rien ne se passe comme prévu : informée peut-être par les services soviétiques, la station de radio du Toudeh dénonce le coup de force à l'avance… La peur paralyse le shah et, payant de sa personne, Kermit Roosevelt doit s'introduire une demi-douzaine de fois en catimini dans le palais du roi des rois, histoire de remonter son moral chancelant… Terré dans son repaire, Zahedi ne commande pas grand-chose lui non plus… Des hommes de main payés par la CIA tabassent plusieurs mollahs en se faisant passer pour des militants du Toudeh… Mossadegh contre-attaque en enfermant les parlementaires qui pourraient voter sa destitution.

Faut-il abandonner la partie ? Sûrement pas : on continue. Impossible de conter par le menu les innombrables péripéties qui vont s'enchaîner les unes aux autres, culminant dans les journées de manifestation de masse des 19 et 20 août. Sachons seulement que Mossadegh va jeter l'éponge, que le « coup de Téhéran » marchera aussi bien que naguère celui de Prague, que le shah conservera son trône jusqu'à la révolution islamique de 1978-1979 et que, dans l'immédiat, l'Anglo-Iranian peut récupérer ses puits.

Le virus des opérations clandestines

L'Occident a gardé un chien de sa chienne aux Soviétiques. Et tant pis si, pour l'occasion, on a maquillé en « coco bon teint » un dirigeant qui ne l'était pas, et fait du Toudeh l'adversaire redoutable qu'il ne fut jamais. Tant pis si on est en train de passer de l'endiguement conçu par George Kennan au *roll back*, le refoulement, beaucoup plus agressif et beaucoup moins justifié politiquement.

Grande victoire ? Victoire à la Pyrrhus plutôt, car le succès même de l'opération s'avère lourd de graves difficultés à venir pour ses propres initiateurs. Dédaigneuse du désir d'indépendance des Iraniens en particulier et de celui du tiers monde en général, l'opération « Ajax » va en effet donner à la planète l'image d'impérialistes sans vergogne prêts à tout pour sauvegarder leurs intérêts économiques.

A Téhéran, une bonne part de la jeunesse se prend à détester les Etats-Unis. Une bonne part, ce n'est pas tout le peuple – sinon, pourquoi y a-t-il eu 200 000 manifestants contre Mossadegh dans les rues de Téhéran ? Pas tout le peuple donc, mais qui dira jusqu'où peut conduire, par une sorte d'inversion, le sentiment national bafoué ? Parmi la foule hurlant des slogans hostiles aux communistes « toudehis » et à l'« athée » Mossadegh se trouvait, pour ne citer que lui, un certain Ruhollah Khomeyni. Le même ayatollah qui, dans un quart de siècle, saura raviver, dans sa lutte contre le « Grand Satan », ce sentiment antiaméricain qu'il ne partageait pas forcément à l'époque. Les voies du retour en force des religions sont, comme celles du Seigneur, impénétrables…

Félicité à Downing Street par Churchill, « Kim » Roosevelt, héros du jour, le sera tout autant à la Maison Blanche. Eisenhower, si calme d'habitude, commence à son tour à contracter la fièvre. Et pas seulement lui car, par sa réussite même, « Ajax » va inoculer durablement au sein de l'Agence le virus des *covert actions*, ces coups de baguette magique censés faire la pluie et le beau temps partout où on le désire et qui, bien souvent, tiennent lieu de politique étrangère aux Etats-Unis.

Tout semble réussir à la CIA. Sur demande d'Eisenhower, ne mène-t-elle pas en juin 1954 l'opération « Success », la déstabilisation du gouvernement guatémaltèque de gauche du colonel Jacobo Arbenz ? Un coup d'éclat supervisé par Wisner et par un nouveau venu dans l'état-major de l'Agence, Richard « Dick » Bissell, ancien haut fonctionnaire de l'administration du plan Marshall. Le chef des opérations sera Jacob Esterline, entré à la CIA en février 1951. Sur le terrain, elle sera menée par un agent *free lance*, David Attlee Phillips, et par Howard Hunt, bientôt chef de station en Uruguay. Hunt entré à la CIA en novembre 1949 et qui, en retraite de l'Agence, reprendra du service secret... mais comme protagoniste du scandale du Watergate cette fois, preuve que ce vétéran n'a jamais été à un mauvais coup près...

Aux Philippines, un autre cadre de la CIA, le colonel d'aviation Edward Lansdale, as de l'action psychologique et de la subversion, parvient de son côté à affaiblir sensiblement la guérilla communiste tout en imposant à la présidence l'homme des Etats-Unis, Ramón Magsaysay.

Persuadée de tenir une martingale, l'Agence multiplie dès lors les *covert actions* en Amérique latine et ailleurs. Des coups de force si voyants en dépit de leur caractère conspiratif que les trois lettres CIA deviennent pour beaucoup synonyme de subversion, de gouvernements renversés, de complots.

Rançon d'une douteuse notoriété, on commence à voir sa main partout, même là où elle n'est pas. Et, pendant ce temps-là, rares sont ceux qui perçoivent l'importance croissante d'une agence de renseignements beaucoup plus discrète, dont le grand public n'apprendra l'existence qu'à partir des années 2000 et plus encore en 2013, lors de la défection d'Edward Snowden. On parle bien entendu de la National Security Agency, la NSA, grande prêtresse nord-américaine du SIGINT (Signal Intelligence ou, pour les Français, ROEM, Renseignement d'origine électromagnétique, par opposition à l'HUMINT, le renseignement par sources humaines).

Les très grandes et très indiscrètes oreilles des Etats-Unis, en d'autres termes. Celles qui écoutent jusqu'aux communications personnelles des chefs d'Etat et de gouvernement amis. Pardon :

qui ne le font plus parce qu'il paraît que ce n'est pas bien, mais, allez savoir, le font peut-être encore. Bienvenue, citoyennes et citoyens, dans le monde fantastique du SIGINT…

Ecoute voir…

Alors qu'après le milieu des années 1970 quantité de documents de la CIA ont été déclassifiés au moins partiellement, les termes du pacte UKUSA (pour *United Kingdom-United States Security Agreement*) sont restés cachés au public jusqu'en 2010, soit bien après l'effondrement de l'Union soviétique dont l'existence justifiait, du moins en principe, cette cachotterie.

Datant de juin 1947, l'UKUSA, accord secret de partage des interceptions et des décryptages entre Britanniques et Américains, liait les agences spécialisées SIGINT des deux pays alliés. De quoi s'agissait-il ? Dans la foulée de la Seconde Guerre mondiale, de bâtir la communauté anglo-saxonne du renseignement d'origine électromagnétique. Un ensemble transatlantique d'abord, puis mondial, fondé en théorie sur le mode du gagnant-gagnant.

Dans la corbeille de mariage, chacun met donc un savoir-faire chèrement acquis face aux Allemands ou aux Japonais. En prime, les Américains ajoutent leurs dollars, tandis que les Britanniques, ruinés par presque six ans de guerre dont deux et demi en solitaires face à l'Allemagne nazie, apportent l'étendue géographique de leur domaine impérial et surtout postimpérial.

De quoi accroître sensiblement le rayon d'action des écoutes, dans la mesure où les ex-dominions du British Commonwealth et les possessions de Sa Majesté, bien réparties géographiquement de l'Australie et de la Nouvelle-Zélande au Canada en passant par Hong Kong, permettent aux contractants une couverture plus large et plus dense. C'est qu'il faut tenir compte de tous les facteurs, en particulier du coefficient de propagation des ondes, variable selon les reliefs, les accidents du terrain, les climats. A ce titre, plus on couvre de terrain et mieux on capte.

Héritier de l'accord BRUSA (pour « Grande-Bretagne-USA ») du printemps 1943, l'UKUSA va englober les trois ex-dominions, à commencer par le Canada, dès 1948. Australie et Nouvelle-Zélande ne rejoindront officiellement le club qu'en 1956, mais, dans la pratique, elles faisaient déjà « comme si ». Quant à Hong Kong, petite colonie anglaise de la Couronne stratégiquement située aux portes de la Chine, elle n'a pas besoin d'être signataire pour prendre sa carte. Ces nouveaux partenaires, qu'ont-ils à gagner en adhérant ? Des moyens matériels pour leurs petits services d'écoute d'abord, le confort d'appartenir à un cercle très privé qui leur assurera bienveillance et protection ensuite.

A part Hong Kong après la victoire définitive de Mao Zedong sur Chiang Kai-shek en octobre 1949, aucun signataire du pacte UKUSA n'est directement menacé par le communisme – sauf guerre nucléaire, on voit en effet mal les rouges au pouvoir à Ottawa, Canberra ou Wellington. Mais, que le marxisme-léninisme triomphe en Europe et en Asie grâce à sa puissance militaire, et le danger deviendra terriblement proche. Dans ces conditions, prévenir vaut à coup sûr mieux que vouloir guérir un mal incurable.

Dirigée contre le bloc de l'Est en formation puis, très vite, contre la Chine populaire, la communauté UKUSA hérite bientôt du sobriquet de « Five Eyes » (« les Cinq Yeux »). Des yeux en forme de grandes oreilles qui écoutent la planète sous les classifications respectives de GBR (Angleterre), USA, CAN (pour Canada), NZL (pour Nouvelle-Zélande) et AUS. Le tout sur un mode essentiellement militaire car, dans le domaine très technique du SIGINT, les hommes en uniforme prédominent même si les intercepts mobilisent aussi des employés à titre civil.

Des règles très strictes régissent par ailleurs la circulation des renseignements et des analyses au sein de cette communauté de partage, oui, mais de partage inégal où les Américains, maîtres du jeu, se tailleront dès le début la part d'un lion qui cesse alors d'être britannique. Pour l'essentiel, ce sont en effet les Etats-Unis qui financent le réseau UKUSA, d'où leur position de force vite transformée en position dominante. Traduction supplémentaire du rapport de force qui prévaut désormais au sein du monde occidental, le système sécrète sa propre hiérarchie interne.

Au sommet, les Etats-Unis. Suivis comme leur ombre par la Grande-Bretagne, ils ont droit à tout et elle, à une partie seulement. Considérés simplement comme « *UKUSA-Commonwealth Collaborating Countries* » (« Pays du Commonwealth parties prenantes »), les ex-dominions, eux, n'auront accès qu'à une portion beaucoup plus congrue. Parmi ces Cinq Yeux, en bref, certains sont moins perçants que les autres.

L'inégalité ira en s'accentuant au fur et à mesure que les Américains vont fournir à leurs partenaires minoritaires des moyens matériels de plus en plus conséquents, par exemple des avions à long rayon d'action pour l'interception des communications en zones maritimes.

Un apport sérieux pour l'Australie et la Nouvelle-Zélande qui surveillent l'Océanie, où les ondes, faute d'obstacles, portent très loin. Compte tenu de sa géographie, le Canada cible, lui, les contrées froides nordiques et les régions polaires également faciles à balayer. Les Etats-Unis et le Royaume-Uni visent l'URSS et les pays de l'Est. La Chine aussi : épaulé par la Defence Signals Division australienne, le GCHQ (Government Communications Headquarters créé en juin 1946 à partir du GC & CS) la surveille à partir de la station d'écoutes de Little Sai Wan, à Hong Kong.

La machine à interceptions est lancée. Des cibles sont définies, des techniques, des méthodes, des procédures, des formules conventionnelles, des noms de code. Les personnels sont échangés – de façon inégalitaire là encore, puisque des officiers de liaison américains sont présents dans toutes les stations ou presque, leurs homologues britanniques moins et ceux du trio de partenaires minoritaires, très peu. Mais, la langue commune étant l'anglais, au moins peut-on se comprendre de façon à peu près satisfaisante.

En principe, chaque pays signataire s'interdit d'espionner ses propres nationaux. Mais qu'à cela ne tienne : chacun peut surveiller ceux des autres et, ma foi, si les informations circulent... Pas dans tous les sens, il est vrai. Les « petits » membres du club, et même la Grande-Bretagne, n'ont aucun droit de se mêler des affaires des citoyens des Etats-Unis, la réciproque n'étant pas toujours vraie.

Ainsi vont les choses dans le cercle UKUSA. Par cercles concentriques autour des cinq fondateurs vont s'agglomérer peu à peu des « tierces parties » aux droits moins étendus encore et qui feront figure de pièces rapportées. La Norvège adhère en 1952. Petit par sa population, mais grand par sa superficie et fort d'une capacité de résistance démontrée pendant la Seconde Guerre mondiale, qu'illustre d'ailleurs la création précoce de ses réseaux « enterrés », voilà un pays idéalement placé pour écouter le nord de l'URSS. C'est aussi le cas du Danemark en 1954. Et l'année suivante de l'Allemagne de l'Ouest, d'autant plus importante que le destin de la guerre froide s'y joue en grande partie. Une guerre mondiale le plus souvent feutrée, à l'image de la bataille des intercepts électromagnétiques.

Le « Taj Mahal des Grandes Oreilles »

Le 4 novembre 1952, l'Armed Forces Security Agency, l'AFSA, qui regroupe depuis juillet 1949 la crème des intercepteurs et des décrypteurs américains, se transforme en National Security Agency, la NSA. Son directeur reste toutefois le même homme, le major-général Ralph Canine, successeur dès juillet 1951 à la tête de l'AFSA du vice-amiral Earl Stone, ancien patron des communications navales.

La nomination de Canine et de son adjoint, le vice-amiral Joseph Wenger, ne sera pas annoncée officiellement. La création du nouveau service non plus : tout est secret, très secret, top secret. Tellement que les esprits caustiques (dans les services de renseignements, il s'en trouve autant qu'ailleurs) vont le rebaptiser « No Such Agency », quelque chose comme « Cette agence n'existe pas ».

Et pourtant, elle tourne. Très rond, même. Dépendante du Pentagone, la NSA se trouve placée sous les ordres du directeur du renseignement central, le patron de la CIA, soit Walter Bedell Smith et bientôt, surtout, Allen Dulles. C'est dire si, à l'époque, on la considère comme utile, mais moins que la CIA tout de même. Ce d'autant que le président américain Eisenhower, bien que lui-même officier de carrière, maintient la ligne choisie par son prédécesseur démocrate en matière de services de renseignements : limiter dans une certaine mesure la puissance excessive du lobby militaire en usant de l'Agence comme d'un contrepoids. Par ailleurs, « Ike » se souvient d'avoir été un officier technique, un logisticien (le futur président s'est fait un nom dès 1929 en montant un raid militaire automobile à travers les Etats-Unis). S'il apprécie les *covert actions*, les intercepts lui paraissent un domaine d'avenir pour les services secrets : c'est aussi là qu'il va falloir surpasser les Russes.

Conséquence : des moyens matériels pour l'agence toute neuve. Trop à l'étroit à Washington, cette dernière cherche des locaux mieux adaptés à son ambitieuse mission, qui consiste à scruter les pays communistes et, si possible, la planète entière, comme elle le fait aujourd'hui. L'ironie du sort veut qu'un instant Canine songe à la domicilier à Langley, en Virginie, futur siège de la CIA. Au final, son choix se porte cependant sur Fort Meade, du nom du général nordiste vainqueur de la bataille de Gettysburg pendant la guerre de Sécession. C'est dans le Maryland, assez près de Washington – environ 50 kilomètres – pour que les liaisons avec la capitale soient faciles, mais assez loin pour que, le prix du terrain étant moins élevé, l'agence-qui-n'existe-pas puisse prendre ses aises.

C'est qu'elle en a grand besoin pour loger des installations techniques impressionnantes et une nuée de cerveaux exerçant des activités aussi variées qu'officier ou officier supérieur en langage SIGINT, analyste en langage, expert linguiste-cryptanalyste, expert en recherche linguistique, cryptanalyste expert, ingénieur en cryptanalyse, cryptanalyste qualifié machine, cryptanalyste qualifié manuel, expert en analyse des signes, programmateur, développeur, contrôleur en opérations de collecte, expert en conversion de signaux, spécialiste du management des fréquences radio, mathématicien-cryptanalyste, analyste en recherche, entraîneur en cryptologie, examinateur pour polygraphe, le détecteur de mensonges très prisé à la CIA aussi, et on en passe.

Ainsi le système se perfectionne-t-il derrière d'impressionnantes clôtures métalliques électrifiées, renseignement du meilleur des mondes où des cols blancs sédentaires espionnent, mais sans prendre aucun des risques qui pèsent quotidiennement sur l'existence des agents de terrain. Tout les en différencie : les passions, le style, le vocabulaire. Ici on parle technique, là-bas action et coups fourrés. Contrairement aux agents secrets de terrain, en revanche, les professionnels du renseignement technologique ne risquent pas de payer de leur vie le prix de l'efficacité. S'ils luttent, c'est dans un confort relatif, et s'ils tuent, c'est à distance, comme le démontre aujourd'hui l'usage intensif des drones d'assaut par les services secrets américains.

Fort Meade commence alors à devenir ce que certains appelleront sous peu « SIGINT City », d'autres le « Taj Mahal des Grandes Oreilles » (*Taj Mahal of eavesdropping*) ou, comme le journaliste américain James Bamford, auteur en 1982 du premier livre sur la NSA, le « Puzzle Palace ».

Qu'importent surnoms et sobriquets, d'ailleurs : avec cette agence, les Etats-Unis se sont dotés d'une véritable « machine de guerre du renseignement » pensée à l'échelle industrielle, celle qui correspond le mieux à leur tempérament. Alors la Compagnie et ses cow-boys, pensez...

Quand Ralph Canine quitte la NSA le 23 novembre 1956, cédant son poste à un aviateur, le lieutenant-général John Samford, avec le sentiment du devoir accompli, la CIA se trouve justement seule avec sa mauvaise conscience, trois semaines après l'écrasement de la révolte hongroise sous les chenilles de l'Armée rouge.

Révolte à Budapest

Voici un des secrets les moins bien gardés de la guerre froide : même si son financement provenait en principe de fondations privées, Radio Free Europe n'était rien d'autre qu'une émanation de la CIA. Grâce à ses 3 000 présentateurs et techniciens issus de tous les pays de l'Est, cette station, créée en juillet 1950, émettait dans toutes les langues de l'Europe sous la botte russe.

Même parrainage de l'ombre pour Radio Liberation, plus tard Radio Liberty. Lancée sous le parrainage d'« éminents citoyens américains » en mars 1953, le mois de la mort de Staline, cette dernière délivrait des messages en russe et dans les dix-huit autres langues parlées sur le territoire de l'Union soviétique.

Enfants chéris de Frank Wisner, Radio Free Europe et Radio Liberation, basées à Munich, constituaient en somme des armes de propagande massive. Car, dans les démocraties populaires comme en URSS, les Soviétiques pouvaient limiter le nombre des récepteurs radiophoniques, en contrôler l'usage et brouiller les émissions occidentales, mais tout de même pas arrêter les ondes. En 1956, celles de Radio Free Europe vont porter aux insurgés hongrois des messages de révolte, vite transformés par la realpolitik de la Maison Blanche en signaux d'abandon.

A l'Est, en effet, ça bouge. Malgré la robuste constitution physique et mentale qui lui a permis pendant un quart de siècle de garder le pouvoir absolu, Staline est mort en mars 1953. Grand perdant de la lutte pour la succession, Lavrenti Beria l'a suivi peu après dans la tombe. Accumulant trop de pouvoirs et trop de dossiers compromettants, l'ancien patron de la police politique et des services secrets faisait peur à ses petits camarades du bureau politique, pas du tout partants pour de nouveaux jours d'angoisse sous la férule d'un Staline bis. Ceux-ci l'ont liquidé, vraisemblablement fin 1953 et dans des circonstances toujours obscures de nos jours.

Il n'empêche que Beria avait un programme politique. Pas communiste à 100 % peut-être, mais plutôt bien pensé. Tellement que, lui disparu, son vainqueur dans la course au pouvoir, l'Ukrainien Nikita Khrouchtchev, va s'empresser de reprendre à son compte le projet d'un libéralisme relatif, mais toujours sous contrôle policier, avec disparition des aspects les plus répressifs du régime et desserrement de l'étau du goulag. Ses thuriféraires, nombreux à l'Est bien entendu, mais aussi à l'Ouest, s'extasient devant le « dégel ». Tous n'ont pas compris que ce processus peut être stoppé à tout moment en cas de danger pour la sphère d'influence soviétique.

Ce danger, très immédiat, c'est le risque de dislocation du bloc de l'Est face aux manifestations de masse en Pologne d'abord, puis en Hongrie. Dès l'après-midi du mardi 23 octobre 1956, les étudiants et les travailleurs de Budapest descendent dans la rue. Dans la soirée, ils sont 200 000 dans les artères du centre. Devant la maison de la radio, une fusillade oppose manifestants et agents de la police secrète, l'AVO (Államvédelmi Osztálly, soit Sécurité d'Etat). Une statue géante de Staline est abattue. Le lendemain, plusieurs centaines de chars et 6 000 à 7 000 soldats russes tentent d'investir la capitale. Et, là, nouveau choc : l'émeute de la veille tourne à la résistance armée. En quelques heures, on est passé de la révolte à la révolution.

Wisner sombre en Hongrie

Ce processus de fièvre contagieuse que craignait Khrouchtchev semble devenir réalité. Pour éviter la désintégration du bloc de l'Est, l'Ukrainien doit frapper un grand coup. Démoralisée et désorganisée par cette résistance inattendue, l'Armée rouge a toutefois besoin de quelques jours de répit pour se refaire une santé.

Ambassadeur d'URSS à Budapest et futur patron du KGB, puis du bureau politique du PC d'Union soviétique, Iouri Andropov est donc chargé de gagner du temps. A lui de mystifier les nouvelles autorités hongroises, assez naïves pour croire que l'on peut quitter impunément le pacte de Varsovie et proclamer une Hongrie neutre. Cette tromperie, Andropov, vieux renard, s'en acquitte à merveille : beaucoup sont déjà persuadés que Moscou s'apprêterait à abandonner la place à l'amiable.

Frank Wisner n'y croit pas. A l'amiable non, mais par la force si. Pour le directeur des Plans de la CIA, le grand jour est venu. Certain que le soulèvement de Budapest vient de donner le signal de la vague insurrectionnelle qui abattra le bloc de l'Est, il demande à Allen Dulles le feu vert pour déclencher des opérations clandestines de soutien aux rebelles. Mais comment apparaître sur le terrain alors que l'Agence ne dispose d'aucun réseau en Hongrie même ? La propagande peut-être, cette arme du communisme qu'on pourrait retourner contre lui ? Le plus activiste des activistes de la CIA lie, non sans raison, les événements de Pologne et de Hongrie à la publication par les médias américains et internationaux du rapport Khrouchtchev de février 1956 devant le XXe congrès du PC soviétique. Une affaire où il a justement joué un grand rôle.

Exonérant des crimes de masse le marxisme-léninisme en général et les nouveaux maîtres de l'URSS en particulier, le discours fleuve khrouchtchévien rejetait l'entière responsabilité du stalinisme sur le dos du seul Staline. Or, un haut fonctionnaire juif du Parti ouvrier unifié polonais, l'appellation du Parti communiste à Varsovie, en a fait passer le texte intégral au Mossad israélien. Lequel, désireux de nouer une étroite alliance avec la CIA (*cf.* chapitre 22), lui a fait suivre le document. Que fallait-il en faire : le rendre public, le garder sous le coude ? Wisner bataillant ferme pour qu'il soit transmis dare dare à la presse américaine, Dulles s'est rangé à l'avis de son directeur des Plans. L'effet de cette publication a été immédiat : crise de conscience chez nombre de communistes des pays occidentaux et vent de révolte dans les pays de l'Est.

Le 28 octobre, alors qu'un calme relatif règne à Budapest où Andropov, tout sucre tout miel, multiplie les promesses d'apaisement, Wisner débarque à Paris pour une conférence de l'OTAN sur les pays de l'Est. En principe, on a affaire à un as de l'espionnage. En principe seulement, car les Franco-Britanniques parviennent à lui cacher leur petit secret : un débarquement conjoint en Egypte.

Londres et Paris veulent en effet châtier le colonel Gamal Abdel Nasser, coupable pêle-mêle d'avoir nationalisé le canal de Suez (une pierre dans le jardin de Sa Majesté) ; de menacer l'Etat d'Israël (un sujet d'inquiétude pour le gouvernement français, ferme allié de l'Etat hébreu) ; et de fournir armes et soutien politique aux nationalistes algériens du Front de libération nationale, le FLN (un souci supplémentaire pour Paris).

Techniquement, l'assaut contre l'Egypte est bien préparé, mais, politiquement, il court au désastre. L'expédition franco-britannique s'accompagnera d'une offensive simultanée de Tsahal, l'armée de l'Etat hébreu. L'Egypte, croit-on, devrait ainsi se trouver prise entre trois feux. L'affaire semble d'autant plus aléatoire que Paris et Londres, connaissant pertinemment la position d'Eisenhower, ont décidé de faire l'impasse dessus.

Soucieux de l'image des Etats-Unis dans le tiers monde où il aime à être considéré comme anticolonialiste, « Ike » écarte justement tout recours à la force ouverte contre Nasser. Vouloir forcer la main d'un président des Etats-Unis à quelques jours des élections à la Maison Blanche, comme s'y emploient le président du Conseil socialiste SFIO Guy Mollet et le Premier ministre conservateur anglais Anthony Eden, frise donc l'absurdité.

Forcer la main à « Ike », mais en Europe de l'Est cette fois, c'est l'espoir, tout aussi insensé, d'un Wisner. Ses consignes aux animateurs hongrois de Radio Free Europe : appeler leurs compatriotes au sabotage des voies ferrées, à la coupure des lignes téléphoniques, à la constitution de groupes de partisans armés, au combat à mort contre l'Armée rouge. Quelques conseils techniques aussi, comme cette recommandation mille fois répétée de jeter des bouteilles d'essence enflammées, les fameux cocktails Molotov, sur les systèmes de ventilation, point faible des chars soviétiques T-34.

Dulles, que l'on a connu plus fin politique, croit bon de suivre son directeur des Plans dans cette voie hasardeuse. Le 1er novembre, lendemain des premiers bombardements franco-britanniques en Egypte, il assure à « Ike » que les insurgés hongrois tiennent le bon bout.

C'est ignorer que Khrouchtchev a décidé de liquider la résistance hongroise avant que l'incendie n'embrase tout le bloc de l'Est. Le dimanche 4 novembre à l'aube, des dizaines de milliers de soldats soviétiques, des centaines d'avions et 2500 T-34 et T-54, moins vulnérables aux cocktails Molotov, passent à l'attaque. L'Armée rouge détruit Budapest méthodiquement. Les messages enflammés de Radio Free Europe galvanisent certes des insurgés qui se battent presque à mains nues, mais c'est loin de suffire.

L'appui américain promis sur consignes de Wisner par les speakers de Munich, parlons-en : « Ike » ne risquera pas l'holocauste nucléaire. En Egypte, la Maison Blanche va même unir ses pressions diplomatiques à celles du Kremlin pour contraindre le corps expéditionnaire franco-britannique, vainqueur sur le terrain, à rembarquer. Seul Israël tirera son épingle du jeu, écrasant l'armée égyptienne dans le désert du Sinaï. Et Nasser aussi qui, par un formidable retour en force, parviendra à convaincre ses compatriotes et tout le monde arabe qu'il aurait battu les Anglo-Français.

En Europe de l'Est, Khrouchtchev a maintenant les mains libres par accord tacite entre les deux superpuissances nucléaires. A Vienne, l'ambassade des Etats-Unis est assiégée par des milliers de réfugiés hongrois, sous l'œil du chef de station de la CIA, Peer De Silva, impuissant. A Francfort, Frank Wisner commence, lui, à sombrer dans une profonde dépression nerveuse, malgré les tentatives de réconfort de son chef de station Tracy Barnes. Le directeur des Plans se sent trahi par son président, par son pays, il craque. Relégué à des postes subalternes en raison de son état mental, soumis à des traitements psychiatriques répétés, malade de se voir si inutile, ce *Cold Warrior* au bout du rouleau finira par se tirer une balle dans la tête en 1965.

Après trois semaines de combats violents, puis de plus en plus sporadiques, la résistance hongroise, elle, s'effondre. Le chef du gouvernement neutraliste, Imre Nagy, est enlevé par des agents des services russes qui l'exfiltrent vers la Roumanie. Là, ce vieux communiste sera « jugé » par un tribunal de circonstance auquel participe un des chefs de l'AVO, Rajnai Sándor. On assassine Nagy discrètement.

En Hongrie, Moscou installe le gouvernement croupion de János Kádár. La répression peut se déchaîner, marquant la fin de l'éphémère « dégel » khrouchtchévien. Mais la preuve est désormais faite publiquement : il n'y a pas que les « impérialistes » occidentaux pour faire fi de la souveraineté des peuples. Dans ce domaine, l'URSS les surpasse largement.

La « Dame noire » de la CIA

Une page de l'histoire de la CIA se tourne après le drame hongrois et la mise en retrait consécutive de Wisner. Les opérations clandestines de la Compagnie vont-elles disparaître ? Que nenni, elles continuent même partout, et de plus belle, sous la deuxième présidence Eisenhower.

Au Viêtnam pour évincer définitivement les Français par une série de coups tordus, imposer la dictature « antirouges » de Ngô Dinh Diêm, et conduire définitivement les Etats-Unis dans l'engrenage de la deuxième guerre d'Indochine face à Hô Chi Minh, l'ancien « ami » de l'Amérique.

Le chef de station à Taipeh à partir du début 1958, Ray Cline, ancien de Harvard, d'Oxford et bien entendu de l'OSS, tissera des liens d'amitié avec Chiang Ching-kuo, le fils de Chiang Kai-shek, l'ennemi malheureux de Mao qui, depuis 1949, tourne comme un ours en cage dans l'île de Taiwan. Cline supervise les envois sur le continent de petites équipes d'hommes-grenouilles chinois chargés de recueillir des renseignements avant de rembarquer. Pour constater que, dès l'accident aérien (ou l'attentat) mortel qui, le 17 mars 1946, a coûté la vie à Dai Li, le maître espion de Chiang, le renseignement nationaliste a perdu la majeure partie de son efficacité.

Homme cruel mais habile et singulièrement déterminé, ce patron du Junshi weiyuanhui diaocha tongiju (Bureau d'investigation et de statistiques de la Commission des affaires militaires, en abrégé : Juntong) avait créé en avril 1943 avec le Commander Milton Miles, de l'Office of Naval Intelligence, une structure conjointe de guerre subversive, la Sino-American Special Technical Cooperative Organization, la SACO, qui servit au moins autant à frapper les adversaires politiques chinois de Chiang que les Japonais. Il n'a jamais été vraiment remplacé.

Quinze ans après l'erreur sur la personne de Hô Chi Minh signée OSS, voici par-dessus le marché l'erreur sur la personne de Fidel Castro signée CIA. A l'époque où il tenait le maquis dans la Sierra Maestra à la tête de ses *barbudos*, l'Agence l'imaginait en démocrate modéré romantique et pro-occidental. Furieuse de s'être trompée, elle rêve de l'éliminer physiquement.

Au Proche et au Moyen-Orient enfin, la Compagnie déstabilise une zone du monde qui n'en avait certainement pas besoin et précipite l'émergence de régimes militaristes locaux. Reprochant aux deux grandes puissances leur appui initial à la création de l'Etat d'Israël, les pays arabes n'avaient guère envie de choisir entre Washington et Moscou. Les contraindre à opter malgré tout n'a pu que les indisposer. Il n'y a pas de manière plus efficace de faire le jeu de l'URSS dans une région où les enjeux entre monde communiste et Occident sont beaucoup moins clairs qu'en Europe.

Immunisés contre la fièvre des *covert action*s, certains esprits posés font cependant observer que la technologie, domaine d'excellence des Américains, constitue un point d'appui plus solide pour l'Agence que les déstabilisations de régimes à la chaîne. Si la NSA tire bien son épingle du jeu des intercepts, insistent-ils, c'est qu'elle sait répondre aux interrogations de la Maison Blanche. Or que veut « Ike » à l'heure où l'holocauste nucléaire menace toujours ? Des régimes anticommunistes sympathisants des Etats-Unis sans doute, mais surtout des renseignements fiables sur la puissance militaire et industrielle soviétique. Où sont les usines, les bases, les fusées, les rampes de lancement, les camps d'entraînement ? Que valent les matériels, les installations, les personnels ? Faute du moindre réseau en URSS, impossible pour l'Agence de répondre à ces questions pressantes de l'ancien commandant en chef interallié en Europe. Or, tête politique prudente plus que meneur d'hommes, Eisenhower aime avant tout savoir où il met les pieds.

Pas de réseau derrière le Rideau de fer, mais un procédé technique inédit : l'avion U-2, développé à partir de 1950 par le constructeur aéronautique Lockheed sous le nom de code « Aquatone ». Mélange de planeur à moteur auxiliaire et de réacteur monté sur une cellule de planeur, cet appareil bleu foncé de 12 mètres de long pour une envergure de 25, expérimenté pour la première fois en août 1955, est capable de voler à plus de 25 000 mètres d'altitude, soit bien au-dessus du plafond de toutes les fusées et de tous les chasseurs disponibles dans le monde. Avec une vitesse de croisière de 970 kilomètres/heure et une autonomie de près de 5 500 kilomètres, les performances de l'avion espion dépassent très largement celles des RB-47, premiers bombardiers à réaction modifiés pour la performance, mais qui, vulnérables aux radars et à la chasse, n'ont pu réussir que de trop courtes incursions sur le territoire soviétique.

« Les objectifs intéressants se trouvent beaucoup plus profondément à l'intérieur du pays », ont objecté les spécialistes. C'est pour répondre à leurs demandes réitérées que l'U-2 a été mis au point. Muni d'un dispositif spécial, le *driftsight*, son tableau de bord permet au pilote de visualiser avec précision la zone à observer.

Dès son premier survol du territoire soviétique en 1956, les caméras photographiques embarquées de l'appareil rapportent des clichés pris à 15 000 mètres d'altitude, dont la résolution ferait rire aux larmes les techniciens satellites d'aujourd'hui, mais qui, pour l'époque, semble prodigieuse. En vingt missions U-2 de 1956 à 1959, l'Agence va apprendre sur l'URSS plus que tout ce qu'elle savait jusque-là. Et ce sans autre incident que celui, mortel il est vrai, survenu en avril 1957 près de la base d'Edwards, en Californie, à un pilote d'essai de Lockheed, Robert Sieker.

Pour camoufler son véritable usage, on fait filtrer le bruit que l'U-2, appareil à usage météorologique, serait destiné au National Advisory Committee to Aeronautics, l'ancêtre de l'actuelle NASA. Sans être tout à fait fausse : des U-2 météo existent effectivement, la nouvelle s'apparente à du camouflage. Les Soviétiques en sont-ils dupes ? Non. Le fait est qu'ils ont baptisé cet avion fantôme aux performances extraordinaires la « Dame noire » (les appareils sont revêtus d'une peinture bleu foncé qui les rend très peu visibles sur fond de ciel noir à très haute altitude). Et, bien entendu, qu'ils s'affairent à mettre au point des moyens de DCA (défense contre les aéronefs) susceptibles de l'abattre quand l'ordre viendra du Kremlin.

Sur ce, la rencontre au sommet Eisenhower-Khrouchtchev de septembre 1959 à Camp David aboutit à la suspension des missions U-2, geste de bonne volonté du numéro 1 américain envers son homologue soviétique.

« Les “Overflights” [nom de code des vols] sont notre meilleure source de renseignements sur les missiles balistiques intercontinentaux », arguent Allen Dulles, le patron de la CIA, et Richard « Dick » Bissell, directeur des Opérations clandestines depuis janvier 1959, que son cursus de technocrate (administration du plan Marshall puis Fondation Ford) prédispose aux solutions techniques. La Maison Blanche cède, mais pour un vol seulement. Celui-ci aura lieu le 9 avril 1960. Il permet de repérer un site de missiles voisin de Plesetsk, aux alentours d'Arkhangelsk, pas très loin du cercle polaire arctique. Les clichés sont toutefois moins nets qu'espéré.

« Nous avons besoin d'un autre vol », insistent Dulles et Bissell, tant et si bien que le 25 avril, « Ike » donne son feu vert. D'accord pour un second « Overflight », mais pas après le 1er mai : le président américain ne veut pas risquer de compromettre sa nouvelle rencontre au sommet avec Khrouchtchev, prévue à la mi-mai à Paris et qui réjouit fort le général de Gaulle.

Pas après le 1er mai, a dit la Maison Blanche : cela veut donc dire que, ce jour-là encore, c'est possible, dernier carat ! Tandis que les Soviétiques s'apprêtent à célébrer la fête du travail, Francis Gary Powers, trente et un ans, décolle de Peshawar, au Pakistan, direction la Norvège avec survol à haute altitude de Plesetsk.

Entraîné pour combattre sur le front coréen début 1953, Powers s'est trouvé disqualifié par une crise d'appendicite. Il n'a donc pas eu à affronter les chasseurs MIG 15 de fabrication russe, appareils redoutables sur lesquels les renseignements fournis autrefois par William Perl, du réseau Rosenberg, sur le Lockheed P-80 « Shooting Star » américain ont aidé à la mise au point. Trois ans plus tard, le jeune pilote est contacté par la CIA qui, après une impressionnante batterie de tests techniques et psychologiques, l'affecte au programme « Overflight ». Plusieurs missions réussies lui ont notamment permis de photographier certaines installations nucléaires russes. Mais ce mémorable 1er mai, la chance finit par l'abandonner, ce qui lui vaut d'être abattu.

Grâce à son siège éjectable, Powers survit, mais en qualité de prisonnier. Khrouchtchev, lui, saute sur l'incident pour dénoncer l'espionnage américain – les restes de l'U-2 seront exposés place Gorki, à Moscou, pour l'édification des masses soviétiques. Et surtout pour annuler la rencontre au sommet de Paris, dont il n'a plus l'usage pour des raisons de politique intérieure. Autant dire qu'une fois de plus l'Agence a rendu un signalé service à l'adversaire des Etats-Unis.

L'affaire sonne le glas des « Overflights ». Mais, même temporairement aveugle, la CIA n'est pas tout à fait dépourvue. Le 18 août 1960, trois mois et demi après l'incident de l'U-2, le satellite Discovery 14 muni d'un appareil photographique à haute résolution est placé sur une orbite qui comporte le survol de Plesetsk. A l'issue de dix-sept tours de la Terre en vingt-quatre heures, la capsule protégeant le dispositif photo est éjectée. Le parachute s'ouvre correctement. La capsule localisée grâce à son signal radio, un C-119 de l'US Air Force spécialement conçu lance son crochet au vol et la récupère.

Discovery 14 signe la première réussite du projet « Corona ». Autorisé par Eisenhower le 7 février 1958, ce programme d'espionnage technologique en orbite s'est, plus encore que le programme « Aquatone », lové au sein de missions scientifiques dans un mélange des genres appelé à de grands développements. Conduit par Richard « Dick » Bissell, il ouvre la nouvelle phase du renseignement moderne, la phase satellitaire.

Quelques mois plus tard, la CIA se dotera d'un National Photographic Interpretation Center spécialement dédié à la mise en valeur de « Corona ». Mais, sans attendre, ses services techniques peuvent se frotter les mains : les photos de Discovery 14 sont certes moins nettes que celles des U-2, plus sombres, mais en dix-sept tours de la Terre, le satellite a couvert plus de terrain soviétique que l'ensemble des vingt-quatre « Overflights » effectués entre 1956 et mai 1960. Et sans courir le risque d'un nouvel incident diplomatique cette fois.

L'ironie du sort a voulu que, le jour où les quotidiens américains annonçaient le lancement réussi de Discovery 14, sinon son véritable objectif, ils livraient aussi au public le verdict du procès Powers.

Le pont de Glienicke

Un procès qui s'est tenu douze semaines de rang à Moscou pour l'édification de l'opinion internationale. Il se termine sur une demi-surprise : les aveux de Powers aux enquêteurs du KGB ayant contraint Washington à admettre qu'il y avait bien eu violation de l'espace aérien soviétique, le pilote, simple pion du jeu d'échecs USA-URSS, n'écope que de dix ans de détention criminelle.

Il n'en fera d'ailleurs qu'un an et demi. Le mercredi 7 février 1962, on l'extrait de sa cellule. Transféré par avion en Allemagne de l'Est, il apprend que, si tout va bien, il sera libéré sous peu. « Bien », cela veut dire : si l'échange d'espions prévu sur le pont de Glienicke, qui enjambe la rivière Havel sur le lac de Wannsee, entre Potsdam et Berlin-Ouest, se déroule comme prévu. Il s'agit en effet d'une grande première dont la CIA et le KGB ont peiné à peaufiner les détails, l'une se méfiant de l'un et réciproquement. Le risque pour les deux parties, c'est que, à la suite d'une fausse manœuvre voire d'une tromperie délibérée, l'adversaire récupère son agent sans libérer celui qu'il détient.

Le 10 février vers 7 h 45, la voiture qui transporte Powers et son escorte du KGB s'arrête. Il fait froid, une atmosphère irréelle à la John Le Carré où le dramatique chevauche la banalité. Conformément à la règle convenue, le groupe qui arrive de Berlin-Ouest et celui qui vient de Potsdam stoppent près du milieu du pont, à 10 mètres l'un de l'autre. Les deux camps s'observent.

Un peu plus tard, le colonel du KGB qui accompagne le pilote de l'U-2 franchit la ligne blanche du milieu du pont, croisant son homologue de la CIA qui, lui, s'approche de Powers. Un court dialogue entre compatriotes permet de vérifier que le pilote est bien celui qu'il prétend être. Simple formalité d'ailleurs : entre services secrets, aussi méfiants soient-ils, on ne joue tout de même pas à des jeux aussi puérils.

Les officiers du KGB et de la CIA regagnent chacun leur côté du pont. Les minutes passent, si lourdes que Powers, apercevant côté occidental le petit bateau occupé par deux hommes en armes très typés américains, officiers de la CIA à coup sûr, envisage un instant de les rejoindre en sautant dans l'eau par-dessus le parapet du pont. Il renonce toutefois.

Soudain, un appel côté Ouest. Les négociateurs des deux bords échangent quelques paroles rapides. Le colonel du KGB pousse Powers sur le pont. Tandis qu'il s'avance vers la ligne blanche, un inconnu entre deux âges progresse du même pas en sens inverse. A 8 h 52, les deux hommes se croisent sans échanger un seul mot.

Le pilote de l'U-2 est libre, il vient d'être échangé contre Viliam Fisher. Né en Angleterre, arrivé aux Etats-Unis en 1949 sous le nom de « Rudolf Abel », cet illégal de l'INO avait ouvert une boutique d'artisan photographe à New York. Sa première mission : reprendre en main Theodor Hall et les rescapés du réseau des espions atomistes de l'URSS. Parfait modèle d'agent couleur de muraille, Fisher a vécu sous son identité fausse jusqu'au 21 juin 1957, date de son arrestation par le FBI.

Condamné à trente ans de prison pour espionnage le 15 novembre 1957, il n'a rien lâché aux *G-Men*, pas même son vrai nom. On comprend donc les efforts du KGB pour récupérer ce véritable professionnel du renseignement. C'est chose faite désormais. Organisé côté américain par l'avocat new-yorkais ancien de l'OSS James Britt Donovan (à ne pas confondre avec « Wild Bill », décédé trois ans plus tôt, en février 1959), l'échange donnera le coup d'envoi à deux autres opérations analogues. Toujours sur le pont de Glienicke et toujours avec le même rituel destiné à rassurer les deux camps.

En août 1964, un deuxième officier du KGB, Konon Molody, résident illégal en Grande-Bretagne, est à son tour échangé contre Greville Wynne, un agent du MI 6 travaillant en URSS sous couverture d'homme d'affaires et impliqué dans le recrutement d'un colonel du GRU, Oleg Penkovsky.

Sous le faux nom de « Gordon Londsdale », Molody travaillait notamment avec les époux Morris et Lona Cohen, vétérans comme on l'a vu des réseaux de soutien logistique aux espions atomiques et rebaptisés pour leur part « Peter et Helen Kroger ». C'est dire l'esprit de continuité qui a toujours caractérisé les services secrets soviétiques.

Vingt-deux ans plus tard, comme tout a une fin (même la République démocratique allemande et bientôt l'URSS elle-même), l'ultime échange du pont de Glienicke aura lieu le 11 février 1986. Ce jour-là, l'Est libère le *refuznik* juif soviétique Anatoli Chtcharansky, arrêté par le KGB en mars 1977. En contrepartie, l'Ouest offre la clef des champs à un illégal du Sprava One (SO), le service de renseignements extérieur de la Sécurité d'Etat tchécoslovaque, Karl Koecher, interpellé en 1984 par le FBI avec sa femme Hanna. Celle-ci fait d'ailleurs partie du marché : en manteau et toque de vison, elle impressionnera beaucoup les journalistes, témoins d'un événement très médiatisé à l'heure de la détente.

Ce n'est assurément pas un hasard : l'Allemagne fut en effet l'épicentre de la guerre froide. Chacun des camps ennemis le savait : celui des deux qui la contrôlerait tout entière serait le vainqueur.

20

Vrais camarades et faux frères

Pas facile d'imaginer deux hommes aussi différents que Reinhard Gehlen et Markus Wolf, porteurs de visions diamétralement opposées.

Pourtant, du milieu des années 1950 jusqu'à la fin des années 1960, ces rescapés de l'époque nazie allaient se retrouver à la tête des centrales de renseignements allemandes adverses, celle de l'Ouest pour Gehlen et celle de l'Est pour Wolf. Deux machines de guerre fratricides conçues pour infiltrer des Etats géographiquement voisins, mais aux antipodes politiquement, économiquement et socialement, à l'image de leurs chefs de services spéciaux. Tout séparait en effet la République fédérale allemande, la RFA, clairement alliée aux Occidentaux née en 1949, et la République démocratique allemande, la RDA, issue la même année du giron soviétique. Tout même le mur de Berlin, édifié à l'été 1961 et dont la chute en 1989 allait marquer la fin de la RDA et le début de la réunification allemande.

Cette réunification, Gehlen l'aurait sans doute vécue comme une victoire, mais, décédé dix ans trop tôt, il ne la connaîtra pas. Wolf, lui, va la subir dans sa peau d'ex-chef d'un service secret confronté à l'effondrement brutal non seulement du régime qu'il servait, mais aussi d'une construction étatique qu'il avait crue durable et qui, comme la guerre froide elle-même, aura à peine franchi le cap du demi-siècle.

De leur vivant, « l'homme sans visage » des services secrets de l'Ouest et « le maître espion » du renseignement de l'Est – ainsi les médias ouest-allemands surnommaient-ils respectivement Gehlen et Wolf – firent figure de personnages légendaires, étant entendu que les légendes de l'espionnage n'ont pas grand-chose à voir avec des contes mythologiques, si ce n'est cette dimension de lutte sans merci entre frères ennemis que ces deux hommes incarnèrent l'un et l'autre. L'un contre l'autre, pour être précis…

« L'homme sans visage »

Né à Ehrfurt le 3 avril 1902, Reinhard Gehlen vivra une partie de son enfance et de son adolescence à Wroclaw (Breslau pour les Allemands), ville disputée entre la Pologne et la Prusse. Son père y dirige la filiale d'une petite maison d'édition. Bon élève notamment en mathématiques, le jeune homme intègre dès avril 1920 une armée allemande réduite à sa plus simple expression par le traité de Versailles. Cinq ans plus tard, il acquiert le grade déjà appréciable de lieutenant-colonel.

Marié en septembre 1931 à une fille de l'aristocratie, Gehlen obtient dès octobre 1936 le droit d'arborer sur ses pantalons d'uniforme les bandes rouges très convoitées d'officier d'état-major. Général, il sert d'officier de liaison pendant la campagne de France de mai-juin 1940, puis se voit muté au groupe Est de la section des Opérations de la Wehrmacht, où il participe à l'élaboration des plans d'attaque contre l'URSS.

Drôle de farce le 1er avril 1942 : sans avoir jamais postulé à un emploi dans les services secrets, le général Gehlen est muté à la direction du Fremde Heeren Ost (Armées étrangères à l'Est), le 2e Bureau de la Wehrmacht sur le front russe. Flanqué du major Heinz Danko Herre, un russophone confirmé, l'officier va faire du FHO un instrument efficace en liaison avec l'amiral Canaris, patron de l'Abwehr. D'autres éléments de valeur rejoindront son équipe, tels que le colonel Alexis von Roenne, plus tard chef du FHW, le 2e Bureau du front Ouest ; et surtout Hermann Baun, qui vient de l'Abwehr, ainsi que Gehrard Wessel, cadet de ce groupe compact d'officiers de renseignement avec ses trente ans.

Gehlen a-t-il eu partie liée avec les conjurés qui, le 20 juillet 1944, tentèrent en vain d'abattre Hitler et son régime ? Il semble que oui, même s'il a beaucoup exagéré son rôle à leurs côtés après la guerre, quand ces hommes n'étaient plus là pour le contredire. Le fait reste à peu près établi : même s'il servit le IIIe Reich, ce conservateur prussien anticommuniste n'adhéra jamais profondément aux thèses nazies.

Sa tâche fut d'ailleurs compliquée par les dogmes mêmes du racisme hitlérien. Dans la droite ligne des tentatives de Canaris et de l'Abwehr avant guerre, le chef du FHO estime par exemple qu'il faut encourager le séparatisme ukrainien de façon à désagréger l'ensemble soviétique. Mais, comme l'Ukraine serait peuplée de « sous-hommes slaves » (et on ne parle pas des juifs ukrainiens exterminés par les Einsatzgruppen SS), Berlin interdit tout pas en avant vers l'indépendance du pays. *Exit* donc le plan « Rayon d'argent » de Gehlen.

Même réaction négative quand le patron du FHO voudrait donner suite aux avances du général Andrei Vlassov. Prisonnier de guerre, cet ex-héros de l'Armée rouge propose aux Allemands de lever une légion russe anticommuniste qui combattrait contre le régime aux côtés de la Wehrmacht. Son « armée Vlassov » finira certes par être mise sur pied avec l'aide de Heinz Danko Herre, mais sous le contrôle de la SS et bien trop tard pour acquérir une quelconque valeur militaire. D'autant qu'on affectera les vlassovistes à des tâches de basse police, quand on ne mutera pas certains de leurs bataillons… en France pour lutter contre les maquis.

Depuis son poste de commandement, Gehlen se trouve aux premières loges pour anticiper la progression inéluctable de l'Armée rouge. Une nouvelle doublement néfaste pour lui du fait que, ennemi avéré de l'URSS (premier mauvais point), il œuvre sous la tutelle directe du SD depuis février 1944 et le démantèlement de l'Abwehr (deuxième zéro pointé). En prévision de son éventuel passage avec armes et bagages aux Américains, le général fait alors planquer dans les Alpes cinquante caisses d'archives du FHO. Bientôt déménagée en hâte pour échapper à l'Armée rouge, cette précieuse documentation échoue peu après, comme d'ailleurs « l'homme sans visage » et sa famille, dans un nouveau repaire en Bavière.

C'est seul et sans cette monnaie d'échange soigneusement gardée en réserve que Gehlen se rend aux Américains en avril 1945. Pour tomber de Charybde en Scylla, ou plutôt pour passer des mains du G-2 à celles du Counter Intelligence Corps, le contre-espionnage de l'US Army. Deux services tellement incompétents que le nom même du transfuge ne leur dit rien ! Un comble alors que les Russes, correctement informés eux, recherchent l'ancien patron du FHO partout… Protégé au bout du compte par le général Edwin Sibert, chef du renseignement militaire américain pour toute l'Allemagne, Gehlen parvient à convaincre les Américains de le transférer provisoirement aux Etats-Unis avec six de ses principaux adjoints.

Ces mystérieux détenus atterrissent au camp d'interrogatoires de Fort Hunt, en Virginie. Là, l'ancien patron du FHO réussit brillamment son examen de passage. Grâce à l'argent et au soutien logistique des Etats-Unis, il revient en Allemagne monter l'OG (Organisation Gehlen). Intégreront cette structure de renseignements parallèle dirigée contre l'Union soviétique non seulement d'anciens cadres du Fremde Heere Ost comme Wessel, Herre, Fritz Scheibe ou encore Hans-Horst Hiementz, mais aussi des rescapés de l'Abwehr comme le colonel Oscar Reile, un expert du contre-espionnage et de l'infiltration.

Encore ces officiers restent-ils à peu près « présentables ». Mais d'anciens SS ne tardent pas à rallier l'organisation en nombre, à l'image de Wilhelm Krichbaum, proche de Heydrich autrefois ; de Heinz Felfe (retenez ce nom, nous aurons à reparler de lui) ; de Hans Sommer, qui s'est fait les dents sur les juifs pendant l'Occupation à Paris, Nice et Marseille ; ou encore de Friedrich Buch, en poste au SD de Paris à la même époque et recherché depuis par la justice française pour sévices et tortures. Une belle brochette de bourreaux en voie de recyclage…

Le 6 décembre 1947, Gehlen et ses hommes issus de tous les horizons des services secrets du IIIe Reich commencent à s'installer dans des baraquements à Pullach, près de Munich. Ce jour étant celui de la Saint-Nicolas, fête très populaire en Allemagne, le lieu est immédiatement baptisé « Camp Nicolas ». Exploitant les archives du FHO, l'Organisation Gehlen y commence ses premières opérations de recrutement d'agents. Dans la partie de Berlin occupée par les Soviétiques, plus facile d'accès, principalement.

Les premiers succès de Gehlen sont mineurs. Mais « l'homme sans visage » se découvre bien vite une tête politique. Surestimant à dessein les effectifs de l'Armée rouge, donc la menace, déjà considérable pourtant, qu'elle fait peser sur la partie ouest du pays, le patron de l'OG saura se rendre d'emblée indispensable à tout le monde à la fois.

Nécessaire à la CIA, très friande de ces nouvelles alarmistes qui justifient son propre développement – rappelons-nous qu'à l'époque celui-ci ne va pas encore de soi. Utile au chancelier de la toute nouvelle Allemagne fédérale, le démocrate-chrétien Konrad Adenauer, élu le 15 septembre 1949 et que les tableaux les plus sombres arrangent pour des raisons de politique intérieure. Précieux enfin pour les collaborateurs de l'OG, auxquels il assure un avenir dans l'espionnage et le contre-espionnage alors que la voie strictement militaire se fermait à eux, aucun réarmement allemand n'étant à l'ordre du jour.

Gehlen, en bref, a saisi d'emblée que le degré de reconnaissance d'un service secret par ses commanditaires tient souvent à sa capacité à leur livrer les informations qu'ils attendent de lui, et surtout pas celles qui les contredisent. Un sens politique rare chez un militaire de carrière.

Comme le remarquent Michael Mueller et Erich Schmidt-Eenboom, spécialistes des services secrets ouest-allemands, « l'homme sans visage » saura d'ailleurs à merveille placer les siens : à la chancellerie auprès d'Adenauer, son ami Hans Globke, mouillé jusqu'au cou avec feu le IIIe Reich pourtant (il a rédigé une partie des commentaires officiels des lois raciales de Nuremberg) ; à Pullach, de nouvelles recrues comme Horst Wendland, muté au poste clé de directeur du personnel, ce qui renforce le contrôle de Gehlen sur sa propre organisation.

C'est qu'il faut tenir compte des services concurrents. En tout premier lieu le Bundesamt für Verfassungsschutz (BfV, soit Office fédéral de protection de la Constitution), un mélange de service de lutte contre les menaces extrémistes intérieures et de contre-espionnage créé en décembre 1950. Dépendant du ministère de l'Intérieur et non du chancelier, il est dirigé par un des conjurés du 20 juillet 1944, l'antinazi de toujours Otto John, chaudement recommandé par les Britanniques, ses parrains depuis l'époque de la guerre. Egalement protégé du premier président de la RFA, le libéral Theodor Heuss, le Dr John voue à Gehlen la détestation que ce dernier lui rend bien.

Cette haine mutuelle trouve sa source dans le fait que l'un des deux adversaires a servi le IIIe Reich tandis que l'autre le combattait. Obsédé par le risque de résurgence de l'hitlérisme, le Dr John voit dans Gehlen une sorte de cheval de Troie de la croix brune. « L'homme sans visage », lui, considère John comme un traître par nature à la patrie allemande. Une patrie tiraillée entre l'Est et l'Ouest…

L'enfance d'un chef

Le grand kremlinologue allemand Wolfgang Leonhard me confiait en juin 1989, quelques mois seulement avant l'effondrement du mur de Berlin : « Si l'on m'avait demandé ce qu'allait devenir Micha Wolf à l'époque où nous étions élèves à l'école du Komintern, j'aurais répondu : critique de théâtre, membre influent de l'intelligentsia, peut-être diplomate voire ministre du la Culture. » Sous-entendu : sûrement pas chef du service secret, comme le fut en Allemagne de l'Est Markus Wolf surnommé « Micha », son camarade d'adolescence.

Dont acte car, bien entendu, si j'étais venu à la rencontre de Wolfgang Leonhard, c'est que certaines informations m'indiquaient – fait vérifié par la suite – que « Micha », longtemps serviteur du régime de la RDA, envisageait de passer de l'opposition feutrée à l'opposition ouverte.

Un revirement aussi étrange que le personnage lui-même. Né en janvier 1923 dans le Bade-Wurtemberg d'un père juif, communiste et écrivain, Wolf était de vingt ans le cadet de Gehlen. Pour autant, lui aussi avait connu le nazisme, contraint de s'exiler avec sa famille sur l'île de Bréhat, en France, et surtout en URSS, cette seconde patrie où il a suivi de bonnes études, appris la langue russe qu'il parlera à la perfection, gagné la confiance des « camarades soviétiques », pas évidente à l'époque pour un Allemand, et, pour finir, écopé de ce surnom russe de « Micha ».

A l'école du Komintern repliée en raison de l'avancée de la Wehrmacht à 60 kilomètres d'Oufa, dans le village de Kouchnarenkovo, Wolf ne retrouve pas seulement son copain Leonhard. Il s'éprend aussi de celle qui deviendra sa première femme, Emmi Stenzer, fille d'un député communiste assassiné par les nazis (en tout, le « maître espion » se mariera trois fois).

Après l'effondrement du nazisme, les jeunes pousses communistes formées en URSS comme Wolf ou Leonhard sont rapatriées. Mission : donner une forme politique et administrative à la zone d'occupation soviétique d'Allemagne. On compte sur eux pour faire de cette partie du pays le modèle à étendre ensuite à l'Ouest.

Une fois le principe du quadripartisme acquis (les Etats-Unis, la Grande-Bretagne et la France ont aussi leur zone d'occupation), Staline pense en effet que les Etats-Unis se décourageront vite de leur présence politique et militaire en Allemagne, qu'ils rapatrieront donc leurs troupes à assez court terme. La France et l'Angleterre seules ne faisant pas le poids, elles se verront contraintes d'abandonner peu à peu l'Allemagne à l'influence soviétique. Ainsi le tsar rouge réalisera-t-il le vieux rêve caressé depuis Lénine : faire triompher le communisme en s'emparant de Berlin et de l'industrie allemande.

Dans un premier temps, cette politique exige une certaine souplesse tactique. Dans la zone soviétique, l'opération charme passe par la création en avril 1946 du Sozialistische Einheitspartei Deutschlands (Parti socialiste unifié) par fusion accélérée du parti social-démocrate SPD et du parti communiste KPD. Une « voie allemande vers le socialisme » que théorise Anton Ackerman (de son vrai nom Eugen Hanich), un des dirigeants les plus en vue.

Le vent glacé de la guerre froide soufflant en rafales, cette ligne « conciliante » ne tarde pas à devenir obsolète. Soucieux d'éviter quelque faux pas préjudiciable à son ami Leonhard, Wolf, en principe journaliste à la radio seulement, l'invite dans sa jolie villa de campagne de membre de la *nomenklatura* est-allemande, pas loin de ce pont de Glienicke où l'on échangera plus tard les espions de l'Est et de l'Ouest : « Je voudrais t'avertir à temps de certains changements. J'en ai parlé récemment avec Toulpanov. »

Colonel au ministère de la Sécurité d'Etat (Ministersvo Gosoudarstvennoï Bezopasnosti, soit MVD), le nouveau nom des « organes », Serguei Toulpanov est le proconsul soviétique dans la zone russe. S'il fait de telles confidences à Wolf, c'est que Moscou voit en lui un élément discipliné apte à comprendre les changements de ligne. Un camarade sinon un ami, mot qui n'a guère de sens dans les hautes sphères de l'URSS stalinienne.

Et si on faisait muter le jeune homme à l'ambassade de RDA dans la capitale russe, justement ? Pas de meilleur moyen pour l'observer, tester ses réactions, son sens de la discipline, son « esprit internationaliste ». Bref, lui faire passer un nouvel examen de personnalité. Qu'il franchit haut la main, de sorte que quand Anton Ackerman, secrétaire d'Etat aux Affaires étrangères, propose de donner à « Micha » une responsabilité au sein du petit service secret est-allemand, un cadre supérieur du département Extérieur du MVD, Alexandre Paniouchkine, donne son feu vert : le camarade est fiable, on peut y aller.

« Micha », camarade de confiance

Depuis février 1950, la RDA s'est dotée du Ministerium für Staatssichereit (MfS), le ministère de la Sécurité d'Etat calqué sur le modèle du MVD russe. La Stasi, son acronyme familier, est dirigée par Wilhelm Zaisser, ancien conseiller militaire du Komintern en Chine et en Espagne pendant la guerre civile. Un héros légendaire des services soviétiques que surveille comme le lait sur le feu son propre adjoint Erich Mielke, chef de la branche contre-espionnage de la Stasi et homme de confiance du numéro 1 du régime, Walter Ulbricht.

Structure essentiellement policière, la Stasi ne dispose pas d'un organe de renseignement efficace hors des frontières de la RDA. Ackerman entend renforcer le seul service d'espionnage extérieur opérationnel de la RDA, le petit Aussen Politische Nachrichten (Renseignement politique à l'étranger), département de son ministère que dirige un bon professionnel, Gustav Szinda. D'où le recrutement de « Micha » Wolf, sujet d'avenir adoubé, *condition sine qua non*, par les Soviétiques.

Nous sommes en septembre 1951, et l'APN ne compte alors que vingt membres. Un an et demi plus tard, ses effectifs ont été multipliés par dix. Mais survient à Pâques 1953 l'opération « Volcan » : le passage à l'Ouest d'un de ses officiers, Gotthold Kraus alias « Johann ». Un coup dur pour Markus Wolf, désormais chef du service secret malgré sa jeunesse – il a trente ans à peine. Heureusement pour lui, ses mentors soviétiques continuent à l'honorer de leur confiance.

Kraus n'est d'ailleurs qu'un exemple de passage d'un camp à l'autre. L'existence des deux Allemagne donne en effet le champ plus ou moins libre à des défections et des infiltrations en nombre. Nombre d'Est-Allemands fuient le « paradis socialiste » de RDA : pour l'Organisation Gehlen, c'est tout bénéfice, puisqu'elle apprend ainsi beaucoup sur ce qui se trame à Pankow, le quartier de Berlin-Est qui abrite les hautes sphères communistes. Mais pour l'APN aussi, car il lui est facile de glisser des agents parmi ce flot de réfugiés. Comme cette sourde lutte entre services secrets se joue entre compatriotes parlant la même langue et partageant à peu près la même culture, chacun des deux camps parvient ainsi à infiltrer l'autre.

Enumérer tous ces chassés-croisés nous mènerait trop loin. Qu'on sache cependant que les Soviétiques aussi parviendront à infiltrer un agent de haut niveau au sein de l'OG. Et quel agent ! Côté cour, Heinz Felfe, ancien du SD nazi, apparaît en République fédérale comme un spécialiste de l'espionnage russe. Du moins est-ce en ces termes que ses deux parrains, Wilhelm Krichbaum, chargé par Gehlen du recrutement de ses camarades SS, et Johannes Clement, coupable de nombreux crimes en Italie pendant la guerre, l'ont présenté. Et, de fait, il va accumuler les succès.

Un petit regard côté jardin permet de comprendre la cause de cette réussite. Si les Soviétiques ont recruté Felfe sous la menace de révéler son passé nazi, c'est pour lui assigner cette tâche : prendre la tête du département de contre-espionnage russe de l'OG. En « balançant » un peu de menu fretin à leur agent de temps à autre, ils favorisent cette montée en structure qui le conduira à l'objectif fixé en 1958. Un excellent moyen de protéger les agents de l'Est tout en collectant des renseignements sur les étroites relations entre l'OG, qui espionne, et la CIA, qui la finance.

Informés *via* la CIA par un détecteur du renseignement militaire polonais Z-2, Mikhaïl Goleniewski, les hommes de Gehlen ne démasqueront la taupe qu'en novembre 1961, au prix d'un scandale qui manquera de provoquer la disparition du service secret ouest-allemand. Des deux côtés de la frontière qui sépare les deux Allemagne, les menées des services se compliquent en sus de luttes de personnes et de tendances politiques.

A l'Ouest, Gehlen déploie ses talents manœuvriers pour éliminer la concurrence du bureau de renseignements qu'un nationaliste conservateur ancien des corps francs et de l'Abwehr, Friedrich Wilhem Heinz, a mis en place avec le soutien du ministère de la Défense. Il mettra plusieurs années – jusqu'en mars 1954, date du limogeage de Heinz – avant de s'en débarrasser en l'intégrant dans son organisation.

A l'Est, où la dimension idéologique est évidemment plus prégnante, la mort de Staline en mars 1953 entraîne une lutte pour sa succession qui bat son plein. Gorbatchevien avant la lettre, Beria envisage une détente des relations avec l'Occident ponctuée par ce donnant-donnant : la réunification de l'Allemagne et sa neutralisation avec retrait de l'Armée rouge contre l'aide économique des « pays capitalistes » à l'URSS. Un projet qui ne déplaît pas seulement à la fraction orthodoxe du Kremlin, mais aussi à celle des durs de Pankow, toujours conduits par le numéro 1, Walter Ulbricht.

Dans le clan opposé, les « pro-Beria » pour faire court, on trouve des hommes aussi prestigieux que Wilhelm Zaisser, le patron de la Stasi, Anton Ackerman ou Rudolf Herrnstadt, patron du journal du parti *Neues Deutschland*, ancien officier de légende du GRU dont la compagne et première recrue, Ilse Stöbe, infiltrait avant guerre les hautes sphères du ministère nazi des Affaires étrangères*.

Là-dessus, l'impensable se produit en juin 1953 : pour protester contre l'élévation des normes de travail sans augmentation de salaire, les ouvriers du bâtiment de Berlin-Est manifestent dans la Stalin Allee, mouvement de caractère syndical qui entraîne le feu meurtrier des chars de l'Armée rouge, appelés à la rescousse. Bien entendu, Ulbricht et la direction du parti analysent ces événements comme le fruit des menées de la CIA. Laquelle n'a pas joué d'autre rôle que celui de haut-parleur à travers Radio Free Europe, tandis que les sociaux-démocrates de Berlin-Ouest aidaient les manifestants de l'Est à s'organiser dans la plus pure tradition de solidarité ouvrière (le mur n'est pas encore construit et on peut encore passer facilement d'une partie de la ville à l'autre).

Rejeté par la classe ouvrière dont il tire en principe sa légitimité, la survie du régime est en jeu. Ulbricht profite de l'occasion pour limoger Herrnstadt, et surtout Zaisser. C'est Ernst Wollveber, l'ancien patron de l'Internationale des ports et docks, clandestin et saboteur de navires émérite, qui prend sa place, toujours flanqué d'Erich Mielke. L'APN et Markus Wolf sortent alors du giron d'Ackerman, limogé et même exclu du comité central, pour se voir rattachés directement à la Stasi sous le nom de XVe Département d'abord, puis, en 1956, de Hauptverwaltung Aufklärung. Cette HvA dont le destin va s'identifier pendant exactement trente années avec celui de son patron, « Micha ».

Les services au temps de Khrouchtchev

Enfin seul au pouvoir, fût-ce au sein d'une direction dite collective… Débarrassé de Beria, Khrouchtchev reprend en main

---

* *Cf.* chapitre 13, p. 335.

les « organes ». C'est un de ses proches, Ivan Serov, connu sous le surnom d'« Ivan le Terrible » en raison de la manière dont il martyrisait les Tchétchènes et les Ingouches du Caucase sous Staline, qui se charge de cette tâche. Assistent cette brute épaisse deux adjoints qui lui sont voués corps et âme, le général Alexandre Rogov et Khadji Mamsourov, créateur des unités spéciales (« Spetsnaz ») pendant la guerre d'Espagne.

Le 27 avril 1954, Serov prend le commandement du tout nouveau Komitet Gossoudarsvennoï Bezopasnosti (Comité pour la sécurité d'Etat), le KGB. Leur rang de ministère perdu, les « organes » ne sont en effet plus qu'une agence gouvernementale placée sous le contrôle du Conseil des ministres.

Conséquence de cette réorganisation, le service de renseignements à l'étranger perd son nom usuel d'INO pour devenir la PGU (Pervoye Glavnoié Upravlenié, soit Première Direction principale). Et c'est Alexandre Paniouchkine, le protecteur de « Micha », qui en prend la direction. Convaincu que la clé du succès repose sur une division bien comprise du travail entre services secrets de l'URSS, l'oncle, et services secrets des démocraties populaires, les petits-neveux, le patron de la PGU pense qu'il faut donner un peu plus de latitude à la HvA dans la surveillance de la République fédérale allemande, objectif toujours essentiel aux yeux de Moscou.

Justement, les deux « W », Wolf et Wollveber, s'entendent plutôt bien, même si l'ancien de l'Internationale des ports et docks s'avère un peu trop partisan des « coups de com' », comme on ne dit pas encore à l'époque. Par exemple l'exfiltration prématurée en Allemagne de l'Est d'une des meilleures sources de la HvA à l'Ouest, le député démocrate-chrétien Schmidt-Wittmack (nom de code : « Tim »), membre de la Commission des questions de sécurité européenne au Bundestag et, à ce titre, gros fournisseur de renseignements sur les projets d'adhésion de l'Allemagne fédérale à l'OTAN. Plutôt que de le maintenir en activité clandestine à l'Ouest comme l'aurait voulu « Micha », le patron de la Stasi exige que le service secret lui fasse passer la ligne.

C'est chose faite en août 1954. Le 26, Schmidt-Wittmack donne une conférence de presse à Berlin-Est, dénonçant les projets du chancelier fédéral Konrad Adenauer, dont celui, qui inquiète tant les Russes, de mettre sur pied vingt-quatre divisions (ce sont d'ailleurs les hommes du KGB qui ont soufflé cette information au député transfuge).

Succès public garanti ! Reste que, en termes techniques, mieux aurait valu poursuivre sur le long terme le « traitement » de Schmidt-Wittmack dans l'espoir que son avenir parlementaire le porte beaucoup plus haut encore dans la hiérarchie politique ouest-allemande. Experts dans l'art de mener des infiltrations à long terme, les Soviétiques du KGB n'ont peut-être pas apprécié ce manque de professionnalisme. Même plus âgés que lui, tous les responsables des nouveaux services du bloc de l'Est ne sont pas aussi mûrs que « Micha », concluent-ils.

Wolf commence dès lors à élaborer la technique qui le rendra célèbre au rayon « sexe et espionnage » : l'envoi de beaux et jeunes agents masculins, les « roméos », capables de séduire les secrétaires des grosses légumes de République fédérale. C'est moins aléatoire que de vouloir « tamponner » leurs employeurs et presque aussi productif. Tous les services secrets du monde utilisent de tels procédés, dont « Micha » va user et abuser plus que les autres.

Les « tchékistes » – ainsi les hommes du KGB continuent-ils de se nommer avec orgueil – n'y voient aucun problème. Hommes de patience, ils savent qu'un travail de longue haleine les attend. Mettre sur pied la « communauté socialiste du renseignement » de l'ère Khrouchtchev entre l'URSS et ses pays satellites n'est pas une sinécure. A eux de sélectionner les cadres dirigeants des « services frères », de coordonner leurs efforts, de spécialiser chaque pays dans un domaine précis : politique, militaire, industriel, géographique. Dès l'après-guerre par exemple, le renseignement militaire polonais de l'époque (Oddzial II de l'Urząd Bezpieczeńtwa, soit 2e Département du ministère de la Sécurité publique) a lancé en France un programme de recrutement d'anciens résistants juifs polonais des FTP-MOI (Francs-tireurs et partisans de la main-d'œuvre immigrée). Au nom de la « solidarité internationale », certains de ces rescapés ont accepté d'espionner le pays d'accueil pour lequel ils combattaient avec ardeur voici peu.

Les Est-Allemands aussi sont actifs contre la France, leur axe de travail principal étant, dès 1954, le recueil de renseignements économiques et le recrutement d'agents à partir de la foire de Leipzig, où se croisent des industriels de l'Est et de l'Ouest. Plus tard, la HvA sera orientée par les Soviétiques en direction de certains pays d'Afrique.

Le StB tchèque, lui, va entraîner militairement les mouvements du tiers monde à soutenir, comme le FLN algérien et plus tard certains groupes palestiniens.

Un approfondissement de la division internationale du travail des services secrets de l'Est, en bref, dans ce contexte mouvant où les événements les plus bizarres en rapport avec le monde de l'espionnage et du contre-espionnage peuvent intervenir à n'importe quel moment.

Le Dr John passe à l'Est

A l'aide d'une demi-douzaine de collaborateurs, Otto John a installé le quartier général du BfV à Cologne, cette vieille cité rhénane dont il veut faire le centre d'une véritable « résistance » anti-Pullach.

Une volonté qui se traduit presque aussitôt dans les faits : marchant sur les brisées de l'OG, le chef de la section Recherche du nouveau service, Richard Gerken, installe un peu partout des antennes de renseignement fédérales (Bundesnachrichtenstellen). Quant à John, il recrute de préférence des sociaux-démocrates dans son service, ce qui éveille la méfiance du chancelier Adenauer.

En fait, l'ancien du 20 juillet 1944 se sent de plus en plus mal dans la peau d'un défenseur de l'ordre et chasseur de taupes. Ce qu'il considère comme un retour en force des nazis en République fédérale le dégoûte.

Au tournant de 1954, il commence à envisager de quitter le BfV. Pour prendre la direction de la Lufthansa, la compagnie aérienne à laquelle il appartenait avant la guerre, par exemple. Ou peut-être celle du quotidien britannique *Daily Express*, comme le lui propose l'écrivain Sefton Delmer, dont les liens avec le MI 6 sont anciens.

Pendant la guerre, Delmer, parfait germanophone, animait une radio de propagande en direction des soldats de la Wehrmacht stationnés en France à laquelle John a collaboré, ce qui lui vaut la réputation de rouler pour Londres. La suspicieuse HvA a également noté ses bonnes relations avec l'attaché militaire américain, le colonel William Holenthal.

Prêt à jeter l'éponge, John accepte l'invitation à un banquet en son honneur en compagnie d'une douzaine de chefs de département ou de responsables de l'OG. Gehlen lève son verre et laisse tomber : « Buvons à notre bonne collaboration future, Dr John, et oublions le passé. » Comme si c'était possible. Le chef du BfV a toute confiance dans son « ami » le Dr Wolfgang Wohlgemuth, qu'il surnomme « Wowo ». Or ce dernier se trouve être un homme du KGB.

Le 20 juillet 1944, c'est sans doute avec beaucoup d'arrière-pensées que ce gynécologue-agent secret accepte d'accompagner Otto John à Berlin-Est pour commémorer le dixième anniversaire du coup d'Etat manqué contre Hitler. Quant à John, veut-il simplement s'incliner sur la tombe de son frère, ancien conjuré antinazi comme lui, ou médite-t-il quelque coup d'éclat ? Si oui, le moment est d'autant plus mal choisi que son adjoint, Albert Radtke, a pris quelques jours de congé.

En tout cas, « Wowo » profite de l'occasion pour soûler John. Et, selon toute probabilité, le drogue (autre version plus compromettante : le chef du contre-espionnage fédéral aurait suivi Wohlgemuth à l'Est de son plein gré). Selon son témoignage, lorsqu'il reprend conscience, le Dr John se trouve dans la pénombre d'une pièce isolée d'une caserne soviétique de Karlshorst, à Berlin-Est, le quartier général du haut-commissaire soviétique en Allemagne. Trois Russes et une infirmière devisent sous son nez dans la langue de Tolstoï. Prisonnier !

A Karlshorst, on s'interroge sur cette affaire tordue. Alexei Pitrotranov, le patron du KGB en Allemagne de l'Est, tente de trouver une issue. Il demande à « Micha » Wolf de l'aider. Sur le conseil du patron de la HvA, deux officiers du KGB, qui affirment s'appeler respectivement Mihaïlov et Tchernov, mettent donc le séquestré en contact avec des Allemands de confiance : Wilhelm Girnus, un ancien camarade de « Micha » quand celui-ci travaillait à la radio de Berlin-Est, et Hermann Henselmann, l'architecte en chef de la partie orientale de la ville. Deux hommes présentés à Otto John comme les animateurs d'un fantomatique « Comité pour la réunification de l'Allemagne », de simples antinazis comme lui. Fidèle à son tempérament qui le porte à privilégier la persuasion, art dans lequel il excelle, Wolf a en effet suggéré d'établir d'abord un climat de confiance.

Pendant que la HvA et le KGB chambrent le Dr John comme une bonne bouteille à déboucher le moment venu, l'Ouest s'affole de voir le chef du BfV kidnappé par les communistes. Dans ce climat d'inquiétude, Hans Jess, le chef de la police criminelle (Bundeskriminalamt), est nommé d'urgence à sa place pour prendre les mesures de sécurité qui s'imposent. Gehlen fait preuve pour sa part d'un sang-froid impressionnant. Lui annonce-t-on que John, aux mains des Russes, pourrait révéler les noms de ses agents à l'Est que le patron de l'OG réplique péremptoirement : « Il ignore tout de mon organisation. »

Rien de plus faux bien sûr. La stupéfaction est grande, le 28 février, quand Otto John prend la parole à la radio de Berlin-Est pour affirmer : « L'Allemagne est en danger. Elle court le risque d'être la victime perpétuelle de la guerre froide entre l'Est et l'Ouest [...]. C'est pour cette raison que j'ai entrepris, en pleine conscience, le 20 juillet, d'établir un contact direct avec l'Allemagne de l'Est [...]. J'ai pris cette décision après avoir été harcelé continuellement par les nazis, qui ont relevé la tête et que l'on retrouve aujourd'hui dans la vie politique et dans les administrations. » Une conférence de presse lui offrira l'occasion de confirmer publiquement cette déclaration. Autant de propos compromettants qu'il tient de manière délibérée (thèse de ses adversaires) ou parce que, attiré par Wohlgemuth dans un guet-apens, il ne peut faire autrement (thèse de ses défenseurs).

En tout cas, les Russes et leurs vassaux de RDA exploitent à qui mieux mieux la défection du Dr John. Les retentissantes prises de position de l'ancien résistant antihitlérien ont tout pour les combler d'aise tant elles apportent de l'eau à une propagande qui, à partir d'éléments d'ailleurs exacts (la présence de nombreux anciens cadres nazis dans les structures administratives, politiques, économiques, militaires comme au sein de la communauté du renseignement de la RFA), dénonce les « revanchards de Bonn » comme l'ennemi numéro 1 du peuple allemand et de la paix mondiale*. Conformément à une technique ancienne, reste

* Pour accréditer sa propagande sur le retour en force du nazisme, le bloc de l'Est ne reculera pas devant certaines opérations terroristes. Le 17 mai 1957 à Strasbourg, un colis piégé tue ainsi Henriette Trémeaud, la femme du préfet du Bas-Rhin. Cet attentat est l'œuvre du StB tchécoslovaque, qui espérait faire

à « mouiller » toujours plus le transfuge afin qu'il abandonne tout reste d'indépendance. En accord avec les Soviétiques, Ernst Wollveber fait passer à la presse par Wilhelm Girnus les informations fournies par Otto John sur les clauses secrètes de l'EWG, l'accord de sécurité militaire d'Allemagne fédérale.

De cette manière, l'ex-patron du BfV endosse définitivement le costume du traître. D'où cette phrase assassine de Gehlen : « Traître un jour, traître toujours », qui suppose bien entendu qu'en se dressant contre Hitler, l'ancien conjuré du 20 juillet 1944 aurait « trahi » une première fois l'Allemagne… La trahit-il vraiment aujourd'hui sur le plan matériel ? Mis à part ses déclarations à la presse et à la radio, ses attaques contre les anciens nazis et contre Gehlen et ses aveux sur les clauses secrètes de l'EWG, il ne semble pas qu'Otto John ait fourni pour l'instant aux Soviétiques du matériel informatif de premier choix.

« Le passage de John à l'Est est terrible, mais il ne met pas en danger la sûreté de la République fédérale », affirme en tout cas Adenauer. C'est l'aveu de dégâts réels, mais limités, de la part d'un chancelier que la crise ouverte par la défection du Dr John pousse à faire encore plus confiance à l'OG et à son chef, lui qui n'aimait déjà pas ce BfV trop indépendant.

Le 16 septembre 1954, Otto John, épuisé, est transféré en Crimée. Du moins est-ce ce qu'il affirmera ultérieurement, comme il prétendra avoir persuadé ses interlocuteurs soviétiques, le colonel Goutschine et le général Galouchine, de la nécessité de le ramener à Berlin-Est. Reste qu'il parle cette fois abondamment… contre l'Organisation Gehlen, livrant aux Russes quantité de détails sur ses opérations contre les mouvements communistes ou sympathisants de République fédérale.

John sera de retour en RDA le 4 décembre. Déçu sans doute de sa confrontation avec le « socialisme réel » de l'Allemagne de l'Est, l'ex-numéro 1 du BfV envisage désormais de regagner le giron de la République fédérale. Un ami de longue date, le journaliste danois Henrik Bonde-Heriksen, organise son évasion avec

---

attribuer le crime à un prétendu groupuscule néonazi, le Kampfverband für unabhängiges Deutschland (Groupe de combat pour une Allemagne indépendante). Les services français ne tomberont cependant pas dans le panneau, repérant assez rapidement l'origine de l'envoi.

le concours du colonel Abbots, responsable des services spéciaux de Sa Majesté britannique à Berlin qui n'ont pas oublié leur protégé d'autrefois.

Le 12 décembre 1955, Otto John entre par une porte de l'université Humboldt, à Berlin-Est, et en ressort immédiatement par une autre. Le voici à l'Ouest. Une évasion facile. Trop, diront certains, qui n'arrivent pas à se persuader de l'inefficacité de la Stasi. Faut-il préciser que l'auteur du présent ouvrage également se pose des questions à ce sujet...

Toujours naïf – c'est probablement le trait dominant du caractère de ce personnage décidément hors normes –, John s'attendait à être accueilli à bras ouverts. Mais, à Berlin-Ouest, pas de retour triomphal pour l'enfant prodigue du BfV. En bon Allemand, il a fêté la Saint-Nicolas en RDA ; c'est derrière les barreaux d'une prison de l'Ouest que, arrêté le 23 décembre, il célèbre Noël. Jugé à Karslruhe, il sera condamné à quatre années de prison un an plus tard, le 22 décembre 1956.

Passé à l'Ouest, un ancien capitaine de la Wehrmacht alors agent du KGB, Heinz Stockert, affirmera qu'Ernst Wollveber et le général Pitrotranov auraient été rendus responsables des erreurs commises dans la manipulation de l'ex-chef du BfV, puis limogés pour cette raison.

Une vision réductrice. Des motifs plus politiques ont présidé à la mise à l'écart de Wollveber en novembre 1957. Le toujours numéro 1 du parti-Etat de RDA, Walter Ulbricht, était en effet parvenu à mettre en accusation le patron de la Stasi pour « travail fractionnel », un crime très grave dans le monde communiste. En remerciement de ses « bons services » – c'est lui qui avait monté le dossier contre son propre chef –, Erich Mielke fut nommé à sa place. Commençait donc un long tête à tête entre le chef de la Stasi, méfiant, jaloux, et son subordonné « Micha » Wolf, qu'il n'appréciait guère, mais qui bénéficiait toujours de la confiance des Russes. Il allait durer presque trente ans, chacun des deux protagonistes campant à la tête de son service jusqu'à ce que Wolf prenne sa retraite en 1986. Mielke, lui, conservera son poste jusqu'à l'effondrement du mur de Berlin.

Voilà pour les Est-Allemands. Quant à Pitrotranov, il a été muté comme résident du KGB à Pékin en 1958 avant de reparaître quinze ans plus tard en qualité de vice-président de la Chambre de commerce soviétique. L'infortuné Otto John, lui, purgera les deux tiers de sa peine à la prison de Münster. Libéré le 25 juillet 1958, il tentera en vain de se faire pleinement réhabiliter. Pourtant des personnalités aussi différentes que les présidents Walter Sheel ou Karl Carstens, que les chanceliers sociaux-démocrates Willy Brandt et Helmut Kohl, que le leader social-chrétien bavarois Franz-Josef Strauss ou le vice-président du SPD Herbert Wehner, ancien informateur des « organes » quand il faisait ses études à Moscou, ont émis publiquement des doutes sur sa culpabilité réelle. Il mourra en 1997, malade et seul.

Mais auparavant, comme dans un système de vases communicants, sa chute et sa déchéance auront eu pour effet d'accélérer l'ascension de « l'homme sans visage », le dur combattant de la guerre froide. Grande victoire pour Gehlen en effet : le 11 juillet 1955 naît le Service de renseignements fédéral, le Bundesnachrichtendienst, dont il prend la présidence. Un organisme officiel avec pignon sur rue, et non plus cette agence d'espionnage non avouée, fille-mère de la guerre froide financée en partie par la CIA. Car, naturellement, le BND émarge au budget de la République fédérale allemande. C'est dire s'il est devenu un service « comme les autres », ce qui ne veut jamais dire un service sans affaires et sans scandales.

A l'ouest de l'Europe aussi, rien de moins facile que la construction d'une communauté du renseignement digne de ce nom. Il faut tenir compte de tant de particularismes...

Le SDECE : naissance dans la douleur

« Je ne suis resté que deux mois en forteresse, car ma femme est allée voir le général Ely en disant qu'elle allait tuer Bidault si on ne me soignait pas, car j'allais mourir, ce qui était vrai. On m'a extrait pour m'emmener au Val-de-Grâce. Vallery-Radot et Milliez m'ont examiné, j'avais 5,3 de tension. Ensuite, j'ai été hospitalisé à Garches*. »

---

* Le général Paul Ely était le directeur de cabinet du ministre des Armées ; Georges Bidault, le ministre des Affaires étrangères ; les professeurs Louis Pasteur Vallery-Radot et Paul Milliez, d'éminents praticiens.

Voilà ce que me confiait en février 1998, quelques mois avant sa mort, le colonel Passy, fondateur en janvier 1946 du Service de documentation extérieure et de contre-espionnage, le SDECE (« la Piscine », en langage familier). Ce polytechnicien également patron du BCRA, le service gaulliste du temps de guerre, faisait allusion au scandale causé par son emprisonnement en avril 1946. A cette époque, certains de ses anciens subordonnés l'accusaient d'avoir soustrait 4,5 millions de francs (environ 550 000 euros actuels) de la caisse des services. Ce pour des motifs toujours inexpliqués aujourd'hui. Des raisons soit professionnelles (version Passy), soit politiques pour financer la constitution d'un parti gaulliste puissant, soit encore relevant d'un enrichissement personnel qui n'a jamais été prouvé. L'affaire, selon le colonel, aurait surtout tenu à des manœuvres de la gauche pour discréditer un des proches du général de Gaulle, lequel venait de claquer la porte du gouvernement au mois de janvier pour regagner Colombey-les-Deux-Eglises.

Quoi qu'il en soit, elle allait coller au SDECE nouveau-né une réputation exécrable. Et contrarier cette modernisation du renseignement tricolore que Passy, esprit novateur, préparait. Pour lui, le retour rapide de la France au rang de grande puissance passait en effet par des services secrets efficaces fondés sur le professionnalisme plutôt que sur le clientélisme politique. Dès l'été 1945, alors qu'il dirigeait encore la Direction générale des études et recherches, le premier service secret du temps de paix, n'avait-il pas renvoyé dans leurs foyers plusieurs milliers d'officiers, de membres du personnel administratif et d'agents qui se réclamaient à tort ou à raison d'un passé résistant ? Une manière de tailler dans le vif qui lui valut bien des inimitiés, on s'en doute.

Un chef de service secret en prison : du jamais vu en France depuis l'affaire Dreyfus, l'internement et le mystérieux suicide du commandant Joseph Henry le 31 août 1898 au Mont-Valérien*. Et quel démarrage exécrable pour un SDECE sur le point de réussir l'amalgame entre les anciens du SR d'avant-guerre, experts dans le renseignement et le contre-espionnage mais marqués par leurs sympathies pour le général Giraud (l'habitué des évasions spectaculaires évincé par de Gaulle), et leurs cadets dans le métier du BCRA, très bons dans les opérations clandestines, eux.

---

* *Cf.* chapitre 4, p. 100.

Par-delà le sale coup de l'affaire Passy, l'addition de ces deux cultures complémentaires aurait rendu les services français du futur tout à fait performants si les guerres coloniales, polarisant les énergies françaises pendant plus de quinze ans quitte à les épuiser, n'étaient pas venues s'inscrire en faux contre ce processus de renaissance.

Après l'éviction mouvementée de Passy, nous savons que deux militants socialistes SFIO, Henri Ribière et Pierre Boursicot, vont se succéder à la tête du SDECE, le premier entre février 1946 et janvier 1951, et le second de juin 1951 à septembre 1957. La SFIO, justement, est très hostile à la satellisation de l'est de l'Europe par Moscou. L'affiliation politique de Ribière et Boursicot comme leur tempérament de lutteurs trempés dans la Résistance les pousse donc à affronter directement les services soviétiques et ceux des pays satellites.

Ce qu'ils vont faire dans une certaine mesure en développant les moyens de la centrale : Conseil scientifique avec des médecins et des professionnels issus du monde de l'entreprise ; Service 26 du colonel Paul Arnaud (transmissions radio, confection de faux documents, armes et autres procédés spéciaux dits « farces et attrapes »), Service 28 (cryptages et décryptages) où l'on retrouve le colonel Gustave Bertrand, que nous avons vu œuvrer avant et pendant la guerre contre la machine Enigma, et son adjoint puis successeur le colonel Georges Black ; Service 29 (service Action du colonel Henri Fille-Lambie dit « Morlanne »). Et, naturellement, réseaux anticommunistes « enterrés », comme on l'a vu au chapitre précédent.

Le front indochinois

D'emblée, c'est pourtant la guerre d'Indochine qui mobilise hors d'Europe une bonne part des ressources du SDECE. Le service secret est désormais sis boulevard Mortier près de la piscine des Tourelles, d'où son surnom de « la Piscine ».

Sous le commandement d'un aviateur, le colonel Maurice Belleux, la base 40 du SDECE à Saigon déploie face aux indépendantistes communistes du Viêt-minh un service de renseignements (Service 45), un service de contre-espionnage (Service 43) et un service d'interceptions radio (Section 48).

Du fait de l'anticolonialisme de principe affiché par les Etats-Unis (rappelons qu'en 1945, le major de l'OSS Archimedes Patti s'est littéralement fait « rouler dans la farine » par le leader communiste Hô Chi Minh), cet engagement français en Indochine est d'abord vécu par Washington comme une condamnable tentative de restauration de l'ordre ancien. C'est seulement à partir de 1950 et la guerre de Corée que les Américains verront en lui une forme de contribution française au combat du monde occidental contre l'adversaire marxiste-léniniste en Asie.

Dès mai 1951, Pierre Boursicot se rend dans ce cadre aux Etats-Unis pour nouer une relation directe avec Walter Bedell Smith, le patron de la CIA. Leurs subordonnés, Belleux et le colonel Edward Lansdale, un des meilleurs hommes de terrain de la Compagnie plus tard à l'œuvre aux Philippines pour imposer le candidat de Washington, Ramon Magsaysay, s'entendent sur la fourniture d'une centaine de postes de radio par les services américains.

A partir de mai 1953, 12 navigants de la Civil Air Transport (CAT) et 18 membres de l'US Air Force vont entraîner les équipages français au pilotage des C-119 Packet, un appareil très apprécié pour sa capacité d'emport. Un soutien qui ne trompe personne : il émane bel et bien de la CIA. Créée sous le nom de Chinese Air Transport par l'Américain Claire Lee Chennault, père des célèbres « Tigres volants » de la guerre sino-japonaise et ami personnel de Chiang Kai-shek et de son épouse, la CAT n'est en effet rien d'autre qu'un pavillon de complaisance de l'Agence en Asie. Elle a opéré en Chine pendant la guerre civile, en Corée, et désormais la voici engagée sur le front d'Indochine.

Un front sans cesse en mouvement. Fait de guérilla et de contre-guérilla avant d'en venir à la phase décisive de guerre conventionnelle dans le respect d'un schéma insurrectionnel marxiste-léniniste bien pensé et bien maîtrisé par le Viêt-minh, le premier conflit indochinois voit les Français user de leurs forces spéciales en continu.

Celles-ci sont nombreuses et variées. Citons les commandos du Nord-Viêtnam. Constitués de viêt-minh ralliés qu'encadrent quelques officiers ou sous-officiers français dont le célèbre adjudant-chef Roger Vandenberghe, assassiné en 1952 par son adjoint viêtnamien, ces unités qui opèrent parfois en costume noir de paysans sont coutumières des incursions en zone viêt-minh.

Citons surtout le Groupe de commandos mixtes aéroportés. Comparable sur petite échelle au SOE britannique de la Seconde Guerre mondiale, ce service Action *ad hoc* est dirigé par le commandant Edmond Grall, assisté du capitaine Alexandre Desfargues, un ancien des équipes « Jedburghs » (Mission « Ian »).

Pour financer ses maquis autochtones de la minorité ethnique hmong (dite aussi « méo », mais le terme a une connotation péjorative) sur les arrières des « Viêt », le GCMA a recours à la revente d'opium, principale source de subsistance des Hmong. En janvier 1953, le colonel Belleux fait éclater le scandale : une importante quantité de drogue est saisie dans les locaux saigonnais du service Action. Limogés même s'il n'y a pas eu enrichissement personnel, Graal et Desfargues sortent du jeu. Un ancien instituteur devenu officier de carrière, le lieutenant-colonel Roger Trinquier, appelé à une certaine célébrité pendant la guerre d'Algérie, prend la tête du GCMA recentré et rebaptisé Groupe mobile d'intervention. En tout, l'ensemble GCMA-GMI aura quand même levé et entretenu 25 000 à 30 000 partisans, tous maquis confondus.

En face, le Viêt-minh dispose d'une idéologie mobilisatrice par son simplisme : la « chasse aux traîtres ». Son service de renseignements militaire, le Bureau de renseignements (Cuc Tinh bao), s'avère d'abord peu efficace. C'est seulement à partir de 1950 qu'il se professionnalisera sous le nom de Bureau de renseignements militaire (Cuc Quan bao).

Conduits par Mei Jiaheng, les conseillers chinois sont pour beaucoup dans cette progression technique ponctuée de stages en Chine (cryptage et décryptage notamment). Des bataillons de l'Armée populaire de libération chinoise spécialisés dans le recueil du renseignement apparaissent en outre sur le terrain, stupéfiant les Français qui n'avaient pas imaginé un procédé aussi massif. Pour autant, le chef du renseignement militaire viêt-minh Lê Trong Nghia et son adjoint Cao Pha restent aux leviers de commande. Même si Mao Zedong et les siens en rêvent dans la tradition séculaire de leur pays, on ne peut donc pas parler de satellisation totale par les Chinois.

Le dragon asiatique se réveille

Des Chinois dont les visées asiatiques se précisent. En infiltrant et en désagrégeant les hautes sphères nationalistes, les maoïstes ont prouvé pendant la guerre civile leur efficacité dans le domaine du renseignement. Orfèvre en la matière, le Premier ministre Zhou Enlai met ses réseaux asiatiques à la disposition du Viêt-minh. Grâce à Liao Shaowen, Zhou, dirigeant historique du PC chinois, s'est en effet constitué un service de renseignements militaire à part du 2e Bureau « officiel » de l'Armée populaire de libération, le Qingbaoju.

Liao Shaowen est un proche de Li Kenong, ancien adjoint et successeur de Kang Sheng à la tête du département des Affaires sociales (Zhongyang Shehuibu), la police secrète. Sur ordre de Mao, Kang Sheng a fait régner à partir de 1942 la terreur à Yan'an, cette « base rouge » du nord de la Chine où les communistes s'étaient mis à l'abri des nationalistes à l'issue de la célèbre Longue Marche. Quarante mille militants au moins ont été exclus du parti lors de cette campagne pour la rectification du style de travail, expérience sur grande échelle de conditionnement par la peur. Des milliers d'entre eux furent exécutés.

Pour écarter ses responsabilités personnelles dans les crimes innombrables commis à cette époque, Mao a disgracié Kang Sheng en 1944. Et donc confié les rênes des Affaires sociales à son adjoint Li Kenong*. Surnommé « le Bouddha souriant », cet ancien étudiant en France et en Allemagne, chargé des infiltrations de la section spéciale du PC chinois (Zhongyang Teke) à Shanghai au temps de la clandestinité, représente un bien meilleur allié pour Zhou. De fait, leurs bonnes relations procurent à la communauté maoïste du renseignement une certaine cohérence.

Il est vrai qu'en matière de services secrets, la cohérence se trouve globalement du côté des pays communistes. Tous n'obéissent certes pas comme des petits soldats aux ordres de Moscou – l'indépendance de Mao en est la preuve la plus écla-

---

* Sur les services chinois, *cf.* Roger Faligot, *Les Services secrets chinois de Mao à Xi Jinping*, Nouveau Monde poche, 2015, et Roger Faligot, Rémi Kauffer, *Kang Sheng, le maître espion de Mao*, Perrin, « Tempus », 2014.

tante. Mais tous poussent dans le même sens, ce qui n'est pas le cas des Occidentaux.

Le dragon asiatique se réveille aussi au Japon, en sens inverse toutefois. Chef du G-2 du général MacArthur de 1945 à 1951, Charles Willoughby s'active à fédérer au profit des autorités d'occupation les agences de renseignements privées nées de la défaite nippone. Notamment celle de deux rescapés de l'armée du Mikado, le général Tanaka Ryūkichi et le colonel Hattori Takushiro. Le but de ces grandes manœuvres est la mise sur pied dans l'archipel de réseaux anticommunistes « enterrés » de type « Gladio ». Mais un des collaborateurs de Hattori, Watanabe Tetsuzo, va encore plus loin en jetant avec ses correspondants sud-coréens et taiwanais les bases de la Ligue anticommuniste des peuples d'Asie. Plus tard Ligue anticommuniste mondiale, celle-ci sera parrainée par Ray Cline, chef d'antenne de la CIA à Taipeh jusqu'en juin 1962.

Surmontant l'hostilité initiale de Willoughby et du G-2, la Compagnie s'implante durablement au Japon. Elle y finance le Parti libéral démocrate, ce conglomérat politique qui monopolisera les postes de Premier ministre de 1955 à 1997 ; déstabilise le parti socialiste et les syndicats, considérés comme gênants ; met en place le chapitre japonais du Congrès pour la liberté de la culture ; monte à Okinawa une station d'écoute des radios de Chine et de Corée. Epaulée par le MI 6 en la personne de John Quine, elle crée l'Asian Foundation, que préside un de ses officiers, un « ancien » de l'OSS, Robert Blum.

Tandis qu'en Indochine les Français peinent de plus en plus sous la pression du Viêt-minh soutenu par l'URSS et aidé directement par la Chine populaire, la Compagnie noue aussi des liens étroits avec Ngô Dinh Diêm, un Viêtnamien exilé dans l'archipel nippon du fait de ses trop bonnes relations du temps de guerre avec la Kempeitai, la Gestapo des militaristes japonais. Une carte à jouer en cas d'échec des Français, qu'il déteste…

C'est dire si le réchauffement des relations franco-américaines au nom de l'anticommunisme n'aura qu'un temps. Les équipages de la Civil Air Transport effectuent encore 684 sorties en soutien de la garnison du camp retranché de Diên Biên Phu assiégé par le Viêt-minh. Mais, dans la période ouverte en mai 1954 par la chute du camp et la défaite des armes tricolores, la CIA va tout faire pour expulser les anciens colonisateurs et se substituer à eux.

Une guerre secrète d'attentats et de coups fourrés perpétrés par des auxiliaires locaux liés notamment aux sectes politico-religieuses ne tarde pas à éclater. Jusqu'en 1955, elle opposera côté français le commandant Albert Meyer, un ancien héros de la Résistance (en liaison avec l'OSS), et côté américain, sous la couverture d'attaché de l'air adjoint à la Mission militaire américaine, le baroudeur Edward Lansdale, de retour sur le théâtre d'opérations viêtnamien qu'il ne cessera d'ailleurs de hanter aux côtés de son bras droit, le francophone Lucien « Lou » Conein, surnommé « Black Luigi ».

Aventurier non dénué d'un certain charme, Lansdale va inspirer en partie au romancier britannique Graham Greene, lui-même ancien du MI 6 pendant la Seconde Guerre mondiale, le personnage d'Alden Pyle dans son roman *The Quiet American* (*Un Américain bien tranquille*). Un réquisitoire contre la naïveté des « nouveaux riches » *yankees*, persuadés qu'ils ont tous les droits s'ils agissent pour la cause qu'ils ont définie unilatéralement comme étant la bonne.

Tout se passe comme si Britanniques et Français s'apercevaient, au crépuscule de leurs empires respectifs, qu'une solidarité les rapproche face à la suprématie américaine dans le camp occidental. Celle-ci est bien réelle : dans les dernières années du conflit français d'Indochine, Washington finançait 80 % de l'effort de guerre de Paris, d'où l'empressement des Etats-Unis à foncer tête baissée dans le piège viêtnamien dont ils ne sortiront, sérieusement étrillés, qu'au milieu des années 1970.

Poussés dehors par les communistes et donc par Lansdale et Conein aussi, les Français évacuent l'Indochine. Mais une autre guerre commence pour eux en Algérie. Elle va étayer encore plus cette exception française : la mobilisation des services sur le front des guerres coloniales*.

---

* Pour un panorama détaillé des premières années du SDECE et de son rôle dans les guerres d'Indochine et d'Algérie, *cf.* Roger Faligot, Jean Guisnel, Rémi Kauffer, *Histoire politique des services secrets français de la Seconde Guerre mondiale à nos jours*, Paris, La Découverte, 2012, et La Découverte poche, 2013.

Exception française, saison 2

Sur le front algérien, le SDECE est déjà à pied d'œuvre, et sur le mode action violente.

Au Caire, point névralgique du monde arabe, le service secret place la barre très haut. Ses deux grandes cibles : le président égyptien, le colonel Gamal Abdel Nasser, et son protégé, le futur président algérien Ahmed Ben Bella (très divisé, le FLN parvient à surmonter ses conflits de tendances et de personnes par la volonté partagée de pousser le conflit jusqu'au « dernier quart d'heure » et d'y triompher coûte que coûte).

Marcel Pellay alias « Paquebot », un ancien résistant déporté à Buchenwald, échoue à abattre Nasser dès 1954. S'ensuit en 1955 la mission « Hors-Jeu », téléguidée depuis Alger par le colonel Jean Allemand (alias « Germain »), ancien chef du contre-espionnage antinazi en Algérie. Un tueur à gages commandité par son factotum l'ex-commissaire de police André Achiary, coorganisateur en novembre 1942 du débarquement allié en Afrique du Nord, ouvre le feu sur Ben Bella dans sa chambre d'hôtel cairote, mais le rate. Mal amorcé, un colis piégé qu'on destinait au dirigeant FLN explose par la suite prématurément, tuant plusieurs passants égyptiens. Attentat non revendiqué bien entendu : s'il avait abouti, il était prévu de le mettre sur le compte des luttes de factions au sein du FLN.

Le service Action du colonel Morlanne, qui tend à prendre toujours plus d'importance dans ce contexte de guerre révolutionnaire, réussit, lui, quelques « coups » ponctuels déjà testés en Indochine. Celui de la radio piégée par exemple. Le 17 mars 1956, c'est l'opération « Cantate ». Un poste SCR 694 bourré de 2 kilos de plastic par les soins de l'artificier en chef du SDECE, le commandant Leturcq, est largué par avion en zone rebelle. On compte que le patron de la wilaya des Aurès, Mostefa Ben Boulaïd, un dirigeant historique de l'insurrection, tiendra à essayer l'appareil lui-même, comme le firent autrefois plusieurs responsables viêtminh. C'est le cas : quelques jours plus tard, Ben Boulaïd et ses adjoints volent en éclats.

Ses trois échecs cairotes digérés, Jean Allemand organise avec l'aval du directeur général du SDECE, Pierre Boursicot, le détournement sur Alger d'un DC 3 civil affrété par le roi du Maroc. Ce

22 octobre 1956, l'appareil transportait non seulement Ben Bella, mais aussi quatre autres dirigeants du mouvement nationaliste dont un autre futur président, Mohammed Boudiaf. Une opération qui vaut au SDECE un plébiscite en France mais beaucoup de critiques à l'étranger, où l'on parle de piraterie et de violation de la légalité internationale.

Surtout, « la Piscine » reprend et développe contre le Front national de libération, le FLN, et sa branche militaire, l'Armée de libération nationale, l'ALN, les méthodes de contre-maquis type GCMA qui n'ont pu renverser le cours du destin en Indochine, c'est vrai, mais qui ont beaucoup contrarié le Viêt-minh tout de même. Ainsi sa réserve opérationnelle, le 11e bataillon parachutiste de choc, que commande depuis 1953 le colonel François Decorse, entreprend-elle à partir de juin 1957 sa tentative la plus poussée dans cette veine : l'opération « Olivier ».

« Olivier » est le nom de code, boulevard Mortier, de Mohammed Ben Lounis, dit « Bellounis ». Né en 1912, ce fils de petits propriétaires terriens, militant de longue date, est resté fidèle au leader historique du nationalisme algérien, Ahmed Mesli dit « Messali Hadj ». Or, une lutte fratricide oppose depuis le début de la guerre les partisans du FLN, les « frontistes », qui revendiquent le contrôle exclusif de l'insurrection antifrançaise, et les « messalistes » du Mouvement de libération nationale, le MNA, qui la leur contestent.

A ce titre, Bellounis, chef militaire du MNA pour toute l'Algérie, combat les Français d'une part, le FLN de l'autre. Et plus volontiers les seconds que les premiers, car ainsi vont les guerres fratricides. Jusqu'à la nuit du 28 au 29 mai 1957 où les « frontistes » assassinent plus de 300 habitants mâles de Melouza, un douar « messaliste ». Craignant l'extermination pure et simple des siens, Bellounis prend alors contact avec le capitaine Jean Combette des Sections administratives spécialisées, ces héritières des Affaires indigènes du temps de la colonisation.

Sans renoncer à ses convictions nationalistes, le leader « messaliste » conclut bientôt une véritable alliance anti-FLN avec l'armée française. Il baptise ses 2 000 maquisards restants « Armée nationale du peuple algérien » (ANPA). Ces combattants expérimentés sont organisés en détachements mobiles de guérilla, les *foudj*. Chaque *foudj* assez important se verra attribuer un « stick » d'une douzaine de paras du 11e Choc chargés de le conseiller et de l'encadrer. Les décisions restent cependant l'apanage des officiers de l'ANPA : c'est que, entre ennemis d'hier alliés provisoires d'aujourd'hui, la confiance est loin de régner.

En juillet 1957, le colonel Decorse convoque son subordonné le lieutenant Alain de Gaigneron de Marolles, futur chef du service Action sous Valéry Giscard d'Estaing. Au jeune officier, ancien des commandos du Nord-Viêtnam, il assigne la mission d'assurer, à ses risques et périls car le jeu est très dangereux, la liaison directe avec le chef indépendantiste. Une tâche politique autant que militaire.

Désavoué par Messali Hadj alors en résidence surveillée en France, Bellounis relance contre les « frontistes » une guerre révolutionnaire vite couronnée de succès. Des unités de l'ALN prisonnières rallient l'ANPA. Avec ses désormais 4 000 à 5 000 combattants appuyés par une infrastructure civile de 30 000 militants, le chef nationaliste allié des Français contrôle bientôt, au grand dam des « messalistes » de stricte obédience, une zone de 80 000 kilomètres carrés en plein cœur du dispositif du FLN. Il coupe ainsi les lignes de communication de ses « frères ennemis » alors que l'ALN livre, et perd, la « bataille des frontières » – de coûteuses incursions sans lendemain de ses unités basées soit en Tunisie, soit au Maroc avec l'aval des gouvernements locaux.

Sentant le danger, les « frontistes » contre-attaquent sur le front Bellounis, tandis que la tension s'accroît entre l'ANPA et l'armée française, qui ne veut voir en elle qu'une troupe de supplétifs sans reconnaître la validité de ses slogans indépendantistes. A la différence des minorités ethniques d'Indochine qui tentaient simplement de préserver leur autonomie, Bellounis prétend en effet incarner une cause nationale. Le chef de l'ANPA veut une Algérie indépendante, mais liée à la France. Anticommuniste, il aurait pris en aversion les méthodes marxistes-léninistes dans les maquis FTP du sud-ouest de la France auxquels il a appartenu. D'où son opposition aux pays de l'Est, qui soutiennent le FLN sur les plans de la politique, du renseignement et des fournitures d'armes.

Une « troisième force » entre la France et le FLN serait-elle en train d'apparaître en Algérie ? Marolles et son chef Decorse espèrent pousser plus avant la « guerre non conventionnelle » de l'ANPA, ce qui suppose d'accorder à Bellounis le rôle politique qu'il revendique. Mais, trop peu élevés dans la hiérarchie militaire, ils ne sont pas écoutés. C'est qu'engager un processus de reconnaissance politique de Bellounis ne pourrait que soulever l'indignation des Français d'Algérie, les pieds-noirs, qui ne voient d'autre issue que la victoire totale et récusent toute idée de « troisième force ».

L'expérience Bellounis échoue donc, le chef d'une ANPA noyautée par les « frontistes » reprenant, faute de perspective à terme, le maquis contre la France avant d'être abattu par l'armée française le 14 juillet 1958. « La classe politique de l'époque était incapable d'assumer un choix tel que Bellounis, m'a confié le général de Marolles en juin 1998. De Gaulle l'aurait peut-être fait, mais il est arrivé trop tard : en juin 1958, il avait bien d'autres préoccupations que le dossier Bellounis ! La manipulation des dissidents du MNA a repris par la suite avec l'épisode du Front algérien d'action démocratique, le FAAD. Mais là aussi, c'était trop tard. La seule chance de succès, c'était Bellounis. »

Le FAAD, ce sera en 1961 une nouvelle opération ordonnée par le Premier ministre Michel Debré qui, bien que fidèle au général de Gaulle, aimerait que la fameuse mais mythique « troisième force » prenne un peu de consistance. Elle vise à provoquer une scission au sein du MNA – volet réussi par les hommes du service Action du SDECE –, puis à créer un mouvement politique anti-FLN dont, en fin de compte, seule la branche militaire obtiendra quelques succès en abattant une soixantaine de cadres du FLN.

Nouvel échec qui s'additionne à d'autres, même s'ils furent ponctués de succès arrachés au prix de la torture, comme ç'avait été le cas lors de la bataille d'Alger de 1957-1958, ou au prix de la ruse, comme la « bleuite » du capitaine Paul-Alain Léger (aggraver la paranoïa du FLN en poussant ses dirigeants à des purges internes qui furent effectivement atroces).

La mise en place d'un organisme contre-insurrectionnel destiné à « déraciner » l'infrastructure clandestine du FLN par tous les moyens, torture incluse de nouveau, le Centre de coordination interarmées (1957-1962), ne pouvait renverser la vapeur. Sur le terrain, en Algérie comme en métropole où la Direction de la surveillance du territoire, la DST, décapitera à plusieurs reprises la wilaya 7 du FLN sans jamais parvenir à l'annihiler, la guerre fut en effet très largement une guerre du renseignement. Les

Français en obtenant au bout du compte moins que le FLN, ils tenaient le mauvais bout.

La « Main rouge »

Dirigée de septembre 1957 à février 1962 par le général Paul Grossin, un pied-noir membre fondateur du mouvement de résistance Combat en Algérie, « la Piscine » marque cependant des points contre le FLN dans le domaine de la guerre psychologique grâce au « studio Kléber », une station de radio installée près de Chartres qui émet des nouvelles plus ou moins vraies en langues arabe et berbère.

Avant un débat à l'ONU sur le problème algérien, deux de ses « honorables correspondants », l'avocat Me Jean Violet et le père dominicain Yves-Marc Dubois, parviennent à détourner en faveur de la France certains votes de pays du tiers monde.

Surtout, le service Action du SDECE, dit à cette époque « Service 8 », va mener une guerre secrète impitoyable en France et dans tous les pays d'Europe occidentale aux trafiquants qui fournissent le FLN en armes, aux militants de l'organisation indépendantiste et à ceux qui « portent leurs valises » (trotskistes, « nouvelle gauche » et intellectuels engagés).

Aux ordres du colonel Robert Roussillat, un ancien des Forces aériennes françaises libres connu pour sa détermination et son sang-froid, le Service 8 fait sauter en mer les bateaux qui transportent les armes avec tout leur équipage (opérations dites « Arma »). Il assassine plusieurs trafiquants par des moyens aussi variés que la voiture piégée ou la sarbacane empoisonnée qui tire des flèches mortelles conçue par le service « Farces et attrapes » (opérations « Homo » pour « homicide »). En France, en Belgique, en Allemagne fédérale et en Suisse, des cadres « frontistes » sont abattus. Le professeur d'université belge Georges Laperche est tué en mars 1960 par l'explosion d'un colis piégé.

Autant de meurtres dont le service, faisant preuve de beaucoup d'imagination, saura protéger le véritable commanditaire : la France derrière un « cache-sexe ». Celui d'une organisation d'extrême droite bidon, la « Main rouge ». On en accrédite l'existence par un livre de prétendues « révélations », et même une spectaculaire conférence de presse d'un « colonel manchot » affirmant en être le chef. De quoi nourrir l'imaginaire des médias pour longtemps (dans les années 1990, beaucoup croyaient encore à son existence) et détourner l'attention des autorités françaises.

Notons au passage que, lors de la guerre d'Algérie, le Bundesnachrichtendienst du général Gehlen va jouer double jeu. Allié de la France en principe, il noue des liens étroits avec le FLN par le biais d'un de ses officiers, ancien du contre-espionnage de l'Abwehr, le III-f, puis du SD en poste à Paris sous l'Occupation et déjà spécialiste à cette époque de la manipulation des mouvements nationalistes maghrébins, l'ex-Sonderführer-SS Richard Christmann*.

Des armes sont acheminées vers la Tunisie par le biais de la firme d'import-export de l'ex-Obersturmführer-SS Hans Sommer, organisateur d'attentats contre des synagogues à Paris en 1941 passé à l'Organisation Gehlen par la suite. Sortant des cartons de vieux plans datant de la même époque, des spécialistes du BND indiquent au FLN les endroits où des attentats ciblés permettraient de paralyser la région parisienne.

La centrale de Munich monte aussi des filières de désertion pour les légionnaires allemands de l'armée française, organise même en 1957 l'exfiltration d'officiers algériens de l'armée française qui, à l'image du commandant Chabou, feront une belle carrière dans l'Algérie indépendante (en juin 1965, c'est lui qui arrêtera le président Ahmed Ben Bella pour le compte du colonel putschiste Houari Boumediene, tandis que la Sécurité militaire mettra sous les verrous et torturera Richard Christmann, alors résident du BND à Alger après l'avoir été à Tunis).

Quand la phase ultime de la guerre conduira, début 1961, à la naissance de l'OAS (Organisation de l'armée secrète), l'organisation des jusqu'au-boutistes de l'Algérie française, la centrale de Pullach prendra langue avec certains d'entre eux exilés en Allemagne… pour voir**.

---

* *Cf.* Roger Faligot, *Markus espion allemand*, Paris, Temps actuels, 1982.

** C'est de bonne guerre secrète : la HvA de Markus Wolf va exagérer la portée de ces contacts, évoquant, sans en apporter la preuve, un face-à-face entre Jacques Soustelle, ancien chef de la Direction générale des services spéciaux à Alger en 1943-1944 et dirigeant du « Conseil national de la Résistance », une structure politique directement issue de l'OAS, et Gehlen soi-même. Tablant sur l'hostilité traditionnelle envers la Légion étrangère en Allemagne, elle bâtira de même avec succès la légende de Roger Degueldre, le chef des commandos

Soyons précis : c'est la fonction des services de renseignements d'aller au contact des divers protagonistes en cas de guerre civile – et la période de l'OAS en fut effectivement une, la dernière des guerres franco-françaises, espérons-le.

Des membres de la CIA avaient déjà rencontré quelques militaires rebelles avant le putsch d'Alger d'avril 1961. Après l'échec de cette tentative de coup de force militaire apparut en Algérie un mystérieux « colonel Brown », dans lequel l'OAS crut voir le « chef de la CIA en France ». C'était faux : le directeur de la station de Paris, compétente pour toute l'Afrique francophone, s'appelait en réalité Alfred Ulmer. Sachant que le président Kennedy, partisan de longue date de l'indépendance de l'Algérie, soutenait le général de Gaulle, ce vieux routier de l'OSS gardait ses distances. La prise de contact de « Brown » s'apparentait donc tout au plus à une mission de reconnaissance par un de ses agents*. Or elle fut vécue par le chef de l'OAS, le général Raoul Salan, comme un appui politique des Etats-Unis à sa cause, confusion dont atteste la lettre très naïve qu'il adressa au président Kennedy le 12 décembre. Officier de renseignement expérimenté pourtant, comment Salan avait-il pu commettre cette erreur de débutant ? Cela reste un mystère, comme d'ailleurs le personnage du chef de l'OAS lui-même, antifranquiste et antimussolinien avant la guerre qui, fin 1960, ira volontairement s'exiler dans le Madrid du général Franco.

Double jeu en Algérie pour le MI 6 aussi. La DST découvre-t-elle que le résident du service secret de Sa Majesté à Alger, Alfred Fox, francophone né à Saint-Etienne, entretient des liens avec le FLN ? Elle décide de s'en débarrasser. Et choisit pour ce faire de le « balancer » à Roger Degueldre, le lieutenant déserteur de la Légion étrangère devenu le chef des « commandos Delta », les terroristes les plus durs de l'OAS d'Alger.

Le 24 septembre, un sujet de Sa Majesté britannique, James Mason, est abattu devant son domicile. Deux jours plus tard, l'homme de confiance de Degueldre, le légionnaire autrichien Bobby Dovecar,

---

terroristes de l'OAS à Alger, « Belge ancien de la division SS Wallonie ». Or, fusillé le 6 juillet 1962 pour son rôle à la tête des « commandos Delta », l'homme était en réalité un ancien résistant français du Nord, membre des Francs-tireurs et partisans, l'aile armée de la Résistance communiste.

* *Cf.* Rémi Kauffer, *OAS. Histoire d'une guerre franco-française*, Paris, Seuil, 2002.

bâillonne et assassine Alfred Fox dans son garage. « Dramatique coïncidence », affirme aux journalistes le chargé de presse du consulat britannique Christopher Ewart-Biggs. L'homme sait pourtant de quoi il retourne, étant lui-même un officier du MI 6. Il y fera une belle carrière avant d'être assassiné par l'IRA en été 1976 à Dublin, où il venait d'être nommé à l'ambassade anglaise.

L'harmonie entre services, on le voit, demeure toute relative dans le camp occidental. A l'Est au contraire, l'écrasant magistère soviétique l'impose sinon de bon gré, du moins de force. Flanquée d'alliés plus ou moins sincères qui n'hésitent donc pas à lui tirer dans les pattes, « la Piscine » boira jusqu'à la lie le calice de la guerre d'Algérie. Une grave crise de conscience pour elle, tant ses officiers avaient investi sur ce terrain, mais, à de rares exceptions près, ses hommes ne basculeront pas du côté de l'OAS.

Le successeur de Morlanne à la tête du Service 8, le colonel Roussillat, m'a cependant confirmé en 1985 son refus d'engager ses experts dans la lutte anti-OAS. Quelques officiers et sous-officiers du 11e Choc seront bien mobilisés pour le rapt d'un des chefs du CNR-OAS, le colonel Antoine Argoud. Mais, au final, c'est une équipe de leurs camarades de la Sécurité militaire commandités par le ministre des Armées, Pierre Messmer, qui procédera à l'enlèvement le 25 février 1963 à Munich.

Fidèle à sa ligne de conduite sinueuse, le BND va fermer les yeux sur cette opération illégale violant la souveraineté ouest-allemande, de même qu'il fermait les yeux quand le SA assassinait sur le sol de la République fédérale ces Algériens du FLN auxquels il prêtait son soutien logistique. La main droite très droitière du général Gehlen ignorait à l'évidence ce que faisait sa main gauche très peu gauchiste ! Sans doute est-ce le privilège de ceux que l'on appelle des « maîtres espions ».

Une étiquette qu'on se gardera d'appliquer au directeur général du SDECE à partir de février 1962, Paul Jacquier. Aviateur et compagnon de la Libération, ce gaulliste inconditionnel n'a guère l'étoffe pour passer dans la légende. A lui pourtant de tourner la page algérienne en recentrant « la Piscine » sur des missions d'espionnage plus classiques.

L'exception française dans le domaine du renseignement n'est pas abolie pour autant. Elle connaîtra d'autres vicissitudes. La CIA, pas moins, quand ses plans anti-Castro vont virer au désastre…

21

Aventures dans le tiers monde

Ainsi, Fidel n'était pas un sympathique révolutionnaire romantique à la mode latino, son frère Raúl avait appartenu au PSP, le Parti communiste cubain, et leur ami argentin Ernesto « Che » Guevara aussi était un marxiste bon teint ! Et maintenant, voilà que cette bande de *barbudos*, non contente d'avoir berné la CIA en se faisant passer pour une volée d'enfants de chœur, se soviétise à la vitesse grand V...

Nous aurons la peau de Castro, décident Richard « Dick » Bissell et Allen Dulles, mortifiés de s'être fait tancer par Eisenhower pour avoir nourri dans le sein de l'Agence « un diable pire que Batista », l'ancien dictateur cubain renversé précisément par Fidel.

Faute d'une opposition structurée à Cuba même, deux premiers modes opératoires ont pourtant déjà échoué. S'inspirant du soutien réussi de Desmond FitzGerald, le directeur adjoint des opérations clandestines pour l'Extrême-Orient, aux résistants tibétains en lutte contre les occupants chinois (parachutages massifs d'armes et de munitions par des appareils de la Civil Air Transport qui permettront d'équiper 14 000 combattants ; soutien logistique avec fourniture d'un opérateur radio à la colonne du dalaï-lama fuyant le Tibet pour l'Inde en mars 1959 ; missions U-2 au-dessus du pays ; entraînement militaire de 700 partisans à Camp Hale, aux Etats-Unis), la CIA a d'abord envisagé d'implanter des guérillas anticastristes à Cuba même. Or, ces maquis existaient bien, mais aucun système de communication viable n'a pu être établi entre eux et l'Agence.

Vint ensuite le temps du sabotage des raffineries de sucre, la principale ressource économique de Cuba. Et, en mars 1960, l'explosion de *La Coudre*, un cargo français chargé de munitions achetées en Belgique par le gouvernement de La Havane. Bilan : 100 morts et blessés. C'est lors des opérations de sauvetage qu'Alberto Korda prendra la photo de Guevara avec barbe et cheveux longs appelée à orner pendant des années des millions de tee-shirts et de murs de chambres d'adolescents*.

Rien n'a marché jusque-là pour l'Agence, en bref. S'ouvrent désormais pour elle deux pistes simultanées.

D'abord l'élimination pure et simple du leader cubain par des gangsters américains, lesquels ont des comptes à régler avec le Líder Máximo depuis qu'il a fermé leurs casinos de La Havane. Prime offerte par la CIA pour sa tête : 150 000 dollars. Un officier de l'Agence, Robert Maheu, ancien du FBI bon connaisseur du milieu, prend langue avec trois mafieux de choc : John Rosselli, Salvatore « Sam » Giancana et Santos Traficante.

Ensuite l'opération « Pluto », nom de code du projet toujours en cours de débarquement d'exilés anticastristes de la brigade 2506 entraînés par la CIA en Floride. Mais on peut naturellement envisager une combinaison des deux méthodes : assassinat *plus* débarquement.

Le 17 mars 1960, deux mois après l'affaire de l'U-2, Eisenhower approuve les grandes lignes du plan « Pluto ». A cette réserve près, toujours la même : sous aucun prétexte la main des Etats-Unis ne doit apparaître au grand jour. Les services secrets sont faits pour ça, non ? Aucun problème, rétorquent Dulles et Bissell, certains qu'une bonne vieille opération clandestine type « Ajax » en Iran ou « Success » au Guatemala extirpera en un clin d'œil ce disgracieux furoncle cubain.

Sauf que l'adversaire est plus coriace qu'un Mossadegh ou un Jacobo Arbenz. Dirigé par une équipe soudée autour de son leader (les commandants guérilleros rétifs comme Huber Matos croupissent déjà en prison), le tout jeune régime castriste jouit encore d'une réelle popularité. Et bénéficie de surcroît du soutien ouvert de Khrouchtchev.

A partir de janvier 1961, le nouvel hôte de la Maison Blanche, John Fitzgerald Kennedy, et son frère Robert Francis, ministre

* Juan Vivès, alors directeur de l'Information du ministère cubain des Affaires étrangères et futur émigré anticastriste, a également revendiqué la paternité du cliché.

de la Justice, héritent du dossier cubain. N'ayant pas la moindre envie de ternir sa présidence toute neuve, JFK évite d'être tenu au courant des projets homicides contre Castro. Mais tel n'est pas le cas de Bob. Dès mars, l'évidence s'impose pourtant : malgré plusieurs tentatives, ni la CIA ni ses alliés mafieux n'ont pu en finir avec le Líder Máximo.

Va pour le plan « Pluto ». Tout en exigeant qu'on déplace le lieu du débarquement, Kennedy le confirme sous son nouveau nom de « Zapata ». Le sort tombe sur la baie des Cochons. Comme un président qui marche à reculons, JFK pose alors de nouvelles conditions : une seule frappe aérienne sur les aérodromes militaires cubains au lieu de deux. Et le 14 avril, lors d'une ultime conversation téléphonique avec Bissell, il émascule encore un peu plus ce pauvre « Zapata ».

Sur son ordre, le nombre d'appareils à engager à partir du Nicaragua passe de seize à huit. Contrairement au plan prévu, ils ne pourront pas attaquer les aérodromes et les casernes de Castro, mais simplement protéger la tête de pont anticastriste. En fait, rien du tout ou presque.

De quoi semer rage et inquiétude chez les protagonistes, tous vétérans de la CIA : le chef de projet Jacob Esterline, ancien de l'OSS en Birmanie, puis numéro 2 des opérations dans l'affaire guatémaltèque de 1954 ; son adjoint Edward Stanulis, major retiré de l'US Army en raison d'une jambe coupée ; le chef des opérations pour « Zapata » Richard Drain, ancien militaire lui aussi. Sans oublier les deux hommes de terrain de l'opération « Success » : Howard Hunt, parfait hispanophone qui, se croyant toujours au-dessus des lois, écopera plus tard de trente-trois mois de prison pour son rôle dans l'affaire d'espionnage politique du Watergate, et David Atlee Philips, l'ancien *free lance* de l'Agence intégré officiellement depuis avril 1955.

Réduite à une peau de chagrin, l'opération « Zapata » débute le 17 avril. La brigade 2506 débarque bien dans la baie des Cochons, mais d'emblée un pilote castriste réussit à loger une fusée sous la ligne de flottaison du cargo affrété par la CIA. Le *Rio Escondido* et ses 150 tonnes de munitions explosent. Faute du soutien naval et aérien massif promis à ses chefs par la CIA, mais refusé par le président, la brigade 2506 reste bloquée sur les plages.

Une hécatombe. Pendant deux jours, on s'affronte sans merci, les castristes retranchés à l'intérieur et leurs adversaires, les pieds dans l'eau au sens propre. Le soir du 18 avril, le commandant de la brigade 2506, Pepe San Roman, envoie ce SOS à Grayston Lynch, un des officiers de la CIA présents sur le terrain : « Vous nous soutenez ou vous nous lâchez ? Ne nous abandonnez pas. N'ai plus de munitions pour les chars ni pour les bazookas. Au lever du jour, les chars attaqueront. Je ne veux pas être évacué. Nous combattrons jusqu'à la mort s'il le faut. »

Commandés par Che Guevara, les chars castristes ouvrent en effet le feu, démodés, mais efficaces face à des combattants dépourvus d'armes lourdes et de munitions. En début d'après-midi du 19 avril, il ne reste plus aux anticastristes qu'à lever les bras. Humiliés, traités de *gusanos* (« vers de terre »), ils seront libérés en échange de... tracteurs par Castro, ce qui en fera rire plus d'un. L'affaire n'a pourtant rien de drôle : la dictature est en train de prendre racine.

Par son indécision, Kennedy porte une part de la responsabilité de l'échec. Toujours entre deux eaux, si l'on ose dire à propos d'un débarquement raté, le jeune président n'a pas eu le courage de dire carrément non ni de pousser les choses jusqu'au bout. Une même timidité lui avait déjà fait reconduire sans discussion à leurs postes deux monstres sacrés considérés comme intouchables : J. Edgar Hoover, presque quarante ans à la tête du FBI déjà, et Allen Dulles qui, avec son frère aîné, a tout de même monopolisé la politique extérieure des Etats-Unis entre 1953 et 1959, date du départ de Foster du Département d'Etat.

A JFK de prendre de l'étoffe – il s'y emploie déjà. Et à Dulles et à Bissell de porter leur propre part du fardeau. Le grand fantasme des opérations clandestines les a en effet conduits à mentir un peu à tout le monde : à leurs alliés anticastristes jetés dans la bagarre sans connaître la vérité sur les restrictions présidentielles, et au président lui-même auquel le directeur de la CIA a présenté les choses sous un jour mensonger. A la veille du coup de force, Dulles affirmait en effet à Kennedy que les possibilités de réussite étaient meilleures que celles de naguère au Guatemala... sans lui avouer que sa propre évaluation des chances de l'opération « Success » n'était à l'époque que de 20 % !

La tête d'Allen Welsh Dulles est désormais sur le billot.

Le mur de Berlin

Deux jours après le désastre de la baie des Cochons, JFK nomme son conseiller militaire, le général Maxwell Taylor, à la tête d'une commission d'enquête sur l'état de la communauté américaine du renseignement. Mais chacun en pressent déjà les conséquences : la fin programmée de l'ère Dulles.

De fait, celui-ci démissionne le 27 septembre, remplacé deux mois plus tard par John McCone. Le 31 janvier 1962, c'est le tour de son adjoint, le général d'aviation Charles Cabell, de céder son fauteuil au lieutenant général Marshall Sylvester Carter. Le 17 février, Dick Bissell, l'homme des U-2, des capsules Discovery et des tentatives d'assassinat contre Castro, quitte lui aussi son poste de directeur adjoint en charge des opérations clandestines au profit de Richard Helms, un ancien journaliste vétéran de l'OSS. Quant à Ray Cline, « notre agent à Taiwan », il prendra dès juin la place de Robert Amory comme directeur adjoint chargé du renseignement.

Cartes neuves, comme on dit dans les cercles de jeu. Ami personnel d'Eisenhower et membre du parti républicain, McCone a tout pour déplaire à l'administration démocrate. Mais, catholique comme les Kennedy, ingénieur de formation, fondateur d'une entreprise spécialisée dans la fabrication des raffineries pétrolières, père pendant la Seconde Guerre mondiale de l'Aircraft Modification Center qui adaptait au combat les avions américains et enfin directeur de l'Atomic Energy Authority de 1958 à 1960, ce Californien se montre un partisan convaincu du renseignement technique, le TECHINT, par opposition à l'HUMINT qui vient de démontrer ses faiblesses. Une profession de foi qui plaît à la Maison Blanche relookée façon Kennedy.

Le nouveau patron de la CIA a-t-il gagné sa place dans la cour des grands ? Dans la mesure où McCone ignore les dédales obscurs de sa propre agence, on peut en douter. S'il prend son bâton de pèlerin pour visiter ses cadres dirigeants en Europe et en Asie, ni Dulles ni Bissell ne l'ont informé des complots pour assassiner Fidel Castro (il ne les apprendra que dans deux ans) ni du programme d'ouverture systématique des courriers à l'aéroport international de New York mis en œuvre par le contre-espionnage de l'Agence, dirigé par un Jim Angleton de plus en plus paranoïaque (McCone quittera son poste en avril 1965 sans l'avoir découvert).

Fût-ce pour son propre patron, l'Agence protège ainsi ses petits secrets. Notamment son rôle dans l'assassinat en juillet 1961, donc encore sous l'ère Dulles, du leader congolais prosoviétique Patrice Lumumba par ses ennemis, dont le futur dictateur le colonel Mobutu.

Au final, McCone, l'homme du TECHINT, s'entendra parfaitement bien avec JFK. D'autant qu'il n'a pas eu à supporter la responsabilité d'un autre fiasco de la CIA : son incapacité à prévoir la construction du mur de Berlin, décidée par le toujours numéro 1 de Pankow, Walter Ulbricht, et ses mentors soviétiques pour stopper l'hémorragie de passages à l'Ouest qui affaiblissait chaque jour une RDA presque exsangue : 3 millions de personnes environ depuis 1945 !

Certain, depuis leur rencontre au sommet du 4 juin à Vienne, qu'il n'aura aucun mal à imposer son ascendant à ce « blanc-bec » de Kennedy, Khrouchtchev a résolu de passer à l'acte de séparation définitive des deux Allemagne. Les opérations commencent dans la nuit du samedi 12 au dimanche 13 août 1961, quand 40 000 militaires est-allemands bloquent 69 des 81 points de passage vers l'Ouest. Elle se poursuit les jours suivants. « Comment se fait-il que nous n'en ayons rien su ? » lance JFK, désarçonné, à ses conseillers.

Comment, en effet ? L'Agence a-t-elle perdu la bataille de Berlin ? Pas si sûr.

Notre agent au GRU

Nous voilà début 1961. Né quarante-deux ans plus tôt dans le Caucase, Oleg Penkovsky est lieutenant-colonel au GRU. Cet officier technicien de grande valeur, apprécié par ses chefs, appartient au tout nouveau Comité d'Etat pour la coordination de la recherche scientifique, chargé de piloter l'espionnage technologique en Occident. Un poste clé qui le met en contact avec des étrangers, et qu'il doit, pour une part, à son assez bonne connaissance de l'anglais. Derrière cette façade de communiste irréprochable, Penkovsky cache le grand secret : son père était un Russe blanc. Le lieutenant-colonel craint non sans raison que le KGB, toujours méfiant envers ce département de l'armée que reste le GRU, n'en vienne à découvrir ses origines sociales « impures ».

Ecœuré par le régime, Penkovsky décide de renseigner les Occidentaux sur les menaces qui planent sur eux. Malheureusement, sa première tentative pour entrer en contact avec l'ambassade américaine de Moscou débouche sur un refus. La CIA, qui vient de perdre en octobre 1959 son meilleur agent à l'Est, le colonel Piotr Popov, craint en effet comme la peste l'infiltration soviétique. Par timidité, elle manque de louper un coche comme l'histoire des services secrets en produit rarement.

A force d'insistance, Penkovsky, homme obstiné, parvient tout de même à trouver le contact avec un Britannique, Greville Wynne, agent du MI 6 sous couverture d'homme d'affaires commerçant avec l'URSS. L'opération « Alex » (nom de code de l'officier dissident du GRU) échoit au chef de station du MI 6 à Moscou, Roderick William Chisholm.

En avril 1961, Penkovsky se voit désigné pour surveiller une mission commerciale russe à Londres – une des tâches du Comité d'Etat pour la coordination de la recherche scientifique. Le MI 6 en profite pour organiser cinq rencontres successives avec un de ses responsables, Harry Shergold, ainsi qu'avec George Kisevalter, le spécialiste de la manipulation des taupes à la CIA, enfin ralliée à l'opération.

Nouvelle occasion à l'été. A Londres toujours, « Alex » rencontre brièvement Dick White, toujours numéro 1 du MI 6, et met au point avec la femme de Chisholm, Janet, un système très complexe de rendez-vous dans Moscou. Dès son retour en URSS, de furtives rencontres de rue vont permettre à la taupe occidentale du GRU de remettre à la jeune femme une incroyable moisson. Beaucoup de ces précieux documents concernent le mystère des mystères en cette époque où le monde vit toujours avec la hantise de l'holocauste nucléaire : l'état d'avancement réel des Soviétiques en matière de missiles.

En septembre-octobre 1961, une ultime réunion à Paris donne à « Alex » l'occasion de faire la connaissance de Hugh Montgomery, l'*alter ego* de Janet Chisholm côté CIA, en présence du chef d'antenne de l'Agence, le vétéran Alfred Ulmer.

A partir d'août 1962, deux Anglais, Gervase Cowell et son épouse, prennent le relais des Chisholm. Mais il est déjà trop tard : repéré par le KGB, Penkovsky est arrêté le 22 octobre 1962. Cet agent hors normes aura fourni aux Occidentaux la bagatelle de 5 000 documents soviétiques top secret. Torturé, condamné à mort début mai 1963, il sera exécuté le 16 – brûlé vif dans un four pour l'édification des jeunes recrues du KGB et du GRU, dit-on. Histoire de montrer que les Soviétiques ne plaisantent pas avec ceux qui les trahissent, on projettera lors de soirées privées le film de son supplice aux chefs des services secrets amis…

Le pari khrouchtchevien

Sans les révélations de Penkovsky pour l'HUMINT et les « Dames noires » de la CIA pour le TECHINT, la crise des fusées de Cuba, qui mit le monde au bord de la guerre nucléaire, mais au bord seulement, aurait peut-être pris un tour différent. Et, qui sait, vous ne seriez peut-être pas là à lire ce livre que je n'aurais d'ailleurs moi-même jamais eu l'occasion d'écrire. Grâce à Dieu, nous avons survécu. Reste que cette fin d'année 1962 voit une de ces périodes de l'histoire où tout semble échapper au contrôle.

Côté soviétique, Khrouchtchev avait fondé de grands espoirs sur l'élection de Kennedy, jugé beaucoup moins dangereux pour l'URSS que son adversaire républicain, le *Cold Warrior* Richard Nixon. L'affaire de la baie des Cochons l'a au contraire rempli de hargne envers le jeune président américain qui, de surcroît, a osé lui tenir tête sur le front de Berlin après la construction du mur.

Témoin de ce durcissement en octobre 1961, le long face-à-face de seize heures entre blindés russes et blindés américains à Checkpoint Charlie, un point de passage Est-Ouest maintenu. Seize heures de bras de fer canons pointés : finalement, ce sont les T-34 soviétiques qui ont plié bagage.

Pour autant, Kennedy ne voit pas le mur d'un si mauvais œil. Car, d'une certaine manière, son érection a « gelé » un des lieux où la guerre froide risquait de gagner brusquement en température, voire en incandescence.

Le danger est l'ignorance mutuelle dans laquelle se trouvent les numéros 1 soviétique et américain concernant les véritables plans de leur vis-à-vis. A part Penkovsky, la CIA ne dispose d'aucun agent implanté dans les hautes sphères de l'URSS – c'est en 1966 seulement que Dimitri Poliakov, futur général du GRU recruté quatre ans plus tôt à New York, mais par le FBI, passera sous le contrôle de l'Agence. Et, comme l'a montré le secret absolu précédant l'érection du mur (selon le témoignage ultérieur du patron de la HvA Markus Wolf, sujet à caution il est vrai, même lui n'en aurait été informé qu'au dernier moment), pas question pour l'Agence de recueillir derrière le Rideau de fer le moindre renseignement HUMINT de caractère stratégique.

Il se trouve que la réciproque est vraie : la motivation idéologique des années 1930-1940 disparue, le KGB n'entretient aux Etats-Unis que des agents de seconde zone, carence dont atteste la vacuité des rapports du résident à Washington Alexandre Feklissov, l'ancien officier traitant de Julius Rosenberg.

Le résultat le plus tangible du travail des agents russes a été, en 1959, le recrutement de deux employés de la NSA, William Martin et Bernon Mitchell. Mais, « tamponnées » lors d'un séjour illégal à Cuba, ces deux taupes aux nerfs fragiles ont vite craqué, exigeant leur exfiltration en URSS.

Une fois à Moscou en septembre 1960, Martin et Mitchell vont certes donner une conférence de presse, dénonçant l'espionnage technologique américain. Mais – sinon ce point capital : la NSA ne décrypte pas les communications russes ultra-sécurisées –, des employés de rang subalterne comme eux n'ont rien appris d'utile techniquement à leurs hôtes. L'épisode n'en a pas moins causé un traumatisme au sein de l'« Agence qui n'existe pas ». A telle enseigne que, quand Edward Snowden demandera l'asile politique à la Russie cinquante-trois ans plus tard, la NSA fera mine d'assimiler deux situations pourtant bien différentes : avant leur défection, Martin et Mitchell étaient des agents des services secrets de Moscou, certainement pas des « lanceurs d'alerte » en cavale agissant à titre individuel, sans commanditaire étranger.

Dans la communauté soviétique du renseignement du début des années 1960, le GRU aura le vent en poupe jusqu'à la découverte de Penkovsky. Depuis mai 1961, un de ses officiers, Gueorgui Bolchakov, a créé un lien avec Bob Kennedy. Bien entendu, le frère du président et ministre de la Justice ignore tout de la véritable appartenance de Bolchakov, qui n'est officiellement que chef du bureau de l'agence de presse soviétique Tass à Washington. Mais, non sans une certaine naïveté, il s'est laissé persuader qu'à travers le vrai-faux journaliste une ligne directe avec Khrouchtchev pouvait exister.

Même si elle n'aura pas de conséquences importantes, l'imprudence de l'*attorney general* Kennedy est déjà grave en soi. Il faut en effet tenir compte de la vision marxiste-léniniste essentiellement paranoïaque où, si l'URSS attaque, c'est uniquement parce qu'elle serait menacée en permanence par les « impérialistes ». Comme le KGB, comme Khrouchtchev lui-même, le GRU nourrit à partir de ce présupposé idéologique des angoisses d'offensive nucléaire américaine à court terme.

Comme Castro veut en faire la base de la grande révolution sud-américaine antiyankee à laquelle il aspire, Cuba pourrait selon eux être la prochaine cible. C'est pourquoi, en mai 1962, Khrouchtchev prend la décision plus qu'osée d'installer des missiles balistiques à moyenne portée dans l'île caraïbe. Le coup de poker d'un homme qui décide seul comme autrefois Staline, mais sans le machiavélisme bien calculé de celui auquel il impute désormais tous les crimes communistes. Aussi l'Ukrainien se hasarde-t-il sans plus de réflexion à un pari infiniment plus risqué que le blocus de Berlin de 1948-1949. Avec, au bout du compte, la guerre nucléaire peut-être… Son raisonnement, toujours le même et toujours aussi subjectif faute de renseignements de valeur sur la stratégie américaine : ce « blanc-bec » de Kennedy ne fait pas le poids face à un communiste expérimenté comme lui, un des vainqueurs de la Grande Guerre patriotique contre Hitler. Donc l'Américain cédera.

Dès juillet 1962, obéissant aux consignes du maître du Kremlin, le ministre de la Défense soviétique, le maréchal Rodion Malinovsky, ordonne verbalement la mise sur pied de l'opération « Anadyr ». Son but : acheminer vers Cuba les pièces constitutives des missiles et d'autres éléments indispensables à leur déploiement, sans oublier les personnels nécessaires. Seule la voie maritime est possible : il faudra donc ruser, égarer les « impérialistes » sur des fausses pistes. Le GRU est chargé des manœuvres d'intoxication – le nom même de l'opération en est une, dans la mesure où il renvoie à un plan soviétique d'invasion de l'Alaska tombé en désuétude. Les rampes de lancement des missiles sont préfabriquées en URSS, les soldats des troupes mécanisées portent des vêtements civils. Certains bateaux transitent par Conakry, en Guinée, pays africain sympathisant du bloc de l'Est dont le SDECE a vainement tenté de déstabiliser le régime en écoulant des faux billets de banque nationaux. Les bons de commande de vêtements comportent obligatoirement autant de fournitures pour le climat arctique que pour les pays chauds.

En août, 86 navires appareillent des ports d'URSS, direction les Caraïbes. Un déploiement qui ne passe pas inaperçu malgré tout. La NSA dispose en effet de bâtiments spécialement configurés pour les intercepts, plus faciles à pratiquer sur les étendues maritimes. Les ondes portant loin en mer, ces navires espions constituent un excellent moyen d'intercepter les communications adverses à distance raisonnable sans violer le droit international. Les Soviétiques le savent, qui envoient de temps en temps un des leurs croiser au large des côtes américaines.

La surveillance de Cuba exige des moyens maritimes, rappelle pour sa part Frank Raven. Ancien patron de la division soviétique de la NSA, il a été nommé en 1960 à la tête de son G Group, en charge des pays du tiers monde (il existe aussi un A Group qui vise l'URSS et un B Group spécialisé dans les pays communistes d'Asie). Raven parle d'or : l'« Agence qui n'existe pas » ne dispose en effet sur la zone caraïbe que de l'*USS Oxford*, déjà démodé. Un accord intervient donc entre la NSA et l'Office of Naval Intelligence pour le déploiement prochain de plusieurs bâtiments spécialisés dans le SIGINT.

En attendant, John Kennedy ignore le danger car, aussi incroyable que cela puisse paraître, il ne tient pas tellement à savoir. Le 29 août 1962, une « Dame noire » de la CIA survole Cuba et rapporte des clichés. Dès le lendemain, un analyste du National Photographic Interpretation Center repère un site de fusées soviétiques dites SAM (*Surface to Air Missile*, soit missile sol-air) du type SA-2, le même modèle que celui qui a abattu l'U-2 de Gary Powers deux ans et demi plus tôt.

McCone se trouvant en voyage de noces en Italie, l'interlocuteur de la Maison Blanche se trouve être son adjoint, le général Marshall Carter. Auquel Kennedy ordonne : « Fourrez ça dans une boîte et clouez-la bien. » On a assez d'ennuis comme ça, autrement dit, avec cet autre U-2 qui vient de se faire prendre en train de violer l'espace aérien soviétique. Et bientôt cette autre « Dame noire » abattue dans l'exercice de ses fonctions d'espionnage TECHINT le 9 septembre par la DCA chinoise.

Le 11 septembre, JFK ordonne l'arrêt des vols U-2 sur Cuba. Une aubaine : quarante-cinq jours de tranquillité pour les Russes, qui vont débarquer sans se faire voir les premiers missiles dans le port cubain de Mariel. C'est l'aboutissement de l'opération navale « Anadyr » ordonnée verbalement dès juillet 1962 par le ministre de la Défense soviétique, le maréchal Rodion Malinovsky.

Tout début octobre, l'île compte 99 têtes nucléaires. Mais pourquoi se faire du mouron puisque la CIA estime à 10 000 le nombre de soldats de l'Armée rouge présents sur le sol de Cuba (45 000 en fait) et qu'elle écarte péremptoirement l'idée « saugrenue » que les Soviétiques puissent bâtir des sites nucléaires dans le paradis socialiste de Fidel Castro ?

Loin de ce débordement irraisonné d'optimisme, un tout juste sexagénaire amoureux s'inquiète quand même…

La crise des fusées

Le 20 septembre 1962, John McCone, qui n'a cessé d'expédier des messages de vigilance à ses adjoints, envoie un nouveau câble depuis la vieille Europe où il coule ses derniers jours de bonheur conjugal. Réexaminez la situation, les exhorte-t-il, guidé soit par un instinct acéré, soit par une tendance au pessimisme.

Les faits en tout cas lui donnent raison. Dans un rapport vieux d'une semaine et déjà enterré, un analyste de la CIA déniche cette info : des remorques tractées portant de longs cylindres d'une vingtaine de mètres camouflés par des bâches ont été aperçues sur les routes de Cuba. Le renseignement émane d'un agent local mobilisé dans le cadre du plan « Mangouste » (sabotage de l'économie cubaine, subversion et assassinat de Fidel Castro), qui est passé des mains de son premier concepteur Edward Lansdale à celles de William Harvey, puis de Desmond FitzGerald, l'homme des opérations clandestines au Tibet. Un plan que suit jour après jour Bob Kennedy : attitude passablement étrange pour le ministre de la Justice d'un pays démocratique, mais autant savoir qu'un affrontement digne des Atrides oppose clan contre clan les deux frères de Washington et les deux frères de La Havane.

Faute d'atteindre la cible Fidel en dépit de nombreuses tentatives, le plan « Mangouste » aura au moins aidé la CIA à comprendre enfin ce qui se passe à Cuba tandis que les U-2 sont en chômage politique. Une agence dont le patron, le très lucide John McCone, a immédiatement saisi les enjeux. De retour d'Europe le 4 octobre, le directeur du renseignement central exige la reprise des vols U-2. On la lui refuse. Dix jours plus tard, cédant à ses instances, la Maison Blanche accepte enfin de faire redécoller les « Dames noires ». L'U-2 du major Richard Heyser survole Cuba. Le lendemain 15 octobre, les experts du National Photographic Interpretation Center découvrent, effarés, la forêt de missiles pointés vers les Etats-Unis. En se plongeant dans la volumineuse documentation fournie par Oleg Penkovsky, qui n'a soit dit en passant plus qu'une semaine de liberté devant lui, on en identifie le modèle : des fusées porteuses d'une charge d'une mégatonne pouvant atteindre New York !

Le lendemain, tandis que McCone enterre son gendre mort dans un accident de la route, les téléphones crépitent partout. A Fort Meade, le « Taj Mahal des Grandes Oreilles », le major général Gordon Blake, patron de la NSA depuis juillet dernier, active ce qu'on appellerait aujourd'hui une cellule de crise. Il en confie le commandement à Juanita Moody.

Presque seule maîtresse à bord, cette cryptanalyste formée au cours de la Seconde Guerre mondiale collecte les informations fournies par les navires espions de l'« Agence qui n'existe pas », et notamment l'*USS Oxford*, qui croise toujours à proximité de Cuba, mais hors des eaux territoriales. Son équipe et elle interprètent ces données avec une inquiétude croissante : les bateaux russes chargés de matériel sont en route, et rien n'indique qu'ils aient l'intention de faire demi-tour.

JFK, lui, se penche le 16 avec son équipe de « crânes d'œuf » sur les plus parlantes des 928 photos prises par l'U-2 du major Heyser. Quelle stratégie adopter ? Le lendemain matin, McCone propose celle du blocus, bien préférable à un coup de force qui s'apparenterait à un coup de dés.

Kennedy envoie ses ambassadeurs, photos U-2 en main, sonder les Alliés. A Paris, où le nouvel ambassadeur n'est pas encore nommé, c'est le ministre des Affaires étrangères Dean Rusk, flanqué d'une équipe de la CIA, qui s'y rend. Le 22 à 17 heures, le voici à l'Elysée.

La Maison Blanche craint une attitude réservée du général de Gaulle, peu enclin aux gentillesses envers les Etats-Unis, même s'il aime bien le « jeune » JFK. Or, par le colonel André Houel, ancien de la 2e DB du général Leclerc et attaché militaire adjoint à Washington au contact de réfugiés cubains, le président français a déjà eu écho d'indices allant dans le sens des clichés et des cartes que lui soumet Rusk.

« Laissez vos documents, je n'en ai que faire ! tranche le général, poli mais agacé qu'on se contente de l'informer sans lui demander son avis. La parole d'un président des Etats-Unis me suffit. » Et de se ranger sans hésitation – c'est l'essentiel – derrière Kennedy. Ce qui ne l'empêche d'ailleurs pas de conserver les photos pour les faire analyser ensuite, on ne sait jamais. Aucun professionnel du renseignement ne lui tiendrait rigueur d'une telle prudence...

Le 23, après bien des revirements, c'est McCone qui emporte le morceau, démontrant au président l'utilité de son service secret mieux que par cent déstabilisations politiques clandestines lourdes de retours de bâton. Quatre jours plus tard, le patron de la CIA, homme de sang-froid, sera encore le premier à avancer la proposition qui va dénouer la crise : le retrait des missiles américains en Turquie contre celui des missiles russes à Cuba.

A cause des carences et des œillères des services secrets des deux bords, le monde a frôlé l'holocauste nucléaire. Mais, grâce à son directeur, la Compagnie a permis non pas de redresser le tir, mais de l'empêcher. Sans doute valait-elle mieux que sa réputation de défaiseuse de présidents de gauche. Reste que, dans deux ans, l'« aventurisme » du camarade Khrouchtchev, peu apprécié d'une *nomenklatura* soviétique avide de stabilité et non de coups de poker, va lui coûter sa place de numéro 1.

Le petit Ukrainien chauve aura quand même vécu ès qualités l'entrée des Etats-Unis dans le guêpier viêtnamien.

Le tropisme des forces spéciales

L'ère Kennedy de la communauté américaine du renseignement ne s'est pas seulement traduite par la valse des têtes à la CIA, déjà spectaculaire. Même sous McCone, le président continue à se méfier de l'Agence. Ancien officier subalterne de l'US Navy, ses faveurs vont aux hommes en uniforme plus qu'aux hommes de l'ombre.

Ainsi encourage-t-il la croissance du renseignement militaire. En l'occurrence la Defense Intelligence Agency (DIA), portée sur les fonts baptismaux par son prédécesseur le 1er octobre 1961. Le premier patron en sera un ancien adjoint de J. Edgar Hoover au FBI puis responsable du contre-espionnage de l'armée de l'air, le lieutenant général Joseph Carroll, qu'assistent tout de même deux anciens de la CIA : le directeur adjoint William Quinn et le chef d'état-major Samuel Frankel.

Surtout, Kennedy développe un véritable tropisme pour les forces spéciales, que leur nature rend plus proches du monde militaire que du monde des services, à quelques exceptions notables plongeant souvent leurs racines dans le passé colonial : la France en Indochine et en Algérie, les opérations réussies de contre-guérilla des Britanniques contre les rebelles procommunistes de Malaisie soutenus par les Chinois dans les années 1950 et contre l'insurrection « Mau Mau » au Kenya en 1952-1959, voire, plus tard, le match nul armée britannique-Armée républicaine irlandaise (IRA) des années 1970-1994.

Ce goût présidentiel pour les opérations spéciales remonte à l'époque de la Seconde Guerre mondiale, quand le lieutenant Kennedy, commandant le patrouilleur n° 109 de l'US Navy dans le Pacifique, arrivait à point pour sauver d'une mort certaine le lieutenant-colonel Victor Krulak et ses 30 marines, dont le bateau avait heurté un récif après un raid nocturne contre les Japonais dans les îles Salomon. Kennedy et Krulak ont sympathisé. Ils sont jeunes, audacieux, non conformistes. La guerre terminée, le destin les séparera. C'est en 1961 qu'ils vont renouer, Krulak major-général dans l'US Marine Corps et JFK président des Etats-Unis.

Un élu de choc dont la doctrine militaire veut faire pièce à celle de son prédécesseur à la Maison Blanche. Face à la menace communiste, Eisenhower tablait sur les « représailles atomiques massives ». Inadapté, rétorque Kennedy. Que peuvent les projectiles nucléaires stratégiques contre les guérillas marxistes du tiers monde ? C'est sur le terrain même de l'adversaire que les Etats-Unis doivent au contraire prendre l'offensive. Et, là, ils disposent d'une carte maîtresse : les techniques contre-insurrectionnelles.

Guérilla, en voici une justement. Elle mine sournoisement la partie sud du Viêtnam. Depuis 1954, le pays est partagé de fait sinon de droit entre un Nord communiste et un Sud pro-occidental. Et à partir du 8 juillet 1959, date de la mort des deux premiers conseillers militaires américains en Indochine, les Etats-Unis sont directement partie prenante de cette guerre des deux Viêtnam.

Côté communiste, Hanoi gère directement le conflit à l'enseigne du Front national de libération du Sud-Viêtnam, créé en décembre 1960, juste avant l'entrée de JFK à la Maison Blanche. Le Politburo nord-viêtnamien a en outre pris cette décision cruciale : en leur fournissant des militaires expérimentés, des armements et du matériel, il apportera son appui aux « camarades du Sud ». Naît ainsi la fameuse piste Hô Chi Minh, qui causera par la suite tant de problèmes – jamais résolus – aux Américains.

Pour endiguer cette vague rouge montante, la CIA de Saigon compte sur le président sud-viêtnamien depuis 1954, Ngô Dinh Diêm, récupéré par l'Agence pendant son exil au Japon, comme on l'a vu au chapitre précédent. Arrivé de Rome où il a officié pendant toutes les années 1950, le chef de station, l'ancien de l'OSS et des équipes « Jedburghs » William Colby, déplore en effet la vision trop conventionnelle, pas assez politique, de la mission militaire américaine au Sud-Viêtnam.

Même point de vue chez Edward Lansdale. L'« Américain bien tranquille » s'est déjà illustré aux Philippines, puis à Saigon en 1954-1955 contre les Français. De retour d'une mission d'information en Indochine, il lance un cri d'alarme : ça va très mal ! On peut quand même gagner, conclut néanmoins cet homme de terrain face au Conseil national de sécurité. Mais à deux conditions expresses : développer l'action non conventionnelle au nord pour contraindre Hanoi à plus de retenue, et généraliser la contre-guérilla politico-militaire au sud.

« Avons-nous des équipes Action infiltrées au nord ? » s'enquiert JFK le 28 janvier 1961. Allen Dulles, encore patron de la

CIA, baisse le nez. Il n'y a presque rien, et pour cause : l'Agence préfère « assurer » au sud plutôt que lancer ses hommes sur le terrain nord-viêtnamien, qu'elle sait quasi impraticable faute de renseignements sérieux et d'appuis locaux.

Qui mettra en œuvre le plan Lansdale ? La CIA se croit bien placée. Sauf que le Pentagone aussi avance ses pions, et qu'en avril le désastre de la baie des Cochons va porter un coup terrible aux prétentions de l'Agence.

Deux mois après l'échec cubain, Kennedy tranche. Coup dur pour la CIA : le président réduit son domaine à la portion congrue en octroyant aux militaires la responsabilité majeure des opérations de guerre non conventionnelle. Une tâche qu'il confie à son vieil ami Krulak, assistant spécial pour la contre-insurrection et les opérations spéciales auprès du Comité des chefs d'état-major. Krulak qui va faire tant et si bien qu'à la fin 1961 les effectifs des forces spéciales de l'US Army au Viêtnam auront déjà doublé, passant de 400 à 800 hommes. Leurs missions : 1° développer la guerre psychologique sous la houlette d'Edward Landsdale, orfèvre en la matière ; 2° multiplier les raids terrestres ou maritimes au nord ; 3° couper la ligne Hô Chi Minh en mobilisant les minorités ethniques non viêtnamiennes, les Hmong par exemple, comme l'ont déjà fait avec succès les Français au temps de « leur » guerre.

En face, le FNL et ses mentors nord-viêtnamiens maîtrisent à la perfection le tempo de la guérilla : ni trop fort ni trop vite. Pour tenter d'enrayer cette progression méthodique et calculée, on gonfle les effectifs des troupes américaines classiques jusqu'à 8 000 hommes. Quant à l'armée sud-viêtnamienne, elle obtient quelques « victoires » en trompe-l'œil dues avant tout à sa dotation en matériel flambant neuf *made in USA*. N'empêche qu'à Washington on croit la partie gagnée d'avance, le communisme refoulé, l'Asie du Sud-Est sauvée.

Krulak en particulier ruisselle d'optimisme. Entre inspections au Viêtnam et rapports triomphalistes, le voilà qui accouche, à la demande de son ami de la Maison Blanche, d'un projet de guerre subversive généralisée, nom de code « OPLAN 34A ». Autant dire que le major-général commence à perdre le contact avec la réalité et, plus grave encore, à encourager Kennedy dans ce sens interdit aux hommes d'Etat. Rien de plus dangereux, en effet,que de surestimer ses forces. Et pas moins de sous-estimer celles de l'adversaire – un FNL coriace et épaulé, voire piloté, par Hanoi.

En bon ancien de la Navy, JFK exige la multiplication des *Marops*, les opérations maritimes au Nord-Viêtnam. Sans drapeau ni marques distinctives, les vedettes rapides des Navy Seals déposent des commandos sud-viêtnamiens sur les côtes du golfe du Tonkin. Au programme : quelques mini-sabotages, un pylône électrique par ici, une antenne de radio par là.

Autre méthode relevant des PSYOPS, les opérations de guerre psychologique : des pêcheurs nord-viêtnamiens sont kidnappés au petit bonheur la malchance. On les conduit, yeux bandés, dans un camp voisin de la frontière, mais côté sud. C'est, leur assurent des agents sud-viêtnamiens de la Compagnie, le quartier général d'une « Armée de l'épée sacrée de Lê Loi » (le héros national de la résistance antichinoise au XVe siècle). Déjà présente sur le sol du Nord, celle-ci s'apprêterait à marcher sur Hanoi. Après qu'ils ont assisté à un défilé de « maquisards » et à un meeting de propagande, les malheureux pêcheurs sont relâchés pour, croit-on, intoxiquer les communistes sur l'existence d'une hypothétique guérilla agissant sur leur sol. Du pur amateurisme : les communistes, eux, restent de vrais professionnels.

Kennedy a-t-il conscience de préparer à son pays un héritage asiatique empoisonné ? Le général de Gaulle le lui dit, qui verrait bien la France jouer les intermédiaires entre les deux Viêtnam. Dean Rusk, son ministre des Affaires étrangères, aussi. Mais d'autres – le ministre de la Défense, Robert McNamara, technocrate pur jus qui fera par la suite une autocritique d'une rare tenue intellectuelle ; le général Maxwell Taylor, président du Comité des chefs d'état-major très admiré des Kennedy ; Paul Harkins, le commandant américain au Viêtnam ; et l'inévitable Krulak – entonnent en chœur l'air du tout-va-très-bien-monsieur-le-président. On pourra retirer bientôt 1 000 GI's, assurent-ils, et à la fin 1965 tous les *boys* seront de retour au pays. Que rêver de mieux pour la prochaine campagne électorale ?

Malheureusement, c'est la réalité du terrain qui dicte sa loi. La crise d'août 1963 entre le gouvernement sud-viêtnamien et les bouddhistes, majoritaires dans le pays, vient dégrader la situation. Diêm hurle au complot communiste. Sa belle-sœur Trân Lê Xuân, épouse du chef de la police secrète, Ngô Dinh Nhu, achève le désastre en comparant les bonzes qui s'immolent par le feu à un « barbecue ». Imaginez l'impact sur une opinion publique américaine déjà heurtée par ces images d'autodestruction.

« Le clan Diêm nous plombe, lâchons-le ! » clame le nouvel ambassadeur à Saigon Henry Cabot Lodge. Mais JFK hésite toujours. Fin octobre 1963, l'ordre finit cependant par tomber : « Abandonnez Diêm. » Un blanc-seing pour les généraux viêtnamiens qui, encouragés par Lucien Conein dit « Black Luigi », déjà adjoint d'Edward Lansdale à la CIA de Saigon en 1954-1956, préparent le renversement du régime. Le 2 novembre, vingt jours avant l'attentat de Dallas, Diêm et Nhu sont assassinés par les putschistes. JFK se montrera très affecté par cette mort brutale qu'il n'avait peut-être pas souhaitée, mais dont il a en quelque sorte donné le signal.

En fait, c'est le bilan de son action au Viêtnam qui l'accable. En humiliant la CIA pour la deuxième fois après l'affaire de la baie des Cochons, le président a creusé le fossé entre l'Agence et la Maison Blanche. D'où les rumeurs, jamais vérifiées, et les nombreux livres ou films impliquant la CIA dans sa fin tragique.

L'obsession kennedyste des opérations spéciales donnera à son successeur, Lyndon Johnson, le prétexte de sa politique d'escalade. Afin d'attirer l'attention internationale sur les actions de commando qui s'intensifient sur ses côtes, Hanoi prend en effet la décision d'ouvrir le feu sur les bâtiments américains. Le 2 août 1964, c'est l'incident du golfe du Tonkin. Quelques balles de mitrailleuses tirées de trois vedettes nord-viêtnamiennes touchent le destroyer américain *USS Maddox*, offrant sur un plateau à Johnson le *casus belli* qu'il attendait pour lancer – bien imprudemment – sa politique d'escalade.

Le feu à l'Amérique latine ?

Tandis que les Etats-Unis, forts de leur puissance militaire, foncent ainsi tête baissée dans le bourbier viêtnamien, la CIA s'inquiète de l'extension des guérillas castristes en Amérique latine, où elles enflamment une bonne part de la jeunesse étudiante et contrôlent déjà certaines zones rurales.

Craignant la contagion révolutionnaire face à des Etats latino-américains parfois dictatoriaux, mais rarement bien structurés, l'Agence se rappelle alors la manière dont s'est effectuée la mise en place en Europe des réseaux anticommunistes enterrés de type « Gladio » (*cf.* chapitre 19, p. 503). A cette époque, la riposte à la menace soviétique fut globale. Dans un contexte différent, la CIA va adopter un principe identique : créer sur tout le continent des appareils de renseignement et de contre-insurrection capables de faire tomber la fièvre guérilleriste d'abord, d'éradiquer les « mouvements subversifs » ensuite. En liaison avec l'Agence, des policiers et des spécialistes américains agissant sous le couvert d'organismes civils, humanitaires parfois, viendront enseigner aux forces de l'ordre locales la manière – musclée – d'agir. Et ne le dites pas à voix haute, mais, pour peu qu'on n'en abuse pas ouvertement, la torture pourra faire partie des procédés « acceptables ».

Cette vision du travail sur grande échelle correspond à la fois au tempérament américain, à celui de John McCone et même de son successeur à partir d'avril 1965, l'amiral William Raborn, ami personnel de son compatriote texan le président Johnson et concepteur naguère des fameux missiles nucléaires Polaris. Des hommes qui, faute d'avoir été formés au moule de l'OSS, ne rêvent pas de coups fumants, mais d'action méthodique, méticuleuse et prolongée. En cela, ils se rapprochent de leurs vis-à-vis de la NSA, George Blake puis, à partir de juin 1965, Marshall Carter, l'ancien bras droit de McCone à la CIA justement. L'heure des « technos » aurait-elle définitivement sonné à l'horloge du renseignement américain ? Attendez un peu, la partie n'est pas jouée d'avance.

Quoi qu'il en soit, la construction d'une riposte continentale à la poussée des guérillas s'avère d'autant plus urgente que Fidel Castro développe de son côté une forme ardente d'internationalisme tiers-mondiste en général et latino-américain en particulier. Et que celle-ci rappelle à certains égards les premiers temps de l'URSS et du Komintern, quand la révolution marxiste-léniniste semblait possible à court terme.

C'est à partir de 1964 que le numéro 1 cubain, voyant dans la guérilla rurale la voie royale vers le succès, commence à ourdir le projet d'une organisation internationale du tiers monde. De quoi irriter les Soviétiques, mécontents que le Líder Máximo veuille les doubler sur leur gauche, et agacer les Chinois qui, depuis la conférence de Bandung d'avril 1955, se voient en leaders naturels des pays ex-colonisés sous l'égide de leur brillant Premier ministre, ministre des Affaires étrangères et inspirateur d'une partie des services secrets, Zhou Enlai. Moscou et Pékin, qui se disputent désormais le titre de seule et unique Mecque rouge, ne veulent surtout pas d'une troisième à La Havane.

Comme le rappelle l'ouvrage de référence que Roger Faligot lui a consacré, cette tentative de « Komintern castriste » portera le nom de Tricontinentale*. Outre Castro, ses promoteurs sont Ahmed Ben Bella, le premier président de l'Algérie indépendante, activiste brouillon et cyclique ; Amílcar Cabral, chef de file très politique du PAICG (Partido Africano para Independência de Guiné e Cabo Verde, soit Parti africain pour l'indépendance de la Guinée et du Cap-Vert) ; et surtout Mehdi Ben Barka. Surnommé « Monsieur Dynamo » en raison de son énergie en apparence inépuisable, ce professeur de mathématiques marocain, leader en exil de l'Union nationale des forces populaires, l'UNFP, se propose de fédérer les partis « progressistes » au pouvoir avec les oppositions aux régimes « réactionnaires ». A ce titre, la CIA, lovée dans son quartier général moderne de Langley, banlieue de Washington sur la rive droite du Potomac, donc en Virginie, voit en lui un adversaire redoutable.

L'Agence ne s'intéresse pas moins à Ernesto Che Guevara, symbole de l'internationalisation de la révolution castriste. Inapte à l'exercice quotidien du pouvoir, fût-il proche du communisme intégral de ses rêves, l'Argentin s'ennuie à Cuba. Alors, pour s'occuper, il court le monde et surtout le tiers monde, brûlant de reprendre les armes pour des nouvelles épopées.

Un besoin d'action qui n'a échappé ni à Castro ni à Manuel Piñeiro Losada, dit « Barberousse » en raison de la couleur de son système pileux. Patron des services secrets extérieurs cubains, la Dirección General de Inteligencia (DGI) qu'il a lui-même fondée en 1962 à l'âge de vingt-huit ans, « Barberousse » est chargé des modalités pratiques d'extension de la révolution à toute l'Amérique latine : exfiltration et retour clandestin des apprentis guérilleros de leur pays, financement, formation politique,

* Roger Faligot, *Tricontinentale. Quand Che Guevara, Ben Barka, Cabral, Castro et Hô Chi Minh préparaient la révolution mondiale (1964-1958)*, Paris, La Découverte, 2013.

entraînement militaire à Cuba, mise en place d'un petit appareil de soutien dans les villes, les maquis ruraux restant l'axe privilégié par duplication mécanique du schéma de la prise de pouvoir castriste à Cuba.

Autre mission de ce jeune patron de service secret : veiller au bon fonctionnement de la « plate-forme » de Prague où, malgré la surveillance de la StB, la DGI fait transiter qui elle veut sous des identités fausses entre l'Amérique du Sud et les pays de l'Est. Ce, avec l'accord plus ou moins enthousiaste des autorités tchèques et soviétiques.

Commence en effet à s'établir en ce début des années 1960 un mode de relation assez particulier entre le KGB et les services secrets de l'Est d'une part, les « mouvements de libération » de l'autre. Ce type de rapport a connu de riches heures au temps du FLN et de la guerre d'Algérie. Il en connaîtra d'autres à l'avenir avec le soutien aux groupes armés palestiniens, voire, dans une certaine mesure, aux groupuscules terroristes ouest-européens du type Fraction armée rouge, dite « Bande à Baader ».

Le modèle est le suivant : les pays communistes aident politiquement, fournissent parfois un appui matériel mais sans contrôle absolu, trop compromettant pour eux sur le plan international en cas d'échec. Bénéficiant d'un statut spécifique au sein du bloc de l'Est, les castristes tiennent jalousement à leur autonomie, de même qu'ils veillent à garder une certaine distance avec la Chine, fût-ce entre « pays frères ».

L'échec de la Tricontinentale

Début janvier 1966, la première – et unique – conférence Tricontinentale réunit à La Havane plus de 500 invités, plus des observateurs et des journalistes. Elle se tient sans Mehdi Ben Barka, enlevé à Paris le 29 octobre précédent par des policiers français manipulés par le Cab 1 (pour Cabinet 1), un département des services spéciaux marocains du général Mohammed Oufkir.

Révélée par la presse d'investigation, qui fait à cette occasion ses premiers pas en France, l'affaire fait grand bruit. Elle éclabousse jusqu'au général de Gaulle. Or celui-ci était au contraire tout à fait étranger au kidnapping, tant il voyait d'un bon œil l'hypothèse d'un tiers monde échappant à la fois à l'influence de Moscou et à celle de Washington pour se placer sous l'aile accueillante de la France.

Du côté du SDECE, l'affaire Ben Barka aboutit au limogeage du général Jacquier, remplacé par l'ancien chef du 2e Bureau de Saigon pendant la guerre d'Indochine, le général Eugène Guibaud. Plus important, le service passe sous la coupe du ministre des Armées, Pierre Messmer, du seul fait que cet ancien Français libre possède assez d'intelligence et de fermeté pour reprendre les choses en main. Aucune considération de nature stratégique n'est intervenue dans ce choix, qui va conférer au SDECE le statut absurde de service à vocation civile fonctionnant sous une autorité militaire dont l'actuelle DGSE, son héritière, ne commencera à s'extirper que sous la présidence de Nicolas Sarkozy. La France, on le sait, est le pays du provisoire qui s'éternise sur des décennies…

La disparition de « Monsieur Dynamo » chagrine beaucoup moins Langley que Paris. Car, privée de cet élément moteur, la Tricontinentale patine. Passé 1968, cet embryon de Komintern castro-tiers-mondiste ne jouera plus aucun rôle de premier plan.

Moscou, où règne désormais Leonid Brejnev, s'en satisfait. En attendant de consolider son pouvoir, cet *apparatchik* consensuel peu enclin à des actions désordonnées laisse en place le directeur du KGB Vladimir Semitchastny, ex-protégé de Khrouchtchev qui, en octobre 1964, s'est retourné contre son ancien patron, favorisant ainsi son limogeage*.

Ce consensus existe aussi en Chine populaire. Mais pas pour longtemps, car Mao Zedong, écarté par les autres dirigeants après le désastre du Grand Bond en avant des années 1958-1961 (40 millions de morts), vient d'y lancer la Révolution culturelle, ce « grand chaos sous le ciel » destiné à lui redonner sa place d'empereur rouge en liquidant la vieille bureaucratie du parti.

Or le Grand Timonier ramène dans ses bagages l'ancien chef des services secrets communistes des années 1938-1944, Kang

* Mais pas sa mise à mort car, contrairement à l'ère stalinienne, on ne se tue plus entre dirigeants soviétiques, selon un pacte de non-agression au sein de la *nomenklatura* qui a le mérite de pacifier les mœurs, mais l'inconvénient de vieillir considérablement une caste gérontocratique presque immuable où l'on grimpe au bénéfice de l'âge.

Sheng, qui va bientôt prendre les rênes du Département central de liaison Internationale du PC chinois (Zhongyang guoji lianluobu, en abrégé Zhonglianbu), contestant par là même l'hégémonie de Zhou Enlai sur la politique étrangère et les services de renseignements extérieurs. Un retour remarqué car Kang Sheng, qui entend bâtir une Internationale des mouvements prochinois du tiers monde et d'Europe, les partis « marxistes-léninistes », vise en particulier les maoïstes d'Amérique latine, parfois concurrents des castristes sur ce terrain très disputé où ils prônent la guerre populaire prolongée*.

Profitant de ces « contradictions internes » entre églises révolutionnaires rivales, la CIA, internationaliste à sa manière, étend à toute l'Amérique du Sud la « guerre globale contre le castrisme ». Surtout que, à partir de juin 1966 et jusqu'en février 1973, Dick Helms, ancien directeur adjoint des opérations clandestines, prend les leviers de commande à Langley, le retour en force de ce dur à cuire marquant en quelque sorte la revanche des *Cold Warriors* sur les « technos ».

C'est sous Dick Helms que la CIA aura l'extrême satisfaction d'assister à la fin de Che Guevara, et la mauvaise surprise de voir naître un mythe.

La fin du Che

Quand il atterrit à La Paz le 3 novembre 1966, méconnaissable sous son grimage de « représentant de commerce uruguayen » à la calvitie prononcée, le Cubano-Argentin, fidèle à la doctrine du *foco*, le foyer de guérilla rural au rôle codifié par Fidel Castro et par un jeune intellectuel français, Régis Debray, nourrit un vaste projet. Le *foco* à implanter en Bolivie ne doit en effet pas se limiter à ce pays, mais devenir un foyer transnational avec notamment pour vocation d'étendre le brasier révolutionnaire à son pays natal, l'Argentine.

Ambitieux, mais pas forcément réaliste. Pourquoi venir s'enferrer en Bolivie, ce pays deux fois grand comme la France où règne

---

* *Cf.* Roger Faligot, Rémi Kauffer, *Kang Sheng, le maître espion de Mao*, Paris, Perrin, « Tempus », 2014.

le général René Barrientos, ancien commandant en chef des forces aériennes, qui fait du pacte militaire-paysan de 1963 garantissant la réforme agraire la pierre de touche de son régime ? Pourquoi appliquer mécaniquement la doctrine du maquis rural sans même prendre la peine de contacter les syndicats de mineurs, historiquement puissants dans ce pays à la longue tradition de luttes politiques et revendicatives ? Pourquoi se brouiller dès le 31 décembre avec le secrétaire général du PC bolivien Mario Monje, sceptique à juste titre sur les chances de l'opération, dont il a quand même exigé le commandement sans d'ailleurs l'obtenir ?

Faisant fi de la sympathie dont bénéficie Barrientos dans les milieux ruraux, Guevara néglige de même l'existence de trois petites unités entraînées à la contre-guérilla et au combat dans la jungle au sein d'une armée bolivienne aux moyens par ailleurs misérables : les parachutistes du Centro de Instrucción de Tropas Especiales, créé en 1962 par Barrientos lui-même ; leurs camarades du Centro de Instrucción de Operaciones de la Selva, une école spéciale de combat en forêt ; et les rangers de Santa Cruz.

Erreur justement, l'impasse sur ces jeunes officiers qui, à rebours des schémas propagandistes, ne se vivent pas comme des « marionnettes de l'impérialisme », mais comme des patriotes boliviens désireux de jouer un rôle social. Erreur enfin, la minimisation des sources de conflits entre Nord-Américains arrogants et Boliviens choqués dans leur amour-propre national. Quand la police du colonel Roberto Quintanilla démantèlera des réseaux urbains de soutien à la guérilla trop peu denses pour s'avérer efficaces, elle découvrira par la même occasion dans une maison de La Paz le centre d'écoutes clandestin de la CIA, mettant la main sur les transcriptions en anglais des communications les plus secrètes des officiels boliviens. Il faudra tout l'entregent du ministre de l'Intérieur, Antonio Arguedas, lui-même agent de la Compagnie depuis deux ans, pour arrondir les angles avec un gouvernement ulcéré d'une telle ingérence.

Décrite dans le journal de Bolivie de Guevara, la mise en place de la guérilla transnationale n'est en somme qu'une série de fautes techniques et politiques ponctuée d'échecs. Le plus flagrant va être l'incapacité de nouer les liens avec les paysans, alors que dans le même temps les forces de l'ordre lancées à la poursuite des guérilleros recueillent de leur bouche quantité de renseignements. De l'aveu même du Che, les ruraux « se transforment en dénonciateurs » : pas de pire présage pour les adeptes du *foco*.

Voyons maintenant la position des Etats-Unis. En avril 1967, quand la guérilla a pris de l'ampleur et que les Boliviens ont arrêté Régis Debray, Barrientos leur a demandé d'intensifier leur soutien militaire. Or ils ont refusé. Deux raisons à cela : Washington se méfiait du général, le trouvant trop à gauche… et Langley croyait tout bonnement Guevara mort, soit assassiné par Castro, soit tué au Congo, où il était effectivement allé combattre aux côtés des rebelles antigouvernementaux deux ans plus tôt.

En mystifiant les « yankees » de si belle manière, « Barberousse » et la DGI avaient assurément fait du bon boulot de service secret. Pour autant, les Américains ne sont pas restés inactifs. Dépêché comme conseiller à la tête d'une équipe de cinq membres, un officier de leurs forces spéciales, les Bérets verts, Pappy Shelton, a débarqué à Santa Cruz pour accélérer l'instruction des rangers.

Langley, surtout, expédie début août une équipe d'agents cubains anticastristes commandés par un vétéran de l'affaire de la baie des Cochons, « Félix Ramos », de son vrai nom Félix Rodriguez. Des hommes qui parlent la langue, certes, mais se rendent insupportables tant ils étalent leur prétendue supériorité. Dans la pratique, ils ne font pourtant que suivre les opérations sur le terrain, apanage des Boliviens.

On ne détaillera pas les péripéties de la traque d'une guérilla de plus en plus affaiblie, tronçonnée, trahie, affamée par manque de soutien local et dont les caches d'armes et de nourriture sont découvertes les unes après les autres. Le 8 octobre au petit matin, les rangers du capitaine Gary Prado capturent Guevara. Lequel, blessé superficiellement à la jambe gauche, reconnaît très vite son identité.

Transféré au village de montagne de La Higuera, le destin du Che est désormais dans la main des dirigeants boliviens. Le 9 au matin, Félix Rodriguez arrive sur place. Il photographie méthodiquement les papiers et le journal du prisonnier, puis, attitude qui choque les officiers boliviens, se prend en photo avec lui. Ce qu'ils craignaient semble en train de se produire : les *gringos* viennent leur voler leur victoire.

Le raisonnement est à peu près le même loin de là, à La Paz, où Barrientos évalue la situation avec le général Alfredo Ovando, responsable des armées. D'un côté, les Américains parlent déjà de conduire Guevara au Panama pour l'interroger : où s'arrêteront leurs exigences ? D'un autre côté, si l'Argentin reste prisonnier en Bolivie, ce sera un nouveau boulet à tirer, comme ce Régis Debray dont le procès fait la une de la presse internationale, tandis que le général de Gaulle multiplie les pressions en sa faveur par l'intermédiaire de l'ambassadeur de France à La Paz, l'ancien résistant, chef des « barbouzes » anti-OAS et auteur… de romans d'espionnage, Dominique Ponchardier.

Que d'ennuis en perspective, sans compter le risque d'un coup de commando des Cubains pour libérer le Che : c'est le genre de choses dont Castro et « Barberousse » sont bien capables. Décidément, mieux vaut en finir avec cet encombrant prisonnier. Pas de procès pour les morts, pas de presse internationale, pas d'histoires. Après discussion avec les chefs d'état-major de l'armée et des forces terrestres, Juan José Torres et Marcos Vásquez, la peine capitale est votée : trois voix pour et une prudente abstention, celle d'Ovando.

« 500-600 » (en clair : « Guevara-mort »), voilà le message chiffré que reçoit Félix Rodríguez, seul détenteur d'un poste de radio en état de marche à La Higuera. Le Cubain de la CIA tente bien de persuader le colonel Joaquín Zenteno Anaya, plus haut gradé bolivien sur place, de laisser Guevara en vie au moins le temps de chercher à lui soutirer de nouveaux renseignements. Mais, discipliné, l'officier refuse. Il demande des volontaires : le sergent Mario Terán tuera le Che d'une rafale de pistolet-mitrailleur.

Le lendemain, Walt Rostow, conseiller spécial du président Johnson pour la Sécurité nationale, peut annoncer : « Ce matin, nous sommes sûrs à 90 % que Guevara est mort. » Et de conclure : « Cela montre le bien-fondé de notre assistance de "traitement préventif" à l'intention des pays qui font face à des insurrections naissantes. » En soulignant que c'est le 2e bataillon de rangers, « entraîné par nos Bérets verts », qui a capturé l'ami de Castro, le conseiller spécial ne tire pas seulement la couverture aux services américains en général et à lui en particulier. Rostow montre surtout que les Etats-Unis entendent plus que jamais centraliser et globaliser la lutte contre le danger castriste. Avec des gants de velours s'ils le peuvent, mais toujours une main de fer…

Une main de fer

En fait, les hostilités, si l'on peut dire, ont déjà repris trois ans auparavant au Brésil, pays où une junte militaire renverse dès avril 1964 le gouvernement de gauche de João Goulart.

Le 3 avril, les policiers envahissent les locaux de Xinhua, l'agence de presse chinoise, à Rio de Janeiro, affirmant, documents en main, que les journalistes se livraient à des activités d'espionnage et finançaient des groupements communistes pro-Pékin.

La même année est créé le Serviço Nacional de Informações (SNI), qui va épauler la police politique fédérale créée sous Goulart, le DOPS (Departamento de Ordem Política e Social), dans la répression des manifestations étudiantes et ouvrières qui atteindront leur apogée en 1968.

Cette année-là, l'acte constitutionnel numéro 5 étend plus encore les prérogatives du SNI, lui conférant la tutelle du DOPS au sein de la Communauté du renseignement, la Comunidade de Informação. Service secret de guerre civile, le SNI opère main dans la main avec les « escadrons de la mort » du commissaire Sergio Fleury, maître d'œuvre de l'opération « Bandeirantes ». Financée par des fonds patronaux, « Bandeirantes » (une référence aux figures pionnières mythiques du Brésil) a conduit à la mise en place de centres illégaux de détention et de torture.

En 1969, Carlos Marighela, ancien dirigeant du parti communiste, praticien de la guérilla urbaine et fondateur de l'Action de libération nationale, est abattu sans sommation à São Paulo. L'année suivante, un autre groupe activiste armé, le Commando de libération nationale, est démantelé. Parmi ses militants arrêtés et torturés, une jeune femme de vingt-trois ans, Dilma Rousseff, future présidente élue du Brésil…

Officiellement représentant de l'Agence pour le développement international, une des couvertures favorites de la CIA dans le tiers monde depuis Kennedy, un policier de Richmond, Indiana, Daniel Mitrione, est venu enseigner aux « collègues » brésiliens les techniques de la contre-insurrection. De telles pratiques font partie du plan américain global de lutte anticastriste. Dans le même ordre d'idées, à partir de 1967, la lutte contre la « subversion interne » est mise au centre des cours dispensés à l'United States Army School of the Americas, l'Ecole des Amériques basée à Panamá où les jeunes officiers latinos viennent s'instruire. Un nouveau corpus de pensée à l'usage des pays sud-américains, bientôt dit « Doctrine de sécurité nationale », est en train d'émerger dans les plis de la bannière étoilée.

Des hommes comme Mitrione sont les chevilles ouvrières de son application sur le terrain. Après le Brésil, il passe en Uruguay. Le 30 juin 1970, des membres du Mouvement de libération nationale-Tupamaros l'enlèvent à Montevideo. A l'issue d'un long bras de fer avec le gouvernement uruguayen, il sera assassiné par ses ravisseurs.

Mouvement très structuré de guérilla urbaine, les Tupamaros sont démantelés à leur tour à partir d'avril 1972 et de la proclamation de l'état de « guerre intérieure ». L'année suivante, une junte militaire prend un pouvoir qu'elle ne rendra qu'en 1985, quand le président républicain Ronald Reagan, las des dictatures galonnées qui ont permis de liquider le castrisme, mais à un prix politique et humain exorbitant, va demander à la CIA d'en finir avec les monstres qu'elle a elle-même créés. En 2009, le président élu de l'Uruguay sera un ancien Tupamaro torturé et emprisonné pendant douze ans, « Pepe » Mujica.

En Argentine, le degré de violence est encore pire. Une organisation d'extrême droite, l'Alliance anticommuniste argentine, mène une guerre féroce aux groupes de guérilla urbaine soutenus et parfois entraînés à Cuba : les Montoneros (« péronistes de gauche »), les FAP (Forces armées patriotiques) castristes, les FAL (Forces de libération nationale) également castristes, et l'ERP (Armée révolutionnaire du peuple), d'abord semi-trotskisante, puis clairement ralliée à La Havane sous la houlette de son grand expert de la guérilla urbaine Roberto Mario Santucho.

Après l'instauration d'une junte militaire, le Secretario de Inteligencia del Estado (SIDE) et ses filiales des trois armes – SIN (renseignement naval), SIA (aviation) et SIE (armée de terre) – prendront le relais au prix de 30 000 « disparus »*. Le tout avec un fort degré d'autonomie envers Langley, dont ces tortionnaires

---

* Le SIN (Servicio de Información Naval) est particulièrement virulent, l'Ecole de mécanique de la marine devenant un des principaux centres de

et assassins en uniforme qu'on n'ose appeler des soldats ont largement outrepassé les attentes. On aurait en effet tort de se représenter la CIA en maîtresse absolue du jeu : à tout moment, elle doit composer avec le nationalisme ombrageux de ses partenaires sud-américains, comme en 1967 en Bolivie.

Son rôle semble par exemple limité dans la sinistre opération « Condor » liant, à partir de 1975-1976, les services spéciaux de Bolivie, du Brésil, du Paraguay, d'Uruguay et du Chili. L'existence de ce système transnational d'échange de renseignements et de transfert de prisonniers, chaque service torturant et assassinant à l'intérieur de ses frontières ceux des « autres » et réciproquement, ne sera découverte qu'en 1992.

Premier 11 Septembre au Chili

Situation complexe au Chili également. A la suite des consignes très fermes du conseiller américain à la Sécurité nationale, Henry Kissinger, et du président Nixon l'enjoignant d'empêcher le socialiste Salvador Allende, élu à la faveur d'une triangulaire, d'accéder au pouvoir, le directeur de la CIA, Dick Helms, court-circuite les procédures officielles de son agence en dépêchant sur place une équipe indépendante de la station de Santiago.

Washington et Langley craignent en effet comme la peste un « Cuba chilien », non plus sur une île, mais sur le continent même, ce qui risquerait de faire échouer la « lutte globale contre le castrisme ». L'opération « Deuxième Voie » est donc lancée. Elle permet de financer le mouvement ultra-droitier Patria y Libertad, créé par l'avocat Pablo Rodríguez Grez. Puis, le 22 octobre 1970, elle débouche, par des voies qui ne sont peut-être pas si « deuxièmes » que ça, sur l'assassinat du général loyaliste René Schneider par un groupe d'officiers factieux. Mais non sur la mise à l'écart d'Allende comme on l'avait espéré : le 25, le Conseil constitutionnel ratifie au contraire son élection.

Soutenu par La Havane et par les gauchistes du MIR (Mouvement de la gauche révolutionnaire), le gouvernement d'Unité

---

torture. Le SIA est le Servicio de Información Aeronáutica (armée de l'air), et le SIE est le Servicio de Información del Ejército de Tierra (armée de terre).

populaire PC-PS-chrétiens de gauche procède en toute légalité à des réformes dont certaines lèsent à l'évidence des intérêts privés américains, comme la nationalisation du cuivre ou celle des téléphones. « Deuxième Voie » a échoué, mais il en faut plus pour décourager Helms, que relance un Richard Nixon littéralement fou furieux contre « ce salaud d'Allende ». En octobre 1972, la CIA soutient la grève des patrons camionneurs en même temps qu'elle continue à financer Patria y Libertad.

En avril 1973, deux mois après la prise de fonctions du successeur de Helms, James Schlesinger – un « techno », ancien directeur adjoint du Budget et président de la Commission de l'énergie atomique comme McCone –, elle appuie de même le long mouvement antigouvernemental des mineurs d'El Teniente pour de meilleurs salaires. Autant dire que tout est bon pour déstabiliser l'Unité populaire, vue à Washington comme la cinquième colonne de La Havane.

Le 11 septembre 1973, épaulés par Patria y Libertad, les militaires conduits par le général Augusto Pinochet, jugé fiable par Allende du fait qu'il s'était rendu à plusieurs reprises à Cuba pour maintenir le contact avec Castro, se soulèvent. Assiégé dans son palais de la Moneda, le président socialiste se suicide.

Sonne l'heure de la dictature militaire et de la répression : 35 000 personnes torturées, 3 200 morts. S'appuyant sur les services secrets des différentes armes : SIM (armée de terre), SIFA (aviation), SIN (marine), SICAR (carabiniers) transformés en vulgaires polices politiques de guerre civile, elle se dote dès le 14 juin 1974 d'un organisme central de répression, la Dirección de Inteligencia Nacional (DINA) que commande le général Manuel Contreras*.

---

* Dans les services chiliens des débuts de l'ère Pinochet, une répartition du travail répressif intervient. Le SIM (Servicio de Información Militar), commandé par le général Augusto Luz auquel succédera en 1974 le général Julio Polloni, contrôle entre autres le régiment Tacna, spécialisé dans la répression antisyndicale, mais s'occupera aussi de préparer une éventuelle opération militaire contre le Pérou. Le SIFA (Servicio de Información de las Fuerzas Aereas) prend en charge l'épuration de l'armée de l'air et une partie de la répression contre les castristes du MIR (Mouvement de la gauche révolutionnaire). Le SIN (Servicio de Información Naval) est concentré dans les provinces de Valparaiso ou de Concepción, zones d'implantation de la marine. Le SICAR (carabiniers)

Bras armé de Pinochet, la DINA, dont le directeur des opérations est le lieutenant-colonel Pedro Ezpinoza, pourchasse les opposants partout dans le monde. Le 21 septembre 1976 à Washington, elle assassine l'ancien ministre des Affaires étrangères du gouvernement d'Unité populaire, Orlando Letelier.

C'est dépasser les bornes. Sans prendre leurs distances avec Pinochet (ils ne le feront, rappelons-le, que sous l'administration Reagan), les Américains se fâchent. Le 12 août 1977, la DINA est dissoute, remplacée tout de même par un nouveau service secret, le Centro Nacional de Informaciónes, dont le général Odlanier Mena prend le commandement.

A cette date, la Tricontinentale n'est plus qu'un souvenir, triste ou glorieux selon les points de vue. Fidel Castro mis à part, le dernier de ses promoteurs, Amílcar Cabral, est mort, assassiné à Conakry le 20 janvier 1973, neuf mois avant le putsch du général Pinochet, par un dissident de son mouvement probablement manipulé par la PIDE (Polícia Internacional e de Defesa do Estado), la police secrète de la dictature portugaise.

Au moins sait-on où repose son corps. Onze ans après son enlèvement à Paris, celui de Mehdi Ben Barka reste introuvable. Un enlèvement auquel la CIA ne fut probablement pas étrangère. Et le Mossad israélien non plus peut-être...

---

est dirigé par le colonel Ruben Moreno. Le Servicio de Investigationes (SI) du général Ernesto Baeza, ancien patron du SIM, s'occupe du contrôle des quartiers populaires.

22

Escalades

Quand je l'ai croisé en 1994 à Paris chez le général Ivan de Lignières, vétéran du service Action du SDECE, ce sexagénaire faisait peine à voir. Egrenant en anglais la litanie des événements survenus vingt ans plus tôt, il donnait l'impression d'être à l'affût de toute bribe d'explication, toute remarque, tout détail qui lui eût permis de conclure que oui, il avait quand même des excuses, qu'il s'était trompé, certes, mais pas tant que ça.

Il s'enferrait, c'en était gênant. Courtois comme à son habitude, l'ancien patron du service Action, le général de Marolles, a avancé quelques généralités histoire de meubler le silence. Pour ma part, je n'ai pas dit grand-chose. A quoi cela aurait-il donc servi de faire la leçon à cet homme blessé en lui rappelant qu'en matière de renseignement, le sentiment de supériorité reste la pire des erreurs ? Tout le monde le savait pertinemment ici.

Tout le monde savait aussi que, pestiféré dans son propre pays, l'hôte du général de Lignières portait un lourd fardeau. C'était Eliyahou Zeïra qui, patron du renseignement militaire israélien, avait certifié dans la matinée du 5 octobre 1973 au Premier ministre de l'Etat hébreu, Golda Meir, à propos du retrait des personnels diplomatiques soviétiques et du risque d'attaque des pays arabes : « Une offensive concertée reste hautement improbable, mais peut-être les Russes craignent-ils qu'ils la lancent, parce qu'ils ne connaissent pas les Arabes aussi bien que nous. »

Qui connaissait qui, au juste ? Le lendemain, en début d'après-midi, l'enfer se déchaînait sur le plateau du Golan côté syrien, comme sur le canal de Suez côté égyptien. Et le fait même qu'à cette époque cruciale les Israéliens aient été pris de court par l'assaut concerté des deux pays arabes montra que, contrairement à la légende qu'ils avaient eux-mêmes même contribué à créer, les services secrets israéliens n'étaient pas plus infaillibles que les autres. L'Etat hébreu paya le prix de leur manque d'efficacité, mais aussi de leur arrogance : 2 650 morts, 6 000 blessés et une perte de prestige considérable.

Le Mossad avant le Mossad

Le lecteur se souvient du réseau d'Aaron Aaronsohn pendant la Grande Guerre, ce NILI que j'ai qualifié de « grand-père du Mossad » au chapitre 7 du présent ouvrage. Le A-Group, comme l'appelaient les Britanniques, fut démantelé par les Turcs à la fin 1918, son fondateur disparaissant pour sa part dans la Manche le 16 mai 1919, victime d'un accident d'avion.

A l'époque, la Grande Guerre finie, il n'a pas été remplacé. En dehors du Shai (le petit service secret de la Haganah, l'armée juive clandestine de Palestine), l'Etat hébreu ne disposait donc pas d'organismes de renseignements avant sa proclamation le 14 mai 1948.

Mais de filières internationales d'immigration, si. Celles-ci étaient supervisées par le Mossad Le'Aliyah Beth (Institut pour l'aliya de type B, c'est-à-dire illégale), une organisation implantée dès la fin de la Seconde Guerre mondiale en Italie, en Roumanie et en France où son chef, Schaul Meyerov, viendrait d'ailleurs bientôt s'installer.

Ce premier Mossad (un mot qui se traduit par « Institut » en hébreu) affrète des navires destinés à acheminer les clandestins vers la Terre sainte. Pour ne citer que cet exemple emblématique, l'*Exodus* : le 12 juillet 1947, à Sète dans l'Hérault, ce cargo a embarqué 4 500 hommes, femmes et enfants rescapés des camps nazis. Largement couverte par la presse internationale, son odyssée fera plus pour la cause du sionisme que mille discours, à un moment où le projet de création d'un Etat hébreu jouissait d'un large soutien en Europe et aux Etats-Unis, mais aussi en URSS et dans les pays du bloc de l'Est.

Dans cette affaire, la Direction de la surveillance du territoire de Roger Wybot a joué contre le MI 6 britannique, fermant les yeux sur la découverte d'un émetteur radio clandestin du Mossad

Le'Aliyah Beth et contrariant par tous les moyens les déplacements des observateurs anglais.

Dans le même ordre d'idées, le service Action du SDECE encadrera dès cette même année 1947 un bataillon de 500 jeunes juifs destinés à la Haganah, l'ébauche des futures Forces de défense d'Israël, sous la direction d'un vétéran de la France libre, le docteur Alfred Tupigny, et de son adjoint Thaddée Diffre*.

Signe des temps, une relation de sympathie mi-politique, mi-personnelle va bientôt s'établir entre Wybot et Isser Harel, le fondateur de l'actuel Institut pour le renseignement et les missions spéciales, le « Ha-Mossad le-Modiin ou le-Tafkidim Meyouhadim ». Le « vrai » Mossad, autrement dit.

Les beaux jours d'Isser le Petit

Fils de rabbin né en 1912 sous le nom d'Isser Halperin, Harel quitte sa Biélorussie natale et arrive en Palestine en 1929. Il travaille dans un kibboutz, une de ces exploitations agricoles collectives très prisées des sionistes de gauche, tendance alors majoritaire. C'est là qu'il rencontre sa femme Rivka, une juive polonaise.

Remarqué par Israël Amir, le chef du Shai, le jeune homme ne tarde pas à prendre la direction de son département juif. Fief de la gauche sioniste, cet organisme quasi policier surveille et espionne les groupes minoritaires qui refusent tout compromis avec la puissance mandataire britannique et multiplient les attentats : l'Irgoun Zvai Leumi (Organisation militaire nationale, la plus à droite) et les Combattants pour la liberté d'Israël (Lohamei Herout Israel, connus sous l'acronyme « Lehi »), petit groupe qui mêle des conceptions droitières et gauchistes.

Son concurrent au sein du Shai s'appelle Isser Bééri. Dans l'impossibilité de différencier les deux hommes par leur prénom, on les désigne par leurs tailles respectives : Isser le Petit, c'est-à-dire Harel, et Isser le Grand. Successeur d'Amir à la tête du

---

* *Cf.* Roger Faligot, Jean Guisnel, Rémi Kauffer, *Histoire politique des services secrets français de la Seconde Guerre mondiale à nos jours*, Paris, La Découverte, 2013.

Shai, David Shaltiel, un ancien de la Légion étrangère française, porte justement son choix sur « le Petit » pour diriger le secteur de Tel-Aviv.

Un mois et demi après la proclamation de l'Etat d'Israël par David Ben Gourion, sa communauté du renseignement naît le 30 juin 1948. Assisté de Vivian Herzog alias « Chaïm », Bééri va créer le service d'espionnage et de contre-espionnage militaire (Agaf Hamodin : acronyme Aman). Isser le Petit, lui, mettra sur pied le Shin Beth (Sherout Ha-Bitachon Ha-Klali, soit Service de sécurité générale), également rattaché à l'armée. Rival commun des deux Isser, Boris Gouriel prend pour sa part le commandement du département politique du ministère des Affaires étrangères chargé du renseignement extérieur.

Une solution de compromis qui ne satisfait bien entendu aucun des trois protagonistes. Or, le 17 septembre 1948, des inconnus assassinent le comte suédois Folke Bernadotte, représentant de l'ONU, ainsi qu'un observateur français ancien de la Sécurité militaire, le colonel André Sérot. Alors que tout le monde pense à un attentat de l'Irgoun, Isser Harel se distingue en apportant à Ben Gourion la preuve que c'est le Lehi (aussi connu comme le « Groupe Stern », du nom de son fondateur Avraham Stern, abattu par les Britanniques cinq ans plus tôt) qui est responsable des deux crimes.

Sur la base de ces informations, le patron du secteur militaire de Jérusalem, Moshé Dayan, futur commandant en chef puis ministre de la Défense, lance une rafle qui va concerner 200 militants ou sympathisants du Lehi, cette « organisation antiouvrière à aspects fascistes », Ben Gourion *dixit*.

Harel et son Shin Beth achèvent de démanteler le petit appareil politico-militaire des Combattants pour la liberté d'Israël, un informateur les menant sur la piste de Nathan Yelin Mor, le nouveau numéro 1 du groupe.

En octobre 1949, Isser le Petit marque un nouveau point en parvenant à faire limoger et condamner à une peine symbolique Isser le Grand, coupable d'avoir fait fabriquer un faux « câble secret britannique » pour ternir la mémoire d'un vétéran de la Haganah, Meyer Toubiansky, exécuté par erreur l'année précédente.

Dès 1951-1952, Harel devient officiellement le premier directeur du Mossad, le service secret extérieur dépendant de Ben Gourion, Premier ministre. Une nomination qui, cumulée avec celle de chef du Shin Beth, fait de lui le patron de la jeune communauté israélienne du renseignement, le « Memouneh » (le « Responsable », « celui qui porte la charge »).

Seul le renseignement militaire, l'Aman, lui échappe, énième preuve que, quel que soit le pays, quel que soit le régime et quelle que soit sa propre importance sur le terrain, l'espionnage en kaki échappe toujours d'une manière ou d'une autre au lot commun.

Pourquoi Ben Gourion, au départ très réticent, a-t-il accepté de confier tant de pouvoirs à un seul homme ? Parce que Harel lui sert d'exécuteur de toutes les œuvres, les hautes comme les basses.

Mettant le Shin Beth au service secret du parti de gauche « travailliste » du Premier ministre, le Mapaï, « le Petit » surveille, écoute, infiltre et au besoin frappe aussi bien les juifs ultra-orthodoxes que l'Irgoun de Menahem Begin, ennemi juré de Ben Gourion, les militants d'extrême gauche, ceux du parti communiste ou encore les activistes arabes.

Régulièrement, son équipe de fidèles se réunit chez lui en toute simplicité, autour d'un thé préparé par Rivka, pour faire le point. S'y distinguent les trois futurs chefs qui vont se succéder à la tête du Shin Beth jusqu'au milieu des années 1970 : Izi Dorot (1952-1953), Amos Manor (1953-1963) et Yossef Harmelin (1964-1974).

Le Shin Beth justement : s'il parvient à confondre en juillet 1961 une taupe soviétique proche de Ben Gourion, le spécialiste des affaires militaires Israël Beer (qui mourra en prison en 1966), le service de contre-espionnage en manque une autre, le biologiste Marcus Klingberg, qui ne sera arrêté qu'en 1983.

Compte tenu de l'importance du courant d'extrême gauche dans l'histoire du sionisme et du soutien initial de l'URSS au jeune Etat d'Israël, des passerelles existent en effet entre Tel-Aviv, Moscou et les capitales des pays du bloc de l'Est comme Varsovie ou Prague.

Si elles ont favorisé les « organes » russes dans le cas de Beer, de Klingberg et de quelques autres, la réciproque est également vraie. Rappelons-nous par exemple qu'en 1956, c'est des mains du Mossad que la CIA recevra le texte du rapport Khrouchtchev.

L'alliance privilégiée des services d'Isser le Petit avec le SDECE du socialiste SFIO Pierre Boursicot et la DST de Roger Wybot va culminer cette même année 1956. Celle-ci voit en effet l'attaque conjointe franco-anglaise sur le canal de Suez jumelée avec une offensive éclair israélienne, la France jouant les traits d'union entre Londres et Tel-Aviv. Les Anglais veulent bien s'en prendre à l'Egypte du président Nasser en même temps que les Israéliens, mais en limitant les discussions directes avec Tel-Aviv. Ils reprochent aux Israéliens de mauvais coups portés à la fin du mandat britannique sur la Palestine, notamment quand la Haganah et l'Irgoun faisaient cause commune contre les forces de Sa Majesté (plus de 100 morts et de 200 blessés le 22 juillet 1946 dans un attentat à l'hôtel King David, dont l'aile sud abritait le QG britannique en Palestine)*.

Reste qu'Isser Harel a d'ores et déjà compris la nécessité de créer un lien permanent entre son service et la CIA. Ne le créditons pas de dons de voyance, mais c'est vrai que, après le retour aux affaires du général de Gaulle en 1958, les relations entre le Mossad et le SDECE, presque intimes sous le gouvernement socialiste de Guy Mollet (janvier 1956-mai 1957), se feront effectivement plus distantes.

Elie Cohen, l'espion numéro 1

Son coup de maître à la tête du Mossad sera bien entendu l'enlèvement à Buenos Aires d'Adolf Eichmann, un des principaux responsables de la Solution finale. Arrêté en 1945 par les Alliés, puis évadé, le bureaucrate de la mort était parvenu à fuir en Argentine sous le faux nom de Ricardo Klement.

Le 11 mai 1960, un commando dirigé par Rafi Eitan, dit « Rafi le Sale », le kidnappe sous l'œil de Harel venu superviser l'opération. Conduit en Israël, le nazi en cavale y sera pendu le 31 mai 1962 à l'issue d'un procès très médiatisé, et ses cendres dispersées dans la mer.

---

* Sur l'affaire de Suez, *cf.* l'ouvrage de Denis Lefebvre, *Les Secrets de l'expédition de Suez 1956*, Paris, Perrin, 2010. A noter que, dans l'attentat du King David, la Haganah, commanditaire de l'opération, s'est retournée au vu de son bilan humain contre l'Irgoun, qu'elle avait sollicitée pour le mener à bien. Il semble que l'armée clandestine juive voulait faire disparaître des documents gênants collectés pour elle par les services secrets britanniques installés à l'hôtel, d'où cette requête peu habituelle à l'Irgoun.

De son côté, l'Aman continue à piloter son agent en Syrie, Elie Cohen. Juif égyptien né au Caire en décembre 1924, Cohen appartient à l'Unité 131, la section des Opérations spéciales du service de renseignements militaire. Mais, en juillet 1954, son réseau cairote est démantelé par la police égyptienne à l'issue d'une série d'actes terroristes destinés à discréditer le régime nassérien : lettres piégées dans les boîtes de personnalités égyptiennes et attentats contre les centres culturels américains. Un des agents locaux capturés se suicide, deux autres seront exécutés. La « sale affaire » (*Essek Bish* en hébreu) conduit, le 17 février 1955, à la démission de Pinhas Lavon, le ministre de la Défense responsable hiérarchique de l'Aman.

Plus chanceux que ses camarades, Cohen parvient à persuader la police égyptienne de son innocence. En 1956, il quitte l'Egypte et s'installe en Israël où, en août 1959, il se marie avec une jeune juive d'origine irakienne, Nadia.

De type physique moyen-oriental et parlant l'arabe à la perfection, le jeune homme ne tarde pas à intéresser de nouveau l'Aman. Son nouveau directeur, Chaïm Herzog, l'envoie début 1961 à Damas sous la fausse identité d'un Libanais de retour au Proche-Orient à l'issue d'années d'émigration en Argentine. Opérant seul, cet agent d'élite fait son chemin dans la capitale syrienne, sympathisant avec des militaires de haut grade. Il va rendre d'inestimables services secrets à l'Etat d'Israël.

Une réussite d'Isser le Petit fait pendant à celle de l'Aman : l'infiltration de Wolfgang Lotz, un juif allemand né à Mannheim en 1921 qui débarque en janvier 1961 au Caire en compagnie de sa femme est-allemande, Waltrud, laquelle affiche un antisémitisme virulent. Se présentant comme un « ancien capitaine de cavalerie dans la Wehrmacht », l'agent du Mossad ouvre un cercle équestre. Bientôt, il sympathise avec des personnalités en vue telles qu'Anouar as-Sadate ou Ali Sabri, le ministre chargé des affaires présidentielles qui vient d'abandonner la direction des services spéciaux, les Moukhabarat (Renseignements généraux), à Salah al-Nasr. Et même avec le résident du BND dans la capitale égyptienne, Gehrard Bauch, le propre gendre du général Gehlen, et son adjoint Hans Kiesow.

Après un tel succès, qu'est-ce qui pourrait bien nuire au patron de l'Institut ? Un excès de confiance en soi, peut-être.

Obsédé par le danger d'un passage massif de savants ex-nazis au service des Egyptiens, Isser le Petit lance contre eux des opérations de plus en plus dures. Meïr Amit, patron de l'Aman à partir de 1962, et son adjoint Aharon Yariv, chef du département scientifique du service de renseignements militaire, mettent en cause cette agressivité, disproportionnée avec la réalité du risque, assurent-ils.

En mars 1963, le scandale éclate en Suisse. La police fédérale arrête un savant autrichien au service du Mossad, Otto Joklik, ainsi que son officier traitant, Josef Ben Gal. Les deux hommes ont menacé Heidi Goerke, la fille du Dr Paul Goerke qui travaille effectivement au Caire. Craignant pour son poste, Harel croit judicieux de livrer à trois journalistes israéliens des éléments du dossier « Savants allemands en Egypte ». S'ensuit une véritable psychose antiallemande dans l'Etat hébreu, fortement préjudiciable aux relations de sympathie mutuelle que Ben Gourion veut entretenir avec Bonn, la capitale de l'Allemagne de l'Ouest, car il espère qu'elle reconnaîtra l'Etat hébreu (ce qui sera le cas à l'été 1965).

En mars, Isser le Petit, disgracié, quitte la direction du Mossad, remplacé par Meïr Amit. Aharon Yariv prend bientôt la tête de l'Aman. Les deux hommes auront à gérer coup sur coup la fin des agents phares de l'Institut. En février 1965, les Moukhabarat égyptiens arrêtent Wolfgang Lotz pour espionnage. Jugé en août, il est condamné à la prison à vie, mais libéré dès 1967.

Elie Cohen, pour sa part, est passé des mains de l'Aman à celles du Mossad en vertu d'un accord entre Amit et Yariv, qui vont diriger en bonne intelligence leurs services respectifs : le premier jusqu'en 1968, le second jusqu'en 1972, année où il sera remplacé par Eliyahou Zeïra.

Cohen et ses traitants de l'Institut font un usage intensif de la radio. Trop sans doute puisque, ayant repéré les messages radio fréquents de l'espion de Damas, la Sécurité syrienne du colonel Ahmed as-Souwaidani sollicite l'aide de techniciens soviétiques du GRU. Détecté par radiogoniométrie, le voilà sous les verrous. Condamné à mort, il sera pendu en place publique le 17 mai 1965.

A cette date, les Etats-Unis sont de plus en plus embourbés dans la guerre du Viêtnam.

Le bourbier viêtnamien

Loin de stabiliser la situation, la chute et l'assassinat de Ngô Dinh Diêm et de Ngô Dinh Nhû conduisent Saigon à l'ère de juntes militaires à la légitimité encore moins grande que celle des deux dictateurs disparus. C'est le règne des hauts gradés, collectivement désignés comme le « Dai Viêt ».

Certains de leur supériorité militaire, évidente sur le papier, mais moins sur le terrain, les Américains ne voient pas trop de danger à cette nouvelle donne. La CIA a certes repéré dès l'automne 1964 les transferts de troupes régulières nord-viêtnamiennes vers le Sud, où elles viennent encadrer et épauler les maquisards du FNL. Mais, comme Lyndon Johnson, successeur de Kennedy assassiné, a confirmé le programme « Switchback » qui retire à Langley la conduite des opérations paramilitaires au profit du Pentagone, elle continue à perdre la main : priorité aux coups de main des forces spéciales, Bérets verts en particulier.

Peer De Silva puis Gordon Jorgenson, les chefs de station qui se succèdent à Saigon, ne manquent pas de signaler l'emprise croissante de l'infrastructure des Viêt-congs (communistes viêtnamiens) sur la population. Les « VC » sont partout, en particulier dans les zones rurales. A partir de mars 1966, un ancien du Viêt-minh, le lieutenant-colonel Tran Ngôc Chau, prend le commandement des « équipes de pacification » – traduisez : de liquidation physique des cadres « VC » –, sous l'œil attentif d'un conseiller militaire très anticonformiste, John Paul Vann.

En juin 1967, l'Agence commence à mettre en place un programme plus ambitieux à la demande de Robert Komer, l'envoyé spécial de la Maison Blanche, créateur, le mois précédent, du CORDS (Civil Operations and Revolutionary Development Support), une structure dépendant de la Mission militaire américaine et destinée à coordonner les actions civiles et militaires au Sud-Viêtnam.

Bras armé du CORDS naît ainsi l'ICEX (Intelligence Coordination and Exploitation), placé sous le commandement d'Evan Parker, un ancien de l'OSS en Birmanie passé à la CIA.

Basé à Saigon, mais dépendant hiérarchiquement de l'assistant spécial pour la contre-insurrection et les opérations spéciales auprès du Comité des chefs d'état-major, le Special Operations

Group, le SOG, est néanmoins partie prenante du plan. Commandé en 1965 par le colonel Donald Blackburn, ce directoire des forces spéciales est passé l'année suivante aux mains d'un ancien « Jedburgh », un de plus, le colonel John Singlaub, qui conservera ce poste jusqu'en 1968.

En matière de contre-insurrection, les hommes de la CIA et du SOG se réclament de deux théoriciens français de la guerre révolutionnaire forgés au feu de la guerre d'Algérie, les colonels Roger Trinquier et David Galula. Le premier admet l'usage de la torture. Il se trouve d'autant plus au goût du Pentagone que, après la découverte de la participation des Groupements de commandos mixtes aéroportés d'Indochine au trafic de drogue destiné à financer les maquis hmong sur les arrières du Viêt-minh (*cf.* chapitre 20, p. 558), cet ancien instituteur a été chargé de « nettoyer la baraque » sous son nouveau nom de Groupement mixte d'intervention.

Galula, qui pour sa part récuse catégoriquement le recours à la question, est moins à la mode outre-Atlantique à cette époque. Il le deviendra toutefois dans les années 2000-2010, quand les Américains, après le scandale des tortures perpétrées sur des insurgés irakiens par des membres de l'US Army et de la CIA, seront obligés de se doter d'une doctrine cohérente de contre-insurrection en Irak et en Afghanistan. Trinquier, moins « présentable », disparaîtra alors des tablettes à géométrie évolutive du Pentagone.

Tandis que William Colby, qui devait prendre le commandement de la division soviétique de la CIA, revient au Viêtnam en 1968 comme directeur du CORDS, l'ICEX se transforme en plan « Phœnix », « Phung Hoang » en viêtnamien. John Mason en prendra sous peu les rênes.

Le « Dai Viêt », ce directoire militaire informel au pouvoir à Saigon, accepte que ses services secrets, et notamment la branche spéciale de la police et les forces spéciales, le Luc Luong Dac Biet, équivalent local du SOG créé en février 1963, se joignent à ce plan. Les hommes du LLDB ont l'habitude des opérations musclées contre toute forme d'opposition : quand il s'appelait encore Lien Doan 77, c'est lui qui prenait d'assaut les monastères bouddhistes pour le compte de Ngô Dinh Diêm.

Des transfuges du FNL vont servir d'hommes de main au plan « Phœnix », les Sat Congs (« Mort aux communistes »), devise explicite qu'ils portent tatouée sur la poitrine à l'issue de cérémonies initiatiques inspirées de celles des triades, les sociétés secrètes chinoises. Soucieux avant tout de bétonnage juridique, les Américains évitent de se salir directement les mains. A leur place, lesdits Sat Congs, véritables « escadrons de la mort » qu'encadrent parfois des hommes du LLDB, se glissent dans les villages, interrogent et exécutent les membres supposés du Viêt-cong.

Leurs techniques d'interrogatoires « renforcés » s'inspirent des méthodes en vigueur au centre de Yon Don Thou, près de Séoul en Corée du Sud. Là, les officiers de la CIA croisent leurs homologues de l'équivalente sud-coréenne de l'Agence, la KCIA, que dirige le colonel Kim Chong Pil. Lequel n'est autre que le propre cousin du chef de la junte militaire au pouvoir, le colonel Park Chung Hee, président en titre depuis mai 1963.

Derrière les vertueuses proclamations écrites des responsables américains affirmant, pour la galerie et les médias, que la torture reste prohibée, les protagonistes du bas de l'échelle de l'opération « Phœnix » ne se gênent pas pour la pratiquer à grande échelle. On supplicie, on torture. Ce sale travail sera-t-il efficace ? Oui, si l'on en juge par les chiffres : 11 288 prisonniers, 2 259 ralliés et 2 229 exécutions sommaires en 1968, puis 8 515 prisonniers, 6 187 ralliés et 4 832 liquidations physiques l'année suivante. En tout près de 20 000 victimes.

Le Viêt-cong non plus n'est pas composé d'enfants de chœur. La lutte se fait inexpiable. Les bataillons Dac Cong, les forces spéciales nord-viêtnamiennes, viennent souvent le renforcer. Ils sont aussi féroces que les ennemis sudistes du LLDB. Se mêlent en outre à cette guerre fratricide des unités sud-coréennes, qui « nettoient » leurs secteurs avec des méthodes d'une rare brutalité.

La puissance de feu américaine finit quand même par payer. Fin 1967, le FNL et les troupes nord-viêtnamiennes sont presque au bout du rouleau en raison des bombardements massifs de l'US Air Force. Or, contre toute attente, le bureau politique de Hanoi décide de jouer le tout pour le tout. En janvier 1968, au moment du Têt, le Nouvel An viêtnamien, une insurrection est déclenchée dans tout le Sud-Viêtnam sous le commandement du général Trân Van Tra.

Le risque est gros car un tel soulèvement implique de faire surgir brusquement l'infrastructure clandestine du FNL. Militairement parlant, ce sera un désastre pour les insurgés et leurs mentors du Nord, écrasés par l'armée sud-viêtnamienne et surtout américaine. Mais, politiquement et psychologiquement, ils vont au succès. Ce que leur confirme à Hanoi un agent d'élite, Pham Xuân Ân (matricule Z.21), que les Nord-Viêtnamiens ont envoyé se former au journalisme aux Etats-Unis et qui, à son retour à Saigon en 1959, est devenu non seulement correspondant de magazines comme *Time*, mais aussi l'ami de tous les journalistes. Ses rapports détaillés transitent jusqu'à Hanoi par un réseau d'agents de liaison. Lus avec passion par les hauts dirigeants, ils enchantent jusqu'au vieux leader Hô Chi Minh, désormais à l'écart des responsabilités, et au général Vô Nguyên Giáp, le vainqueur de Diên Biên Phu.

A la suite du choc causé par l'offensive du Têt, le mouvement antiguerre de la jeunesse estudiantine se développe à grande échelle aux Etats-Unis, ce qui va conduire Dick Helms, le tombeur de Che Guevara, à confier au patron du contre-espionnage de la CIA, Jim Angleton, une mission en principe plus proche de celles du FBI. Selon le nouveau patron à Langley, cette opération dite « Chaos » relèverait du domaine réservé à l'Agence dans la mesure où… elle vise à démasquer les agents étrangers qui profitent de la vague contestataire pour s'implanter aux Etats-Unis.

Ce qui s'appelle mettre à son tour le doigt dans un engrenage dangereux pour lui et ses hommes.

La guerre technologique

Au Viêtnam même, les services de renseignements américains ne se contentent pas de commanditer les tueurs de l'opération « Phœnix ». Ils livrent aussi une guerre de haute technologie. Leur obsession : localiser enfin le quartier général des forces « VC ». Dans leur logique très américaine, ils imaginent en effet cette entité, le Truong Uong Cuc (Groupe dirigeant des délégués du comité central du Parti communiste), beaucoup plus concentrée géographiquement qu'elle ne l'est en réalité.

Proche des QG respectifs du FNL (base 353) et du GRP, le Gouvernement révolutionnaire provisoire du Sud-Viêtnam (base 354), dans la région du « Bec de canard », la zone frontalière Cambodge-

Viêtnam, la direction communiste opérationnelle échappera toute la guerre durant aux raids effroyables des B-52. Voici pourquoi : dès que ces bombardiers du Strategic Air Command décollent d'Okinawa ou de l'île de Guam, des chalutiers espions soviétiques analogues à ceux de la NSA et croisant en mer de Chine transmettent les données qu'ils recueillent par interceptions électromagnétiques au Truong Uong Cuc, dont le personnel est évacué et dont les documents le sont aussi. Les raids détruisent alors des cabanes faciles à rebâtir.

Même vision américaine « centralisatrice » pour la piste Hô Chi Minh qui, partant de Hanoi au nord, traverse le Laos de part en part et une partie du Cambodge avant de parvenir dans le sud du Viêtnam. Le renseignement US reste incapable de se représenter cet entrelacement de sentiers souvent pleins de boue et de trous de bombes américaines autrement que sous la forme d'une route un peu rustique.

Seuls les commandos du Special Operations Group seront à même d'en comprendre la nature en s'infiltrant sur le terrain. Souvent épaulés par des montagnards Nung, ces hommes restent quelques heures sur place, le temps de repérer les lieux, de déposer des mines ou des capteurs, de faire quelques prisonniers avant d'être récupérés par hélicoptères. Un jeu dangereux : environ 300 soldats du SOG vont s'y engloutir, dont un quart de *Missing in Action*, ces disparus qui ne reverront jamais les Etats-Unis car considérés comme trop dangereux par les Nord-Viêtnamiens.

On parlait plus haut de capteurs. Quelques-uns sont installés sur place par les forces spéciales, la plupart étant essaimés le long de la piste par parachute. Miniaturisés à l'extrême, ils relèvent de types assez divers.

Les ADSID (*Air Delivery Seismic Intrusion Devices*) sont des tubes de 50 centimètres de longueur qui se plantent dans le sol après leur largage pour déployer une petite antenne camouflée qui se perd dans la végétation ambiante.

Les *Engine Detectors* (EDET) repèrent à distance les émissions radioélectriques émises par les véhicules à moteur.

Les MAGID (*Magic Intrusion Detectors*) s'intéressent aussi bien aux piétons qu'aux véhicules, dans la mesure où l'apparition des uns ou des autres modifie le champ magnétique terrestre local en raison des objets métalliques qu'ils transportent ou dont ils sont constitués.

Comme leur nom l'indique, les PSID (*Patrol Seismic Intrusion Detectors*) sont utilisés par les patrouilles américaines pour repérer les détachements ennemis par voie sismique.

Quant aux NBB (*Noiseless Button Bombets*), ces petits éléments camouflés en cailloux ou en brindilles s'inspirent du jeu de Jonchet ou de Mikado : leur moindre déplacement déclenche l'émission d'un signal capté par un appareil électromagnétique installé dans les environs immédiats. Leur mise en œuvre permettra d'obtenir certains succès, mais limités car, comme les détecteurs de chaleur qui provoquent la mort de nombreux buffles, ils restent peu fiables.

Les anciens combattants du Viêt-cong n'ont pas gardé un souvenir trop cuisant de tous ces gadgets d'un concours Lépine des technologies guerrières de pointe. Moins en tout cas que des bombardements de B-52, d'autant plus effrayants que, pilonnant à haute altitude, on les entendait, mais on ne les apercevait jamais.

« Nous ne nous laisserons pas intimider », avait dit Hô Chi Minh au début de la guerre américaine du Viêtnam dont, mort le 3 septembre 1969, il ne verra pas la fin. Le fait est que la direction communiste nord-viêtnamienne, soutenue par l'URSS et, malgré les tourmentes de la Révolution culturelle, par la Chine, n'envisagera jamais de s'incliner.

En foi de quoi, elle restera ferme et unie jusqu'aux accords de Paris du 27 janvier 1973, qui marquent le début du désengagement américain. Après aussi…

Feu sur la NSA

En novembre de la même année 1973, Simon Agranat, président de la Cour suprême de l'Etat hébreu, prend la direction d'une commission d'enquête chargée d'évaluer les responsabilités dans la crise d'octobre qui a vu Tsahal, les Forces de défense d'Israël, en grande difficulté face aux armées égyptienne et syrienne. L'occasion de réfléchir au bilan de l'action des services secrets : Aman, Mossad et Shin Beth.

Jusqu'en 1967 et à la guerre des Six-Jours, qui vit la victoire éclatante de Tsahal sur les forces égyptiennes, syriennes et jordaniennes, ce bilan fut très certainement positif. Plus efficaces en matière de renseignements que les Moukhabarat arabes à la culture souvent plus proche de celle d'une police politique, les espions et contre-espions à l'étoile de David ont en effet rempli leur mission.

C'est avec la victoire que les problèmes vont s'aggraver. L'occupation de Jérusalem-Est et de la Cisjordanie complique en effet beaucoup le travail du Shin Beth. Quand elles appartenaient au royaume hachémite jordanien, plutôt conciliant avec son voisin hébreu et dirigé de surcroît par le roi Hussein, un allié privilégié voire un agent de la CIA, ces deux zones représentaient certes un souci, mais un souci mineur.

Or, avec la domination israélienne, le champ se libère pour le développement d'un nationalisme palestinien jusque-là sous-jacent et qui peut désormais s'exprimer au grand jour. On sait que pendant de longues années, pris dans une logomachie militariste peu en rapport avec ses moyens réels, il va le faire sous la forme d'attentats terroristes.

Sur le plan international aussi, la donne se complique. Les Etats-Unis maintiennent un soutien inconditionnel à l'Etat juif, dont leurs services de renseignements ont pourtant à se plaindre. Dans l'après-midi du 8 juin 1967, deux jours et demi après le déclenchement de la guerre contre les Etats arabes, des avions et des vedettes israéliens s'en sont en effet pris à l'*USS Liberty*, un des navires espions de la NSA en Méditerranée orientale. Rapide et brutale, cette attaque contre un bâtiment désarmé s'est traduite par la mort de 30 Américains sur un équipage de 300, par 170 blessés et par la destruction de tout l'appareillage d'interception électromagnétique du navire. Les Israéliens se confondent alors en excuses, affirmant avoir cru à la présence menaçante d'un navire de guerre égyptien.

Personne ne les croit vraiment à Washington ou à Fort Meade, le siège de l'« Agence qui n'existe pas » : craignant des pressions américaines qui l'auraient contraint à interrompre sa guerre éclair avant que celle-ci n'ait atteint tous ses objectifs, Tel-Aviv aura choisi de rendre les Etats-Unis incapables de déchiffrer les mouvements de Tsahal. Au nom de la raison d'Etat, l'administration Johnson décide quand même d'accepter la version israélienne, à telle enseigne qu'aujourd'hui encore l'explication officielle de cet incident dramatique reste l'« erreur* ».

* L'expérience malheureuse de l'*USS Liberty* aurait dû servir de leçon : les bateaux espions de la NSA sont vulnérables. Ainsi, le 23 janvier 1968,

Washington a admis le bien-fondé de l'attaque israélienne de juin 1967 contre les armées arabes. Il n'en va pas de même d'un pays autrefois allié intime : la France. Avec le général de Gaulle comme avec son successeur Georges Pompidou, les relations, c'est le moins que l'on puisse dire, ne sont plus aussi chaleureuses que du temps du gouvernement socialiste SFIO de Guy Mollet. Un refroidissement sensible dans les rapports de service secret à service secret intervient parallèlement. Patron de « la Piscine » en 1970, Alexandre de Marenches, très proaméricain pourtant, ne souhaite plus aucune relation privilégiée avec le Mossad. Par la suite, il ira même jusqu'à accepter le contact avec Sadoun Shaker, un parent du dictateur irakien Saddam Hussein, dans l'intention, me dira-t-il, d'aider le régime « borné et rigide » de Bagdad à s'assouplir. Rien qui puisse plaire aux Israéliens, c'est certain.

Et ce n'était pas leur seule source d'inquiétude, loin de là...

Septembre noir

Avant 1967, le problème central au Proche-Orient résidait dans la confrontation étatique israélo-arabe. Mais, avec l'émergence de mouvements comme le Fatah de Yasser Arafat doublé sur sa gauche par le marxisant Front populaire pour la libération de la

---

l'*USS Pueblo*, qui croise près des côtes de la Corée du Nord pour capter les communications des navires soviétiques (opération « Click Beetle »), est cerné par des canonnières. Les Nord-Coréens ouvrent le feu, tuant un matelot et obligeant le commandant Lloyd Blucher à se rendre pour sauver ses hommes sans défense. Résultat : une catastrophe. L'équipage n'ayant pas eu le temps de détruire tous les matériels et les documents top secret, beaucoup d'entre eux sont saisis, et bientôt communiqués aux Russes. Quant aux 80 marins, ils vont connaître des conditions de détention très dures, torturés et gavés de propagande par leurs geôliers. Ecartant toute opération de commando pour les faire libérer, Johnson, humilié, devra négocier avec Pyongyang comme Kennedy l'avait fait avec La Havane après l'échec de la baie des Cochons. L'équipage de l'*USS Pueblo* retrouvera la liberté le 23 décembre. Bien que les missions des bâtiments d'espionnage technologique soient maintenues un temps, dans l'Atlantique-Nord notamment, la NSA et l'Office of Naval Intelligence décident alors de remplacer leurs flottes vieillissantes par des destroyers spécialement reconfigurés, plus rapides et mieux armés. La guerre des intercepts navals ne fait que reprendre du poil de la bête.

Palestine, le FPLP de Georges Habbache, l'affrontement israélo-palestinien vient occuper le premier plan pour toute une époque.

Il se traduit par la multiplication des attentats visant des Israéliens d'abord, puis, après septembre 1970 et l'écrasement de la résistance palestinienne en Jordanie, de plus en plus de cibles arabes. Les affrontements de ce mois tragique entre les fedayin palestiniens et l'armée du roi Hussein ont causé 3 000 morts, dans les camps de réfugiés principalement.

Les combats faisaient suite au détournement de trois avions de ligne par la branche terroriste du mouvement de Georges Habbache, le Cose-FPLP dirigé par l'ancien chirurgien-dentiste Wadie Haddad. Or, depuis 1968, le Cose-FPLP était fourni en armes et en explosifs par le KGB. Considérant Haddad comme recruté, le renseignement soviétique venait de lui attribuer le pseudonyme de « Nationaliste ».

Dans les années suivantes, le Cose-FPLP, prenant ses distances avec la maison mère, fera abondamment parler de lui. Coupable de plusieurs attentats sanglants à Paris dont le meurtre de deux policiers de la DST, puis d'une prise d'otages spectaculaire lors la réunion de l'Organisation des pays exportateurs de pétrole à Vienne en décembre 1975, son meilleur élément, le jeune Vénézuélien Ilich Ramírez Sánchez alias « Carlos », va devenir une cible privilégiée du SDECE.

L'année suivante, Ivan de Lignières et Philippe Rondot, les deux « frères siamois » du service Action, essaieront de l'enlever dans sa ville natale de San Cristobal en se faisant passer pour les organisateurs d'une compétition cycliste venus en repérage. Mais c'est seulement en 1994 que Rondot l'obstiné parviendra à le faire ramener du Soudan, où il s'était réfugié, en France*.

Le Cose-FPLP n'est pas la seule organisation palestinienne à pratiquer le terrorisme, loin de là. Les combats de septembre 1970 ont déclenché une nouvelle spirale de violence entre Arabes. Quand Wasfi Tell, le Premier ministre du roi Hussein, est abattu dans un hôtel du Caire le 28 novembre 1971, une autre signature apparaît pour revendiquer l'assassinat : Septembre noir.

---

* *Cf.* Roger Faligot, Jean Guisnel, Rémi Kauffer, *Histoire politique des services secrets français de la Seconde Guerre mondiale à nos jours, op. cit.*

Cette organisation terroriste nouveau-née n'est en fait rien d'autre que le « cache-sexe » du Fatah. La dirige Ali Hassan Salameh, un des responsables du contre-espionnage du mouvement, le Jihaz al-Rasd. Fils d'une des grandes figures de la première guerre israélo-arabe, il entend hausser sa réputation au niveau de celle de son père.

Le 6 septembre 1972 à 4 h 30 du matin, des terroristes s'introduisent dans le pavillon israélien du village olympique de Munich. Deux athlètes sont abattus, neuf autres pris en otages. Dès l'annonce de cette nouvelle, Zvi Zamir, le nouveau « Memouneh » (responsable), prend l'avion pour Munich. Des frictions apparaissent alors entre le chef du Mossad, l'officier du Shin Beth qui l'accompagne et les policiers allemands qui trouvent trop insistants les conseils de leurs hôtes israéliens. La mésentente débouche sur une tuerie à l'aéroport de Munich, d'où les hommes de Septembre noir pensaient décoller avec leurs otages. Les neuf athlètes israéliens et cinq « Septembristes » sont abattus. Colère froide en Israël. Le Premier ministre, Golda Meir, accepte la proposition de Zvi Zamir : des représailles très dures contre les dirigeants palestiniens. S'ensuit une longue chasse à l'homme menée par Mike Harari (« Cobra »), le directeur des opérations spéciales du Mossad.

Assassinats par balles, bombes, voitures et même téléphones piégés (fixes seulement à l'époque) : le « bras de la vengeance d'Israël » va frapper. Sept attentats et neuf morts appartenant à l'Organisation de libération de la Palestine, présidée par Arafat, au Fatah ou au FPLP. Dont trois le 9 avril 1973 à Beyrouth lors d'un raid auquel participeront deux officiers des forces spéciales israéliennes : Ehoud Barak, futur Premier ministre, déguisé en femme, et Yonathan Netanyahou, frère aîné de l'actuel chef de gouvernement Benyamin Netanyahou*.

Un bilan meurtrier propre à renforcer l'idée de l'infaillibilité du Mossad, arme de guerre psychologique dans les pays arabes obsédés par son omnipotence, et bon moyen d'obtenir les crédits nécessaires de la classe politique israélienne. Pour autant, Ali

---

* Véritable héros national israélien, Yonathan Netanyahou sera tué le 3 juillet 1976 lors d'un raid audacieux sur l'aéroport d'Entebbé, en Ouganda, pour libérer les otages, presque tous juifs, d'un avion d'Air France détourné par le FPLP.

Hassan Salameh, la grande cible, court toujours. Et, si les Arabes voient le Mossad un peu partout, l'Institut, tout à sa traque de celui qu'il a surnommé « le Prince rouge », va l'apercevoir là où précisément il n'est pas.

Comment un service secret d'ordinaire performant a-t-il pu confondre Salameh avec Ahmed Bouchiki, un innocent serveur de bar marocain dans la paisible petite ville norvégienne de Lillehammer ? En filant paraît-il un de ses collaborateurs domicilié en Suisse. Un agent posté à dessein à l'aéroport de Copenhague, où il faisait escale, a vu ce mystérieux Algérien filer en direction d'Oslo. On le perd de vue, avant de retrouver sa trace à Lillehammer, où il croise Ahmed Bouchiki. Lequel, pour son malheur, présente une certaine ressemblance avec le « Prince rouge ». Zvi Zamir et Mike Harari, qui prendront tous deux le commandement sur place, rassemblent de toute urgence une équipe Action expérimentée, direction la Norvège. Le 21 juillet 1973, peu après 22 h 30, deux agents de l'Unité des opérations spéciales abattent le serveur marocain de quatorze balles de Beretta.

Or, c'est toujours immoral, et rarement judicieux, de commettre des attentats dans des petits pays aux fortes traditions démocratiques : la DGSE en saura quelque chose douze ans plus tard, en juillet 1985, quand deux de ses officiers, la capitaine Dominique Prieur et le commandant Alain Mafart, se feront « serrer » par la police néo-zélandaise après l'explosion à bord du *Rainbow Warrior*, un bateau de l'organisation Greenpeace...

De fait, les Norvégiens, choqués, réagissent promptement. Zamir, Harari et sept membres de leur équipe parviennent à prendre la fuite, mais pas six autres agents dont deux femmes : Marianne Gladnikoff, d'origine suédoise, qui, furieuse d'être accusée de trafic de drogue par des policiers particulièrement rusés, tombe dans le piège en revendiquant son appartenance au Mossad, et Sylvia Rafael, née en Afrique du Sud d'un père juif et d'une mère chrétienne (par la suite, cette jeune femme épousera son avocat norvégien). Tous écoperont de peines de prison de deux ans et demi à cinq ans et demi, bénéficiant néanmoins de libérations anticipées. Reste que le Mossad est ébranlé, même si Zamir continue de bénéficier de la confiance de Golda Meir.

L'« Ange » du Caire

Le patron de l'Institut « traite » en effet une des sources les plus prolifiques pour l'Etat hébreu : nul autre qu'Ashraf Marwan, dit « l'Ange », gendre de feu le président Nasser et conseiller de son successeur Anouar as-Sadate. C'est en 1969 ou 1970 que cet homme qui menait grand train est entré en contact avec le service, proposant de lui vendre des informations de premier choix pour un prix d'ailleurs élevé. Parce qu'il le vaut bien ? Certainement, puisque « l'Ange », son nom de code, est devenu l'agent personnel du « Memouneh », celui dont on attend le renseignement capital : la date d'une guerre prochaine à laquelle on croit sans trop y croire.

Zamir fait bien de ne pas rejeter cette hypothèse. Dans le plus grand secret, Egyptiens et Syriens sont en effet convenus d'une attaque coordonnée à lancer au moment de Yom Kippour. Ce jour le plus sacré de la religion juive, ils le savent, les soldats sont pour la plupart en permission dans leurs familles, les administrations fermées, les esprits tournés ailleurs que vers la conjoncture immédiate. C'est l'instant idéal.

Malgré les précautions extraordinaires prises au Caire et à Damas, quelques signaux avant-coureurs se profilent déjà sous la forme de mouvements de soldats égyptiens aux alentours du canal de Suez.

Au contact du Mossad et de son incroyable panoplie de ruses, les Moukhabarat ont toutefois compris que la meilleure manière de préserver un tel secret, c'est encore de combiner des procédés de camouflage qui porteront l'adversaire à croire vrai ce qui est faux, et des manœuvres de couverture qui l'inciteront à prendre pour faux ce qui est vrai. Retournant contre les Israéliens les techniques d'intoxication qui ont si bien réussi lors de la guerre des Six-Jours, ils s'y emploient.

La presse égyptienne abonde par exemple en entrefilets annonçant ici le renvoi de conscrits dans leurs foyers, là des bals et des matches de polo entre officiers, là encore des cérémonies officielles ou des mariages. L'Aman et son chef Eliyahou Zeïra s'y laissent prendre. Les Arabes feront beaucoup de bruit comme d'habitude, concluent-ils, mais resteront l'arme au pied.

En méprisant l'adversaire de façon si grossière, ces hommes et parfois ces femmes – Tsahal est mixte, on le sait – ne font d'ailleurs qu'aller dans le sens du vent. Depuis la guerre des Six-Jours, les Israéliens s'estiment en effet capables d'écraser les armées adverses quel que soit le cas de figure. Or, une telle arrogance, pardonnable à la rigueur à l'homme de la rue, ne l'est certainement pas à des professionnels du renseignement.

Le mercredi 3 octobre, une ultime rencontre entre stratèges égyptiens et syriens à Damas aboutit à la confirmation du jour J : le samedi 6 octobre, date de Yom Kippour. Mais à un changement de l'heure H, avancée à 14 heures au lieu de la fin de journée proposée par l'état-major de Sadate.

Au milieu de la nuit du jeudi 4 au vendredi 5, Zvi Zamir reçoit deux messages importants. D'abord celui, crypté, de « Doubi », l'agent traitant de Marwan, l'avertissant que « l'Ange » annonce une prochaine attaque surprise. Ensuite, quelques minutes plus tard seulement, l'appel téléphonique de Zeïra, qui lui apprend que les Soviétiques sont en train d'évacuer d'urgence leurs conseillers en Syrie et en Egypte ainsi que leurs familles.

Le chef de l'Aman, on l'a vu plus haut, ne voit dans cette mesure qu'une marque d'affolement des Russes qui « ne connaissent pas les Arabes aussi bien que nous ». Le « Memouneh », lui, prend la chose très au sérieux et saute dans le dernier vol d'El Al avant la fermeture de Yom Kippour. Direction l'Angleterre, où il espère rencontrer « l'Ange ».

Dix heures d'affilée, le « Memouneh » ronge son frein dans un hôtel londonien ; Marwan se présente enfin. La guerre est pour demain, annonce-t-il. Mais, soit de bonne foi parce qu'il ignore le changement d'horaire décidé le 3 octobre à Damas, soit de mauvaise foi parce qu'il serait en réalité un agent d'intoxication des Moukhabarat, le gendre de Nasser fixe le moment de l'attaque surprise à la tombée du jour, ainsi que le prévoyaient les plans égyptiens initiaux.

Homme de décision, Zamir se rue dans un appartement conspiratif du Mossad d'où il contacte téléphoniquement ses adjoints, à mots couverts, certes, mais de manière explicite étant donné que le temps presse. Les chefs de Tsahal ont toujours considéré que, grâce aux services de renseignements, ils disposeraient en cas de guerre d'un délai de quarante-huit heures pour mobiliser les réservistes, indispensables à la défense de l'Etat hébreu. A en croire Marwan, ce sera beaucoup moins. Et moins encore, nous le savons, puisque « l'Ange » lui-même retarde de six heures.

Le samedi 6 à 7 h 30, disposant d'autres sources, Zeïra et l'Aman finissent par concevoir que « l'Egypte a l'intention de reprendre les hostilités en fin de journée » et que, de son côté, l'armée syrienne attaquera pour reprendre le plateau du Golan, occupé par Tsahal depuis la guerre de 1967.

Tout concorde donc, sauf l'heure H qui, pour le Mossad comme pour le renseignement militaire, reste fixée à la tombée du jour. On lance, mais un peu tard, l'ordre de mobilisation générale. Or, surprise dans la surprise, l'assaut des armées arabes se déclenche bien avant, à 14 heures. Désarroi, panique, improvisation : plusieurs jours de durs combats seront nécessaires pour que Tsahal finisse par l'emporter.

Le bouclier des services secrets a fait défaut à Israël. Le 30 janvier 1975, la commission Agranat rend son verdict. Elle recommande le limogeage d'Eliyahou Zeïra, qui a tenté en vain d'atténuer sa responsabilité en affirmant que Marwan, agent double, aurait eu pour mission d'intoxiquer le Mossad sur l'heure du déclenchement des hostilités*.

Tombent aussi dans la trappe son adjoint, Arieh Chalev ; le chef du *desk* Egypte du département de recherche de l'Aman, Yona Bendman ; et le chef des renseignements de Tsahal pour le front Sud, David Gedaliah.

C'est la purge générale des services, comme celle que les Etats-Unis connaissent presque simultanément.

---

* Le 27 juin 2007, « l'Ange », qui n'a jamais été démasqué publiquement, tombe de la terrasse de son appartement de luxe londonien. Scotland Yard écarte l'hypothèse d'un accident, mais un témoin affirmera avoir vu deux hommes « de type oriental » qui auraient assisté calmement au drame depuis une terrasse voisine avant de s'éclipser. Alors, suicide ? Vengeance, au contraire ? Dans ce cas, elle peut émaner soit des Moukhabarat, si le gendre de Nasser n'était qu'un agent simple, donc un traître à l'Egypte, soit des Israéliens, s'il était un agent double chargé de les intoxiquer, soit d'une autre cause inconnue. Le mystère plane donc toujours sur la véritable allégeance de celui qui reste un des grands agents secrets du XXe siècle.

Le grand déballage

Ecoutes illégales, interception de courriers, filatures, menaces, corruption, chantage, pressions, cambriolage avec effraction, passage plus ou moins forcé au détecteur de mensonges, le polygraphe, recours indû aux organismes officiels comme l'Internal Revenue Service, le service de recouvrement des impôts qui dispose de nombreuses données personnelles et d'enquêteurs de terrain : les « plombiers » de la Maison Blanche n'ont reculé devant rien.

La mission initiale de cette équipe de « bras cassés », dont deux anciens de la CIA, Howard Hunt, vétéran de la baie des Cochons, et James McCord, chef de la sécurité du comité de campagne du parti républicain, était de colmater les nombreuses fuites dans la presse concernant des affaires d'Etat sensibles, comme la guerre du Viêtnam ou les négociations SALT (*Strategic Arms Limitation Talks*) avec Moscou. Mais, encouragés par le conseiller de Richard Nixon pour la Sécurité intérieure, John Ehrlichman, avec l'accord du président ou non, ils l'ont largement outrepassée.

A propos de fuites, tant va la cruche à l'eau qu'elle finit par se briser. Le 17 juin 1972, cinq « plombiers » dont McCord se font prendre en flagrant délit de pose de micros à l'intérieur du QG de campagne du parti démocrate, au sixième étage de l'immeuble du Watergate à Washington. S'ensuit l'énorme scandale qui, le 9 août 1974, va conduire à la démission de Nixon et à l'arrivée à la Maison Blanche du vice-président, Gerald Ford.

Or, voici que Seymour Hersch, l'enquêteur vedette du *New York Times*, déclenche une autre tempête en dévoilant l'existence du programme « Chaos » de « surveillance des agents étrangers » lancé par la CIA sous Dick Helms et qui a conduit à la constitution d'un fichier illégal de 300 000 noms dans les ordinateurs de l'Agence. Dont bien entendu ceux d'une très grande majorité de citoyens des Etats-Unis.

Gerald Ford demande aussitôt au nouveau vice-président, Nelson Rockefeller, de constituer une commission d'enquête. Celle-ci ouvre ses travaux dès le 13 janvier 1975. Sont notamment entendus trois anciens directeurs de la CIA : John Schlesinger, dont il s'avère vite qu'il ignorait tout des violations des droits constitutionnels de si nombreux Américains ; Dick Helms, qui refuse obstinément de révéler les « secrcts de famille » de Langley ; et William Colby, l'ancien responsable à Rome puis Saigon, qui parle suffisamment pour s'attirer la pire des réputations dans le petit monde des services secrets (Alexandre de Marenches ne m'a par exemple jamais caché son mépris pour celui qu'il considérait comme un donneur ou, selon sa propre expression, comme un « traître »)*.

Et ce n'est qu'un début. A partir du 21 janvier, une commission d'enquête sénatoriale commence ses auditions sous la présidence du sénateur de l'Idaho Frank Church, dont les conversations téléphoniques ont d'ailleurs fait l'objet d'écoutes par la NSA dans le cadre d'une opération dite « Minaret ».

Au fur et à mesure des travaux de la commission Church, de nouvelles révélations surgissent sur l'implication de la CIA dans des meurtres ou tentatives de meurtres visant des hautes personnalités. Fidel Castro bien sûr, et on ne parle pas de la poudre gadget conçue pour ruiner son système pileux, donc le priver de tout prestige... On encore Ngô Dinh Diêm, Salvador Allende et le général chilien Schneider. Mais aussi Patrice Lumumba (Congo ex-belge), Achmad Sukarno (Indonésie), Rafael Trujillo y Molina (Saint-Domingue) ou François Duvalier (Haïti). Des hommes qui ne sont ou n'étaient pas tous des démocrates, certes, mais tout de même...

En juillet, la commission de la Chambre des représentants que dirige Otis Pike achève de planter les dernières banderilles. Désormais, les citoyens américains savent que la CIA a procuré de fausses identités et du matériel de cambriolage à certains « plombiers » de la Maison Blanche. Qu'elle a tenté de faire obstruction à l'enquête de la CIA sur le Watergate. Que, pendant vingt ans, elle a ouvert et recollé illégalement des centaines de milliers de lettres personnelles : 215 800 rien que pour la ville de New York. Espionné des ressortissants des Etats-Unis dans le cadre du programme « Chaos ». Conservé en dépit d'instructions présidentielles des stocks de poison, venin de cobra par exemple, et assez de toxines de crustacés pour tuer 55 000 personnes. Expérimenté

* Une fin nimbée de mystère là aussi. Le 27 avril 1996, Bill Colby se noie lors d'une partie de pêche à Point Rock, dans le Maryland. Le *coroner* conclut à une crise cardiaque, mais on peut aussi penser à un suicide ou, cas limite, à la vengeance tardive d'anciens de la CIA.

des drogues sur des cobayes comme le malheureux Frank Olson, mort par suicide neuf jours après que des agents ont placé une forte dose de LSD dans son verre de digestif. Et, plus amusant, cherché à discréditer l'Indonésien Sukarno en finançant un film X, *Jours heureux*, où un sosie jouait son rôle.

Les peuples oscillent souvent entre besoin de liberté et désir de servitude. A l'époque, les pratiques de la CIA indignent beaucoup d'Américains. Mais, après 2001 et le double attentat contre les tours du World Trade Center, nombre d'entre eux, ou de leurs descendants, accepteront sans réserve le *Patriot Act* qui relève de la même logique intrusive, démultipliée par les systèmes modernes d'interception.

En ce milieu des années 1970, les hommes des « organes » soviétiques se gobergent, eux. Sont-ils naïfs, ces Occidentaux, de s'émouvoir de méthodes qui, portées au carré, constituent le pain quotidien derrière le Rideau de fer… En poussant le bouchon plus loin, on peut imaginer que l'« impérialisme décadent », se suicidant à fortes doses de transparence, serait en train de baisser les bras. Qu'en somme, résigné, il accepterait de perdre la guerre froide.

Est-ce bien le cas ?

23

Plus dure sera la chute

« Il n'existe pas aujourd'hui de pays qui ne serait pas mûr pour le socialisme. »

Tout est dit en décembre 1979 dans cette déclaration d'Oulianovsky, le directeur des Affaires afghanes au comité central du PC d'Union soviétique : la certitude de s'inscrire dans le sens de l'histoire, la conviction que les Etats-Unis ne se relèveront jamais de la défaite du Viêtnam, le « devoir internationaliste » à remplir en Afghanistan.

Un dossier épineux. Depuis le renversement de la monarchie en 1973, deux factions communistes rivales issues de clans tribaux opposés : le Khalq (« Peuple ») et le Parcham (« Drapeau ») alternent au pouvoir à Kaboul. En juillet 1978, Nour Mohamed Taraki l'a emporté, lançant une politique de collectivisation à la baïonnette qui a coûté la vie à 200 000 voire 300 000 Afghans. Mais, à la suite d'une mutinerie de l'armée et au refus de Moscou de lui fournir des soldats soviétiques ouzbeks et tadjiks déguisés en militaires afghans, Taraki a dû céder le pouvoir à son ancien ministre des Affaires étrangères Hafizullah Amine, un Khalqi. Lequel vient de le faire assassiner le 14 septembre 1979.

Dans sa jeunesse, le nouveau numéro 1 fit quatre ans d'études à l'université Columbia de New York : c'est donc un agent américain ! Il se trouve que la tension s'accroît, le 4 novembre, entre les Etats-Unis et l'Iran de l'ayatollah Khomeyni avec la prise d'otages par des « étudiants islamiques » à l'ambassade américaine de Téhéran. Washington s'émeut. Des bâtiments de l'US Navy viennent croiser dans le golfe Arabo-Persique, démonstration de force interprétée par Moscou comme une volonté belliqueuse.

Les « impérialistes » aux portes de l'URSS… Cette configuration nouvelle déclenche un brusque revirement à Moscou, où, rigidifiée dans son marxisme-léninisme, la bureaucratie gérontocratique régnante passe en un tournemain de l'optimisme le plus fou à la paranoïa la plus aiguë.

Brejnev, le secrétaire général du Parti communiste, vient de souffler ses soixante-treize bougies. Quant à son numéro 2 Alekseï Kossyguine, président du Conseil des ministres, il affiche déjà deux ans de plus. Pour l'avoir renversé quinze ans plus tôt, ces deux dirigeants se rappellent comment l'aventurisme de Khrouchtchev dans la crise des fusées de Cuba lui a coûté son poste, d'où leur attitude prudente. Mais le chef du Département International, Boris Ponomarev, soixante-quatorze ans, et Mikhaïl Souslov, soixante-dix-sept ans, le doctrinaire en chef du régime, prônent l'intervention directe.

Pour eux comme pour le ministre de la Défense, le général Dimitri Oustinov (soixante et onze ans), et comme pour Andropov, le patron du KGB (soixante-cinq ans seulement, un gamin), le renversement de Hafizullah Amine s'impose. C'est le seul moyen de contrer les projets guerriers que les Américains, prisonniers de leur ADN réactionnaire, ne peuvent pas ne pas ourdir dans cette région voisine de l'URSS.

Laisser Kaboul entre des mains ennemies, insistent ces quatre mousquetaires de l'intervention, c'est tirer un trait définitif sur la « doctrine Brejnev », qui veut que l'URSS n'abandonne jamais un pays socialiste frère. Or, c'est au nom de ce principe qu'à l'été 1968 les troupes des pays du pacte de Varsovie ont envahi la Tchécoslovaquie. Dans la grande famille des pays socialistes, Kaboul apparaît certes en cousine moins proche que ne l'était Prague. Mais qui cède une première fois cède toutes les suivantes, c'est bien connu…

D'abord réticent dans la mesure où il entrevoyait les répercussions internationales d'un nouveau coup de force, Andreï Gromyko, le ministre des Affaires étrangères, soixante-dix ans, a fini par se ranger à l'avis des camarades Ponomarev et Souslov. Quand à Iouri Andropov, il a déjà un nom en tête pour succéder à Hafizullah Amine : Babrak Karmal, le nouveau chef du Parcham.

Par souci de se couvrir devant l'Histoire, obsession omniprésente depuis Lénine chez les dirigeants soviétiques, Brejnev exige un vote nominal du bureau politique sur le projet manuscrit de résolution N P176/125 avant de donner son accord. Le texte est adopté le 12 décembre 1979. Le secrétaire général confie à Andropov, à Gromyko et au général Oustinov le soin de rendre compte « de la mise en place des mesures envisagées ». En clair, la liquidation physique d'Amine et son remplacement par Karmal.

Ultime serrement de boulons le 26 décembre dans la datcha du secrétaire général, alors que depuis la veille tous les prétextes sont bons pour faire pénétrer des troupes soviétiques sur le territoire afghan. Le plan d'action en cours est approuvé. Brejnev ordonne sa poursuite. Baptisée « Tempête 333 », l'invasion débute le 25 décembre 1979. Cinq divisions sont engagées. Le 27, 500 Spetsnaz, les forces spéciales russes, donnent l'assaut au palais présidentiel de Darulaman où Amine s'est retranché avec une poignée de fidèles. Feu nourri d'armes automatiques, roquettes, gaz de combat : des « tirs amis » atteignent le général Papoutine, vice-ministre soviétique de l'Intérieur, et son adjoint, le colonel Boyarinov. Reste que l'objectif est atteint, Amine « liquidé » et Karmal bientôt à sa place.

Un coup de maître ? Disons pour être plus précis une fuite hasardeuse en avant, clou supplémentaire dans le cercueil de l'URSS. L'Afghanistan s'apprête en effet à devenir le Viêtnam soviétique. A cette différence près que le régime, à bout de forces économiquement, ne parviendra pas à surmonter l'épreuve.

Le front afghan

Dans leurs délibérations de décembre 1979, les hiérarques du Kremlin ont sous-estimé trois facteurs pourtant prévisibles.

D'abord l'émergence d'une résistance armée dont toute l'histoire de ce pays de 655 000 kilomètres carrés aux montagnes culminant à 3 500 mètres atteste qu'elle est immédiate en cas d'invasion : Arabes, Britanniques et Russes tsaristes s'y sont déjà cassé les dents.

Ensuite la rapide réaction du président américain Jimmy Carter au nom de préoccupations morales dont la nature échappe visiblement aux dirigeants soviétiques. Ces derniers nagent en pleine contradiction : comment peut-on soutenir que les Américains, par nature belliqueux, n'auraient en tête que le basculement forcé de l'Afghanistan dans le camp occidental, pour décider en même temps qu'ils resteront passifs face à l'intervention armée russe ?

Un raisonnement mécanique fondé sur plusieurs exemples récents d'apathie américaine post-Watergate. Prenons celui de la guerre civile d'Angola. Après l'indépendance au milieu des années 1970, trois mouvements s'y disputaient le pouvoir les armes à la main. Mais, affaiblie par les scandales et paralysée par les décisions du Parlement américain, la CIA passa à l'arrière de la scène d'Afrique australe, occupée côté Est par le KGB, la HvA et la DGI cubaine, et côté Ouest par le SDECE français, les Chinois, le Centre national de documentation zaïrois et le Military Intelligence sud-africain. Grâce notamment à cette passivité américaine, le Movimento Popular de Libertação de Angola, le MPLA, soutenu par les Russes et les Cubains, allait l'emporter, renforçant ainsi le « camp socialiste ».

Enfin, autre élément de nature à modifier la donne : l'entrée sur le front afghan du Pakistan voisin, allié des Etats-Unis. Aux mains du général-président Mohammed Zia-ul-Haq et de sa dictature militaire, le pouvoir pakistanais va mobiliser sans attendre les moyens de la riposte. Etat musulman, raison religieuse pour laquelle il s'est séparé de l'Union indienne vingt ans plus tôt au prix d'une guerre très dure, le Pakistan se trouve de ce fait le plus à même d'influer sur les Afghans, très stricts de ce point de vue.

Dès le 4 janvier 1980, des sanctions contre Moscou sont décidées à Washington. Ce n'est pas une surprise, mais chacun sait que l'URSS, mal en point économiquement, en subira l'impact de plein fouet. De façon plus inattendue à Moscou, la CIA commence aussitôt à fournir clandestinement des armes aux combattants de la Résistance, les moudjahidin. En prévision d'un éventuel « démenti plausible », ces matériels proviennent de stocks russes achetés aux Egyptiens, qui n'en ont plus l'usage, ayant expulsé définitivement leurs conseillers soviétiques et négocié avec Israël les accords de paix de Camp David de septembre 1978.

Conseiller à la Sécurité nationale du président Carter, Zbigniew Brzeziński fait le voyage d'Islamabad en février 1980 pour rencontrer le général Zia-ul-Haq et le lieutenant général Abkar Abdul Rahman, chef de l'Army's Directorate for Inter-Services Intelligence (Directoire de l'armée pour le renseignement interservices), l'ISI.

Créé en 1948 à la suite de la guerre indo-pakistanaise sur les conseils d'un officier australien de l'armée britannique, le major général Robert Cawthorne, l'ISI chapeaute les trois services secrets de l'armée de terre, de la marine et de l'armée de l'air. Agissant à l'intérieur comme une police politique ultra-répressive, il épie l'Inde en permanence. C'est que l'hostilité traditionnelle entre Islamabad et New Delhi a connu un nouveau pic au moment de l'intervention indienne de 1971 contre l'armée pakistanaise au Bengale oriental, ce coup de force débouchant sur la fin du massacre de populations civiles et la naissance d'un Etat indépendant, le Bangladesh. Après un tel échec, l'ISI a intensifié ses efforts pour procurer au Pakistan l'arme atomique.

Du fait de la reconnaissance mutuelle de la Chine communiste et des Etats-Unis, la CIA ne mène plus d'opérations clandestines en soutien à la Résistance tibétaine comme autrefois. Elle n'a donc plus besoin de l'aide indienne, ce qui renforce la qualité de son alliance avec les services pakistanais. Leurs rapports de travail remontent à la fin des années 1960 et au début des années 1970, quand l'ISI et la CIA ont coopéré à des tentatives de déstabilisation de l'Inde au Pendjab.

Face aux Pakistanais, l'Union indienne aligne son propre service secret, la Research and Analysis Wing (R&AW), créée en 1968 sur proposition d'Atma Jarayam, ancien policier à l'époque de l'Empire britannique, puis directeur adjoint du bureau de Delhi de l'Intelligence Bureau, le service de renseignements intérieur mis en place après l'indépendance.

Son fondateur « Ramjee » Kao ayant cédé son fauteuil en 1977, la R&AW est dirigée par N.F. Suntook. Elle dépend du Premier ministre – bientôt Indira Gandhi, de retour au pouvoir en janvier 1980 après quatre ans de cure d'opposition. La R&AW s'est aussi beaucoup occupée de technologies nucléaires. Et, naturellement, toute possibilité de déstabiliser le Pakistan lui apparaît comme une aubaine.

Sur un coup de force, on allait dire un coup de tête, soviétique, la longue guerre d'Afghanistan s'engage dans cette configuration complexe Etats-Unis-URSS-Inde-Pakistan-Chine. Neuf années durant, elle va rythmer l'affrontement Est-Ouest. Sans en constituer l'unique front, car, pour les Américains notamment, la technique tend à primer de plus en plus.

Le TECHINT-roi

Place au renseignement technologique, le TECHINT. Depuis la fin des années 1960, une véritable guerre secrète du SIGINT, l'une de ses principales dimensions, oppose la NSA au XIVe Département.

Mis sur pied en 1968 par Iouri Andropov au sein de la PGU, la première direction principale du KGB, ce service dédié aux interceptions électromagnétiques œuvre en coopération étroite avec une autre création récente : le XVIe Département, qui supervise les dispositifs d'interception des résidences du service à l'étranger, les manœuvres de recrutement des organismes de SIGINT opposés et les tentatives pour se procurer les chiffres étrangers.

De quoi provoquer beaucoup de remue-ménage. Comme le remarquent Christopher Andrew et son coauteur l'ancien officier du KGB Vassili Mitrokhine passé à l'Ouest en 1992, c'est à ce moment que des dispositifs très complexes d'antennes vont commencer à orner les façades des représentations diplomatiques soviétiques*. Sous prétexte de communications à assurer, il s'agit bien entendu d'intercepter massivement celles des pays hôtes.

Les contre-espionnages occidentaux mettront un peu de temps à s'en émouvoir, mais autant se rappeler que la CIA, le MI 6, le BND ou le SDECE par exemple opèrent eux aussi à partir des ambassades. Et qu'ils se livrent aussi à des intrusions, moins fréquentes toutefois que celles de leurs adversaires de l'Est**.

---

* *Cf.* Christopher Andrew, Vassili Mitrokhine, *Le KGB contre l'Ouest, 1917-1991*, Paris, Fayard, 2000.

** En 1956, Peter Lunn, spécialiste de la « sonorisation » des représentations diplomatiques à l'étranger au MI 6, propose à la CIA de creuser un tunnel de 500 mètres de long à Alt-Glienicke, à la limite du secteur américain, tout près de la principale liaison téléphonique d'avant-guerre desservant désormais le sud de la RDA. Là passent trois câbles réservés à l'Armée rouge. La mèche sera vendue aux Soviétiques par une de leurs taupes chez les Anglais, George Blake. Le 22 avril 1956, des techniciens subalternes russes découvrent le tunnel « par hasard ». Le principe de l'arroseur arrosé voudra que, dix ans plus tard, le KGB parvienne à faire installer un micro dans le bureau de Lunn, chef de poste MI 6 à Beyrouth. De leur côté, en 1968, les Russes recrutent un caporal de la RAF basé à Berlin-Ouest, Geoffrey Prime. En 1975, celui-ci parvient à se faire muter à la base du GCQG de Cheltenham qui traite les intercepts en accord

A cette époque, le curseur revient donc sur le tout-technologique. En particulier, côté américain, le remplacement des U-2 par les SR-71 Blackbird. Ces appareils de deuxième génération volent à plus de 35 000 mètres d'altitude et trois fois et demie la vitesse du son, d'où leur invulnérabilité à la DCA adverse.

Les drones aussi présentent de sérieuses garanties de sécurité. Le programme « Red Wagon » de ces véhicules aériens télépilotés fait immédiatement suite à la crise des fusées de Cuba. Teledyne Ryan Aeronautical Company emporte le marché avec ses 147-BQM Firebee. Des appareils dont le premier vol opérationnel aura lieu au-dessus de la Chine dès septembre 1964. Les Firebee seront ensuite déployés en masse sur le théâtre d'opérations viêtnamien, totalisant 3 435 missions entre 1964 et 1975, date de la fin des hostilités et de la réunification du pays sous égide communiste.

Depuis le lancement des KH-4 du programme « Corona » au début des années 1960 (*cf.* chapitre 19, p. 533), la technologie satellitaire de pointe s'est affinée. Pour scruter l'URSS, les pays du bloc de l'Est, la Chine et bien entendu le Viêtnam, on aligne désormais des KH-5 Argon, satellites de cartographie, des KH-6 de survol à basse altitude et des KH-7 Gambit à très haute résolution, satellites dits « Keyholes » (« Trous de serrure »), en raison des caméras qui les équipent et dont les films, enserrés par des capsules protectrices, sont éjectés vers la terre puis récupérés en cours de route par des avions spécialement équipés.

Déjà très au point, comme on vient de le voir, l'espionnage satellitaire est amélioré sans trêve. Notamment pour la nouvelle génération apparue au début des années 1970, les KH-8 à caméras stéréoscopiques donnant des images haute résolution en relief. Bientôt équipés de capteurs et d'antennes qui interceptent les rayonnements électromagnétiques au sol, ces engins connaîtront de nouveaux perfectionnements pour devenir les KH-9. Lesquels rapporteront des renseignements et des images précieux, du théâtre d'opérations afghan entre autres.

---

avec la NSA. Ayant attiré l'attention de la police anglaise en 1981 pour cause de pédophilie (il avait agressé une gamine avec un couteau), Prime sera dénoncé comme espion par sa femme, Rhona. Conduite par un haut responsable, Benson Buffham, une équipe de la NSA traverse alors l'Atlantique pour le débriefer, preuve de l'extrême sensibilité de Fort Meade à l'infiltration soviétique.

Apparaîtra ensuite la génération des KH-11 à images numériques, beaucoup plus nettes et qui ne mettent que quelques instants à parvenir au sol en transitant par des satellites de communications. Celle des KH-12, mis en orbite à partir d'une navette spatiale et non plus d'un lanceur de fusées, donc à moindres frais, et ainsi de suite (le lecteur me pardonnera cette énumération, mais ces engins n'ont de spectaculaire que l'accroissement continu de leurs performances, du James Bond si l'on veut, dans sa version *Moonraker**).

En matière de renseignement technologique, l'imagination reste d'ailleurs au pouvoir. Ainsi les services américains CIA, NSA et ONI branchent-ils des dérivations sur les câbles sous-marins soviétiques dans la Baltique et la mer de Barents, manière discrète sinon secrète d'acquérir des informations sur la flotte russe, dont le développement en bâtiments de surface et surtout en submersibles équipés d'engins nucléaires fait peur. Ne perdons en effet jamais de vue que la perspective de l'holocauste atomique, composante inséparable de la guerre froide, hante toujours les esprits.

Jugez-en plutôt. Qu'un sous-marin rouge de la classe Golf vienne à exploser le 11 avril 1968 lors d'un séjour en surface à 1 000 kilomètres au nord-ouest de Haïti et les cerveaux s'enflamment à Langley. Le submersible, ses 70 hommes d'équipage, ses trois têtes nucléaires et ses livres de code ont sombré à une profondeur voisine des 5 000 mètres. Or la Navy est parvenue à localiser l'épave, mais pas la marine russe, moins présente dans l'océan Pacifique.

« Si nous montions une expédition pour repêcher les restes du sous-marin ? » propose Carl Duckett, le directeur de la CIA pour la Science et la Technologie. Dick Helms, encore patron à Langley, le traite de « dingue ». L'idée n'en fait pas moins son chemin. Duckett contacte un de ses prédécesseurs au département scientifique, Albert Wheelon, désormais patron de la firme de construction aéronautique Hughes Aircraft.

---

* Pour les non-amateurs, *Moonraker* (réalisation de Lewis Gilbert en 1979 avec Roger Moore dans le rôle de 007 et Michael Lonsdale dans celui d'Hugo Drax, le « méchant ») est le seul film de la série des Bond clairement situé dans l'univers de la SF.

Des discussions entre « Duck » et « Bud » naît le projet « Azorian ». Hughes Aircraft met en chantier un navire plate-forme particulièrement stable sur l'eau. Ce *Glomar Explorer* est équipé d'une sorte de derrick capable de percer la coque du sous-marin et de remonter des objets engloutis. Il sera flanqué d'une immense barge submersible d'une centaine de mètres recouverte d'un dôme ovale. Le *HMS-1*, son nom de code, porte un gigantesque grappin capable, espère-t-on, de saisir le sous-marin dans ses serres pour le remonter à la surface.

Bien entendu, la mission est top secret. On la présente donc comme le projet « Jennifer », une tentative d'exploration des fonds marins à la recherche de métaux précieux, titane, manganèse, cuivre, uranium et nickel. Mais c'est de l'or qu'on cherche, l'or en barre des renseignements.

Le 20 juin 1974, le *Glomar Explorer* et le *HMS-1* appareillent de conserve. Malheureusement pour elle, la CIA ne pourra récupérer que la partie avant du sous-marin, le reste de l'épave sombrant dans des eaux trop profondes pour que l'on puisse songer à le repêcher. L'affaire n'est toutefois qu'un semi-échec dans la mesure où Duckett et l'Agence ont pu récupérer trois torpilles nucléaires, le journal de bord de l'officier d'armement ainsi que divers éléments techniques concernant les procédures russes en matière atomique.

Ainsi vont les choses au temps du TECHINT-roi. Du côté du renseignement humain, les progrès seront un peu plus lents à venir dans le camp américain…

Retour timide à l'HUMINT

Dans les années 1960, James Angleton, meurtri d'avoir accordé en son temps une confiance aveugle à Kim Philby, la taupe soviétique au sein du MI 6, fit régner une véritable paranoïa au sein de l'Agence. Les soupçons maladifs de ce maître du contre-espionnage paralysaient en particulier la Soviet and East European Division (SE Division). Entretenir deux ou trois contacts avec un Soviétique dans l'intention de le retourner vous rendait suspect de travailler pour l'Est. A ce compte-là, on ne risquait pas de recruter beaucoup d'agents dans les pays communistes, ce qui diminuait d'autant l'efficacité de la CIA. Une manière paradoxale de faire le jeu de sa grande rivale la NSA, moins sujette à ces mesures d'hygiène forcée du fait de son mode de fonctionnement à distance*.

En 1971, après des années de quasi-inactivité sur le terrain, le nouveau chef de la SE Division s'appelle David Blee. Une légende au sein de la Compagnie depuis mars-avril 1967, quand, en poste à New Delhi, il a organisé le passage à l'Ouest de Svetlana Allilouïeva, la propre fille de Staline, qui venait de demander l'asile politique à l'ambassade américaine.

Avoir caressé ainsi les ailes de la grande histoire vous donne de l'énergie. Celle qu'il faut pour tirer la SE Division de sa torpeur et en faire de nouveau un vecteur de pénétration de l'URSS. Mais, nommé à la tête de la CIA en mars 1977 par Jimmy Carter, l'amiral Stansfield Turner, ancien commandant en chef des forces de l'OTAN pour le sud de l'Europe, décide que le jeu, trop risqué, n'en vaudrait décidément pas la chandelle.

Alors que le bloc de l'Est ploie sous le poids de ses contradictions économiques, les États-Unis se privent donc d'un instrument qui peut les aider à en évaluer l'importance. Ainsi, en janvier 1977, quand Adolf Tolkhatchev, employé russe d'origine juive d'un institut de recherche militaire de pointe rêvant de rejoindre les rangs de la dissidence, tente une première fois d'entrer en relations avec la station moscovite de la CIA, celle-ci ne donne pas suite.

C'est seulement deux ans plus tard que le contact va être établi. Providentielle, cette source va procurer à l'Agence tous les détails

---

* La NSA n'est pas invulnérable pour autant. On se souvient de Mitchell et Martin, recrutés par les services soviétiques en 1959 et qui se réfugieront en URSS (*cf.* chapitre 21, p. 578). Le GRU a « tamponné » pour sa part un agent de la NSA, le sergent Jack Dunlap, qui se suicidera en 1963. Quelques mois plus tôt, Victor Hamilton, un transfuge de la même agence recruté par le KGB, était parvenu à gagner Moscou. En 1965, une autre taupe, Robert Lipka, responsable de la destruction de documents secrets à la NSA, commence au contraire à en passer aux Russes. Ronald Pelton, un agent à la retraite, est recruté par le KGB au début des années 1980. Quant à John Walker, un sous-officier de l'US Navy, il fournira aux Soviétiques, en tant que chef d'un petit réseau à base familiale, des documents sur les systèmes de cryptage de la marine à partir de la fin 1967, et ce pendant dix-huit ans.

de l'avionique, du tableau de bord et de l'armement en missiles du MIG 23 ; ceux du radar de bord et de l'armement du MIG 25 ; des informations sur le tout nouveau Sukhoï 27 ainsi que les plans du tableau de bord futuriste du MIG 29. Les domaines de la technologie militaire et de la conquête spatiale restent en effet les seuls où l'industrie soviétique tient la dragée haute à l'Occident. Ailleurs, tout part à vau-l'eau.

Le manège prend fin en juin 1985, date de l'arrestation de l'agent américain par les hommes du général Rem Krassilnikov, l'as des as de la 2e Direction principale du KGB chargée du contre-espionnage. Une taupe au sein de la CIA, Edward Lee Howard, a en effet mis les Russes sur la piste.

Au-delà de son cas personnel, la trajectoire d'Adolf Tolkhatchev met en lumière un phénomène nouveau. Jusqu'à la fin de la Seconde Guerre mondiale, l'URSS faisait fantasmer, facteur propice à la trahison par idéologie et au recrutement d'agents en Occident. Désormais, c'est l'inverse : ceux qui passent au service secret des Occidentaux franchissent la ligne parce que l'Occident, terre de libertés individuelles et paradis de la consommation, nourrit le rêve.

Depuis la signature des accords Est-Ouest d'Helsinki d'août 1975, dont la « troisième corbeille » édictait le principe de libre circulation des hommes et des idées, le climat a changé. Les dissidents des pays de l'Est, qui n'avaient bien entendu rien de commun avec des espions, quoi qu'en ait dit la propagande officielle, se sont engouffrés dans cette brèche au sein du Rideau de fer. Pour ne citer qu'eux, Václav Havel et ses amis de la Charte 77, dont le jeune écrivain Oldřich Černý, chargé après 1989 de la dissolution de la Sécurité d'Etat et de l'émergence à Prague de services secrets dignes d'un pays démocratique (il dirigera ce service, l'Úřad pro zahraniční pro styky a informace, de janvier 1993 à août 1998).

Même réprimée, l'action courageuse de ces militants montre qu'il est possible de gêner les régimes communistes en les prenant au piège de leurs engagements internationaux. Au sein même des services secrets de l'Est, certains officiers se montrent sensibles à de telles revendications, d'où l'envie qu'ils ressentent d'accélérer la chute du système, le trahissant pour devenir en quelque sorte des « transfuges de l'intérieur ».

Transfuges de l'intérieur

C'est le cas de Vassili Mitrokhine, né en 1922 et entré dans le renseignement extérieur soviétique à vingt-six ans. Muté aux Archives de la Première Direction principale pour avoir manifesté un peu trop d'enthousiasme envers la déstalinisation et le rapport Khrouchtchev, il se prend d'intérêt pour les premières manifestations de la dissidence.

Celle-ci est l'objet d'une violente phobie de la part d'Andropov, acharné à sa perte et subit une répression féroce, œuvre du KGB. En poste en Allemagne de l'Est, Mitrokhine glisse peu à peu, après 1968 et la fin brutale du Printemps de Prague, de l'espoir de l'émergence d'un « bon leader » capable de réformer le système à la certitude qu'il faut le combattre.

Oui, mais comment ? En 1972, le renseignement extérieur, la PGU, quitte son berceau historique de la place Dzerjinsky, trop exigu, pour s'installer à Iassenevo, à une trentaine de kilomètres au sud-est de Moscou. Là, un architecte finlandais a conçu le bâtiment principal, une tour moderne de sept étages en forme de Y qu'encadrent d'un côté une salle de conférences et une bibliothèque, et de l'autre une polyclinique et un complexe sportif muni d'une piscine. L'intérieur du nouveau siège est froid et fonctionnel. On y accède en voiture ou en autobus, mais, petite compensation, on a vue sur les collines boisées voisines. De quoi rappeler l'environnement du siège de la CIA en Virginie, à tel point qu'on peut se demander si quelque forme de mimétisme n'a pas joué.

En charge dix années de rang du transfert méthodique des archives de la PGU de Dzerjinsky à Iassenevo, Mitrokhine devient le seul responsable de la vérification d'un demi-million de dossiers, dont ceux, ultra-sensibles, de la Direction S, responsable des agents illégaux à l'étranger. Un rôle privilégié qu'il commence dès lors à mettre à profit en les mémorisant d'abord, en les recopiant ensuite sur des feuilles de papier qu'il froisse, jette dans sa corbeille avant de les récupérer le soir à l'heure de quitter le bureau – telle est du moins la version qu'il donnera en 1999 dans le livre qu'il va cosigner avec l'universitaire et historien des services Christopher Andrew. Ces notes sont ensuite tapées à la machine les jours de repos dans sa datcha de famille à 36 kilomètres de Moscou, puis enterrées sous le bâtiment dans des contenants scellés : bidon, valises, cantine, lessiveuse.

Le manège semble avoir duré jusqu'à sa mise à la retraite en 1984. En mars 1992, l'année qui suit l'effondrement la chute de l'URSS, le dissident saute le pas. Il se rend dans la capitale d'un pays balte et, sans doute inspiré par le mythe de l'Intelligence Service, puissant facteur d'attraction ne serait-ce qu'à travers les films de James Bond, sonne à la porte de l'ambassade britannique. Les échantillons qu'il y présente font sensation. L'affaire passe désormais entre les mains du MI 6. En septembre-octobre, le service secret de Sa Majesté exfiltre le transfuge en Angleterre avec un premier lot de ses archives pour un long débriefing de près de deux mois. Pendant ce séjour sont mises au point les modalités du passage en Grande-Bretagne de l'intégralité des archives et, bien entendu, de sa famille. L'opération sera menée avec succès dès novembre.

Outre-Manche, Mitrokhine rejoint un autre transfuge plus ancien du KGB au MI 6. En poste au Danemark, Oleg Gordievsky est passé au service secret de la Couronne en qualité d'agent double. Parmi les informations de premier ordre qu'il va donner à ses officiers traitants à partir de 1974, cette révélation : en 1981, Andropov s'était persuadé que les Etats-Unis s'apprêtaient à lancer une attaque nucléaire surprise contre l'URSS à l'instigation de Ronald Reagan, perçu à Moscou comme un *Cold Warrior* extrémiste.

Par son passé et par certains de ses discours, le nouveau président américain pouvait certes laisser cette impression. Pour autant, il n'avait rien d'un fou. Un travail de renseignements de qualité, donc à peu près objectif, eût tôt fait d'en rendre compte. Mais, à l'époque du communisme soviétique vieillissant, c'était là chose impossible. D'où le lancement par le KGB d'une vaste opération (nom de code « Ryan », le sigle russe pour « attaque nucléaire ») destinée à collecter tout renseignement allant dans le sens d'une attaque « impérialiste » prochaine, à l'exclusion implicite des informations contraires.

La passion de Margaret Thatcher pour « ses » services secrets est dévorante. A telle enseigne que le Premier ministre britannique les croit capables de résoudre d'un coup de baguette magique nombre des problèmes de la Grande-Bretagne. Le conflit d'Irlande du Nord par exemple, qu'elle n'appréhende qu'à grands renforts d'opérations musclées des forces spéciales britanniques, le Special Air Service, contre l'IRA, l'armée nationaliste clandestine*. Au moins la Dame de fer prend-elle en compte certains de leurs apports. Mise au courant du dossier Gordievsky par le MI 6, elle en livre quelques éléments choisis à Ronald Reagan au titre de la « relation particulière » censée régir les rapports entre Grande-Bretagne et Etats-Unis.

En principe, un président averti en vaut deux. Mais, comme Mme Thatcher refuse de révéler à Reagan la source de ses renseignements concernant l'opération « Ryan » – les Anglais veillent jalousement sur l'identité de leurs agents –, celui-ci n'accorde pas à son alliée de Downing Street toute l'attention souhaitable.

La preuve : deux mois après le regain de tension internationale Est-Ouest créé le 1er septembre 1983 par la destruction d'un Boeing civil de la Korean Airlines par la DCA russe, l'OTAN procède envers et contre tout à l'exercice « Able Archer », un tir de missiles destiné à tester les procédures nucléaires des pays de l'Alliance atlantique. Du coup, alors que l'OTAN et son adversaire soviétique le pacte de Varsovie palabrent depuis dix ans à Vienne pour une réduction mutuelle et équilibrée des armements, le monde frôle soudain l'apocalypse.

Chemine-t-on à l'aveugle ? Selon l'expression de l'ancien officier supérieur de la CIA Milton Bearden, le « mélange détonant d'"Able Archer" et de "Ryan" avait conduit à la situation la plus explosive depuis la crise des fusées de Cuba ». Les Américains ne l'apprendront qu'après coup et dans l'état de frayeur rétrospective qu'on imagine.

S'il y a un bon usage des services secrets, il en existe aussi un mauvais, tranche Gerbert Burton, alors chef de la SE Division.

---

* La Dame de fer refusait cependant d'écouter les services quand ils ne lui chantaient pas la chanson qu'elle voulait entendre. Ainsi enterra-t-elle le rapport de décembre 1978 dans lequel le brigadier général James Glover, bientôt directeur adjoint du renseignement militaire, le Defence Intelligence Staff, soulignait que ni l'IRA ni l'armée britannique ne pouvaient remporter la guerre (*cf.* Roger Faligot, *Les Services spéciaux de Sa Majesté*, Paris, Temps Actuels, 1982). La parole au politique, autrement dit. Mais l'obstination de Margaret Thatcher contribuera à prolonger le conflit de dix bonnes années.

Fort d'un tel adage, il demande à Aldrich Ames, le responsable de la section contre-espionnage de son service, de tout faire pour identifier la taupe du MI 6 qui vient de révéler aux Occidentaux cet épisode baroque, mais sacrément inquiétant.

Le contre-espionnage, le lecteur a pu s'en rendre compte tout au long des pages du présent livre, est avant tout une longue patience. Et d'abord un travail de bureau : il faut éplucher les fiches biographiques, les rapports des agents, les témoignages ; les comparer les uns aux autres ; repérer les aberrations, les anomalies ; déterminer si X, en poste à tel endroit à tel moment, a pu ou non être détenteur de telle information ; écarter les « candidats » qui ne conviennent pas ; bâtir une liste de plus en plus courte ; mettre ensuite les suspects sous surveillance ; et, avec un peu de chance, les prendre en flagrant délit.

Le traitement informatique des données facilite ce labeur, mais ne le rend pas automatique. Même s'il trahit les plus émotifs, le détecteur de mensonges n'a lui non plus rien d'infaillible. Encore faut-il faire preuve de flair. Le chasseur se fie à son instinct, le contre-espion doit maintenir constamment le sien en éveil.

Au printemps 1985, Aldrich Ames – retenez ce nom – tient un candidat. Oleg Gordievsky peut-il être une taupe ? demande-t-il à la station de la CIA dans la capitale britannique. Après examen, la réponse tombe : possible. Fin avril 1985 en tout cas, l'intéressé, qui n'était qu'adjoint, est nommé par le Centre de Moscou résident légal en Angleterre à la place d'Arkadi Gourk, expulsé par les autorités britanniques pour « activités contraires au statut diplomatique ».

Il faut croire que la CIA n'est pas seule à le soupçonner puisque, à la mi-mai, Gordievsky est rappelé dans la capitale soviétique. Pour un nouveau résident, la procédure est normale : l'agent double ne s'inquiète donc pas. Mais, une fois à Moscou, le voilà sérieusement cuisiné par le général Serguei Goloubev, premier adjoint au Département K, le contre-espionnage maison.

Par chance pour lui, Gordievsky parvient à garder son calme. Faute de preuves – le KGB reste légaliste à la mode soviétique –, il est libéré et mis d'office en permission. Le délai sera suffisant pour qu'il déjoue les filatures, prenne contact avec les officiers du MI 6 en poste à Moscou. Ceux-ci, dont paraît-il Raymond Asquith, petit-fils de l'ancien Premier ministre libéral britannique

Herbert Asquith, organisent fin juillet son exfiltration par la Finlande. Transféré à Londres, Gordievsky deviendra la source la plus prolifique du service secret jusqu'à l'arrivée de Mitrokhine, dont les archives viendront compléter ses renseignements.

Le passage à l'Ouest d'officiers de ce calibre traduit à coup sûr le désenchantement qui affecte le bloc de l'Est en général, et les « organes » soviétiques en particulier. Témoin cette affaire encore plus importante et qui concernait cette fois la France.

« Farewell » balance tout

Né en octobre 1932 dans une famille de travailleurs moscovites, Vladimir Vetrov, citoyen soviétique modèle, a été admis dans les « organes » en 1959. Il a grimpé les échelons de la PGU pour atteindre le grade de lieutenant-colonel à la ligne T (espionnage scientifique et technologique).

Compte tenu du retard croissant de l'URSS dans ces deux domaines clés du développement économique, Vetrov appartient à l'élite de l'élite. Même si Mikhaïl Gorbatchev et sa perestroïka n'ont pas encore fait leur trou (c'est en mars 1985 seulement que ce jeune réformateur de cinquante-quatre ans parviendra au pouvoir), certains dirigeants soviétiques ont en effet commencé à comprendre qu'il fallait se moderniser ou mourir.

En attendant, la bureaucratie et la corruption règnent. Elles viennent à bout de la faible lueur d'espoir que Vetrov entretenait encore dans le communisme. Un régime dans lequel il croit d'autant moins que son long séjour à Paris d'août 1965 à juillet 1970 lui a donné le goût de la société de consommation, inexistante à Moscou. Comme sa femme Svetlana, il s'est alors pris d'un amour très fort pour la France, où il a connu tant de jours de bonheur. Son français est d'ailleurs excellent.

En 1980, il prend sur lui, risque considérable dans la pyramide hiérarchique de Iassenevo, de rédiger un rapport à l'attention de ses supérieurs, leur proposant pour plus d'efficacité une refonte totale du service. Personne ne se donne la peine de répondre à cet appel du pied. Ulcéré, il décide alors de prendre contact avec les Français, qui au moins l'écouteront leur raconter les turpitudes du régime et décrire cette gigantesque pompe à aspirer les secrets scientifiques et techniques dc l'Occident qu'est la ligne T.

Quels Français ? C'est le problème. Ses fonctions à Iassenevo ne lui permettent pas de savoir qui au juste dirige l'antenne du SDECE de Moscou. Aussi Vetrov écrit-il en novembre 1980 une carte postée de Budapest à l'adresse professionnelle de Jacques Prévost, qu'il a fréquenté à Paris comme responsable des contrats avec l'URSS de la société Thomson-CSF. Une autre carte suit en décembre 1980 avec ce message inquiétant : « C'est une question de vie ou de mort », et le rappel de son téléphone personnel à Moscou. Cette fois, Prévost en informe à tout hasard l'inspecteur-chef Bernard Rouault, qui suit Thomson-CSF pour la DST.

Contrairement à toutes les règles, celle-ci décide de sortir de son rôle de contre-espionnage intérieur pour traiter elle-même une affaire relevant en principe du SDECE. Elle en charge le colonel Patrick Ferrant, « prêté » par le chef d'état-major des armées le général Jeannou Lacaze, ancien de « la Piscine » pourtant. Ferrant n'appartient pas aux services et n'est pas répertorié aux archives du KGB. Russophone, il peut passer à peu près aussi inaperçu à Moscou que le permet sa haute taille.

Le 14 juillet 1981, après la garden-party traditionnelle à l'Elysée, le commissaire Raymond Nart rencontre discrètement le président Mitterrand, lui montre quelques productions de la source « Farewell », le nom de code de Vetrov, et sollicite l'autorisation de terminer le travail entamé sans en avertir le SDECE. Et, qui plus est, celle de poursuivre l'opération de concert avec la CIA.

C'est oui dans les deux cas. Muni d'une caméra ultra-perfectionnée, mais lisible seulement par les Américains qui l'ont fournie, d'où partage obligatoire des informations collectées, « Farewell » offre à la DST et à la CIA une vue de l'intérieur du fonctionnement du KGB, de la ligne T et de la manière dont elle organise l'espionnage technoscientifique en liaison directe avec deux organismes dont on ne connaissait jusque-là pas l'existence, ou si peu : la Commission pour l'industrie militaire, la VPK (Voenno-Promyshlennaya Kompaniya), et le Comité d'Etat pour la science et la technique GKNT (Gosudartsvennyj Komitet Nauki i Tehniki).

Avec l'Académie des sciences et le Comité d'Etat pour les relations économiques extérieures GKES (Gosudartsvennyj Komitet

Ekonomitchevskim Sviazam), la VPK et le GKNT sont les principaux commanditaires de la Direction T, ses guides, ceux qui lui assignent les axes de pillage technologique des pays occidentaux.

Vetrov apporte du coup un regard entièrement neuf sur l'état réel de l'économie soviétique dont les « listes de commissions » demandées au KGB traduisent en creux les déficiences inouïes – celles qui vont conduire bientôt Gorbatchev à sa tentative désespérée pour sauver le système en le modernisant à marche forcée.

A Paris et à Washington, on n'en revient pas d'une pareille brassée. En tire-t-on pour autant tout le parti possible ? Sans doute pas. On a passé tant d'années à le craindre que rares sont ceux qui arrivent à croire que le système soviétique serait si mal en point. Ronald Reagan, si : ayant pronostiqué l'effondrement prochain de l'URSS, même dans les années 1960 où elle était encore pleine de vigueur, « Farewell » vient à l'appui de ses thèses. Aussi prête-t-il une oreille attentive à la proposition de Gus Weiss, un des principaux collaborateurs du National Security Council, que lui transmet son ami William Casey, le patron de la CIA, ancien de la branche de l'OSS de Londres pendant la Seconde Guerre mondiale : accélérer la désagrégation de l'économie soviétique en intoxiquant la Direction T par une pluie de faux renseignements.

Mitterrand, lui, reste sceptique : quinze jours avant que l'Allemagne de l'Est ne tombe en poussière en 1989, le président français croira encore à la survie de son régime dictatorial ! De quoi relativiser le poids des services de renseignements dans la balance des idées reçues des dirigeants politiques. Qu'on se le dise une énième fois : c'est seulement dans certaines conditions et sur certains chefs d'Etat ou de gouvernement que leur influence peut s'exercer.

Pour sa part, Langley ne se presse pas de tirer les conclusions des rapports transmis par « Farewell ». Bâtie pour la guerre froide et dans la guerre froide, la CIA n'imagine pas que sa fin puisse s'approcher aussi vite. Une telle configuration lui poserait trop de problèmes existentiels… et même budgétaires, car elle ne manquerait pas de déboucher sur une réduction drastique de ses crédits.

Ajoutez à cela une tendance ancienne à croire sur parole les statistiques des pays communistes, où elles sont pourtant consciencieusement biaisées. Alors que la Chine populaire ployait sous l'hécatombe du Grand Bond en avant (rappel : 40 millions de morts), la CIA se l'imaginait en bonne santé économique. C'est seulement en 1960, quand des résistants tibétains saisiront des documents officiels accablants et les transmettront à l'Agence à l'issue d'une embuscade victorieuse contre une unité de l'Armée populaire de libération, qu'Allen Dulles et son état-major commenceront à comprendre l'ampleur du drame maoïste.

Drame, Vetrov s'apprête à vivre le sien. Domestique, en l'occurrence, d'après la version qui sera donnée de sa chute. Infidèle non seulement à son service, mais aussi à sa propre femme, « Farewell » aurait cru bon de résoudre ses problèmes sentimentaux en tuant sa maîtresse, Ludmilla Otchkina, le 22 février 1982 sur un parking désert alors qu'il la raccompagnait chez elle dans sa Lada.

Vetrov est arrêté pour crime de droit commun et condamné à douze ans de prison. Mais le Département K est sur sa trace. Le voilà à la prison de Lefortovo, qui dépend du KGB et non de la Milice, la police civile. Serguei Goloubev n'aura d'ailleurs pas tant de difficultés à le confondre que cela car, sommé d'écrire sa confession, « Farewell » rédige une violente charge contre le système et un vibrant éloge de la France…

Condamné, déporté au goulag, Vetrov sera exécuté en janvier 1985. Mais le récit de ses interrogatoires et la manière crâne dont il s'est déclaré ennemi du régime et ami de l'Occident courent les couloirs de Iassenevo, où ils ne remontent pas le moral des moins fiables idéologiquement.

La guerre froide vit ses dernières années, chacun doit choisir son camp…

Dernière taupe à la CIA

Pour qui, le jour de chance ? Ce vendredi 13 juin 1985 vers 12 h 30, Aldrich Ames, toujours responsable du contre-espionnage de la SE Division, entre à pas prudents au Chadwicks, un petit restaurant enfumé des environs de Washington où la bière est fraîche, mais où les hamburgers sont un peu gras.

Il cherche des yeux son interlocuteur, Serguei Chouvakhine. Lequel, tout sourires, lui fait signe de prendre place à son côté dans un box en bois. Un diplomate soviétique mûr pour son recrutement par la CIA, a expliqué Ames à ses supérieurs hiérarchiques. Très satisfaits, ceux-ci ont donné leur feu vert à ce face-à-face discret qui fait partie du travail de contre-espionnage. Sauf que le véritable but de cette nouvelle rencontre entre les deux compères n'est pas de finaliser le passage de Chouvakhine au service secret des Etats-Unis, mais son contraire : concrétiser le recrutement d'Ames au service secret de l'URSS.

Depuis deux mois déjà, le chef du CE de la SE Division est en contact direct avec les Russes. Le 12 avril, très exactement, jour où il s'est présenté à la porte de l'ambassade d'URSS à Washington pour offrir de trahir moyennant finances.

Un mois plus tard, le 17 mai, il déjeunait une première fois avec Chouvakhine, désigné par le KGB comme son interface avec l'agent double. Et aujourd'hui, en échange du sac à provisions bourré de billets de banque que lui tend le Russe à l'issue de leur repas, il remet une serviette pleine de documents secrets, dont une liste presque exhaustive des agents que la CIA et le FBI ont « retournés » au sein du KGB et du GRU.

Quand Rem Krassilnikov et ses camarades de la 2e Direction principale du KGB prendront connaissance de ce document, ils seront partagés entre sourire et rictus. Sourire parce que le nom d'Adolf Tolkhatchev y figure en bonne place et qu'ils ont déjà fait la preuve de leur efficacité en interpellant l'agent double deux jours avant l'entrevue du Chadwicks. Mais rictus aussi parce qu'ils découvrent l'identité de ceux qui trahissent la mère Russie, et que ceux-ci sont plus nombreux qu'on ne l'imaginait : une dizaine.

Comme après la guerre, quand Philby prenait le contrôle de la section de contre-espionnage du MI 6, Iassenevo vient de réussir le coup le plus difficile : s'annexer le chef du CE adverse. Et tout cela pour une (grosse) poignée de dollars puisque, très amoureux de son épouse colombienne Rosario, Ames veut lui assurer un train de vie digne d'elle sans rester financièrement à la traîne de sa riche belle-famille sud-américaine.

Ce désir somme toute légitime vaut-il qu'on trahisse son pays et qu'on livre en pâture au KGB des agents dont la plupart finiront sous les balles d'un peloton d'exécution ? C'est une question qu'il préfère éviter de se poser aussi clairement car, en tant que professionnel du renseignement, les conséquences prévisibles de ses actes lui sont connues. Voici les noms de ses cinq principales victimes : Valery Martinov (« Pimento » pour la CIA), Guanadi Varennik (« Fitness »), Vladimir Potachov (« Medium »), Serguei Motorine (« Gauze ») et Boris Ioujine (« Twine »).

Trois d'entre ces hommes ont été simultanément vendus par une autre taupe du KGB dont nous parlerons un peu plus loin, Robert Hanssen. Là-dessus, fin juillet 1985, un transfuge du KGB, Vitali Iourtchenko, prend contact avec la station de la CIA de Rome avant d'être transféré aux Etats-Unis et conduit avec tous les égards dus à son grade de colonel dans une cache pour une prise de contact et un long débriefing.

Le transfuge a-t-il eu vent de l'existence de la taupe de la SE Division ? Ames commence à se faire des cheveux. D'après le dossier du transfuge qu'il peut compulser en tant que responsable du contre-espionnage, tel n'est pas le cas. L'agent double n'en aura toutefois le cœur net que le 2 août, quand il devra accompagner Iourtchenko en voiture de la base d'Andrews, dans le Maryland, à la cache d'Oakton, située elle en Virginie. Ce face-à-face entre l'agent de la CIA au service du KGB et l'agent du KGB au service de la CIA pourrait à coup sûr inspirer romanciers et scénaristes...

Iourtchenko, l'ombre d'un doute

Personnage fantasque, Iourtchenko fournit suffisamment de détails précis à l'Agence pour qu'aucun doute ne subsiste sur la sincérité de son passage à l'Ouest – aucun service ne livrerait délibérément à l'ennemi autant d'informations sur son propre fonctionnement.

A Langley, la prudence reste quand même de mise. Tout le monde garde en tête l'expérience traumatisante d'Anatoli Golitsyne. Après être passé à la CIA en 1961, cet officier du KGB avait commencé par révéler de vraies informations – il mettra par exemple la DST française sur la piste d'un authentique agent soviétique, Georges Pâques, directeur adjoint du service de presse de l'OTAN, alors basée à Paris.

Le problème, c'est que, pressé par le désir de briller aux yeux de ses « débriefeurs », Golitsyne s'est aventuré à des déductions personnelles, voire, tout simplement, des affirmations gratuites.

Classique chez un transfuge qui craint de perdre sa valeur s'il n'apporte pas sans arrêt des révélations croustillantes à ses nouveaux employeurs, ce défaut aurait dû être pris en compte par James Angleton. Or il n'en a rien été, le patron du contre-espionnage de la CIA accompagnant Golitsyne dans ses fantasmes au point de paralyser l'action HUMINT de l'Agence pendant presque une décennie.

Angleton ne sera d'ailleurs pas le seul à donner au transfuge plus de science qu'il n'en avait réellement. Grâce aux « révélations » de Golitsyne, certains, à la DST comme à la CIA, en viendront à enquêter sur un prétendu réseau « Saphir » implanté chez les proches du général de Gaulle et dirigé par son éminence grise Jacques Foccart. Une assertion sans preuve que l'extrême gauche et l'extrême droite antigaullistes se feront un plaisir de reprendre en chœur.

Golitsyne avait annoncé d'entrée de jeu qu'après son passage à l'Ouest les Soviétiques allaient envoyer de « faux transfuges » pour le discréditer. C'était tirer à dessein le rideau sur la possibilité d'attirer d'autres déçus du régime soviétique. On sait que, là encore, Angleton allait le suivre pas à pas. Le chef du contre-espionnage de la CIA a-t-il vraiment cru Golitsyne quand ce dernier a fini par laisser entendre qu'il était le fils du tsar « miraculeusement épargné » lors du massacre de toute sa famille par les bolcheviques à Iekaterinbourg ? On l'ignore, mais Angleton était assez fou pour cela.

C'est peu dire que l'affaire a laissé des traces à Langley. On fait donc très attention à ménager les humeurs changeantes de Iourtchenko, lequel semble parfois dépassé par son propre geste de rupture avec l'Union soviétique. A surveiller comme le lait sur le feu, mais, justement, chacun sait qu'une fois bouilli, le liquide nourricier ne met que quelques secondes à déborder de sa casserole et qu'ensuite il devient inconsommable.

Le transfuge a besoin d'une meilleure protection. Aussi le transfère-t-on dans une cache plus discrète située très largement au-delà de la zone de 40 kilomètres librement accessible aux diplomates russes. Et là, soudain, il craque. Voici son secret : il a été amoureux fou de Valentina Iereskoska, une Soviétique qui vit avec son mari diplomate en poste à Montréal, et veut la revoir. En septembre 1985, Chuck Medanich, son mentor, et la

CIA acceptent une expédition abracadabrantesque au Canada, où l'objet de sa flamme éconduit le transfuge, qui pour elle n'est rien d'autre qu'un traître.

Bien qu'il n'en laisse rien paraître, cet accueil cinglant l'a atteint. Son humeur devient morose. Quand il reconnaît sur photo Ronald Pelton, un agent soviétique au sein de la NSA, l'inquiétude commence à le ronger. L'idée de comparaître devant un tribunal américain en qualité de témoin le terrorise. Et puis cette presse, où il retrouve un jour noir sur blanc une de ses révélations ! Peu à peu, sa confiance s'effrite.

En principe, le transfuge ne peut sortir en ville que flanqué de deux officiers de sécurité. Le 2 novembre 1985, il parvient cependant à convaincre l'un d'entre eux, le moins expérimenté, de l'accompagner seul faire quelques courses pendant que son collègue est absent. C'est contraire aux règles, mais bon, sortons la voiture…

Arrivé dans un centre commercial, Iourtchenko, un paquet de vêtements sous le bras, disparaît un long moment dans une cabine d'essayage proche d'une cabine téléphonique. Au moment où l'ange gardien qui l'accompagne commençait à s'inquiéter, il réapparaît et propose d'aller dîner dans un restaurant français de Georgetown : vos deux collègues m'y ont déjà accompagné, argue-t-il, la nourriture est bonne.

Ne décelant aucune malice dans cette suggestion, l'ange gardien accepte. Mais, une fois les commandes passées, le transfuge se lève et disparaît. Pour des raisons non expliquées qui n'ont certainement pas boosté sa carrière, le jeune officier, paralysé, attend plusieurs minutes avant d'appeler des secours. Enfin rameutés, les hommes de la CIA et les *G-Men* du FBI quadrillent Georgetown mais, rien à faire, Iourtchenko a disparu. Et pour cause : tard dans la nuit, il se présente à l'ambassade soviétique.

Le lendemain, lors d'une conférence de presse très médiatisée, le colonel du KGB de retour au bercail affirme que la CIA l'a drogué, qu'elle voulait le recruter de force moyennant une grosse somme d'argent, offre qu'il a catégoriquement refusée. Vitali Iourtchenko reste un bon citoyen de l'Union soviétique, qu'on se le dise. Un survivant en tout cas puisque, contrairement à toutes les attentes, le transfuge va parvenir à sauver sa peau et même sa carrière. D'autres n'auront pas cette chance…

L'année de tous les espions

Cette année 1985 aura décidément été celle de tous les espions. En octobre, tandis que Iourtchenko ruminait son échec de Montréal auprès de Valentina, un employé du bureau de New York du FBI, Robert Hanssen, s'est décidé à « repiquer » avec les Soviétiques, dont il fut l'agent un court laps de temps en 1979-1980.

A cette époque, jeune *G-Man* débutant et peu au courant des affaires, il n'avait pu livrer au GRU qu'un nom d'agent occidental : celui du colonel du renseignement militaire Dimitri Poliakov. Mais, compte tenu de la minceur des éléments à charge, l'officier supérieur n'avait pas été inquiété. En URSS, on ne dégommait pas si facilement un colonel du GRU particulièrement bien noté de ses chefs.

Remarquant cette activité d'agent double, Bonnie Hanssen, catholique convaincue, avait contraint son mari à cesser immédiatement de trahir. Sur ce, un prêtre un peu jésuite avait suggéré une solution au couple : verser la totalité de l'argent perçu du GRU aux bonnes œuvres.

La tentation, hélas ! est partout. Cinq ans plus tard, frais émoulu du comité coordonnant les projets techniques d'espionnage du FBI contre les Russes, Bob Hanssen vient de prendre la tête de l'unité en charge de la surveillance et de l'infiltration du personnel soviétique à l'ONU. Ces responsabilités lui donnent accès à des informations de grande valeur que, en proie de nouveau au démon de l'argent, il entend bien monnayer, auprès du KGB cette fois.

Bientôt débarrassée de l'écharde Iourtchenko, la centrale de renseignements soviétique s'imagine que, avec des agents du calibre d'Ames à la CIA et de Hanssen au FBI, elle tient le bon bout de la guerre froide. Et, de fait, les informations des deux hommes sont de première qualité, d'autant qu'elles se recoupent à propos de l'identité des taupes américaines dans les « organes ». Identifié à la fois par Ames et par Hanssen, Poliakov, devenu général, sera ainsi arrêté en 1986.

C'est un succès en effet, mais un succès dérisoire, comme si l'on se frottait les mains d'avoir replâtré un tout petit pan de cloison d'une maison sur le point de s'écrouler. En fait, le système se lézarde de partout. Jusqu'à l'impunité accordée – grande première – à Iourtchenko pour des fins propagandistes, puisqu'on a choisi de le présenter comme une victime de la CIA. De quoi désespérer Iassenevo : ainsi, la trahison elle-même n'est plus sanctionnée… Un choc pour des officiers qui se souviennent d'avoir visionné le film de l'exécution d'Oleg Penkovsky quand ils faisaient leurs classes dans le renseignement.

Ames peut continuer ses activités de plus en plus dangereuses pour lui du fait que, grâce à l'argent de la Première Direction principale du KGB puis de son successeur d'après-communisme le SVR (Sloujba Vnechneï Razvedki, soit Service du renseignement extérieur russe), il va mener un train de vie bien supérieur à celui que sa place dans la grille officielle des salaires lui permettrait. Une maison d'un demi-million de dollars à Arlington, des voitures de sport, des vêtements de luxe ? C'est la famille de Rosario à Bogotá qui paie, laisse-t-il entendre. Même plausible à première vue, l'explication ne dure qu'un temps.

Suspect, Ames est écarté de la SE Division, qu'il ne parviendra jamais à réintégrer malgré ses demandes incessantes. Fin 1991, le voilà muté à la brigade des stupéfiants. En février 1994, l'enquête finit par aboutir : l'agent double est arrêté sous l'œil des caméras de télévision. Pour sauver la mise de Rosario – enfin un beau geste –, Aldrich Ames passe aux aveux complets. Condamné à la prison à vie, il rumine aujourd'hui encore ses regrets (ou ses remords, Dieu seul le sait) derrière les barreaux d'un pénitencier.

L'identification de la taupe de la SE Division ne permet pas à elle seule de refermer le dossier des agents doubles soviétiques aux Etats-Unis. Paul Redmond et l'équipe du Counter Intelligence Center de la CIA en viennent à penser que taupe en activité il y a toujours bien, mais chez les rivaux du FBI cette fois. Le problème, c'est qu'en matière de contre-espionnage ceux-ci ont justement profité de l'affaire Ames pour prendre le pas sur l'Agence, accusée de ressembler à une passoire.

Ces querelles de compétence entre les deux services vont offrir plusieurs années de liberté encore à Robert Hanssen. Mais, en février 2001, le masque tombe enfin. Arrêtée, inculpée et condamnée à la prison à vie, la taupe des Russes au sein du FBI croupit désormais elle aussi derrière les barreaux.

La « guerre selon Charlie »

La Guerre selon Charlie Wilson, c'est le titre français de *Charlie Wilson's War*, une comédie dramatique de 2007 avec Julia Roberts et Tom Hanks dans le rôle-titre.

Ce film de Mike Nichols fait référence à la véritable croisade qu'a menée Charles Wilson, un élu démocrate du Texas, pour que la Maison Blanche se décide à équiper la Résistance afghane en armes modernes. Le lobbying de Wilson se voulait une réponse au redressement russe sur le terrain. Après avoir tenté en vain d'écraser les mouches de la guérilla sous un rouleau compresseur, l'Armée rouge s'est en effet adaptée, gagnant en mobilité ce qu'elle perdait en puissance. Des unités de choc – parachutistes, commandos de marine et Spetsnaz – lancent, convoyées par hélicoptère, des raids meurtriers. Ou, cheminant à pied à travers les montagnes, ces troupes d'élite dressent des embuscades aux caravanes de ravitaillement de la guérilla.

En face, la CIA et le MI 6 ont opté pour une alliance étroite avec l'ISI pakistanais.

« *We need the Paks* » (« On ne peut pas se passer des Pakistanais »), a rétorqué dès 1980 avec son inimitable marmonnement Bill Casey, le patron de la CIA, à Alexandre de Marenches, encore directeur général du SDECE, venu lui proposer une opération visant à « pourrir » l'Armée rouge par la drogue. Casey a dit non. Du trafic de drogue, il y en avait déjà assez comme ça avec l'ISI, lequel s'en faisait une spécialité, exploitant largement les champs de pavot afghans. Pour Langley, l'alliance avec Islamabad ne se discute pas. L'ISI est donc le passage obligé d'une filière complexe de financement d'achat d'armes allant de l'Arabie saoudite et des Etats-Unis aux fondamentalistes afghans d'accord pour mener une lutte impitoyable aux envahisseurs soviétiques au nom de l'islam le plus rigoureux.

Sans que les Américains en prennent ombrage (ils sont toujours sensibles à la foi religieuse), le service secret pakistanais va profiter de ce rôle clé pour imposer ses poulains. En particulier le Zerb e-islami que dirige Gulbuddin Hekmatyar, un extrémiste pour qui le djihad ne se limite pas aux Soviétiques, mais peut tout aussi bien s'étendre à ces autres mécréants d'Occidentaux.

A partir de l'été 1984 et de la fondation de son premier groupe, le Bureau de service pour les combattants, embryon d'Al-Qaida, Oussama Ben Laden bénéficiera lui aussi de l'attention bienveillante du prince Turki al-Fayçal, le chef des services secrets saoudiens, et de l'ISI. Dûment informée, la CIA n'y voit pas malice. Le lecteur, lui, voit où je veux en venir. Plus précisément où les événements et le manque de sens politique de l'Agence vont la conduire : au 11 septembre 2001.

Nous n'en sommes pas encore là, bien entendu. Sur le front du Nicaragua, l'activisme forcené de Bill Casey n'a guère payé. Né en 1913 à New York, ce financier milliardaire et ex-directeur de campagne de Ronald Reagan cultive, comme le président lui-même, une vision du monde binaire : forces du bien contre empire du mal. Bien que nanti d'une expérience ancienne du service secret dans les rangs de l'OSS, il fait délibérément le choix d'hommes convaincus idéologiquement plus que d'hommes compétents. Persuadé qu'une bonne dose de volontarisme suffira à transformer la CIA en instrument efficace des volontés reaganiennes, il aura ainsi la mauvaise idée de confier un temps la direction des opérations clandestines de l'Agence à Max Hugel, un de ses amis gros bailleur de fonds des républicains.

Le désastre qui s'ensuit n'est guère étonnant : en dépit des ordres de Reagan et du recours au sabotage bientôt interdit par le Congrès, la Compagnie ne parvient pas à renverser les sandinistes, ces guérilleros castrisants au pouvoir depuis 1979 à Managua. En revanche, la Maison Blanche va s'embourber en 1985-1986 dans le scandale de l'Irangate, un circuit compliqué et parfaitement illégal de financement des antisandinistes, les « Contras », grâce à des ventes d'armes passant par Israël et par l'Iran, en principe les pires ennemis du monde, comme le « Grand Satan » américain est celui du régime de l'ayatollah Khomeyni.

Tandis que les Américains patinent au Nicaragua, le SDECE puis, à partir de novembre 1982 son héritière la DGSE, écartant les rapports privilégiés avec l'ISI, jouent à fond la carte du commandant Ahmed Shah Massoud. Ancien élève du lycée français de Kaboul, cet ingénieur né en septembre 1953 forme des commandos très mobiles qui vont frapper bien au-delà de leur zone géographique d'origine. Mais, appartenant à une ethnie minoritaire, les Tadjiks, le « Lion du Panchir » n'envisage pas de s'imposer à l'ensemble du pays.

Les Soviétiques vont-ils l'emporter grâce aux divisions de la Résistance ? Non, car l'alliance Etats-Unis-Pakistan parviendra à renverser la vapeur grâce à la fourniture massive à la Résistance de missiles américains, les fameux « Stingers ». Charlie Wilson peut jubiler : contraignant avions et hélicoptères à voler plus haut, ces engins compliquent beaucoup la tâche de l'Armée rouge.

En juin, 1986, Milton Bearden est nommé par Clair George, le patron des opérations de la CIA, coordinateur de toute la guerre américaine secrète en Afghanistan. C'est aux premières loges que cet officier expérimenté verra l'échec soviétique se concrétiser. Loin d'une Allemagne plus que jamais épicentre de la guerre froide, le front périphérique afghan va peser son poids dans le processus de décomposition de l'URSS.

Nouveau numéro 1, Mikhaïl Gorbatchev décide en effet d'accélérer le retrait de ses troupes. Bien préparé par des négociations avec l'Occident et une couverture médiatique épargnant aux soldats soviétiques les images humiliantes qui ont marqué la fin de la guerre du Vietnam, le repli commence en mai 1988 pour s'achever en février 1989. L'Armée rouge n'a pas perdu la face, mais ce conflit de neuf ans lui aura quand même coûté 26 000 hommes (un peu moins de la moitié des pertes américaines en Indochine) et 50 000 blessés. L'Afghanistan vient de nouveau de justifier sa réputation séculaire de pays piège.

Une première mâchoire pour les Soviétiques, et bientôt une deuxième pour les Etats-Unis, puisque ceux-ci ont contribué en toute inconscience à créer la bombe islamiste à retardement qui leur explosera plus tard entre les mains en même temps que les deux tours du World Trade Center.

Le dernier acte

En mai 1986, Markus Wolf prend sa retraite après trois décennies à la tête de l'espionnage est-allemand. Son bras droit Werner Grossman lui succède.

La page qui se tourne concerne Wolf sur le plan professionnel, mais aussi politique. Moins aveugle de par ses fonctions que les autres membres de la *nomenklatura* de Pankow, le maître espion voit bien qu'une lutte est engagée, très différente de celle qu'imaginaient Lénine et les pères fondateurs. Une lutte non plus pour la victoire, mais pour la survie du socialisme dans un monde où l'ennemi capitaliste gagne partout du terrain, y compris dans la Chine de Deng Xiaoping.

Certain qu'il faut suivre Gorbatchev dans sa tentative de déverrouiller le communisme, Wolf s'est persuadé qu'Erich Honecker, le potentat de l'Allemagne de l'Est, devait sauter le plus tôt possible. C'est d'ailleurs le point de vue des « camarades soviétiques » avec qui, nous le savons, l'ancien patron de la HvA entretient de très longue date des liens privilégiés.

Pour remplacer le vieil hiérarque de quatre-vingts ans, ses amis de Moscou et lui ont même un nom en tête, celui de Hans Modrow. Né en 1928 et venu au communisme en URSS où il a été quatre ans prisonnier de guerre, Modrow dirige le parti communiste de Dresde depuis 1973. Ses options réformistes l'ont rendu très populaire dans le pays ; il ferait donc un excellent numéro 1 à la mode gorbatchevienne.

Privé de l'appareil de la HvA, Wolf a toutefois peu de moyens pour faire avancer la cause de Modrow. Il choisit une méthode originale. Publié simultanément en Allemagne de l'Est et de l'Ouest avec par-dessus le marché une version russe, son livre de souvenirs de jeunesse *Die Troïka* ne constitue pas seulement un hommage à son frère aîné le cinéaste Konrad Wolf, très proche des milieux de la dissidence avant sa mort. Comme me l'a fait remarquer en juin 1989, quelques mois seulement avant la chute du Mur, son ancien ami du temps du Komintern le kremlinologue Wolfgang Leonhard, les références à l'« ami » Modrow dont Wolf a parsemé l'ouvrage ont valeur de message politique crypté.

Il est grand temps. Sous la pression des mouvements citoyens soutenus par les Eglises protestantes comme le Nouveau Forum, créé à l'été 1989, l'Etat-Stasi commence à craquer de toutes parts, même si les hommes de la station CIA de Berlin, incapables de comprendre ce changement brutal d'horizon après des décennies de guerre froide, continuent à fonctionner dans une clandestinité absolue qui n'est déjà plus de mise.

Le 14 octobre, Honecker est poussé vers la sortie. Et soudain le loup (*Wolf* en allemand) sort du bois. Le 4 novembre, malgré les pressions d'Erich Mielke, son ancien supérieur hiérarchique à la Stasi, il prend la parole lors de la grande manifestation de l'Alexanderplatz. Les contestataires sont des dizaines de milliers. Sans doute l'ancien chef de la HvA se sent-il penaud sous la pluie de sifflets qui accueille celui qui a incarné si longtemps un pan entier de la Stasi. Mais il vient d'offrir au monde ce spectacle inédit dans un pays communiste : un maître espion affichant en public son opposition au régime en place.

Un régime dont la crise s'aggrave à la vitesse grand V. L'heure de la révolution démocratique approche à grands pas. Le 9 novembre, le mur de Berlin tombe. Le 13, Modrow est désigné en catastrophe comme chef du gouvernement. Le 1er décembre, le rôle dirigeant du parti communiste est aboli, le 3, Honecker s'en voit exclu. Le 14, le gouvernement abandonne l'idée absurde de créer à la place de la Stasi un Organisme pour la sécurité nationale (Amt für Nationale Sicherheit), dont l'acronyme aurait tout bonnement été… la Nazi !

François Mitterrand, dont nous savons qu'il croit dur comme fer à la survie de la RDA, rend une visite officielle à cet Etat moribond du 20 au 22 décembre. Mais c'est bien fini. Le 15 janvier, des comités de citoyens envahissent les locaux de la Stasi. Le 18 mai, le traité sur l'Union monétaire, économique et sociale entre les deux Allemagne est ratifié.

Erich Mielke couche déjà derrière les barreaux. Chez les anciens alliés de feu sa Stasi, c'est la panique. Des membres de la Rote Armee Fraktion, la « Bande à Baader », et d'autres groupes terroristes que Mielke hébergeait à l'Est sont remis à la police fédérale par leurs ex-traitants soucieux de se redonner une virginité.

Les anciens agents de la HvA aussi tentent de prendre la fuite, à l'image de Gabrielle Gast. Recrutée à la fin des années 1960 par amour pour un des « roméos » de Wolf, cette jeune démocrate-chrétienne est parvenue à se faire admettre en novembre 1973 au sein du BND. Le 29 septembre, la voilà arrêtée avec sa famille (elle a adopté un garçon handicapé) alors qu'elle tentait de franchir la frontière autrichienne. L'autre agent phare de la HvA, Günther Guillaume, un des principaux collaborateurs du bourgmestre de Berlin-Ouest et Premier ministre social-démocrate Willy Brandt, arrêté en avril 1974 mais échangé en 1981, voit lui aussi s'écrouler cet Etat pour lequel il espionnait.

En janvier 1991, Wolf, menacé par la justice fédérale, passe en URSS. Vladimir Krioutchkov, qui a remplacé Viktor Tchebrikov à la présidence du KGB en octobre 1988, veille à ce qu'un accueil « décent » soit réservé à ce vieux camarade dans le malheur.

Pour ce spécialiste du renseignement extérieur (il a régné sur Iassenevo à partir de 1974) et partisan de plus en plus déçu de la *perestroïka*, la chute du mur de Berlin et celle, simultanée, du régime qui l'avait édifié ont servi d'exemple : à commencer par l'Allemagne de l'Est, Gorbatchev laisse filer un à un tous les pays de l'Est. C'est un bradeur de la pire espèce.

De tête-à-tête en conciliabules, l'idée d'un renversement du secrétaire général se fait jour. Krioutchkov prépare le coup avec minutie. En même temps que Wolf arrivait à Moscou, il a poussé son ancien bras doit Filipp Bobkov au ministère de la Défense en qualité de consultant. Le chef du contre-espionnage, Vladimir Pirojkov, prend la présidence de l'Amicale des anciens des services de sécurité, un vivier de fidèles. Les remplacent au KGB deux autres membres du clan, Viktor Grouchko et Guennadi Titov, un spécialiste de l'Europe du Nord surnommé « le Crocodile ». Pendant ce temps, les techniciens du KGB mettent sur table d'écoute les dirigeants gorbatcheviens.

Les conjurés ne sont toutefois pas les seuls à pousser leurs pions. Boris Eltsine et son conseiller Oleg Kalougine, ancien général des « organes » passé à l'opposition démocrate, avancent quant à eux l'idée d'un KGB spécifique à la République socialiste de Russie, la plus puissante de l'URSS. L'idée hérétique est écartée, elle n'en fera pas moins son chemin.

Krioutchkov et ses complices passent à l'action en août 1991. Groupés dans un Comité d'urgence sans aucune base légale, ils tentent un putsch. Or, persuadés de sauver l'Union soviétique, ces apprentis sorciers vont au contraire accélérer son effondrement.

Tandis que la foule moscovite se rassemble, Eltsine, saisissant sa chance, prend la tête de la résistance devant la Maison du Parlement. C'est peu, mais ce peu va suffire à dérégler la mécanique fragile et incertaine du coup de force. Quand Krioutchkov ordonne aux unités Alpha, les forces spéciales du KGB créées en 1974, de donner l'assaut, il n'est pas obéi…

Il n'y a plus qu'à baisser les bras, ou plutôt à les lever. Krioutchkov en tête, les factieux sont arrêtés. Eltsine, grand vainqueur de l'épreuve de force, désigne un nouveau président, Leonid Chebarchine, pour mettre le KGB au pas. Ancien patron de la PGU et spécialiste des problèmes de l'Iran où il fut résident, c'est un homme de la maison. Trop sans doute puisque, au bout de vingt-quatre heures, Eltsine le remplace par Vadim Bakatine, un libéral.

Pour la démocratie, c'est plutôt bon signe. A la mi-septembre, Bakatine reçoit le nouvel ambassadeur américain, Robert Strauss, flanqué – tout un symbole – du vétéran de la SE Division Milton Bearden, chargé de l'initier aux affaires russes. Ce dernier acte clôt pratiquement la guerre froide. Mais le monde n'en a pas fini avec ses séquelles…

D'un monde l'autre

Cet étrange conflit de quarante-cinq ans avait, on le sait, commencé en Allemagne et pour le contrôle de l'Allemagne. C'est aussi là qu'il s'est terminé, Moscou 1991 n'étant que la réplique tellurique de Berlin 1989.

Dans la mesure où les protagonistes préféraient éviter la guerre ouverte, grosse de l'holocauste nucléaire, l'espionnage constitua un front essentiel de la guerre froide. C'est d'ailleurs par défaut de renseignements ou en raison de renseignements trop tardifs que le long bras de fer entre monde communiste et monde occidental faillit déboucher sur l'usage de l'arme atomique, comme en novembre 1962 lors de la crise des fusées de Cuba ou au moment de l'exercice « Able Archer » de novembre 1983. En ces deux circonstances graves, l'espionnage avait échoué à percer à temps les vraies intentions adverses, et la paix du monde faillit succomber à l'épreuve.

Renseignement ne signifie pas toujours recours aux armes, en effet. Bien compris, il peut se traduire au contraire, à défaut de paix réelle, par une guerre autolimitée. Dans la période 1945-1991, ce fut généralement le cas : en s'espionnant les unes les autres, les puissances apprenaient à se connaître, fût-ce au travers des grosses lunettes idéologiques qui rendaient myopes les dirigeants de l'Est et parfois aussi ceux de l'Ouest. Au moins s'agissait-il d'un affrontement bipolaire facile à déchiffrer sinon à apaiser. Mais, en réintroduisant la Chine dans le jeu au début des années 1970, Richard Nixon et Henry Kissinger commencèrent à lui redonner un caractère plus complexe, conformément à leur vision d'un monde bâti sur une série d'équilibres.

Si les Etats-Unis sont encore aujourd'hui la plus grande puissance sur terre, ils doivent compter avec Pékin, le retour de la Chine dans le concert des nations s'étant accompagné du déploiement de l'espionnage chinois à l'échelle planétaire. Un phénomène entièrement nouveau qui ne pesa qu'en fin de parcours sur la guerre froide, à partir des années 1980 seulement. Nous l'aborderons en détail dans les chapitres suivants.

L'espionnage chinois, comme ses homologues et adversaires des autres puissances – l'espionnage japonais, par exemple –, a pris une dimension économique de plus en plus importante. Dans ce domaine, l'URSS avait montré la voie, pillant la science et la technologie occidentales en général et américaines en particulier. Les autres ont suivi, de sorte qu'aujourd'hui l'espionnage industriel mutuel fait, si l'on ose dire, partie intégrante des rapports d'impolitesse quotidienne entre les nations.

Le terrorisme enfin. Pendant la première partie de la guerre froide, il se pratiquait allègrement dans les conflits intérieurs ou les affrontements entre nations voisines, mais ce qu'on appellera par la suite le terrorisme international, le terrorisme spectaculaire mondialisé, n'était pas encore au goût du jour.

Les Palestiniens des années 1970-1980 mirent le doigt dans l'engrenage. Par ses méthodes, son style, ses objectifs, leur activisme restait toutefois fort différent des formes de terreur planifiée que déploient depuis une vingtaine d'années les islamistes de l'extrême, dont les avancées inquiètent et qui se nourrissent de l'échec soviétique en Afghanistan, vécu par eux comme une victoire de la « vraie foi » à rééditer partout.

Le lever du Rideau de fer, en bref, ouvrit la porte d'un autre monde en gestation derrière l'affrontement Est-Ouest. C'est dire si la guerre froide fut à la fois un bras de fer ordonné, centralisé, et son contraire, le banc d'essai des conflits éclatés modernes. Sa fin consommée (l'ultime épisode est tout récent : la reprise des relations entre Cuba et les Etats-Unis), le monde bipolaire d'hier allait laisser la place à un monde multiple, émietté, difficile à comprendre.

Mais comprendre le monde, justement, n'est-ce pas là la tâche des services de renseignements ?

QUATRIÈME PARTIE

UN MONDE SANS PITIÉ

« Il a présenté ce qu'il croyait, en toute honnêteté, une image complètement déformée du véritable Service secret. Le résultat, c'est que chaque agent étranger qui lit le roman de Chancellor sait avec précision ce que n'est pas le Service secret britannique, et savoir ce qu'il n'est pas, c'est déjà à moitié savoir ce qu'il est vraiment. »

Compton MACKENZIE, *Water on the Brain.*

24

Le nouvel ordre mondial des services

« C'est par hantise du risque politique, et non par crainte pour la vie de ses propres officiers, que la CIA ose de moins en moins des actions aussi élémentaires que le recrutement d'agents locaux », me confiait Robert « Bob » Baer en mars 2002, six mois à peine après le 11 septembre 2001 et le double attentat du World Trade Center.

Et ce vieux routier de l'Agence (vingt et un ans de services secrets au moment de son départ en 1997) de préciser sa pensée :

> La CIA a la trouille du Département d'Etat, lui-même mort de peur à l'idée de la moindre complication avec les pays étrangers. Résultat : elle embauche des ronds-de-cuir là où il faudrait recruter des gens de terrain. L'informatique consomme la majeure partie des crédits. Un ordinateur en permanence à la main, voilà le bon moyen de grimper dans la hiérarchie. De toute façon, on gravit les échelons beaucoup plus vite à promener son costume élégant et ses chemises à rayures dans les couloirs de Langley qu'à risquer sa peau sur le terrain. Par-dessus le marché, aux Etats-Unis on a trop d'argent, et cela ne concerne pas la seule CIA. Donc, plutôt que de faire le travail soi-même, on fait tout faire par les autres ou par des machines. Au final, on ne contrôle plus rien.

Ce verdict sévère mais réaliste, quelle en était la cause ? La colère d'un baroudeur, rescapé de missions périlleuses au Liban, en Irak et dans d'autres pays du Moyen-Orient ? Le cri du cœur d'un nostalgique du bon temps de l'OSS ? Une forme de déception à coup sûr, mais sans amertume. Si Bob Baer en voulait à l'Agence, c'était de ne pas se montrer selon lui à la hauteur de sa propre mission : renseigner utilement les Etats-Unis sur la marche du monde, et par là même assurer la sécurité des citoyens américains.

Des espions en gants blancs ?

En élargissant son propos à une société de consommation dont on prétend exclure le danger et qui, de ce fait, court le pire des risques, c'est-à-dire l'aveuglement, Bob Baer mettait le doigt sur l'interrogation majeure des services secrets des pays modernes : entre le renseignement de source humaine, l'HUMINT, et le renseignement technique, le TECHINT, où placer le curseur ?

Le renseignement humain oblige à frayer avec ce que la CIA appelle en se bouchant le nez des « informateurs répugnants » : fanatiques, extrémistes, politiciens corrompus, leaders religieux sans scrupule, truands, trafiquants, assassins de tout poil, et on en passe. Autant de contacts « impurs » qui heurtent le moralisme américain. Mais restons sérieux : pour préserver les pudeurs des hautes sphères de l'Agence, doit-elle inviter ses agents à « parler devant l'hygiaphone », autrement dit ne plus rien dire du tout ?

Notons par ailleurs qu'aussi étroit soit-il, le puritanisme américain s'accommode à merveille de la version modernisée de la « Cavalerie de Saint-Georges » : le dollar. Ce sont en effet les billets verts qui permettent à la CIA de payer des complicités un peu partout. Un avantage compétitif sérieux : les services secrets des autres pays n'ont pas les mêmes moyens.

Le monde des espions américains friserait la perfection éthique si l'amitié aussi s'achetait. Malheureusement pour l'Agence, tel n'est pas toujours le cas. Il se trouve en effet que l'empathie mutuelle, facteur impossible à numériser, reste la condition *sine qua non* d'une opération HUMINT réussie.

On l'a vu tout au long des pages précédentes et on continuera de le voir dans celles qui vont suivre, un agent peut être recruté sur des motifs très divers : moi hypertrophié, obsession idéologique, frustration, esprit clanique, vengeance, chantage et, bien entendu, appât du gain. Mais, quelles que soient ses motivations, l'officier traitant doit créer avec lui un rapport affectif analogue à celui du policier avec son « indic », faute de quoi il court à l'échec.

Anglais, Français, Russes et même Israéliens savent de longue date l'importance de ce facteur humain-là. Mais les gens de la

CIA, eux, ont du mal à se mouiller dans un rapport aussi personnel. Baer et quelques officiers de son acabit représentent l'exception. D'où la très faible proportion d'agents de terrain au sein de l'Agence, comparée à celle des bureaucrates. Et, conséquence inévitable, l'émergence de situations quasi courtelinesques et d'analyses si désincarnées qu'elles ne veulent rien dire du tout.

Par quelque bout qu'on la prenne, la recherche du renseignement humain s'accompagne obligatoirement d'une prise de risque. Péril physique pour les agents de terrain et, en cas d'opération manquée, possibilité de complications diplomatiques avec le pays où se déroulent des activités clandestines. Des hommes, des femmes peuvent être tués, torturés, kidnappés, emprisonnés. Pris en otages, ils servent de monnaie d'échange contre tel ou tel avantage politique, militaire ou financier. Les familles des agents disparus en mission dont les noms sont gravés dans le marbre à Langley en savent quelque chose : le jeu est périlleux.

Justement, l'allergie au danger constitue un paramètre des sociétés démocratiques au XXIe siècle – on pense au fantasme de la guerre « zéro mort » cultivé aux Etats-Unis sous l'administration Clinton, et dont la contre-guérilla sanglante en Afghanistan ou en Irak, loin de l'univers des jeux vidéo, a démontré l'inanité.

L'espionnage aseptisé n'est qu'un fantasme de plus. De manière surprenante, il a pourtant cours aujourd'hui encore dans certains milieux outre-Atlantique. D'où la tentation puissante pour les services secrets américains de chercher leur salut dans le tout-technique, censé résoudre les problèmes à distance par un travail de bureau. Le drone pour assassinat « ciblé » par exemple. L'« espionnage de papa » a-t-il vécu ses derniers jours avec la guerre froide ? La réponse est moins évidente qu'il n'y paraît, le renseignement high-tech se montrant aussi incapable d'avoir réponse à tout que l'HUMINT…

« Monsieur Propre » à Langley

A Langley, l'effondrement de l'URSS ne fut pas tout à fait une « divine surprise », tant les signes avant-coureurs de la fin de l'Empire soviétique sautaient aux yeux des plus aveugles depuis la chute du mur de Berlin.

Mais ces aveugles, justement, la CIA en faisait partie voici encore peu. Ni Robert Gates, entré à la centrale américaine de renseignements en 1966 et son éphémère directeur de janvier à mars 1987 après la mort de Bill Casey, ni William Webster, qui présidera à ses destinées de mars 1987 à mai 1991, ni bien entendu leurs subordonnés n'avaient vu venir la phase terminale de l'adversaire principal. Pour une agence faite par et pour la guerre froide, c'était plutôt embarrassant.

Depuis avril 1986, Gates, spécialiste des affaires soviétiques, en principe du moins, exerçait déjà les fonctions de directeur adjoint. Compte tenu de l'état de santé de Casey, atteint d'un cancer en aggravation régulière, il était déjà le numéro 1 de fait à Langley. Si l'on veut à tout prix trouver une excuse à son manque de clairvoyance face à l'accélération de l'histoire derrière le Rideau de fer, disons, dans cette période marquée par l'intensification de la guerre d'Afghanistan avec l'entrée en lice des missiles Stinger, que le bien-fondé même de sa nomination avait été contesté.

Arguant d'un rôle éventuel dans l'affaire de l'Irangate, le Sénat ne confirme en effet pas la nomination de Gates au fauteuil directorial. La rage au cœur, il réintègre donc sa place de numéro 2, cédant le poste de directeur central du renseignement au juge Webster, désigné par le président Reagan, de préférence à l'ex-sénateur du Texas John Tower, candidat initial de la Maison Blanche.

Un choix heureux. Connu pour sa probité, valeur refuge en ces temps d'après-Irangate, Webster ne tarde pas à faire l'unanimité. De février 1978 à mars 1987, ce magistrat de fort calibre a déjà nettoyé à la satisfaction générale les écuries d'Augias. Celles de J. Edgar Hoover plus précisément : après un demi-siècle de règne achevé en 1972, ce « monstre sacré », plus proche de l'enfer que du paradis, laissait en effet à ses successeurs un Bureau fédéral aux placards regorgeant d'affaires malodorantes.

Avant que leur contenu contamine toute la maison, faire le ménage s'impose. « Monsieur Propre », le surnom de Webster, s'y adonne sans réserve. Il décide par exemple d'ouvrir à l'écrivain Romain Gary le dossier des persécutions du FBI contre sa femme l'actrice de cinéma Jean Seberg, coupable de soutien affiché, mais tout à fait légal, au mouvement extrémiste noir des Black Panthers. Pour ce vieux raciste de Hoover, défendre les *niggers* (les « nègres ») n'était rien d'autre qu'un crime. Mais pour Webster, par ailleurs proche du parti républicain à l'instar de Bob Gates, il s'agit simplement de l'opinion personnelle et légitime d'une citoyenne des Etats-Unis.

Le juge Webster, précisément, n'admet pas le délit d'opinion. Il s'emploie donc avec succès à résoudre la nouvelle crise de conscience au sein de la CIA. Sa réussite est cependant moins flagrante pour ce qui concerne la situation dans le bloc de l'Est. Une configuration nouvelle que les analystes de la Centrale, privés de sources humaines derrière le Rideau de fer à la suite des trahisons d'Ames et de Hanssen, et s'intoxiquant de statistiques maison toutes plus fausses les unes que les unes, appréhendent de travers. Ils ne croient pas à une URSS à bout de souffle (le titre, soit dit en passant, du film « nouvelle vague » de Jean-Luc Godard avec Jean-Paul Belmondo qui, en 1959, a fait connaître au public français le talent de Jean Seberg).

Small is beautiful, dit-on de l'autre côté de l'Atlantique. Sous la houlette d'Alexandre de Marenches et sans le gigantisme bureaucratique paralysant de la CIA, le SDECE français a imaginé de façon beaucoup plus lucide la suite de l'histoire. Femme de caractère dont la froideur un peu hautaine cachait une puissance d'analyse remarquable, la directrice de son Secteur D, le département soviétique, Marie Murat, ne faisait pas seulement peur à la moitié du service par ses remarques souvent acerbes. Elle savait aussi tirer parti des informations recueillies par les officiers du SDECE et des apports de consultants vrais connaisseurs du monde soviétique, tels l'historien Michel Heller ou le spécialiste de l'islam Alexandre Bennigsen.

Ainsi, surmontant la très forte imprégnation idéologique du service et la peur maladive d'une infiltration, avait-elle prévu dès 1982 l'avènement de la perestroïka (« réforme » ou « restructuration ») et l'émergence d'une nouvelle génération de dirigeants à Moscou. Pour autant, Marie Murat ne lisait pas dans le marc de café. Elle vivra d'ailleurs l'effondrement du bloc de l'Est en tant que « conseillère » d'ambassade à Bucarest, d'où on la rapatriera d'urgence, et non plus comme patronne du Secteur D.

Retenons quand même l'ouverture d'esprit de Marenches, que son anticommunisme viscéral n'empêchait pas d'écouter un son de cloche différent du sien*. Aucun directeur de la CIA – avec laquelle le patron du SDECE entretenait d'ailleurs des rapports extrêmement étroits, étant lui-même de mère citoyenne des Etats-Unis et de double culture française et américaine – n'aurait pu se permettre un tel détachement par rapport au logiciel idéologique « guerre froide » de l'Agence.

Epuration en demi-teinte

A Langley, le retour à l'éthique, spécifique de l'ère Webster, ne plaît pas à tout le monde (rappel : « Je suis heureux que la CIA soit immorale », *dixit* Tom Braden, ancien patron de la Division des Organisations internationales, 1967). Après enquête approfondie, le juge Webster, premier responsable américain à coiffer la casquette de directeur du renseignement central après celle de patron du FBI, choisit de ne pas enfoncer le fer trop profondément dans la chair de l'Agence.

Seront bien sûr écartés les responsables les plus compromis tels Duane Clarridge, qui a dirigé les affaires sud-américaines, les affaires européennes puis les opérations clandestines, ou Thomas Castillo alias « Joe Fernandez », l'ancien chef de station au Costa-Rica. Ecarté aussi, mais avec ménagement, Alan Friers, le responsable des affaires latino-américaines.

Le cas de Clair George, très populaire dans les rangs de la Compagnie depuis qu'il a pris la succession de Richard Welch, le chef de la station d'Athènes assassiné à la Noël 1975 par le mouvement du 17-Novembre, un groupuscule terroriste d'extrême gauche, pose problème. Un compromis intervint entre lui et Webster : le patron des opérations clandestines prendra sa retraite fin 1987. Signe des temps tout de même, c'est un spécialiste de l'URSS, Richard Stolz, qui va lui succéder.

Clair George ne quitte pas son poste l'esprit tranquille. Avant de partir, il aurait tant voulu venger William Buckley, le chef de la station de Beyrouth enlevé en mars 1984 et torturé des mois

* Marenches démissionna en 1981 quand François Mitterrand, nouvellement élu, prit quatre ministres du PCF dans le gouvernement de Pierre Mauroy : pour lui, c'était un coup mortel porté à l'alliance avec les Etats-Unis.

durant par des Pasdaran, les gardiens de la Révolution iraniens. Or, malgré les efforts de la CIA, ceux de Bob Baer en particulier, le crime est resté impuni, ce qui n'a fait qu'aggraver la phobie du risque à Langley.

L'Agence a pourtant bénéficié en l'occurrence du soutien de ses alliés du MI 6, mais aussi de la DGSE française. Celle-ci est également très impliquée sur le terrain libanais, puisque deux de ses officiers, Richard Gimpel et Jean-Pierre Maranzana, seront assassinés en décembre 1987 et en novembre 1988, par des chrétiens extrémistes cette fois. Le BND ouest-allemand et même le Servizio per le Informazioni e la Sicurezza (SISMI) et la Divisione Investigazioni Generali e Speciali (DIGOS) italiens apportent aussi leur contribution*. Rien n'y fait pourtant : les ravisseurs de Buckley, mort de maladie faute de soins, courent toujours.

Exit Clair George. Le tournant Webster introduit un sérieux bémol dans le travail clandestin, lequel est étranger à la culture juridique du nouveau directeur : ce type d'activités n'outrepasse-t-il pas de façon presque automatique les limites légales des pays où il est mis en œuvre ?

Le TECHINT reprend une main qu'il n'a d'ailleurs jamais tout à fait perdue. Aux yeux de « Monsieur Propre », cet espionnage à distance ne comporte aucun des risques juridiques et moraux inhérents à l'HUMINT. Pour le plus grand courroux des hommes de terrain à la Bob Baer, les « crânes d'œuf » tiennent donc le haut du couloir : pas d'agents sur place, donc pas d'enlèvements, pas de complications diplomatiques, pas de bavures. Pas de renseignements de qualité non plus dans des contextes mouvementés comme le Moyen-Orient ou l'Europe de l'Est. Les photos satellites les plus précises du monde, les interceptions électromagnétiques les plus sophistiquées ne permettent pas de savoir ce qui se trame dans les conciliabules de la *nomenklatura*

---

* Créée en novembre 1982 et d'abord confiée au dernier directeur du SDECE, Pierre Marion, ancien cadre d'Air France et « honorable correspondant », la DGSE sera dirigée jusqu'à l'automne 1985 par l'amiral Pierre Lacoste. A partir de mai 1984, l'amiral Fulvio Martini commande le SISMI. Depuis 1981, le MI 6 est dirigé par sir Colin Figures puis, à partir de 1985, par sir Christopher Curwen. Le patron du BND jusqu'en juillet 1985 est un ancien capitaine de la Wehrmacht sur le front de l'Est, Eberhard Blum, auquel succédera Heribert Hellenbroich.

communiste ou, pire encore, dans la jungle urbaine de Beyrouth morcelée en autant de secteurs fortifiés qu'il y a de milices, autant de milices qu'il y a de nuances religieuses, idéologiques voire tout simplement de petits chefs locaux, et autant de services secrets que la dictature syrienne de Hafez al-Assad peut en entretenir dans une capitale et dans un pays qu'elle entend faire revenir dans son giron*. Le Liban vu du ciel ? Une vue certes, mais surtout de l'esprit…

Révolution dans les affaires du renseignement

De toute façon, estime le président Bush père, que l'on ne peut accuser ni d'ignorance ni d'esprit anti-CIA puisqu'il en a été le directeur de 1976 à 1977, l'Agence doit tirer les conclusions de la fin de la guerre froide. A elle de réduire ses effectifs, et à l'administration de couper des budgets « renseignements » trop abondants.

Désormais, la Maison Blanche parle directement avec le Kremlin sans passer par le filtre des services secrets. Un exemple de cette nouvelle donne en décembre 1991 : quand l'Ukraine voudra accéder à l'indépendance, Bush posera comme seule condition que toutes les têtes nucléaires des sites ex-soviétiques d'Ukraine soient renvoyées en Russie, de façon à éviter une dispersion dangereuse. Le premier président Viktor Kravtchouk accep-

* Le Liban a été créé en tant qu'entité indépendante par la France après la Grande Guerre. A cet égard, je me permets de renvoyer le lecteur à mon livre *La Saga des Hachémites* (Paris, Perrin, « Tempus », 2012). A l'époque qui nous occupe, les années 1980, les principaux services syriens sont respectivement les Renseignements généraux d'Etat (Al-Moukhabarat al-'Ama), le Renseignement militaire (Al-Moukhabarat al-'Askariyya, aussi appelé le G-2), la Sécurité d'Etat du parti Baath au pouvoir (Maktab al-Amn al-Qawmi), le service de renseignements de l'armée de l'air du colonel Mohammad al-Khouli (Hafez al-Assad est lui-même un ancien officier aviateur). Mais il faut aussi compter avec la sphère d'influence personnelle du frère cadet de Hafez, Rifaat al-Assad : les Brigades pour la défense de la révolution (Saraya ad-Difa'a ath-Thawra) dites « Brigades roses » en raison des taches lie-de-vin de leur uniforme, et sur les forces spéciales de Ali Haidar (Al Wahdat al-Khassa). Rifaat, oncle de Bachar al-Assad, viendra s'installer à Paris après l'accession au pouvoir de son neveu, avec lequel il semble brouillé.

tera, moyennant la garantie américaine pour l'indépendance de son pays. Un accord qui va jouer un rôle clé dans les années 2014-2015. Quand éclate la crise entre la Russie de Vladimir Poutine et l'Ukraine, Kiev ne dispose plus du moyen de pression atomique, tandis que la garantie américaine est allée en s'émoussant au fil du temps.

De manière plus globale, la préférence pour le renseignement technologique se greffe sur un nouveau concept en gestation qui trouve paradoxalement sa source dans les théories soviétiques ultimes sur la guerre de demain : celui de « Révolution dans les affaires militaires » (*Revolution in Military Affairs*, RMA).

Cette nouvelle perspective stratégique et tactique, fondée sur le développement exponentiel des moyens de communication et de gestion grâce à l'informatique, et sur l'économie d'effectifs sur le terrain qui en résulte, a influé sur le déroulement de la guerre du Golfe. Donnant la primauté au facteur technologique (à perfectionner chez soi et à détruire chez l'adversaire), on la verra plus tard au cœur de la première phase de la guerre d'Irak, la période high-tech, avant que l'armée américaine se voie contrainte de mener à Bagdad et ailleurs une contre-guérilla assez proche des guerres de décolonisation d'antan.

Les tenants de cette RMA commencent donc à dérouler une vision différente, presque « déshumanisée », du renseignement à base d'ordinateurs, de satellites espions, d'avions furtifs, d'intercepts. Ce n'est d'ailleurs pas un hasard si l'un des principaux promoteurs de la révolution dans les affaires militaires dans les années 1990, l'ancien *Director of Energy Research* John Deutch, sous-secrétaire d'Etat à la Défense sous Bill Clinton de mars 1994 à mai 1995, prendra immédiatement après la tête de la CIA, qu'il ne conservera toutefois que jusqu'en décembre 1996.

Dès l'invasion du Koweït par l'armée du dictateur Saddam Hussein le 2 août 1990, la CIA et la NSA, épaulées par les cousins britanniques du GCHQ (Government Communications Headquarters), mettent à l'ordre du jour une application pratique de ces nouvelles idées : le sabotage généralisé de l'architecture informatique irakienne. Deux mois de travail de renseignements permettent de dresser la liste des modèles d'ordinateurs en usage dans les centres de commandement et de contrôle de l'armée baasiste*. Par chance, mais par hasard puisque l'URSS était bien moins avancée dans ce domaine, il s'agit de matériels occidentaux et non soviétiques. On pourra donc les pénétrer plus facilement.

L'idée, novatrice à l'époque, c'est d'introduire un virus qui infectera l'ensemble du système irakien. Comme c'est encore le temps des disquettes, on pense d'abord à en piéger quelques-unes, mais, au final, des agents de la CIA en Jordanie insèrent directement le poison informatique dans le cœur même d'un ordinateur importé par l'armée irakienne en même temps qu'un chargement de pneus. L'observation par satellite permet de déterminer que les pneus sont bien arrivés à destination. Il n'y a plus qu'à attendre, croit-on en se frottant les mains. Sauf qu'une technologie va en contrarier une autre : avant que le virus n'ait eu le temps de se propager, les attaques aériennes de l'US Army détruisent en effet les ordinateurs du centre de commandement de l'armée irakienne. Imaginez la déception à Langley et à Fort Meade : le résultat est le même, mais cela fait beaucoup de travail et de matière grise pour rien.

Tandis qu'on demande à la CIA de réduire son périmètre HUMINT, économie budgétaire qui se traduit par la fermeture de certaines stations à l'étranger, de telles restrictions affectent moins la NSA. Fort Meade ne présente-t-il pas un profil moins exposé que Langley – ni agents trop impliqués sur le terrain – ni risques d'attentat ?

A l'heure de l'après-guerre froide, la NSA s'est d'ailleurs trouvé un excellent moyen de justifier son maintien, et surtout son développement : le renseignement économique. C'est en tout cas ce que son directeur de l'époque (on dit le « DirNSA »), l'amiral William Studeman, expliquera en avril 1992 lors d'un

* Créé en 1943 en Syrie, le parti de la Renaissance arabe, le Baas, s'est séparé par la suite en deux branches farouchement opposées : la branche syrienne, dirigée par Hafez al-Assad au moment de la guerre du Golfe, et la branche irakienne, que commande Saddam Hussein. A cette époque, les services de renseignements irakiens les plus importants sont le Directorat des Renseignements généraux (Da'irat al-Moukhabarat al-'Ama), le Renseignement militaire (Istikhbarat) dirigé par un parent de Saddam, Nawf Aboul-Qadral al-Tikriti, et la Sécurité générale (Al-Amn al-Khas), créée en 1986 par un cousin et gendre du dictateur, Hussein Kamal al-Majid, auquel succédera en 1988 son propre frère Saddam al-Majid.

déjeuner organisé par la chambre de commerce du Maryland : pour faire face aux coupes claires dans son budget à la suite de l'effondrement de l'URSS, l'« Agence qui n'existe pas » propose de prendre de plus en plus fréquemment pour cibles les affaires économiques des alliés des Etats-Unis, notamment leurs grands groupes industriels. La NSA pourrait alors collecter non seulement des renseignements économiques d'ordre général, mais aussi des « renseignements compétitifs » concernant les offres pour l'obtention de marchés ou les innovations techniques. De quoi faire d'elle l'œil des industriels américains sur leurs concurrents. Un producteur de télévision de la chaîne ABC se trouvant dans la salle, ces propos ne garderont pas le caractère confidentiel que Studeman aurait voulu leur donner : même les chefs d'agences de renseignements peuvent être pris en flagrant délit. Mais il n'empêche : Fort Meade a désormais bonne presse.

Avec le temps, le souvenir du scandale causé en 1975 par la découverte de l'opération « Shamrock », qui permettait à l'« Agence qui n'existe pas » d'intercepter la quasi-totalité des communications arrivant aux Etats-Unis ou en partant, s'est estompé. Voilà la NSA récompensée d'avoir fait profil bas pendant toutes ces années : beaucoup d'élus et de responsables ne voient plus en elle une menace pour les libertés, mais un moyen indolore d'obtenir des renseignements.

Le fait que sous ses dehors propres et gentils le « Puzzle Palace » n'ait rien d'une maison de verre leur échappe. Mais pas au lobby pro-CIA, qui contre-attaque dans les couloirs du Congrès, dénonçant le manque d'efficacité de sa rivale, qui ne fournirait qu'un quart à peine des informations utiles recueillies par la communauté américaine du renseignement.

A l'aube de la révolution dans les affaires du renseignement, la NSA voit néanmoins que sa cote à Washington grandit d'autant plus que des militaires, gens que l'on sait disciplinés, se succèdent invariablement à sa tête avec une belle alternance entre les trois armes : le vice-amiral Bobby Inman, de juillet 1977 à mars 1981 ; le lieutenant-général de l'US Air Force, Lincoln Faurer, de mars 1981 à mars 1985 ; le lieutenant-général de l'US Army, William Odom, de mai 1985 à juillet 1988 ; le vice-amiral Studeman, d'août 1988 à avril 1992.

Le meilleur des mondes de l'espionnage ou presque. Et, comme le monde de l'« Agence qui n'existe pas » sait se faire discret, lui ne souffre pas de l'aura maléfique entourant la CIA. Scandales ? Polémiques ? Commissions d'enquête parlementaire, certainement pas. D'un autre côté, c'est peut-être une sorte de monstre du Dr Frankenstein qui est en train de se développer en silence, mais toutes (grandes) oreilles dressées.

En direction de la Russie par exemple, dont l'évolution politique continue à intriguer.

Le « démontage » du KGB

Le putsch d'août 1991 a permis aux Russes d'exprimer leur rejet viscéral du KGB. Après les intermèdes express Leonid Chebarchine et Vadim Bakatine, Evgueni Primakov est chargé par le président de la Fédération de Russie, Boris Eltsine, de porter sur les fonts baptismaux la nouvelle agence de renseignements extérieurs. Il s'agit plus spécifiquement de détacher l'ancienne 1re Direction principale, la PGU et ses 20 000 fonctionnaires, du corps de l'ex-KGB, le volet police politique-surveillance des frontières-gestion du système pénitentiaire devenant l'apanage d'un nouvel organisme à créer également, l'Agence fédérale russe de la sécurité, l'AFB (Agentstvo Federal'noï Bezopasnosti).

Né en Ukraine en octobre 1929, Primakov est on ne peut mieux placé pour ce désaccouplement délicat. Sous couverture de journaliste de radio et de correspondant de la *Pravda* (*La Vérité*), le quotidien du Parti communiste soviétique, et sous le pseudonyme de « Maxime », cet homme affable apprécié à l'étranger a en effet œuvré pour la PGU au Moyen-Orient des années 1950 aux années 1970.

Une région qu'il connaît comme sa poche et dans laquelle il est revenu à la veille de la guerre du Golfe tenter de convaincre le dictateur irakien Saddam Hussein de se retirer du Koweït avant que la très large coalition montée par le président Bush (même la Syrie de son ennemi intime Hafez al-Assad en fait partie) ne l'y contraigne par la force. En vain comme on sait, puisqu'en janvier-février 1991 l'opération « Tempête du désert » va balayer l'armée de Saddam, mais sans aller jusqu'à Bagdad, Bush père manifestant à la Maison Blanche plus de sagesse politique que son fils.

Primakov commence par autonomiser la PGU sous le nom de Tsyentral'naya Sloujaba Razvedki (Service central de renseignement). Le dernier directeur du Département du renseignement extérieur, Vadim Kirpitchenko, vient l'épauler dans cette tâche. Cet autre grand connaisseur du monde arabe, mais côté Maghreb plutôt, fut en effet, pendant la guerre d'Algérie, le conseiller du Front de libération nationale au Caire et à Tunis, nouant à cette occasion d'excellents contacts avec le patron des « services » du FLN, l'ancien instituteur Abdelhafid Boussouf*.

Mais autant en emporte l'URSS, désagrégée en quelques mois pour ne pas dire en quelques jours. La séparation de corps entre police politique et renseignement extérieur ainsi préparée, le KGB est officiellement dissous le 11 octobre 1991.

Une page effroyablement douloureuse pour les peuples de l'ex-Union soviétique se tourne enfin. Tandis que Primakov prend la direction de l'ex-Service central de renseignement rebaptisé SVR (Sloujba Vnechneï Razvedki), Service du renseignement extérieur russe et non plus soviétique, Viktor Barannikov est promu à la tête de l'AFB. Pour parachever le tout, le président Eltsine et son conseiller pour les affaires de police et de renseignement Evgueni Bourboulis créent un Conseil de sécurité russe. Ce nouvel organisme semble calqué sur le Conseil national de sécurité américain. Sauf que, coulé dans le moule soviétique, on ne se refait pas si facilement : la dimension policière y reste donc prédominante.

Flanqué de Kirpitchenko et de Chebarchine qui, désorienté, se retirera assez vite du jeu, Primakov va structurer et diriger

---

* Né en 1926 dans le Nord-Constantinois, Boussouf fonde en novembre 1958 le ministère de l'Armement et des Liaisons générales, le MALG, bientôt organisé en neuf services : Transmissions, Ecoutes, Décryptage, Chiffre, Documentation et recherche (renseignement), Vigilance et contre-espionnage (police politique), Liaisons, Ravitaillement, Armement. Il crée ainsi la matrice de ce qui deviendra ensuite la toute-puissante Sécurité militaire. Boussouf se retire à l'été 1962, détenteur de lourds secrets, et meurt en 1980. Son poulain Kasdi Merbah, directeur de la Sécurité militaire de 1965 à 1979, sera tué dans un attentat le 21 août 1993. Victime des islamistes, diront les autorités ; mais cet ancien Premier ministre destitué en septembre 1989 avait créé un parti d'opposition, ce qui laisse entrevoir d'autres possibilités.

le SVR quatre années consécutives avant de quitter le service en janvier 1996 pour devenir ministre des Affaires étrangères.

Un cursus qui en dit long sur l'évolution des esprits à Moscou : là où il prédisposait autrefois à des œuvres de basse police, le renseignement peut se transformer en tremplin pour les relations extérieures. Et même pour le pouvoir politique, puisque entre septembre 1998 et mai 1999 l'ancien patron du SVR accédera aux fonctions de Premier ministre. Avant lui, deux hommes issus des « organes » avaient nourri des ambitions élevées : Beria, liquidé par ses petits camarades dont Khrouchtchev en 1953 alors qu'il tentait de succéder à Staline à la tête de l'URSS, et Iouri Andropov, à peine secrétaire général du PC soviétique, donc maître du pays, quand la maladie de Parkinson l'a rattrapé avant qu'il puisse appliquer son programme de réformisme policier par le haut.

La tâche de Primakov au SVR est à la fois multiforme et astreignante. Son cahier des charges le contraint à professionnaliser le renseignement en l'éloignant peu à peu de sa composante idéologique – on ne se mobilise plus pour la victoire finale du socialisme dans le monde entier, mais pour le seul succès de la mère patrie russe.

Nouveaux rapports à l'Est

A lui de concevoir un autre type d'insertion du service dans les pays de l'Est. Dans un passé encore très récent, les officiers du KGB affectés à Varsovie, Prague, Berlin-Est voire Dresde, comme le jeune Vladimir Poutine, travaillaient main dans la main avec la Sécurité d'Etat locale en qualité de conseillers, de guides, de « grands frères ».

A partir de 1985, l'accession de Gorbatchev a modifié la donne dans la mesure où elle s'accompagnait de l'éloignement de certains dirigeants de l'ère précédente. Ainsi Poutine participera-t-il à l'opération « Lutsch » (« Poutre ») visant à pousser vers la sortie le numéro 1 est-allemand Erich Honecker. A un rang subalterne toutefois, alors que Markus Wolf, l'ancien patron de la HvA, et Hans Modrow, le chef du parti communiste pour la ville de Dresde justement, vont y jouer les premiers rôles.

Le limogeage de Honecker et la nomination de Modrow comme Premier ministre étaient programmés par les gorbatcheviens. La chute du mur de Berlin, elle, surprit aussi bien le KGB que la CIA, tous deux beaucoup moins efficaces pour suivre minute par minute la succession accélérée des événements que la chaîne américaine de télévision continue CNN. Même si peu le remarquèrent à l'époque, une ère nouvelle s'ouvrait en effet pour les services : celle du déferlement médiatique, ce passage brutal du trop peu au trop-plein. Un bombardement d'images dont le « Printemps arabe » de 2011 allait fournir une autre illustration.

Plus imprévu encore, le flot qui allait emporter la RDA. Poutine, effaré, monta à Berlin-Est pour assister aux manifestations populaires devant le siège de la Stasi. Vit-il la foule l'envahir carrément le 15 janvier 1990 ? Le personnel de la Sécurité d'Etat avait bien tenté de détruire les archives, mais, au propre comme au figuré, c'était s'attaquer à une montagne. Ne disposant que de broyeuses de type ancien qui découpaient les bandes de papier dans un seul sens, les assiégés de la Stasi, débordés, avaient tenté de finir vaille que vaille le travail à la main – en vain, nous le savons. En effet, grâce à des logiciels spécialement fournis par la CIA, une bonne part de ces documents concernant *La Vie des autres* (titre du film de Florian Henckel von Donnersmarck sur l'espionnage de la vie quotidienne en Allemagne de l'Est) devait être reconstituée par la suite.

En liaison avec le BND ouest-allemand, la centrale américaine est parvenue à récupérer un demi-million de documents de feu la HvA. Les pièces les plus sensibles, les « joyaux de la Couronne », avaient cependant été transférées aux « grands frères » du KGB par avion à partir de l'aéroport de Berlin-Schönefeld. Qu'importe, les hommes de l'Agence se sont quand même efforcés de recruter d'anciens cadres de la HvA. Le jour d'avril 1990 où David Rolph, un officier russophone de la CIA, rencontra dans son appartement le colonel Jürgen Rogalla, autrefois chef du département Amérique du Sud, ce fut pour se trouver nez à nez avec Werner Grossman.

Furieux de ces tentatives de débauchage de ses ex-subordonnés, l'éphémère successeur de Markus Wolf menaça de les dénoncer à la police, voire à la presse. Milton Bearden, qui relate cet épisode dans ses Mémoires, remarque : « Un an auparavant, cet homme pouvait condamner d'autres hommes à mort. A présent, la plus terrible des menaces que le chef de la HvA pouvait proférer à l'encontre de la CIA, c'était d'alerter la presse. »

Contacté fin mai 1990 par Gus Hathaway, un autre cadre de l'Agence, Markus Wolf, de retour en Allemagne, balaya lui aussi d'un revers de main la proposition de bénéficier de l'asile politique aux Etats-Unis moyennant la liste complète de ses principales sources de renseignement.

Tout a une fin dans la vie, même les services secrets. Le Rideau de fer levé, le SVR d'Evgueni Primakov devra s'habituer à travailler très différemment dans les ex-pays du glacis soviétique de l'Est. Plus de relation de « grand frère » à « petit frère » : on doit désormais opérer dans l'ombre comme dans n'importe quel autre endroit. Sous la menace du BfV, le contre-espionnage fédéral dans la partie orientale d'une Allemagne réunifiée, par exemple. Ou, au fur et à mesure du rapprochement de pays comme la Pologne, la Hongrie et la Tchéquie avec les Etats-Unis et l'OTAN, de manière de plus en plus clandestine.

Voilà pour le front externe. Le volet interne n'est pas moins prenant. A Primakov de pousser vers la sortie les officiers trop âgés et les fonctionnaires en surnombre. Mais, tout en procédant à ce « dégraissage », il incombe au fondateur du SVR de retenir les meilleurs éléments au service secret. Des polyglottes formés aux techniques modernes, ouverts au monde extérieur et aux pays étrangers qui, dans le climat de capitalisme débridé prévalant à l'ère Eltsine, sont tentés d'aller vers des sociétés industrielles et commerciales où leurs talents seront incomparablement mieux payés.

Beaucoup optent pour l'import-export, parfaitement adapté à leurs compétences. D'autres pour les officines de renseignement économique, qui commencent à pulluler dans un contexte de privatisation à outrance et sans garde-fous. Quant à leurs ex-collègues du KGB « de l'intérieur », qui quittent une AFB aux effectifs dix fois plus étoffés tout de même que le SVR, c'est pour se tourner plus volontiers vers l'espionnage politique, les sociétés de sécurité privées, voire tout simplement vers le gangstérisme qu'incarnent des mafias aux rites initiatiques étranges, d'autant plus puissantes que, même sous Staline, elles ont réussi à survivre dans l'univers concentrationnaire du goulag. Pour la seule année 1994 en Russie, près de 500 personnes auraient été assassinées par des tueurs sous contrat. Un nombre qui atteint son apogée cette année-là, mais restera quand même élevé par la suite.

Cet émiettement, cette désorganisation contrastent avec la manière posée et pragmatique dont Deng Xiaoping, pourtant adepte de l'« enrichissez-vous », et ses successeurs ont construit les services secrets chinois de l'ère moderne…

25

Les héritiers de Sun Zi

Si la théorisation du renseignement remonte au IVe siècle avant J.-C. et à Sun Zi, il faut bien reconnaître qu'au fil des ans l'Empire chinois immobile a laissé cet héritage tomber en quenouille.

La mort de l'amiral Zheng He en 1433 a en effet marqué la fin d'une période d'ouverture au monde qui, si elle s'était prolongée, aurait peut-être fait de la Chine la plus grande puissance planétaire de l'époque. Né en 1371 dans une famille musulmane du Yunnan, Zheng He mena à bien six expéditions maritimes à la fois guerrières, commerciales et diplomatiques (donc mâtinées de renseignement), avant de périr en mer lors de la septième. S'affaiblit alors le désir de comprendre le monde extérieur qui fonde les grands Etats et inspire l'action de leurs services secrets.

L'ouverture viendra-t-elle des savants jésuites émules de l'astronome officiel à l'observatoire de Pékin, le père Adam Schall von Bell ? En 1692, l'empereur Kangxi, dont les religieux venus d'Occident ont soigné la crise de malaria, leur concède en remerciement un arrêté de tolérance très favorable. Mais, dès qu'il meurt en 1722, son successeur, Yongsheng, se retourne contre eux et déclare le catholicisme illégal, abaissant une nouvelle fois le Rideau de bambou. Replié sur lui-même, l'Empire se croit « du milieu » alors que son rôle reste inexistant hors de la zone asiatique. Du fait de sa résilience interne, le déclin est long à venir, mais, à partir du milieu du XIXe siècle et de l'irruption brutale des puissances européennes, la fin du système impérial s'accélère.

C'est dans un cadre strictement interne que les services chinois modernes commencent à émerger, plus proches de la police politique. Et quel cadre : celui de deux décennies de guerre civile entre les nationalistes du Guomindang et les communistes inaugurées en 1927 par le massacre des rouges de Shanghai que Malraux prendra comme cadre de son roman *La Condition humaine*, prix Goncourt 1933.

Un conflit sans merci qui va s'incarner dans deux figures archidominantes : le président nationaliste Chiang Kai-shek et son rival marxiste-léniniste Mao Zedong. Deux chefs de guerre qui, en matière de renseignements, savent comme personne diviser pour régner. Chiang multiplie les polices politiques rivales, opposant en particulier ses deux fils adoptifs, les frères Chen Guofu et Chen Lifu, à celui qui restera malgré tout son véritable maître espion, Dai Li.

Né en mai 1897, Dai Li a mené une vie aventureuse et quelque peu désaxée – tripots, dettes de jeu, désertion de l'armée, existence de quasi-clochard – avant de rencontrer Du Yuesheng, dit « Du les Grandes Oreilles », l'homme qui grimpe au sein d'une des deux grandes sociétés secrètes criminelles de Shanghai, la Bande verte. En 1926, cadet à l'académie militaire de Huangpu chargée de former les cadres de l'armée nationaliste, Dai Li trouve enfin sa voie. Et bientôt son chef en la personne de Chiang Kai-shek, auquel il vouera une loyauté absolue.

Patron du Junshi weiyuanhui diaocha tongiju (Bureau d'investigation et de statistiques de la Commission des affaires militaires, en abrégé : Juntong), rebaptisé pendant une partie de la Seconde Guerre mondiale Baomiju (Bureau de préservation des secrets), Dai Li joue la carte américaine avec brio. Nous savons qu'en avril 1943 il va créer avec le Commander Milton Miles, de l'Office of Naval Intelligence, une structure de guerre subversive et d'opérations spéciales, la Sino-American Special Technical Cooperative Organization (SACO).

Arme à double tranchant, cette SACO va frapper au moins autant les adversaires politiques chinois de Chiang Kai-shek que les Japonais, ennemi désigné. Les communistes par exemple, mais pas seulement. A Shanghai, elle s'appuie sur la Bande verte, dont « Du les Grandes Oreilles », achevant son ascension, est devenu le numéro 1. Disparu dans un accident aérien ou peut-être un attentat le 17 mars 1946, Dai Li va faire terriblement défaut à Chiang Kai-shek quand la guerre civile avec le Parti communiste chinois, le PCC, jamais interrompue, entrera dans sa phase finale.

Les rouges ont gagné. Si Dai Li fut, à très grande distance dans le temps, l'héritier de Sun Zi, eux le sont tout autant. Comme Chiang Kai-shek, Mao ne place jamais ses œufs dans le même panier. Ainsi mettra-t-il longtemps en concurrence les têtes de ses services secrets, Zhou Enlai, désormais Premier ministre et ministre des Affaires étrangères, et Kang Sheng, le chef du département des Affaires sociales, la police secrète, grand inquisiteur à partir de 1942 de la sanglante campagne pour la « Rectification du style [de travail] » à Yan'an, la « base rouge » du nord de la Chine.

Nous avons vu que Mao, soucieux d'éluder ses responsabilités dans ce crime de masse, a disgracié Kang Sheng en 1944 et nommé aux Affaires sociales son propre adjoint, le vétéran des services communistes Li Kenong, ancien agent double du Parti communiste chinois (PCC) au cœur de la police secrète du Guomindang. Installé avec ses hommes au 15, rue de la Corde-à-l'Arc à Pékin, Li, surnommé « le Bouddha souriant », s'occupe désormais du renseignement extérieur chinois sur demande expresse de Zhou Enlai, avec qui il s'entend bien et qui connaît ses qualités. Avec ces deux hommes très complémentaires, la politique étrangère de la Chine rouge est en de bonnes mains. Mao craignant qu'on insinue qu'il maintient en poste les anciens de la « Rectification du style », le contre-espionnage est toutefois confié au tout nouveau ministère de la Sécurité publique, le Gonganbu. Créé en octobre 1949, ce vaste dispositif policier totalitaire va enserrer tout le pays dans ses filets. A son chef Luo Ruiqing, un ancien de l'académie militaire de Huangpu mais aussi de la Longue Marche, la mission d'organiser le goulag maoïste, le Laogai.

En 1961, le département des Affaires sociales, trop marqué par son passé d'organe de répression intérieure, est remplacé par le département d'Investigation du Comité central, le Zhongyang Diaochabu. Désigné en abrégé sous le nom de Diaochabu, ce nouvel organisme commence à édifier un véritable appareil d'espionnage à l'étranger, à partir notamment des nombreuses communautés chinoises en exil, les Huaqiao, et des ambassades de la République populaire.

Le 9 février 1962, « le Bouddha souriant » meurt des suites d'une chute qui l'a gravement handicapé pendant ses trois dernières années. Toute cette période durant, le fonctionnement quotidien du Diaochabu a été assuré par des cadres de valeur spécialisés dans le renseignement : Kong Yuan, l'ancien secrétaire de Kang Sheng à Yan'an, et deux proches de Zhou Enlai, Zou Dapeng et Luo Qingchang. Jusqu'à la Révolution culturelle, l'espionnage communiste chinois peut donc se déployer sans obstacle majeur. Mais, à partir de la mi-1965, tout change…

Le retour du « Vieux Kang »

« Grand désordre sous le ciel », selon l'expression de Mao qui veut se servir d'elle pour récupérer un pouvoir « usurpé » par les autres dirigeants et notamment le président de la République en titre Liu Shaoqi, la Révolution culturelle va bouleverser le pays pendant une décennie.

Pour Kang Sheng, ce chambardement sera l'occasion de rentrer dans les grâces du Grand Timonier, de régler quelques vieux comptes tout en récupérant à son profit une partie de l'appareil de renseignement extérieur chinois. Par « profit », il faut entendre dans son cas « profit personnel » aussi, car ce lettré et peintre, féru d'érotisme traditionnel et dépourvu de tout scrupule, manipule les gardes rouges. Ces adolescents gavés de propagande et brûlant d'abattre le monde des adultes pillent les demeures des dirigeants « purgés » de façon à garnir d'œuvres d'art sa somptueuse résidence pékinoise, le Palais de Bambou*.

Derrière Jiang Qing, l'épouse de Mao, qui l'appelle avec déférence « le Vieux Kang » (c'est son ancien amant et son aîné d'une quinzaine d'années), et leurs comparses de la Bande des Quatre, l'ancien patron des Affaires sociales devient l'organisateur souterrain des « débordements » rien moins que spontanés de la Révolution culturelle. Ce qui ne l'empêche pas de manœuvrer avec subtilité pour abattre ceux qui gênent son ascension ou qu'il poursuit de sa vindicte.

Dès la fin 1965, Luo Ruiqing, l'ancien patron du Gonganbu devenu chef d'état-major de l'Armée populaire de libération, tombe ainsi de son piédestal sous les clameurs haineuses des gardes rouges. En août 1966, nouveau succès : Kang Sheng parvient à purger An Ziwen, le directeur du département d'Organisation du PCC, struc-

---

* *Cf.* Roger Faligot et Rémi Kauffer, *Kang Sheng, le maître espion de Mao*, *op. cit.*

ture dépendant du secrétaire général du parti et membre du bureau politique Deng Xiaoping, en qui il a reconnu un de ses principaux adversaires. C'est que les 40 millions de morts du Grand Bond en avant ont ouvert les yeux de cet ancien inconditionnel de Mao : Deng Xiaoping ne jure désormais que par le pragmatisme et, plus courageux que Zhou Enlai, ose proclamer tout haut que l'idéologie compte moins pour l'avenir que la compétence technique.

Tout en lorgnant sur le Diaochabu (Zou Dapeng est assassiné en 1966, mais Luo Qingchang, protégé par Zhou Enlai, reste en poste), « le Vieux Kang » s'attaque ensuite au département central de Liaison internationale (Zhongyang guoji lianluobu, abrégé en DLI), un des principaux vecteurs de la politique étrangère en charge des relations avec les partis communistes du monde entier. Par gardes rouges interposés, il accuse le DLI de ne pas brandir le « drapeau rouge de Mao Zedong », mais le « drapeau blanc » de la réaction.

Après en avoir pris la tête à la faveur de ce coup de force idéologique, « le maître des ombres », un autre des surnoms de Kang Sheng, va tenter de bâtir une Internationale maoïste des PC « ml » (pour marxistes-léninistes) capable, espère-t-il, de faire pièce aux puissants PC prosoviétiques. Avec des résultats plutôt réduits, il faut bien l'avouer, mais pas tout à fait négligeables dans la mesure où, surfant sur la maolâtrie à la mode, le DLI assure à la Chine une présence minimale dans les pays occidentaux.

Dans les pays du tiers monde, faisant, une fois n'est pas coutume, cause commune avec Zhou Enlai, Kang s'emploie à contrer l'influence de la Tricontinentale procubaine. La disparition de Ben Barka et celle de Che Guevara que nous avons évoquées au chapitre 21 ne lui ont certes causé aucune peine. Quant à la courroie de transmission des petits PC « ml », elle lui a permis de recruter quelques agents en Asie, en Europe et même aux Etats-Unis.

Le dernier coup d'éclat du « Maître des ombres » sera la mise en orbite des Khmers rouges au Cambodge. Atteint d'un cancer du poumon, Kang Sheng meurt à Pékin en décembre 1975, trois semaines avant son ennemi intime Zhou Enlai et neuf mois avant Mao lui-même. Une fois « le Petit Timonier » Deng Xiaoping parvenu au pouvoir, une des premières tâches de son bras droit Hu Yaobang sera de faire exclure à titre posthume du PCC l'ancien chef du département des Affaires sociales et du département des

Liaisons internationales. Normal, puisque, affirmera Hu, « Kang Sheng n'était pas un homme, mais un monstre ».

L'accession au pouvoir du « Petit Timonier » marque non seulement quelques soldes de tout compte, mais aussi et surtout une étape nouvelle de l'histoire des services de renseignements communistes chinois : celle de la modernisation.

Les temps modernes

Des modernisations, plutôt. Deng Xiaoping en prêche quatre : l'agriculture, l'industrie, la science, la défense ; mais il refuse avec obstination la cinquième : la démocratie. Qu'on ne compte pas sur cet homme, parvenu au faîte du pouvoir à soixante-quinze ans après avoir connu le travail en usine en France, la clandestinité à Shanghai, la Longue Marche, la guerre civile contre le Guomindang, vécu trois disgrâces et frôlé la mort de près, pour libéraliser la Chine. Mais pour en effacer toute trace d'« humiliation étrangère » et faire d'elle la grande puissance qu'elle n'aurait jamais dû cesser d'être, si. Et pareille ambition passe, Deng le sait, par l'édification de services de renseignements extérieurs adaptés à ce dernier quart du XXe siècle, efficaces dans les domaines clés de l'économie et de la défense tels qu'il les a définis.

C'est à Lin Yun (« Noble Ambition »), de son vrai nom Wu Peilin, que revient cette tâche rendue délicate par les dégâts mêmes de la Révolution culturelle, grande faucheuse de cadres communistes de valeur. Son passé milite pour lui. En 1939, ce jeune homme de 20 ans a rejoint la « base rouge » de Yan'an pour y devenir un des officiers chargés des interrogatoires au sein du Département des Affaires sociales, le royaume secret de Kang Sheng. Dix ans plus tard, à l'avènement de la République populaire de Chine, le voilà patron de la nouvelle Sécurité publique à Jinan, dans la province natale de Kang, le Shandong. Dès 1950, Lin Yun prend la direction du contre-espionnage au sein du 2e Bureau du département des Affaires sociales. « Le Bouddha souriant » Li Kenong attend de ce communiste d'acier qu'il fasse passer aux aveux non seulement les véritables espions de Chiang Kai-shek (replié dans l'île de Taïwan dont il va faire un bastion nationaliste) ou des pays étrangers, mais aussi tout « contre-révolutionnaire » de haut niveau.

S'acquitter de cette tâche à la satisfaction des hautes sphères n'empêche pas Lin Yun de connaître à son tour les interrogatoires et la prison sous la Révolution culturelle. Libéré en août 1975, « Noble Ambition » gravit de nouveau les échelons. Quand « le Petit Timonier » rend une visite officielle aux Etats-Unis début 1979, le voilà chargé de la sécurité du nouveau numéro 1. L'occasion de collaborer avec le FBI, alors dirigé par le juge Webster, dans l'hypothèse d'un attentat taïwanais (Chiang Kai-shek s'est éteint en avril 1975, mais son fils Chiang Ching-kuo, qui fut camarade d'études de Deng Xiaoping à Moscou, lui a succédé à la présidence de l'île nationaliste).

C'est à ce professionnel confirmé que Deng confie la tâche de créer le service secret d'une Chine en plein essor économique. Mission remplie le 6 juin 1983, avec le lancement officiel du ministère de la Sécurité d'Etat (Guojia Anquan Bu, en abrégé Guoanbu ou Anquan Bu, au choix).

Conformément aux idées de Deng, les deux hommes font le choix de la qualité aux dépens de la quantité. Fort de 7 000 fonctionnaires seulement à sa naissance, ce service d'espionnage n'a aucun lien de subordination avec la Sécurité publique, au contraire de la PGU qui, en Union soviétique, reste un département du KGB. Une séparation fonctionnelle qui marque un pas de plus dans la sortie du marxisme-léninisme traditionnel dont « le Petit Timonier », s'il ne rejette pas l'aspect policier, considère que celui-ci ne doit pas constituer une entrave au développement économique.

En lui accordant cette latitude, Deng Xiaoping et son Premier ministre réformiste Zhao Ziyang marquent leur volonté d'une vraie professionnalisation du service. A Lin Yun et à ses hommes le renseignement extérieur et le contre-espionnage au sens précis du terme : la chasse aux vrais espions, pas celle aux opposants politiques, toujours apanage de la tentaculaire Sécurité publique.

Le quartier général du Guoanbu sera installé aux « Jardins de l'Ouest », entre le Palais d'été et le zoo de Pékin. Des constructions récentes vont venir y compléter d'anciens locaux appartenant au Diaochabu, lui-même rebaptisé Zhongyang Diaoyanshi et dirigé à présent par un universitaire de formation, Chen Jinyu.

Côté effectifs, le nouveau service est autorisé à recruter au sein de l'ex-Diaochabu justement, mais aussi à pêcher au sein du gigantesque vivier de la Sécurité publique. Témoin le subtil équilibre de son premier état-major : siègent autour de Lin Yun deux anciens des services secrets du PCC, le vétéran Luo Qingchang et Zhou Shaozheng, et deux fonctionnaires de la Sécurité publique, Hui Ping et Wang Jun.

Parallèlement, un dispositif d'écoutes des ambassades étrangères, communistes comme « capitalistes », est installé dans l'ancienne résidence du « Bouddha souriant », d'où, depuis la fin de la Révolution culturelle déjà, des techniciens qualifiés assuraient la sécurité des communications des dignitaires du régime ou celle des liaisons radio avec les agents opérant à l'étranger.

On vient de parler de vivier. Le Guoanbu met justement en pratique le « stratagème de la lamproie », vertébré aquatique que les Chinois nomment l'« anguille aux huit yeux » et qui sait se fondre dans l'espace sous-marin avant de s'approcher de sa proie et de se coller à elle pour aspirer son sang grâce à ses multiples orifices. C'est particulièrement vrai dans le domaine économique, où Lin Yun et ses hommes vont unir leurs efforts avec d'autres organismes, comme le ministère pour les Relations économiques étrangères et le Commerce jumelé avec celui de la Recherche scientifique et technique, ou, par la suite, quantité de structures *ad hoc* capables non seulement d'arracher à l'Occident des informations industrielles, techniques et commerciales de qualité, mais aussi de les mettre en valeur dans le contexte spécifique d'une Chine en phase de décollage.

La France, où « le Petit Timonier » connut dans les années 1920 le travail à la chaîne et l'initiation au militantisme, ne sera pas le dernier pays à être ciblé par cette approche plus qu'intrusive*. Les Chinois la considèrent en effet comme facile à pénétrer du fait des liens anciens qui unissent les deux pays, de l'empreinte laissée par le maoïsme et des effectifs limités que le contre-espionnage français, la DST, peut affecter à la surveillance des diplomates de Pékin : la lutte contre le KGB et le GRU écrase encore tout.

Le Guoanbu nouvellement créé essuie cependant très vite, en novembre 1985, un échec public, aux Etats-Unis cette fois, avec l'opération « Eagle Claw » (« la Serre de l'aigle »). En d'autres

* *Cf.* Roger Faligot, *Les Services secrets chinois de Mao à Xi Jinping*, *op. cit.*

termes, l'arrestation par le contre-espionnage du FBI à Alexandria, en Virginie, d'une taupe chinoise au sein de la CIA. Larry Wu-Tai Chin (en pinyin Jin Wudai), dont la photo menottes en main fait le tour du monde, fournissait depuis trente-quatre ans à Pékin des informations top secret sur l'Agence. Condamné à la prison à vie pour espionnage, cet agent véritablement exceptionnel se suicidera dès février 1986, emportant ses secrets dans la tombe.

Déjà cuisant, ce revers se double d'un autre, simultané mais infiniment plus discret, dont Roger Faligot et moi-même avons été les premiers à révéler les détails en France en 1987, de nombreux éléments étant venus corroborer notre enquête par la suite. Moins voyant, on l'a dit, mais, pour les hautes sphères chinoises, presque pire : le patron du Waishiju, le Bureau des Affaires étrangères du Guoanbu, a été recruté par la CIA sous le pseudonyme de « Planesman », et il vient d'être exfiltré aux Etats-Unis *via* Hong Kong.

Catastrophique en matière de renseignements, cette défection prend une résonance toute particulière dans les rangs de la *nomenklatura* communiste chinoise postmaoïste : Yu Zhensan, (véritable patronyme du transfuge) est en effet… le fils adoptif de Kang Sheng ! Et son frère cadet, Yu Zhensheng, une étoile montante du PCC – il entrera au comité permanent du bureau politique en 2012. Autant dire que la CIA vient de frapper au sommet.

Limogé et remplacé par Jia Chunwang, l'ancien patron de la Ligue des jeunes communistes, Lin Yun paie le prix de cette défection aux allures de tragédie familiale. Drôle de fin de carrière pour un chef de service secret qui, conformément aux instructions du « Petit Timonier », voulait faire du Guoanbu un moteur du développement industriel chinois, comme les services secrets japonais l'ont été précédemment pour l'archipel nippon.

Avec une belle réussite, dont Pékin s'est inspiré…

Au pays du Soleil-Levant

— Visez la cible.
— Cible visée.
— Tirez !
— Feu…

Le 1er septembre 1983, les « Grandes Oreilles » japonaises viennent d'enregistrer ce dialogue entre des pilotes soviétiques et leur base de l'île de Sakhaline. Dans l'instant suivant, un Boeing 747 civil de la Korean Airlines qui s'était écarté de sa route est abattu. Ses malheureux 179 passagers ont fait les frais d'une tension Est-Ouest grandissante et qui, nous le savons, va mettre le monde au bord de la guerre nucléaire pour la première fois depuis la crise des fusées de Cuba.

Contents, malgré tout, de pouvoir apporter leur contribution à la cause occidentale, les Japonais s'empressent de communiquer le résultat de cette écoute aux alliés américains. Le service qui vient de réaliser cet intercept SIGINT (Shingō en japonais) dépend de la 2e Section de la division Renseignement de l'armée de terre, le Chōsa Besshitsu, en abrégé le Chōbetsu. « C'est sans doute l'une des structures les plus secrètes du dispositif japonais dans la mesure où, depuis 1958, elle s'occupe des écoutes sur l'étranger. Elle regroupe environ mille trois cents techniciens dans le quartier général d'Ichigaya et les diverses stations essaimées dans l'Archipel », précisera en 1997 Roger Faligot, auteur du livre de référence sur l'histoire des services secrets du Soleil-Levant*.

Dans ces années 1980, le Chōbetsu travaille main dans la main avec la NSA, laquelle déploie notamment ses antennes à la base de Kadena, où sont également stationnés des SR-71 « Blackbird », les appareils américains de reconnaissance à grande vitesse et à très haute altitude qui ont succédé aux U-2 et ne seront retirés une première fois du service qu'en 1990, avant d'être modernisés et remis dans le circuit en 1994 à la suite des enseignements de la guerre du Golfe.

La présence américaine dans l'Archipel reste massive. A telle enseigne que les stations d'écoute de la NSA ou des militaires américains y sont plus nombreuses que celles du Chōbetsu. Autant de Grandes Oreilles braquées sur la flotte soviétique d'Extrême-Orient, dont les mouvements sont suivis au millimètre. Sur le plan du renseignement militaire, les rapports entre les Etats-Unis et le Japon sont donc on ne peut meilleurs. Il en va tout autrement sur le plan du renseignement économique. Les Américains soup-

* Roger Faligot, *Naisho, enquête au cœur des services secrets japonais*, Paris, La Découverte, 1997.

çonnent en effet le Chōbetsu de s'allier avec les grandes firmes téléphoniques nippones pour intercepter les communications des entreprises industrielles, commerciales et financières étrangères dans l'Archipel.

Cette accusation et quelques autres, tout aussi virulentes, seront d'ailleurs un des éléments constitutifs du *japan bashing*, la mise au pilori méthodique du Japon par les médias américains comme un concurrent sournois et déloyal, qui n'aura d'égal, dans les années 2000, que le *french bashing*. Ce qui est reproché aux Nippons, c'est un patriotisme économique si accentué qu'il confine au chauvinisme économique, cette quasi-addiction culturelle à privilégier les intérêts japonais quels que soient leurs partenaires et quelle que soit la configuration du moment. Seuls une poignée d'étrangers sont à même de comprendre les ressorts de cette étanchéité de leurs cercles décisionnels. Ce mode de relations est très différent de celui des Occidentaux, lors même que politiquement, militairement et économiquement, le Japon s'insère dans le monde occidental.

On leur reproche aussi l'efficacité d'un dispositif global de renseignement économique en réseau. L'Etat, bien sûr, à travers le MITI (Minister of International Trade and Industry, en japonais Tsusanshō) et son émanation à 70 %, le Jethro (Japan External Trade Organization, en japonais Nihon Bōeki Shinkōkai) qui, partout dans le monde, collectent une quantité faramineuse d'informations – un demi-million de messages entre Tokyo et les bureaux à l'étranger chaque jour dans les années 1990, selon l'amiral Pierre Lacoste, l'ancien directeur général de la DGSE, qui, après avoir quitté son poste en 1985, ne cessera de se passionner pour les questions de renseignement, leur analyse et leur étude.

L'Etat, mais pas seulement, loin de là. Comptez également avec l'architecture très spécifique des *sōgō sōsha*, les grandes sociétés de négoce nées sur les débris des trusts démantelés après la guerre par les Américains. Elles constituent un capteur d'informations multipolaire sans égal dans le monde. Comptez avec les instituts de recherche privés et les universités où se combinent sources d'informations propres et capacité d'analyse. Des entités transparentes avec lesquelles l'agence de renseignements du Premier ministre, le Naishō (littéralement : Secret), fondée en 1952, travaille volontiers. Dès les années 1980-1990, l'une des originalités de ce service, qui n'en manque pas, c'est en effet d'externaliser une proportion importante de ses recherches sur source ouverte. Celles-ci n'ont en effet nul besoin d'être protégées par un dispositif de sécurité étanche, puisqu'elles se font au grand jour.

Pourquoi confier à des officiers de renseignement astreints à des règles de confidentialité très rigoureuses des tâches de synthèse que de jeunes chercheurs, universitaires par exemple, accompliront tout aussi bien, mais sans la même lourdeur administrative ? Fondé sur le sentiment, très puissant au Japon, d'appartenance nationale et culturelle, ce mode de partenariat services-université et/ou services-privé a d'ailleurs fait école dans les pays anglo-saxons, moins attachés que les Français au monopole étatique du renseignement, et plus sensibles à des considérations pragmatiques.

Comme dans tout service secret digne de ce qualificatif, la face visible du Naishō masque son côté obscur. L'appareil clandestin de l'agence nippone est numériquement restreint, mais très expérimenté, à telle enseigne que ses officiers ne défraient jamais la chronique par des intrusions maladroites. C'est particulièrement vrai pour la Chine où, m'assurait à Tokyo en 1986 un de ses hauts responsables, le Naishō n'opérerait jamais illégalement, par souci d'éviter des complications diplomatiques avec Pékin.

Assertion fallacieuse bien entendu, mais force est de constater que même aujourd'hui, où la tension est palpable entre les deux pays, avec d'un côté la résurgence d'un nationalisme chinois puissant instrumentalisé par le pouvoir, et de l'autre la répugnance maintenue des autorités nippones à assumer les crimes de masse japonais des années 1930-1940, les deux parties s'accordent à ne pas porter la polémique sur le terrain des réseaux clandestins.

Tout se passe de longue date, comme si leurs contre-espionnages respectifs se ménageaient par une sorte d'accord tacite. En 1989, au moment de la répression du mouvement démocratique des étudiants chinois, Tokyo, pourtant inquiet, s'est par exemple bien gardé de jeter de l'huile sur le feu…

Après le Printemps de Pékin

L'image radieuse d'une Chine postcommuniste marchant lentement mais sûrement vers la démocratie se brise comme du verre dans la nuit du 3 au 4 juin 1989, quand les chars T-62 de l'Armée populaire de libération écrasent les contestataires de la place Tian'anmen au prix de plusieurs centaines de morts, et sans doute quatre à cinq fois plus.

Le mouvement brisé, la chasse aux dissidents commence, d'autant plus féroce que le vice-Premier ministre et coordinateur des polices et des services secrets, Qiao Shi, ancien directeur du département des Liaisons internationales, doit faire oublier sa coupable faiblesse : comme le Premier ministre Zhao Ziyang, il s'était montré, dès les premiers jours de la crise, partisan de la négociation et du dialogue avec les jeunes en révolte. Dès lors que « le Petit Timonier » avait opté pour la force, c'était une erreur. Celle-ci lui sera toutefois pardonnée, puisqu'il deviendra secrétaire général du PCC par intérim puis président de l'Assemblée nationale populaire.

Pourtant, Qiao Shi s'est montré incapable de faire capturer l'astrophysicien de réputation mondiale Fang Lizhi, sa femme Li Shuxian et leur fils Fang Ke. Non seulement le trio est parvenu à se réfugier à l'ambassade américaine, déjouant la vigilance des « chiens à poil bleu », les policiers de la Sécurité publique, grâce à l'aide déterminée d'une poignée d'US marines dépêchés par l'ambassadeur James Lilley, mais ce dernier, ancien de la CIA dont il fut le chef de station à Pékin dans les années 1970, s'est refusé à livrer ses hôtes, avant de parvenir à leur faire quitter le pays.

Lilley montre en outre qu'il lui reste quelque chose de son savoir-faire d'officier de renseignements en montant de toutes pièces l'opération « Yellow Bird », l'exfiltration de plusieurs dizaines de dissidents *via* Hong Kong. Pour leur part, le commandant Durieux, de la DGSE, et ses homologues du MI 6 parviendront à tirer d'affaire une vingtaine de personnes. Diplomates ou officiers de renseignement, ils furent en effet plus nombreux qu'on ne l'imagine à montrer en actes que la solidarité occidentale avec les militants de la démocratie n'était pas toujours un vain mot.

Des militants que les services chinois vont dès lors traquer dans le monde entier, combinant pressions familiales, financières, appels au patriotisme et menaces bien senties pour les ramener dans le giron de la mère patrie. « L'Occident oubliera », avait pronostiqué Deng Xiaoping, quatre-vingt-six ans tout juste, peu avant de recourir à la force armée. Et, dans son réalisme cynique, le patriarche a eu raison. L'Ouest ayant effectivement décidé de normaliser ses relations diplomatiques et surtout économiques avec Pékin (dès mai 1990, les Etats-Unis reconduisent la clause de la nation la plus favorisée qui les lie à la Chine), la plupart des jeunes contestataires de Tian'anmen, las de l'isolement et de l'exil, accepteront de réintégrer le bercail. Et, pour certains d'entre eux, de revenir au sein d'une *nomenklatura* à laquelle les prédestinait leur système de relations familiales : rien ne doit se perdre, y compris l'expérience de l'étranger acquise lors de ce séjour forcé loin de la Chine.

Importante dans l'esprit de Deng Xiaoping, cette entreprise de récupération politique destinée à restaurer l'harmonie nationale chinoise n'écarte pas pour autant le Guoanbu des tâches d'espionnage pour lesquelles il a été conçu. Le patriarche n'a en effet aucune intention de détourner la Chine de son principal objectif : l'essor industriel et commercial, seule base possible de la renaissance de l'empire du Milieu et de son émergence dans le concert des grandes nations.

Enserrer la population dans un réseau serré de surveillance policière, lui assigner un horizon intellectuel limité aux seules réalisations économiques et au seul maintien de l'ordre moral communiste, telles sont les tâches qui incombent respectivement à la Sécurité publique et au Département de propagande du PCC. L'effondrement des régimes de l'Est puis la chute finale de l'URSS ont en effet convaincu le « Petit Timonier » et son successeur, Jiang Zemin, de la nécessité d'établir une muraille de Chine entre la libéralisation économique, à poursuivre, et la libéralisation politique, à proscrire. Pour autant, ce nécessaire raffermissement du front intérieur ne doit pas contrarier le dynamisme d'une croissance à deux chiffres. En janvier-février 1992, le « voyage dans le Sud », acte officiel ultime du patriarche avant son passage volontaire à la retraite, met une dernière fois l'accent sur la modernisation.

Par le fer et par le feu

L'espionnage économique doit bien entendu rester une partie constitutive de ce vaste projet. Dans la phase initiale de redécollage japonais après la guerre, Pékin sait quel rôle important il joua. L'expérience prouve néanmoins qu'à la différence des Soviétiques, qui pillaient les technologies occidentales, par le biais de la PGU et du GRU, sans adapter leurs structures industrielles lourdes, bureaucratiques et inefficaces, les Japonais ont su jouer sur tous les tableaux à la fois, au point de devenir cette grande puissance à laquelle manque seul le volet militaire, la bienséance d'après-guerre exigeant du Soleil-Levant qu'il possède certes des forces d'autodéfense modernes susceptibles de le protéger en cas d'agression (devinez contre qui ?), mais pas une armée capable de projeter des troupes nombreuses à l'extérieur de l'archipel. De même pour le domaine nucléaire, où le Japon, qui en a les capacités techniques, ne tardera pas à se doter de tous les éléments constitutifs de la bombe. Mais, compte tenu de l'opinion publique nippone très pacifiste et de la communauté internationale hostile à la prolifération, sans jamais monter les pièces de ce « kit » peu banal.

Deng Xiaoping sait que le communisme n'a jamais triomphé par d'autres moyens que la puissance des armes. Commissaire politique d'une armée de 600 000 combattants rouges qui, entre la fin décembre 1948 et le tout début de 1949, remporta dans les plaines centrales une des victoires décisives de la guerre civile entre PCC et Guomindang, son expérience en la matière, fournie, va de la guérilla aux batailles classiques. Pour lui, moderniser l'armée n'a rien d'un slogan propagandiste. Il s'agit au contraire d'une exigence tout à fait concrète.

L'improvisation, le patriarche en a eu son lot. Il n'a pas oublié la mésaventure de 1979, ses troupes à l'assaut d'un Viêtnam coupable d'avoir envahi le Cambodge et abattu le pouvoir des Khmers rouges protégés de Pékin. La leçon en question s'est traduite par une résistance acharnée de l'armée viêtnamienne, qui a infligé à l'APL des dégâts sévères (25 000 hommes) et fait perdre la face au numéro 1 chinois.

Ajoutez à cela que Deng Xiaoping s'est réservé la présidence de la Commission des Affaires militaires, l'organisme le plus puissant du communisme chinois (quand il cédera la place à Jiang Zemin en 1990, on saura que le patriarche va vraiment vers son retrait de la scène), et vous comprendrez pourquoi une des tâches qu'il confie au Guoanbu est de procurer à l'Armée populaire de libération certaines technologies de pointe qui lui manquent.

Une mission de confiance à laquelle s'adonnent quelques-uns des « Poissons des grands fonds » (*Chendi yü*), les agents les plus secrets de l'agence chargés de dénicher des talents scientifiques ou techniques. Les ingénieurs de haut niveau ou les linguistes d'origine chinoise par exemple, que l'on appâte en soulignant leur appartenance à la grande famille des compatriotes d'outre-mer.

Ce qui n'empêche pas l'APL, véritable Etat dans l'Etat en République populaire où elle dirige tout un pan de l'économie, de posséder ses propres organes d'espionnage. Un service de renseignements militaires, le 2e Département de l'état-major général de l'APL (Qingbaobu) ou APL-2, et bientôt le 3e Département (Zongcan sanbu) ou APL-3, en charge de l'interception des communications des armées étrangères.

La zone Asie-Pacifique voit en effet se dérouler une intense guerre du SIGINT dont les Chinois, comme les Japonais et les Américains, sont partie prenante, mais à laquelle se mêlent aussi les Britanniques du GCHQ, en particulier depuis Hong Kong, jusqu'à 1997 et la cession par Margaret Thatcher de cette ex-colonie à la Chine. Sans oublier, au titre du pacte UKUSA, le partage des interceptions et des décryptages, le Defence Signals Directorate, futur Australian Signals Directorate (ASD), ou le Government Communications Security Bureau néo-zélandais (GCSB).

La Chine, on vient de le voir, joue sa partition dans cet étrange concert d'intercepts. Ses progrès dans les disciplines de pointe comme l'informatique lui en donnent les moyens. Dès cette époque d'ailleurs, les stratèges de l'APL commencent à formuler la doctrine de l'équivalent chinois de la Révolution dans les affaires militaires, que certains d'entre eux désigneront plus tard comme la « guerre hors limite ».

Face à une Russie bien en mal d'absorber le choc causé par la fin de l'Empire soviétique, à un Japon défensif militairement et agressif économiquement et à des Etats-Unis en proie à l'optimisme des débuts de l'ère Clinton, la Chine des années Deng Xiaoping-Jiang Zemin se veut conquérante, sûre d'elle, capable de maîtriser toutes les technologies. Sa rapide progression consacre l'émergence d'un monde multipolaire où les Etats-Unis restent la plus grande puissance, mais où la Chine rénovée aspire à devenir son challenger dans un cadre dont la guerre nucléaire n'est plus l'horizon.

Un monde aux menaces beaucoup plus différenciées, où les services secrets n'auront plus à combattre sur un front principal nettement identifié, mais sur un large éventail de terrains allant de la guerre économique aux affrontements religieux occultés par la guerre froide, aux Etats en déliquescence parfois narco-trafiquants et aux conflits nationaux issus de la décomposition de l'ex-bloc de l'Est.

26

Des Etats en miettes

Ce 9 décembre 1992 commence l'opération « Restore Hope », décidée par Bill Clinton à la suite de la résolution 751 de l'ONU. Anges gardiens du corps expéditionnaire américain, les hélicoptères Cobra doivent protéger le débarquement sur la côte des Somalis des unités de marines et des commandos Sea, Air, Land. Par une nuit d'encre comme celle-ci, la mission n'a rien de facile. Pourquoi ces éclairs lumineux à l'endroit précis où les soldats, revêtus de combinaisons étanches dernier cri qui leur donnent des allures de grenouilles, prennent pied sur le rivage ? Tirs de bazookas ? De lance-grenades ?

Pas de doute, les gangs somaliens, ces milices au service des chefs de clans locaux en pleine guerre civile, sont en train d'allumer les arrivants aux RPG-7 et aux armes de poing. Il faut intervenir. Un des pilotes enclenche ses dispositifs de mise à feu. Mais, au moment d'enfoncer le bouton de tir, une voix stridente lui vrille la tête au travers du système de phonie implanté dans son casque : « Arrêtez tout ! Personne ne tire ! Les lueurs que vous apercevez, ce sont les flashes des cameramen de TV et des photographes de presse… » Deux secondes de plus et c'était la méga-bavure : notre pilote liquidait CNN et les équipes télé du monde entier !

Dans les conflits modernes, l'effet audiovisuel devient omniprésent : aussi sanglante soit-elle sur le terrain, une guerre sans images est une guerre qui n'existe pas. La télé constitue toutefois une arme à double tranchant. Dix mois après cet épisode somme toute comique, le drame reprend ses droits. Voici les faits : le 3 octobre 1993, l'armée américaine lance une opération de commando destinée à capturer Mohamed Farrah Aïdid, le plus féroce des chefs de guerre somaliens. Aïdid, affirme la CIA, doit tenir une réunion ultrasecrète à l'hôtel Olympic de Mogadiscio. Hélas ! le coup de main tourne au désastre. C'est la « Chute du Faucon noir » : 5 hélicoptères abattus ou endommagés, 18 Rangers et commandos de la Delta Force, l'unité antiterroriste, tués, 84 autres blessés.

Histoire d'apprendre au public américain et international que la guerre « zéro mort », ça n'existe pas, et que les guérilleros de tout poil ont encore de beaux jours devant eux, les miliciens de Aïdid traînent les corps dénudés de cinq militaires américains devant les caméras. Les Etats-Unis sont publiquement humiliés : les troupes américaines ne patrouilleront désormais plus que protégées par les Italiens et les Français. La Somalie, pour sa part, s'enfonce toujours plus dans une zone d'instabilité et de troubles dont elle n'est toujours pas sortie aujourd'hui. Embuscades, coups de main, massacres et prises d'otages s'y succèdent au fil des années face à un pouvoir d'Etat émietté, concassé, inexistant.

Le 14 juillet 2009, un sous-officier de la DGSE, l'adjudant-chef « Denis Allex », venu instruire les forces gouvernementales, est enlevé par les insurgés islamistes d'Al-Chebab. « La Piscine » fait tout pour repérer sa geôle. Finalement, elle parvient à la localiser. Mais, dans la nuit du vendredi 11 au samedi 12 janvier 2013, un raid de sauvetage monté par le service Action de la DGSE et le COS, le Commandement des opérations spéciales, échoue de peu : progressant de nuit à pied au pas commando après avoir été héliportés, les 50 hommes de la force d'assaut française sont repérés avant d'arriver sur l'objectif. Des coups de feu claquent. « Denis Allex » est abattu par ses ravisseurs, et deux commandos venus à son secours sont tués.

Le président Hollande sera cependant épargné par la polémique qui a fait rage deux ans plus tôt, quand son prédécesseur Nicolas Sarkozy ordonnait au COS et à la DGSE d'intervenir avec des moyens lourds pour tenter de libérer de force deux jeunes Français, Antoine de Léocour et Vincent Delory, enlevés au Niger en janvier 2011 et qui eux aussi trouveront la mort dans l'opération.

A l'heure du « nouvel ordre mondial » né de l'effondrement du bloc soviétique, la Somalie ne fut pas la seule région du monde à se transformer ainsi en sables mouvants par décomposition des structures étatiques. Les Balkans occupaient en effet le premier rang de ces zones incontrôlables.

Satellite, mon œil !

La scène, comme on dit dans les tragédies classiques, se passe en novembre 1995 à Dayton, dans l'Ohio. Et c'est bien de tragédie qu'il s'agit. Pour mettre un terme à la guerre qui ensanglante la Bosnie, le secrétaire d'Etat américain Warren Christopher et son bras droit Richard Holbrooke, qu'assiste pour la partie militaire le général Wesley Clark, ont réuni les trois principaux protagonistes du conflit : le président serbe Slobodan Milošević (qui représente son collègue autoproclamé de la « République serbe de Bosnie », Radovan Karadžić, recherché par les instances internationales), le leader musulman bosniaque Alija Izetbegović et le président croate Franjo Tuđjman.

Participent également à cette rencontre Pauline Neville-Jones, première femme à avoir dirigé le Joint Intelligence Committee, l'organe de coordination des services secrets britanniques, entre 1993 et 1994 ; le vice-ministre des Affaires étrangères russe Igor Ivanov ; et le représentant de l'Union européenne Carl Bildt.

Alors que les négociations marquent le pas, les responsables américains organisent une visite dans la salle centrale des opérations de la base. Dans leur esprit, le BC2A (Bosnia Communication and Control Augmentation System) doit faire son petit effet.

Quand ils cherchent à impressionner leurs interlocuteurs, de telles démonstrations de puissance technologique sont familières aux Américains. A la fin de la guerre froide déjà, le président Reagan dépêchait le général Vernon Walters auprès du pape, de retour à Rome après un pèlerinage triomphal dans sa Pologne natale.

— Regardez, Saint-Père, vous êtes ici, indiqua l'ancien numéro 2 de la CIA en exhibant des photos satellites de Jean-Paul II, point minuscule sur une estrade entourée de la foule innombrable de ses compatriotes.

— Et Dieu est là-haut qui nous regarde, mon fils », a répliqué le pape impassible, suggérant que la puissance divine importait beaucoup plus à ses yeux que les images à haute résolution de la centrale de Langley.

Tout le monde n'est pas Jean-Paul II évidemment. Ce serait même faire injure au Saint-Père que de le comparer à un criminel aux mains tachées de sang comme Milošević. Mais la méthode employée par les Américains pour mettre leurs interlocuteurs en condition est toujours la même.

A Dayton, on dirait que la magie fonctionne. Tous les délégués serbes marquent le coup quand ils voient se dessiner sur écran leurs casernes, leurs dispositifs de défense antiaérienne, leurs emplacements d'artillerie et de missiles russes SAM, leurs dépôts de munitions. Autant de cibles potentielles des forces de l'OTAN, au cas où…

Tous, sauf Milošević. Vieil *apparatchik* coulé dans le moule communiste, lui seul garde le même visage fermé. Dépités, les Américains imaginent un second procédé de « technopression ». En pleine discussion sur la largeur du corridor qui doit traverser le territoire des Serbes de Bosnie, l'un d'entre eux propose au dictateur de Belgrade et à ses adjoints une nouvelle visite - virtuelle bien sûr - du théâtre des opérations.

— Pour travailler sur les cartes de Bosnie, nous avons un logiciel très efficient, PowerScene, qui intègre l'imagerie de nos satellites d'observation aérienne et celle de nos avions de reconnaissance, explique-t-il aimablement.

— Des trucs d'espions », grommelle Milošević qui n'en scrute pas moins l'écran d'ordinateur d'un œil acéré.

Et là, c'est le choc : les images virtuelles sont d'une précision ahurissante. Un des Serbes reconnaît la maison de ses grands-parents, un autre le petit cours d'eau où il pêchait avec ses copains quand il était enfant.

« Arrêtez l'image, exige soudain Milošević, péremptoire. Il y a une erreur. Ce pont-là n'existe plus, vous l'avez détruit.

— La mise à jour n'est pas encore faite, mais je peux vous garantir que nos pilotes se sont entraînés sur PowerScene avant d'aller le bombarder, votre pont », rétorque un des officiers.

Ça ne fait jamais de mal de montrer qu'on dispose d'une telle supériorité. Encore faut-il qu'elle se traduise en termes concrets sur le terrain…

Bombes téléguidées sur l'ambassade

Plus encore que la guerre du Golfe ou l'intervention en Somalie, les conflits des années 1990 qui ensanglantent l'ex-Yougoslavie vont montrer aux services occidentaux l'inadéquation de leurs systèmes de renseignements. Conçus pour l'affrontement global bloc contre bloc, les voici en porte-à-faux dans un espace géographique atomisé et montagneux où le moindre accident peut cacher un piège.

Une zone que les agents britanniques et américains n'ont plus arpentée depuis la Seconde Guerre mondiale et les luttes intestines – déjà – entre tchetniks de Mihailović et partisans de Tito. Pas à pied, du moins. Les Allemands, eux, sont revenus en douce dans les Balkans depuis le début des années 1970, époque où le SDECE, comme la police secrète de Tito, l'Uprava Državne Bezbednosti (Organisation de la Sécurité d'Etat), a repéré l'action du Service de renseignements allemand (BND) auprès des irrédentistes croates. Considérant ce territoire de la Yougoslavie comme partie intégrante de leur sphère historique d'influence, les Allemands de l'Ouest renouaient en effet avec leurs anciens alliés de l'Oustacha, l'organisation terroriste croate d'extrême droite.

Homme de la vieille école, Mitterrand peine à comprendre l'Europe nouvelle en train de naître où l'Allemagne n'est plus divisée en deux, mais où au contraire c'est la Yougoslavie, unifiée autrefois par Tito, qui vole en éclats. Sous sa présidence, la France penche nettement pour la Serbie en souvenir de la fraternité d'armes de la Grande Guerre, mais aussi, fait souvent oublié des commentateurs de l'époque, des crimes de masse commis contre les Serbes et les juifs pendant l'occupation allemande par les collabos croates d'Ante Pavelić, le fondateur de l'Oustacha.

C'est sous le septennat de Jacques Chirac que le vent va tourner, très doucement. En particulier après que les marsouins, les hommes de l'infanterie de marine, las d'être humiliés sous le casque bleu de l'ONU, auront repris, armes en main, en mai 1995, un poste dont ils venaient d'être chassés par les Serbes au pont de Vrbanja.

Outre les Anglais et les Américains, toujours en proie au fantasme de la guerre « zéro mort », les autres protagonistes de ce conflit multiforme aux données d'une complexité inouïe sont les Russes. Protecteur traditionnel des Serbes, Moscou se montre en outre très inquiet de l'irruption de l'OTAN en ex-Yougoslavie, que le Kremlin considère comme une sorte d'agression à ses frontières. Cette crainte d'une « sainte alliance » téléguidée par

Washington renvoie au « cordon sanitaire » mis en place autour de l'URSS dans les années 1920-1930 et à la hantise de l'encerclement qui a tant influé sur la politique étrangère de Staline. L'Empire soviétique disparu, les Russes appréhendent le retour à un tel isolement.

Les réseaux du SVR et surtout ceux du Service de renseignements fédéral de la Fédération de Russie (Federal'naya Sloujba Bezopasnosti Rossiyskoy Federatsii), nouvelle mouture de la partie policière de l'ex-KGB créée en avril 1995 et compétente pour les pays de l'ancienne sphère d'influence soviétique, ne sont guère éloignés de Milošević et des cercles dirigeants serbes de l'époque. Le FSB, d'abord dirigé par le colonel-général Mikhaïl Barsoukov, puis, à partir de juillet 1998, par Vladimir Poutine, l'homme qui monte à Moscou, est chargé de veiller au grain. Ses excellents rapports avec le service secret serbe, le Sluzba Državne Bezbednosti (SDB), le lui permettent.

Le SVR, lui, s'occupe du « reste du monde ». Bon sang d'espion ne ment pas : nous verrons d'ailleurs plus loin que, dès cette époque, le service russe de renseignement extérieur, mettant ses pas dans ceux de l'ex-PGU soviétique, a recommencé à constituer des réseaux, en France ou aux Etats-Unis notamment. Comme dans le Pacifique au temps de la guerre du Viêtnam, des navires espions russes font leur apparition, dans l'Adriatique cette fois. C'est l'œuvre de la NSA russe, l'Agence fédérale des communications du gouvernement et de l'information, la FAPSI, qui, depuis sa création en décembre 1991, a fondu en une seule entité les deux directions principales de l'ex-KGB en charge des intercepts et du décryptage, la 8e et la 16e.

Dans le renseignement, il n'y a pas de petits profits. En mai 1999, lors des frappes aériennes de l'OTAN sur Belgrade, les Serbes abattent (peut-être avec du matériel russe) un avion furtif américain Lockheed F-117 en principe invisible au radar. Après quelques photos souvenirs triomphales diffusées aux médias internationaux histoire de montrer que, seul contre tous, le « village gaulois » serbe résiste, ses pièces détachées seront transmises pour décorticage au GRU. Sans parler d'une « communauté slave du renseignement », on peut donc dire que la Russie tente de recréer autour d'elle une alliance des services secrets amis.

Très curieusement, un autre acteur se profile sur le terrain ex-yougoslave décidément attrape-tout : la Chine. Lors des mêmes bombardements de l'OTAN, dans la nuit du 7 au 8 mai 1999, une aile de l'ambassade chinoise de Neo Beograd est détruite par des bombes téléguidées américaines. Bilan : trois morts et une trentaine de blessés, dont l'attaché militaire auprès de l'armée serbe, le colonel Ren Baokai. Erreur due à des cartes obsolètes transmises par la CIA, ce sera l'explication toute diplomatique de cette prétendue bavure. Le président Clinton semble embarrassé. Mais, surprise, il n'est pas le seul. Si Boris Eltsine vocifère, le numéro 1 chinois Jiang Zemin, lui, fait profil bas.

A croire qu'il y a anguille sous roche et, de fait, il y en a une. Depuis vingt ans, Pékin entretient de très bonnes relations avec Belgrade, d'où des rapports de travail entre le SDB, le Vojno Obavestajna Sluzba, le renseignement militaire serbe d'un côté, le Guoanbu et le Qingbaobu, le 2e Bureau de l'état-major général de l'Armée populaire de libération, de l'autre. Résultat pratique : l'aile détruite de l'ambassade abritait un important dispositif d'écoutes et d'émission de signaux sécurisés. Autant dire que, prenant à tort l'enceinte diplomatique pour un sanctuaire inviolable, le personnel sur site interceptait les communications de l'OTAN, aidait les Serbes à déjouer les frappes de l'Alliance atlantique et relayait les messages radio des troupes de Milošević, suppléant à des réseaux techniques serbes désorganisés par les bombardements*. L'« erreur » de la CIA – c'est ainsi que son directeur, George Tenet, qualifiera l'incident meurtrier de l'ambassade devant une commission d'enquête sénatoriale – ne fut, en résumé, que le fruit d'un travail préalable de repérage.

Preuve que, dans cette partie yougoslave si compliquée, le renseignement technique n'avait pas dit son dernier mot…

Le TECHINT au pied du mur

Difficile d'apprendre, puis de comprendre ce qui se passe dans cette zone tourmentée des Balkans. D'en haut, grâce aux avions de reconnaissance et aux satellites, on distingue certes beaucoup

* Roger Faligot, *Les Services secrets chinois de Mao à Xi Jinping*, *op. cit.*

de détails. Grâce aux drones aussi, sachant que les Croates, soumis à un embargo international et à la pression militaire serbe, en ont déployé eux-mêmes dès 1993-1994, y compris dans le cadre d'opérations de guerre psychologique comme des lâchers de tracts.

Terminée en Bosnie, la guerre se rallume au Kosovo. Dès le 22 octobre 1998, l'OTAN lance officiellement l'opération « Eagle Eye ». Côté américain, ce pari technologique à faire frémir tous les Buck Danny, tous les pilotes héros de bandes dessinées, va mobiliser à lui seul cinq satellites d'observation visuelle (trois KH-11 « Keyhole » ainsi que les Lacrosse-2 et Lacrosse-3) ; une vingtaine de satellites d'interception des communications, autant d'avions espions U-2 ou RC-135 Rivet Joint, des Airborne Warning and Control System, les fameux avions AWACS, et une quantité indéterminée de drones Predator.

Moins richement dotés, les Français aligneront le satellite d'observation Hélios 1-A, des avions Jaguar, Mirage F 1 CR et Etendard, des drones de fabrication israélienne (Hunter) ou française (Crécerelle), ainsi que des Couguar Horizon – l'acronyme pour « Hélicoptère d'observation radar et d'investigation sur zone ».

Les résultats s'avèrent contrastés. Aussi sophistiqués soient-ils, les moyens aériens d'« Eagle Eye » ne sont pas tout-puissants. Repérer les déplacements des batteries de missiles sol-air SAM est en effet plus facile que localiser des fantassins serbes ou des guérilleros albanais en marche à travers bois. Dans deux ans, l'hebdomadaire américain *Newsweek* gênera d'ailleurs beaucoup le Pentagone en affirmant dès mai 2000 que, en soixante-dix-huit jours de raids aériens, l'OTAN n'aurait détruit que 14 chars serbes ! Ce à quoi le général John Corley, chef du service Etudes et Analyses au quartier général de l'US Air Force, vexé, répondra, se fondant sur les images d'avions U-2, de drones, sur les témoignages des pilotes et les recueils de renseignements directs par des équipes sur le terrain, que le chiffre serait de 93 chars et 153 transports de troupes blindés, et que les équipes de vérification au sol ont identifié 26 carcasses de tanks.

Même revu à la hausse, le bilan reste modeste en regard d'un impressionnant déploiement technologique. Autant dire que dans un conflit, aussi postmoderne soit-il, le facteur humain continue de peser d'un poids respectable. Malgré les réticences de la CIA, inquiète de son alliance avec la mafia albanaise, l'Armée de libération du Kosovo, l'UCK (Ushtria Çlirimtare ë Kosovës), est d'ailleurs soutenue et équipée par le BND en armes prélevées dans les stocks de l'ex-RDA. C'est dire si l'Allemagne fédérale, dont le ministre des Affaires étrangères Klaus Kinkel a, soit dit en passant, dirigé le BND de janvier 1979 à décembre 1982, persiste à faire des Balkans sa zone d'influence, à l'exclusion de la seule Serbie.

La panoplie de moyens sophistiqués de collecte de renseignements mise en œuvre par l'OTAN n'est donc pas toujours suffisante, loin de là, pour rendre lisibles des configurations où les réalités ethniques et religieuses prédominent. Pour en saisir les innombrables nuances, il faut redescendre à hauteur d'homme. Revenir, en d'autres termes, sur le terrain de l'HUMINT.

Experts en interventions chirurgicales coordonnées avec les services secrets, Britanniques du Special Air Service et Français du COS vont se livrer une concurrence acharnée dans ce domaine particulier du renseignement né de l'évolution des esprits au sein de la communauté internationale : la chasse aux criminels de guerre…

La traque

Elle est tout sauf simple. Pour capturer l'ancien président du parlement serbe de Bosnie Momčilo Krajišnik, le COS français devra par exemple combiner des moyens techniques et des moyens humains. Côté repérage, les interceptions radio du 57e régiment de transmissions, les hélicoptères Gazelle de l'aviation légère de l'armée de terre bourrés d'équipements high-tech, mais aussi les spécialistes de la reconnaissance en profondeur du 13e régiment de dragons parachutistes. Et pour l'arrestation (musclée) proprement dite, le 3 avril 2000, à l'issue de cette longue filature, les hommes du commando de marine Hubert couverts par leurs camarades du Groupe de combat en milieu clos.

Ce type de réussite ne va pas sans quelques compromissions. Tandis qu'elle traque les criminels serbes, la DGSE entretient ainsi des liens avec Ante Gotovina. Ancien légionnaire parachutiste devenu mauvais garçon, ce général de l'armée croate n'a pas fait dans la dentelle pendant la guerre entre la Croatie et la Serbie, d'où sa condamnation ultérieure à vingt-quatre années de prison par le Tribunal pénal international pour l'ex-Yougoslavie. Mais, bon, il est bien utile. Et discret avec ça : fidèle à sa parole, l'ancien du 2e REP évitera de mentionner devant les juges qu'il a aidé la DGSE à repérer des criminels de guerre. Ceux de l'« autre bord » bien entendu, chaque camp protégeant les siens, de sorte que seule une volonté internationale forte permettra de sanctionner certains d'entre eux.

Autre épisode trouble de service secret : l'affaire de l'« Araignée ». En 1992, la DST a recruté un autre ex-légionnaire, serbe celui-là, Jugoslav Petrušić. Lequel joue double jeu, renseignant simultanément le contre-espionnage français et les services de son pays. Mais voilà qu'en novembre 1999, la police de Belgrade annonce l'arrestation de Petrušić et de trois autres personnages constituant l'organisation « Araignée » que la DGSE, affirme-t-elle, aurait chargée d'assassiner Milošević. Celui-ci, dans tous les cas, ne perd rien pour attendre. Renversé puis remis au Tribunal pénal international pour l'ex-Yougoslavie (TPIY) en août 2001, il mourra en prison à La Haye en mai 2006, avant même le jugement d'un tribunal auquel il déniait d'ailleurs toute légitimité.

On parlait plus haut des forces spéciales de Sa Majesté la reine Elisabeth II. Lancé lui aussi sur les traces des criminels de guerre, le 22e bataillon SAS, la crème de la crème, s'est distingué le 10 juillet 1997. Par une arrestation ? Une mise à mort plutôt, celle de Simo Drljača, le chef de la police serbe de Bosnie. La version officielle de l'opération affirmera que Drljača avait tenté de tirer sur le commando et qu'un des SAS, en état de légitime défense, aurait ouvert le feu, le blessant mortellement. On serait tenté plus volontiers de la croire si, en Irlande du Nord déjà, les SAS ne s'étaient pas livrés à des exécutions sommaires de militants nationalistes et de cadres de l'IRA, encouragés il est vrai par Margaret Thatcher, fana-mili qui voyait dans les forces spéciales « un groupe de gens merveilleux », comme elle devait le déclarer lors d'une visite au centre d'entraînement des SAS de Heresford.

Un « client » de moins pour le TPIY, en tout cas. Les Américains, eux, renonceront à appréhender le président de la « République serbe de Bosnie », Radovan Karadžić, celui-là même que Milošević représentait à Dayton en 1996. Un dispositif était en place, des hommes de la Delta Force étaient prêts à l'action et revêtus… d'uniformes français.

Le premier problème, c'était justement l'état déplorable des relations franco-américaines à l'époque. Accusé par la presse américaine, dûment (et peut-être malignement) tuyautée par la CIA, d'avoir fait échouer une première tentative d'arrestation de Karadžić, le commandant Hervé Gourmelon, attaché au Service d'information et de relations publiques de l'armée, venait d'être rappelé à Paris.

C'est dire si la méfiance régnait, alimentée par la présence sur le terrain d'officiers américains d'active et de réserve venus évaluer le marché potentiel de la reconstruction de l'ex-Yougoslavie dans le cadre, très anglo-saxon et très pragmatique, de la Combined Civil Affairs Task Force. Novice dans cette pratique nouvelle des « affaires civilo-militaires », Paris n'appréciait guère cette irruption structurée du monde industriel et commercial anglo-saxon dans celui de la guerre, et Washington craignait que cette mauvaise humeur pousse les Français à prévenir Karadžić.

Celui-ci bénéficiait, argument qui a sans doute pesé le plus lourd dans la décision finale d'annuler l'opération « Green Light », d'une protection d'au moins 70 hommes armés jusqu'aux dents, qui auraient transformé l'assaut en bain de sang au succès hypothétique.

Qu'est-il devenu ? demanderez-vous. Pour lui aussi, il s'agissait d'un sursis. Beaucoup plus long, c'est vrai : dix ans. Le résultat probable d'un accord implicite passé avec les Américains : l'impunité contre son retrait ferme et définitif de la vie politique, que cet ancien psychiatre n'a pas respecté jusqu'au bout. Arrêté à Belgrade en juillet 2008 après, peut-être, une période de séjour clandestin à Vienne, il a été traduit à son tour devant le TPIY.

Pour ceux qui accuseraient les Etats-Unis de s'être fait berner par Karadžić, rappelons que leur cynisme naïf de mauvais aloi les amenait à la même époque à nourrir en leur sein le serpent qui allait les mordre ensuite si cruellement…

La longue marche de Ben Laden

Accueilli en héros en Arabie saoudite après son retour d'Afghanistan, Oussama Ben Laden, mû par un sens très sûr de la publicité, donne conférence sur conférence dans les mosquées, les écoles coraniques et même les universités. Pour cet activiste en train de se découvrir lui-même, il s'agit avant tout d'exalter son combat contre les Soviétiques.

Ben Laden est devenu un personnage important dans son pays. Tellement qu'en 1990-1991, quand éclate la guerre du Golfe, il ose proposer au roi Fahd de lever une milice de musulmans fidèles prête à affronter Saddam Hussein et le régime « athée » de Bagdad.

Fahd préfère confier la sécurité du royaume aux Américains, alliés de l'Arabie saoudite depuis l'après-guerre autour des enjeux pétroliers. Il n'a donc cure d'un tel projet. Sympathique, mais absurde, c'est aussi l'avis du prince Turki al-Fayçal, chef depuis 1977 des services secrets saoudiens qui, de manière révélatrice, se font désigner à l'extérieur sous un nom anglais, le General Intelligence Department (GID).

Furieux, Ben Laden fonde un Comité du Djihad qui groupe, du moins en théorie, plusieurs mouvements extrémistes musulmans égyptiens, yéménites, pakistanais, jordaniens, libanais. Plus, en principe toujours, le Groupe islamique armé algérien.

Pas rancunier pour un riyal (la monnaie saoudienne), le prince Turki continue pourtant de protéger Ben Laden, en qui il voit une carte possible pour l'avenir. L'activiste est un peu turbulent, certes, mais issu, rappelons-le, d'une famille proche du Trône, et son enthousiasme ne fait aucun doute. Ainsi le chef du GID pardonne-t-il au fondateur d'Al-Qaida ses critiques de plus en plus insolentes. Elles visent avant tout une royauté saoudite qui, ô honte, accepte que la terre sainte de l'islam soit souillée par la présence de soldats chrétiens, donc infidèles*. Puis s'étendent à d'autres personnalités honnies du monde arabo-musulman.

---

* Lors de la révolte arabe contre les Turcs (1916-1918), les militaires et officiers de renseignements alliés non musulmans, britanniques comme Lawrence d'Arabie ou français comme le colonel Edouard Brémond, confinés sur la côte de la mer Rouge à Djedda, loin des lieux saints de l'islam, n'ont jamais

Saddam Hussein figure naturellement à la première place de sa galerie des monstres. Mais celle-ci compte aussi Yasser Arafat, coupable d'entretenir des liens avec la CIA. A la demande du président Clinton, l'Agence protège en effet le leader palestinien. De façon plus large, passant à un statut, nouveau pour elle, de « facilitatrice » entre parties opposées, celle-ci a mis son appareil clandestin au service des négociations secrètes avec les Israéliens, qui aboutiront aux accords d'Oslo d'août-septembre 1993, officiellement paraphés à Washington le 13 septembre.

Sachons cependant qu'à Langley tout le monde n'apprécie pas cette nouvelle façon de faire, certes bénéfique aux relations avec la Maison Blanche, mais qui risque, croient-ils, d'émasculer la Compagnie en la transformant en simple exécutante de la politique de la présidence et du Département d'Etat. Ce n'est pas ce que voulaient les grands anciens, arguent ces partisans d'un service secret encore capable d'opérations clandestines, comme ce fut le cas contre les Russes en Afghanistan. L'époque où Ben Laden était un allié, justement. Mais, depuis, ne dirait-on pas que cet activiste commence à en vouloir au monde entier ?

Prenez le Libyen Mouammar al-Kadhafi, dont la virulence anti-américaine d'autrefois fait place, il est vrai, l'âge et les représailles américaines venant, à une étrange modération*. Ben Laden rejette désormais dans les ténèbres extérieures le « bouillant colonel » de Tripoli. De même le Syrien Hafez al-Assad, qui s'est rallié – sacrilège – à la large coalition anti-irakienne montée autour du Grand Satan américain par Bush père.

Et les Etats-Unis bien sûr. Le chef d'Al-Qaida ne peut que se réjouir de l'explosion, le 26 février 1993, d'une camionnette piégée dans le parking souterrain du World Trade Center à New

---

eu accès à La Mecque. Seuls une poignée d'officiers français musulmans comme Chérif Cadi Ben Larbi et Mohammed Raho bénéficièrent de cette possibilité. Sur cet aspect particulier, je me permets de renvoyer le lecteur à mon livre *La Saga des Hachémites*, *op cit.*

* Habitué des attentats terroristes anti-occidentaux, le dictateur libyen avait commandité en 1982 l'explosion meurtrière à La Belle, une boîte de nuit de Berlin-Ouest fréquentée par des GI's. Malheureusement pour lui, la NSA ayant intercepté les conversations préparatoires au crime, le président Reagan décidait un bombardement de représailles à Tripoli et à Benghazi qui, le 15 avril, manqua de tuer le « bouillant colonel » et coûta la vie à une de ses filles.

York. L'attentat a été organisé par un Egyptien, Omar Abd-al Rahman, dit « le cheikh aveugle » en raison de ses problèmes de vue. Inspirateur de l'assassinat du président Anouar as-Sadate le 6 octobre 1981 au Caire pour cause de répression des Frères musulmans et d'accords de paix avec Israël, cheikh Omar a vécu en Arabie saoudite puis au Pakistan avant d'obtenir… le statut de réfugié politique aux Etats-Unis, qu'il vient de remercier en les frappant sous la ceinture.

Arrêté par le FBI, « le cheikh aveugle » devient un symbole pour les islamistes les plus militants (en mars 1995, deux diplomates américains seront assassinés au Pakistan par un groupuscule exigeant sa libération). Et un sujet de réflexion intense pour Ben Laden. Un mauvais calcul technique a certes limité l'ampleur des dégâts : quatre morts « seulement ». Mais les terroristes, dont Ramzi Youssef, un Pakistanais qui projettera l'assassinat du pape Jean-Paul II et de Bill Clinton avant d'être arrêté en 1995 à Manille, espéraient faire effondrer un pan entier du building par une puissante déflagration en sous-sol. Et l'idée de trotter dans la tête de Ben Laden : le World Trade Center… Comme l'objectif était bien choisi pour humilier cette Amérique mécréante et arrogante !

Brûlant de se trouver de nouveaux alliés, l'activiste prend contact avec d'autres opposants au régime saoudien dans l'intention évidente de constituer un réseau. Ce qui s'appelle abuser de la patience des dirigeants de Riyad qui, en guise de représailles, le déchoient de sa nationalité en juillet 1994. Réfugié au Soudan de son ami Hassan al-Tourabi, dirigeant du Front national islamique, le nouvel apatride y crée une banque et multiplie les travaux publics, domaine d'excellence de sa famille. Un bon moyen de financer les moudjahidin bosniaques les plus radicaux, dont certains ont déjà combattu les Russes en Afghanistan et qui constituent les adversaires les plus féroces de l'armée (et souvent de la population) serbe.

Sans que Langley prenne conscience de cette nouvelle donne, Ben Laden est en train de transformer Al-Qaida en socle de l'Internationale islamique radicale de ses rêves. Un exemple de l'inertie de l'Agence : mal informée ou négligente, elle n'a pas tiré les conclusions qui s'imposaient après décembre 1992 et l'attentat au Yémen contre des soldats américains en route pour la Somalie dans le cadre de l'opération « Restore Hope ». Le rebelle saoudien avait pourtant financé le groupe responsable de cette attaque terroriste.

La CIA est alors dirigée par James Woolsey, un démocrate qui, véritable révolution culturelle à Langley, participa autrefois au mouvement contre la guerre du Viêtnam. La cécité de l'Agence sur le cas Ben Laden tient au fait que, tout à son combat à double front contre l'Iran chiite et, dans une certaine mesure, contre la Russie, elle continue à jouer la carte de l'islamisme sunnite radical, considéré comme un danger de second ordre facile à maîtriser avec l'aide des Saoudiens. Manquant à son devoir de vigilance, la Compagnie n'a même pas pris la peine de synthétiser dans un dossier digne de ce nom l'ensemble des informations disponibles sur ce personnage remuant.

Sans ignorer Ben Laden, elle n'y fait presque pas attention. Voilà comment beaucoup de suffisance et trop peu de qualités analytiques, le b.a.-ba, pour un service de renseignements, pourtant, peuvent conduire vers de sérieuses déconvenues avec morts d'hommes et de femmes en grand nombre. Seul Cofer Black, le vieux de la vieille des opérations clandestines qui dirige la station de Khartoum, s'en inquiète. Comme il s'inquiète du fait que le Soudan soit en train de devenir une sorte de plaque tournante pour les islamistes radicaux du monde entier.

A partir de 1995, le terrorisme finit tout de même par passer au rang de préoccupation majeure de l'Agence. Son directeur d'alors, John Deutch, un spécialiste des questions chimiques et énergétiques (nombre des patrons de la CIA ont opéré dans ce dernier secteur avant de prendre les commandes à Langley), s'y montre en effet sensible.

En juillet 1995, une tête nouvelle apparaît justement à Langley : George Tenet, le directeur adjoint. Avant de diriger pendant quatre ans le personnel de la Commission sénatoriale du renseignement et de rejoindre l'équipe de Bill Clinton pour les questions de sécurité, ce jeune quadragénaire a travaillé pour l'industrie de l'énergie solaire. Deutch le bombarde superviseur des opérations clandestines, à charge pour lui de faire de la lutte contre le terrorisme moyen-oriental une vraie priorité.

Il y a urgence en effet. Le 13 novembre 1995, un attentat à la voiture piégée perpétré contre le National Guard Building de Riyad, en Arabie saoudite, coûte la vie à cinq Américains et, derrière le crime, la CIA distingue la main de Ben Laden. Sans voir dans ce personnage remuant l'ennemi public numéro 1, l'Agence commence enfin à s'intéresser à lui...

L'heure du djihad

Si le Soudan attire les islamistes de tout poil et de toute barbe, les dirigeants soudanais, eux, n'ont pas la moindre envie d'en découdre avec la puissante Amérique. D'où, en décembre 1995, cette discrète proposition aux Etats-Unis : que diriez-vous si nous vous livrions Ben Laden sur un plateau ?

L'offre est à prendre au sérieux car elle a déjà un précédent de taille : deux ans plus tôt, Khartoum a extradé en France le Vénézuélien Carlos à la demande pressante de Philippe Rondot, l'ancien as du service Action du SDECE, alors conseiller de la DST et pas mécontent de boucler enfin une chasse au terroriste longue de deux décennies qui lui tenait à cœur.

Croyez-vous que Washington va saisir la perche ? Vous êtes loin du compte. Faute de moyens légaux permettant de poursuivre Ben Laden devant la justice américaine et par crainte peut-être d'un grand déballage préjudiciable, aucune suite n'est donnée à l'offre de Khartoum. Paul Quaglia, le nouveau chef de la station de Khartoum, a bien suggéré une autre possibilité : les Soudanais n'auraient qu'à remettre l'intéressé à ses compatriotes saoudiens, lesquels sauraient parfaitement régler le problème. Mais, là encore, il ne sera pas suivi. Et de toute façon, dès février 1996, l'ambassade des Etats-Unis à Khartoum est fermée par mesure de prudence, contraignant la station de la CIA à déménager au Kenya. Cette décision diminue certes les risques pour le personnel de l'Agence, mais réduit aussi du même coup son efficacité potentielle à zéro.

Février, c'est justement le mois où l'exilé saoudien franchit de son propre chef le seuil de l'irréversible en déclarant publiquement la guerre aux Etats-Unis par le truchement d'une fatwa qui appelle les musulmans à frapper les intérêts américains partout dans le monde.

Le 18 mai 1996, Ben Laden quitte le Soudan dans des conditions obscures : départ volontaire ou expulsion ? Il décide de se rendre en Afghanistan, nouveau foyer de contagion islamiste, car, à la suite d'une offensive éclair orchestrée par les services secrets pakistanais, l'ISI, les talibans (« étudiants en religion ») ont mis d'accord les divers clans qui se partageaient le pays depuis le départ des Soviétiques en lançant une première offensive générale.

Le 4 avril 1996 à Kandahar, le jeune mollah Mohammed Omar le Combattant (à ne pas confondre avec le « Cheikh aveugle » Omar Abd al-Rahman, toujours emprisonné aux Etats-Unis) vient d'être proclamé commandeur des croyants. Né à une date imprécise entre la fin des années 1950 et le début des années 1960, le leader des talibans, issu de l'ethnie pachtoune, majoritaire en Afghanistan, s'est dressé autrefois contre les Soviétiques, perdant l'usage de son œil droit au combat. Du point de vue religieux, c'est un rigoriste, ce qui lui vaut une réputation de grande piété.

Tout concourt donc à faire de l'Afghanistan, où la CIA participait dix ans plus tôt à l'échec de l'Armée rouge, un bouillon de culture radical appelé à défier l'Amérique. Point névralgique de la guerre froide autrefois, le pays devient en effet l'épicentre d'un conflit politico-religieux majeur qui dépasse largement ses frontières. Le « choc des civilisations », mais vu de l'autre côté : djihad au nom d'Allah contre Occident.

C'est plus compliqué, objectera-t-on, à juste titre puisque les combattants de l'Alliance du Nord, qui sont d'aussi bons musulmans qu'eux, affrontent les talibans. Comme en Yougoslavie voici peu, les grandes lignes de force sont en effet brouillées par une série de facteurs locaux : ethniques (Tadjiks contre Pachtounes), conflits de clans ou de tribus qui rendent le théâtre des opérations illisible aux services occidentaux.

Sans compter cet étrange paradoxe : sunnite extrémiste considérant les chiites iraniens comme la pire des engeances, Ben Laden voue, à un degré supérieur, la même détestation qu'eux au Grand Satan américain. C'est qu'à ses yeux la lutte contre le régime impie d'Arabie saoudite, traître aux principes fondamentaux de l'islam wahhabite dont lui se veut à la fois le porte-drapeau et le glaive, passe par New York et Washington. Frapper les « croisés », c'est affaiblir les renégats de Riyad, décide-t-il.

A Kaboul, Ben Laden est accueilli par Gulbuddin Hekmatyar. L'ancien interlocuteur privilégié de la CIA s'occupe de la gestion des volontaires arabes venus soutenir le djihad contre les Russes.

D'un commun accord avec le commandant Massoud, son pire adversaire d'autrefois, il s'apprête à devenir Premier ministre.

Chef de l'unité antiterroriste de la CIA attachée à la personne de Ben Laden enfin prise au sérieux, Michael Scheuer pense que le Saoudien en exil est venu se jeter lui-même dans la gueule du lion. L'Agence compte encore pas mal d'amis aux frontières de l'Afghanistan et du Pakistan : certains d'entre eux pourraient régler le cas Ben Laden, en silence sinon en douceur.

C'est compter sans les talibans, qui, dès septembre 1996 et bénéficiant toujours de la logistique fournie par les Pakistanais de l'ISI, lancent une deuxième offensive éclair sur Kaboul, dont ils s'emparent le 27. Un véritable maelström : Hekmatyar fuit alors en Iran, tandis que Massoud, toujours soutenu par la DGSE et les Français, se retranche dans sa forteresse naturelle de la vallée du Panchir.

Que va faire Ben Laden ? Tout simplement s'arranger avec les nouveaux maîtres du pays dont il partage d'ailleurs le jusqu'au-boutisme religieux. Sympathisant avec le mollah Omar, il obtient du commandeur des croyants l'autorisation de prendre la place de Hekmatyar comme responsable des militants arabes en déshérence d'un nouveau combat, contre les Américains cette fois.

Al-Qaida monte en puissance

Tandis que le mollah Omar et Ben Laden deviennent une paire d'amis partageant un idéal commun, Al-Qaida monte d'autant plus en puissance qu'une recrue de choix vient grossir ses rangs, l'Egyptien Ayman al-Zawahiri. Ces trois hommes résolus tiennent désormais dans les mains l'avenir de l'islamisme radical, qu'ils espèrent glorieux. Début 1997, les camps d'entraînement des volontaires arabes – des Saoudiens, des Yéménites et quelques Egyptiens, les Algériens étant retournés dans leur pays lutter contre l'armée – sont rouverts.

Al-Qaida ne cesse dès lors de se structurer tout en tissant des liens de plus en plus étroits avec les talibans : émir (c'est-à-dire numéro 1) du Majlis al-Choura, le Conseil suprême de l'organisation, Ben Laden décide d'y coopter le mollah Omar. Le chef politico-religieux des talibans y siège aux côtés du rebelle saoudien, de Zawahiri et d'autres militants égyptiens comme Mohammed Atef et Abd-al Rahman Rajab.

Le djihad nouveau peut commencer. Le 2 février 1998, Ben Laden, Zawahiri et d'autres activistes égyptiens, pakistanais ou bangladeshis lancent une nouvelle fatwa, au nom du Front islamique mondial, contre les juifs et les chrétiens. L'ennemi à frapper est clairement désigné : Israël, et surtout les Etats-Unis. « Tuer les Américains et leurs alliés, civils ou militaires, est un devoir pour tout musulman qui peut le faire dans tous les pays où cela est possible, afin de libérer la mosquée d'Al-Aqsâ [à Jérusalem] et la sainte mosquée de La Mecque de leur emprise et pour obliger leurs armées à quitter la terre sainte de l'islam, vaincues et incapables de menacer un musulman », précise le texte.

On ne saurait se montrer plus clair. A l'aune de cette lutte interreligieuse à l'échelle de la planète, que vaut le mandat d'arrêt international lancé par Interpol en avril 1998, à la demande des Libyens de Kadhafi, contre Ben Laden, soupçonné d'avoir été mêlé quatre ans plus tôt à l'assassinat près de Syrte des époux Backer, un couple d'agents du contre-espionnage fédéral allemand, le BfV ? Ce n'est qu'un chiffon de papier auquel le mollah Omar se gardera de donner suite.

Un mois et demi plus tard, Ben Laden et son bras droit Al-Zawahiri parviennent à mettre sur pied dans leur repaire afghan une conférence internationale des islamistes radicaux autour d'Al-Qaida, qui en devient de plus en plus le centre de gravité. Alors que les attentats antiaméricains se multiplient, il est temps de définir une stratégie commune contre le Grand Satan occidental. La stratégie de Ben Laden, bien entendu…

27

Vers le 11 Septembre

Le 16 septembre 1996, Harold Nicholson, ancien instructeur au Centre antiterroriste de la CIA, est arrêté à Washington : depuis trois ans, cet officier aux presque deux décennies d'ancienneté travaillait pour le SVR, désormais aussi mordant dans les pays occidentaux que l'ex-KGB, pour ne pas dire plus. Une fois n'est pas coutume, c'est un passage manqué au polygraphe, le détecteur de mensonges, qui a mis le contre-espionnage de l'Agence sur la piste de Nicholson. Placé sous surveillance, l'agent double a été filmé en train de photographier des documents secrets sur la Tchétchénie, où la rébellion indépendantiste musulmane donne des cheveux blancs à Boris Eltsine. Nicholson, modeste artisan de la trahison, a vendu pour 180 000 malheureux dollars au SVR une liste de nouvelles recrues, ainsi que celle des hommes d'affaires américains que l'Agence a pris l'habitude de débriefer à leur retour de Russie. Bien que de moindre importance, cette nouvelle affaire de taupes énerve beaucoup la Maison Blanche.

Pour être plus précis, c'est le patron de la CIA, John Deutch, qui a agacé Bill Clinton en déclarant devant le Congrès qu'on risquait fort de ne jamais trouver de solution au problème Saddam Hussein. Même très affaibli par sa défaite dans la guerre du Golfe, le dictateur irakien continue en effet à s'accrocher au pouvoir, attitude de défi envers les Etats-Unis, qui, on l'a vu, ne lui attire pas pour autant la sympathie de Ben Laden. Et toutes les tentatives de Langley pour finir de le déstabiliser, voire pour l'éliminer, ont échoué. Les Moukhabarat et la Garde républicaine de Saddam viennent de réduire à néant le grand projet de la CIA : un complot militaire. Cent vingt officiers irakiens ont payé de leur vie ce nouvel échec de l'Agence, ce qui ne contribue guère à redorer son blason. La Maison Blanche s'impatiente : elle veut des résultats. Parce que justifiée, la franchise de Deutch va lui coûter son poste. Arguant de l'affaire Nicholson, Clinton le limoge le 15 décembre 1996. L'intérim sera assuré par George Tenet, officiellement nommé à la tête de l'Agence quelques mois plus tard, le 11 juillet 1997.

A défaut de celle de Saddam Hussein, le nouveau directeur central du renseignement veut la peau de Ben Laden. Mais avec précaution, car Tenet n'entend frapper qu'à coup sûr, sans dommages collatéraux. A Langley, une unité spéciale a donc été créée pour diriger sa traque : la station Alec. Elle reste dirigée par Mike Scheuer. Une jeune spécialiste venue de la division soviétique, Alfreda Frances Bikowsky, s'y fait remarquer par son opiniâtreté : Ben Laden et Al-Qaida, elle en fait une affaire personnelle et, pour atteindre ses objectifs, rien ne l'arrêtera.

Mais le leader djihadiste, clandestin en perpétuelle bougeotte, court toujours. Méfiant envers les technologies modernes comme le téléphone portable, au contraire de certains membres de son organisation, le furtif Ben Laden s'avère du coup impossible à repérer à distance. Le furet, plutôt : il est passé par ici, il repassera (peut-être) par là. La traque, c'est certain, ne sera pas une partie de plaisir.

En exigeant pour complaire à la Maison Blanche une opération « propre » – sans morts civiles, sans rien qui puisse choquer les médias –, Tenet met en outre la barre très haut. On ne peut parvenir à une telle réussite (et encore) qu'en expédiant des officiers sur le terrain, ce à quoi le patron de la CIA répugne. Pour combler ses vœux, le mieux serait un coup spectaculaire attribuable à sa seule agence, à l'exclusion de tout service étranger. Une opération que la CIA et l'Amérique tout entière pourraient revendiquer haut et fort.

Pris dans ses propres remous, l'allié intime MI 6 connaît à cette époque, il est vrai, un sérieux coup de roulis…

Mauvais sujet de Sa Majesté

Vilain garçon, ce Richard Tomlinson. Né en janvier 1963 en Nouvelle-Zélande, boursier, il a pourtant suivi d'excellentes études, notamment au Massachusetts Institute of Technology, près de Boston, et à l'université argentine de Buenos Aires. Doué en langues, bon en technologie, il a aussi le contact aisé et le verbe facile. L'avenir lui ouvre ses portes toutes grandes ! En Angleterre, le jeune homme travaille dans un cabinet de consultants, mais, ne trouvant pas ce travail assez riche en émotions fortes, il se tourne vers l'armée. Repérant en lui un sujet prometteur, celle-ci l'aiguille vers les troupes spéciales, les fameux SAS.

Des SAS au MI 6, deux faces d'une même médaille frappée aux couleurs de l'Union Jack, la route est courte et directe. En septembre 1991, Tomlinson devient officiellement un officier des services secrets de Sa Majesté. Muté à la section soviétique, il va vivre en direct les dernières opérations de type guerre froide. Le dépouillement des archives du transfuge Vassili Mitrokhine, par exemple (*cf.* chapitre 23).

En 1992-1993, le voilà muté au secteur Europe de l'Est. C'est sur ces entrefaites qu'il aurait découvert une filière de financement du parti conservateur par de mystérieux donateurs serbes, et senti parallèlement s'éroder sa foi dans le service secret.

Ses pérégrinations le rapprochent sous peu du terrain des Balkans comme chef de poste du MI 6 à Sarajevo pendant six mois. Les deux années suivantes, Tomlinson travaille au département très sensible de la lutte contre la prolifération nucléaire. Sous identité fausse d'un homme d'affaires britannique, il serait parvenu à infiltrer les services secrets iraniens. Il faut cependant croire que le MI 6, alors dirigé par un vétéran du service et spécialiste du Moyen-Orient, David Spedding, n'est pas tout à fait satisfait de ses prestations, à moins qu'une incompatibilité d'humeur avec un supérieur se soit fait jour.

Quelque chose a changé. Tomlinson, qui n'avait jusque-là que des qualités, serait pétri de défauts. On le trouve soudain trop individualiste, peu motivé et inapte au service secret car, de son propre aveu, la longue agonie de sa compagne atteinte d'un cancer et les scènes de violence connues en Bosnie l'ont fragilisé. De son côté, il se serait permis de critiquer les méthodes immorales du service. Bref, en mai 1995, ses chefs lui indiquent la porte de sortie. En toute courtoisie britannique, bien entendu. Un divorce particulièrement mal vécu par le jeune homme. Ulcéré de n'avoir reçu aucune explication sérieuse à son licenciement, ce rouspéteur a en effet le culot d'intenter une action en justice devant l'équivalent britannique des tribunaux de prud'hommes. Scandale à Vauxhall Cross, le nouveau building ultramoderne du MI 6 sur les bords de la Tamise. Comme prévisible, le pot de terre Tomlinson perd la partie face à un pot de fer soutenu par la hiérarchie du Foreign Office, ministère de tutelle du MI 6 depuis toujours. Soumise à forte pression par Vauxhall Cross, la justice renvoie le plaignant dans les cordes.

En théorie, l'incident est clos. Sauf qu'en recrutant cette personnalité incontrôlable selon ses critères, le MI 6 a commis une énorme bévue. Battu dans l'enceinte des tribunaux, Tomlinson, qui s'exile en Espagne, dont il parle couramment la langue, puis en Australie, décide en effet de relever le défi sur un autre terrain : celui des médias. Accusateurs, ses articles tombent dans la presse internationale, lui assurant un beau succès personnel.

En octobre 1997, le mauvais sujet rentre au bercail… pour se voir accusé de violation de la dernière mouture de l'*Official Secrets Act*, les Tables de la Loi censées, entre autres, protéger les services de renseignements de la curiosité publique (au chapitre 5 on a déjà vu Compton Mackenzie et ses *Greeks Memories* en faire les frais dans l'entre-deux-guerres). Pourquoi cette mise en examen ? Parce que Tomlinson a confié au bureau australien d'un éditeur anglais le synopsis d'un ouvrage qui détaillerait ses aventures au MI 6 et s'intitulerait *The Big Breach* (*La Grande Transgression*). Plaidant coupable, le rebelle est condamné à douze mois de prison, dont, libéré en août 1998, il ne fera que six.

Embrassons-nous, Tomlinson, nous sommes quittes ? Pas vraiment puisque, de nouveau en exil, l'acharné couche bel et bien *The Big Breach* sur le papier. Et ce livre bourré de révélations, il va le publier d'abord à Moscou, ce qui ne contribuera pas à alléger l'atmosphère. S'ensuivent de nouvelles péripéties judiciaires dont il sort vainqueur, une fois n'est pas coutume, obtenant le droit d'être diffusé en Grande-Bretagne*. Le fait est que le scandale Tomlinson a déjà contraint la justice à admettre que les employés du MI 6 ont les mêmes droits que les autres, et qu'ils peuvent donc porter tout litige les opposant à leur employeur devant les

* Richard Tomlinson, *The Big Breach. From Top Secret to Maximum Publicity*, Edimbourg, Mainstream Publishing, 2001.

tribunaux prud'homaux. Plus tard, aveu révélateur dans un service dont la devise reste « *Never complain, never explain* » (« Ne jamais se plaindre, ne jamais expliquer »), le MI 6 admettra officiellement y avoir été un peu fort dans le matraquage de son ancien officier.

Parti de cette manière, le livre se transforme en succès médiatique doublé d'un succès de librairie. Tomlinson sait s'y prendre pour faire monter la température. Quand il révèle comment le MI 6 avait envisagé d'assassiner Slobodan Milošević en aveuglant son chauffeur par un dispositif de type laser, l'exclu du MI 6 déclenche un beau tollé. C'est que, à partir de ce fait, il extrapole sur les circonstances de l'accident de voiture qui, le 31 août 1997, a causé à Paris la mort de Lady Di (surveillée et écoutée par le MI 6, affirme-t-il) et de Dodi al-Fayed. Quand on sait l'engouement de la presse *people* pour la « princesse du peuple », il n'est pas difficile de deviner l'effet produit : le Secret Intelligence Service a-t-il drogué le chauffeur français de la princesse de Galles et provoqué le crash du tunnel de l'Alma pour éviter qu'elle n'accouche d'un enfant qui n'aurait pas été des œuvres de son époux, et n'aurait pas eu vraiment le type anglais ? La presse s'échauffe, les interrogations fusent, les supputations, les accusations.

Pas brillant pour une maison censée œuvrer dans la plus grande discrétion. Mélancolique, son patron, Richard Dearlove, se dit que la vie était moins compliquée à Prague quand il recrutait Miloslav Kroca, le chef de la section britannique des services tchèques, le StB. On ne prête qu'aux riches, certes, et la glorieuse légende des services secrets de Sa Majesté les a toujours bien aidés dans leur tâche. Mais, à force de jouer la même martingale, cette richesse-là a fini par se retourner contre eux.

Pour un temps, le mythe Tomlinson, beaucoup moins flatteur pour le MI 6, supplante en effet le mythe James Bond. Jusqu'en 2002 cependant. Très exactement jusqu'à la sortie de *Die Another Day* (*Meurs un autre jour*), où Pierce Brosnan incarne 007 pour la quatrième et dernière fois. Un *James Bond* de plus, qui fera 142 millions d'entrées payantes dans les salles du monde entier.

Pour spectaculaire qu'elle ait été, la révolte de Tomlinson ne constitue pas un fait unique dans les annales. En 1980, on a déjà vu un capitaine britannique d'origine nord-irlandaise, ancien des forces spéciales et membre de l'unité de guerre psychologique de l'armée, Colin Wallace, émettre des accusations circonstanciées. Celles-ci portaient sur les tentatives de déstabilisation de plusieurs leaders du parti travailliste, et même du patron du MI 6 Maurice Oldfield, par une aile du MI 5. Le contre-espionnage avait aussi bloqué les enquêtes sur l'affaire de pédophilie au Kincora Boys Home, un foyer d'orphelins de Belfast, dans laquelle étaient mouillés deux de ses informateurs au sein des groupements paramilitaires loyalistes protestants.

Le premier qui dit la vérité… Histoire de brouiller le message, les services officiels et l'armée répandent alors un rideau de fumée. Pour ceux qui croiraient que l'Angleterre est invariablement terre de liberté, précisons qu'on ira jusqu'à tenter de discréditer Wallace en l'inculpant pour un meurtre sans cadavre, procédure rarissime en Angleterre, et qu'il fera cinq ans de prison. Ses révélations étaient pourtant tout à fait fondées.

Le contre-espion qui vendait la mèche

Des révélations que confirme en partie, dès le milieu des années 1980, une pointure : nul autre que Peter Wright, l'ancien directeur adjoint du MI 5 où il est entré en 1955 comme expert en électronique. En retraite en Australie, ce vieux guerrier du contre-espionnage décide de vider son sac à propos des taupes soviétiques en Grande-Bretagne et de quelques autres affaires occultées.

Son sac est lourd, justement. Wright entend raconter comment Guy Burgess, l'homosexuel flamboyant de l'INO membre des « Cinq Magnifiques » de Cambridge, fut chargé avant la guerre de séduire Clarissa, la nièce de Winston Churchill, tâche qu'il ne parvint pas à mener à bien, à son grand soulagement (la jeune femme épousera plus tard Anthony Eden, le bras droit du Vieux Lion qui lui succédera en 1955 à Downing Street).

Dire aussi dans quelles circonstances le MI 5 et le GCHQ ont intercepté les communications de l'ambassade de France à Londres, dans le quartier de Knightsbridge, dans l'espoir de connaître les intentions du général de Gaulle au moment où la Grande-Bretagne tentait une première fois d'entrer dans la Communauté européenne avec un statut spécial.

Comment l'ambassade d'Allemagne fédérale bénéficiait d'attentions comparables (à la même époque, l'ambassade de Grande-Bretagne à Bonn, alors capitale de la RFA, était truffée d'officiers du renseignement anglais : Arthur Franks, futur patron du MI 6, Anthony Duff, futur directeur du MI 5, et... David Cornwell, autrement dit John Le Carré, en train de méditer son roman *Une petite ville en Allemagne*).

Et ce n'est pas tout. Wright entend révéler qu'une aile du MI 5 a effectivement tenté de déstabiliser en 1974 le Premier ministre travailliste Harold Wilson :

> Le plan était simple. Dans la période précédant les élections qui, compte tenu de l'instabilité au Parlement, ne pouvaient tarder, le MI 5 s'arrangerait pour faire parvenir à certains journalistes triés sur le volet des éléments de renseignements mettant en cause des dirigeants du Parti travailliste, et tout particulièrement Wilson. En utilisant nos contacts dans le milieu syndical, nous ferions circuler la rumeur selon laquelle Wilson présentait un risque pour la sécurité... C'était une copie conforme de la fameuse affaire de la Lettre de Zinoviev qui avait tant fait pour détruire le premier gouvernement de Ramsay MacDonald en 1928*.

Maurice Oldfield, le patron de la « maison d'en face », le MI 6, dont nous savons par Colin Wallace qu'il était lui-même l'objet d'attaques personnelles de la part du contre-espionnage, confirmait alors à Harold Wilson qu'il y avait bien quelque chose de pourri au royaume du MI 5. Atterré, le Premier ministre, connaissant les liens étroits des services britanniques avec la CIA, contactait Washington dans l'espoir d'en apprendre plus. Et c'est George Bush père en personne, alors directeur de l'Agence, qui débarquait à Londres pour nier (à juste titre semble-t-il) toute

* Peter Wright et Paul Greenglass, *Spycatcher, The Candid Autobiography of a Senior Intelligence Officer*, New York, Dell Publishing, 1987. Pour l'épisode de la « Lettre Zinoviev », le lecteur peut se reporter au chapitre 9 du présent ouvrage (*cf.* p. 245). La mauvaise habitude de l'espionnage politique ne semble pas avoir disparu outre-Manche. Témoin la dernière affaire en date révélée le 26 mars 2015 par *The Guardian* : la mise sous surveillance par la Special Branch de quatre personnalités travaillistes : Peter Hain, Harriet Harman, Jack Straw et Diane Abbott.

responsabilité américaine dans l'affaire. Celle-ci en restait là, le MI 5 présentant en guise de dossier sa fiche d'état civil à Wilson, alors qu'en réalité le service en avait ouvert un sur lui, mais sous le nom de « Henry Worthington » – les mêmes initiales : HW.

Wright va plus loin que ce qu'il sait de source directe quand il affirme que l'ancien directeur du MI 5, Roger Hollis, aurait été une taupe soviétique. Et comme, discipliné, il soumet son manuscrit à son ex-employeur en lui demandant, conformément à la tradition, s'il souhaite que certains passages soient gommés pour des raisons de sécurité, sa surprise est grande de recevoir cette réponse laconique : « Prière de caviarder tous les chapitres après les premiers qui évoquent votre jeunesse. » Trop, c'est trop. Furieux, Wright décide de publier ses Mémoires en Australie. S'engage alors un long duel de plusieurs mois. Pas seulement judiciaire, puisque le MI 5 demande à l'Australian Security Intelligence Organization (ASIO), son homologue créée en novembre 1949, si elle ne pourrait pas intervenir. Une démarche entre « cousins » de la communauté britannique du contre-espionnage qui ne servira à rien car, malgré l'envoi à Canberra de son plus proche conseiller, Robert Amstrong, le Premier ministre britannique Margaret Thatcher n'obtiendra pas l'interdiction.

En juillet 1987, le MI 5 et le MI 6 apprennent que le *Sunday Times* vient d'acquérir les droits de *Spycatcher*, le livre australien de Wright, dont il compte publier les bonnes feuilles. La bombe va-t-elle éclater en Angleterre même ? Par prudence, Anthony Duff, directeur général du MI 5 depuis avril 1985, place le journal sous surveillance. Soulagement le soir du 11 juillet : les premiers exemplaires du *Sunday Times* commencent à circuler, et aucun extrait du livre maudit n'y figure. Sauf qu'il s'agit d'un numéro-leurre. Le vrai paraît le lendemain, barré sur huit colonnes à la une d'un titre en gras : « *Mes souvenirs du MI 5*, par Peter Wright. » Et il va s'en écouler 1,3 million d'exemplaires...

La tentative d'étouffer *Spycatcher* n'a fait que donner au brûlot signé Wright plus de visibilité encore. Mais, comme on l'a vu plus haut à propos de Tomlinson et du MI 6, la leçon ne portera pas. A croire que, dans la « mère des démocraties » (après la Grèce antique quand même, rendons à Démosthène ce qui lui revient), les services restent persuadés des bienfaits de la censure...

Têtu comme un Ecossais

Voici en effet un autre trouble-services secrets, mais en externe cette fois : Duncan Campbell. Ancien élève de physique à Oxford, cet Ecossais né en 1952 s'est spécialisé dans le journalisme scientifique. Un guerrier : à vingt-quatre ans, il révèle l'existence du centre de surveillance électronique de Cheltenham, géré par le GCHQ, la NSA anglaise, mais aussi, ce qui est encore plus embarrassant, par la NSA tout court. Jusque-là, cette ville d'un peu plus de 100 000 habitants dans le Gloucestershire, au sud-est de l'Angleterre, était plutôt connue pour son festival de musique, un des plus anciens du Royaume-Uni, et pour « *The Times* » and « *The Sunday Times* » *Cheltenham Literature Festival* créé quatre ans plus tard, en 1949. Des préoccupations bien éloignées de celles des « Grandes Oreilles ».

Ce qu'ignore encore le public britannique – on sait que, en matière d'interception des communications, les services évitent soigneusement de lui faire savoir tout ce qu'ils font « pour son bien » –, c'est que depuis 1966 déjà, la base RAF de Menwith Hill, dans le Yorkshire du Nord, est passée aux mains de l'« Agence qui n'existe pas ». Et que cette dernière, nonobstant le fait qu'elle opère loin des frontières des Etats-Unis, a conçu le projet d'en faire la plus grande station d'interception du monde. C'est dire si l'intégration de la Grande-Bretagne dans le système des « Grandes Oreilles » américaines est avancé.

Américain, en voici un justement : Mark Hosenball, le coauteur de Campbell, qui partage l'aversion de l'Ecossais pour les dispositifs d'espionnage de masse. Ces deux-là mettent le doigt où ça fait mal. Un peu d'intimidation peut-être ? Comme plus tard Tomlinson, ils sont inculpés de violation de l'*Official Secrets Act*. Etranger, Hosenball se voit expulsé sans procès, du fait qu'il représenterait « une menace contre la sécurité nationale britannique ». Sujet de Sa Majesté, Campbell risque, lui, la bagatelle de trente ans de prison. La ficelle est toutefois si grosse qu'il sera acquitté à la fin d'une longue procédure judiciaire.

En 1988, le lanceur d'alerte va encore plus loin. Il lève le voile sur le réseau « Echelon » d'interception des communications par fax, téléphones et ordinateurs. « Echelon » qui n'est rien d'autre que la énième mouture du pacte UKUSA de 1947 et de ses diverses extensions au fil du temps. Donnant la part du lion à la NSA, partenaire majeur, quelques beaux morceaux au GCHQ, brillant second, et des miettes aux autres partenaires, ce système mondial d'écoutes constitue, estime l'enquêteur, un danger pour les libertés. « Ce réseau a eu des centaines de noms de code différents, précise-t-il. Je crois savoir que le terme Echelon a été utilisé pour la première fois en 1971. C'est un vieux système qui s'est développé maintes fois. » Difficile de contredire Campbell quand il parle d'atteinte au droit des gens. Les images de *bobbies* (policiers anglais) défonçant à la hache la porte de son appartement pour le perquisitionner vont causer un profond malaise en Angleterre. Reste que les pressions juridiques intenses dont ce pionnier du journalisme d'investigation scientifique fait l'objet ne le décourageront pas et que nous le retrouverons un peu plus loin, toujours sur la brèche.

A l'époque de Wallace et même à celle des premières révélations de Campbell, les services ont pu refermer la plaie. Mais, avec l'affaire Tomlinson, les temps ont changé. La presse britannique s'enflamme : impossible d'étouffer un scandale préjudiciable à une institution tirant son immense prestige – donc ses budgets confortables – du halo de mystère qui l'entoure, et tout aussi préjudiciable à sa réputation, bien excessive, d'infaillibilité. Dans l'histoire, le mystère est percé et l'infaillibilité, plutôt mal en point. L'affaire va empoisonner David Spedding jusqu'à son départ de Vauxhall Cross en 1999, date à laquelle un autre vétéran, Richard Dearlove donc, trois bonnes décennies de service secret dans les jambes, va lui succéder.

Dans l'intervalle, la guerre des djihadistes contre les Occidentaux s'est largement durcie.

Alger-Paris, jeux dangereux

Si la DGSE a pris, comme la CIA et surtout la NSA, le virage du renseignement économique dans le contexte de l'après-guerre froide, son attention reste en partie polarisée sur la guerre civile algérienne et ses répercussions en France. Le navire espion *Berry* croise d'ailleurs en Méditerranée, où il intercepte les communications des généraux d'Alger en lutte contre les islamistes : nul besoin de les traduire puisque, le plus souvent, ces hauts gradés s'expriment en français.

Si « la Piscine » écoute les généraux algériens, c'est qu'elle s'en méfie. Elle les soupçonne en effet de laisser déborder à dessein le conflit sur la France. Un excellent moyen de maintenir la pression sur Paris, qui a approuvé leur coup d'Etat de janvier 1992 pour barrer la route du pouvoir au Front islamique du salut, le FIS, mais à qui il est toujours bon d'administrer des piqûres de rappel. Et, plus souterrainement encore, un procédé de « montée en structure » permettant à la Direction du renseignement et de la sécurité, la DRS, héritière de la Sécurité militaire, de pousser des hommes à elle vers la tête des groupuscules terroristes de sorte à les contrôler. Rappelons à cet égard la manière dont l'Okhrana tsariste avait recruté Yevno Azev, le chef de la branche terroriste des socialistes-révolutionnaires coupable, de plusieurs crimes, dont l'assassinat… du ministre de l'Intérieur, le comte Viatcheslav Plehve. C'est à ce prix que la police politique russe était parvenue à hisser son agent au plus haut niveau (*cf.* chapitre 4, p. 115).

Est-ce le cas de Djamel Zitouni, le jeune émir de la banlieue d'Alger parvenu en 1993 à la tête du Groupe islamique armé, le GIA ? Certains analystes le pensent. Ainsi interprètent-ils la prise d'assaut par le GIA, sur l'aéroport d'Alger, d'un Airbus en partance pour Paris le 24 décembre 1994. Une opération qui aurait pu mettre la France en porte-à-faux si le ministre des Affaires étrangères, Alain Juppé, n'avait pas réagi promptement en arrachant aux Algériens l'autorisation de laisser l'appareil décoller vers Marseille-Marignane. Là, alors que trois otages venaient d'être assassinés, le Groupe d'intervention de la gendarmerie nationale, le GIGN, donnèrent l'assaut sous les caméras du monde entier. Au cours de l'opération, les gendarmes d'élite durent abattre les quatre pirates de l'air. Tant mieux pour les organisateurs algériens du détournement : les morts ne parlent pas.

Le préfet Jacques Dewatre, nouveau patron de « la Piscine », apprécie ce dénouement à sa juste valeur dramatique. L'Algérie, cet ancien du 11e bataillon parachutiste de choc, le bras armé des services français, la connaît pour y avoir participé à des opérations de commando pendant la guerre d'indépendance. Sans doute, note-t-on boulevard Mortier, la DRS s'est-elle inspirée, mais dans le cadre d'une guerre civile cette fois, des méthodes d'infiltration du FLN par les services secrets français dans les années 1950-1960.

Lutter contre le djihadisme, c'est aussi le priver d'armement. Bien que certains dirigeants du Front islamique du salut en exil se soient établis à Munich, ce que la presse algérienne reproche vivement à l'Allemagne, le BND, dirigé par Gerhard Güllich puis, à partir de juillet 1996, par Rainer Kesselring, fils d'un ancien maréchal de Hitler et ex-chef de poste à Paris et Ankara, coopère avec la DGSE dans ces opérations « Arma » (pour « armes »). Avec cette réserve que le BND, eu égard au passé nazi de son pays, n'a jamais été porté sur le secteur de l'action, lui préférant celui du renseignement pur avec une prédilection pour l'espionnage industriel. Géant économique, l'Allemagne fraîchement réunifiée reste un nain politique qui craint comme une peste les « embrouilles » qu'impliquent par nature les opérations musclées. Cette attitude prudente lui permet par ailleurs d'entretenir de bonnes relations avec les autres services secrets qui, SVR compris, lui sont reconnaissants de son agressivité réduite.

Les relations de « la Piscine » avec le MI 6, dont la vision de la lutte contre l'islamisme radical algérien est bien différente de celle des Français, se présentent sous un jour tout autre. Conformément à une tradition politique plus communautariste qu'intégrationniste, la Grande-Bretagne laisse en effet se développer le « Londonistan », mélange de prédicateurs radicaux et d'activistes que le MI 5 se contente de surveiller, et qui sert parfois de refuge à des terroristes recherchés pour des attentats commis en France. Des hommes dont la justice anglaise répugne à autoriser l'extradition, ce qui ne facilite pas toujours les rapports franco-britanniques, même si la circulation des renseignements reste régulière dans le cadre des cessions « Totem », les bourses aux échanges interservices.

Par contraste, les relations de « la Piscine » avec les Russes sont excellentes – sur le seul front de l'antidjihadisme s'entend, car, dans le domaine économique, c'est la guerre au couteau, Moscou redoublant d'agressivité. Histoire de nouer des relations moins « guerre froide » entre leurs deux centrales, le prédécesseur de Dewatre de 1989 à 1993, le préfet Claude Silberzahn, un Alsacien, a invité dès 1993 le patron du SVR, Evgueni Primakov, à lui rendre visite boulevard Mortier. En novembre 1995, l'ancien directeur du SVR à la retraite, Vladimir Kirpitchenko, rencontrera lui aussi Dewatre à Paris.

Pour avoir formé les premiers cadres de la Sécurité militaire, la mouture initiale du DRS, Kirpitchenko, ancien des Affaires arabes à la PGU, connaît bien le terrain algérien. S'il distribue des conseils à ses nouveaux « amis » français, il n'en remarque pas moins, un peu fielleusement, le manque de cohérence des Occidentaux : ils se sont appuyés sur les islamistes afghans et pakistanais pour harceler l'Armée rouge en Afghanistan, et maintenant les voilà qui demandent au SVR de les aider à affronter les islamistes algériens ! Une dose d'ironie qui cache mal les démêlés de Moscou avec les rebelles musulmans tchétchènes, de plus en plus réprimés, mais de plus en plus audacieux.

Lors de ce séjour parisien, Philippe Parant, le directeur de la Surveillance du territoire, s'entretient lui aussi avec Kirpitchenko, qui fait visiblement fonction d'envoyé spécial de son ancien service. En raison des risques d'attentats en France, la DST se trouve aux premières loges face aux djihadistes. Le prédécesseur de Parant, Jacques Fournet (de la préfectorale encore, ce qui lui a donné l'occasion de nouer des relations avec François Mitterrand quand ce dernier était dans l'opposition), a obtenu dès 1993 de Pierre Bérégovoy, le Premier ministre socialiste, 2 millions de francs puisés dans les fonds spéciaux de Matignon. Assez pour équiper les Algériens de matériel d'écoutes. Et, désormais, les relations sont excellentes entre la DRS et la DST, qui ne jure que par les militaires algériens, tout sucre tout miel avec elle.

Une attitude qui contraste avec celle de la DGSE. « La Piscine » juge en effet indispensable le maintien de sources autonomes en Algérie, de manière à ne jamais dépendre du bon vouloir de la DRS. La centrale du boulevard Mortier ne veut pas être manipulée, d'autant qu'elle craint toujours les parties de billard à multiples bandes des militaires algériens pour infiltrer les groupes islamistes*.

En fait, le service de renseignements extérieur et le contre-espionnage intérieur souffrent alors du même mal : le manque

* En mars 1996, les moines de Tibhirine seront peut-être des victimes collatérales de manœuvres byzantines d'instrumentalisation du GIA.

cruel d'arabisants en France. Avant l'indépendancc algérienne, il existait en la matière une école française riche, mais marquée au sceau du système colonial. Après, voulant exorciser le spectre de la guerre d'Algérie (sans y réussir d'ailleurs), les autorités mettront au rancart les spécialistes de langue arabe et, plus rare, kabyle. Considérés comme les témoins d'une époque révolue, ils ne seront jamais associés, fût-ce avec divers correctifs, à la formation d'une nouvelle école arabophone et berbérophone dégagée des stigmates du passé. Ainsi le fil intergénérationncl sera-t-il coupé là où les Britanniques, plus pragmatiques, avaient veillé à son maintien.

Le problème est le même à la CIA : dans ce gigantesque appareil à l'échelle mondiale, on trouve des spécialistes de tout, mais très peu du monde musulman.

Le virage du renseignement économique

George Tenet est conscient que le fossé entre Langley et la Maison Blanche est en train de s'élargir. Clinton n'aime pas ces histoires de services secrets, et encore moins ceux qui, comme John Deutch, lui apportent de mauvaises nouvelles. Le président veut des résultats, et des résultats à son goût : pas d'opérations à la James Bond, mais des exploits technologiques ; pas de risques inutiles, mais des frappes de missiles chirurgicales. Net et sans bavures, voilà qui plaît à l'opinion publique et aux médias, les deux centres d'intérêt de Clinton, politique-né, avec une vie sexuelle contrariée par la pudibonderie américaine.

Prenez la NSA, l'agence super-discrète du lieutenant-général Kenneth Minihan, aviateur peu voyant, mais diablement efficace. Sans pratiquer l'espionnage économique – quel gros mot –, l'« Agence qui n'existe pas » intercepte les communications de milliers d'industriels étrangers de façon à savoir si, par hasard, certains d'entre eux n'useraient pas de méthodes déloyales envers leurs concurrents américains. Des pots-de-vin par exemple. Du coup, les « Grandes Oreilles » de Fort Meade recueillent une myriade de « renseignements compétitifs » dans le sens indiqué quelques années plus tôt par le prédécesseur de Minihan, l'amiral Studeman.

En effet, loin des rêves de nouvel ordre mondial de Bush père, Clinton a fait du renouveau économique son cheval de bataille. L'Amérique du président, ce n'est pas celle de la puissance, c'est celle de la prospérité et de la modernité, c'est l'Amérique du high-tech, de la Silicon Valley. Cela vaut bien quelques petites indiscrétions. Et qui s'apercevrait que, pour justifier leur propre existence, les services secrets américains sont en train de glisser subrepticement de l'espionnage des autres Etats, mal nécessaire de l'avis quasi général, à l'espionnage massif des concurrents industriels, qui n'acquiert de légitimité qu'en vertu d'une conception très extensive de l'intérêt national ?

Conception que la communauté américaine du renseignement est justement en train d'installer dans les esprits sous prétexte de veiller à la « loyauté des échanges économiques ». Sans que l'opinion publique s'en rende compte faute de débats (un autre grand avantage de la NSA sur la CIA, toujours contestée par les médias), c'est un changement de nature des services secrets qui s'amorce. Et pas seulement outre-Atlantique, car tous les grands pays sont concernés, France incluse. Autrefois considérés comme une prérogative régalienne bien que masquée du pouvoir de l'Etat, les services passent au rang de fer de lance de l'industrie et du commerce. Une révolution culturelle qui, pour silencieuse qu'elle soit, indique pour demain d'autres combats, d'autres menées, d'autres problèmes.

Comme dans un match de rugby, on commence par s'échauffer un peu les oreilles sous la mêlée, pour voir. En 1988 déjà, le FBI repérait des taupes de la DGSE opérant aux dépens de Boeing et de Bell Helicopter – du coup, on imagine l'ambiance chaleureuse l'année suivante lors de la visite de Claude Silberzahn à Langley…

En 1991, un mini-incident défraie la chronique du Salon aéronautique du Bourget, près de Paris. Quand le ministre de la Défense Pierre Joxe fait mine de poser la main sur l'exemplaire de démonstration du F-117, l'appareil futuriste que les Serbes abattront en mai 1999 avant d'en remettre les débris au GRU, le marine de garde lui écarte le bras d'un geste vif. Son fabricant Lockheed craignait, paraît-il, que le visiteur, transformé en espion, profite de l'occasion pour récupérer sous ses ongles des fragments du revêtement top secret de l'appareil.

Nouvel accroc en février 1993, et toujours au Bourget. Informé par un mémoire secret de 21 pages, rédigé par la CIA, que 49 sociétés américaines dont Boeing, McDonnell-Douglas et le motoriste Pratt & Whitney seraient sous l'étroite surveillance d'espions français, le patron d'une des filiales de General Motors appelée Hughes Aircraft (missiles, satellites et électronique de défense) annule sa participation au Salon.

En février 1995, Charles Pasqua, ministre français de l'Intérieur, expulse cinq ressortissants américains, dont le chef de la station de Paris de la CIA, Dick Holm. Depuis trois ans, ces agents secrets, dont quatre sous statut diplomatique, avaient collecté illégalement des renseignements sur la manière dont le Premier ministre, Edouard Balladur, comptait défendre le dossier de l'« exception culturelle » française. En particulier lors des négociations du *General Agreement on Tariffs and Trade*, le GAAT, destiné à contenir les tentations protectionnistes des Etats adhérents. Le fait que la DST ait aiguillé les « hommes » (dont une femme !) de la CIA vers de fausses conclusions par l'intermédiaire d'Henri Plagnol, le responsable des dossiers culturels à Matignon, d'accord pour jouer un double jeu au profit de la France, ne retire rien au caractère intrusif d'une telle opération*.

L'affaire n'a probablement pas redoré l'image de la CIA aux yeux du 42e président des Etats-Unis. Clinton, on l'a dit, déteste les opérations clandestines, aléatoires et grosses de complications diplomatiques. Pour lui, rien de plus efficace que la NSA : grâce à ses « Grandes Oreilles », on apprend beaucoup sans risque de retour de bâton, sans scandale. Et des scandales, Bill le séducteur en a déjà assez sur les bras avec l'affaire Lewinsky, dévoilée en janvier 1998 et qui depuis lui empoisonne l'existence. Comment remonter la cote de la CIA auprès de la Maison Blanche ? C'est la question à des millions de dollars, car rien ne va plus à Langley : des crédits en baisse, pas d'argent en caisse et un savoir-faire en voie de disparition. Les meilleurs éléments ont quitté l'Agence

---

* La précédente expulsion d'officiers de la CIA par les autorités françaises datait de 1975. Il s'agissait alors, signe des temps, d'espionnage politique : en l'occurrence l'infiltration et la surveillance du PCF avec la participation d'une équipe complète d'agents secrets venus de la base de Francfort, responsable des opérations clandestines de l'Agence pour l'Europe de l'Ouest.

pour gagner ailleurs plus de dollars, récolter plus de considération auprès de leurs concitoyens ou, comme Bob Baer, retrouver une liberté de pensée personnelle*.

Les officiers hors du moule ont leurs raisons : ils se sentent de moins en moins chez eux dans une maison à l'avenir incertain, soumise à la loi rigide du conformisme. Un problème de taille pour la CIA. Sachant d'expérience que le (ou la) révolutionnaire d'hier peut faire le (ou la) résistant(e) de demain, les Français tiennent compte de l'apport des francs-tireurs en matière de renseignement – quoique moins qu'autrefois, soyons clairs. Par tradition, les Anglais apprécient l'excentricité et les excentriques, au sens de ceux qui n'ont pas le même centre de gravité que les autres – moins fréquemment eux aussi. Après des siècles de religion orthodoxe et soixante-dix ans de religion d'Etat communiste, les officiers de renseignements russes, s'ils ont la dissidence en horreur, conservent du respect pour les personnalités fortes – ils ont appris à concilier dogmatisme et pragmatisme. Les Chinois pas moins, qui se demandent où ils en seraient si Deng Xiaoping et son sens pratique n'étaient pas venus les tirer de l'ornière maoïste. Mais les Américains, qui ont inventé le fordisme et se fient aveuglément à la technique, ont du mal à laisser l'imagination prendre le pouvoir au sein des services**.

---

* Après la publication de son livre de souvenirs, il en livrera un autre (*Iran, l'irrésistible ascension*, J.-C. Lattès, 2008 et Gallimard, « Folio », 2009) où, excellent connaisseur du Moyen-Orient, il propose de revoir le tout-Arabie saoudite/tout-Israël, qui fait figure de dogme aux Etats-Unis, de façon à tenir compte de l'émergence de l'Iran sur la scène internationale. L'actuel rapprochement entre Téhéran et Washington semble donner du crédit à son analyse hérétique d'alors.

** Dans certains cas, la CIA s'est pourtant trouvée plus clairvoyante que le Département d'Etat. Ainsi dans les années 1970, quand la station de Rome, ne rechignant pas au contact avec les dirigeants communistes italiens, portait un diagnostic valable sur la prise de distance du PCI avec Moscou et son ralliement à la démocratie. Vingt ans plus tard, une telle souplesse d'analyse hors des cadres rigides fixés par les sommets de la hiérarchie est devenue beaucoup plus rare (*cf.* Frédéric Heurtebize, *Le Péril rouge. Washington face à l'eurocommunisme*, Paris, PUF, 2014).

La fuite des cerveaux

Résultat : les esprits originaux qui font le bonheur des entreprises de la Silicon Valley quittent Langley sur la pointe des pieds. Une véritable hémorragie. Les spécialistes Action prennent le large. Parallèlement, les agences privées de renseignement économique pullulent (on dit « d'intelligence économique », c'est plus chic, et en anglais, le mot « intelligence » a une acception plus large qu'en français). Quant aux jeunes retraités de la Compagnie, ils ne dédaignent pas les rencontres internationales où l'on échange des souvenirs autour d'un verre avec les jeunes retraités d'en face, ceux de l'ex-KGB : alors vous étiez à Berlin (ou à Vienne, ou à Beyrouth), vous aussi, sacrée histoire, non ? Or l'âge de la retraite est sans doute celui de la sagesse, mais pas celui du renouveau.

Bref, si rien n'est fait, ce sera la disparition à court terme d'une Agence aux artères vieillies dont on dira plus tard avec commisération qu'elle a vécu ce qu'a vécu la guerre froide, l'espace d'un demi-siècle. Mille cinq cents officiers des opérations clandestines au maximum sur les 20 000 fonctionnaires de la CIA : le ratio dit tout sur la perte d'efficacité de la machine et sa tendance à tourner sur elle-même. Ses problèmes internes la soucient plus que le reste du monde.

La planche de salut, ce pourrait être Ben Laden. Le 7 août 1998, deux grosses explosions jumelées – quatre minutes d'intervalle seulement – ont frappé les ambassades des Etats-Unis de Nairobi (Kenya) et de Dar es-Salaam (Tanzanie). Il y a eu des centaines de victimes locales et une vingtaine d'Américains. La double opération porte, semble-t-il, la marque d'Al-Qaida. Dès le lendemain, Tenet court à la Maison Blanche porteur d'une information capitale : la CIA a « logé » Ben Laden dans un camp afghan voisin de la frontière pakistanaise. Autre renseignement recueilli par l'Agence, mais d'une seule source, encore plus aléatoire, un agent égyptien : l'usine chimique d'Al-Shifa, près de Khartoum, fabriquerait un gaz toxique puissant peut-être destiné à Al-Qaida.

L'idée d'une riposte simultanée, comme il y a eu attaque simultanée à Nairobi et Dar es-Salaam, fait son chemin. Une double frappe, voilà qui plairait à l'opinion publique. Clinton, pas mécontent que les médias parlent d'autre chose que de l'affaire

Lewinsky, donne son accord. Mais, bien entendu, pas question d'envoyer des agents vérifier sur place la qualité des renseignements, et encore moins d'expédier sur le terrain la Delta Force ou quelque unité spéciale : le risque serait trop important. Le 20 août, des navires américains croisant dans le golfe Arabo-Persique tirent donc une rafale de missiles de croisière sur les deux objectifs. Merveille de précision technique, ces projectiles high-tech les atteignent, mais pour quel résultat : une vingtaine de Pakistanais tués, alors que Ben Laden, toujours en mouvement, a déjà quitté la place, et un veilleur de nuit touché à mort à Al-Shifa, usine qui ne fabriquait que des produits chimiques, comme on s'en apercevra bientôt...

Ce qui s'appelle privilégier la précision du missile sur celle du renseignement. Nouvelle alerte en décembre : Gary Schroen, le chef de la station de la CIA au Pakistan, a des tuyaux sur la présence possible de Ben Laden dans une maison de Kandahar dans la nuit du 20. Va-t-on ouvrir le feu ? Tenet décide que non : l'information provient d'une seule source et la Maison Blanche, très mécontente de l'affaire d'Al-Shifa qui a beaucoup fait rire aux dépens des Etats-Unis, ne supporterait pas un second fiasco.

Nouvel échec en février 1999 : selon plusieurs sources afghanes, Ben Laden se dirigerait vers un rendez-vous de chasse, près de Kandahar toujours. Malheureusement, l'endroit est fréquenté par de riches personnalités, et une photo satellite montre à proximité un avion officiel des Emirats arabes unis. Tuer un prince ami serait un comble, tant pis, démontez l'opération, ce sera pour une autre fois...

Voire. En mai 1999, on l'a vu plus haut, la frappe de l'ambassade chinoise en Serbie, impossible à endosser sur le plan international, conduit à une nouvelle tension entre Langley et la Maison Blanche. Bill Clinton a mis une semaine à pouvoir enfin parler au numéro 1 chinois Jiang Zemin pour s'excuser platement, plaidant bien entendu l'« erreur ». Et Jiang s'est payé le luxe, humiliant pour le président des Etats-Unis, de suggérer qu'il le croyait bien sûr, mais qu'à Langley ou au Pentagone il y avait sûrement des gens qui menaient une politique différente de la politique officielle américaine.

Dans ces conditions, plus question de prendre le moindre risque, malgré les protestations de Cofer Black, le représentant de l'Agence en Afghanistan, et de Gary Schroen, certains que, si l'on veut la peau de Ben Laden, il faut tout de même aller la chercher sur place. Le commandant Massoud propose-t-il à la CIA une alliance : des moyens techniques et militaires pour lui permettre de reconquérir Kaboul contre la promesse d'éliminer le Saoudien ? Tenet fait décliner l'offre par Black, qui n'en peut mais. « Vous les Américains, vous ne changerez jamais ! » lance Massoud, moqueur.

Oussama Ben Laden non plus, qui poursuit inlassablement son objectif : frapper les Etats-Unis au nom d'Allah. Le 12 octobre 2000 dans le port d'Aden, au Yémen, un attentat suicide signé Al-Qaida tue 17 marins américains de l'équipage du destroyer *USS Cole* et en blesse 33 autres.

Et ce n'est rien, bien sûr, à côté de l'opération que le djihadisme commence à méditer. La prochaine fois, on frappera l'ennemi américain loin des terres arabes et musulmanes, on le frappera au cœur, on frappera à New York, on provoquera un carnage au World Trade Center…

« Echelon » sur la sellette

Début 1998, à l'autre bout du monde, le torchon commence à brûler entre la Grande-Bretagne et ses partenaires européens, indignés que, par le biais d'interceptions de fax, de courriels et de communications téléphoniques effectuées à partir de sa base de Morvenstow, le GCHQ ait été informé à l'avance de leurs réflexions concernant une rencontre ministérielle tenue à Bruxelles.

Se renseignant auprès de spécialistes des communications, les élus apprennent comment fonctionne le système GCHQ-NSA. Les méthodes d'écoutes concernent l'ensemble des vecteurs utilisés pour les communications modernes : ondes radio, satellites, câbles terrestres ou sous-marins, fibres optiques, réseaux informatiques, et ainsi de suite. L'interception des communications satellitaires se fait à partir de stations d'écoutes au sol comme Morvenstow, justement ; comme Yakima ou Sugar Grove aux Etats-Unis ; Waihopai en Nouvelle-Zélande. Mais, compte tenu du retour de Hong Kong à la Chine populaire, la station de Chum Hom Kok a dû être fermée. D'autres stations, visant les satellites de communication régionale, sont connectées aux satellites espions américains. Dans cette drôle de « guerre des étoiles », les données interceptées par les satellites et les stations d'écoutes terrestres convergent vers des stations au sol, dont la base RAF de Menwith Hill, vaste complexe de paraboles et de radômes, les protège-radars en matière synthétique ressemblant à de gigantesques balles de golf ; de Pine Gap en Australie ; de Letrin au Canada ; de Misaway au Japon. Et, plus gênant encore dans un cadre européen, de Bad Aibling, au sud de Munich, en Allemagne.

Reste à exploiter cette masse de données. Pour y faire le tri, des dizaines de termes clés sont rassemblés dans des « dictionnaires » interconnectés modifiés à tout moment en fonction des besoins. Pour les conversations téléphoniques, on observe des progrès dans la reconnaissance vocale et quelques avancées dans la reconnaissance du sens général d'une phrase à partir de son contexte, technique à laquelle s'adonne une équipe canadienne depuis 1985, et que les spécialistes français désignent comme la « reconnaissance pragmatique ». Pour les fax, les systèmes de reconnaissance des caractères sont à peu près au point, sauf dans le cas des textes rédigés à la main. Et, bien entendu, des logiciels de traduction sont à l'œuvre sous la surveillance d'un personnel spécialisé.

Cette vaste machinerie internationale d'espionnage de masse emploie bien entendu des effectifs considérables : 40 000 agents à la NSA pour un budget de 4 milliards de dollars en 1997, 15 000 au GCHQ, 6 000 voire plus au Defence Signals Directorate australien, un peu moins de un millier au Communication Security Establishment canadien, et 1 500 au Government Communications Security Bureau néo-zélandais. En tout, plus de 60 000 spécialistes hautement qualifiés voués à un travail de bureau bien moins scabreux que l'espionnage sur le terrain (en 1997, le gouvernement démocrate-chrétien de Helmut Kohl a expulsé un diplomate américain qui s'intéressait de trop près aux exportations de technologie allemande vers l'Iran et, en 1999, le gouvernement social-démocrate de Gerhard Schröder obtiendra le rappel de trois autres agents de la CIA), mais pas moins intrusif.

La machine tourne en effet. Et rond. Les éléments recueillis par les divers procédés de collecte sont classés informatiquement en fiches mentionnant l'objet de la discussion, les noms des interlocuteurs, le contenu de leur échange. Cet espionnage de masse n'est pas infaillible et comporte encore énormément de déperdition. Mais, si le système ne volait ne fût-ce que 1 % de la quantité d'informations échangées chaque jour dans le monde, cela ferait déjà beaucoup. Or, en réalité, il en capte bien davantage – à l'époque, 100 000 000 de communications mensuelles au minimum.

L'échelle est impressionnante et, pour les défenseurs de la vie privée et les élus, inquiétante. En avril 1998 s'ensuivent de nouvelles révélations dans *Le Figaro* en France et *Il Mondo* en Italie. Le problème devient public, ce qui ne peut qu'inciter les élus à réagir. Le Parlement européen demande alors un rapport à celui qui paraît le mieux qualifié pour en rassembler les éléments : le lanceur d'alerte Duncan Campbell, ainsi consacré par Bruxelles alors qu'en Grande-Bretagne le GCHQ persiste à le considérer comme un « ennemi d'Etat* ».

Campbell, et après ?

Le rapport paraît en février 2000. Il établit que les Etats-Unis et la Grande-Bretagne se livrent systématiquement à l'espionnage de conversations privées passant par les ondes courtes, par internet, par les satellites où les câbles de communication. En France, la Commission de la Défense nationale et des Forces armées de l'Assemblée nationale écarte l'idée d'une commission d'enquête parlementaire émise par le PS, au profit d'un rapport sur « Echelon » rédigé par Arthur Paecht, député UDF du Var. Il sera rendu public après que des missions à Berlin et à Washington auront permis des échanges avec des personnalités étrangères telles qu'Ernst Uhrlau, le conseiller allemand pour le renseignement ;

* Titre d'un film de Tony Scott sorti sur les écrans en 1998. Gene Hackman y incarne un dissident de la NSA. La production ayant bénéficié de l'expertise technique de l'Agence, comme c'est souvent le cas aux Etats-Unis dans le cadre des bons rapports entre services officiels et Hollywood, on peut penser que celle-ci, ayant lu le scénario, l'a trouvé plutôt positif pour elle. La NSA y est certes décrite comme intrusive, mais aussi comme efficace et omniprésente, image susceptible de pousser le Congrès à lui accorder les budgets qu'elle demande.

Gerd von Brandenstein, vice-président du groupe Siemens ; James Bamford, auteur de *Puzzle Palace*, le premier livre sur la NSA paru en 1983 ; James Woolsey, ancien patron de la CIA comme nous le savons, ou encore Porter Goss, président de la Commission spéciale du renseignement au Sénat américain, ancien officier de l'Agence et son futur directeur de septembre 2004 à mai 2006.

Aucun responsable de la NSA n'a pu être entendu, alors que celle-ci est concernée au premier chef. George Tenet déclarera pour sa part à la presse américaine : « Je reconnais que c'est une habitude pour certains pays d'utiliser leurs services de renseignements pour conduire des opérations d'espionnage économique, mais ce n'est ni la politique ni la pratique des Etats-Unis. » Il ajoutera devant le Congrès : « Quand nous intervenons, c'est lorsque nous observons qu'une entreprise américaine est grugée dans ses intérêts par un concurrent qui agit malhonnêtement envers un client [...]. Nous portons le dossier au Secrétariat d'Etat et au Secrétariat au Commerce, et c'est à eux de décider ce qu'il faut faire. »

Directeur de la NSA depuis mars 1999, le lieutenant-général Michael Hayden, plus laconique, s'est contenté de déclarer au comité du Renseignement de la Chambre des représentants que son agence n'espionnait des citoyens américains que dans des conditions très strictement contrôlées et qu'elle n'engageait jamais des opérations d'espionnage économique à l'étranger au profit de sociétés américaines. Mais la commission Paecht évoque « de nombreux exemples cités par les médias » de « dévoiement » du système « Echelon » contre des entreprises en concurrence avec leurs homologues américaines : Thomson-CSF (aujourd'hui Thalès) face à Raytheon pour un marché de radars au Brésil, Airbus contre Boeing en Arabie saoudite ou encore l'allemand Siemens pour un marché d'électronique en Inde.

Selon Hayden, tout irait pour le mieux dans le meilleur des mondes à la *Big Brother*, puisque ceux qui peuvent violer les secrets des autres ne le font que dans des cas très limités, en vertu d'une morale rigoureuse et sous le contrôle d'institutions démocratiques irréprochables. Ce « circulez, y a rien à voir », hautain et presque méprisant, a son motif : l'imbrication étroite entre « pays partenaires » et « pays partenaires associés » du pacte UKUSA, qui les rend interdépendants les uns des autres. Dans la configuration alliés-concurrents typique de l'après-guerre froide, les services de renseignements technologiques des pays occidentaux se tiennent tous en quelque sorte par les « Grandes Oreilles ». Aucun d'entre eux n'a donc avantage à insister sur l'espionnage des puissances amies, la DGSE pas plus que le BND, et c'est bien l'embêtant. Ils se contentent donc de faire savoir aux élus de leurs pays respectifs, ceux jugés assez qualifiés et assez compréhensifs du moins, que mieux vaudrait mettre la pédale douce.

« Nous aussi, nous espionnons les pays alliés », expliquent ainsi les représentants de la communauté française du renseignement. Et de noter que, même si la France ne possède pas les capacités satellitaires (couple satellites en orbite-stations de réception au sol) des puissants Etats-Unis ou même de la Russie, puissances spatiales, le Groupement des contrôles radioélectriques, la petite NSA tricolore, dispose grâce aux DOM et aux TOM d'une implantation presque planétaire pour ses « Grandes Oreilles » – même à Kourou en Guyane, à l'ombre de la station spatiale d'où partent les fusées Ariane. D'où la prudence du rapport Paecht, qui reconnaît :

> Oui, le système « Echelon » a divergé par rapport à ses objectifs initiaux, qui étaient fondamentalement liés au contexte de la guerre froide, et par rapport même aux conditions du pacte initial UKUSA entre les cinq pays partenaires. Il n'est pas impossible que des informations recueillies soient utilisées à des fins politiques et économiques, voire à l'encontre de certains pays membres de l'Alliance atlantique. Si les preuves manquent pour évoquer l'espionnage industriel, les propos d'anciens responsables d'agences de renseignements constituent autant d'aveux.

Un peu plus loin, le texte dit en toutes lettres : « Oui, le pacte « Echelon » constitue un danger pour les libertés publiques et individuelles. A ce titre, son existence pose de nombreux problèmes et nécessite donc des réponses appropriées. » Mais c'est pour ajouter immédiatement : « Il serait vain d'imaginer que les pays membres du réseau cessent leurs activités. »

Les propositions avancées par les parlementaires restent, de fait, très générales : informer les acteurs, former des responsables de sécurité des systèmes de communication, produire des logiciels sûrs, libéraliser les programmes de cryptologie. Et les rapporteurs de faire des Anglais, qu'on a pourtant vus plus haut fort peu libéraux en matière de protection de leurs services d'espionnage, un véritable parangon : « La valorisation des fonctions de renseignements aurait pour but de faire naître dans notre pays une véritable culture du secret et du renseignement qui lui fait actuellement défaut. Elle pourrait s'inspirer de la considération dont bénéficie la communauté du renseignement dans les pays anglo-saxons, en particulier au Royaume-Uni. »

En fin de compte, partout en Europe, la logique couleur de muraille des services secrets l'emporte ainsi sur la logique liberté-citoyenne-avant-tout. Le rapport Campbell défraie bien la chronique, obligeant la CIA et la NSA à laisser tomber de leur hauteur quelques justifications, qui ne trompent que ceux qui le veulent bien, à propos de leur supposé refus de pratiquer l'espionnage économique et de leur respect total des communications à caractère privé. Mais, comme le rapport Paecht en France, il ne débouche sur aucune décision officielle pratique. De quoi soulager non pas la NSA qui, pour parler franc, s'en fiche, mais son partenaire privilégié, le GCHQ, que des mesures de l'Union européenne auraient pu mettre en porte-à-faux.

Paradoxalement, c'est de Chine populaire que va venir le coup le plus dur pour le renseignement technologique américain, contraint de perdre avec la face, quelques-uns de ses secrets…

Le syndrome chinois

C'est tout sauf un canular : un grave incident se produit le dimanche 1er avril 2001 alors qu'un US Orion P-3C, un appareil de patrouille maritime à quatre turbopropulseurs, démodé en apparence, mais « remastérisé » grâce à des radars, des capteurs et même un radôme d'antenne rétractable, s'aventure aux abords de l'île de Hainan, dans le sud de la Chine. Une centaine de kilomètres au sud-est de l'île, semble-t-il, ce qui suffit en principe à garantir sa sécurité et celle des 24 militaires d'équipage, dont 3 femmes.

Quelques heures plus tôt, l'appareil de l'US Navy a décollé de la base d'Okinawa pour un vol de routine. De reconnaissance, selon la Marine américaine ; d'espionnage, selon les Chinois qui ont décidé de le perturber. A bon escient sinon dans le strict respect du droit international, puisque, pour la Marine chinoise, il s'agit de recueillir des informations sur les manœuvres de son homologue américaine, en particulier les mouvements du destroyer *Sovremenny*, récemment acheté à la Russie.

Que se passe-t-il exactement ? Deux chasseurs à réaction frôlent le P-3C. Veulent-ils le contraindre à s'éloigner de Hainan ou, au contraire, l'obliger à se poser ? Seule certitude, une collision intervient. Un jet chinois décroche et s'abîme dans les flots, mais son pilote parvient à s'éjecter. Puis, au final, c'est le P-3C qui doit atterrir sur l'aéroport militaire de Lingshui, à l'extrême sud de Hainan. Arrêté, son équipage est transféré à 200 kilomètres de là, dans une prison.

Depuis mai 1999 et le bombardement de l'ambassade chinoise en Serbie, c'est l'incident le plus grave opposant les Etats-Unis et la République populaire, qui se renvoient mutuellement la balle. « Les Etats-Unis en portent l'entière responsabilité », assure le numéro 1 à Pékin, Jiang Zemin. « Cet incident est de nature à saper les espoirs de relations fructueuses entre nos deux pays », riposte le président américain George W. Bush, qui vient à peine de prendre les commandes à la Maison Blanche. Et les autorités américaines d'affirmer que le P-3C, et surtout son équipement d'espionnage électronique dernier cri, constitue une part inviolable du territoire national des Etats-Unis. Un argument qui ne trouble visiblement pas les Chinois, d'ailleurs ravis de venger leurs trois morts de l'ambassade en humiliant les Américains.

Leurs techniciens s'empressent de passer l'appareil au peigne fin. Dieu sait qu'ils savent faire, et pour cause : depuis le début des « Quatre Modernisations » chères à Deng Xiaoping, disparu quatre ans auparavant, la Chine a fait son (très) grand bond en avant dans le domaine des technologies de pointe. En matière de renseignement électronique, elle n'est plus manchote. Outre les stations d'écoutes implantées sur son sol, le Zongcan Sanbu, 3e Département de l'état-major de l'Armée populaire de libération en charge de l'interception des communications des armées étrangères, s'apprête à racheter au GRU sa base de Lourdes, à 70 kilomètres de La Havane, qui depuis 1964 braquait les « Grandes Oreilles » russes sur les Etats-Unis. A l'heure des technologies satellitaires, Moscou n'en a plus besoin, et La Havane, qui en tire des bénéfices financiers sous forme de location, se satisfait de l'affaire, tout bénéfice pour une *nomenklatura* cubaine très mal économiquement.

Ses relations avec Pékin sont d'ailleurs au beau fixe. Et celles du Guoanbu avec la Dirección General de Inteligencia du général Delgado Rodríguez, très bonnes. On a relativement peu parlé dans cet ouvrage des services secrets castristes ; voici une occasion de le faire. Ils jouissent en effet d'une grande considération dans la communauté internationale du renseignement. « L'espionnage cubain compte parmi les meilleurs du monde », déclarera ainsi à l'Express.fr, le 25 avril 2012, Brian Latell, l'ancien spécialiste des affaires de La Havane à la CIA.

De fait, sous la direction personnelle de Fidel Castro quand son état de santé le permettait encore, la DGI a réussi quelques coups fumants dont, dès l'époque de la présidence Kennedy, l'intoxication de la CIA par Rolando Cubela, un faux opposant dont Desmond FitzGerald, le patron de la division Action, espérait qu'il assassinerait le Líder Máximo. Autre opération initiée plus tard, en 1985 : le recrutement par la DGI d'une jeune femme de la Defense Intelligence Agency, Ana Belén Montes, vingt-sept ans, qui montera les échelons. Directrice de la section cubaine de la DIA, elle sera identifiée par le FBI en septembre 2001, avant d'écoper d'un quart de siècle de prison.

Les réussites de la DGI tiennent à la taille réduite de la caste dirigeante cubaine, capable de décider « en famille » dans le plus grand secret. Celles des services chinois, à leur capacité de modernisation et à leur haute valeur technique. S'ils n'ont pas encore de puissance d'interception satellitaire, ils disposent de services d'écoutes performants et, eux aussi, de chalutiers et de navires espions. De quoi forcer, et comment, la porte du club des « grands » du renseignement. Or un « grand » doit se faire respecter. En Serbie, les Etats-Unis ont fait perdre la face à Pékin, mais, dans l'affaire de Hainan, c'est Washington qui paraît un peu ridicule : suspense et négociations secrètes menées par le prince Bandar Ben Sultan, l'ambassadeur d'Arabie saoudite à Washington, qui entretient avec Pékin des relations spéciales dues à des accords d'achat d'armements et de missiles. C'est seulement le 12 avril que les militaires américains retrouveront la liberté et le territoire américain. Le temps pour les techniciens chinois de désosser les équipements électroniques du P-3C et de les remonter avec soin. Tout a été scruté, dupliqué, ce qui permettra aux Chinois de percer les secrets d'un dispositif de codage des données, le programme « Proforma ».

De quoi réjouir le général Dai Qingmin, chef du 4e Bureau de l'état-major de l'Armée populaire de libération, en charge de ce que l'on commence à appeler l'« Infoguerre » et sur quoi se penchent les plus brillants sujets de l'armée, comme les colonels Qiao Liang et Wang Xiangsui, auteurs d'un ouvrage stratégique adaptant par inversion au contexte chinois les thèses sur la révolution dans les affaires militaires, publié à Pékin en février 1999*.

A la suite des tractations entre les deux capitales, Washington ne présentera pas d'excuses, mais se dira « vraiment désolé » de l'incident, une concession de taille dans le registre subtil de la langue diplomatique.

En termes de renseignements, la présidence de George W. Bush, « George W. » comme on dit simplement pour le différencier de son père, commence mal. Un prélude au cauchemar qui attend les Etats-Unis.

---

* Traduction française vérifiée par son préfacier, un connaisseur, le colonel Michel Jan, ancien attaché de défense français à Pékin : Qiao Liang, Wang Xiangsui, *La Guerre hors limites*, Paris, Payot, « Bibliothèque Rivages », 2003.

28

Séisme à Manhattan

Le 11 septembre 2001, des dizaines de millions de personnes dans le monde, alertées par la radio, leurs voisins ou les coups de téléphone de parents et d'amis, se ruent sur leurs postes de télévision pour découvrir, en direct, l'épaisse fumée qui s'élève du World Trade Center en feu.

Cette image emblématique du début du XXIe siècle se double d'autres. La deuxième passe et repasse en boucle : deux gros-porteurs détournés percutant les tours jumelles du super-immeuble de bureaux.

En tout, quatre gros-porteurs de transport civil ont été détournés par dix-neuf pirates de l'air. Le troisième appareil s'est écrasé près du Pentagone, le quatrième à Shanksville, en Pennsylvanie. Son objectif était peut-être le Capitole, mais la révolte des passagers a contrarié les plans des agresseurs, provoquant un crash en rase campagne.

Le 7 octobre, sur la chaîne Al-Jazeera, une troisième image va faire son apparition : Oussama Ben Laden et quelques-uns de ses acolytes fous de joie à l'annonce de la réussite de l'attentat-suicide. Jusqu'à saturation, les télés repasseront aussi une courte séquence d'archives qui montre le chef d'Al-Qaida ouvrant le feu à la kalachnikov.

Le nouvel ennemi numéro 1 de l'Amérique prend le temps de savourer sa victoire. Il ne revendiquera la destruction du World Trade Center que le 13 décembre, trois mois plus tard :

> Nous avons calculé à l'avance le nombre d'adversaires qui seraient tués, d'après la structure de la tour. Nous avons estimé que trois ou quatre étages seulement seraient touchés. J'étais le plus optimiste de

> tous [...]. En raison de mon expérience dans le domaine, je pensais que l'incendie du carburant de l'avion ferait fondre la structure en fer du bâtiment, et que cela provoquerait uniquement l'effondrement des étages percutés par l'avion et de ceux situés au-dessus. C'est tout ce que nous espérions.

Dont acte. Avec ses 2 995 victimes, l'hécatombe du 11 septembre surpasse en nombre les 2 403 morts ou disparus de Pearl Harbor le 7 décembre 1941. Deux événements historiques à la fois comparables et extraordinairement différents. Parmi les facteurs qui les rapprochent, la faillite des services secrets américains, incapables de prévoir et donc d'éviter l'attaque surprise, comme c'était leur raison d'être. A soixante ans de différence, le même constat s'impose en effet. Et ce constat est d'abord un constat d'inefficacité...

La CIA est née en septembre 1947 pour pallier l'émiettement des services qui, justement, avait conduit au désastre de Pearl Harbor : voilà ce que martèlent depuis dix ans ses responsables, anxieux de démontrer leur utilité, moins évidente depuis la fin de la guerre froide.

Pour cette raison, le patron de l'Agence portait en même temps le titre de directeur du renseignement central chargé de coordonner le travail de la grande famille du renseignement américain. Or, il n'y est pas parvenu : les jours précédant le 11 septembre, mise en commun zéro, anticipation zéro, imagination zéro. Total : zéro pointé. Là où il fallait faire fonctionner les cerveaux, on n'a vu que l'application de procédures standard par une machinerie statique fonctionnarisée. Le modèle fordiste là où des pratiques plus en adéquation avec la réalité de la menace auraient permis de l'écarter.

Ce schéma mécanique s'est donc reproduit à six décennies de distance. Comme les commissions d'enquête sur l'attentat du World Trade Center le montreront par la suite, les détails permettant de percer les plans adverses étaient disponibles dans les différents services, mais en ordre si dispersé qu'incapables de franchir les barrières pour gagner les sommets de la pyramide hiérarchique, leur valeur opérationnelle est restée nulle.

Beaucoup d'entreprises de par le monde font chaque jour cette expérience : toutes les connaissances nécessaires existent en leur sein, mais personne, sinon des consultants extérieurs, ne parvient à les rassembler pour former une image cohérente. Sauf qu'il s'agit de sociétés dont les carences n'engagent qu'elles-mêmes, pas de services secrets d'Etat dont c'est précisément le métier de savoir donc de prévoir.

En 2001 comme en 1941, toutes les cartes étaient disponibles pour permettre de comprendre que quelque chose se préparait. En foi de quoi, les clignotants auraient dû passer, sinon au rouge, du moins à l'orange. Mais ils sont restés bloqués au vert : plus la menace grossissait et moins on la voyait venir…

Face au « nouveau terrorisme »

Les jours précédant le 11 septembre, il y eut bien quelques voix pour crier dans le désert ! Celle de George Tenet par exemple. Mais le directeur de la CIA avait si souvent joué les Cassandre qu'à force, on ne le croyait plus : « Je me fie à mon sixième sens, mais je le sens venir. Cette fois, ils vont frapper un grand coup », confiait-il encore en juin 2001 à Richard Clark, le responsable de l'antiterrorisme à la NSA venu confronter les informations des deux services. « L'Agence qui n'existe pas » avait intercepté de son côté certaines conversations inquiétantes, mais Donald Rumsfeld, le secrétaire d'Etat à la Défense de la toute nouvelle administration Bush, et à ce titre le ministre de tutelle de Fort Meade, restait méfiant. A l'en croire, il s'agissait peut-être d'un plan pour tester les réactions des Etats-Unis…

Même appuyé par Cofer Black, le dur de dur des opérations clandestines, Tenet n'avait pas mieux réussi auprès de Condoleezza Rice. Première femme conseillère à la Sécurité nationale, bardée de diplômes, elle était avant tout une spécialiste de la Russie. Le bouclier antimissiles promis par George W. Bush pendant sa campagne électorale l'intéressait plus que les faits et gestes de Ben Laden.

Et puis Tenet restait un homme de l'équipe sortante, celle de Clinton. On dressait des plans de bataille, de vastes plans, on s'intéressait à l'infiniment grand : la refonte complète du monde. Qu'avait-on à faire de l'infiniment petit : cet illuminé de Ben Laden et son groupuscule de fanatiques ? La voix de James Monnier Simon aussi s'était élevée. Cet ancien de la CIA, directeur adjoint du Renseignement pour l'administration présidentielle depuis un an, n'avait pas mâché ses mots dès janvier et l'arrivée de la nouvelle équipe à la Maison Blanche : « Les Etats-Unis en 2001 doivent faire face à une disparité croissante entre ses capacités fortement diminuées et les exigences toujours plus grandes de la sécurité nationale. La disproportion entre ce que nous préparons et ce que devront probablement affronter les Etats-Unis n'a jamais été si flagrante. »

Pour ce professionnel, le système d'espionnage tout entier était « en péril », puisque la CIA n'était tout bonnement plus en mesure de remplir sa mission de collecte des informations et de coordination de la communauté américaine du renseignement.

Difficile de lui donner tort quand on sait que selon Tim Weiner, auteur d'une des meilleures mais aussi des plus désespérantes histoires de la CIA, « deux cents agents peut-être avaient l'entraînement et le courage nécessaires pour affronter les dures réalités du terrain. Or il y avait le double affecté en permanence à Al-Qaida. La plupart contemplaient des écrans d'ordinateur au siège central de l'Agence, coupés du monde extérieur par la technologie*. »

Voilà pourquoi des hommes comme Bob Baer l'avaient quittée, et pourquoi Ben Laden et ses adjoints pouvaient continuer à monter attentat sur attentat. Pas dans la sérénité, bien sûr, puisqu'ils se savaient pourchassés. Mais avec cette foi fanatique qui soulève les montagnes et détruit les tours.

Avant le 11 septembre aussi, le destin avait semé des indices. Mais nul, ni service ni personne, ne s'était préoccupé d'additionner 2 et 2. Comme signal d'alerte, on espérait en outre beaucoup du Mossad israélien, auquel la nouvelle administration, fascinée, prêtait des vertus magiques. Même meilleur connaisseur du monde arabe, et pour cause, le Mossad non plus ne vit cependant rien venir. Les Américains devaient se débrouiller seuls. Or, pour leur malheur, ils en furent incapables.

En février 2001, l'instructeur d'une école de pilotage de Phoenix, dans l'Arizona, signale à la Federal Aviation Administration, équivalent de notre Direction générale de l'aviation

* Tim Weiner, *Des cendres en héritage. L'histoire de la CIA*, Paris, Fallois, 2009.

civile, le comportement d'un de ses élèves, passionné pour les techniques de décollage, mais pas du tout pour la manière d'atterrir. La démarche d'un fou suicidaire, peut-être, à qui mieux vaudrait ne jamais confier les commandes d'un avion. Or ce signalement ne débouche sur rien : les fous, il y en a partout. Ce type est un Arabe, et alors ? On n'est plus au temps du Ku Klux Klan...

Au printemps, la CIA met en garde les représentations diplomatiques à l'étranger, Europe et bien entendu Moyen et Proche-Orient : Al-Qaida prépare un gros attentat. Mais comme il y a soixante ans, où l'on n'aurait jamais imaginé que les Japonais puissent avoir l'audace de tenter d'anéantir la flotte américaine du Pacifique en une seule attaque-commando, l'idée d'un assaut massif sur le sol des Etats-Unis n'effleure personne. Des crimes politiques ici, il y en a eu. Mais contre les présidents : assassinat de Kennedy jamais totalement explicité, et plus récemment coups de feu d'un jeune déséquilibré en direction de Reagan. Et il s'agissait par définition d'attentats individuels, un mode opératoire peu prisé d'Al-Qaida.

Plus loin dans le temps, il y a eu ceux du lieutenant de vaisseau von Rintelen et de ses continuateurs Kurt Jahnke et Lothar Witzke : six morts en mars 1917 au chantier naval de Mare Island, en Californie. Mais c'était pendant la Grande Guerre, et pour le compte d'un Etat clairement identifié, l'Empire allemand (*cf.* chapitre 6).

Il y a eu les bombes des Weathermen, les activistes procubains des années 1970. Mais ceux-là ne cherchaient pas à tuer – Ben Laden, lui, tue. Et d'ailleurs, il s'agissait de jeunes Américains sans rapport avec le Moyen-Orient.

Américain aussi, mais d'extrême droite, l'ancien marine anti-avortement Timothy McVeigh, arrêté par le FBI après l'attentat d'Oklahoma City qui a fait 168 morts et 500 blessés le 19 avril 1995. Un carnage sans rapport avec le contexte international là encore, même s'il a tétanisé l'opinion publique. McVeigh est exécuté le 11 juin 2001.

Américain encore, mais du type « loup solitaire » cette fois, le mathématicien gaucho-paumé Theodore Kaczinsky alias « Unabomber ». Ce dérangé du cerveau exprimait sous forme de lettres piégées son dégoût de la société industrielle et son obsession du retour à la nature. Entre 1978 et 1995, il causa la mort de 17 personnes. Lui aussi, le FBI l'a coincé le 3 avril 1996. Le voilà sous les barreaux pour le restant de son existence.

Pour toutes ces raisons « rassurantes », les services compétents, en l'occurrence plutôt incompétents, ne parviennent pas à concevoir que le « gros coup » en préparation puisse se faire aux Etats-Unis, à New York et Washington. Et encore moins qu'il consistera à lancer quatre gros-porteurs détournés transformés en autant de bombes volantes sur le World Trade Center, le Pentagone et le Capitole.

Pourtant, les attentats-suicides sont familiers à Al-Qaida. Et cela, on ne l'ignore ni à la CIA ni au FBI. On sait aussi que Ramzi Ahmed Youssef, arrêté à Manille en 1995 pour sa participation au premier attentat du World Trade Center, celui du « cheikh aveugle » deux ans plus tôt, ne s'était pas contenté de projeter l'assassinat du pape Jean-Paul II et du président Clinton. Avec quelques complices, ce Pakistanais élevé au Koweït avait mis en chantier le détournement simultané de douze avions civils : neuf de plus que le Cose-FPLP palestinien du docteur Wadie Haddad en 1970 (*cf.* chapitre 22) !

Multi-détournement d'avions et équipages kamikazes : les moyens (2). World Trade Center, Pentagone et Capitole : les cibles (4). Total : 2 + 4 mais nul à la CIA n'a mis ces éléments bout à bout. Pour Langley, 2 + 4 égale toujours 0. Zéro idée, zéro rapprochement, zéro anticipation, zéro capacité à se mettre dans la peau de l'adversaire : quel vent brassent donc les ordinateurs et les 400 agents du département Al-Qaida ?

Des kamikazes, Ben Laden en a en permanence sous la main. Quant à l'idée des détournements simultanés lancée par Ramzi Youssef, elle a sans doute généré celle des avions transformés en bombes volantes. Ce d'autant que le procès du « cheikh aveugle » et de ses complices dans le premier attentat, celui de 1993, a révélé certains points de vulnérabilité des deux tours...

Cécité au FBI

La marche à l'aveugle vers le précipice continue. En juin 2001, la Federal Aviation Administration met en garde les compagnies aériennes : les risques de détournement sont plus élevés que jamais, et mieux vaut redoubler de vigilance. Inquiet mais pour d'éventuels attentats au sol, le Département d'Etat, lui, ferme les ambassades américaines à Bahreïn et à Dakar.

Le mois suivant, un agent du FBI établit de nouveau un lien entre les vœux d'apprentissage à sens unique des élèves-pilotes de Phoenix – les techniques de décollage au détriment de celles d'atterrissage – et des activités terroristes éventuelles. Mais son rapport se perd dans les sables de la hiérarchie. Pris en compte, il aurait pu déclencher, sinon une perquisition avec passage au peigne fin des ordinateurs personnels des suspects, impossible eu égard aux lois américaines, au moins une filature peut-être fructueuse par les *G-Men*. Il n'en a rien été.

Le 13 août, Zacharias Moussaoui est arrêté pour infraction aux lois américaines sur l'immigration. Il s'avère que ce Franco-Marocain verse des sommes dépassant ses moyens supposés d'existence pour apprendre à piloter des appareils de transport : près de 7 000 dollars. La DST française l'a bien signalé depuis plusieurs semaines comme proche d'Al-Qaida, mais le FBI n'a pas donné suite. C'est seulement après l'attentat que Moussaoui sera identifié comme le probable vingtième pirate de l'air. Son interrogatoire avant l'attentat par des *G-Men* spécialisés dans la lutte antiterroriste aurait peut-être donné des résultats…

Beaucoup de questions sensibles posées par l'attentat du 11 septembre et laissées béantes par la mort de dix-neuf pirates de l'air sur vingt recrutés restent d'ailleurs en suspens aujourd'hui encore.

Adepte de procédés technologiques avancés tels que l'incrustation de messages à l'intérieur d'images anodines transmises par internet, Al-Qaida les juxtaposait avec des pratiques plus banales comme le dépôt de courriels dans la partie brouillon d'une boîte à lettres informatique commune. Et d'autres encore, éminemment rustiques, mais toujours efficaces, comme le dépôt de messages papier dans un endroit convenu dit « boîte à lettre morte », ou le contrôle des activités de ses membres par un ou plusieurs agents de confiance mandatés à cet effet.

Peut-on dans ces conditions imaginer qu'un musulman aussi rigoriste – et par ailleurs un terroriste aussi expérimenté que Ben Laden – ait pu laisser vingt de ses fidèles sans la surveillance d'au moins un « officier traitant », exposés qu'ils étaient aux tentations du monde occidental et au risque de repérage par le FBI ?

Ces hommes, tous jeunes, pouvaient frayer avec des femmes, boire de l'alcool. Ils pouvaient tricher avec les règles fondamentales de l'islam, puis un jour, en proie à quelque crise de conscience ou à quelque vantardise, craquer et raconter tout à n'importe qui. Or l'aveu d'un seul suffisait à dévoiler le principe de l'attentat : des avions de transport transformés en bombes volantes. Sachant cela, le FBI n'aurait pas eu trop de mal à réagir.

Si un ou plusieurs agents clandestins d'Al-Qaida furent chargés de vérifier que la conduite des futurs pirates était irréprochable et leur foi dans la réussite de l'attentat toujours ferme, les filatures des *G-Men* auraient peut-être permis de le (ou les) repérer. Or nous savons que ces filatures n'ont jamais eu lieu.

La CIA joue « perso »

Les cachotteries entre services n'arrangent rien. Depuis 1999, Richard Blee, un proche de Tenet, a remplacé Mike Scheuer à la direction de la station Alec, toujours sur la piste d'Al-Qaida. Son adjoint s'appelle Tom Wilshire. En la personne d'Alfreda Bikowsky, l'ancienne analyste de la division soviétique, Wilshire tient un bras droit obsédé par sa mission. Dure, impitoyable, Bikowsky semble prête à tout pour réussir.

Sachant par des intercepts que Khalid al-Mihdhar, un membre d'Al-Qaida, allait participer à une réunion à Kuala Lumpur, en Malaisie, des agents de la CIA sont parvenus à photocopier son passeport, et celui-ci comporte des visas d'entrée aux Etats-Unis.

En vertu d'une consigne de l'année précédente, le Centre de contre-terrorisme de l'Agence aurait dû faire figurer son nom sur la liste des personnes à intercepter et le transmettre au FBI. Doug Miller, un des deux *G-Men* attachés à sa station Alec, a demandé que la chose soit faite, mais Michael Casey, un officier de la CIA, s'y est opposé. Sur ordre de Wilshire croit-on, Alfreda Bikowsky jouant un rôle ambigu dans l'affaire – elle prétendra par la suite avoir signalé verbalement, ou peut-être faxé, le cas Mihdhar au FBI, mais les enquêteurs ne trouveront aucune trace de ce supposé avertissement.

Pourquoi ce court-circuitage apparemment délibéré ? La station Alec cherchait peut-être à « tamponner » le terroriste pour en faire un agent double au sein d'Al-Qaida, auquel cas elle avait tout intérêt à laisser Al-Mihdhar entrer sur le sol des Etats-Unis de façon à procéder à son recrutement en toute tranquillité.

Le fait est que le nom du jeune homme n'apparaîtra sur la liste des personnes dangereuses recherchées que le 23 août 2001, bien après son admission aux Etats-Unis et quinze jours avant qu'il ne prenne rang parmi les dix-neuf pirates de l'air du 11 Septembre ! Surprenant pour le moins. Dans cette sombre affaire au final, il y a eu soit amateurisme à faire crier, soit maladresse commise dans une tentative d'infiltration – le risque de toute manœuvre de retournement, incontournable mais à manier avec autant de précautions que de la dynamite. Et dans les deux cas, entreprise collective de dissimulation des faits aux hautes sphères de Langley. Au milieu de témoignages contradictoires, les enquêtes ultérieures n'ont pas permis d'établir quelle hypothèse était la bonne. Mais erreur technique de manipulation ou négligence, c'était tout aussi inquiétant.

Au surplus, le cas n'est pas isolé. C'est même le contraire : une bonne cinquantaine d'officiers de l'Agence étaient au courant de la présence de certains terroristes sur le sol américain, mais ils se sont fait un plaisir de ne pas en informer les *G-Men*. Pour la coordination interservices autour de Langley, hip hip hip hourra !

Chargée d'analyser les dysfonctionnements internes à la CIA, l'inspection générale de l'Agence sera obligée de le reconnaître noir sur blanc en juin 2005 dans son rapport d'enquête : « Il en ressort qu'aucun officier de la CIA n'a enfreint la loi, mais que le manque de coopération entre l'Agence et le FBI est à l'origine du non-traitement des renseignements qui auraient pu déclencher l'alerte. »

Un esprit malin en déduirait que c'est pour la galerie seulement que Tenet portait son titre de directeur central du renseignement, car ce dernier, précisément, était tout sauf centralisé. Bien que son propre père ait cumulé en d'autres temps les deux rôles en tant que patron de la CIA, George W. va en tirer les conséquences en découplant les fonctions de coordonnateur du renseignement et celles de directeur de l'Agence. En février 2005, un diplomate de choc réputé très au courant des affaires de services, John Negroponte, quitte en effet son poste d'ambassadeur à Bagdad pour devenir le premier Director of National Intelligence (Directeur du renseignement national) avec rang de quasi-ministre*.

Le 11 septembre n'a donc pas seulement été une tragédie pour le peuple américain, mais du même coup un maelström pour sa communauté du renseignement, contrainte de revoir ses fondamentaux et de chercher de nouvelles règles du jeu qui lui permettront d'assurer son existence et même de rebondir…

Hayden saute sur l'occasion

Le premier à sauter sur l'occasion sera le général de l'US Air Force Michael Hayden, le patron de la NSA. Cet officier au crâne dénudé que l'on décrivait jusque-là comme terne et sans relief, parfait prototype du bureaucrate militaire, fait en l'occurrence montre d'un sens politique aussi soudain qu'aigu. Ce même sens qui lui permettra de passer de Fort Meade, son apanage depuis mars 1999, à la direction de la CIA. Un poste qu'il occupera de mai 2006 à février 2009, totalisant près d'une décennie à la tête des deux principaux organismes de renseignements des Etats-Unis. Après son passage à la retraite, l'officier supérieur se manifestera par son militantisme en faveur de l'emprisonnement des journalistes qui viendraient à révéler des secrets d'Etat.

Un dur de dur, un *tough guy*, prêt à transformer les Etats-Unis en forteresse inexpugnable couverte par une forêt de satellites d'interception des communications, puissance toujours en mouvement d'où partiraient des raids d'espionnage technologique. Et dans l'immédiat, en septembre 2001, un chef préoccupé avant tout des intérêts de la NSA, inséparables de ceux du pays à ses yeux.

Hayden a de qui tenir. Dès 1992, nous savons que son prédécesseur à Fort Meade, l'amiral Studeman, avait identifié l'espionnage

* Important changement dans la communauté française du renseignement en juillet 2008. Comme Roger Faligot, Jean Guisnel et moi-même l'avons souligné dans notre *Histoire politique des services secrets français de la Seconde Guerre mondiale à nos jours* (édition poche Paris, La Découverte, 2013), Nicolas Sarkozy met en effet fin à la fiction dépassée d'une DGSE dépendante du ministère de la Défense en nommant un coordonnateur du renseignement rattaché de manière directe à l'Elysée, le diplomate Bernard Bajolet. Son successeur François Hollande maintiendra le poste, confié à Alain Zabulon puis Didier Lebret.

économique comme la planche de salut d'un « Taj Mahal des Grandes Oreilles » menacé de restrictions budgétaires par la fin de la guerre froide (cf. chapitre 24). Or, premier à comprendre que l'attentat de New York va permettre à la NSA d'assurer sa pérennité et d'accroître son domaine, l'aviateur Hayden s'avère tout aussi prévoyant que le marin Studeman.

Sa première tâche, du moins l'entend-il ainsi, sera de faire sauter les verrous juridiques qui empêchent de passer au tout-écoute absolu. En l'occurrence, le Foreign Intelligence Surveillance Act (Acte de surveillance du renseignement étranger, FISA) de 1978 qui dispose que, sauf mandat judiciaire en bonne et due forme, les « Grandes Oreilles » de Fort Meade, comme celles de la CIA ou d'autres services secrets, ne sont pas en droit d'intercepter les communications internes aux Etats-Unis ou impliquant des citoyens américains. Astreinte à la plus stricte discrétion, une cour FISA est chargée de vérifier la légalité des mandats judiciaires, disposition qui doit en principe protéger les citoyens américains, traditionnellement méfiants envers le pouvoir depuis qu'ils se sont élevés contre celui, colonial, de la Grande-Bretagne au moment de la guerre d'indépendance.

Soixante-douze heures après le drame du World Trade Center, Hayden prend déjà sur lui d'aller au-delà des lois existantes en autorisant son agence à confronter les numéros de téléphone des terroristes identifiés avec des communications américaines qui impliquent des appels internationaux.

Et ce n'est qu'un début : le combat pour repousser sans cesse la « nouvelle frontière » de la NSA, pionnière du renseignement américain du XXIe siècle, continue et s'intensifie. Deux semaines plus tard, Hayden obtient d'une Maison Blanche en proie au prurit sécuritaire l'autorisation de transmettre au FBI n'importe quel numéro appelant l'Afghanistan à partir d'un poste téléphonique américain. Une brèche de plus dans le FISA*.

Les brèches, elles, se multiplient avec l'accord de George W. et de ses adjoints, Donald Rumsfeld, le secrétaire d'Etat à la Défense responsable à ce titre de la NSA au plan ministériel, son adjoint Paul Wolfowitz et le vice-président Dick Cheney. Trois

---

* Luke Harding, *Le Dossier Snowden. Les services secrets au cœur d'un scandale planétaire*, Paris, Belin, 2015.

« faucons », des va-t-en-guerre. A Hayden la tâche de développer des programmes de surveillance nouveaux, mais sans se faire prendre car il ne faut pas semer le doute au Congrès, auprès des médias ou de l'opinion publique. Comme l'écrira plus tard l'histoire officielle de la NSA : « Des sources non confirmées suggèrent que les responsables du gouvernement craignaient qu'un débat public sur une modification du FISA ne compromette les sources et les méthodes des services de renseignements. »

Le 26 octobre, Bush signe le Patriot Act, une loi d'exception qui modifie le FISA dans le sens souhaité à Fort Meade. Ce texte liberticide arraché à une Amérique déboussolée par la violence du coup qui vient de l'atteindre prévoit par ailleurs la création d'un délit de « terrorisme intérieur ».

Le droit recule dans les mêmes proportions. Un nouveau programme de surveillance généralisée voit le jour le même mois sous le nom, poétique et quelque peu inadapté à cette débauche de technologie, de « Stellar Wind » (« Vent stellaire »). Hayden, prudent, conservera précieusement dans un coffre, on ne sait jamais, la directive signée Bush qui autorise sa mise en place.

Le nouveau système permet d'intercepter beaucoup plus largement les communications téléphoniques vocales ou écrites sous forme de textos ; les métadonnées téléphoniques (numéros contactés ou contactants, géolocalisation, etc.) ; les échanges internet : courriels, *chats*, recherches sur sites web ainsi que les métadonnées qui correspondent (adresses contactées, fréquence et destinataires des messages, centres d'intérêt). Autrement dit les contenus, ceux qui les génèrent et leur environnement numérique relationnel, lequel, scruté à la loupe, génère à son tour des contenus et ainsi de suite.

En traitant cette masse invraisemblable d'infos toutes numérisées, donc faciles à agréger, on peut – c'est l'objectif – les classer sous forme de fiches électroniques exploitables. On peut repérer de nouveaux suspects, schématiser le réseau relationnel de l'un ou de l'autre sous forme de diagrammes. Bref, sans pénétrer avec effraction chez les gens, mais de l'extérieur, sans contact physique, en savoir long sur tel ou telle qui livre beaucoup de sa personnalité au numérique. Une perquisition « douce », d'autant moins scandaleuse qu'elle reste méconnue : dis-moi où tu surfes et je te dirai qui tu es.

Désormais, la NSA se trouve en mesure d'écouter et de transcrire toute communication étrangère du seul fait que celle-ci transite par les Etats-Unis, et toute communication étrangère en rapport avec les Etats-Unis. Seuls ont été informés de cette avancée extra-légale les membres de la commission du renseignement siégeant à la Chambre des représentants ou au Sénat, astreints à une discrétion très stricte. Au diable les procédures légales : la cour FISA elle-même n'en entendra parler que trois mois après, une fois « Stellar Wind » bien lancé.

Comme souvent dans le cadre d'un partenariat privilégié avec les Etats-Unis où la Grande-Bretagne, protégée par sa réputation de « mère des démocraties », sert souvent de banc d'essai à des mesures susceptibles de restreindre les libertés, Londres a d'ailleurs anticipé en adoptant l'année précédente, donc sans rapport avec les 2 995 victimes des attentats d'Al-Qaida en Amérique, le RIPA (*Regulation of Investigatory Powers Act*, soit Acte de régulation des pouvoirs investigatifs), qui confère peu ou prou au GCHQ la possibilité d'effectuer des interceptions de masse dès lors qu'un étranger au moins se trouve à un bout de la ligne, puis de les transmettre à Fort Meade. Par une bizarrerie physique, les « Grandes Oreilles » anglaises et américaines parviennent ainsi à se tendre… la main par-dessus l'Atlantique. Et cette pratique qui consiste à faire espionner ses ressortissants par une agence d'interception alliée moyennant échange de bons procédés porte le nom de *back door intelligence*, « espionnage par la porte de derrière ».

« Stellar Wind », dont l'existence ne sera dévoilée que dix ans plus tard par le dissident Edward Snowden, implique la coopération des grands opérateurs internet, fleurons de l'Amérique conquérante. Ceux-ci la fournissent-ils sous la contrainte, comme l'affirmeront plus tard leurs avocats et leurs dirigeants, ou de bon gré, par désir d'entretenir de bonnes relations avec un Etat fédéral qui les aide sur le plan international et les protège, comme l'assureront leurs détracteurs ? Le fait est qu'ils se prêtent à un jeu dont, au fur et à mesure de son extension, on voit de moins en moins ce qu'il a à voir avec la lutte contre Al-Qaida, son objectif théorique.

Même aussi durement frappée, faut-il vraiment que l'Amérique prenne un marteau-pilon pour écraser une mouche ? Qu'elle déploie une surveillance électronique planétaire pour traquer un groupe terroriste lié par une solidarité de type féodal et qui a souvent recours à des procédés de communication rustiques détectables par les seuls agents de terrain ? Restreindre la lutte contre le terrorisme à un travail sur écran et sur bases de données, c'est lui faire perdre une part de son efficacité*.

Pourtant, le président George W. Bush invite maintenant le peuple américain à une « guerre globale contre le terrorisme »...

« *Interrogatoires renforcés* »

Frappés au cœur par Al-Qaida comme ils viennent de l'être, les Etats-Unis ne pouvaient rester inactifs sous peine de perdre leur statut de première puissance mondiale. Leur intervention en Afghanistan, d'où est parti le coup meurtrier, relève donc de la logique d'Etat. A ce titre, elle soulève peu de protestations, même à l'extérieur.

Présente sur le terrain dès la fin septembre 2001 avec une équipe paramilitaire baptisée « Jawbreaker » (« Casse-mâchoires »), la CIA précède de onze jours les frappes aériennes, qui ne commencent que le 7 octobre. Sa première mission est de « marquer » au sol les cibles à anéantir par l'aviation. Cent dix « casseurs de mâchoires » et trois cents soldats des forces spéciales aident ensuite à neutraliser les planques et autres caches d'armes des talibans en déroute, opération suivie heure par heure à Langley par l'adjoint de Tenet, John McLaughlin.

Pour autant, elle n'aboutit, comme escompté, ni à la capture du mollah Omar ni à celle de Ben Laden. Cerné semble-t-il un instant dans les grottes de Tora-Bora présentées en toute exagération aux médias internationaux comme un véritable complexe opé-

* Les Etats-Unis ne connaîtront sur leur sol plus d'attentats de masse signés Al-Qaida par la suite, objectera-t-on à juste titre. Mais est-ce vraiment dû à « Stellar Wind », ou à la désorganisation du groupe de Ben Laden après l'intervention américaine en Afghanistan et aux mesures de précautions extrêmement strictes opposées à tout étranger en visite aux Etats-Unis ? La question mérite d'être posée. A la longue liste des méfaits consécutifs aux actions terroristes, ajoutons celui-ci : ils tendent à réduire la liberté de circulation. Les détournements d'avions des années 1970 avaient déjà compliqué beaucoup les déplacements aériens, très faciles jusqu'alors.

rationnel clandestin, le fondateur d'Al-Qaida parvient à s'enfuir par le côté pakistanais.

Une fois de plus, il a bénéficié de protections ! Une aile au moins de l'Army's Directorate for Inter-Services Intelligence, l'ISI, que commande depuis octobre le général Mahmoud Ahmed, continue en effet à jouer la carte des talibans. Assez pour se mettre en porte-à-faux avec le général Pervez Mousharraf, président du Comité des chefs d'état-major, partisan, lui, de l'entente avec les Etats-Unis aux dépens de l'Inde, l'ennemie de toujours.

Une guerre secrète faite d'encouragement au terrorisme et, en sens inverse, de contre-terrorisme continue en effet d'opposer l'ISI à la R&AW (Resarch and Analysis Wing), le service de renseignements extérieur de New Delhi, et à l'Intelligence Bureau, le contre-espionnage indien. Au Cachemire notamment, ce qui n'empêche pas certains éléments des services pakistanais de continuer à tourner leurs regards vers l'Afghanistan, considéré par eux comme appartenant à la sphère d'influence de leur pays.

Mousharraf ne voit pas les choses sous cet angle, mais c'est un réaliste. Les rapports de force internes à l'armée sont tels qu'il ne peut interdire le soutien de ces subordonnés indociles à Al-Qaida. Depuis l'origine, il le sait, l'ISI, Etat dans l'Etat pakistanais, a acquis la latitude de poursuivre ses propres objectifs. Toucher à ce privilège serait trop dangereux.

Cette indépendance de l'ISI, la CIA est bien obligée d'en tenir compte. Pour jouer son rôle de shérif en capturant Ben Laden et en l'amenant devant un tribunal américain, Langley a besoin des « Paks », comme disait son ancien patron Bill Casey. Or, les jeux d'influence à Islamabad, la capitale, s'avèrent si complexes que l'Agence finit par ne plus rien y comprendre et qu'à force, elle baisse les bras.

Si Ben Laden court toujours, au moins peut-on s'en prendre à ses hommes. Encouragée par Cheney et Rumsfeld, qui se gardent bien de donner tous les détails au président Bush de manière à lui permettre de nier avoir été au courant si besoin était, la CIA va se lancer dans une politique de torture des djihadistes capturés. Par décret présidentiel de février 2002, l'administration américaine refuse à ces derniers le statut de prisonnier de guerre, qui leur procurerait le bénéfice de l'article 3 de la Convention de Genève imposant l'obligation de traiter humainement les individus pendant un conflit. Ils ne sont plus que des « combattants étrangers », dont on ne sait pas très bien quels sont les droits sinon qu'ils n'en ont aucun.

Tenet pourrait s'opposer à ces dérives. Mais toujours marqué par son passé clintonien, il s'accroche à sa place, évitant soigneusement de contrarier les volontés de l'administration Bush. La morale traditionnelle américaine et le respect des règles internationales dussent-elle en souffrir, le directeur de la CIA garde le silence.

Beaucoup des « combattants étrangers » islamistes sont internés à la base américaine de Cuba de Guantánamo (sites de détention « Indigo » et « Maroon ») ainsi transformée en zone de non-droit qu'on espère provisoire, mais qui durera. D'autres centres de détention sont créés dans les pays qui acceptent de se prêter au jeu : l'Afghanistan (sites « Cobalt », « Brown », « Grey », « Orange ») ; la Thaïlande (site « Green ») ; la Pologne (site « Blue » qui a servi successivement au SD nazi, aux services soviétiques, et même fourni en son temps un lieu d'entraînement pour la Stasi est-allemande) ; la Roumanie (site « Black ») ; la Lituanie (site « Violet ») ; ainsi que la base américaine sur le territoire à administration britannique de Diego Garcia, dans l'océan Indien (site « Red »). Et d'autres encore, non répertoriés, comme en Jordanie ou en Egypte où les Moukhabarat locaux agissent en qualité de sous-traitants avec implication limitée sur le terrain de la CIA, maître d'œuvre mais, dans ces cas précis, pas opératrice.

Dans la plupart de ces lieux ainsi qu'à bord de plusieurs navires de guerre américains transformés en centres de détention provisoire au statut international imprécis, des équipes de la CIA et de collaborateurs locaux assistés de psychologues américains du privé vont se livrer sur au moins 118 détenus (fourchette basse) à des « interrogatoires renforcés ». Un euphémisme inventé par les Israéliens, lesquels inspirent à l'époque par mimétisme leurs homologues américains, et qui cache mal la réalité de la torture.

Depuis 1987, l'Etat hébreu, tout en condamnant la torture, autorise ses services secrets à pratiquer avec modération la « pression physique et psychologique » pour obtenir des informations. Le directeur du Shin Beth (en 2001, Avi Dichter succédant à Ami

Ayalon) est autorisé par la loi à prendre des « mesures spéciales » dépassant l'usage modéré de la pression, mais dans les seuls cas où des vies humaines sont menacées, ce qui en pratique, dans le contexte israélo-arabe de guerre larvée, peut signifier à n'importe quel moment.

Dans les années 1980, les Britanniques, autres inspirateurs des Américains, pratiquaient déjà en Irlande du Nord sur des prisonniers de l'IRA certaines méthodes de privation sensorielle susceptibles de les conduire à la folie. C'est dire si les services de renseignements et de contre-insurrections modernes peuvent remettre au goût du jour la méthode féodale de la question.

Les Français l'ont fait sur une large échelle en Algérie entre 1954 et 1962 contre le Front de libération nationale, le FLN, obtenant à ce prix des succès qui, en fin de compte, ne furent pourtant que temporaires. Pendant la bataille d'Alger de 1957-1958 par exemple, le commandant Paul Aussaresses prit la tête d'un escadron de la mort coordonnant les activités de renseignements et de torture des quatre régiments de la Xe division parachutiste du général Jacques Massu.

Le terrorisme cessa, certes, mais on s'aperçut après coup que la Zone autonome d'Alger du FLN, bien que déstructurée par la violence de la répression, ne disparaissait pas tout à fait. Ayant donné comme consigne à ses militants capturés de livrer les noms des membres de l'autre groupe nationaliste le Mouvement national algérien, de tendance « messaliste », au moins était-elle parvenue à faire éliminer ce dangereux concurrent par l'ennemi français commun.

Nous avons pourtant vu au chapitre 20 que le service Action du SDECE parvint à la même époque à tirer un parti considérable de la rivalité FLN-MNA en soutenant les maquis « messalistes » de Mohammed Bellounis sans avoir à faire tourner lui-même la sinistre « gégène ». De même le capitaine Paul-Alain Léger, en renforçant la paranoïa ambiante au sein du FLN par la « bleuite », l'obsession de « traîtres » imaginaires qu'il avait lui-même créés, parvint à diminuer le potentiel de plusieurs wilayas, les régions militaires algériennes, notamment celui de la wilaya 3. Les nationalistes s'exterminaient entre eux dans une ambiance quasi stalinienne, et c'était tout bénéfice pour leurs adversaires français.

Le commandant supérieur interarmées, le général Raoul Salan, fut autrefois un officier de renseignements colonial de grande valeur. Pour autant, il crut bon de légitimer l'usage de la torture en Algérie. Son homme lige Yves Gignac me l'a avoué : ancien séminariste hanté par l'idée que certains militaires prennent goût aux supplices infligés aux rebelles, il proposa au général de créer un corps spécialisé calqué sur les inquisiteurs du Moyen Age. Vers quels abîmes de dialectique perverse glissait-on au nom de l'efficacité immédiate ?

Pas sans réaction, comme le montre Georgette Elgey dans l'avant-dernier tome de sa monumentale *Histoire de la IVe République*. Même s'il s'en trouva, hélas ! suffisamment, et pas toujours des militaires de carrière, l'armée française n'était pas un ramassis de bourreaux et de tueurs. Inondé de lettres d'officiers indignés dénonçant, pièces à l'appui, les cas de torture ou d'exécutions sommaires, les « corvées de bois », dont ils connaissaient l'existence, le cabinet de Salan choisit de les mettre sous le coude*. Pas vu, pas pris, pensait-on. Mais l'Histoire ne laisse pas passer grand-chose et un jour ou l'autre, les cadavres sortent du placard…

La torture est peut-être un bon moyen de gagner des guerres, mais par le pourrissement moral qu'elle implique chez ceux qui la pratiquent, elle représente en même temps la pire manière d'en perdre. Combinant la guérilla avec le terrorisme en ville et surtout dans les campagnes, là où les journalistes n'allaient jamais, le FLN la pratiquait lui aussi sur grande échelle. On peut douter que ce fût pour le bien futur du peuple algérien.

Ce n'est pas moi, mais Hocine Aït Ahmed, un des membres fondateurs du mouvement indépendantiste, qui rappelle que dès l'époque du président Ben Bella entre 1962 et 1965, la torture fut pire contre les opposants politiques que du temps des Français. Et on ne parle pas de l'atroce guerre civile des années de plomb 1992-2002, où les deux camps rivalisèrent de cruauté…

---

* Georgette Elgey, *Histoire de la IVe République*, t. 3 : *La Fin, la République des tourmentes, 1954-1959*, Paris, Fayard, 2008.

Pourquoi les Américains, qui avaient tant critiqué la torture en Algérie pendant la guerre d'indépendance comme un fruit vénéneux du colonialisme, se mirent-ils soudain à la reprendre à leur compte, dès lors qu'elle devenait plus ou moins « légale » ?

La torture a-t-elle une « reine » ?

Une première explication semble évidente : l'affolement d'une opinion publique, d'une Maison Blanche et de services secrets, qui n'avaient jamais imaginé une frappe de masse sur le sol des Etats-Unis comparable au carnage du World Trade Center. La première avait des excuses, moins la deuxième, et moins encore les derniers : le renseignement n'est-il pas là pour aider le pouvoir politique à comprendre ?

Ce qui frappe à la lecture du rapport de la Commission sénatoriale américaine sur les méthodes de détention et d'interrogatoire de la CIA rendu public en avril 2014, c'est le luxe de précautions juridiques dont Langley s'est entouré pour dégager sa propre responsabilité. Dans chaque cas individuel, une parade devait être imaginée à l'avance, le département juridique de l'Agence étant chargé de veiller au grain.

Pour cette raison, aucun centre de torture ne fut implanté sur le territoire même des Etats-Unis, où leur existence aurait pu donner lieu à des poursuites ultérieures dans le cadre de la législation américaine en vigueur. Le cas de la prison de Guantánamo, toujours pas fermée en 2015 malgré les promesses de campagne de Barack Obama, et celui des navires-cellulaires prêtaient quant à eux à un flou jésuitique commode – des lieux « hors-sol », pour ainsi dire. Et bien que des officiers de la CIA y aient œuvré comme tortionnaires, l'Afghanistan, la Thaïlande, la Pologne, la Roumanie, la Lituanie ou Diego Garcia échappaient de manière plus claire encore à la zone de responsabilité juridique directe des Etats-Unis.

Numéro 2 de la station Alec et bientôt patronne de l'unité « Global Jihad » qui prendra sa suite, Alfreda Bikowsky a-t-elle mérité le surnom de « reine de la torture » que lui décernera le *New Yorker* ? A lire le rapport sénatorial, même si son nom y a été caviardé, on est en droit de se le demander. Elle se mêla en effet à de nombreuses séances de *waterboarding*, l'euphémisme de rigueur pour l'atroce supplice de la baignoire*. Son ardeur fut d'ailleurs telle qu'elle lui attira de ses supérieurs une réprimande du fait que de telles séances n'étaient pas « un spectacle ». Difficile de leur donner tort, mais qui couvrait ces atrocités, sinon eux-mêmes ?

Alfreda Bikowsky reste un mystère. Mystère psychologique, car on se demande au nom de quelle obsession d'être « plus mec que les mecs » et/ou par quels affreux penchants cette jeune femme sombra dans de tels excès. Mystère organisationnel pas moins, car cela ne devait en rien briser sa carrière, qui la conduirait à présenter en personne plusieurs topos sur la lutte contre le terrorisme devant Barack Obama. Cherchait-on à « mouiller » le président en personne ? Dans une logique perverse, c'est possible. Encore était-ce à lui de faire attention.

Mais son étrange impunité, Bikowsky la doit avant tout au cinéma. Nous savons qu'aux Etats-Unis, les passerelles sont nombreuses entre services secrets, fournisseurs de thèmes de films voire de conseillers techniques, et Hollywood**. D'où cette question : où est née l'idée de faire, par Jessica Chastain interposée, de la patronne du Global Jihad une vedette du grand écran dans *Zero Dark Thirty*, le film de Kathryn Bigelow sorti sur les écrans en 2012 ?

Cette idée fut-elle suggérée par des adversaires de la torture, ou au contraire par des gens conscients qu'en magnifiant le rôle des services-secrets-américains-qui-se-salissent-parfois-les-mains-mais-toujours-dans-l'intérêt-des-Etats-Unis, on délivrait

---

* *La CIA et la torture. Rapport de la Commission sénatoriale américaine sur les méthodes de détention et d'interrogatoire de la CIA*, préface de John R. MacArthur & Scott Norton, avant-propos de Dianne Feinstein, présidente de la Commission, Paris, Les Arènes, 2015.

** C'est plus rare en France. En remarquant que lors de n'importe quelle opération clandestine il y a toujours un quidam qui vient perturber un jeu auquel il est pourtant étranger, le général de Marolles, chef du service Action du SDECE sous Valéry Giscard d'Estaing, fournit certes l'amorce du drolatique *Grand Blond avec une chaussure noire*, mais il ne s'agissait en aucun cas d'une collaboration structurée. La DGSE multiplie actuellement les avances en direction des médias. Ainsi n'a-t-elle pas boudé le *Bureau des légendes*, la série d'Eric Rochant pour Canal+.

un sauf-conduit « grand public » à cette pratique ? Le fait est qu'Alfreda Bikowsky tira du même coup médiatiquement son épingle d'un très sale jeu. Présentée à tort comme celle qui, par sa ténacité, avait permis de localiser Oussama Ben Laden, elle devenait en quelque sorte intouchable, une héroïne américaine, une *tough girl*. Pas tout à fait un John Wayne au féminin, mais presque.

Un peu gêné aux entournures, le directeur adjoint de la CIA, Michael Morell, ancien chef de la division Asie, sera contraint d'admettre que « le film crée l'impression très forte que les techniques d'interrogatoire renforcé furent la clef pour trouver Ben Laden. Cette impression est fausse ».

Assurément, mais la magie du cinéma aidant, beaucoup d'Américains restent aujourd'hui persuadés que Jessica Chastain et personne d'autre a conduit à la fin de l'ennemi public numéro 1 des Etats-Unis. Magie noire en l'occurrence : l'actrice, dont le talent, la sincérité et la valeur morale ne sont pas en cause, préférerait sans doute aujourd'hui que son nom ne soit pas mêlé à celui d'Alfreda Bikowsky.

Sur tous les continents

On a vu au chapitre 19 que pour superviser en Amérique latine la répression des guérillas castristes à l'échelle continentale, la CIA s'était inspirée de la mise en place dans toute l'Europe des réseaux anticommunistes enterrés du type « Gladio ». Il n'est pas interdit de se demander si l'idée de la création d'une véritable internationale des centres de torture de djihadistes hors des Etats-Unis n'a pas trouvé sa source dans l'opération « Condor », mise au jour en 1992, soit une décennie auparavant.

Un modèle d'organisation continentale de la torture. A partir de 1975-1976, les services spéciaux des dictatures militaires de Bolivie, du Brésil, du Paraguay, d'Uruguay et du Chili avaient mis en place un pool transnational de transfert de prisonniers. Chaque service torturait et assassinait à l'intérieur de ses frontières les ressortissants des autres pays associés au plan « Condor » et réciproquement. Un bon moyen de se prémunir d'éventuelles poursuites juridiques internes dans un monde où les instances de droit internationales balbutiaient encore. Découverts, les bourreaux pouvaient se voir reprocher les supplices et la mort infligés à des étrangers, mais pas ceux visant des nationaux, puisque ces crimes avaient été commis par d'autres.

On l'a dit, la CIA fut peu impliquée dans cette sinistre opération, œuvre des dictatures concernées pour l'essentiel. Mais elle en connaissait l'existence, les ressorts, les protagonistes qu'elle aidait souvent financièrement, voire techniquement.

Autre source d'inspiration plus récente dans le traitement internationalisé des « combattants étrangers », celui de l'instrumentalisation de l'Armée du Liban Sud (ALS) par les services israéliens pendant la guerre des années 1980, où les attentats du Parti communiste libanais, des Moukhabarat syriens et du Hezbollah naissant leur ont infligé des pertes très sévères. Disposant d'une petite zone par la grâce de Tsahal, l'ALS lui servait de force supplétive. Pour le compte du Mossad, de l'Aman et du Shin Beth, elle y gérait la prison d'Al-Khiyam où des détenus auxquels on niait la qualité de prisonniers de guerre étaient torturés. Là encore, ce système de « sous-traitance » protégeait juridiquement les officiers de renseignements israéliens des conséquences de leurs actes, même s'ils assistaient aux interrogatoires. Mais quand le Premier ministre Ehoud Barak, ancien as des forces spéciales israéliennes et organisateur du grand raid sur Beyrouth d'avril 1973 (*cf.* chapitre 22) décida d'évacuer le Liban, Tsahal abandonna purement et simplement l'ALS à la vindicte de ses adversaires. Une forme de mépris qui n'engageait guère à se « mouiller » côté israélien à l'avenir*.

De quoi nourrir à des années de distance la réflexion de la station Alec, responsable de la lutte contre Al-Qaida à Langley, sur la manière de se livrer à des sévices sur les « combattants étrangers » tout en parant au risque de poursuites pénales. Et de fait, les officiers de l'Agence mais aussi du FBI impliqués n'ont

* En vérité, Israël ne faisait que marcher sur les traces de la France qui, en 1962, abandonna les harkis. Une trahison à beaucoup plus grande échelle d'autant plus impardonnable qu'avant l'indépendance de l'Algérie, ces hommes étaient des citoyens français : à ne pas tenir sa parole, on se prépare des lendemains qui déchantent.

jamais été inculpés, pour cause de verrous juridiques posés aux bons moments aux bons endroits.

Ils avaient pourtant commis ce qu'ailleurs on appellerait des sévices voire des crimes. Le cas d'Abou Zoubaydah détaillé dans le rapport donne une idée précise de leurs techniques.

Zoubaydah, que la station Alec soupçonne à distance depuis ses écrans d'ordinateur de ne pas avoir avoué tout ce qu'il sait, a été blessé par balles et capturé par les militaires pakistanais en mars 2002. A cette époque, Pervez Mousharraf, devenu président, poursuit en effet sa politique proaméricaine en s'efforçant vaille que vaille de contrebalancer l'ISI par le service de contre-espionnage intérieur, l'Intelligence Bureau.

Chef de groupe d'Al-Qaida, Zoubaydah est donc remis par les Pakistanais à la CIA, qui le transfère dans le centre de détention « Green » situé en Thaïlande dans une prison appelée « L'Œil de chat ». Là, il sera interrogé par des agents arabophones du FBI experts du dossier Al-Qaida. Soumis à des techniques de privation sensorielle et de privation de sommeil, il lâche que le suspect « Mokhtar », en réalité Khalid Cheikh Mohammed, déjà impliqué dans le projet de détournement de douze avions de ligne, serait le cerveau des attentats du 11 Septembre.

Une confirmation, rien de plus, car les bases de données de la CIA ont déjà répertorié Khalid Cheikh Mohammed dit « KCM » à ce double titre. Mise en cause par la Commission d'enquête sénatoriale pour les supplices infligés à Zoubaydah (gifles, projections contre un mur en ciment, simulacres de noyade « entre deux et quatre fois par jour », enfermement dans une caisse assimilable à un cercueil) qui donnèrent lieu à la bagatelle de 766 rapports écrits avant son transfert le 5 septembre 2006 au département de la Défense, l'Agence tentera en effet, comme dans tous les cas examinés, de prétendre que les « interrogatoires renforcés » ont permis d'obtenir de lui des « informations vitales ». Une assertion rigoureusement fausse, comme l'établira la Commission sénatoriale, et qui ne visait une fois de plus qu'à justifier l'usage de la torture.

Capturé par les Pakistanais le 1er mars 2003 et remis aux Américains, « KCM » est transféré en Afghanistan. Il va subir 183 simulacres de noyade, dont 15 en une seule journée ! En remettant au goût du jour la méthode de la « baignoire », ses interrogateurs de la CIA se ravalent ainsi eux-mêmes au rang des tortionnaires nazis, que leurs prédécesseurs de l'OSS avaient pourtant combattus en leur temps.

Ce supplice fut inventé pour faire parler les résistants par Georges Delfanne dit « Christian Masuy ». Né à Bruxelles en 1913, cet ancien voyageur de commerce se mit au service de l'Abwehr puis du SD. Parmi ceux que Delfanne et sa bande « baignèrent », c'est le mot qu'ils employaient, dans leur quartier général du 101, avenue Martin à Paris, figuraient plusieurs membres du réseau de renseignements Confrérie Notre-Dame du colonel Gilbert Renault dit « Rémy » dont nous avons évoqué l'action dans le chapitre 13.

En mémoire de ses camarades, Rémy devait consacrer après la Libération un livre à cet épisode atroce. Réfugié en Espagne, Masuy, lui, fut être extradé en France, condamné à mort et fusillé en octobre 1947. Pas pour trahison, puisqu'il était belge, mais en raison notamment des tortures infligées dans ses baignoires : l'Abwehr et le SD avaient négligé de pourvoir leur auxiliaire pourtant zélé d'un parapluie juridique…

La CIA, qui n'était pas hitlérienne, mais prévoyante, le fit pour ses agents. Prise de cours néanmoins en avril 2014 par le lancement de la commission d'enquête sénatoriale, elle crut s'en tirer en présentant la torture comme seul moyen d'obtenir des informations clés. Ce gros mensonge, Langley le réitérera à de multiples reprises. Mais la Commission Feinstein conclura au contraire que « l'usage des techniques d'interrogatoires renforcées a été inefficace pour obtenir des renseignements ou gagner la coopération des détenus ». De même qu'elle établira officiellement que « la justification par la CIA de ses techniques d'interrogatoires renforcées a reposé sur des affirmations inexactes quant à leur efficacité ».

On s'est sali les mains pour rien, autrement dit, et « le programme de détention et d'interrogatoire de la CIA a nui à l'image des Etats-Unis dans le monde entier ». Même si aucune poursuite pénale pour tortures ne fut entreprise, c'était honnête de le dire*.

* Après la guerre d'indépendance, la France n'a intenté aucune action judiciaire contre ses ressortissants coupables d'actes de barbarie en vertu d'un texte d'amnistie, de même que l'Algérie n'en a entrepris aucune contre les militants du FLN responsables d'atrocités. Israël, comme on l'a vu, protège juridiquement ses services et même si l'usage de la torture est parfois reconnu en public par

D'autres facteurs ont contribué à donner une vision négative des Etats-Unis. Pour ne citer qu'elle, l'obsession de façonner le Moyen-Orient (*shaping the Middle-East*), qui allait conduire George W. Bush et son équipe de néoconservateurs à se trouver un prétexte pour intervenir en Irak dans le but avoué d'y imposer la démocratie.

La démocratie s'impose-t-elle par la puissance des armes ? C'était toute la question, mais les néoconservateurs et le président lui-même, tout à leur enthousiasme guerrier, avaient négligé de se la poser.

---

d'anciens responsables du Mossad ou du Shin Beth, c'est sans conséquence pour eux. Dans un cadre différent, l'Afrique du Sud a opté pour une autre solution : une commission d'enquête Vérité et Réconciliation, devant laquelle les membres des services et de la police du régime de l'apartheid témoignèrent de leurs exactions de façon complète et officielle moyennant une amnistie générale.

29

Bagdad Café

Le 5 février 2003, le chef du Département d'Etat américain, Colin Powell, prononce un discours devant l'Assemblée générale de l'ONU. Exhibant des photos aériennes de « laboratoires mobiles », le premier Noir à avoir été nommé ministre des Affaires étrangères des Etats-Unis fait état de quatre sources qui prouveraient que l'Irak du dictateur baasiste Saddam Hussein détient des armes biologiques de destruction massive.

Une information que ce général vétéran du Viêtnam croit exacte, mais qui tient du bricolage. Le BND allemand possède certes une source baptisée « Curveball ». Mais ce transfuge irakien, Rafid al-Djanabi, peu fiable selon les Allemands eux-mêmes, n'a jamais été interrogé directement par la CIA. Trois des quatre « sources » citées par Powell fournissent tout au plus quelques détails sur la trajectoire personnelle de Djanabi, assortis d'allégations sur du matériel supposé équiper les fameux « laboratoires mobiles ».

La dernière des sources est encore moins crédible que les trois autres : soumis au programme de torture de la CIA, Iban al-Chaq al-Libi a avoué tout ce qu'on voulait avant de revenir sur ses « révélations ». Ce qui n'empêchera pas George Tenet d'affirmer avec aplomb à la commission sur le renseignement du Sénat : « L'Irak a fourni à Al-Qaida toutes sortes de facilités : entraînement au combat, à la confection de bombes, à l'utilisation d'armes chimiques, biologiques, radiologiques et nucléaires. » Propos doublement fallacieux, puisque Langley n'a ni établi une connexion concrète entre Ben Laden et Saddam Hussein ni prouvé l'existence des armes de destruction massive.

Le tableau est tout aussi faussé pour ce qui concerne le programme nucléaire irakien, justement. L'accusation se fonde sur

« des tubes d'aluminium hautement spécifiques ». Et Powell d'assurer : « La plupart des experts américains pensent qu'ils sont censés servir de rotors à des centrifugeuses utilisées pour enrichir l'uranium. » Une fois l'Irak envahi, on découvrira qu'ils étaient destinés à renforcer les tubes de canons d'artillerie classique.

Une source unique qui s'autorecoupe, des affirmations bâties sur du sable : un apprenti espion en cours de formation à Langley dirait qu'en matière de renseignements, tout cela n'est pas très sérieux. Mais les hautes sphères de l'administration Bush s'y accrochent, tout à leur grandiose projet de « reformatage » du Moyen-Orient. Et pas seulement elles...

« *Yellow cake* » *à Niamey*

Comme toujours, les « cousins » anglais sont venus à la rescousse. Travailliste « nouvelle vague », le Premier ministre Tony Blair colle aussi étroitement que possible à l'administration républicaine de George W. Pas moyen de glisser la moindre feuille de papier à cigarettes : la politique du « lien particulier » (*Special Relationship*) entre Londres et Washington le veut, paraît-il, ainsi.

Dans ce contexte, le MI 6 de Richard Dearlove s'emploie à recueillir tout renseignement allant dans le sens de la possession d'armes de destruction massives par la dictature de Saddam Hussein.

Une attitude parfaitement légitime si le service secret instruisait autant « à décharge » qu'à « charge ». Le problème, c'est que Downing Street ne veut que des informations susceptibles de convenir à la Maison Blanche. Sachant par le Foreign Office que Condoleezza Rice et le Conseil national de sécurité ont cessé de s'intéresser à Ben Laden et à Al-Qaida depuis le printemps 2002 pour se focaliser sur le « changement de régime » à opérer à Bagdad, Blair et ses conseillers exigent qu'on taille des croupières à Saddam et à lui seul.

Conformément à la tradition britannique séculaire qui veut que les services secrets s'appuient sur des éléments objectifs, il est probable que Dearlove, dont le quart de siècle de carrière au sein du MI 6 atteste du professionnalisme, a mis en garde Downing Street sur le manque de preuves formelles. Pas assez toutefois pour résister à la terrible pression des blairistes, aussi belliqueux que les néoconservateurs américains. Or, si l'administration Bush fait n'importe quoi en matière de renseignements, le gouvernement Blair ne vaut pas mieux.

Prenez cette histoire abracadabrantesque, nouveau cas d'école pour apprentis agents secrets. Munis de tampons volés à l'ambassade du Niger à Rome au moment des fêtes de fin d'année 2001, des escrocs au renseignement – cela existe plus souvent qu'on le croit – fabriquent des documents bidons d'où il résulte que l'Irak aurait acheté au Niger 500 tonnes de *yellow cake*, un composé de couleur jaune à 75 % d'uranium. Ces escrocs sont nigériens. Ils parviennent à convaincre Rocco Martino, un ancien du SISMI italien bien connu des services secrets européens, mais passé au privé comme free-lance rémunéré par les uns et les autres, de les proposer à la vente.

Dupe ou pas de ses associés, Martino se rapproche du poste DGSE de Bruxelles comme du BND et du MI 6. Les Français, qui contrôlent une bonne part de la production en uranium du Niger et gardent un œil vigilant sur le reste, n'y croient pas. Les Allemands non plus. Mais poussé par Downing Street, le MI 6, lui, accepte de prendre en compte ces éléments frelatés.

Pire, il les repasse aux « cousins » américains de Langley. Lesquels, tout frétillants, demandent à « la Piscine » de procéder à une vérification. L'ancien chef de poste DGSE à Johannesburg et à Yaoundé, Jean-Yves Laurent, monte donc une mission d'experts sur place au Niger. Sa conclusion est nette : *yellow cake* zéro, même en Namibie où la CIA a demandé d'étendre des recherches. Là-dessus, le séisme du 11 Septembre vient détourner l'attention des Américains.

L'affaire semble close. Mais en 2002, l'idée d'envahir l'Irak contamine les hautes sphères de l'administration républicaine. Et si on ressortait des tiroirs cette vieille affaire nigérienne ? Spécialiste de l'Afrique, mais aussi de l'Irak où il fut le dernier Américain présent avant l'opération « Tempête du désert », un diplomate de carrière, l'ambassadeur Joseph Wilson, est missionné au Niger pour faire la part des choses.

Un choix en principe heureux : ancien du Conseil national de sécurité sous l'administration précédente et ex-ambassadeur au Gabon, Wilson parle le français, condition *sine qua non* pour enquêter dans un pays d'Afrique francophone comme le Niger. Polyglotte, sa femme, Valerie Plame, manie également la langue de Molière. Fille d'officier de l'US Air Force et elle-même officier de la CIA depuis ses vingt ans (Valerie est née en août 1963), cette jeune femme blonde, mère de jumeaux, se trouve être une experte en énergie et en contre-prolifération nucléaire.

Réfléchie, discrète, douée de sens critique, capable d'opérer « sous couverture profonde » (*non-official cover*, une classification top secret interne à l'Agence), Plame apparaît comme l'anti-Bikowsky. Elle a travaillé pour la station d'Athènes puis celle de Bruxelles avant d'être embauchée comme consultante « énergie » dans une firme privée. En 1997, un an avant son mariage avec Wilson, on l'a affectée à Langley.

Comme c'était prévisible, Joseph Wilson aboutit au même résultat que la DGSE : impossible que quiconque ait pu faire sortir clandestinement 500 tonnes de *yellow cake* du pays. La piste de Niamey était bel et bien une fausse piste.

Quand Wilson remet son rapport en mars 2002, la fièvre saddamophobe gagne à Washington. La CIA revient alors vers la DGSE pour lui demander une nouvelle vérification sur le terrain (sous-entendu : soyez aussi sympas que les Anglais qui nous donnent raison dans cette affaire). En avril, Jean-Claude Cousseran, le patron de « la Piscine », un diplomate bon connaisseur du Moyen-Orient, charge de cette mission Alain Chouet, créateur en 2000 du Service de renseignements de sécurité (SRS), un département de la DGSE voué à la lutte contre la grande criminalité internationale, au contre-espionnage, au contre-terrorisme, au renseignement industriel et à la contre-prolifération. Mais les cinq membres de l'équipe dépêchée sur place par Chouet, des spécialistes de l'Afrique et/ou du nucléaire, reviennent bredouilles, puisqu'il n'y a justement rien à trouver !

« Mais si, mais si, regardez », protestent les Américains, qui exhibent les faux documents présentés fin 2001 par Martino et passés dans l'intervalle de Vauxhall Cross à Langley, où on les tient visiblement pour parole d'Evangile. Et pour cause, Tenet lui-même s'est fendu de cette formule immortelle : « Si c'est possible, c'est probable ! »

Et allez donc ! Avec ça, on peut noyer n'importe quel chien accusé à tout hasard de la rage. Or Saddam Hussein n'est pas un chien, mais un dictateur sanglant dont Washington veut la peau. Alors oui, il a sûrement récupéré du *yellow cake* au Niger, et la meilleure preuve, c'est qu'on n'en trouve aucune trace !

Passons. Le 20 janvier 2003, lors du traditionnel discours sur l'état de l'Union, George W. Bush déclare sans sourciller : « Le gouvernement britannique a appris que Saddam Hussein a récemment cherché à acquérir des quantités significatives en Afrique. »

Ainsi compromis par le président américain, le MI 6 ne sort pas grandi de cette affaire. Et s'il n'y avait que ça !

« Dossier truqué » à Londres

Les Britanniques appelleront ce scandale de renseignements le *Dodgy Dossier*, le « dossier truqué ». Un cas d'école en matière d'auto-intoxication, un autre. Le 3 février 2003, deux jours avant le discours de Colin Powell à l'ONU, Alastair Campbell, le *spin doctor* (conseiller en communication) de Tony Blair, remet à des journalistes un dossier confidentiel prouvant paraît-il l'existence des fameuses armes de destruction massive en Irak. Ces documents sont présentés comme « provenant de diverses sources, dont du matériau issu du renseignement ».

En fait, le dossier se compose essentiellement du copié-collé de *Iraq's Security and Intelligence Network : A Guide and Analysis* (« Le réseau de sécurité et de renseignement de l'Irak : guide et analyse »), le travail universitaire rendu public en septembre 2002 par un étudiant, Ibrahim al-Marachi. Tout en a été dupliqué, même les erreurs typographiques. Mais pour donner plus de poids à cette argumentation, on a pris soin de muscler quelques formules. Et c'est ce bricolage informationnel, indigne d'un service de renseignements comme le vénérable MI 6, que l'on va bientôt fournir à l'opinion publique anglaise pour justifier l'entrée en guerre de la Grande-Bretagne aux côtés des Etats-Unis. Il suffira, croient les stratèges en chambre de Downing Street, de l'assortir de contre-vérités chocs sur l'armée irakienne « capable de déployer des armes biologiques en quarante-cinq minutes » pour emporter l'adhésion.

A décourager les espions consciencieux de faire leur vrai travail. De son côté, le président français Jacques Chirac, peu enclin à faire confiance aux services secrets, incompétents à ses yeux comme il l'a déclaré un jour à Jean-François Dehecq, le patron du laboratoire pharmaceutique Sanofi, avait décidé d'avance que non, il ne suivrait pas les Etats-Unis dans cette aventure.

Aucune pression n'a donc été exercée sur la DGSE pour qu'elle entonne à son tour le refrain des armes de destruction massive. Impossible de dire quelle aurait été son attitude si au contraire, le pouvoir politique l'avait sollicitée dans ce sens, comme il l'a fait aux Etats-Unis ou en Angleterre. Au moins a-t-elle conservé une crédibilité qui, en l'occurrence, fait défaut au MI 6.

Celui-ci en effet va payer très cher l'affaire du *yellow cake*, et surtout celle du *Dodgy Dossier*. Dès qu'il s'avérera – nous le verrons plus bas – que les armes de destruction massive n'ont jamais existé que dans les fantasmes de la Maison Blanche dupliqués à Downing Street, la presse se fera un plaisir de dévoiler la supercherie.

Le 3 février 2004, deux ans jour pour jour après la diffusion du dossier bidon, le gouvernement britannique annonce la création d'un comité de cinq membres, parlementaires et hauts fonctionnaires possédant une expérience personnelle du monde militaire et de celui du renseignement. Robin Butler, lord Brokwell, préside cette Review of Intelligence on Weapons of Mass Destruction. Ses conclusions sont rendues le 14 juillet.

Les renseignements fournis par un service secret étranger (la CIA, mais elle n'est pas nommée) concernant la production d'armes chimiques et biologiques en Irak souffraient de graves défauts. Mais, croit savoir la commission dont l'indulgence puise sans doute sa source dans la raison d'Etat, il existait suffisamment d'éléments de renseignements pour affirmer « avec un certain bien-fondé » que Saddam Hussein cherchait à acheter de l'uranium au Niger et en République du Congo – le fameux serpent de mer du *yellow cake*. C'était paraît-il crédible parce que l'uranium constitue les trois quarts des exportations du Niger.

On a vu plus haut les réalités du terrain nigérien, mais n'insistons pas. Pour ce fiasco du renseignement – s'agissant de l'Angleterre, on évitera bien sûr toute comparaison avec Waterloo –, la Butler Review estime qu'il n'y a personne en particulier à blâmer. Elle blanchit même nommément John McLeod Scarlett, chef à l'époque du Joint Intelligence Committee mis en cause par certains journaux anglais comme ayant pris connaissance du *Dodgy Dossier* lors d'un entretien à Downing Street, dossier qu'il aurait ensuite avalisé.

L'affaire, concluent lord Brokwell et les quatre autres membres de la commission, ne disqualifie pas cet ancien d'Oxford, excellent francophone et russophone, pour prendre la tête du MI 6. Un poste qu'il occupera effectivement à partir de mai 2004, presque trente ans jour pour jour après sa première nomination comme officier du service à Moscou.

Clos, l'encombrant *Dodgy Dossier* ? Pas tant que cela. Pour les spécialistes du nucléaire, certaines de ses assertions ne tiennent pas debout. La presse le relève : « Quand vous appelez le *butler* [le majordome], vous obtenez ce que vous avez ordonné », plaisante non sans cruauté le *Western Mail*. L'opinion publique suit d'autant moins qu'elle est émue par le suicide d'un expert en armement, Richard Kelly, harcelé pour avoir révélé à la presse des éléments contredisant la version officielle.

L'atmosphère à la John Le Carré qui s'empare du pays nuit au premier chef aux services secrets, suspects d'avoir menti délibérément pour satisfaire un gouvernement incapable de prendre ses distances avec les Etats-Unis et qui vient de plonger l'Angleterre dans une aventure militaire absurde. Or, ligotés, ces services ne peuvent pas défendre leur point de vue. Autant dire que si des armes de destruction massives existaient bien dans l'affaire irakienne, il s'agissait d'armes de destruction massive… de la crédibilité du MI 6, maniées contre lui par son propre gouvernement !

Reconverti dans l'enseignement au Pembroke College de Cambridge après son départ de Vauxhall Cross, Richard Dearlove menacera à plusieurs reprises, en termes à peine voilés par une politesse toute britannique, de révéler la vérité.

Une vérité qui pourrait être toute simple : on a tordu le bras au MI 6 et celui-ci n'a pas osé se cabrer, d'où sérieuse crise de conscience ultérieure en son sein. Mais cette montagne-là n'a accouché pour l'instant que d'une souris : parlez plus fort, sir Richard, on ne demande qu'à vous écouter. D'autant qu'aux Etats-Unis déjà, certaines langues ont commencé à se délier…

George W. s'en va-t'en guerre

Le 7 octobre 2002 à Cincinnati, George Bush devait prononcer un discours pour désigner Saddam Hussein comme le prochain adversaire des Etats-Unis. Le dictateur serait accusé d'avoir tenté d'acquérir du *yellow cake* en Afrique – toujours la même obsession. Or, le rapport de synthèse top secret produit quelques jours auparavant par l'ensemble des services de renseignements américains se contentait d'assurer « avec une certitude modérée » que « l'Irak ne possédait pas l'arme nucléaire et ne disposait pas des matériaux suffisants à sa production », mais qu'il serait « sûrement en mesure de produire cette arme d'ici 2007 ou 2008 ».

Prenant son courage à deux mains, Tenet a demandé le retrait de la phrase concernant les achats supposés de *yellow cake* en Afrique. Il connaît en effet le résultat négatif de la mission Wilson au Niger, confortée par les deux enquêtes successives de la DGSE. Bush s'est donc abstenu de mentionner publiquement la piste nigérienne, admettant qu'en matière de nucléaire irakien, on n'avait aucune certitude. Mais pour ajouter aussitôt : « Face à un danger dont l'imminence ne fait aucun doute, nous ne pouvons attendre de détenir la preuve ultime – le *smoking gun* –, car elle pourrait bien prendre la forme d'un champignon atomique. »

Rien de mieux pour commencer à travailler au corps l'opinion publique américaine, comme le compère Tony Blair le fera de son côté pour l'opinion britannique. S'il y a risque d'attaque nucléaire irakienne, il est sûr qu'il vaut mieux prendre les devants pour éviter un drame pire que le 11 Septembre !

En fait, l'expédition d'Irak est déjà programmée. Elle sera courte, efficace, menée dans une remarquable économie de moyens. Des débats sur la révolution dans les affaires militaires, Donald Rumsfeld, très en pointe, a en effet retenu ce qui l'arrange : avec des moyens aériens pour matraquer la Garde républicaine, troupe d'élite du régime, des missiles de croisière pour détruire les infrastructures, des bombes à gros coefficient de pénétration pour défoncer les abris souterrains et quelques solides gaillards des forces spéciales, on abattra le régime.

Comme les reporters seront contraints de « s'embarquer » avec les unités d'infanterie et de blindés en route pour Bagdad, la presse n'embêtera plus les militaires comme elle l'a fait au Viêtnam. On ne lui fera voir que des images conçues spécialement à son intention : par exemple celles de GI's en train d'abattre une statue du dictateur devant une maigre foule de locaux que quelques plans resserrés auront tôt fait de transformer en masse compacte. Mais cette supercherie, pâle citation des Hongrois jetant Staline en bas de son piédestal en 1956 ou des Russes mettant Félix Dzerjinsky au sol en 1991, sera découverte, ce qui produira l'effet inverse partout ailleurs qu'aux Etats-Unis où la ferveur patriotique prévaut.

La guerre éclate le 19 mars. Abattre un régime dont une grosse part des forces armées a été détruite pendant la guerre du Golfe et dont, par-dessus le marché, l'aviation s'est réfugiée en Iran n'est guère difficile pour la puissante Amérique. Mais les ennuis commencent dès le lendemain, à l'heure de faire fonctionner un pays occupé aux infrastructures en ruines.

Rien n'a été prévu en effet, ou presque. Général à la retraite passé au privé, Jay Garner a dirigé après la guerre du Golfe l'opération « Provide Comfort », qui avait permis de secourir d'urgence des milliers de Kurdes dans le Nord irakien. Un exemple de réussite humanitaire resté dans toutes les mémoires. Il lui a valu d'être nommé dès janvier 2003 directeur de la planification de l'après-guerre en Irak en prévision de l'effondrement du régime. Le problème, c'est qu'on ne lui donnera jamais les moyens de reconstruire le pays et que le désarroi des populations va fournir des troupes à l'insurrection antiaméricaine.

Cette dernière est dirigée par d'anciens officiers de l'armée de Saddam Hussein. La guerre froide tempéra autrefois le zèle purificateur des Américains en Allemagne et en Europe de l'Est, ce qui les conduisit à blanchir beaucoup d'ex-nazis ou collaborateurs du IIIe Reich y compris dans les rangs de l'Organisation Gehlen, la matrice du BND. Mais puisque le « reformatage » du Moyen-Orient est à l'ordre du jour, foin de telles compromissions ! On va licencier l'armée et « débaassiser » en grand.

Insistant sur le fait qu'au pays de Saddam, les services secrets, milices et autres polices – Renseignements généraux, Renseignements militaires, Sécurité de l'Etat et Fedayin Saddam dirigés par le fils préféré du dictateur, Oudaï – tenaient le pays avec l'armée, le prince Bandar Ben Sultan, toujours ambassadeur d'Arabie saoudite à Washington et toujours ami personnel de George Bush père, a conseillé les Américains : « Le renseignement a toujours été le service le plus efficace en Irak. Supprimez les échelons supérieurs et conservez les seconds couteaux. Ce sont eux qui trouveront les méchants parce que, méchants eux-mêmes, ils sauront où les trouver. »

De même pour l'armée, qu'il fallait arroser financièrement. Mais Bandar n'a pas été écouté. Quand on « reformate » le Moyen-Orient, on ne compose pas avec les anciens suppôts de Saddam. Résultat : comme l'a pronostiqué en vain le prince, les militaires irakiens et leur savoir-faire-la-guerre sont entrés en dissidence contre l'armée américaine, les attentats se multiplient, les pertes augmentent, les GI's, nerveux, alignent les bavures contre une population civile dont ils ne comprennent ni la langue ni les protestations véhémentes.

Le fossé se creuse entre une partie de la population et ses libérateurs supposés. Et comme, même en Irak, la nature a horreur du vide, les saddammiens tiennent les quartiers. C'est l'un d'entre eux, Samir Abd Muhammed al-Khlifawi, alias « Hadj Bakr », ancien colonel de l'armée de l'Air au chômage qui, réfugié en Syrie fin 2012, va y bâtir le schéma d'organisation de l'Etat islamique en Irak et au Levant, Ad-Dawla al-islâmiyya fi al-'Iraq wa ach-Châm, aujourd'hui connu sous son acronyme arabe de Daech.

Né fin 2006 par scission de la branche irakienne d'Al-Qaida dirigée par le Jordanien Abou Moussa al-Zarkawi, le groupe djihadiste qui formera Daech s'est d'abord essayé cinq ans à une guérilla antiaméricaine assez peu efficace. Puis, après le retrait ordonné en 2011 par le président Obama, il a cherché à s'organiser. C'est là que Hadj Bakr, fort peu religieux lui-même, est apparu avec son projet d'un totalitarisme nouveau capable d'encadrer les populations qui a séduit le chef de groupe, son compatriote Abou Bakr al-Bagdadi.

Dès lors, les deux hommes ont fait alliance, appliquant point par point le plan de l'ancien officier baasiste écarté comme tant d'autres par les Américains aux premiers temps de l'occupation de l'Irak. Hadj Bakr sera ensuite assassiné en janvier 2014 par des miliciens syriens opposés au mouvement. Des hommes qui faisaient front commun contre l'Etat islamique et n'ont même pas su qu'ils venaient d'en abattre le cerveau. Mais Abou Bakr al-Bagdadi continuera à appliquer ce schéma organisationnel efficace jusqu'à autoproclamer un califat en Irak et en Syrie le 29 juin*. On connaît la suite…

Une conséquence de plus du projet de « reformatage » du Proche et du Moyen-Orient, cette construction intellectuelle qui a réussi au-delà de toutes les espérances, détruisant les structures irakiennes existantes à la manière d'un bulldozer sans rien mettre d'autre à la place pendant des années. Un vide dont Daech a profité.

Il est vrai que, comme le remarquait Clausewitz, dès le premier coup de feu d'une guerre, rien ne se passe comme prévu. Ainsi de la « guerre globale contre la terreur » lancée par le président Bush, de la guerre contre Kadhafi de Nicolas Sarkozy et David Cameron, de la « guerre contre le terrorisme » chère au président Hollande, mais aussi, on le verra plus loin, de la « guerre des drones » menée, mais non déclarée, par le président Obama.

Pour en revenir à l'affaire irakienne, voilà ce qui arrive quand on décide d'abord en chambre close que des preuves ne peuvent pas ne pas exister avant de demander ensuite aux services secrets de les établir…

Trouvez les armes de destruction massive !

Pour justifier l'entrée des Etats-Unis dans la lice irakienne de 2003, Bush, Rumsfeld et Dick Cheney n'avaient, on le sait, que ce mot à la bouche : les armes de destruction massive.

Dans la perspective de l'après-11 Septembre et sachant que les Américains, traumatisés, confondaient pour une bonne part Saddam avec Ben Laden, jouer sur leurs craintes d'une nouvelle attaque, nucléaire peut-être, était facile. De la part de l'équipe dirigeante, cette manipulation ne relevait cependant pas du pur cynisme. Dans une certaine mesure, mais dans une certaine mesure seulement, Bush et les siens y croyaient eux-mêmes, phénomène déjà observé sous d'autres cieux d'auto-intoxication

---

* Christophe Reuter, « Hadj Bakr, le cerveau de la terreur », enquête du *Spiegel* publiée en français par *Le Monde* des 26 et 27 avril 2015.

par idéologie. Et l'idéologie, Dieu sait que les néoconservateurs en débordaient.

George Tenet aurait pu s'opposer à ces conclusions simplistes, puisque les éléments probants manquaient à l'appel. Mais une fois encore, il s'en est abstenu. Sans doute s'est-il dit qu'il y avait doute et que dans le doute, mieux valait sauvegarder l'image de la CIA, et la sienne propre, à la Maison Blanche.

C'est une chose de mettre en avant le candidat de Langley, Ahmed Chalabi, leader du Conseil national irakien composé d'exilés coupés du pays depuis des années et qui doivent tout aux Etats-Unis. C'en est une autre de dénicher ces fameuses armes de destruction massive. Cette mission échoit au général de brigade James Marks, dit « Spider », et de son adjoint, le colonel Steve Rotkoff, un vétéran du renseignement militaire.

Commandée par le colonel Richard McGee, la XTF, une brigade d'artillerie spécialisée, est chargée de l'opération sur le terrain. La bagatelle de 946 sites ont été répertoriés. Quatre équipes accompagneront les unités de combat de l'US Army ou du corps des marines, tandis que deux équipes d'exploitations mobiles de douze à vingt-cinq spécialistes vont être chargées d'explorer un à un tous les sites.

Dénicher une aiguille dans une botte de foin serait sans doute plus facile. Ce travail de fourmi à effectifs réduits ne donne rien. Le 28 avril, la Defense Intelligence Agency prend donc le relais de la brigade XTF. Ainsi naît l'Iraq Survey Group, 1 400 militaires sous le commandement du général de division Keith Dalton, chef du département renseignement humain (par opposition à renseignement technique) de la DIA. Mais l'ISG lui aussi fait chou blanc.

Le jeudi 5 juin, à J + 68, on n'a toujours rien trouvé. L'affaire tourne à la farce. En désespoir de cause, George Tenet sollicite David Kay, un expert mondialement connu dans le domaine des inspections nucléaires. Consultant pour la chaîne de télévision CBS News, ce Texan de soixante-trois ans a dirigé avant et après la guerre du Golfe la mise à jour du programme nucléaire irakien. A l'époque, c'est vrai, Saddam Hussein avait devant lui entre six et dix-huit mois pour fabriquer une bombe atomique, d'où un sacré frisson rétrospectif. Mais justement, l'infrastructure nucléaire irakienne – 5 000 personnes travaillant sous le nom de code PC3 – a alors été démantelée de A jusqu'à Z.

Kay et son équipe avaient aussi découvert des centaines de litres de VX, un gaz innervant mortel, d'anthrax et de toxines du botulisme. Là encore, on avait tout détruit. Reste à déterminer si depuis, les Irakiens sont parvenus à reconstruire quelque chose ou non.

Kay est venu à Langley s'occuper d'un autre programme atomique beaucoup plus inquiétant, celui de la Corée du Nord. Pour l'Irak, il est très sceptique : accompagnant pour NBC News une équipe chargée de contrôler un site répertorié comme dépôt de produits chimiques, celle-ci n'a découvert qu'un élevage industriel de poulets !

« Pourquoi ne trouve-t-on rien ? » l'interroge Tenet (sous entendu : il faut à tout prix trouver quelque chose, faute de quoi on aurait l'air de parfaits idiots). « Ces types ne sont ni organisés, ni équipés, ni dirigés pour ça, réplique le Texan. Il faut un groupe qui ne se consacre qu'aux armements nucléaires et soit compétent pour le faire. La liste des 946 sites, c'est du grand à-peu-près : j'en ai visité certains autrefois, et il n'y avait rien. On ne trouve pas des armes de destruction massive avec une liste. Il faut gérer ça comme une opération de renseignement, chercher non pas les lieux, mais les scientifiques irakiens capables d'œuvrer dans ce domaine précis. » Et de citer des noms qu'il connaît de tête.

Le lendemain, Kay reçoit un appel téléphonique de Stu Cohen, un ancien analyste de la CIA qui occupe des responsabilités au Conseil national du renseignement. « La Maison Blanche a décidé de confier à Tenet la recherche des armes de destruction massive. Il a accepté et demande si vous seriez d'accord pour vous en occuper. — Oui, si toutes les conditions dont j'ai parlé avec lui sont satisfaites », rétorque le Texan.

Le 10 juin, il devient officiellement un agent de la CIA. Pour découvrir que celle-ci n'a rien de sérieux en magasin, sinon des spéculations sur les tubes en aluminium, d'hypothétiques recherches au Niger et au Congo et les déclarations de « Curveball » aux Allemands du BND, auxquelles ceux-ci, beaucoup plus professionnels en l'occurrence que leurs homologues de Langley, sont les premiers à apporter de gros bémols.

En contact régulier avec Tenet par courriels ou vidéoconférences, Kay ne tarde pas à établir qu'en matière d'armes chimiques et biologiques, les saddammiens avaient accumulé suffisamment de savoir-faire et de moyens pour en produire le cas échéant, à condition de disposer du temps de déploiement nécessaire : en 1988, ils avaient d'ailleurs gazé plusieurs milliers de Kurdes, soulevant l'indignation des Occidentaux. Pour autant, ils ne possédaient aucun stock, ce qui rendait vaines les tentatives pour en découvrir, même en passant le pays au peigne fin.

« Ne le dites à personne », lui demande John McLaughlin, l'adjoint de Tenet, inquiet sans doute qu'une telle révélation mécontente la Maison Blanche.

Le lendemain même, selon le témoignage de Kay, Donald Rumsfeld lui téléphone pour lui demander s'il est au courant d'un intercept particulièrement spectaculaire.

En fait, il s'agit d'une information sans valeur. Ce qu'elle prouve parmi tant d'autres bricolages du même ordre, c'est que l'équipe Bush, obsédée par la traque aux armes de destruction massive, seul moyen de convaincre le peuple américain et l'opinion internationale qu'elle a eu raison d'envahir l'Irak, se met à jouer les agents secrets privés. Un secrétaire d'Etat à la Défense confondant sa tâche avec celle d'un analyste du renseignement, alors qu'à la NSA ou à la DIA, il commande à une armée de spécialistes : du jamais vu ! Et Rumsfeld n'est pas le seul, tous les membres de son cabinet l'imitent.

On nage en plein système D, cette particularité française que les Américains méprisent tant d'ordinaire et que, en bonne logique yankee, ils devraient mépriser plus encore, puisque le *french bashing* bat son plein depuis que le président Chirac a refusé de s'associer à cette promenade militaire en train de virer au désastre politique.

Pour payer des informateurs, Kay dispose d'un trésor de guerre de 10 millions de dollars octroyé par la CIA. Mais si son équipe, furieuse, découvre comment les Moukhabarat de Saddam Hussein ont espionné les programmes d'inspection antinucléaires de l'ONU en Irak, toujours pas d'armes de destruction massives en vue. D'autant que l'affaire des tuyaux en aluminium se dégonfle : un simple tripatouillage d'un ami du fils de Saddam, Qoussaï.

Toujours rien en décembre 2003, quand Kay regagne les Etats-Unis. La Maison Blanche a perdu confiance dans la capacité de la CIA à trouver des armes de destruction massive si salvatrices pour l'administration Bush… à condition qu'elles existent. Désemparée, elle confie l'entièreté de cette mission capitale à l'armée et à l'Iraq Survey Group. Lesquels ne trouveront rien, puisqu'il n'y a rien à trouver.

Les détectives amateurs de Donald Rumsfeld non plus. D'où l'affolement dont l'administration Bush fait preuve, quitte à commettre l'irréparable contre la CIA…

Le « Plamegate »

Le 12 juin 2003, Walter Pincus, du *Washington Post*, publie un article précisant qu'un « ambassadeur américain à la retraite » a été envoyé en Afrique en 2002 pour savoir si Saddam Hussein s'était réellement employé à acheter du *yellow cake* au Niger.

Il s'agit bien entendu de Joseph Wilson, dont le nom n'est toutefois pas cité. Mais le 6 juillet, c'est l'intéressé lui-même qui sort de l'ombre dans la page « Opinions » du *New York Times*. Et de confier ses « gros doutes » sur un marché irako-nigérien sur l'uranium à 75 %. « Plus de 200 soldats américains ont déjà perdu la vie en Irak, conclut-il. Nous avons le devoir de nous assurer que leur sacrifice a été consenti pour de bonnes raisons. »

Panique à la Maison Blanche et dans l'administration, où l'on se demande comment discréditer cet empêcheur de « reformater » le Moyen-Orient en rond. Comment ? Un fonctionnaire du Département d'Etat, Richard Armitage, et (peut-être, car cela n'a pas été établi de manière formelle) Lewis « Scooter » Libby, le propre directeur de cabinet du vice-président Cheney, trouvent la solution. Le nom de Valerie Plame Wilson est en effet « balancé » à un journaliste ultraconservateur du *Washington Post*, Robert Novak.

Le 14, Novak publie cette révélation qui va bouleverser la vie de l'officier de la CIA. Son nom livré en pâture, abandonnée par l'Agence dont elle finira par démissionner en décembre 2005, interdite de séjour à Langley, cette jeune femme éprouve le même sentiment de trahison que les nageurs de combat de la DGSE en 1985 quand leurs identités ont été fournies à la police néo-zélandaise après l'affaire Greenpeace parce que, paraît-il, tout était bon pour « protéger le président Mitterrand » des conséquences d'un sabotage ordonné par son ministre de la Défense, Charles Hernu, et dont le budget avait été approuvé par son cabinet.

Que ce soit en France, aux Etats-Unis ou ailleurs, le mépris des maîtres du pouvoir envers ceux qui acceptent de servir leur pays dans l'ombre a quelque chose de stupéfiant parfois. Après cela, allez prendre des risques pour des gens prêts à vous lâcher en rase campagne dès lors qu'il s'agit d'arranger leurs petites affaires !

« J'étais dévastée, confiera plus tard Valerie Plame Wilson à Jean-Marc Gonin, du *Figaro Magazine*. Quand vous faites ce métier, vous courez toujours le risque d'être démasquée par une puissance étrangère. Mais là, c'était par mon propre gouvernement. » Et que pensent donc les voisins et les parents d'élèves en apprenant brutalement que « la maman de Trevor et Samantha » était un agent secret !

Balancer de l'intérieur, comme on vient de le faire, un officier de renseignements NOC (*non official cover*), aux Etats-Unis, c'est très grave. Philip Agee en sait quelque chose. Cet ancien officier de l'Agence en poste à Quito, en Equateur, puis à Montevideo, en Uruguay, est entré en guerre ouverte contre la Centrale. Auteur en 1975 d'un *Journal de la CIA*, puis coauteur d'un autre sur le travail de l'Agence en Europe occidentale trois ans plus tard, Agee s'est employé à rendre publics par listes entières les noms de ses anciens homologues.

Lui qui croyait faire œuvre de paix s'est mis dans un très mauvais cas. En 1979, arguant de « graves préjudices » qu'il causerait à la sécurité nationale, le Département d'Etat le prive de son passeport. Il en obtient d'autres de la Grenade, alors alliée de Cuba, puis du Nicaragua, dont le gouvernement d'extrême gauche procastriste est dans les plus mauvais termes possibles avec Washington. Pour beaucoup, et pas seulement à Langley, Agee serait un renégat, un transfuge, et pourquoi pas un agent castriste.

Dans l'affaire Plame, c'est le contraire qui survient. Du fait qu'ils ont agi pour « protéger le président », celui, ou plus probablement ceux, qui viennent de divulguer le nom de la jeune femme à la presse ne sont d'abord pas inquiétés. Dans le même temps, Langley fait la chasse dans ses rangs aux agents qui, par écœurement ou d'autres raisons, risqueraient de révéler à la presse celui d'Alfreda Bikowsky. Avec succès, car pour l'instant, l'omerta est encore de rigueur sur les séances de *waterboarding* et autres « interrogatoires renforcés » de l'après-11 Septembre. Pour ceux qui ont agi dans le sens de la Maison Blanche, le parapluie reste toujours ouvert. Mais pour les autres, il se ferme d'un coup sec.

Concernant Plame, c'est d'abord le silence radio qui prévaut. Voilà cette gêneuse bâillonnée, croit-on en haut lieu. Un sort qui contraste fâcheusement avec celui de son double noir Bikowsky (elles ont moins de deux ans de différence d'âge) que son escalade hiérarchique dans les rangs de la CIA conduira à plusieurs reprises à la Maison Blanche sous Barack Obama.

Deux poids, deux mesures qui donnent à penser sur les dysfonctionnements des démocraties. Mais l'Etat de droit a tout de même des avantages pour ses citoyens victimes d'injustice. Au pays du Watergate surtout ! Si Valerie Plame se voit réduite au silence, son mari sait hausser le ton. Joseph Wilson se lance en effet dans une croisade pour la vérité qui mettra parfois leur couple au bord de la rupture tant elle exige d'efforts et de risques.

Feu sur le trouble-fête ! Les néoconservateurs se déchaînent en effet contre l'ancien ambassadeur. Les pressions se multiplient. Faute de clients, le cabinet de conseil qu'il a ouvert manque de faire faillite. Pour autant, cet homme de caractère tient bon. Encore que : « C'était si dur que nous avons même envisagé de nous installer en Nouvelle-Zélande », avouera tout de même Valerie Wilson Plame.

Une fois le scandale rendu ainsi public, Langley, contraint de réagir, demande pour la forme au Département de la Justice d'ouvrir une enquête : qui a livré à Novak le nom d'un officier NOC ? Les investigations sont confiées au FBI. Comme l'affaire touche à l'exécutif, la patate chaude atterrit au Special Councel, en charge des cas de cette espèce. Du témoignage de Lewis Libby, il apparaîtra en avril 2006 que le vice-président Cheney l'a informé que le président l'autorisait à livrer aux médias certaines informations secrètes contenues dans la National Intelligence Estimate (Estimation de renseignement nationale) d'octobre 2002 concernant les armes de destruction massives. Une indiscrétion calculée dont

« Scooter » Libby s'est acquitté auprès d'une journaliste, Judith Miller, laquelle a fait par la suite deux mois de prison pour avoir refusé de révéler à la justice le nom de sa source. Ce traitement de choc sera épargné à Robert Novak, lequel n'a pas exercé son métier de manière différente de sa consœur : révéler une information provenant d'une source « de l'intérieur » jugée crédible.

Le 13 juillet 2006, Joseph et Valerie Wilson portent plainte contre Karl Rove, le *spin doctor* de la Maison Blanche, contre Dick Cheney, Libby et, un peu plus tard, Richard Armitage, pour avoir révélé le nom d'un officier NOC et réduit sa vie privée à néant. Pendant ce temps, l'enquête du FBI diligentée pour le Special Councel progresse. En mars 2007, « Scooter » Libby et lui seul sera condamné pour obstruction à la bonne marche de la justice, faux témoignage et parjure. On ne lui reproche cependant pas d'avoir livré le nom de Valerie Plame, pas plus qu'on ne le reprochera à Armitage.

« Scooter » écope de 250 000 dollars d'amende, de trente mois de prison et de deux années de probation. Mais dès juillet, le président Bush, jugeant la sentence excessive, supprimera la peine de prison pour ce fidèle collaborateur de son ami Cheney.

Le couple Wilson, lui, va être débouté de toutes ses actions. Jusqu'à la décision de la Cour suprême qui, le 21 juin 2009, rejettera leur appel, mettant un terme à la procédure. Désagréable surprise pour eux : en l'occurrence, l'administration Obama a couvert l'administration Bush. Mais le mari et la femme sont déjà vengés par le succès de leurs livres respectifs sur l'affaire, *The Politics of Truth* et surtout *Fair Game*. Ce dernier, celui de Valerie, sera porté à l'écran en novembre 2010 par Doug Liman, avec Noami Watts dans le rôle de l'officier trahi.

C'est peu dire que le scandale aura éclaboussé la CIA et révélé sa vulnérabilité. Mécaniquement, sa rivale la NSA voit son prestige grandir dans les sphères dirigeantes de Washington. Avec les « Grandes Oreilles », pas de complications, pas de remous médiatiques. Pas d'affaires de tortures gênantes pour la Maison Blanche. De quoi conforter le président Obama dans son sentiment que l'avenir de l'espionnage américain réside dans le tout-technique et beaucoup moins dans l'HUMINT, source perpétuelle de tracas…

30

Le monde ne suffit pas

S'il est un pays où une affaire Plame ne risquerait pas de se produire, c'est bien la Russie. Là-bas, personne ne se hasarderait à livrer le nom d'un officier sous couverture profonde du SVR, et encore moins à se permettre d'attaquer en justice des proches de Vladimir Poutine.

KGB un jour, KGB toujours

Elu président de la République dès le premier tour des élections de mars 2000 avec 52 % des suffrages, cet ancien officier du KGB posté en Allemagne de l'Est, puis directeur en 1998 de son héritier, le FSB, et enfin Premier ministre va se forger une idéologie bien à lui à base de nostalgie de l'impérialisme communiste, de nationalisme russe, de panslavisme traditionnel et de respect de la religion orthodoxe qui cimente la société sans mettre en cause le pouvoir politique.

Dans cette conception spécifique, l'espionnage et le pillage des technologies occidentales, déjà familiers du temps de l'URSS, constituent des moyens tout à fait licites. Que dis-je, licites : une voie royale vers la reconstruction de la puissance russe.

Poutine ne pense pas seulement « économie », comme c'était le cas sous Eltsine entre 1991 et 1999, à l'heure de la grande flambée des oligarques. Sur le front intérieur, ses ambitions sont vastes. Un quadruple objectif : contraindre les nouveaux riches à lui manger dans la main ; régler le problème tchétchène, purement interne dans sa vision des choses ; mobiliser et encadrer les populations russes au nom de l'antiterrorisme ; enfin, gagner en efficacité dans le dépistage des espions étrangers.

Ce sera l'apanage du Service de renseignements fédéral de la fédération de Russie, le FSB, organisme multitâche épaulé par un appareil de justice largement à la botte et prêt à condamner qui lui sera désigné. Créé en avril 1995, fort de 200 000 fonctionnaires, cette police tentaculaire dans la tradition soviétique doit aussi lutter contre la grande criminalité, danger majeur.

A l'extérieur, il s'agit non seulement de développer l'espionnage industriel, mais aussi de retendre la toile du renseignement politique et militaire, dont les mailles paraissent trop lâches et les résultats trop incertains.

Dans le contexte de fin de la guerre froide des années Eltsine, les Russes ont mis la pédale douce à l'espionnage HUMINT en Occident par souci d'éviter les complications diplomatiques, se contentant pour l'essentiel de l'espionnage TECHINT confié à la FAPSI, l'agence fédérale d'intercepts.

Avec Poutine, ce temps-là est révolu : une Russie digne de ce nom n'autolimite pas ses services secrets pour plaire aux uns ou aux autres. Elle redouble au contraire d'activité et de pugnacité, deux missions qui incombent en bonne logique au SVR et au GRU.

Pour autant, des officiers du FSB, que dirige un vieux complice de Poutine, Nikolaï Patrouchev, seront également postés dans les ambassades russes à l'étranger pour des emplois dits de « contre-espionnage » qui incluent la surveillance policière de leurs collègues, toujours susceptibles de succomber aux charmes de l'Occident. A cet égard, l'affaire « Farewell » a en effet servi d'exemple. Dans une URSS finissante où plus rien ne fonctionnait, l'agent de la DST a pu opérer trop librement ; dans la Russie poutinienne, de telles négligences ne doivent en aucun cas se reproduire.

Le FSB reste par ailleurs compétent pour le renseignement et l'action dans les pays de l'ancien bloc de l'Est, le domaine du SVR s'étendant au reste du monde. Une répartition des responsabilités géographiques en rapport avec l'expérience personnelle de Poutine. Pendant ses années KGB à Dresde, le nouveau président a en effet manipulé des citoyens d'Allemagne de l'Est, mais, semble-t-il, jamais au-delà de la frontière avec la République fédérale. Sa formation d'officier de renseignement s'est donc inscrite dans le seul cadre de l'ex-Empire soviétique, sans expérience pratique du « travail » en pays occidental.

Feu sur la rébellion tchétchène

Les regards du nouveau président se tournent en premier lieu vers la République tchétchène, qui appartient officiellement à la Communauté des Etats indépendants, la CEI, créée par Eltsine pour limiter le processus d'explosion de l'ex-URSS. Dans ce petit pays de 16 000 kilomètres carrés et d'un peu plus de un million d'habitants très majoritairement musulmans, le courant indépendantiste est très fort. Ajoutez à cela le fait qu'un oléoduc à caractère stratégique traverse la Tchétchénie.

Or, en octobre 1991, le président tchétchène à peine élu, l'ancien général d'aviation soviétique Djokhar Doudaïev, proclame unilatéralement l'indépendance. S'ensuit une intervention militaire russe puis, entre 1994 et 1996, une répression extrêmement cruelle. Si l'armée ex-rouge et le prédécesseur du FSB, le FSK, s'y montrent d'une brutalité, voire d'une sauvagerie sans nom, ils font aussi preuve d'une rare maladresse technique qui rappelle les premiers temps de la guerre d'Afghanistan. Pas le FSB nouvellement né sur les ruines du FSK, ni la FAPSI ou le GRU.

Les services secrets russes s'inspirent en effet des opérations du Mossad. Par des assassinats ciblés, celui-ci est parvenu à éliminer plusieurs dirigeants palestiniens : près de Tunis, en avril 1988, Khalil al-Wazir alias Abou Djihad, membre fondateur du Fatah et adjoint de Yasser Arafat, abattu dans sa villa par un commando ; en Tunisie toujours, en 1991, Salah Khalaf, chef du renseignement de l'OLP ; ou encore à Paris, en juin 1992, Atef Bseiso, le responsable des services spéciaux chargé des liaisons avec la DGSE, la DST et la CIA, toutes trois très mécontentes de ce crime perpétré par des professionnels (même les douilles de balles ont été récupérées).

Surtout, le service secret israélien a commencé à élaborer une technique d'élimination à distance grâce à des complices remettant à des dirigeants palestiniens des téléphones piégés susceptibles d'exploser à côté de l'oreille dès réception d'un message sur une longueur d'ondes déterminée. Une méthode que les Russes améliorent le 21 avril 1996. Doudaïev vit à cette époque caché dans sa planque de la montagne. A peine son téléphone satellitaire est-il repéré par un avion russe d'interception électromagnétique, tandis qu'il s'entretient avec un opposant libéral russe, que deux chasseurs Sukhoï tirent sur lui des missiles qui le tuent.

Un mois plus tard, un cessez-le-feu est signé, mais les Tchétchènes continuent la lutte. Et malgré les rodomontades grossières de Poutine assurant qu'il va « buter les terroristes jusque dans les chiottes », la lutte clandestine faite d'attentats massifs, spectaculaires et meurtriers (dont quelques-uns sont peut-être le fruit de provocations du FSB), de représailles et d'opérations menées par les « organes » va s'éterniser sur une décennie.

Les indépendantistes tchétchènes, traqués, se tournent en effet vers les plus durs d'entre eux, souvent fondamentalistes musulmans, comme Chamil Bassaïev. Des hommes et des femmes qui vont organiser des attentats de masse aussi spectaculaires que la prise d'otages de 920 spectateurs au théâtre de la rue Doubovka à Moscou en octobre 2002 (mené à l'aide d'un gaz mortel destiné à éviter tout échec préjudiciable à l'Etat russe, l'assaut ne tuera pas seulement la cinquantaine de terroristes, dont de nombreuses femmes, mais aussi 130 otages). Ou le 1er septembre 2004, la prise d'otages par une quarantaine de terroristes de 1 100 personnes dont 770 enfants dans une école de Beslan, en Ossétie du Nord. Bilan : 334 otages tués dont 186 enfants.

Côté russe, les assassinats ciblés et autres liquidations de groupes visant les indépendantistes tchétchènes sont menés par des unités spéciales. Pour le GRU, ce seront les bataillons Vostok et Zapad. Pour le ministère de l'Intérieur, ses Spetsnaz, le nom générique des forces spéciales. Pour le FSB, les Groupes spéciaux interarmes du quartier général opérationnel et les unités du Centre à destination spéciale, des détachements d'une trentaine de spécialistes qui parviendront à éliminer un à un les principaux dirigeants tchétchènes dont, le 8 mars 2005, le dernier président de la Tchétchénie indépendantiste Aslan Maskhadov.

C'est reparti. Pas comme en 14, mais comme le 20 décembre 1917, date de naissance de la Tcheka, dont l'esprit imprègne toujours les services russes contemporains. Selon une technique éprouvée autant que réprouvable expérimentée par les régimes dictatoriaux d'Amérique du Sud dans les années 1970, ces divers « escadrons de la mort » procéderont aussi à des enlèvements de personnes bientôt réputées « disparues », c'est-à-dire torturées, assassinées et enterrées dans des coins discrets sans qu'on puisse retrouver leurs dépouilles.

De telles opérations « mouillées » de sang peuvent être menées hors des frontières des pays de la CEI par le FSB, dernier avatar en date de la police politique léniniste : par exemple, le 13 février 2004 à Doha, la capitale du Qatar, l'explosion de la Toyota piégée de Zelimkhan Iandarbiev, autre ancien président de la Tchétchénie indépendantiste, le tue, lui et son fils de quatorze ans, alors qu'ils sortaient d'une mosquée. Parfois en représailles de l'assassinat de diplomates russes, comme en juin 2006 à Bagdad, une série de crimes ciblés sont perpétrés en Abkhazie, en Azerbaïdjan et même en Turquie.

Fruit de l'héritage soviétique, la liquidation d'exilés russes jugés dangereux semble aussi « permise ». Dont en novembre 2006 à Londres, celle d'Alexandre Litvinenko, empoisonné par du polonium 210, une substance radioactive. Cet ancien colonel de la direction de lutte contre le crime organisé du FSB s'était rapproché de l'oligarque Boris Berezovsky, un adversaire de Poutine. Aujourd'hui encore, il reste cependant difficile de déterminer à quel niveau de l'appareil d'Etat russe a été prise la décision d'en finir avec lui. Pour les Britanniques en tout cas, aucun doute : le crime, qui suivait de peu une loi du 6 juin 2006 autorisant le FSB à « assassiner des groupes terroristes à l'étranger », est signé.

Fais-nous danser, Anna la rousse

Dirigé par Serguei Lebedev jusqu'en octobre 2007, puis par Mikhaïl Fradkov, le SVR, s'il se montre agressif dans la recherche de renseignements, n'est pas réputé violent. Issu de la première direction principale du KGB, elle-même fille de l'INO, il s'efforce d'opérer sur le long terme en prenant la peine de tisser sa toile.

Le cas d'Anna Kouchtchenko, née en 1982, est emblématique. Polyglotte, cette très belle jeune femme rousse a grandi dans le sérail, son père étant un officier de la PGU. A dix-neuf ans, alors que la Russie a vécu l'âge d'or des oligarques, puis le tout début de leur mise au pas par Poutine, elle émigre à Londres, décrochant quelques jobs dans le milieu bancaire. C'est dans ces conditions qu'en 2001, lors d'une rave party, elle fait la connaissance d'Alex Chapman, le rejeton d'un riche homme d'affaires britannique.

Coup de foudre mutuel ? Nul ne le sait. Le fait est que Chapman tombe amoureux d'elle, qu'il la demande en mariage et l'épouse à Moscou. Bénéfice annexe de cette union très jet set : Anna dispose désormais de la double nationalité.

En 2003, elle semblerait commence à se lasser de cette vie à deux. On la voit frayer sans son mari avec le milieu des émigrés russes fortunés de Londres. Deux ans plus tard, c'est le divorce. De retour dans son pays natal (elle est née dans la ville qu'on appelait autrefois Stalingrad, rebaptisée Volgograd), cette agente prometteuse suit au SVR un stage accéléré de formation aux techniques d'espionnage, sous couleur d'études en économie.

Rencontrant, « par hasard » sans doute, un riche Américain, la jeune femme officier de renseignement le suit à New York, où elle se fera un nom : celui de Chapman, pas de Kouchtchenko, que ses chefs lui ont conseillé d'éviter de reprendre. Associant le charme slave à une parfaite connaissance des mœurs capitalistes occidentales, Anna, qui vit à deux pas de Wall Street, crée diverses start-up comme Property Finder LLC, un site web d'immobilier international. Après deux années de relative galère, ses affaires commencent à marcher si fort que, véritable chef d'entreprise, elle embauche une cinquantaine de personnes.

La couverture est tissée, impeccable. La même année 2009, la centrale lui confie sa première vraie mission : s'informer sur les projets du président Obama concernant le désarmement nucléaire iranien. Les consignes lui sont communiquées une fois par semaine, le mercredi, par le biais de l'ordinateur d'une petite librairie de West Village. En sens inverse, c'est par le même moyen qu'elle fait connaître le résultat de ses investigations à son officier traitant. Leur agent de liaison est là, pas loin, caché dans une fourgonnette.

Anna n'opère pas seule. Au contraire, elle actionne un réseau d'une dizaine d'agents bien implantés dans les cercles politiques new-yorkais. Tout irait bien si le directeur adjoint du département clé des « illégaux » du SVR, le colonel Alexandre Poteïev, n'avait pas la mauvaise idée de passer à l'Ouest. Le 10 juin 2000, le FBI arrête Anna et dix membres du réseau. Traduits en justice pour « conspiration dans le but d'agir comme renseignements de services étrangers » et à titre annexe, blanchiment d'argent et parfois falsifications d'identité, ils risquent la bagatelle d'un quart de siècle derrière les barreaux.

Du temps d'Eltsine où l'espionnage semblait honteux, on aurait peut-être laissé tomber Anna Kouchtchenko. Vladimir Poutine, lui, raisonne différemment. Outre quelques photos montrant la beauté de la jeune femme, son dossier suggère que l'on peut en faire un symbole pour les candidats au SVR, les officiers du service et, plus généralement, la population russe. Au cours de l'été, un échange d'espions lui permet de retrouver la liberté en même temps que son pays natal. Et là où les films de propagande d'antan à la gloire du KGB, bourrés de correction politique et dénués de sexe, ressemblaient à des coups d'épée dans l'eau, la surexposition médiatique de la jeune femme, sourire de vamp et corps largement dénudé (elle posera en sous-vêtements noirs avec porte-jarretelles pour la couverture de l'édition russe du magazine *Maxim*) fait mouche.

Démonstration vivante que l'espionnage russe du XXIe siècle, c'est *hot*, c'est sexy, Anna devient mannequin pour des défilés de mode, tout en multipliant les petites phrases pro-Poutine. Une héroïne officielle supplémentaire, mais bien plus attrayante que les vieux messieurs à manteaux sombres d'autrefois. Aux Etats-Unis, car sa renommée est internationale, elle fournira à partir de 2013 la trame de la série télé d'espionnage « The Americans ».

L'exemple du réseau américain démantelé par le FBI prouve que le champ d'investigation du SVR s'étend très largement au-delà du seul renseignement économique. Ce que constatent d'ailleurs aujourd'hui les responsables des contre-espionnages occidentaux, confrontés à une croissance du nombre de diplomates russes impliqués dans des « activités contraires à leur statut ». En France, la Direction générale de la sécurité intérieure, la DGSI, en recense une bonne quarantaine, peut-être même cinquante.

Repérés, ils se voient reconduits « à l'amiable » vers la porte de sortie et informés des raisons de cette demi-expulsion, qu'ils n'ont naturellement aucune peine à comprendre. En 2014, l'attaché de l'air adjoint russe à Paris, le colonel Iliouchine, a connu un tel destin ; mais, nommé général après son retour en Russie, il n'en aurait pas conçu une trop grande amertume*. C'est selon toute probabilité un cadre important du GRU.

Le nombre des « illégaux » croît aussi parallèlement. Se fondant sur les émissions flash en haute fréquence qu'elle capte depuis son centre d'interception radioélectrique de Boullay-les-Troux, dans l'Essonne, la DGSI évalue leur nombre entre dix et vingt.

Ces menées ne concernent pas la seule France où Bruxelles, cible stratégique en raison de la présence des organismes européens. Arrêté en 2008, le haut fonctionnaire estonien Herman Simm écopera de douze ans de prison pour espionnage en faveur de la Russie. Il est vrai que les relations de Tallinn (d'où le MI 6 braquait son regard vers l'URSS dans les années 1920) avec Moscou sont plutôt fraîches. Elles le sont redevenues aujourd'hui entre Moscou et Berlin à propos de l'Ukraine, mais en 2011, époque de moindre tension, le contre-espionnage intérieur allemand, le BfV, a arrêté deux illégaux du SVR, les époux Anschlag, qui « traitaient » plusieurs sources dont un diplomate néerlandais, Raymond Poeteray. Les époux seront respectivement condamnés à cinq et six ans de prison ferme et leur agent hollandais, dans son pays, à douze ans. Est-ce pour cette raison qu'en avril 2104, le patron du BfV, Hans-Georg Maassen, désignant le SVR comme le service de renseignements étranger le plus actif dans son pays, déclarait qu'un tiers des diplomates russes en poste à Berlin étaient des espions ?

Par prudence diplomatique justement, Maassen s'est gardé de mettre en cause l'espionnage technologique que la NSA mène sur le sol allemand en partenariat avec le BND. Il n'a pas non plus fait mention de l'espionnage chinois, pourtant aussi dangereux sinon plus que son homologue russe. Et pour cause : la Chine est devenue une puissance économique mondiale d'un rang bien supérieur à celui de la Russie, le deuxième. Si puissante que les Occidentaux, ses concurrents-partenaires, préfèrent éviter de parler en termes trop précis de l'activisme débordant des services secrets de Pékin…

---

* Vincent Jauvert, « Révélation sur les espions russes en France », *Le Nouvel Observateur*, 24 juillet 2014.

Tigres et princes rouges

Le 6 février 2012, Wang Lijun, le chef de la Sécurité publique de Chongqinq, se présente… au consulat américain de Chengdu, capitale de la province voisine du Sichuan. Aux diplomates américains éberlués, ce haut fonctionnaire, également adjoint au maire de Chongqing, Bo Xilai, déclare qu'il entend faire défection. A cette fin, il s'est muni d'une série de dossiers et même d'un projet de déclaration écrite à balancer sur des sites web.

« Il faut récupérer Wang à tout prix ! » hurle au téléphone le numéro 3 du PC chinois, Zhou Yongkang. Ancien ministre de la Sécurité publique et lointain successeur du maître espion Kang Sheng à la tête de la commission politico-légale du parti, Zhou est une des figures de proue de la nomenklatura. Son interlocuteur, Bo Xilai, surnommé le « tigre de Chongqing » ne l'est pas moins. Etoile montante du PCC et candidat au poste de numéro 1, il est le fils de Bo Yibo, un des dirigeants historiques du communisme chinois « purgés » par Mao et Kang Sheng au moment de la Révolution culturelle, puis revenu en grâce sous Deng Xiaoping. Et à ce titre, un de ceux que l'homme de la rue appelle avec crainte et amertume les « princes rouges ». Au prochain congrès du parti, en novembre, Bo compte justement se présenter contre un autre « prince rouge », le vice-président Xi Jinping.

Zhou à Pékin et Bo à Chongqing ont partie liée depuis longtemps. Le premier, qui fait fonction de coordonnateur des services secrets et de la police politique comme chef de la Commission politico-légale, a servi de mentor au second. Et si les deux compères craignent les révélations de Wang Lijun, c'est que le chef de la Sécurité publique de Chongqing en sait long sur leurs petites affaires. Notamment l'empoisonnement par la femme de Bo, Gu Kailai, de son amant anglais Neil Heywood. Homme d'affaires et honorable correspondant du MI 6, Heywood a été trouvé mort le 15 novembre 2011 dans sa chambre d'hôtel. A l'époque, Wang avait couvert le maquillage du crime en crise cardiaque consécutive à un abus d'alcool. Mais il a conservé les preuves du crime. Puis, brouillé avec Bo, menacé, il vient de choisir cette mesure de détresse ultime : chercher le salut chez les Américains.

Un jeu risqué. Dans les années 1980, il y a bien la défection de Yu Zhensan, le fils adoptif de Kang Sheng (*cf.* chapitre 25). Mais jamais un responsable policier de ce niveau n'est passé à l'Ouest. C'est dire l'ampleur du scandale. Dépêchées par Zhou et Bo, les forces spéciales chinoises encerclent le consulat. Courageux et intraitables, une poignée de marines armés les empêchent d'y pénétrer sauf effusion de sang : le lieu est terre inviolable des Etats-Unis et le restera. Une détermination à défendre les droits diplomatiques dont d'autres n'auraient peut-être pas fait preuve.

Face à face, blocage. Or nous sommes à la veille de la visite de la ministre américaine des Affaires étrangères, Hillary Clinton. Le chef de station de la CIA reçoit donc l'ordre de persuader Wang de se rendre de lui-même aux autorités chinoises.

Comme l'a révélé Roger Faligot, exposant pour la première fois l'affaire de façon précise et détaillée, l'officier prend donc contact avec ses homologues chinois du Guoanbu, le service de renseignements extérieur*. Et là, surprise : après des négociations à la chinoise, Wang Lijun accepte de se rendre dans les locaux du Guoanbu, au Jardin de l'Ouest à Pékin. Moyennant l'impunité, il va témoigner contre Bo Xilai, son ancien protecteur devenu son pire ennemi !

Après des péripéties qu'il serait trop long de narrer, bien qu'elles ne manquent pas de couleur, Bo Xilai puis Zhou Yongkang tombent coup sur coup. Entre autres surprises, l'enquête révélera l'existence d'un dispositif d'écoutes téléphoniques qui permettait d'espionner les huiles du parti et de l'Etat ! On parle de complot, voire de coup d'Etat. Derrière les barreaux, dans la prison secrète réservée aux dignitaires en disgrâce, Bo et Zhou disparaissent de la scène politique, désormais occupée par le nouveau numéro 1 Xi Jinping, chef de l'Etat, secrétaire général du Parti et président de la toujours très puissante Commission des affaires militaires. Bref, maître incontesté du nouvel empire du Milieu, même si le pouvoir reste plus collectif à Pékin, où il faut arbitrer entre les différents clans, qu'à Moscou.

---

* Roger Faligot, « Le complot des tigres », *Vanity Fair*, avril 2015 ; *id.*, *Les Services secrets chinois de Mao à Xi Jinping*, Paris, Nouveau Monde, 2015.

Xi Jinping aux baguettes

Ce règlement de comptes entre princes rouges impliquant les services secrets et la police n'a rien d'une exception dans l'histoire chinoise récente. Mais du fait que les services n'ont cessé d'étendre leur champ d'action et de se moderniser, il revêt une importance particulière.

Les yeux et les (grandes) oreilles de la Chine populaire sont légion. Roger Faligot, qui n'est pas seulement mon ami et mon coauteur pour seize ouvrages, mais aussi le meilleur connaisseur du renseignement chinois en France, a recensé quatre-vingt-dix services différents mobilisant au total plusieurs centaines de milliers d'agents.

L'écrasante majorité de leurs agents ne sont pas des professionnels. Dans le secteur industriel, particulièrement important à l'heure où les taux de croissance chinois fléchissent, ils peuvent être cadres ou chefs d'entreprise. Dans le secteur scientifique et technique, étudiants, scientifiques, représentants tout à fait publics d'organismes et de bureaux de recherche. Paul Moore, responsable du contre-espionnage chinois au FBI, écrit en 2001 dans le *Washington Post* : « Pour la plupart des zones de collecte du renseignement, le travail qui vise à localiser et à obtenir l'information désirée – même des données sensibles – est réalisé par des universitaires, des étudiants, des hommes d'affaires ou des journalistes. Les officiers de renseignements, et c'est très typique, ne dirigent ni ne contrôlent cette entreprise, car ce sont les consommateurs du renseignement chinois qui déterminent la nature et l'ampleur des opérations de collecte du renseignement, tout comme ce sont les achats des consommateurs américains qui déterminent la forme de l'économie américaine. »

Autant dire qu'il s'agit de personnes qui opèrent entre la zone « blanche », celle du renseignement ouvert et légal, et la zone « grise », celle où l'on déborde de ce cadre, mais pas suffisamment pour encourir de lourdes peines en justice. La forme moderne des « espions-balais » en moins glorieux.

Des amateurs, mais si nombreux et si bien répartis dans le monde qu'ils finissent par collecter une quantité faramineuse de mini-informations qui, transmises aux services d'analyse du

Guoanbu ou de l'Armée populaire de libération, permettent de dégager du renseignement très fin, très détaillé, très précis et beaucoup plus global.

Dans le même temps, la zone « noire », celle de l'espionnage à part entière, reste l'apanage des « poissons des grandes profondeurs » et des « diplomates » spécialisés des ambassades. Compte tenu du rayonnement mondial de la Chine et de sa puissance, ceux-ci courent des risques limités, les Etats espionnés préférant fermer les yeux pour ne pas créer d'incident.

Depuis 1980, des dizaines de diplomates soviétiques puis russes ont été priés de quitter le territoire, à l'image du colonel Iliouchine cité plus haut. Mais aucun chinois, en dépit des demandes réitérées des chasseurs d'espions de la DGSI ! Lesquels s'inquiètent d'un danger que, de leur propre aveu, ils connaissent mal. Seule certitude : les Chinois, comme autrefois les Soviétiques, prennent le temps d'installer leurs réseaux dans la durée, la diaspora asiatique en France remplaçant la masse des militants communistes d'autrefois comme vivier possible de recrutement (je ne sous-entends évidemment pas que les Chinois de France sont suspects en bloc, pas plus que les communistes du vivant de l'URSS).

Même le FBI s'astreint à une certaine « retenue » quand il s'agit d'espions chinois, et l'on peut gager que si Anna Kouchtchenko avait été ressortissante de Pékin, l'épisode de son réseau se serait terminé de façon beaucoup plus discrète.

L'avantage d'être la deuxième puissance mondiale, c'est en effet qu'on hésite avant de vous mettre en cause. Si les « Grandes Oreilles » de l'Armée populaire de libération sont partout – sur cette même île de Hainan où l'on a vu l'Orion P-3C de l'US Navy retenu en avril 2001 ; à Cuba ; au Sri-Lanka ; et depuis l'été 2014, à Hong Kong au sommet de la montagne Tai Mo Shan pour surveiller Taiwan et le Viêtnam ; et même au Mali –, elles ne défraient pas souvent la chronique.

En décembre 2014 toutefois, *L'Obs* s'est intéressé au centre d'écoutes de l'annexe de l'ambassade chinoise de Chevilly-Larue, en banlieue parisienne, deux immeubles de style HLM munis d'antennes. Selon l'expert en communication satellitaire interrogé par Vincent Jauvert, une antenne mise en service récemment pointait probablement vers un satellite de communication Imarsat couvrant l'Afrique de l'Ouest, où la Chine est de plus en plus implantée, et l'Amérique latine. Une parabole visait, semble-t-il, un satellite en position géostationnaire au-dessus de la corne de l'Afrique pour intercepter certaines communications du système Thuraya en provenance de l'Afrique de l'Est et du Moyen-Orient. Transitent en effet par ce système de téléphonie satellitaire appartenant à une société des émirats énormément de communications d'hommes d'affaires en déplacement. Orientée vers l'est et couplée à un puissant système informatique installé dans le bâtiment du dessous, une autre antenne servait vraisemblablement à transmettre vers Pékin la « production » recueillie*.

Et on ne parle pas des « cyberguerriers » chinois qui, comme d'ailleurs leurs homologues russes « hackers patriotes », se singularisent chaque jour par des actions de plus en plus inventives et de plus en plus audacieuses contre des cibles économiques, mais aussi politiques et militaires. Sans atteindre le niveau d'omniprésence de la NSA, le renseignement technologique chinois est en plein essor. Une facette imprévue des « Quatre Modernisations » qui aurait enchanté « le Petit Timonier » Deng Xiaoping.

Dans sa marche vers le pouvoir, Xi Jinping a promis aux Chinois de chasser « aussi bien les mouches que les tigres », les petits que les gros. Dirigeant du Parti, de l'Etat et de la toujours très puissante commission militaire, ce dirigeant, né en juin 1953, cumule déjà beaucoup plus de fonctions que « le Petit Timonier » en son temps.

Au temps de la Révolution culturelle, son père, Xi Zhongxun, vétéran du PCC qu'il avait rejoint à l'âge de seize ans, eut à souffrir des menées de Kang Sheng. Livré à la vindicte des gardes rouges, Xi Zhongxun a tout de même survécu. Mauvais souvenir pour Jinping, qui, pour sa part, échappera de peu à l'internement dans un camp de rééducation pour la jeunesse.

C'est dire si comme la plupart des dirigeants actuels, il a contracté une sainte horreur des troubles, qui ne l'empêche d'ailleurs nullement de mener une active campagne de remaoïsation idéologique. L'expérience l'a en effet convaincu qu'il fallait tenir bien en main la constellation des services secrets et de la police politique. Ainsi n'a-t-il pas hésité, début 2014, à livrer à la justice

* Vincent Jauvert, « Comment la Chine nous espionne », *L'Obs*, 4 décembre 2014.

le Shanghaïen Zeng Qinghong, prédécesseur de Zhou Yongkang à la commission politico-légale. Zeng mal récompensé d'avoir autrefois patronné Xi auprès du numéro 1 de l'époque, Jiang Zemin. Mais nul ne doit pouvoir dire : « Qui t'a fait roi ? »

Dès les débuts de son triple mandat, Xi Jinping a d'ailleurs pris d'autres mesures importantes dans le domaine de la sécurité. Il a par exemple rétrogradé l'ancien chef de la Sécurité publique Meng Jianzhu qui, premier président de la Commission politico-légale de l'ère nouvelle avant Zeng Qinghong et Zhou Yongkang, n'était déjà plus membre permanent du bureau politique comme la tradition le voulait depuis les années héroïques du parti.

Plus récemment, en avril 2015, le leader chinois a promu un de ses fidèles, Fu Zhenghua, au poste de numéro 3 du ministère de la Sécurité publique où cet ancien patron pendant cinq ans du bureau de Pékin du Gonganbu devra restructurer la fonction contre-espionnage et sécurité interne, désorganisée depuis la chute de Zhou Yongkang. A Pékin, il a aussitôt été remplacé par Wang Xiaohong, toujours à l'initiative de Xi Jinping.

La longue marche du numéro 1 chinois vers le pouvoir suprême achevée par la double chute de Bo Xilai et Zhou Yongkang, les tigres vaincus, l'heure de la consolidation a visiblement sonné. Sauf incident de parcours, elle devrait assurer une stabilité durable aux appareils de renseignements, de sécurité et de répression, donc des conditions de travail encore meilleures. « Qui n'a pas enquêté n'a pas droit à la parole », disait le président Mao. Les services secrets chinois enquêtent énormément, ils auront donc souvent voix au chapitre dans la décennie qui vient.

« *Game of drones* »

D'un président l'autre, beaucoup plus démocrate dans le sens politique américain du terme, mais aussi dans son sens universel. Barack Obama n'a pas voulu la guerre d'Irak, il a même voté contre. Barack Obama n'est pour rien dans les affaires de tortures qui ont secoué la CIA avant qu'il accède à la Maison Blanche.

Et pourtant, tout prix Nobel de la Paix soit-il, on a du mal à voir en lui une sorte de sage réfugié sur la colline loin de l'agitation du monde. Obama suit en effet de près les affaires de services et, avec des méthodes certes modernisées, poursuit la traque aux terroristes moyen-orientaux inaugurée par son prédécesseur après le 11 septembre 2001. Il l'a même intensifiée par le recours systématique aux technologies modernes de renseignements.

Foin de commandos intervenant sur le terrain, sauf dans le cas emblématique de l'exécution d'Oussama Ben Laden*. Voire, en mai 2015, celle d'Abou Sayyaf, le financier de Daech, puis en juin, celle de Nasser al-Wahishi, le numéro 2 d'Al-Qaida. L'heure est en effet au repérage satellitaire assorti de frappes de drones de combat dites « chirurgicales », mais qui, l'expérience le démontre, sont loin de l'être dans la vraie vie.

La vraie mort, plus exactement. Celle qui tombe du ciel sous la forme d'un projectile télécommandé façon jeu vidéo depuis les Etats-Unis, ou au moins depuis une base sur laquelle flotte la bannière étoilée. Et qui s'accompagne, on est Américains que diantre, d'une batterie tout aussi impressionnante de précautions juridiques destinées à dégager la responsabilité de l'opérateur ouvrant le feu assis dans son fauteuil. Pour désigner ces frappes, la CIA a naturellement inventé un euphémisme : *signature strike*.

Efficace, cette guerre secrète du XXIe siècle, comme le pense encore au printemps 2015 John Brennan, le patron de la CIA ? Certainement : plusieurs centaines d'individus dangereux pour les Etats-Unis ont été éliminés ; parmi eux, l'essentiel de l'appareil central d'Al-Qaida, réduit à une peau de chagrin même si le sigle essaime par le jeu des « franchises » : Al-Qaida au Levant, ex-Front Al-Nosra en Syrie ; Al-Qaida au Maghreb islamique, issue du Groupe islamique armé et du Groupe salafiste pour la prédication et le combat, ainsi que d'autres groupuscules djihadistes algériens ; Al-Qaida dans la péninsule Arabique, née par fusion des branches yéménite et saoudienne de l'organisation ; et même Al-Qaida dans le sous-continent indien.

---

* Notons dans ce cas précis que le fait d'avoir confié l'opération à des soldats des SEALS en uniforme a peut-être évité une flambée d'émeutes antiaméricaines dans le monde arabe. Le chef d'Al-Qaida et ses gardes du corps ont été abattus par des Américains qui prenaient le risque du combat, pas les femmes et les enfants. Difficile de dire quelle aurait été la réaction si Ben Laden avait été tué par des supplétifs non américains, des hommes de son entourage « retournés » ou, dans un ordre d'idée plus anonyme et technologique, par des missiles ou des drones. Elle aurait peut-être été plus violente.

Restent les « dégâts collatéraux », des civils pakistanais, afghans ou autres en nombre : près de 3 500 en un peu plus de 500 tirs dont 700 victimes pour la seule année 2010. Mais leur nombre chuterait, comme les drones, à une vitesse vertigineuse, et qui s'en plaindrait ?

« Nos opérations devraient répondre à un critère simple : ne pas nous créer plus d'ennemis que nous n'en éliminons sur le champ de bataille », indiquait le président américain en 2014. Un champ de bataille très étendu pour une guerre juridiquement mal définie. Et peut-être une sérieuse erreur de calcul, car rien n'indique que cette analyse en forme de livre de comptes se verra confortée à l'avenir.

L'Histoire est là pour nous rappeler que les grandes puissances, et les Etats-Unis en particulier, possèdent un talent certain pour se créer les ennemis qu'elles n'imaginaient pas. Même moins omniprésente dans le monde qu'autrefois, la France ne fait pas exception à cette règle : aucune guerre n'est virtuelle, aucune n'est indolore, fût-ce pour ceux qui finissent par la gagner. Avant de revêtir un *battle dress* pour parader devant les caméras, autant faire savoir que le pays devra en payer le prix. Sinon, gare aux retournements de l'opinion publique, furieuse d'avoir été mal informée. Les démocraties, on le sait, perdent souvent en interne les conflits qu'elles gagnent à l'extérieur.

Les citoyens américains eux-mêmes ne sont pas toujours épargnés par les drones de combat de leurs compatriotes. Huit en tout. Six d'entre eux étaient certes convertis à l'islamisme radical, mais les exécuter à distance sur la seule base d'indices laissant penser à une présence d'Al-Qaida et sans ouverture d'une procédure judiciaire n'est pas forcément conforme à la jurisprudence américaine, quoi qu'on en dise en haut lieu.

Surtout que, le 15 janvier 2015, deux otages par définition innocents, un Américain prisonnier d'Al-Qaida depuis 2011, Warren Wenstein, et un Italien, Giovanni Lo Porto, détenu depuis 2012, ont trouvé la mort au Pakistan au cours d'une *signature strike*. Une bavure que Barack Obama, pas trop fier, a été obligé de reconnaître trois mois plus tard : « Les mots sont insuffisants pour exprimer notre regret devant une pareille tragédie. »

Tout en annonçant son intention de « fournir au peuple américain le maximum d'informations sur ces actions de contre-terrorisme, en particulier quand elles coûtent la vie à nos concitoyens », la Maison Blanche maintenait son cap, indiquant le 23 mars 2015 que la frappe qui avait coûté la vie aux deux otages était « légale et conduite conformément aux procédures de la lutte antiterroriste ».

Du point de vue officiel américain, sans doute le cas de figure était-il légal un mois plus tard dans le sud-est du Yémen, une nouvelle frappe de drone venant tuer un haut responsable d'Al-Qaida, Nasser al-Ansi, son fils et six autres djihadistes. Un coup dur de plus pour Al-Qaida dans la péninsule Arabique, sévèrement matraquée par les avions sans pilotes. Et pour la France, une nouvelle toute particulière, ce chef militaire djihadiste ayant revendiqué l'attentat contre *Charlie Hebdo*, la prise en charge de l'entraînement et du financement des frères Kouachi ainsi que la conception même de l'assassinat collectif des journalistes.

La guerre des drones ne concerne pas seulement les Américains, mais aussi les Allemands, ce qui ne va pas sans créer de sérieuses embrouilles...

Les radômes de Bad-Aibling

En mai 2013, les premières infos commencent à filtrer : la base américaine de Ramstein, dans le sud-ouest de l'Allemagne, relaye les frappes américaines de drones à distance. « Nous ne nous servons pas de l'Allemagne comme base de lancement de drones », réplique alors le président américain, conscient que les révélations d'Edward Snowden sur l'ampleur des intercepts de la NSA ont dressé les citoyens de la République fédérale, autrefois « obamaniaques », contre l'espionnage technologique américain.

Une demi-vérité à forts relents jésuitiques. A l'origine, en 2000, on a envisagé de télécommander directement les drones mortels depuis Ramstein, mais cette procédure technique aurait contraint les Etats-Unis à demander formellement l'autorisation à Berlin. Si Gerhard Schroeder, le chancelier fédéral d'alors, avait refusé, on se serait trouvé dans une impasse.

Mais la CIA a plus d'un drone dans son sac. Naissent ainsi les *remote split operations* (« opérations fractionnées à distance »). De Langley, les pilotes spécialistes de la télécommande des engins téléguidés envoient un signal numérique à la base US Air Force de Creech, dans le Nevada. Le signal transite par un câble transatlantique à fibre optique jusqu'à la base de Ramstein. Celle-ci sert de plaque tournante, mais effectivement, ce n'est pas en Allemagne que le bouton a été pressé. Redirigé de Ramstein vers un satellite de l'US Air Force, l'ordre de frapper parvient tout de même aux drones. Au final, paraît-il, la face juridique est sauve.

Reste que les Allemands sont furieux. Ils le seront plus encore en octobre quand il apparaîtra en octobre 2013 que la NSA, enivrée par sa propre puissance technique, espionnait jusqu'au téléphone portable de la chancelière Angela Merkel ! Or, depuis le *Journalistenskandal* – la mise sous écoute par le BND de journalistes allemands, notamment ceux qui enquêtaient sur le rôle du service secret fédéral dans la « guerre globale contre la terreur » et la guerre d'Irak –, l'opinion publique a vu ressurgir les spectres de la Gestapo et de la Stasi. Rendu public, le scandale a conduit à la mise en place d'une commission d'enquête parlementaire, puis à l'interdiction officielle de telles interceptions. C'est dire le climat à Berlin.

Du coup, Angela Merkel proteste : « Entre des amis proches et des pays partenaires comme le sont la République fédérale et les Etats-Unis depuis des décennies, une telle surveillance d'un chef de gouvernement ne peut exister. Ce serait un coup sérieux porté à la confiance, et de telles pratiques doivent cesser immédiatement. »

Pour faire bonne mesure, François Hollande également a bénéficié des attentions de « l'Agence qui n'existe pas ». Or depuis l'affaire des « écoutes de l'Elysée » sous Mitterrand, dont le verdict est tombé en novembre 2005, les Français comme les Allemands sont sensibilisés aux abus de pouvoir menant à l'interception des communications. D'où leur réaction négative lorsqu'ils apprennent par-dessus le marché qu'entre le 10 décembre 2012 et le 8 janvier 2013, soixante-dix millions d'enregistrements de leurs données téléphoniques ont été effectués par la NSA ! Un pic d'indiscrétion jamais atteint auparavant : nos fêtes de fin d'année sont-elles si intéressantes que cela ? Mystère. Côté internet, les adresses wanadoo.fr et alcatel-lucent.com ont été et restent particulièrement visées.

L'ambassadeur des Etats-Unis à Paris se voit convoqué pour explication au Quai d'Orsay. Parallèlement, on assure côté officiel que le Service de protection des hautes personnalités, le SPHP, s'occupe de sécuriser leurs communications, et on émet le vœu que les intercepts soient strictement limités à la lutte contre le terrorisme. Vœu ô combien pieux : le problème de l'espionnage numérique, c'est qu'il ne connaît de limites que techniques. Sauf intervention extrêmement ferme du pouvoir exécutif et législatif, bien sûr. Mais cette fermeté-là, mon Dieu…

Au Brésil, la présidente Dilma Rousseff, que nous avons quittée au chapitre 21 quand elle militait contre la dictature au sein d'un groupe gauchiste de guérilla urbaine, prend encore plus mal d'avoir été écoutée. En Amérique du Sud, les Etats-Unis n'ont jamais bonne presse. L'ambassadeur américain est rappelé, on parle même de rupture des relations diplomatiques. Des trois capitales concernées, c'est à coup sûr de Brasilia que viendra la réaction la plus énergique.

En raison d'un complexe de culpabilité ancien qui renvoie au souvenir de l'Allemagne nazie, Angela Merkel répugne à s'exprimer sur les questions de renseignements, y compris celles qui concernent ses propres services secrets. La chancelière appelle tout de même Obama, histoire de lui faire savoir son humeur de vive voix. Peut-être enregistrés eux aussi par la NSA, ce qui serait un comble, mais un comble pas impossible, le président et la chancelière ne parviennent pas à mettre les choses au point de manière nette, et ce d'autant moins qu'aucun des deux ne le souhaite vraiment.

Bien entendu, Barack Obama abreuve son interlocutrice de bonnes paroles et de petits mensonges, l'assurant qu'il ne savait pas. Mais si, mais si*. Et le prix Nobel de la Paix de roder un argumentaire en trois volets appelé à un usage intensif :

1. Tout cela est très exagéré (naturellement, Obama ne dit pas dans quelles proportions et ne distingue jamais le vrai du faux).
2. Ce dispositif a permis de sauver des vies humaines (il ne dit pas combien ni dans quelles circonstances).
3. Faisons confiance à nos services secrets respectifs, ce sont des professionnels, ils savent y faire (compte tenu de la réputation de la CIA, il évite de s'étendre).

* Il semble qu'en réalité, le président américain était au courant depuis 2010.

Le président américain a sans doute déjà en tête les réformettes qu'il édictera deux mois plus tard sur la base des quarante-six propositions d'un panel de cinq experts. Des mesures d'affichage qui ne changent rien sur le fond et demeurent toujours dans le cadre du Patriot Act. Faire mine de tout changer pour que rien ne change, le refrain est connu : s'il ne l'a pas inventé, le premier président noir des Etats-Unis l'entonne avec ardeur.

De son côté, Angela Merkel se contente de cette passe d'armes sans conséquence. Un dialogue d'initiés car, ni elle ni Obama ne l'ignorent, depuis 2002, le BND collabore étroitement en matière d'écoutes avec les services américains. Le service de renseignements fédéral gère en effet par délégation l'une de leurs principales « Grandes Oreilles » en Allemagne, celles de Bad-Aibling, en Bavière. Un maillage très serré : les autres centres d'interception américains sont installés à Berlin, à Francfort, à Stuttgart, à Wiesbaden et à Griesheim. Que se passe-t-il à la base « cogérée » de Bad Aibling ? Les opérateurs allemands y mettent sur écoutes les communications téléphoniques ou les adresses internet indiquées par les Américains qui, en principe, mais en principe seulement, ne doivent jamais concerner des citoyens de la République fédérale.

Une bulle qui éclatera en mai 2015, quand il s'avérera qu'à Bad-Aibling, le BND a espionné des entreprises européennes comme EADS (dont une part du capital est pourtant allemande !) et des alliés français comme l'Elysée, Matignon, le Quai d'Orsay et certainement « la Piscine » pour le compte des Américains. En fait, les Allemands n'ont pas pu – ou pas voulu – faire le tri dans les demandes américaines visant à savoir si la convention qui unissait les services secrets des deux pays était bien respectée.

Fût-elle partenaire associée du pacte UKUSA, cette interpénétration électronique de masse où l'on a bien du mal à retrouver ses petits cochons, la France ne risque pas une telle dérive. S'il dresse ses propres « Grandes Oreilles » à Domme, en Dordogne, le Groupement des contrôles radioélectriques bénéficie en outre d'une implantation presque planétaire grâce aux DOM-TOM.

Une « puissance de feu » bien répartie géographiquement, quoique sans comparaison avec le pilonnage numérique de la NSA couplé avec ceux du GCHQ et des pays anglo-saxons. Mais qui procure tout de même au pays une indépendance relative, legs du feu gaullisme peut-être. La France, en bref, n'est pas un pauvre petit pays dénué de tout moyen de défense.

Cette indépendance se paie toutefois, car dans le domaine du renseignement, chaque chose a son prix. Quand les services français « échangent » avec ceux des autres pays occidentaux, cela suppose qu'ils leur fournissent des informations. Et bien entendu, c'est ce qu'ils font dans ce monde occidental nouveau où tout le monde espionne tout le monde tandis que tout le monde renseigne tout le monde.

Depuis 2007 surtout, la DGSE héberge dans ses locaux du boulevard Mortier la Plateforme nationale de cryptage et de décryptement, la PNCD, un dispositif de « pompage » et d'analyse des données interceptées soit par des moyens satellitaires ou hertziens, soit sur les câbles sous-marins qui constituent le réseau de communications internationales le plus emprunté.

Pourquoi la DGSE ? Parce qu'elle dispose des moyens informatiques les plus puissants de tous les services de renseignements français d'abord, mais aussi parce que son statut d'agence d'espionnage extérieur lui confère un flou juridique permettant au service d'être moins « regardant » que ses confrères à vocation plus clairement interne. Des confrères – DCRI encore à l'époque, Direction du renseignement militaire créée après la guerre du Golfe, Direction de la protection et de la sécurité de la défense (la Sécurité militaire), préfecture de police de Paris (la « PP »), Direction nationale des enquêtes douanières ou encore Tracfin, la lutte contre le blanchiment d'argent – qui, parfois installés à demeure boulevard Mortier, viennent chercher leur butin dans cette banque de données et de métadonnées*. De quoi inquiéter les défenseurs les plus intransigeants de la liberté de communication, que le projet de loi de 2015 sur le renseignement n'a guère convaincus. Faire la balance entre l'efficacité et la liberté, justement, n'a jamais été et ne sera jamais chose facile, l'expérience du Patriot Act ayant montré que la première tordait volontiers le cou à la seconde. En 2005, ne vit-on pas le FBI se faire refuser par le Congrès le droit d'accès aux fichiers des librairies privées comme des

---

* Jacques Follorou et Franck Johannès, *Le Monde* des 5 juillet et 23 août 2013 et des 12 et 13 avril 2015.

bibliothèques publiques qu'il revendiquait au nom de la lutte contre le terrorisme, de manière à repérer les personnes rendues suspectes par leurs lectures ?

Le contentieux germano-américain, pour en revenir à lui, se complique le 2 juillet 2014, quand un officier du département des relations internationales du BND au siège de Pullach est interpellé pour espionnage. Fin 2012, il a en effet proposé par courriel ses services à l'ambassade des Etats-Unis. Celle-ci les ayant acceptés, nouvelle entorse à des « règles de bonne conduite entre alliés » soumises à des viols récurrents, il va lui fournir, moyennant la modique somme de 25 000 euros, la bagatelle de 218 documents, dont deux fichiers numériques qui concernent les travaux de la commission d'enquête parlementaire créée en mars 2014 pour faire, justement, la lumière… sur les activités de la NSA en Allemagne !

« Maintenant, cela commence à bien faire ! » tonne le président fédéral, Joachim Gauck. Connu pour son intégrité, ce pasteur sait de quoi il parle : il a présidé la commission chargée du tri des archives de la Stasi ! Le jeudi 10 juillet, le gouvernement fédéral annonce l'expulsion du chef des services secrets américains pour l'Allemagne. Le porte-parole du gouvernement, Steffen Siebert, explique que cette mesure de rétorsion intervient « à la lumière de l'actuelle enquête menée par le procureur fédéral et des questions qui ont été soulevées depuis plusieurs mois sur les activités du service de renseignements américain en Allemagne ». Une claire allusion à la polémique ouverte par les révélations d'Edward Snowden.

Comme le morceau de Scotch du capitaine Haddock dans *Vol 714 pour Sydney*, impossible de se défaire de cette histoire d'intercepts. Peut-être aurait-il mieux valu poser des règles précises, de vraies règles, avant de l'entamer. Mais c'est vrai, le projet NSA tout entier repose sur une cascade d'ambiguïtés volontaires : le morceau de Scotch de « l'Agence qui n'existe pas », disons son bout de chewing-gum, pour faire plus américain.

Manière de dire que pour le meilleur comme pour le pire, l'explosion du numérique nous a projetés dans un monde entièrement « reformaté ».

Et les services secrets avec…

L'embarrassant Snowden

En 2013, quand Edward Snowden, le dissident de la NSA, aidé de la documentariste Laura Poitras, du journaliste Glenn Greenwald et d'un quatrième mousquetaire, journaliste aussi, l'Ecossais Ewen MacAskill, révèle au monde l'étendue du système d'interception planétaire actionné par « l'Agence qui n'existe pas » et son partenaire stratégique le GCHQ britannique, il plonge dans l'embarras... la communauté occidentale du renseignement toute entière.

Aucun service secret de cette partie du monde n'a en effet intérêt à ce qu'apparaisse trop clairement une forme d'espionnage mutuel plus ou moins consenti qui traduit néanmoins un vrai déséquilibre : les Français espionnent bien l'ensemble américano-britannique, mais avec des moyens beaucoup plus limités que ceux de leurs partenaires-adversaires.

Les révélations du jeune dissident contribuent par ailleurs à créer une tension entre les Etats. Tensions entre les Etats-Unis, l'Allemagne et le Brésil, mais aussi tensions entre Washington et les capitales qui se déclarent prêtes à recevoir Snowden dès que celui-ci annonce son intention de déposer dix-neuf demandes d'asiles politiques, dont une en France.

Ravi de provoquer les Etats-Unis, le régime gauchisto-dictatorial de Caracas fait par exemple savoir son souhait d'accueillir le dissident de la NSA. Ça n'engage à rien et ça fait toujours plaisir. Autre friction « collatérale » : les drapeaux français brûlés en juillet 2013 devant l'ambassade de La Paz et la menace du Parlement bolivien d'expulser notre ambassadeur, Paris étant accusé de servilité envers Washington.

Un épisode confus dont notre pays ne sort pas grandi. Les Américains soupçonnant Snowden de se trouver à bord du Falcon 50 du président gauchiste bolivien Evo Morales, le gouvernement français lui avait refusé dans un premier temps le survol de notre territoire. Le chef d'Etat devra faire escale à Vienne, dénonçant l'attitude « néocoloniale » de la France, de l'Espagne et de l'Italie.

Snowden est parvenu à l'aéroport international de Moscou le 23 juin 2013 à 17 heures, heure locale. S'ensuivront de vifs échanges entre Américains et Russes. Arguant de sept demandes d'extradition de citoyens de la Fédération de Russie acceptées par Washington, John Kerry, le ministre des Affaires étrangères américain en visite en Inde, demande à Moscou de rendre Snowden au plus vite. D'où cette vigoureuse réponse de son homologue Serguei Lavrov : « Nous n'avons aucun rapport ni avec M. Snowden, ni avec ses relations avec la justice américaine, ni avec ses déplacements à travers le monde. » Et le ministre des Affaires étrangères russe d'ajouter :

> Nous jugeons tout à fait infondées et inacceptables les tentatives d'accuser la Russie d'avoir violé les lois des Etats-Unis et presque d'avoir monté un complot, le tout additionné de menaces à notre encontre. [Snowden] a choisi son itinéraire tout seul. Nous l'avons appris, comme de nombreuses personnes ici, par les médias.

Le 1er août finalement, l'asile est accordé au dissident de la NSA par Vladimir Poutine pour un an, et sera renouvelé. Compte tenu des tensions postérieures entre l'Occident et la Russie à propos notamment de l'Ukraine, son séjour risque fort de passer de la catégorie du « provisoire » à la catégorie du « durable ».

On ne sait pas si Snowden, que les services russes ont à coup sûr débriefé à fond, de même qu'ils ont certainement récupéré le contenu de ses ordinateurs, se félicite ou non de voir son nom associé à celui du président russe, qui n'apparaît pas comme le plus fier défenseur des droits de l'homme sur terre. Mais c'est ainsi.

Un sort tout de même plus enviable que celui du soldat Bradley Manning, arrêté en mai 2010 à Bagdad pour avoir fourni au site WikiLeaks de l'Australien Julian Assange la copie de 250 000 câbles diplomatiques américains, des rapports internes de l'armée américaine sur 700 000 incidents intervenus durant les guerres d'Afghanistan et d'Irak, ou encore sur les détenus de la base américaine de Guantánamo.

Interné dans des conditions d'isolement très dures, cet ancien analyste du renseignement militaire a été jugé en juillet 2013, soit au plus fort de la tension russo-américaine à propos de Snowden. Bien que la cour martiale ait rejeté le chef d'intelligence avec l'ennemi faute de lien avec un Etat étranger, elle inflige le 21 août 2013 à Manning une peine de trente-cinq ans de prison.

Dissuasive, c'est le moins que l'on puisse dire ! Les Etats-Unis resserrent les boulons, tandis que les services du monde entier se demandent comment éviter à l'avenir de telles hémorragies, fruit du processus technique même de numérisation : quatre ordinateurs portables dans le cas Snowden, des CD-Rom sortis en douce dans celui de Manning, là ou autrefois, il aurait fallu des camions entiers de documents !

Dans le même temps, les firmes high-tech et les grands opérateurs internet américains s'interrogent sur l'ampleur des dégâts commerciaux provoqués par les révélations d'Edward Snowden : marchés perdus en Europe et en Amérique du Sud notamment ; clients mécontents par la révélation des liens de ces entreprises avec la NSA ; crainte que leurs concurrents russes ou chinois profitent de l'occasion pour élargir leur zone d'influence.

La cyberguerre bat son plein en tout cas. En mars 2014, cinq hauts gradés de l'Armée populaire de libération chinoise sont inculpés aux Etats-Unis pour le *hacking* de grosses entreprises américaines. Mais si l'épée de Damoclès pèse en principe sur leurs têtes, ces hommes ne risquent pas grand-chose, sauf l'impossibilité de voyager aux Etats-Unis : on voit mal Pékin livrer ses propres officiers à la justice américaine.

Bénéficiaires, comme les Russes, de l'exposition publique des activités de cyberespionnage de la NSA, les Chinois n'ont d'ailleurs pas manqué de sourire le moins suivant, quand le prestigieux prix Pulitzer a été attribué au *Guardian* et au *Washington Post* pour leurs révélations sur les programmes de surveillance de la NSA à base de documents fournis par Snowden. « Un exemple distingué de service public méritoire », selon l'administrateur du jury, Sid Gissler.

Un monde orwellien ?

Du point de vue des services, il faut colmater les brèches d'urgence. En juin 2014, le nouveau maître du « Taj Mahal des Grandes Oreilles », l'amiral Michael Rogers, prend le contre-pied de son prédécesseur, Keith Alexander. Là où Alexander avait parlé à propos de Snowden de « plus grand dommage dont notre système combiné de renseignement national ait eu à souffrir », lui calme le jeu.

A l'avenir, Rogers n'exclut pas des fuites, explique-t-il, car celles-ci sont toujours possibles. Mais ce qu'il assure, c'est que la sortie d'un volume de données tel que ceux dérobés par Snowden ou Manning ne serait plus possible, car désormais, toutes les précautions sont prises. Des personnalités étrangères aussi éminentes que Angela Merkel ne sont plus écoutées, précise encore l'amiral, tout en présentant – c'est le leitmotiv de la NSA – le maintien des interceptions de masse comme indispensable à la lutte antiterroriste.

Auditionnés en public par une commission parlementaire en novembre 2014, John Sawers, le patron du MI 6, Andrew Parker, celui du MI 5, et Iain Lobban, le directeur du GCHQ, adoptent la même démarche à double détente : 1° on rassure le public ; 2° on continue à répéter qu'il faut poursuivre dans la même voie à quelques petites modifications près.

« Quand on cherche une aiguille dans une botte de foin, on doit ramasser énormément de foin, mais on met de côté tout le foin qui n'est pas nécessaire », explique Lobban, patelin, tout en ajoutant : « Si vous êtes un terroriste ou un délinquant, il y a des chances que vos communications soient écoutées, mais si vous ne l'êtes pas ou si vous n'êtes pas en contact avec eux, vous n'êtes pas écoutés. »

Un argument de faux bon sens qui ne risque pas d'être admis par les défenseurs des libertés tant il laisse le problème entier : tout le monde, individu comme organisation, a en effet bien conscience d'appartenir à la « botte de foin » dans laquelle les techno-espions cherchent l'aiguille.

Les institutions internationales sont-elles des cibles légitimes, par exemple ? Non, en principe. Or *The Guardian* a révélé comment, lors du sommet du G 20 de Londres, le GCHQ a écouté les conversations téléphoniques des délégations étrangères et intercepté leurs courriels.

Un tantinet sans gêne, non ? Les techniciens anglais ont certes fait preuve d'ingéniosité en mettant sous surveillance les cybercafés voisins d'où certains délégués, se croyant à l'abri, expédiaient leurs messages électroniques confidentiels. Mais cette petite astuce ne les protège pas des critiques pour abus manifeste, bien au contraire.

Et le torchon brûle encore ! En janvier 2015, la commission présidée par le député démocrate-chrétien néerlandais Pieter Omtzigt remet au Conseil de l'Europe son rapport intitulé « Mass Surveillance ». Adopté à l'unanimité et, chose rarissime, sans la moindre modification par les 84 membres de la commission des Affaires juridiques de l'assemblée parlementaire du Conseil représentant 47 pays, ce document s'ouvre sur cette citation ô combien parlante d'Alexandre Soljenitsyne : « Notre liberté repose sur ce que les autres ignorent de notre existence. »

Très acerbe, le rapport Omtzigt observe que « les opérations de surveillance massive ne semblent pas avoir contribué à prévenir les attentats terroristes », contrairement aux assertions régulières, mais jamais documentées des responsables des services américains et britanniques. Ceux-ci s'appuient sur un argument d'autorité : nous savons et vous, vous ne savez pas. Vu comme ça, les services secrets auraient toujours raison quoi qu'ils fassent, et de moins en moins de comptes à rendre à une société qu'ils prétendent défendre.

Le point de vue des rapporteurs est strictement inverse. Ils posent ce diagnostic très net : « L'emballement de cette machine de surveillance [de la NSA et pièces rapportées] est dû au fait que les dirigeants politiques ont perdu le contrôle des services de renseignements. »

Un totalitarisme technologique ? Si oui, nous entrerions dans un monde orwellien, différent de celui que nous avons connu depuis deux millénaires et des régimes démocratiques plus récents auxquels nous sommes attachés…

CONCLUSION

Les services secrets et le pouvoir

Pourquoi as-tu de si grandes oreilles, mère-grand NSA ? C'est pour mieux te protéger de mes ennemis, mon enfant.

A cette aune, nous serions tous des Petit Chaperon rouge. Le cavalier qui surgissait de la nuit au tout début de ce livre est devenu légion et désormais, monstre technologique en puissance.

Au cinéma, le professeur Frankenstein défiait Dieu en créant la vie, et sa créature finissait par lui échapper. Or, jusqu'à présent du moins, les services secrets n'ont jamais affiché pareille ambition. Comme leur nom l'indique, ils se sont contentés le plus souvent de servir. Quitte, on l'a vu, à forcer parfois la main au pouvoir politique, voire, dans des cas extrêmes, à conspirer contre lui.

Mobilisés contre leurs seuls ennemis perses, les espions grecs ne menaçaient pas les franchises des cités hellènes, que l'on sache. Voués à l'abaissement de Rome, ceux d'Hannibal ne constituèrent aucun danger pour l'oligarchie carthaginoise, même si cette dernière, jalouse et méfiante, suspectait le grand général d'aspirer à la dictature militaire – on n'ose parler de « césarisme », l'usage du terme étant anachronique un siècle et demi avant la guerre des Gaules.

Justement, l'essor des services secrets de Rome commence parallèlement au destin de César, un général qui n'a jamais négligé l'espionnage, que ce soit dans sa lutte contre Vercingétorix ou dans son combat contre Pompée pendant la guerre civile.

Sous Auguste, le pouvoir impérial naissant développe des services et une police secrète, faces opposées mais inséparables comme celles des pièces de monnaie frappées à l'effigie du premier Imperator.

Si la monarchie française esquisse un pas vers des services de type moderne sous Philippe le Bel, Louis XI puis François Ier, elle ne prolonge pas cet effort, laissant sa rivale anglaise créer les premières structures dignes de ce nom. En particulier sous Elisabeth Ire, qui les institutionnalise et les intègre très tôt au fonctionnement normal de l'Etat. De quoi prendre de l'avance par rapport non seulement aux Français, mais aussi aux Chinois, englués dans plusieurs siècles d'immobilisme, ou aux Arabes, inventeurs des techniques de décryptement modernes, mais eux aussi en retrait après leur âge d'or. Cette avance ne suffira néanmoins ni à empêcher l'aide de Louis XVI aux indépendantistes américains ni à désamorcer le péril révolutionnaire en France et en Europe. Quant à Napoléon, très au fait des questions d'espionnage comme César, c'est par des moyens militaires classiques qu'on en viendra à bout.

Reste outre-Manche une solide tradition, une « culture du renseignement », comme on dit aujourd'hui. Parfois très en pointe, les Français ne capitalisent jamais leurs expériences, de sorte que tout est toujours à réinventer, comme le feront, bien obligés, les officiers et les agents du BCRA, le service de renseignements du général de Gaulle.

Seraient-ils si mauvais, ces services français réduits depuis trois décennies par les médias aux naufrageurs du *Rainbow Warrior*, le bateau de Greenpeace ? Plutôt bons au contraire, leurs homologues le reconnaissent. Mais ce qui leur a manqué au cours des siècles et fait encore défaut aujourd'hui, c'est un mode de relation stable avec le pouvoir, fondé non sur la fascination réciproque, mais sur le réalisme bien compris.

Les services français, autrement dit, constituent un instrument peu et mal utilisé par des dirigeants trop portés à confondre renseignements et renseignements généraux, c'est-à-dire police politique. Quand on ne leur prête pas des pouvoirs magiques imaginaires, on fait d'eux des expédients à court terme, le contraire de leur vocation.

A propos de court-termisme, n'encensons pas les Britanniques, capables sous Tony Blair d'une grossière manipulation de l'opinion publique à deux doigts de ruiner le mythe de l'Intelligence

Service. Une légende pourtant forgée par des siècles de promotion littéraire et cinématographique, et redorée par la participation des services anglais à la victoire alliée contre Hitler, fait majeur de guerre secrète.

Ne glorifions pas davantage les Américains. Comment des esprits aussi pratiques que ces grands industriels ont-ils pu accoucher de deux lourdes machineries dont l'une, la CIA, multiplie les personnels de bureau en même temps qu'elle réduit les effectifs sur le terrain, tandis que l'autre, la NSA, fait peser une menace sur les libertés du peuple américain et de quelques autres, dont le nôtre ?

Ces menaces que le Sénat des Etats-Unis a voulu limiter en adoptant le 2 juin 2015 le Freedom Act, un projet de loi aussitôt promulgué par Barack Obama. Le Freedom Act met en principe fin à la collecte massive d'informations concernant les citoyens américains, et pose quelques garde-fous juridiques. Mais il ne changera rien au dispositif mondial de surveillance mis en place hors des Etats-Unis par la NSA et ses partenaires rapprochés du pacte UKUSA. Autant dire que le problème du *Big Brother* électronique planétaire reste posé.

Une efficacité moindre par contraste dans le domaine du renseignement de source humaine, rarement à la hauteur des sommes considérables investies par le pays du dollar. En crise existentielle depuis la fin de la guerre froide, sa première raison d'être, la CIA tente de se trouver une nouvelle légitimité dans la lutte contre le terrorisme. Plus discrètement, elle cumule ses efforts avec ceux de la NSA dans le domaine clé du renseignement industriel et commercial sans que l'Europe, pour ne citer qu'elle, aille beaucoup plus loin dans sa riposte que des protestations de principe. Des gesticulations à l'usage des médias et de l'opinion publique encore à l'œuvre, fin juin 2015, quand *Libération* et Mediapart, en collaboration avec le site WikiLeaks, rendront public ce que tout le monde savait dans la communauté feutrée des services de renseignements : des présidents français, comme Jacques Chirac, Nicolas Sarkozy, puis François Hollande, ont été successivement écoutés par la NSA, et la synthèse de ces indiscrétions transmise à la Maison Blanche. Celle-ci, toujours aussi vertueuse, affirmera alors que tel ne serait plus le cas. De son côté, l'Elysée fera mine d'être très, très en colère. Mais compte tenu de l'imbrication entre les services français et états-uniens, à quand le énième « avertissement très sérieux » aux Américains précédant le n + unième, et ainsi de suite ?

Pour leur part, Allemands et Russes furent à la fois acteurs et victimes du totalitarisme, qui faisait de leurs services secrets le département extérieur d'une police secrète omniprésente, clef de voûte du régime. Mais ils n'en sortirent pas par la même porte, la République fédérale allemande empruntant celle de la démocratie, et la Fédération de Russie celle de l'autoritarisme d'Etat ultra-personnalisé.

Hitler a détruit les services secrets « à l'ancienne », trop peu fiables politiquement, et cru que remplacer l'Abwehr par de fidèles SS au pedigree racial impeccable suffirait. On sait ce qu'il en est advenu. Mais même peuplé à l'origine d'anciens nazis et coupable, dans les années 1990 encore, d'abus de pouvoir comme les écoutes de journalistes, l'actuel Bundesnachrichtendienst s'est en quelque sorte « civilisé ».

Malgré les purges staliniennes, le KGB et ses prédécesseurs sont parvenus à maintenir un niveau professionnel certain, d'autant que l'internationalisme soviétique des origines favorisa longtemps le recrutement d'agents dans le monde occidental. Très intrusif, le SVR de Vladimir Poutine essaie de faire fructifier ce capital tout en profitant de la mondialisation pour placer ses billes.

Ses relations avec la communauté chinoise du renseignement sont contrastées : parfois alliés contre les Occidentaux, parfois rivaux. C'est que les héritiers de Sun Zi, qui sont aussi ceux de Deng Xiaoping, ont créé par petites touches une constellation d'organismes capables d'arracher des informations confidentielles voire secrètes sans trop de scandales. Pékin joue avec aisance sur la faible pugnacité d'Occidentaux avant tout soucieux d'éviter les conflits.

Ainsi se dessinent de nouvelles lignes de force.

Sauf les Israéliens en état de quasi-guerre permanente, les services occidentaux misent beaucoup plus sur l'espionnage technologique que sur le travail des agents de terrain. Si cette formule peut paraître séduisante, elle risque de déboucher sur la constitution d'une bureaucratie pesante d'analystes œuvrant sur un matériel informatif éloigné des réalités.

Un schéma possible serait de protéger par des cloisons étanches une aile clandestine réduite en effectifs, mais disposant d'assez de temps et d'argent pour « planter » quelques agents dans des lieux judicieusement choisis. Et de juxtaposer cet appareil profond avec une aile ouverte travaillant en toute transparence avec le monde universitaire, comme c'est parfois le cas aux Etats-Unis, au Japon ou même en Chine. Ne serait alors réellement secret que ce qui doit l'être, le reste pouvant faire l'objet de formes diverses de communication.

La tendance à la féminisation des services, elle, s'accentue. Tout ce livre atteste que, contrairement à l'idée reçue, les agentes secrètes ne constituent pas un fait nouveau dans l'Histoire. Pour autant, leur entrée en force dans les centrales de renseignements est récente. Elles y apportent une meilleure connexion avec la société, une sensibilité et une manière de voir différentes de celles des hommes.

C'est vrai à la DGSE, qui, sans devenir un haut lieu du féminisme, comme ce n'est d'ailleurs pas sa vocation, n'a plus rien à voir avec l'organisation à base de militaires hommes des années guerre froide. Sur un peu moins de 5 000 fonctionnaires majoritairement civils, elle emploie un quart de femmes, et pas pour aller chercher le café !

Une énigme enfin : le monde des services secrets trouvera-t-il à l'avenir d'autres motivations que celle, essentiellement patriotique, qui est la sienne depuis que les Etats-nations existent ? Sachant que l'édification européenne marque le pas, on peut se poser cette question, superflue pour les Etats-Unis, la Chine ou la Russie…

Bibliographie

Les sources bibliographiques sont présentées chapitre par chapitre. Une préférence de principe est donnée aux ouvrages en français, qu'il s'agisse de textes originaux ou de traductions d'une langue étrangère.

Quand les ouvrages ne sont pas disponibles en français, c'est leur édition originale qui est référencée. Dans certains cas où le texte français est franchement incomplet, l'édition originale est citée parallèlement à l'édition française.

1

Millenium espionnage

BOYER Régis, *Les Vikings. Histoire et civilisation*, Paris, Plon, 1992.

DEUVE Jean, « Le renseignement militaire chez les Normands, 900-1135 », in « *Il n'est point de secrets que le temps ne révèle* », *études sur l'histoire du renseignement*, Centre d'études d'histoire de la Défense, Paris, Lavauzelle, 1998.

—, *La tradition et la pratique du renseignement chez les Vikings*, in *Renseignement & opérations spéciales*, n° 1, Paris, L'Harmattan, 1999.

KAHN David, *La Guerre des codes secrets*, Paris, InterEditions, 1980.

SHELDON Rose Mary, *Renseignement et espionnage dans la Rome antique*, Paris, Les Belles-Lettres, 2009.

SINGH Simon, *Histoire des codes secrets de l'Egypte des pharaons à l'ordinateur quantique*, Paris, J.-C. Lattès, 1999.

2

L'invention des services

BÉLY Lucien, *Les Secrets de Louis XIV. Mystères d'Etat et pouvoir absolu*, Paris, Tallandier, 2013.

BENOIST Pierre, *Le Père Joseph. L'éminence grise de Richelieu*, Paris, Perrin, 2007.

BLUCHE François, *Richelieu*, Paris, Perrin, 2003.

BUCHHEIT Gert, *Secrets des services secrets*, Paris, Artaud, 1974.

GENÊT Stéphane, *Les Espions des Lumières. Actions secrètes et espionnage militaire sous Louis XV*, Paris, Nouveau Monde, 2013.

GIVIERGE Marcel, général, *Cours de cryptographie*, Paris, Berger-Levrault, 1936.

KAHN David, *La Guerre des codes secrets*, *op. cit.*

KARPMAN Gilbert, *Cryptologie. Une histoire des écritures secrètes des origines à nos jours*, Paris, Lavauzelle, 2006.

LORRAIN François-Guillaume, « Benedict Arnold, l'homme qui vendit l'Amérique », in *Les Traîtres et autres Judas de l'Histoire*, Paris, Belin-Le Point, 2013.

MASSON Rémi, *Les Mousquetaires où la violence d'Etat*, Paris, Vendémiaire, 2013.

—, interview par Laurent Henninger, in *Guerres et Histoire*, avril 2014, n° 19.

MUCHEMBLED Robert, *Madame de Pompadour*, Paris, Fayard, 2014.

MULLER Nathan, *Spying for America. The Hidden History of US Intelligence*, New York, Dell Publishing, 1989.

PERRAULT Gilles, *Le Secret du* Roi ; t. 1 : *Le Secret du Roi*, Paris, Fayard, 1992 ; t. 2 : *L'Ombre de la Bastille*, Fayard, 1993 ; t. 3 : *La Revanche américaine*, Fayard, 1996.

RICHINGS M.G., *Le Service secret de la couronne d'Angleterre depuis le Moyen Age jusqu'à nos jours*, Paris, Payot, 1933.

SINGH Simon, *Histoire des codes secrets de l'Egypte des pharaons à l'ordinateur quantique*, *op.cit.*

THIEULLOY Guillaume DE, *Le Pape et le Roi. Anagni, 7 septembre 1303*, Paris, Gallimard, 2010.

3

Le saut dans l'ère moderne

BLANC Olivier, *Les Espions de la République et de l'Empire*, Paris, Perrin, 1995.

BOUAN Gérard, *Napoléon perd l'Europe, janvier-avril 1814*, préface du général de corps d'armée Hervé Charpentier, Paris, Economica, 2014.

DIESBACH Ghislain DE, *Histoire de l'émigration, 1799-1814*, Paris, Grasset, 1998.

EDEL Chantal, présentation du récit de Fatallah Sayeghir, in *Les Seigneurs du désert, de Tombouctou à La Mecque, témoignages XIX*[e] *siècle-XX*[e] *siècles*, Paris, Omnibus, 2014.

ELGEY Georgette, « Vincent Boutin en mission secrète en Algérie », *Historia*, mars 2012, n° 783.

FAGOT Frédéric, « Le "courrier des princes" ou les relations diplomatiques entre la Bretagne contre-révolutionnaire, les îles Anglo-Normandes et l'Angleterre de 1789 à 1800 », in *Il n'est point de secrets que le temps ne révèle. Etudes sur l'histoire du renseignement*, Centre d'études d'histoire de la Défense, Paris, Lavauzelle, 1998.

FALIGOT Roger, *L'Irlandais de Bonaparte*, Paris, Plon, 2014.

—, KAUFFER Rémi, NORET Anne-Marie, « Comment Boutin-le-Nantais, espion de Napoléon, a préparé la conquête de l'Algérie », *Ouest France*, 29 novembre 1984.

—, « Saint-Ange, le conspirateur sans visage », *Ouest France*, 8 janvier 1985.

LENTZ Thierry, *Nouvelle histoire du Premier Empire* ; t. 1 : *Napoléon et la conquête de l'Europe, 1804-1814* ; t. 2 : *L'Effondrement du système napoléonien, 1810-1814*, Paris, Fayard, 2002, 2007.

MARQUIS Hughes, *Agents de l'étranger. Les espions à la solde de l'Angleterre dans une France en révolution*, Paris, Vendémiaire, 2014.

MENNEVÉE Robert, *L'Espionnage international en temps de paix*, tome 1, Paris, chez l'auteur, 1929, citant le capitaine Numa de Chilly, ancien directeur adjoint de Saint-Cyr, *L'Espionnage*, Paris, Librairie militaire Baudouin, 1888.

MONTARRAS Alain, « Le renseignement sous Napoléon », in *Il n'est point de secrets que le temps ne révèle, op. cit.*

TULARD Jean, *Joseph Fouché*, Paris, Fayard, 1998.

—, *Napoléon, chef de guerre*, Paris, Tallandier, 2013.

VAUTIER Stéphane, « Michel Moulin au service secret de Louis XVIII », *Historia*, juillet 2014, n° 811.

WARESQUIEL Emmanuel DE, *Talleyrand. Dernières nouvelles du diable*, Paris, CNRS, 2011.

—, *Fouché. Les silences de la pieuvre*, Paris, Fayard/Tallandier, 2014.

4

Prélude à la Grande Guerre

ANDREW Christopher, *The Defence of the Realm. The Authorized History of MI 5*, Londres, Penguin Books, 2010.

BERNIS, colonel, *Essai sur le renseignement à la guerre*, préface du général Weygand, Paris, Berger-Levrault, 1933.

DEACON Richard, *Richard Deacon's History of Western Naval Intelligence. The Silent War*, Londres, Sphere Books, 1980.

DELHEZ Jean-Claude, *La France espionne le monde, 1914-1919. Les exploits des briseurs de code*, Paris, Economica, 2014.

FALIGOT Roger, *Les Services spéciaux de Sa Majesté*, Paris, Temps actuels, 1982.

GIVIERGE, colonel, *Question de chiffre*, Revue militaire française, Paris, 1924.

GIVIERGE Marcel, général, *Cours de cryptographie*, *op.cit.*

—, *Etude historique de la section du chiffre, 1889-1916*, cité par Alexandre Ollier, in *La Cryptographie militaire avant la guerre de 1914*, Paris, Lavauzelle, 2002.

HOPKIRK Peter, *Le Grand Jeu. Officiers et espions en Asie centrale*, préface d'Olivier Weber, Bruxelles, Editions Nevicata, 2011.

IGNATIEFF Paul, colonel comte, *Ma mission à Paris*, Paris, Baudinière, 1932.

—, *La Conversion d'une espionne. Histoire vécue*, Paris, Baudinière, 1934.

JEFFERY Keith, *MI 6. The History of the Secret Intelligence Service, 1909-1949*, Londres, Bloomsbury, 2011.

JEVAKHOFF Alexandre, *Les Russes blancs*, Paris, Tallandier, 2007.

KAUFFER Rémi, *Le Siècle des quatre empereurs. Sun Yat-sen, Chiang Kai-shek, Mao Zedong, Deng Xiaoping*, Paris, Perrin, 2014.

KOZOVOÏ Andreï, *Les Services secrets russes des tsars à Poutine*, Paris, Tallandier, 2010.

LASTOURS Sophie DE, *La France gagne la guerre des codes secrets, 1914-1918*, Rémi Kauffer (dir.), préface de l'amiral Lacoste, Paris, Tallandier, 1998.

LAURENT Sébastien, *Politiques de l'ombre. Etat, renseignement et surveillance en France*, Paris, Fayard, 2009.

LUX Charles, *L'Evasion du capitaine Lux*, Paris, Les Œuvres représentatives, 1932.

MARX Karl, *Herr Vogt, A Spy in the Workers' Movement*, Londres, New Park Publications Ltd, 1982.

MULLER Nathan, *Spying for America. The Hidden History of US Intelligence*, *op.cit.*
RICHELSON Jeffrey T., *A Century of Spies. Intelligence in the Twentieth Century*, Oxford New York, Oxford University Press, 1995.
STIEBER Wilhelm, *Espion de Bismarck*, Pygmalion-Gérard Watelet, Paris, 1985.
VASSILYEV A.T., *The Ochrana. The Russian Secret Police*, Londres, George G. Harrap, 1930.
WEST Nigel [nom d'auteur de sir Rupert Allason], *GCHQ. The Secret Wireless War, 1900-1986*, Londres, Coronets Books, Hodder and Stoughton, 1987.

5

Loin des tranchées

ANTIER Chantal, *Louise de Bettignies. Espionne et héroïne de la Grande Guerre*, Paris, Tallandier, 2013.
ARGŒUVES Hélène D', *Louise de Bettignies*, Paris, Plon, 1937.
BALACE Francis, « Belgique 1914. Le règne de l'improvisation », intervention du 26 novembre 2014 au colloque *Espionnage et renseignement dans la Première Guerre mondiale*, organisé par l'Académie du renseignement en partenariat avec l'Institut de recherche stratégique de l'Ecole militaire et la Direction de la mémoire, du patrimoine et des archives.
BARDANNE Jean, *Mademoiselle Doktor contre la France*, Paris, La Baudinière, 1933.
—, *L'Intelligence Service en Belgique*, Paris, La Baudinière, 1935.
—, *Espionnes du Reich*, Paris, Siboney, 1947.
BELLET Guy DE, *Mata Hari*, Paris, « La Vie amoureuse », 1952.
BINDER Henri, *Espionnage et contre-espionnage à Bruxelles, 1914-1918*, préface de Gaston-Denys Périer, sous-directeur bibliothécaire du ministère des Colonies de Belgique, Paris, Payot, 1935.
BINOT Jean-Marc, *Héroïnes de la Grande Guerre*, Paris, Fayard, 2010.
BRAGANCE Anne, *Mata Hari*, Paris, Belfond, 1995.
CNOCKAERT Marthe, *Les Espions que j'ai connus*, republié dans *Romans d'espionnage de la Grande Guerre*, édition établie et présentée par François Rivière, Paris, Robert Laffont, « Bouquins », 2014.
COLAS Philippe, *Mata Hari. Sa véritable histoire*, Paris Plon, 2003.
COURTIN Cécile, *Tromper l'ennemi, l'invention du camouflage moderne en 1914-1918*, Villers-sur-Mer, éditions Pierre de Taillac, 2015.

DEBRUYNE Emmanuel, intervention du 26 novembre 2014 au colloque *Espionnage et renseignement dans la Première Guerre mondiale*, cité *supra.*

ESCLAIBES lieutenant-colonel D', *Le Plan de déception*, Paris, Ecole supérieure de Guerre, Section de recherches et d'études, années 1949-1950, 3e promotion.

FALIGOT Roger, KAUFFER Rémi, « Paul-Louis Weiller, "l'homme le plus riche de France" », in *Eminences grises*, Paris, Fayard, 1992.

GIRAUD Henri-Christian, *1914-1918. La Grande Guerre du général Giraud*, Paris, Le Rocher, 2014.

GMELINE Patrick DE, *Les As de la Grande Guerre*, Paris, Presses de la Cité, 1995.

GOMEZ CARILLO E., *Le mystère de la vie et de la mort de Mata Hari*, Paris, Eugène Fasquelle, 1925.

HOWE Russell Warren, *Mata Hari innocente !*, préface du général André Bach, Paris, L'Archipel, 2007.

JEFFERY Keith, *MI 6. The History of the Secret Intelligence Service, 1909-1949*, *op. cit.*

JOHNS Captain W.E., *Biggles combattant du ciel*, Paris, Presses de la Cité, 1950 (titre original en 1939, *The Rescue Flight*).

KAUFFER Rémi, « Louise de Bettignies, "The Queen of Spies" », in *Les Grands espions du XXe siècle*, *Historia,* spécial, n° 8, novembre-décembre 2012.

KOCH-KENT Henri, *Vu et entendu*, vol. 1 : *Souvenirs d'une époque controversée 1912-1940*, chez l'auteur, imprimerie Herman, Luxembourg, 1983. *Vu et entendu* ; vol. 2 : *Années d'exil 1940-1946*, chez l'auteur, imprimerie Herman, Luxembourg, 1986.

KUPFERMAN Fred, *Mata Hari. Songes et mensonges*, Bruxelles, Complexe, 2005.

LEFEBVRE Denis, « Emilienne Moreau », in *Femmes soldats. Neuf destins exceptionnels*, *Historia*, n° 711, mars 2006.

MIR James, *Un agent de « l'Intelligence Service » belge (Mémoires d'un condamné à mort, 1914-1918)*, Paris, Les Œuvres représentatives, 1926.

POMMEREAU Claude, MAINGON Claire, PICON Guillaume, *Ecrivains et artistes face à la Grande Guerre*, Paris, Beaux-Arts Editions, 2014.

RANKIN Nicolas, *A Genius for Deception. How Cunning Helped the British Win Two World Wars*, Oxford University Press, 2008.

RICHELSON Jeffrey T., *A Century of Spies. Intelligence in the Twentieth Century*, *op. cit.*

SHIRMAN Léon, *L'Affaire Mata Hari*, Paris, Tallandier, 1994.

STEIN Gertrude, *The Autobiography of Alice B. Toklas*, Londres, Penguin Books, 2001.

VILLATOUX Marie-Catherine, « Le renseignement aérien pendant la Grande Guerre », intervention du 26 novembre 2014 au colloque *Espionnage et renseignement dans la Première Guerre mondiale*, cité *supra*.

WAAGENAR Sam, *Mata Hari*, Paris, Fayard, 1965.

WEST Nigel, *MI 6. British Intelligence Service Operations, 1909-1945*, Londres, Weidenfeld & Nicolson, 1983.

6

La Der de Der

BAMFORD James, *The Puzzle Palace. Inside the National Security Agency, America's Most Secret Intelligence Organization*, New York, Penguin Books, 1982.

BARDANNE Jean, *Le Colonel Nicolaï, espion de génie, le véritable organisateur de la révolution bolchevique et de l'hitlérisme, son succédané*, Paris, Siboney, 1947.

BOUCARD Robert, *Les Dessous de l'espionnage anglais*, Paris, Editions de France, 1934.

BOURLET Michael, commandant, « Les Officiers du 5e Bureau, recrutement et profils », intervention du 26 novembre 2014 au colloque *Espionnage et renseignement dans la Première Guerre mondiale*, cité *supra*.

BUCHHEIT Gert, « War Rasputin Deutscher Agent ? », *Die Nachhut* (revue des anciens des services spéciaux allemands), 15 septembre 1971.

CROZIER Joseph, *Mes Missions secrètes 1915-1918*, Paris, Payot, 1933.

DEACON Richard, *Richard Deacon's History of Western Naval Intelligence. The Silent War*, Londres, *op. cit.*

DELHEZ Jean-Claude, *La France espionne le monde, 1914-1919. Les exploits des briseurs de code*, *op. cit.*

FALIGOT Roger, *Les Mystères d'Irlande*, Fouesnant, Yoran Embanner, 2007.

FORCADE Olivier, *La République secrète. Histoire des services spéciaux français de 1918 à 1939*, Paris, Nouveau monde, 2008. *Cf.* aussi « Le renseignement français pendant la Première Guerre mondiale », intervention du 26 novembre 2014 au colloque *Espionnage et renseignement dans la Première Guerre mondiale*, cité *supra*.

GMELINE Patrick DE, *Les As de la Grande Guerre*, *op. cit.*

HELLER Michel, NEKRICHT Alexandr, *L'Utopie au pouvoir. L'URSS de 1917 à nos jours*, Paris, Calmann-Lévy, 1982.

JEFFERY Keith, *MI 6. The History of the Secret Intelligence Service, 1909-1949*, *op. cit.*

KRIEGER Wolfgang, « Les Activités secrètes allemandes aux Etats-Unis en 1914-1917 et les origines de la déclaration de guerre », intervention du 26 novembre 2014 au colloque *Espionnage et renseignement dans la Première Guerre mondiale*, cité *supra.*

—, *Services secrets. Une histoire des pharaons à la CIA*, Paris, CNRS Editions, 2010.

L'HOËR Claire, « Georges-Jean Painvain, l'homme par qui la victoire arrive », *Historia*, n° 814, octobre 2014.

LASTOURS Sophie DE, *La France gagne la guerre des codes secrets, 1914-1918*, *op. cit.*

MACKENZIE Compton, *Water on the Brain*, Londres, Penguin Books, 1977 (édition en poche du texte original paru sous le même titre en 1933 chez Chatto & Windus).

MILTON Giles, *Roulette russe. La guerre secrète des espions anglais contre le bolchevisme*, Paris, Noir sur Blanc, 2015.

MULLER Nathan, *Spying for America. The Hidden History of US Intelligence*, *op. cit.*

RICHARD Marthe, *Espions de guerre et de paix (1920-1923)*, Paris, Les Editions de France, 1938.

RINTELEN VON, lieutenant de vaisseau, *Mes souvenirs de guerre secrète (The Dark Invader)*, avec une lettre de sir Reginald Hall, chef de la Naval Intelligence Division pendant la guerre, Paris, Payot, 1933.

SOUTOU Georges-Henri, *Un exemple d'influence. Le renseignement français et le problème des nationalités, le cas de l'Office central des nationalités,* in *Approches françaises du renseignement, Y a-t-il une culture nationale ?,* s. d. de l'amiral Pierre Lacoste, Paris, Fondation pour les études de Défense, 1997.

VAKSBERG Arkadi, *Le Laboratoire des poisons. De Lénine à Poutine*, Paris, Buchet-Chastel, 2007.

WALTER Nicolai, *Geheime Mächte. Internationale Spionage & ihre Bekämpfung in Weltkrieg*, Leipzig, 1923.

WEST Nigel, *GCHQ. The Secret Wireless War, 1900-1986*, *op. cit.*

—, *MI 6. British Intelligence Service Operations, 1909-1945*, *op. cit.*

YARDLEY, Herbert O., *The Chinese Black Chamber. An Adventure in Espionage*, introduction de James Bamford, Boston, Houghton Mifflin Company, 1983.

7

Le monde arabo-musulman en feu

AMMOUN Denise, *Histoire du Liban contemporain*, t.1 : *1860-1943*, Paris, Fayard, 1997.

ANDERSON Scott, *Lawrence in Arabia*, New York, First Anchor Books Edition, 2014.

ANDRÉ Guillaume, *Lawrence d'Arabie*, Paris, Fayard, 2000.

ARMITAGE F., *Lawrence d'Arabie, le désert et les Arabes*, Paris, Payot, 1957.

ASHER Michael, *Lawrence, the Uncrowned King of Arabia*, New York, The Overlook Press, 1988.

BARR James, *Setting the Desert on Fire. T.E. Lawrence and the Secret War in Arabia, 1916-1918*, Londres, Bloomsbury, 2006.

BOUSSARD Léon, *Le Secret du colonel Lawrence*, Paris, MA, 1946.

BRÉMOND Edouard, *Le Hedjaz dans la guerre mondiale*, préface du maréchal Franchet d'Esperey, Paris, Payot, 1931.

CAVE-BROWN Anthony, *Philby père et fils, la trahison dans le sang*, Paris, Gérard Watelet, 1997.

DEROGY Jacques, CARMEL Hesi, *Le Siècle d'Israël, les secrets d'une épopée 1895-1995*, Paris, Fayard, 1994.

DESTREMAU Christian, *Lawrence d'Arabie*, Paris, Perrin, 2014.

ELIZER Tauber, *The Arab Movements in World War I*, Londres, Franck Cass, 1993.

FALIGOT Roger, *Markus, espion allemand*, Paris, Temps actuels, 1984.

—, KAUFFER Rémi, *Le Croissant et la croix gammée*, Paris, Albin Michel, 1989.

FLORENCE Ronald, *Lawrence and Aaronsohn, T.E. Lawrence, Aaron Aaronsohn and the Seeds of the Arab-Israeli Conflict*, Londres, Viking/Penguin Books, 2007.

GRAVES Robert, *Lawrence et les Arabes*, Paris, Gallimard, 1962.

GREAVES Adrian, *Lawrence of Arabia. Mirage of a Desert War*, Londres, Phoenix, 2008.

HOWELL Georgina, *Daughter of the Desert. The Remarquable Life of Gertrude Bell*, Londres, Macmillan, 2006.

KARSH Efraim et Inari, *Empires of Sand. The Struggle for Mastery in the Middle-East, 1789-1923*, Cambridge University Press, 2001.

KAUFFER Rémi, *La Saga des Hachémites. La tragédie du Moyen-Orient*, Paris, Stock, 2009 ; rééd. Perrin, « Tempus », 2012.

—, « Gertrude Bell, la "Mère de l'Irak" », *Historia*, n° 801, septembre 2013.

KNIGHTLEY Philip, SIMPSON Colin, *Les Vies secrètes de Lawrence d'Arabie*, Paris, Robert Laffont, 1970.

LECLERC Christophe, *Avec T.E. Lawrence en Arabie. La mission militaire française au Hedjaz 1916-1920*, préface de Maurice Larès et Malcom Brown, Paris, L'Harmattan, 1998.

MONROE Elisabeth, *Philby of Arabia*, avant-propos de sir James Craig, Reading, Ithaca Press, 1973.

NEVIASKI Alexis, *Képi blanc, casque d'acier et croix gammée. Subversion au cœur de la Légion étrangère*, Paris, Fayard, 2012.

PHILBY Harry St. John, *Forty Years in the Wilderness*, Londres, Robert Hale, 1957.

SULEIMAN Moussa, *Songe et mensonge de Lawrence*, précédé de *Lawrence vu par les Arabes* par Vincent Monteil, Paris, Sinbad, 1973.

SYKES Christopher, *Wassmus, The German Lawrence*, Londres, Longman, 1936.

TER MINASSIAN Taline, « Reginald Teague Jones, un espion britannique dans le Grand Jeu », intervention du 26 novembre 2014 au colloque *Espionnage et renseignement dans la Première Guerre mondiale*, cité *supra*.

VERNIER Bernard, *La Politique islamique de l'Allemagne*, Paris, Centre d'études de politique étrangère, section d'informations, publication n° 12, Paul Hartmann éditeur, 1939.

WALLACH Janet, *Desert Queen. The Extraordinary Life of Gertrude Bell*, Londres, Phoenix, 2005.

8

Terrorisme et communisme

ANDREW Christopher, GORDIEVSKI Oleg, *Le KGB dans le monde, 1917-1990*, Paris, Fayard, 1990.

—, MITROKHINE Vassili, *Le KGB contre l'Ouest, 1917-1991*, Paris, Fayard, 2000.

—, *The Mitrokhin Archives. The KGB in Europe and the West*, Londres, Allen Lane, The Penguin Press, 1990.

BOMMART Jean, *Le Train blindé n° 4 (Le poisson chinois se fait rouge)*, Paris, Editions de Flore, 1948.

BROSSAT Alain, *Agents de Moscou*, Paris, Gallimard, 1988.

CORSON William, CROWLEY Robert T., *The New KGB. Engine of Soviet Power*, New York, William Morrow, 1986.

COSTELLO John, TSAREV Oleg, *Deadly Illusions*, Londres, Random House, 1993.

DZIAK John J., *Chekisty. A History of the KGB*, New York, Ivy Books, 1988.

FALIGOT Roger, *Paris nid d'espions. Les services de l'ombre dans la ville lumière*, Paris, Parigramme, 2009.

JEFFERY Keith, *MI 6. The History of the Secret Intelligence Service, 1909-1949*, *op. cit.*

KNICKERBOCKER H.R., *Commerce rouge. URSS contre Europe*, Paris, Flammarion, 1932.

MELGOUNOV Serguei, *La Terreur rouge en Russie, 1918-1924*, préface de Georges Sokoloff, Paris, Editions des Syrtes, 2004.

MILTON Giles, *Roulette russe. La guerre secrète des espions anglais contre le bolchevisme*, *op. cit.*

PIPES Richard, *The Unknow Lenin from the Secret Archive*, Yale University Press, New Haven et Londres, 1998.

REILLY Sydney et Mme P., *La Vie aventureuse de Sydney Reilly*, Paris, Editions de la Nouvelle critique, collection 13, Le Sphynx, 1931.

SOUDOPLATOV Pavel et Anatoli (avec Jerrold et Leona Schecter), *Missions spéciales. Mémoires du maître-espion soviétique Pavel Soudoplatov*, préface de Robert Conquest, Paris, Seuil, 1994.

VAKSBERG Arkadi, *Le Laboratoire des poisons. De Lénine à Poutine*, *op.cit.*

WILMERS Mary-Kay, *Nous les Eitingon*, Paris, Liana Levi, 2013.

9

La première guerre froide

ANDREW Christopher, *The Defence of the Realm. The Authorized History of MI 5*, *op. cit.*

BOURGEOIS Guillaume, « Vie et mort de Henri Robinson », *Communisme*, n° 40-41, Paris, Editions l'Age d'homme, 1995.

—, « A Berlin, le chef de l'Orchestre rouge meurt sous la hache des nazis », *Historia*, n° 618, juin 1998.

BOYLE Andrew, *Un climat de trahison*, Paris, J.-C. Lattès, 1980.

CARTER Miranda, *Gentleman espion. Les doubles vies d'Anthony Blunt*, Paris, Payot, 2006.

COSTANTINI Aimé, colonel, *Les Grands Chefs militaires soviétiques*, t. 1 : *Les Bâtisseurs de l'Armée rouge, 1918-1938*, Vincennes, Service historique de l'armée de terre, 1971.

COSTELLO John, TSAREV Oleg, *Deadly Illusions*, *op. cit.*

FALIGOT Roger, « Kim Philby passe aux rouges » *Historia*, spécial, n° 8, *Les Grands Espions du XXe siècle*, nov.-déc. 2012.

—, *Les Services spéciaux de Sa Majesté*, *op. cit.*
—, KAUFFER Rémi, *As-tu vu Cremet ?*, Paris, Fayard, 1991.
—, *L'Hermine rouge de Shanghai*, Rennes, Les Portes du large, 2005.
HONINGMANN Barbara, *L'Agent recruteur*, Paris, Denoël, 2008.
JEFFERY Keith, *MI 6. The History of the Secret Intelligence Service 1909-1949*, *op. cit.*
PAGE Bruce, KNIGHTLEY Philip, LEICHT David, *Philby. L'Intelligence Service aux mains d'un agent soviétique*, Paris, Robert Laffont, 1968.
PHILBY, *Ma guerre silencieuse*, Paris, Robert Laffont, 1968.
THOM Françoise, *Beria. Le Janus du Kremlin*, Paris, Cerf, 2013.
VILLEMAREST Pierre DE, en collaboration avec Clifford A. Kiracoff, *GRU. Le plus secret des services soviétiques*, Paris, Stock, 1988.
WEST Nigel (nom d'auteur de sir Rupert Allason), *G.C.H.Q. The Secret Wireless War, 1900-1986*, *op. cit.*

10

Les bruns, les rouges et les autres

ALEXANDROV Victor, *L'Affaire Toukhatchevsky*, Paris, Robert Laffont, 1962.
BACH André, *Le Colonel Mendras et les relations militaires franco-soviétiques, 1932-1935*, mémoire de maîtrise d'histoire, Jean-Baptiste Duroselle (dir.), Paris, 1981.
CALIC Edouard, *Heydrich. L'homme clé du IIIe Reich*, Paris, Robert Laffont, 1985 ; rééd. Nouveau Monde, 2011.
Cryptographic Mathematics of Enigma, document du Center for Cryptographic History, National Security Agency, Fort Meade, Maryland.
ENZENSBERGER Hans Magnus, *Hammerstein ou l'intransigeance. Une histoire allemande*, Paris, Gallimard, 2010.
FALIGOT Roger, *Naisho. Enquête au cœur des services secrets japonais*, Paris, La Découverte, 1997.
—, KAUFFER Rémi, NORET Anne-Marie, « Comment le sous-marin rouge de Brest échappa au coup de main franquiste », *Ouest France*, 3 janvier 1985.
—, GUISNEL Jean, KAUFFER Rémi, *Histoire politique des services secrets français de la Seconde Guerre mondiale à nos jours*, Paris, La Découverte, 2013.
HÖHNE Heinz, *Canaris. La véritable histoire du chef des renseignements militaires du IIIe Reich*, Paris, Balland, 1981.

JEFFERY Keith, *MI 6. The History of the Secret Intelligence Service, 1909-1949*, *op. cit.*

KAUFFER Rémi, *Le Siècle des quatre empereurs. Sun Yat-sen, Chiang Kai-shek, Mao Zedong, Deng Xiaoping*, *op. cit.*

KERJEAN Eric, *Canaris. Le maître espion de Hitler*, Paris, Perrin, 2012.

LASTOURS Sophie DE, *Toukhatchevsky. Le bâtisseur de l'Armée rouge*, préface d'Alexandre de Marenches, Paris, Albin Michel, 1996.

LONGERICH Peter, *Himmler*, Paris, Héloïse d'Ormesson, 2010.

LOPEZ Jean, OTKHMEZURI Lasha, *Joukov. L'homme qui a vaincu Hitler*, Paris, Perrin, 2013.

NORD Pierre, *...et Staline décapita l'Armée rouge* (roman à clef), Paris, Le Masque, 1975.

PAILLOLE Paul, *Notre espion chez Hitler*, Paris, Robert Laffont, 1985 ; rééd. Nouveau Monde, 2012.

—, *L'Homme des services secrets*. Entretiens avec Alain-Gilles Minella, préface de l'amiral Lacoste, Paris, Julliard, 1995.

PEIS Günter, *Alfred Naujocks. L'homme qui déclencha la guerre*, Paris, Artaud, 1961.

RIVET Louis, *Carnets du chef des services secrets du Front populaire à Vichy*, présentés par Olivier Forcade et Sébastien Laurent, Paris, Nouveau Monde, 2011.

SCHELLENBERG Walter, *Le Chef du contre-espionnage nazi parle, 1933-1945*, Paris, Julliard, 1957.

SEBAG-MONTEFIORE Hugh, *Enigma. The Battle for the Code*, Londres, Weidenfeld & Nicolson, 2000.

SINGH Simon, *Histoire des codes secrets de l'Egypte des pharaons à l'ordinateur quantique*, *op. cit.*

SOUDOPLATOV Pavel et Anatoli (avec Jerrold et Leona Schecter), *Missions spéciales, mémoires du maître-espion soviétique Pavel Soudoplatov*, *op. cit.*

11

Extension du domaine des services

ALBERTELLI Sébastien, *Les Services secrets du général de Gaulle. Le BCRA, 1940-1944*, Paris, Perrin, 2009.

ANDREW Christopher, *The Defence of the Realm. The Authorized History of MI 5*, *op. cit.*

BAMFORD James, *The Puzzle Palace. Inside the National Security Agency, America's Most Secret Intelligence Organization*, *op.cit.*

BEESLY Patrick, *Very Special Intelligence*, with a Foreword by the Late Earl Mountbatten of Burma, New York, Ballantine Books, 1981.

BLOCH Gilbert, « L'autre Ultra. Magic : les décryptements américains pendant la Seconde Guerre mondiale », in *Renseignement & opérations spéciales,* n° 1, Paris, L'Harmattan, 1999.

BLOCH Gilbert, *Renseignement et intoxication durant la Seconde Guerre mondiale. L'exemple du débarquement*, Paris, L'Harmattan, 1999.

BROWN Anthony Cave, *La Guerre secrète, le rempart des mensonges*, t. 1 : *Origine des moyens spéciaux et premières victoires alliées* ; t. 2 : *Le Jour « J » et la fin du IIIe Reich*, Paris, Pygmalion/Gérard Watelet, 1981.

DANIS Jean, *Les Espions de l'armée de l'air française*, t. 1 et 2 (1935-1940) et t. 3 (1943-1945), Chemillé-sur-Indrois, Editions Hugues de Chivré, 2011.

DIACONO Lucien, alias « Pauline », ancien opérateur radio du Special Operations Executive britannique, interview dans la revue des *Réservistes du Chiffre,* n° 25, années 1997-1998.

FALIGOT Roger, GUISNEL Jean, KAUFFER Rémi, *Histoire politique des services secrets français de la Seconde Guerre mondiale à nos jours, op. cit.*

French Radio Intelligence and Cryptographic Organizations, Mc457 Mcc Box 1344, NARA, déclassifié le 15 janvier 1997.

GARDER Michel, *La Guerre secrète des services spéciaux français, 1935-1945*, Paris, Plon, 1967.

HOLT Taddeus, *The Deceivers. Allied Military Deception in the Second World War*, Londres, Phoenix, 2005.

JEFFERY Keith, *MI 6. The History of the Secret Intelligence Service, 1909-1949*, *op. cit.*

KAUFFER Rémi, « Les dessous du piège tendu par le MI 5 à de Gaulle », *Historia*, n° 793, janvier 2013.

Listening to the Rumrunners, document du Center for Cryptographic History, National Security Agency, Fort Meade, Maryland.

MALOUBIER Bob, *Les Secrets du jour J. Opération Fortitude – Churchill mystifie Hitler*, Paris, La Boétie, 2014.

MCKAY Sinclair, *Les Casseurs de codes de la Seconde Guerre mondiale*, Ixelles Editions, 2012.

NORD Pierre, *L'Intoxication. Arme absolue de la guerre subversive*, Paris, Fayard, 1971.

PAILLOLE Paul, *Services spéciaux, 1935-1945. Pour la première fois, l'ancien chef du contre-espionnage français parle*, Paris, Robert Laffont, 1975.

—, *L'Homme des services secrets*. Entretiens avec Alain-Gilles Minella, *op. cit.*

PERRAULT Gilles, *Le Secret du jour J*, Paris, Fayard, 1964.

RIVET Louis, *Carnets du chef des services secrets du Front populaire à Vichy*, *op. cit.*

SEBAG-MONTEFIORE Hugh, *Enigma. The Battle for the Code*, *op. cit.*

STEAD Philip John, *Le 2e Bureau sous l'Occupation*, Paris, Fayard, 1966.

WINTHERBOTHAM F.W., *The Ultra Secret*, New York, Dell Publishing, 1974.

12

Le bal des taupes

ACCOCE Pierre, QUET Pierre, *La Guerre a été gagnée en Suisse, 1939-1945*, Paris, Librairie académique Perrin, 1966.

ARSENIJEVIC Drago, *Genève appelle Moscou. Le mystère Roessler, la plus grande énigme de la guerre secrète contre Hitler*, Paris, J.-C. Lattès, 1981.

BERIA Sergo, *Beria, mon père, au cœur du pouvoir stalinien*, préface, traduction et notes de Françoise Thom, Paris, Plon/Criterion, 1999.

BOURGEOIS Guillaume, *La Légende de l'Orchestre rouge*, dossier présenté en vue de l'obtention de l'habilitation à diriger des recherches en histoire contemporaine, université de Paris Sorbonne, 2013.

COSTELLO John, TSAREV Oleg, *Deadly Illusions*, *op. cit.*

DEAKIN F.W., STORRY G.R., *Le Cas Sorge. L'enquête la plus complète sur l'espion n° 1 de la dernière guerre*, avant-propos de John Le Carré, Paris, Robert Laffont, 1967.

DUNGLAS Dominique, « L'Orchestre rouge, l'espion réhabilité », *Le Point*, 21 décembre 1991.

FALIGOT Roger, *Naisho. Enquête au cœur des services secrets japonais*, *op. cit.*

—, KAUFFER Rémi, *Kang Sheng et les services secrets chinois 1927-1987*, Paris, Robert Laffont, 1987 ; rééd. *Kang Sheng, le maître espion de Mao*, Paris, Perrin, « Tempus », 2014.

—, *Service B. Le réseau d'espionnage le plus secret de la Seconde Guerre mondiale*, Paris, Fayard, 1985.

GOLIAKOV S., PONIZOVSKI V., *Le Vrai Sorge*, Paris, Fayard, 1967.

GUÉRIN Alain, CHATEL Nicole, *Camarade Sorge*, Paris, Julliard, 1965.

KIRST H.H., *Sorge. L'espion du siècle, Paris*, Robert Laffont, 1960.

MACLEAN Fitzroy, *Ils étaient neuf espions…*, Paris, Tallandier, 1978.

MARNACH Leo, lieutenant et ancien secrétaire d'Oscar Reile à la section III-f (contre-espionnage) de l'Abwehr de Versailles, note de synthèse sur l'Orchestre rouge établie en 1945 pour les services français, archives de l'auteur.

MEISSNER Otto, *Dr Sorge. L'espion de Tokyo*, Paris, Presses de la Cité, 1954.

OLIVARES Javier, « El espia que volvió del frio », in *Cambio 16*, 1er février 1993.

PERRAULT Gilles, *L'Orchestre rouge*, Paris, Fayard, 1989.

RADÓ Sándor, *Sous le pseudonyme « Dora », pour la première fois le chef d'un réseau soviétique de renseignement parle*, Paris, Julliard, 1972.

READ Anthony, FISHER David, *Opération Lucy. Le réseau d'espionnage le plus secret de la Seconde Guerre mondiale*, Paris, Fayard, 1980.

SORGE Richard, *The Confession of Richard Sorge*, doc. CIA, février 2006.

THOM Françoise, *Beria. Le Janus du Kremlin*, *op. cit.*

TREPPER Leopold (en collaboration avec Patrick Rotman), *Le Grand Jeu. Mémoires du chef de l'Orchestre rouge*, Paris, Albin Michel, 1975.

WILLOUGHBY Charles A., *La Conspiration de Shanghai*, Paris, Plon, 1953.

WOLTON Thierry, *Le Grand Recrutement*, Paris, Grasset, 1993.

13

Clandestins et clandestines

ALBERTELLI Sébastien, *Les Services secrets du général de Gaulle. Le BCRA, 1940-1944*, *op. cit.*

Amicale des réseaux Action de la France combattante, *Les Réseaux Action de la France combattante*, Paris, distribution France-Empire, 1986.

Association Amicale « Alliance », *Mémorial de l'Alliance*, Paris, 1948.

BARROS James, GREGOR Richard, *Double Deception. Stalin, Hitler and the Invasion of Russia*, Delkab, Northern Illinois University Press, 1995.

BONNET Marie-Jo, *Violette Morris. Histoire d'une scandaleuse*, Paris, Perrin, 2011.

COINTET Michèle, *Marie-Madeleine Fourcade. Un chef de la Résistance*, Paris, Perrin, 2006.

CORDIER Daniel, *Jean Moulin. La république des catacombes*, Paris, Gallimard, 1999.

FALIGOT Roger, *La Résistance irlandaise, 1916-1992*, Rennes, Terre de Brume, 1992.

—, « Joséphine Baker, notre agent à La Havane », *Vanity Fair*, fév. 2014.

—, KAUFFER Rémi, *Les Résistants. De la guerre de l'ombre aux allées du pouvoir*, Paris, Fayard, 1989

—, *Service B. Le réseau d'espionnage le plus secret de la Seconde Guerre mondiale*, *op. cit.*

—, GUISNEL Jean, KAUFFER Rémi, *Histoire politique des services secrets français de la Seconde Guerre mondiale à nos jours*, *op. cit.*

FOOT Michael R.D, *SOE in France. An Account of the Work of the British Special Operations Executive in France, 1940-1945*, Londres, Her Majesty's Stationery Office, 1966.

—, *Des Anglais dans la Résistance. Le service secret britannique d'action SOE en France, 1940-1944*, avant-propos de Jean-Louis Crémieux-Brilhac, Paris, Tallandier, 2008.

FOURCADE Marie-Madeleine, *L'Arche de Noé*, Paris, Fayard, 1968.

JOFFRIN Laurent, *La Princesse oubliée*, Paris, Robert Laffont, 2002 (roman bien documenté sur la trajectoire de la princesse indienne Noor Inayat Khan).

KAUFFER Rémi, « Les silences du colonel Passy », *Le Figaro Magazine*, 26 décembre 1998.

MADRALA Jean, *Les Réseaux de renseignements franco-polonais, 1940-1944. Réseau F, Marine, Famille-Interallié, Réseau F2, Etoile, PSW-Afrique, Enigma-équipe 300, Suisse 3*, Paris, L'Harmattan, 2005.

MARSHALL Bruce, *Le Lapin blanc*, préface de Gilberte Pierre-Brossolette, Paris, Gallimard, 1953.

MURPHY David E., *Ce que savait Staline. L'énigme de l'opération « Barbarossa »*, Paris, Stock, 2006.

NOUZILLE Vincent, *L'Espionne. Virginia Hall, une Américaine dans la guerre*, Paris, Fayard, 2007.

PASSY, colonel, *Mémoires du chef des services secrets de la France libre*, préface et notes de Jean Louis Crémieux-Brilhac, Paris, Odile Jacob, 2000.

PERRIER Guy, *Pierre Brossolette. Le visionnaire de la Résistance*, Paris Hachette littératures, 1998.

—, *Le Colonel Passy et les services secrets de la France libre*, Paris, Hachette littératures, 1999.

—, *Rémy. L'agent secret n° 1 de la France libre*, Paris, Perrin, 2001.

PIKETTY Guillaume, *Pierre Brossolette. Un héros de la Résistance*, Paris, Odile Jacob, 1998.

PIQUET-WICKS Eric, *Quatre dans l'ombre*, Paris, Gallimard, 1957.

RÉMY, *Le Livre du courage et de la peur*, Monte-Carlo, Raoul Solar, 1946.

—, *Comment meurt un réseau*, Monte-Carlo, Raoul Solar, 1947.
—, *Une affaire de trahison*, Monte-Carlo, Raoul Solar, 1947.
—, *Les Mains jointes*, Monte-Carlo, Raoul Solar, 1948.
—, *Réseaux d'ombres*, Paris, France-Empire, 1952.
—, *Mémoires d'un agent secret de la France libre*, Paris, France-Empire, t. 1, 1983, t. 2, 1984.
RICHARD Francis Brooks, *Flottilles secrètes. Les liaisons clandestines en France et en Afrique du Nord, 1940-1944*, Le Touvet, Editions Pierre-Marcel Vrac, 2001.
RIOLS Noreen, *Ma vie dans les services secrets. L'école des espions de Churchill*, Paris, Calmann-Lévy, 2014.
ROUSSEL Eric, *Pierre Brossolette*, Paris, Fayard-Perrin, 2011.
SIEDENTOPF Monika, *Parachutées en terre ennemie*, préface d'Olivier Wieviorka, Paris, Perrin, 2008.
TICKELL Jerrard, *Odette agent S-23*, préface de Pierre Clostermann, Paris, coll. « Audace », 1949.
WEST Nigel, *The Story of SOE. Britain's Wartime Sabotage Organization*, Londres, A John Curtis Book, Hodder & Stoughton, 1992.
YOUNG Gordon, *L'Espionne n° 1. La Chatte*, Paris, J'ai lu, 1957.

14

Services de guerre

ALCORN Robert Hayden, *Pas de fanfare pour les espions*, Paris, Robert Laffont, 1963.
ALSOP Stewart, BRADEN Thomas, *OSS, l'Amérique et l'espionnage*, Paris, Fayard, 1964.
BLOCH Gilbert, *L'autre Ultra. Magic : les décryptements américains pendant la Seconde Guerre mondiale, op. cit.*
BUISSON Jean-Christophe, *Mihailović. Héros trahi par les Alliés*, Paris, Perrin, « Tempus », 2011.
CALVI Fabrizio, *OSS. La guerre secrète en France*, Paris, Hachette, 1990.
CASEY William, *The Secret War against Hitler*, Londres-Sydney-New York-Tokyo-Toronto, Simon & Schuster, 1989.
CHEVASSUS-AU-LOUIS Nicolas, *Pourquoi Hitler n'a pas eu la bombe atomique*, Paris, Economica, 2011.
DEBUCHY Victor, *L'Etrange Histoire des armes secrètes allemandes*, Paris, France-Empire, 1978.
DUNLOP Richard, *Donovan America's Spy*, Chicago-New York-San Francisco, Rand McNally & Company, 1982.

FALIGOT Roger, *Naisho. Enquête au cœur des services secrets japonais*, *op. cit.*
HILTON Stanley E., *Hitler Secret's War in South America 1939-1945*, Lousiana State University, 1981.
JEFFERY Keith, *MI 6. The History of the Secret Intelligence Service, 1909-1949*, *op. cit.*
KAUFFER Rémi, *L'Arme de la désinformation. Les multinationales américaines en guerre avec l'Europe*, Paris, Grasset, 1999.
LANGER William L., *Le Jeu américain à Vichy*, Paris, Plon, 1948.
Listening to the Rumrunners, *op. cit.*
LOWE Keith, *Inferno. La dévastation de Hambourg, 1943*, Paris, Perrin, 2015.
MACLEAN Fitzroy, *Disputed Barricade*, Londres, Jonathan Cape, 1957.
NEITZEL Sönke, WELZER Harald, *Soldats, combattre, tuer, mourir. Procès-verbaux des récits de soldats allemands*, Paris, Gallimard, 2013.
NORD Pierre, *L'Intoxication. Arme absolue de la guerre subversive*, *op. cit.*
PRANGE Gordon W., *At Dawn We Slept. The Untold Story of Pearl Harbor*, New York, Penguin Books, 1982.
PUY-MONTBRUN Déodat DU, *Les Armes des espions*, Paris, Balland, 1974.
STEPHENSON William, *A Man Called Intrepid. The Secret War*, New York-Londres, Harcourt Brace Jovanovich, 1976.
The Intelligence War in 1941. A 50th Anniversary Perspective. An Intelligence Monograph, CIA, Office of Training and Education, Center for Study of Intelligence, mars 1992.
THEOBALD R.A., contre-amiral, *Le Secret de Pearl Harbor, 7 décembre 1941*, Paris, Payot, 1955.
THEOHARIS Athan G., COX John Stuart, *The Boss. J. Edgar Hoover and the American Inquisition*, Londres, Harrap Books, 1989.
WEST Nigel, *Conterfeit Spies*, Londres, St. Ermin's Press, 1999.

15

La grande intox

BLOCH Gilbert, *Renseignement et intoxication durant la Seconde Guerre mondiale. L'exemple du débarquement*, *op. cit.*
BUISSON Jean-Christophe, *Mihailović. Héros trahi par les Alliés*, *op. cit.*
BUREAU Jacques, *Un soldat menteur*, Paris, Robert Laffont, 1992.
CHAPMAN Eddie, *Ma fantastique histoire*, Paris, Tallandier, « Texto », 2011.
CHRISTOPHER Andrew, *The Defence of the Realm. The Authorized History of MI 5*, *op. cit.*

DESTREMAU Christian, *Opération Garbo. Le dernier secret du jour J*, Paris, Perrin, 2004.
ESCLAIBES, lieutenant-colonel D', *Le Plan de « deception »*, Ecole supérieure de Guerre, section de recherches et d'études, année 1949-1950, 3e promotion, *op. cit.*
HOLT Taddeus, *The Deceivers. Allied Military Deception in the Second World War*, *op. cit.*
JEFFERY Keith, *MI 6. The History of the Secret Intelligence Service, 1909-1949*, *op. cit.*
KAUFFER Rémi, interview de Jacques Bureau dans *Historia*, n° 632, août 1999.
LARTÉGUY Jean, MALOUBIER Bob, *Triple jeu. L'espion Déricourt*, Paris, Robert Laffont, 1992.
MACINTYRE Ben, *L'Agent Zigzag*, Paris, Buchet-Chastel, 2013.
MACLEAN Fitzroy, *Disputed Barricade*, *op. cit.*
MALOUBIER Bob, *Les Coups tordus de Churchill*, Paris, Calmann-Lévy, 2010.
—, *Espion de Churchill*, Paris, Tallandier, 2011.
—, *Les Secrets du jour J. Opération Fortitude – Churchill mystifie Hitler*, *op. cit.*
PERRAULT Gilles, *Le Secret du jour J*, *op. cit.*
RABINO Thomas, *Le Réseau Carte. Histoire d'un réseau de la Résistance antiallemand, antigaulliste, anticommuniste et anticollaborationniste*, Paris, Tallandier, 2008.
SEILER Richard, *La Tragédie du réseau Prosper*, Paris, Pygmalion, 2003.
SERGUEIEW Lily, *Seule face à l'Abwehr*, Paris, Fayard, 1966.
VADER John, *Nous n'avons pas joué. L'effondrement du réseau Prosper*, présentation de Charles Le Brun, Lectoure, Le Capucin, 2002.
WEST Nigel, *The Story of SOE. Britain's Wartime Sabotage Organisation*, *op. cit.*

16

Taupes en stock

ANDREW Christopher, GORDIEVSKI Oleg, *Le KGB dans le monde, 1917-1990*, *op. cit.*
—, MITROKHINE Vassili, *The Mitrokhin Archives. The KGB in Europe and the West*, *op. cit.*
BARRON John, *KGB*, Bruxelles, Elsevier, Séquoia, 1975.

ANDREW Christopher, MITROKHINE Vassili, *Le KGB contre l'Ouest, 1917-1991*, *op. cit.*
CORSON William, CROWLEY Robert T., *The New KGB. Engine of Soviet Power*, *op. cit.*
DALLIN David J., *Soviet Espionage*, Yale University Press, 1955.
GRAMONT Sanche DE, *La Guerre secrète*, Paris, Club des amis du livre, 1963.
KREMER J. V., *Le Livre noir de l'espionnage*, Paris, Fleuve noir, 1955.
LARSON Eric, *Dans le jardin de la bête*, Paris, Le Cherche Midi, 2012.

17

La traque « Venona »

« La chasse aux savants allemands », *Batailles*, n° 36, sept.-oct. 2009.
AFTALION Florian, « L'affaire Rosenberg, fin d'une longue histoire », *Communisme*, n° 99/100/101, année 2009-2010.
—, *La Trahison des Rosenberg*, Paris, J.-C. Lattès, 2003.
ANDREW Christopher, *The Defence of the Realm. The Authorized History of MI 5*, *op. cit.*
BIEW A. M., *Kapitza, père de la bombe atomique russe*, Paris, Pierre Horay, 1955.
BOYLE Andrew, *Un climat de trahison*, *op. cit.*
CALVI Fabrizio, avec la collaboration de David Carr-Brown, *FBI. L'histoire du bureau par ses agents*, Paris, Fayard, 2010.
CARTER Miranda, *Gentleman espion, les doubles vies d'Anthony Blunt*, *op. cit.*
Comité français pour la réhabilitation des Rosenberg, *Les Amants de la liberté*, Paris, s. d.
FALIGOT Roger, « L'Espion de la reine », *Libération*, 21-23 novembre 1979.
—, « Les taupes soviétiques au cœur du programme Manhattan », *Historia*, n° 644, août 2000.
—, « "Valuable", l'opération qui doit déstabiliser l'Albanie », *Historia*, n° 644, août 2000.
—, « Kim Philby passe aux rouges », *Historia*, spécial, n° 8, *Les Grands espions du XXe siècle*, nov.-déc. 2012.
—, *Les Services spéciaux de Sa Majesté*, *op. cit.*
FEKLISSOV Alexandre, avec Serguei Kostine, *Confession d'un agent soviétique*, Paris, Le Rocher, 1999.
HIRSCH Richard, *Espionnage atomique*, Paris, SFLET, 1948.

HOXHA Enver, *Les Menées anglo-américaines en Albanie. Souvenirs de la lutte de libération nationale*, Tirana, Editions 8 Nëntori, 1982.

HUNT Linda, *L'Affaire Paperclip. La récupération des scientifiques nazis par les Américains, 1945-1990*, Paris, Stock, 1995.

HYDE H. Montgomery, *The Atom Bomb Spies*, New York, Ballantine Books, 1981.

Introduction History and Guide to Translations ; Venona Historical Monograph # 1 # 2, # 3 # 4 # 5 et # 6, documentation préparée par Robert Louis Benson, Center for Cryptologic History, National Security Agency, Fort George G. Meade, Maryland.

KAUFFER Rémi, « Qui a volé le secret de la bombe ? », *Historia*, spécial, n° 44, *Révélations des archives soviétiques*, nov.-déc. 1996.

—, « Les Rosenberg étaient coupables », in *ibid.*

—, « Le drame des Rosenberg », *Historia*, n° 644, août 2000.

—, « Philby père et fils, les faux amis de la Gentry », *Historia*, spécial, n° 122, *Les Grands Traîtres de l'Histoire*, nov. 2009.

KNIGHTLEY Philip, interview en trois volets de Kim Philby dans le *Sunday Times*. Volet 1 : « How I Got Away », 20 mars 1988 ; volet 2 : « How the Russians Recruited Me », 27 mars 1988 ; volet 3 : « That Bloody Man Burgess », 3 avril 1988.

MAJOR John, *The Oppenheimer Story*, New York, Stein & Day, 1971.

MILTON Joyce, RADOSH Ronald, *Dossier Rosenberg*, Paris, Hachette, 1985.

MODINE Youri Ivanovitch, *Mes camarades de Cambridge. J'étais l'officier traitant de Philby, Burgess, Maclean, Blunt, Cairncross*, Paris, Robert Laffont, 1994.

MOOREHEAD Alan, *La Double vie de Fuchs, Pontecorvo et Nunn May, les espions atomiques*, Paris, Calmann-Lévy, 1953.

PAGE Bruce, KNIGHTLEY Philip, LEICHT David, *Philby, l'Intelligence Service aux mains d'un agent soviétique*, *op. cit.*

PHILBY, *Ma guerre silencieuse*, *op. cit.*

RONALD Radosh, « Preuve supplémentaire contre les Rosenberg », *Cahiers d'histoire sociale*, Paris, Albin Michel, 1996.

SOUDOPLATOV Pavel et Anatoli, *Missions spéciales*, *op. cit.*

TCHIKOV Vladimir, KERN Gary, *Comment Staline a volé la bombe atomique aux Américains*, Paris, Robert Laffont, 1996.

THOM Françoise, *Beria. Le Janus du Kremlin*, *op. cit.*

WEST Nigel, *MI 5. 1945-1972 A Matter of, The Explosive Account of 27 years of Spies against the UK*, Londres, Coronet Books, 1982.

—, *Molehunt. The Full Story of the Soviet Spy in MI 5*, Londres, Coronet Books, 1987.

—, *The Friends. Britain's Post-War Secret Intelligence Operations*, Londres, Coronet Books, 1988.
—, *Venona. The Greatest Secret of the Cold War*, Londres, Harper & Collins, 1999.
WISE David, *La Stratégie du soupçon. Enquête sur la paranoïa au sein de la CIA*, Paris, Plon, 1994.
WRIGHT Peter avec Paul Greenglass, *Spycatcher. The Candid Autobiography of a Senior Intelligence Officer*, New York, Dell Publishing, 1987.

18

La Compagnie

ALDRICH Richard J., « OSS, CIA and the European Unity : The American Committee on United Europe », *Diplomacy & Statecraft*, vol. 8, mars 1997, Number 1, Londres, Frank Cass, 1997.
—, *The Hidden Hand : Britain, America and the Cold War Secret Intelligence*, Londres, John Murray, 2002.
BERGERON André, « Irving était un homme parfaitement désintéressé », interview par Rémi Kauffer, *Historia*, n° 612, déc. 1997.
BERGHAHN Volker, *America and the Intellectuel Cold War in Europe. Shepard Stone between Philanthropy, Academy and Diplomacy*, Princeton and Oxford, Princeton University Press, 2001.
BURKHOLDER SMITH Joseph, *Portrait of a Cold Warrior*, New York, Ballantine Books, 1976.
CAREW Anthony, *Labour Under the Marshall Plan*, Detroit, Wayne State University Press, 1987.
CHARPIER Frédéric, *La CIA en France : 60 ans d'ingérence dans les affaires françaises*, Paris, Seuil, 2008.
COLBY William, *30 ans de CIA*, Paris, Presses de la Renaissance, 1978.
COLEMAN Peter, *The Liberal Conspiracy. The Congress for Cultural Freedom and the Struggle for the Mind of Postwar Europe*, Londres, Collier Macmillan Publishers, 1989.
DANIDOS Frank, *CIA. Une histoire politique de 1947 à nos jours*, Paris, Tallandier, 2011.
FALIGOT Roger, GUISNEL Jean, KAUFFER Rémi, *Histoire politique des services secrets français de la Seconde Guerre mondiale à nos jours, op. cit.*
—, KAUFFER Rémi, « Irving Brown, un Américain à Paris », in *Eminences grises, op. cit.*
—, *Au cœur de l'Etat l'espionnage*, Paris, Autrement, 1983.

FREEMANTLE Brian, *Le KGB. Le plus secret des services secrets*, Paris, Plon, 1986.

GREMION Pierre, *L'Intelligence de l'anticommunisme. Le Congrès pour la liberté de la culture à Paris, 1950-1975*, Paris, Fayard, 1995.

KAUFFER Rémi, « Irving Brown, l'ami américain de Force ouvrière », *Historia*, n° 612, déc. 1997.

—, « 1949-1959 : la CIA finance la construction européenne », *Historia*, n° 675, mars 2003.

KOTEK Joël, *La Jeune Garde. La jeunesse entre KGB et CIA, 1917-1989*, Paris, Seuil, 1998.

MARCHETTI Victor, MARKS John D., *La CIA et le culte du renseignement*, Paris, Robert Laffont, 1974.

MARTIN David C., *KGB contre CIA*, Paris, Presses de la Renaissance, 1981.

MELENDRI Pierre, *Les Américains face à l'unification de l'Europe, 1945-1954*, Paris, Pedone.

MENGES Constantine C., *The Marshall Plan from those who made it succeed*, New York, Oxford, Lanham, 1984.

MISCAMBLE Wilson D., C.S.C., *George F. Kennan and the Making of American Foreign Policy, 1947-1950*, Princeton, Princeton University Press, 1992.

MORGAN Ted, *A Covert Life. Jay Lovestone, Communist, Anticommunist*, New York, Random House, 1999.

PRADOS John, *Les Guerres secrètes de la CIA. La démocratie clandestine*, Paris, Editions du Toucan, 2008.

RICHELSON Jeffrey T., *A Century of Spies. Intelligence in the Twentieth Century*, *op. cit.*

SOUTOU Georges-Henri, *La Guerre de cinquante ans. Les relations Est-Ouest, 1943-1990*, Paris, Fayard, 2001.

STEVEN Stewart, *Le Grand Piège*, Paris, Robert Laffont, 1974.

STONOR SAUNDERS Frances, *Qui mène la danse ? La CIA et la guerre froide culturelle*, Paris, Denoël, 1999.

THOMAS Gordon, *Le Livre noir de la CIA. Les archives dévoilées*, Paris, Nouveau Monde, 2007.

TULLY Andrew, *CIA. Central Intelligence Agency, l'histoire révélée du contre-espionnage américain*, Paris, Stock, 1962.

VOLKMAN Ernest, BAGGETT Blaine, *Les Opérations extraordinaires des services secrets américains*, Paris, Olivier Orban, 1990.

WEINER Tim, *Des cendres en héritage. L'histoire de la CIA*, Paris, Fallois, 2009.

WISE David, *La Stratégie du soupçon. Enquête sur la paranoïa au sein de la CIA*, *op. cit.*

—, Ross Thomas H., *Le Gouvernement secret des USA*, Paris, Fayard, 1965.

Yakovlev Nikolaï, *La CIA contre l'URSS*, Moscou, Editions du Progrès, 1983.

Yu Maochun, *OSS in China. Prelude to Cold War*, Annapolis, Naval Institute Press, 1996.

19

Guerres secrètes et « Grandes Oreilles »

Bernikow Louise, *Abel*, New York, Trident Press, 1970.

Brozzu-Gentile Jean-François, *L'Affaire Gladio. Les réseaux secrets américains au cœur du terrorisme en Europe*, Paris, Albin Michel, 1994.

Calvi Fabrizio, Schmidt Olivier, *Intelligences secrètes. Annales de l'espionnage*, Paris, Hachette, 1988.

Cipriani Antonio et Gianni, *Sovranità limitata*, Rome, Edizioni Associate, 1991.

Corson William, Trento Susan B. et Joseph J., *Veuves. Des taupes soviétiques au cœur des services secrets américains*, Paris, Belfond, 1989.

Depraertere Hans, Dierickx Jenny, *La Guerre froide en Belgique, la répression envers le PCB et le FI,* Anvers, EPO, 1986.

Henkine Cyrille, *L'Espionnage soviétique. Le cas Rudolf Abel*, Paris, Fayard, 1981.

Kauffer Rémi, « Les chevaliers du glaive », *Guerre & Histoire*, n° 9, mars-mai 2003.

Loftus John, *L'Affreux secret. Quand les Américains recrutaient des espions nazis de Gehlen à Klaus Barbie*, Paris, Plon, 1982.

Nouzille Vincent, *L'Espionne. Virginia Hall, une Américaine dans la guerre*, *op. cit.*

Powers Francis Gary, *J'étais pilote espion*, Paris, Calmann-Lévy, 1970.

Prados John, *Les Guerres secrètes de la CIA. La démocratie clandestine*, *op. cit.*

Simpson Christopher, *Blowback. America's Recruitment of Nazis & its Effects on the Cold War*, Londres, Weidenfeld & Nicolson, 1988.

Steinacher Gerald, *Les Nazis en fuite. Croix-Rouge, Vatican, CIA*, Paris, Perrin, 2015.

Weiner Tim, *Des cendres en héritage. L'histoire de la CIA*, *op. cit.*

Wilhelms Jan (dir.), *Dossier Gladio*, Bruxelles, Editions EPO et association Reflex, 1991.

20

Vrais camarades et faux frères

ALEXANDROV Victor, « L'agent double le plus célèbre du monde parle » (interview d'Otto John), in *Espionnage*, n° 3, septembre 1970.

—, « Otto John a-t-il trahi ? », in *Espionnage*, n° 4, octobre 1970.

BERLIÈRE Jean-Marc, LIAIGRE Franck, *Camarade, la lutte continue ! De la Résistance à l'espionnage communiste*, Paris, Robert Laffont, 2015.

CALVI Fabrizio, LAURENT Frédéric, *France Etats-Unis : 20 ans de coups tordus*, Paris, Albin Michel, 2004.

FALIGOT Roger, *Markus espion allemand*, *op. cit.*

—, *Naisho. Enquête au cœur des services secrets japonais*, *op. cit.*

—, *Les Services secrets chinois de Mao à Xi Jinping*, Paris, Nouveau Monde poche, 2015.

FALIGOT Roger, KAUFFER Rémi, *Esquisse d'un portrait de Markus Wolf*, in *Communisme*, n° 24-25, 4e trimestre 1989/1er trimestre 1990.

—, *Kang Sheng. Le maître espion de Mao*, *op. cit.*

—, *Le Croissant et la croix gammée*, Paris, *op. cit.*

—, GUISNEL Jean, KAUFFER Rémi, *Histoire politique des services secrets français de la Seconde Guerre mondiale à nos jours*, *op. cit.*

GEHLEN Reinhard, *L'Organisation Gehlen. Mémoires*, Neuilly-sur-Seine, Editions Saint-Clair, 1975.

GENÈVE Pierre, *La Main rouge*, Paris, Nord-Sud, 1960.

GOSHA Christopher, *Vietnam. Un Etat né de la guerre, 1945-1954*, Paris, Armand Colin, 2011.

HUITRIC Eric, *Le 11e Choc*, Paris, Jacques Grancher, 1976.

KAUFFER Rémi, « Bellounis pouvait-il changer le cours de la guerre d'Algérie ? », *Historia*, n° 615, mars 1998.

—, *OAS. Histoire d'une guerre franco-française*, Paris, Seuil, 2002.

LEONHARD Wolfgang, *Un enfant perdu de la révolution*, Paris, France-Empire, 1983.

—, *Die Revolution entlässt ihre Kinder*, Cologne, Verlag Kiepenheur und Witsh, 1983.

LERT Frédéric, *Les Ailes de la CIA*, Paris, Histoire & Collections, 1998.

MUELLER Michael, SCHMIDT-EENBOOM Eric, *Histoire des services secrets allemands*, préface de Roger Faligot, Paris, Nouveau Monde, 2009.

WOLF Markus, *Die Troika*, Berlin et Weimar, Aufbau-Verlag, 1989.

—, *L'Œil de Berlin. Entretiens de Maurice Najman avec le patron des services secrets est-allemands*, Paris, Balland, 1992.

—, *L'Homme sans visage. Mémoires du plus grand maître-espion communiste*, Paris, Plon, 1998.

21

Aventures dans le tiers monde

ADAMS James, *Secret Armies. The Full Story of the SAS, Delta Force and Spetsnaz*, Londres, Pan Books Ltd, 1989.
ALLISON Graham, ZELIKOW Philip, *Essence of Decision. Explaining the Cuban Missile Crisis*, New York, Addison Wesley Longman, inc., 1999.
BAMFORD James, *The Puzzle Palace. Inside the National Security Agency, America's Most Secret Intelligence Organization*, *op. cit.*
BASS Tomas A., *Agent Z.21. Le meilleur ennemi des Américains, Saigon 1946-1975*, Paris, Tallandier, 2010.
BLAKE George, *Ma vie d'espion. Mémoires*, Paris, Stock, 1990.
COLBY William, *30 ans de CIA*, *op. cit.*
—, *Vietnam. Histoire secrète d'une guerre perdue*, Paris, Perrin, 1992.
FALIGOT Roger, *Tricontinentale. Quand Che Guevara, Ben Barka, Cabral, Castro et Hô Chi Minh préparaient la révolution mondiale, 1964-1968*, Paris, La Découverte, 2013.
—, KAUFFER Rémi, *Kang Sheng et les services secrets chinois, 1927-1987*, *op. cit.*
—, *Kang Sheng. Le maître espion de Mao*, *op. cit.*
JOHNSON Thomas R., HATCH David A., *NSA and the Cuban Missile Crisis*, document NSA, mai 1998.
LABROUSSE Alain, *Les Tupamaros. Des armes aux urnes*, Paris, Le Rocher, 2009.
NOËL Thierry, *La Dernière Guérilla du Che*, Paris, Vendémiaire, 2014.
NOUZILLE Vincent, *Des secrets bien gardés. Les dossiers de la Maison Blanche et de la CIA sur la France et ses présidents, 1958-1981*, Paris, Fayard, 2009.
PENKOVSKY Oleg, *Carnets d'un agent secret*, Paris, Tallandier, 1966.
POMONTI Jean-Claude, *Un Vietnamien bien tranquille. L'extraordinaire histoire de l'espion qui défia l'Amérique*, Paris, Les Equateurs, 2006.
PRADOS John, *Les Guerres secrètes de la CIA. La démocratie clandestine*, *op. cit.*
SHULTZ Richard H., *The Secret War against Hanoi. Kennedy's and Johnson's Use of Spies, Saboteurs and Covert Warriors in North Vietnam*, New York, HarperCollins, 1999.
TEULIÈRES André, *La Guerre du Vietnam, 1945-1975*, Paris, Lavauzelle, 1978.
VALENTINE Douglas, *The Phoenix Program*, New York, William Morrow, 1990.

WEINER Tim, *Des cendres en héritage. L'histoire de la CIA*, *op. cit.*
WOLF Markus, *L'Homme sans visage, mémoires du plus grand maître espion communiste*, *op. cit.*
—, *L'Œil de Berlin. Entretiens de Maurice Najman avec le patron des services secrets est-allemands*, *op. cit.*

22

Escalades

BAMFORD James, *The Puzzle Palace. Inside the National Security Agency, America's Most Secret Intelligence Organization*, *op. cit.*
BLACK Ian, MORRIS Benny, *Israel's Secret Wars*, Londres, Hamish Hamilton, 1991.
DAN Ben, *L'Espion qui venait d'Israël*, Paris, Fayard, 1967.
—, *Poker d'espions (à Tel-Aviv et au Caire)*, Paris, J'ai lu, 1970.
DÉNÉCÉ Eric, ELKAÏM David, *Les Services secrets israéliens. Aman, Mossad et Shin Beth, les meilleurs services du monde ?*, Paris, Tallandier, 2014.
FALIGOT Roger, GUISNEL Jean, KAUFFER Rémi, *Histoire politique des services secrets français de la Seconde Guerre mondiale à nos jours*, *op. cit.*
HUCHTHAUSEN Peter A., SHELDON-DUPLAIX Alexandre, *Guerre froide et espionnage naval*, Paris, Nouveau Monde, 2011.
KFIR Moti, OREN Ram, *Sylvia. Une vie au cœur du Mossad*, Paris, Nouveau Monde, 2013.
MARANGÉ Céline, *Le Communisme vietnamien*, Paris, Presses de Sciences Po, 2012.
MUTAWI Samir A., *Jordan in the 1967 War*, Cambridge University Press, 1987.
PIEKAŁKIEWICZ Janusz, *Les Services secrets d'Israël*, Paris, Livre de poche, 1980.
PRADOS John, *Les Guerres secrètes de la CIA. La démocratie clandestine*, *op. cit.*
RAZOUX Pierre, *La Guerre israélo-arabe d'octobre 1973. Une nouvelle donne militaire au Proche-Orient*, Paris, Economica, 1999.
SCHATTNER Marius, SCHILLO Frédérique, *La Guerre du Kippour n'aura pas lieu. Comment Israël s'est fait surprendre*, Bruxelles, André Versaille éditeur, 2013.
SHULTZ Richard H., *The Secret War against Hanoi. Kennedy's and Johnson's Use of Spies, Saboteurs and Covert Warriors in North Vietnam*, *op. cit.*
SNEPP Frank, *Sauve qui peut*, Paris, Balland, 1979.

THOMAS Gordon, *Enquête sur les manipulations mentales. Les méthodes de la CIA et des terroristes,* Paris, Albin Michel, 1989.
VALENTINE Douglas, *The Phoenix Program*, *op. cit.*
WEINER Tim, *Des cendres en héritage. L'histoire de la CIA*, *op. cit.*
WISE David, *L'Etat espion*, Paris, Temps actuels, 1982.

23

Plus dure sera la chute

ANDREW Christopher, *The Defence of the Realm. The Authorized History of MI 5*, *op. cit.*
—, MITROKHINE Vassili, *Le KGB contre l'Ouest, 1917-1991*, *op. cit.*
BEARDEN Milton, RISEN James, *CIA-KGB, le dernier combat. Un ancien officier supérieur de la CIA parle*, Paris, Albin Michel, 2004.
FALIGOT Roger, KROP Pascal, *DST police secrète*, Paris, Flammarion, 1999.
—, GUISNEL Jean, KAUFFER Rémi, *Histoire politique des services secrets français de la Seconde Guerre mondiale à nos jours*, *op. cit.*
FERRANT Patrick (dir.), *Farewell. Conséquences géopolitiques d'une grande affaire d'espionnage*, Paris, CNRS Editions, 2015.
KAUFFER Rémi, « Echec aux Russes en Afghanistan », in *Le Figaro Magazine*, n° 20348, 2 janvier 2010.
—, « Le guêpier afghan », in *Historia*, n° 757, janvier 2010.
KOSTINE Serguei, RAYNAUD Patrick, *Adieu Farewell*, Paris, Robert Laffont, 2009.
LABÉVIÈRE Richard, *Oussama Ben Laden ou le meurtre du père – Etats-Unis, Arabie Saoudite, Pakistan*, Lausanne, PM Favre, 2001.
—, *Vérités et mythologies du 11 Septembre*, Paris, Nouveau Monde, 2011.
NART Raymond, DEBAIN Jacky, *L'Affaire Farewell vue de l'intérieur*, Paris, Nouveau Monde, 2013.
NOTIN Jean-Christophe, *La Guerre de l'ombre des Français en Afghanistan*, Paris, Fayard, 2011.
RICHELSON Jeffrey T., *A Century of Spies. Intelligence in the Twentieth Century*, *op. cit.*
STOCKWELL John, *In Search of Ennemies. A CIA Story*, Londres, Andre Deutsch Ltd, 1978.
WISE David, *La Stratégie du soupçon. Enquête sur la paranoïa au sein de la CIA*, *op. cit.*
WOLF Markus, *Die Troika*, *op. cit.*

—, *L'Homme sans visage. Mémoires du plus grand maître-espion communiste*, *op. cit.*
—, *L'Œil de Berlin. Entretiens de Maurice Najman avec le patron des services secrets est-allemands*, *op. cit.*
WOODWARD Bob, *Veil. The Secret Wars of the CIA, 1981-1987*, New York, Simon & Schuster, 1987.
YOUSAF Mohammed, ADKIN Mark, *The Bear Trap. Afghanistan's Untold Story*, Londres, Leo Cooper, 1992.
ZUBELDIA Océane, *Histoire des drones*, Paris, Perrin, 2012.

24

Le nouvel ordre mondial des services

ADAMS James, *The Next World War. Computers are the Weapons & the Front Line is Everywhere*, New York, Simon & Schuster, 1998.
BAER Robert, *La Chute de la CIA*, Paris, J.-C. Lattès, 2002.
BEARDEN Milton, RISEN James, *CIA-KGB, le dernier combat. Un ancien officier supérieur de la CIA parle*, *op. cit.*
CAMPBELL Duncan, *Surveillance électronique planétaire*, Paris, Allia, 2001.
GUISNEL Jean, *La Citadelle endormie. Faillite de l'espionnage américain*, Paris, Fayard, 2002.
KOZOVOÏ Andreï, *Les Services secrets russes des tsars à Poutine*, Paris, Tallandier, 2010.
PONS Frédéric, *Poutine*, Paris, Calmann-Lévy, 2014.
SOLDATOV Andreï, BOROGAN Irina, *Les Héritiers du KGB. Enquête sur les nouveaux boyards*, Paris, François Bourin Editeur, 2011.

25

Les héritiers de Sun Zi

FALIGOT Roger, *Les Services secrets chinois de Mao à Xi Jinping*, *op. cit.*
—, *Naisho. Enquête au cœur des services secrets japonais*, *op. cit.*
—, KAUFFER Rémi, *Kang Sheng. Le maître espion de Mao*, *op. cit.*
KAUFFER Rémi, *Le Siècle des quatre empereurs. Sun Yat-sen, Chiang Kai-shek, Mao Zedong, Deng Xiaoping*, *op. cit.*
LIANG Qaio, XIANGSUI Wang, *La Guerre hors limite*, Paris, Bibliothèque Rivages, 2003, préface de Michel Jan.

SCHWEIZER Peter, *Friendly Spies*, New York, The Atlantic Monthly Press, 1993.

SUETTINGER Robert, *The International Liaison Department of the Chinese Communist Party*, Intelligence Report rédigé en décembre 1971 pour le compte du Special Research Staff de la CIA.

WAKEMAN Jr Frederic, *Spymaster. Dai Li and the Chinese Secret Service*, Berkeley, University of California Press, 2003.

26

Des Etats en miettes

ADAMS James, *The Next World War. Computers are the Weapons & the Front Line is Everywhere*, *op. cit.*

BAUD Jacques, *Encyclopédie des terrorismes et violences organisées*, Panazol, Lavauzelle, 2009.

CÉCILE Jean-Jacques, *Du Golfe au Kosovo. Renseignement, action spéciale et nouvel ordre mondial*, Panazol, Lavauzelle, 2000.

CHALENÇON Claude, FALIGOT Roger, KAUFFER Rémi, « Guerre secrète en Irlande du Nord », *Le Matin de Paris*, 20-22 décembre 1982.

CHALIAND Gérard, BLIN Arnaud, *Histoire du terrorisme. De l'Antiquité à Al-Qaida*, Paris, Bayard, 2004.

FALIGOT Roger, *Les Seigneurs de la paix*, Paris, Seuil, 2006.

—, GUISNEL Jean, KAUFFER Rémi, *Histoire politique des services secrets français de la Seconde Guerre mondiale à nos jours*, *op. cit.*

FERRAGU Gilles, *Histoire du terrorisme*, Paris, Fayard, 2014.

LABÉVIÈRE Richard, *Vérités et mythologies du 11 Septembre*, *op. cit.*

WEINER Tim, *Des cendres en héritage. L'histoire de la CIA*, *op. cit.*

ZUBELDIA Océane, *Histoire des drones*, *op. cit.*

27

Vers le 11 Septembre

ANDREW Christopher, *The Defence of the Realm. The Authorized History of MI 5*, *op. cit.*

CAMPBELL Duncan, *Surveillance électronique planétaire*, *op. cit.*

FALIGOT Roger, *Les Services secrets chinois de Mao à Xi Jinping*, *op. cit.*

KAUFFER Rémi, *L'Arme de la désinformation. Les multinationales américaines en guerre contre l'Europe*, *op. cit.*

LIANG Qaio, XIANGSUI Wang, *La Guerre hors limites, op. cit.*

MICHEL Jean, *Rapport au nom de la Commission de la Défense nationale et des Forces armées*, Paris, Assemblée nationale, 2000.

PAECHT Arthur, « *Echelon* », *mythe ou réalité* ?, Paris, Assemblée nationale, 2000.

SCHWEIZER Peter, *Friendly Spies, op. cit.*

WOODWARD Bob, *Mensonges d'Etat. Comment Bush a perdu la guerre*, Paris, Denoël, 2007.

WRIGHT Peter avec Paul Greenglass, *Spycatcher. The Candid Autobiography of a Senior Intelligence Officer, op. cit.*

28

Séisme à Manhattan

AUSSARESSES Paul, *Services spéciaux, Algérie 1955-1957. Mon témoignage sur la torture*, Paris, Perrin, 2001.

BLOCH Gilbert, *L'Autre Ultra. Magic : les décryptements américains pendant la Seconde Guerre mondiale, op. cit.*

ELGEY Georgette, *Histoire de la IVe République*, t. 3 : *La Fin, la République des tourmentes, 1954-1959*, Paris, Fayard, 2008.

FALIGOT Roger, GUISNEL Jean, KAUFFER Rémi, *Histoire politique des services secrets français de la Seconde Guerre mondiale à nos jours, op. cit.*

HARDING Luke, *Le Dossier Snowden. Les services secrets au cœur d'un scandale planétaire*, Paris, Belin, 2015.

KAUFFER Rémi, *OAS. Histoire d'une guerre franco-française*, Paris, Seuil, 2002.

La CIA et la torture. Rapport de la Commission sénatoriale américaine sur les méthodes de détention et d'interrogatoire de la CIA, préface de John R. MacArthur & Scott Norton, avant-propos de Dianne Feinstein, présidente de la Commission, Paris, Les Arènes, 2015.

LABÉVIÈRE Richard, *Vérités et mythologies du 11 Septembre, op. cit.*

PRANGE Gordon W., *At Dawn We Slept. The Untold Story of Pearl Harbor, op. cit.*

RÉMY, *Une affaire de trahison, op. cit.*

The Intelligence War in 1941. A 50th Anniversary Perspective, An Intelligence Monograph, op. cit.

THEOBALD R.A., contre-amiral, *Le Secret de Pearl Harbor, 7 décembre 1941, op. cit.*

WEINER Tim, *Des cendres en héritage. L'histoire de la CIA, op. cit.*

WOODWARD Bob, *Mensonges d'Etat. Comment Bush a perdu la guerre, op. cit.*

29

Bagdad Café

AGEE Philip, WOLF Louis, *Dirty Work. The CIA in Western Europe*, Secaycus, Lyle Stuart Inc., 1978.
GONIN Jean-Marc, « Valerie Plame, l'espionne trahie par Bush », *Le Figaro Magazine*, 22 octobre 2010.
GUIDÈRE Mathieu, *Terreur, la nouvelle ère des Twin Towers à Charlie*, Paris, Autrement, 2015.
HERSH Seymour, *Dommages collatéraux. La face obscure de la « guerre contre le terrorisme »*, Paris, Denoël, 2006.
REUTER Christophe, « Hadj Bakr, le cerveau de la terreur », enquête du *Spiegel* publiée en français par *Le Monde*, 26-27 avril 2015.
RICKS Thomas E., *Fiasco. The American Military Adventures in Irak*, Londres, Penguin Books, 2006.
WOODWARD Bob, *Plan d'attaque*, Paris, Denoël, 2004.
—, *Mensonges d'Etat. Comment Bush a perdu la guerre*, *op. cit.*

30

Le monde ne suffit pas

ANDRÉSY Agnès, *Xi Jinping. La Chine rouge nouvelle génération*, Paris, L'Harmattan, 2013.
« Drones, la guerre secrète d'Obama », *Courrier international*, 7 au 8 mai 2015.
FALIGOT Roger, « Le complot des tigres », *Vanity Fair*, avril 2015.
—, KAUFFER Rémi, *Kang Sheng. Le maître espion de Mao*, *op. cit.*
—, *Les Services secrets chinois de Mao à Xi Jinping*, *op. cit.*
JAUVERT Vincent, « Comment la Chine nous espionne », *L'Obs*, 4 décembre 2014.
—, « Révélation sur les espions russes en France », *Le Nouvel Observateur*, 24 juillet 2014.
KOZOVOÏ Andreï, *Les Services secrets russes des tsars à Poutine*, *op. cit.*
MUELLER Michael, SCHMIDT-EENBOOM Eric, *Histoire des services secrets allemands*, *op. cit.*
PONS Frédéric, *Poutine*, *op. cit.*
SOLDATOV Andreï & BOROGAN Irina, *Les héritiers du KGB, enquête sur les nouveaux boyards*, *op. cit.*
STORM Morten, avec Paul Cruickshank et Tim Lister, *Au cœur d'Al-Qaida*, Paris, Le Cherche Midi, 2015.

Index

Table

TROISIÈME PARTIE

CHAUD COMME LA GUERRE FROIDE

QUATRIÈME PARTIE

UN MONDE SANS PITIÉ

Composition et mise en pages
Nord Compo à Villeneuve-d'Ascq

cet ouvrage a été achevé d'imprimer en août 2015
dans les ateliers de Normandie Roto Impression s.a.s.
61250 Lonrai
N° d'impression : 1502955
Dépôt légal : septembre 2015

Imprimé en France